Silva Ramos
Campos Jr.

# minidicionário

# Inglês · Português
# Português · Inglês



FTD

Todos os direitos de edição reservados à
**EDITORA FTD S.A.**
Matriz: Rua Rui Barbosa, 156 – (Bela Vista) – São Paulo – SP
CEP 01326-010 – Tel. (0-XX-11) 3598-6000 – Fax (0-XX-11) 3598-6314
Caixa Postal 65149 – CEP da Caixa Postal: 01390-970
Internet: http://www.ftd.com.br
E-mail: ciencias.sociais@ftd.com.br

**Editor**
Lafayette Megale

**Responsabilidade editorial**
Alexandre Gomes Camarú

**Revisão**
Francisca Maria Lourenço
Geuid Dib Jardim
José Alessandre da Silva Neto
Lucila Vrublevicius Segóvia

**Fonética**
Alexandre Gomes Camarú

**Edição de arte, projeto gráfico e capa**
Carlos Augusto Asanuma
*Foto da capa:* Photodisc

**Diagramação**
Carlos Augusto Asanuma
Wilde Velasques Kern

**Editoração eletrônica**
Coordenação: Carlos Rizzi e
Reginaldo Soares Damasceno

**Dados Internacionais de Catalogação na Publicação (CIP)**
**(Câmara Brasileira do Livro, SP, Brasil)**

Ramos, F. J. da Silva
Minidicionário inglês-português / F. J. Silva Ramos ; Minidicionário português-inglês / J. L. Campos Jr. — 2. ed. rev., ampl. e atual. pelo Departamento de Inglês da Editora. — São Paulo : FTD, 2007.

ISBN 978-85-322-6080-2

1. Inglês - Dicionários - Português 2. Português - Dicionários - Inglês I. Campos Junior, J. L. II. Título. III. Título: Minidicionário português-inglês.

07-1467 CDD-423.69
-469-21

**Índices para catálogo sistemático:**

1. Inglês : Dicionários : Português 423.69
2. Português : Dicionários : Inglês 469.32

# Apresentação

Com o olhar voltado para o estudante de nível básico e intermediário do idioma inglês, a Editora FTD publica esta segunda edição revisada, ampliada e atualizada do *Minidicionário Inglês-Português Silva Ramos / Português-Inglês Campos Jr.*

Além do acréscimo de siglas, abreviações, topônimos, gentílicos e termos de uso corrente, como os das áreas de computação e química, entre outros, esta nova edição traz também uma gama maior de expressões, termos compostos, *phrasal verbs*, plurais irregulares, formas variantes, bem como um aumento na quantidade de acepções por verbete.

A parte Português-Inglês também foi ampliada. Agora termos como **assistência técnica, banco de dados, de repente** são tratados como entradas separadas. As acepções também foram enriquecidas com a tradução de expressões e verbos pronominais.

Outro grande diferencial desta segunda edição é a reformulação completa da fonética do inglês. O novo código fonético utilizado foi desenvolvido especialmente para facilitar a pronúncia do idioma inglês pelo estudante brasileiro. Buscou-se utilizar letras do alfabeto português para representar o som dos "grupos fonéticos" do inglês, como em **fisher** /fich*er*/, **rising** /raizi*ng*/.

Esta nova edição conta também com os seguintes apêndices: lista dos principais verbos irregulares, numerais cardinais e ordinais, pesos e medidas, principais termos usados na área de informática e em páginas da Internet (como emoticons, abreviações usadas em bate-papos e *e-mails*, sufixos em endereços da Web etc.).

Esperamos, com nosso trabalho, oferecer uma ferramenta de consulta rápida e abrangente de grande ajuda para o aprendizado do idioma inglês.

# Apresentação

Este livro oferece conteúdo para estudantes de nível básico e intermediário do idioma inglês. A Editora LTC publica esta segunda edição revisada, [illegible] Símbolos fonéticos [illegible] *Português-Inglês / Inglês-Português* [illegible]

[illegible]

A parte Português-Inglês também [illegible] completa. Agora [illegible] como assistente, já que traz um banco de dados de expressões e verbetes como entradas separadas. [illegible]

[illegible] nesta edição foi a [illegible] do inglês [illegible] pelo estudante brasileiro. [illegible] última letra do alfabeto [illegible] dos principais [illegible] e [illegible] (*fisher* [illegible]).



# Sumário

# Abreviações e convenções usadas no dicionário

| | |
|---|---|
| *abrev* | abreviação |
| *adj* | adjetivo |
| *adv* | advérbio |
| *Anat* | Anatomia |
| *art def* | artigo definido |
| *art indef* | artigo indefinido |
| *Astrol* | Astrologia |
| *Astron* | Astronomia |
| *Biol* | Biologia |
| *Bot* | Botânica |
| *Comer* | Comércio |
| *Comp* | Computação |
| *conj* | conjunção |
| *Econ* | Economia |
| *Esp* | Esportes |
| *fem* | feminino |
| *fig* | sentido figurado |
| *form contr* | forma contracta |
| *form red* | forma reduzida |
| *Geog* | Geografia |
| *Geol* | Geologia |
| *Geom* | Geometria |
| *ger* | gerúndio |
| *geralm* | geralmente |
| *gír* | gíria |
| *Gram* | Gramática |
| *gr comp* | grau comparativo |
| *gr super* | grau superlativo |
| *inform* | informal |
| *IngAm* | inglês americano |
| *IngBrit* | inglês britânico |
| *interj* | interjeição |
| *Ling* | Linguística |
| *maiús* | maiúscula |
| *masc* | masculino |
| *Mat* | Matemática |
| *Med* | Medicina |
| *Mil* | Militar |
| *Min* | Mineralogia |
| *minús* | minúscula |
| *Mit* | Mitologia |
| *Mús* | Música |
| *Náut* | Náutica |
| *neg* | negativa |
| *num* | numeral |
| *ofens* | ofensivo |
| *part pass* | particípio passado |
| *pass* | passado |
| *pess* | pessoa |
| *pl* | plural |
| *pref* | prefixo |
| *prep* | preposição |
| *Quím* | Química |
| *Relig* | Religião |
| *rom* | romano |
| *s* | substantivo |
| *símb* | símbolo |
| *sing* | singular |
| *tb* | também |
| *us* | usado com |
| *us v pl* | usado com verbo no plural |
| *us v sing* | usado com verbo no singular |
| *v* | verbo |
| *v aux* | verbo auxiliar |
| *Zool* | Zoologia |

| | |
|---|---|
| \| | separação de classe gramatical |
| • | expressões |
| » | ver |

# Símbolos fonéticos

## Sons consonantais

| Símbolo | Som no inglês | Equivalente no português |
|---|---|---|
| b | bad | bola |
| d | mend | dado |
| f | fit | figo |
| g | get | gato |
| dj | gin | dia |
| *ng* | sing | cinco |
| h | home | (*r* vibrante forte como em tenro, rei) |
| y | yes | iogurte (*i* como semivogal) |
| k | cat | cama |
| l | lamb | lama |
| m | man | mato |
| n | nut | nó |
| p | pad | pai |
| r | red | para (*r* pronunciado no céu da boca) |
| s | sand | sala |
| z | rose | zebra |
| ch | she | chá |
| t | tip | tapa |
| tch | rich | tchau |
| v | vet | vaso |
| w | water | água (*u* como semivogal) |
| j | vision | já |
| *th* | think | (sem equivalente em português, som entre o *f* e o *t* pronunciado com a língua entre os dentes) |
| *dh* | this | (sem equivalente em português, som entre o *f* e o *d* pronunciado com a língua entre os dentes) |

# Sons vocálicos

| Símbolo | Som no inglês | Equivalente no português |
|---|---|---|
| á | father | fada (*a* longo e aberto) |
| â | but | (semelhante ao primeiro *a* de cama) |
| æ | cat | (entre o *a* de lá e o *e* de pé) |
| e | about | (som parecido com o *e* átono no final das palavras) |
| é | get | pé |
| i | pin | (*i* curto e forte como em si) |
| í | seen | (*i* longo como em saída) |
| ó | ball | pó |
| ú | boot | (*u* aberto como em juro) |
| u | book | (*u* breve e mais fechado como em burro) |
| ai | fly | baile |
| au | house | pausa |
| ei | day | lei |
| oi | boy | boia |
| ou | boat | outro |
| *er* | lover | (*e* átono e com o leve som de um *r* final, próximo ao *er* em versão) |
| êr | bird | (som entre o *e* aberto e o *o* fechado, seguido de um leve *r*, próximo ao *er* em verde) |

# INGLÊS PORTUGUÊS

Silva Ramos

# Aa

**a** ou **A** /ei/ *s* 1ª letra do alfabeto inglês. | *art indef* um, uma (usa-se antes de palavras iniciadas por um som consonantal). | *prep* por. • **twice a year** duas vezes por ano. **3 dollars a unit** 3 dólares por unidade.

**aback** /ebæk/ *adv* atrás, para trás; ao contrário.

**abacus** /æbekes/ *s* ábaco (*pl* **abacuses** ou **abaci** /æbesai/).

**abandon** /ebænden/ *v* abandonar. | *s* abandono.

**abandoned** /ebændend/ *adj* abandonado.

**abandonment** /ebændenment/ *s* abandono, deserção, renúncia.

**abase** /ebeis/ *v* rebaixar, humilhar, inferiorizar.

**abasement** /ebeisment/ *s* rebaixamento, humilhação.

**abash** /ebæch/ *v* envergonhar, embaraçar, confundir.

**abashment** /ebæchment/ *s* vergonha, vexame, humilhação.

**abate** /ebeit/ *v* abater, diminuir, deduzir, descontar, abaixar (preço); invalidar, anular.

**abatement** /ebeitment/ *s* abatimento, diminuição, redução; anulação, suspensão.

**abattoir** /æbetwár/ *s* matadouro.

**abbess** /æbes/ *s* abadessa.

**abbey** /æbi/ *s* abadia.

**abbot** /æbet/ *s* abade.

**abbreviate** /ebrívieit/ *v* abreviar.

**abbreviation** /ebrívieichen/ *s* abreviação, abreviatura.

**ABC** /eibísí/ *s* abecedário.

**abdicate** /æbdikeit/ *v* abdicar.

**abdication** /æbdikeichen/ *s* abdicação.

**abdomen** /æbdemen/ *s* abdome, abdômen.

**abdominal** /æbdámenel/ *adj* abdominal.

**abduct** /ebdâkt/ *v* abduzir; raptar.

**abduction** /ebdâkchen/ *s* abdução; rapto.

**aberration** /æbereichen/ *s* aberração, anormalidade; deformidade.

**abet** /ebét/ *v* incitar, instigar, fomentar, encorajar, apoiar.

**abetment** /ebétment/ *s* estímulo, incitação, instigação, fomento, apoio.

**abeyance** /ebeiens/ *s* pendência, suspensão. • **in abeyance** pendente, suspenso; jacente, vacante.

**abhor** /æbhór/ *v* abominar, detestar, repugnar.

**abhorrence** /æbhórens/ *s* aversão, repugnância.

**abidance** /ebaidns/ *s* permanência, residência; fidelidade, conformidade; adesão, sujeição.

**abide** /ebaid/ *v* habitar, residir, permanecer; aguentar, tolerar; conformar-se, esperar; sustentar, defender.

**abiding** /ebaiding/ *adj* duradouro, permanente.

**ability** /ebileti/ *s* habilidade, capacidade, competência; aptidão, talento, faculdade.

**abject** /æbdjékt/ *adj* abjeto.



**abjuration** /æbdjereichen/ *s* abjuração.

**abjure** /æbdjur/ *v* abjurar.

**ablation** /æbleichen/ *s* ablação.

**ablative** /æbletiv/ *adj* e *s* ablativo. | /æbleitiv/ *adj* ablativo.

**ablaze** /ebleiz/ *adj* chamejante, flamejante; brilhante; entusiasmado, empolgado. | *adv* inflamadamente, entusiasmadamente.

**able** /eibel/ *adj* apto, capaz; hábil, ágil; competente, qualificado. • **be able** ser capaz, estar apto, poder.

**able-bodied** /eibelbádid/ *adj* forte e saudável, robusto.

**abloom** /eblúm/ *adj* florescente.

**ablution** /eblúchen/ *s* ablução.

**ably** /eibli/ *adv* habilmente, competentemente.

**abnegate** /æbnigeit/ *v* abnegar.

**abnegation** /æbnigeichen/ *s* abnegação.

**abnormal** /æbnórmel/ *adj* anormal, incomum.

**abnormality** /æbnórmæleti/ *s* anormalidade, anomalia, deformidade.

**aboard** /ebórd/ *adv* a bordo, no trem, no avião.

**abode** /eboud/ *pass* e *part pass* de **abide**. | *s* residência, domicílio; permanência, estada.

**abolish** /ebálich/ *v* abolir; anular, revogar.

**abolition** /æbelichen/ *s* abolição (da escravatura); anulação; extinção, aniquilamento, supressão.

**abolitionism** /æbelichenizem/ *s* abolicionismo.

**abolitionist** /æbelichenist/ *s* abolicionista.

**A-bomb** /eibám/ *s* bomba A (bomba atômica).

**abominable** /ebámenebel/ *adj* abominável.

**abominate** /ebámeneit/ *v* abominar.

**aborigine** /æberidjeni/ *s* aborígine, índio; primitivo.

**abort** /ebórt/ *v* abortar; interromper e cancelar uma operação.

**abortion** /ebórchen/ *s* aborto; malogro, fracasso.

**abortive** /ebórtiv/ *adj* abortivo.

**abound** /ebaund/ *v* abundar. • **abound in/with** ter abundância de, ser cheio de, ser rico em.

**about** /ebaut/ *prep* em volta de, em redor de, perto de; a respeito de, sobre; ocupado com. | *adv* quase, aproximadamente, cerca de; ao redor; perto. • **about an hour** cerca de uma hora. **be about to** estar prestes a. **that's about it** isso é tudo.

**above** /ebâv/ *prep* sobre, por cima de; em posição superior. | *adv* acima, em cima; além; supra. | *s* o acima citado. | *adj* acima, supra (citado). • **above all** antes de tudo. **above 50 dollars** acima de 50 dólares.

**aboveboard** /ebâvbórd/ *adj* franco, honesto. | *adv* francamente, honestamente, às claras.

**abrade** /ebreid/ *v* desgastar, esmerilhar, esfolar.

**abrasion** /ebreijen/ *s* abrasão, desgaste; esfoladura, escoriação.

**abrasive** /ebreisiv/ *adj* e *s* abrasivo.

**abreast** /ebrést/ *adv* lado a lado.

**abridge** /ebridj/ *v* abreviar, resumir.

**abridgement** /ebridjment/ » **abridgment**.

**abridgment** /ebridjment/ *s* resumo, redução, diminuição.

**abroach** /ebroutch/ *adj* perfurado.

**abroad** /ebrád/ *adv* no estrangeiro, no exterior; largamente. | *s* (o) estrangeiro.

**abrogate** /æbregeit/ *v* ab-rogar.

**abrupt** /ebrâpt/ *adj* abrupto, repentino, brusco; íngreme.

**abruption** /ebrâpchen/ *s* interrupção brusca, ruptura.

**abscess** /æbsés/ *s* abscesso.

**abscissa** /æbsise/ *s* abscissa (*pl* **abscissas** ou **abscissae** /æbsisi/).

**abscission** /æbsijen/ *s* abscisão.

**abscond** /ebskánd/ *v* esconder-se, fugir à justiça.
**absence** /æbsens/ *s* ausência, afastamento; carência, falta; distração. • **in the absence of** na falta de. **absence of mind** distração.
**absent** /æbsent/ *adj* ausente; distraído, desatento. | /æbsént/ *v* ausentar-se, retirar-se.
**absent-minded** /æbsentmaindid/ *adj* distraído, absorto.
**absinth** /æbsin*th*/ » **absinthe**.
**absinthe** /æbsin*th*/ *s* absinto.
**absolute** /æbselút/ *adj* e *s* absoluto.
**absolutely** /æbselútli/ *adv* absolutamente. • **absolutely not** definitivamente não, de forma alguma.
**absolution** /æbselúchen/ *s* absolvição, remissão.
**absolutism** /æbselútizem/ *s* absolutismo.
**absolutist** /æbselútist/ *s* absolutista.
**absolvable** /ebzálvbel/ *adj* perdoável, remissível.
**absolve** /ebzálv/ *v* absolver, perdoar, isentar.
**absorb** /ebzórb/ *v* absorver, embeber, assimilar.
**absorbed** /ebzórbd/ *adj* absorto, absorvido.
**absorbent** /ebzórbent/ *adj* e *s* absorvente.
**absorption** /ebzórpchen/ *s* absorção; concentração mental.
**abstain** /ebstein/ *v* abster-se.
**abstemious** /æbstímies/ *adj* abstêmio.
**abstention** /ebsténchen/ *s* abstenção, abstinência.
**abstinence** /æbstinens/ *s* abstinência.
**abstinent** /æbstinent/ *adj* abstinente.
**abstract** /æbstrækt/ *adj* abstrato. | *s* extrato, resumo, sumário. | /æbstrækt/ *v* abstrair, separar, subtrair; resumir, sumariar.
**abstracted** /æbstræktid/ *adj* distraído, pensativo; separado.
**abstraction** /æbstrækchen/ *s* abstração; subtração; distração, preocupação.
**abstractionism** /æbstrækchenizem/ *s* abstracionismo.
**abstruse** /æbstrús/ *adj* obscuro; escondido, secreto.
**absurd** / ebzêrd/ *adj* e *s* absurdo.
**absurdity** /ebzêrdeti/ *s* absurdidade, disparate, insensatez.
**abundance** /ebândens/ *s* abundância.
**abundant** /ebândent/ *adj* abundante.
**abuse** /ebyúz/ *v* abusar; prejudicar; insultar, injuriar. | /ebyús/ *s* abuso; insulto, injúria.
**abusive** /ebyúziv/ *adj* abusivo, insultante, injurioso.
**abut** /ebât/ *v* estar contíguo, localizar-se ao lado, fazer fronteira, limitar-se.
**abysm** /ebizem/ » **abyss**.
**abyss** /ebis/ *s* abismo.
**ac** /eisí/ *abrev* de **alternating current**, ca, corrente alternada; de **air conditioning**, ar condicionado.
**acacia** /ekeiche/ *s* acácia.
**academe** /ækedím/ » **academy**.
**academia** /ækedímie/ » **academy**.
**academic** /ækedémik/ *adj* e *s* acadêmico.
**academician** /ækedemichen/ » **academic**.
**academics** /ækedémiks/ *s us v pl* cursos e estudos superiores.
**academy** /ekædemi/ *s* academia.
**acanthus** /ekæn*th*es/ *s* acanto (*pl* **acanthuses** ou **acanthi** /ekæn*th*ai/).
**acarus** /ækeres/ *s* ácaro (*pl* **acari** /ækerai/).
**accede** /æksíd/ *v* aceder, condescender, concordar, anuir; aderir, tomar parte em; ter acesso.
**accelerate** /ekséléreit/ *v* acelerar, apressar; precipitar, adiantar.
**acceleration** /ekséléreichen/ *s* aceleração.
**accelerator** /ekséléreit*e*r/ *s* acelerador.
**accent** /eksént/ *v* acentuar, dar ênfase a, frisar. | /æksént/ *s* sotaque; acento.
**accentuate** /ekséntchueit/ *v* acentuar.

A

A

**accentuation** /ekséntchueichen/ *s* acentuação.
**accept** /eksépt/ *v* aceitar.
**acceptable** /ekséptebel/ *adj* aceitável.
**acceptance** /ekséptens/ *s* aceitação.
**acceptation** /ekséptéichen/ *s* acepção; aceitação.
**accepted** /ekséptid/ *adj* aceito.
**access** /ækssés/ *s* acesso (*tb* de raiva, de doença); admissão; entrada, passagem. | *v* acessar.
**accessible** /eksésebel/ *adj* acessível; influenciável, suscetível.
**accession** /ekséchen/ *s* ascensão; aquisição, acréscimo; consentimento; acesso, ataque (de doença).
**accessory** /ekséseri/ *s* acessório, suplemento; cúmplice, encobridor, receptador. | *adj* acessório, secundário, suplementar; acumpliciado.
**access rights** *s* direitos de acesso.
**access road** *s* via de acesso.
**access speed** *s* velocidade de acesso.
**access time** *s* tempo de acesso.
**accidence** /æksidens/ *s* (gramática) flexão, inflexão.
**accident** /æksident/ *s* acidente, desastre; acaso, incidente. • **by accident** por acaso.
**accidental** /æksidéntel/ *adj* acidental, casual.
**accidentally** /æksidénteli/ *adv* acidentalmente, casualmente.
**accident insurance** *s* seguro contra acidentes.
**acclaim** /ekleim/ *v* aclamar, ovacionar; proclamar, promulgar. | *s* aclamação, ovação.
**acclamation** /æklemeichen/ *s* aclamação, proclamação.
**acclimate** /eklaimet, æklemeit/ *v* aclimatar(-se); adaptar-se.
**acclimatize** /eklaimetaiz/ » **acclimate**.
**acclivity** /ekliveti/ *s* aclive.
**accolade** /ækeleid/ *s* abraço, honra, louvor; condecoração.
**accommodate** /ekámedeit/ *v* acomodar, hospedar; ajustar, adaptar; obsequiar; aprovisionar.
**accommodating** /ekámedeiting/ *adj* prestativo, obsequioso, complacente.
**accommodation** /ekámedeichen/ *s* acomodação, adaptação, ajuste; auxílio, favor.
**accompaniment** /ekâmpeniment/ *s* acompanhamento; complemento.
**accompanist** /ekâmpenist/ *s* acompanhante (música).
**accompany** /ekâmpeni/ *v* acompanhar, escoltar; suplementar.
**accomplice** /ekámplis/ *s* cúmplice.
**accomplish** /ekámplich/ *v* executar, efetuar, realizar; concluir.
**accomplished** /ekámplicht/ *adj* talentoso, excelente; inquestionável.
**accomplishment** /ekámplichment/ *s* realização, consumação, cumprimento.
**accord** /ekórd/ *v* concordar, consentir; harmonizar. | *s* acordo, concordância, consentimento; harmonia.
**accordance** /ekórdens/ *s* acordo, conformidade, concordância. • **in accordance with** de acordo com, conforme.
**accordant** /ekórdent/ *adj* concordante, concorde, conforme, adequado.
**according to** *prep* de acordo com, em conformidade com, segundo a.
**accordingly** /ekórdingli/ *adv* conformemente; consequentemente, por conseguinte, portanto.
**accordion** /ekórdien/ *s* acordeão.
**accost** /ekást/ *v* abordar, confrontar, aproximar-se de, dirigir a palavra a (de forma agressiva).
**account** /ekaunt/ *s* conta, cálculo; relato; avaliação; consideração; conta corrente. | *v* considerar, ter em conta. • **account for** responder por. **take into account** levar em consideração.
**accountable** /ekauntebel/ *adj* responsável.
**accountancy** /ekauntensi/ » **accounting**.
**accountant** /ekauntent/ *s* contador, contabilista.

**accounting** /ekaunting/ *s* contabilidade.
**accredit** /ekrédit/ *v* creditar, dar crédito a, conferir poderes; reconhecer, endossar.
**accrual** /ekrúel/ *s* provisão; acúmulo.
**accrue** /ekrú/ *v* acumular-se; advir, resultar, provir.
**accumulate** /ekyúmyeleit/ *v* acumular, amontoar.
**accumulation** /ekyúmyeleichen/ *s* acumulação, acúmulo.
**accumulative** /ekyúmyeletiv/ *adj* acumulativo.
**accumulator** /ekyúmyeleiter/ *s* acumulador.
**accuracy** /ækyeresi/ *s* precisão, exatidão.
**accurate** /ækyeret/ *adj* preciso, exato.
**accursed** /ekêrst, ekêrsed/ *adj* amaldiçoado, maldito.
**accurst** /ekêrst/ » **accursed**.
**accusation** /ækyuzeichen/ *s* acusação, denúncia.
**accusative** /ekyúzetiv/ *adj* e *s* acusativo.
**accuse** /ekyúz/ *v* acusar, denunciar.
**accused** /ekyúzd/ *s* réu, acusado.
**accustom** /ekâstem/ *v* acostumar, familiarizar, habituar.
**accustomed** /ekâstemd/ *adj* acostumado, habituado; usual, habitual. • **be accustomed to** estar acostumado a. **get accustomed to** acostumar-se a.
**ac/dc** /eisídísí/ *abrev* de **alternating current/direct current**, ca/cc, corrente alternada/corrente contínua.
**ace** /eis/ *s* ás (carta de baralho); ponto ganho com um único lance (tênis, golfe etc.). | *adj* craque, ás, campeão. | *v* marcar um ponto com um único lance (tênis, golfe etc.).
**acephalous** /eiséfeles/ *adj* acéfalo.
**acerbate** /æserbeit/ *v* acerbar, exacerbar, exasperar.
**acetate** /æsiteit/ *s* acetato.
**acetone** /æsitoun/ *s* acetona.
**ache** /eik/ *v* doer, sentir dores; desejar muito. | *s* dor; saudade profunda, falta.
**achievable** /etchívebel/ *adj* realizável, executável.
**achieve** /etchív/ *v* realizar; alcançar, atingir; concluir com êxito.
**achievement** /etchívment/ *s* realização, execução; feito, façanha.
**Achilles' heel** /ekilíz híl/ *s* calcanhar de aquiles.
**achromatic** /ækremætik/ *adj* acromático.
**achromatize** /ekroumetaiz/ *v* acromatizar.
**acid** /æsid/ *s* ácido; ácido lisérgico. | *adj* ácido; azedo, acre.
**acidity** /esideti/ *s* acidez.
**acid rain** *s* chuva ácida.
**acidulate** /esidyuleit/ *v* acidular.
**acknowledge** /æknálidj/ *v* reconhecer, acusar o recebimento de; confessar, admitir.
**acknowledgement** /æknálidjment/ » **acknowledgment**.
**acknowledgment** /æknálidjment/ *s* confissão; notificação de recebimento; reconhecimento, validação; gratidão.
**acme** /ækmi/ *s* acme, apogeu.
**acne** /ækni/ *s* acne.
**acorn** /eikórn/ *s* bolota, glande (fruto do carvalho).
**acoustic** /ekústik/ *adj* acústico.
**acoustical** /ekústikel/ » **acoustic**.
**acoustics** /ekústiks/ *s* acústica (ciência *us v sing*; de um ambiente *us v pl*).
**acquaint** /ekweint/ *v* avisar, informar, comunicar; familiarizar. • **be acquainted with** conhecer pessoalmente. **acquaint oneself with** familiarizar-se com, inteirar-se de, travar relações com.
**acquaintance** /ekweintens/ *s* conhecido (pessoa conhecida); conhecimento, entendimento.
**acquainted** /ekweintid/ *adj* conhecido, familiarizado, informado.
**acquiesce** /ækwiés/ *v* aquiescer, assentir, anuir, consentir.
**acquire** /ekwaier/ *v* adquirir, obter.
**acquirement** /ekwaierment/ *s* aquisição; talento, aptidão.

A

**acquisition** /ækwizichen/ *s* aquisição, ganho, conquista.
**acquisitive** /ekwizetiv/ *adj* aquisitivo; ganancioso, ávido.
**acquit** /ekwit/ *v* absolver, inocentar; desculpar, isentar, desobrigar; portar-se.
**acquittal** /ekwitel/ *s* absolvição.
**acquittance** /ekwitens/ *s* quitação.
**acre** /ákre/ *s* acre (medida agrária igual a 4.046,84m²).
**acrid** /ækrid/ *adj* acre, ácido, amargo; áspero, mordaz, cáustico.
**acrobat** /ækrebæt/ *s* acrobata, acróbata.
**acrobatic** /ækrebætik/ *adj* acrobático.
**acrobatics** /ækrebætiks/ *s us v pl* ou *sing* acrobacia.
**acronym** /ækrenim/ *s* acrônimo.
**acrophobia** /ækrefoubie/ *s* acrofobia.
**acropolis** /ekrápelis/ *s* acrópole.
**across** /ekrás/ *prep* através de, de lado a lado; do outro lado de; por toda a extensão. | *adv* transversalmente, obliquamente. | *adj* cruzado. • **across the street** do outro lado da rua. **with arms across** com os braços cruzados. **across Europe** por toda a Europa.
**across-the-board** /ekrásdhebórd/ *adj* abrangente, geral.
**acrostic** /ekrástik/ *s* acróstico.
**act** /ækt/ *s* ato, ação; lei, decreto; auto, documento. | *v* atuar, agir; representar, encenar; simular. • **act of God** força maior. **act as/for** desempenhar o papel de, substituir.
**acting** /ækting/ *adj* interino, em exercício; representável, encenável. | *s* representação, encenação teatral; atuação.
**action** /ækchen/ *s* ação; operação, combate; gesto, movimento; processo, ação judicial; procedimento, conduta. • **in/into action** em combate; em movimento, em funcionamento. **out of action** fora de combate; fora de ação, fora de operação.
**activate** /ækteveit/ *v* ativar; tornar radioativo; catalisar.
**activation** /ækteveichen/ *s* ativação; catalisação.
**active** /æktiv/ *adj* ativo, efetivo; vivo, esperto, ligeiro, movimentado, vigoroso; na ativa. | *s* ativa (voz); ativo.
**activism** /æktivizem/ *s* ativismo.
**activist** /æktivist/ *s* e *adj* ativista.
**activity** /æktiveti/ *s* atividade; grau de radioatividade.
**actor** /ækter/ *s* ator.
**actress** /æktres/ *s* atriz.
**actual** /æktchuel/ *adj* verdadeiro, real, efetivo; baseado nos fatos.
**actuality** /æktchuæleti/ *s* realidade, fato.
**actually** /æktchueli/ *adv* realmente, efetivamente; na verdade, de fato.
**actuate** /æktchueit/ *v* acionar, impulsionar, impelir; incitar, instigar.
**acuity** /ekyúeti/ *s* acuidade.
**acuminate** /ekyúmeneit/ *adj* acuminado, pontiagudo. | *v* acuminar, aguçar.
**acupuncture** /ækyupângktcher/ *s* acupuntura. | *v* acupunturar.
**acute** /ekyút/ *adj* agudo; pontiagudo, afiado; severo, crítico; penetrante, perspicaz; forte (dor); estridente (som).
**acute accent** *s* acento agudo.
**ad** /æd/ *s* anúncio (*form red* de **advertisement**).
**A.D.** /eidí/ *abrev lat* de **Anno Domini**, d.C., depois de Cristo.
**adage** /ædidj/ *s* adágio, provérbio.
**Adam** /ædem/ *s* Adão. • **Adam's apple** pomo-de-adão.
**adamant** /ædement/ *adj* inflexível, duro, teimoso. | *s* pedra muito dura.
**adapt** /edæpt/ *v* adaptar, ajustar.
**adaptability** /edæptebileti/ *s* adaptabilidade.
**adaptable** /edæptebel/ *adj* adaptável.
**adaptation** /ædæpteichen/ *s* adaptação, ajuste, acomodação.
**adapter** /edæpter/ *s* adaptador.
**adaption** /edæpchen/ » **adaptation**.
**adaptor** /edæpter/ » **adapter**.

**add** /æd/ *v* adicionar, acrescentar, somar, juntar. • **add up to** constituir, significar, resultar.

**addendum** /edéndem/ *s* adendo, adenda (*pl* **addenda**).

**adder** /æder/ *s* víbora.

**addict** /ædikt/ *s* viciado; devoto, sectário. | /edikt/ *v* viciar(-se).

**addiction** /edikchen/ *s* inclinação, propensão; vício, dependência.

**addition** /edichen/ *s* adição, soma, aditamento, acréscimo; anexo de um edifício. • **in addition (to)** além do que, além do mais.

**additional** /edichenel/ *adj* adicional.

**additive** /ædetiv/ *s* e *adj* aditivo.

**addle** /ædl/ *v* confundir, aturdir; estragar, apodrecer. • **addled egg** ovo podre.

**address** /edrés/ *v* dirigir-se a (oralmente ou por escrito); endereçar; dedicar-se. | *s* discurso; /ædrés, edrés/ endereço.

**address book** *s* agenda de endereços.

**addressee** /ædrésí/ *s* destinatário.

**addresser** /edréser/ *s* remetente; assinante, subscritor; orador.

**addressor** /edréser/ » **addresser**.

**adenoid** /ædnoid/ *adj* e *s* adenoide.

**adept** /edépt/ *adj* habilitado, competente, perito, versado. | /ædépt/ *s* perito, conhecedor, prático, entendido.

**adequacy** /ædikwesi/ *s* adequação.

**adequate** /ædikwet/ *adj* adequado, apropriado.

**adequately** /ædikwetli/ *adv* adequadamente.

**adhere** /edhir/ *v* aderir; grudar, colar; seguir, dedicar-se.

**adherence** /edhirens/ *s* aderência, adesão; fidelidade, apego.

**adherent** /edhirent/ *adj* aderente, ligado. | *s* aderente, partidário.

**adhesion** /edhíjen/ *s* adesão.

**adhesive** /edhísiv/ *adj* e *s* adesivo.

**adhesive tape** *s* esparadrapo, fita adesiva.

**adiposity** /ædepáseti/ *s* adiposidade.

**adit** /ædit/ *s* ádito, acesso, passagem subterrânea.

**adjacency** /edjeisensi/ *s* adjacência.

**adjacent** /edjeisent/ *adj* adjacente.

**adjectival** /ædjiktaivel/ *adj* adjetivo.

**adjective** /ædjiktiv/ *s* e *adj* adjetivo.

**adjoin** /edjoin/ *v* unir, ligar, juntar.

**adjourn** /edjêrn/ *v* adiar, diferir; pospor, transferir; suspender (transações); deslocar-se.

**adjournment** /edjêrnment/ *s* adiamento, prorrogação; suspensão, interrupção; recesso.

**adjudge** /edjâdj/ *v* adjudicar; sentenciar, condenar; decretar.

**adjudged** /edjâdjd/ *adj* adjudicado, sentenciado; julgado.

**adjudicate** /edjúdikeit/ *v* adjudicar, julgar, sentenciar.

**adjudication** /edjúdikeichen/ *s* adjudicação, sentença, julgamento.

**adjunct** /ædjâng*k*t/ *s* e *adj* adjunto, complemento, acessório, auxiliar.

**adjunction** /edjâng*k*chen/ *s* adjunção.

**adjure** /edjur/ *v* adjurar, invocar, suplicar, intimar.

**adjust** /edjâst/ *v* ajustar, regularizar, acomodar, adaptar.

**adjustable** /edjâstebel/ *adj* ajustável, adaptável, regulável.

**adjustment** /edjâstment/ *s* ajustamento, ajuste; regularização, normalização.

**adjutant** /ædjutent/ *s* ajudante, auxiliar, assistente.

**administer** /edminister/ *v* administrar, dirigir, ministrar; fornecer, prover; ajudar, socorrer; prestar juramento.

**administrant** /edministrent/ *s* e *adj* administrante.

**administrate** /edministreit/ » **administer**.

**administration** /edministreichen/ *s* administração, gerência, direção; *maiús* o presidente e o seu gabinete de ministros (EUA); aplicação, distribuição; tratamento (remédio).

**administrative** /edministretiv/ *adj* administrativo, executivo.
**administrator** /edministreiter/ *s* administrador.
**admirable** /ædmerebel/ *adj* admirável, maravilhoso.
**admiral** /ædmerel/ *s* almirante.
**admiration** /ædmereichen/ *s* admiração; objeto de admiração.
**admire** /edmaier/ *v* admirar, apreciar; reverenciar, adorar.
**admirer** /edmaierer/ *s* admirador; pretendente.
**admissible** /edmisebel/ *adj* admissível, permissível; aceitável.
**admission** /edmichen/ *s* admissão; acesso, entrada, ingresso; consentimento; confissão, revelação.
**admit** /edmit/ *v* admitir, aceitar; permitir, consentir; reconhecer (a verdade), confessar.
**admittance** /edmitens/ *s* admissão, recepção, aceitação; entrada, acesso; permissão ou direito de ingresso. • **no admittance** entrada proibida.
**admittedly** /edmitidli/ *adv* evidentemente, reconhecidamente.
**ado** /edú/ *s* pressa, bulha, afã, alvoroço, algazarra. • **much ado about nothing** muito barulho por nada.
**adobe** /edoubi/ *s* adobe, tijolo cru, barro seco ao sol.
**adolescence** /ædelésens/ *s* adolescência.
**adolescent** /ædelésent/ *adj* e *s* adolescente.
**adopt** /edápt/ *v* adotar; aceitar, admitir, reconhecer.
**adoption** /edápchen/ *s* adoção.
**adoptive** /edáptiv/ *adj* adotivo.
**adorable** /edórebel/ *adj* adorável.
**adoration** /ædereichen/ *s* adoração.
**adore** /edór/ *v* adorar, reverenciar, venerar; gostar, estimar.
**adorn** /edórn/ *v* adornar, embelezar, enfeitar, decorar.
**adornment** /edórnment/ *s* adorno, ornamento, enfeite, decoração.
**adrenaline** /edrénelin/ *s* adrenalina.
**adrift** /edrift/ *adj* desgovernado, sem rumo. | *adv* à toa, a esmo.
**adulate** /ædjeleit/ *v* adular, bajular, lisonjear.
**adult** /edâlt, ædâlt/ *s* e *adj* adulto.
**adulterant** /edâlterent/ *adj* e *s* adulterante.
**adulterate** /edâltereit/ *v* adulterar. | /edâlterit/ *adj* adulterado.
**adulteration** /edâltereichen/ *s* adulteração, falsificação.
**adulterer** /edâlterer/ *s* adúltero.
**adulteress** /edâlterés, edâltris/ *s* adúltera.
**adultery** /edâlteri/ *s* adultério.
**adulthood** /edâlthud/ *s* maioridade.
**advance** /edvæns/ *v* avançar, adiantar, progredir; promover. | *s* avanço, progresso; adiantamento, empréstimo; elevação. • **in advance** com antecedência, adiantado.
**advanced** /edvænst/ *adj* avançado; adiantado.
**advancement** /edvænsment/ *s* avanço, progresso, melhoria.
**advantage** /edvæntidj/ *s* vantagem, lucro, benefício. | *v* favorecer, beneficiar. • **take advantage of** aproveitar-se de, tirar proveito de.
**advantageous** /ædvænteidjes/ *adj* vantajoso, lucrativo, favorável.
**advent** /ædvént/ *s* advento.
**Adventism** /ædventizem/ *s* adventismo.
**Adventist** /ædventist, edvéntist/ *adj* e *s* adventista.
**adventure** /edvéntcher/ *s* aventura; façanha, ousadia, especulação. | *v* aventurar(-se), arriscar.
**adventurer** /edvéntcherer/ *s* aventureiro; especulador.
**adventuress** /edvéntcherés/ *s* aventureira.
**adventurous** /edvéntcheres/ *adj* aventureiro, ousado, audaz, arriscado, temerário.

**adverb** /ædvêrb/ *s* advérbio.
**adverbial** /edvêrbiel/ *adj* adverbial.
**adversary** /ædverséri/ *s* adversário.
**adversative** /edvêrsetiv/ *adj* adversativo.
**adverse** /ædvêrs, ædvêrs/ *adj* adverso, oposto, antagônico.
**adversity** /edvêrseti/ *s* adversidade; desgraça, infortúnio.
**advert** /edvêrt/ *v* advertir, chamar a atenção a; referir-se, aludir-se.
**advertise** /ædvertaiz/ *v* publicar, anunciar; informar, notificar.
**advertisement** /ædvertaizment, edvêrtesment/ *s* anúncio, propaganda; aviso, notificação.
**advertiser** /ædvertaizer/ *s* anunciante.
**advertising** /ædvertaizing/ *s* publicidade, propaganda; anúncio.
**advice** /edvais/ *s* conselho, recomendação. • **advices** informação, notícia, novidade.
**advisable** /edvaizebel/ *adj* aconselhável, recomendável.
**advise** /edvaiz/ *v* aconselhar(-se), recomendar; avisar, informar; consultar.
**advisement** /edvaizment/ *s* prudência, cautela, ponderação, deliberação.
**adviser** /edvaizer/ *s* conselheiro, consultor; mentor.
**advisor** /edvaizer/ » **adviser**.
**advisory** /edvaizeri/ *adj* consultivo, prudente.
**advocacy** /ædvekesi/ *s* advocacia.
**advocate** /ædvekeit/ *v* advogar, defender. | /ædvekeit, ædvekit/ *s* advogado, defensor.
**aerate** /éreit/ *v* arejar, ventilar; oxigenar (o sangue).
**aeration** /éreichen/ *s* aeração, aeragem, ventilação.
**aerial** /ériel/ *adj* aéreo, atmosférico, etéreo; irreal, imaginário. | *s* antena (de rádio).
**aerobics** /éroubiks/ *s us v sing* ou *pl* ginástica aeróbica.
**aerodynamic** /éroudainæmik/ *adj* aerodinâmico.
**aerodynamical** /éroudainæmikel/ » **aerodynamic**.
**aerodynamics** /éroudainæmiks/ *s us v sing* aerodinâmica.
**aerogram** /éregræm/ *s* aerograma.
**aerogramme** /éregræm/ » **aerogram**.
**aeronaut** /érenát/ *s* aeronauta.
**aeronautic** /érenátik/ *adj* aeronáutico.
**aeronautical** /érenátikel/ » **aeronautic**.
**aeronautics** /érenátiks/ *s us v sing* aeronáutica.
**aerosol** /éresál/ *s* aerossol.
**aesthete** /ésthít/ *s* esteta.
**aesthetic** /ésthétik/ *adj* estético.
**aesthetician** /ésthetichen/ *s* esteta; esteticista.
**aesthetics** /ésthétiks/ *s us v sing* estética.
**afar** /efár/ *adv* ao longe, à distância.
**affable** /æfebel/ *adj* afável.
**affair** /efér/ *s* negócio, assunto; acontecimento, incidente; caso amoroso. • **foreign affairs** negócios ou relações exteriores (de um país).
**affect** /efékt/ *v* afetar; comover, impressionar; atacar, contaminar; ter afeição ou predileção por, ser dado a; fingir, simular. | /æfékt/ *s* sentimento, inclinação; afeto.
**affectation** /æfékteichen/ *s* afetação, fingimento.
**affected** /eféktid/ *adj* afetado, atacado; fingido, presunçoso, simulado; apegado, inclinado.
**affecting** /eféktíng/ *adj* comovente, terno.
**affection** /efékchen/ *s* afeição, afeto.
**affectionate** /efékchenet/ *adj* afetuoso, carinhoso, afável.
**affective** /eféktiv/ *adj* afetivo, terno; emocional.
**affiliate** /efilieit/ *v* afiliar, filiar, associar-se, agregar-se. | /efiliet/ *s* afiliado.
**affiliation** /efilieichen/ *s* afiliação.
**affinity** /efineti/ *s* afinidade, parentesco.

**affirm** /efêrm/ *v* afirmar, confirmar, assegurar, garantir; certificar, ratificar, declarar solenemente.
**affirmation** /æfermeichen/ *s* afirmação solene; confirmação, ratificação.
**affirmative** /efêrmetiv/ *adj* afirmativo. | *s* afirmativa.
**affix** /efiks/ *v* afixar; atribuir, imputar; apor (assinatura). | /æfiks/ *s* afixo; anexo, apêndice.
**afflatus** /efleites/ *s* inspiração (poética ou divina).
**afflict** /eflikt/ *v* afligir, angustiar.
**affliction** /eflikchen/ *s* aflição, desespero, angústia, mágoa, ansiedade.
**affluence** /æfluens/ *s* afluência, afluxo; abundância.
**affluency** /æfluensi/ » **affluence**.
**affluent** /æfluent/ *adj* e *s* afluente.
**afflux** /æflâks/ *s* afluxo.
**afford** /efórd/ *v* dar, conceder, fornecer; ter dinheiro ou recursos para.
**afforest** /efórest/ *v* florestar.
**afforestation** /efóresteichen/ *s* florestamento.
**affray** /efrei/ *s* tumulto, rixa.
**affront** /efrânt/ *v* afrontar, confrontar. | *s* afronta, confronto.
**Afghan** /æfgæn/ *s* e *adj* afegão.
**Afghanistan** /æfgænistæn/ *s* Afeganistão.
**afield** /efíld/ *adv* no campo ou para o campo; longe (de casa, do lar); fora do caminho, desviado.
**afire** /efaier/ *adj* e *adv* incendiado, em chamas; entusiasmado.
**aflame** /efleim/ *adj* chamejante. | *adv* em chamas; profundamente interessado.
**afloat** /eflout/ *adj* flutuante; embarcado; desgovernado; livre de dificuldades financeiras.
**afoot** /efut/ *adv* e *adj* a pé, andando; em ação.
**aforementioned** /efórménchend/ *adj* acima mencionado.
**aforesaid** /efórséd/ *adj* supracitado, referido anteriormente.
**aforethought** /efórthát/ *adj* premeditado, planejado anteriormente.
**afraid** /efreid/ *adj* amedrontado, assustado, receoso. • **I am afraid that** receio que, lamento que. **be afraid of** ter medo de.
**afresh** /efréch/ *adv* de novo.
**African** /æfriken/ *adj* e *s* africano.
**Afrikaans** /æfrikáns/ *s* africâner.
**Afrikaner** /æfrikáner/ *s* africânder.
**Afro-American** /æfrouemériken/ *adj* e *s* afro-americano.
**aft** /æft/ *adv* e *adj* de ré, à ré, de popa, à popa.
**after** /æfter/ *prep* depois de, após, em seguida a; à moda de, de acordo com. | *adv* depois, mais tarde; atrás, detrás. | *adj* subsequente, posterior, seguinte. | *conj* depois que. • **after all** afinal de contas. **day after day** dia após dia. **the day after tomorrow** depois de amanhã. **time after time** repetidas vezes.
**afterbirth** /æfterbêrth/ *s* secundinas.
**aftercare** /æfterkér/ *s* assistência pós-operatória.
**aftereffect** /æfterifékt/ *s* efeito secundário, posterior.
**afterglow** /æfterglou/ *s* arrebol da tarde.
**after-hours** /æfterauerz/ *adj* aberto após o horário de fechamento legal ou habitual.
**afterlife** /æfterlaif/ *s* vida após a morte.
**aftermath** /æftermæth/ *s* consequências (de um desastre ou algo desagradável).
**aftermost** /æftermoust/ *adj superl* o último.
**afternoon** /æfternún/ *s* tarde. • **good afternoon!** boa tarde! **this afternoon** hoje à tarde. **late afternoon** à noitinha.
**afterthought** /æfterthát/ *s* reflexão tardia.
**afterward** /æfterwerd/ *adv* posteriormente, em seguida, mais tarde, depois.
**afterwards** /æfterwerdz/ » **afterward**.
**again** /egén/ *adv* outra vez, de novo, novamente; por outro lado. • **again and again** repetidas vezes. **never again**

nunca mais. **now and again** de vez em quando. **over again** outra vez.

**against** /egénst/ *prep* contra, em oposição a, contrário a, defronte, oposto a.

**agate** /æget/ *s* ágata.

**age** /eidj/ *s* idade, velhice; época, era; período de vida. | *v* envelhecer; amadurecer, maturar, sazonar. • **at the age of 40** aos 40 anos de idade. **for ages** há muito tempo. **of age** maioridade. **under age** menoridade.

**aged** /eidjid/ *adj* envelhecido, velho, idoso; amadurecido, sazonado.

**age group** *s* faixa etária.

**ageless** /eidjles/ *adj* eterno, perene; sempre jovem.

**agency** /eidjensi/ *s* agência, filial.

**agenda** /edjénde/ *s* ordem do dia, pauta de reunião (*pl* **agendas**).

**agent** /eidjent/ *s* agente; representante, mediador; instrumento; reagente.

**agglomerate** /eglámereit/ *v* aglomerar. | /eglámerit/ *adj* e *s* aglomerado.

**agglomeration** /eglámereichen/ *s* aglomeração.

**agglutinate** /eglútneit/ *v* aglutinar.

**agglutination** /eglútneichen/ *s* aglutinação.

**aggravate** /ægreveit/ *v* agravar, intensificar; provocar.

**aggravation** /ægreveichen/ *s* agravação.

**aggregate** /ægrigeit/ *v* agregar, incorporar, reunir. | /ægriget/ *adj* agregado. | /ægriget/ *s* agregado, coleção, conjunto; total, soma.

**aggregation** /ægrigeichen/ *s* agregação, coleção, conjunto, reunião, acúmulo.

**aggress** /egrés/ *v* agredir, atacar.

**aggression** /egréchen/ *s* agressão, ataque, provocação, injúria.

**aggressive** /egrésiv/ *adj* agressivo.

**aggressiveness** /egrésivnes/ *s* agressividade.

**aggressor** /egréser/ *s* agressor.

**aggrieve** /egrív/ *v* afligir, oprimir, prejudicar; lesar, molestar.

**aggrieved** /egrívd/ *adj* aflito; magoado, ofendido; prejudicado, lesado.

**aghast** /egæst/ *adj* horrorizado, espantado; consternado.

**agile** /ædjel, ædjail/ *adj* ágil, vivo, ligeiro.

**agility** /edjileti/ *s* agilidade, vivacidade, presteza.

**agitate** /ædjiteit/ *v* agitar, abalar, sacudir; perturbar; debater.

**agitation** /ædjiteichen/ *s* agitação; perturbação; discussão, debate, campanha pública.

**agitator** /ædjiteiter/ *s* agitador, fomentador; perturbador.

**agleam** /eglím/ *adj* brilhante, fulgurante. | *adv* de modo brilhante ou fulgurante.

**aglitter** /egliter/ *adj* brilhante. | *adv* de modo brilhante.

**aglow** /eglou/ *adj* abrasado, incandescente. | *adv* abrasadamente.

**agnail** /ægneil/ *s* panarício.

**agnostic** /ægnástik/ *adj* e *s* agnóstico.

**ago** /egou/ *adv* anteriormente, há tempo, desde. | *adj* passado. • **long ago** há muito tempo.

**agog** /egág/ *adj* ansioso, impaciente, esperançoso, excitado. | *adv* ansiosamente, impacientemente.

**agonize** /ægenaiz/ *v* agonizar, agoniar.

**agony** /ægeni/ *s* agonia, angústia, martírio.

**agouti** /egúti/ *s* cutia (*pl* **agoutis** ou **agouties**).

**agrarian** /egrérien/ *adj* e *s* agrário.

**agree** /egrí/ *v* concordar, assentir; aprovar, ceder; coincidir; assentar bem, dar-se bem.

**agreement** /egríment/ *s* acordo, concordância; convenção; contrato.

**agricultural** /ægrikâltcherel/ *adj* agrícola.

**agriculture** /ægrikâltcher/ *s* agricultura.

**agronomist** /egránemist/ *s* agrônomo.

**agronomy** /egránemi/ *s* agronomia.

**aground** /egraund/ *adj* encalhado (embarcação), imobilizado. | *adv* imobilizadamente.

A

**aguacate** /ágwekáti/ *s* abacate.
**ahead** /ehéd/ *adv* avante, em frente; pela frente, à frente, adiante, na dianteira; adiantado, antes; no futuro. • **go ahead** prossiga, pode falar. **go straight ahead** continue sempre em frente.
**aid** /eid/ *v* ajudar, auxiliar, socorrer. | *s* socorro, amparo, auxílio, apoio; ajudante, auxiliar. • **first aids** primeiros socorros.
**AIDS** /eidz/ *abrev* de **Acquired Immune Deficiency Syndrome**, AIDS, Síndrome da Imunodeficiência Adquirida.
**ail** /eil/ *v* sentir dor, sentir-se indisposto.
**ailment** /eilment/ *s* indisposição física ou mental, incômodo.
**aim** /eim/ *v* mirar, apontar, fazer pontaria; almejar, pretender, objetivar. | *s* mira, alvo; objetivo, finalidade, fim, aspiração.
**aimless** /eimles/ *adj* incerto, vago, sem objetivo; sem destino, sem pontaria.
**ain't** /eint/ *form contr inform* de **am not**, **are not**, **is not**, **has not** e **have not**.
**air** /ér/ *s* ar; brisa, vento; semblante, aparência; ária, solo, melodia. | *v* arejar, ventilar; publicar ou divulgar através da mídia. • **on the air** no ar (mídia). **up in the air** incerto. **in the open air** ao ar livre.
**air bag** *s* saco inflável em um veículo para proteção dos ocupantes em caso de acidente.
**air base** *s* base aérea.
**airbrush** /érbrâch/ *s* aerógrafo. | *v* pintar com aerógrafo.
**air-condition** /érkendichen/ *v* prover ar condicionado a um ambiente.
**air conditioner** *s* ar-condicionado.
**aircraft** /érkræft/ *s* aeronave.
**aircraft carrier** *s* porta-aviões.
**airfield** /érfíld/ *s* campo de aviação.
**airfoil** /érfoil/ *s* aerofólio.
**air force** *s* força aérea.
**airfreight** /érfreit/ *s* frete aéreo.
**air gun** *s* arma de ar comprimido.
**air lane** *s* rota aérea.
**airless** /érles/ *adj* sem ar, abafado.
**airline** /érlain/ *s* linha aérea.
**airliner** /érlainer/ *s* avião de passageiros.
**airmail** /érmeil/ *v* remeter por via aérea. | *s* correspondência via aérea. • **by airmail** por via aérea.
**airman** /érmen/ *s* aviador.
**airplane** /érplein/ *s* avião, aeroplano.
**airport** /érpórt/ *s* aeroporto.
**air raid** *s* ataque aéreo, bombardeio aéreo.
**airship** /érchip/ *s* dirigível, aeróstato.
**airtight** /értait/ *adj* hermético, impermeável ao ar.
**airwave** /érweiv/ *s* onda de rádio e televisão.
**airway** /érwei/ *s* canal de ventilação; passagem entre o portão de embarque e o avião pela qual embarcam e desembarcam os passageiros; linha ou rota aérea.
**airy** /éri/ *adj* aéreo; arejado.
**aisle** /ail/ *s* nave (de igreja); corredor (entre os assentos de uma igreja, de um auditório, de um avião etc.).
**ajar** /edjár/ *adj* entreaberto (portão, porta).
**akimbo** /ekimbou/ *adv* com as mãos nos quadris.
**akin** /ekin/ *adj* consanguíneo. • **akin to** parecido com.
**alarm** /elárm/ *s* alarme; sobressalto. | *v* alarmar; inquietar; avisar.
**alarm clock** *s* despertador.
**alarming** /elárming/ *adj* alarmante, inquietante.
**alarmist** /elármist/ *s* alarmista.
**albatross** /ælbetrás/ *s* albatroz (*pl* **albatross** ou **albatrosses**).
**albeit** /ólbíit/ *conj* não obstante, embora.
**albinism** /ælbenizem/ *s* albinismo.
**albino** /ælbainou/ *s* albino.
**album** /ælbem/ *s* álbum (de fotos, selos; um disco ou um CD).
**albumen** /ælbyúmen/ *s* albume.

**albumin** /ælbyúmin/ *s* albumina.
**alchemist** /ælkemist/ *s* alquimista.
**alchemy** /ælkemi/ *s* alquimia.
**alcohol** /ælkehál/ *s* álcool, bebida alcoólica.
**alcoholic** /ælkehálik/ *adj* alcoólico. | *s* alcoólico, alcoólatra.
**alcoholism** /ælkehálizem/ *s* alcoolismo.
**alcove** /ælkouv/ *s* alcova.
**alderman** /óldermen/ *s* vereador.
**ale** /eil/ *s* cerveja forte de origem inglesa.
**aleatory** /eilietóri/ *adj* aleatório.
**alert** /elêrt/ *adj* alerta, vigilante, atento. | *s* alerta, alarma, sinal de prontidão. | *v* alarmar, alertar. • **on the alert** de sobreaviso.
**alga** /ælge/ *s* alga (*pl* **algae** /ældjí, ældjai, ælgí, ælgai/).
**algebra** /ældjibre/ *s* álgebra.
**alias** /eilies/ *adv* também conhecido como. | *s* pseudônimo.
**alibi** /ælibai/ *s* álibi.
**alien** /eilien/ *adj* e *s* alienígena. | *v* alienar, transferir o direito.
**alienable** /eilienebel/ *adj* alienável.
**alienate** /eilieneit/ *v* alienar, afastar; transferir propriedade.
**alienation** /eilieneichen/ *s* alienação, demência; cessão, transferência de bens ou direitos.
**alienist** /eilienist/ *s* alienista.
**alight** /elait/ *adj* aceso, iluminado. | *adv* em chamas. | *v* apear-se, desmontar.
**align** /elain/ *v* alinhar; aderir, tomar posição.
**alignment** /elainment/ *s* alinhamento.
**alike** /elaik/ *adj* igual, semelhante. | *adv* da mesma forma, igualmente.
**aliment** /æliment/ *s* alimento. | *v* alimentar.
**alimony** /ælimouni/ *s* pensão alimentícia.
**aline** /elain/ » **align**.
**alinement** /elainment/ » **alignment**.
**alit** /elit/ *pass* e *part pass* de **alight**.
**alive** /elaiv/ *adj* vivo, ativo, animado. • **alive to** suscetível a, sensível a.
**alkaline** /ælkelain/ *adj* alcalino.
**alkaloid** /ælkeloid/ *s* alcaloide.
**all** /ól/ *adj* todo, toda, todos, todas, inteiro, máximo. | *adv* inteiramente, completamente. | *pron* tudo, todos, todas. | *s* tudo, totalidade. • **after all** apesar de tudo, afinal de contas. **all at once** de repente. **all over** em toda parte. **all right** tudo bem. **not at all** de forma alguma; não há de quê. **once for all** de uma vez por todas.
**all-around** /óleraund/ *adj* abrangente; versátil.
**allay** /elei/ *v* acalmar, apaziguar.
**allegation** /æligeichen/ *s* alegação.
**allege** /elédj/ *v* alegar.
**allegiance** /elídjens/ *s* lealdade, fidelidade, vassalagem, submissão.
**allegoric** /æligórik/ » **allegorical**.
**allegorical** /æligórikel/ *adj* alegórico.
**allegory** /æligóri/ *s* alegoria.
**allergic** /elêrdjik/ *adj* alérgico.
**allergy** /ælerdji/ *s* alergia.
**alleviate** /elívieit/ *v* aliviar.
**alleviation** /elívieichen/ *s* alívio.
**alley** /æli/ *s* alameda; beco, ruela.
**All Fools' Day** /ólfúlzdei/ » **April Fools' Day**.
**Allhallows** /ólhælouz/ » **All Saints' Day**.
**alliance** /elaiens/ *s* aliança, união; confederação.
**allied** /ælaid/ *adj* aliado.
**alligator** /æligeiter/ *s* aligátor.
**alliteration** /elitereichen/ *s* aliteração.
**allocate** /ælekeit/ *v* alocar, designar, fixar; distribuir, repartir.
**allocation** /ælekeichen/ *s* alocação, distribuição; fixação.
**allopath** /ælepæth/ *s* alopata.
**allopathist** /elápethist/ » **allopath**.
**allopathy** /elápethi/ *s* alopatia.
**allot** /elát/ *v* distribuir, repartir; designar.
**allotment** /elátment/ *s* partilha, divisão, distribuição.
**allow** /elau/ *v* permitir, admitir; ceder, conceder; aprovar; tomar em consideração.

A

**allowance** /elauens/ *s* concessão, permissão; abatimento, desconto; aprovação; mesada, pensão. | *v* dar pensão ou mesada; racionar, distribuir por parcelas.
**alloy** /æloi/ *s* liga de metais; adulteração. | *v* combinar, ligar (metais); adulterar, falsificar.
**all-round** /ólraund/ » **all-around**.
**All Saints' Day** /ólseintsdei/ *s* Dia de Todos os Santos.
**All Souls' Day** /ólsoulzdei/ *s* Dia de Finados.
**allude** /elúd/ *v* aludir.
**allure** /elur/ *v* atrair, seduzir. | *s* encantamento, fascinação.
**alluring** /eluring/ *adj* atraente, fascinante, sedutor.
**allusion** /elújen/ *s* alusão, insinuação, referência.
**allusive** /elúsiv/ *adj* alusivo.
**alluvion** /elúvien/ *s* aluvião.
**ally** /elai/ *v* aliar(-se), formar aliança, confederar-se. | /ælai/ *s* aliado, confederado.
**almanac** /ólmenæk/ *s* almanaque.
**almighty** /ólmaiti/ *adj* onipotente, todo-poderoso. • **Almighty God** ou **The Almighty** Deus Todo-Poderoso.
**almond** /ámend/ *s* amêndoa; amendoeira.
**almost** /ólmoust/ *adv* quase, aproximadamente, perto de, por pouco. • **almost never** quase nunca.
**alms** /ámz/ *s* esmola.
**almsman** /ámzmen/ *s* pedinte.
**aloft** /eláft/ *adv* em cima, no alto.
**alone** /eloun/ *adj* sozinho, desacompanhado, solitário, isolado, só; exclusivo, único. | *adv* unicamente, apenas; exclusivamente.
**along** /eláng/ *prep* ao longo de; ao lado de, junto a. | *adv* ao longo; juntamente, acompanhadamente.
**alongside** /elángsaid/ *adv* ao lado de, junto a. | *prep* ao lado de, ao longo de, lado a lado com.
**aloof** /elúf/ *adv* à distância, ao longe; com altivez. | *adj* indiferente, desinteressado, afastado; altivo.
**aloud** /elaud/ *adv* alto, em voz alta.
**alpha** /ælfe/ *s* alfa.
**alphabet** /ælfebét/ *s* alfabeto.
**alphabetic** /ælfebétik/ » **alphabetical**.
**alphabetical** /ælfebétikel/ *adj* alfabético.
**alphabetize** /ælfebetaiz/ *v* pôr em ordem alfabética.
**already** /ólrédi/ *adv* já.
**also** /ólsou/ *adv* também, além disso.
**altar** /ólter/ *s* altar.
**alter** /ólter/ *v* alterar, variar; castrar (animais).
**alteration** /óltereichen/ *s* alteração.
**alternate** /óltêrnet/ *s* alternativo, substituto. | /óltêrnet/ *adj* alternado. | /ólterneit/ *v* alternar.
**alternating current** *s* corrente alternada (*abrev* **ac**).
**alternative** /óltêrnetiv/ *adj* alternativo. | *s* alternativa.
**alternator** /ólterneiter/ *s* alternador.
**although** /óldhou/ *conj* embora, todavia, não obstante.
**altimeter** /æltimeter/ *s* altímetro.
**altitude** /æltetúd/ *s* altitude.
**altogether** /óltegédher/ *adv* inteiramente, completamente; conjuntamente, ao todo, sem exceção.
**altruism** /æltruizem/ *s* altruísmo.
**altruist** /æltruist/ *s* altruísta.
**aluminum** /elúminem/ *s* alumínio (*símb* **Al**).
**alumnus** /elâmnes/ *s* aluno graduado (*pl* **alumni** /elâmnai/).
**alveolus** /ælvíeles/ *s* alvéolo (*pl* **alveoli** /ælvíelai/).
**always** /ólweiz/ *adv* sempre.
**am** /æm/ *v* sou, estou (*1ª pess sing* do *pres ind* do *v* **be**).
**AM** /eiém/ *s abrev* de **Amplitude Modulation**, AM, amplitude modulada.
**a.m.** /eiém/ *adv* e *adj abrev* de **Ante Meridiem**, antes do meio-dia.
**amalgam** /emælgem/ *s* amálgama.
**amalgamate** /emælgemeit/ *v* amalgamar.

**amass** /emæs/ *v* acumular, empilhar, juntar.
**amateur** /æmetcher/ *adj* e *s* amador.
**amaze** /emeiz/ *v* espantar, assombrar; pasmar.
**amazement** /emeizment/ *s* espanto, assombro; admiração.
**amazon** /æmezán/ *s* amazona.
**Amazonian** /æmezounien/ *adj* amazônico, amazonense.
**ambassador** /æmbæseder/ *s* embaixador.
**ambassadress** /æmbæsedres/ *s* embaixatriz.
**amber** /æmber/ *s* âmbar. | *adj* ambárico, amarelo-âmbar.
**ambidextrous** /æmbidékstres/ *adj* ambidestro; ardiloso.
**ambient** /æmbient/ *adj* ambiente, circundante.
**ambiguity** /æmbegyúeti/ *s* ambiguidade.
**ambiguous** /æmbigyúes/ *adj* ambíguo, dúbio.
**ambit** /æmbit/ *s* âmbito.
**ambition** /æmbichen/ *s* ambição.
**ambitious** /æmbiches/ *adj* ambicioso.
**ambivalence** /æmbivelens/ *s* ambivalência.
**ambivalent** /æmbivelent/ *adj* ambivalente.
**ambulance** /æmbyelens/ *s* ambulância.
**ambulant** /æmbyelent/ *adj* ambulante.
**ambulatory** /æmbyeletóri/ *adj* ambulatório, ambulante. | *s* corredor.
**ambush** /æmbuch/ *s* emboscada, cilada. | *v* emboscar, tocaiar.
**ameba** /emíbe/ » **amoeba**.
**amen** /eimén, ámén/ *interj* amém.
**amenable** /emínebel/ *adj* responsável; receptivo.
**amend** /eménd/ *v* emendar; corrigir; consertar.
**amendment** /eméndment/ *s* emenda; correção; melhoria.
**amends** /eméndz/ *s pl* compensação, reparação. • **make amends** reparar os erros.
**amenity** /eméneti/ *s* amenidade.
**American** /emériken/ *adj* e *s* americano (relativo aos EUA e às Américas).
**Americanism** /emérikenizem/ *s* americanismo.
**Americanize** /emérikenaiz/ *v* americanizar.
**amethyst** /æmethist/ *s* ametista.
**amiability** /eimiebileti/ *s* amabilidade.
**amid** /emid/ *prep* em meio a, no meio de, cercado de.
**amidst** /emidst/ » **amid**.
**amino acid** /emínou æsid/ *s* aminoácido.
**amiss** /emis/ *adj* defeituoso, impróprio; extraviado. | *adv* erradamente, defeituosamente.
**amity** /æmiti/ *s* relação amistosa.
**ammonia** /emounye/ *s* amônia.
**ammoniac** /emouniæk/ *adj* amoníaco.
**ammoniacal** /æmenaiekel/ » **ammoniac**.
**ammonium** /emouniem/ *s* amônio.
**ammunition** /æmyenichen/ *s* munição.
**amnesia** /æmníje/*s* amnésia.
**amnesty** /æmnesti/ *s* anistia. | *v* anistiar.
**amoeba** /emíbe/ *s* ameba (*pl* **amoebas** ou **amoebae** /emíbí/).
**amok** /emâk/ » **amuck**.
**among** /emâng/ *prep* entre (vários), no meio de.
**amongst** /emângst/ » **among**.
**amoral** /eimórel/ *adj* amoral.
**amorous** /æmres/ *adj* amoroso; enamorado.
**amorphous** /emórfes/ *adj* amorfo.
**amortization** /emórtezeichen/ *s* amortização.
**amortize** /æmórtaiz/ *v* amortizar.
**amount** /emaunt/ *s* importância, quantia; montante, soma; quantidade. | *v* equivaler; atingir (soma).
**amperage** /æmpridj/ *s* amperagem.
**ampere** /æmpir/ *s* ampère.
**ampersand** /æmpersænd/ *s* "e" comercial (o símbolo &).
**amphetamine** /æmfétemín/ *s* anfetamina.

A

**amphibian** /æmfibien/ *s* anfíbio; veículo usado em terra ou água.
**amphibious** /æmfibies/ *adj* anfíbio.
**amphitheater** /æmfe*th*ieter/ *s* anfiteatro.
**ample** /æmpel/ *adj* amplo, vasto.
**amplification** /æmplifikeichen/ *s* amplificação.
**amplifier** /æmplifaie*r*/ *s* amplificador.
**amplify** /æmplifai/ *v* amplificar.
**amplitude** /æmplitúd/ *s* amplitude.
**ampoule** /æmpúl/ *s* ampola.
**ampul** /æmpyúl/ » **ampoule**.
**ampule** /æmpyúl/ » **ampoule**.
**amputate** /æmpyeteit/ *v* amputar.
**amputation** /æmpyeteichen/ *s* amputação.
**amputee** /æmpyetí/ *s* amputado.
**amuck** /emâk/ *adv* furiosamente, enlouquecidamente. | *adj* tomado de fúria homicida.
**amulet** /æmyulet/ *s* amuleto.
**amuse** /emyúz/ *v* divertir, entreter, distrair.
**amusement** /emyúzment/ *s* diversão, entretenimento, distração.
**amusement park** *s* parque de diversões.
**amusing** /emyúzin*g*/ *adj* divertido, engraçado.
**amygdala** /emigdele/ *s* amígdala.
**an** /æn/ *art indef* um, uma (usa-se antes de palavras iniciadas por um som vocálico). | *prep* por. • **an egg** um ovo. **twice an hour** duas vezes por hora.
**anabolism** /enæbelizem/ *s* anabolismo.
**anachronism** /enækrenizem/ *s* anacronismo.
**anacoluthon** /ænekelú*th*en/ *s* anacoluto (*pl* **anacoluthons** ou **anacolutha** /ænekelú*th*e/).
**anaconda** /enekánde/ *s* anaconda, sucuri, jiboia.
**anaemia** /enímie/ » **anemia**.
**anaemic** /enímik/ » **anemic**.
**anaesthesia** /ænes*th*íje/ » **anesthesia**.
**anaesthetic** /ænes*th*étik/ » **anesthetic**.
**anaesthetist** /enés*th*etist/ » **anesthetist**.
**anaesthetize** /enés*th*etaiz/ » **anesthetize**.
**anagram** /ænegræm/ *s* anagrama.
**anal** /einel/ *adj* anal.
**analgesic** /æneldjízik/ *s* e *adj* analgésico.
**analog** /ænelág/ » **analogue**.
**analogical** /æneládjikel/ *adj* analógico.
**analogue** /ænelág/ *s* e *adj* análogo.
**analogy** /enæledji/ *s* analogia.
**analysis** /enælesis/ *s* análise; decomposição (*pl* **analyses** /enælesíz/).
**analyst** /ænelist/ *s* analista.
**analytic** /ænelitik/ *adj* analítico.
**analytical** /ænelitikel/ » **analytic**.
**analytics** /ænelitiks/ *s us v sing* ou *pl* analítica.
**analyze** /ænelaiz/ *v* analisar, examinar; decompor.
**anarch** /ænárk/ *s* anarquista (quem pratica anarquia).
**anarchism** /æne*r*kizem/ *s* anarquismo (doutrina política).
**anarchist** /æne*r*kist/ *s* anarquista (partidário do anarquismo).
**anarchy** /æne*r*ki/ *s* anarquia, confusão, desordem.
**anathema** /enæ*th*eme/ *s* anátema, execração; pessoa anatematizada, excomungado.
**anatomic** /ænetámik/ » **anatomical**.
**anatomical** /ænetámikel/ *adj* anatômico.
**anatomist** /enætemist/ *s* anatomista.
**anatomize** /enætemaiz/ *v* anatomizar.
**anatomy** /enætemi/ *s* anatomia.
**ancestor** /ænséste*r*/ *s* antepassado, ascendente, ancestre.
**ancestral** /ænséstrel/ *adj* ancestral.
**ancestry** /ænséstri/ *s* ascendência, linhagem, estirpe.
**anchor** /æn*g*ke*r*/ *s* âncora; último atleta numa corrida de revezamento. | *v* ancorar.
**anchorage** /æn*g*keridj/ *s* ancoradouro; ancoragem.
**anchorman** /æn*g*ke*r*mæn/ *s* âncora (principal apresentador de noticiário de te-

levisão ou rádio e último atleta numa corrida de revezamento).
**anchovy** /æntchouvi/ *s* enchova (*pl* **anchovy** ou **anchovies**).
**ancient** /einchent/ *adj* antigo, remoto, velho; antiquado; relativo à antiguidade. | *s* ancião.
**and** /ænd/ *conj* e. • **and so on** e assim por diante.
**androgynous** /ændrádjenes/ *adj* andrógino.
**android** /ændroid/ *s* androide.
**anecdote** /ænikdout/ *s* anedota (*pl* **anecdotes** ou **anecdota**).
**anemia** /enímie/ *s* anemia.
**anemic** /enímik/ *adj* anêmico.
**anemone** /enémeni/ *s* anêmona.
**anesthesia** /ænes*th*íje/ *s* anestesia.
**anesthetic** /ænes*th*étik/ *s* anestético, anestésico.
**anesthetist** /enés*th*etist/ *s* anestesista.
**anesthetize** /enés*th*etaiz/ *v* anestesiar.
**aneurism** /ænyerizem/ » **aneurysm**.
**aneurysm** /ænyerizem/ *s* aneurisma.
**anew** /enú/ *adv* de novo, novamente, outra vez.
**angel** /eindjel/ *s* anjo.
**angelic** /ændjélik/ *adj* angélico.
**angelical** /ændjélikel/ *adj* angelical.
**anger** /ængger/ *s* cólera, ira, raiva, ódio. | *v* irritar(-se), enraivecer, enfurecer-se.
**angle** /ænggel/ *s* ângulo. | *v* angular; pescar com anzol.
**angler** /ænggler/ *s* pescador (linha e anzol); embusteiro, impostor, mentiroso.
**angleworm** /ænggelwêrm/ *s* minhoca usada como isca no anzol.
**Anglican** /ænggliken/ *adj* e *s* anglicano.
**Anglicanism** /ænggikenizem/ *s* anglicanismo.
**Anglicism** /ængglisizem/ *s* anglicismo.
**anglicize** /ængglisaiz/ *v* anglicizar.
**angry** /ænggri/ *adj* irado, colérico, zangado, furioso, indignado. • **get angry** zangar-se, aborrecer-se.
**anguish** /ænggwich/ *s* angústia, agonia. | *v* angustiar(-se).
**anguished** /ænggwicht/ *adj* angustiado, atormentado, aflito.
**angular** /ænggyuler/ *adj* angular, anguloso; ossudo; desajeitado.
**angularity** /ænggyuléreti/ *s* angularidade.
**angulate** /ænggyuleit/ *adj* anguloso, angular.
**anil** /ænil/ *s* anil.
**anilin** /ænilin/ » **aniline**.
**aniline** /ænilin/ *s* anilina.
**anima** /ænime/ *s* anima (lado feminino presente no inconsciente masculino conforme Jung).
**animal** /ænimel/ *s* animal; *fig* pessoa bruta. | *adj* animal. • **animal kingdom** reino animal.
**animalism** /ænimelizem/ *s* animalismo.
**animate** /ænimeit/ *v* animar; encorajar, estimular; avivar, vitalizar. | /ænimet/ *adj* animado, vivo, vivaz, vigoroso.
**animated** /ænimeitid/ *adj* » **animate**.
**animated cartoon** *s* desenho animado.
**animation** /ænimeichen/ *s* animação (*tb* produção de desenhos animados), vivacidade, entusiasmo.
**animator** /ænimeiter/ *s* animador (*tb* profissional que trabalha na produção de desenhos animados); estimulador.
**animosity** /ænimáseti/ *s* animosidade.
**animus** /ænimes/ *s* animus (lado masculino presente no inconsciente feminino conforme Jung).
**anise** /ænis/ *s* anis, erva-doce.
**ankle** /ængkel/ *s* tornozelo.
**anklebone** /ængkelboun/ *s* astrágalo.
**anklet** /ængklet/ *s* tornozeleira.
**annalist** /ænelist/ *s* analista (pessoa que escreve anais), cronista, historiador.
**annals** /ænelz/ *s pl* anais.
**anneal** /eníl/ *v* temperar (vidro ou metal).
**annex** /enéks/ *v* anexar, juntar, afixar. | /ænéks/ *s* anexo (prédio); apêndice.
**annexation** /ænékseichen/ *s* anexação, incorporação.
**Annie Oakley** /æni oukli/ *s* entrada gratuita para espetáculos.

**annihilate** /enaieleit/ *v* aniquilar.
**annihilation** /enaieleichen/ *s* aniquilação, extermínio, destruição.
**anniversary** /ænivêrseri/ *s* aniversário.
**annotate** /æneteit/ *v* anotar, acrescentar comentários ou notas explicativas.
**annotation** /æneteichen/ *s* anotação, comentário, nota explicativa.
**announce** /enauns/ *v* anunciar, proclamar; publicar, noticiar; apresentar (um orador, hóspede).
**announcement** /enaunsment/ *s* anúncio, proclamação, aviso; publicação; apresentação.
**announcer** /enaunser/ *s* anunciador, locutor (de rádio ou televisão).
**annoy** /enoi/ *v* incomodar, importunar, aborrecer, perturbar.
**annoyance** /enoiens/ *s* aborrecimento, contrariedade, incômodo, desgosto, importunação.
**annoying** /enoiing/ *adj* perturbador, importuno, irritante.
**annual** /ænyuel/ *adj* anual. | *s* anuário; planta anual.
**annually** /ænyueli/ *adv* anualmente.
**annuity** /enúéti/ *s* anuidade.
**annul** /enâl/ *v* anular, invalidar.
**annular** /ænyeler/ *adj* anular, anelar.
**annulment** /enâlment/ *s* anulação, invalidação, rescisão.
**annunciate** /enânsieit/ *v* anunciar.
**annunciation** /enânsieichen/ *s* anunciação, proclamação; *maiús* Anunciação (festa religiosa).
**anoint** /enoint/ *v* untar; ungir.
**anointment** /enointment/ *s* unção.
**anomalous** /enâmeles/ *adj* anômalo.
**anomaly** /enâmeli/ *s* anomalia.
**anonym** /ænenim/ *s* anônimo.
**anonymity** /ænenimeti/ *s* anonimato.
**anonymous** /enânemes/ *adj* anônimo.
**anorak** /æneræk/ *s* anoraque.
**anorexia** /æneréksie/ *s* anorexia.
**another** /enâdher/ *adj* mais um, mais outro; outro. | *pron* um outro; qualquer um.
**ANSI** *abrev* de **American National Standards Institute**, Instituto Nacional Americano de Padronização.
**answer** /ænser/ *s* resposta, réplica; solução (de um problema); contestação. | *v* responder, retrucar, replicar; atender; corresponder; satisfazer • **answer the door** atender à porta. **answer to my needs** satisfazer minhas necessidades.
**answerable** /ænsrebel/ *adj* responsável; que pode ser respondido; refutável.
**answering machine** /ænsring mechín/ *s* secretária eletrônica.
**ant** /ænt/ *s* formiga.
**antagonism** /æntægenizem/ *s* antagonismo.
**antagonist** /æntægenist/ *s* antagonista.
**antagonize** /æntægenaiz/ *v* antagonizar-se.
**Antarctic** /æntárktik/ *adj* antártico. | *s* região antártica.
**Antarctica** /æntárktike/ *s* Antártica.
**anteater** /æntíter/ *s* tamanduá.
**antecede** /æntisíd/ *v* anteceder.
**antecedence** /æntesídens/ *s* antecedência.
**antecedent** /æntisídent/ *adj* e *s* antecedente, anterior, precedente.
**antechamber** /æntitcheimber/ *s* antecâmara.
**antedate** /æntideit/ *v* antedatar, pré-datar. | *s* antedata.
**antelope** /æntloup/ *s* antílope (*pl* **antelope** ou **antelopes**).
**ante meridiem** /æntimeridien/ *adv* e *adj* após a meia-noite e antes do meio-dia (*abrev* **a.m.**).
**antenatal** /æntineitel/ *adj* pré-natal.
**antenatal clinic** *s* clínica pré-natal.
**antenna** /ænténe/ *s* antena (de animal *pl* **antennae** /ænténí/; de rádio, TV *pl* **antennas**).
**antepenultimate** /æntipinâltemet/ *adj* antepenúltimo.
**anterior** /æntirier/ *adj* anterior, precedente; prévio.
**anteroom** /æntirúm/ *s* antessala.

**anthem** /æn*th*em/ *s* hino; antífona. • **national anthem** hino nacional.

**anthill** /ænthil/ *s* formigueiro, cupinzeiro.

**anthologist** /æn*th*áledjist/ *s* antologista.

**anthology** /æn*th*áledji/ *s* antologia.

**anthrax** /æn*th*ræks/ *s* antraz.

**anthropologist** /æn*th*repáledjist/ *s* antropólogo, antropologista.

**anthropology** /æn*th*repáledji/ *s* antropologia.

**anthropophagy** /æn*th*repáfedji/ *s* antropofagia.

**antiaircraft** /æntiérkræft/ *adj* antiaéreo.

**antibiotic** /æntibaiátik/ *s* e *adj* antibiótico.

**antibody** /æntibádi/ *s* anticorpo.

**antichrist** /æntikraist/ *s* anticristo.

**anticipate** /æntisepeit/ *v* antecipar; adiantar, apressar.

**anticipation** /æntisepeichen/ *s* antecipação, adiantamento; intuição, previsão, pressentimento.

**anticipative** /æntisepeitiv/ *adj* esperançoso.

**anticlockwise** /æntiklákwaiz/ *adv* em sentido anti-horário. | *adj* anti-horário.

**anticoagulant** /æntikouægyelent/ *adj* anticoagulante.

**antidepressant** /æntidiprésent/ *s* antidepressivo.

**antidote** /æntidout/ *s* antídoto.

**antifreeze** /æntifríz/ *s* anticongelante.

**anti-inflammatory** /æntiinflæmetóri/ *adj* e *s* anti-inflamatório.

**antimony** /æntemouni/ *s* antimônio (*símb* **Sb**).

**antipathy** /æntipe*th*i/ *s* antipatia.

**antipode** /æntipoud/ *s* antípoda.

**antipope** /æntipoup/ *s* antipapa.

**antiquarian** /æntekwérien/ *s* antiquário, sebo.

**antiquary** /æntekwéri/ » **antiquarian**.

**antiquate** /æntekweit/ *v* antiquar.

**antiquated** /æntekweitid/ *adj* antiquado.

**antique** /æntík/ *s* antiguidade, objeto de arte antiga. | *adj* antigo, clássico.

**antiquity** /æntikweti/ *s* antiguidade (época). • **antiquities** antiguidades, objetos antigos.

**anti-Semitism** /æntisémetizem/ *s* antissemitismo.

**antiseptic** /ænteséptik/ *adj* antisséptico.

**antisocial** /æntisouchel/ *adj* antissocial.

**antiterrorist** /æntitérerist/ *adj* antiterrorista.

**antithesis** /ænti*th*esis/ *s* antítese (*pl* **antitheses** /ænti*th*esíz/).

**antitoxin** /æntitáksin/ *s* antitoxina.

**antitrust** /æntitrâst/ *adj* antitruste.

**antler** /æntler/ *s* galhada, corno.

**antonym** /æntenim/ *s* antônimo.

**antrum** /æntrem/ *s* antro (*pl* **antra** /æntre/).

**anus** /eines/ *s* ânus.

**anvil** /ænvel/ *s* bigorna.

**anxiety** /ængzaieti/ *s* ansiedade, apreensão, inquietude; desejo veemente.

**anxious** /ængkches/ *adj* ansioso, impaciente, inquieto, aflito.

**any** /éni/ *adj* algum(a); nenhum(a); qualquer, quaisquer; todo(a), cada. | *pron* qualquer um(a); algum(a); nenhum(a) (em orações *neg*). | *adv* de qualquer modo, em qualquer grau; nada.

**anybody** /énibádi/ *pron* qualquer um, qualquer pessoa; ninguém. | *s* (um) alguém (no sentido de pessoa importante).

**anyhow** /énihau/ *adv* de qualquer maneira; casualmente, descuidadamente.

**anymore** /énimór/ *adv* nunca mais.

**anyone** /éniwân/ *pron* qualquer um, qualquer pessoa, alguém.

**anyplace** /énipleis/ *adv* em qualquer lugar.

**anything** /éni*th*ing/ *pron* qualquer coisa, nada; alguma coisa, algo (sentido *interrog*); nada (sentido *neg*). | *adv* de qualquer forma, de todo jeito. | *s* qualquer coisa. • **anything else?** mais alguma coisa?

**anytime** /énitaim/ *adv* a qualquer momento.

**anyway** /éniwei/ *adv* de qualquer modo, de qualquer forma.
**anywhere** /éniwér/ *adv* em qualquer parte ou lugar; em nenhuma parte, em nenhum lugar (sentido *neg*); em ou para qualquer lugar.
**apace** /epeis/ *adv* rapidamente, aceleradamente, a passos largos.
**apart** /epárt/ *adv* à parte, separadamente; em pedaços. | *adj* isolado. • **apart from** além de, à parte de.
**apartheid** /epárteit, epártait/ *s apartheid* (sistema de segregação racial praticado na África do Sul).
**apartment** /epártment/ *s* apartamento.
**apathetic** /æpe*th*étik/ *adj* apático.
**apathetical** /æpe*th*étikel/ » **apathetic**.
**apathy** /æpe*th*i/ *s* apatia.
**ape** /eip/ *s* macaco, mono; macaqueador. | *v* macaquear, imitar.
**apeak** /epík/ *adv* a pique. | *adj* perpendicular.
**aperture** /æpertchur/ *s* abertura, fenda, orifício, fresta.
**apex** /eipéks/ *s* ápice (*pl* **apexes** /eipéksiz/ ou **apices** /eipisíz/).
**aphorism** /æferizem/ *s* aforismo.
**aphrodisiac** /æfrediziæk/ *s* e *adj* afrodisíaco.
**apiarist** /eipierist/ *s* apicultor.
**apiary** /eipiéri/ *s* apiário.
**apiculture** /eipikâltcher/ *s* apicultura.
**apiculturist** /eipikâltcherist/ *s* apicultor.
**apiece** /epís/ *adv* cada, cada um(a), por peça, por cabeça.
**apnea** /æpníe, æpnie/ *s* apneia.
**apocalypse** /epákelips/ *s* apocalipse.
**apocalyptic** /epákeliptik/ *adj* apocalíptico.
**apocalyptical** /epákeliptikel/ » **apocalyptic**.
**apocryphal** /epákrefel/ *adj* apócrifo.
**apogee** /æpedji/ *s* apogeu.
**apologetic** /epáledjétik/ *adj* apologético.
**apologetical** /epáledjétikel/ » **apologetic**.
**apologist** /epáledjist/ *s* apologista.
**apologize** /epáledjaiz/ *v* desculpar-se.
**apologue** /æpelág/ *s* apólogo.
**apology** /epáledji/ *s* apologia.
**apostasy** /epástesi/ *s* apostasia.
**apostate** /epásteit/ *adj* e *s* apóstata.
**apostle** /epásel/ *s* apóstolo.
**apostolate** /epástelit/ *s* apostolado.
**apostolic** /æpestálik/ *adj* apostólico.
**apostrophe** /epástrefi/ *s* apóstrofo; apóstrofe, invocação.
**apostrophize** /epástrefaiz/ *v* apostrofar.
**apothecary** /epá*th*ekeri/ *s* boticário, farmacêutico.
**apothem** /æpe*th*ém/ *s* apótema.
**apotheosis** /epá*th*iousis/ *s* apoteose (*pl* **apotheoses** /epá*th*iousíz/).
**appall** /epól/ *v* espantar, horrorizar, assustar.
**appalling** /epóli*ng*/ *adj* espantoso, pavoroso, horroroso, assustador.
**apparatus** /æperætes/ *s* aparelho, instrumento (*pl* **apparatus** ou **apparatuses**).
**apparel** /epérel/ *s* vestuário, traje; adorno. | *v* vestir; ornar, enfeitar.
**apparent** /epérent/ *adj* aparente, evidente, claro.
**apparition** /æperichen/ *s* aparição, espectro (fantasma).
**appeal** /epíl/ *v* apelar, recorrer; atrair. | *s* apelo, súplica; apelação; encanto, atração.
**appealing** /epíli*ng*/ *adj* atraente, simpático; apelante, suplicante.
**appear** /epir/ *v* aparecer, surgir; parecer, dar a impressão; apresentar-se, comparecer.
**appearance** /epirens/ *s* aparecimento; comparecimento; aparência, aspecto.
**appease** /epíz/ *v* apaziguar, pacificar; aplacar; satisfazer.
**appeasement** /epízment/ *s* apaziguamento, conciliação.
**appellant** /epélent/ *adj* e *s* apelante.
**appellation** /æpeleichen/ *s* nome, denominação, designação, título.
**append** /epénd/ *v* anexar, juntar, suplementar; fixar, atar.
**appendicitis** /epéndisaitis/ *s* apendicite.

**appendix** /epéndiks/ *s* apêndice, anexo; parte acessória de um órgão (*pl* **appendixes** /epéndiksiz/ ou **appendices** /epéndisíz/).
**apperception** /æpersépchen/ *s* percepção.
**appetite** /æpetait/ *s* apetite.
**appetizer** /æpetaizer/ *s* tira-gosto, aperitivo.
**appetizing** /æpetaizing/ *adj* apetitoso.
**applaud** /eplád/ *v* aplaudir.
**applause** /epláz/ *s* aplauso, aclamação, aprovação.
**apple** /æpel/ *s* maçã, macieira. • **apple of discord** pomo de discórdia.
**apple-pie** /æpelpai/ *adj inform* quase ou praticamente perfeito.
**appliance** /eplaiens/ *s* instrumento, utensílio. • **household appliances** utensílios domésticos, eletrodomésticos.
**applicability** /æplikebileti/ *s* aplicabilidade.
**applicable** /eplikebel, æplikebel/ *adj* aplicável, apropriado.
**applicant** /æplikent/ *s* candidato, pretendente (emprego, cargo); requerente.
**application** /æplikeichen/ *s* aplicação, emprego, utilização; aplicativo. • **on application** a pedido.
**application form** *s* formulário de requerimento.
**applicative** /æplikeitiv, epliketiv/ *adj* aplicável, prático.
**applied** /eplaid/ *adj* aplicado, utilizado, empregado.
**applied physics** *s* Física Aplicada.
**apply** /eplai/ *v* aplicar(-se); solicitar, requerer, candidatar-se (emprego).
**appoint** /epoint/ *v* designar, nomear; fixar, marcar; equipar, suprir; autorizar.
**appointee** /epointí/ *s* pessoa nomeada para um cargo.
**appointment** /epointment/ *s* nomeação, decreto; encontro, compromisso. • **make an appointment with** marcar um encontro com.
**apportion** /epórchen/ *v* partilhar, ratear, dividir equitativamente.
**apportionment** /epórchenment/ *s* partilha, distribuição, rateio.
**appose** /epouz/ *v* apor, justapor.
**apposite** /æpezit/ *adj* apropriado, adequado, conveniente.
**apposition** /æpezichen/ *s* aposição.
**appositive** /epázitiv/ *s* e *adj* aposto.
**appraisal** /epreizel/ *s* apreciação, avaliação, estimativa.
**appraise** /epreiz/ *v* avaliar, apreciar, estimar, fixar o preço ou valor.
**appraisement** /epreizment/ *s* apreciação, avaliação.
**appraiser** /epreizer/ *s* avaliador.
**appreciable** /eprichebel/ *adj* apreciável, apreciativo.
**appreciate** /eprichieit/ *v* apreciar, estimar; compreender, perceber; agradecer; valorizar.
**appreciation** /eprichieichen/ *s* apreciação, avaliação; valorização; gratidão, reconhecimento.
**appreciative** /eprichetiv/ *adj* apreciativo; agradecido; elogioso.
**apprehend** /æprihénd/ *v* apreender; prender, deter; perceber, entender, notar.
**apprehensible** /æprihénsibel/ *adj* apreensível, compreensível, concebível, perceptível.
**apprehension** /æprihénchen/ *s* apreensão, temor, receio; prisão; compreensão, percepção.
**apprehensive** /æprihénsiv/ *adj* apreensivo, receoso; perspicaz, inteligente, sagaz.
**apprentice** /epréntis/ *s* aprendiz.
**approach** /eproutch/ *v* aproximar(-se), acercar-se; dirigir-se; abordar. | *s* aproximação, abordagem; proposta; acesso.
**approachable** /eproutchebel/ *adj* acessível; tratável, comunicativo.
**approbate** /æprebeit/ *v* aprovar, sancionar.
**approbation** /æprebeichen/ *s* aprovação, sanção, consentimento.

**appropriate** /eproupriet/ *adj* apropriado, adequado, conveniente, próprio. | /eproupriеit/ *v* destinar, atribuir; apropriar-se.
**appropriation** /eprouprieichen/ *s* apropriação; dotação (de verba).
**approvable** /eprúvebel/ *adj* aprovável.
**approval** /eprúvel/ *s* aprovação.
**approve** /eprúv/ *v* aprovar.
**approximate** /epráksimet/ *adj* aproximado; semelhante, similar. | /epráksimeit/ *v* aproximar(-se).
**approximately** /epráksimetli/ *adv* aproximadamente.
**approximation** /epráksimeichen/ *s* aproximação.
**apricot** /eiprikát, æprikát/ *s* damasco.
**April** /eiprel/ *s* abril.
**April Fools' Day** /eiprelfúlzdei/ dia da mentira (1º de abril).
**apron** /eipren/ *s* avental; pátio de estacionamento.
**apt** /æpt/ *adj* adequado, próprio; inclinado, tendente.
**aptitude** /æptitúd/ *s* aptidão, capacidade, habilidade, inclinação, talento.
**aptitude test** *s* teste de aptidão.
**aquarelle** /ákwerél/ *s* aquarela.
**aquarium** /ekwériem/ *s* aquário (*pl* **aquariums** ou **aquaria** /ekwérie/).
**Aquarius** /ekwéries/ *s* Aquário (constelação e signo).
**aquatic** /ekwætik/ *adj* e *s* aquático. • **aquatics** esportes aquáticos.
**aqueduct** /ækwidâkt/ *s* aqueduto.
**aqueous** /eikwies/ *adj* aquoso, áqueo.
**aquiline** /ækwilen/ *adj* aquilino.
**ar** /ár/ » **are**.
**Arab** /éreb/ *s* e *adj* árabe.
**Arabian** /ereibien/ *s* e *adj* árabe.
**Arabic** /érebik/ *adj* arábico. | *s* árabe (idioma).
**Arabic numeral** *s* algarismo arábico.
**arable** /érebel/ *adj* arável, cultivável.
**arachnid** /eræknid/ *s* aracnídeo.
**Aramaic** /éremeiik/ *adj* aramaico. | *s* aramaico (idioma).
**arbiter** /árbiter/ *s* árbitro, juiz.
**arbitrage** /árbitridj/ *s* arbitragem.
**arbitrament** /árbitrement/ *s* arbitramento, arbitragem, arbítrio; julgamento, sentença.
**arbitrary** /árbetréri/ *adj* arbitrário.
**arbitrate** /árbetreit/ *v* arbitrar.
**arbitration** /árbetreichen/ *s* arbitragem, arbitramento.
**arbitrator** /árbetreiter/ *s* árbitro, arbitrador.
**arboreal** /árbóriel/ *adj* arbóreo.
**arboreous** /árbóries/ *adj* arborizado.
**arborization** /árberizeichen/ *s* arborização.
**arc** /árk/ *s* arco. | *v* formar um arco.
**arcade** /árkeid/ *s* arcada. | *v* construir ou formar arcadas.
**arch** /ártch/ *s* arco, abóbada (*pl* **arches**). | *v* arquear(-se), curvar(-se). | *adj* principal; malicioso.
**archaeologic** /árkieládjik/ » **archaeological**.
**archaeological** /árkieládjikel/ *adj* arqueológico.
**archaeologist** /árkiáledjist/ *s* arqueólogo.
**archaeology** /árkiáledji/ *s* arqueologia.
**archaic** /árkeiik/ *adj* arcaico.
**archaism** /árkiizem/ *s* arcaísmo.
**archangel** /árkeindjel/ *s* arcanjo.
**archbishop** /ártchbichep/ *s* arcebispo.
**archdiocese** /ártchdaiesis/ *s* arquidiocese.
**archduchy** /ártchdâtchi/ *s* arquiducado.
**archduke** /ártchdúk/ *s* arquiduque.
**archenemy** /ártchénimi/ *s* arqui-inimigo.
**archeology** /árkiáledji/ » **archaeology**.
**archer** /ártcher/ *s* arqueiro; *maiús* Sagitário (constelação e signo).
**archery** /ártcheri/ *s* arco e flecha.
**archetype** /árkitaip/ *s* arquétipo.
**archipelago** /árkepélegou/ *s* arquipélago (*pl* **archipelagos** ou **archipelagoes**).
**architect** /árketékt/ *s* arquiteto.
**architectonic** /árketéktánik/ *adj* arquitetônico.
**architecture** /árketéktcher/ *s* arquitetura.

**archive** /árkaiv/ *s* arquivo.
**archive file** *s* arquivo compactado.
**archivist** /árkaivist/ *s* arquivista.
**archway** /ártchwei/ *s* arcada.
**Arctic** /árktik/ *s* e *adj* ártico.
**ardency** /árdensi/ *s* ardência.
**ardent** /árdent/ *adj* ardente, chamejante; ardoroso, veemente, apaixonado, entusiasmado.
**ardor** /árder/ *s* ardor, fervor, grande entusiasmo.
**ardour** /árder/ » **ardor**.
**arduous** /árdjues/ *adj* árduo, trabalhoso; íngreme, escarpado.
**are** /ár/ *v* 2ª *pess sing* e 1ª, 2ª e 3ª *pess pl* do *pres ind* do *v* **be**. | *s* are (medida agrária equivalente a 100 $m^2$).
**area** /érie/ *s* área, extensão, âmbito; zona, região.
**area code** *s* código de área.
**arena** /eríne/ *s* arena.
**arenaceous** /æreneiches/ *adj* arenáceo, arenoso.
**aren't** /árnt/ *form contr* de **are not**.
**areola** /eríele/ *s* auréola; aréola (*pl* **areolas** ou **areolae** /erielí/).
**Argentina** /árdjentíne/ *s* Argentina.
**Argentine** /árdjentain, árdjentín/ *adj* e *s* argentino.
**Argentinean** /árdjentinien/ » **Argentine**.
**argil** /árdjil/ *s* argila.
**argon** /árgán/ *s* argônio (*símb* **Ar**).
**argonaut** /árgenát/ *s* argonauta.
**arguable** /árgyuebel/ *adj* contestável, discutível.
**argue** /árgyú/ *v* arguir, argumentar, discutir; demonstrar, provar; persuadir, convencer.
**argument** /árgyement/ *s* argumento; debate, discussão; sumário.
**argumentation** /árgyeménteichen/ *s* argumentação, discussão.
**argumentative** /árgyeméntetiv/ *adj* argumentativo; discutidor.
**arid** /érid/ *adj* árido.
**Aries** /éríz/ *s* Áries (signo e constelação).
**aright** /erait/ *adv* corretamente, adequadamente.
**arise** /eraiz/ *v* surgir, aparecer; elevar-se, levantar-se; originar, provir; resultar.
**arisen** /erizen/ *part pass* de **arise**.
**aristocracy** /érestákresi/ *s* aristocracia.
**aristocrat** /eristekræt/ *s* aristocrata.
**aristocratic** /eristekrætik/ *adj* aristocrático.
**aristocratical** /eristekrætikel/ » **aristocratic**.
**arithmetic** /erithmetik/ *s* aritmética. | /érithmétik/ *adj* aritmético.
**arithmetical** /ærithmétikel/ *adj* aritmético.
**arithmetician** /erithmetichen/ *s* aritmético, calculista.
**ark** /árk/ *s* arca. • **Noah's Ark** Arca de Noé.
**arm** /árm/ *s* braço; tentáculo; ramo, ramificação; arma, armamento; unidade de exército. | *v* armar(-se), munir-se ou prover-se de armas. • **arms** armas; brasão. **arm in arm** de braços dados. **cost an arm and a leg** *gír* custar o olho da cara.
**armada** /ármáde/ *s* armada, frota de guerra.
**armadillo** /ármedilou/ *s* tatu.
**armament** /ármement/ *s* armamento; força militar de uma nação.
**armature** /ármetcher/ *s* armadura; estrutura, suporte.
**armchair** /ármtchér/ *s* poltrona, cadeira de braços.
**armed forces** /ármd fórsiz/ *s pl* forças armadas.
**Armenia** /ármínie/ *s* Armênia.
**Armenian** /ármínien/ *adj* e *s* armênio.
**armful** /ármful/ *s* braçada, aquilo que se pode tomar nos braços de uma só vez.
**armistice** /ármestis/ *s* armistício, trégua.
**armor** /ármer/ *s* armadura, couraça; blindagem. | *v* couraçar, blindar.
**armored** /ármerd/ *adj* blindado, encouraçado.

A

**armored car** *s* carro blindado.
**armory** /ármeri/ *s* arsenal, fábrica de armas.
**armpit** /ármpit/ *s* axila, sovaco.
**armrest** /ármrést/ *s* braço ou apoio de cadeira.
**arms control** *s* controle de armas.
**arms race** *s* corrida armamentista.
**arm-wrestle** /ármrésel/ *v* disputar queda de braço.
**arm wrestling** /árm résl*ing*/ *s* queda de braço.
**army** /ármi/ *s* exército.
**aroma** /eroume/ *s* aroma.
**aromatic** /éremætik/ *adj* aromático. | *s* substância aromática.
**aromatize** /eroumetaiz/ *v* aromatizar.
**arose** /erouz/ *pass* de **arise**.
**around** /eraund/ *adv* em volta, em torno, circularmente; ao redor; por toda parte; perto. | *prep* em torno de, em redor de, em volta de; por todos os lados; perto de. | *adj* existente, presente.
**arouse** /erauz/ *v* despertar, acordar, levantar; excitar, estimular.
**arrange** /ereindj/ *v* arranjar; dispor, arrumar, organizar; adaptar, ajustar; combinar, planejar.
**arrangement** /ereindjment/ *s* arranjo; arrumação, disposição, classificação; acordo.
**array** /erei/ *v* ordenar, classificar; enfeitar, adornar. | *s* formação, disposição; tabela.
**arrearage** /eriridj/ *s* pagamento atrasado.
**arrest** /erést/ *v* deter, interromper, suspender, impedir; prender, capturar; chamar a atenção. | *s* captura, prisão, detenção; embargo, apreensão.
**arresting** /erést*ing*/ *adj* cativante, impressionante.
**arrestment** /eréstment/ *s* captura, prisão, detenção.
**arrival** /eraivel/ *s* chegada, vinda; aquele que chega ou acaba de chegar. • **new arrival** recém-chegado.
**arrive** /eraiv/ *v* chegar, vir.
**arrogance** /éregens/ *s* arrogância.
**arrogant** /éregent/ *adj* arrogante.
**arrogate** /éregeit/ *v* arrogar(-se), apropriar-se de, usurpar.
**arrogation** /éregeichen/ *s* usurpação, apropriação.
**arrow** /érou/ *s* flecha, seta.
**arrowroot** /érourút/ *s* araruta.
**arsenal** /ársenel/ *s* arsenal.
**arsenic** /ársenik/ *s* arsênico; arsênio (*símb* **As**). | /ársénik/ *adj* arsênico.
**arson** /ársen/ *s* incêndio culposo.
**arsonist** /ársenist/ *s* incendiário.
**art** /árt/ *s* arte; destreza, sabedoria. • **work of art** obra de arte.
**artefact** /ártefækt/ » **artifact**.
**arterial** /ártiriel/ *adj* arterial.
**artery** /árteri/ *s* artéria; via principal.
**artesian well** /ártijen wél/ *s* poço artesiano.
**artful** /ártfel/ *adj* astuto, ladino, ardiloso; habilidoso, engenhoso.
**arthritis** /ár*th*raites/ *s* artrite.
**artichoke** /ártetchouk/ *s* alcachofra.
**article** /ártikel/ *s* artigo; cláusula, parágrafo; mercadoria. | *v* articular, expor por artigos.
**articulate** /ártikyelet/ *adj* articulado. | /ártikyeleit/ *v* articular, pronunciar claramente.
**articulation** /ártikyeleichen/ *s* articulação.
**articulator** /ártikyeleite*r*/ *s* articulador.
**artifact** /ártefækt/ *s* artefato.
**artifice** /ártefis/ *s* artifício.
**artificer** /ártifese*r*/ *s* artífice.
**artificial** /ártefichel/ *adj* artificial.
**artificial insemination** *s* inseminação artificial.
**artificiality** /ártefichiæleti/ *s* artificialidade, artificialismo.
**artillerist** /ártilerist/ *s* soldado artilheiro.
**artillery** /ártileri/ *s* artilharia.
**artisan** /ártezen/ *s* artesão.
**artist** /ártest/ *s* artista.
**artistic** /ártistik/ *adj* artístico.
**artistry** /ártestri/ *s* arte, talento.

**artless** /ártles/ *adj* sem arte; natural, sem artifício; inábil.
**artwork** /ártwêrk/ *s* obra de arte, objeto artístico; elemento decorativo em uma obra impressa.
**as** /æz/ *conj* como, já que; quando, enquanto; assim como. | *adv* tão, igualmente, tanto quanto; como, conforme, em conformidade. | *prep* como, na qualidade, no papel de. | *pron* que, quem, qual. • **as ... as** tanto ... como. **as many ... as** tantos ... quanto. **as far as** até. **as long as** enquanto. **as well as** assim como.
**ASAP** /eiéseipí, eisæp/ *abrev* de **as soon as possible**, o mais breve possível.
**asbestos** /æsbéstes/ *s* asbestos. | *adj* de asbestos.
**asbestus** /æsbéstes/ » **asbestos**.
**ascend** /esénd/ *v* ascender, elevar-se; suceder (cargo, posição).
**ascendance** /eséndens/ » **ascendancy**.
**ascendancy** /eséndensi/ *s* ascendência, ascensão.
**ascendant** /eséndent/ *adj* e *s* ascendente.
**ascendence** /eséndens/ » **ascendancy**.
**ascendency** /eséndensi/ » **ascendancy**.
**ascendent** /eséndent/ » **ascendant**.
**ascension** /esénchen/ *s* ascensão; *maiús* Ascensão (festa religiosa).
**ascent** /esént/ *s* ascensão.
**ascertain** /æsertein/ *v* averiguar, determinar, apurar, verificar.
**ascetic** /esétik/ *s* asceta. | *adj* ascético.
**asceticism** /esétesizem/ *s* ascetismo.
**ASCII** /æskí/ *abrev* de **American Standard Code for Information Interchange**, código padrão americano para intercâmbio de informações.
**ascribe** /eskraib/ *v* atribuir (a uma causa ou origem).
**ascription** /eskripchen/ *s* atribuição.
**asexual** /eisékchuel/ *adj* assexual; assexuado.
**ash** /æx/ *s* cinza; freixo. • **ashes** ruínas; cinzas, restos mortais.
**ashamed** /echeimd/ *adj* envergonhado. • **be ashamed of** ter vergonha de.
**ashore** /exór/ *adv* em terra. • **go ashore** desembarcar.
**ashtray** /æchtrei/ *s* cinzeiro.
**Ash Wednesday** *s* quarta-feira de cinzas.
**ashy** /æchi/ *adj* de cinzas, coberto de cinzas; cinzento.
**Asian** /eijen/ *adj* e *s* asiático.
**Asiatic** /eijiætik/ » *adj* **Asian**.
**aside** /esaid/ *adv* à parte, de lado, para o lado. | *s* aparte.
**ask** /æsk/ *v* perguntar, inquirir, indagar, interrogar; pedir, requerer, solicitar; convidar. • **ask for trouble** ou **ask for it** procurar encrenca.
**askance** /eskæns/ *adv* de soslaio.
**askant** /eskænt/ » **askance**.
**askew** /eskyú/ *adv* de esguelha, obliquamente. | *adj* enviesado, oblíquo.
**asking price** /æsking prais/ *s* preço pedido.
**asleep** /eslíp/ *adj* adormecido; com sono; dormente. | *adv* adormecidamente. • **fall asleep** adormecer.
**asocial** /eisouchel/ *adj* antissocial.
**asparagus** /espéreges/ *s* aspargo.
**aspect** /æspékt/ *s* aspecto, aparência, semblante; ponto de vista, perspectiva, orientação.
**aspen** /æspen/*s* faia. | *adj* de faia.
**asperity** /æspéreti/ *s* aspereza, rudeza; severidade.
**asperse** /espêrs/ *v* difamar, caluniar; aspergir, borrifar, respingar.
**aspersion** /espêrjen/ *s* difamação, calúnia; aspersão, borrifo, respingo.
**asphalt** /æsfált/*s* asfalto. | *v* asfaltar.
**asphyxia** /esfiksie/ *s* asfixia.
**asphyxiate** /esfiksieit/ *v* asfixiar.
**asphyxiation** /esfiksieichen/ *s* asfixia.
**aspirant** /æsperent/ *s* e *adj* aspirante.
**aspirate** /æspereit/ *v* aspirar; sorver, inalar. | /æsperet/ *adj* aspirado.
**aspiration** /æspereichen/ *s* aspiração; desejo, anseio, ambição.

**aspire** /espaier/ *v* aspirar, almejar.
**aspirin** /æsperin/ *s* aspirina.
**ass** /æs/ *s* nádegas, ânus; asno, burro; imbecil, ignorante.
**assail** /eseil/ *v* assaltar, atacar, acometer, agredir; criticar, vituperar.
**assassin** /esæsen/ *s* assassino.
**assassinate** /esæsineit/ *v* assassinar.
**assassination** /esæsineichen/ *s* assassinato.
**assassin bug** *s* bicho-barbeiro.
**assault** /esólt/ *v* assaltar; atacar violentamente, agredir, violar (sexualmente). | *s* assalto; agressão, ataque violento, violação, estupro.
**assay** /esei/ *v* ensaiar, analisar. | /æsei/ *s* ensaio, análise, teste.
**assemble** /esémbel/ *v* reunir(-se); montar (máquinas).
**assembly** /esémbli/ *s* assembleia, reunião, ajuntamento; montagem (máquinas), conjunto; congresso.
**assembly line** *s* linha de montagem.
**assemblyman** /esémblimæn/ *s masc* congressista.
**assemblywoman** /esémbliwumen/ *s fem* congressista.
**assent** /esént/ *v* assentir, consentir, aquiescer. | *s* acordo; consentimento; anuência, aceitação.
**assert** /esêrt/ *v* afirmar, assegurar, declarar; reivindicar.
**assertion** /esêrchen/ *s* asserção, afirmação, declaração; defesa.
**assess** /esés/ *v* tributar, taxar, estimar ou avaliar para tributação.
**assessable** /esésebel/ *adj* sujeito a taxas.
**assessment** /esésment/ *s* tributação, taxa, quota.
**assessor** /eséser/ *s* assessor, avaliador, lançador de impostos.
**asset** /æsét/ *s* propriedade, posse, bem; qualidade, predicado. • **assets** ativo (contabilidade).
**asseverate** /esévereit/ *v* asseverar, assegurar, afirmar.
**asseveration** /esévereichen/ *s* afirmação, declaração solene.
**assiduity** /æsidúeti/ *s* assiduidade. • **assiduities** solicitude, cuidado constante.
**assiduous** /esidjues/ *adj* assíduo.
**assign** /esain/ *v* nomear, designar, atribuir; adjudicar, transferir (bens imóveis). | *s* cessionário.
**assignation** /æsigneichen/ *s* adjudicação, designação, transferência (de títulos etc.), transmissão (de bens); partilha.
**assignee** /esainí, æseni/ *s* concessionário; representante.
**assignment** /esainment/ *s* designação, atribuição, tarefa; transmissão (de bens), transferência (de títulos), título de transmissão.
**assimilate** /esimeleit/ *v* assimilar.
**assimilation** /esimeleichen/ *s* assimilação.
**assist** /esist/ *v* assistir, ajudar, auxiliar; comparecer, tomar parte.
**assistance** /esistens/ *s* assistência, auxílio, ajuda, amparo.
**assistant** /esistent/ *adj* e *s* assistente, auxiliar, ajudante.
**associate** /esouchieit/ *v* associar(-se), unir(-se). | /esouchiit/ *adj* associado, confederado. | /esouchiit/ *s* sócio.
**association** /esousieichen/ *s* associação, sociedade, confederação.
**assort** /esórt/ *v* classificar, ordenar, arranjar; aprovisionar; associar-se.
**assortment** /esórtment/ *s* classificação; sortimento.
**assuage** /esweidj/ *v* abrandar, aliviar, mitigar; saciar.
**assuasive** /esweisiv/ *adj* calmante, sedativo.
**assume** /esúm/ *v* assumir; tomar, adotar; presumir, supor.
**assumed** /esúmd/ *adj* assumido; suposto, adotado; hipotético, fictício.
**assuming** /esúming/ *adj* presunçoso, arrogante. | *conj* assumindo que, considerando que.

**assumption** /esâmpchen/ *s* suposição; presunção, arrogância; assunção; *maiús* Assunção (festa religiosa).
**assurance** /echurens/ *s* segurança, garantia; confiança, certeza.
**assure** /echur/ *v* assegurar, afirmar, garantir.
**assured** /echurd/ *adj* assegurado.
**Assyrian** /esirien/ *adj* e *s* assírio.
**asterisk** /æsterisk/ *s* asterisco.
**asteroid** /æsteroid/ *s* asteroide; estrela-do-mar.
**asthma** /æzme/ *s* asma.
**asthmatic** /æzmætik/ *adj* asmático.
**astigmatism** /estigmetizem/ *s* astigmatismo.
**astonish** /estánix/ *v* espantar, assombrar; surpreender, pasmar.
**astonishing** /estánich*ing*/ *adj* espantoso; surpreendente.
**astonishment** /estánixment/ *s* assombro, espanto; surpresa.
**astound** /estaund/ *v* pasmar, estarrecer; surpreender.
**astral** /æstrel/ *adj* astral.
**astray** /estrei/ *adv* desviado, fora do caminho, no caminho errado.
**astringency** /estrindjensi/ *s* adstringência.
**astringent** /estrindjent/ *adj* e *s* adstringente.
**astrologer** /estráledj*er*/ *s* astrólogo.
**astrologic** /æstreládjik/ » **astrological**.
**astrological** /æstreládjikel/ *adj* astrológico.
**astrology** /estráledji/ *s* astrologia.
**astronaut** /æstrenát/ *s* astronauta.
**astronautics** /æstrenátiks/ *s us v s* ou *pl* astronáutica.
**astronomer** /estránem*er*/ *s* astrônomo.
**astronomic** /æstrenámik/ » **astronomical**.
**astronomical** /æstrenámikel/ *adj* astronômico.
**astronomy** /estránemi/ *s* astronomia.
**astrophysics** /æstroufiziks/ *s* astrofísica.
**astute** /estút/ *adj* astuto.
**asunder** /esând*er*/ *adv* à parte.
**asylum** /esailem/ *s* asilo.
**asymmetric** /eisimétrik/ » **asymmetrical**.
**asymmetrical** /eisimétrikel/ *adj* assimétrico.
**asymmetry** /eisimetri/ *s* assimetria.
**asymptomatic** /eisimptemætik/ *adj* assintomático.
**asyndeton** /esindetán/ *s* assíndeto.
**at** /æt/ *prep* em, a, perto de, por. • **at all** de qualquer modo, de todo jeito. **at first** a princípio. **at last** por fim. **at least** pelo menos. **at once** de repente. **at times** às vezes.
**ate** /eit/ *pass* de **eat**.
**atheism** /ei*th*iizem/ *s* ateísmo.
**atheist** /ei*th*iist/ *s* ateísta, ateu.
**athlete** /æ*th*lít/ *s* atleta.
**athletic** /æ*th*létik/ *adj* atlético.
**athletics** /æ*th*létiks/ *s us v sing* ou *pl* atlética, atletismo.
**athwart** /e*th*wórt/ *adv* de través, transversalmente, em cruz. | *prep* em cruz com, através de.
**atlas** /ætles/ *s* atlas.
**atmosphere** /ætmesfir/ *s* atmosfera.
**atmospheric** /ætmesférik/ *adj* atmosférico.
**atmospherical** /ætmesférikel/ » **atmospheric**.
**atoll** /ætál/ *s* atol, recife de coral.
**atom** /ætem/ *s* átomo.
**atom bomb** /ætem bám/ *s* bomba atômica.
**atomic** /etámik/ *adj* atômico.
**atomic bomb** » **atom bomb**.
**atomic energy** *s* energia atômica.
**atone** /etoun/ *v* expiar, compensar.
**atonic** /eitánik/ *adj* átono, não acentuado; fraco. | *s* átona.
**atop** /etáp/ *adv* em cima, no alto. | *prep* em cima de. | *adj* alto, superior.
**atrocity** /etráseti/ *s* atrocidade.
**atrophy** /ætrefi/ *s* atrofia. | *v* atrofiar.
**at sign** *s* sinal de arroba (@).
**attach** /etætch/ *v* ligar, prender, atar, unir; adicionar, anexar; embargar, apreender; apegar-se.

A

**attachment** /etætchment/ *s* ligação, conexão; acessório; afeição.

**attack** /etæk/ *v* atacar, assaltar, agredir; ofender, criticar; afetar, lesar. | *s* ataque, agressão, assalto; doença repentina, acesso.

**attain** /etein/ *v* atingir, alcançar, conseguir, obter, chegar, realizar.

**attainable** /eteinebel/ *adj* realizável, atingível, acessível.

**attainment** /eteinment/ *s* aquisição, obtenção; realização, feito.

**attempt** /etémpt/ *v* tentar, ensaiar, experimentar. | *s* tentativa, ensaio, esforço, empreendimento; ataque, atentado.

**attend** /eténd/ *v* assistir a, atender a, presenciar, frequentar; acompanhar (resultado); prestar assistência, cuidar de, servir.

**attendance** /eténdens/ *s* assistência, comparecimento, presença.

**attendant** /eténdent/ *s* atendente, servidor; presente, comparecente. | *adj* presente; concomitante.

**attention** /eténchen/ *s* atenção, observação, cuidado; consideração, cortesia. | *interj* sentido. • **pay attention** prestar atenção.

**attentive** /eténtiv/ *adj* atento, atencioso; cortês, polido, delicado.

**attenuate** /etényueit/ *v* atenuar. | /etényuit/ *adj* atenuado.

**attenuation** /etényueichen/ *s* atenuação.

**attest** /etést/ *v* atestar, testificar, certificar; ajuramentar.

**attic** /ætik/ *s* sótão.

**attire** /etaier/ *v* vestir, trajar, adornar. | *s* traje, vestimenta, adorno.

**attitude** /ætetúd/ *s* atitude, postura.

**attorney** /etêrn/ *s* advogado.

**attorney general** *s* procurador-geral da Justiça (*pl* **attorneys general** ou **attorney generals**).

**attract** /etrækt/ *v* atrair.

**attraction** /etrækchen/ *s* atração.

**attractive** /etræktiv/ *adj* atrativo; atraente.

**attribute** /etribyút/ *v* atribuir, imputar. | /ætribyút/ *s* atributo, qualidade, característica.

**attribution** /ætribyúchen/ *s* atribuição.

**attributive** /etribyetiv/ *adj* e *s* atributivo.

**attrition** /etrichen/ *s* atrito.

**attune** /etún/ *v* afinar, sintonizar.

**aubergine** /ouberjín/ *s* berinjela.

**auburn** /ábern/ *s* cor castanho-avermelhado.

**auction** /ákchen/ *v* leiloar. | *s* leilão.

**auctioneer** /ákchenir/ *s* leiloeiro. | *v* vender em leilão.

**audacious** /ádeiches/ *adj* audacioso; atrevido.

**audacity** /ádæseti/ *s* audácia; atrevimento.

**audible** /ádebel/ *adj* audível.

**audience** /ádiens/ *s* audiência, auditório, plateia; público.

**audio** /ádiou/ *s* áudio (*pl* **audios**).

**audio card** *s* placa de áudio.

**audio-visual** /ádiouvijyuel/ *adj* e *s* audiovisual (*tb* **audiovisual**).

**audit** /ádit/ *s* auditoria. | *v* fazer auditoria; frequentar como ouvinte.

**audition** /ádichen/ *s* audição.

**auditive** /áditiv/ *adj* auditivo.

**auditor** /ádeter/ *s* auditor, perito-contador; ouvinte de aula ou preleção.

**auditorium** /ádetóriem/ *s* auditório.

**augment** /ágmént/ *v* aumentar, ampliar. | /ágment/ *s* aumento, acréscimo.

**augmentative** /ágméntetiv/ *adj* e *s* aumentativo.

**augur** /áger/ *s* áugure. | *v* augurar.

**augury** /ágyeri/ *s* augúrio.

**August** /ágest/ *s* agosto. | /ágâst/ *adj* *minús* augusto, majestoso.

**aunt** /ænt, ánt/ *s* tia.

**aureate** /órieit/ *adj* áureo.

**aureola** /órioule/ » **aureole**.

**aureole** /órioul/ *s* auréola.

**auricular** /órikyeler/ *adj* auricular.

**aurora** /óróre/ *s* aurora.

**auspice** /áspis/ *s* auspício; proteção, patrocínio.

**auspicious** /áspiches/ *adj* auspicioso.
**austere** /ástir/ *adj* austero; sério.
**austerity** /ástéreti/ *s* austeridade.
**Australia** /ástreilye/ *s* Austrália.
**Australian** /ástreilyen/ *adj* e *s* australiano.
**Austria** /ástrie/ *s* Áustria.
**Austrian** /ástrien/ *adj* e *s* austríaco.
**autarchy** /átárki/ *s* autarquia.
**authentic** /á*th*éntik/ *adj* autêntico.
**authenticate** /á*th*éntikeit/ *v* autenticar, legalizar, validar, certificar.
**authenticity** /á*th*éntiseti/ *s* autenticidade.
**author** /á*th*er/ *s* autor.
**authoritarian** /e*th*óretérien/ *adj* autoritário.
**authoritative** /e*th*óreteitiv/ *adj* autoritário; autorizado, confiável.
**authority** /e*th*óreti/ *s* autoridade.
**authorization** /á*th*erizeichen/ *s* autorização.
**authorize** /á*th*eraiz/ *v* autorizar.
**authorship** /á*th*erchip/ *s* autoria.
**autobiographic** /átebaiegræfik/ *adj* autobiográfico.
**autobiographical** /átebaiegræfikel/ » **autobiographic**.
**autobiography** /átebaiágrefi/ *s* autobiografia.
**autochthon** /átáká*th*en/ *s* autóctone (*pl* **autochthons** ou **autochthones**).
**autocracy** /átákresi/ *s* autocracia.
**autodidact** /átoudaidækt/ *s* autodidata.
**autograph** /átegræf/ *s* autógrafo; manuscrito. | *v* autografar; manuscrever. | *adj* manuscrito.
**Automat®** /átemæt/ *s* restaurante automático (marca registrada).
**automated teller machine** *s* caixa eletrônico (*abrev* **ATM**).
**automatic** /átemætik/ *adj* automático. | *s* arma automática.
**automation** /átemeichen/ *s* automação.
**automatism** /átámetizem/ *s* automatismo.
**automatization** /átámetezeichen/ *s* automatização.
**automatize** /átámetaiz/ *v* automatizar.
**automaton** /átámeten/ *s* autômato (*pl* **automatons** ou **automata**).
**automobile** /átemoubíl/ *s* e *adj* automóvel.
**automobilist** /átemoubílist/ *s* automobilista.
**autonomous** /átánemes/ *adj* autônomo.
**autonomy** /átánemi/ *s* autonomia.
**autopsy** /átápsi/ *s* autópsia.
**autosuggestion** /átousegdjéstchen/ *s* autossugestão.
**autumn** /átem/ *s* outono. | *adj* outonal.
**auxiliary** /ágzilyeri/ *adj* e *s* auxiliar.
**avail** /eveil/ *v* aproveitar(-se), valer-se; ser útil ou proveitoso. | *s* proveito, utilidade, vantagem, benefício. • **to no avail** em vão.
**availability** /eveilebileti/ *s* disponibilidade; utilidade, proveito.
**available** /eveilebel/ *adj* disponível, acessível; utilizável, aproveitável, viável.
**avalanche** /ævelæntch/ *s* avalanche.
**avarice** /æveris/ *s* avareza.
**avaricious** /æveriches/ *adj* avaro.
**avenge** /evéndj/ *v* punir, castigar; vingar (-se), desforrar-se.
**avenger** /evéndjer/ *s* vingador.
**avenue** /ævenú/ *s* avenida.
**average** /æveridj/ *v* determinar a média de. | *s* média. | *adj* médio.
**averse** /evêrs/ *adj* adverso, contrário, oposto, avesso.
**aversion** /evêrjen/ *s* aversão.
**avert** /evêrt/ *v* desviar, afastar; prevenir, impedir, evitar.
**aviary** /eiviéri/ *s* aviário.
**aviation** /eivieichen/ *s* aviação.
**aviator** /eivieiter/ *s* aviador.
**aviculture** /eivikâltcher/ *s* avicultura.
**avid** /ævid/ *adj* ávido.
**avidity** /evideti/ *s* avidez.
**avocado** /ævekádou/ *s* abacate, abacateiro (*pl* **avocados**).
**avoid** /evoid/ *v* evitar, esquivar; revogar, anular, invalidar.

A

**avoidance** /evoidens/ *s* evitação; revogação, anulação.
**avow** /evau/ *v* confessar, reconhecer, responder por; afirmar, declarar.
**avowal** /evauel/ *s* declaração pública, confissão.
**await** /eweit/ *v* esperar, aguardar.
**awake** /eweik/ *v* acordar, despertar; ficar alerta. | *adj* acordado, desperto; alerta, atento.
**awaken** /eweiken/ *v* despertar.
**award** /ewórd/ *s* prêmio, condecoração. | *v* conferir, dar, premiar.
**aware** /ewér/ *adj* consciente, cônscio; ciente, informado.
**awareness** /ewérnes/ *s* consciência; conhecimento.
**awash** /ewách/ *adj* e *adv* levado pelas ondas, inundado.
**away** /ewei/ *adj* distante, longe. | *adv* à distância, ao longe; fora. • **go away** ir-se embora. **right away** imediatamente. **run away** fugir.
**awe** /á/ *s* medo, temor, reverência. | *v* inspirar respeito e temor.
**awesome** /ásem/ *adj* temível, medonho, terrível; *gír* incrível, fantástico.
**awestricken** /ástriken/ » **awestruck**.
**awestruck** /ástrâk/ *adj* pasmado, atemorizado.
**awful** /áfel/ *adj* terrível, medonho. | *adv* terrivelmente; extremamente.
**awhile** /ehwail/ *adv* por enquanto, um instante, um pouco.
**awkward** /ákwerd/ *adj* desajeitado, deselegante; incômodo; embaraçoso, delicado (assunto).
**awning** /áning/ *s* toldo, tenda.
**awoke** /ewouk/ *pass* de **awake**.
**awoken** /ewouken/ *part pass* de **awake**.
**awry** /erai/ *adj* torto, oblíquo; desviado. | *adv* obliquamente.
**ax** /æks/ *s* machado.
**axe** /æks/ » **ax**.
**axial** /æksiel/ *adj* axial.
**axilla** /æksile/ *s* axila.
**axiom** /æksiem/ *s* axioma.
**axis** /æksis/ *s* eixo (*pl* **axes** /æksíz/).
**axle** /æksel/ *s* eixo (de roda).
**ay** /ai/ » **aye**.
**aye** /ai/ *interj* sim. | *s* voto afirmativo. | *adv* indefinidamente.
**azalea** /ezeilye/ *s* azaleia.
**azimuth** /æzimeth/ *s* azimute.
**Aztec** /æzték/ *adj* e *s* asteca.
**azure** /æjer/ *s* azul-celeste.

# Bb



**b** ou **B** /bí/ *s* 2ª letra do alfabeto inglês. | *símb maiús* **boron**.

**baa** /bæ, bá/ *v* balir. | *s* balido de carneiro.

**babble** /bæbel/ *v* balbuciar. | *s* balbucio.

**babbler** /bæbler/ *s* falador, tagarela.

**babe** /beib/ *s* bebê; pessoa inocente; moça.

**babel** /beibel/ *s* babel (torre).

**baby** /beibi/ *s* bebê, criancinha. | *adj* de bebê. | *v* tratar pessoa feito criança.

**baby blue** *s* azul-claro.

**baby carriage** *s* carrinho de bebê.

**babyhood** /beibihud/ *s* primeira infância.

**babyish** /beibiich/ *adj* infantil, pueril, ingênuo.

**baby-sit** /beibisit/ *v* tomar conta de criança por um tempo curto.

**baby sitter** *s* pessoa remunerada para tomar conta de criança por tempo curto.

**baccalaureate** /bækelóriet/ *s* bacharelado.

**bacchanal** /bækenæl/ *adj* bacanal. | *s* devoto de Baco.

**bachelor** /bætcheler/ *s* bacharel; celibatário; homem solteiro.

**bachelorhood** /bætchelerhud/ *s* celibato; estado de solteiro.

**bachelorship** /bætchelerchip/ *s* bacharelado; celibato; estado de solteiro.

**bacillus** /besiles/ *s* bacilo (*pl* **bacilli** /besilai/).

**back** /bæk/ *s* costas; dorso; parte traseira, lado posterior; encosto; lombada (de livro); zagueiro; fundo, reverso. | *adj* detrás, traseiro, posterior, dos fundos; dorsal; atrasado, vencido (pagamento). | *v* mover para trás ou em sentido contrário. | *adv* para trás, atrás; no passado; de volta, de regresso.

**backache** /bækeik/ *s* dor nas costas.

**backbite** /bækbait/ *v* maldizer, caluniar.

**backboard** /bækbórd/ *s* encosto, suporte; tabela de basquete.

**backbone** /bækboun/ *s* espinha dorsal, coluna vertebral; firmeza, determinação; estrutura principal.

**backbreaking** /bækbreiking/ *adj* exaustivo.

**backcourt** /bækkórt/ *s* fundo da quadra (tênis e basquete).

**backdoor** /bækdór/ *adj* clandestino, secreto.

**backdrop** /bækdráp/ *s* pano de fundo, cortina da parte traseira de um palco.

**back end** *s* em uma aplicação cliente/servidor, a parte do programa que é executada no servidor.

**backer** /bæker/ *s* financiador, patrocinador; apostador.

**backfire** /bækfaier/ *v* engasgar (motor); aceirar; explodir. | *s* aceiro a fogo para atalhar um incêndio; explosão.

B

**background** /bǽkgraund/ *s* último plano, segundo plano, fundo; prática, conhecimento, experiência anterior; fundo musical.
**background printing** *s* impressão em segundo plano.
**backhand** /bǽkhænd/ *s* pancada com as costas da mão; escrita inclinada para a esquerda.
**backing** /bǽk*ing*/ *s* apoio, proteção; reforço, endosso.
**backlash** /bǽklæch/ *s* recuo; folga entre engrenagens.
**backlog** /bǽklág/ *s* pedaço grande de madeira que arde ao fundo da lareira.
**backpack** /bǽkpæk/ *s* mochila.
**backpacker** /bækpæk*er*/ *s* excursionista com mochila, mochileiro.
**backrest** /bǽkrést/ *s* encosto para as costas.
**back seat** *s* assento traseiro; posição secundária.
**backset** /bǽksét/ *s* reverso; empecilho, obstáculo, óbice; recaída.
**backside** /bǽksaid/ *s* traseiro, assento, nádega.
**backslapper** /bǽkslæp*er*/ *s* adulador, bajulador.
**backstage** /bæksteidj/ *adv* nos bastidores. | *adj* dos bastidores.
**backstairs** /bækstérz/ *adj* secreto, clandestino.
**backstitch** /bǽkstitch/ *s* pesponto.
**backstroke** /bǽkstrouk/ *s* contragolpe; retrocesso, revés; pancada com as costas da mão; nado de costas.
**back talk** *s* resposta insolente.
**backup** /bǽkâp/ *s* cópia de segurança, cópia de recuperação; apoio, reforço; acúmulo (trânsito, líquidos etc.).
**backward** /bǽkwerd/ *adj* atrasado; invertido; relutante; para o passado; traseiro. | *adv* para trás, atrás; de costas, de trás para diante; de modo inverso; retrospectivamente.
**backwards** /bǽkwerdz/ » **backward**.
**backwater** /bǽkwát*er*/ *s* água represada ou parada, remanso.
**backwoods** /bǽkwudz/ *s pl* mato, sertão, região remota.
**back yard** *s* quintal.
**bacon** /beiken/ *s* toucinho.
**bacterial** /bæktiriel/ *adj* bacteriano.
**bacteriologist** /bæktiriáledjist/ *s* bacteriologista.
**bacteriology** /bæktiriáledji/ *s* bacteriologia.
**bacterium** /bæktiriem/ *s* bactéria (*pl* **bacteria** /bæktirie/).
**bad** /bæd/ *adj* mau, ruim; inferior; perverso; prejudicial; desagradável, importuno; estragado.
**bade** /bæd, beid/ *v pass* de **bid**.
**badge** /bædj/ *s* insígnia, emblema, distintivo; crachá.
**badger** /bǽdj*er*/ *s* texugo. | *v* apoquentar, aborrecer.
**badly** /bǽdli/ *adv* mal, maldosamente; impropriamente; gravemente.
**badminton** /bǽdminten/ *s* espécie de jogo similar ao tênis jogado com peteca.
**badmouth** /bǽdmau*th*/ *v* falar mal, maldizer, criticar.
**badness** /bǽdnes/ *s* maldade, ruindade, perversidade; imperfeição, má qualidade, mau estado; nocividade.
**baffle** /bǽfel/ *v* frustrar, gorar, impedir. | *s* defletor.
**baffler** /bǽfl*er*/ *s* impedimento, barreira.
**bag** /bæg/ *s* bolsa, saco, sacola; úbere. | *v* ensacar, embolsar; inflar.
**bagatelle** /bægetél/ *s* bagatela.
**bagful** /bǽgful/ *s* quantidade levada numa sacola ou mochila.
**baggage** /bǽgidj/ *s* bagagem.
**bagging** /bǽg*ing*/ *s* ensacamento, enfardamento.
**baggy** /bǽgi/ *adj* flácido, frouxo; inchado.
**bagnio** /bányou/ *s* bordel.
**bagpipe** /bǽgpaip/ *s* gaita de foles.
**Bahamas** /behámez/ *s* Bahamas.
**Bahamian** /beheimien, behámien/ *s* e *adj* baamiano, bahamiano, bahamense.

**Bahrain** /bárein/ *s* Barein.
**Bahraini** /báreini/ *s* e *adj* bareinita.
**bail** /beil/ *v* afiançar, caucionar; consignar; libertar sob fiança; remover água de um barco. | *s* fiança, caução; balde para tirar água de um barco.
**bailable** /beilebel/ *adj* afiançável.
**bailee** /beilí/ *s* depositário.
**bailer** /beiler/ *s* depositante.
**bailiff** /beilif/ *s* bailio; almoxarife.
**bailment** /beilmént/ *s* libertação sob fiança.
**bailsman** /beilzmen/ *s* fiador.
**bait** /beit/ *s* isca. | *v* iscar, pôr isca em; engodar; atormentar, molestar; provocar.
**bake** /beik/ *v* cozer ao forno, assar; tornar-se duro. | *s* cozedura; endurecimento.
**baker** /beiker/ *s* padeiro.
**bakery** /beikeri/ *s* padaria.
**baking** /beiking/ *s* cozedura, fornada.
**baking soda** *s* bicarbonato de sódio.
**balance** /bælens/ *v* pesar em balança; contrabalançar, equilibrar; ponderar, avaliar; fazer balanço; hesitar, vacilar. | *s* balanço; balança, pêndulo; oscilação; equilíbrio; compensação; saldo, resto.
**balcony** /bælkeni/ *s* sacada, varanda; galeria, balcão de teatro.
**bald** /bóld/ *adj* calvo, careca; pelado, desfolhado.
**baldhead** /bóldhéd/ *s* calvo, careca.
**baldness** /bóldnes/ *s* calvície.
**baldpate** /bóldpeit/ *s* careca.
**bale** /beil/ *v* empacotar. | *s* fardo, pacote; maldade; calamidade; desgosto.
**baleen** /belín/ *s* barbatana de baleia.
**baleful** /beilfel/ *adj* maligno; calamitoso.
**balefulness** /beilfelnes/ *s* calamidade, desgraça.
**balk** /bók/ *v* frustrar, malograr; esquivar-se; empacar, enjeitar, recusar. | *s* obstáculo; malogro, fracasso; impedimento, estorvo.
**ball** /ból/ *s* bola, esfera, globo; bala, projétil; baile, reunião dançante. | *v* formar bola, abolar, dar forma de bola, transformar-se em bola.
**ballad** /bæled/ *s* balada.
**balladist** /bæledist/ *s* bardo.
**ballast** /bælest/ *v* lastrar, dar estabilidade. | *s* lastro.
**ball boy** *s* gandula (jogo de tênis).
**ballerina** /bælerine/ *s* bailarina.
**ballet** /bælei/ *s* balé, bailado, corpo de bailado.
**balloon** /belún/ *s* balão, aeróstato. | *v* encher-se como balão; viajar de balão.
**balloonist** /belúnist/ *s* balonista.
**ballot** /bælet/ *s* cédula eleitoral; voto secreto; eleição. | *v* votar, eleger por votação.
**ballot box** *s* urna.
**ballpark** /bólpárk/ *s* local ou estádio onde se realizam jogos com bola.
**ballpoint pen** *s* caneta esferográfica.
**ballroom** /bólrum/ *s* salão de baile.
**ballyhoo** /bælihú/ *s* publicidade ou propaganda sensacionalista. | *v* fazer propaganda sensacionalista.
**balm** /bám/ *s* bálsamo.
**balmy** /bámi/ *adj* balsâmico.
**baloney** /belouni/ *s* conversa fiada.
**balsam** /bólsem/ *s* bálsamo.
**balsamic** /bólsæmik/ *adj* balsâmico.
**baluster** /bælester/ *s* balaústre.
**balustrade** /bælestreid/ *s* balaustrada.
**bamboo** /bæmbú/ *s* bambu.
**bamboozle** /bæmbúzel/ *v* enganar, confundir.
**ban** /bæn/ *v* proibir; maldizer, excomungar. | *s* proibição, interdição; excomunhão, banimento, expulsão.
**banal** /benál/ *adj* banal, vulgar.
**banality** /benæleti/ *s* banalidade.
**banana** /benæne/ *s* banana; bananeira.
**banana republic** *s* país pequeno que depende economicamente da produção de um único produto e com sistema de governo autoritário.
**band** /bænd/ *v* ligar, unir; congregar, reunir; enfaixar. | *s* atadura, ligadura, fita, faixa; vínculo; banda de música; bando, tropa, equipe, turma; listra, risca.

**bandage** /bændidj/ *v* enfaixar, pôr atadura em. | *s* bandagem, atadura, faixa.
**bandana** /bændæne/ » **bandanna**.
**bandanna** /bændæne/ *s* bandana.
**banderol** /bænderoul/ » **banderole**.
**banderole** /bænderoul/ *s* bandeirola.
**bandit** /bændit/ *s* bandido, bandoleiro.
**bandleader** /bændlíder/ *s* líder de banda de música.
**bandoleer** /bændelir/ *s* bandoleiro.
**bandolier** /bændelir/ » **bandoleer**.
**bandwidth** /bændwidth/ *s* largura de banda.
**bandy** /bændi/ *v* atirar de um lado para outro; trocar (golpes, palavras etc.). | *adj* arqueado, curvado.
**bane** /bein/ *s* veneno, tóxico; ruína, destruição.
**baneful** /beinfel/ *adj* nocivo, venenoso; funesto.
**bang** /bæng/ *v* bater com ruído; fechar violentamente. | *s* estrondo, ruído; pancada, golpe. | *adv* exatamente; precisamente.
**Bangladesh** /bængledéch/ *s* Bangladesh.
**Bangladeshi** /bængledéchi/ *s* e *adj* bengalês.
**bangle** /bænggel/ *s* pulseira, bracelete; pingente.
**bangtail** /bængteil/ *s* cavalo de corrida; parte destacável de um envelope.
**banish** /bænich/ *v* banir, desterrar, deportar, expatriar, exilar.
**banishment** /bænichment/ *s* banimento, desterro, deportação, exílio.
**banister** /bænester/ *s* balaústre, corrimão.
**banjo** /bændjou/ *s* banjo.
**bank** /bængk/ *s* banco; banca (em jogos de azar); baixio, banco de areia. | *v* amontoar; reter, represar, limitar; fazer transações com banco, ter conta em banco; contar com; ser banqueiro, manter um banco; fazer banca.
**bank account** *s* conta bancária, conta corrente.
**banker** /bængker/ *s* banqueiro.
**banking** /bængking/ *s* negócio bancário.
**bank loan** *s* empréstimo bancário.
**bankrupt** /bængkrâpt/ *v* fazer falir, levar à bancarrota, arruinar. | *adj* e *s* falido, arruinado, quebrado.
**bankruptcy** /bængkreptsi/ *s* bancarrota, falência.
**bank teller** *s* caixa de banco (profissão).
**banner** /bæner/ *s* bandeira, estandarte, insígnia; anúncio na Internet que contém um vínculo com o *site* da Web do anunciante.
**bannister** /bænister/ » **banister**.
**banquet** /bængkwet/ *s* banquete. | *v* banquetear.
**bantam** /bæntem/ *s* ave de porte bem pequeno; pessoa pequena mas agressiva e agitada. | *adj* agressivo; diminutivo, miniatura.
**banter** /bænter/ *s* brincadeira, caçoada. | *v* zombar de, gracejar com.
**banterer** /bænterer/ *s* brincalhão.
**bantling** /bæntling/ *s* criança pequena.
**baptism** /bæptizem/ *s* batismo.
**baptismal** /bæptizmel/ *adj* batismal.
**baptismal font** *s* pia batismal.
**baptist** /bæptist/ *s* batista.
**baptistery** /bæptisteri/ *s* batistério.
**baptistry** /bæptistri/ » **baptistery**.
**baptize** /bæptaiz, bæptaiz/ *v* batizar.
**bar** /bár/ *v* barrar; obstruir, impedir; listrar. | *s* barra, trave; barreira, obstáculo; listra; bar; balcão de bar. | *prep* exceto, fora, salvo.
**barb** /bárb/ *v* farpar, prover de farpas. | *s* farpa, espinha, ponta; filamento, barba.
**Barbados** /bárbeides/ *s* Barbados.
**Barbadian** /bárbeidien/ *s* e *adj* barbadiano.
**barbarian** /bárbérien/ *s* bárbaro; inculto; rude, grosseiro.
**barbaric** /bárbérik/ *adj* incivilizado, selvagem; rudimentar, primitivo.
**barbarism** /bárberizem/ *s* barbarismo, barbárie; estrangeirismo.

**barbarity** /bárbéreti/ *s* barbaridade, crueldade, brutalidade.
**barbarize** /bárberaiz/ *v* barbarizar.
**barbarous** /bárberes/ *adj* bárbaro, selvagem; cruel; inculto, incivilizado.
**barbarousness** /bárberesnes/ *s* barbaridade, barbarismo.
**barbecue** /bárbikyú/ *v* grelhar; assar no espeto; fazer churrasco. | *s* churrasco.
**barbed** /bárbd/ *adj* farpado, com barbas ou filamentos.
**barbed wire** *s* arame farpado.
**barber** /bárber/ *s* barbeiro. | *v* barbear.
**barbershop** /bárberchάp/ *s* salão de barbeiro, barbearia.
**bar code** *s* código de barras.
**bar code reader** *s* leitor de código de barras.
**bare** /bér/ *adj* nu, despido; descoberto, desguarnecido, desfolhado. | *v* descobrir, desnudar, revelar.
**bareback** /bérbæk/ *adj* e *adv* sem sela, em pelo.
**barefaced** /bérfeist/ *adj* de rosto descoberto; descarado, impudente, desavergonhado.
**barefoot** /bérfut/ *adj* e *adv* descalço.
**barefooted** /bérfutid/ » **barefoot**.
**barely** /bérli/ *adv* pobremente, escassamente, dificilmente.
**bareness** /bérnes/ *s* nudez; privação; pobreza, carência.
**barfly** /bárflai/ *s gír* frequentador de bares.
**bargain** /bárgin/ *v* barganhar, pechinchar. | *s* barganha, pechincha.
**bar graph** *s* gráfico de barras.
**baritone** /béretoun/ *adj* e *s* barítono.
**barium** /bériem/ *s* bário.
**bark** /bárk/ *v* descascar, descortiçar; esfolar; curtir; latir, ladrar. | *s* casca de árvore; córtex; latido.
**barkeep** /bárkíp/ » **barkeeper**.
**barkeeper** /bárkíper/ *s* proprietário de bar.
**barker** /bárker/ *s* cão que ladra; descortiçador.
**barley** /bárli/ *s* cevada.
**barm** /bárm/ *s* lêvedo de cerveja.
**barmaid** /bármeid/ *s* garçonete; balconista de bar.
**barman** /bármen/ *s* garçom; balconista de bar.
**barmy** /bármi/ *adj* fermentado, espumoso; excêntrico, maluco.
**barn** /bárn/ *s* celeiro; estábulo, curral.
**barnacle** /bárnekel/ *s* craca; pato bravo.
**barnyard** /bárnyárd/ *s* pátio de estrebaria.
**barograph** /béregræf/ *s* barógrafo.
**barometer** /berámeter/ *s* barômetro.
**barometric** /béremétrik/ *adj* barométrico.
**barometrical** /béremétrikel/ » **barometric**.
**baron** /béren/ *s* barão.
**baronage** /bérenidj/ *s* baronato.
**baroness** /bérenes/ *s* baronesa.
**baroque** /berouk/ *s* e *adj* barroco.
**barque** /bárk/ *s* barco, barca.
**barrack** /bérek/ *s* barraca, barracão; quartel, caserna. | *v* aquartelar; morar em barraca.
**barrage** /báridj/ *s* barragem, dique, represamento.
**barred** /bárd/ *adj* gradeado; listrado transversalmente.
**barrel** /bérel/ *s* barril, tambor, tonel; cano (arma de fogo). | *v* embarricar, embarrilar.
**barrel organ** *s* realejo.
**barren** /béren/ *adj* estéril, árido, infecundo, infrutífero. | *s* extensão de terra improdutiva.
**barrenness** /bérennes/ *s* esterilidade, aridez.
**barricade** /bérekeid/ *s* barricada. | *v* levantar barricada.
**barrier** /bérier/ *s* barreira, obstáculo; cancela; limite; arena de torneio.
**barring** /báring/ *prep* excetuando, salvo, exceto.
**barroom** /bárrúm/ *s* salão de bar.
**barrow** /bérou/ *s* carrinho de mão; padiola, maca; túmulo.
**bartender** /bárténder/ *s* balconista de bar.

B

**barter** /bárter/ *s* troca, permuta de gêneros; mercadoria permutada. | *v* trocar, fazer permutas.
**barytone** /béretoun/ » **baritone**.
**basal** /beisel/ *adj* basal, de base, básico, fundamental.
**basalt** /besólt/ *s* basalto.
**base** /beis/ *s* base, alicerce, fundamento. | *adj* básico, de base. | *v* basear, fundamentar; fundar.
**baseball** /beisból/ *s* beisebol.
**baseboard** /beisbórd/ *s* rodapé.
**baseborn** /beisbórn/ *adj* bastardo, ilegítimo.
**baseless** /beisles/ *adj* infundado, improcedente, sem base.
**basement** /beisment/ *s* porão.
**baseness** /beisnes/ *s* baixeza, mesquinhez.
**bash** /bæch/ *v* bater em, golpear esmagadoramente; criticar, acusar. | *s* pancada forte; *gír* festa, celebração.
**bashful** /bæchfel/ *adj* tímido, acanhado, envergonhado; retraído, constrangido.
**bashfulness** /bæchfelnes/ *s* acanhamento, timidez, vergonha.
**basic** /beisik/ *adj* básico, fundamental, essencial.
**BASIC** *abrev* de **Beginner's All-purpose Symbolic Instruction Code**, código de instrução simbólica de propósito geral para iniciantes.
**basil** /beizel, bæzel/ *s* manjericão.
**basilar** /bæziler/ *adj* basilar.
**basilica** /besilike/ *s* basílica.
**basin** /beisen/ *s* bacia; pelve.
**basis** /beisis/ *s* base, fundamento; alicerce; pedestal (*pl* **bases**).
**bask** /bæsk/ *v* aquecer ao sol ou ao calor do fogo; ter prazer ou satisfação.
**basket** /bæsket/ *s* cesto, cesta.
**basketball** /bæsketból/ *s* basquetebol.
**basketful** /bæsketful/ *s* cestada.
**Basque** /bæsk/ *adj* e *s* basco.
**bas-relief** /bárilíf/ *s* baixo-relevo.
**bass** /beis/ *s* som ou tom baixo; baixo (voz, instrumento, cantor); contrabaixo; perca (peixe) (*pl* **basses**). | *adj* grave, baixo; profundo.
**bass drum** *s* bombo, zabumba.
**basset** /bæset/ *s* bassê (raça de cachorro).
**bassinet** /bæsinét/ *s* berço ou carrinho de vime para bebês.
**bassist** /beisist/ *s* baixista.
**basso** /bæsou/ *s* baixo (cantor).
**bassoon** /besún/ *s* fagote.
**bass viol** *s* violoncelo.
**bast** /bæst/ *s* entrecasca, líber.
**bastard** /bæsterd/ *s* e *adj* bastardo.
**bastardize** /bæsterdaiz/ *v* diminuir a qualidade.
**bastardy** /bæsterdi/ *s* bastardia.
**baste** /beist/ *v* regar com molho (a carne que está sendo assada); alinhavar; espancar.
**bastion** /bæstchen/ *s* bastião, baluarte.
**bat** /bæt/ *s* bastão, raquete; morcego; *gír* farra, divertimento. | *v* rebater (a bola com raquete ou taco); discutir; piscar.
**batch** /bætch/ *s* fornada, porção; grupo, leva, bando; lote. | *v* processar ou reunir em lote.
**batch processing** *s* processamento em lote.
**bate** /beit/ *v* diminuir, reduzir, mitigar.
**bath** /bæth/ *s* banho; banheira; banheiro (*pl* **baths** /bædhz/).
**bathe** /beidh/ *v* banhar; imergir em líquido.
**bather** /beidher/ *s* banhista.
**bathhouse** /bæthhaus/ *s* balneário; cabina para banhistas.
**bathing suit** *s* maiô.
**bathos** /beithás/ *s* anticlímax.
**bathrobe** /bæthroub/ *s* roupão de banho.
**bathroom** /bæthrúm/ *s* banheiro.
**bathtub** /bæthtâb/ *s* banheira.
**batsman** /bætsmen/ *s* arremessador, batedor (beisebol e críquete).
**battalion** /betælyen/ *s* batalhão.
**batten** /bæten/ *s* tábua, sarrafo. | *v* engordar; prosperar à custa de outros.

**batter** /bæter/ *s* massa de farinha com ovos e leite; batedor, arremessador (beisebol). | *v* golpear repetidamente; danificar por uso constante.
**battery** /bæteri/ *s* bateria.
**battle** /bætl/ *s* batalha, combate, luta, conflito. | *v* batalhar, lutar, brigar.
**battlefield** /bætlfíld/ *s* campo de batalha.
**battleground** /bætlgraund/ » **battlefield**.
**battlement** /bætlment/ *s* ameia, muralha, parapeito.
**battleship** /bætlchip/ *s* couraçado.
**batty** /bæti/ *adj gír* maluco, doido.
**bauble** /bábel/ *s* bugiganga, bagatela, quinquilharia.
**baud** /bód/ *s* unidade de medida de velocidade da transmissão de dados.
**baud rate** *s* taxa de transmissão de dados.
**baulk** /bák/ » **balk**.
**bawd** /bád/ *s* cafetina, alcoviteira, prostituta.
**bawdiness** /bádines/ *s* alcovitice.
**bawdry** /bádri/ *s* lenocínio, indecência, pornografia.
**bawdy** /bádi/ *adj* obsceno, devasso.
**bawl** /bál/ *v* gritar, berrar, vociferar. | *s* berro, grito.
**bay** /bei/ *v* ladrar, latir. | *s* baía, angra, enseada; latido de cães acuando a caça; cavalo baio. | *adj* baio.
**bayonet** /beienét, beienét/ *s* baioneta.
**bazaar** /bezár/ *s* bazar.
**bazar** /bezár/ » **bazaar**.
**bazooka** /bezúke/ *s* bazuca.
**BBC** /bíbísí/ *abrev* de **British Broadcasting Corporation** (companhia britânica de rádio e televisão).
**BBS** *abrev* de **bulletin board system**, sistema de quadro de avisos (sistema com acesso a redes que serve como centro de troca de informações e transferência de mensagens).
**B.C.** /bísí/ *abrev* de **before Christ**, a.C., antes de Cristo (*tb* **BC**).
**be** /bí/ *v* ser, existir; acontecer, ocorrer, realizar-se; estar, permanecer, ficar. • **be able to** ser capaz de. **be over** acabar.
**beach** /bítch/ *s* praia; litoral.
**beachwear** /bítchwér/ *s* roupa de praia.
**beacon** /bíken/ *s* farol; boia luminosa; sinal de advertência. | *v* iluminar, dar sinal por meio de luz, fogueira; servir como sinal de alarma.
**bead** /bíd/ *s* conta (rosário, colar); pérola (vidro, metal). | *v* ornar de contas ou pérolas. • **beads** rosário, terço.
**beadle** /bídl/ *s* bedel.
**beagle** /bígel/ *s* sabujo, bigle, cão de caça.
**beak** /bík/ *s* bico (ave); nariz adunco; bocal.
**beam** /bím/ *s* viga mestra; travessão de balança; raio de luz, aspecto radiante; cilindro. | *v* irradiar, emitir (luz, onda de rádio, sinais).
**beamy** /bími/ *adj* luminoso, brilhante, irradiante.
**bean** /bín/ *s* feijão, vagem.
**bear** /bér/ *v* sustentar, manter; levar, conduzir; suportar, aguentar, resistir; parir, dar à luz; ter paciência; produzir, frutificar. | *s* urso; pessoa rude, grosseira.
**bearable** /bérebel/ *adj* tolerável, suportável.
**beard** /bird/ *s* barba. | *v* desafiar, afrontar.
**bearded** /birdid/ *adj* barbado.
**beardless** /birdles/ *adj* sem barba.
**bearer** /bérer/ *s* carregador, transportador; portador (cheque, título); árvore frutífera.
**bearing** /béring/ *s* comportamento, conduta; safra, colheita; produção; apoio, suporte; direção, rumo; fertilidade, frutificação.
**bearish** /bérich/ *adj* rude, grosseiro; pessimista.
**beast** /bíst/ *s* besta, animal; pessoa bruta.
**beastliness** /bístlines/ *s* bestialidade, animalidade; brutalidade.
**beastly** /bístli/ *adj* bestial, animalesco; detestável, abominável; brutal.
**beat** /bít/ *s* batida, pancada, golpe; pulsação; cadência; ronda policial; furo

jornalístico; ritmo, compasso; batimento; toque de tambor. | *adj* cansado, exausto. | *v* bater; marcar (tempo); ritmar; derrotar; soar, emitir som.

**beaten** /bíten/ *v part pass* de **beat**. | *adj* gasto, usado, batido; exausto; forjado (metal).



**beater** /bíter/ *s* batedor, agitador.

**beatific** /bíetifik/ *adj* beatífico.

**beatification** /biætefikeichen/ *s* beatificação.

**beatify** /biætefai/ *v* beatificar, santificar.

**beating** /bíting/ *s* surra; pulsação, batimento.

**beatitude** /biætetúd/ *s* beatitude, bem-aventurança.

**beat-up** /bítâp/ *adj* surrado, caindo aos pedaços.

**beautician** /byútichen/ *s* esteticista.

**beautiful** /byútefel/ *adj* belo, formoso, lindo.

**beautifulness** /byútefelnes/ *s* beleza, encanto.

**beautify** /byútefai/ *v* embelezar.

**beauty** /byúti/ *s* beleza.

**beauty parlor** *s* salão de beleza.

**beaver** /bíver/ *s* castor; pele de castor; viseira de capacete.

**becalm** /bikám/ *v* acalmar, tranquilizar.

**became** /bikeim/ *v pass* de **become**.

**because** /bikáz/ *conj* porque. • **because of** por causa de, em virtude de.

**beck** /bék/ *s* aceno, sinal; inclinação de cabeça.

**beckon** /béken/ *v* acenar, chamar. | *s* aceno, gesto.

**becloud** /biklaud/ *v* anuviar, nublar; obscurecer.

**become** /bikâm/ *v* tornar-se, vir a ser, transformar-se; convir, ficar bem, condizer.

**becoming** /bikâming/ *adj* conveniente, adequado, próprio; elegante, gracioso.

**bed** /béd/ *s* cama, leito; canteiro; estrato, camada. | *v* ir para a cama, deitar-se; dar pousada a, acomodar; estratificar; ter relações sexuais com; pôr em camadas.

**bed-and-breakfast** /bédnbrékfest/ *s* pousada para pernoite e com café da manhã (*abrev* **B & B**. *tb* **bed and breakfast**).

**bedaub** /bidáb/ *v* besuntar, lambuzar.

**bedazzle** /bidæzel/ *v* ofuscar; deslumbrar, encantar.

**bedbug** /bédbâg/ *s* percevejo.

**bedchamber** /bédtcheimber/ *s* dormitório, aposento.

**bedclothes** /bédkloudhz/ *s pl* roupa de cama.

**bedeck** /bidék/ *v* enfeitar, ornar com exagero.

**bedevil** /bidével/ *v* enfeitiçar, endiabrar; atormentar; confundir; arruinar, estragar.

**bedevilment** /bidévelment/ *s* feitiçaria; tormento, confusão; desespero.

**bedew** /bidú/ *v* orvalhar, umedecer.

**bedim** /bidim/ *v* escurecer; obscurecer; ofuscar, turvar.

**bedizen** /bidaizen, bidizen/ *v* adereçar, enfeitar.

**bedlam** /bédlem/ *s* balbúrdia, tumulto, confusão.

**bedlamite** /bédlemait/ *s* louco, alienado, demente.

**Bedouin** /béduin/ *s* beduíno, nômade.

**bedpan** /bédpæn/ *s* urinol para pessoa enferma.

**bedraggle** /bidrægel/ *v* enlodar, enlamear.

**bedrid** /bédrid/ » **bedridden**.

**bedridden** /bédridn/ *adj* acamado, inválido.

**bedroom** /bédrúm/ *s* quarto de dormir, dormitório.

**bedside** /bédsaid/ *s* lado da cama. | *adj* que está ao lado da cama.

**bedside table** *s* criado-mudo.

**bedspread** /bédspréd/ *s* colcha, acolchoado.

**bedstead** /bédstéd/ *s* armação de cama.

**bedtime** /bédtaim/ *s* hora de dormir.

**bedtime story** *s* história para criança dormir.

**Beduin** /bédwin/ » **Bedouin**.
**bee** /bí/ *s* abelha; mutirão.
**beech** /bítch/ *s* faia.
**beef** /bíf/ *s* carne bovina (*pl* **beeves** ou **beef**).
**beefeater** /bífíter/ *s* guarda da torre de Londres.
**beefsteak** /bífsteik/ *s* bife (de carne bovina).
**beehive** /bíhaiv/ *s* colmeia.
**beekeeper** /bíkíper/ *s* apicultor.
**beeline** /bílain/ *s* linha reta.
**been** /bin/ *v part pass* de **be**.
**beep** /bíp/ *s* bipe (som ou sinal emitido). | *v* bipar.
**beeper** /bíper/ *s* bipe (aparelho sonoro), *pager*.
**beer** /bir/ *s* cerveja.
**beeswax** /bízwæks/ *s* cera de abelha.
**beet** /bít/ *s* beterraba.
**beetle** /bítl/ *s* escaravelho, besouro; macete, marreta. | *adj* saliente, protuberante. | *v* sobressair, ressaltar.
**befall** /bifól/ *v* acontecer, ocorrer, suceder a.
**befallen** /bifólen/ *v part pass* de **befall**.
**befell** /bifél/ *v pass* de **befall**.
**befit** /bifít/ *v* convir, ser apropriado, ser próprio de.
**befitting** /bifíting/ *adj* conveniente, adequado, próprio.
**befool** /bifúl/ *v* enganar, ludibriar, lograr.
**before** /bifór/ *conj* antes que, de preferência a. | *adv* antes de; adiante, na frente. | *prep* na frente de, anterior a, perante.
**beforehand** /bifórhænd/ *adv* de antemão, antecipadamente, previamente.
**befoul** /bifaul/ *v* emporcalhar, sujar; falar mal de.
**befriend** /bifrénd/ *v* comportar-se como amigo.
**befuddle** /bifâdl/ *v* confundir, desnortear.
**beg** /bég/ *v* pedir; implorar, suplicar; esmolar, mendigar. • **I beg your pardon** desculpe.
**began** /bigæn/ *v pass* de **begin**.
**beget** /bigét/ *v* gerar, criar, produzir.
**begetter** /bigéter/ *s* gerador, genitor, criador.
**beggar** /béger/ *s* mendigo, pedinte; indigente. | *v* reduzir à miséria, empobrecer.
**beggarly** /bégerli/ *adj* pobre, miserável; desprezível.
**beggary** /bégeri/ *s* pobreza, miséria, penúria; mendicância.
**begin** /bigin/ *v* começar, iniciar; originar, aparecer; instituir; fundar, inaugurar.
**beginner** /biginer/ *s* iniciante, principiante, novato.
**beginning** /bigining/ *s* começo, início; origem, causa.
**begone** /bigán/ *v us imper* fora, suma, desapareça.
**begonia** /bigounye/ *s* begônia.
**begot** /bigát/ *v pass* e *part pass* de **beget**.
**begotten** /bigáten/ *v part pass* de **beget**.
**begrime** /bigraim/ *v* sujar.
**begrudge** /bigrâdj/ *v* invejar.
**beguile** /bigail/ *v* enganar, iludir, lograr; seduzir, divertir, entreter.
**beguilement** /bigailment/ *s* logro, engano; diversão, passatempo.
**begun** /bigân/ *v part pass* de **begin**.
**behalf** /bihæf/ *s* suporte, apoio; interesse; benefício. • **in behalf of** no interesse de. **on behalf of** em nome de.
**behave** /biheiv/ *v* comportar-se, portar-se; agir, proceder.
**behavior** /biheivyer/ *s* comportamento, procedimento, conduta.
**behead** /bihéd/ *v* decapitar.
**beheld** /bihéld/ *v pass* e *part pass* de **behold**.
**behest** /bihést/ *s* ordem, mandado.
**behind** /bihaind/ *prep* atrás de, por detrás de; depois de, após; atrasado. | *adv* atrás, detrás; para trás. | *s inform* nádegas, traseiro.

B

B

**behindhand** /bihaindhænd/ *adj* atrasado. | *adv* em atraso.
**behold** /bihould/ *v* ver, avistar; contemplar, observar; compreender.
**beholden** /bihoulden/ *adj* devedor.
**beholder** /bihoulder/ *s* espectador; observador.
**behoof** /bihúf/ *s* interesse, benefício, proveito, vantagem.
**behoove** /bihúv/ *v* convir, ser conveniente; ser preciso; caber a.
**beige** /beij/ *s* a cor bege; tecido feito de lã crua. | *adj* bege.
**being** /bíing/ *s* existência, vida; ser, ente, entidade; natureza, essência.
**belabor** /bileiber/ *v* espancar, surrar; atacar verbalmente, ridicularizar.
**Belarus** /beléres/ *s* Belarus.
**Belarusian** /belerúchen/ *s* e *adj* bielo-russo.
**belated** /bileitid/ *adj* retardado, tardio.
**belatedness** /bileitidnes/ *s* atraso, retardamento.
**belay** /bilei/ *v* amarrar com corda.
**belch** /béltch/ *v* arrotar; expelir violentamente. | *s* arroto.
**beleaguer** /bilíger/ *v* sitiar; bloquear, cercar.
**belfry** /bélfri/ *s* campanário.
**Belgian** /béldjen/ *adj* e *s* belga.
**Belgium** /béldjem/ *s* Bélgica.
**belie** /bilai/ *v* camuflar, ocultar; deturpar, interpretar mal; desmentir, contradizer.
**belief** /bilíf/ *s* crença, fé; convicção.
**believable** /bilívebel/ *adj* acreditável.
**believe** /bilív/ *v* crer, acreditar; confiar; ter fé. • **make believe** fingir, fazer de conta.
**believer** /bilíver/ *s* crente, fiel.
**belittle** /bilitl/ *v* diminuir, depreciar, menosprezar.
**Belize** /belíz/ *s* Belize.
**Belizean** /belízien/ *s* e *adj* belizenho.
**bell** /bél/ *s* campainha; sino, sineta, guizo; o som desses objetos. | *v* dar forma de sino ou campainha; pôr sino, campainha em.
**bellboy** /bélboi/ *s* mensageiro ou carregador de malas em um hotel.
**belligerence** /belidjerens/ *s* beligerância.
**belligerency** /belidjerensi/ » **belligerence**.
**belligerent** /belidjerent/ *adj* e *s* beligerante.
**bellman** /bélmen/ *s* mensageiro ou carregador de malas num hotel.
**bellow** /bélou/ *v* rugir, bramar, berrar; vociferar. | *s* grito, berro; rugido, bramido; vociferação.
**bellows** /bélouz/ *s pl* fole; pulmões.
**belly** /béli/ *s* barriga; ventre; abdome; estômago. | *v* inchar.
**bellyache** /bélieik/ *s* dor abdominal, cólica.
**bellybutton** /bélibâtn/ *s* umbigo.
**belly dance** *s* dança do ventre.
**belly-land** /bélilænd/ *v* aterrissar avião sem equipamento de pouso, pousar de barriga.
**belong** /biláng/ *v* pertencer a, ser propriedade de; competir a, caber a.
**belonging** /bilánging/ *s* pertence.
**beloved** /bilâvd/ *adj* amado, querido, caro. | *s* amado.
**below** /bilou/ *prep* abaixo, sob; inferior. | *adv* abaixo, em lugar inferior; para baixo.
**belt** /bélt/ *s* cinto, cinturão; correia, tira, faixa; estreito, zona, região, cinturão. | *v* cingir, enfaixar; munir de cinto ou cinturão.
**belvedere** /bélvedir/ *s* belvedere, mirante.
**bemire** /bimair/ *v* enlamear; atolar na lama.
**bemoan** /bimoun/ *v* lamentar.
**bench** /béntch/ *s* banco, assento; tribuna; juízes de um tribunal; bancada (de carpinteiro); jogadores de reserva. | *v* prover ou decorar com bancos; colocar jogador no banco de reservas; sentar em banco.
**bend** /bénd/ *s* curva, curvatura; volta, dobra; flexão; inflexão. | *v* curvar, inclinar,

dobrar; arquear; pender; empenhar-se em; submeter-se a.

**beneath** /biníth/ *prep* abaixo, sob; mais baixo que, inferior a. | *adv* abaixo, em posição inferior.

**benedict** /bénidikt/ *s* homem recém--casado.

**benediction** /bénidikchen/ *s* bênção, graça divina.

**benefaction** /bénefækchen/ *s* benefício; boa ação, doação, caridade.

**benefactor** /bénifækter/ *s* benfeitor, doador.

**benefactress** /bénefæktres/ *s* benfeitora.

**benefic** /binéfik/ *adj* benéfico.

**benefice** /bénifis/ *s* benefício eclesiástico; domínio feudal; possessões da igreja.

**beneficence** /binéfisens/ *s* beneficência.

**beneficent** /binéfisent/ *adj* beneficente.

**beneficial** /bénifichel/ *adj* benéfico.

**beneficiary** /bénificheri/ *s* beneficiado; beneficiário.

**benefit** /bénifit/ *s* benefício. | *v* beneficiar (-se).

**benevolence** /binévelens/ *s* benevolência.

**benevolent** /binévelent/ *adj* benevolente.

**benighted** /binaitid/ *adj* surpreendido pela noite ou escuridão; inculto, ignorante.

**benign** /binain/ *adj* benigno.

**benignity** /binigneti/ *s* benignidade.

**Benin** /bénín, binín/ *s* Benin.

**Beninese** /béniníz, bininíz/ *s* beninense (*pl* **Beninese**). | *adj* beninense.

**benison** /bénisen/ *s* bênção.

**bent** /bént/ *v pass* e *part pass* de **bend**. | *adj* curvado, vergado, torto; decidido, determinado. | *s* curva, curvatura; inclinação; tendência, disposição.

**benumb** /binâm/ *v* paralisar (pelo frio); entorpecer, estontear.

**benzin** /bénzín/ » **benzine**.

**benzine** /bénzín, bénzín/ *s* benzina.

**bequeath** /bikwídh/ *v* legar, deixar por testamento.

**berate** /bireit/ *v* repreender, censurar.

**bereave** /birív/ *v* viver sozinho, desolado.

**bereaved** /birívd/ *v pass* e *part pass* de **bereave**. | *adj* desolado.

**bereavement** /birívment/ *s* desolação.

**bereft** /biréft/ *v pass* e *part pass* de **bereave**.

**berg** /bêrg/ » **iceberg**.

**bergamot** /bêrgemát/ *s* mexerica, bergamota.

**Bermuda shorts** /bermyúde chórts/ *s* bermuda.

**berry** /béri/ *s* qualquer fruto do tipo morango, amora, framboesa. | *v* dar, produzir ou colher esses frutos.

**berth** /bêrth/ *s* ancoradouro; acomodação; leito (em trem, navio); vaga ou espaço para estacionar veículo. | *v* ancorar; acomodar.

**beseech** /bisítch/ *v* rogar, implorar, suplicar.

**beset** /bisét/ *v* acercar, sitiar; importunar, perturbar.

**besetment** /bisétment/ *s* sítio, bloqueio, cerco.

**beside** /bisaid/ *prep* ao lado de, junto a, perto de; além de, fora de. • **beside oneself** fora de si, transtornado.

**besides** /bisaidz/ *prep* além de, fora de, acima de; exceto, salvo. | *adv* além de, também; adicionalmente; outrossim.

**besiege** /bisídj/ *v* sitiar, cercar; assediar; importunar; preocupar.

**besmear** /bismir/ *v* engordurar; sujar, emporcalhar.

**besmirch** /bismêrtch/ *v* manchar; sujar.

**besot** /bisát/ *v* confundir; embriagar.

**besought** /bisát/ *v pass* e *part pass* de **beseech**.

**bespatter** /bispæter/ *v* enlamear, salpicar de lama.

**bespeak** /bispík/ *v* indicar, revelar, ser indício de; encomendar com antecedência; prever.

**bespoke** /bispouk/ *v pass* e *part pass* de **bespeak**.

**bespoken** /bispouken/ *v part pass* de **bespeak**.

B

**best** /bést/ *adj gr super* de **good** o melhor, que tem mais valor, superior; maior; principal. | *adv gr super* de **well** do melhor modo; no mais alto grau. | *s* o melhor.
**bestial** /béstchel/ *adj* bestial, brutal.
**bestiality** /béstchiæleti/ *s* bestialidade, brutalidade.
**best man** *s* padrinho de casamento.
**bestow** /bistou/ *v* dar, conferir, outorgar; armazenar, depositar.
**bestowal** /bistouel/ *s* emprego, aplicação; dádiva, concessão, favor.
**bestowment** /bistoument/ » **bestowal**.
**bestrew** /bistrú/ *v* espalhar, alastrar, esparramar.
**bestseller** /béstséler/ *s* o de maior vendagem (por exemplo, livro).
**bet** /bét/ *s* aposta; quantia ou objeto apostado. | *v* apostar.
**bethel** /béthel/ *s* santuário, capela.
**bethink** /bithingk/ *v* refletir, pensar, considerar.
**bethought** /bithát/ *v pass* e *part pass* de **bethink**.
**betide** /bitaid/ *v* acontecer, suceder.
**betimes** /bitaimz/ *adv* a tempo, cedo; de vez em quando, esporadicamente.
**betoken** /bitouken/ *v* indicar.
**betray** /bitrei/ *v* trair, atraiçoar; delatar, revelar; enganar.
**betrayal** /bitreiel/ *s* traição, denúncia; revelação.
**betrayer** /bitreier/ *s* traidor, delator.
**betroth** /bitroudh/ *v* noivar, contratar casamento.
**betrothal** /bitroudhel/ *s* noivado, contrato de casamento.
**better** /béter/ *s* algo melhor; vantagem, superioridade; » **bettor**. | *adj gr comp* de **good** melhor, superior; preferível. | *adv gr comp* de **well** melhor, de melhor maneira; em grau mais elevado. | *v* melhorar, exceder, superar.
**betterment** /béterment/ *s* melhoria, melhoramento.
**bettor** /béter/ *s* apostador, pessoa que faz apostas.
**between** /bitwín/ *prep* entre, no meio de (dois itens); no intervalo de. | *adv* no meio; no intervalo.
**bevel** /bével/ *s* chanfradura, recorte, bisel. | *v* chanfrar, enviesar.
**beverage** /béveridj/ *s* bebida.
**bevy** /bévi/ *s* bando (de aves ou animais).
**bewail** /biweil/ *v* lamentar; lastimar.
**beware** /biwér/ *v* ter cautela, tomar cuidado.
**bewilder** /biwilder/ *v* confundir, embaraçar, aturdir; desorientar, desnortear.
**bewilderment** /biwilderment/ *s* confusão, perplexidade.
**bewitch** /biwitch/ *v* encantar, enfeitiçar.
**bewitchment** /biwitchment/ *s* encanto, fascinação, feitiço.
**beyond** /biyánd/ *prep* além de, do outro lado de; depois de; mais longe que; superior a; em adição a. | *adv* além, acolá, mais adiante. | *s* o além, o outro mundo.
**bezel** /bézel/ *s* bisel, chanfradura.
**Bhutan** /bútán/ *s* Butão.
**Bhutanese** /búteníz/ *s* butanês (*pl* **Bhutanese**). | *adj* butanês.
**biannual** /baiænyuel/ *adj* semestral, duas vezes por ano.
**bias** /baies/ *s* viés; inclinação, tendência; predileção. | *adj* enviesado, de viés. | *v* desviar; dispor; influenciar, induzir (de modo desfavorável).
**bib** /bib/ *s* babadouro, babador (de criança). | *v* beber muito e frequentemente.
**bibber** /biber/ *s* beberrão.
**Bible** /baibel/ *s* Bíblia.
**biblical** /biblikel/ *adj* bíblico.
**bibliographer** /bibliágrefer/ *s* bibliógrafo.
**bibliographic** /bibliegræfik/ » **bibliographical**.
**bibliographical** /bibliegræfikel/ *adj* bibliográfico.
**bibliography** /bibliágrefi/ *s* bibliografia.
**bibulous** /bibyeles/ *adj* poroso, esponjoso, absorvente; beberrão.

**bicarbonate** /baikárbenet/ *s* bicarbonato.
**bicentenary** /baiséntenéri, baisénténeri/ » **bicentennial.**
**bicentennial** /baisénténiel/ *adj* e *s* bicentenário.
**biceps** /baiséps/ *s* bíceps (*pl* **biceps** ou **bicepses** /baisépzis/).
**bicker** /biker/ *v* brigar, disputar. | *s* briga, disputa, contenda.
**bicycle** /baisikel/ *s* bicicleta. | *v* andar de bicicleta.
**bicycler** /baisikler/ *s* ciclista.
**bicyclist** /baisiklist/ » **bicycler**.
**bid** /bid/ *s* lance, oferta, proposta; apelo; licitação. | *v* ordenar, comandar; cumprimentar, saudar; convidar, chamar; estipular (preço); fazer ofertas, dar lance (em leilão).
**biddable** /bidebel/ *adj* obediente; dócil.
**bidden** /biden/ *v part pass* de **bid**.
**bidder** /bider/ *s* licitante (em leilão).
**bidding** /biding/ *s* lance, licitação; ordem, comando, intimação; convite.
**bide** /baid/ *v* aguardar, esperar; permanecer, ficar.
**bidet** /bidei/ *s* bidê.
**biennial** /baiéniel/ *adj* bienal. | *s* evento bienal; planta bienal.
**bier** /bir/ *s* ataúde, esquife.
**biff** /bif/ *v* espancar, esmurrar. | *s* pancada, soco, golpe.
**bifid** /baifid/ *adj* bífido, bifendido.
**bifocal** /baifoukel, baifoukel/ *adj* bifocal. • **bifocals** óculos bifocais.
**bifurcate** /baiferkeit/ *v* bifurcar.
**bifurcation** /baiferkeichen/ *s* bifurcação.
**big** /big/ *adj* grande, vasto, volumoso; importante, influente; imponente. | *adv* de modo pretensioso, arrogantemente; prosperamente.
**bigamist** /bigemist/ *s* bígamo.
**bigamous** /bigemes/ *adj* bígamo.
**bigamy** /bigemi/ *s* bigamia.
**big deal** *s gír* algo de grande importância; pessoa de grande importância.
**bigheaded** /bighédid/ *adj* convencido.
**big-hearted** /bighártid/ *adj* bondoso, generoso.
**big house** *s gír* penitenciária.
**bight** /bait/ *s* angra, baía, golfo; laçada (de corda).
**bigness** /bignes/ *s* grandeza; grossura.
**bigot** /biget/ *s* beato, fanático, intolerante.
**bigotry** /bigetri/ *s* beatismo, fanatismo, intolerância.
**big toe** *s* dedão do pé.
**bike** /baik/ *s* bicicleta; motocicleta. | *v* andar de bicicleta.
**biker** /baiker/ *s* ciclista; motociclista.
**bikeway** /baikwei/ *s* ciclovia.
**bilabial** /baileibiel/ *adj* e *s* bilabial.
**bilateral** /bailæterel/ *adj* bilateral, de dois lados.
**bile** /bail/ *s* bile, bílis; mau humor, amargura.
**biliary** /bilieri/ *adj* biliário, da bílis.
**bilingual** /bailinggwel/ *adj* e *s* bilíngue.
**bilious** /bilyes/ *adj* bilioso; mal-humorado.
**bilk** /bilk/ *v* enganar, trapacear, lograr. | *s* trapaceiro, vigarista.
**bill** /bil/ *s* conta, nota, fatura; letra de câmbio; nota de papel-moeda, cédula; projeto de lei; boletim, aviso; programa (de teatro, cinema); cartaz, tabuleta. | *v* faturar; anunciar por cartazes; prestar contas ou despesas.
**billboard** /bilbórd/ *s* quadro em que se afixam cartazes ou avisos.
**billet** /bilet/ *s* boleto, ordem escrita para alojar soldados; alojamento, aquartelamento; lenha, pedaço de madeira. | *v* aboletar.
**billfold** /bilfould/ *s* carteira para notas.
**billhead** /bilhéd/ *s* impresso para faturas.
**billhook** /bilhuk/ *s* podadeira, podão, foice.
**billiards** /bilyerdz/ *s pl* bilhar.
**billingsgate** /bilingzgeit/ *s* linguagem rude ou profana.
**billion** /bilyen/ *s* bilhão.

B

**billionaire** /bilyenẹr/ *s* bilionário.
**billionth** /bịlyen*th*/ *num* bilionésimo.
**bill of exchange** *s* letra de câmbio (*pl* **bills of exchange**).
**billow** /bịlou/ *s* vagalhão. | *v* formar vagalhões.
**billowy** /bịloui/ *adj* agitado, revolto (mar).
**billposter** /bịlpouster/ *s* colocador de *outdoors*, afixador de cartazes.
**billy** /bịli/ *s* cassetete; caneca ou bule de metal.
**billy goat** *s inform* bode.
**bimonthly** /baimẫn*th*li/ *adj* bimestral. | *adv* bimestralmente.
**bin** /bin/ *s* contêiner ou armazém para estocagem. | *v* armazenar, estocar.
**binary** /bạineri/ *adj* binário. | *s* unidade composta de duas partes.
**bind** /baind/ *s* atadura, faixa, cinta; situação difícil. | *v* atar, ligar, amarrar; grudar; encadernar; debruar; restringir; apegar-se, empenhar-se; obrigar-se.
**binder** /bạinder/ *s* encadernador; fita, tira, cordão para amarrar; enfardadeira (máquina); substância aglutinante, ligadura.
**bindery** /bạinderi/ *s* oficina de encadernação.
**binding** /bạinding/ *s* encadernação; debrum; ato de atar. | *adj* obrigatório; apertado, agarrado, justo.
**binocular** /bainạ́kyeler/ *adj* binocular.
**binoculars** /binạ́kyelerz/ *s* binóculo.
**binomial** /bainọumiel/ *adj* binomial. | *s* binômio.
**biographer** /baiạ́grefer/ *s* biógrafo.
**biographic** /baiegrǽfik/ » **biographical**.
**biographical** /baiegrǽfikel/ *adj* biográfico.
**biography** /baiạ́grefi/ *s* biografia.
**biologic** /baielạ́djik/ » **biological**.
**biological** /baielạ́djikel/ *adj* biológico.
**biological clock** *s* relógio biológico.
**biologist** /baiạ́ledjist/ *s* biologista, biólogo.
**biology** /baiạ́ledji/ *s* biologia.
**biomass** /bạioumæs/ *s* biomassa.
**bionic** /baiạ́nik/ *adj* biônico.
**biopsy** /bạiápsi/ *s* biópsia.
**BIOS** *abrev* de **Basic Input/Output System**, sistema básico de entrada / saída.
**biosphere** /bạiesfir/ *s* biosfera.
**biotechnology** /baioutéknạ́ledji/ *s* biotecnologia.
**biotype** /bạietaip/ *s* biótipo.
**biparous** /bịperes/ *adj* bíparo.
**bipartite** /baipạ́rtait/ *adj* bipartido.
**bipartition** /baipártịchen/ *s* bipartição, bisseção.
**biped** /bạipéd/ *s* e *adj* bípede.
**bipedal** /baipẹ́del/ » **biped**.
**biplane** /bạiplein/ *s* biplano.
**birch** /bêrtch/ *s* vidoeiro, bétula; vara de vidoeiro.
**bird** /bêrd/ *s* ave, pássaro.
**birdcage** /bệrdkeidj/ *s* gaiola para pássaros.
**birdcall** /bệrdkól/ *s* som ou canto de uma ave.
**birdman** /bệrdmen/ *s* ornitologista, ornitólogo; *gír* aviador.
**bird of passage** *s* ave migratória (*pl* **birds of passage**).
**bird of prey** *s* ave de rapina (*pl* **birds of prey**).
**birl** /bêrl/ *v* rodopiar, virar.
**birr** /bêr/ *v* zunir. | *s* zunido.
**birth** /bêr*th*/ *s* nascimento, natividade, natalidade; parto; origem, linhagem, estirpe; criação.
**birth certificate** *s* certidão de nascimento.
**birth control** *s* controle de natalidade.
**birthday** /bệr*th*dei/ *s* data de nascimento, aniversário natalício.
**birthmark** /bệr*th*márk/ *s* marca de nascença.
**birthplace** /bệr*th*pleis/ *s* lugar de nascimento, local de origem.
**birthrate** /bệr*th*reit/ *s* índice de natalidade (*tb* **birth rate**).
**birthright** /bệr*th*rait/ *s* direito de primogenitura, direito inato.

**biscuit** /bi̲skit/ *s* pãozinho ou bolinho feito com fermento em pó ou bicarbonato de sódio; porcelana cozida mas não vidrada.
**bisect** /ba̲isékt, baisé̲kt/ *v* bifurcar-se.
**bisection** /baisé̲kchen/ *s* bisseção, bifurcação.
**bisector** /baisé̲kter/ *s* bissetor, bissetriz.
**bisexual** /baisé̲kchuel/ *adj* e *s* bissexual.
**bishop** /bi̲chep/ *s* bispo (*tb* xadrez).
**bishopric** /bi̲cheprik/ *s* bispado.
**bismuth** /bi̲zmeth/ *s* bismuto.
**bison** /ba̲isen/ *s* bisão.
**bissextile** /baisé̲kstel/ *adj* bissexto. | *s* ano bissexto.
**bistoury** /bi̲steri/ *s* bisturi.
**bit** /bit/ *s* pedaço pequeno, porção; pouquinho, bocado; breve atuação, ponta (em teatro); *bit*, dígito binário. | *v* refrear, reprimir; *pass* e *part pass* de **bite**. • **bit by bit** aos poucos.
**bitch** /bitch/ *s* cadela; fêmea de cão, lobo ou raposa; prostituta.
**bite** /bait/ *v* morder; picar, ferroar; arrancar, cortar com os dentes. | *s* mordida, mordedura, dentada; picada, ferroada, ferida; bocado.
**biting** /ba̲iting/ *adj* cortante, penetrante, agudo; mordaz.
**bit map** *s* estrutura de dados na memória que representa a informação na forma de um conjunto de *bits* individuais.
**bitter** /bi̲ter/ *adj* amargo, acre; cruel, severo; triste, penoso. | *s* amargor, amargura. | *v* amargar. • **bitter cold** muitíssimo frio.
**bitterness** /bi̲ternes/ *s* amargor, amargura; pungência.
**bitumen** /bitú̲men, baitú̲men/ *s* betume.
**bituminous** /bitú̲mines/ *adj* betuminoso.
**biweekly** /baiwí̲kli/ *adj* quinzenal. | *s* quinzenário. | *adv* quinzenalmente.
**bizarre** /bizá̲r/ *adj* bizarro, estranho, extravagante.
**blab** /blæb/ *v* revelar um segredo, tagarelar, fofocar. | *s* tagarela.
**blabber** /blæ̲ber/ *v* tagarelar. | *s* tagarela, fofoqueiro.
**black** /blæk/ *adj* negro, preto. | *s* negro (cor e raça); luto. | *v* pintar de preto, enegrecer.
**black art** *s* magia negra.
**blackball** /blæ̲kból/ *v* votar contra, rejeitar, boicotar. | *s* voto contrário.
**black belt** *s* aquele que possui a faixa preta em arte marcial; área onde vivem muitos negros.
**blackberry** /blæ̲kbéri/ *s* amora silvestre.
**blackbird** /blæ̲kbêrd/ *s* melro, graúna.
**blackboard** /blæ̲kbórd/ *s* quadro-negro.
**black book** *s* lista negra.
**black box** *s* caixa-preta.
**Black Death** *s* peste negra, peste bubônica.
**black economy** *s* economia informal.
**blacken** /blæ̲ken/ *v* escurecer, enegrecer; difamar, caluniar.
**Black English** *s* variação da língua inglesa falada pelos negros americanos.
**blackguard** /blæ̲gárd/ *s* patife. | *v* insultar indecentemente; portar-se de modo infame.
**blackhead** /blæ̲khéd/ *s* cravo (afecção cutânea).
**black humor** *s* humor negro.
**blacking** /blæ̲king/ *s* graxa para sapato; fuligem.
**blackish** /blæ̲kich/ *adj* escuro, enegrecido.
**blackjack** /blæ̲kdjæk/ *s* porrete, cassetete.
**blackleg** /blæ̲kleg/ *s* trapaceiro no jogo de cartas; doença que afeta o gado; caruncho.
**blacklist** /blæ̲klist/ *s* lista negra.
**black magic** *s* magia negra.
**blackmail** /blæ̲kmeil/ *s* chantagem, extorsão; dinheiro obtido por extorsão. | *v* fazer chantagem, extorquir dinheiro.
**blackmailer** /blæ̲kmeiler/ *s* chantagista.
**black market** *s* mercado negro.
**blackness** /blæ̲knes/ *s* negror, negrura, escuridão.

**blackout** /blækaut/ *s* blecaute, escurecimento total; cegueira temporária.
**black pepper** *s* pimenta-do-reino.
**black sheep** *s* ovelha negra.
**blacksmith** /blæksmi*th*/ *s* ferreiro, ferrador.
B
**black widow** *s* viúva-negra.
**bladder** /blæd*er*/ *s* bexiga, vesícula.
**blade** /bleid/ *s* lâmina; espada; espadachim.
**blain** /blein/ *s* pústula, bolha.
**blamable** /bleimebel/ *adj* culpável; censurável, reprovável.
**blamableness** /bleimebelnes/ *s* culpabilidade.
**blame** /bleim/ *s* censura, reprovação; culpa, responsabilidade. | *v* culpar, incriminar, responsabilizar; censurar, reprovar.
**blameable** /bleimebel/ » **blamable**.
**blameful** /bleimfel/ *adj* censurável, culpável, reprovável.
**blameless** /bleimles/ *adj* inocente, imaculado.
**blamelessness** /bleimlesnes/ *s* inocência, inculpabilidade.
**blanch** /blæntch/ *v* branquear, alvejar; empalidecer.
**bland** /blænd/ *adj* brando, suave, terno.
**blandish** /blændich/ *v* bajular, lisonjear, adular.
**blandishment** /blændichment/ *s* carinho, agrado, lisonja.
**blank** /blæ*ng*k/ *v* bloquear; desvanecer. | *adj* em branco; não escrito. | *s* espaço em branco, espaço vazio, lacuna.
**blanket** /blæ*ng*kit/ *s* coberta, cobertor; cobertura, manta, colcha; camada. | *v* cobrir com cobertor ou manta. | *adj* geral, coletivo, válido para todos.
**blare** /blér/ *v* retumbar, fazer barulho; clamar, proclamar. | *s* clangor, estrondo.
**blarney** /blárni/ *s* adulação, bajulação. | *v* lisonjear, bajular.
**blaspheme** /blæsfím/ *v* blasfemar, caluniar.
**blasphemer** /blæsfím*er*/ *s* blasfemo, blasfemador.
**blasphemy** /blæsfemi/ *s* blasfêmia.
**blast** /blæst/ *s* rajada, pé de vento; explosão; som de instrumento de sopro; ferrugem (doença de plantas); fôlego, alento; carga de explosivo. | *v* arruinar, destruir; explodir, dinamitar; difamar.
**blasted** /blæstid/ *adj* arruinado, destruído; *gír* bêbado, drogado, intoxicado.
**blastoff** /blæstáf/ *s* lançamento de foguete.
**blat** /blæt/ *v* balir, balar; falar impensadamente.
**blatancy** /bleitensi/ *s* barulho, estardalhaço.
**blatant** /bleitent/ *adj* ruidoso, barulhento.
**blather** /blæ*dh*er/ *v* tagarelar, dizer tolices. | *s* tagarelice, conversa fiada.
**blaze** /bleiz/ *s* chama, labareda; brilho, esplendor; explosão, acesso (de raiva). | *v* queimar, inflamar; brilhar, resplandecer; atirar repetidamente, metralhar; perder o controle, explodir. | *interj* inferno.
**blazer** /bleiz*er*/ *s blazer*, paletó esporte.
**blazing** /bleizi*ng*/ *adj* em chamas; resplandecente.
**blazon** /bleizen/ *s* brasão. | *v* adornar com brasões; blasonar.
**blazonry** /bleizenri/ *s* arte heráldica.
**bleach** /blítch/ *v* branquear, alvejar; descorar. | *s* branqueamento, descoramento; substância química usada para alvejar.
**bleacher** /blítch*er*/ *s* alvejante, branqueador. • **bleachers** arquibancada sem cobertura nos campos de esporte.
**bleak** /blík/ *adj* frio, gelado; deserto, ermo, desabitado, descampado; depressivo, negativo.
**blear** /blir/ *v* turvar, avermelhar (os olhos), lacrimejar.
**bleary** /bliri/ *adj* turvo, lacrimejante (os olhos); exausto.
**bleat** /blít/ *v* balir, balar. | *s* balido; lamúria.
**bleb** /bléb/ *s* bexiga, bolha, pústula.

**bleed** /blíd/ *v* sangrar; drenar, purgar; exsudar; extorquir; descorar, soltar tinta (roupa); destilar.
**bleeder** /blíder/ *s* sangrador; hemofílico; veia que sangra.
**blemish** /blémich/ *v* danificar, estragar.
**blench** /bléntch/ » **blanch**.
**blend** /blénd/ *v* misturar, combinar; unir, fundir; harmonizar. | *s* mistura, combinação, fusão.
**blent** /blént/ *v pass* e *part pass* de **blend**.
**bless** /blés/ *v* abençoar, benzer; consagrar, santificar; glorificar, louvar.
**blessed** /blésid/ *adj* abençoado, bendito, sagrado, santo; bem-aventurado.
**blessing** /blésing/ *s* bênção, graça, benefício; louvor, oração, invocação.
**blest** /blést/ » **blessed**.
**blew** /blú/ *v pass* de **blow**.
**blind** /blaind/ *adj* cego; escondido, encoberto, obscuro; ilegível; secreto; sem saída; para cegos, de cegos; *gír* bêbado. | *s* cortina, veneziana, anteparo; pretexto, subterfúgio; esconderijo. | *v* encobrir, esconder; cegar; ocultar.
**blind alley** *s* beco ou passagem sem saída.
**blind date** *s* encontro às escuras, encontro com alguém desconhecido.
**blinder** /blainder/ *s* o que cega, aquilo que impede de ver; antolhos de cavalo.
**blindfold** /blaindfould/ *v* vendar os olhos. | *s* venda, o que tapa os olhos.
**blindly** /blaindli/ *adv* às cegas.
**blindman's buff** /blaindmænzbâf/ *s* jogo de cabra-cega.
**blindness** /blaindnes/ *s* cegueira.
**blink** /blingk/ *v* fingir que não vê, ignorar; olhar de relance; pestanejar, piscar os olhos; oscilar. | *s* clarão repentino; vislumbre; lampejo; relance.
**blinker** /blingker/ *s* pisca-pisca; venda, viseira, antolho.
**bliss** /blis/ *s* felicidade, bem-aventurança; graça, glória.
**blissful** /blisfel/ *adj* bem-aventurado.
**blister** /blister/ *s* bolha. | *v* formar bolhas.
**blithe** /blaidh/ *adj* informal, sem preocupação; alegre.
**blithesome** /blaidhsem/ *adj* alegre, feliz.
**blitz** /blits/ *s* ataque-relâmpago; ataque aéreo.
**blitzkrieg** /blitskríg/ *s* guerra-relâmpago.
**blizzard** /blizerd/ *s* nevasca.
**bloat** /blout/ *v* inflar; inchar; defumar (peixe). | *s* inchaço; excesso.
**bloated** /bloutid/ *adj* inchado; inflado.
**blob** /bláb/ *s* borbulha, bolha.
**bloc** /blák/ *s* bloco (de nações), coligações.
**block** /blák/ *s* bloco; grupo, conjunto; obstáculo, bloqueio; quadra, quarteirão; bloqueio (mental). | *v* obstruir, entupir; bloquear, impedir passagem; formar em blocos.
**blockade** /blákeid/ *s* bloqueio; assédio; sítio. | *v* bloquear, assediar, sitiar.
**blockbuster** /blákbâster/ *s* filme ou livro que alcança grande popularidade e vendagem; bomba muito potente usada em demolições.
**blockhead** /blákhéd/ *s* cabeça-dura, pessoa estúpida.
**blockhouse** /blákhaus/ *s* forte militar.
**block letter** *s* letra de forma.
**blond** /blánd/ *adj* louro, claro. | *s* pessoa loura.
**blonde** /blánd/ » **blond**.
**blood** /blâd/ *s* sangue; seiva, suco; linhagem, estirpe, raça; parentesco; matança, assassinato. • **in cold blood** a sangue frio.
**blood bank** *s* banco de sangue.
**blooded** /blâdid/ *adj* de raça, de puro sangue.
**bloodhound** /blâdhaund/ *s* sabujo, cão de caça.
**bloodily** /blâdili/ *adv* sanguinariamente, cruelmente.
**bloodiness** /blâdnes/ *s* sanguinolência.
**bloodless** /blâdles/ *adj* pálido; sem vivacidade; sem violência.
**bloodshed** /blâdchéd/ *s* derramamento de sangue, matança, carnificina.

B

**bloodshot** /blâdchát/ *adj* injetado (olho), vermelho, inflamado.

**bloodstain** /blâdstein/ *s* mancha de sangue.

**bloodsucker** /blâdsâker/ *s* sanguessuga; *inform* parasita, dependente; chantagista.



**blood test** *s* exame de sangue.

**bloodthirsty** /blâdthêrsti/ *adj* sanguinário, cruel.

**blood vessel** *s* vaso sanguíneo.

**bloody** /blâdi/ *adj* ensanguentado; sangrento; sanguinário.

**bloom** /blúm/ *s* flor; florescência; frescor, vigor, vitalidade; rubor. | *v* florir, florescer; brilhar; surgir, aparecer.

**bloomer** /blúmer/ *s gír* erro crasso.

**blooming** /blúming/ *adj* florescente.

**bloomy** /blúmi/ *adj* florido; viçoso.

**blossom** /blásem/ *s* flor; floração, florescência. | *v* florescer.

**blossomy** /blásemi/ *adj* florido, em flor.

**blot** /blát/ *s* borrão; mancha, nódoa; rasura, emenda; difamação, desgraça. | *v* manchar, borrar; destruir.

**blotch** /blátch/ *s* borrão de tinta; mancha na pele; erupção, pústula. | *v* manchar, borrar.

**blotter** /bláter/ *s* mata-borrão.

**blouse** /blaus/ *s* blusa.

**blow** /blou/ *s* golpe, pancada, soco; sopro; ventania, tempestade; *gír* cocaína. | *v* soprar; explodir; bafejar; carregar (pelo vento); tocar (instrumento de sopro); inchar, inflar; ofegar, bufar; ampliar fotografia; gabar-se. • **blow up** explodir; inflar; perder o controle emocional. **blow out** apagar (vela, fogo).

**blower** /blouer/ *s* assoprador; ventilador; fole; ventoinha.

**blowfly** /blouflai/ *s* mosca-varejeira.

**blown** /bloun/ *v part pass* de **blow**.

**blowout** /blouaut/ *s* ruptura de pneumático; explosão; *gír* festança.

**blowpipe** /bloupaip/ *s* maçarico de sopro, zarabatana.

**blowup** /blouâp/ *s* explosão; ampliação fotográfica.

**blowy** /bloui/ *adj* ventoso, tempestuoso.

**blubber** /blâber/ *v* desfazer-se em lágrimas, chorar convulsivamente. | *s* choro, choradeira, pranto. | *adj* inchado (bochechas).

**bludgeon** /blâdjen/ *s* cacete, maça, clava.

**blue** /blú/ *adj* azul; triste, desanimado, melancólico. | *s* a cor azul. | *v* azular, anilar. • **out of the blue** inesperadamente.

**blueberry** /blúbéri/ *s* mirtilo.

**blue blood** *s* sangue azul.

**blueprint** /blúprint/ *s* cópia heliográfica; cianotipia.

**blues** /blúz/ *s us v pl* ou *sing* melancolia, tristeza; *blues* (estilo musical).

**bluff** /blâf/ *s* blefe, logro; pessoa que blefa; penhasco, costa, íngreme. | *adj* íngreme, escarpado. | *v* enganar, iludir; blefar.

**bluish** /blúich/ *adj* azulado.

**blunder** /blânder/ *v* cometer gafe, cair em erro, dizer asneiras; equivocar-se. | *s* disparate, erro, gafe.

**blunderbuss** /blânderbâs/ *s* bacamarte; tolo, pateta.

**blunderer** /blânderer/ *s* trapalhão, pessoa desajeitada.

**blunt** /blânt/ *adj* sem corte, cego; bruto, áspero; insensato, néscio. | *v* ficar cego ou sem corte.

**blur** /blêr/ *v* embaçar; nublar; borrar; tornar-se indistinto, obscurecer. | *s* obscuridade, falta de clareza; borrão, mancha.

**blurry** /blêri/ *adj* borrado, manchado; indistinto, obscuro.

**blurt** /blêrt/ *v* falar impensadamente, deixar escapar (segredo).

**blush** /blâch/ *v* corar, ruborizar-se; envergonhar-se. | *s* rubor, vermelhidão; olhadela.

**blusher** /blâcher/ *s* ruge.

**blushful** /blâchfel/ *adj* corado, ruborizado; envergonhado.

**bluster** /blâster/ *v* ventar forte; zunir; proferir ameaças, vociferar. | *s* estrondo; vendaval; fúria; vociferação.

**boar** /bór/ *s* porco não castrado; suíno; javali.
**board** /bórd/ *s* tábua, prancha; tabuleiro; tabuleta; quadro onde são afixados cartazes; placa (computador); conselho, junta administrativa; quadro-negro; bordo de navio; pensão. | *v* embarcar; assoalhar; fornecer pensão, hospedar. • **on board** a bordo.
**boarder** /bórder/ *s* pensionista; aquele que anda de *skate*, esqui.
**boarding house** *s* pensão.
**boarding school** *s* internato.
**boast** /boust/ *s* vanglória, ostentação. | *v* gabar-se, orgulhar-se, vangloriar-se.
**boastful** /boustfel/ *adj* orgulhoso.
**boat** /bout/ *s* bote, barco; embarcação, navio. | *v* transportar em barco; embarcar; navegar, andar de bote ou de barco.
**boating** /bouting/ *s* passeio de barco; transporte marítimo; manejo de um barco.
**boatman** /boutmen/ *s* barqueiro.
**boat people** *s pl* refugiados.
**bob** /báb/ *s* fio de prumo, pêndulo; flutuador preso à linha de pescar; batida, pancada leve; reverência, movimento rápido; cacho de cabelo; cabelo curto (de mulher ou criança). | *v* balançar; inclinar com um movimento rápido; bater de leve; pescar à linha.
**bobbin** /bábin/ *s* bobina, carretel.
**bobby pin** *s* grampo de cabelo.
**bobsled** /bábsléd/ *s* trenó de corrida.
**bode** /boud/ *v pass* de **bide**.
**bodice** /bádis/ *s* espartilho, cintura de vestido.
**bodiless** /bádiles/ *adj* incorpóreo, imaterial.
**bodily** /bádli/ *adj* corpóreo, corporal, material. | *adv* em carne e osso, em pessoa.
**bodkin** /bádkin/ *s* furador; estilete; presilha de cabelo.
**body** /bádi/ *s* corpo; matéria; parte principal; corporação, entidade; carcaça; armação; fuselagem de avião; casco de navio; carroçaria, chassi. | *v* corporificar; incorporar, englobar; dar forma a.
**bodyguard** /bádigárd/ *s* guarda pessoal, guarda-costas.
**bog** /bág/ *v* enlamear; atolar. | *s* pântano, lamaçal, charco.
**bogey** /bougi/ *s* fantasma, espírito mau.
**bogeyman** /bougimæn/ *s* bicho-papão.
**boggle** /bágel/ *v* hesitar; recuar.
**boggy** /bági/ *adj* pantanoso, lamacento.
**bogie** /bougi/ » **bogey**.
**bogus** /bouges/ *adj* falso, adulterado.
**bogy** /bougi/ » **bogey**.
**boil** /boil/ *v* ferver, aferventar; esterilizar por fervura; excitar-se, enervar-se. | *s* ebulição, fervura; agitação; furúnculo.
**boiler** /boiler/ *s* caldeira.
**boiling point** *s* ponto de ebulição.
**boisterous** /boisteres/ *adj* violento; tempestuoso; barulhento.
**bold** /bould/ *adj* corajoso, intrépido; audacioso, ousado; descarado; evidente; negrito (tipologia).
**boldface** /bouldfeis/ *s* e *adj* negrito (tipologia).
**boldness** /bouldnes/ *s* coragem, ousadia, audácia.
**bole** /boul/ *s* tronco de árvore; argila, barro.
**Bolivia** /belivie/ *s* Bolívia.
**Bolivian** /belivien/ *adj* e *s* boliviano.
**boll** /boul/ *s* casulo, cápsula.
**Bolshevik** /boulchevik/ *adj* bolchevista. | *s* bolchevique (*pl* **Bolsheviks** ou **Bolsheviki** /boulcheviki/).
**Bolshevism** /boulchevizem/ *s* bolchevismo.
**Bolshevist** /boulchevist/ *s* bolchevista.
**bolster** /boulster/ *s* travesseiro, almofada; suporte. | *v* apoiar em travesseiros ou almofada.
**bolt** /boult/ *s* ferrolho, lingueta de fechadura; dardo, flecha; relâmpago, raio; partida repentina; parafuso com cabeça e porca. | *v* arremessar, disparar; afer-

rolhar; engolir sem mastigar; abandonar partido político.

**bolter** /boulter/ *s* cavalo arisco; peneira, crivo; dissidente de partido político.

**bomb** /bám/ *s* bomba. | *v* bombardear.

**bombard** /bámbárd/ *v* bombardear. | /bámbárd/ *s* bombarda.

B

**bombardier** /bámbedir/ *s* artilheiro, bombardeiro.

**bombardment** /bámbárdment/ *s* bombardeio.

**bombast** /bámbæst/ *s* linguagem bombástica.

**bombastic** /bámbæstik/ *adj* bombástico, empolado.

**bomber** /bámer/ *s* bombardeiro, avião de bombardeio; pessoa que lança bomba.

**bombshell** /bámchél/ *s* granada explosiva; *fig* surpresa espantosa.

**bonbon** /bánbán/ *s* bombom, confeito.

**bond** /bánd/ *s* elo, vínculo, laço; obrigação moral, compromisso; fiança; fiador; caução; ligação; pacto; contrato; título de dívida. | *v* ligar, unir; penhorar, hipotecar; caucionar; afiançar. • **bonds** cativeiro.

**bondage** /bándidj/ *s* servidão, escravidão; cativeiro; sujeição, dependência.

**bondholder** /bándhoulder/ *s* obrigacionista.

**bondmaid** /bándmeid/ *s* escrava, serva.

**bondman** /bándmen/ *s* escravo, servo.

**bondsman** /bándzmen/ *s* fiador; servo, escravo.

**boney** /bouni/ » **bony**.

**bondwoman** /bándwumen/ *s* escrava, serva.

**bone** /boun/ *s* osso; barbatana (de baleia); marfim. | *v* desossar; estudar intensamente. • **bones** esqueleto, ossada, restos mortais; dados; plano, esquema, enredo.

**bone marrow** *s* medula óssea.

**bonfire** /bánfaier/ *s* fogueira.

**bonnet** /bánit/ *s* gorro, touca, barrete. | *v* cobrir com gorro, touca.

**bonny** /báni/ *adj* bonito, formoso, excelente.

**bonus** /bounes/ *s* bônus, bonificação abono, prêmio.

**bony** /bouni/ *adj* ossudo.

**boo** /bú/ *v* vaiar. | *s* vaia; *gír* maconha. | *interj* exclamação de aversão ou desprezo.

**booby** /búbi/ *s* pessoa tola, trouxa.

**booby prize** *s* prêmio dado ao último colocado de uma competição.

**booby trap** *s* armadilha explosiva.

**boodle** /búdl/ *s* dinheiro de suborno, bola; coisas roubadas; grupo de pessoas.

**book** /buk/ *s* livro; caderno; compêndio; libreto; texto de peça teatral; bloco, talão; registro de apostas. | *v* registrar, marcar em livro ou lista; registrar queixa (na polícia); reservar (passagem, entrada para espetáculo, hotel).

**bookbinder** /bukbainder/ *s* encadernador.

**bookbindery** /bukbainderi/ *s* oficina de encadernação.

**bookbinding** /bukbainding/ *s* encadernação.

**bookcase** /bukkeis/ *s* estante para livros.

**booking** /buking/ *s* reserva (passagens, hotel).

**bookish** /bukich/ *adj* estudioso; teórico, formal; pedante.

**bookkeeper** /bukkíper/ *s* guarda-livros.

**bookkeeping** /bukkíping/ *s* escrituração comercial.

**booklet** /buklet/ *s* folheto, brochura.

**bookmaker** /bukmeiker/ *s* autor ou editor de livros; corretor de apostas.

**bookmark** /bukmárk/ *s* marcador de livros; marcador, favorito (computação).

**bookseller** /bukséler/ *s* livreiro.

**bookshelf** /bukchélf/ *s* estante, prateleira para livros.

**bookshop** /bukcháp/ *s* livraria.

**bookstore** /bukstór/ *s* livraria.

**bookworm** /bukwêrm/ *s* traça que ataca os livros; pessoa muito aplicada aos livros.

**Boolean** /búlien/ *adj* booleano, booliano (referente aos valores lógicos verdadeiro, falso, e, ou, não, se, então, exceto).

**boom** /búm/ *s* estrondo; valorização, alta repentina (comércio, popularidade); incremento, desenvolvimento (negócios, atividade). | *v* retumbar; valorizar; popularizar; crescer, desenvolver.

**boomerang** /búmeræng/ *s* bumerangue.

**boon** /bún/ *s* bênção; favor, mercê, dádiva. | *adj* alegre.

**boor** /bur/ *s* pessoa rude, ríspida.

**boorish** /burich/ *adj* rústico, grosseiro.

**boost** /búst/ *s* ajuda, apoio, impulso para progredir; aumento, alta. | *v* levantar; aumentar.

**boot** /bút/ *s* bota, botina; chute, pontapé; *gír* demissão; porta-malas de automóvel; inicialização (computação). | *v* calçar, pôr botas em; dar pontapé em; despedir, demitir; inicializar.

**bootblack** /bútblæk/ *s* engraxate.

**boot disk** *s* disco de inicialização.

**boot drive** *s* unidade de inicialização.

**booth** /bú*dh*/ *s* barraca, tenda de feira; cabina (telefônica, para a urna nas eleições etc.).

**bootjack** /bútdjæk/ *s* descalçadeira.

**bootleg** /bútlég/ *s* cano de bota; produto comercializado ou produzido ilegalmente. | *v* vender ou comercializar de forma ilegal.

**bootless** /bútles/ *adj* inútil, fútil.

**bootlicker** /bútliker/ *s* puxa-saco.

**booty** /búti/ *s* saque, mercadoria ou propriedade roubada, espólio.

**borax** /bóræks/ *s* bórax; mercadoria barata.

**border** /bórder/ *s* borda, margem; fronteira, limite; debrum. | *v* guarnecer, debruar; confinar, marginar; delimitar.

**borderer** /bórderer/ *s* habitante de fronteira.

**borderline** /bórderlain/ *s* linha divisória, divisão. | *adj* duvidoso.

**bore** /bór/ *v* furar, brocar; importunar, incomodar, entediar; *pass* de **bear**. | *s* perfuração, buraco; broca, sonda; calibre (de arma); algo ou alguém importuno.

**boredom** /bórdem/ *s* tédio, aborrecimento.

**borer** /bórer/ *s* perfurador, broca.

**boring** /bóring/ *adj* desinteressante, entediante.

**born** /bórn/ *v part pass* de **bear**. | *adj* nascido, gerado, produzido; nato. • **be born** nascer.

**borne** /bórn/ *v part pass* de **bear**.

**boron** /bórán/ *s* boro.

**borough** /bêrou/ *s* burgo; circunscrição eleitoral.

**borrow** /bárou/ *v* tomar emprestado.

**borrower** /bárouer/ *s* aquele que empresta.

**borrowing** /bárouing/ *s* objeto de empréstimo.

**bosh** /bách/ *s inform* asneira, tolice.

**bosk** /básk/ *s* pequeno bosque.

**bosky** /báski/ *adj* arborizado, sombreado.

**Bosnian** /báznien/ *s* e *adj* bósnio.

**Bosnia and Herzegovina** /báznie end hértsegouvíne/ *s* Bósnia-Herzegóvina.

**bosom** /buzem/ *s* peito, seio; âmago; peitilho. | *adj* do peito, de confiança, estimado.

**boss** /bás/ *s* chefe, superior, patrão; protuberância, bossa; alto-relevo; vaca, bezerro. | *v* supervisionar, chefiar, mandar; gravar em relevo.

**bossy** /bási/ *adj* em alto-relevo; mandão, dominante.

**botanic** /betænik/ » **botanical**.

**botanical** /betænikel/ *adj* botânico, da botânica.

**botanist** /bátenist/ *s* botânico, estudioso de botânica.

**botanize** /bátenaiz/ *v* explorar (região) como botânico; estudar plantas, colecionar plantas para estudo.

**botany** /báteni/ *s* botânica.

**botch** /bátch/ *v* remendar, atamancar; estragar, fazer de qualquer jeito. | *s* remendo tosco.

B

B

**botcher** /bátcher/ *s* remendão; mau trabalhador.
**botchy** /bátchi/ *adj* remendado, atamancado.
**botfly** /bátflai/ *s* mosca-varejeira.
**both** /bouth/ *adj* ambos, os dois, as duas. | *pron* ambos, ambas. | *adv* juntamente, tanto, bem como. | *conj* não só, tanto que.
**bother** /bádher/ *v* aborrecer, incomodar; afligir-se, preocupar-se. | *s* contrariedade, preocupação, incômodo.
**Botswana** /bátswáne/ *s* Botsuana.
**bottle** /bátl/ *s* garrafa; frasco, vidro; mamadeira; *inform* bebida alcoólica. | *v* engarrafar, enfrascar.
**bottleneck** /bátlnék/ *s* gargalo de garrafa; passagem estreita.
**bottler** /bátler/ *s* engarrafador; máquina de engarrafar.
**bottom** /bátem/ *s* fundo; parte inferior; fundação, alicerce; leito (rio); baixada; assento de cadeira; resistência física (esportistas, cavalo); quilha; âmago, essência. | *v* pôr fundo ou assento; firmar, alicerçar; fundamentar; pesquisar, aprofundar, basear-se; tocar o fundo. • **bottoms** *inform* nádegas; calça ou *short* de pijama.
**bottomless** /bátemles/ *adj* sem fundo; incompreensível, insondável.
**bough** /bau/ *s* galho, ramo de árvore.
**bought** /bát/ *v pass* e *part pass* de **buy**.
**bougie** /búdjí/ *s* algália, sonda; supositório.
**boulder** /boulder/ *s* pedra, rocha, bloco de minério.
**boulevard** /bulevárd/ *s* bulevar.
**bounce** /bauns/ *s* golpe, pancada; colisão; *gír* expulsão, demissão; vivacidade. | *v* repreender; fazer ricochetear; fazer saltar ou pular; expulsar, demitir; *gír* ser devolvido (cheque); recuperar-se rapidamente de doença.
**bouncing** /baunsing/ *adj* saudável; forte, vigoroso; vivaz.
**bound** /baund/ *adj* ligado, preso, atado; determinado, resolvido, certo; obrigado moralmente; encadernado. | *s* limite, fronteira; raia, marco, divisa; salto, pulo; ressalto, ricochete. | *v* saltar, pular; limitar, demarcar; confinar; *pass* e *part pass* de **bind**.
**boundary** /baundri/ *s* limite, fronteira, divisa, marco.
**boundless** /baundles/ *adj* ilimitado.
**bounteous** /baunties/ *adj* liberal; generoso.
**bountiful** /bauntefel/ *adj* liberal; dadivoso, farto.
**bounty** /baunti/ *s* liberalidade, generosidade; subvenção, subsídio; gratificação.
**bouquet** /boukei/ *s* buquê; fragrância.
**bourgeois** /burjwá/ *adj* e *s* burguês (*pl* **bourgeois**).
**bourgeoisie** /burjwází/ *s* burguesia, classe média.
**bourse** /burs/ *s* bolsa de valores.
**bout** /baut/ *s* competição, contenda.
**boutique** /bútík/ *s* butique, *boutique*.
**bovine** /bouvain, bouvín/ *adj* bovino; *fig* lento, apático. | *s* bovino.
**bow[1]** /bou/ *v* tocar, manejar com o arco (instrumento de corda). | *s* arco (instrumento de corda); curva, curvatura; laço.
**bow[2]** /bau/ *v* curvar, inclinar (cabeça, corpo); reverenciar, cumprimentar (inclinando o corpo). | *s* reverência, saudação; proa de navio.
**bowel** /bauel/ *s geralm us pl* intestino; tripa; entranhas.
**bower** /bauer/ *s* caramanchão; casa de verão.
**bowl** /boul/ *s* boliche; bola de madeira usada em certos jogos; tigela; taça; vaso; cavidade; anfiteatro, estádio. | *v* jogar boliche; atirar a bola (críquete, boliche).
**bowlder** /boulder/ » **boulder**.
**bowleg** /boulég/ *s* perna curvada.

**bowlegged** /boulégd/ *adj* cambaio, de pernas tortas.
**bowler** /bouler/ *s* arremessador da bola (críquete, boliche); chapéu-coco.
**bowling** /bouling/ *s* boliche.
**bowling ball** *s* bola de boliche.
**bowman** /boumen/ *s* arqueiro, flecheiro.
**bow saw** *s* serra em arco.
**bow tie** *s* gravata-borboleta.
**bowstring** /boustring/ *s* corda de arco.
**bow-wow** /bauwau/ *s* o latido do cão.
**bowyer** /bouyer/ *s* fabricante ou vendedor de arcos.
**box** /báks/ *s* caixa, caixote; arca, baú; estojo; compartimento pequeno, cabina; camarote; boleia; caixa-forte, cofre; guarita; *inform* televisão; caixa postal; soco. | *v* encaixar, encaixotar; prover de caixa; esbofetear, dar socos em; boxear.
**boxer** /bákser/ *s* pugilista.
**boxing** /báksing/ *s* boxe, pugilismo; encaixotamento.
**box office** *s* bilheteria (teatro, cinema).
**boy** /boi/ *s* menino, garoto, rapaz, moço.
**boycott** /boikát/ *s* boicote. | *v* boicotar.
**boyfriend** /boifrénd/ *s* amigo; namorado.
**boyhood** /boihud/ *s* infância, meninice.
**boyish** /boiich/ *adj* infantil, pueril, de menino.
**boyishness** /boiichnes/ *s* infantilidade, puerilidade.
**Boy Scout** *s* escoteiro.
**bozo** /bouzou/ *s* sujeito, pessoa; bobo, tolo.
**bpi** *abrev* de **bits per inch**, *bits* por polegada.
**bps** *abrev* de **bits per second**, *bits* por segundo.
**bra** /brá/ *s* sutiã.
**brace** /breis/ *s* gancho; braçadeira; junção; fivela; cinta; reforço; suporte, esteio; escora; chave (música e tipologia), colchete. | *v* atar, ligar; reforçar; fixar, segurar. • **braces** aparelho corretivo para os dentes.
**bracelet** /breislet/ *s* bracelete; algema.
**bracer** /breiser/ *s* braçadeira; suporte; gancho.
**bracing** /breising/ *adj* estimulante, fortificante, tônico. | *s* amarração, suporte.
**bracket** /brækit/ *s* suporte; braçadeira; prateleira fixa por braçadeiras; grupo, conjunto; parêntese, colchete (sinal gráfico). | *v* pôr entre parênteses ou colchetes.
**brackish** /brækich/ *adj* salobro; intragável, desagradável.
**brad** /bræd/ *s* prego sem cabeça.
**bradawl** /brædál/ *s* furador, punção, sovela.
**brag** /bræg/ *s* ostentação, jactância; discurso arrogante. | *v* alardear, gabar-se; vangloriar-se, blasonar.
**braid** /breid/ *s* trança; galão, fita. | *v* trançar, entrelaçar; amarrar, guarnecer com fitas.
**braiding** /breiding/ *s* debrum, bordado, enfeite.
**brain** /brein/ *s* cérebro, miolo; pessoa muito inteligente.
**braincase** /breinkeis/ *s* caixa craniana.
**brain death** *s* morte cerebral.
**brainless** /breinles/ *adj* desmiolado, idiota, irracional.
**brainsick** /breinsik/ *adj* insano, doido, insensato.
**brainstorm** /breinstórm/ *s* ideia instantânea; organização de ideias para a solução de um problema; insanidade temporária.
**brainy** /breini/ *adj* inteligente, esperto.
**braise** /breiz/ *v* refogar, guisar.
**brake** /breik/ *s* freio, breque. | *v* brecar, frear.
**brakeman** /breikmen/ *s* guarda-freios.
**bramble** /bræmbel/ *s* espinheiro.
**bran** /bræn/ *s* farelo.
**branch** /bræntch/ *s* galho, ramo; ramificação; seção, subdivisão; ramal; braço de rio; filial, agência; descendência. | *v* ramificar.

**branchia** /brængkie/ *s* brânquia, guelra (*pl* **branchiae** /brængkí/).
**branchy** /bræntchi/ *adj* ramificado, galhudo, ramoso.
**brand** /brænd/ *s* marca registrada; tipo; ferrete, estigma; espada. | *v* marcar a ferro quente, ferretear, estigmatizar.
**brandish** /brændich/ *v* mostrar; agitar, acenar.
**brand-new** /brændnú/ *adj* novo em folha.
**brandy** /brændi/ *s* conhaque, aguardente de frutas.
**brash** /bræch/ *adj* quebradiço, frágil; presunçoso, impetuoso. | *s* entulho, escombros.
**brass** /bræs/ *s* latão; bronze; utensílio, ornamento ou instrumento musical de bronze ou latão.
**brassiere** /brezir/ *s* sutiã.
**brassy** /bræsi/ *adj* de latão ou bronze.
**brat** /bræt/ *s* pirralho, criança mimada.
**brave** /breiv/ *adj* bravo, valente, corajoso; belo, magnífico. | *s* valente, bravo; nativo guerreiro. | *v* enfrentar, desafiar, encorajar.
**bravery** /breiveri/ *s* bravura, coragem, audácia.
**bravo** /brávou/ *interj* bravo.
**brawl** /brál/ *s* briga, disputa; alvoroço. | *v* discutir, brigar; alvoroçar.
**brawler** /bráler/ *s* discutidor, encrenqueiro, brigão.
**brawn** /brán/ *s* músculo; força muscular, vigor.
**brawny** /bráni/ *adj* musculoso, forte, vigoroso.
**bray** /brei/ *v* zurrar; moer, triturar. | *s* zurro.
**braze** /breiz/ *v* bronzear; ornamentar ou revestir com bronze ou latão; soldar.
**brazen** /breizen/ *adj* de bronze ou de latão; descarado, impudente. | *v* enfrentar com coragem ou audácia.
**brazenfaced** /breizenfeist/ *adj* atrevido, insolente, descarado.
**Brazil** /brezil/ *s* Brasil.
**Brazilian** /brezilyen/ *adj* e *s* brasileiro.
**Brazil nut** *s* castanha-do-pará; castanheira-do-pará.
**brazilwood** /brezilwud/ *s* pau-brasil.
**breach** /brítch/ *s* brecha, ruptura, quebra; infração, violação; rompimento de relações. | *v* fazer brecha em; violar, infringir.
**bread** /bréd/ *s* pão. • **bread and butter** pão com manteiga; *inform* ganha-pão.
**breadbasket** /brédbæskit/ *s* cesto de pão; região produtora de grãos.
**breadth** /brétth/ *s* largura; extensão, amplitude; tolerância, compreensão.
**breadthways** /brétthweiz/ *adv* transversalmente.
**breadthwise** /brétthwaiz/ » **breadthways**.
**breadwinner** /brédwiner/ *s* arrimo de família.
**break** /breik/ *s* quebra, ruptura, rompimento; fratura; pausa, interrupção; lacuna, falha; freio, breque; baixa repentina de preços; falha (solo), falência, gafe. | *v* quebrar, partir; fraturar; despedaçar; transgredir, violar; arrombar; interromper; ultrapassar; falir; cessar, parar.
**breakable** /breikebel/ *adj* quebradiço, frágil.
**breakage** /breikidj/ *s* rotura, fratura; dano ou perda causados por quebra; indenização por perda ou dano.
**breakbone fever** *s* dengue.
**breakdown** /breikdaun/ *s* colapso; prostração, fadiga, depressão; interrupção, separação; análise.
**breaker** /breiker/ *s* interruptor, disjuntor; quebrador; britadeira.
**breakfast** /brékfest/ *s* café da manhã, desjejum. | *v* dar ou tomar café da manhã.
**breakneck** /breiknék/ *adj* arriscado, perigoso.
**breakwater** /breikwáter/ *s* quebra-mar.
**breast** /brést/ *s* peito, seio; peitilho. | *v* peitar, enfrentar.
**breastbone** /bréstboun/ *s* esterno.

**breast-feed** /bréstfíd/ *v* amamentar.
**breath** /bréth/ *s* respiração; fôlego; bafo, hálito; exalação; sussurro, murmúrio; aroma, cheiro. • **out of breath** sem fôlego.
**breathable** /brídhebel/ *adj* respirável.
**breathe** /brídh/ *v* respirar; exalar; inalar; tomar fôlego; falar ou soprar suavemente.
**breathing** /brídhing/ *s* respiração, fôlego; aspiração (fonética).
**breathless** /bréthles/ *adj* ofegante, esbaforido, sem fôlego; inanimado, morto; ansioso; sem brisa, abafado.
**breathtaking** /bréthteiking/ *adj* empolgante, de tirar o fôlego.
**breech** /brítch/ *s* nádegas, traseiro. • **breeches** calça corsário.
**breed** /bríd/ *v* gerar, produzir, procriar; incubar, chocar; criar (animais). | *s* raça, estirpe, linhagem.
**breeder** /bríder/ *s* criador de animais; fonte, origem, causa; animal reprodutor.
**breeding** /bríding/ *s* descendência; educação, civilidade; procriação.
**breeze** /bríz/ *s* brisa. | *v* ventar moderadamente.
**breezy** /brízi/ *adj* fresco, arejado; vivo, animado.
**breviary** /bréviéri/ *s* breviário.
**brevity** /bréveti/ *s* brevidade, concisão.
**brew** /brú/ *s* bebida fermentada ou fervida; infusão. | *v* fazer cerveja; fazer bebida por fermentação; *fig* tramar, planejar.
**brewery** /brúeri/ *s* cervejaria.
**bribe** /braib/ *s* suborno. | *v* subornar.
**briber** /braiber/ *s* subornador.
**bribery** /braiberi/ *s* suborno.
**brick** /brik/ *s* tijolo (*pl* **bricks** ou **brick**). | *v* construir ou pavimentar com tijolos.
**bricklayer** /brikleier/ *s* pedreiro, assentador de tijolos.
**brickwork** /brikwêrk/ *s* obra de alvenaria.
**bridal** /braidel/ *adj* nupcial, de noiva. | *s* cerimônia de casamento.
**bride** /braid/ *s* noiva no dia do casamento; mulher recém-casada.
**bridegroom** /braidgrúm/ *s* noivo no dia do casamento; homem recém-casado.
**bridesmaid** /braidzmeid/ *s* dama de honra.
**bridge** /bridj/ *s* ponte; jogo de cartas. | *v* construir uma ponte; atravessar por uma ponte.
**bridle** /braidl/ *s* rédea; *fig* restrição, sujeição. | *v* pôr rédea em; restringir, controlar.
**brief** /bríf/ *adj* breve, curto; conciso, resumido. | *s* sumário, resumo, síntese. | *v* abreviar, resumir.
**briefly** /brífli/ *adv* concisamente, resumidamente.
**brigade** /brigeid/ *s* brigada.
**brigadier** /brigedir/ *s* brigadeiro (cargo oficial).
**brigand** /brigend/ *s* bandoleiro, bandido.
**bright** /brait/ *adj* brilhante, luminoso; claro, vivo; inteligente; perspicaz; alegre, animado; ilustre.
**brighten** /braiten/ *v* iluminar, brilhar; polir, lustrar; avivar, animar.
**brightness** /braitnes/ *s* brilho, fulgor, claridade; polimento; animação, alegria, vivacidade.
**brilliance** /brilyens/ *s* brilho, esplendor; magnificência; habilidade, talento.
**brilliant** /brilyent/ *adj* brilhante, fulgurante; esplêndido, magnífico; ilustre, talentoso. | *s* diamante, brilhante.
**brim** /brim/ *s* aba; beira, borda. | *v* encher até a borda.
**brimful** /brimful, brimful/ *adj* cheio até a borda.
**brindle** /brindl/ *s* animal malhado.
**brindled** /brindld/ *adj* malhado, pintado.
**brine** /brain/ *s* salmoura.
**bring** /bring/ *v* trazer, levar, conduzir; induzir, persuadir; atrair; causar. • **bring back** trazer de volta, retornar; lembrar. **bring home** levar para casa.
**brink** /bringk/ *s* beira (de precipício); margem, orla; véspera.
**briny** /braini/ *adj* salgado.

**brisk** /brisk/ *adj* vivo, animado; estimulante, agradável; ativo, rápido.
**brisket** /briskit/ *s* peito (de animal).
**bristle** /brisel/ *s* cerda, pelo rijo. | *v* eriçar, arrepiar.
**bristly** /brisli/ *adj* eriçado, arrepiado; coberto com cerdas.

B

**Britain** /briten/ *s* Bretanha.
**Britannic** /britænik/ *adj* britânico.
**Briticism** /britisizem/ *s* anglicismo.
**British** /britich/ *adj* e *s* britânico.
**Briton** /briten/ *s* bretão.
**brittle** /britl/ *adj* quebradiço, frágil; instável; irritadiço.
**broach** /broutch/ *s* furador, sovela, broca; espeto; mandril. | *v* perfurar; espetar; anunciar.
**broad** /brád/ *adj* largo, vasto, amplo, extenso; geral, abrangente; tolerante.
**broadband** /brádbænd/ *s* banda larga.
**broadcast** /brádkæst/ *v* transmitir, anunciar por rádio ou televisão; divulgar, difundir. | *adj* semeado à mão; transmitido pelo rádio ou televisão; difundido. | *s* transmissão de programas de rádio ou televisão.
**broaden** /brádn/ *v* alargar, ampliar.
**broadly** /brádli/ *adv* amplamente, de um modo geral; francamente.
**broad-minded** /brádmaindid/ *adj* tolerante, liberal.
**brocade** /broukeid/ *s* brocado.
**broccoli** /brákeli/ *s* brócolos.
**brochure** /brouchur/ *s* brochura, panfleto, folheto.
**broil** /broil/ *v* grelhar; torrar; inflamar; discutir, brigar. | *s* ato de grelhar; carne grelhada; tumulto, briga.
**broiler** /broiler/ *s* grelha; frango preparado para assar.
**broke** /brouk/ *v pass* de **break**. | *adj inform* quebrado, sem dinheiro, falido.
**broken** /brouken/ *v part pass* de **break**. | *adj* quebrado; fraturado; rompido; incompleto; enfraquecido; falido; arruinado, destruído.
**broker** /brouker/ *s* corretor, agente, intermediário.
**brokerage** /broukeridj/ *s* corretagem.
**bromate** /broumeit/ *s* bromato.
**bronchi** /brángkí, brángkai/ *s pl* brônquios.
**bronchitis** /brángkaitis/ *s* bronquite.
**bronze** /bránz/ *s* bronze. | *adj* de bronze; bronzeado.
**Bronze Age** *s* Idade do Bronze.
**brooch** /broutch, brútch/ *s* broche.
**brood** /brúd/ *v* chocar, incubar; meditar. | *s* ninhada, filhotes, prole.
**broody** /brúdi/ *adj* choca (galinha); taciturno, pensativo.
**brook** /bruk/ *s* riacho, córrego. | *v* suportar, tolerar.
**broom** /brúm/ *s* vassoura. | *v* varrer.
**broomstick** /brúmstik/ *s* cabo de vassoura.
**broth** /bráth/ *s* caldo, sopa rala.
**brothel** /bráthel/ *s* bordel, prostíbulo.
**brother** /brâdher/ *s* irmão; amigo íntimo; companheiro; confrade.
**brotherhood** /brâdherhud/ *s* parentesco de irmãos; irmandade, fraternidade, confraria.
**brother-in-law** /brâdherinlá/ *s* cunhado (*pl* **brothers-in-law**).
**brought** /brát/ *v pass* e *part pass* de **bring**.
**brow** /brau/ *s* sobrancelha, supercílio; fronte, testa; semblante, fisionomia; cume, borda (de penhasco).
**browbeat** /braubít/ *v* intimidar, oprimir.
**brown** /braun/ *adj* castanho, marrom; moreno. | *s* castanho (cor). | *v* tornar-se marrom; assar até dourar.
**brown bread** *s* pão integral.
**brownie** /brauni/ *s* duende do bem; menina escoteira, bandeirante; bolinho de chocolate com castanhas.
**brownish** /braunich/ *adj* acastanhado, amarronzado.
**brown rice** *s* arroz integral.
**brown sugar** *s* açúcar mascavo.

**browse** /brauz/ *v* procurar, pesquisar; folhear, ler superficialmente; pastar. | *s* brotos, rebentos, pastagem; pesquisa aleatória.
**browser** /brauzer/ *s* navegador (programa de computador).
**bruise** /brúz/ *s* contusão, machucado; mágoa. | *v* machucar, contundir; magoar.
**bruiser** /brúzer/ *s* homem grande e pesado.
**brume** /brúm/ *s* bruma, nevoeiro.
**Brunei** /brúnai/ *s* Brunei.
**Bruneian** /brúnaien/ *s* e *adj* bruneano.
**brunet** /brúnét/ *adj* escuro; moreno, de cabelo escuro. | *s* pessoa de cabelo escuro.
**brunette** /brúnét/ *adj* de cabelo escuro. | *s* morena, mulher ou menina de cabelo escuro.
**brush** /brâch/ *v* escovar; esbarrar, roçar. | *s* escova; escovação; pincel, broxa; cauda de raposa; matagal.
**brushwood** /brâchwud/ *s* mato, matagal; galhos, gravetos.
**brusk** /brâsk/ » **brusque**.
**brusque** /brâsk/ *adj* brusco, áspero, rude, grosseiro.
**Brussels sprouts** /brâselz sprauts/ *s* couve-de-bruxelas.
**brutal** /brútel/ *adj* brutal, rude, cruel, feroz.
**brutality** /brútæleti/ *s* brutalidade, rudeza, crueldade.
**brutalize** /brútlaiz/ *v* brutalizar.
**brute** /brút/ *adj* bruto; irracional; cruel. | *s* besta, animal irracional; pessoa bruta.
**brutish** /brútich/ *adj* bestial, animalesco; selvagem, estúpido, rude.
**bruxism** /brâksizem/ *s* bruxismo.
**B-side** /bísaid/ *s* lado B (de um disco).
**bubble** /bâbel/ *s* bolha, borbulha; borbulho, murmúrio; ilusão, quimera. | *v* fazer bolhas, borbulhar, efervescer.
**bubble gum** *s* goma de mascar.
**bubbly** /bâbli/ *adj* borbulhante, espumante.
**bubonic plague** /byúbánik pleig/ *s* peste bubônica.
**buccal** /bâkel/ *adj* bucal, oral, relativo à face.
**buck** /bâk/ *s* macho de alguns animais; jovem robusto; homem convencido, orgulhoso; bancada, cavalete. | *v* saltar, pinotear; empacar, dar trancos; dar coices; opor, teimar.
**bucket** /bâkit/ *s* balde, tina. | *v* encher (um balde); cavalgar arduamente; mover-se rapidamente.
**buckle** /bâkel/ *v* afivelar; vergar, empenar, entortar; dobrar-se; sucumbir. | *s* fivela (de cinto, sapato). • **buckle up** usar cinto de segurança.
**buckler** /bâkler/ *s* escudo, broquel. | *v* escudar, proteger.
**buckskin** /bâkskin/ *s* pele de gamo, camurça.
**bucolic** /byúkálik/ *adj* bucólico, pastoril, campestre. | *s* poema bucólico; camponês, pastor.
**bud** /bâd/ *s* botão, rebento, broto; embrião; *inform* companheiro, colega. | *v* germinar, brotar; enxertar.
**Buddhism** /búdizem/ *s* budismo.
**Buddhist** /búdist/ *adj* e *s* budista.
**buddy** /bâdi/ *s* companheiro, colega, camarada.
**budge** /bâdj/ *v* mexer, mover, remover. | *s* pele de carneiro usada na confecção de roupas.
**budget** /bâdjit/ *s* orçamento; receita, verba. | *v* orçar, planejar orçamento; utilizar receita.
**buff** /bâf/ *s* couro de búfalo; disco de camurça para polir. | *v* polir com camurça ou similares.
**buffalo** /bâfelou/ *s* búfalo (*pl* **buffalo**, **buffaloes** ou **buffalos**).
**buffer** /bâfer/ *s* para-choque; disco de camurça para polir, polidor; registro ou memória temporária (computação).
**buffet** /bâfit/ *v* esbofetear, bater. | *s* bofetada, tapa; /befei/ bufê, aparador, guarda-louça; bufê, mesa para servir iguarias.

B

B

**buffing wheel** *s* disco usado em máquinas de polimento.
**buffoon** /befún/ *s* bufão, palhaço.
**bug** /bâg/ *s* bicho, inseto, besouro; micróbio, bacilo; doença produzida por micro-organismos; falha, defeito, pane (computação).
**bugaboo** /bâgebú/ *s* bicho-papão.
**bugbear** /bâgbér/ » **bugaboo**.
**bugle** /byúgel/ *s* clarim, corneta.
**build** /bild/ *v* construir, edificar; desenvolver; estabelecer, fundar, basear. • **build up** acumular.
**builder** /bilder/ *s* construtor, edificador.
**building** /bilding/ *s* construção, edificação, prédio.
**buildup** /bildâp/ *s* crescimento, desenvolvimento.
**built** /bilt/ *v pass* e *part pass* de **build**. | *adj inform* de corpo escultural.
**bulb** /bâlb/ *s* bulbo, bolbo; lâmpada elétrica.
**bulbous** /bâlbes/ *adj* bulboso, inchado.
**Bulgaria** /bâlgérie/ *s* Bulgária.
**Bulgarian** /bâlgérien/ *adj* e *s* búlgaro.
**bulge** /bâldj/ *v* tornar saliente; inchar, intumescer. | *s* bojo; saliência; protuberância.
**bulimia** /byúlímie/ *s* bulimia.
**bulk** /bâlk/ *s* corpo volumoso; grandeza, tamanho, massa, volume. | *v* amontoar, empilhar; crescer, avultar.
**bulky** /bâlki/ *adj* volumoso, corpulento.
**bull** /bul/ *s* touro; macho de grandes mamíferos; especulador da bolsa de valores; pessoa muito forte e rude; conversa fiada.
**bulldog** /buldág/ *s* buldogue; revólver de grande calibre.
**bulldozer** /buldouzer/ *s* buldôzer, escavadora mecânica.
**bullet** /bulit/ *s* bala, projétil.
**bulletin** /buletin/ *s* boletim, comunicado.
**bulletproof** /bulitprúf/ *adj* à prova de balas.
**bullet train** *s* trem-bala.
**bullfight** /bulfait/ *s* tourada.
**bullfighter** /bulfaiter/ *s* toureiro.
**bullheaded** /bulhédid/ *adj* obstinado, teimoso.
**bull's-eye** /bulzai/ *s* alvo, centro; claraboia; lanterna, farolete (*tb* **bull's eye**).
**bully** /buli/ *s* tirano, capanga. | *v* intimidar, ameaçar; maltratar.
**bulrush** /bulrâch/ *s* junco.
**bulwark** /bulwerk/ *s* muralha; quebra-mar; amurada de navio. | *v* fortificar com uma muralha.
**bum** /bâm/ *s* vagabundo; incompetente. | *v* vadiar, ficar à toa. | *adj* inferior; desagradável.
**bumble** /bâmbel/ *s* som sibilante, zunido. | *v* gaguejar; agir ou mover-se desajeitadamente.
**bummer** /bâmer/ *s* falha; *gír* reação a alucinógeno; pessoa ou coisa desagradável.
**bump** /bâmp/ *s* choque, pancada, impacto; solavanco; saliência; aumento de preços. | *v* colidir, chocar-se.
**bumper** /bâmper/ *s* para-choque; copo ou taça cheia até a borda; algo extremamente grande. | *adj* enorme, vasto.
**bumpkin** /bâmpkin/ *s* caipira, rústico.
**bumptious** /bâmpches/ *adj* presunçoso, convencido.
**bun** /bân/ *s* brioche; pão de hambúrguer; coque, birote, cocó.
**bunch** /bântch/ *s* cacho, penca; molho (de chaves), maço, feixe; ramalhete; grupo, bando, turma; *inform* monte, porção. | *v* reunir-se, juntar-se; amontoar, juntar, agrupar.
**bundle** /bândl/ *v* empacotar, embrulhar. | *s* trouxa, embrulho; pacote, fardo, feixe.
**bung** /bâng/ *s* batoque; tampão, tampa, rolha. | *v* arrolhar, tampar, tapar.
**bungalow** /bânggelou/ *s* bangalô.
**bungle** /bânggel/ *v* trabalhar mal, errar. | *s* trabalho malfeito, erro, inépcia.
**bungler** /bânggler/ *s* remendão, trapalhão.
**bunion** /bânyen/ *s* joanete.
**bunk** /bângk/ *s* tarimba, beliche. | *v* dormir em tarimba ou beliche.

**bunk bed** *s* beliche.
**bunker** /bângker/ *s* carvoeira de navio; navio petroleiro.
**bunny** /bâni/ *s* coelhinho, lebre.
**bunt** /bânt/ *s* bojo de rede ou de vela de navio; fungo que ataca o trigo; empurrão. | *v* empurrar; dar cabeçada ou coice; enfunar-se.
**buoy** /boi, búi/ *s* boia, salva-vidas. | *v* boiar; marcar com boia.
**buoyant** /búyent, boient/ *adj* flutuante; alegre, animado.
**bur** /bêr/ » **burr**.
**burble** /bêrbel/ *s* bolha, borbulha. | *v* efervescer, borbulhar.
**burden** /bêrden/ *s* carga, fardo; tonelagem; encargo, dever, responsabilidade; estresse, sobrecarga; estribilho (música). | *v* carregar, sobrecarregar; oprimir.
**burdensome** /bêrdensem/ *adj* pesado, oneroso; opressivo, penoso.
**burdock** /bêrdák/ *s* bardana.
**bureau** /byurou/ *s* secretaria, departamento, divisão; repartição pública; agência; cômoda, móvel com gavetas (*pl* **bureaux** ou **bureaus**).
**bureaucracy** /byurákresi/ *s* burocracia.
**bureaucrat** /byurekræt/ *s* burocrata.
**bureaucratic** /byurekrætik/ *adj* burocrático.
**burg** /bêrg/ *s* burgo.
**burgeon** /bêrdjen/ *v* florir, brotar; começar a crescer.
**burger** /bêrger/ *s* hambúrguer.
**burgher** /bêrger/ *s* burguês; cidadão.
**burglar** /bêrgler/ *s* assaltante, arrombador.
**burglarize** /bêrgleraiz/ *v* arrombar propriedade para assaltar.
**burglary** /bêrgleri/ *s* roubo com arrombamento, invasão de domicílio.
**burgle** /bêrgel/ *v* arrombar propriedade para assaltar.
**burial** /bériel/ *s* enterro, sepultamento.
**burier** /bérier/ *s* coveiro.
**Burkinabe** /burkínáb/ *s* e *adj* burquinense, burquinabê.
**Burkina Faso** /burkíne fásou/ *s* Burkina Fasso.
**burl** /bêrl/ *s* nó (em madeira, lã, fio), excrescência. | *v* tirar (nós de madeira).
**burlap** /bêrlæp/ *s* aniagem, estopa, tecido grosso.
**burlesque** /bêrlésk/ *adj* burlesco, ridículo. | *s* caricatura, farsa, paródia. | *v* caricaturar, parodiar.
**burly** /bêrli/ *adj* forte, corpulento, musculoso.
**burn** /bêrn/ *s* queimadura; queimação, ardor; local queimado; queimada. | *v* queimar, pôr fogo, incinerar; cauterizar; calcinar; ficar ansioso ou excitado; ficar nervoso.
**burner** /bêrner/ *s* bico de gás ou de candeeiro.
**burning** /bêrning/ *adj* ardente, incandescente; veemente; urgente.
**burnish** /bêrnich/ *v* brunir, polir, lustrar; ficar lustroso, brilhante, polido. | *s* brilho, polimento.
**burnisher** /bêrnicher/ *s* polidor, lustrador.
**burnt** /bêrnt/ *v pass* e *part pass* de **burn** (*tb* **burned**).
**burp** /bêrp/ *s* arroto. | *v* arrotar.
**burr** /bêr/ *v* zumbir; rebarbar; remover rebarbas. | *s* som áspero ou gutural do "r", som sibilante; rebarba.
**burrow** /bêrou/ *v* fazer toca, buraco; viver em toca; esconder-se. | *s* toca, cova; lugar estreito, apertado.
**bursar** /bêrser/ *s* tesoureiro de colégio, despenseiro.
**burst** /bêrst/ *v* rebentar, estourar, explodir; quebrar, romper; agir rapidamente; estar repleto. | *s* explosão, estouro; rajada de metralhadora.
**Burundi** /burundi/ *s* Burundi.
**Burundian** /burundien/ *s* e *adj* burundinês.
**bury** /béri/ *v* enterrar, sepultar; soterrar; ocultar, esconder; pôr um fim.

B

B

**bus** /bâs/ *s* ônibus; barramento (computação) (*pl* **buses** ou **busses**).
**bush** /buch/ *s* arbusto; moita, bosque; matagal; cauda de raposa. | *v* plantar arbustos; espalhar-se como mato.
**bushy** /b<u>u</u>chi/ *adj* cerrado, fechado; cheio de arbustos; espesso.
**busily** /b<u>i</u>zili/ *adv* diligentemente.
**business** /b<u>i</u>znis/ *s* negócio, atividade comercial; ocupação; emprego; empresa, firma, estabelecimento comercial; assunto, objeto, caso; interesse pessoal.
**businessman** /b<u>i</u>znismæn/ *s* homem de negócios, empresário.
**businesswoman** /b<u>i</u>zniswumen/ *s* mulher de negócios, empresária.
**buss** /bâs/ *s* beijo. | *v* beijar.
**bust** /bâst/ *s* busto (escultura); peito, seio; fracasso, falência.
**bustle** /b<u>â</u>sel/ *v* apressar-se, alvoroçar-se. | *s* alvoroço, afobação, tumulto.
**busy** /b<u>i</u>zi/ *adj* ocupado, atarefado; em uso, ocupado (telefone); agitado, tumultuado. | *v* ocupar, empregar.
**busybody** /b<u>i</u>zibádi/ *s* pessoa importuna, intrometida.
**busy signal** *s* sinal de ocupado (telefone).
**but** /bât/ *conj* mas, porém, não obstante; exceto, salvo, a não ser que. | *prep* com exceção de, exceto, salvo. | *adv* somente, apenas, meramente.
**butcher** /b<u>u</u>tcher/ *s* carniceiro, açougueiro; vendedor (em ônibus, teatro etc.); assassino cruel. | *v* assassinar; abater animais.
**butchery** /b<u>u</u>tcheri/ *s* carnificina, matança, chacina; ofício de açougueiro.
**butler** /b<u>â</u>tler/ *s* mordomo, despenseiro.
**butt** /bât/ *s* a parte mais grossa ou mais volumosa de qualquer objeto; topo; coronha; ponto de mira, alvo; chifrada, coice; toco (de cigarro, lápis); pipa, tonel; *inform* nádegas. | *v* chifrar; projetar-se, formar saliência; juntar as extremidades.
**butter** /b<u>â</u>ter/ *s* manteiga; adulação, lisonja. | *v* pôr manteiga em; adular.
**butterfly** /b<u>â</u>terflai/ *s* borboleta.
**buttermilk** /b<u>â</u>termilk/ *s* soro de leite.
**buttery** /b<u>â</u>teri/ *adj* amanteigado. | *s* adega.
**buttock** /b<u>â</u>tek/ *s* nádega; alcatra, anca, traseiro. • **buttocks** nádegas.
**button** /b<u>â</u>ten/ *s* botão; gomo, gema; abotoadura; protuberância. | *v* abotoar; pregar botões em.
**buttonhole** /b<u>â</u>tenhoul/ *s* botoeira, casa de botão. | *v* fazer casa de botão.
**buttonhook** /b<u>â</u>tenhuk/ *s* abotoadeira.
**buttress** /b<u>â</u>tres/ *v* escorar, estear, apoiar. | *s* contraforte, escora, apoio.
**buxom** /b<u>â</u>ksem/ *adj* saudável.
**buy** /bai/ *v* comprar, adquirir, fazer compras. | *s* compra, aquisição.
**buyable** /b<u>ai</u>ebel/ *adj* comprável.
**buyer** /b<u>ai</u>er/ *s* comprador, agente de compras.
**buzz** /bâz/ *v* zumbir, zunir; cochichar; murmurar, sussurrar; mover-se rapidamente; voar baixo; telefonar; acionar uma campainha ou alarme. | *s* zumbido, zunido, zoada; cochicho; chamada telefônica.
**buzzer** /b<u>â</u>zer/ *s* campainha, alarme.
**by** /bai/ *prep* perto de, ao lado de, junto de, próximo a; ao longo de; durante; através de, por, via, pelo; da autoria de, da origem de; de acordo com, conforme; dividido por; multiplicado por; até, antes de. | *adv* perto, nas proximidades; aproximadamente, mais ou menos, de lado. • **by car** de carro. **a book by Jorge Amado** um livro de Jorge Amado.
**bye** /bai/ *s* assunto secundário, coisa de menor importância.
**bye-bye** /b<u>ai</u>bai,baib<u>ai</u>/ *interj* adeus, tchau, até logo.
**bygone** /b<u>ai</u>gán/ *adj* antigo, fora de moda. | *s* algo que já passou, ressentimento passado.
**bylaw** /b<u>ai</u>lá/ *s* lei, regulamento interno de uma organização.

**by-name** /baineim/ *s* apelido, pseudônimo; sobrenome.
**bypass** /baipæs/ *s* passagem secundária, desvio; ponte de safena (*tb* **by-pass**). | *v* desviar.
**by-path** /baipæth/ *s* atalho, vereda.
**byproduct** /baiprádekt/ *s* subproduto, produto derivado; efeito colateral (*tb* **by-product**).
**bystander** /baistænder/ *s* espectador.
**bystreet** /baistrít/ *s* travessa, rua lateral.
**byte** /bait/ *s abrev* de **binary term** (unidade de dados que consiste em oito *bits*; um *byte* representa um único caractere, como uma letra, um dígito ou uma marca de pontuação).
**byway** /baiwei/ *s* caminho secundário; campo de estudo pouco conhecido.
**byword** /baiwêrd/ *s* provérbio, máxima, alcunha (*tb* **by-word**).
**Byzantine** /bizentín, bizentain/ *adj* e *s* bizantino.

# Cc

**c** ou **C** /sí/ *s* 3ª letra do alfabeto inglês. | *abrev maiús* de **Celsius** e **Centigrade**. | *símb maiús num rom* 100; *maiús* de **Carbon**.

**cab** /kæb/ *s* táxi; cabina de maquinista, boleia de caminhão. | *v* andar de táxi; dirigir um táxi.

**cabal** /kebál/ *v* intrigar, tramar, conspirar. | *s* trama, conspiração.

**cabala** /kebále/ *s* cabala.

**cabalistic** /kæbelistik/ *adj* cabalístico.

**cabaret** /kæberei/ *s* cabaré.

**cabbage** /kæbidj/ *s* repolho.

**cabbala** /kebále/ » **cabala**.

**cabdriver** /kæbdraiver/ *s* motorista de táxi (*tb* **cab driver**).

**cabin** /kæbin/ *s* cabana, choupana; cabina de navio ou avião. | *v* viver numa cabana.

**cabin boy** *s* empregado que trabalha em um navio.

**cabinet** /kæbinet/ *s* armário; *maiús* ministério, gabinete governamental. | *adj* relativo a ou próprio de gabinete, ministerial.

**cabinetmaker** /kæbinetméiker/ *s* marceneiro.

**cable** /keibel/ *s* cabo, corda; cabograma; cabo condutor. | *v* amarrar com cabo; transmitir via cabo.

**cable car** *s* bonde; teleférico.

**cablecast** /keibelkæst/ *s* transmissão de um programa de televisão via cabo.

**cablegram** /keibelgræm/ *s* cabograma.

**cable television** *s* televisão a cabo (*tb* **cable TV**).

**cableway** /keibelwei/ *s* cabos suspensos de bondes ou teleféricos.

**cabman** /kæbmen/ *s* motorista de táxi.

**cabotage** /kæbetáj/ *s* cabotagem.

**cabstand** /kæbstænd/ *s* ponto de táxi.

**cacao** /kekáou/ *s* cacau; cacaueiro (*pl* **cacaos**).

**cache** /kæch/ *s* esconderijo; cache (computação). | *v* colocar em esconderijo; armazenar no cache.

**cache memory** *s* memória cache.

**cachet** /kæchei/ *s* sinete; selo de autenticidade; cunho; selo comemorativo.

**cachinnate** /kækineit/ *v* cachinar, gargalhar.

**cacique** /kæsík/ *s* cacique.

**cackle** /kækel/ *v* cacarejar; tagarelar, gargalhar. | *s* cacarejo; tagarelice; gargalhada.

**cacoëthes** /kækeíthíz/ *s* cacoete.

**cacography** /kekágrefi/ *s* cacografia.

**cacophony** /kekáfeni/ *s* cacofonia, cacófato.

**cactus** /kæktes/ *s* cacto (*pl* **cacti** /kæktai/ ou **cactuses**).

**cad** /kæd/ *s* homem grosseiro, malcriado.

**cadaster** /kedæster/ » **cadastre**.
**cadastre** /kedæster/ *s* cadastro.
**cadaver** /kedæver/ *s* cadáver.
**cadaveric** /kedæverik/ *adj* cadavérico.
**cadaverous** /kedæveres/ *adj* cadavérico, pálido, macilento.
**caddie** /kædi/ *s* carregador de tacos de golfe.
**caddish** /kædich/ *adj* grosseiro, mal-educado.
**cadence** /keidens/ *s* cadência.
**cadenced** /keidenst/ *adj* cadenciado.
**cadency** /keidensi/ *s* cadência.
**cadent** /keident/ *adj* cadenciado; cadente.
**cadet** /kedét/ *s* cadete; *gír* cáften, alcoviteiro, gigolô.
**cadge** /kædj/ *v* mendigar.
**cadger** /kædjer/ *s* pedinte, mendigo.
**cadmium** /kædmiem/ *s* cádmio.
**cadre** /kædrí/ *s* estrutura, armação; quadro de oficiais; grupo de revolucionários.
**caesar** /sízer/ *s tb maiús* césar.
**caesarean** /sizeirien/ » **cesarean**.
**caesarian** /sizeirien/ » **cesarean**.
**cafe** /kæfei / » **café**.
**café** /kæfei/ *s* cafeteria.
**caffein** /kæfín/ » **caffeine**.
**caffeine** /kæfín/ *s* cafeína.
**cage** /keidj/ *s* gaiola; jaula; prisão, cadeia. | *v* engaiolar; aprisionar, prender.
**cageling** /keidjling/ *s* pássaro engaiolado.
**cajole** /kedjoul/ *v* bajular, adular, lisonjear.
**cajoler** /kedjouler/ *s* lisonjeador, adulador.
**cajolery** /kedjouleri/ *s* adulação, lisonja.
**cake** /keik/ *s* bolo; torta.
**calabash** /kælebæch/ *s* cabaça; vaso.
**calamitous** /kelæmetes/ *adj* calamitoso, desastrado.
**calamity** /kelæmeti/ *s* calamidade.
**calcareous** /kælkéries/ *adj* calcário.
**calcification** /kælsifikeichen/ *s* calcificação.
**calcify** /kælsifai/ *v* calcificar.
**calcination** /kælsineichen/ *s* calcinação.
**calcine** /kælsain/ *v* calcinar.
**calcium** /kælsiem/ *s* cálcio.
**calculable** /kælkyelebel/ *adj* calculável, estimável.
**calculate** /kælkyeleit/ *v* calcular; estimar, avaliar; deliberar; planejar, tencionar; supor.
**calculating** /kælkyeleiting/ *adj* calculador; astuto, perspicaz.
**calculation** /kælkyeleichen/ *s* cálculo, cômputo, avaliação, estimativa.
**calculator** /kælkyeleiter/ *s* calculadora.
**caldron** /káldren/ *s* caldeirão caldeira.
**calendar** /kælender/ *s* calendário; registro cronológico. | *v* registrar, pôr na lista.
**calf** /kæf/ *s* bezerro, vitelo, novilho; filhote de baleia, elefante etc.; panturrilha (*pl* **calves**).
**calfskin** /kæfskin/ *s* pele curtida, couro fino de bezerro.
**caliber** /kæleber/ *s* calibre.
**calibrate** /kælibreit/ *v* calibrar.
**calibration** /kælibreichen/ *s* calibragem.
**calibrator** /kælibreiter/ *s* calibrador.
**calif** /keilif, kælif/ » **caliph**.
**caliginous** /kelidjenes/ *adj* caliginoso.
**caliper** /kæleper/ *s* compasso de calibre, equipamento de medição.
**caliph** /keilif, kælif/ *s* califa.
**calix** /keiliks, kæliks/ *s* cálice (*pl* **calices** /keilisíz, kælisíz/).
**call** /kól/ *s* chamada; telefonema; apelo; grito; convite, convocação; intimação; isca; solicitação; ocasião. | *v* chamar; anunciar; convocar, intimar, ordenar; gritar, bradar; telefonar; atrair.
**callboy** /kólboi/ *s* mensageiro de hotel; garoto de programa.
**caller** /kóler/ *s* visitante, visita; chamador; cantador de bingo.
**call girl** *s* garota de programa.
**call house** *s* prostíbulo, bordel.
**calligraphy** /keligrefi/ *s* caligrafia.
**calling** /kóling/ *s* chamada, convocação; impulso; ocupação, profissão, ofício.
**calling card** *s* cartão de visita.

**calliper** /kæliper/ » **caliper**.
**callosity** /keláseti/ *s* calosidade.
**callous** /kæles/ *adj* caloso, calejado.
**callow** /kælou/ *adj* ingênuo, inexperiente, imaturo.
**calm** /kám/ *v* acalmar, serenar. | *s* sossego, calma. | *adj* calmo.
**calmative** /kámetiv/ *adj* e *s* calmante, sedativo.
**calmness** /kámnes/ *s* calma, sossego.
**caloric** /kelórik/ *s* calórico. | *adj* calórico.
**calorie** /kæleri/ *s* caloria.
**calorific** /kælerifik/ *adj* calorífico.
**calumniate** /kelâmnieit/ *v* caluniar.
**calumniator** /kelâmnieiter/ *s* caluniador.
**calumnious** /kelâmnies/ *adj* calunioso.
**calumny** /kælemni/ *s* calúnia.
**Calvary** /kælveri/ *s* calvário.
**calve** /kæv/ *v* parir, dar cria (vaca).
**Calvinism** /kælvinizem/ *s* calvinismo.
**Calvinist** /kælvinist/ *adj* e *s* calvinista.
**camber** /kæmber/ *v* arquear, abaular-se. | *s* curvatura, arqueamento.
**Cambodia** /kæmboudie/ *s* Camboja.
**Cambodian** /kæmboudie/ *s* e *adj* cambojano.
**cambric** /kæmbrik, keimbrik/ *s* cambraia.
**camel** /kæmel/ *s* camelo.
**camellia** /kemílye/ *s* camélia.
**cameo** /kæmiou/ *s* camafeu (*pl* **cameos**).
**camera** /kæmre/ *s* câmara; câmara escura, projetor (*pl* **cameras**); sala particular de um juiz (*pl* **camerae**).
**cameraman** /kæmremæn/ *s* cinegrafista.
**Cameroon** /kæmerún, kæmerún/ *s* Camarões.
**Cameroonian** /kæmerounien/ *s* e *adj* camaronês.
**camisole** /kæmisoul/ *s* corpete; penhoar.
**camomile** /kæmemíl/ » **chamomile**.
**camouflage** /kæmefláj/ *s* camuflagem. | *v* camuflar.
**camp** /kæmp/ *v* acampar; alojar; alojar-se temporariamente. | *s* acampamento; campo; serviço militar.
**campaign** /kæmpein/ *s* campanha (militar, eleitoral); esforço para a consecução de algo.
**campanile** /kæmpeníleí/ *s* campanário, torre de sinos (*pl* **campaniles** ou **campanili** /kæmpeníli/).
**campanologist** /kæmpenáledjist/ *s* campanólogo.
**camper** /kæmper/ *s* campista; veículo (jipe, *trailer* ou reboque) usado em acampamentos.
**camphor** /kæmfer/ *s* cânfora.
**camphorate** /kæmfereit/ *v* canforar.
**can** /kæn/ *v aux* (**can**, **could**) poder; ter a habilidade de; conhecer; saber fazer; ter permissão de. | *s* lata; vasilha de lata; caneca. | *v* enlatar. • **I can play the piano** sei tocar piano. **can you help me?** você pode me ajudar?
**Canada** /kænede/ *s* Canadá.
**Canadian** /keneidien/ *s* e *adj* canadense.
**canal** /kenæl/ *s* canal. | *v* abrir canal em.
**canalization** /kænelizeichen/ *s* canalização.
**canalize** /kænelaiz/ *v* canalizar.
**canary** /kenéri/ *s* canário.
**cancel** /kænsel/ *v* cancelar; anular; invalidar. | *s* cancelamento, anulação.
**cancelation** /kænseleichen/ » **cancellation**.
**cancellation** /kænseleichen/ *s* cancelamento, abolição, invalidação.
**cancer** /kænser/ *s* câncer, cancro; *maiús* Câncer (astronomia e astrologia).
**cancerous** /kænseres/ *adj* canceroso.
**candent** /kændent/ *adj* candente.
**candescence** /kændésens/ *s* incandescência.
**candescent** /kændésent/ *adj* incandescente.
**candid** /kændid/ *adj* cândido, sincero, franco; imparcial, justo.
**candidacy** /kændidesi/ *s* candidatura.
**candidate** /kændidet, kændideit/ *s* candidato.
**candidature** /kændedetchur/ » **candidacy**.

**candidness** /kæ̲ndidnes/ *s* candura, sinceridade.
**candied** /kæ̲ndid/ *adj* coberto de açúcar, cristalizado.
**candle** /kændel/ *s* vela, candeia, círio.
**candlelight** /kæ̲ndellait/ *s* luz de vela; o cair da noite.
**candlestick** /kæ̲ndelstik/ *s* castiçal.
**candlewick** /kæ̲ndelwik/ *s* pavio de vela.
**candor** /kæ̲nder/ *s* imparcialidade, franqueza.
**candy** /kæ̲ndi/ *s* doce, bala, confeito; bombom. | *v* açucarar; cobrir, confeitar com açúcar.
**cane** /kein/ *s* cana, junco.
**canine** /ke̲inain/ *adj* e *s* canino.
**canister** /kæ̲nester/ *s* lata para guardar chá, açúcar etc.
**canker** /kæ̲ngker/ *s* cancro, gangrena; fonte de corrupção. | *v* cancerar; gangrenar; corromper.
**cankerous** /kæ̲ngkeres/ *adj* gangrenoso, canceroso.
**canned** /kænd/ *adj* enlatado, em conserva.
**canner** /kæ̲ner/ *s* enlatador, fabricante de conservas.
**cannery** /kæ̲neri/ *s* fábrica de conservas.
**cannibal** /kæ̲nibel/ *s* canibal.
**cannibalism** /kæ̲nibelizem/ *s* canibalismo.
**canniness** /kæ̲nines/ *s* sagacidade, astúcia; cautela, prudência.
**cannon** /kæ̲nen/ *s* canhão; artilharia. | *v* canhonear.
**cannoneer** /kænenı̲r/ *s* artilheiro.
**cannonry** /kæ̲nenri/ *s* artilharia, bateria de canhões.
**cannot** /kæ̲nát/ *form contr* de **can not**.
**canny** /kæ̲ni/ *adj* prudente; cauteloso; econômico.
**canoe** /kenú̲/ *s* canoa. | *v* navegar em canoa.
**canoeist** /kenú̲ist/ *s* canoeiro.
**canon** /kæ̲nen/ *s* cânone; cânon; cônego.
**cañon** /kæ̲nyen/ » **canyon**.
**canoness** /kæ̲nenes/ *s* canonista, cônega.
**canonic** /kená̲nik/ » **canonical**.
**canonical** /kená̲nikel/ *adj* canônico.
**canonist** /kæ̲nenist/ *s* canonista.
**canonization** /kænenize̲ichen/ *s* canonização.
**canonize** /kæ̲nenaiz/ *v* canonizar; glorificar, exaltar.
**canonry** /kæ̲nenri/ *s* canonicato.
**canopy** /kæ̲nepi/ *s* dossel; pálio; cobertura, abrigo. | *v* cobrir com dossel.
**cant** /kænt/ *v* chanfrar; inclinar para um lado; mudar de direção; falar com jargão. | *s* ângulo, canto externo; declive; jargão; linguagem técnica.
**can't** /kænt/ *form contr* de **can not**.
**canteen** /kæntı̲́n/ *s* cantina; cantil.
**canticle** /kæ̲ntekel/ *s* cântico.
**canton** /kæntá̲n/ *s* cantão, distrito.
**cantonment** /kænto̲u̲nment/ *s* acantonamento, aquartelamento.
**canvas** /kæ̲nves/ *s* lona; barraca de lona, tenda; lona de circo; tela de pintor.
**canvass** /kæ̲nves/ *v* examinar, considerar, investigar; fazer o escrutínio de; solicitar votos ou fregueses; levantar opinião pública. | *s* exame, discussão; escrutínio; solicitação de votos ou fregueses; levantamento da opinião pública.
**canvasser** /kæ̲nveser/ *s* angariador (de votos, pedidos etc.), investigador.
**canyon** /kæ̲nyen/ *s* desfiladeiro, vale profundo.
**cap** /kæp/ *s* boné, gorro, boina; tampa; topo, cimo. | *v* cobrir, proteger, tampar.
**capability** /keipebı̲liti/ *s* capacidade.
**capable** /ke̲ipebel/ *adj* capaz, apto, competente.
**capableness** /ke̲ipebelnes/ *s* capacidade.
**capacious** /kepe̲iches/ *adj* vasto, largo, espaçoso.
**capacitate** /kepæ̲seteit/ *v* capacitar, habilitar.
**capacitor** /kepæ̲seter/ *s* condensador.

C

**capacity** /kepæseti/ *s* capacidade; aptidão; âmbito; espaço.
**cape** /keip/ *s* cabo; promontório; capa ou manto curto.
**caper** /keiper/ *s* salto; cambalhota; travessura; alcaparreira; assalto, roubo. | *v* saltar, cabriolar; fazer travessuras.
**capeskin** /keipskin/ *s* pelica.
**Cape Verde** /keip vêrd/ *s* Cabo Verde.
**Cape Verdean** /keip vêrdien/ *s* e *adj* cabo-verdiano.
**capillarity** /kæpiléreti/ *s* capilaridade.
**capillary** /kæpeléri/ *adj* e *s* capilar.
**capital** /kæpetel/ *adj* capital; principal; maiúscula. | *s* capital; cabedal; letra maiúscula; valor empregado em um investimento.
**capitalism** /kæpetelizem/ *s* capitalismo.
**capitalist** /kæpetelist/ *s* capitalista.
**capitalization** /kæpetelizeichen/ *s* capitalização.
**capitalize** /kæpetelaiz/ *v* capitalizar; escrever ou imprimir com letra maiúscula; iniciar uma palavra com letra maiúscula.
**capital letter** *s* letra maiúscula.
**capitally** /kæpeteli/ *adv* admiravelmente.
**capital punishment** *s* pena de morte.
**Capitol** /kæpetel/ *s* capitólio.
**capitulate** /kepitcheleit/ *v* capitular, render-se, entregar-se.
**capitulation** /kepitcheleichen/ *s* capitulação, rendição; acordo, tratado; deposição de armas.
**capote** /kepout/ *s* capote com capuz.
**caprice** /keprís/ *s* capricho, excentricidade.
**capricious** /kepriches/ *adj* caprichoso, excêntrico.
**capriciousness** /keprichesnes/ *s* capricho, excentricidade.
**capriole** /kæprioul/ *s* cabriola, salto. | *v* cabriolar, saltar.
**capsize** /kæpsaiz, kæpsaiz/ *v* afundar, naufragar.
**capsule** /kæpsel/ *s* cápsula.
**captain** /kæpten/ *s* capitão; chefe; capataz; feitor. | *v* chefiar, liderar, comandar.
**captaincy** /kæptinsi/ *s* capitania.
**captainship** /kæptinchip/ » **captaincy**.
**caption** /kæpchen/ *s* legenda (de ilustração ou filme); título (em jornal ou documento); rubrica; embargo, confisco. | *v* legendar.
**captious** /kæpches/ *adj* capcioso.
**captiousness** /kæpchesnes/ *s* fraude, dolo, ardil.
**captivate** /kæpteveit/ *v* cativar.
**captivating** /kæpteveit*ing*/ *adj* cativante.
**captivation** /kæpteveichen/ *s* fascinação, encanto.
**captive** /kæptiv/ *adj* e *s* cativo, prisioneiro, escravo.
**captivity** /kæptiveti/ *s* cativeiro, escravidão.
**captor** /kæpt*er*/ *s* captor, apreensor.
**capture** /kæptch*er*/ *s* captura, aprisionamento, apreensão. | *v* capturar, aprisionar, apreender.
**car** /kár/ *s* carro; automóvel; bonde; vagão; cabina de elevador.
**carambola** /kérembou le/ *s* carambola.
**caramel** /kármel/ *s* caramelo.
**caramelize** /kármelaiz/ *v* caramelizar.
**carapace** /kérepeis/ *s* carapaça.
**carat** /kéret/ *s* quilate (medida de peso de pedras preciosas equivalente a 200 mg); » **karat**.
**caravan** /kérevæn/ *s* caravana.
**caravel** /kérevél/ *s* caravela.
**caravelle** /kérevél/ » **caravel**.
**carbine** /kárbín, kárbain/ *s* carabina.
**carbohydrate** /kárbouhaidreit/ *s* carboidrato.
**carbon** /kárben/ *s* carbono.
**carbonate** /kárbeneit/ *v* carbonatar; carbonizar. | *s* carbonato.
**carboniferous** /kárbeniferes/ *adj* carbonífero.
**carbonization** /kárbenizeichen/ *s* carbonização.
**carbonize** /kárbenaiz/ *v* carbonizar.
**carbon paper** *s* papel-carbono.

**carburetor** /kárbereiter/ *s* carburador.
**carburize** /kárberaiz/ *v* carburar.
**carcass** /kárkes/ *s* carcaça; armação, esqueleto, estrutura.
**card** /kárd/ *s* cartão; carta de baralho; papelão; cartolina. | *v* cartear; fichar, catalogar; colocar cartão em. • **cards** jogo de cartas.
**cardboard** /kárdbórd/ *s* cartão, papelão.
**cardiac** /kárdiæk/ *adj* e *s* cardíaco.
**cardigan** /kárdigen/ *s* cardigã, casaco de lã.
**cardinal** /kárdinel/ *s* cardeal; ponto cardeal; cardinal (número). | *adj* principal, primordial; vermelho vivo.
**cardiogram** /kárdiougræm/ *s* cardiograma.
**cardiography** /kárdiágrefi/ *s* cardiografia.
**cardiologist** /kárdiáledjist/ *s* cardiologista.
**cardiology** /kárdiáledji/ *s* cardiologia.
**care** /kér/ *s* cuidado, zelo, atenção; custódia, proteção, guarda. | *v* ter cuidado; importar-se, interessar-se; preocupar-se. • **take care** tomar cuidado.
**career** /kerir/ *s* carreira, profissão, ofício.
**carefree** /kérfrí/ *adj* despreocupado.
**careful** /kérfel/ *adj* cuidadoso, cauteloso; meticuloso; protecionista.
**carefully** /kérfeli/ *adv* cuidadosamente, atentamente.
**carefulness** /kérfelnes/ *s* cuidado, atenção; solicitude.
**careless** /kérles/ *adj* descuidado, negligente, despreocupado.
**carelessness** /kérlesnes/ *s* descuido, negligência, incúria.
**caress** /kerés/ *v* acariciar, afagar. | *s* carinho, afago, mimo.
**caretaker** /kérteiker/ *s* zelador, guarda; curador.
**careworn** /kérwórn/ *adj* fatigado, consumido, preocupado.
**cargo** /kárgou/ *s* carga, frete (*pl* **cargoes** ou **cargos**).
**caricature** /kéreketchur/ *s* caricatura. | *v* caricaturar.
**caricaturist** /kéreketchurist/ *s* caricaturista.
**caries** /kéríz/ *s* cárie (*pl* **caries**).
**carillon** /kérelán/ *s* carrilhão.
**carious** /kéries/ *adj* cariado.
**carmine** /kármain, kármin/ *s* carmim (cor).
**carnage** /kárnidj/ *s* carnificina.
**carnal** /kárnel/ *adj* carnal.
**carnation** /kárneichen/ *s* cravo (flor); tinta rosada utilizada em pintura.
**carnival** /kárnevel/ *s* carnaval.
**carnivore** /kárnevór/ *s* animal carnívoro.
**carnivorous** /kárniveres/ *adj* carnívoro.
**carol** /kérel/ *s* cântico de Natal. | *v* louvar, celebrar com cânticos.
**carotid** /kerátid/ *adj* e *s* carótida.
**carouse** /kerauz/ *s* bacanal, farra. | *v* farrear, embebedar-se.
**carousel** /kéresél/ *s* carrossel.
**carouser** /kerauzer/ *s* beberrão, farrista.
**carp** /kárp/ *s* carpa (*pl* **carp** ou **carps**). | *v* censurar.
**carpenter** /kárpenter/ *s* carpinteiro. | *v* carpintejar.
**carpentry** /kárpentri/ *s* carpintaria.
**carpet** /kárpet/ *s* tapete. | *v* atapetar.
**carping** /kárping/ *adj* repreendedor, censurador, crítico.
**carpus** /kárpes/ *s* carpo (*pl* **carpi** /kárpai/).
**carriage** /kéridj/ *s* carruagem; carro; vagão ferroviário; frete, carreto; postura; procedimento, comportamento.
**carrier** /kérier/ *s* mensageiro; carregador; carreteiro, transportador; portador (doença).
**carrion** /kérien/ *s* carniça, carne podre; cadáver em putrefação. | *adj* pútrido; putrefato.
**carrot** /kéret/ *s* cenoura.
**carroty** /kéreti/ *adj* da cor de cenoura; ruivo (cabelo).
**carrousel** /kéresél/ » **carousel**.
**carry** /kéri/ *s* carregamento, porte; alcance (de arma ou projétil); projeção. | *v* levar, conduzir, transportar, carregar; comunicar, transmitir. • **carry on** man-

C

ter funcionando; continuar. **carry out** executar, completar.

**carryout** /kériaut/ *adj* para viagem (comida). | *s* comida para ser consumida fora do local de compra.

**cart** /kárt/ *s* carrinho (de compras, golfe); carroça. | *v* transportar em carrinho ou carroça.

C

**cartage** /kártidj/ *s* carreto, carretagem.

**cartel** /kártél/ *s* cartel.

**cartilage** /kártelidj/ *s* cartilagem.

**cartilaginous** /kártelædjenes/ *adj* cartilaginoso.

**cartography** /kártágrefi/ *s* cartografia.

**carton** /kárten/ *s* caixa de papelão. | *v* colocar algo em caixa de papelão.

**cartoon** /kártún/ *s* charge; história em quadrinhos; desenho animado. | *v* fazer caricatura, desenho animado ou quadrinhos.

**cartoonist** /kártúnist/ *s* chargista; cartunista.

**cartridge** /kártridj/ *s* cartucho (de arma de fogo, impressora etc.).

**carve** /kárv/ *v* esculpir, entalhar; gravar; cinzelar; trinchar (carne).

**carvel** /kável/ » **caravel**.

**carver** /kárver/ *s* escultor, trinchador.

**carving** /kárving/ *s* escultura, entalhe; gravura; trincho; ato de trinchar.

**car wash** *s* lava-rápido.

**cascade** /kæskeid/ *s* cascata. | *v* cair ou fazer cair em forma de cascata.

**case** /keis/ *v* encaixotar, encaixar; acondicionar. | *s* estojo, caixa, recipiente; coldre; mala; invólucro; questão; caso, fato, ocorrência; exemplo, amostra. • **in case of** no caso de.

**casement** /keismeit/ *s* armação; batente de janela; caixilho de vidraça; casamata.

**casern** /kezêrn/ *s* caserna, quartel.

**caserne** /kezêrn/ » **casern**.

**cash** /kæch/ *s* dinheiro; pagamento à vista. | *v* converter em dinheiro, receber ou pagar em dinheiro.

**cash machine** *s* caixa automático ou eletrônico (para retirada de dinheiro).

**cash register** *s* caixa registradora.

**cashew** /kæchú, kechú/ *s* cajueiro; caju.

**cashier** /kæchir/ *s* caixa de banco ou estabelecimentos comerciais. | *v* demitir, despedir; dar baixa.

**cashmere** /kæjmir/ *s* casimira, lã muito fina e macia do pelo da cabra da Caxemira.

**casimere** /kæsemir/ » **cashmere**.

**casing** /keising/ *s* cobertura, coberta; invólucro, embalagem, revestimento; batente, moldura.

**casino** /kesínou/ *s* cassino (*pl* **casinos**).

**cask** /kæsk/ *s* barril; pipa; casco.

**casket** /kæskit/ *s* escrínio; pequeno cofre para joias. | *v* colocar no cofre.

**casque** /kæsk/ *s* casco; elmo, capacete.

**cassation** /keseichen/ *s* cassação.

**casserole** /kæseroul/ *s* caçarola.

**cassette** /kesét/ *s* fita cassete.

**cassette player** *s* toca-fitas.

**cassimere** /kæsemir/ » **cashmere**.

**cassino** /kesínou/ » **casino**.

**cassock** /kæsek/ *s* batina, sotaina.

**cast** /kæst/ *s* golpe, lance, arremesso; molde; fundição; expressão, aparência; marca; tendência; elenco (em teatro, rádio, TV); arranjo; conjetura; previsão. | *v* lançar, arremessar; moldar, modelar; dar à luz prematuramente; distribuir papéis, escolher atores (TV, teatro etc.).

**castanets** /kæstenéts/ *s* castanholas.

**castaway** /kæstewei/ *adj* rejeitado, abandonado; naufragado. | *s* náufrago, réprobo.

**caste** /kæst/ *s* casta, classe social.

**castellan** /kæstelen/ *s* castelão.

**castellated** /kæsteleitid/ *adj* acastelado, fortificado.

**castigate** /kæstegeit/ *v* castigar, punir; criticar severamente.

**castigation** /kæstegeichen/ *s* castigo, punição; crítica acerba.

**castigator** /kæstegeiter/ *s* castigador.

**casting** /kæsting/ *s* lanço, arremesso; fundição; previsão; escalação, seleção de elenco; expulsão, rejeição.
**castle** /kæsl/ *s* castelo; fortificação; torre (também no xadrez).
**castoff** /kæstáf/ *s* refugo, rebotalho.
**castor** /kæster/ *s* óleo de rícino; pele de castor.
**castrate** /kæstreit/ *v* castrar, capar. | *s* pessoa castrada.
**castration** /kæstreichen/ *s* castração.
**casual** /kæjúel/ *adj* casual, fortuito, acidental; negligente; informal. | *s* funcionário temporário.
**casually** /kæjúeli/ *adv* casualmente.
**casualness** /kæjúelnes/ *s* casualidade; acaso; negligência; incúria.
**casualty** /kæjúelti/ *s* casualidade; desastre; infortúnio; vítima. • **casualties** mortos e feridos em um acidente ou guerra.
**casuist** /kæjuist/ *s* casuísta.
**casuistry** /kæjuistri/ *s* casuística.
**cat** /kæt/ *s* gato.
**cataclysm** /kæteklizem/ *s* cataclismo.
**catacomb** /kætekoum/ *s* catacumba.
**Catalan** /kætelæn/ *adj* e *s* catalão.
**catalepsy** /kætelépsi/ *s* catalepsia.
**catalog** /kætelág/ *s* catálogo. | *v* catalogar.
**catalogue** /kætelág/ » **catalog**.
**catalysis** /ketælesis/ *s* catálise (*pl* **catalyses** /ketælesíz/).
**catalyst** /kætlist/ *s* catalisador.
**catalyze** /kætlaiz/ *v* catalisar.
**catapult** /kætepâlt/ *s* catapulta; estilingue. | *v* lançar de catapulta, atirar de estilingue.
**cataract** /kæterækt/ *s* catarata (queda-d'água e enfermidade).
**catarrh** /ketár/ *s* catarro.
**catastrophe** /ketæstrefi/ *s* catástrofe.
**catastrophic** /kætestráfik/ *adj* catastrófico.
**catcall** /kætkól/ *s* apupo, vaia. | *v* vaiar.
**catch** /kætch/ *s* presa; captura; pescaria; vantagem, proveito; chamariz, armadilha. | *v* apanhar, pegar; agarrar; prender (o fôlego); compreender; contrair (doença); apegar-se; atrair a atenção.
**catcher** /kætcher/ *s* apanhador; o que prende; agarrador.
**catching** /kætching/ *adj* cativante; contagioso.
**catchment** /kætchment/ *s* apanhamento; captura; reservatório; captação.
**catchup** /kætchep/ » **ketchup**.
**catchword** /kætchwêrd/ *s* lema; chamada, manchete.
**catchy** /kætchi/ *adj* atrativo; ardiloso, capcioso, enganoso.
**catechesis** /kætikísis/ *s* catequese (*pl* **catecheses** /kætikísíz/).
**catechism** /kætekizem/ *s* catecismo.
**catechization** /kætekizeichen/ *s* catequização.
**catechize** /kætekaiz/ *v* catequizar.
**catechizer** /kætekaizer/ *s* catequista.
**categoric** /kætegórik/ » **categorical**.
**categorical** /kætegórikel/ *adj* categórico.
**categorize** /kætegeraiz/ *v* categorizar, classificar.
**category** /kætegóri/ *s* categoria, classe.
**catenate** /kætneit/ *v* concatenar.
**cater** /keiter/ *v* fornecer, abastecer, suprir.
**caterer** /keiterer/ *s* fornecedor, aprovisionador.
**caterpillar** /kæterpiler/ *s* lagarta; larva de inseto.
**caterwaul** /kæterwól/ *v* miar; emitir sons discordantes. | *s* miado, som estridente.
**catfish** /kætfich/ *s* lampreia, peixe-gato (*pl* **catfish** ou **catfishes**).
**catharsis** /kethársis/ *s* catarse; purgação (*pl* **catharses** /kethársíz/).
**cathartic** /kethártik/ *adj* purgativo. | *s* laxante.
**cathedra** /kethídre/ *s* cátedra (*pl* **cathedrae** /kethídrí/).
**cathedral** /kethídrel/ *s* catedral. | *adj* que dá austeridade, que dá autoridade.
**catheter** /kætheter/ *s* cateter.

**cathode** /kæthoud/ *s* catodo, cátodo, catódio.
**catholic** /kæthelik/ *adj* universal; liberal; tolerante; *maiús* católico. | *s maiús* católico.
**Catholicism** /kethálesizem/ *s* catolicismo.
**catholicize** /kethálesaiz/ *v* tornar-se católico.

C

**catlike** /kætlaik/ *adj* felino.
**catnap** /kætnæp/ *s* cochilo, soneca. | *v* cochilar.
**cattle** /kætl/ *s pl* gado, rebanho.
**cattleman** /kætlmen/ *s* criador de gado.
**catty** /kæti/ *adj* malicioso, traiçoeiro.
**catwalk** /kætwák/ *s* passadiço, passarela.
**caucus** /kákes/ *s* convenção de partido político (*pl* **caucuses** ou **caucusses**).
**caudal** /kádl/ *adj* caudal (relativo a cauda).
**caudate** /kádeit/ *adj* caudado, que tem cauda.
**caudated** /kádeitid/ » **caudate**.
**caught** /kát/ *v pass* e *part pass* de **catch**.
**cauliflower** /kálifiauer/ *s* couve-flor.
**cauldron** /káldren/ » **caldron**.
**caulk** /kák/ *v* calafetar, vedar.
**causal** /kázel/ *adj* causal, causativo.
**causality** /kázæleti/ *s* causalidade.
**causative** /kázetiv/ *adj* causativo, causal.
**cause** /káz/ *v* causar; ocasionar; motivar; produzir. | *s* causa, motivo, razão; ação judicial.
**causeless** /kázles/ *adj* infundado, injusto, injustificável.
**causer** /kázer/ *s* causador, motivador.
**causeway** /kázwei/ *s* via pavimentada; caminho elevado (em lugares pantanosos).
**caustic** /kástik/ *adj* e *s* cáustico.
**causticity** /kástiseti/ *s* causticidade.
**cauterization** /káterizeichen/ *s* cauterização.
**cauterize** /káteraiz/ *v* cauterizar.
**caution** /káchen/ *s* cautela, prevenção; aviso. | *v* avisar, prevenir, advertir.
**cautionary** /káchenéri/ *adj* admonitório, previdente, precavido, preventivo.
**cautious** /káches/ *adj* cauteloso, prudente.
**cautiousness** /káchesnes/ *s* cautela, prudência, precaução.
**cavalcade** /kævelkeid, kævelkeid/ *s* cavalgada.
**cavalier** /kævelir/ *s* cavaleiro; cavalheiro, galanteador. | *adj* arrogante; soberbo, nobre.
**cavalry** /kævelri/ *s* cavalaria.
**cave** /keiv/ *s* caverna. | *v* escavar; desmoronar; ruir.
**caveat** /kæviæt, keiviæt/ *s* admoestação, repreensão; intimação (judicial).
**caveman** /keivmæn/ *s* homem pré-histórico, homem das cavernas.
**cavern** /kævern/ *s* caverna grande, furna. | *v* encavernar, encovilar.
**cavernous** /kævernes/ *adj* cavernoso; poroso.
**caviar** /kæviár/ *s* caviar.
**caviare** /kæviár/ » **caviar**.
**cavil** /kævel/ *s* cavilação, sofisma. | *v* cavilar, sofismar.
**cavity** /kæveti/ *s* cavidade, buraco; cárie.
**cavy** /keivi/ *s* cobaia.
**caw** /ká/ *s* grasno. | *v* grasnar.
**cay** /kí, kei/ *s* recife, baixio, ilhota.
**CD** /sídí/ *abrev* de **compact disk**.
**CD/ROM** /sídírám/ *abrev* de **compact disk-read only memory**, CD/ROM, memória em disco a laser exclusiva de leitura.
**cease** /sís/ *v* cessar, parar. | *s* pausa, parada.
**cease-fire** /sísfaier/ *s* cessar-fogo (*tb* **ceasefire**).
**ceaseless** /sísles/ *adj* incessante, contínuo, ininterrupto.
**cecum** /síkem/ *s* ceco; cavidade com uma abertura somente.
**cedar** /síder/ *s* cedro.
**cede** /síd/ *v* ceder, conceder, outorgar.
**cedilla** /sedile/ *s* cedilha.
**ceiling** /síling/ *s* teto, forro; máximo, limite.

**celebrant** /sélebrent/ *s* celebrante.
**celebrate** /sélebreit/ *v* celebrar, comemorar.
**celebrated** /sélebreitid/ *adj* célebre, famoso, ilustre, notório.
**celebration** /sélebreichen/ *s* celebração, comemoração.
**celebrator** /sélebreiter/ *s* celebrador.
**celebrity** /selébreti/ *s* celebridade.
**celerity** /seléreti/ *s* celeridade.
**celery** /séleri/ *s* aipo, salsão.
**celestial** /seléstchel/ *adj* celestial. | *s* espírito celeste.
**celibacy** /sélebesi/ *s* celibato.
**celibate** /sélebet/ *adj* e *s* celibatário, solteiro.
**cell** /sél/ *s* célula; cela de prisão ou convento. | *v* confinar, viver em uma cela.
**cellar** /séler/ *s* adega; abrigo subterrâneo; porão. | *v* guardar em adega.
**cellular** /sélyeler/ *adj* celular.
**cellular telephone** *s* telefone celular.
**cellulite** /sélyelait/ *s* celulite.
**celluloid** /sélyeloid/ *s* celuloide; fita de cinema, filme.
**cellulose** /sélyelous/ *s* celulose.
**Celt** /kélt, sélt/ *s* celta.
**Celtic** /kéltik, séltik/ *s* e *adj* celta.
**cement** /simént/ *v* cimentar. | *s* cimento.
**cemetery** /sémetéri/ *s* cemitério.
**cense** /séns/ *v* incensar, turibular.
**censer** /sénser/ *s* incensório, turíbulo.
**censor** /sénser/ *s* censor, crítico. | *v* censurar, criticar.
**censorial** /sénsóriel/ *adj* censório, de censor ou censura.
**censorious** /sénsóries/ *adj* severo, repreensivo, reprovador.
**censorship** /sénserchip/ *s* censura; função de censor.
**censurable** /séncherebel/ *adj* censurável, criticável, repreensível.
**censure** /séncher/ *s* censura, crítica; desaprovação. | *v* repreender, criticar.
**censurer** /séncherer/ *s* censurador.
**census** /sénses/ *s* censo, recenseamento.
**cent** /sént/ *s* centésima parte de um dólar; centavo; cêntimo.
**centenarian** /séntenérien/ *adj* e *s* centenário.
**centenary** /séntenéri, sénténeri/ *adj* e *s* centenário.
**centennial** /sénténiel/ *adj* e *s* centenário.
**center** /sénter/ *s* centro. | *v* centralizar, centrar; concentrar-se.
**centesimal** /séntésimel/ *adj* centesimal.
**centigrade** /séntegreid/ *adj* centígrado.
**centigram** /séntegræm/ *s* centigrama.
**centiliter** /séntelíter/ *s* centilitro.
**centimeter** /séntemíter/ *s* centímetro.
**centipede** /séntepíd/ *s* centopeia.
**central** /séntrel/ *adj* central.
**Central African** *s* e *adj* centro-africana.
**Central African Republic** *s* República Centro-Africana.
**centrality** /séntræleti/ *s* centralidade.
**centralization** /séntrelizeichen/ *s* centralização.
**centralize** /séntrelaiz/ *v* centralizar-se.
**centralizer** /séntrelaizer/ *s* centralizador.
**centric** /séntrik/ *adj* central; que tem centro.
**centrical** /séntrikel/ » **centric**.
**centricity** /séntriseti/ *s* centralidade.
**centrifugal** /séntrifyegel/ *adj* centrífugo.
**centrifuge** /séntrefyúdj/ *s* centrifugador. | *v* centrifugar.
**centripetal** /séntripetel/ *adj* centrípeto.
**centurion** /sénturien/ *s* centurião.
**century** /séntcheri/ *s* século; centúria.
**cephalalgia** /séfelældj/ *s* cefalalgia, cefaleia.
**cephalic** /sefælik/ *adj* cefálico.
**ceramic** /seræmik/ *s* cerâmica. | *adj* cerâmico. • **ceramics** arte de fabricar cerâmica.
**cerated** /sireitid/ *adj* encerado.
**cere** /sir/ *v* encerar, lacrar.
**cereal** /siriel/ *adj* e *s* cereal.
**cerebellum** /sérebélem/ *s* cerebelo (*pl* **cerebellums** ou **cerebella** /sérebéle/).
**cerebral** /sérebrel/ *adj* cerebral.

**cerebrum** /sérebrem/ *s* cérebro (*pl* **cerebrums** ou **cerebra** /sérebre/).

**cerecloth** /sirkláth/ *s* mortalha.

**cerement** /sirment/ *s* mortalha.

**ceremonial** /séremouniel/ *adj* e *s* cerimonial.

**ceremonious** /séremounies/ *adj* cerimonioso.



**ceremony** /séremouni/ *s* cerimônia; etiqueta; cerimonial religioso.

**certain** /sêrten/ *adj* certo, seguro, fixo; evidente; verdadeiro. | *pron* algum.

**certainly** /sêrtenli/ *adv* certamente.

**certainty** /sêrtenti/ *s* certeza, exatidão.

**certifiable** /sêrtefaiebel/ *adj* certificável.

**certificate** /sertifiket/ *s* certificado, atestado, certidão. | /sertifikeit/ *v* certificar.

**certification** /sêrtefikeichen/ *s* certificação, atestação, certificado.

**certify** /sêrtefai/ *v* certificar; atestar; assegurar, garantir; autenticar.

**cerumen** /serúmen/ *s* cerúmen, cerume.

**cervical** /sêrvikel/ *adj* cervical.

**cervine** /sêrvain/ *adj* cervino.

**cervix** /sêrviks/ *s* cerviz (*pl* **cervixes** /sêrviksiz/ ou **cervices** /sêrvisíz/).

**cesarean** /sezérien/ *adj* e *s* cesariana (parto).

**cesarian** /sezérien/ » **cesarean**.

**cessation** /séseichen/ *s* cessação.

**cession** /séchen/ *s* cessão.

**cesspit** /séspit/ *s* fossa sanitária, cloaca.

**cetacean** /siteichen/ *adj* e *s* cetáceo.

**cetaceous** /siteiches/ » *adj* **cetacean**.

**Chad** /tchæd/ *s* Chade.

**Chadian** /tchædien/ *s* e *adj* chadiano.

**chafe** /tcheif/ *v* aquecer ou gastar pelo atrito; esfolar; desgastar; irritar-se. | *s* fricção; escoriação; irritação.

**chafer** /tcheifer/ *s* escaravelho.

**chaff** /tchæf/ *v* caçoar. | *s* picuinha; zombaria; farelo, debulho.

**chaffer** /tchæfer/ *v* pechinchar, regatear. | *s* pechincha, regateio.

**chagrin** /chegrin/ *s* pesar, desgosto. | *v* vexar, afligir, enfadar.

**chain** /tchein/ *s* corrente, cadeia; cordilheira; série, conjunto; cadeia, rede (de lojas, restaurantes etc.). | *v* acorrentar; encadear.

**chair** /tchér/ *s* cadeira; cátedra; presidência. | *v* instalar na presidência; presidir.

**chairman** /tchérmen/ *s* presidente de assembleia, reunião, comissão etc.; reitor. | *v* atuar como presidente.

**chairmanship** /tchérmenchip/ *s* presidência.

**chairwoman** /tchérwumen/ *s* presidenta de assembleia, reunião, comissão etc.

**chalet** /chælei/ *s* chalé.

**chalk** /tchók/ *s* giz; marca feita com giz. | *v* gizar, marcar; escrever ou desenhar com giz.

**chalkboard** /tchókbórd/ *s* lousa.

**challenge** /tchælindj/ *v* desafiar; lançar um desafio; reclamar; reivindicar. | *s* desafio, disputa; provocação.

**challengeable** /tchælindjebel/ *adj* desafiável, provocável.

**challenger** /tchælindjer/ *s* desafiador, provocador.

**chamber** /tcheimber/ *s* câmara legislativa, assembleia; gabinete; compartimento. | *v* confinar em uma câmara.

**chamberlain** /tcheimberlin/ *s* camareiro; mordomo; tesoureiro municipal.

**chambermaid** /tcheimbermeid/ *s* camareira, arrumadeira.

**chamber pot** *s* urinol.

**chameleon** /kemílien/ *s* camaleão.

**chamfer** /chæmfer/ *s* chanfro, chanfradura. | *v* chanfrar.

**chammy** /chæmi/ » **chamois** (*pl* **chammies**).

**chamois** /chæmi/ *s* cabra montesa, antílope (*pl* **chamois**); camurça.

**chamomile** /kæmemíl/ *s* camomila.

**champ** /tchæmp/ *v* mastigar, esmoer; morder vigorosamente. | *s inform* campeão.

**champagne** /chæmpein/ *s* champanhe (bebida e cor).

**champaign** /tchæmpein/ *s* campina, planície, campo extenso. | *adj* plano, raso.

**champignon** /chæmpinyen/ *s* cogumelo.
**champion** /tchæmpien/ *s* campeão. | *adj* vitorioso; superior. | *v* proceder como campeão.
**championship** /tchæmpienchip/ *s* campeonato.
**chance** /tchæns/ *s* acaso, casualidade; oportunidade, chance; probabilidade; sorte; fortuna; risco. | *adj* casual; fortuito; acidental. | *v* arriscar, aventurar-se; acontecer por acaso. • **by chance** por acaso.
**chancel** /tchænsel/ *s* santuário; capela-mor.
**chancellery** /tchænseleri/ *s* chancelaria.
**chancellor** /tchænseler/ *s* chanceler.
**chancellory** /tchænseleri/ » **chancellery**.
**chancery** /tchænseri/ *s* tribunal de justiça; chancelaria.
**chancy** /tchænsi/ *adj* arriscado, incerto.
**chandelier** /chændelir/ *s* lustre, lampadário.
**chandler** /tchændler/ *s* fabricante de velas; varejista, negociante.
**change** /tcheindj/ *s* troca, substituição; mudança; variação; câmbio; permutação; troco. | *v* mudar, trocar, modificar, alterar; cambiar; converter.
**changeability** /tcheindjebileti/ *s* mutabilidade; instabilidade; inconstância.
**changeable** /tcheindjebel/ *adj* variável; alterável, mutável; inconstante, volúvel.
**changeably** /tcheindjebli/ *adv* variavelmente.
**changeful** /tcheindjfel/ *adj* inconstante; variável, incerto.
**changeless** /tcheindjles/ *adj* constante, invariável, imutável, inalterável.
**changeling** /tcheindjling/ *s* criança trocada por outra logo ao nascer.
**channel** /tchænel/ *s* canal (de rio, mar, rádio e TV); rota de comunicação ou acesso. | *v* canalizar, sulcar.
**chanson** /chánsoun/ *s* canção.
**chant** /tchænt/ *s* cântico. | *v* cantar, entoar.
**chanter** /tchænter/ *s* chantre, cantor de igreja.
**chaos** /keiás/ *s* caos.
**chaotic** /keiátik/ *adj* caótico.
**chap** /tchæp/ *s* sulco, greta, rachadura, fenda; sujeito, indivíduo, camarada; aspereza ou rachadura de pele. | *v* sulcar, gretar, fender, rachar.
**chapel** /tchæpel/ *s* capela, santuário.
**chapfallen** /tchæpfólen/ *adj* consternado, desanimado, desalento.
**chaplain** /tchæplin/ *s* capelão.
**chaplaincy** /tchæplinsi/ *s* capelania.
**chaplainship** /tchæplinchip/ » **chaplaincy**.
**chaplet** /tchæplit/ *s* coroa, guirlanda; grinalda de flores; diadema; terço de rosário; colar de contas.
**chapter** /tchæpter/ *s* capítulo; divisão; assembleia de cônegos.
**char** /tchár/ *v* torrar, tostar; carbonizar. | *s* substância carbonizada.
**character** /kérekter/ *s* caráter, temperamento; reputação; personagem; caractere, letra. | *v* caracterizar; gravar; marcar; inscrever.
**characteristic** /kérekteristik/ *adj* característico. | *s* peculiaridade.
**characterization** /kérekterizeichen/ *s* caracterização.
**characterize** /kérekteraiz/ *v* caracterizar; assinalar; distinguir.
**characterless** /kérekterles/ *adj* sem caráter, desavergonhado; indistinguível.
**charade** /chereid/ *s* charada.
**charcoal** /tchárkoul/ *s* carvão vegetal; carvão (lápis e desenho). | *v* desenhar ou escrever com carvão.
**charge** /tchárdj/ *s* cargo; incumbência; carga, carregamento; encargo, taxa; preço; débito; custódia, tutela; mandado; imputação; acusação. | *v* carregar, pôr carga em (arma, bateria etc.); onerar; exortar; incriminar; responsabilizar; culpar; encarregar; acometer; cobrar, debitar. • **in charge of** encarregado de, responsável por algo.

C

C

**chargeable** /tchárdjebel/ *adj* acusável, culpável; que se pode cobrar, cobrável.
**charger** /tchárdjer/ *s* carregador de baterias; cavalo de batalha.
**chariot** /tchériet/ *s* carruagem. | *v* andar de carruagem.
**charisma** /kerizme/ *s* carisma (*pl* **charismata**).
**charitable** /tchéritebel/ *adj* caridoso, caritativo.
**charitably** /tchéritebli/ *adv* caridosamente, generosamente.
**charity** /tchéreti/ *s* caridade; esmola; instituição ou obra de caridade.
**charlatan** /chárleten/ *s* charlatão.
**charlatanism** /chárletenizem/ *s* charlatanismo.
**charlatanry** /chárletenri/ » **charlatanism**.
**charm** /tchárm/ *s* charme, encanto, sedução, atrativo; feitiço, encantamento. | *v* cativar, seduzir, fascinar; enfeitiçar.
**charmer** /tchármer/ *s* encantador, fascinador, sedutor, feiticeiro.
**charmingly** /tchármingli/ *adv* encantadoramente, sedutoramente.
**charmless** /tchármles/ *adj* sem encanto, sem graça, desgracioso.
**charnel** /tchárnel/ *adj* sepulcral. | *s* cemitério; capela mortuária.
**chart** /tchárt/ *s* carta ou mapa geográfico ou topográfico; gráfico, tabela. | *v* traçar um gráfico, projetar, desenhar.
**charter** /tchárter/ *s* título; patente; alvará; carta constitucional; estatuto; decreto; carta régia. | *v* fretar (ônibus, avião); privilegiar; garantir por lei; patentear; decretar.
**charwoman** /tchárwumen/ *s* faxineira, arrumadeira.
**chary** /tchéri/ *adj* cuidadoso; cauteloso; econômico, avaro.
**chase** /tcheis/ *s* caça, caçada, perseguição; presa; chanfradura, fenda, cavidade. | *v* perseguir, caçar; escorraçar; afugentar; entalhar.
**chaser** /tcheiser/ *s* perseguidor; caçador; chanfrador, cinzelador, gravador.
**chasm** /kæzem/ *s* abismo, precipício; brecha, fenda profunda; interrupção, lacuna.
**chassis** /tchæsi, chæsi/ *s* chassi (*pl* **chassis** /chæsiz/).
**chaste** /tcheist/ *adj* casto, puro; virtuoso, virginal; modesto, simples; reservado.
**chasten** /tcheisen/ *v* punir, castigar, corrigir; moderar, abrandar; purificar.
**chastener** /tcheisener/ *s* castigador, disciplinador; moderador; purificador.
**chasteness** /tcheistnes/ *s* castidade; pureza; candura; simplicidade.
**chastise** /tchæstaiz/ *v* castigar, punir; criticar severamente.
**chastisement** /tchæstaizment/ *s* castigo, punição, correção.
**chastiser** /tchæstaizer/ *s* castigador.
**chastity** /tchæsteti/ *s* castidade, pureza, virgindade; simplicidade, modéstia.
**chastity belt** *s* cinto de castidade.
**chat** /tchæt/ *s* conversa, bate-papo. | *v* conversar, bater papo.
**chatter** /tchæter/ *v* ranger os dentes; tagarelar; trepidar. | *s* tagarelice, conversa fiada.
**chatterbox** /tchæterbáks/ *s* tagarela.
**chattiness** /tchætines/ *s* loquacidade, tagarelice.
**chatty** /tchæti/ *adj* loquaz, falador, tagarela.
**chauffeur** /choufêr/ *s* motorista, chofer. | *v* servir de motorista.
**chauvinism** /chouvinizem/ *s* chauvinismo.
**cheap** /tchíp/ *adj* barato, de baixo preço; inferior.
**cheapen** /tchípen/ *v* baratear, depreciar; regatear, desacreditar.
**cheapener** /tchípener/ *s* regateador.
**cheaply** /tchípli/ *adv* barato; facilmente.
**cheapness** /tchípnes/ *s* barateza; baixeza, vulgaridade; facilidade.
**cheat** /tchít/ *v* enganar, iludir, trapacear; fraudar, violar regras; *inform* trair (o

cônjuge); colar (em prova, teste). | *s* engano, fraude, trapaça.

**cheater** /tchíter/ *s* trapaceiro, fraudador.

**check** /tchék/ *s* xeque (no xadrez); cheque bancário; conta (de restaurante); contratempo, estorvo, obstáculo; vale; verificação, exame; etiqueta de identificação (em malas, objetos pessoais). | *v* suster; refrear; impedir; conferir, checar; pausar; rubricar; receber talão, vale etc; rachar. • **check in** registrar-se em um hotel; apresentar-se para embarque em aeroporto. **check out** pagar a conta e deixar um hotel.

**checkbook** /tchékbuk/ *s* talão de cheques.

**checker** /tchéker/ *s* controlador, conferente, inspetor; peça de jogo de damas; tecido axadrezado. | *v* enxadrezar; variar; matizar. • **checkers** jogo de damas.

**checkerboard** /tchékerbórd/ *s* tabuleiro de jogo de damas.

**checkered** /tchékerd/ *adj* axadrezado, quadriculado; matizado.

**checkmate** /tchékmeit/ *s* xeque-mate. | *v* dar xeque-mate.

**checkrein** /tchékrein/ *s* rédea.

**checkup** /tchékâp/ *s* inspeção; exame de saúde geral.

**cheek** /tchík/ *s* face, bochecha; impertinência; nádega. | *v* falar de forma imprudente.

**cheekiness** /tchíkines/ *s* descaramento, insolência.

**cheeky** /tchíki/ *adj* bochechudo; descarado, insolente.

**cheep** /tchíp/ *s* pipilo, pio de pássaro. | *v* pipilar, piar.

**cheer** /tchir/ *v* animar, encorajar; aplaudir, aclamar; alegrar; brindar. | *s* alegria; animação. • **cheer up** animar, encorajar. **cheers!** saúde! (na hora de brindar).

**cheerer** /tchirer/ *s* animador.

**cheerful** /tchirfel/ *adj* alegre; prazenteiro; festivo; jovial.

**cheerfully** /tchirfeli/ *adv* alegremente.

**cheerfulness** /tchirfelnes/ *s* alegria, animação; jovialidade.

**cheerily** /tchirili/ *adv* animadamente.

**cheery** /tchiri/ *adj* alegre, jovial, vivo.

**cheese** /tchíz/ *s* queijo.

**cheesy** /tchízi/ *adj* queijoso; *inform* de baixa qualidade, barato.

**chef** /chéf/ *s* cozinheiro chefe.

**chemical** /kémikel/ *adj* químico. | *s* substância química, droga.

**chemist** /kémist/ *s* químico.

**chemistry** /kémistri/ *s* química.

**cherish** /tchérich/ *v* acariciar; proteger; abrigar; alimentar (um desejo etc.); apreciar.

**cherisher** /tchéricher/ *s* protetor; acariciador.

**cherry** /tchéri/ *s* cereja; cerejeira. | *adj* semelhante a cereja, com cor ou sabor de cereja.

**cherub** /tchéreb/ *s* querubim, anjo (*pl* **cherubim**).

**chess** /tchés/ *s* jogo de xadrez.

**chessboard** /tchésbórd/ *s* tabuleiro de xadrez.

**chessman** /tchésmæn/ *s* peão (no xadrez).

**chest** /tchést/ *s* peito, tórax; arca, baú, cofre.

**chestnut** /tchésnât/ *adj* castanho. | *s* castanha; castanheiro; cor de castanha; cavalo alazão.

**chew** /tchú/ *v* mastigar, mascar; ruminar; remoer. | *s* mastigação; pedaço de tabaco para mascar.

**chewing gum** *s* goma de mascar, chiclete.

**chic** /chík/ *s* chique, elegante, garbo. | *adj* chique, elegante; formoso; na moda.

**chicane** /chikein/ *v* chicanar, fazer chicanas; enganar. | *s* chicana.

**chick** /tchik/ *s* pinto; pintainho, pássaro recém saído do ovo.

**chicken** /tchiken/ *s* frango, galinha; *gír* pessoa covarde; pessoa inexperiente. | *v gír* agir de maneira covarde.

C

**chickenpox** /tchikenpáks/ *s* varicela, catapora (*tb* **chicken pox**).
**chickpea** /tchikpí/ *s* grão-de-bico.
**chid** /tchid/ *v pass* e *part pass* de **chide**.
**chide** /tchaid/ *v* repreender, censurar.
**chidden** /tchiden/ *v part pass* de **chide**.
**chief** /tchíf/ *adj* principal, primeiro. | *s* chefe.
**chiefly** /tchífli/ *adv* principalmente, especialmente. | *adj* principal.
**chieftain** /tchíften/ *s* chefe, cabeça.
**chieftaincy** /tchíftensi/ *s* chefia.
**chilblain** /tchilblein/ *s* frieira.
**child** /tchaild/ *s* criança, menino; filho; descendente; pessoa imatura ou infantil; produto, resultado (*pl* **children**).
**childbirth** /tchaildbêr*th*/ *s* parto.
**childfree** /tchaildfrí/ *adj* sem filhos (por opção).
**childhood** /tchaildhud/ *s* infância.
**childish** /tchaildich/ *adj* infantil, pueril.
**childishness** /tchaildichnes/ *s* criancice, infantilidade.
**childless** /tchaildles/ *adj* sem filhos.
**childlike** /tchaildlaik/ *adj* infantil, pueril.
**Chile** /tchili, tchílei/ *s* Chile.
**Chilean** /tchilíen, tchilien/ *s* e *adj* chileno.
**chill** /tchil/ *s* frio, calafrio, arrepio; resfriamento. | *v* esfriar, arrefecer, refrigerar. | *adj* gelado; indiferente; descortês.
**chilliness** /tchilines/ *s* frialdade, desânimo, indiferença.
**chilly** /tchili/ *adj* friorento; indiferente, insensível.
**chime** /tchaim/ *s* carrilhão; repique de sinos. | *v* repicar (sino etc.), soar, bater; concordar.
**chimeric** /kaimérik/ » **chimerical**.
**chimerical** /kaimérikel/ *adj* quimérico, imaginário.
**chimney** /tchimni/ *s* chaminé.
**chimpanzee** /tchimpænzí/ *s* chimpanzé.
**chin** /tchin/ *s* queixo. | *v* conversar, falar.
**China** /tchaine/ *s* China; *minús* porcelana, louça fina.
**Chinatown** /tchainetaun/ *s* bairro chinês.
**chinaware** /tchainewér/ *s* artigos de porcelana.
**chine** /tchain/ *s* espinha dorsal; ribanceira; crista; aresta.
**Chinese** /tchainíz/ *s* chinês (*pl* **Chinese**). | *adj* chinês.
**chink** /tchi*ng*k/ *s* fresta, abertura; tinido. | *v* rachar, fazer fendas em; tinir, tilintar.
**chintz** /tchints/ *s* chita, chitão.
**chip** /tchip/ *s* lasca; cavaco; apara; ficha (em alguns jogos); componente de circuito integrado. | *v* cortar em pedaços ou fatias; lascar; piar (pássaro).
**chiromancer** /kairoumænse*r*/ *s* quiromante.
**chiromancy** /kairoumænsi/ *s* quiromancia.
**chirp** /tchêrp/ *s* gorjeio, chilre, trinado. | *v* gorjear, trinar.
**chirrup** /tchirep/ *s* gorjeio, trinado, chilro. | *v* trinar, gorjear.
**chisel** /tchizel/ *v* cinzelar, esculpir. | *s* cinzel, buril, formão.
**chit** /tchit/ *s* pirralho, criança; penhor; vale; memorando, bilhete.
**chitchat** /tchittchæt/ *s* tagarelice, fofoca. | *v* tagarelar, fofocar.
**chivalric** /chivælrik/ *adj* cavalheiresco, nobre, cortês.
**chivalrous** /chivelres/ *adj* galante, com qualidades de cavaleiro.
**chivalry** /chivelri/ *s* cavalheirismo; cavalaria (Idade Média).
**chive** /tchaiv/ *s* cebolinha.
**chlorate** /klóreit/ *s* clorato.
**chloride** /klóraid/ *s* cloreto.
**chlorine** /klórín/ *s* cloro (*símb* **Cl**).
**chloroform** /klórefórm/ *s* clorofórmio. | *v* tratar com clorofórmio.
**chlorophyl** /klórefil/ » **chlorophyll**.
**chlorophyll** /klórefil/ *s* clorofila.
**chock** /tchák/ *s* calço, cunha, escora. | *adv* completamente. | *v* prender com calço ou cunha.
**chocolate** /tcháklet/ *s* chocolate. | *adj* de chocolate; da cor do chocolate.

**chocoholic** /tchákehálik/ *s* pessoa viciada em chocolate.
**choice** /tchois/ *s* escolha; sortimento. | *adj* escolhido, selecionado.
**choicely** /tchoisli/ *adv* primorosamente.
**choiceness** /tchoisnes/ *s* excelência, primor; delicadeza; apuro.
**choir** /kwaier/ *s* coro de igreja. | *v* cantar em coro de igreja.
**choirboy** /kwaierboi/ *s* menino de coro de igreja.
**choirgirl** /kwaiergêrl/ *s* menina de coro de igreja.
**choke** /tchouk/ *v* sufocar, asfixiar; obstruir; engasgar-se; ofegar. | *s* abafamento, entupimento.
**choker** /tchouker/ *s* sufocador; gargantilha, coleira.
**choking** /tchouking/ *adj* sufocante, asfixiante.
**choky** /tchouki/ *adj* sufocante.
**choler** /káler/ *s* cólera, ira.
**cholera** /kálere/ *s* cólera (doença).
**choleric** /kálerik, kelérik/ *adj* colérico, irado.
**cholesterol** /kelésterál/ *s* colesterol.
**chomp** /tchámp/ *v* morder ruidosamente, mascar. | *s* mordida, dentada.
**choose** /tchúz/ *v* escolher; preferir; fazer escolha ou seleção.
**chooser** /tchúzer/ *s* selecionador.
**choosey** /tchúzi/ » **choosy**.
**choosy** /tchúzi/ *adj* exigente, seletivo.
**chop** /tcháp/ *s* fatia; talho, corte; fenda, rachadura; posta, naco, costeleta, fatia de carne; machadada. | *v* retalhar, cortar em pedacinhos; desbastar; interromper abruptamente.
**chopfallen** /tchápfólen/ » **chapfallen**.
**chophouse** /tcháphaus/ *s* restaurante (especializado em costeletas e grelhados).
**chopper** /tcháper/ *s* cortador; talhador, lenhador; cutelo, machadinha.
**choppy** /tchápi/ *adj* agitado (mar); modificado abruptamente.
**chopstick** /tchápstik/ *s* par de varetas utilizadas pelos orientais para comer.
**choral** /kórel/ *adj* coral, relativo a coro.
**chord** /kórd/ *s* acorde; afinação; corda (de instrumento musical); corda (geometria); » **cord**. | *v* pôr cordas em, soar em harmonia.
**choreographer** /kóriágrefer/ *s* coreógrafo.
**choreography** /kóriágrefi/ *s* coreografia.
**chortle** /tchórtl/ *v* rir, gargalhar. | *s* risada, gargalhada.
**chorus** /kóres/ *s* coro (de vozes), refrão (*pl* **choruses**).
**chose** /tchouz/ *v pass* de **choose**.
**chosen** /tchouzen/ *v part pass* de **choose**. | *adj* escolhido, selecionado, eleito.
**chrism** /krizem/ *s* crisma.
**Christ** /kraist/ *s* Cristo.
**christen** /krisen/ *v* batizar.
**Christendom** /krisendem/ *s* cristandade.
**christening** /krisening/ *s* batismo.
**Christian** /kristchen/ *adj* e *s* cristão.
**Christianity** /kristchiæneti/ *s* cristianismo.
**Christianization** /kristchenizeichen/ *s* cristianização.
**Christianize** /kristchenaiz/ *v* cristianizar.
**Christlike** /kraistlaik/ *adj* cristão, semelhante a Cristo.
**Christmas** /krismes/ *s* Natal.
**Christmas Eve** *s* véspera de Natal.
**Christmas tree** *s* árvore de Natal.
**chromate** /kroumeit/ *s* cromato.
**chromatic** /kroumætik/ *adj* cromático.
**chrome** /kroum/ *s* liga de cromo. | *v* cromar.
**chromium** /kroumiem/ *s* cromo (*símb* **Cr**).
**chromosome** /kroumesoum/ *s* cromossomo.
**chronic** /kránik/ *adj* crônico, inveterado.
**chronicle** /kránikel/ *s* crônica. | *v* escrever crônicas.
**chronicler** /kránikler/ *s* cronista, historiador.
**chronograph** /kránegræf/ *s* cronógrafo.
**chronologic** /kráneládjik/ » **chronological**.

C

**chronological** /kráneládjikel/ *adj* cronológico.
**chronology** /krenáledji/ *s* cronologia.
**chronometer** /krenámeter/ *s* cronômetro.
**chronometry** /krenámetri/ *s* cronometria.
**chrysanthemum** /krisænthemem/ *s* crisântemo.

C

**chubbiness** /tchâbines/ *s* gordura, obesidade.
**chubby** /tchâbi/ *adj* gorducho, roliço, rechonchudo.
**chuck** /tchâk/ *v* acariciar; jogar, atirar; cacarejar. | *s* carícia; apertão; arremesso; calço, cunha; cacarejo.
**chuckle** /tchâkel/ *v* rir, casquinar. | *s* cacarejo.
**chucklehead** /tchâkelhéd/ *s inform* cabeça-dura, estúpido, palerma.
**chuff** /tchâf/ *s* rústico, campônio, roceiro; estalido, ruído explosivo. | *v* mover-se ruidosamente.
**chum** /tchâm/ *v* compartilhar do mesmo quarto; acamaradar-se. | *s* companheiro de quarto; amigo íntimo.
**chummy** /tchâmi/ *adj* íntimo; sociável.
**chump** /tchâmp/ *s* pateta, parvo. | *v* mascar, fazer movimento de mascar.
**chunk** /tchângk/ *s* pedaço ou bloco grande; cavalo atarracado, forte; *inform* quantia. | *v* formar blocos; emitir estalidos.
**chunky** /tchângki/ *adj* atarracado; volumoso.
**church** /tchêrtch/ *s* igreja (especialmente cristã), templo; ofício divino; congregação religiosa. | *v* conduzir serviço religioso. | *adj* eclesiástico.
**churchgoer** /tchêrtchgouer/ *s* devoto, fiel, pessoa religiosa.
**churchy** /tchêrtchi/ *adj* que segue rigorosamente a igreja, beato, devoto.
**churchyard** /tchêrtchyárd/ *s* cemitério anexo a uma igreja; adro de igreja.
**churl** /tchêrl/ *s* plebeu; rústico; camponês medieval.
**churn** /tchêrn/ *s* desnatadeira; batedeira de manteiga. | *v* bater (manteiga, leite, nata); desnatar; fabricar manteiga.
**churr** /tchêr/ *v* zunir. | *s* som vibrante, zunido.
**chute** /chút/ *s* vala ou plano inclinado; calha de transporte; escoadouro; paraquedas. | *v* descarregar de paraquedas; saltar de paraquedas.
**chutist** /chútist/ *s* paraquedista.
**CIA** /síaiei/ *abrev* de **Central Intelligence Agency**, agência central de inteligência.
**cicada** /sikeid/ *s* cigarra (*pl* **cicadas** ou **cicadae** /sikeidí/).
**cicatrix** /siketriks, sekeitriks/ *s* cicatriz (*pl* **cicatrices** /siketraisíz, sekeitrisíz/).
**cicatrization** /siketrezeichen/ *s* cicatrização.
**cicatrize** /siketraiz/ *v* cicatrizar.
**cicerone** /siserouni/ *s* cicerone, guia (*pl* **cicerones** ou **ciceroni** /siserouni/).
**cider** /saider/ *s* sidra.
**cigar** /sigár/ *s* charuto.
**cigaret** /sigerét/ » **cigarette**.
**cigarette** /sigerét/ *s* cigarro.
**ciliary** /siliéri/ *adj* ciliar.
**ciliated** /silieitid/ *adj* ciliado.
**cilium** /siliem/ *s* cílio (*pl* **cilia** /silie/).
**cinch** /sintch/ *s* cilha; tarefa fácil; coisa certa. | *v* cilhar, pôr cilha em; ter certeza de.
**cincture** /singktcher/ *s* cinta, cinto, cinturão; cerca, muro. | *v* cercar, cingir.
**cinder** /sinder/ *s* escória básica. | *v* queimar, reduzir a cinzas.
**cineast** /siníæst/ *s* cineasta.
**cinema** /sineme/ *s* cinema; filme.
**cinemagoer** /sinemegouer/ *s* frequentador de cinemas.
**cinematheque** /sinemeték/ *s* cinemateca.
**cinematographer** /sinemetágrefer/ *s* cinegrafista.
**cinematographic** /sinemætegræfik/ *adj* cinematográfico.
**cinematography** /sinemetágrefi/ *s* cinematografia.
**cinnamon** /sinemen/ *s* canela, caneleira.

**cipher** /saifer/ *s* cifra; zero; criptograma; nulidade. | *v* calcular; escrever em caracteres cifrados.

**circle** /sêrkel/ *s* círculo; circunferência; ciclo; grupo, associação. | *v* cercar; circundar; abranger; mover-se em círculo.

**circuit** /sêrkit/ *s* circuito; perímetro; circunferência; giro, volta.

**circuitous** /serkyúetes/ *adj* tortuoso; indireto; desviado.

**circular** /sêrkyeler/ *adj* circular. | *s* circular (carta, aviso etc.).

**circularize** /sêrkyeleraiz/ *v* notificar por meio de circulares.

**circulate** /sêrkyeleit/ *v* circular; propagar; mover-se em círculo.

**circulation** /sêrkyeleichen/ *s* circulação; curso, giro; divulgação, disseminação; tiragem (revistas, livros etc.).

**circulatory** /sêrkyeletóri/ *adj* circulatório.

**circumambient** /sêrkemæmbient/ *adj* circum-ambiente, circundante.

**circumcise** /sêrkemsaiz/ *v* circuncidar.

**circumcision** /sêrkemsijen/ *s* circuncisão.

**circumference** /serkâmferens/ *s* circunferência.

**circumflex** /sêrkemfléks/ *adj* circunflexo. | *s* acento circunflexo.

**circumlocution** /sêrkemlekyúchen/ *s* circunlóquio, perífrase, rodeio.

**circumnavigation** /sêrkemnævigeichen/ *s* circunavegação.

**circumscribe** /sêrkemskraib/ *v* circunscrever.

**circumscription** /sêrkemskripchen/ *s* circunscrição.

**circumspect** /sêrkemspékt/ *adj* circunspecto.

**circumspection** /sêrkemspékchen/ *s* circunspeção.

**circumstance** /sêrkemstæns/ *s* circunstância, particularidade, condição, ocorrência. | *v* sujeitar às circunstâncias. • **under no circumstances** nunca, de forma alguma. **under the circumstances** dadas as circunstâncias, sendo assim.

**circumstantial** /sêrkemstænchel/ *adj* circunstancial.

**circumstantiate** /sêrkemstænchieit/ *v* circunstanciar.

**circumvent** /sêrkemvént/ *v* enganar, lograr, enredar; rodear, cercar.

**circumventer** /sêrkemvénter/ *s* impostor, enganador.

**circumvention** /sêrkemvénchen/ *s* logro, enredo, fraude, burla.

**circumventor** /sêrkemvénter/ » **circumventer**.

**circus** /sêrkes/ *s* circo.

**cistern** /sistern/ *s* cisterna; vaso linfático.

**citadel** /sitedel/ *s* cidadela.

**citation** /saiteichen/ *s* citação; intimação; menção.

**cite** /sait/ *v* citar, mencionar; intimar; condecorar.

**cithara** /sithere/ *s* cítara.

**citizen** /sitizen/ *s* cidadão; paisano; civil; munícipe.

**citizenship** /sitizenchip/ *s* cidadania.

**citrate** /sitreit/ *s* citrato.

**citric** /sitrik/ *adj* cítrico.

**citriculture** /sitrikâltcher/ *s* citricultura.

**city** /siti/ *s* cidade, metrópole.

**city hall** *s* prefeitura.

**civic** /sivik/ *adj* cívico.

**civil** /sivel/ *adj* civil.

**civility** /sivileti/ *s* civilidade.

**civilization** /sivelizeichen/ *s* civilização.

**civilize** /sivelaiz/ *v* civilizar.

**civilizer** /sivelaizer/ *s* civilizador.

**civil marriage** *s* casamento no civil.

**civil rights** *s* direitos civis.

**clabber** /klæber/ *s* coalhada, leite coalhado. | *v* coalhar.

**clack** /klæk/ *v* tagarelar; cacarejar; estalar. | *s* tagarelice; estalo, estrépito.

**clad** /klæd/ *v* revestir com metal; *pass* e *part pass* de **clothe**.

**claim** /kleim/ *s* reclamação; reivindicação; alegação; pagamento exigido. | *v* reivindicar, alegar.

**claimable** /kleimbel/ *adj* reivindicável.

**claimant** /kleiment/ *s* reclamante, requerente.
**clam** /klæm/ *v* mariscar, coletar moluscos; calar-se. | *s* espécie de molusco; torno, grampo.
**clamant** /kleiment, klæment/ *adj* clamante, clamador.
**clamber** /klæmber/ *v* escalar com dificuldade.
**clamminess** /klæmines/ *s* viscosidade, umidade; apreensão, preocupação.
**clammy** /klæmi/ *adj* viscoso, úmido e frio; desagradável; apreensivo, preocupante.
**clamor** /klæmer/ *s* clamor; brado; alarido; tumulto. | *v* clamar; vociferar; protestar, queixar-se.
**clamorous** /klæmeres/ *adj* clamoroso; ruidoso; importunador.
**clamp** /klæmp/ *s* gancho; braçadeira; grampo; torno de carpinteiro. | *v* prender com grampo ou braçadeira; agarrar; impor-se.
**clan** /klæn/ *s* clã.
**clandestine** /klændéstin/ *adj* clandestino.
**clandestineness** /klændéstinnes/ *s* clandestinidade.
**clandestinity** /klændéstineti/ » **clandestineness**.
**clang** /klæng/ *s* clangor, tinido, grasnido. | *v* clangorar.
**clangor** /klænger/ *s* clangor, estrondo, som de trombeta. | *v* clangorar.
**clangorous** /klængeres/ *adj* estridente.
**clank** /klængk/ *s* fragor, estrépito. | *v* estrepitar, produzir ruído estridente.
**clap** /klæp/ *s* palmada; estalo, tinido; aplauso. | *v* bater ruidosamente; dar palmadas; colidir; aplaudir.
**clapboard** /klæpbórd/ *s* tábua, ripa de madeira, aduela.
**clapper** /klæper/ *s* aplaudidor; badalo de sino; taramela, língua, boca.
**clarification** /klérifikeichen/ *s* clarificação; esclarecimento.
**clarifier** /klérifaier/ *s* clarificador; elucidativo.
**clarify** /klérifai/ *v* clarificar; elucidar.
**clarinet** /klérinét/ *s* clarinete, clarineta.
**clarion** /klérien/ *s* clarim.
**clarity** /kléreti/ *s* claridade.
**clash** /klæch/ *s* ruído de choque ou colisão; oposição; conflito. | *v* chocar-se violentamente; colidir; conflitar, opor-se.
**clasp** /klæsp/ *s* broche; colchete; fecho; fivela; pregador; abraço. | *v* acolchetar; afivelar; abraçar; segurar na mão.
**class** /klæs/ *s* classe; grupo; posição social; aula; curso; turma, grupo de alunos. | *v* classificar; ordenar; coordenar.
**classic** /klæsik/ *adj* clássico. | *s* clássico, obra ou autor clássico.
**classical** /klæsikel/ *adj* clássico.
**classicalism** /klæsikelizem/ » **classicism**.
**classicism** /klæsisizem/ *s* classicismo.
**classicist** /klæsisist/ *s* classicista.
**classifiable** /klæsefaiebel/ *adj* classificável.
**classification** /klæsefikeichen/ *s* classificação.
**classificatory** /klæsefiketóri/ *adj* classificatório.
**classify** /klæsifai/ *v* classificar; designar documento como confidencial.
**classmate** /klæsmeit/ *s* colega de classe.
**classroom** /klæsrúm/ *s* sala de aula, classe.
**classy** /klæsi/ *adj* de classe, distinto, elegante, alinhado.
**clatter** /klæter/ *v* chocalhar; movimentar-se ou falar ruidosamente. | *s* algazarra, gritaria; barulho ensurdecedor; ruído, tinido.
**clausal** /klázel/ *adj* clausular.
**clause** /kláz/ *s* cláusula, condição, artigo de contrato; oração (gramática).
**claustrophobia** /klástrefoubie/ *s* claustrofobia.
**clavichord** /klævikórd/ *s* clavicórdio.
**clavicle** /klævikel/ *s* clavícula.
**clavier** /klævier/ *s* teclado.

**claw** /klá/ *s* garra, pata (de mamíferos, aves e crustáceos); pinça. | *v* arranhar ou dilacerar com garras.
**clay** /klei/ *s* argila, barro.
**clayey** /kleii/ *adj* argiloso, barrento.
**clayish** /kleiich/ » **clayey**.
**clean** /klín/ *adj* limpo, claro; puro; inocente; honesto; escrupuloso; liso; regular; desimpedido. | *adv* de forma limpa, claramente; totalmente. | *v* limpar, assear, arrumar; purificar.
**cleaner** /klíner/ *s* limpador, faxineiro; máquina ou substância para limpar.
**cleanliness** /klénlines/ *s* limpeza.
**cleanly** /klénli/ *adj* limpo, asseado, puro.
**cleanness** /klínnes/ *s* limpeza; asseio; pureza; honestidade.
**cleanse** /klénz/ *v* purgar, purificar; limpar, desinfetar.
**cleanser** /klénzer/ *s* limpador, detergente; loção ou creme de limpeza facial.
**clean-shaven** /klíncheiven/ *adj* sem barba, de barba feita.
**cleanup** /klínâp/ s limpeza ou arrumação geral; *gír* altos lucros, sucesso financeiro.
**clear** /klir/ *adj* claro; limpo; transparente; nítido; evidente; desobstruído. | *s* clareira; espaço vazio; intervalo. | *adv* de forma distinta, claramente; fora do caminho. | *v* aclarar, clarear; desobstruir; esclarecer; despachar ou passar (mercadorias) na alfândega; desbravar, limpar um terreno; sair; retirar pessoas de um ambiente; obter lucros, rendimentos; compensar cheques.
**clearance** /klirens/ *s* esclarecimento; liberação, desobstrução; autorização (após uma inspeção); derrubada; vão, espaço livre; liquidação, venda de estoque.
**clear-cut** /klirkât/ *adj* bem definido, nítido. | *v* remover todas as árvores de uma só vez. | *s* área devastada.
**clear-headed** /klirhédid/ *adj* esclarecido, de espírito lúcido, sensato.
**clearing** /kliring/ *s* apuração ou liquidação de contas; compensação de cheques; esclarecimento; justificação; terreno preparado para a cultura; clareira, espaço aberto.
**clear-sighted** /klirsaitid/ *adj* sagaz; perspicaz; penetrante.
**cleat** /klít/ *s* gancho; braçadeira, calço; trave. | *v* prover de ganchos ou braçadeiras. • **cleats** chuteiras; sapatos com pinos de metal nas solas.
**cleavable** /klívebel/ *adj* divisível, que se pode fender.
**cleave** /klív/ *v* fender; rachar; secionar; abrir caminho.
**cleaver** /klíver/ *s* rachador; cutelo.
**clef** /kléf/ *s* clave (música).
**cleft** /kléft/ *v pass* e *part pass* de **cleave**. | *adj* rachado, fendido. | *s* racha, fenda.
**clemency** /klémensi/ *s* clemência.
**clement** /klément/ *adj* clemente.
**clench** /kléntch/ *s* garra; tenaz; aperto; rebite. | *v* agarrar firmemente, apertar; rebitar, fixar.
**clergy** /klêrdji/ *s* clero.
**cleric** /klérik/ *s* clérigo.
**clerical** /klérikel/ *adj* clerical, eclesiástico; relativo a escriturários, empregados de escritório ou ao seu trabalho. | *s* clérigo.
**clerk** /klêrk/ *s* escrevente; copista; atendente, recepcionista; clérigo. | *v* trabalhar como escrevente.
**clever** /kléver/ *adj* hábil, capaz, talentoso; esperto, vivaz, inteligente.
**cleverness** /klévernes/ *s* habilidade, destreza, talento; inteligência.
**clew** /klú/ *s* indício, vestígio, pista; fio, chave (de mistério); novelo. | *v* enrolar, formar novelo.
**click** /klik/ *s* estalido, tinido; trinco, aldrava, ferrolho. | *v* dar estalidos, tinir.
**client** /klaient/ *s* cliente, freguês.
**clientage** /klaientidj/ *s* clientela.
**cliff** /klif/ *s* penhasco, despenhadeiro.
**climacteric** /klaimækterik, klaimæktérik/ *adj* climatérico. | *s* climatério.

C

**climate** /klaimet/ *s* clima.
**climatic** /klaimætik/ *adj* climático.
**climatologist** /klaimetáledjist/ *s* climatologista.
**climatology** /klaimetáledji/ *s* climatologia.
**climax** /klaimæks/ *s* clímax. | *v* levar ao clímax.
C
**climb** /klaim/ *v* trepar, escalar, subir; galgar; crescer. | *s* ascensão, escalada; local a ser escalado.
**climbable** /klaimebel/ *adj* escalável.
**climber** /klaimer/ *s* alpinista; trepador; trepadeira (planta); grampo utilizado por alpinistas.
**clime** /klaim/ *s* clima.
**clinch** /klintch/ *s* rebite; aperto; agarramento; atracação (boxe); argumento decisivo; amarra (embarcação). | *v* rebitar; prender ou segurar firmemente; atracar-se (boxe).
**clincher** /klintcher/ *s* gancho; braçadeira; pregador, prendedor; ferramenta de aperto; *inform* argumento irrefutável.
**cling** /kling/ *v* apegar-se; aferrar-se (a uma ideia, costume), aderir; colar-se, agarrar-se; manter perto; ficar grudado, junto.
**clingy** /klingi/ *adj* pegajoso, aderente, adesivo.
**clinic** /klinik/ *s* clínica.
**clinical** /klinikel/ *adj* clínico.
**clinician** /klinichen/ *s* clínico.
**clink** /klingk/ *s* tinido, ruído metálico; *gír* prisão, cela. | *v* tinir, tilintar, ressoar.
**clinker** /klingker/ *s* escória de carvão; tijolo refratário; tijolo vitrificado. | *v* vitrificar.
**clip** /klip/ *v* aparar, cortar com tesoura; podar; tosquiar; recortar. | *s* tosquia; ato de cortar, podar, aparar. • **clips** tesoura de poda; cortador.
**clipper** /kliper/ *s* tosquiador; máquina de tosquiar ou cortar (cabelo). • **clippers** cortador (de unhas).
**clipping** /kliping/ *s* apara; recorte (de jornal ou revista).
**cloaca** /kloueik/ *s* cloaca (*pl* **cloacae** / kloueikí/).
**cloak** /klouk/ *s* capa, capote, manto; dissimulação, disfarce. | *v* encapotar; encapar; encobrir, dissimular.
**cloakroom** /kloukrúm/ *s* guarda-volumes (em teatro ou escola).
**clock** /klák/ *s* relógio (de torre, parede ou mesa); registrador, medidor. | *v* marcar tempo, registrar o tempo de uma atividade.
**clocker** /kláker/ *s* cronometrista.
**clockwise** /klákwaiz/ *adj* e *adv* no sentido horário.
**clockwork** /klákwêrk/ *s* mecanismo de relógio.
**clod** /klád/ *s* torrão (de terra); solo; pessoa tola.
**clodhopper** /kládháper/ *s* roceiro, lavrador; caipira.
**clog** /klág/ *s* obstáculo, obstrução; impedimento; sapato pesado com sola da madeira. | *v* impedir; obstruir; emperrar; entupir.
**cloister** /kloister/ *s* claustro, mosteiro, convento. | *v* enclaustrar, enclausurar.
**clone** /kloun/ *s* clone. | *v* clonar.
**close** /klouz/ *v* fechar; obstruir; encerrar, concluir; confinar; circundar; chegar a um acordo; cicatrizar; aproximar-se. | *s* fim; conclusão; junção; briga. | /klous/ *adj* fechado; encerrado; limitado; abafado; próximo; estreito; minucioso, rigoroso; íntimo, familiar. | *adv* perto, junto, próximo; secretamente, estreitamente.
**closed circuit** *s* circuito fechado.
**close-fisted** /klousfistid/ *adj* mesquinho, avarento, mão de vaca, pão-duro.
**closely** /klousli/ *adv* de perto; intimamente; secretamente; atentamente.
**close-mouthed** /klousmauthd/ *adj* circunspecto, reservado.
**closeness** /klousnes/ *s* proximidade; capacidade; intimidade; estreiteza; aperto; mesquinhez, avareza; abafamento; reclusão.

**closeout** /kl<u>ou</u>zaut/ *s* liquidação.
**closet** /kl<u>á</u>zit/ *s* *closet*; gabinete; aposento particular; banheiro; vaso sanitário. | *adj* secreto, privado, confidencial. | *v* confinar-se em gabinete (para discussão).
**close-up** /kl<u>ou</u>sâp/ *s* visão ou descrição íntima; tomada de muito perto (cinema e fotografia).
**closure** /kl<u>ou</u>j*er*/ *s* encerramento, conclusão; cerca, tapume, sebe. | *v* encerrar um debate.
**clot** /klát/ *s* coágulo, grumo; massa de argila. | *v* coagular.
**cloth** /kláth/ *s* pano, tecido; toalha de mesa; roupa, vestuário; hábito clerical; clero (*pl* **cloths** /kláths, kládhz/).
**clothe** /kloud*h*/ *v* vestir, trajar; revestir, guarnecer, forrar.
**clothes** /kloud*h*z/ *s pl* roupa, traje, vestuário; roupa de cama.
**clothesline** /kl<u>ou</u>d*h*zlain/ *s* varal, arame de secar roupa.
**clothes moth** *s* traça.
**clothespin** /kl<u>ou</u>d*h*zpin/ *s* prendedor de roupa, pregador.
**clothier** /kl<u>ou</u>d*h*i*er*/ *s* negociante ou fabricante de roupas feitas.
**clothing** /kl<u>ou</u>d*h*ing/ *s* vestuário, roupa; revestimento.
**cloud** /klaud/ *s* nuvem; névoa; bruma; mancha; desgraça. | *v* nublar, obscurecer, anuviar.
**cloudburst** /kl<u>au</u>dbêrst/ *s* aguaceiro.
**cloudiness** /kl<u>au</u>dines/ *s* nebulosidade.
**cloudless** /kl<u>au</u>dles/ *adj* desanuviado.
**cloudy** /kl<u>au</u>di/ *adj* nebuloso, nublado; obscuro, triste; indistinto, confuso.
**clout** /klaut/ *s* centro de alvo (esportes); murro, soco. | *v* esmurrar, socar.
**clove** /klouv/ *v pass* de **cleave**. | *s* dente de alho; bulbo; cravo-da-índia.
**clover** /kl<u>ou</u>v*er*/ *s* trevo.
**clown** /klaun/ *s* palhaço. | *v* comportar-se ou trabalhar como palhaço.
**cloy** /kloi/ *v* saciar; fartar; enjoar.
**club** /klâb/ *s* porrete, clava, maça, cassetete; clube, grêmio, sociedade; paus (naipe). | *v* dar cacetadas em; associar-se, cotizar-se.
**clubable** /kl<u>â</u>bebel/ » **clubbable**.
**clubbable** /kl<u>â</u>bebel/ *adj* sociável.
**clubby** /kl<u>â</u>bi/ *adj* sociável; exclusivo.
**clubhouse** /kl<u>â</u>bhaus/ *s* sede de clube; vestiário.
**cluck** /klâk/ *v* cacarejar. | *s* cacarejo.
**clue** /klú/ *s* indício, pista. | *v* apresentar indícios, dar pistas.
**clump** /klâmp/ *v* agrupar; caminhar pesadamente; plantar em grupos. | *s* moita; arvoredo; estrondo, ruído.
**clumsily** /kl<u>â</u>mzili/ *adv* desajeitadamente.
**clumsy** /kl<u>â</u>mzi/ *adj* desajeitado; sem graça; disforme, fosco; indelicado.
**clung** /klâng/ *v pass* e *part pass* de **cling**.
**cluster** /kl<u>â</u>st*er*/ *s* cacho; ramalhete; bando; grupo; agrupamento. | *v* produzir ou reunir em cachos; apinhar; agrupar, amontoar.
**clutch** /klâtch/ *s* aperto; agarração; arrebatamento; apropriação indébita; ninhada de ovos; garra, mão, presa; poder, controle; embreagem; acoplamento. | *v* agarrar; chocar (ovos); engatar e desengatar veículo. | *adj* crítico, decisivo.
**clutter** /kl<u>â</u>t*er*/ *s* confusão, balbúrdia, desordem, tumulto. | *v* fazer algazarra.
**clyster** /kl<u>i</u>st*er*/ *s* clister.
**coach** /koutch/ *s* coche, carruagem; vagão de passageiros; carro; ônibus; treinador (esportes); professor particular, preceptor. | *v* instruir, treinar (alunos, jogadores); agir como preceptor; andar de carro ou carruagem.
**coachman** /k<u>ou</u>tchmen/ *s* cocheiro.
**coaction** /kou<u>æ</u>kchen/ *s* cooperação, colaboração, ação coletiva.
**coactive** /kou<u>æ</u>ktiv/ *adj* coadjuvante; cooperador.
**coadjutor** /kou<u>æ</u>djet*er*/ *s* coadjutor.
**coagulant** /kou<u>æ</u>gyelent/ *s* coagulante.
**coagulate** /kou<u>æ</u>gyeleit/ *v* coagular.

**coagulation** /kouægyeleichen/ *s* coagulação.
**coagulator** /kouægyeleiter/ *s* coagulador.
**coal** /koul/ *s* carvão. | *v* fornecer ou suprir de carvão; encarvoar; reduzir a carvão.
**coaler** /kouler/ *s* navio ou trem que transporta carvão.
**coalesce** /kouelés/ *v* unir-se, fundir-se.
**coalescence** /kouelésens/ *s* coalescência.
**coalescent** /kouelésent/ *adj* coalescente.
**coalition** /kouelichen/ *s* coalizão.
**coarse** /kórs/ *adj* grosseiro, rude, rústico; inferior; indelicado, vulgar; áspero.
**coarsely** /kórsli/ *adv* grosseiramente, asperamente.
**coarsen** /kórsen/ *v* vulgarizar; embrutecer, brutalizar-se.
**coast** /koust/ *s* costa, litoral, beira-mar. | *v* costear; mover-se sem esforço, deslizar.
**coastal** /koustel/ *adj* costeiro, litorâneo.
**coaster** /kouster/ *s* navio costeiro; habitante do litoral.
**coast guard** *s* guarda costeira.
**coastline** /koustlain/ *s* litoral.
**coastward** /koustwerd/ *adj* costeiro. | *adv* em direção à costa.
**coastwise** /koustwaiz/ *adj* costeiro. | *adv* ao longo da costa.
**coat** /kout/ *s* paletó, casaco, sobretudo, capa, cobertura; pelo, plumagem; camada; demão (de tinta); revestimento. | *v* aplicar camada; cobrir; encasacar.
**coated** /koutid/ *adj* coberto; revestido.
**coat of arms** *s* brasão (*pl* **coats of arms**).
**coating** /kouting/ *s* revestimento; camada (de tinta, de proteção); tecido para fabricação de casacos.
**coauthor** /kouáther/ *s* coautor. | *v* colaborar como coautor.
**coax** /kouks/ *v* persuadir mediante lisonja. | *s inform* cabo coaxial.
**coaxial** /kouæksiel/ *adj* coaxial.
**coaxial cable** *s* cabo coaxial.
**cobalt** /koubólt/ *s* cobalto (*símb* **Co**).
**cobalt blue** *s* azul-cobalto.
**cobra** /koubre/ *s* qualquer cobra venenosa (especialmente a naja).
**cobweb** /kábwéb/ *s* teia de aranha; trama, intriga. | *v* cobrir com teia de aranha. • **cobwebs** confusão.
**coca** /kouk/ *s* coca, folhas de coca.
**cocaine** /koukein, koukein/ *s* cocaína.
**coccyx** /káksiks/ *s* cóccix (*pl* **coccyges** /káksaidjíz/).
**cock** /kák/ *s* galo, frango; macho de ave; aba levantada (de chapéu); torneira; válvula; líder; *gír* pênis. | *v* engatilhar (arma de fogo); levantar, erguer, empinar.
**cockade** /kákeid/ *s* cocar.
**cockcrow** /kákkrou/ *s* canto do galo, alvorada.
**cocker** /káker/ *v* mimar. | *s* raça de cães (*cocker spanion*); dono de galos de briga; promotor de brigas de galo.
**cockerel** /kákerel/ *s* frango, galispo.
**cockeyed** /kákaid/ *adj inform* absurdo, ridículo; torto; bêbado.
**cockfight** /kákfait/ *s* briga de galos.
**cockle** /kákel/ *v* enrugar, franzir. | *s* berbigão; ruga; joio, erva daninha.
**Cockney** /kákni/ *s* nativo do extremo leste de Londres; dialeto ou sotaque dessa área. | *adj* relativo ao dialeto ou nativo do extremo leste de Londres.
**cockpit** /kákpit/ *s* rinha (para brigas de galos); compartimento para piloto em carro de corrida; cabina da tripulação em aviões ou helicópteros.
**cockroach** /kákroutch/ *s* barata.
**cockscomb** /kákskoum/ *s* crista de galo.
**cocksure** /kákchur/ *adj* infalível; confiante.
**cocktail** /kákteil/ *s* coquetel. | *adj* relativo a coquetel.
**cocky** /káki/ *adj* autoafirmado, autoconfiante.
**cocoa** /koukou/ *s* chocolate em pó; chocolate quente; cor do chocolate.

**cocoanut** /koukenât/ » **coconut**.
**coconut** /koukenât/ *s* coco.
**cocoon** /kekún/ *s* casulo. | *v* encasular.
**cod** /kád/ *s* bacalhau (*pl* **cod** ou **cods**).
**coddle** /kádl/ *v* cozinhar em água fervente; mimar.
**code** /koud/ *s* código; código de leis e regulamentações; cifra. | *v* cifrar; codificar.
**CODEC** *abrev* de **Coding/Decoding**, codificação/decodificação.
**code name** *s* codinome, pseudônimo.
**codfish** /kádfich/ » **cod** (*pl* **codfish** ou **codfishes**).
**codification** /kádifikeichen, koudifikeichen/ *s* codificação.
**codify** /kádifai, koudifai/ *v* codificar; sistematizar.
**coeditor** /kouéditer/ *s* coeditor.
**coeducation** /kouédjukeichen/ *s* coeducação.
**coeducational** /kouédjekeichenel/ *adj* coeducacional.
**coefficient** /kouifichent/ *s* coeficiente.
**coequal** /kouíkwel/ *adj* igual, semelhante.
**coerce** /kouêrs/ *v* coagir.
**coercion** /kouêrjen/ *s* coerção.
**coercive** /kouêrsiv/ *adj* coercivo.
**coessential** /kouisénchel/ *adj* coessencial.
**coeternal** /kouitêrnel/ *adj* coeterno.
**coeternity** /kouitêrniti/ *s* coeternidade.
**coeval** /kouível/ *adj* e *s* coevo.
**coexist** /kouigzist/ *v* coexistir.
**coexistence** /kouigzistens/ *s* coexistência.
**coexistent** /kouigzistent/ *adj* coexistente.
**coffee** /káfi/ *s* café (bebida e fruto); cafeeiro.
**coffee break** *s* hora do café (no trabalho).
**coffeehouse** /káfihaus/ *s* cafeteria.
**coffeepot** /káfipát/ *s* cafeteira.
**coffee shop** *s* cafeteria.
**coffer** /káfer/ *s* cofre, arca. | *v* pôr em cofre, guardar, acumular.
**coffin** /kófin/ *s* esquife, ataúde, caixão de defunto; casco de cavalo. | *v* colocar em esquife ou ataúde.
**cog** /kág/ *s* dente de roda ou de engrenagem; roda dentada; trapaça, logro. | *v* enganar, trapacear.
**cogent** /koudjent/ *adj* convincente.
**cogitable** /kádjitebel/ *adj* cogitável.
**cogitate** /kádjeteit/ *v* cogitar.
**cogitation** /kádjeteichen/ *s* cogitação.
**cognate** /kágneit/ *adj* cognato. | *s* cognato; palavra cognata.
**cognation** /kágneichen/ *s* cognação.
**cognition** /kágnichen/ *s* cognição, percepção, noção, conhecimento.
**cognitive** /kágnetiv/ *adj* cognitivo.
**cognizable** /kágnizebel, kágnaizebel/ *adj* cognoscível.
**cognizance** /kágnezens/ *s* conhecimento; percepção; aviso, informação; alçada, jurisdição; insígnia, distintivo.
**cognizant** /kágnezent/ *adj* ciente, sabedor, conhecedor.
**cognomen** /kágnoumen/ *s* cognome; nome de família, sobrenome (*pl* **cognomens** ou **cognomina** /kágnámene/).
**cohabit** /kouhæbit/ *v* coabitar.
**cohabitant** /kouhæbitent/ *s* coabitante.
**cohabitation** /kouhæbiteichen/ *s* coabitação.
**coheir** /kouér, kouér/ *s* coerdeiro.
**cohere** /kouhir/ *v* aderir, ligar; ser coerente, ser lógico.
**coherence** /kouhirens/ *s* coerência, lógica.
**coherency** /kouhirensi/ » **coherence**.
**coherent** /kouhirent/ *adj* coerente.
**cohesion** /kouhíjen/ *s* coesão.
**cohesive** /kouhísiv/ *adj* coesivo, coeso.
**cohort** /kouhórt/ *s* grupo, bando; legião; tropa (de soldados).
**coif** /koif/ *s* coifa, rede, touca; penteado. | /kwáf/ *v* cobrir com touca ou coifa; arrumar os cabelos.
**coiffeur** /kwáfêr/ *s* cabeleireiro.
**coiffure** /kwáfyur/ *s* penteado. | *v* arrumar os cabelos, fazer penteado.

**coil** /koil/ *s* espiral; anel em espiral; serpentina de tubos; bobina; caracol; anel de cabelo; mola. | *v* enrolar, serpear, espiralar.
**coin** /koin/ *s* moeda; rodela. | *v* cunhar, amoedar; inventar; forjar. | *adj* que funciona com inserção de moedas.
**coinage** /koinidj/ *s* cunhagem; sistema monetário; neologismo.
**coincide** /kouinsaid/ *v* coincidir.
**coincidence** /kouinsidens/ *s* coincidência.
**coincident** /kouinsident/ *adj* coincidente.
**coincidental** /kouinsidéntel/ *adj* coincidente.
**coinsurance** /kouinchurens/ *s* cosseguro.
**coir** /koir/ *s* fibra de coco.
**coke** /kouk/ *s gír* cocaína; *maiús* coca-cola.
**col** /kál/ *s* desfiladeiro, colada, passagem entre montanhas.
**colander** /kâlender/ *s* coador, peneira.
**cold** /kould/ *adj* frio; frígido; gelado, resfriado; indiferente, insensível; desanimado, desinteressado; sem expressão. | *s* frio; gripe, resfriado. | *adv* friamente.
**cold-blooded** /kouldblâdid/ *adj* insensível, desapiedado, cruel, de sangue-frio.
**cold-hearted** /kouldhártid/ *adj* insensível, cruel, desumano.
**coldly** /kouldli/ *adv* friamente, insensivelmente, indiferentemente.
**coldness** /kouldnes/ *s* frialdade, frieza; apatia, indiferença, desinteresse.
**colic** /kálik/ *s* cólica. | *adj* relativo a cólica.
**coliseum** /kálesíem/ *s* coliseu.
**collaborate** /kelæbereit/ *v* colaborar.
**collaboration** /kelæbereichen/ *s* colaboração.
**collaborator** /kelæbereiter/ *s* colaborador.
**collagen** /káledjen/ *s* colágeno.
**collapse** /kelæps/ *s* colapso; ruína, falência; desmoronamento. | *v* aniquilar, arruinar, falir; desabar, ruir; sucumbir.
**collapsable** /kelæpsebel/ » **collapsible**.
**collapsible** /kelæpsibel/ *adj* arruinável; falível.
**collar** /kále*r*/ *s* colarinho, gola; colar, gargantilha; coleira. | *v* pôr colar ou coleira; *gír* agarrar pelo colarinho.
**collarbone** /kálerboun/ *s* clavícula.
**collate** /keleit, káleit, kouleit/ *v* conferir, confrontar; colocar em sequência; atribuir uma paróquia a um clérigo.
**collateral** /kelæterel/ *adj* colateral; paralelo; secundário; correspondente; colaborador; aparentado. | *s* propriedade aceita como garantia; parente (não em linha direta).
**collation** /káleichen, keleichen, kouleichen/ *s* conferência, confronto; colocação em sequência; nomeação de clérigo para paróquia.
**colleague** /kálíg/ *s* colega; confrade.
**colleagueship** /kálígchip/ *s* coleguismo.
**collect** /kelékt/ *v* colecionar; cobrar (contas etc.); recolher; angariar; recuperar (forças, faculdades); reunir; acumular. | *s* coleta, oração breve antes da epístola. | *adj* com o pagamento feito pelo destinatário. • **collect call** chamada a cobrar.
**collected** /keléktid/ *adj* reunido, ajuntado; calmo, tranquilo.
**collectedly** /keléktidli/ *adv* coletivamente; calmamente, serenamente.
**collection** /kelékchen/ *s* coleção; reunião; acúmulo; coleta; cobrança.
**collective** /keléktiv/ *adj* coletivo, reunido, agregado. | *s* substantivo coletivo.
**collectivism** /keléktevizem/ *s* coletivismo.
**collectivity** /káléktiveti/ *s* coletividade.
**collector** /kelékter/ *s* coletor; cobrador; colecionador.
**college** /kálidj/ *s* faculdade, instituição de ensino superior; colégio eleitoral; congregação.
**collegian** /kelídjien/ *s* colegial, estudante.
**collegiate** /kelídjit/ *adj* colegial, próprio de estudante; próprio de congregação.

**collide** /kelaid/ *v* colidir, chocar-se; entrar em conflito, discordar.

**collier** /kályer/ *s* mineiro (de mina de carvão), carvoeiro; barco de carvoeiro.

**colliery** /kályeri/ *s* mina de carvão.

**colligate** /kálegeit/ *v* coligar.

**colligation** /kálegeichen/ *s* coligação.

**collision** /kelijen/ *s* colisão.

**collocate** /kálekeit/ *v* colocar, dispor.

**collocation** /kálekeichen/ *s* colocação; arranjo, justaposição de elementos.

**collogue** /keloug/ *v* segredar, revelar secretamente; consultar.

**collop** /kálep/ *s* posta, pedaço de carne.

**colloquial** /keloukwiel/ *adj* coloquial.

**colloquialism** /keloukwielizem/ *s* coloquialismo.

**colloquy** /kálekwi/ *s* colóquio.

**collude** /kelúd/ *v* conluiar-se, conspirar.

**colluder** /kelúder/ *s* conspirador.

**collusion** /kelújen/ *s* conluio, trama, conspiração.

**collusive** /kelúsiv/ *adj* conspirativo, fraudulento.

**collyrium** /keliriem/ *s* colírio (*pl* **collyriums** ou **collyria** /kelirie/).

**cologne** /keloun/ *s* água-de-colônia.

**Colombia** /kélâmbie/ *s* Colômbia.

**Colombian** /kélâmbien/ *adj* e *s* colombiano.

**colon** /koulen/ *s* cólon (*pl* **colons** ou **cola** /koule/); dois-pontos (*pl* **colons**).

**colonel** /kêrnel/ *s* coronel.

**colonial** /kelouniel/ *adj geralm maiús* colonial. | *s* colono.

**colonization** /kálenizeichen/ *s* colonização.

**colonize** /kálenaiz/ *v* colonizar, estabelecer-se em colônia.

**colonizer** /kálenaizer/ *s* colonizador.

**colony** /káleni/ *s* colônia.

**color** /kâler/ *s* cor; colorido; rubor; disfarce. | *v* colorir, pintar, tingir; disfarçar, camuflar.

**colorable** /kâlerebel/ *adj* aceitável, plausível; aparente, dissimulado, falso.

**coloration** /kâlereichen/ *s* coloração, colorido.

**colorblind** /kâlerblaind/ *adj* daltônico; sem preconceitos raciais (*tb* **color-blind**).

**colorblindness** /kâlerblaindnes/ *s* daltonismo; falta de preconceitos raciais.

**colored** /kâlerd/ *adj* colorido; de cor; *ofens* negro ou de outra raça que não seja branca. | *s* pessoa negra ou de outra raça que não seja branca; mestiço.

**colorful** /kâlerfel/ *adj* colorido; variado.

**coloring** /kâlering/ *s* coloração; corante, pigmento; disfarce; estilo, expressão.

**colorless** /kâlerles/ *adj* descolorido; incolor; pálido; indistinto, sem variedade.

**colosseum** /kálesíem/ » **coliseum**.

**colossus** /keláses/ *s* colosso; estátua muito grande (*pl* **colossuses** /kelásesiz/ ou **colossi** /kelásai/).

**colt** /koult/ *s* potro; pessoa inexperiente ou desajuizada, novato.

**Columbian** /kelâmbien/ *adj* relativo a Cristóvão Colombo; relativo aos EUA.

**column** /kálem/ *s* coluna, pilar; coluna vertebral; coluna jornalística.

**columnar** /kelâmner/ *adj* colunar.

**columned** /kálemd/ *adj* guarnecido de ou disposto em colunas.

**columnist** /kálemnist/ *s* cronista, colunista (jornal).

**coma** /koumé/ *s* coma (medicina) (*pl* **comas**).

**comb** /koum/ *s* pente; carda; rastelo, sedeiro; crista de ave; favo de mel. | *v* pentear; cardar; procurar, vasculhar.

**combat** /kámbæt/ *s* combate. | /kembæt/ *v* combater.

**combatant** /kembætent, kámbetent/ *adj* e *s* combatente.

**combative** /kembætiv/ *adj* combativo.

**combativeness** /kembætivnes/ *s* combatividade.

**comber** /koumer/ *s* penteador; cardador; vagalhão.

**combination** /kámbeneichen/ *s* combinação.

**combine** /kembain/ *v* combinar; colher com colheitadeira. | *s* reunião, associação; conluio; conchavo; colheita feita com colheitadeira.

**combo** /kâmbou/ *s* resultado de uma combinação.

**combustible** /kembâstebel/ *s* combustível. | *adj* combustível, combustivo, inflamável.

C

**combustion** /kembâstchen/ *s* combustão.

**come** /kâm/ *v* vir; chegar; aproximar-se; aparecer; surgir; estender-se; acontecer, realizar-se, advir; nascer; proceder, provir; alcançar; estar presente; descender de, originar-se de; *gír* chegar ao orgasmo, gozar. • **come across** encontrar por acaso. **come back** voltar. **come in** entrar. **come on** aproximar-se, vir.

**comeback** /kâmbæk/ *s* volta, retorno; resposta, réplica.

**comedian** /kemídien/ *s* comediante.

**comedienne** /kemídién/ *s fem* comediante, atriz de comédias.

**comedown** /kâmdaun/ *s* quebra, ruína.

**comedy** /kámedi/ *s* comédia.

**comeliness** /kâmlines/ *s* graça, beleza, comportamento.

**comely** /kâmli/ *adj* gracioso, elegante, garboso; bonito, decente, agradável.

**comer** /kâmer/ *s* recém-chegado, aquele que chega.

**comestible** /keméstibel/ *adj* comestível. | *s* comida, alimento.

**comet** /kámit/ *s* cometa.

**comfort** /kâmfert/ *s* conforto, bem-estar; consolo, alívio. | *v* confortar, aliviar, encorajar.

**comfortable** /kâmfertebel, kâmftebel/ *adj* confortável, cômodo; confortador.

**comforter** /kâmferter/ *s* confortador, consolador.

**comic** /kámik/ *adj* cômico, engraçado. | *s* comediante. • **comics** revista em quadrinhos.

**comical** /kámikel/ *adj* cômico, divertido, engraçado.

**comic book** *s* gibi, revista em quadrinhos.

**comic strip** *s* história em quadrinhos.

**coming** /kâming/ *adj* vindouro, futuro; promissor. | *s* chegada, vinda, advento.

**comity** /kámeti/ *s* cortesia, civilidade.

**comma** /káme/ *s* vírgula.

**command** /kemænd/ *s* comando; mandato; autoridade; domínio, controle, chefia; dominação; jurisdição. | *v* comandar, ordenar; controlar, governar, dirigir; dominar. | *adj* relativo a comando.

**commandant** /kámendænt/ *s* comandante (de posto militar).

**commandeer** /kámendir/ *v* recrutar, requisitar para fins militares.

**commander** /kemænder/ *s* comandante; oficial da marinha; chefe.

**commanding** /kemænding/ *adj* comandante, dominante, imperativo, poderoso.

**commandment** /kemændment/ *s* mandamento; *maiús* mandamento bíblico.

**commemorate** /kemémereit/ *v* comemorar, celebrar.

**commemoration** /kemémereichen/ *s* comemoração.

**commemorative** /kemémeretiv/ *adj* e *s* comemorativo.

**commence** /keméns/ *v* principiar, dar origem a.

**commencement** /keménsment/ *s* começo, origem, princípio; colação de grau.

**commend** /keménd/ *v* recomendar, aprovar; elogiar; louvar; confiar, incumbir.

**commendable** /keméndebel/ *adj* recomendável; louvável; meritório.

**commendation** /kámendeichen/ *s* recomendação; louvor, elogio.

**commensal** /keménsel/ *s* comensal.

**commensurability** /keménserebileti/ *s* comensurabilidade.

**commensurable** /keménserebel/ *adj* comensurável.

**commensurate** /keménseret/ *adj* comensurado.

**comment** /káment/ *s* comentário, opinião; crítica; anotação; conclusão, julgamento; fofoca; instruções em um programa de computador. | *v* comentar; censurar; anotar.

**commentary** /kámentéri/ *s* comentário; demonstração; ilustração.

**commentator** /kámenteiter/ *s* comentarista (TV, jornal etc.).

**commerce** /kámêrs/ *s* comércio, tráfico; intercâmbio; relação sexual.

**commercial** /kemêrchel/ *adj* comercial, mercantil. | *s* propaganda, comercial (rádio ou TV).

**commercialization** /kemêrchelizeichen/ *s* comercialização.

**commercialize** /kemêrchelaiz/ *v* comercializar.

**commination** /kámeneichen/ *s* denúncia formal.

**comminatory** /káminetóri, keminetóri/ *adj* denunciador.

**commingle** /keminggel/ *v* misturar.

**comminute** /kámenút/ *v* fragmentar, reduzir a pó, pulverizar.

**comminution** /kámenúchen/ *s* fragmentação, pulverização, trituração.

**commiserate** /kemizereit/ *v* compadecer-se, apiedar-se; comiserar-se; solidarizar-se.

**commiseration** /kemizereichen/ *s* comiseração, compaixão, condolência.

**commiserative** /kemizereitiv/ *adj* comiserativo, condolente, compassivo.

**commissariat** /kámesériet/ *s* departamento do exército encarregado de provisões para as tropas; suprimento de alimentos.

**commissary** /kámeséri/ *s* comissário; armazém de abastecimento; cantina; deputado.

**commission** /kemichen/ *s* comissão (grupo de pessoas e sobre vendas); missão; emprego, cargo; patente. | *v* autorizar; delegar, empregar.

**commissioner** /kemichener/ *s* comissário, membro de uma comissão; delegado, diretor de repartição pública, oficial.

**commissure** /kámechur/ *s* comissura; sutura, junção.

**commit** /kemit/ *v* cometer; perpetrar, praticar; confiar, entregar; consignar.

**commitment** /kemitment/ *s* compromisso; cometimento, incumbência; perpetração; ordem de prisão.

**committee** /kemiti/ *s* comitê, comissão, junta.

**commixture** /kemikstcher/ *s* mistura, mescla, misto.

**commode** /kemoud/ *s* cômoda; lavatório.

**commodious** /kemoudies/ *adj* espaçoso, amplo.

**commodity** /kemádeti/ *s* mercadoria, gênero, produto, artigo; vantagem, benefício.

**common** /kámen/ *adj* comum, usual, ordinário; vulgar, sem refinamento; popular, público. | *s* terra ou propriedade para uso comunitário.

**commonage** /kámenidj/ *s* direito de pastagem em terras comunitárias; propriedade em comum, posse conjunta.

**commonality** /kámenæleti/ » **commonalty**.

**commonalty** /kámenelti/ *s* plebe, povo (em oposição à classe alta).

**commonly** /kámenli/ *adv* geralmente; vulgarmente.

**commonness** /kámennes/ *s* generalidade; comunidade; vulgaridade.

**commonplace** /kámenpleis/ *s* lugar-comum, trivialidade; clichê. | *adj* comum, vulgar, banal, trivial.

**common sense** *s* bom-senso; bom julgamento.

**commonwealth** /kámenwélth/ *s* comunidade; república, nação.

**commotion** /kemouchen/ *s* comoção; motim, revolta; tumulto, agitação.

**communal** /kemyúnel, kámyenel/ *adj* comunal, relativo a comuns.

C

**commune** /kámyún/ *s* pequena comunidade rural que vive em cooperativa. | /kemyún/ *v* estar em comunhão; receber a eucaristia, comungar.
**communicable** /kemyúnikebel/ *adj* comunicável; contagioso.
**communicate** /kemyúnikeit/ *v* comunicar; transmitir (doença), contagiar; revelar; comungar; trocar ideias.
**communication** /kemyúnikeichen/ *s* comunicação; comunicado. • **communications** meios de comunicação (correio, telefone, televisão); tecnologia para transmissão de mensagens.
**communicative** /kemyúnikeitiv/ *adj* comunicativo.
**communicator** /kemyúnikeit*er*/ *s* comunicador.
**communion** /kemyúnyen/ *s* comunhão; companheirismo religioso ou espiritual; comunidade religiosa; *maiús* comunhão, sacramento da eucaristia.
**communism** /kámyenizem/ *s* comunismo.
**communist** /kámyenist/ *s* e *adj* comunista.
**community** /kemyúneti/ *s* comunidade.
**communize** /kámyenaiz/ *v* socializar, tornar propriedade pública; adaptar-se ao comunismo.
**commutability** /kemyútebileti/ *s* comutabilidade.
**commutable** /kemyútebel/ *adj* comutável; permutável.
**commutate** /kámyeteit/ *v* comutar.
**commutation** /kámyeteichen/ *s* comutação; permuta; substituição; atenuação da pena.
**commutative** /kámyeteitiv, kemyútetiv/ *adj* comutativo.
**commutator** /kámyeteit*er*/ *s* comutador.
**commute** /kemyút/ *v* comutar; permutar; alterar, substituir; atenuar, reduzir.
**commuter** /kemyút*er*/ *s* passageiro que viaja frequentemente de um lugar para outro.
**Comoran** /kámeren/ *s* e *adj* nativo ou pertencente a Comores.
**Comoros** /kámerouz/ *s* Comores.
**comp** /kámp/ *s gír* algo grátis (ingresso, livro etc.).
**compact** /kempækt/ *adj* compacto, denso, maciço; comprimido; conciso. | *v* comprimir, compactar. | /kámpækt/ *s* pacto, acordo, tratado; estojo de pó de arroz; carro pequeno.
**compact disk** *s* disco ótico com músicas ou dados gravados (*abrev* **CD**. *tb* **compact disc**).
**compactness** /kempæktnes/ *s* compacidade; densidade; solidez.
**companion** /kempænyen/ *s* companheiro, camarada; dama de companhia. | *v* acamaradar; acompanhar.
**companionable** /kempænyenebel/ *adj* sociável; companheiro.
**companionship** /kempænyenchip/ *s* companhia, camaradagem, sociabilidade.
**company** /kâmpeni/ *s* companhia, sociedade, empresa; tripulação de navio; divisão de regimento; corpo de bombeiros; companhia de teatro.
**comparable** /kámperebel, kempérebel/ *adj* comparável; similar.
**comparative** /kempéretiv/ *adj* comparativo, relativo. | *s* grau comparativo; adjetivo ou advérbio que expressa grau comparativo.
**compare** /kempér/ *v* comparar, confrontar. | *s* comparação.
**comparison** /kempérisen/ *s* comparação.
**compart** /kempárt/ *v* repartir; compartir.
**compartment** /kempártment/ *s* compartimento, seção. | *v* compartir.
**compass** /kâmpes/ *v* circular, circundar; compreender, entender; percorrer; planejar, maquinar; concluir uma tarefa. | *s* bússola; compasso; circunferência; espaço restrito; intervalo. | *adj* redondo, circular.
**compass card** *s* bússola.
**compassion** /kempæchen/ *s* compaixão, comiseração, piedade, pena.

**compassionate** /kempæchenet/ *adj* compassivo, clemente, piedoso. | *v* compadecer-se de, ter dó ou compaixão.
**compatibility** /kempætebileti/ *s* compatibilidade.
**compatible** /kempætibel/ *adj* compatível, conciliável.
**compatriot** /kempeitriet/ *s* compatriota.
**compel** /kempél/ *v* compelir; obrigar, forçar; coagir.
**compendious** /kempéndies/ *adj* compendioso, resumido, conciso.
**compendium** /kempéndiem/ *s* compêndio (*pl* **compendiums** ou **compendia** /kempéndie/).
**compensable** /kempénsebel/ *adj* compensável, indenizável.
**compensate** /kámpenseit/ *v* compensar.
**compensation** /kámpenseichen/ *s* compensação.
**compensative** /kempénsetiv, kámpenseitiv/ *adj* compensativo, compensador.
**compete** /kempít/ *v* competir.
**competence** /kámpitens/ *s* competência.
**competency** /kámpitensi/ » **competence**.
**competent** /kámpitent/ *adj* competente; legalmente qualificado.
**competition** /kámpetichen/ *s* competição; concurso.
**competitive** /kempétetiv/ *adj* competitivo.
**competitor** /kempéteter/ *s* competidor.
**compilation** /kámpeleichen/ *s* compilação; coleção.
**compile** /kempail/ *v* compilar.
**compiler** /kempailer/ *s* compilador.
**complacence** /kempleisens/ *s* complacência.
**complacency** /kempleisensi/ » **complacence**.
**complacent** /kempleisent/ *adj* complacente.
**complain** /kemplein/ *v* reclamar, queixar-se; acusar formalmente.
**complainant** /kempleinent/ *s* queixoso (jurídico).
**complaint** /kempleint/ *s* queixa, reclamação, motivo de reclamação; acusação formal.
**complaisance** /kempleisens/ *s* complacência.
**complaisant** /kempleisent/ *adj* complacente, obsequioso, afável, cortês.
**complect** /kemplékt/ *v* entrelaçar.
**complement** /kámpliment/ *s* complemento; apêndice; plenitude, totalidade; perfeição; tripulação de navio; ângulo complementar. | *v* complementar.
**complemental** /kámpliméntel/ *adj* complementar; suplementar.
**complementary** /kámpleménteri/ *adj* complementar.
**complete** /kemplít/ *v* completar; concluir, acabar. | *adj* completo; concluído, acabado; absoluto, total.
**completely** /kemplítli/ *adv* completamente, inteiramente.
**completeness** /kemplítnes/ *s* integridade; conclusão, acabamento.
**completion** /kemplíchen/ *s* complemento; conclusão; integridade.
**complex** /kámpléks/ *adj* complexo; intrincado, complicado; composto de mais de uma parte. | /kámpléks/ *s* complexo (psicologia e conjunto de prédios).
**complexion** /kemplékchen/ *s* cútis, tez; aspecto geral; compleição; natureza.
**complexity** /kemplékseti/ *s* complexidade.
**compliance** /kemplaiens/ *s* condescendência; submissão; aquiescência; obediência.
**compliancy** /kemplaiensi/ » **compliance**.
**compliant** /kemplaient/ *adj* condescendente; submisso; obediente.
**complicacy** /kemplikesi/ *s* complicação; dificuldade.
**complicate** /kámplekeit/ *v* complicar, tornar confuso. | *adj* complicado; complexo, intrincado.
**complicated** /kámplekeitid/ *adj* complicado; complexo, intrincado.

C

**complication** /kámplekeichen/ *s tb Med* complicação; dificuldade, embaraço.
**complicity** /kempliseti/ *s* cumplicidade.
**compliment** /kámplement/ *v* cumprimentar, saudar; elogiar; presentear. | *s* congratulação; elogio; expressão de cortesia.
**complimentary** /kámpleménteri/ *adj* cortês; obsequioso.
**comply** /kemplai/ *v* consentir, anuir, aquiescer.
**component** /kempounent/ *s* e *adj* componente.
**comport** /kempórt/ *v* comportar-se.
**comportment** /kempórtment/ *s* comportamento.
**compose** /kempouz/ *v* compor; apaziguar, reconciliar; arrumar, arranjar.
**composed** /kempouzd/ *adj* calmo, quieto, tranquilo.
**composedness** /kempouzdnes/ *s* serenidade, calma.
**composer** /kempouzer/ *s* compositor.
**composite** /kempázit/ *adj* composto, heterogêneo. | *s* composto, mistura.
**composition** /kámpezichen/ *s* composição, mistura; reconciliação; acordo (jurídico).
**compost** /kámpoust/ *s* composto, mistura; adubo, fertilizante. | *v* adubar, fertilizar; transformar em composto.
**composure** /kempoujer/ *s* compostura; calma, serenidade, tranquilidade.
**compote** /kámpout/ *s* compota; compoteira.
**compound** /kámpaund, kámpaund/ *v* compor, combinar; produzir por combinação; liquidar (contas). | /kámpaund/ *adj* composto, misto. | *s* composto, mistura; combinação; condomínio fechado; campo de prisioneiros; palavra composta.
**comprehend** /kámprihénd/ *v* compreender, entender; abranger; incluir.
**comprehensible** /kámprihénsebel/ *adj* compreensível, inteligível.
**comprehension** /kámprihénchen/ *s* compreensão; abrangência; inclusão.
**comprehensive** /kámprehénsiv/ *adj* abrangente; extenso.
**compress** /kemprés/ *v* comprimir; contrair; compactar. | /kámprés/ *s* compressa.
**compressed** /kempréstj/ *adj* comprimido; contraído.
**compression** /kempréchen/ *s* compressão; compactação.
**compressive** /kemprésiv/ *adj* compressivo.
**compressor** /kempréser/ *s* compressor.
**comprisable** /kempraizebel/ *adj* inclusivo, compreensivo.
**comprise** /kempraiz/ *v* compreender, incluir, conter; consistir em.
**compromise** /kámpremaiz/ *s* compromisso, acordo; conciliação; concessão; transigência. | *v* comprometer; estabelecer concessões; transigir.
**comptroller** /kentrouler/ » **controller**.
**compulsion** /kempâlchen/ *s* compulsão.
**compulsive** /kempâlsiv/ *adj* e *s* compulsivo.
**compulsively** /kempâlsivli/ *adv* compulsivamente; obrigatoriamente.
**compulsory** /kempâlseri/ *adj* compulsório.
**compunction** /kempângkchen/ *s* compunção; penitência; arrependimento; escrúpulo.
**compunctious** /kempângkches/ *adj* compungido; arrependido.
**computable** /kámpyútebel/ *adj* computável; calculável.
**computation** /kámpyeteichen/ *s* computação; cálculo.
**compute** /kempyút/ *v* computar, calcular; estimar, orçar; utilizar computador. | *s* computação.
**computer** /kempyúter/ *s* computador; calculadora.
**comrade** /kámræd/ *s* camarada, companheiro; companheiro comunista.

**comradeship** /kámrædchip/ *s* camaradagem, companheirismo.
**con** /kán/ *v* decorar, aprender de cor; examinar, considerar. | *adv* contra. | *s* argumento contrário, objeção; *gír* criminoso condenado, réu. • **the pros and cons** os prós e os contras.
**conation** /kouneichen/ *s* volição, desejo.
**concatenate** /kenkætneit/ *v* concatenar. | *adj* concatenado.
**concatenation** /kenkæteneichen/ *s* concatenação.
**concave** /kánkeiv, kánkeiv/ *adj* côncavo. | *s* concavidade. | *v* tornar côncavo.
**concavity** /kánkæveti/ *s* concavidade.
**conceal** /kensil/ *v* ocultar, esconder.
**concealable** /kensílebel/ *adj* ocultável.
**concealment** /kensílment/ *s* encobrimento; segredo.
**concede** /kensíd/ *v* conceder; admitir; fazer concessões.
**conceit** /kensít/ *s* conceito; dito espirituoso; fantasia poética.
**conceited** /kensítid/ *adj* convencido, presunçoso; vaidoso.
**conceitedly** /kensítidli/ *adv* presunçosamente; vaidosamente.
**conceivable** /kensívebel/ *adj* conceptível.
**conceive** /kensív/ *v* conceber; imaginar; perceber; julgar, crer; engravidar.
**concenter** /kensénter/ *v* concentrar, concentrar-se, centralizar; focalizar; convergir.
**concentrate** /kánsentreit/ *v* concentrar; intensificar; condensar; focar. | *s* produto concentrado.
**concentration** /kánsentreichen/ *s* concentração; convergência; condensação.
**concentrator** /kánsentreiter/ *s* concentrador.
**concentric** /kenséntrik/ *adj* concêntrico.
**concentrical** /kenséntrikel/ » **concentric**.
**concentricity** /kánséntriseti/ *s* concentricidade.
**concept** /kánsépt/ *s* concepção, ideia, noção; conceito.
**conception** /kensépchen/ *s* concepção, noção, ideia; fecundação.
**conceptive** /kenséptiv/ *adj* conceptivo.
**conceptualism** /kenséptchuelizem/ *s* conceptualismo.
**conceptualize** /kenséptchuelaiz/ *v* conceituar.
**concern** /kensêrn/ *v* concernir, dizer respeito; interessar; afligir, preocupar. | *s* interesse; relação, ligação; importância; ansiedade; negócio, firma, empresa.
**concerned** /kensêrnd/ *adj* interessado; ansioso, inquieto.
**concerning** /kensêrning/ *prep* relacionado a, referente a.
**concernment** /kensêrnment/ *s* referência, relação; importância; ansiedade; preocupação.
**concert** /kánsert/ *s* concerto musical; acordo, entendimento; união, combinação. | /kensêrt/ *v* ajustar, arrumar; pactuar, planejar, combinar.
**concerted** /kensêrtid/ *adj* combinado.
**concession** /kenséchen/ *s* concessão; licença; privilégio.
**concessionary** /kenséchenéri/ *adj* concessionário.
**concessive** /kensésiv/ *adj* concessivo.
**conch** /kángk, kántch/ *s* concha auricular; búzio, concha (*pl* **conchs** /kángks/ ou **conches** /kántchiz/).
**concierge** /kounsyérj/ *s* porteiro de hotel.
**conciliable** /kensiliebel/ *adj* conciliável.
**conciliar** /kensili/ *adj* conciliar, de concílio.
**conciliate** /kensilieit/ *v* conciliar.
**conciliation** /kensilieichen/ *s* conciliação.
**conciliator** /kensilieiter/ *s* conciliador.
**conciliatory** /kensilietóri/ *adj* conciliatório.
**concise** /kensais/ *adj* conciso.
**concision** /kensijen/ *s* concisão, brevidade.
**conclave** /kánkleiv/ *s* conclave.
**conclude** /kenklúd/ *v* concluir, completar; terminar, acabar; deduzir; chegar a um acordo ou decisão, decidir.

**conclusion** /kenklújen/ *s* conclusão, fim; termo; decisão; ajuste, acordo.
**conclusive** /kenklúsiv/ *adj* conclusivo, final; decisivo; concludente, definitivo.
**concomitance** /kenkámetens/ *s* concomitância.
**concomitant** /kenkámetent/ *adj e s* concomitante; contemporâneo.

C

**concord** /kánkórd/ *s* acordo, tratado; concórdia, paz; concordância.
**concordance** /kenkórdens/ *s* concordância, harmonia; índice alfabético contendo todas as palavras de um texto.
**concordant** /kenkórdent/ *adj* concordante, harmonioso.
**concordat** /kenkórdæt/ *s* acordo, tratado.
**concourse** /kánkórs/ *s* corredor ou área grande para passagem de pessoas; multidão, reunião; confluência, fluxo.
**concrescence** /kenkrésens/ *s* concrescência.
**concrete** /kánkrít/ *adj* concreto; real, palpável; material, sólido. | *s* massa de cimento, concreto. | *v* cobrir com concreto; /kenkrít/ solidificar, solidificar-se.
**concrete poetry** *s* poesia concreta.
**concretion** /kenkríchen/ *s* concreção, solidificação; concretização; cálculo (em algum órgão); sedimentação.
**concretism** /kánkrítizem/ *s* concretismo.
**concretize** /kánkrítaiz/ *v* concretizar.
**concubinage** /kenkyúbenidj/ *s* concubinato; concubinagem.
**concubine** /kángkyubain/ *s* concubina.
**concupiscence** /kánkyúpisens/ *s* concupiscência.
**concupiscent** /kánkyúpisent/ *adj* concupiscente.
**concur** /kenkêr/ *v* assentir, concordar; cooperar; coincidir.
**concurrence** /kenkârens/ *s* concorrência, simultaneidade; concordância; cooperação.
**concurrency** /kenkârensi/ » **concurrence**.
**concurrent** /kenkârent/ *adj* simultâneo; harmonioso; confluente, convergente.
**concuss** /kenkâs/ *v* machucar, ferir (devido a uma colisão ou pancada).
**concussion** /kenkâchen/ *s* concussão, colisão, choque.
**condemn** /kendém/ *v* condenar; desaprovar, criticar; expropriar.
**condemnable** /kendémnebel/ *adj* condenável; reprovável.
**condemnation** /kándémneichen/ *s* condenação; reprovação; expropriação.
**condemnatory** /kendémnetóri/ *adj* condenatório.
**condemner** /kendémer/ *s* condenador.
**condensable** /kendénsebel/ *adj* condensável.
**condensation** /kándénseichen/ *s* condensação.
**condense** /kendéns/ *v* condensar; comprimir; resumir, abreviar; contrair.
**condensed milk** /kendénst milk/ *s* leite condensado.
**condenser** /kendénser/ *s* condensador.
**condensible** /kendénsebel/ » **condensable**.
**condescend** /kándisénd/ *v* condescender.
**condescendence** /kándiséndens/ *s* condescendência.
**condescending** /kándiséndi*ng*/ *adj* condescendente.
**condescension** /kándisénchen/ *s* condescendência.
**condign** /kendain/ *adj* condigno, merecido, justo, adequado, apropriado.
**condiment** /kándement/ *s* condimento, tempero.
**condimental** /kándeméntl/ *adj* condimentado.
**condition** /kendichen/ *s* condição; classe ou posição social; estado. | *v* condicionar; estipular, convencionar; limitar; entrar em entendimento, impor condições.
**conditional** /kendichenel/ *adj* condicional (*tb* tempo verbal); dependente.

**conditioned** /kendichend/ *adj* condicionado; dependente.
**condolatory** /kendouletóri/ *adj* condolente.
**condole** /kendoul/ *v* condoer-se; dar pêsames; solidarizar-se.
**condolence** /kendoulens/ *s* condolência.
**condolent** /kendoulent/ *adj* condolente.
**condom** /kándem/ *s* preservativo, camisa de vênus, camisinha.
**condonation** /kándouneichen/ *s* perdão, indulto.
**condone** /kendoun/ *v* perdoar; desconsiderar (uma falta).
**condor** /kánder/ *s* condor.
**conduce** /kendús/ *v* conduzir, levar; contribuir para.
**conducive** /kendúsiv/ *adj* conducente; favorável.
**conduct** /kendâkt/ *v* conduzir, guiar; controlar, dirigir; reger uma orquestra; comportar-se. | /kándâkt/ *s* condução pessoal, comportamento; direção, administração, gerência.
**conductibility** /kendâktebileti/ *s* condutibilidade.
**conductible** /kendâktebel/ *adj* condutível.
**conduction** /kendâkchen/ *s* transmissão (de som, calor, eletricidade etc.).
**conductive** /kendâktiv/ *adj* condutivo.
**conductivity** /kándâktiveti/ *s* condutibilidade; condutividade.
**conductor** /kendâkter/ *s* condutor de veículos; chefe, diretor; regente, maestro; substância condutora.
**conduit** /kánduit/ *s* conduíte.
**cone** /koun/ *s* cone. | *v* dar forma cônica.
**confabulate** /kenfæbyeleit/ *v* confabular.
**confabulation** /kenfæbyeleichen/ *s* confabulação.
**confect** /kenfékt/ *v* fazer, preparar (doce, confeito, conserva); reunir, ajuntar materiais. | *s* confeito, doce.
**confection** /kenfékchen/ *s* preparação de confeito; confecção. | *v* confeccionar; preparar (doces).
**confectioner** /kenfékchener/ *s* confeiteiro.
**confectionery** /kenfékchenéri/ *s* artigos de confeitaria; confeitaria; ofício de confeiteiro.
**confederacy** /kenféderesi/ *s* confederação, liga; conspiração, trama.
**confederate** /kenféderet/ *adj* e *s* confederado. | /kenfédereit/ *v* confederar.
**confederation** /kenfédereichen/ *s* confederação.
**confederative** /kenfédereitiv/ *adj* confederativo.
**confer** /kenfêr/ *v* conferir, conceder, outorgar; conferenciar, trocar ideias.
**conferee** /kánferí/ *s* homenageado, outorgado; conferente.
**conference** /kánferens/ *s* conferência; assembleia; colação de grau.
**conferment** /kenfêrment/ *s* concessão; outorga.
**conferree** /kánferi/ » **conferee**.
**conferrer** /kenfêrer/ *s* outorgante.
**confess** /kenfés/ *v* confessar(-se).
**confession** /kenféchen/ *s* confissão.
**confessional** /kenféchenel/ *adj* confessional. | *s* confessionário.
**confessor** /kenféser/ *s* confessor.
**confetti** /kenféti/ *s pl us v sing* confetes.
**confidant** /kánfedænt/ *s* confidente.
**confide** /kenfaid/ *v* confiar segredo, segredar.
**confidence** /kánfedens/ *s* confiança; confidência; autoconfiança. | *adj* fraudulento; enganador.
**confident** /kánfedent/ *adj* confiante, certo, seguro; autoconfiante; presunçoso.
**confidential** /kánfedénchel/ *adj* confidencial.
**confidentially** /kánfedéncheli/ *adv* confidencialmente.
**configuration** /kenfigyereichen/ *s* configuração.
**configure** /kenfigyer/ *v* configurar.
**confine** /kánfain/ *s* fronteira, limite. | /kenfain/ *v* confinar; limitar, restringir; encarcerar.

C

**confinement** /kenfainment/ *s* confinamento; limitação; prisão, clausura.
**confirm** /kenfêrm/ *v* confirmar, ratificar; comprovar; crismar.
**confirmation** /kánfermeichen/ *s* confirmação, ratificação; prova; crisma.
**confirmatory** /kenfêrmetóri/ *adj* confirmatório; comprobatório.
**confirmed** /kenfêrmd/ *adj* confirmado; crônico; crismado.
**confiscable** /kenfiskebel/ *adj* confiscável.
**confiscate** /kánfeskeit/ *v* confiscar, apreender; desapropriar. | *adj* confiscado; expropriado.
**confiscation** /kánfeskeichen/ *s* confisco; desapropriação.
**confiscatory** /kenfisketóri/ *adj* de confiscação, confiscável.
**confiture** /kánfetchur/ *s* confeito, doce.
**conflagration** /kánflegreichen/ *s* conflagração (fogo).
**conflation** /kenfleichen/ *s* fusão, mistura.
**conflict** /kenflikt/ *v* entrar em conflito, conflitar; colidir, chocar; lutar; discordar, diferir. | /kánflikt/ *s* conflito, luta, combate; colisão; antagonismo, desacordo.
**confliction** /kenflikchen/ *s* antagonismo.
**conflictive** /kenfliktiv/ *adj* oposto, antagônico; adverso.
**confluence** /kánfluens/ *s* confluência.
**confluent** /kánfluent/ *adj* e *s* confluente.
**conform** /kenfórm/ *v* conformar(-se); ajustar, igualar; concordar.
**conformability** /kenfórmebileti/ *s* conformidade.
**conformable** /kenfórmebel/ *adj* conforme, semelhante; ajustado, acertado; concordante.
**conformance** /kenfórmens/ *s* conformidade.
**conformation** /kánfermeichen/ *s* conformação; arranjo, forma, estrutura; correspondência, conformidade.
**conformist** /kenfórmist/ *s* e *adj* conformista.
**conformity** /kenfórmeti/ *s* conformidade.
**confound** /kenfaund/ *v* confundir; perturbar; frustrar; arruinar.
**confounded** /kenfaundid/ *adj* confuso, perplexo.
**confounder** /kenfaunder/ *s* que confunde; perturbador.
**confraternity** /kánfretêrneti/ *s* confraternidade.
**confront** /kenfrânt/ *v* confrontar; defrontar, acarear.
**confrontation** /kánfrenteichen/ *s* confronto; conflito armado; comparação.
**confuse** /kenfyúz/ *v* confundir; embaraçar, desordenar; perturbar.
**confused** /kenfyúzd/ *adj* confuso; desordenado; caótico.
**confusion** /kenfyújen/ *s* confusão; perplexidade, embaraço; desordem.
**confutation** /kánfyúteichen/ *s* confutação, refutação.
**confute** /kenfyút/ *v* confutar, refutar.
**congeal** /kendjíl/ *v* congelar; coagular.
**congealment** /kendjílment/ *s* congelamento; coagulação.
**congener** /kándjener/ *s* pessoa ou coisa congênere.
**congeneric** /kándjenérik/ *adj* congênere.
**congenerous** /kendjéneres/ » **congeneric**.
**congenial** /kendjínyel/ *adj* congenial; amável, agradável, amigável.
**congeniality** /kendjíniæleti/ *s* amabilidade.
**congenital** /kendjénitel/ *adj* congênito.
**congeries** /kándjeríz/ *s us v sing* aglomeração, agregação.
**congest** /kendjést/ *v* congestionar.
**congestion** /kendjéstchen/ *s* congestionamento; congestão.
**congestive** /kendjéstiv/ *adj* congestivo.
**conglobate** /kengloubeit, kánggloubeit/ *v* conglobar.
**conglobation** /kángloubeichen/ *s* conglobação.
**conglomerate** /kenglámereit/ *v* conglomerar, englobar. | /kenglámeret/ *s* conglomerado. | *adj* ligado, juntado, unido.

**conglomeration** /kenglámereichen/ *s* conglomeração.
**conglutinate** /kenglútneit/ *v* conglutinar. | *adj* conglutinado.
**conglutination** /kenglútneichen/ *s* conglutinação.
**Congolese** /kánggelíz/ *s* e *adj* congolense.
**congratulate** /kengrætcheleit/ *v* congratular, parabenizar.
**congratulation** /kengrætcheleichen/ *s* congratulação, felicitações. • **congratulations** parabéns.
**congratulator** /kengrætcheleiter/ *s* congratulador.
**congratulatory** /kengrætcheletóri/ *adj* congratulatório.
**congregant** /kánggrigent/ *s* congregante.
**congregate** /kánggrigeit/ *v* congregar. | /kánggregit/ *adj* congregado.
**congregation** /kánggrigeichen/ *s* congregação.
**congress** /kánggrés/ *s* congresso, assembleia legislativa; reunião política; relação sexual.
**congressional** /kengréchenel/ *adj* congressional.
**congressman** /kánggrésmen/ *s masc* congressista.
**congresswoman** /kánggréswumen/ *s fem* congressista.
**congruence** /kánggruens, kengrúens/ *s* congruência; concordância, harmonia, conformidade.
**congruency** /kánggruensi, kengrúensi/ » **congruence**.
**congruent** /kánggruent, kengrúent/ *adj* congruente; coincidente.
**congruity** /kángrúeti/ *s* congruência.
**congruous** /kánggrues/ *adj* congruente.
**conic** /kánik/ *adj* cônico, coniforme. | *s* seção cônica.
**conical** /kánikel/ » **conic**.
**conifer** /kánefer/ *s* conífera.
**coniferous** /kouniferes/ *adj* conífero.
**conjecturable** /kendjéktcherebel/ *adj* conjecturável.
**conjectural** /kendjéktcherel/ *adj* conjectural.
**conjecture** /kendjéktcher/ *v* conjeturar, inferir; supor. | *s* conjectura, inferência; hipótese; opinião; suposição.
**conjecturer** /kendjéktcherer/ *s* conjeturador.
**conjoin** /kendjoin/ *v* unir(-se); associar(-se).
**conjoint** /kendjoint/ *adj* conjunto, unido, ligado, associado.
**conjugal** /kándjegel/ *adj* conjugal.
**conjugate** /kándjegeit/ *v* conjugar; emparelhar. | /kándjeget, kándjegeit/ *adj* conjugado, unido, emparelhado.
**conjugation** /kándjegeichen/ *s* conjugação, união, combinação.
**conjunct** /kándjângkt/ *s* parceiro, par. | /kendjângkt, kándjângkt/ *adj* conjunto, unido, ligado.
**conjunction** /kendjângkchen/ *s* conjunção; conjugação, associação, reunião.
**conjunctiva** /kándjengktaiv/ *s* conjuntiva (*pl* **conjunctivas** ou **conjunctivae** /kándjengktaiví/).
**conjunctive** /kendjângktiv/ *adj* conjuntivo, ligado, unido; relativo a conjunção. | *s* conectivo.
**conjunctivitis** /kendjângktevaitis/ *s* conjuntivite.
**conjuncture** /kendjângktcher/ *s* conjuntura.
**conjuration** /kándjureichen/ *s* conjuração; magia, encanto.
**conjure** /kândjer/ *v* conjurar; evocar; praticar a magia, encantar.
**conjurer** /kândjerer/ *s* mago, feiticeiro; conjurador.
**conjuror** /kândjerer/ » **conjurer**.
**conk** /kángk/ *s gír* cabeça; cabelo alisado. | *v* bater na cabeça de alguém; falhar, enguiçar; desmaiar; dormir; morrer; alisar o cabelo.
**connate** /káneit, káneit/ *adj* conato, congênito; inerente.
**connect** /kenékt/ *v* conectar; ligar(-se); juntar, associar; relacionar; plugar.

**connected** /kenéktid/ *adj* conectado, ligado; unido, conjugado; relacionado; lógico, coerente.
**connection** /kenékchen/ *s* conexão, ligação; associação, relação; união, junção; sequência lógica, coerência; baldeação (de trens, aviões); *gír* traficante de drogas.
**connective** /kenéktiv/ *adj e s* conectivo.
**connector** /kenékter/ *s* conector.
**conniption** /kenipchen/ *s inform* crise histérica.
**connivance** /kenaivens/ *s* conivência, cumplicidade.
**connive** /kenaiv/ *v* ser conivente; planejar, esquematizar; ignorar (por conveniência).
**connivence** /kenaivens/ » **connivance**.
**conniver** /kenaiver/ *s* cúmplice; conivente.
**connotation** /káneteichen/ *s* conotação.
**connotative** /kenoutetiv, káneteitiv/ *adj* conotativo.
**connote** /kenout/ *v* conotar, implicar.
**connubial** /kenúbiel/ *adj* conubial, conjugal, matrimonial.
**connubiality** /kenúbiæleti/ *s* conúbio, matrimônio.
**conquer** /kángker/ *v* conquistar; vencer, subjugar; superar.
**conquerable** /kángkerebel/ *adj* conquistável, subjugável, vencível.
**conquerer** /kángkerer/ » **conqueror**.
**conqueror** /kángkerer/ *s* conquistador.
**conquest** /kánkwést/ *s* conquista.
**consanguine** /kánsænggwin/ » **consanguineous**.
**consanguineous** /kánsænggwinies/ *adj* consanguíneo.
**consanguinity** /kánsænggwineti/ *s* consanguinidade.
**conscience** /kánchens/ *s* consciência.
**conscienceless** /kánchensles/ *adj* inescrupuloso, sem consciência.
**conscientious** /kánchiénches/ *adj* consciencioso, escrupuloso.
**conscientiousness** /kánchiénchesnes/ *s* consciência, escrupulosidade.
**conscionable** /kánchenebel/ *adj* consciencioso, razoável, justo.
**conscious** /kánches/ *adj* cônscio, ciente; deliberado, intencional; perceptivo, alerta.
**consciously** /kánchesli/ *adv* conscientemente, deliberadamente, intencionalmente.
**consciousness** /kánchesnes/ *s* consciência; percepção; conhecimento, ciência.
**conscript** /kánskript/ *s* conscrito, recruta. | *adj* conscrito, alistado, recrutado. | /kenskript/ *v* recrutar, alistar.
**conscription** /kenskripchen/ *s* conscrição, alistamento militar; tributo cobrado durante a guerra.
**consecrate** /kánsekreit/ *v* consagrar; devotar; santificar. | *adj* consagrado; santificado.
**consecration** /kánsekreichen/ *s* consagração, canonização.
**consecution** /kánsekyúchen/ *s* sucessão, sequência lógica.
**consecutive** /kensékyetiv/ *adj* consecutivo, sucessivo; consequente.
**consecutively** /kensékyetivli/ *adv* consecutivamente.
**consecutiveness** /kensékyetivnes/ *s* sequência.
**consensual** /kensénchuel/ *adj* consensual.
**consensus** /kensénses/ *s* consenso, acordo.
**consent** /kensént/ *v* consentir, aceder, anuir. | *s* consentimento, permissão; acordo.
**consentaneous** /kánsénteinies/ *adj* concordante; unânime.
**consequence** /kánsikwens/ *s* consequência; efeito; resultado; importância; conclusão, inferência. • **in consequence** consequentemente.
**consequent** /kánsikwent/ *adj* consequente. | *s* consequência, resultado.

**consequential** /kánsikwénchel/ *adj* consequente; significativo; pomposo; influente, importante.
**consequently** /kánsikwentli/ *adv* consequentemente.
**conservation** /kánserveichen/ *s* conservação.
**conservationist** /kánserveichenist/ *s* conservacionista.
**conservatism** /kensêrvetizem/ *s* conservadorismo.
**conservative** /kensêrvetiv/ *adj* e *s* conservador.
**conservator** /kánserveiter/ *s* conservador, restaurador (de obras de arte); protetor, defensor; *Jur* tutor, curador.
**conservatory** /kensêrvetóri/ *s* conservatório musical; escola de artes dramáticas; estufa (de plantas).
**conserve** /kensêrv/ *v* preservar, manter; fazer conservas de frutas, cristalizar frutas; economizar. | *s* conserva de frutas.
**consider** /kensider/ *v* considerar; pensar, refletir; formar uma opinião.
**considerable** /kensiderebel/ *adj* considerável.
**considerate** /kensideret/ *adj* pensativo, circunspecto; solícito, atencioso.
**consideration** /kensidereichen/ *s* consideração.
**consign** /kensain/ *v* consignar; destinar, reservar algo para uso específico; entregar mercadoria sob custódia.
**consignable** /kensainebel/ *adj* consignável.
**consignation** /kánsigneichen/ *s* consignação.
**consignee** /kánsainí/ *s* consignatário, agente.
**consignment** /kensainment/ *s* consignação. • **on consignment** em consignação.
**consist** /kensist/ *v* consistir de, compor-se de; basear-se em; concordar.
**consistence** /kensistens/ » **consistency**.
**consistency** /kensistensi/ *s* consistência, densidade; coerência; compatibilidade.
**consistent** /kensistent/ *adj* consistente, sólido; estável; compatível; coerente.
**consistory** /kensisteri/ *s* consistório, assembleia de bispos; concílio, tribunal.
**consolable** /kensoulebel/ *adj* consolável.
**consolation** /kánseleichen/ *s* consolação, consolo.
**consolatory** /kensáletóri, kensouletóri/ *adj* consolador, consolatório.
**console** /kensoul/ *v* consolar. | /kánsoul/ *s* console; consolo; painel de controle.
**consoler** /kensouler/ *s* consolador.
**consolidate** /kensáledeit/ *v* consolidar.
**consolidation** /kensáledeichen/ *s* consolidação; solidificação; fusão de empresas.
**consolidator** /kensáledeiter/ *s* consolidador.
**consonance** /kánsenens/ *s* consonância, harmonia; rima, repetição de consoantes.
**consonant** /kánsenent/ *s* consoante. | *adj* harmônico, consonante; conforme, concordante, consonantal.
**consonantal** /kánsenæntel/ *adj* consonantal.
**consort** /kánsórt/ *s* consorte; cônjuge; sócio; sociedade; navio que acompanha outro. | /kensórt/ *v* associar, unir; concordar; harmonizar.
**conspicuous** /kenspikyues/ *adj* conspícuo, notável, distinto; óbvio.
**conspiracy** /kenspiresi/ *s* conspiração, trama, maquinação; grupo de conspiradores.
**conspirator** /kenspireter/ *s* conspirador.
**conspire** /kenspaier/ *v* conspirar, tramar, maquinar; cooperar.
**conspirer** /kenspaierer/ » **conspirator**.
**constancy** /kánstensi/ *s* constância, estabilidade; perseverança; fidelidade.
**constant** /kánstent/ *adj* constante, contínuo, invariável; persistente; firme. | *s* constante.

**constellation** /kánsteleichen/ *s* constelação; reunião de pessoas importantes ou famosas.
**consternate** /kánsterneit/ *v* consternar, atemorizar.
**consternation** /kánsterneichen/ *s* consternação, pavor, terror.
**constipate** /kánstepeit/ *v* constipar, obstruir.
**constipation** /kánstepeichen/ *s* constipação intestinal, prisão de ventre; obstrução.
**constituency** /kenstitchuensi/ *s* eleitorado; distrito eleitoral; clientela.
**constituent** /kenstitchuent/ *adj* constituinte; componente.
**constitute** /kánstetút/ *v* constituir; eleger, nomear; decretar; legislar; compor.
**constitution** /kánstetúchen/ *s* constituição; compleição; estrutura; estatuto.
**constitutional** /kánstetúchenel/ *adj* constitucional; legal. | *s* caminhada.
**constitutionalism** /kánstetúchenelizem/ *s* governo constitucional; constitucionalismo.
**constitutionalist** /kánstetúchenelist/ *s* constitucionalista.
**constitutionality** /kánstetúchenæleti/ *s* constitucionalidade.
**constitutive** /kánstetútiv/ *adj* constitutivo, essencial.
**constrain** /kenstrein/ *v* constranger; forçar, obrigar; confinar; inibir, reprimir.
**constraint** /kenstreint/ *s* constrangimento, coação; restrição, confinamento; embaraço.
**constrict** /kenstrikt/ *v* constringir, contrair; apertar.
**constriction** /kenstrikchen/ *s* contração, constrição; aperto.
**constrictive** /kenstriktiv/ *adj* constritivo.
**constrictor** /kenstrikter/ *s* constritor; músculo constritor; jiboia.
**constringe** /kenstrindj/ *v* constringir, apertar; contrair.
**constringency** /kenstrindjensi/ *s* constrição, contração.
**constringent** /kenstrindjent/ *adj* constringente, contraente.
**construct** /kenstrâkt/ *v* construir, edificar; planejar; formar; arquitetar. | /kánstrâkt/ *s* construção; conceito, ideia.
**constructer** /kenstrâkter/ » **constructor**.
**construction** /kenstrâkchen/ *s* construção; estrutura; interpretação.
**constructional** /kenstrâkchenel/ *adj* estrutural; de ou relativo a construção.
**constructionist** /kenstrâkchenist/ *s* redator de textos legais.
**constructive** /kenstrâktiv/ *adj* construtivo; engenhoso; criador; implícito.
**constructivism** /kenstrâktivizem/ *s* construtivismo.
**constructor** /kenstrâkter/ *s* construtor.
**construe** /kenstrú/ *v* interpretar, traduzir; analisar sintaticamente. | *s* tradução ou interpretação.
**consubstantial** /kánsebstænchel/ *adj* consubstancial.
**consubstantiate** /kánsebstænchieit/ *v* consubstanciar.
**consubstantiation** /kánsebstænchieichen/ *s* consubstanciação.
**consuetude** /kánswitúd/ *s* costume, uso.
**consuetudinary** /kánswitúdinéri/ *adj* consuetudinário, usual, costumeiro.
**consul** /kánsel/ *s* cônsul.
**consular** /kánseler/ *adj* consular.
**consulate** /kánselit/ *s* consulado.
**consult** /kensâlt/ *v* consultar; considerar; conferir; ser consultor. | *s* consulta.
**consultant** /kensâltent/ *s* consultor; consultante, consulente.
**consultation** /kánselteichen/ *s* consulta; conferência; junta médica.
**consumable** /kensúmebel/ *adj* consumível. | *s* artigo de consumo.
**consume** /kensúm/ *v* consumir; comer, digerir; comprar; desperdiçar; destruir; monopolizar.
**consumer** /kensúmer/ *s* consumidor.
**consummate** /kánsemeit/ *v* consumar, acabar, completar; realizar. | /kánsemit,

kensâmit/ *adj* consumado, acabado; perfeito; completo.

**consummation** /kánsemeichen/ *s* consumação; conclusão, remate; perfeição; realização.

**consumption** /kensâmpchen/ *s* consumição, ato de consumir; ruína, devastação; gasto, dispêndio; tuberculose.

**consumptive** /kensâmptiv/ *adj* consumptivo, destrutivo; tuberculoso. | *s* tuberculoso.

**contact** /kántækt/ *s* contato; conexão, comunicação; ligação; observação, visualização; relação, associação. | *v* pôr em contato; entrar em contato; comunicar-se com.

**contact lens** *s* lente de contato.

**contagion** /kenteidjen/ *s* contágio; doença infecciosa ou contagiosa; epidemia, propagação; influência.

**contagious** /kenteidjes/ *adj* contagioso; propagador.

**contagiousness** /kenteidjesnes/ *s* contagiosidade.

**contain** /kentein/ *v* conter; encerrar; abranger; refrear; restringir; ser divisível por.

**containable** /kenteinebel/ *adj* que se pode conter ou que pode conter.

**container** /kenteiner/ *s* recipiente, receptáculo; contêiner.

**contaminate** /kentæmineit/ *v* contaminar, contagiar; expor à radioatividade.

**contamination** /kentæmineichen/ *s* contaminação, contágio; contaminador.

**contaminative** /kentæminetiv/ *adj* contaminante, contagiante.

**contaminator** /kentæmineiter/ *s* contaminador.

**contemn** /kentém/ *v* desprezar, desdenhar, menosprezar.

**contemner** /kentémer/ *s* desprezador.

**contemplate** /kántempleit/ *v* contemplar; tencionar, pretender; ponderar.

**contemplation** /kántempleichen/ *s* contemplação; observação minuciosa; meditação, devoção; intenção, expectativa.

**contemplative** /kentémpletiv, kántempleitiv/ *adj* contemplativo, meditativo. | *s* contemplador; meditador.

**contemplatively** /kentémpletivli, kántempleitivli/ *adv* contemplativamente, atentamente.

**contemplator** /kántempleiter/ *s* contemplador; meditador.

**contemporaneous** /kentémpereinies/ *adj* contemporâneo, coetâneo, coevo.

**contemporaneousness** /kentémpereiniesnes/ *s* contemporaneidade.

**contemporary** /kentémperéri/ *s* e *adj* contemporâneo.

**contemporize** /kentémperaiz/ *v* tornar ou ser contemporâneo; sincronizar.

**contempt** /kentémpt/ *s* desprezo, desdém; desonra, desgraça; desrespeito, desacato.

**contemptibility** /kentémptebileti/ *s* desprezo; desonra; desacato.

**contemptible** /kentémptebel/ *adj* desprezível.

**contemptuous** /kentémptchues/ *adj* desdenhoso, desprezível.

**contend** /kenténd/ *v* contender; lutar, combater; argumentar, discutir; competir.

**contender** /kenténder/ *s* contendor; competidor.

**content** /kentént/ *adj* contente, satisfeito; disposto. | *v* contentar, satisfazer. | /kántént/ *s* significado; essência; importância; proporção. • **contents** conteúdo; assunto, matéria (de livro, revista).

**contented** /kenténtid/ *adj* contente, satisfeito.

**contention** /kenténchen/ *s* contenda, disputa; batalha, competição; rivalidade; discórdia.

**contentious** /kenténches/ *adj* contendor, briguento, beligerante; controvertido.

**contentment** /kenténtment/ *s* contentamento.

**conterminous** /kentêrmines/ *adj* contérmino, contíguo, adjacente; coexistente.

**contest** /kántést/ *v* competir; opor-se; contender; discutir, debater. | /kántést/ *s* debate, controvérsia; luta, contenda; disputa, competição; conflito; concurso.
**contestable** /kántéstebel/ *adj* contestável.
**contestant** /kentéstent/ *s* contendor; competidor, concorrente.
**contestation** /kántésteichen/ *s* contestação; disputa, competição; controvérsia, discussão.
**context** /kántékst/ *s* contexto; circunstâncias, cenário.
**contextual** /kentékstchuel/ *adj* contextual.
**contextualize** /kentékstchuelaiz/ *v* contextualizar.
**contiguity** /kántegyúeti/ *s* contiguidade; continuidade.
**contiguous** /kentigyues/ *adj* contíguo, adjacente, vizinho; contínuo.
**contiguousness** /kentigyuesnes/ *s* contiguidade, vizinhança, adjacência; continuidade.
**continence** /kántenens/ *s* continência, castidade, pureza; moderação; controle urinário.
**continent** /kántenent/ *s* continente, terra firme. | *adj* casto; moderado.
**continental** /kántenéntel/ *adj* continental. | *s* habitante ou nativo do continente.
**contingence** /kentindjens/ *s* contingência; ligação, contato.
**contingency** /kentindjensi/ *s* contingência; eventualidade, casualidade.
**contingent** /kentindjent/ *adj* contingente; eventual; incerto, duvidoso; acidental, inesperado. | *s* eventualidade, contingência; quota; contingente, grupo.
**continual** /kentinyuel/ *adj* contínuo, sucessivo; incessante, ininterrupto.
**continuance** /kentinyuens/ *s* continuação, prosseguimento; duração; sequência; adiamento.
**continuation** /kentinyueichen/ *s* continuação; prolongação.
**continuator** /kentinyueiter/ *s* continuador (de um trabalho).
**continue** /kentinyú/ *v* continuar, prosseguir; ficar, permanecer, durar, prolongar; adiar; persistir; estender.
**continuity** /kántenúeti/ *s* continuidade; persistência; cenário.
**continuous** /kentinyues/ *adj* contínuo.
**continuousness** /kentinyuesnes/ *s* continuidade.
**contort** /kentórt/ *v* contorcer, torcer.
**contortion** /kentórchen/ *s* contorção.
**contortionist** /kentórchenist/ *s* contorcionista.
**contour** /kántur/ *s* contorno. | *v* contornar. • **contours** curva de nível.
**contraband** /kántrebænd/ *s* contrabando; artigos contrabandeados, muamba. | *adj* contrabandeado.
**contrabandist** /kántrebændist/ *s* contrabandista.
**contrabass** /kántrebeis/ *s* contrabaixo.
**contraception** /kántresépchen/ *s* contracepção.
**contraceptive** /kántreséptiv/ *adj* e *s* anticoncepcional, contraceptivo.
**contract** /kántrækt/ *s* contrato, ajuste, pacto; contrato de casamento; assassinato encomendado. | /kentrækt/ *v* contratar, firmar contrato; contrair, adquirir.
**contractible** /kentræktebel/ *adj* contraível.
**contractile** /kentræktel, kentræktail/ *adj* contrátil.
**contraction** /kentrækchen/ *s* contração, encolhimento; abreviação, redução.
**contractor** /kentrækter/ *s* músculo que se pode contrair; /kántrækter/ empreiteiro.
**contractual** /kentræktchuel/ *adj* contratual.
**contradict** /kántredikt/ *v* contradizer, contestar, desmentir, negar; opor-se a.
**contradicter** /kántredikter/ *s* contraditor.
**contradiction** /kántredikchen/ *s* contradição; negação; incoerência, inconsistência.

**contradictor** /kántredikter/ » **contradicter**.
**contradictory** /kántredikteri/ *adj* contraditório.
**contradistinction** /kántredistingkchen/ *s* distinção por contraste.
**contraindication** /kántreindikteichen/ *s* contraindicação.
**contralto** /kentræltou/ *s* contralto (*pl* **contraltos**).
**contraposition** /kántrepezichen/ *s* contraposição, antítese.
**contrariety** /kántreraieti/ *s* contrariedade, oposição.
**contrariwise** /kentrériwaiz/ *adv* contrariamente; inversamente.
**contrary** /kántreri/ *adj* contrário, oposto; desfavorável, adverso, antagônico; /kentréri/ teimoso, obstinado. | *s* contrário, contradição. | *adv* contrariamente. • **on the contrary** ao contrário.
**contrast** /kántræst/ *s* contraste. | /kentræst/ *v* contrastar, diferenciar; destacar-se; realçar.
**contravene** /kántrevín/ *v* contravir, transgredir.
**contravener** /kántreviner/ *s* contraventor, transgressor.
**contravention** /kántrevénchen/ *s* contravenção, transgressão.
**contribute** /kentribyút/ *v* contribuir, colaborar.
**contribution** /kántribyúchen/ *s* contribuição, colaboração; donativo; imposto, quota.
**contributive** /kentribyetiv/ *adj* contributivo.
**contributor** /kentribyeter/ *s* contribuinte; colaborador (jornal ou revista).
**contributory** /kentribyetóri/ *s* contribuinte, contributário. | *adj* contributário; contributivo.
**contrite** /kentrait/ *adj* contrito, arrependido, penitente.
**contriteness** /kentraitnes/ *s* arrependimento, contrição, pesar.
**contrition** /kentrichen/ *s* contrição, penitência, arrependimento, remorso.
**contrivance** /kentraivens/ *s* invenção; artifício; plano; aparelho, dispositivo; sagacidade, habilidade, perspicácia.
**contrive** /kentraiv/ *v* imaginar, idear; inventar, projetar; maquinar, tramar, conspirar; conseguir, realizar.
**contriver** /kentraiver/ *s* inventor; planejador, idealizador; maquinador, conspirador.
**control** /kentroul/ *v* controlar, fiscalizar; governar, dirigir, conduzir; refrear, reprimir. | *s* controle, domínio; fiscalização; controlador, gerenciador; restrição.
**controllable** /kentroulebel/ *adj* controlável; dirigível.
**controller** /kentrouler/ *s* controlador; auditor, supervisor; chave de controle; regulador de corrente.
**controversial** /kántrevêrchel/ *adj* controverso.
**controversialist** /kántrevêrchelist/ *s* polemista.
**controversy** /kántrevêrsi/ *s* controvérsia, polêmica; discussão, debate.
**controvert** /kántrevêrt, kántrevêrt/ *v* controverter, contestar; discutir, debater.
**controvertible** /kántrevêrtebel/ *adj* controvertível; discutível.
**contumacious** /kántumeiches/ *adj* contumaz, obstinado; rebelde, insubordinado.
**contumacy** /kántúmesi/ *s* contumácia, obstinação; rebeldia, insubordinação.
**contumelious** /kántumílies/ *adj* contumelioso, insolente, injurioso.
**contumely** /kántúmeli/ *s* contumélia, injúria, arrogância, insolência.
**contuse** /kentúz/ *v* contundir.
**contusion** /kentújen/ *s* contusão.
**convalesce** /kánvelés/ *v* convalescer.
**convalescence** /kánvelésens/ *s* convalescência.
**convalescent** /kánvelésent/ *adj* e *s* convalescente.
**convection** /kenvékchen/ *s* transporte, transmissão; convecção.

**convene** /kenvín/ *v* convocar; reunir-se, juntar-se; intimar.
**convener** /kenvíner/ *s* convocador.
**convenience** /kenvínyens/ *s* conveniência; oportunidade, vantagem; utilidade, conforto, facilidade.
**convenience store** *s* loja de conveniência.
**convenient** /kenvínyent/ *adj* conveniente, adequado, apropriado, oportuno; acessível, próximo.
**convenor** /kenvíner/ » **convener**.
**convent** /kánvent/ *s* convento, claustro.
**conventicle** /kenvéntekel/ *s* conventículo, conciliábulo.
**convention** /kenvénchen/ *s* convenção, assembleia, reunião; acordo; costume.
**conventional** /kenvénchenel/ *adj* convencional; combinado, estipulado; formal, tradicional.
**conventionalism** /kenvénchenelizem/ *s* convencionalismo.
**conventionalist** /kenvénchenelist/ *s* convencionalista.
**conventionalize** /kenvénchenelaiz/ *v* convencionar, tornar convencional.
**conventual** /kenvéntchuel/ *adj* e *s* conventual.
**converge** /kenvêrdj/ *v* convergir; fazer convergir.
**convergence** /kenvêrdjens/ *s* convergência.
**convergency** /kenvêrdjensi/ » **convergence**.
**convergent** /kenvêrdjent/ *adj* convergente.
**conversant** /kenvêrsent, kánversent/ *adj* familiarizado, proficiente.
**conversation** /kánverseichen/ *s* conversação, colóquio; interação em tempo real (computação).
**converse** /kenvêrs/ *v* conversar; falar; interagir (computação). | /kánvêrs/ *s* conversação; reverso, contrário. | *adj* revertido; inverso; oposto.
**conversely** /kánvêrsli/ *adv* inversamente.
**conversion** /kenvêrjen/ *s* conversão; troca; apropriação indébita.
**convert** /kenvêrt/ *v* converter(-se), mudar de religião; transformar; trocar, barganhar; substituir; apropriar-se indevidamente. | /kánvêrt/ *s* convertido.
**converter** /kenvêrter/ *s* conversor.
**convertibility** /kenvêrtebileti/ *s* convertibilidade.
**convertible** /kenvêrtebel/ *adj* permutável; conversível. | *s* conversível (carro).
**convertibleness** /kenvêrtebelnes/ » **convertibility**.
**convertor** /kenvêrter/ » **converter**.
**convex** /kánvéks, kenvéks/ *adj* convexo.
**convexity** /kenvékseti/ *s* convexidade.
**convey** /kenvei/ *v* transportar, conduzir, carregar; demonstrar, dar a entender; comunicar, transmitir; transferir título de propriedade.
**conveyance** /kenveiens/ *s* transporte, condução; veículo, meio de transporte; documento de transferência de propriedade.
**conveyancer** /kenveienser/ *s* notário, tabelião.
**conveyancing** /kenveiensing/ *s* tabelionato.
**conveyer** /kenveier/ *s* condutor.
**conveyor** /kenveier/ » **conveyer**.
**convict** /kenvikt/ *v* condenar, dar o veredicto; culpar. | /kánvikt/ *s* réu convicto; condenado, sentenciado.
**conviction** /kenvikchen/ *s* convicção, certeza; persuasão; opinião; condenação.
**convictive** /kenviktiv/ *adj* convincente.
**convince** /kenvins/ *v* convencer, persuadir.
**convincible** /kenvinsebel/ *adj* convencível.
**convincing** /kenvinsing/ *adj* convincente; plausível.
**convivial** /kenviviel/ *adj* alegre, festivo; sociável.
**conviviality** /kenviviæleti/ *s* jovialidade, alegria, festividade.
**convocation** /kánvekeichen/ *s* convocação, chamada; sínodo, assembleia clerical.

**convoke** /kenvouk/ *v* convocar, chamar.
**convolute** /kánvelút/ *adj* convoluto, enrolado em espiral. | *v* enrolar em espiral.
**convolution** /kánvelúchen/ *s* convolução, enrolamento.
**convolve** /kenválv/ *v* enrolar.
**convoy** /kánvoi/ *v* comboiar; escoltar. | *s* comboio; escolta.
**convulse** /kenvâls/ *v* convulsionar; agitar; comover.
**convulsion** /kenvâlchen/ *s* convulsão; comoção; abalo.
**convulsive** /kenvâlsiv/ *adj* convulsivo.
**coo** /kú/ *v* arrulhar; murmurar.
**cook** /kuk/ *s* cozinheiro(a). | *v* cozinhar; preparar alimento.
**cookbook** /kukbuk/ *s* livro de receitas.
**cooker** /kuker/ *s* utensílios para cozinhar; ajudante de cozinha.
**cookery** /kukeri/ *s* culinária; cozinha.
**cookie** /kuki/ *s* biscoito doce.
**cooky** /kuki/ » **cookie**.
**cool** /kúl/ *s* frescor, frescura; serenidade, compostura. | *adj* fresco; calmo, sereno, tranquilo; indiferente, impassível; ousado, audacioso; relativo a cores frias; *gír* completo, inteiro; *gír* excelente, de primeira classe. | *v* refrescar, esfriar; acalmar; amenizar, moderar.
**cooler** /kúler/ *s* refrigerador; bebida gelada feita com vinho branco e suco de fruta; *gír* cadeia.
**coolly** /kúli/ *adv* friamente; calmamente.
**coolness** /kúlnes/ *s* frescura, frescor; indiferença; calma, serenidade.
**coop** /kúp/ *v* engaiolar; encarcerar, prender, confinar; *inform* dormir em serviço. | *s* gaiola; galinheiro; capoeira; *gír* cadeia.
**cooper** /kúper/ *s* tanoeiro. | *v* tanoar.
**cooperage** /kúperidj/ *s* tanoaria, trabalho de tanoeiro.
**cooperate** /kouápereit/ *v* cooperar, colaborar.
**cooperation** /kouápereichen/ *s* cooperação, colaboração.
**cooperator** /kouápereiter/ *s* cooperador, colaborador.
**co-opt** /kouápt, kouápt/ *v* cooptar, agregar; apontar, escolher; apropriar-se; neutralizar.
**co-optation** /kouápteichen/ *s* cooptação.
**coordinate** /kouórdneit/ *v* coordenar; ajustar; harmonizar; combinar. | /kouórdnet, kouórdneit/ *s* semelhante, pessoa ou coisa pertencente à mesma classe; coordenada (matématica). | *adj* coordenado, de igual importância ou grau.
**coordination** /kouórdneichen/ *s* coordenação.
**coordinative** /kouórdnetiv/ *adj* coordenativo.
**cop** /káp/ *s* *inform* guarda, policial, tira. | *v* roubar, surrupiar; prender, capturar; ganhar.
**coparcenary** /koupársenéri/ *s* herança conjunta; copropriedade.
**coparcener** /koupársener/ *s* coerdeiro.
**copartner** /koupártner, koupártner/ *s* sócio, parceiro.
**copartnership** /koupártnerchip, koupártnerchip/ *s* sociedade, parceria.
**cope** /koup/ *v* contender, lutar; superar dificuldades, enfrentar; cobrir, abobadar. | *s* abóbada, cúpula, cimo; veste sacerdotal; manto.
**copier** /kápier/ *s* copiador; máquina copiadora.
**copilot** /koupailet/ *s* copiloto.
**coping** /kouping/ *s* cumeeira, cimalha.
**copious** /koupies/ *adj* copioso, abundante; prolixo.
**copiousness** /koupiesnes/ *s* abundância, riqueza; prolixidade.
**copper** /káper/ *s* cobre (*símb* **Cu**); *gír* policial. | *v* cobrir com cobre.
**coppery** /káperi/ *adj* acobreado.
**coppice** /kápis/ *s* bosque, souto (de arbustos).
**copulate** /kápyeleit/ *v* copular, acasalar; juntar. | *adj* copulado, acasalado.

**copulation** /kápyeleichen/ *s* cópula; conjunção.

**copulative** /kápyeletiv/ *adj* copulativo; conectivo. | *s* partícula conectiva.

**copy** /kápi/ *v* copiar; imitar. | *s* cópia, reprodução; manuscrito; exemplar de livro, jornal; imitação.

**copybook** /kápibuk/ *s* caderno; caderno de caligrafia. | *adj* comum, banal.

**copyist** /kápiist/ *s* copista.

**copyright** /kápirait/ *s* direitos autorais. | *adj* relativo a direitos autorais. | *v* assegurar direitos autorais para.

**copywriter** /kápiraiter/ *s* copista; redator de imprensa, propaganda ou publicidade.

**coquet** /koukét/ *v* galantear, flertar; gracejar, divertir-se.

**coquetry** /kouketri, koukétri/ *s* flerte; divertimento.

**coquette** /koukét/ *s* coquete, namoradeira.

**coral** /kórel/ *s* coral; recife de coral; ovas de lagosta. | *adj* da cor do coral.

**coralline** /kórelain/ *adj* coralino, de coral. | *s* coralina, alga marinha.

**coral reef** *s* recife de coral.

**cord** /kórd/ *s* corda, cordão, cordel; tendão, nervo; veludo cotelê; restrição. | *v* encordoar; atar com cordão.

**corded** /kórdid/ *adj* encordoado; atado com corda.

**cordial** /kórdjel/ *adj* cordial, sincero; intenso; estimulante. | *s* tônico, fortificante; licor.

**cordiality** /kórdjiæléti/ *s* cordialidade.

**cordon** /kórden/ *s* cordão, fila, ala; galão; fita; cornija linear. | *v* cercar.

**corduroy** /kórderoi/ *s* veludo cotelê.

**core** /kór/ *s* coração, âmago, centro, miolo, cerne; núcleo; núcleo (eletricidade). | *v* extrair o núcleo de.

**coreligionist** /kourelidjenist/ *s* correligionário.

**corespondent** /kourispándent/ *s* cúmplice (em crime ou adultério).

**coriaceous** /kórieiches/ *adj* coriáceo.

**cork** /kórk/ *s* cortiça; rolha, batoque. | *v* arrolhar; refrear, reprimir.

**corking** /kórking/ *adj gír* formidável, esplêndido.

**corkscrew** /kórkskrú/ *s* saca-rolhas. | *adj* espiralado. | *v* mover em espiral.

**corky** /kórki/ *adj* corticeiro, corticento; *inform* irrequieto, vivo.

**corn** /kórn/ *s* semente ou grão de cereal; milho, milharal; trigo, aveia; *inform* uísque de cereais; calo, calosidade; *gír* melodrama, sentimentalismo. | *v* conservar em salmoura; granular; alimentar com grãos.

**corncrake** /kórnkreik/ *s* codorniz.

**cornea** /kórnie/ *s* córnea.

**corneous** /kórnies/ *adj* córneo.

**corner** /kórner/ *s* canto, ângulo, esquina; dificuldade, embaraço; monopólio. | *adj* de canto, de esquina. | *v* angular; formar um ângulo; estabelecer monopólio.

**corner stone** *s* alicerce; pedra fundamental ou angular (*tb* **cornerstone**).

**cornet** /kórnét/ *s* cornetim, corneta; cone de papel.

**cornice** /kórnis/ *s* cornija, moldura. | *v* emoldurar.

**corn oil** *s* óleo de milho.

**cornstarch** /kórnstártch/ *s* amido de milho, maisena.

**corn sugar** *s* dextrose.

**cornute** /kórnút/ *adj* cornudo, cornífero.

**cornuted** /kórnútid/ » **cornute**.

**corny** /kórni/ *adj* melodramático, sentimental.

**corollary** /kóreléri/ *s* corolário, conclusão; inferência, dedução; resultado.

**corona** /keroune/ *s* coroa; parte superior da cabeça; cornija (*pl* **coronas** /kerounez/ ou **coronae** /kerouní/).

**coronal** /kórenel/ *adj* coronal, de coroa. | *s* diadema, coroa.

**coronary** /kórenéri/ *adj* coronário.

**coronation** /kóreneichen/ *s* coração.

**coroner** /kórener/ *s* oficial encarregado de investigar mortes suspeitas.

**coronet** /kórenét/ *s* diadema; coroa do casco de cavalo.
**corporal** /kórperel/ *adj* corporal, corpóreo, físico. | *s* cabo (militar); toalha branca que cobre o altar.
**corporality** /kórperæleti/ *s* corporalidade, materialidade.
**corporate** /kórperet/ *adj* incorporado, constituído; coletivo; corporativo.
**corporation** /kórpereichen/ *s* corporação.
**corporative** /kórperetiv/ *adj* corporativo.
**corporator** /kórpereiter/ *s* membro de uma corporação.
**corporeal** /kórpóriel/ *adj* corpóreo, físico; tangível, palpável.
**corps** /kór/ *s* corpo, associação de pessoas; corpo de exército (*pl* **corps** /kórz/).
**corpse** /kórps/ *s* cadáver, defunto.
**corpulence** /kórpyelens/ *s* corpulência, obesidade.
**corpulent** /kórpyelent/ *adj* corpulento, obeso.
**corpus** /kórpes/ *s corpus*, coleção de obras literárias, bibliografia; parte principal de uma estrutura ou órgão (*pl* **corpora** /kórpere/).
**corpuscle** /kórpâsel/ *s* corpúsculo, molécula; célula.
**corpuscular** /kórpâskyeler/ *adj* corpuscular.
**correct** /kerékt/ *v* corrigir, retificar; castigar, repreender; equilibrar, compensar; curar, remediar. | *adj* correto; perfeito; preciso.
**correctable** /keréktebel/ *adj* corrigível.
**correctible** /keréktebel/ » **correctable**.
**correction** /kerékchen/ *s* correção, retificação; punição, castigo; queda no mercado de ações.
**corrective** /keréktiv/ *adj* e *s* corretivo.
**correctness** /keréktnes/ *s* correção, integridade.
**corrector** /kerékter/ *s* corretor; revisor; corretivo.
**correlate** /kóreleit/ *v* correlacionar, ser correlativo. | *adj* e *s* correlato.
**correlation** /kóreleichen/ *s* correlação.
**correlative** /kerélettiv/ *adj* e *s* correlativo.
**correspond** /kórespánd/ *v* corresponder, condizer, estar de acordo; trocar correspondências.
**correspondence** /kórespándens/ *s* correspondência, troca de cartas; harmonia, acordo, conformidade.
**correspondency** /kórespándensi/ » **correspondence**.
**correspondent** /kórespándent/ *adj* correspondente. | *s* repórter; correspondente.
**corresponding** /kórespánding/ *adj* correspondente, conforme.
**corridor** /kóreder/ *s* corredor; passagem.
**corrigibility** /kóridjebileti/ *s* corrigibilidade.
**corrigible** /kóridjebel/ *adj* corrigível, retificável.
**corrival** /keraivel/ *s* rival, oponente.
**corroborate** /kerábereit/ *v* corroborar, ratificar, confirmar.
**corroboration** /kerábereichen/ *s* corroboração, ratificação, confirmação.
**corroborative** /keráberetiv/ *adj* corroborativo.
**corrode** /keroud/ *v* corroer; deteriorar.
**corrodible** /keroudebel/ *adj* corrosível.
**corrosible** /kerousebel/ » **corrodible**.
**corrosion** /keroujen/ *s* corrosão.
**corrosive** /kerousiv/ *adj* e *s* corrosivo.
**corrosiveness** /kerousivnes/ *s* corrosão, desgaste.
**corrugate** /kóregeit/ *v* ondular; enrugar. | *adj* ondulado; enrugado, franzido.
**corrugation** /kóregeichen/ *s* ondulação, enrugamento.
**corrupt** /kerâpt/ *v* corromper, subverter, subornar; estragar; contaminar; perverter, degenerar. | *adj* corrupto, desonesto; pervertido; estragado, poluído.
**corrupter** /kerâpter/ *s* corruptor.
**corruptibility** /kerâptebileti/ *s* corruptibilidade.

**corruptible** /kerâptebel/ *adj* corruptível; contaminável.
**corruption** /kerâpchen/ *s* corrupção; putrefação, apodrecimento; depravação; adulteração.
**corruptionist** /kerâpchenist/ *s* corruptor, subornador.
**corruptive** /kerâptiv/ *adj* corruptivo, corruptível.
**corruptor** /kerâpter/ » **corrupter**.
**corsage** /kórsáj/ *s* corpete; corpo (de vestido); ramalhete usado no corpete.
**corsair** /kórsér/ *s* corsário, pirata; navio pirata.
**corset** /kórset/ *s* espartilho; corpete. | *v* espartilhar.
**cortege** /kórtéj/ *s* cortejo, procissão.
**cortex** /kórtéks/ *s* córtex, córtice (*pl* **cortices** /kórtisíz/ ou **cortexes** /kórtéksiz/).
**cortical** /kórtikel/ *adj* cortical.
**coruscant** /kerâskent/ *adj* coruscante.
**coruscate** /kóreskeit/ *v* coruscar, faiscar, relampejar; ofuscar.
**coruscation** /kereskeichen/ *s* coruscação, lampejo.
**cos** /kás, kous/ *abrev* de **cosine**, cosseno.
**cosecant** /kousíkent/ *s* cossecante.
**cosignatory** /kousignetóri/ *s* cossignatário.
**cosine** /kousain/ *s* cosseno.
**cosmetic** /kázmétik/ *s* cosmético. | *adj* cosmético; decorativo; superficial.
**cosmic** /kázmik/ *adj* cósmico, universal; infinitamente vasto.
**cosmical** /kázmikel/ » **cosmic**.
**cosmogony** /kázmágeni/ *s* cosmogonia.
**cosmographer** /kázmágrefer/ *s* cosmógrafo.
**cosmography** /kázmágrefi/ *s* cosmografia.
**cosmologist** /kázmáledjist/ *s* cosmólogo, cosmologista.
**cosmology** /kázmáledji/ *s* cosmologia.
**cosmonaut** /kázmenát/ *s* cosmonauta.
**cosmopolitan** /kázmepáliten/ *adj* e *s* cosmopolita.
**cosmopolitanism** /kázmepálitenizem/ *s* cosmopolitismo.
**cosmopolite** /kázmápelait/ *s* cosmopolita.
**cosmos** /kázmous/ *s* cosmos, universo.
**Cossack** /kásæk/ *s* cossaco.
**cosset** /kásit/ *v* acariciar, afagar, amimar. | *s* animal de estimação.
**cost** /kást/ *s* preço, custo; despesa, gasto. | *v* custar, valer; estimar, determinar o custo. • **cost of living** custo de vida.
**costal** /kástel/ *adj* costal, das costelas.
**Costa Rica** /kouste ríke/ *s* Costa Rica.
**Costa Rican** /kouste ríken/ *s* e *adj* costarriquenho, costa-riquenho, costa-riquense.
**costive** /kástiv/ *adj* constipado, com prisão de ventre; mesquinho, avaro.
**costiveness** /kástivnes/ *s* constipação, prisão de ventre; mesquinharia, avareza.
**costliness** /kástlines/ *s* custo elevado, suntuosidade.
**costly** /kástli/ *adj* caro, dispendioso; sacrificante.
**costume** /kástúm/ *s* vestuário, indumentária; traje típico (de país, região); fantasia. | *v* vestir-se a caráter; desenhar, prover indumentárias.
**costumer** /kástúmer/ *s* alfaiate ou costureira de fantasias.
**costumier** /kástúmiei/ » **costumer**.
**cosy** /kouzi/ » **cozy**.
**cot** /kát/ *s* casinha, choupana; catre; alpendre.
**cotangent** /koutændjent, koutændjent/ *s* co-tangente, cotangente.
**cote** /kout/ *s* aprisco, curral.
**coterie** /kouteri/ *s* círculo social.
**cottage** /kátidj/ *s* casa de campo, chalé.
**cottager** /kátidjer/ *s* aldeão, camponês.
**cotter** /káter/ *s* cavilha, cunha, chaveta.
**cotton** /káten/ *s* algodão; algodoeiro; fio ou tecido de algodão.
**cotton candy** *s* algodão-doce.
**cotyledon** /kátelíden/ *s* cotilédone.

**couch** /kautch/ *v* acamar, deitar, recostar; reclinar-se; redigir; emboscar, esconder. | *s* divã; sofá; estrado para secagem de grãos.

**cougar** /kúger/ *s* puma.

**cough** /káf/ *v* tossir. | *s* tosse.

**could** /kud/ *v pass* de **can**.

**couldn't** /kudent/ *form contr* de **could not**.

**council** /kaunsel/ *s* conselho, assembleia; conferência; concílio.

**councillor** /kaunseler/ » **councilor**.

**councilman** /kaunselmen/ *s masc* vereador.

**councilor** /kaunseler/ *s* vereador.

**councilwoman** /kaunselwumen/ *s fem* vereadora.

**counsel** /kaunsel/ *v* aconselhar, recomendar; dar ou pedir conselho. | *s* conselho, parecer; advogado, jurisconsulto.

**counselor** /kaunseler/ *s* conselheiro; advogado.

**counsellor** /kaunseler/ » **counselor**.

**count** /kaunt/ *v* contar, enumerar; calcular, computar; incluir; considerar; contar com, acreditar, confiar. | *s* conta; total, soma; estimativa, cômputo; atenção, consideração; conde; artigo de acusação. • **count on** confiar.

**countable** /kauntebel/ *adj* contável, computável.

**countdown** /kauntdaun/ *s* contagem regressiva.

**countenance** /kauntenens/ *s* semblante, fisionomia; rosto; aparência, aspecto. | *v* aprovar, sancionar.

**countenancer** /kauntenenser/ *s* fautor, sancionador.

**counter** /kaunter/ *adj* contrário, oposto. | *adv* contrariamente, inversamente. | *s* contador, calculador; contrário; guichê; balcão; ficha usada em jogos; contragolpe; contraforte (de calçado). | *v* rebater; contra-atacar; opor, opor-se, contrariar.

**counteract** /kaunteraekt/ *v* neutralizar (através de ações contrárias).

**counteraction** /kaunteraekchen/ *s* neutralização (através de ações contrárias).

**counteractive** /kaunteraektiv/ *adj* oposto, contrário.

**counterattack** /kaunteretæk/ *s* contra-ataque. | *v* contra-atacar.

**counterbalance** /kaunterbælens/ *s* contrapeso, equilíbrio. | /kaunterbælens/ *v* contrabalançar, equilibrar.

**counterchange** /kaunterrtcheindj/ *v* trocar, permutar.

**counterclockwise** /kaunterklákwaiz/ *adv* em sentido anti-horário.

**counterfeit** /kaunterfit/ *v* falsificar, adulterar; dissimular, fingir. | *s* falsificação, adulteração. | *adj* falsificado.

**counterfeiter** /kaunterfiter/ *s* falsificador, falsário.

**counterfoil** /kaunterfoil/ *s* canhoto (de talão, recibo etc.).

**countermand** /kauntermænd, kauntermænd/ *v* contra-ordenar, contramandar. | /kauntermænd/ *s* contra-ordem.

**countermarch** /kauntermártch/ *v* contramarchar. | /kauntermártch/ *s* contramarcha.

**countermine** /kauntermain/ *v* contraminar, frustrar. | /kauntermain/ *s* contramina.

**counteroffensive** /kaunterefénsiv/ *s* contra-ofensiva.

**counteroffer** /kaunteróferr/ *s* contra-oferta.

**counterpane** /kaunterpein/ *s* coberta de cama, colcha.

**counterpart** /kaunterpárt/ *s* contrapartida, compensação; sósia; cópia de documento.

**counterpoint** /kaunterpoint/ *s* contraponto; contraste.

**counterpoise** /kaunterpoiz/ *s* contrapeso, compensação, equilíbrio. | *v* contrabalançar, equilibrar.

**counterproposal** /kaunterprepouzel/ *s* contraproposta.

**countersign** /kauntersain/ *v* assinar, rubricar. | *s* senha, contrassenha.

C

**countervail** /kaunterveil, kaunterveil/ *v* contrabalançar; compensar; contrapor--se.
**counterweigh** /kaunterwei/ *v* contrabalançar.
**counterweight** /kaunterweit/ *s* contrapeso.
**countess** /kauntis/ *s* condessa.



**countinghouse** /kauntinghaus/ *s* escritório comercial (*tb* **counting house**).
**countless** /kauntles/ *adj* incalculável, incontável.
**countrified** /kântrifaid/ *adj* rústico, agreste, rural.
**country** /kântri/ *s* país, região, nação; pátria; campo, região rural; júri. | *adj* do campo, rústico, rural, campestre.
**country club** *s* clube de campo.
**countryfied** /kântrifaid/ » **countrified**.
**countryman** /kântrimen/ *s* camponês; compatriota.
**countryside** /kântrisaid/ *s* região rural; habitantes da região rural.
**countrywoman** /kântriwumen/ *s* camponesa; compatriota.
**county** /kaunti/ *s* condado, comarca.
**couple** /kâpel/ *s* par, parelha; casal; *inform* alguns, vários. | *v* ligar, conectar; emparelhar; casar; acasalar. • **a couple of days** alguns dias.
**coupler** /kâpler/ *s* acoplador (rádio e TV); engate; acoplamento de órgão.
**coupling** /kâpling/ *s* acasalamento; ligação, junção.
**coupon** /kúpán/ *s* cupom, cupão.
**courage** /kâridj/ *s* coragem; confiança; valor, bravura.
**courageous** /kereidjes/ *adj* corajoso, valente, destemido, bravo, intrépido.
**courier** /kurier/ *s* mensageiro; espião; agente de viagens; guia turístico.
**course** /kórs/ *s* curso escolar; direção, rumo, rota; procedimento, conduta; série; método, sistema; corrente. | *v* perseguir (caça); seguir. • **of course** claro, certamente.
**courser** /kórser/ *s* caçador; corcel; cão de caça.
**court** /kórt/ *s* paço; corte, residência real; tribunal; quadra de tênis; pátio interno; assembleia legislativa. | *v* cortejar, namorar, galantear; solicitar, provocar, atrair; bajular.
**courteous** /kêrties/ *adj* cortês, amável, polido.
**courtesan** /kórtezen/ *s* cortesã.
**courtesy** /kêrtesi/ *s* cortesia, reverência, polidez; indulgência; generosidade. | *adj* dado como cortesia.
**courtier** /kórtier/ *s* cortesão, homem da corte; cortejador.
**courtliness** /kórtlines/ *s* cortesia, polidez.
**courtly** /kórtli/ *adj* cortesão, palaciano; cortês, lisonjeiro; elegante, refinado. | *adv* elegantemente, polidamente.
**court-martial** /kórtmárchel/ *s* corte marcial, conselho de guerra (*pl* **courts-martial**). | *v* submeter à corte marcial.
**courtroom** /kórtrúm/ *s* sala de tribunal.
**courtship** /kórtchip/ *s* corte, namoro.
**courtyard** /kórtyárd/ *s* pátio.
**cousin** /kâzen/ *s* primo, prima.
**cove** /kouv/ *s* angra, enseada; vale estreito; caverna; moldura côncava; passagem entre montanhas. | *v* arquear.
**covenant** /kâvenænt/ *s* pacto; convenção; contrato formal; barganha. | *v* contratar, pactuar; prometer.
**covenanter** /kâvenenter/ *s* contratante.
**cover** /kâver/ *v* cobrir, tapar; vestir; encobrir, ocultar; encapar, revestir; incluir, abranger, compreender; compensar; estender, pôr sobre; copular. | *s* cobertura; tampa; abrigo, resguardo; envelope; capa protetora; capa de livro; véu; disfarce; pretexto; invólucro, envoltório.
**coverage** /kâveridj/ *s* cobertura, alcance, abrangência.
**covering** /kâvering/ *s* cobertura; capa.
**covert** /kouvêrt, kâvert, kouvêrt/ *adj* coberto, abrigado; escondido; secreto. |

/kâvert, kouvert/ *s* esconderijo, abrigo; proteção.

**coverture** /kâvertcher/ *s* cobertura, abrigo; esconderijo; disfarce; estado matrimonial (da mulher).

**covet** /kâvit/ *v* cobiçar, invejar; desejar.

**covetable** /kâvitebel/ *adj* cobiçável; desejável.

**covetous** /kâvetes/ *adj* cobiçoso, invejoso; ganancioso.

**covetousness** /kâvetesnes/ *s* cobiça, inveja; ganância.

**covey** /kâvi/ *s* bando de pássaros; reunião.

**cow** /kau/ *s* vaca; fêmea de vários animais (baleia, elefante, rinoceronte etc.); gado em geral. | *v* intimidar, amedrontar.

**coward** /kauerd/ *adj* e *s* covarde, medroso.

**cowardice** /kauerdis/ *s* covardia, medo.

**cowardly** /kauerdli/ *adv* covardemente. | *adj* medroso, covarde.

**cowbell** /kaubél/ *s* cincerro da vaca.

**cowboy** /kauboi/ *s masc* vaqueiro, boiadeiro; aventureiro.

**cowcatcher** /kaukætcher/ *s* limpa-trilhos da locomotiva.

**cower** /kauer/ *v* encolher-se (de medo), tremer.

**cowgirl** /kaugêrl/ *s fem* vaqueira, boiadeira.

**cowherd** /kauhêrd/ *s* vaqueiro.

**cowhide** /kauhaid/ *s* couro de vaca; relho, chicote de couro cru. | *v* chicotear, açoitar.

**cowl** /kaul/ *s* capuz de frade; chapéu de chaminé; frente de automóvel. | *v* encapuzar.

**cowman** /kaumen/ *s* criador de gado; vaqueiro.

**coworker** /kouwêrker/ *s* colaborador; colega de trabalho (*tb* **co-worker**).

**cowshed** /kauchéd/ *s* estábulo.

**coy** /koi/ *adj* acanhado, reservado; recatado, pudico; modesto.

**coyness** /koines/ *s* modéstia; reserva; timidez.

**coyote** /kaioutí, kaioutí/ *s* coiote.

**cozen** /kâzen/ *v* enganar; defraudar.

**cozener** /kâzener/ *s* enganador.

**cozy** /kouzi/ *s* abafador de chá. | *adj* aconchegante, confortável. | *v* negociar amigavelmente.

**CPU** /sípíyú/ *abrev* de **Central Processing Unit**, unidade central de processamento.

C

**crab** /kræb/ *s* caranguejo; homem rabugento. | *v* andar como caranguejo; *inform* criticar; *inform* estragar, arruinar.

**crabbed** /kræbid/ *adj* áspero, rabugento; complicado; ininteligível (escrita).

**crack** /kræk/ *s* estalo, estalido, estampido; quebra, fratura; abertura estreita; mudança na voz; piada, chiste; *crack* (droga); fenda, racha, fissura. | *adj* excelente, de primeira linha. | *v* estalar; rachar, trincar; quebrar; arrombar; entrar em colapso; solucionar; ficar rouco.

**cracker** /kræker/ *s* busca-pé; instrumento para extração de petróleo; biscoito de água e sal.

**crackle** /krækel/ *v* estalar, crepitar; brilhar; fazer craquelê em porcelana.

**cradle** /kreidl/ *s* berço; lugar de nascimento; terra natal; infância. | *v* deitar no berço; segurar no colo, embalar.

**craft** /kræft/ *s* arte, ofício, habilidade, destreza; manha; embarcação, avião. | *v* produzir algo manualmente.

**craftsman** /kræftsmen/ *s* artífice, artesão.

**crag** /kræg/ *s* despenhadeiro, abismo.

**craggy** /krægi/ *adj* escabroso, escarpado.

**crake** /kreik/ *s* codorniz.

**cram** /kræm/ *s* abarrotamento, saciedade. | *v* abarrotar, encher; *inform* estudar apressadamente para um exame; saciar.

**cramp** /kræmp/ *s* grampo, gancho; prensa; cãibra; impedimento, obstáculo. | *v* espasmar; engatar, apertar numa prensa. | *adj* restrito, estreito; difícil de ler. • **cramps** cólicas menstruais, espasmos.

**crampon** /kræmpán/ *s* gancho de ferro; guarnições de ferro usadas por alpinistas.
**crane** /krein/ *s* grua, guindaste. | *v* suspender por meio de grua, içar.
**craniologist** /kreiniáledjist/ *s* craniologista, craniólogo.
**craniology** /kreiniáledji/ *s* craniologia.
C
**cranium** /kreiniem/ *s* crânio (*pl* **craniums** ou **crania** /kreinie/).
**crank** /krængk/ *s* manivela, alavanca; *inform* pessoa excêntrica; trocadilho de palavras. | *adj* excêntrico. | *v* girar manivela; alavancar; ziguezaguear.
**cranky** /krængki/ *adj* indisposto; excêntrico; sinuoso.
**cranny** /kræni/ *s* fenda, rachadura.
**crape** /kreip/ *s* » **crepe**; faixa na manga para luto. | *v* cobrir; franzir, encrespar.
**crapulence** /kræpyelens/ *s* intemperança, glutonaria; bebedeira, ressaca.
**crapulent** /kræpyelent/ *adj* ébrio, embriagado; com ressaca; glutão.
**crapulous** /kræpyeles/ » **crapulent**.
**crash** /kræch/ *s* colisão, choque, batida; desastre; ruído de quebra, estrondo; falência; *gír* depressão (devido ao uso de drogas). | *adj* a todo vapor, com todos os recursos. | *v* colidir ou cair ruidosamente; estalar; falir; penetrar (festa); entrar em depressão (devido ao uso de drogas); esmagar.
**crass** /kræs/ *adj* crasso, grosseiro.
**crassness** /kræsnes/ *s* grosseria.
**crate** /kreit/ *s* engradado, caixote; *gír* automóvel velho. | *v* pôr em engradados, encaixotar.
**crater** /kreiter/ *s* cratera. | *v* abrir crateras.
**crave** /kreiv/ *v* rogar, suplicar; ambicionar, ansiar, desejar; necessitar.
**craven** /kreiven/ *s* covarde. | *adj* covarde, medroso.
**cravenness** /kreivenes/ *s* covardia.
**craver** /kreiver/ *s* suplicante; necessitado.
**craving** /kreiving/ *s* desejo ardente.
**craw** /krá/ *s* papo das aves; estômago de animais.
**crawfish** /kráfich/ » **crayfish** (*pl* **crawfish** ou **crawfishes**).
**crawl** /král/ *s* rastejo, rastejamento; nado livre; passos lentos. | *v* arrastar-se, rastejar; engatinhar; fervilhar.
**crawler** /králer/ *s* o que rasteja, réptil, verme; veículo que se move sobre cintas de metal (escavadora).
**crayfish** /kreifich/ *s* camarão-d'água-doce (*pl* **crayfish** ou **crayfishes**).
**crayon** /kreián/ *s* creiom, lápis de cera ou carvão; desenho feito com creiom.
**craze** /kreiz/ *s* febre, moda passageira, mania; trinca. | *v* enlouquecer; trincar.
**craziness** /kreizines/ *s* demência, loucura.
**crazy** /kreizi/ *adj* louco, demente. | *s* louco, insano. • **like crazy** de forma excessiva.
**creak** /krík/ *s* som áspero, chiado. | *v* chiar; ranger.
**creaky** /kríki/ *adj* rangente, rangedor; decrépito, deteriorado.
**cream** /krím/ *s* creme, nata; pomada; a melhor parte. | *v* desnatar; pôr creme; formar nata ou creme; escolher o melhor; *gír* defender expressivamente.
**creamer** /krímer/ *s* pote para creme; desnatadeira.
**creamery** /krímeri/ *s* fábrica de laticínios.
**creamy** /krími/ *adj* cremoso.
**crease** /krís/ *s* prega, dobra, ruga. | *v* dobrar, enrugar; ferir superficialmente.
**creasy** /krísi/ *adj* enrugado, rugoso.
**create** /krieit/ *v* criar; produzir; inventar.
**creation** /krieichen/ *s* criação.
**creative** /krieitiv/ *adj* criativo; produtivo; imaginativo.
**creativeness** /krieitivnes/ *s* criatividade, poder de criador.
**creator** /krieiter/ *s* criador, inventor.
**creature** /krítcher/ *s* criatura; ser humano; ente.

**credence** /krídns/ *s* crédito, crença; recomendação, credencial; credência do altar.
**credential** /kridénchel/ *s* credencial. | *v* credenciar.
**credibility** /krédebileti/ *s* credibilidade.
**credible** /krédebel/ *adj* crível, plausível.
**credit** /krédit/ *s* crédito, confiança; reputação; honra; certificação. | *v* acreditar; prestar crédito a, vender a crédito; confiar; atribuir. • **credits** créditos de filme ou publicação.
**creditable** /kréditebel/ *adj* meritório, louvável; crível; atribuível; idôneo, que pode receber crédito comercial.
**credit card** /krédit kárd/ *s* cartão de crédito.
**creditor** /krédit*e*r/ *s* credor.
**credo** /krídou, kreidou/ *s* credo (*pl* **credos**).
**credulity** /kredúleti/ *s* credulidade.
**credulous** /krédjeles/ *adj* crédulo; ingênuo, cândido.
**credulously** /krédjelesli/ *adv* ingenuamente.
**credulousness** /krédjelesnes/ *s* credulidade.
**creed** /kríd/ *s* crença, profissão de fé; credo, doutrina.
**creek** /krík/ *s* córrego, regato, canal.
**creel** /kríl/ *s* cesto de pescador; grade.
**creep** /kríp/ *s* arrastamento; calafrio; queda de potência (eletricidade). | *v* arrastar-se, rastejar; trepar, subir paredes; engatinhar; formigar; sentir calafrios, arrepiar-se; mover-se furtivamente.
**creeper** /kríp*e*r/ *s* réptil; rastejador; planta rasteira ou trepadeira; dreno.
**creeping** /kríp*i*ng/ *adj* crescente, em desenvolvimento.
**creepy** /krípi/ *adj* amedrontador, arrepiante; repulsivo.
**cremate** /krímeit, krimeit/ *v* cremar, incinerar.
**cremation** /krimeichen/ *s* cremação.
**cremator** /krímeit*e*r/ *s* cremador, incinerador.
**crematorium** /krímetóriem/ *s* crematório (*pl* **crematoriums** ou **crematoria** / krímetórie/).
**crematory** /krímetóri, krémetóri/ *adj* e *s* crematório.
**creosote** /kríesout/ *s* creosoto. | *v* creosotar.
**crepe** /kreip/ *s* crepe, tecido fino.
**crepitant** /krépitent/ *adj* crepitante.
**crepitate** /krépiteit/ *v* crepitar.
**crepitation** /krépiteichen/ *s* crepitação.
**crepuscle** / kripâsel/ » **crepuscule**.
**crepuscular** /kripâskyel*e*r/ *adj* crepuscular, ofuscante.
**crepuscule** /kripâskyúl/ *s* crepúsculo.
**crescendo** /krichéndou/ *s* crescendo (música) (*pl* **crescendos** ou **crescendi** /krichéndí/).
**crescent** /krésent/ *s* quarto crescente (lua); objeto em forma de meia-lua. | *adj* luniforme, em forma de meia-lua; crescente.
**cress** /krés/ *s* agrião.
**cresset** /krésit/ *s* lamparina.
**crest** /krést/ *s* crista de ave; crina do cavalo; brasão; elmo; decoração de elmo; topo (de montanha), crista (de onda). | *v* colocar crista ou decoração no topo; alcançar o topo.
**crestfallen** /kréstfólen/ *adj* deprimido, desanimado.
**crestfallenness** /kréstfólennes/ *s* depressão, desânimo.
**Cretaceous** /kriteiches/ *adj* e *s* cretáceo.
**cretin** /kríten/ *s* cretino.
**cretinism** /krítenizem/ *s* cretinismo.
**cretinous** /krítenes/ *adj* cretino, imbecil.
**cretonne** /krítán, kritán/ *s* cretone.
**crevasse** /krevæs/ *s* fenda de geleira; brecha ou fissura em um dique. | *v* fender.
**crevice** /krévis/ *s* fenda, abertura.
**crew** /krú/ *s* tripulação. | *v* tripular.
**crib** /krib/ *s* manjedoura; berço; cesto de vime; curral; choça; plágio; roubo. | *v* roubar; plagiar; confinar, encerrar.

C

**crick** /krik/ *s* cãibra. | *v* causar cãibra.
**cricket** /krikit/ *s* críquete; grilo; banco de madeira para os pés; espírito esportivo. | *v* jogar críquete.
**crier** /kraier/ *s* pregoeiro, marreteiro; oficial de justiça.
**crime** /kraim/ *s* crime.
**criminal** /kriminel/ *s* criminoso. | *adj* criminal, criminoso.
**criminal law** *s* direito penal.
**criminality** /krimenæleti/ *s* criminalidade.
**criminate** /krimineit/ *v* incriminar.
**crimination** /krimineichen/ *s* incriminação, imputação de crime.
**criminologist** /krimináledjist/ *s* criminologista.
**criminology** /kriminálедji/ *s* criminologia.
**crimp** /krimp/ *s* prega; encrespamento, ondulação; recrutador para o serviço militar; cachos, anéis; embargo. | *v* preguear; moldar; encrespar, frisar; embargar; recrutar.
**crimper** /krimper/ *s* frisador, ferro de frisar cabelo.
**crimpy** /krimpi/ *adj* encrespado, ondulado.
**crimson** /krimzen/ *s* carmesim, vermelho. | *v* avermelhar, carminar.
**cringe** /krindj/ *s* adulação, servilismo. | *v* adular, bajular; encolher-se (de medo).
**crinkle** /kringkel/ *s* ondulação, ruga, dobra, prega; rangido. | *v* ondear, enrugar; amarrotar; ranger.
**crinkly** /kringkli/ *adj* ondulado, enrugado.
**cripple** /kripel/ *s* coxo, inválido; estropiado, defeituoso. | *v* aleijar, coxear; estragar, estropiar, danificar.
**crisis** /kraisis/ *s* crise, conflito (*pl* **crises** /kraisíz/).
**crisp** /krisp/ *adj* crespo, ondeado; sinuoso, tortuoso; crocante; fresco; revigorante. | *s* algo crocante, fresco, revigorante. | *v* encaracolar, ondear, encrespar.
**crisper** /krisper/ *s* refrigerador.
**crispness** /krispnes/ *s* crespidão; frescor, revigoramento.
**crispy** /krispi/ *adj* fresco; crocante; crespo.
**crisscross** /kriskrás/ *s* desenho de linhas cruzadas; conflito. | *adv* em forma de cruz. | *adj* cruzado. | *v* marcar com linhas cruzadas; mover-se para frente e para trás.
**criterion** /kraitirien/ *s* critério, norma (*pl* **criterions** ou **criteria** /kraitirie/).
**critic** /kritik/ *s* crítico, censor.
**critical** /kritikel/ *adj* crítico, severo, escrupuloso; decisivo, crucial.
**critically** /kritikeli/ *adv* severamente.
**criticalness** /kritikelnes/ *s* severidade, escrúpulo; estado crítico.
**criticism** /kritisizem/ *s* crítica (*tb* literária, de jornal ou de revista).
**criticizable** /kritisaizebel/ *adj* criticável.
**criticize** /kritisaiz/ *v* criticar.
**critique** /kritik/ *s* crítica; arte do criticismo; comentário crítico. | *v* discutir de forma crítica.
**croak** /krouk/ *s* o crocitar do corvo; o grasnar da rã; som desagradável. | *v* grasnar, crocitar; resmungar.
**croaker** /krouker/ *s* grasnador, rosnador; resmungão.
**Croat** /krouæt/ *s* croata.
**Croatia** /kroueiche/ *s* Croácia.
**Croatian** /kroueiche/ *adj* croata.
**crochet** /krouchei/ *s* crochê. | *v* fazer crochê.
**crock** /krák/ *s* vaso de cerâmica; caco de cerâmica; tolice, bobagem.
**crockery** /krákeri/ *s* artefatos de cerâmica.
**crocodile** /krákedail/ *s* crocodilo.
**crone** /kroun/ *s* mulher muito feia e velha, bruxa.
**crony** /krouni/ *s* camarada, velho amigo.
**crook** /kruk/ *s* gancho; cajado de pastor; *inform* trapaceiro. | *v* curvar.
**crooked** /krukid/ *adj* curvo, torcido, torto; *inform* desonesto, fraudulento.
**croon** /krún/ *s* canto ou som suave. | *v* cantar de forma suave; cantar com sentimento.

**crop** /kráp/ *s* colheita, ceifa; safra, produção; corte de cabelos; cabelo curto; marca em animais. | *v* colher, ceifar; cortar bem curto; podar; aflorar, surgir, aparecer; semear, plantar.

**cropper** /kráper/ *s* cultivador, agricultor; queda violenta; fiasco.

**cross** /krás/ *s* cruz, crucifixo; contrariedade, revés; cruzamento; enxerto; *gír* competição ou disputa fraudulenta; interseção. | *v* cruzar, atravessar; marcar, riscar com um X; afligir; contradizer; cruzar (um cheque); encontrar; enxertar; fazer o sinal da cruz. | *adj* atravessado, transversal; em cruz; oposto, infeliz, desfavorável; híbrido.

**crossbar** /krásbár/ *s* viga, trave.

**crossbones** /krásbounz/ *s pl* ossos postos em cruz sob um crânio para simbolizar a morte.

**crossbred** /krásbréd/ *adj* e *s* mestiço, híbrido. | *v pass* e *part pass* de **crossbreed**.

**crossbreed** /krásbríd/ *v* cruzar, enxertar (espécies). | *s* resultado do cruzamento ou enxerto.

**cross-eye** /krásai/ *s* estrabismo.

**cross-eyed** /krásaid/ *adj* estrábico.

**crossfire** /krásfaier/ *s* fogo cruzado.

**crossing** /krásing/ *s* travessia; interseção; encruzilhada.

**cross-legged** /kráslégued/ *adj* e *adv* de pernas cruzadas.

**crossover** /krásouver/ *s* cruzamento; comutação de via férrea; sobreposição de estilos; membro de partido político.

**crosspatch** /kráspætch/ *s* pessoa irascível, resmungão.

**cross-purpose** /kráspêrpes/ *s* contradição, propósito contrário.

**cross-reference** /krásréferens, krás-réferens/ *s* referência ou índice remissivo. | *v* fazer índice remissivo.

**crossroad** /krásroud/ *s* estrada, rua transversal. • **crossroads** *us v sing* encruzilhada; ponto crucial; lugar centralizado.

**cross section** *s* corte transversal (*tb* **cross-section**).

**cross-stitch** /krástitch/ *s* ponto de cruz. | *v* bordar ponto de cruz.

**crossways** /krásweiz/ » **crosswise**.

**crosswise** /kráswaiz/ *adv* transversalmente, de través. | *adj* atravessado.

**crossword puzzle** /kráswêrd pâzel/ *s* palavras cruzadas.

**crotch** /krátch/ *s* forquilha; bifurcação.

**crotchet** /krátchet/ *s* excentricidade; semínima (música).

**crotchety** /krátcheti/ *adj* extravagante, excêntrico.

**crouch** /krautch/ *v* abaixar-se; bajular; inclinar-se, encolher-se (por medo, timidez ou humilhação). | *s* agachamento, postura de subserviência.

**croup** /krúp/ *s* anca de cavalo; crupe.

**croupier** /krúpiei/ *s* crupiê, banqueiro de jogo.

**crow** /krou/ *s* corvo; canto do galo; grito de satisfação. | *v* cantar como galo; exultar.

**crowd** /kraud/ *s* multidão; população; grupo, turma; bloco, massa, ajuntamento. | *v* amontoar, encher completamente; apertar, comprimir.

**crown** /kraun/ *s* coroa; grinalda; soberania; galardão, prêmio, recompensa; crista, cume, cimo; parte superior do dente; glória, apogeu. | *v* coroar; premiar; completar; aperfeiçoar; proteger; consumar, acabar; fazer dama (no jogo de damas).

**crucial** /krúchel/ *adj* crucial, importante; decisivo, conclusivo.

**crucifer** /krúsifer/ *s* cruciferário.

**crucifix** /krúsifiks/ *s* crucifixo.

**crucifixion** /krúsefikchen/ *s* crucificação; grande sofrimento.

**crucify** /krúsifai/ *v* crucificar.

**crude** /krúd/ *adj* cru; bruto, não refinado; inábil. | *s* petróleo não refinado.

**crudely** /krúdli/ *adv* cruamente.

**crudeness** /krúdnes/ *s* crueza; imperfeição; falta de refinamento.

**crudity** /krúdeti/ *s* crueza, dureza.
**cruel** /krúel/ *adj* cruel, brutal, selvagem, bárbaro; pungente, doloroso, aflitivo.
**cruelty** /krúelti/ *s* crueldade.
**cruet** /krúit/ *s* galheta.
**cruise** /krúz/ *s* cruzeiro, viagem de navio. | *v* fazer cruzeiro, cruzar o mar.
**cruiser** /krúzer/ *s* cruzador (navio); carro patrulha.

C

**crumb** /krâm/ *v* esmigalhar, fracionar; cobrir com migalhas; limpar migalhas. | *s* migalha; miolo de pão; *gír* pessoa desprezível.
**crumble** /krâmbel/ *v* esmigalhar, fracionar; desintegrar.
**crumple** /krâmpel/ *v* dobrar, vincar; encolher-se; sofrer colapso. | *s* ruga, prega, dobra.
**crunch** /krântch/ *v* esmagar, triturar; mastigar com ruído. | *s* mastigação ruidosa; confronto decisivo; momento crítico, clímax.
**crupper** /krâper/ *s* rabicho do arreio do cavalo; garupa, ancas de cavalo.
**crusade** /krúseid/ *s* cruzada; movimento em prol de alguma causa. | *v* tomar parte numa cruzada.
**crusader** /krúseider/ *s* cruzado, o que toma parte numa cruzada.
**cruse** /krúz/ *s* taça, jarro, bilha de barro.
**crush** /krâch/ *v* esmagar; esmigalhar, moer; comprimir, apertar; subjugar; oprimir; amassar, amarrotar. | *s* esmagamento; compressão violenta; multidão, aglomeração; *inform* paixão passageira.
**crushed** /krâcht/ *adj* moído; pulverizado; oprimido, subjugado.
**crusher** /krâcher/ *s* esmagador; opressor.
**crust** /krâst/ *s* crosta; côdea; escara; *inform* atrevimento, ousadia. | *v* criar crosta, encodear.
**crustacean** /krâsteichen/ *adj* e *s* crustáceo.
**crustaceous** /krâsteiches/ *adj* crustáceo.
**crusty** /krâsti/ *adj* coberto de crosta, encodeado; impertinente, rabugento.
**crutch** /krâtch/ *s* muleta, apoio, suporte; apoio, descanso; forquilha. | *v* andar com muletas; apoiar com muletas.
**crux** /krâks/ *s* dilema, ponto crucial; problema, dificuldade (*pl* **cruxes** ou **cruces**).
**cry** /krai/ *s* grito, brado; clamor; choro; proclamação; lamentação; pedido; chamado; *slogan*. | *v* gritar, clamar; chorar; pedir, rogar.
**crying** /kraiing/ *adj* que grita, sabido, notório.
**crypt** /kript/ *s* cripta.
**cryptogram** /kriptegræm/ *s* criptograma.
**cryptography** /kriptágrefi/ *s* criptografia.
**crystal** /kristel/ *s* cristal; vaso ou copo de cristal; vidro de relógio; vidro de cristal; *gír* droga estimulante. | *adj* transparente, cristalino, límpido.
**crystal ball** *s* bola de cristal.
**crystalline** /kristelain/ *adj* cristalino, transparente.
**crystalline lens** *s* cristalino.
**crystallization** /kristelaizeichen/ *s* cristalização.
**crystallize** /kristelaiz/ *v* cristalizar, solidificar; cobrir com cristais; dar forma definitiva a algo; assumir forma cristalina.
**crystallographer** /kristelágrefer/ *s* cristalógrafo.
**crystallography** /kristelágrefi/ *s* cristalografia.
**cub** /kâb/ *s* filhote de animais carnívoros; menino desajeitado; noviço, principiante.
**Cuba** /kyúbe/ *s* Cuba.
**Cuban** /kyúben/ *s* e *adj* cubano.
**cube** /kyúb/ *s* cubo; sala de estudos, escritório. | *v* elevar ao cubo; dar forma cúbica a.
**cubic** /kyúbik/ *adj* cúbico; tridimensional; de terceiro grau, de terceira potência. | *s* expressão ou equação cúbica.
**cubical** /kyúbikel/ *adj* cúbico, cubiforme.
**cubicle** /kyúbikel/ *s* cubículo, compartimento.

**Cubism** /kyúbizem/ *s* cubismo.
**cubit** /kyúbit/ *s* côvado, antiga medida de comprimento.
**cuckoo** /kúkú/ *s* cuco; o canto desse pássaro; *gír* maluco, tolo. | *v* emitir o canto do cuco. | *adj* sem sentido, insano, louco.
**cucumber** /kyúkâmber/ *s* pepino.
**cuddle** /kâdel/ *s* afago, carinho; abraço. | *v* afagar, acarinhar; abraçar.
**cue** /kyú/ *s* dica, sugestão; fila; mecha de cabelo; deixa (no teatro); taco de bilhar. | *v* sinalizar, indicar; dar dica.
**cuff** /kâf/ *s* punho de manga; bainha de calça; bofetada, sopapo; algema. | *v* esbofetear; algemar; fazer o punho ou a bainha.
**cuirass** /kwiræs/ *s* couraça; carapaça. | *v* encouraçar.
**cuisine** /kwizín/ *s* culinária; comida, alimento.
**culinary** /kyâlenéri/ *adj* culinário.
**cull** /kâl/ *v* escolher, selecionar, eleger; apartar. | *s* refugo.
**culminant** /kâlminent/ *adj* culminante.
**culminate** /kâlmineit/ *v* culminar.
**culmination** /kâlmineichen/ *s* ponto culminante; culminação.
**culpability** /kâlpebileti/ *s* culpabilidade.
**culpable** /kâlpebel/ *adj* culpável.
**culprit** /kâlprit/ *s* réu, acusado; culpado.
**cult** /kâlt/ *s* culto, admiração, adoração; culto religioso, seita; seguidores de culto religioso; ritual.
**cultivable** /kâltevebel/ *adj* cultivável.
**cultivate** /kâlteveit/ *v* cultivar, lavrar, arar; aperfeiçoar-se nos estudos; desenvolver; fazer amizade.
**cultivated** /kâlteveitid/ *adj* culto, refinado, educado; cultivado.
**cultivation** /kâlteveichen/ *s* cultivo, amanho; desenvolvimento, refinamento.
**cultivator** /kâlteveiter/ *s* cultivador; agricultor, lavrador; implemento agrícola.
**cultural** /kâltcherel/ *adj* cultural.
**culture** /kâltcher/ *s* cultura, refinamento, educação; cultivo. | *v* cultivar, criar.
**cultured** /kâltcherd/ *adj* culto, civilizado; cultivado, produzido artificialmente.
**culver** /kâlver/ *s* pombo, pomba.
**culverin** /kâlverin/ *s* colubrina; canhão antigo.
**cumber** /kâmber/ *s* impedimento, embaraço, estorvo. | *v* embaraçar, impedir; estorvar, incomodar; sobrecarregar.
**cumberer** /kâmberer/ *s* embaraçador.
**cumbersome** /kâmbersem/ *adj* incômodo, desajeitado; pesado; problemático.
**cumbrous** /kâmbres/ *adj* incômodo, desajeitado.
**cumin** /kâmin, kúmin/ *s* cominho.
**cumulate** /kyúmyeleit/ *v* acumular. | /kyúmyelet/ *adj* acumulado.
**cumulation** /kyúmyeleichen/ *s* acumulação, amontoamento, pilha, monte.
**cumulative** /kyúmyeletiv/ *adj* cumulativo.
**cumulus** /kyúmyeles/ *s* cúmulo (*pl* **cumuli** /kyúmyelai/).
**cunctation** /kângkteichen/ *s* delonga, demora, atraso.
**cuneiform** /kyúnefórm/ *adj* cuneiforme.
**cunning** /kâning/ *s* destreza, astúcia, habilidade. | *adj* astuto, esperto; gracioso.
**cunningly** /kâningli/ *adv* astuciosamente.
**cunningness** /kâningnes/ *s* astúcia.
**cup** /kâp/ *s* xícara, chávena; o conteúdo de uma xícara. | *v* colocar em xícara ou copo; dar forma de xícara.
**cupboard** /kâberd/ *s* guarda-louça, armário de cozinha.
**cupful** /kâpful/ *s* o que cabe em uma xícara (*pl* **cupfuls**).
**cupid** /kyúpid/ *s* cupido.
**cupidity** /kyúpideti/ *s* avareza, cobiça.
**cupola** /kyúpele/ *s* cúpula.
**cupping** /kâping/ *s* aplicação de ventosas.
**cupreous** /kúpries/ *adj* cúprico.
**cupric** /kyúprik/ *adj* cúprico.
**cupriferous** /kyúpriferes/ *adj* cuprífero, que contém cobre.

C

**cur** /kêr/ *s* cão vira-lata; malandro, patife; covarde.
**curability** /kyurebileti/ *s* curabilidade.
**curable** /kyurebel/ *adj* curável.
**curate** /kyuret/ *s* cura, pároco; curador.
**curative** /kyuretiv/ *s* curativo, remédio. | *adj* curativo.
**curator** /kyureiter/ *s* curador, administrador de museu ou biblioteca.
**curatorship** /kyureiterchip/ *s* curadoria.
**curb** /kêrb/ *s* barbela do freio do cavalo, freio do cavalo; parapeito; sujeição, restrição; meio-fio, guia de calçada. | *v* refrear, restringir; proteger com guia de pedra ou parapeito.
**curbstone** /kêrbstoun/ *s* guia de pedra, meio-fio de calçada. | *adj* amador.
**curd** /kêrd/ *s* coalho, coágulo. | *v* coalhar, coagular (leite); fazer coalhar (leite).
**curdle** /kêrdl/ *v* coagular; coalhar (leite); estragar, apodrecer.
**curdy** /kêrdi/ *adj* coagulado, coalhado.
**cure** /kyur/ *s* cura, tratamento; medicamento, remédio; resolução, solução. | *v* curar, tratar (doença); curar (ao sol), defumar; preservar; vulcanizar (borracha).
**cureless** /kyurles/ *adj* incurável.
**curer** /kyurer/ *s* remédio; médico, curandeiro; preservador, conservante; defumador.
**curettage** /kyurétidj, kyuretáj/ *s* curetagem.
**curfew** /kêrfyú/ *s* toque de recolher; o sino que dá esse toque.
**Curia** /kyurie/ *s* cúria (*pl* **curiae** /kyurií, kyuriai/).
**curiosity** /kyuriáseti/ *s* curiosidade, vontade de saber; indiscrição; objeto interessante.
**curious** /kyuries/ *adj* curioso.
**curiously** /kyuriesli/ *adv* curiosamente.
**curl** /kêrl/ *s* cacho de cabelo, caracol; ondulação; friso; espiral. | *v* encaracolar, ondular; frisar.
**curlew** /kêrlú/ *s* maçarico.
**curliness** /kêrlines/ *s* ondulação.
**curl paper** *s* papelote (de encaracolar cabelo).
**curly** /kêrli/ *adj* crespo, ondulado.
**curmudgeon** /kermâdjen/ *s* pessoa ranheta e teimosa.
**currant** /kêrent/ *s* groselha.
**currency** /kêrensi/ *s* circulação, meio de troca; moeda corrente; prevalência, aceitação.
**current** /kêrent/ *adj* corrente, circulante, em voga, atual. | *s* progresso; tendência; corrente (elétrica); fluxo.
**curricular** /kerikyeler/ *adj* curricular.
**curriculum** /kerikyelem/ *s* currículo (*pl* **curricula** /kerikyele/ ou **curriculums**).
**curriculum vitae** /kerikyelemvítai, kerikyelemvítí, kerikyelemvaiti/ *s* currículo, *curriculum vitae* (*pl* **curricula vitae** /kerikyelevítai, kerikyelevítí, kerikyelevaiti/).
**currie** /kêri/ » **curry**.
**currish** /kêrich/ *adj* grosseiro, bruto.
**curry** /kêri/ *s* caril, condimento apimentado; comida servida com caril. | *v* condimentar com caril; escovar cavalo.
**curse** /kêrs/ *s* praga, maldição; desgraça, calamidade; palavrão; anátema, excomunhão; *gír* menstruação. | *v* amaldiçoar; blasfemar; atormentar; excomungar.
**cursed** /kêrsid/ *adj* maldito, amaldiçoado, detestável.
**cursedly** /kêrsidli/ *adv* detestavelmente.
**cursedness** /kêrsidnes/ *s* abominação.
**cursive** /kêrsiv/ *adj* cursivo. | *s* letra cursiva; estilo manuscrito.
**cursor** /kêrser/ *s* cursor (computação).
**cursoriness** /kêrserines/ *s* negligência, superficialidade.
**cursory** /kêrseri/ *adj* apressado, rápido; precipitado, descuidado, negligenciado.
**curst** /kêrst/ » **cursed**.
**curt** /kêrt/ *adj* curto, breve, conciso; abrupto, rude.
**curtail** /kerteil/ *v* resumir, abreviar, encurtar.

**curtailment** /kerteilment/ *s* redução, diminuição, resumo.
**curtain** /kêrten/ *s* cortina, cortinado; abrigo, resguardo, proteção; pano de boca do palco. | *v* ornamentar ou resguardar com cortinas; esconder, encobrir.
**curtly** /kêrtli/ *adv* abreviadamente.
**curtness** /kêrtnes/ *s* brevidade, concisão.
**curtsey** /kêrtsi/ » **curtsy**.
**curtsy** /kêrtsi/ *s* reverência, cortesia, mesura. | *v* reverenciar, fazer mesura.
**curvature** /kêrvetcher/ *s* curvatura, arqueamento.
**curve** /kêrv/ *s* curva, flexão; *gír* decepção. | *v* curvar, dobrar.
**curvilineal** /kêrveliniel/ *adj* curvilíneo.
**curvilinear** /kêrvelinier/ » **curvilineal**.
**cushion** /kuchen/ *s* almofada, coxim, travesseiro; amortecedor; tabela do bilhar; para-choque. | *v* proteger ou adornar com almofadas; amortecer.
**cushy** /kuchi/ *adj inform* confortável.
**cusp** /kâsp/ *s* ponta, cúspide, vértice.
**cuspid** /kâspid/ *s* dente canino.
**cuspidor** /kâspedór/ *s* escarradeira.
**cuss** /kâs/ *s inform* maldição; criatura perversa. | *v* amaldiçoar.
**cussed** /kâsid/ *adj inform* amaldiçoado; perverso, mau.
**custodial** /kâstoudiel/ *adj* custódio.
**custodian** /kâstoudien/ *s* guarda, administrador; zelador, porteiro.
**custody** /kâstedi/ *s* custódia, guarda; prisão; escolta, proteção, defesa, segurança.
**custom** /kâstem/ *adj* feito por encomenda, personalizado. | *s* costume, uso, hábito; cliente, freguesia, clientela. • **customs** *us v sing* direitos alfandegários; alfândega.
**customariness** /kâstemérines/ *s* hábito, costume, uso.
**customary** /kâsteméri/ *adj* habitual.
**customer** /kâstemer/ *s* freguês de uma loja, cliente, consumidor.
**customhouse** /kâstemhaus/ *s* alfândega, aduana.
**customshouse** /kâstesmhaus/ » **customhouse**.
**cut** /kât/ *v* cortar, recortar, aparar; talhar, esculpir; rachar, fender; encurtar; ferir, mutilar; partir, separar; lapidar; abrir (caminho); desprezar, desconsiderar; castrar (animais). | *s* corte, cortadura; abertura; ferida; incisão; canal, passagem; pedaço cortado; falta não justificada (escola). • **cut down** remodelar; reduzir. **cut out** desistir; predeterminar. **cut short** encurtar. **cut up** cortar em pedaços; censurar.
**cutaneous** /kyúteinies/ *adj* cutâneo.
**cutaway** /kâtewei/ *s* fraque; corte em filme.
**cute** /kyút/ *adj* perspicaz, astuto; gracioso, bonito.
**cutely** /kyútli/ *adv* atrativamente; inteligentemente.
**cuteness** /kyútnes/ *s* perspicácia, esperteza; encanto, atração.
**cuticle** /kyútekel/ *s* cutícula, película.
**cutis** /kyútis/ *s* cútis (*pl* **cutes** ou **cutises**).
**cutler** /kâtler/ *s* cuteleiro.
**cutlery** /kâtleri/ *s* faqueiro, conjunto de talheres; instrumentos cortantes em geral; cutelaria, ofício de cuteleiro.
**cutlet** /kâtlet/ *s* costeleta, posta (carne).
**cutpurse** /kâtpêrs/ *s* ladrão, batedor de carteiras.
**cut-rate** /kâtreit/ *adj* que vende a preços reduzidos.
**cutter** /kâter/ *s* cortador, cortadeira (em confecção de roupas); talhador; instrumento cortante, máquina de cortar.
**cutthroat** /kâtthrout/ *s* e *adj* degolador, assassino, matador.
**cutting** /kâting/ *s* corte, incisão; fundação, alicerce; parte cortada; muda de planta. | *adj* cortante; incisivo; áspero, sarcástico.
**cutwork** /kâtwêrk/ *s* bordado aberto ou de aplicação.

**cuvette** /kyúvét/ *s* tubo de ensaio.
**cyanate** /saieneit/ *s* cianato.
**cyanic** /saiænik/ *adj* ciânico (química); azul.
**cyanid** /saienid/ » **cyanide**.
**cyanide** /saienaid/ *s* cianeto, cianureto. | *v* aplicar cianeto.
**cybernetics** /saibernétiks/ *s* cibernética.
**cycle** /saikel/ *s* ciclo; um longo período de tempo, época; bicicleta, triciclo; verticilo. | *v* passar por um ciclo; andar de bicicleta.
**cyclic** /saiklik, siklik/ *adj* cíclico, periódico; circular, em anel.
**cyclical** /saiklikel, siklikel/ » **cyclic**.
**cyclist** /saiklist/ *s* ciclista.
**cycloid** /saikloid/ *s* cicloide.
**cycloidal** /saikloidel/ *adj* cicloidal.
**cyclone** /saikloun/ *s* ciclone.
**cyclopaedia** /saikloupídie/ » **cyclopedia**.
**cyclopean** /saikloupíen/ *adj* ciclópico; gigantesco, enorme.
**cyclopedia** /saikloupídie/ *s* enciclopédia.
**cyclopedic** /saikloupídik/ *adj* enciclopédico.
**cyclopedist** /saikloupídist/ *s* enciclopedista.
**cyclotron** /saikletrán/ *s* cíclotron.
**cylinder** /silinder/ *s tb* cilindro; rolo.
**cylindric** /selindrik/ *adj* cilíndrico.
**cylindrical** /selindrikel/ » **cylindric**.
**cymbal** /simbel/ *s* prato (instrumento musical).
**cynic** /sinik/ *s* e *adj* cínico.
**cynical** /sinikel/ *adj* cínico, céptico.
**cynically** /sinikeli/ *adv* cinicamente.
**cynicism** /sinisizem/ *s* cinismo.
**cypher** /saifer/ » **cipher**.
**cypress** /saipres/ *s* cipreste.
**Cypriot** /sipriet/*s* e *adj* cipriota.
**Cyprus** /saipres/ *s* Chipre.
**cyst** /sist/ *s* cisto, quisto.
**cystic** /sistik/ *adj* cístico.
**cystitis** /sistaitis/ *s* cistite.
**cystoid** /sistoid/ *s* cistoide.
**cytology** /saitáledji/ *s* citologia.
**cytoplasm** /saiteplæzem/ *s* citoplasma.
**czar** /zár, tsár/ *s* czar.
**czarina** /záríne, tsárín/ *s* czarina.
**Czech** /tchék/ *s* e *adj* tcheco.
**Czech Republic** *s* República Tcheca.

# Dd



**d** ou **D** /dí/ *s* 4ª letra do alfabeto inglês. | *símb maiús* 500 em numeração romana; *maiús* **Deuterium**.

**DA** /díei/ *abrev* de **District Attorney**, promotor público (*tb* **D.A.**).

**dab** /dæb/ *s* pancada leve; pincelada. | *v* tocar ou bater levemente em.

**dabble** /dæbel/ *v* salpicar, borrifar; enlamear; dedicar-se a algo (como amador); trabalhar superficialmente.

**dabbler** /dæbler/ *s* amador; diletante.

**dachshund** /dákshund/ *s* bassê (raça de cão).

**dactyl** /dæktil/ *s* dáctilo.

**dactylogram** /dæktilegræm/ *s* dactilograma.

**dactylology** /dækteláledji/ *s* dactilologia.

**dad** /dæd/ *s inform* papai; pai.

**daddy** /dædi/ *s inform* papai, pai.

**daddy longlegs** *s* pernilongo (*pl* **daddy longlegs**).

**daemon** /dímen/ » **demon**.

**daemonic** /dimánik/ » **demonic**.

**daffodil** /dæfedil/ *s* narciso.

**daffy** /dæfi/ *adj inform* bobo, tolo; aloucado.

**daft** /dæft/ *adj* tolo, imbecil, idiota.

**dagger** /dæger/ *s* adaga, punhal.

**dahlia** /dælye/ *s* dália.

**daily** /deili/ *s* jornal; diário. | *adj* diário, cotidiano. | *adv* diariamente, todo dia.

**daimon** /daimoun/ » **demon**.

**dainty** /deinti/ *s* manjar, guloseima, iguaria fina. | *adj* delicado; delicioso; elegante, requintado; belo; gracioso.

**dairy** /déri/ *s* laticínio; leiteria; queijaria.

**dairy cattle** *s pl* gado leiteiro.

**dairy farm** *s* fazenda de gado leiteiro.

**dairying** /dériing/ *s* indústria de laticínios.

**dairymaid** /dérimeid/ *s* trabalhadora de leiteria, vendedora de leite; queijeira.

**dairyman** /dérimen/ *s* trabalhador de leiteria; leiteiro, vendedor de leite; queijeiro.

**dais** /deiis/ *s* plataforma, tablado.

**daisy** /deizi/ *s* margarida (flor).

**dale** /deil/ *s* vale, várzea.

**dalles** /dælz/ *s pl* corredeiras (de rio).

**dalliance** /dæliens/ *s* carícia, afago; flerte, namorico, gracejo; frivolidade; leviandade.

**dally** /dæli/ *v* demorar-se, perder tempo; divertir-se, brincar; flertar.

**dalmatian** /dælmeichen/ *s* dálmata.

**daltonian** /dóltounien/ *adj* daltônico.

**daltonic** /dóltánik/ » **daltonian**.

**daltonism** /dóltenizem/ *s* daltonismo.

**dam** /dæm/ *v* represar, reter. | *s* represa, barragem, dique, açude.

**damage** /dæmidj/ *s* prejuízo; dano; avaria. | *v* prejudicar; arruinar; danificar; estragar. • **damages** indenização.

**damageable** /dæmidjebel/ *adj* danoso; que causa estrago, prejuízo.

**damaging** /dæmidjing/ *adj* prejudicial.
**damask** /dæmesk/ *s* damasco (tecido). | *adj* adamascado. | *v* adamascar.
**dame** /deim/ *s* dama, senhora, matrona, dona.
**dammit** /dæmit/ *interj* maldito seja!
**damn** /dæm/ *v* condenar; amaldiçoar; danar; criticar. | *s* praga, maldição.
**damnable** /dæmnebel/ *adj* condenável, horrível, repreensível, detestável, infame.

D

**damnation** /dæmneichen/ *s* danação, maldição.
**damnatory** /dæmnetóri/ *adj* condenatório.
**damned** /dæmd/ *adj* danado, condenado.
**damning** /dæming/ *adj* condenável.
**damp** /dæmp/ *v* umedecer, molhar; abafar (fogo); desanimar. | *s* umidade; gás nocivo (em minas de carvão); desânimo. | *adj* úmido.
**dampen** /dæmpen/ *v* umedecer; desanimar; amortecer.
**damper** /dæmper/ *s* abafador (piano); registro (chaminé, fogão).
**dampness** /dæmpnes/ *s* umidade; névoa.
**damsel** /dæmzel/ *s* donzela, senhorita.
**dance** /dæns/ *s* dança, baile. | *v* dançar, bailar; saltar; saltitar.
**dance hall** *s* salão de baile (*tb* **dancehall**).
**dancer** /dænser/ *s* dançarino.
**dandelion** /dændelaien/ *s* dente-de-leão (flor).
**dandify** /dændefai/ *v* ajanotar, trajar com apuro excessivo.
**dandle** /dændl/ *v* embalar, acalentar.
**dandruff** /dændref/ *s* caspa.
**dandy** /dændi/ *s* dândi, janota, almofadinha.
**Dane** /dein/ *s* dinamarquês (cidadão).
**danger** /deindjer/ *s* perigo, risco. • **out of danger** fora de perigo.
**dangerous** /deindjeres/ *adj* perigoso, arriscado.
**dangerously** /deindjeresli/ *adv* perigosamente.
**dangle** /dænggel/ *v* balançar, pender, oscilar. | *s* balanço.
**Danish** /deinich/ *adj* dinamarquês. | *s* dinamarquês (idioma).
**dank** /dængk/ *adj* úmido, frio.
**dapper** /dæper/ *adj* garboso, alinhado, elegante; ativo; esperto.
**dapple** /dæpel/ *s* mancha, pinta, salpico; cavalo malhado, animal mosqueado. | *v* salpicar com pintas; mosquear. | *adj* rajado, malhado.
**dare** /dér/ *v* ousar, atrever-se, aventurar-se; desafiar, provocar, enfrentar; ter coragem. | *s* desafio; ousadia.
**daring** /déring/ *s* coragem, ousadia, audácia. | *adj* ousado, atrevido, audacioso.
**dark** /dárk/ *s* escuridão, trevas, sombra; obscuridade; incerteza; ignorância. | *adj* escuro, obscuro, sombrio; tenebroso; enigmático; triste, melancólico; moreno.
**Dark Ages** *s* Idade Média.
**darken** /dárken/ *v* escurecer, obscurecer; denegrir; manchar; nublar; entristecer.
**darkling** /dárkling/ *adj* obscuro, sombrio; apagado; extinto. | *adv* às escuras.
**darkness** /dárknes/ *s* escuridão, trevas; desgraça; infortúnio.
**darkroom** /dárkrúm/ *s* câmara escura.
**darksome** /dárksem/ *adj* sombrio, escuro; opaco.
**darling** /dárling/ *s* e *adj* querido, amado.
**darn** /dárn/ *s* cerzidura, remendo; praga, maldição. | *adj gír* miserável, desgraçado, maldito. | *v* cerzir; maldizer.
**darnel** /dárnel/ *s* joio.
**dart** /dárt/ *s* dardo, seta; arremesso; ferrão de insetos. | *v* lançar(-se), arremessar (-se).
**dash** /dæch/ *s* colisão, choque; pancada; investida, ataque; mancha; pequena quantidade; ostentação; exibição; travessão (sinal de pontuação), traço, barra; vigor, ímpeto. | *v* quebrar, espatifar; atirar, arremessar, lançar; desanimar, frustrar; borrifar, salpicar; manchar, borrar.

**dashboard** /dæchbórd/ *s* painel de instrumentos (automóvel).
**dashing** /dæching/ *adj* arrojado, impetuoso, vistoso.
**dastard** /dæsterd/ *s* covarde, medroso; vil; pusilânime.
**data** /deite/ *s pl* dados.
**data bank** *s* banco de dados.
**database** /deitebeis/ *s* base de dados.
**data processing** *s* processamento de dados.
**date** /deit/ *s* data, época; entrevista, encontro (com namorado); tâmara. | *v* datar; marcar encontro, namorar, sair com alguém.
**dated** /deitid/ *adj* fora de moda; datado.
**dateless** /deitles/ *adj* sem data; imemorial; interminável.
**dative** /deitiv/ *s* e *adj* dativo.
**datum** /deitem/ *s* dado; fato (*pl* **data** / deite/).
**daub** /dáb/ *s* argamassa, reboco; borrão. | *v* revestir, rebocar; besuntar, lambuzar; borrar.
**daughter** /dáter/ *s* filha.
**daughter-in-law** /dáterinlá/ *s* nora (*pl* **daughters-in-law**).
**daunt** /dánt/ *v* desencorajar, desanimar.
**dauntless** /dántles/ *adj* destemido.
**davenport** /dævenpórt/ *s* escrivaninha pequena; sofá-cama.
**daw** /dá/ *s* gralha.
**dawdle** /dádl/ *v* desperdiçar tempo, vadiar.
**dawn** /dán/ *s* aurora, alvorada; princípio; começo. | *v* amanhecer; despontar, aparecer; começar a compreender.
**day** /dei/ *s* dia. • **all day long** o dia inteiro. **by day** durante o dia. **by the day** por dia. **day after day** dia após dia. **every other day** dia sim, dia não. **from this day on** doravante. **the day after tomorrow** depois de amanhã. **the day before yesterday** anteontem.
**day bed** *s* sofá-cama.
**daybreak** /deibreik/ *s* aurora, amanhecer.
**daydream** /deidrím/ *s* devaneio. | *v* sonhar acordado.
**day laborer** *s* trabalhador diarista.
**daylight** /deilait/ *s* luz do dia.
**daylight-saving time** *s* horário de verão (*abrev* **DST**).
**daylong** /deiláng/ *adj* do dia todo. | *adv* o dia inteiro.
**day nursery** *s* creche, escola infantil.
**day school** *s* externato, escola diurna.
**daystar** /deistár/ *s* estrela-d'alva, sol.
**day student** *s* estudante que não mora na instituição de ensino ou universidade.
**daytime** /deitaim/ *s* dia. • **in the daytime** de dia.
**day-to-day** /deitedei/ *adj* cotidiano, do dia a dia.
**day shift** *s* turno diurno.
**daze** /deiz/ *v* ofuscar, atordoar, confundir. | *s* deslumbramento, atordoamento.
**dazzle** /dæzel/ *s* deslumbramento, fascinação; excesso de luz. | *v* deslumbrar; ofuscar; atordoar.
**dazzling** /dæzling/ *adj* deslumbrante, encantador.
**DDE** *abrev* de **Dynamic Data Exchange**, intercâmbio dinâmico de dados; de **Direct Data Entry**, entrada direta de dados.
**deacon** /díken/ *s* diácono.
**deaconess** /díkenes/ *s* diaconisa.
**deaconry** /díkenri/ *s* diaconato.
**deactivate** /diæktiveit/ *v* desativar; desmobilizar.
**dead** /déd/ *adj* morto, falecido; inanimado; inerte, sem vida; extinto; amortecido (som); profundo (silêncio, sono); monótono, parado; desbotado, apagado; desligado. | *s* morto, defunto.
**deaden** /dédn/ *v* amortecer, atenuar.
**dead end** *s* rua sem saída; *fig* beco sem saída, impasse.
**deadhead** /dédhéd/ *s inform* penetra (cinema, teatro).
**deadline** /dédlain/ *s* prazo de entrega, prazo final; linha intransponível pelos prisioneiros.

**deadlock** /dédlák/ *s* impasse, beco sem saída.
**deadly** /dédli/ *adj* mortífero, mortal, fatal; implacável, muito intenso; insuportável. | *adv* mortalmente, muito, extremamente.
**deadness** /dédnes/ *s* morte; inércia, entorpecimento, apatia.
**deaf** /déf/ *adj* surdo; *fig* insensível, inflexível.

D

**deafen** /défen/ *v* ensurdecer.
**deaf-mute** /défmyút, défmyút/ *s* surdo-mudo (*tb* **deaf mute**).
**deafness** /défnes/ *s* surdez.
**deal** /díl/ *s* parte, porção; acordo, negócio, trato; vez de dar as cartas (em jogo). | *v* repartir, distribuir; negociar; dar as cartas (em jogo); lidar.
**dealer** /díler/ *s* negociante, distribuidor, concessionário; jogador que dá as cartas.
**dealing** /díling/ *s* comportamento, conduta.
**dealt** /délt/ *v pass* e *part pass* de **deal**.
**dean** /dín/ *s* decano, deão, reitor.
**dear** /dir/ *s* querido, bem-amado. | *adj* amado, querido, caro, prezado.
**dearly** /dirli/ *adv* ternamente, amorosamente, custosamente.
**dearth** /dêrth/ *s* escassez; carestia.
**death** /déth/ *s* morte, falecimento, óbito.
**deathbed** /déthbéd/ *s* leito de morte.
**deathblow** /déthblou/ *s* golpe de morte, golpe mortal.
**death certificate** *s* certidão ou atestado de óbito.
**deathless** /déthles/ *adj* imortal; eterno.
**deathly** /déthli/ *adj* mortal, fatal; cadavérico. | *adv* mortalmente.
**death penalty** *s* pena de morte.
**death rate** *s* índice de mortalidade.
**death sentence** *s* sentença de morte.
**deathwatch** /déthwátch/ *s* velório.
**deb** /déb/ *s inform* debutante.
**debar** /díbár/ *v* excluir; proibir, impedir.
**debark** /dibárk/ *v* desembarcar.
**debarkation** /díbárkeichen/ *s* desembarque.
**debarment** /díbárment/ *s* exclusão; proibição, impedimento.
**debase** /dibeis/ *v* humilhar, rebaixar, aviltar.
**debasement** /dibeisment/ *s* humilhação, aviltamento, degradação.
**debatable** /dibeitebel/ *adj* discutível, questionável.
**debate** /dibeit/ *s* debate, discussão. | *v* debater, discutir.
**debater** /dibeiter/ *s* argumentador, polemista.
**debauch** /dibátch/ *s* deboche; orgia, depravação. | *v* debochar; devassar, depravar.
**debauchery** /dibátcheri/ *s* deboche; devassidão; libertinagem.
**debenture** /dibéntcher/ *s* debênture, título de dívida.
**debilitate** /dibiliteit/ *v* debilitar.
**debilitation** /dibiliteichen/ *s* debilitação.
**debility** /dibileti/ *s* debilidade.
**debit** /débit/ *s* débito; dívida.| *v* debitar.
**debonair** /débenér/ *adj* cortês, delicado.
**debonaire** /débenér/ » **debonair**.
**debris** /debrí, deibri/ *s pl* escombros, ruínas, destroços.
**debt** /dét/ *s* dívida, débito; obrigação, dever.
**debtor** / déter/ *s* devedor.
**debug** /díbâg/ *v* dedetizar; remover escutas eletrônicas usadas para espionagem; depurar.
**debunk** /díbângk/ *v* desmascarar.
**debut** /deibyú, deibyú/ *s* estreia.
**debutante** /débyútánt/ *s* debutante.
**decade** /dékeid, dékeid/ *s* década.
**decadence** /dékedens, dikeidens/ *s* decadência.
**decadent** /dékedent, dikeident/ *s* e *adj* decadente.
**decaf** /díkæf/ *s inform* café descafeinado.
**decaffeinated** /dikæfineitid/ *adj* descafeinado.
**decal** /díkæl/ *s* decalque.

**decamp** /dikæmp/ *v* decampar, levantar acampamento; fugir, escapar.
**decant** /dikænt/ *v* decantar.
**decantation** /díkænteichen/ *s* decantação.
**decapitate** /dikæpiteit/ *v* decapitar.
**decapitation** /dikæpiteichen/ *s* decapitação.
**decasyllabic** /dékesilæbik/ *adj* decassílabo.
**decasyllable** /dékesilebel/ *s* decassílabo.
**decay** /dikei/ *s* decadência, declínio; apodrecimento, deterioração; cárie. | *v* declinar; decair, apodrecer, deteriorar; cariar.
**decease** /disís/ *s* falecimento, morte. | *v* morrer, falecer.
**deceased** /disíst/ *adj* falecido, morto.
**deceit** /disít/ *s* desonestidade, fraude; mentira.
**deceitful** /disítfel/ *adj* desonesto, fraudulento.
**deceive** /disív/ *v* enganar, iludir.
**deceiver** /disíver/ *s* enganador.
**decelerate** /díséléreit/ *v* desacelerar.
**deceleration** /díséléreichen/ *s* desaceleração.
**December** /disémber/ *s* dezembro.
**decency** /dísensi/ *s* decência; decoro.
**decennial** /diséniel/ *adj* decenal. | *s* décimo aniversário.
**decent** /dísent/ *adj* decente, respeitável; satisfatório, tolerável, razoável.
**decentralization** /díséntrelizeichen/ *s* descentralização.
**decentralize** /díséntrelaiz/ *v* descentralizar.
**deception** /disépchen/ *s* engano, fraude, trapaça.
**deceptive** /diséptiv/ *adj* enganoso, ilusório.
**decibel** /désibél/ *s* decibel (*abrev* **dB**).
**decide** /disaid/ *v* decidir.
**decided** /disaidid/ *adj* decidido, determinado; evidente, claro, definido.
**deciduous** /disídjues/ *adj* decíduo, caduco, efêmero.
**decimal** /désimel/ *adj* decimal. | *s* fração decimal.
**decimate** /désimeit/ *v* dizimar.
**decimation** /désimeichen/ *s* dizimação.
**decipher** /disaifer/ *v* decifrar; interpretar.
**decipherer** /disaiferer/ *s* decifrador.
**decipherment** /disaiferment/ *s* decifração.
**decision** /disijen/ *s* decisão.
**decisive** /disaisiv/ *adj* decisivo, final; decidido, determinado.
**decisiveness** /disaisivnes/ *s* resolução, firmeza.
**deck** /dék/ *s* convés; baralho de cartas; assoalho, piso (de ônibus, avião etc.). | *v* enfeitar, adornar.
**deck chair** *s* espreguiçadeira.
**declaim** /dikleim/ *v* declamar, recitar.
**declaimer** /dikleimer/ *s* declamador.
**declamation** /déklemeichen/ *s* declamação.
**declamatory** /diklæmetóri/ *adj* declamatório, retórico.
**declarable** /diklérebel/ *adj* declarável.
**declaration** /déklereichen/ *s* declaração, depoimento, confissão.
**declarative** /dikléretiv/ *adj* declarativo.
**declaratory** /dikléretóri/ *adj* declaratório.
**declare** /diklér/ *v* declarar, afirmar, depor, expressar.
**declension** /diklénchen/ *s* declinação; declínio, decadência, deterioração.
**declinable** /diklainebel/ *adj* declinável.
**declination** /déklineichen/ *s* declinação; inclinação; recusa, rejeição; desvio.
**decline** /diklain/ *v* declinar; pender; recusar; decair; deteriorar. | *s* declínio; decadência; declive; deterioração.
**declivity** /diklíveti/ *s* declive.
**decoct** /dikákt/ *v* cozer.
**decoction** /dikákchen/ *s* cozimento.
**decode** /díkoud/ *v* decifrar, decodificar.
**decoder** /díkouder/ *s* decodificador.
**decollate** /dikáleit/ *v* degolar.
**decompose** /díkempouz/ *v* decompor.
**decomposition** /díkámpezichen/ *s* decomposição.

D

**decompound** /díkempaund/ *v* decompor. | *adj* duplamente composto.

**decompress** /díkemprés/ *v* descomprimir.

**decompression** /díkempréchen/ *s* descompressão.

**decompression chamber** *s* câmara de descompressão.

**decontaminate** /díkentæmineit/ *v* descontaminar.

**decontamination** /díkentæmineichen/ *s* descontaminação.



**decor** /deikór, deikór/ *s* decoração; cenário.

**decorate** /dékereit/ *v* decorar, ornamentar; condecorar.

**decoration** /dékereichen/ *s* decoração, ornamentação; condecoração.

**decorative** /dékeretiv/ *adj* decorativo, ornamental.

**decorator** /dékereiter/ *s* decorador.

**decorous** /dékeres/ *adj* decoroso.

**decorum** /dikórem/ *s* decoro.

**decoy** /díkoi, dikoi/ *s* chamariz; engodo, isca. | *v* atrair com isca; engabelar.

**decrease** /díkrís/ *s* decréscimo. | /dikrís, díkrís/ *v* decrescer, diminuir.

**decree** /dikrí/ *s* decreto, mandado, sentença. | *v* decretar, mandar.

**decrement** /dékriment/ *s* decréscimo, diminuição.

**decrepit** /dikrépit/ *adj* decrépito, caduco.

**decrepitude** /dikrépitúd/ *s* decrepitude.

**decrescent** /dikrésent/ *adj* decrescente.

**decry** /dikrai/ *v* falar mal; censurar publicamente; execrar; depreciar.

**decrypt** /díkript/ *v* decriptografar, decifrar.

**dedicate** /dédikeit/ *v* dedicar; consagrar; inaugurar.

**dedicated** /dédikeitid/ *adj* dedicado.

**dedication** /dédikeichen/ *s* dedicação; consagração.

**deduce** /didús/ *v* deduzir; inferir.

**deducible** /didúsebel/ *adj* deduzível, dedutível.

**deduct** /didâkt/ *v* deduzir, diminuir, subtrair.

**deduction** /didâkchen/ *s* dedução; conclusão; diminuição; desconto, abatimento.

**deductive** /didâktiv/ *adj* dedutivo.

**deed** /díd/ *s* ato, ação; feito, façanha, proeza; documento, escritura. | *v* ceder, transferir (por meio de escritura).

**deem** /dím/ *v* julgar, supor, considerar.

**deep** /díp/ *s* profundidade; profundeza, abismo. | *adj* profundo, fundo; misterioso, secreto; imerso, absorto; grave, profundo (som).

**deepen** /dípen/ *v* aprofundar.

**deeply** /dípli/ *adv* profundamente.

**deepness** /dípnes/ *s* profundidade, abismo; sagacidade, perspicácia.

**deep-rooted** /díprútid/ *adj* enraizado.

**deep-sea** /dípsí/ *adj* alto-mar.

**deer** /dir/ *s* cervo; veado (*pl* **deer**).

**deface** /difeis/ *v* desfigurar, deformar.

**defacement** /difeisment/ *s* desfiguração, deformação.

**defalcate** /dífælkeit/ *v* desfalcar.

**defalcation** /dífælkeichen/ *s* desfalque.

**defamation** /défemeichen/ *s* difamação.

**defamatory** /difæmetóri/ *adj* difamatório.

**defame** /difeim/ *v* difamar.

**defamer** /difeimer/ *s* difamador.

**default** /difált/ *s* falta, ausência; omissão; negligência, descuido; valor assumido como padrão. | *v* não comparecer em juízo; não pagar, não cumprir (dívida, obrigação etc.).

**defaulter** /difálter/ *s* infrator; defraudador.

**defeasance** /difízens/ *s* anulação, revogação, rescisão.

**defeasible** /difízebel/ *adj* anulável, revogável.

**defeat** /difít/ *s* derrota; frustração. | *v* derrotar; frustrar.

**defeatist** /difítist/ *adj* e *s* derrotista.

**defecate** /défekeit/ *v* defecar, evacuar.

**defecation** /défekeichen/ *s* defecação.

**defect** /difékt, difékt/ *s* defeito, falha, imperfeição. | /difékt/ *v* trair, desertar; insurgir-se.

**defection** /difékchen/ *s* deserção, traição; defecção.
**defective** /diféktiv/ *adj* defeituoso, defectivo.
**defector** /difékter/ *s* dissidente, desertor.
**defend** /difénd/ *v* defender, proteger.
**defendant** /diféndent/ *s* réu, acusado.
**defender** /difénder/ *s* defensor, protetor; advogado de defesa.
**defense** /diféns/ *s* defesa.
**defenseless** /difénsles/ *adj* indefeso, desprotegido.
**defensive** /difénsiv/ *adj* defensivo. | *s* defensiva.
**defer** /difêr/ *v* adiar, retardar; acatar, ceder.
**deference** /déferens/ *s* deferência, acatamento; consideração.
**deferent** /déferent/ *adj* deferente (*tb* canal, tubo); respeitoso.
**deferential** /déferénchel/ *adj* deferente; respeitoso.
**deferment** /difêrment/ *s* adiamento.
**defiance** /difaiens/ *s* desafio, provocação, rebeldia.
**defiant** /difaient/ *adj* desafiante, rebelde.
**deficiency** /difichensi/ *s* deficiência.
**deficient** /difichent/ *adj* deficiente.
**deficit** /défisit/ *s* déficit.
**defier** /difaier/ *s* desafiador, provocador.
**defile** /difail/ *s* desfiladeiro, garganta; desfile. | *v* desfilar; manchar, sujar; violar, corromper.
**defiler** /difailer/ *s* poluidor; corruptor; violador, profanador.
**definable** /difainebel/ *adj* definível.
**define** /difain/ *v* definir.
**definite** /définet/ *adj* definido, preciso, claro.
**definite article** *s* artigo definido.
**definition** /définichen/ *s* definição (*tb* TV, computador), nitidez.
**definitive** /difinetiv/ *adj* definitivo.
**deflagrate** /déflegreit/ *v* deflagrar.
**deflagration** /déflegreichen/ *s* deflagração.
**deflate** /difleit/ *v* esvaziar (bola, pneu); deflacionar.
**deflation** /difleichen/ *s* esvaziamento; deflação.
**deflationary** /difleichenéri/ *adj* deflacionário.
**deflect** /diflékt/ *v* desviar.
**deflection** /diflékchen/ *s* deflexão.
**deflector** /diflékter/ *s* defletor.
**defloration** /déflereichen/ *s* defloração, defloramento.
**deflower** /diflauer/ *v* deflorar, desvirginar; despojar, arruinar, assolar.
**deforest** /dífórist/ *v* desflorestar, desmatar.
**deforestation** /dífóristeichen/ *s* desflorestamento, desmatamento.
**deform** /difórm/ *v* deformar, desfigurar.
**deformation** /dífórmeichen/ *s* deformação, desfiguração.
**deformed** /difórmd/ *adj* deformado, desfigurado.
**deformity** /difórmeti/ *s* deformidade.
**defraud** /difrád/ *v* defraudar, trapacear.
**defrauder** /difráder/ *s* defraudador, trapaceiro.
**defray** /difrei/ *v* custear, pagar.
**defrayal** /difreiel/ *s* pagamento, custeio.
**defrost** /dífrást/ *v* descongelar.
**defroster** /dífráster/ *s* descongelador.
**deft** /déft/ *adj* destro; hábil.
**deftness** /déftnes/ *s* destreza, habilidade.
**defunct** /difânkt/ *adj* morto, extinto.
**defy** /difai/ *v* desafiar, provocar, desacatar.
**degenerate** /didjénereit/ *v* degenerar. | /didjéneret/ *adj* e *s* degenerado.
**degeneration** /didjénereichen/ *s* degeneração.
**degenerative** /didjéneretiv/ *adj* degenerativo.
**deglutition** /díglútichen/ *s* deglutição.
**degradation** /dégredeichen/ *s* degradação.
**degrade** /digreid/ *v* degradar; rebaixar.
**degrading** /digreiding/ *adj* degradante.
**degree** /digrí/ *s* grau, diploma; categoria, classe; estágio, etapa; intensidade, extensão.

D

D

**dehumanize** /díhyúmenaiz/ *v* desumanizar.
**dehydrate** /díhaidreit/ *v* desidratar.
**dehydration** /díhaidreichen/ *s* desidratação.
**deification** /díefikeichen/ *s* deificação, divinização.
**deify** /díifai/ *v* deificar, divinizar, endeusar.
**deign** /dein/ *v* condescender; conceder; dignar-se; ter a bondade de.
**deism** /díizem/ *s* deísmo.
**deist** /díist/ *s* deísta.
**deistic** /díistik/ *adj* deístico.
**deity** /díeti/ *s* deidade; divindade.
**deject** /didjékt/ *v* desanimar; abater.
**dejected** /didjéktid/ *adj* desanimado, abatido.
**dejection** /didjékchen/ *s* depressão, abatimento, tristeza.
**delay** /dilei/ *s* demora, atraso. | *v* demorar--se, atrasar, adiar, retardar.
**delectable** /diléktebel/ *adj* deleitável.
**delectation** /díléktelchen/ *s* deleite.
**delegacy** /déligesi/ *s* corpo de delegados; delegação.
**delegate** /déligeit/ *v* delegar, incumbir. | /déliget/ *s* delegado; deputado, representante.
**delegation** /déligeichen/ *s* delegação; incumbência.
**delete** /dilít/ *v* deletar, excluir, apagar, suprimir (*abrev* **del**).
**deleterious** /déletiries/ *adj* deletério.
**deletion** /dilíchen/ *s* supressão, extinção; ato de riscar.
**deliberate** /dilibereit/ *v* deliberar, ponderar, examinar. | /dilíberet/ *adj* deliberado, ponderado, refletido; intencional; cauteloso, cuidadoso.
**deliberation** /dilibereichen/ *s* deliberação.
**deliberative** /diliberetiv/ *adj* deliberativo.
**delicacy** /délikesi/ *s* delicadeza, finura; destreza; ligeireza; sensibilidade; sutileza, fragilidade; manjar, iguaria delicada.
**delicate** /déliket/ *adj* delicado, fino; delicioso, saboroso; brando, suave; cortês, atencioso; fraco, frágil.
**delicatessen** /déliketésen/ *s* mercearia de comestíveis finos; guloseimas.
**delicious** /diliches/ *adj* delicioso, saboroso.
**delict** /dilikt/ *s* delito.
**delight** /dilait/ *s* deleite, prazer, delícia. | *v* deleitar, encantar(-se), deliciar(-se).
**delighted** /dilaitid/ *adj* encantado.
**delightful** /dilaitfel/ *adj* encantador, muito agradável.
**delimit** /dilimit/ *v* delimitar, demarcar.
**delimitate** /dilimiteit/ *v* delimitar, demarcar.
**delimitation** /dilimiteichen/ *s* delimitação.
**delineate** /dilinieit/ *v* delinear, esboçar.
**delineation** /dilinieichen/ *s* delineação, esboço.
**delineator** /dilinieiter/ *s* delineador.
**delinquency** /dilingkwensi/ *s* delinquência.
**delinquent** /dilingkwent/ *adj* e *s* delinquente.
**deliquesce** /délikwés/ *v* liquefazer-se, fundir-se.
**delirious** /diliries/ *adj* delirante, desvairado.
**delirium** /diliriem/ *s* delírio, desvario (*pl* **deliriums** ou **deliria** /dilirie/).
**deliver** /diliver/ *v* entregar; render-se; transferir; lançar (bola, ataque); desferir (golpe); proferir (palestra); dar à luz.
**deliverance** /diliverens/ *s* entrega, distribuição; libertação, resgate, livramento; pronunciamento, declaração; parto.
**delivery** /diliveri/ *s* entrega, distribuição; rendição; lançamento, arremesso; parto; elocução; libertação, livramento.
**delivery room** *s* sala de parto.
**dell** /dél/ *s* pequeno vale.
**delta** /délte/ *s* delta.
**delta wing** *s* avião com asa em delta.
**deltoid** /déltoid/ *adj* deltoide.
**delude** /dilúd/ *v* iludir, enganar, seduzir.
**deluge** /délyúdj/ *s* dilúvio, inundação. | *v* inundar, alagar.

**delusion** /dilújen/ *s* ilusão, engano, decepção.
**delusive** /dilúsiv/ *adj* ilusório, enganador.
**delusory** /dilúseri/ *adj* ilusório.
**demagnetization** /dímægnetizeichen/ *s* desmagnetização.
**demagnetize** /dímægnetaiz/ *v* desmagnetizar.
**demagogic** /démegádjik/ *adj* demagógico.
**demagogical** /démegádjikel/ » **demagogic**.
**demagogue** /démegág/ *s* demagogo.
**demagoguery** /démegágeri/ *s* demagogia.
**demagogy** /démegádji/ *s* demagogia.
**demand** /dimænd/ *s* demanda, procura; exigência. | *v* demandar, exigir; necessitar.
**demand deposit** *s* depósito em conta corrente.
**demanding** /dimænding/ *adj* exigente.
**demarcate** /dímárkeit/ *v* demarcar.
**demarcation** /dímárkeichen/ *s* demarcação, delimitação.
**demarkation** /dímárkeichen/ » **demarcation**.
**dematerialize** /dímetirielaiz/ *v* desmaterializar.
**demean** /dimín/ *v* portar-se; rebaixar, aviltar, humilhar, degradar.
**demented** /diméntid/ *adj* demente.
**dementia** /diménche/ *s* demência.
**demerit** /dimérit/ *s* demérito.
**demesne** /dimein/ *s* domínio, propriedade (de terra), possessão, região.
**demigod** /démigád/ *s* semideus.
**demigoddess** /démigádés/ *s* semideusa.
**demilitarization** /dímiliterizeichen/ *s* desmilitarização.
**demilitarize** /dímileteraiz/ *v* desmilitarizar.
**demise** /dimaiz/ *s* morte, falecimento; extinção, desaparecimento; transferência de propriedade (por morte); transferência de trono (por morte ou abdicação). | *v* legar, deixar em testamento (por abdicação); transferir trono por morte.
**demission** /dimichen/ *s* demissão, exoneração.
**demit** /dimit/ *v* demitir-se, exonerar-se.
**demo** /démou/ *s inform* demonstração (*pl* **demos**).
**demobilization** /dímoubelizeichen/ *s* desmobilização.
**demobilize** /dímoubelaiz/ *v* desmobilizar.
**democracy** /dimákresi/ *s* democracia.
**democrat** /démekræt/ *s* democrata.
**democratic** /démekrætik/ *adj* democrático.
**Democratic Republic of Congo** *s* República Democrática do Congo.
**democratization** /dimákrætizeichen/ *s* democratização.
**democratize** /dimákretaiz/ *v* democratizar.
**demography** /dimágrefi/ *s* demografia.
**demolish** /dimálich/ *v* demolir, derrubar, arrasar, destruir.
**demolition** /démelichen/ *s* demolição.
**demon** /dímen/ *s* demônio.
**demoniac** /dimouniæk/ *adj* demoníaco, diabólico; endemoninhado.
**demonic** /dimánik/ *adj* demoníaco.
**demoniacal** /dímenaiekel/ » **demoniac**.
**demonize** /dímenaiz/ *v* endemoninhar, converter em demônio.
**demonology** /dímenáledji/ *s* demonologia.
**demonstrable** /dimánstrebel/ *adj* demonstrável.
**demonstrate** /démenstreit/ *v* demonstrar; provar; manifestar-se.
**demonstration** /démenstreichen/ *s* demonstração; prova; manifestação, passeata.
**demonstrative** /dimánstretiv/ *adj* demonstrativo; efusivo, expansivo.
**demonstrator** /démenstreiter/ *s* demonstrador; manifestante.
**demoralization** /dimórelizeichen/ *s* desmoralização.
**demoralize** /dimórelaiz/ *v* desmoralizar; corromper, subverter.
**demote** /dimout/ *v* rebaixar, degradar.

D

**demotic** /dimátik/ *adj* demótico, popular.
**demount** /dímaunt/ *v* desmontar.
**demur** /dimêr/ *v* objetar, opor-se. | *s* objeção.
**demure** /dimyur/ *adj* sério, reservado; recatado, pudico.
**demystify** /dímistifai/ *v* desmistificar.
**den** /dén/ *s* toca, covil; antro, esconderijo (de criminosos); recanto, retiro. | *v* entocar-se, esconder-se.
**denarius** /dinéries/ *s* denário (antiga moeda romana) (*pl* **denarii** /dinérai/).
**denary** /déneri/ *adj* decimal.
**denationalization** /dínæchenelizeichen/ *s* desnacionalização.
**denationalize** /dínæchenelaiz/ *v* desnacionalizar.
**denaturalize** /dínætcherelaiz/ *v* desnaturalizar.
**denature** /díneitcher/ *v* desnaturar.
**dengue** /dénggi, dénggei/ *s* dengue.
**deniable** /dinaiebel/ *adj* recusável.
**denial** /dinaiel/ *s* negação, desmentido; recusa, rejeição.
**denier** /dinaier/ *s* negador, contraditor.
**denigrate** /dénigreit/ *v* denegrir.
**denigration** /dénigreichen/ *s* difamação.
**denim** /dénim/ *s* brim.
**denizen** /dénizen/ *s* habitante, residente; estrangeiro naturalizado; frequentador; animal ou planta aclimatada, adaptada.
**Denmark** /dénmárk/ *s* Dinamarca.
**denominate** /dinámeneit/ *v* denominar, designar.
**denomination** /dinámeneichen/ *s* denominação; seita religiosa; padrão, valor (monetário).
**denominational** /dinámeneichenel/ *adj* adepto, partidário (de seita religiosa).
**denominator** /dinámeneiter/ *s* denominador.
**denotation** /dínouteichen/ *s* denotação.
**denotative** /dínouteitiv/ *adj* denotativo.
**denote** /dinout/ *v* denotar.
**denounce** /dinauns/ *v* denunciar, delatar; censurar publicamente; comunicar término de acordo.
**denouncement** /dinaunsment/ *s* denúncia, delação.
**denouncer** /dinaunser/ *s* denunciador.
**dense** /déns/ *adj* denso, espesso; intenso, profundo; bronco, estúpido.
**denseness** /dénsnes/ *s* densidade; estupidez.
**density** /dénseti/ *s* densidade, espessura; estupidez.
**dent** /dént/ *s* dente (de engrenagem, faca, serra etc.); entalhe; mossa, afundamento. | *v* dentear, dentar; entalhar.
**dental** /déntl/ *adj* dental, dentário. | *s* som ou letra dental.
**dental floss** *s* fio dental.
**dentate** /dénteit/ *adj* denteado, dentado.
**denticle** /déntikel/ *s* dentículo.
**dentifrice** /déntefris/ *s* dentifrício.
**dentin** /déntin/ *s* dentina.
**dentine** /déntín/ » **dentin**.
**dentist** /déntist/ *s* dentista.
**dentistry** /déntistri/ *s* odontologia.
**dentition** /déntichen/ *s* dentição.
**denture** /déntcher/ *s* dentadura.
**denudation** /dínúdeichen/ *s* desnudação, despimento.
**denude** /dinúd/ *v* denudar, desnudar, despir.
**denunciation** /dinânsieichen/ *s* denúncia, acusação, delação.
**deny** /dinai/ *v* negar, desmentir; rejeitar, renegar; recusar.
**deodorant** /diouderent/ *adj* e *s* desodorante.
**deodorization** /diouderizeichen/ *s* desodorização.
**deodorize** /diouderaiz/ *v* desodorizar.
**deodorizer** /diouderaizer/ *s* desodorizante.
**deoxidization** /diáksedizeichen/ *s* desoxidação.
**deoxidize** /diáksedaiz/ *v* desoxidar.
**depart** /dipárt/ *v* partir, sair, ir embora; afastar-se, desviar-se.

**departed** /dipártid/ *adj* e *s* falecido, morto.

**department** /dipártment/ *s* departamento, seção; repartição; distrito, província; Departamento de Estado (EUA).

**departmental** /dípártméntel/ *adj* departamental; distrital.

**department store** *s* loja de departamentos, magazine.

**departure** /dipártcher/ *s* partida, saída, ida.

**depend** /dipénd/ *v* depender de; contar com, confiar em.

**dependability** /dipéndebileti/ *s* confiança, segurança.

**dependable** /dipéndebel/ *adj* seguro, confiável, digno de confiança.

**dependance** /dipéndens/ » **dependence**.

**dependancy** /dipéndensi/ » **dependency**.

**dependant** /dipéndent/ » **dependent**.

**dependence** /dipéndens/ *s* dependência, sujeição, subordinação; confiança; vício.

**dependency** /dipéndensi/ *s* dependência, subordinação; domínio, possessão (território, país etc.).

**dependent** /dipéndent/ *adj* dependente, subordinado, condicionado.

**depict** /dipikt/ *v* retratar, representar, desenhar, pintar.

**depiction** /dipikchen/ *s* pintura; representação, descrição.

**depilate** /dépileit/ *v* depilar.

**depilation** /dépileichen/ *s* depilação.

**depilatory** /dipiletóri/ *adj* e *s* depilatório.

**deplete** /diplít/ *v* esgotar, exaurir, esvaziar.

**depletion** /diplíchen/ *s* depleção, exaustão; esgotamento (recurso, bem etc.).

**deplorable** /diplórebel/ *adj* deplorável, lamentável.

**deplore** /diplór/ *v* deplorar, lamentar, lastimar.

**deploy** /diploi/ *v* dispor (tropas, navios); disponibilizar.

**depolarize** /dípouleraiz/ *v* despolarizar.

**depoliticize** /dípelitisaiz/ *v* despolitizar.

**depollute** /dípelút/ *v* despoluir.

**depopulate** /dípápyeleit/ *v* despovoar.

**depopulation** /dípápyeleichen/ *s* despovoação, despovoamento.

**deport** /dipórt/ *v* deportar, exilar, desterrar; comportar-se.

**deportation** /dípórteichen/ *s* deportação, expatriação, desterro, degredo.

**deportee** /dípórtí/ *s* deportado, expatriado, desterrado.

**deportment** /dipórtment/ *s* comportamento, conduta, procedimento.

**deposal** /dipouzel/ *s* deposição, demissão, destituição.

**depose** /dipouz/ *v* destituir, destronar, demitir; depor, declarar.

**deposit** /dipázit/ *s* depósito; penhor, garantia; sedimento. | *v* depositar.

**depositary** /dipázetéri/ *s* depositário, depósito; armazém.

**deposition** /dépezichen/ *s* deposição, destituição; depoimento, testemunho; depósito, sedimento.

**depositor** /dipázeter/ *s* depositante.

**depository** /dipázetóri/ *s* depósito, armazém; depositário.

**depot** /dípou, dépou/ *s* depósito, armazém, almoxarifado; estação ferroviária.

**depravation** /dépreveichen/ *s* depravação.

**deprave** /dipreiv/ *v* depravar.

**depraved** /dipreivd/ *adj* depravado.

**depravity** /dipræveti/ *s* depravação.

**deprecate** /déprekeit/ *v* desaprovar, reprovar, censurar.

**deprecation** /déprekeichen/ *s* desaprovação, reprovação, censura.

**deprecative** /déprekeitiv/ » **deprecatory**.

**deprecatory** /dépreketóri/ *adj* deprecatório.

**depreciate** /diprichieit/ *v* depreciar.

**depreciation** /diprichieichen/ *s* depreciação.

**depreciative** /diprichieitiv/ » **depreciatory**.

**depreciatory** /diprichietóri/ *adj* depreciativo.

**depredate** /dépredeit/ *v* depredar.

D

**depredation** /dépredeichen/ *s* depredação.
**depredator** /dépredeiter/ *s* depredador.
**depredatory** /dépredetóri, dépredeiteri, diprédetóri/ *adj* depredatório.
**depress** /diprés/ *v* deprimir, abater, humilhar; diminuir, baixar; apertar, comprimir.
**depressed** /diprést/ *adj* deprimido, abatido, humilhado, desalentado.

D

**depressing** /diprésing/ *adj* deprimente, desanimador, desalentador.
**depression** /dipréchen/ *s* depressão, abatimento, desânimo.
**depressive** /diprésiv/ *adj* depressivo, abatido. | *s* pessoa deprimida.
**depressor** /dipréser/ *s* depressor; abaixa-língua.
**depressurize** /déprécheraiz/ *v* despressurizar.
**deprivation** /dépriveichen/ *s* privação.
**deprive** /dipraiv/ *v* privar, despojar.
**deprived** /dipraivd/ *adj* carente.
**depth** /dépth/ *s* profundidade; intensidade (de cor), tom carregado.
**depurate** /dépyereit/ *v* depurar.
**depuration** /dépyereichen/ *s* depuração, purificação.
**depurator** /dépyereiter/ *s* depurador.
**deputation** /dépyeteichen/ *s* deputação.
**depute** /dipyút/ *v* deputar.
**deputize** /dépyetaiz/ *v* atuar como deputado ou delegado.
**deputy** /dépyeti/ *s* deputado; representante; substituto; subdelegado (de polícia).
**derail** /direil/ *v* descarrilar.
**derailment** /direilment/ *s* descarrilamento.
**derange** /direindj/ *v* desarranjar, desordenar, perturbar, transtornar.
**derangement** /direindjment/ *s* desarranjo, desordem mental, transtorno.
**derelict** /dérelikt/ *s* navio abandonado; qualquer pessoa ou coisa desamparada. | *adj* abandonado.
**dereliction** /dérelikchen/ *s* abandono.
**deride** /diraid/ *v* zombar.
**derider** /diraider/ *s* zombador.
**derision** /dirijen/ *s* zombaria, escárnio.
**derisive** /diraisiv, diraiziv/ *adj* zombeteiro.
**derisory** /diraiseri, diraizeri/ *adj* irrisório, ridículo.
**derivation** /dériveichen/ *s* derivação; lógica.
**derivative** /dirivetiv/ *s* derivativo; derivado. | *adj* derivado, derivativo, derivante.
**derive** /diraiv/ *v* derivar; deduzir; obter, tirar (benefício, prazer etc.).
**derm** /dêrm/ *s* » **dermis**.
**derma** /dêrme/ *s* » **dermis**.
**dermal** /dêrmel/ *adj* dérmico, cutâneo.
**dermatitis** /dêrmetaites/ *s* dermatite.
**dermatologist** /dêrmetáledjist/ *s* dermatologista.
**dermatology** /dêrmetáledji/ *s* dermatologia.
**dermic** /dêrmik/ » **dermal**.
**dermis** /dêrmis/ *s* derme.
**derogate** /déregeit/ *v* desmerecer, depreciar; decair, degenerar.
**derogation** /déregeichen/ *s* detração, depreciação; deterioração.
**derogative** /dirágetiv, déregeitiv/ *adj* depreciativo.
**derogatory** /dirágetóri/ *adj* depreciativo, pejorativo.
**derrick** /dérik/ *s* guindaste (de navio); torre de sondagem de petróleo.
**desalination** /dísælineichen/ *s* dessalinização.
**descend** /disénd/ *v* descer, baixar; descender.
**descendant** /diséndent/ *s* descendente.
**descendent** /diséndent/ *adj* descendente; decrescente, declinante.
**descent** /disént/ *s* descida; declive; degradação; ataque, invasão; descendência, origem, linhagem.
**describable** /diskraibebel/ *adj* descritível.
**describe** /diskraib/ *v* descrever, narrar, delinear.
**describer** /diskraiber/ *s* descritor.

**description** /diskripchen/ *s* descrição, narração.
**descriptive** /diskriptiv/ *adj* descritivo.
**descry** /diskrai/ *v* avistar, distinguir, vislumbrar.
**desecrate** /désikreit/ *v* profanar.
**desecration** /désikreichen/ *s* profanação.
**desecrator** /désikreiter/ *s* profanador.
**desegregate** /díségrigeit/ *v* desagregar.
**desert**[1] /dézert/ *s* e *adj* deserto.
**desert**[2] /dizêrt/ *s* mérito, merecimento. | *v* desertar; abandonar, deixar, desamparar.
**deserter** /dizêrter/ *s* desertor.
**desertification** /dizêrtefikeichen/ *s* desertificação.
**desertion** /dizêrchen/ *s* deserção.
**deserve** /dizêrv/ *v* merecer.
**deserved** /dizêrvd/ *adj* merecido.
**deservedly** /dizêrvdli/ *adv* merecidamente.
**deserving** /dizêrving/ *adj* merecedor, digno.
**desiccate** /désikeit/ *v* dessecar, secar, enxugar; preservar.
**desiccation** /désikeichen/ *s* dessecação.
**desiccative** /désikeitiv/ *adj* dessecativo.
**desiderate** /disidereit/ *v* desejar.
**design** /dizain/ *s* desígnio, propósito; projeto, plano; desenho; modelo, padrão. | *v* projetar, planejar; desenhar; criar, inventar.
**designate** /dézigneit/ *v* designar, indicar, nomear, denominar. | /dézignit/ *adj* designado, indicado, nomeado.
**designation** /dézigneichen/ *s* designação, nomeação, denominação.
**designator** /dézigneiter/ *s* designador.
**designer** /dizainer/ *s* desenhista, projetista, estilista.
**designing** /dizaining/ *adj* astuto, ardiloso, engenhoso.
**desirability** /dizairebileti/ *s* desejo veemente, ânsia, grande vontade.
**desirable** /dizairebel/ *adj* desejável, atraente.
**desire** /dizaier/ *s* desejo, ânsia, vontade, aspiração. | *v* desejar, ansiar.
**desirous** /dizaires/ *adj* desejoso.
**desist** /disist, dizist/ *v* desistir, renunciar; parar, cessar.
**desk** /désk/ *s* carteira escolar; escrivaninha.
**desktop** /désktáp/ *s* área de trabalho (computação).
**desktop publishing** *s* editoração eletrônica.
**desolate** /dézeleit/ *v* desolar; devastar; despovoar. | /dézelet/ *adj* desolado, triste, desalentado; solitário, deserto.
**desolation** /dézeleichen/ *s* desolação, tristeza; devastação; abandono, solidão.
**despair** /dispér/ *s* desespero, desesperança. | *v* desesperar.
**despairing** /dispéring/ *adj* desesperador, desesperado.
**despatch** /dispætch/ » **dispatch**.
**desperate** /désperet/ *adj* desesperado; alucinado, desatinado.
**desperately** /désperetli/ *adv* desesperadamente.
**desperation** /déspereichen/ *s* desespero, desesperança.
**despicable** /dispikebel, déspikebel/ *adj* desprezível.
**despise** /dispaiz/ *v* desprezar, desdenhar.
**despite** /dispait/ *s* despeito, rancor; desprezo. | *prep* apesar de, a despeito de.
**despoil** /dispoil/ *v* despojar, roubar, saquear.
**despoiler** /dispoiler/ *s* espoliador, saqueador.
**despoilment** /dispoilment/ *s* despojamento, espoliação, roubo, saque.
**despoliation** /dispoulieichen/ *s* despojamento, espoliação, roubo, saque.
**despond** /dispánd/ *v* desanimar, desalentar, abater(-se), deprimir.
**despondent** /dispándent/ *adj* desanimado, desalentado, abatido.
**despot** /déspet/ *s* déspota, tirano.
**despotic** /déspátik/ *adj* despótico, tirânico.

**despotism** /déspetizem/ *s* despotismo, tirania.
**dessert** /dizêrt/ *s* sobremesa.
**dessertspoon** /dizêrtspún/ *s* colher de sobremesa.
**destabilize** /dísteibelaiz/ *v* desestabilizar.
**destination** /déstineichen/ *s* destinação, destino; direção.
**destine** /déstin/ *v* destinar.



**destiny** /déstini/ *s* destino.
**destitute** /déstitút/ *adj* destituído, desprovido.
**destitution** /déstitúchen/ *s* destituição; penúria, miséria.
**destroy** /distroi/ *v* destruir, exterminar, extinguir, aniquilar.
**destroyer** /distroier/ *s* destruidor; destróier, contratorpedeiro.
**destruct** /distrâkt/ *v* destruir intencionalmente. | *s* destruição deliberada.
**destructible** /distrâktebel/ *adj* destrutível.
**destruction** /distrâkchen/ *s* destruição, demolição, devastação.
**destructive** /distrâktiv/ *adj* destrutivo, destruidor.
**destructor** /distrâkter/ *s* incinerador; destruidor, destrutor.
**desuetude** /déswitúd/ *s* desuso.
**desultoriness** /déseltórines/ *s* incoerência, desconexão, irregularidade.
**desultory** /déseltóri/ *adj* inconstante, desconexo, irregular.
**detach** /ditætch/ *v* destacar, separar, desprender; enviar (tropas ou pessoa em missão).
**detachable** /ditætchebel/ *adj* destacável, separável.
**detached** /ditætcht/ *adj* destacado, separado; imparcial; independente.
**detachment** /ditætchment/ *s* separação; indiferença; deslocamento; imparcialidade; destacamento (militar).
**detail** /diteil, díteil/ *s* detalhe, particularidade; destacamento (militar). | *v* detalhar; pormenorizar; destacar ou nomear para serviço especial.
**detain** /ditein/ *v* reter.
**detainer** /diteiner/ *s* detenção, prisão; embargo.
**detainment** /diteinment/ *s* detenção; demora.
**detect** /ditékt/ *v* detectar.
**detectable** /ditéktebel/ *adj* detectável.
**detectible** /ditéktibel/ » **detectable**.
**detection** /ditékchen/ *s* detecção, descoberta; identificação; investigação.
**detective** /ditéktiv/ *s* detetive, investigador.
**detective story** *s* história ou romance policial ou de mistério.
**detector** /ditékter/ *s* detector.
**detention** /diténchen/ *s* detenção, custódia, prisão; retenção.
**deter** /ditêr/ *v* desanimar, desencorajar, impedir; dissuadir.
**detergent** /ditêrdjent/ *s* e *adj* detergente.
**deteriorate** /ditiriereit/ *v* deteriorar.
**deterioration** /ditiriereichen/ *s* deterioração.
**deteriorative** /ditiriereitiv/ *adj* deteriorante.
**determinant** /ditêrminent/ *s* e *adj* determinante.
**determinate** /ditêrminet/ *adj* determinado, definido, estabelecido, conclusivo.
**determination** /ditêrmineichen/ *s* determinação, decisão, resolução.
**determinative** /ditêrmineitiv/ *s* determinante. | *adj* determinativo.
**determine** /ditêrmin/ *v* determinar; resolver, decidir; estabelecer, definir.
**determined** /ditêrmind/ *adj* determinado, decidido, resoluto.
**determinism** /ditêrminizem/ *s* determinismo.
**determinist** /ditêrminist/ *s* determinista.
**deterrence** /ditérens/ *s* impedimento, coibição.
**detest** /ditést/ *v* detestar, abominar.
**detestable** /ditéstebel/ *adj* detestável.
**detestation** /dítésteichen/ *s* detestação, abominação.

**dethrone** /di*th*r<u>ou</u>n/ *v* destronar, destronizar, depor.
**dethronement** /di*th*r<u>ou</u>nment/ *s* destronamento, destronização, deposição.
**detonate** /d<u>é</u>teneit/ *v* detonar, explodir.
**detonation** /déten<u>ei</u>chen/ *s* detonação, explosão.
**detonator** /déten<u>ei</u>ter/ *s* detonador, aparelho para fazer explodir.
**detour** /d<u>í</u>tur, dit<u>u</u>r/ *s* desvio (em estrada). | *v* desviar.
**detoxicate** /dít<u>á</u>ksikeit/ *v* desintoxicar.
**detoxification** /dítáksefik<u>ei</u>chen/ *s* desintoxicação.
**detract** /ditr<u>æ</u>kt/ *v* depreciar, diminuir, desmerecer.
**detraction** /ditr<u>æ</u>kchen/ *s* detração, calúnia, difamação, depreciação.
**detractive** /ditr<u>æ</u>ktiv/ *adj* depreciativo, difamatório.
**detractor** /ditr<u>æ</u>kter/ *s* detrator, maledicente.
**detriment** /d<u>é</u>triment/ *s* detrimento, prejuízo, dano.
**detrimental** /détrim<u>é</u>ntel/ *adj* prejudicial, danoso.
**detrition** /ditr<u>i</u>chen/ *s* detrição, atrito, desgaste.
**detritus** /ditr<u>ai</u>tes/ *s* detrito (*pl* **detritus**).
**deuce** /d<u>ú</u>s/ *s* duque, dois (nas cartas ou dados).
**devaluate** /dív<u>æ</u>lyueit/ *v* desvalorizar.
**devaluation** /dívælyu<u>ei</u>chen/ *s* desvalorização.
**devalue** /dív<u>æ</u>lyú/ *v* desvalorizar.
**devastate** /d<u>é</u>vesteit/ *v* devastar.
**devastation** /dévest<u>ei</u>chen/ *s* devastação.
**devastator** /d<u>é</u>vesteiter/ *s* devastador.
**develop** /div<u>é</u>lep/ *v* desenvolver, progredir; incrementar, ampliar; pegar, contrair (doença); revelar (fotografia).
**developer** /div<u>é</u>leper/ *s* revelador (em fotografia); empresário de imóveis.
**developing country** *s* país em desenvolvimento.
**development** /div<u>é</u>lepment/ *s* desenvolvimento, crescimento, progresso; empreendimento imobiliário; revelação (de filme fotográfico).
**devest** /div<u>é</u>st/ *v* privar de.
**deviate** /d<u>í</u>vieit/ *v* desviar-se, afastar-se; divergir.
**deviation** /dívi<u>ei</u>chen/ *s* desvio; divergência.
**device** /div<u>ai</u>s/ *s* invento, aparelho; dispositivo, mecanismo; esquema, plano; artifício, estratagema; emblema, divisa.
**device manager** *s* gerenciador de dispositivos (computação).
**devil** /d<u>é</u>vel/ *s* demônio, diabo, pessoa cruel. | *v inform* importunar, atormentar; condimentar. | *interj* diabo, vá pro inferno, que diabo.
**devilish** /d<u>é</u>velich/ *adj* diabólico, infernal, perverso, endiabrado.
**devil-may-care** /dévelmeik<u>é</u>r/ *adj* descuidado, irresponsável.
**devilment** /d<u>é</u>velment/ *s* diabrura, travessura, maldade.
**devious** /d<u>í</u>vies/ *adj* divergente, tortuoso; esperto, malandro, desonesto.
**devise** /div<u>ai</u>z/ *v* imaginar, inventar; deixar em testamento, legar. | *s* legação testamentária.
**devisee** /divaiz<u>í</u>, déviz<u>í</u>/ *s* legatário.
**deviser** /div<u>ai</u>zer/ *s* inventor, autor, idealizador.
**devisor** /div<u>ai</u>zer, dévez<u>ó</u>r/ *s* testador.
**devitalization** /dívaiteliz<u>ei</u>chen/ *s* desvitalização.
**devitalize** /dív<u>ai</u>telaiz/ *v* desvitalizar.
**devoid** /div<u>oi</u>d/ *adj* desprovido, destituído.
**devolution** /dévelúchen/ *s* devolução; transmissão, transferência; degeneração.
**devolve** /div<u>á</u>lv/ *v* passar, transferir, recair (obrigação, responsabilidade).
**devote** /div<u>ou</u>t/ *v* devotar, dedicar.
**devoted** /div<u>ou</u>tid/ *adj* devotado, dedicado.

D

**devotee** /dévetí, dévetei/ *s* devoto, beato; fã, admirador.
**devotion** /divouchen/ *s* devoção; dedicação.
**devour** /divauer/ *v* devorar; tragar, consumir.
**devourer** /divauerer/ *s* devorador.
**devout** /divaut/ *adj* devoto; sincero, fervoroso.
**dew** /dú/ *s* orvalho, sereno, relento, rocio. | *v* orvalhar, refrescar, rociar.
**dewdrop** /dúdráp/ *s* gota de orvalho.
**dewfall** /dúfól/ *s* orvalhada.
**dexter** /dékster/ *adj* destro, direito.
**dexterity** /dékstéreti/ *s* destreza, agilidade, habilidade.
**diabetes** /daiebítes, daiebítíz/ *s* diabetes.
**diabetic** /daiebétik/ *adj* diabético.
**diabolic** /daiebálik/ » **diabolical**.
**diabolical** /daiebálikel/ *adj* diabólico.
**diabolism** /daiæbelizem/ *s* diabolismo.
**diabolize** /daiæbelaiz/ *v* tornar diabólico, incutir maus princípios, satanizar.
**diaconate** /daiækenit, daiækeneit/ *s* diaconato.
**diacritic** /daiekritik/ *adj* e *s* diacrítico.
**diacritical** /daiekritikel/ *adj* diacrítico; distinto.
**diadem** /daiedém/ *s* diadema.
**diaeresis** /daiéresis/ » **dieresis**.
**diagnose** /daiegnous, daiegnous/ *v* diagnosticar.
**diagnosis** /daiegnousis/ *s* diagnose, diagnóstico (*pl* **diagnoses** /daiegnousíz/).
**diagnostic** /daiegnástik/ *adj* e *s* diagnóstico.
**diagonal** /daiægenel/ *adj* e *s* diagonal.
**diagram** /daiegræm/ *s* diagrama.
**dial** /daiel/ *s* mostrador (de relógio, rádio etc.); sintonizador (de rádio); disco (de telefone). | *v* marcar (em mostrador); sintonizar (rádio); discar (telefone).
**dialect** /daielékt/ *s* dialeto.
**dialectal** /daieléktel/ *adj* dialetal.
**dialectic** /daieléktik/ *adj* dialético. | *s* dialética.
**dialectics** /daieléktiks/ *s* dialética, lógica.
**dialog** /daielálong/ » **dialogue**.
**dialog box** *s* caixa de diálogo (computação).
**dialogue** /daielág/ *s* diálogo. | *v* dialogar.
**dial tone** *s* tom de discar (telefone).
**dial-up access** *s* acesso por discagem.
**dialysis** /daiælesis/ *s* diálise; hemodiálise (*pl* **dialyses** /daiælesíz/).
**diamagnetism** /daiemægnetizem/ *s* diamagnetismo.
**diameter** /daiæmiter/ *s* diâmetro.
**diamond** /daiemend, daimend/ *s* diamante; losango; campo de beisebol. • **diamonds** ouros (naipe de cartas).
**diapason** /daiepeizen/ *s* diapasão.
**diaper** /daieper/ *s* fralda. | *v* trocar ou colocar fralda.
**diaphanous** /daiæfenes/ *adj* diáfano.
**diaphragm** /daiefræm/ *s* diafragma.
**diaphragmatic** /daiefrægmætik/ *adj* diafragmático.
**diarrhea** /daierie/ *s* diarreia.
**diarrhoea** /daieríe/ » **diarrhea**.
**diary** /daieri/ *s* diário; agenda.
**diaspora** /daiæspere/ *s* diáspora.
**dibble** /dibel/ *s* cavadeira, sachola. | *v* plantar, cavar com sacho.
**dice** /dais/ *s pl* dados (*sing* **die**). | *v* jogar dados; cortar (vegetais etc.) em cubos.
**dichotomy** /daikátemi/ *s* dicotomia.
**dick** /dik/ *s gír* detetive; pênis.
**dicker** /diker/ *s* barganha, pechincha. | *v* barganhar, pechinchar, regatear.
**dicotyledon** /daikátelíden/ *s* dicotiledônea.
**Dictaphone** /diktefoun/ *s* ditafone (marca registrada).
**dictate** /dikteit, dikteit/ *v* ditar, dar ordens, mandar; passar ditado. | /dikteit/ *s* ordem.
**dictation** /dikteichen/ *s* ditado.
**dictator** /dikteiter, dikteiter/ *s* ditador, déspota.

**dictatorial** /diktetóriel/ *adj* ditatorial.
**dictatorship** /dikteiterchip/ *s* ditadura.
**diction** /dikchen/ *s* dicção; estilo (de expressão), elocução.
**dictionary** /dikchenéri/ *s* dicionário.
**dictum** /diktem/ *s* dito, ditado, máxima; acórdão de tribunal (*pl* **dicta** /dikte/).
**did** /did/ *v pass* de **do**.
**didact** /daidækt/ *s* didata.
**didactic** /daidæktik, didæktik/ *adj* didático, instrutivo.
**didactical** /daidæktikel, didæktikel/ » **didactic**.
**didactics** /daidæktiks, didæktiks/ *s us v sing* ou *pl* didática.
**didapper** /daidæper/ *s* mergulhão.
**diddle** /didl/ *v gír* enganar, trapacear, burlar; manipular dados ilegalmente.
**dido** /daidou/ *s* travessura, truque (*pl* **didoes** ou **didos**).
**die** /dai/ *v* morrer, falecer, perecer; desaparecer lentamente (som, vento, sol etc.); imprimir, estampar. | *s* dado (*pl* **dice** /dais/); molde, matriz, estampa (*pl* **dies**).
**dieresis** /daiéresis/ *s* diérese (*pl* **diereses**).
**diesel** /dízel/ *s* diesel.
**diesel engine** *s* motor diesel.
**diesis** /daiesis/ *s* díese, sustenido, meio-tom (*pl* **dieses** /daiesíz/).
**diet** /daiet/ *s* dieta, regime; assembleia (política ou religiosa). • **go on a diet** fazer dieta.
**dietetic** /daietétik/ *adj* dietético.
**dietetics** /daietétiks/ *s us v sing* dietética.
**dietician** /daietichen/ » **dietitian**.
**dietitian** /daietichen/ *s* dietista, nutricionista.
**differ** /difer/ *v* diferir; discordar, divergir.
**difference** /diferens/ *s* diferença; desacordo, divergência.
**different** /diferent/ *adj* diferente, desigual, diverso.
**differential** /diferénchiel/ *adj* diferencial, diferente, distinto. | *s* diferencial (cálculo).
**differentiate** /diferénchieit/ *v* diferençar, diferenciar, distinguir; discriminar.
**differentiation** /diferénchieichen/ *s* diferenciação.
**difficult** /difikelt/ *adj* difícil, árduo.
**difficulty** /difikelti/ *s* dificuldade.
**diffidence** /difidens/ *s* desconfiança; modéstia, timidez.
**diffident** /difident/ *adj* desconfiado; tímido, modesto.
**diffidently** /difidentli/ *adv* timidamente.
**diffract** /difrækt/ *v* difratar.
**diffraction** /difrækchen/ *s* difração.
**diffuse** /difyúz/ *v* difundir, derramar, espalhar, propagar. | /difyús/ *adj* difuso, espalhado; prolixo.
**diffusion** /difyújen/ *s* difusão, propagação.
**dig** /dig/ *s* escavação; cutucada, cotovelada; comentário sarcástico, escárnio. | *v* cavar, escavar, cavoucar; desenterrar; cravar, enfiar; *gír* entender, curtir, sacar.
**digest** /daidjést/ *s* digesto, código de leis; sumário, compêndio, coletânea. | /daidjést, didjést/ *v* digerir; assimilar, absorver; elaborar, classificar, compilar.
**digestible** /daidjéstebel, didjéstebel/ *adj* digestível, digerível.
**digestion** /daidjéstchen, didjéstchen/ *s* digestão.
**digestive** /daidjéstiv, didjéstiv/ *adj* digestivo.
**digger** /diger/ *s* cavador, escavador; escavadora mecânica.
**digit** /didjit/ *s* algarismo, dígito; dedo (da mão ou do pé).
**digital** /didjitel/ *adj* digital.
**digital camera** *s* câmera digital.
**digitize** /didjitaiz/ *v* digitalizar.
**dignified** /dignifaid/ *adj* nobre, digno, imponente, altivo, honrado; grave, sério.
**dignify** /dignifai/ *v* dignificar, elevar, exaltar, enaltecer.
**dignitary** /dignetéri/ *s* dignitário.
**dignity** /digneti/ *s* dignidade, honradez; mérito.

D

**digraph** /daigræf/ *s* dígrafo, digrama.
**digress** /daigrés, digrés/ *v* digressionar, divagar, desviar-se do assunto.
**digression** /daigréchen, digréchen/ *s* divagação, digressão, desvio (de um assunto).
**digressive** /daigrésiv, digrésiv/ *adj* digressivo.
**dihedral** /daihídrel/ *adj* e *s* diedro.
**dike** /daik/ *v* represar, proteger por dique, drenar (com vala), canalizar. | *s* dique, represa, vala, canal, aterro.
**dilapidate** /dilæpideit/ *v* dilapidar, destruir, arruinar, estragar.
**dilapidated** /dilæpideitid/ *adj* dilapidado, arruinado, estragado, malconservado.
**dilapidation** /dilæpideichen/ *s* dilapidação, estrago, destruição, ruína.
**dilatation** /dileteichen, daileteichen/ *s* dilatação.
**dilate** /daileit, daileit/ *v* dilatar, expandir.
**dilatory** /diletóri/ *adj* dilatório.
**dilemma** /diléme/ *s* dilema.
**dilettante** /diletánt, diletánt/ *s* diletante.
**diligence** /dilidjens/ *s* diligência, zelo, cuidado, aplicação; carruagem.
**diligent** /dilidjent/ *adj* diligente, aplicado, estudioso.
**dill** /dil/ *s* endro (planta).
**dilly-dally** /dilidæli/ *v* perder tempo, vadiar, vacilar.
**diluent** /dilyuent/ *adj* e *s* diluente.
**dilute** /dailút, dilút/ *v* diluir, dissolver. | *adj* diluído.
**dilution** /dailúchen, dilúchen/ *s* diluição.
**diluvial** /dilúviel, dailúviel/ *adj* diluviano.
**diluvian** /dilúvien, dailúvien/ » **diluvial**.
**dim** /dim/ *adj* obscuro, pouco claro; vago, indistinto; turvo, embaçado, fosco, opaco. | *v* obscurecer, ofuscar; diminuir a intensidade da luz; turvar, embaçar.
**dime** /daim/ *s* moeda americana de dez centavos.
**dime novel** *s* romance em folhetim.
**dimension** /diménchen, daiménchen/ *s* dimensão, tamanho, extensão, medida.
**dime store** *s* bazar.
**diminish** /diminich/ *v* diminuir, reduzir, enfraquecer, minguar.
**diminution** /dimenúchen/ *s* diminuição, abatimento, redução, atenuação.
**diminutive** /diminyetiv/ *adj* diminuto, minúsculo. | *s* diminutivo.
**dimly** /dimli/ *adv* obscuramente, vagamente; indistintamente.
**dimmer** /dimer/ *s* redutor de intensidade de luz.
**dimness** /dimnes/ *s* obscuridade.
**dimple** /dimpel/ *s* covinha; ondulação, depressão. | *v* formar covinhas (no queixo, na face); ondular (água).
**din** /din/ *v* fazer barulho, algazarra; atordoar, aturdir. | *s* gritaria, algazarra, tumulto.
**dine** /dain/ *v* jantar; oferecer um jantar.
**diner** /dainer/ *s* comensal, conviva; vagão-restaurante.
**ding** /ding/ *v* tilintar, tocar, repicar; *inform* repetir insistentemente, martelar.
**dingle** /dinggel/ *s* pequeno vale arborizado.
**dingy** /dindji/ *adj* sombrio, lúgubre; encardido, descolorido, desbotado.
**dining car** *s* vagão-restaurante (trem).
**dining room** *s* sala de jantar.
**dining table** *s* mesa de jantar.
**dinner** /diner/ *s* jantar.
**dinnertime** /dinertaim/ *s* hora do jantar.
**dinnerware** /dinerwér/ *s* aparelho de jantar.
**dinosaur** /dainesór/ *s* dinossauro.
**dint** /dint/ *s* força, poder, esforço; mossa. | *v* marcar, pressionar, fazer mossa.
**diocesan** /daiásesen/ *adj* diocesano.
**diocese** /daiesis/ *s* diocese.
**dioxide** /daiáksaid/ *s* dióxido.
**dip** /dip/ *s* mergulho, imersão, submersão; banho de imersão; vela (fabricada por imersão em cera); molho grosso (culinária); declive, inclinação. | *v* mergulhar, molhar, banhar, embeber; enfiar, meter; baixar.
**diphtheria** /difthirie/ *s* difteria.

**diphthong** /difthángl/ *s* ditongo.
**diploma** /diploume/ *s* diploma.
**diplomacy** /diploumesi/ *s* diplomacia.
**diplomat** /diplemæt/ *s* diplomata.
**diplomate** /diplemeit/ *s* diplomado.
**diplomatic** /diplemætik/ *adj* diplomático.
**diplomatic corps** *s* corpo diplomático.
**diplomatics** /diplemætiks/ *s* diplomática (ramo da paleografia que estuda documentos antigos, determinando sua idade e autenticidade).
**diplomatist** /diploumetist/ *s* diplomata.
**dipper** /diper/ *s* concha, colherão; mergulhão (ave).
**dipstick** /dipstik/ *s* vareta medidora do nível de óleo do carro.
**dipteran** /dipteren/ *s* e *adj* díptero (inseto).
**dipteron** /dipterán/ » **dipteran.**
**dire** /daier/ *adj* terrível, medonho, horrendo; lúgubre, triste.
**direct** /dirékt, dairékt/ *v* dirigir, conduzir, instruir, orientar; indicar, mostrar (caminho). | *adj* direto, direito, reto; franco, sincero, sem rodeios. | *adv* diretamente.
**direction** /dirékchen, dairékchen/ *s* direção, curso, rumo; comando, orientação; endereço (carta); administração; diretoria, gerência. • **directions** instruções, orientações.
**directive** /diréktiv, dairéktiv/ *adj* diretivo, diretor. | *s* diretiva, diretriz.
**directly** /diréktli, dairéktli/ *adv* diretamente.
**direct mail** *s* mala-direta.
**direct object** *s* objeto direto.
**director** /dirékter, dairékter/ *s* diretor, administrador.
**directorate** /dirékteret, dairékteret/ *s* diretoria, corpo de diretores.
**directorship** /dirékterchip, dairékterchip/ *s* diretoria.
**directory** /dirékteri, dairékteri/ *s* diretoria, junta de diretores; lista, catálogo (de telefones); livro de endereços, anuário; diretório. | *adj* diretório, diretor.
**direct primary** *s* eleição primária (EUA).
**directrix** /diréktriks, dairéktriks/ *s* diretriz (*pl* **directrixes** ou **directrices** /dairéktraisíz/).
**direct speech** *s* discurso direto.
**direful** /daierfel/ *adj* horrível, terrível, pavoroso; lúgubre, triste.
**dirge** /dêrdj/ *s* canto fúnebre, canção melancólica.
**dirigible** /diredjebel, diridjebel/ *adj* e *s* dirigível.
**dirk** /dêrk/ *v* apunhalar. | *s* adaga, punhal.
**dirt** /dêrt/ *s* imundície, sujeira; lama, lodo; cascalho; excremento, lixo; obscenidade, baixeza; *inform* informação confidencial, escândalo.
**dirt-cheap** /dêrttchíp/ *adj inform* baratíssimo.
**dirt-poor** /dêrtpur/ *adj inform* paupérrimo.
**dirty** /dêrti/ *adj* sujo, porco, imundo; indecente, obsceno; vil, baixo. | *v* sujar, manchar, conspurcar.
**dirty laundry** *s fig* roupa suja.
**dirty linen** *s fig* roupa suja.
**dirty tricks** *s pl gír* golpe baixo; espionagem comercial.
**dirty word** *s* palavra grosseira ou obscena, palavrão.
**disability** /disebileti/ *s* incapacidade, inabilidade; incompetência, insuficiência; invalidez.
**disable** /diseibel/ *v* inabilitar, incapacitar; desqualificar, invalidar; desabilitar, desativar.
**disabled** /diseibeld/ *adj* incapacitado, inutilizado; deficiente, aleijado, inválido.
**disablement** /diseibelment/ *s* impotência, incapacidade, inabilitação, invalidez.
**disabuse** /disebyúz/ *v* desenganar, desiludir.
**disaccord** /disekórd/ *s* desacordo, discordância. | *v* discordar.
**disadvantage** /disedvæntidj/ *s* desvantagem; prejuízo, perda.

**disadvantaged** /disedvæntidjd/ *adj* inferior, em desvantagem.
**disadvantageous** /disædvænteidjes/ *adj* desvantajoso.
**disaffect** /disefékt/ *v* descontentar, desgostar, afastar.
**disaffected** /diseféktid/ *adj* descontente, insatisfeito.
**disaffection** /disefékchen/ *s* descontentamento.
**disaffiliate** /disefilieit/ *v* desassociar-se.
**disaffirm** /disefêrm/ *v* desafirmar, negar; anular, revogar, repudiar.
**disagree** /disegrí/ *v* discordar, divergir; fazer mal (clima ou comida).
**disagreeable** /disegríebel/ *adj* desagradável; mal-humorado.
**disagreement** /disegríment/ *s* desacordo, discórdia, divergência, desavença.
**disallow** /diselau/ *v* desaprovar, desautorizar, reprovar, rejeitar, vetar.
**disallowance** /diselauens/ *s* desaprovação; proibição.
**disappear** /disepir/ *v* desaparecer, sumir, perder-se, extinguir-se.
**disappearance** /disepirens/ *s* desaparecimento.
**disappoint** /disepoint/ *v* desapontar, decepcionar; frustrar.
**disappointed** /disepointid/ *adj* desapontado, decepcionado.
**disappointing** /disepointing/ *adj* decepcionante.
**disappointment** /disepointment/ *s* desapontamento, decepção.
**disapprobation** /disæprebeichen/ *s* desaprovação, reprovação, censura.
**disapproval** /diseprúvel/ *s* desaprovação, reprovação, censura.
**disapprove** /diseprúv/ *v* desaprovar, reprovar, condenar, rejeitar.
**disapprovingly** /diseprúvingli/ *adv* com desaprovação, com reprovação.
**disarm** /disárm/ *v* desarmar.
**disarmament** /disármement/ *s* desarmamento, deposição de armas.
**disarrange** /disereindj/ *v* desarranjar, desordenar, desarrumar.
**disarrangement** /disereindjment/ *s* desarranjo, desordem, perturbação.
**disarray** /diserei/ *v* desordenar, desalinhar; despir, despojar. | *s* desordem, desarranjo; desleixo, desalinho.
**disarticulate** /disártikyeleit/ *v* desarticular, desconjuntar.
**disassemble** /disesémbel/ *v* desmontar, separar, desunir, desagrupar.
**disassociate** /disesouchieit/ *v* desassociar, dissociar, separar, desligar.
**disaster** /dizæster/ *s* desastre, desgraça, catástrofe, calamidade.
**disastrous** /dizæstres/ *adj* desastroso, calamitoso.
**disavow** /disevau/ *v* negar, desmentir; repudiar.
**disavowal** /disevauel/ *s* negação, desmentido; repúdio.
**disband** /disbænd/ *v* debandar, dispersar.
**disbandment** /disbændment/ *s* dispersão, debandada.
**disbelief** /disbilíf/ *s* incredulidade, descrença.
**disbelieve** /disbilív/ *v* descrer, desacreditar.
**disburse** /disbêrs/ *v* desembolsar, gastar, despender.
**disbursement** /disbêrsment/ *s* desembolso, gasto, despesas.
**disc** /disk/ » **disk**.
**discard** /diskárd/ *v* descartar-se (no jogo); livrar-se, desfazer-se, jogar fora, descartar. | /diskárd/ *s* descarte (no jogo); refugo.
**discarnate** /diskárnit, diskárneit/ *adj* desencarnado.
**disc brake** *s* freio a disco.
**discern** /disêrn/ *v* discernir, perceber, distinguir, discriminar.
**discernible** /disêrnebel/ *adj* discernível, perceptível, visível.
**discerning** /disêrning/ *adj* observador, perspicaz, sagaz.

**discernment** /disêrnment/ *s* discernimento, perspicácia.

**discharge** /distchárdj/ *v* descarregar; expelir, escoar, evacuar, derramar; dispensar, demitir; licenciar, dar baixa (soldado); pôr (preso) em liberdade, absolver; dar alta a (paciente); *fig* livrar, aliviar; desonerar, desobrigar, dar quitação a; descorar (tecido). | /distchárdj, distchárdj/ *s* descarga; ejeção, disparo, arremesso; evacuação, escoamento; desembocadura; dispensa (militar, médica); libertação (de preso), absolvição; isenção, desobrigação; quitação; descoramento (de tecido).

**disciple** /disaipel/ *s* discípulo; apóstolo; adepto, sectário.

**disciplinarian** /diseplinérien/ *s* e *adj* disciplinador.

**disciplinary** /diseplinéri/ *adj* disciplinar.

**discipline** /diseplin/ *v* disciplinar, ensinar; castigar, punir. | *s* disciplina; castigo, punição.

**disc jockey** *s* disc-jóquei (*abrev* **DJ**).

**disclaim** /diskleim/ *v* renunciar (a um direito); renegar, repudiar, repelir; desconhecer, desmentir, negar.

**disclaimer** /diskleimer/ *s* renúncia a um direito legal; repúdio, rejeição.

**disclose** /disklouz/ *v* revelar, divulgar, expor, desvendar; destampar, descobrir.

**disclosure** /diskloujer/ *s* revelação, divulgação.

**disco** /diskou/ *s form red* discoteca (*pl* **discos**).

**discography** /diskágrefi/ *s* discografia.

**discolor** /diskâler/ *v* descorar, descolorar, desbotar.

**discoloration** /diskâlereichen/ *s* descoloração.

**discomfit** /diskâmfit/ *v* desconcertar, embaraçar; desbaratar, frustrar.

**discomfiture** /diskâmfitcher/ *s* transtorno, embaraço, contratempo; frustração, desapontamento, decepção.

**discomfort** /diskâmfert/ *v* desconfortar, incomodar. | *s* desconforto; inquietação, incômodo, mal-estar.

**discommode** /diskemoud/ *v* incomodar.

**discompose** /diskempouz/ *v* desordenar, transtornar; perturbar, agitar.

**discomposure** /diskempoujer/ *s* descompostura, desordem; perturbação, inquietação.

**disconcert** /diskensêrt/ *v* desconcertar, confundir, embaraçar; frustrar, malograr, estragar.

**disconformity** /diskenfórmeti/ *s* desconformidade, divergência, desacordo.

**disconnect** /diskenékt/ *v* desunir, separar; desligar.

**disconnected** /diskenéktid/ *adj* desligado; separado, desconexo.

**disconnection** /diskenékchen/ *s* desconexão, desunião, separação.

**disconsolate** /diskánselet/ *adj* desconsolado, inconsolável; sombrio, desanimador.

**discontent** /diskentént/ *v* descontentar, desgostar. | *adj* descontente, desgostoso. | *s* descontentamento, desgosto.

**discontented** /diskenténtid/ *adj* descontente, desgostoso.

**discontentment** /diskenténtment/ *s* descontentamento.

**discontinuance** /diskentinyuens/ *s* descontinuidade, interrupção.

**discontinue** /diskentinyú/ *v* descontinuar, interromper, cessar, parar.

**discontinuity** /diskántenúeti/ *s* descontinuidade, interrupção.

**discontinuous** /diskentinyues/ *adj* descontínuo, interrompido.

**discord** /diskórd/ *s* discórdia, desacordo; dissonância, desafinação. | /diskórd/ *v* discordar, divergir; dissonar.

**discordance** /diskórdens/ *s* discordância, desacordo, desavença.

**discordant** /diskórdent/ *adj* discordante, divergente; dissonante.

**discotheque** /disketék/ *s* discoteca.

**discount** /diskaunt/ *v* descontar, deduzir, diminuir, abater. | /diskaunt/ *s* desconto, abatimento, redução, dedução, diminuição.

**discountenance** /diskauntinens/ *v* desaprovar, desacreditar; desfavorecer, contrariar. | *s* desagrado, desaprovação.

**discount rate** *s* taxa de desconto.

**discourage** /diskêridj/ *v* desanimar, desencorajar; dissuadir, desaconselhar; desaprovar, censurar.

**discouragement** /diskêridjment/ *s* desânimo, desencorajamento, desalento.

**discourse** /diskórs/ *s* discurso, conversação, palestra, tratado, dissertação. | /diskórs/ *v* discursar, discorrer, tratar.

**discourteous** /diskêrties/ *adj* descortês, grosseiro.

**discourtesy** /diskêrtesi/ *s* descortesia, grosseria.

**discover** /diskâver/ *v* descobrir.

**discoverer** /diskâverer/ *s* descobridor.

**discovery** /diskâveri/ *s* descoberta, descobrimento.

**discredit** /diskrédit/ *s* descrédito, má fama, desonra; desconfiança, descrença. | *v* desacreditar, não dar crédito a; depreciar, desmerecer, difamar.

**discreditable** /diskréditebel/ *adj* desabonador; desonroso, vergonhoso.

**discreet** /diskrít/ *adj* discreto, cauteloso, prudente.

**discreetness** /diskrítnes/ *s* discrição, prudência.

**discrepance** /diskrépens/ » **discrepancy**.

**discrepancy** /diskrépensi/ *s* discrepância, disparidade.

**discrepant** /diskrépent/ *adj* discrepante, contrário, divergente.

**discrete** /diskrít/ *adj* distinto, separado, descontínuo.

**discretion** /diskréchen/ *s* discrição, prudência, cautela; discernimento, critério individual, vontade, opinião.

**discretional** /diskréchenel/ *adj* discricionário.

**discretionary** /diskréchenéri/ *adj* discricionário, arbitrário.

**discriminate** /diskrimeneit/ *v* discriminar, distinguir, diferençar, separar.

**discriminating** /diskrimeneiting/ *adj* discriminador; distintivo, característico, diferencial.

**discrimination** /diskrimeneichen/ *s* discriminação, preconceito; discernimento, juízo; parcialidade.

**discriminative** /diskrimeneitiv, diskrimenetiv/ *adj* discriminativo, parcial, injusto.

**discursive** /diskêrsiv/ *adj* discursivo; digressivo; dedutivo, racional.

**discus** /diskes/ *s* disco (arremesso de disco) (*pl* **discuses**).

**discuss** /diskâs/ *v* discutir, comentar, debater.

**discussion** /diskâchen/ *s* discussão, debate.

**disdain** /disdein/ *v* desdenhar, desprezar. | *s* desdém, desprezo.

**disdainful** /disdeinfel/ *adj* desdenhoso.

**disease** /dizíz/ *s* doença, enfermidade, moléstia.

**diseased** /dizízd/ *adj* doente, enfermo; doentio, mórbido.

**disembark** /disimbárk, disimbárk/ *v* desembarcar, descarregar.

**disembarkation** /disimbárkeichen/ *s* desembarque, descarregamento.

**disembarrass** /disimbéres/ *v* desembaraçar, desimpedir; livrar, desobrigar.

**disembody** /disimbádi/ *v* desencarnar, desincorporar.

**disembogue** /disimboug/ *v* desembocar, desaguar, esvaziar.

**disembowel** /disimbauel/ *v* desentranhar, estripar, eviscerar.

**disenchant** /disintchænt/ *v* desencantar, desiludir.

**disenchantment** /disintchæntment/ *s* desencanto, desilusão.

**disencumber** /disinkâmber/ *v* desembaraçar, desimpedir; livrar, libertar.

**disenfranchise** /disinfræntchaiz/ » **disfranchise**.

**disengage** /disingeidj/ *v* desprender, soltar, livrar; desembaraçar, desimpedir.

**disengagement** /disingeidjment/ *s* desimpedimento, desembaraço, desencargo; desprendimento; rompimento de noivado.

**disentangle** /disintæ*ng*gel/ *v* desembaraçar, desenredar.

**disentanglement** /disintæ*ng*gelment/ *s* desenredo, desembaraço.

**disenthrall** /disin*th*ról/ *v* livrar, libertar.

**disentomb** /disintúm/ *v* desenterrar, exumar.

**disequilibrate** /disikwilebreit/ *v* desequilibrar.

**disequilibrium** /disíkwilibrien/ *s* desequilíbrio.

**disestablish** /disistæblich/ *v* despojar, destronar; laicizar.

**disestablishment** /disistæblichment/ *s* laicização, separação da Igreja do Estado.

**disesteem** /disistím/ *v* desestimar, desprezar. | *s* desestima, desconsideração, menosprezo.

**disfavor** /disfeiv*er*/ *v* desagradar, desaprovar. | *s* desagrado, desaprovação; perda de prestígio, descrédito.

**disfiguration** /disfigyereichen/ *s* desfiguração, deformação.

**disfigure** /disfigy*er*/ *v* desfigurar, deformar.

**disfigurement** /disfigy*er*ment/ » **disfiguration**.

**disfranchise** /disfræntchaiz/ *v* privar de (privilégio, direitos civis).

**disfranchisement** /disfræntchaizment, disfræntchizment/ *s* privação (de privilégio, direitos civis).

**disfunction** /disfâ*ng*kchen/ » **dysfunction**.

**disgorge** /disgórdj/ *v* vomitar; expelir, lançar fora; ceder relutantemente.

**disgrace** /disgreis/ *s* desgraça, vergonha, desonra, descrédito. | *v* desonrar, desgraçar.

**disgraceful** /disgreisfel/ *adj* desonroso, vergonhoso.

**disgruntle** /disgrântl/ *v* descontentar, desgostar, desapontar.

**disguise** /disgaiz/ *v* disfarçar, dissimular, encobrir, ocultar. | *s* disfarce, dissimulação, fingimento.

**disgust** /disgâst/ *v* repugnar, enojar. | *s* repugnância, nojo.

**disgusting** /disgâsti*ng*/ *adj* repugnante, nojento, desagradável.

**dish** /dich/ *s* prato, comida, iguaria; travessa; *gír* pessoa atraente (especialmente mulher). | *v* servir uma refeição; pôr em uma travessa ou prato.

**dish antenna** *s* antena parabólica.

**disharmony** /dishármeni/ *s* desarmonia, discórdia, desacordo, dissonância.

**dishcloth** /dichklá*th*/ *s* pano de pratos.

**dishearten** /dishárten/ *v* desanimar, desalentar, desencorajar.

**dishevel** /dichével/ *v* desgrenhar, despentear; amarrotar, amarfanhar.

**disheveled** /dichéveld/ *adj* desgrenhado, despenteado; desalinhado; desordenado.

**dishevelled** /dichéveld/ » **disheveled**.

**dishonest** /disánist/ *adj* desonesto.

**dishonesty** /disánisti/ *s* desonestidade.

**dishonor** /disán*er*/ *v* desonrar, infamar, envergonhar; deixar de pagar uma dívida. | *s* desonra, desgraça, vergonha; recusa ou falta de pagamento de uma dívida.

**dishonorable** /disánerebel/ *adj* desonroso, vergonhoso.

**dishtowel** /dichtauel/ *s* pano de pratos.

**dishwasher** /dichwách*er*/ *s* lava-louças.

**dishwashing** /dichwáchi*ng*/ *s* lavagem de louça.

**disillusion** /disilújen/ *v* desiludir, desenganar. | *s* desilusão, desengano.

**disinclination** /disinklineichen/ *s* aversão, relutância, repugnância.

**disincline** /disinklain/ *v* estar avesso a, não se mostrar inclinado.

D

**disincorporate** /disinkórpereit/ *v* desincorporar, desligar (de uma corporação).
**disinfect** /disinfékt/ *v* desinfetar.
**disinfectant** /disinféktent/ *adj* e *s* desinfetante.
**disinfection** /disinfékchen/ *s* desinfecção.
**disinflation** /disinfleichen/ *s* deflação.
**disinform** /disinfórm/ *v* desenformar.
**disinformation** /disinfermeichen/ *s* desinformação.
**disingenuous** /disindjényues/ *adj* falso, dissimulado, insincero.
**disinherit** /disinhérit/ *v* deserdar.
**disinheritance** /disinhéritens/ *s* deserdação.
**disinhibit** /disinhibit/ *v* desinibir.
**disinhibition** /disinhebichen/ *s* desinibição.
**disintegrate** /disintegreit/ *v* desintegrar, desagregar, fragmentar-se.
**disintegration** /disintegreichen/ *s* desintegração, desagregação.
**disinter** /disintêr/ *v* desenterrar, exumar; tornar público, revelar.
**disinterest** /disintrist/ *s* desinteresse, indiferença.
**disinterested** /disintristid/ *adj* desinteressado, imparcial, indiferente.
**disinterment** /disintêrment/ *s* desenterramento, exumação.
**disintoxicate** /disintáksikeit/ *v* desintoxicar.
**disjoin** /disdjoin/ *v* desunir(-se), desligar(-se).
**disjoint** /disdjoint/ *v* desarticular, desconjuntar, desmembrar, desligar, desunir.
**disjointed** /disdjointid/ *adj* desarticulado, desconjuntado, desconexo.
**disjunct** /disdjângkt/ *adj* desunido, separado, desligado, desconexo.
**disjunction** /disdjângkchen/ *s* disjunção, desunião, separação.
**disjunctive** /disdjângktiv/ *adj* disjuntivo; disjuntiva (conjunção). | *s* conjunção disjuntiva.
**disk** /disk/ *s* disco. | *v* cortar em disco, dar forma de disco a; gravar um disco.
**disk brake** » **disc brake.**
**disk drive** *s* unidade de disco (computação).
**diskette** /diskét/ *s* disquete (*tb* **floppy disk**).
**disk jockey** /disk djáki/ » **disc jockey**.
**dislikable** /dislaikebel/ *adj* desagradável.
**dislike** /dislaik/ *s* aversão, antipatia, repugnância. | *v* não gostar de, ter aversão a, antipatizar com.
**dislocate** /dislоukeit, disloukeit/ *v* deslocar; desconjuntar, desarticular.
**dislocation** /dislоukeichen/ *s* deslocação; desarticulação, desarranjo.
**dislodge** /disládj/ *v* desalojar, expulsar.
**dislodgement** /disládjment/ *s* desalojamento.
**disloyal** /disloiel/ *adj* desleal, falso, infiel.
**disloyalty** /disloielti/ *s* deslealdade, infidelidade, falsidade.
**dismal** /dizmel/ *adj* triste, melancólico, lúgubre, sombrio, funesto, desanimador.
**dismantle** /dismæntl/ *v* desmantelar, destruir, demolir; despir, despojar; desmobiliar, desmontar.
**dismay** /dismei/ *v* desanimar, consternar. | *s* desânimo, consternação.
**dismember** /dismémber/ *v* desmembrar, desconjuntar, despedaçar, cortar.
**dismemberment** /dismémberment/ *s* desmembramento.
**dismiss** /dismis/ *v* despedir, demitir, dispensar, mandar embora; rejeitar, descartar.
**dismissal** /dismisel/ *s* demissão, destituição; licença, ordem (para retirar-se); abandono (de uma ideia etc.).
**dismount** /dismaunt/ *v* desmontar, apear, descer (de um cavalo).
**disobedience** /disebídiens/ *s* desobediência.
**disobedient** /disebídient/ *adj* desobediente.

**disobey** /disebei/ *v* desobedecer.
**disoblige** /diseblaidj/ *v* desagradar, ofender, desconsiderar, afrontar, incomodar.
**disorder** /disórder/ *s* desordem, confusão; doença, indisposição. | *v* desordenar, desarranjar; perturbar (saúde mental ou física).
**disorderly** /disórderli/ *adj* desordenado, confuso, tumultuoso.
**disorderly conduct** *s* perturbação da ordem, ofensa à moral.
**disorganization** /disórgenizeichen/ *s* desorganização.
**disorganize** /disórgenaiz/ *v* desorganizar.
**disorientation** /disórienteichen/ *s* desorientação, desnorteamento.
**disown** /disoun/ *v* repudiar, renegar, rejeitar, não reconhecer.
**disparage** /dispéridj/ *v* depreciar, desmerecer, menosprezar, aviltar.
**disparagement** /dispéridjment/ *s* menosprezo, depreciação.
**disparate** /disperet, dispéret/ *adj* desigual, diferente, diverso, díspar.
**disparity** /dispéreti/ *s* disparidade.
**dispassion** /dispæchen/ *s* imparcialidade, impassibilidade, indiferença.
**dispassionate** /dispæchenet/ *adj* imparcial; calmo, impassível, frio; sereno, moderado, controlado.
**dispassionately** /dispæchenetli/ *adv* imparcialmente, calmamente.
**dispatch** /dispætch/ *v* despachar, enviar, expedir; executar com presteza, resolver rapidamente (negócio, assunto); comer depressa; matar, dar fim a, liquidar. | /dispætch, dispætch/ *s* despacho, remessa, envio; rapidez, presteza; matança; comunicado, boletim.
**dispatcher** /dispætcher/ *s* despachante, expedidor.
**dispel** /dispél/ *v* dissipar, dispersar.
**dispensable** /dispénsebel/ *adj* dispensável, desnecessário.
**dispensation** /dispénseichen/ *s* dispensa, desobrigação; distribuição, arranjo; vontade divina.
**dispensatory** /dispénsetóri/ *s* dispensatório, farmacopeia.
**dispense** /dispéns/ *v* dispensar, distribuir; isentar, eximir; administrar, aplicar (lei, justiça); aviar (receita).
**dispenser** /dispénser/ *s* dispensador, distribuidor; farmacêutico, boticário.
**dispeople** /dispípel/ *v* despovoar.
**dispersal** /dispêrsel/ *s* dispersão.
**disperse** /dispêrs/ *v* dispersar, espalhar, dissipar.
**dispersion** /dispêrjen/ *s* dispersão.
**dispersive** /dispêrziv, dispêrsiv/ *adj* dispersivo.
**dispirit** /dispirit/ *v* desanimar, desencorajar, abater.
**displace** /displeis/ *v* deslocar, remover; substituir, desalojar; demitir, despedir.
**displacement** /displeisment/ *s* deslocação, deslocamento; substituição; destituição, demissão.
**display** /displei/ *s* exibição, exposição; desfile, demonstração; pompa, ostentação; mostrador, tela. | *v* exibir, mostrar, expor; ostentar.
**display screen** *s* tela de vídeo.
**displease** /displíz/ *v* desagradar, descontentar, desgostar, ofender.
**displeasure** /displéjer/ *s* desagrado, desprazer, desgosto, descontentamento; irritação, incômodo.
**disport** /dispórt/ *v* divertir(-se), recrear, brincar. | *s* divertimento, folguedo.
**disposable** /dispouzebel/ *adj* disponível, à disposição.
**disposal** /dispouzel/ *s* disposição, arranjo, colocação; venda, alienação, concessão, transmissão; recolhimento (sucata, lixo); triturador de pia. • **at one's disposal** à disposição.
**dispose** /dispouz/ *v* dispor, arranjar, distribuir; arrumar, ordenar; inclinar-se, predispor; acomodar, fixar, ajustar.

**disposer** /dispouzer/ *s* árbitro; o que dispõe ou distribui.

**disposition** /dispezichen/ *s* disposição, ordem, arranjo; decisão, resolução; propensão, inclinação; temperamento, índole; direção, controle; transmissão, alienação.

**dispossess** /dispezés/ *v* desapropriar, desapossar, espoliar, privar de.

**dispossession** /dispezéchen/ *s* expropriação, despejo, desalojamento.



**dispraise** /dispreiz/ *v* censurar, repreender, reprovar; depreciar, menosprezar. | *s* censura, reprovação; descrédito, menosprezo.

**disproof** /disprúf/ *s* refutação, contestação.

**disproportion** /disprepórchen/ *s* desproporção, disparidade. | *v* desproporcionar, tornar assimétrico, deformar.

**disproportional** /disprepórchenel/ *adj* desproporcional.

**disproportionate** /disprepórchenet/ *adj* desproporcionado.

**disprove** /disprúv/ *v* refutar, impugnar, invalidar.

**disputable** /dispyútebel, dispyutebel/ *adj* discutível, contestável, controvertido.

**disputant** /dispyutent, dispyútent/ *adj* e *s* disputante.

**disputation** /dispyúteichen/ *s* disputa, contenda, controvérsia.

**dispute** /dispyút/ *v* discutir, debater, argumentar; contestar, questionar; disputar, contender; opor-se a. | *s* discussão, briga, altercação, disputa.

**disqualification** /diskwálefikeichen/ *s* desqualificação.

**disqualify** /diskwálefai/ *v* desqualificar.

**disquiet** /diskwaiet/ *v* inquietar, desassossegar, perturbar, incomodar. | *s* inquietação, perturbação.

**disquietude** /diskwaietúd/ *s* ansiedade, inquietação, desassossego.

**disregard** /disrigárd/ *v* desconsiderar, não fazer caso de, menosprezar; negligenciar. | *s* negligência, descaso, descuido; pouco-caso, desdém, desprezo.

**disregardful** /disrigárdfel/ *adj* desatento, negligente, descuidado; desdenhoso.

**disrelish** /disrélich/ *v* sentir aversão a, repugnar. | *s* aversão, repugnância.

**disrepair** /disripér/ *s* mau estado, abandono.

**disreputable** /disrépyetebel/ *adj* desacreditado, mal-afamado, desonroso.

**disrepute** /disripyút/ *s* descrédito, desonra, má fama, má reputação.

**disrespect** /disrispékt/ *s* desrespeito, desconsideração. | *v* desrespeitar, desconsiderar.

**disrespectful** /disrispéktfel/ *adj* desrespeitoso.

**disrobe** /disroub/ *v* despir(-se), desvestir (-se), despojar(-se).

**disrupt** /disrâpt/ *v* perturbar, transtornar; interromper, impedir; romper, quebrar, despedaçar, desintegrar.

**disruptive** /disrâptiv/ *adj* dilacerador, demolidor, destruidor.

**dissatisfaction** /dissætesfækchen/ *s* insatisfação, descontentamento.

**dissatisfactory** /dissætesfækteri/ *adj* insatisfatório, insuficiente.

**dissatisfied** /dissætesfaid/ *adj* insatisfeito, desgostoso.

**dissatisfy** /dissætesfai/ *v* descontentar, desagradar, desapontar, desgostar.

**dissect** /disékt, daisékt, daisékt/ *v* dissecar, retalhar; analisar, examinar minuciosamente.

**dissected** /diséktid, daiséktid, daiséktid/ *adj* dissecado, retalhado; analisado minuciosamente.

**dissection** /disékchen, daisékchen, daisékchen/ *s* dissecação; exame, análise.

**dissector** /disékter, daisékter, daisékter/ *s* dissector.

**disseise** /dissíz/ » **disseize**.

**disseize** /dissíz/ *v* desapossar, usurpar, roubar.

**dissemble** /disémbel/ *v* dissimular, disfarçar, fingir, mascarar.
**dissembler** /disémbeler/ *s* dissimulador.
**disseminate** /disémineit/ *v* disseminar, difundir, espalhar, divulgar.
**dissemination** /disémineichen/ *s* disseminação, propagação, divulgação.
**disseminator** /disémineiter/ *s* disseminador, propagador, divulgador.
**dissension** /disénchen/ *s* dissensão, divergência, desavença.
**dissent** /disént/ *s* dissensão, divergência, discordância. | *v* divergir, discordar.
**dissenter** /disénter/ *s* dissidente.
**dissentient** /disénchent/ *s* dissidente, discordante.
**dissert** /disêrt/ *v* dissertar.
**dissertate** /diserteit/ *v* dissertar.
**dissertation** /diserteichen/ *s* dissertação, tese.
**disserve** /dissêrv/ *v* desservir, servir mal; prejudicar.
**disservice** /dissêrvis/ *s* desserviço, mau serviço; prejuízo.
**dissever** /diséver/ *v* dividir, separar, desunir.
**dissidence** /disidens/ *s* dissidência, divergência, discordância.
**dissident** /disident/ *adj* e *s* dissidente.
**dissimilar** /disimeler/ *adj* diferente, diverso, dessemelhante.
**dissimilarity** /disimeléreti/ *s* diferença, dessemelhança, diversidade.
**dissimilate** /disimeleit/ *v* diferenciar, dissimilar, desassemelhar.
**dissimilation** /dissimeleichen/ *s* diferenciação; dissimilação.
**dissimilitude** /disemilitúd/ *s* dessemelhança, diferença, desigualdade.
**dissimulate** /disimyeleit/ *v* dissimular, fingir, disfarçar.
**dissimulation** /dissimyeleichen/ *s* dissimulação, fingimento.
**dissimulator** /disimyeleiter/ *s* dissimulador.
**dissipate** /disipeit/ *v* dissipar, dispersar, espalhar; desperdiçar, gastar, esbanjar.
**dissipated** /disipeitid/ *adj* disperso, dissipado; dissoluto, devasso.
**dissipation** /disipeichen/ *s* desperdício, esbanjamento; dissipação, dispersão; devassidão, libertinagem.
**dissociable** /disouchiebel/ *adj* dissociável, separável.
**dissociate** /disouchieit/ *v* dissociar, separar, desagregar, desunir, decompor.
**dissociation** /disouchieichen/ *s* dissociação, desagregação, desunião.
**dissoluble** /disályebel/ *adj* dissolúvel.
**dissolute** /diselút/ *adj* dissoluto, devasso.
**dissolution** /diselúchen/ *s* dissolução; devassidão, libertinagem; decomposição, extinção; morte.
**dissolvable** /dizálvebel/ *adj* dissolúvel; destrutível.
**dissolve** /dizálv/ *v* dissolver, diluir; liquefazer; desintegrar, desfazer; anular, rescindir.
**dissolvent** /dizálvent/ *adj* e *s* dissolvente.
**dissonance** /disenens/ *s* dissonância.
**dissonancy** /disenensi/ » **dissonance**.
**dissonant** /disenent/ *adj* dissonante.
**dissuade** /disweid/ *v* dissuadir.
**dissuasion** /disweijen/ *s* dissuasão.
**dissuasive** /disweisiv/ *adj* dissuasivo.
**distaff** /distæf/ *s* roca de fiar, fuso; lado materno da família.
**distance** /distens/ *s* distância, intervalo, período, espaço. | *v* distanciar, conservar à distância, tomar a dianteira.
**distant** /distent/ *adj* distante, remoto, afastado.
**distaste** /disteist/ *s* aversão, antipatia, desprazer.
**distasteful** /disteistfel/ *adj* repugnante, desagradável.
**distemper** /distémper/ *v* destemperar, indispor, desarranjar, perturbar; pintar a têmpera. | *s* indisposição, doença, enfermidade; desarranjo, desordem; têmpera.
**distend** /disténd/ *v* distender, expandir, dilatar.

**distensible** /disténsebel/ *adj* dilatável.
**distension** /disténchen/ » **distention**.
**distention** /disténchen/ *s* distensão.
**distil** /distil/ » **distill**.
**distill** /distil/ *v* destilar; gotejar, pingar.
**distillable** /distilebel/ *adj* destilável.
**distillate** /disteleit, distelit, distilit/ *s* destilado, produto da destilação.
**distillation** /distileichen/ *s* destilação.
**distiller** /distiler/ *s* destilador.
D
**distillery** /distileri/ *s* destilaria.
**distinct** /distingkt/ *adj* distinto, diferente; claro, nítido.
**distinction** /distingkchen/ *s* distinção, diferença; honra, excelência, mérito.
**distinctive** /distingktiv/ *adj* distintivo, característico.
**distinguish** /distinggwich/ *v* distinguir, diferençar, discriminar.
**distinguishable** /distinggwichebel/ *adj* distinguível.
**distinguished** /distinggwicht/ *adj* distinto, ilustre, notável, eminente.
**distort** /distórt/ *v* torcer, retorcer; distorcer, deturpar.
**distortion** /distórchen/ *s* distorção, deturpação; torção, contorção, torcedura.
**distract** /distrækt/ *v* distrair, desviar (mente, atenção, pensamento).
**distracted** /distræktid/ *adj* distraído; perturbado.
**distraction** /distrækchen/ *s* distração; diversão, passatempo; loucura, delírio.
**distrain** /distrein/ *v* arrestar, embargar, penhorar, apreender.
**distraint** /distreint/ *s* arresto, apreensão, embargo.
**distraught** /distrát/ *adj* distraído, perturbado, atormentado; louco, tresloucado.
**distress** /distrés/ *v* afligir, angustiar, atormentar; penhorar, embargar, arrestar. | *s* mágoa, angústia, tristeza, aflição; desgraça; sofrimento; perigo, apuro; penhora, embargo.
**distressed** /distrést/ *adj* aflito, angustiado; necessitado, desprovido, em apuros.
**distressful** /distrésfel/ *adj* aflito, angustiado; aflitivo, penoso, angustiante; infeliz, desventurado, infortunado.
**distress signal** *s* sinal de perigo, pedido de socorro.
**distribute** /distribyút/ *v* distribuir, repartir, espalhar, dispersar.
**distribution** /distribyúchen/ *s* distribuição.
**distributive** /distribyetiv/ *adj* distributivo.
**distributor** /distribyeter/ *s* distribuidor.
**district** /distrikt/ *s* distrito, região, zona, bairro, comarca.
**district attorney** *s* promotor público (*abrev* **D.A.** ou **DA**).
**distrust** /distrâst/ *s* desconfiança, suspeita. | *v* desconfiar, suspeitar.
**distrustful** /distrâstfel/ *adj* desconfiado, arisco.
**disturb** /distêrb/ *v* perturbar, inquietar, incomodar, estorvar; tumultuar, desordenar.
**disturbance** /distêrbens/ *s* perturbação, distúrbio; desordem, tumulto, agitação.
**disturber** /distêrber/ *s* perturbador, desordeiro, agitador.
**disunion** /disyúnyen/ *s* desunião, separação; desacordo, desavença.
**disunite** /disyúnait/ *v* desunir, separar.
**disunity** /disyúniti/ *s* desunião.
**disuse** /disyús/ *s* desuso.
**disyllable** /daisilebel, disilebel, daisilebel/ *s* dissílabo.
**ditch** /ditch/ *s* fosso, vala; trincheira. | *v* cavar (fosso, rego); jogar numa vala; *gír* rejeitar, descartar; forçar pouso (de avião) na água; descarrilar (trem).
**dither** /didher/ *s* vacilação, tremor, estremecimento. | *v* vacilar, tremer, oscilar.
**ditto** /ditou/ *s* idem, o mesmo; duplicata, cópia; sinal de aspas (para evitar a repetição da linha superior) (*pl* **dittos**). | *v* duplicar, copiar.
**ditty** /diti/ *s* pequena canção, cantiga, modinha.
**diuretic** /daiyerétik/ *adj* e *s* diurético.

**diurnal** /daiêrnel/ *adj* diurno, cotidiano, diário.
**diva** /di:ve/ *s* diva, cantora notável, prima-dona (*pl* **divas** ou **dive**).
**divagate** /daivegeit, divegeit/ *v* divagar, digressionar; perambular.
**divagation** /daivegeichen, divegeichen/ *s* divagação, digressão; perambulação.
**divan** /divæn, daivæn, daivæn/ *s* divã.
**dive** /daiv/ *s* mergulho, salto (trampolim); submersão (submarino); *gír* taberna, espelunca, boate de péssima reputação. | *v* mergulhar, saltar (trampolim).
**dive-bomb** /daivbám/ *v* bombardear com caça (avião) de mergulho.
**dive-bomber** /daivbámer/ *s* caça de mergulho.
**diver** /daiver/ *s* mergulhador, escafandrista; mergulhão.
**diverge** /divêrdj, daivêrdj/ *v* divergir, discordar; separar, bifurcar; desviar, afastar.
**divergence** /divêrdjens, daivêrdjens/ *s* divergência.
**divergency** /divêrdjensi/ » **divergence**.
**divergent** /divêrdjent, daivêrdjent/ *adj* divergente.
**divers** /daiverz/ *adj* diversos, vários.
**diverse** /divêrs, daivêrs, daivêrs/ *adj* diverso, diferente.
**diversification** /divêrsifikeichen, daivêrsifikeichen/ *s* diversificação, variedade.
**diversiform** /divêrsefórm, daivêrsefórm/ *adj* multiforme.
**diversify** /divêrsifai, daivêrsifai/ *v* diversificar.
**diversion** /divêrchen, daivêrchen/ *s* diversão, divertimento, distração; desvio, afastamento.
**diversity** /divêrseti, daivêrseti/ *s* diversidade.
**divert** /divêrt, daivêrt/ *v* desviar, afastar; divertir, distrair.
**divertissement** /divértísment/ *s* divertimento (especialmente entremez ou entreato).
**divest** /divést, daivést/ *v* despir, desnudar; espoliar, esbulhar; desapossar.
**divide** /divaid/ *v* dividir, partir; classificar, separar. | s divisão, partilha; linha divisória de águas.
**divided** /divaidid/ *adj* dividido, segmentado.
**dividend** /dividénd/ *s* dividendo.
**divider** /divaider/ *s* divisor; compasso de ponta seca.
**divination** /divineichen/ *s* adivinhação, pressentimento, presságio.
**divinatory** /divinetóri/ *adj* divinatório.
**divine** /divain/ *v* adivinhar, predizer, descobrir. | *adj* divino, sagrado; sublime, excelente, ótimo. | *s* sacerdote, clérigo, teólogo.
**diviner** /divainer/ *s* adivinho, vaticinador.
**diving board** /daiving bórd/ *s* trampolim.
**diving suit** /daiving sút/ *s* escafandro, roupa de mergulhador.
**divinity** /divineti/ *s* divindade, ser divino; teologia.
**divisibility** /divizebileti/ *s* divisibilidade.
**divisible** /divizebel/ *adj* divisível.
**division** /divijen/ *s* divisão; separação; distribuição, partilha; seção, grupo.
**divisional** /divijenel/ *adj* divisional, divisório.
**divisive** /divaisiv/ *adj* que causa divisão ou dissensão.
**divisor** /divaizer/ *s* divisor (matemática).
**divorce** /divórs/ *s* divórcio. | *v* divorciar(-se).
**divorcé** /divórsei, divórsí, divórsei, divórsí/ *s* divorciado.
**divorcée** /divórsei, divórsí, divórsei, divórsí/ *s* divorciada.
**divulge** /divâldj, daivâldj/ *v* divulgar, revelar, propagar.
**divulger** /divâldjer, daivâldjer/ *s* divulgador, revelador.
**dizziness** /dizines/ *s* vertigem, tontura.
**dizzy** /dizi/ *v* causar vertigens, atordoar. | *adj* vertiginoso, estonteante; tonto, zonzo, atordoado.

D

**DJ** /dídjei/ *abrev* de **disc jockey**.
**Djibouti** /djibúti/ *s* Djibuti.
**Djiboutian** /djibútien/ *s* e *adj* djibutiano.
**DLL** *abrev* de **Dynamic-Link Library**, biblioteca de vínculo dinâmico.
**dm** /diém/ *abrev* de **decimeter**.
**DM** /diém/ *abrev* de **Deutch mark**, marco alemão.
**DNA** /diénei/ *s* (**deoxyribo nucleic acid**) DNA, ADN, ácido desoxirribonucleico.



**DNS** *abrev* de **Domain Name System**, sistema de nomes de domínios.
**do** /dú/ *v* fazer, executar, efetuar, praticar; completar, acabar, terminar; causar, produzir, trazer; trabalhar em, ocupar-se em; arrumar, arranjar; resolver (problema), cumprir com (dever); representar, desempenhar, fazer o papel de; bancar; servir, satisfazer; *gír* ter relações sexuais com; percorrer (distância); como verbo auxiliar usado em perguntas e negações.
**doable** /dúebel/ *adj* factível, viável, realizável.
**doc** /dák/ *s inform* médico, dentista ou veterinário.
**docent** /dousent, dousént/ *s* docente.
**docile** /dásel, dásail/ *adj* dócil, manso, submisso, obediente.
**docility** /dásiliti, dousiliti/ *s* docilidade, mansidão.
**dock** /dák/ *v* atracar, levar (navio) à doca ou estaleiro; construir docas ou diques; reduzir, diminuir, cortar (salário); decepar, cortar (cauda de um animal). | *s* doca, estaleiro, píer; cotó, rabicho; banco dos réus.
**docker** /dáker/ *s* estivador.
**docket** /dákit/ *s* resumo, extrato, sumário (documento); rótulo, etiqueta (mercadoria). | *v* resumir, fazer uma súmula; rotular, etiquetar.
**dockyard** /dákyárd/ *s* estaleiro.
**doctor** /dákter/ *s* doutor (grau universitário); médico, dentista, veterinário. | *v* tratar, medicar; *inform* consertar, remendar; *inform* adulterar, falsificar.
**doctoral** /dákterel/ *adj* doutoral.
**doctorate** /dákteret/ *s* doutorado.
**doctrinaire** /dáktrenér/ *s* visionário, escolástico, teorista, ideólogo. | *adj* doutrinário, teórico, dogmático.
**doctrine** /dáktrin/ *s* doutrina, dogma.
**document** /dákyement/ *s* documento. | *v* documentar.
**documental** /dákyeméntel/ *adj* documental, documentário.
**documentary** /dákyeménteri/ *adj* e *s* documentário.
**documentation** /dákyeménteichen/ *s* documentação.
**dodder** /dáder/ *v* tremer; titubear, vacilar.
**doddering** /dádering/ *adj* trêmulo, senil.
**dodge** /dádj/ *v* evitar, esquivar-se, escapar; enganar, trapacear, burlar. | *s* esquiva, evasiva, subterfúgio; trapaça, artimanha, artifício.
**dodger** /dádjer/ *s* trapaceiro; pequeno folheto de propaganda.
**dodo** /doudou/ *s inform* pessoa antiquada, obsoleta, ultrapassada (*pl* **dodoes** ou **dodos**).
**doe** /dou/ *s* corça; fêmea de vários mamíferos como do coelho, do canguru etc. (*pl* **doe** ou **does**).
**doer** /dúer/ *s* autor, agente, executante (de uma ação); pessoa ativa.
**does** /dâz/ *v 3ª pess sing* de **do**.
**doesn't** /dâzent/ *form contr* de **does not**.
**doff** /dáf, dóf/ *v* despir; tirar o chapéu (saudação); jogar fora, livrar-se de, deixar de lado.
**dog** /dág, dóg/ *s* cão, cachorro, lobo; macho da raposa; patife, velhaco, tratante; *inform* sujeito, indivíduo; grampo, garra (de ferro). | *v* perseguir, seguir, atormentar; prender com gancho ou garra.
**dog-ear** /dágir/ *s* dobra na página de um livro. | *v* marcar as páginas de um livro com dobras, fazer orelhas em página de livro.

**dogfight** /dágfait/ *s* briga violenta, refrega; briga de cães; combate aéreo entre caças.
**dogged** /dágid/ *adj* obstinado, teimoso, persistente.
**doggie** /dági/ » **doggy**.
**doggie bag** » **doggy bag**.
**doggy** /dági/ *s* cãozinho, cachorrinho.
**doggy bag** *s* sobra de comida levada do restaurante para casa.
**dogma** /dágme/ *s* dogma (*pl* **dogmas** ou **dogmata** /dágmete/).
**dogmatic** /dágmætik/ *adj* dogmático.
**dogmatics** /dágmætiks/ *s* dogmática.
**dogmatism** /dágmetizem/ *s* dogmatismo.
**dogmatize** /dágmetaiz/ *v* dogmatizar.
**Dog Star** *s* Sírio.
**dogsled** /dágsléd/ *s* trenó puxado por cães (*tb* **dog sled**).
**doing** /dúing/ *v ger* de **do**. | *s* feito, fato, ação.
**do-it-yourself** /dúityersélf/ *adj* do tipo faça-você-mesmo.
**dole** /doul/ *v* repartir, distribuir (aos pobres). | *s* doação, distribuição (de donativo, esmola); esmola, donativo, doação; subsídio do governo.
**doleful** /doulfel/ *adj* triste, doloroso, melancólico, sombrio.
**doll** /dál/ *s* boneca. | *v gír* embonecar (-se).
**dollar** /dáler/ *s* dólar.
**dollar sign** *s* cifrão ($).
**dollhouse** /dálhaus/ *s* casa de bonecas.
**dolly** /dáli/ *s inform* boneca (termo infantil); aparelho para lavar minério; plataforma móvel para câmara cinematográfica; pequena locomotiva.
**dolman** /doulmen/ *s* dólmã, casaco militar; casaco feminino com mangas soltas, manto.
**dolmen** /doulmén/ *s* dólmen.
**dolor** /douler, dáler/ *s* dor, pesar, angústia, lamento, aflição.
**dolorous** /douleres, dáleres/ *adj* doloroso.
**dolphin** /dálfin/ *s* golfinho, delfim.
**dolt** /doult/ *s* tolo, parvo, estúpido, pateta, bobalhão.
**domain** /doumein/ *s* domínio, território; terras, propriedade; campo (de ação ou influência).
**dome** /doum/ *s* domo, cúpula, abóbada. | *v* abobadar.
**domestic** /deméstik/ *adj* doméstico; manso, domesticado. | *s* doméstico, criado, empregado.
**domesticate** /deméstikeit/ *v* domesticar, domar.
**domestication** /deméstikeichen/ *s* domesticação.
**domesticity** /douméstiseti/ *s* domesticidade.
**domesticize** /deméstisaiz/ *v* domesticar.
**domicile** /dámisail, doumisail, dámisil, doumisil/ *s* domicílio, residência, habitação. | *v* domiciliar(-se), estabelecer (-se).
**domiciliary** /dámesiliéri, doumesiliéri/ *adj* domiciliar, domiciliário.
**dominance** /dámenens/ *s* dominância.
**dominant** /dámenent/ *adj* e *s* dominante.
**dominate** /dámeneit/ *v* dominar.
**domination** /dámeneichen/ *s* dominação, domínio.
**dominative** /dámeneitiv/ *adj* dominador, autoritário.
**dominator** /dámeneiter/ *s* dominador.
**domineer** /dámenir/ *v* dominar, tiranizar, mandar com arrogância.
**domineering** /dámeniring/ *adj* dominador, arrogante, prepotente, mandão.
**Dominica** /dáminíke/ *s* Dominica.
**dominical** /douminikel/ *adj* dominical, relativo ao Senhor; relativo ao domingo.
**Dominican[1]** /douminiken/ *adj* e *s* dominicano (da República Dominicana ou da Ordem dos Dominicanos).
**Dominican[2]** /dáminíken/ *s* e *adj* dominiquês (da Dominica).
**Dominican Republic** *s* República Dominicana.

D

**dominion** /deminyen/ *s* domínio, soberania, governo.

**domino** /dámenou/ *s* dominó (peça do jogo). • **dominoes** ou **dominos** *us v sing* ou *pl* o jogo de dominó.

**domino effect** *s* efeito dominó.

**don** /dán/ *s* dom, nobre, cavalheiro (título espanhol); professor universitário; líder de mafiosos.

D

**donate** /douneit, douneit/ *v* doar, contribuir.

**donation** /douneichen/ *s* doação, donativo, contribuição.

**donative** /dounetiv, dánetiv/ *s* donativo. | *adj* instituído por doação.

**donator** /douneiter, douneiter/ *s* doador.

**done** /dân/ *v part pass* de **do**. | *adj* feito, acabado, concluído; cozido ou assado no ponto (alimento). • **done!** feito! combinado!

**donee** /douní/ *s* beneficiário de uma doação.

**donkey** /dángki/ *s* burro, asno, jumento; *fig* idiota, estúpido.

**donor** /douner/ *s* doador.

**do-nothing** /dúnâthing/ *adj* e *s* indolente, preguiçoso.

**don't** /dount/ *form contr* de **do not**.

**doodle** /dúdl/ *s* rabisco. | *v* rabiscar.

**doom** /dúm/ *v* condenar, sentenciar à ruína ou morte, fadar. | *s* sina, destino; ruína, perdição, morte, fim; condenação; Juízo Final.

**doomsday** /dúmzdei/ *s* dia do Juízo Final.

**door** /dór/ *s* porta; entrada, acesso; saída.

**doorbell** /dórbél/ *s* campainha.

**doorjamb** /dórdjæm/ *s* batente de porta.

**doorknob** /dórnáb/ *s* maçaneta.

**doorman** /dórmæn/ *s* porteiro.

**doormat** /dórmæt/ *s* capacho.

**doorpost** /dórpoust/ *s* batente da porta.

**doorsill** /dórsil/ *s* soleira da porta.

**doorstep** /dórstép/ *s* degrau da porta, soleira.

**doorway** /dórwei/ *s* vão da porta, entrada.

**dope** /doup/ *s inform* narcótico, entorpecente, droga; *inform* pessoa estúpida; *inform* informação confidencial; lubrificante, verniz. | *v inform* viciar, dopar, drogar; *inform* adivinhar; *inform* conceber, bolar; envernizar, lubrificar.

**dormancy** /dórmensi/ *s* dormência, sonolência, letargia.

**dormant** /dórment/ *adj* dormente, adormecido, inativo.

**dormitory** /dórmetóri/ *s* dormitório.

**DOS** /dás/ *abrev* de **Disk Operating System**, sistema operacional que reside em um disco.

**dosage** /dousidj/ *s* dose, porção, dosagem.

**dose** /dous/ *s* dose. | *v* dosar, administrar em doses, dosificar.

**dot** /dát/ *s* ponto; pingo, pinta, mancha, borrão; dote. | *v* pôr pontos, pontilhar.

**dot-matrix printer** *s* impressora matricial.

**dotage** /doutidj/ *s* decrepitude, senilidade.

**double** /dâbel/ *s* dobro, duplo; sósia; cópia, duplicata, segunda via; dublê. | *v* dobrar, duplicar. | *adj* dobrado, duplo.

**double bed** *s* cama de casal.

**double bind** *s* dilema, impasse.

**double boiler** *s* panela de banho-maria.

**double check** *s* verificação cuidadosa.

**double-check** /dâbeltchék/ *v* checar duas vezes (por segurança).

**double chin** *s* papada.

**double cross** *s* traição (de um cúmplice).

**double-cross** /dâbelkrás/ *v* enganar, trair, fazer jogo duplo.

**double-crosser** /dâbelkráser/ *s* traidor, enganador.

**double-dealer** /dâbeldíler/ *s* falso, hipócrita.

**double-digit** /dâbeldidjit/ *adj* de dois dígitos (entre 10 e 99).

**double-edged** /dâbelédjd/ *adj* de dois gumes; ambíguo.

**double-faced** /dâbelfeist/ *adj* falso, hipócrita, de duas caras; dupla-face.

**double-park** /dâbelpárk/ *v* estacionar em fila dupla.
**double talk** *s* linguagem ininteligível, confusa, frases de duplo sentido.
**double-u** /dâbelyú/ *s* a letra w.
**doubt** /daut/ *s* dúvida, suspeita, desconfiança. | *v* duvidar, desconfiar, descrer de.
**doubtful** /dautfel/ *adj* duvidoso, incerto.
**doubtless** /dautles/ *adj* indubitável, sem dúvida. | *adv* certamente.
**douche** /dúch/ *s* ducha. | *v* duchar-se.
**dough** /dou/ *s* massa de farinha; *gír* dinheiro, grana.
**doughnut** /dounât/ *s* sonho (doce).
**doughty** /dauti/ *adj* corajoso, valente.
**dour** /dur, dauer/ *adj* severo, austero.
**dove** /dâv/ *s* pombo; pessoa ingênua e afetiva. | /douv/ *v pass* de **dive**.
**dovecot** /dâvkát/ » **dovecote**.
**dovecote** /dâvkát/ *s* pombal.
**dowager** /dauedjer/ *s* viúva que herda o título ou os bens do marido; senhora idosa da alta sociedade.
**dowdiness** /daudines/ *s* desalinho, desmazelo, desleixo.
**dowdy** /daudi/ *adj* desalinhado, desleixado, desmazelado, fora de moda. | *s* desalinho; mulher desalinhada.
**dower** /dauer/ *s* legado a uma viúva, dote, pensão; aptidão, dom, talento. | *v* dotar, favorecer, designar (bens imóveis).
**down** /daun/ *adv* e *prep* embaixo de, para baixo de, abaixo de. | *v* derrubar, cair. | *adj* desanimado, abatido. | *s* penugem (aves); buço; duna, colina (perto do mar). | *interj* abaixo, senta. • **down to** até. **down the river** rio abaixo. **go down** descer. **lie down** deitar-se. **sit down** sentar-se. **upside down** de cabeça para baixo. **come down** descer.
**down-and-out** /daunendaut/ *adj* arruinado; vagabundo, mendigo (*tb* **down and out**).
**down-at-heel** /daunethíl/ *adj* desmazelado, descuidado (*tb* **down-at-the-heel**).
**downbeat** /daunbít/ *s gír* tédio, marasmo. | *adj gír* pessimista, negativo.
**downcast** /daunkæst/ *adj* abatido, deprimido; direcionado para baixo.
**downfall** /daunfól/ *s* queda, ruína; aguaceiro, chuvarada; nevasca.
**downgrade** /daungreid/ *s* descida, declive, ladeira; rebaixamento, declínio, decadência. | *v* desvalorizar, depreciar; rebaixar (salário ou posição).
**downhearted** /daunhártid/ *adj* abatido, deprimido, desanimado.
**downhill** /daunhil/ *s* declive, declínio. | *adj* descendente, que desce. | *adv* em declive, em declínio.
**download** /daunloud/ *v* descarregar; transferir dados de um computador servidor ou da rede para um computador periférico.
**down payment** *s* entrada, sinal (de algum pagamento), primeira prestação.
**downplay** /daunplei/ *v* minimizar (importância).
**downpour** /daunpór/ *s* temporal, chuvarada.
**downright** /daunrait/ *adj* claro, direto, franco; completo, total. | *adv* completamente.
**downside** /daunsaid/ *s* o lado de baixo; o lado negativo ou desvantajoso de algo.
**downsize** /daunsaiz/ *v* reduzir, diminuir.
**downstairs** /daunstérz/ *s* térreo, andar térreo. | *adv* embaixo, no térreo, no andar debaixo.
**downstream** /daunstrím/ *adj* na direção da correnteza de um rio. | *adv* rio abaixo.
**downtime** /dauntaim/ *s* tempo ocioso (pessoa, máquina).
**down-to-earth** /dauntuêrth/ *adj* realista, prático.
**downtown** /dauntaun/ *s* centro da cidade. | *adv* no centro da cidade. | *adj* localizado no centro da cidade.
**downtrodden** /dauntráden/ *adj* oprimido, tiranizado.

D

**downturn** /dauntêrn/ *s* declínio, crise econômica.

**down under** *adv inform* na Austrália ou Nova Zelândia.

**downward** /daunwerd/ *adv* para baixo (*tb* **downwards**). | *adj* descendente, decrescente, inclinado, em declive.

**downwind** /daunwind, daunwind/ *adv* a favor do vento.

**downy** /dauni/ *adj* com penugem, macio, felpudo, fofo.

**dowry** /dauri/ *s* dote (de noiva); dom, talento.

**doze** /douz/ *s* cochilo, soneca. | *v* cochilar, tirar uma soneca.

**dozen** /dâzen/ *s* dúzia (*abrev* **doz.** ou **dz.**).

**dozer** /douzer/ *s* dorminhoco.

**dozy** /douzi/ *adj* sonolento, adormecido.

**drab** /dræb/ *adj* pardo; monótono, insípido. | *s* cor pardacenta; mulher desleixada, desmazelada; prostituta.

**drabble** /dræbel/ *v* enlamear, emporcalhar.

**draft** /dræft/ *s* corrente de ar; ato de arrastar; tração (animal); fardo, encargo; ordem de pagamento, saque bancário; gole, trago; inalação; dose, porção; seleção, recrutamento; alistamento militar; arrastão (pesca); esboço, rascunho; desenho, plano, projeto. | *v* selecionar, escolher; traçar esboço; rascunhar, dirigir colado ao carro da frente. | *adj* de tração; tirado de barril.

**draftee** /dræftí/ *s* recruta.

**draftsman** /dræftsmen/ *s* desenhista, projetista.

**drag** /dræg/ *s* arrastamento; draga; carruagem pesada; obstáculo, empecilho, estorvo; resistência (do ar); rastro, trilha (caça); *gír* tragada; roupas femininas usadas por homens. | *v* arrastar, puxar; dragar; custar a passar, arrastar-se (tempo).

**draggle** /drægel/ *v* arrastar-se na lama, enlamear, emporcalhar; retardar-se, ficar para trás.

**dragnet** /drægnét/ *s* rede de arrasto; diligência policial.

**dragon** /drægen/ *s* dragão; *inform* pessoa intratável, megera.

**dragonfly** /drægenflai/ *s* libélula.

**dragoon** /dregún/ *s* dragão (soldado de cavalaria). | *v* acossar, perseguir com tropas; coagir violentamente.

**drag queen** *s* pessoa do sexo masculino que se veste de mulher de modo caricato.

**drag race** *s* corrida de carros, disputa de velocidade.

**drain** /drein/ *v* drenar, escoar, escorrer, enxugar; exaurir, consumir, beber até a última gota. | *s* dreno, tubo, ralo, cano, esgoto; perda gradual, exaustão.

**drainage** /dreinidj/ *s* drenagem, escoamento.

**drainpipe** /dreinpaip/ *s* cano de esgoto.

**drake** /dreik/ *s* pato, marreco (macho); inseto usado como isca (pesca).

**dram** /dræm/ *s* dracma (peso); trago de bebida alcoólica.

**drama** /dráme/ *s* drama; arte dramática.

**dramatic** /dremætik/ *adj* dramático.

**dramatically** /dremætikeli/ *adv* dramaticamente.

**dramatics** /dremætiks/ *s us v sing* ou *pl* dramaturgia.

**dramatist** /drámetist/ *s* dramaturgo.

**dramatization** /drámetizeichen/ *s* dramatização.

**dramatize** /drámetaiz/ *v* dramatizar.

**dramaturge** /drámetêrdj/ *s* dramaturgo.

**dramaturgy** /drámetêrdji/ *s* dramaturgia.

**drank** /drængk/ *v pass* de **drink**.

**drape** /dreip/ *v* cobrir, ornar, decorar (com cortinas, bandeiras, tecidos); cair em dobras (como um cortinado). | *s* cortina, cortinado; caimento (roupa, tecido).

**drapery** /dreiperi/ *s* drapeado.

**drastic** /dræstik/ *adj* drástico.

**drastically** /dræstikeli/ *adv* drasticamente.

**draw** /drá, dró/ *v* desenhar; descrever (oralmente ou por escrito); puxar, tirar, sacar, arrancar; atrair (atenção); tomar fôlego; escolher aleatoriamente ou por sorteio; esticar; empatar. | *s* ato de puxar, tirar, arrancar, sacar; sorteio, rifa, extração, atração; empate. • **draw a check** emitir um cheque. **draw a curse** lançar uma maldição.

**drawback** /dr<u>á</u>bæk/ *s* inconveniente, desvantagem.

**drawbridge** /dr<u>á</u>bridj/ *s* ponte levadiça.

**drawer** /dr<u>ó</u>*er*/ *s* gaveta; sacador, emitente (cheque).

**drawers** /drórz/ *s* ceroulas, cuecas.

**drawing** /dr<u>á</u>*ing*/ *s* desenho; sorteio, extração.

**drawing room** *s* sala de estar, sala de visita.

**drawl** /drál/ *s* pronunciação lenta, fala arrastada. | *v* falar arrastadamente.

**drawn** /drón/ *v part pass* de **draw**.

**dray** /drei/ *s* carreta, caminhão. | *v* transportar em carreta ou caminhão.

**drayage** /dr<u>e</u>iidj/ *s* transporte em carreta ou caminhão, frete.

**drayman** /dr<u>e</u>imen/ *s* carreteiro, carroceiro.

**dread** /dréd/ *s* medo, temor, pavor, espanto. | *v* temer, apavorar-se. | *adj* pavoroso, medonho; espantoso, chocante.

**dreadful** /dr<u>é</u>dfel/ *adj* terrível, pavoroso, medonho; incômodo, desagradável.

**dreadlocks** /dr<u>é</u>dláks/ *s pl* tranças (rastafári).

**dreadnought** /dr<u>é</u>dnát/ *s* encouraçado.

**dream** /drím/ *s* sonho; devaneio, fantasia, ilusão; encanto, deleite. | *v* sonhar; imaginar, julgar possível. • **dream come true** sonho realizado.

**dreamt** /drémt/ *v pass* e *part pass* de **dream**.

**dreamy** /dr<u>í</u>mi/ *adj* sonhador, visionário; vago, indistinto.

**dreary** /dr<u>i</u>ri/ *adj* tristonho, sombrio, melancólico, lúgubre; monótono, enfadonho.

**dredge** /drédj/ *v* dragar; polvilhar (com farinha, açúcar). | *s* draga.

**dredger** /dr<u>é</u>dj*er*/ *s* draga, máquina de dragar; recipiente perfurado para polvilhar (farinha, açúcar).

**dregs** /drégz/ *s pl* sedimento, resíduo, resto; ralé, escória.

**drench** /dréntch/ *v* ensopar, embeber, encharcar; dar remédio via oral (a animal). | *s* poção ou remédio para animais; banho, embebição.

**dress** /drés/ *s* vestido; vestuário, roupa, traje. | *v* vestir; enfeitar, adornar (vitrine, árvore de natal); alinhar (soldados); cuidar, medicar (ferimentos); arrumar (cabelo); cozinhar, preparar a comida. | *adj* adequado a ocasiões formais, social (roupa, sapato).

**dresser** /dr<u>é</u>s*er*/ *s* camareiro; aparador de cozinha; cômoda.

**dressing** /dr<u>é</u>s*ing*/ *s* curativo; molho, tempero; recheio; adubo.

**dressing-down** /drés*ing*d<u>au</u>n/ *s* reprimenda, repreensão.

**dressing gown** *s* penhoar, roupão.

**dressing room** *s* camarim; vestiário.

**dressing table** *s* penteadeira.

**dressmaker** /dr<u>é</u>smeik*er*/ *s* costureira.

**dress rehearsal** *s* ensaio geral.

**dressy** /dr<u>é</u>si/ *adj* que gosta de se vestir bem, chique, elegante.

**drew** /drú/ *v pass* de **draw**.

**dribble** /dr<u>i</u>bel/ *s* filete; pequena quantidade; drible. | *v* gotejar; babar; driblar.

**dried** /draid/ *v pass* e *part pass* de **dry**.

**drier** /dr<u>ai</u>*er*/ *s* secante (para verniz, tinta); secador.

**drift** /drift/ *s* curso, movimento; monte (neve, areia) esculpido por água ou vento; turbilhão, redemoinho; deriva; desvio (de rota); corrente, correnteza; rumo, tendência. | *v* ser arrastado por correntes de ar ou água, ir à deriva; amontoar, acumular (neve, areia); deixar-se levar.

**driftage** /dr<u>i</u>ftidj/ *s* deriva, desvio de rota; tudo o que é levado pelo vento ou pelo mar.

D

**drifter** /dr*i*fter/ *s* indivíduo que leva vida errante, nômade; barco de pesca.

**driftwood** /dr*i*ftwud/ *s* madeira flutuante.

**drill** /dril/ *s* broca, pua; furadeira; máquina de semear; treino, treinamento. | *v* furar, brocar, perfurar; semear; treinar, praticar.

**drink** /dri*ngk*/ *v* beber, sorver, embebedar-se, embriagar-se. | *s* bebida.

**drinkable** /dr*i*ngkebel/ *adj* potável, bebível. | *s* bebida.

**drinker** /dr*i*ngker/ *s* bebedor, o que bebe.

**drinking fountain** /dr*i*ngking fauten/ *s* bebedouro.

**drip** /drip/ *s* gota, goteira, pingo; *gír* pessoa chata. | *v* gotejar, pingar.

**drip feed** *s* administração intravenosa de substância (soro, sangue, plasma).

**dripping** /dr*i*ping/ *s* gotejamento.

**drive** /draiv/ *s* passeio (de carro); estrada; iniciativa, ímpeto, impulso, vigor; percurso, trajeto; campanha; tração; avanço. | *v* dirigir, conduzir; levar (de carro); acionar; fazer funcionar; impulsionar, impelir; empurrar; cravar, fincar.

**drive-in** /dr*ai*vin/ *s* cinema ao ar livre visto do próprio carro; bar ou restaurante em que servem o freguês em seu próprio carro.

**drivel** /dr*i*vel/ *v* babar; dizer tolices. | *s* baba; bobagem, tolice.

**driven** /dr*i*ven/ *v part pass* de **drive**.

**driver** /dr*ai*ver/ *s* motorista, chofer; propulsor, roda motriz.

**driveway** /dr*ai*vwei/ *s* entrada para carros em residências.

**driving** /dr*ai*ving/ *adj* motriz; intenso, violento; ativo, energético.

**drizzle** /dr*i*zel/ *v* chuviscar, garoar. | *s* chuvisco, garoa.

**droll** /droul/ *adj* engraçado, jocoso, cômico.

**drollery** /dr*ou*leri/ *s* pilhéria, graça, brincadeira.

**dromedary** /dr*á*medéri/ *s* dromedário.

**drone** /droun/ *v* zumbir, zunir; falar monotonamente. | *s* zangão; zunido, zumbido; avião pilotado por controle remoto; malandro, preguiçoso.

**drool** /drúl/ *v* babar; *inform* babar-se (por algo ou alguém); *inform* falar bobagens. | *s* baba, saliva; *inform* bobagem, baboseira.

**droop** /drúp/ *v* pender, inclinar, curvar; desanimar, desfalecer; definhar, enfraquecer-se. | *s* inclinação, desfalecimento.

**drop** /dráp/ *s* gota, pingo; queda, descida, baixa; escarpa, declive. | *v* gotejar, pingar; derrubar, abater; soltar, largar; deixar cair; diminuir, baixar (temperatura, vento).

**droplet** /dr*á*plit/ *s* gotinha, gotícula.

**dropper** /dr*á*per/ *s* conta-gotas.

**dropping** /dr*á*ping/ *s* gotejamento.

**dross** /drás/ *s* refugo ou impureza de metal fundido; escória, lixo, ralé.

**drought** /draut/ *s* seca, aridez, estiagem.

**drouth** /drau*th*/ » **drought**.

**drove** /drouv/ *v pass* de **drive**. | *s* rebanho, manada; multidão; cinzel.

**drown** /draun/ *v* afogar(-se); abafar (voz, som); inundar.

**drowse** /drauz/ *v* adormecer, cochilar. | *s* sonolência.

**drowsiness** /dr*au*zines/ *s* sonolência, torpor.

**drowsy** /dr*au*zi/ *adj* sonolento, entorpecido.

**drub** /drâb/ *v* bater, espancar, surrar; persuadir pela força; vencer (luta, competição). | *s* bordoada, pancada.

**drubbing** /dr*â*bing/ *s* surra, sova, espancamento.

**drudge** /drâdj/ *v* matar-se de trabalhar. | *s* trabalhador servil, criado escravo; *fig* burro de carga.

**drudgery** /dr*â*djeri/ *s* trabalho penoso ou enfadonho, labuta.

**drug** /drâg/ *s* droga, remédio, narcótico, medicamento. | *v* administrar droga, medicar; adicionar droga, adulterar, misturar droga em; tomar narcóticos.

**drug addict** *s* viciado em drogas.
**druggist** /drâgist/ *s* farmacêutico.
**drugstore** /drâgstór/ *s* drogaria, farmácia (*tb* **drug store**).
**druid** /drúid/ *s* druida.
**drum** /drâm/ *s* tambor; o som do tambor; bateria; tambor; tímpano. | *v* tocar tambor, bumbo ou bateria; tamborilar; insistir, martelar, bater na mesma tecla; expulsar.
**drumbeat** /drâmbít/ *s* toque ou rufo do tambor.
**drummer** /drâmer/ *s* baterista, tocador de tambor.
**drumstick** /drâmstik/ *s* baqueta de tambor; coxa (galinha, peru).
**drunk** /drângk/ *v part pass* de **drink**. | *s* e *adj* bêbado, embriagado, ébrio.
**drunkard** /drângkerd/ *s* beberrão, bêbado, alcoólatra, ébrio.
**drunken** /drângken/ *adj* embriagado, bêbado.
**dry** /drai/ *v* secar, enxugar. | *adj* seco, enxuto; árido, seco; insípido; irônico.
**dry cleaner** *s* tintureiro.
**dry cleaning** *s* lavagem a seco.
**dryer** /draier/ » **drier**.
**dry goods** *s pl* artigos de armarinhos, tecidos.
**dry ice** *s* gelo-seco.
**dual** /dúel/ *adj* dual, duplo.
**dualism** /dúelizem/ *s* dualismo.
**duality** /duæleti/ *s* dualidade.
**dual-purpose** /dúelpêrpes/ *adj* que tem dupla finalidade.
**dub** /dâb/ *v* armar cavaleiro; conferir título a, nomear; apelidar; alisar, amaciar; bater, golpear; tocar tambor; dublar. | *s* rufo de tambor; pancada, golpe; trapalhão, pessoa desajeitada; fita ou gravação dublada.
**dubiety** /dúbaieti/ *s* dubiedade.
**dubious** /dúbies/ *adj* dúbio, ambíguo, duvidoso; indeciso, hesitante.
**ducat** /dâket/ *s* ducado (moeda); *gír* bilhete de entrada para espetáculos; *gír* dinheiro, grana.
**duce** /dútchei/ *s* chefe, líder, caudilho.
**duchess** /dâtchis/ *s* duquesa.
**duchy** /dâtchi/ *s* ducado.
**duck** /dâk/ *s* pato, marreco; *gír* sujeito, tipo, figura; abaixamento rápido da cabeça ou corpo; mergulho; brim ou linho grosso; caminhão anfíbio. | *v* abaixar-se, curvar-se rapidamente; mergulhar rapidamente; esquivar-se, tirar o corpo.
**duckbill** /dâkbil/ *s* ornitorrinco.
**duckling** /dâkling/ *s* patinho.
**duct** /dâkt/ *s* ducto, canal, tubo.
**ductile** /dâktil, dâktail/ *adj* dúctil, flexível, maleável; *fig* dócil.
**dud** /dâd/ *s* bomba ou granada falhada; *inform* coisa inútil, nulidade, negação.
**dude** /dúd, dyúd/ *s inform* almofadinha, janota, dândi; *gír* (EUA) pessoa da cidade que tira férias no campo; *gír* chapa, camarada.
**dudgeon** /dâdjen/ *s* ressentimento, rancor.
**due** /dú, dyú/ *adj* devido, vencido (pagamento); justo, próprio, adequado, oportuno, apropriado; esperado, aguardado. | *s* dívida, obrigação, direito. | *adv* diretamente, na direção exata. • **due to** devido a.
**duel** /dúel/ *s* duelo, luta. | *v* bater-se em duelo, duelar.
**dueler** /dúeler/ *s* duelista.
**duelist** /dúelist/ » **dueler**.
**duet** /duét/ *s* dueto, duo.
**dug** /dâg/ *v pass* e *part pass* de **dig**. | *s* teta de animal.
**dugout** /dâgaut/ *s* canoa, piroga; abrigo cavado na rocha.
**duke** /dúk/ *s* duque.
**dukedom** /dúkdem/ *s* ducado.
**dulcify** /dâlsifai/ *v* dulcificar, adoçar; abrandar.
**dull** /dâl/ *adj* estúpido, obtuso; monótono, maçante; abafado (som); escuro, sombrio; lento, vagaroso; insensível; sem vida; cego, sem fio (instrumento cortante). | *v* obscurecer; ensurdecer; embotar, insensibilizar, entorpecer.

**duly** /dúli/ *adv* devidamente, adequadamente.
**dumb** /dâm/ *adj* mudo, calado, silencioso; *gír* bobo, pateta, burro.
**dumbbell** /dâmbél/ *s gír* bronco, idiota; haltere.
**dumbfound** /dâmfaund, dâmfaund/ *v* pasmar, estarrecer, confundir.
**dumfound** /dâmfaund, dâmfaund/ » **dumbfound**.

D

**dummy** /dâmi/ *s* imitação, cópia; boneco, manequim; *inform* palerma; pessoa calada, taciturna; testa de ferro. | *adj* simulado, fictício, postiço.
**dump** /dâmp/ *v* descarregar, despejar, esvaziar; exportar ou importar a baixo preço, inundar o mercado com; livrar-se, desfazer-se. | *s* depósito de lixo; depósito de suprimentos ou munições; *gír* espelunca.
**dump truck** *s* caminhão basculante.
**dumpy** /dâmpi/ *adj* gordo e baixo, atarracado.
**dun** /dân/ *s* credor importuno.
**dunce** /dâns/ *s* burro, ignorante, estúpido.
**dunderhead** /dânderhéd/ *s* estúpido, ignorante.
**dune** /dyún/ *s* duna.
**dung** /dâng/ *s* estrume, esterco, adubo; sujeira, imundície. | *v* adubar com esterco.
**dungaree** /dânggerí/ *s* brim.
**dungeon** /dândjen/ *s* masmorra, calabouço.
**dunk** /dângk/ *v* mergulhar, molhar (pão, bolo no café, leite, sopa).
**duo** /dúou/ *s* duo, dueto.
**dupe** /dúp/ *s* ingênuo, incauto, trouxa. | *v* lograr, ludibriar, enganar, tapear.
**dupery** /dúperi/ *s* logro, tapeação.
**duple** /dúpel/ *adj* duplo.
**duplex** /dúpléks/ *s* dúplex (apartamento). | *adj* dúplice, composto de duas partes.
**duplicate** /dúpliket/ *adj* duplicado, duplo, dobrado. | *s* duplicata, cópia. | /dúplikeit/ *v* duplicar, dobrar; reproduzir, tirar cópia.
**duplication** /dúplikeichen/ *s* duplicação; cópia ou reprodução exata.
**duplicator** /dúplikeiter/ *s* duplicador (aparelho).
**duplicity** /dúpliseti/ *s* duplicidade; falsidade, má-fé.
**durability** /durebileti/ *s* durabilidade.
**durable** /durebel/ *adj* durável, duradouro, resistente.
**durance** /durens/ *s* encarceramento, prisão.
**duration** /dureichen/ *s* duração.
**during** /during/ *prep* durante, enquanto.
**dusk** /dâsk/ *adj* escuro, sombrio. | *s* crepúsculo, anoitecer; penumbra. | *v* obscurecer; anoitecer.
**dusky** /dâski/ *adj* escuro, sem cor, sombrio, com pouca luz.
**dust** /dâst/ *s* pó, poeira; restos mortais, cinzas; ninharia; rebuliço, alvoroço. | *v* tirar o pó, espanar; polvilhar.
**duster** /dâster/ *s* espanador; guarda-pó.
**dust mop** *s* vassoura de pelo.
**dustpan** /dâstpæn/ *s* pá de lixo.
**dust storm** *s* tempestade de poeira.
**dusty** /dâsti/ *adj* empoeirado.
**Dutch** /dâtch/ *adj* e *s* holandês.
**Dutchman** /dâtchmen/ *s* holandês.
**Dutchwoman** /dâtchwumen/ *s* holandesa.
**duteous** /dyúties/ *adj* obediente, respeitoso.
**dutiable** /dyútiebel/ *adj* tributável.
**dutiful** /dyútifel/ *adj* obediente, respeitoso, consciencioso.
**duty** /dyúti/ *s* dever, obrigação; imposto, taxa, tarifa; tarefa, missão. • **on duty** de ou em serviço. **off duty** de folga, de licença.
**duty-free** /dyútifrí/ *adj* livre de taxas ou tarifas aduaneiras.
**dwarf** /dwórf/ *s* anão (*pl* **dwarfs** ou **dwarves** /dwórvz/). | *v* ananicar.
**dwarfish** /dwórfich/ *adj* nanico, pequenino.
**dwell** /dwél/ *v* habitar, morar, residir; estender-se, alongar-se num assunto.
**dweller** /dwéler/ *s* habitante, morador.

**dwelling** /dwéling/ *s* habitação, residência, domicílio.
**dwelt** /dwélt/ *v pass* e *part pass* de **dwell**.
**dwindle** /dwindl/ *v* diminuir, minguar.
**dye** /dai/ *s* corante, pigmento, tintura, tinta, cor, matiz. | *v* tingir.
**dying** /daiing/ *adj* moribundo, agonizante.
**dyke** /daik/ » **dike**.
**dynamic** /dainæmik/ *adj* dinâmico, ativo, enérgico.
**dynamical** /dainæmikel/ » **dynamic**.
**dynamics** /dainæmiks/ *s us v sing* dinâmica (ciência); *us v pl* dinâmica (força e movimento).
**dynamism** /dainemizem/ *s* dinamismo.
**dynamite** /dainemait/ *s* dinamite. | *v* dinamitar.
**dynamo** /dainemou/ *s* dínamo (*pl* **dynamos**).
**dynasty** /dainesti/ *s* dinastia.
**dysentery** /disentéri/ *s* disenteria.
**dysfunction** /disfângkchen/ *s* disfunção.
**dyslexia** /disléksie/ *s* dislexia.
**dysmenorrhea** /disméneríe/ *s* dismenoréia *tb* **dysmenorrhoea**).
**dystrophia** /distroufie/ » **dystrophy**.
**dystrophy** /distrefi/ *s* distrofia.

D

**e** e **E** /i/ *s* 5ª letra do alfabeto inglês. | *abrev minús* de **electron**; *minús* ou *maiús* de **east**; *maiús* de **English**.

**each** /ítch/ *adj, pron* e *adv* cada.

**each other** *pron* mutuamente, um ao outro.

**eager** /íger/ *adj* ávido, ansioso, impaciente.

**eager beaver** *s* aquele que é excessivamente zeloso e diligente.

**eagle** /ígel/ *s* águia.

**ear** /ir/ *s* ouvido, orelha; audição.

**earache** /ireik/ *s* dor de ouvido.

**eardrop** /irdráp/ *s* brinco de pingente. • **eardrops** remédio em gotas para o ouvido.

**eardrum** /irdrâm/ *s* tímpano.

**earflap** /irflæp/ *s* orelheira, aba de boné para cobrir a orelha.

**earful** /irful/ *s* boato, fofoca; bronca, reprimenda.

**earl** /êrl/ *s* conde inglês.

**earlap** /irlæp/ » **earflap**.

**earliness** /êrlines/ *s* precocidade, antecipação.

**early** /êrli/ *adv* cedo, no princípio. | *adj* precoce, prematuro, adiantado, temporão; matinal; primitivo.

**early bird** *s inform* madrugador.

**earn** /êrn/ *v* ganhar, obter pelo trabalho; merecer; render (lucro, juros).

**earnest** /êrnist/ *adj* sincero, genuíno; grave, importante; sério, determinado. | *s* penhor, garantia.

**earnings** /êrningz/ *s pl* salário, ordenado; rendimento (de investimento), lucros (nos negócios).

**earphone** /irfoun/ *s* fone de ouvido.

**earring** /iring, irring/ *s* brinco.

**earshot** /irchát/ *s* alcance do ouvido (até onde o ouvido pode escutar).

**earth** /êrth/ *s* terra, chão, solo; *geralm maiús* Terra, globo terrestre, mundo. | *v* enterrar, entocar.

**earthborn** /êrthbórn/ *adj* terrestre, terreno, telúrico; humano, mortal.

**earthen** /êrthen, êrdhen/ *adj* de terra, de barro; terrestre, terreno.

**earthenware** /êrthenwér, êrdhenwér/ *s* louça de barro, cerâmica.

**earthling** /êrthling/ *s* habitante da terra (especialmente o homem), terráqueo.

**earthly** /êrthli/ *adj* terrestre, terreno, mundano.

**earthquake** /êrthkweik/ *s* terremoto.

**earthward** /êrthwerd/ *adv* e *adj* em direção ao solo ou à terra.

**earthwork** /êrthwêrk/ *s* fortificação, trincheira; aterro, terraplanagem.

**earthworm** /êrthwêrm/ *s* minhoca.

**earthy** /êrthi/ *adj* terroso, terreno; grosseiro; simples, natural.

**earwax** /írwæks/ *s* cera de ouvido, cerume.
**ease** /íz/ *s* facilidade, desenvoltura, desembaraço; comodidade, bem-estar; alívio, tranquilidade, sossego. | *v* aliviar, suavizar, atenuar, acalmar(-se), sossegar; facilitar. • **at ease** à vontade.
**easeful** /ízfel/ *adj* confortável, agradável; sossegado.
**easel** /ízel/ *s* cavalete (de pintor).
**easily** /ízili/ *adv* facilmente.
**east** /íst/ *s* este, leste, oriente. | *adj* oriental, do oriente, do leste. | *adv* rumo leste, em direção leste.
**eastbound** /ístbaund/ *adj* que vai em direção leste.
**Easter** /íster/ *s* Páscoa.
**Easter egg** *s* ovo de Páscoa.
**eastern** /ístern/ *adj* do leste, oriental.
**eastward** /ístwerd/ *adj* e *adv* em direção leste. | *s* um ponto a leste.
**easy** /ízi/ *adj* fácil; tranquilo, calmo, sossegado, brando, moderado; condescendente, tolerante; descontraído, despreocupado; cômodo, confortável. | *adv* com calma; com facilidade; com moderação. • **payment on easy terms** pagamento facilitado. **take it easy** tenha calma, não se afobe.
**easy chair** *s* espreguiçadeira, poltrona.
**easygoing** /ízigouing/ *adj* complacente, condescendente; lento, vagaroso; calmo, despreocupado; negligente, descuidado (*tb* **easy-going**).
**eat** /ít/ *v* comer, alimentar-se; gastar, consumir; corroer, erodir; devastar, destruir.
**eatable** /ítebl/ *adj* comestível.
**eaten** /íten/ *part pass de* **eat**.
**eater** /íter/ *s* comedor.
**eaves** /ívz/ *s pl* beiral, beirado.
**eavesdrop** /ívzdráp/ *v* escutar às escondidas, bisbilhotar.
**eavesdropper** /ívzdráper/ *s* bisbilhoteiro, abelhudo.
**ebb** /éb/ *v* vazar, baixar (a maré); declinar, diminuir. | *s* maré baixa; diminuição, declínio.
**ebb tide** *s* maré vazante.
**ebonize** /ébenaiz/ *v* tingir da cor do ébano.
**ebony** /ébeni/ *s* ébano. | *adj* feito de ébano; da cor do ébano.
**ebullience** /ibulyens, ibâlyens/ *s* exaltação, excitação.
**ebulliency** /ibulyensi, ibâlyensi/ » **ebullience**.
**ebullient** /ibulyent, ibâlyent/ *adj* fervente, efervescente; entusiasmado.
**ebullition** /ébelichen/ *s* ebulição, fervura; agitação.
**e-business** /íbiznis/ *s form red* de **electronic business**, negócio eletrônico.
**eccentric** /ikséntrik, ékséntrik/ *adj* e *s* excêntrico.
**eccentricity** /ékséntriseti/ *s* excentricidade.
**ecclesiastic** /iklíziæstik, éklíziæstik/ *s* e *adj* eclesiástico.
**ecclesiastical** /iklíziæstikel, éklíziæstikel/ *adj* eclesiástico.
**echelon** /échelán/ *s* escalão; esquadrilha. | *v* escalonar.
**echo** /ékou/ *s* eco; repetição, imitação; vestígio, traço; imitador (*pl* **echoes**). | *v* ecoar; repetir, imitar.
**echocardiogram** /ékoukárdiegræm/ *s* ecocardiograma.
**echo chamber** *s* câmara de eco.
**eclectic** /ékléktik/ *adj* e *s* eclético.
**eclipse** /iklips/ *s* eclipse; obscuridade, sombra. | *v* eclipsar; obscurecer, ofuscar.
**ecliptic** /ikliptik/ *s* eclíptica.
**eclogue** /éklág/ *s* écloga, poesia pastoril.
**ECM** *abrev* de **European Common Market**, MCE, Mercado Comum Europeu.
**ecologic** /íkeládjik, ékeládjik/ » **ecological**.
**ecological** /íkeládjikel, ékeládjikel/ *adj* ecológico.
**ecology** /ikáledji, ékáledji/ *s* ecologia.
**ecologist** /ikáledjist, ékáledjist/ *s* ecologista.
**e-commerce** /íkámêrs/ *s form red* de **electronic commerce**, comércio eletrônico.
**economic** /íkenámik, ékenámik/ *adj* econômico (ciência ou atividade econômica).

E

**economical** /íkenámikel, ékenámikel/ *adj* econômico (que gasta com moderação).
**economics** /íkenámiks, ékenámiks/ *s us v sing* economia (ciência); *us v sing* ou *pl* economia (considerações financeiras).
**economist** /ikánemist/ *s* economista.
**economize** /ikánemaiz/ *v* economizar, poupar.
**economizer** /ikánemaizer/ *s* economizador.
**economy** /ikánemi/ *s* economia, poupança, parcimônia.
**economy class** *s* classe econômica (avião).
**ecosphere** /ékousfir, íkousfir/ *s* ecosfera.
**ecosystem** /ékousistem, íkousistem/ *s* ecossistema.
**ecstasy** /ékstesi/ *s* êxtase.
**ecstatic** /ékstætik/ *adj* extático.
**ectoderm** /éktoudêrm, éktedêrm/ *s* ectoderma.
**ectoplasm** /éktouplæzem, ékteplæzem/ *s* ectoplasma.
**Ecuador** /ékwedór/ *s* Equador.
**Ecuadorian** /ékwedórien/ *s* e *adj* equatoriano.
**ecumenic** /ékyuménik/ » **ecumenical**.
**ecumenical** /ékyuménikel/ *adj* ecumênico.
**eczema** /ékseme, égzeme, igzíme/ *s* eczema.
**edacious** /ideiches/ *adj* voraz, glutão.
**edacity** /idæsiti/ *s* edacidade, voracidade, glutonaria.
**eddy** /édi/ *s* remoinho, turbilhão; contracorrente. | *v* remoinhar.
**edge** /édj/ *s* fio, gumo, corte; beira, orla, borda, margem; extremidade; agudeza, penetração; superioridade, vantagem. | *v* afiar, amolar, aguçar; orlar, margear; mover-se lateralmente.
**edgeless** /édjles/ *adj* sem gume, embotado.
**edgeways** /édjweiz/ » **edgewise**.
**edgewise** /édjwaiz/ *adv* lateralmente, de soslaio; do lado do fio ou gume; na direção da ponta.
**edging** /édjing/ *s* debrum, bainha, barra.
**edgy** /édji/ *adj* afiado, cortante; nervoso, preocupado, irritadiço.
**edibility** /édibileti/ *s* comestibilidade.
**edible** /édibel/ *adj* e *s* comestível.
**edict** /ídikt/ *s* édito, decreto, ordem.
**edification** /édifikeichen/ *s* aperfeiçoamento intelectual, moral ou espiritual.
**edifice** /édifis/ *s* edifício muito alto, imponente.
**edify** /édifai/ *v* edificar, doutrinar, instruir.
**edit** /édit/ *v* editar (livro, filme etc.), preparar uma obra para publicação; supervisionar uma publicação.
**edition** /idichen/ *s* edição, publicação.
**editor** /éditer/ *s* editor.
**editorial** /édetóriel/ *adj* e *s* editorial.
**editorialize** /édetórielaiz/ *v* redigir um editorial.
**editor in chief** *s* editor chefe, editor responsável (*pl* **editors in chief**).
**editorship** /éditerchip/ *s* cargo e funções de editor.
**educable** /édjukebel/ *adj* educável.
**educate** /édjukeit/ *v* educar, instruir, ensinar.
**educated** /édjukeitid/ *adj* instruído, culto, letrado.
**education** /édjukeichen/ *s* educação, ensino, instrução.
**educational** /édjukeichenel/ *adj* educacional, educativo, pedagógico.
**educationalist** /édjukeichenelist/ » **educationist**.
**educationist** /édjukeichenist/ *s* educador, pedagogo.
**educative** /édjukeitiv/ *adj* educativo, educacional.
**educator** /édjukeiter/ *s* educador.
**educe** /idús, idyús/ *v* evocar, trazer à tona; deduzir, inferir, concluir.
**eduction** /idâkchen/ *s* evocação; dedução.
**eel** /íl/ *s Zool* enguia (*pl* **eel** ou **eels**).
**eerie** /íri/ *adj* assustador, sinistro, lúgubre; sobrenatural, misterioso.
**eery** /íri/ » **eerie**.

**effface** /ifeis/ *v* apagar, eliminar; destruir, abolir; ocultar-se, retrair-se.
**effacement** /ifeisment/ *s* eliminação, cancelamento; destruição.
**effect** /ifékt/ *s* efeito, resultado, consequência; eficácia, eficiência; finalidade, propósito. | *v* efetuar, executar. • **put/bring into effect** pôr em ação. **come into effect** ou **take effect** entrar em vigor (lei).
**effective** /iféktiv/ *adj* efetivo, eficaz, eficiente; impressionante; existente, real. | *s* soldado ou equipamento pronto para o combate.
**effectivity** /iféktiveti/ *s* eficácia, eficiência.
**effectual** /iféktchúel/ *adj* efetivo, eficaz, eficiente.
**effectuate** /iféktchúeit/ *v* efetuar, executar, realizar.
**effeminate** /iféminet/ *adj* efeminado.
**effervesce** /éfervés/ *v* efervescer.
**effervescence** /éfervésens/ *s* efervescência.
**effervescency** /éfervésensi/ » **effervescence**.
**effervescent** /éfervésent/ *adj* efervescente.
**effete** /ifít/ *adj* impotente, estéril; fraco, esgotado, exausto.
**efficacious** /éfikeiches/ *adj* eficaz, eficiente.
**efficacy** /éfikesi/ *s* eficácia, eficiência.
**efficiency** /ifichensi/ *s* eficiência, eficácia.
**efficient** /ifichent/ *adj* eficiente, eficaz, ativo.
**effigy** /éfidji/ *s* efígie.
**effloresce** /éflerés/ *v* florescer; eflorescer.
**efflorescence** /éflerésens/ *s* eflorescência.
**efflorescent** /éflerésent/ *adj* eflorescente.
**effluence** /éfluens/ *s* efluência, emanação, eflúvio.
**effluent** /éfluent/ *adj* efluente. | *s* efluência.
**effluvium** /iflúviem/ *s* eflúvio (*pl* **effluvia** /iflúvie/ ou **effluviums**).
**efflux** /éflâks/ *s* eflúvio, exalação, emanação.
**effort** /éfert/ *s* esforço, empenho; tentativa.
**effortless** /éfertles/ *adj* sem esforço.
**effrontery** /éfrânteri, ifrânteri/ *s* descaramento, arrogância.
**effulgence** /ifâldjens/ *s* brilho, resplendor.
**effulgent** /ifâldjent/ *adj* brilhante, resplandecente.
**effuse** /ifyúz/ *v* espalhar; derramar, entornar; emanar, exalar, radiar. | /ifyús/ *adj* profuso.
**effusion** /ifyújen/ *s* efusão; derramamento de gás ou líquido.
**effusive** /ifyúsiv/ *adj* efusivo, caloroso.
**e-form** /ífórm/ *s form red* de **electronic form**, formulário eletrônico.
**eft** /éft/ *s* salamandra.
**EFT** *abrev* de **Electronic Funds Transfer**, transferência eletrônica de fundos.
**e.g.** /ídjí/ *abrev lat* de **exempli gratia**, por exemplo.
**EGA** *abrev* de **Enhanced Graphics Adapter**, adaptador gráfico avançado.
**egalitarian** /igælitérien/ *adj* igualitário.
**egalitarianism** /igælitérienizem/ *s* igualitarismo.
**egg** /ég/ *s* ovo; óvulo; *gír* pessoa, sujeito. | *v* misturar, cobrir com ovos; *gír* jogar ovos em.
**egghead** /éghéd/ *s inform* intelectual.
**eggplant** /égplænt/ *s* berinjela.
**eggshell** /égchél/ *s* casca de ovo.
**egg timer** *s* pequena ampulheta (que mede o tempo de cozimento de um ovo).
**egg white** *s* clara de ovo, albume.
**egis** /ídjis/ » **aegis**.
**ego** /ígou, égou/ *s* ego (*pl* **egos**).
**egocentric** /ígousêntrik, égousêntrik/ *adj* egocêntrico.
**egoism** /ígouizem, égouizem/ *s* egoísmo.
**egoist** /ígouist, égouist/ *s* egoísta.
**egoistic** /ígouistik, égouistik/ *adj* egoístico.
**egoistical** /ígouistikel, égouistikel/ » **egoistic**.
**egotism** /ígoutizem, égoutizem/ *s* egotismo.

E

**egotist** /ígoutist, égoutist/ *s* egotista.
**egotistic** /ígoutistik, égoutistik/ *adj* egotista.
**egotistical** /ígoutistikel, égoutistikel/ » **egotistic**.
**egress** /ígrés/ *s* egresso, saída; direito de sair. | *v* sair, emergir.
**egression** /igréchen/ *s* egressão.
**egret** /ígrét, égrét/ *s* garça-real.
**Egypt** /ídjipt/ *s* Egito.
**Egyptian** /idjipchen/ *adj* e *s* egípcio.
**Egyptology** /ídjiptáledji/ *s* egiptologia.

E

**eight** /eit/ *num* oito.
**eighteen** /eitín/ *num* dezoito.
**eighteenth** /eitínth/ *num* décimo oitavo.
**eighth** /eitth/ *num* oitavo.
**eightieth** /eitieth/ *num* octogésimo.
**eighty** /eiti/ *num* oitenta. • **the eighties** os anos oitenta.
**either** /ídher, aidher/ *adj* e *pron* um de dois, um ou outro, ambos, qualquer dos dois. | *adv* tampouco. | *conj* (seguida de **or**) ou ... ou, quer ... quer. • **either the one or the other** ou um ou outro. **either way** de um jeito ou de outro.
**ejaculate** /idjækyeleit/ *v* ejacular; proferir, exclamar. | /idjækyelet/ *s* sêmen ejaculado.
**ejaculation** /idjækyeleichen/ *s* ejaculação; exclamação, brado.
**ejaculatory** /idjækyeletóri/ *adj* ejaculatório; exclamatório.
**eject** /idjékt/ *v* ejetar, expelir, expulsar.
**ejection** /idjékchen/ *s* ejeção, expulsão, exclusão.
**ejection capsule** *s* cápsula ejetora.
**ejection seat** *s* assento ejetor.
**ejectment** /idjéktment/ *s* expulsão; desapropriação, ação de despejo ou de recuperação de bens.
**ejector** /idjékter/ *s* ejetor, expulsor.
**eke** /ík/ *v* suprir, suplementar ou manter com muito esforço.
**EKG** /íkeidjí/ *abrev* de **electrocardiogram**, eletrocardiograma.
**elaborate** /ilæbereit/ *v* elaborar, criar; tornar mais minucioso, entrar em detalhes. | /ilæberet/ *adj* elaborado, esmerado, cuidadoso, minucioso.
**elaborately** /ilæberetli/ *adv* elaboradamente, cuidadosamente, minuciosamente.
**elaboration** /ilæbereichen/ *s* elaboração, esmero, requinte.
**elapse** /ilæps/ *v* passar, transcorrer (o tempo). | *s* lapso (de tempo).
**elapsed time** *s* tempo decorrido de um evento (*abrev* **ET**).
**elastic** /ilæstik/ *adj* e *s* elástico.
**elasticity** /ilæstiseti/ *s* elasticidade.
**elate** /ileit/ *v* exaltar, entusiasmar, animar. | *adj* soberbo, orgulhoso; alegre, altivo.
**elated** /ileitid/ *adj* exultante, eufórico; orgulhoso, soberbo.
**elation** /ileichen/ *s* exaltação, júbilo; orgulho.
**elbow** /élbou/ *s* cotovelo. | *v* acotovelar, abrir caminho com os cotovelos.
**elder** /élder/ *adj* mais velho, mais idoso, mais antigo. | *s* pessoa idosa, ancião; chefe mais velho de uma tribo, cacique; presbítero.
**elderly** /élderli/ *adj* idoso, de idade madura. | *s* idoso. • **the elderly** *us v pl* os idosos.
**eldest** /éldist/ *adj* o mais velho, o primogênito, o mais antigo.
**elect** /ilékt/ *v* eleger, nomear, escolher. | *adj* e *s* eleito, escolhido.
**electable** /iléktebl/ *adj* elegível.
**election** /ilékchen/ *s* eleição, votação.
**electioneer** /ilékchenir/ *v* angariar votos.
**elective** /iléktiv/ *adj* eletivo, eleitoral; facultativo. | *s* curso ou matéria opcional.
**electiveness** /iléktivnes/ *s* eletividade, elegibilidade.
**elector** /ilékter/ *s* eleitor, votante.
**electoral** /ilékterel/ *adj* eleitoral.
**Electoral College** *s* colégio eleitoral.
**electorate** /ilékteret/ *s* eleitorado.
**electric** /iléktrik/ *adj* elétrico, relativo à eletricidade; excitante, eletrizante.

**electrical** /iléktrikel/ » **electric.**
**electrical engineer** *s* engenheiro eletricista.
**electrical engineering** *s* engenharia elétrica.
**electrical storm** *s* tempestade de raios.
**electric chair** *s* cadeira elétrica.
**electric eel** *s* peixe-elétrico.
**electric eye** *s* célula fotoelétrica.
**electric guitar** *s* guitarra elétrica.
**electrician** /iléktrichen/ *s* eletricista.
**electricity** /iléktriseti/ *s* eletricidade.
**electric light** *s* luz elétrica.
**electric razor** *s* barbeador elétrico.
**electrification** /iléktrifikeichen/ *s* eletrificação, eletrização.
**electrify** /iléktrifai/ *v* eletrificar, eletrizar; entusiasmar.
**electrocardiogram** /iléktroukárdiegræm/ *s* eletrocardiograma (*abrev* **ECG** ou **EKG**).
**electrocute** /iléktrekyút/ *v* eletrocutar.
**electrocution** /iléktrekyúchen/ *s* eletrocussão.
**electrode** /iléktroud/ *s* eletrodo.
**electrolysis** /iléktrálesis/ *s* eletrólise.
**electrolyte** /iléktrelait/ *s* eletrólito.
**electrolytic** /iléktrelitik/ *adj* eletrolítico.
**electromagnet** /iléktroumægnit/ *s* eletromagneto, eletroímã.
**electromagnetic** /iléktroumægnétik/ *adj* eletromagnético (*abrev* **EM**).
**electromagnetism** /iléktroumægnitizem/ *s* eletromagnetismo.
**electron** /iléktrán/ *s* elétron (*abrev* **e**).
**electronic** /iléktránik/ *adj* eletrônico.
**electronic mail** *s* correio eletrônico (*tb* **e-mail**).
**electronics** /iléktrániks/ *s us v sing* eletrônica (ciência); *us v pl* dispositivos e sistemas eletrônicos.
**electrostatic** /iléktroustætik/ *adj* eletrostático.
**electrostatics** /iléktroustætiks/ *s us v sing* eletrostática.
**electrum** /iléktrem/ *s* liga de ouro e prata.
**elegance** /élegens/ *s* elegância.
**elegancy** /élegensi/ » **elegance.**
**elegant** /élegent/ *adj* elegante.
**elegiac** /élidjaiek, ilídjíæk/ *adj* elegíaco.
**elegiacal** /élidjaiekel, ilídjíækel/ » **elegiac.**
**elegist** /élidjist/ *s* poeta elegíaco.
**elegy** /élidji/ *s* elegia.
**element** /élement/ *s* elemento, componente; fundamento, princípio; ambiente, meio.
**elemental** /eleméntel/ *adj* elementar, básico, fundamental; relativo aos elementos.
**elementary** /eleménteri/ *adj* elementar, básico, essencial; *relat* à educação infantil ou ao ensino primário.
**elementary particle** *s* partícula elementar.
**elementary school** *s* escola primária, educação infantil.
**elephant** /élifent/ *s* elefante. • **white elephant** elefante branco, coisa supérflua.
**elephant seal** *s* elefante-marinho.
**elevate** /éliveit/ *v* elevar, erguer, levantar; exaltar, encorajar, animar; aumentar, amplificar; promover para cargo mais elevado.
**elevated** /éliveitid/ *adj* elevado, alto; formal, nobre; superior. | *s* ferrovia elevada.
**elevated railway** *s* ferrovia elevada.
**elevation** /éliveichen/ *s* elevação.
**elevator** /éliveiter/ *s* elevador.
**eleven** /iléven/ *num* onze.
**eleventh** /iléventh/ *num* décimo primeiro, undécimo.
**elf** /élf/ *s* elfo (*pl* **elves** /élvz/).
**ELF** *abrev* de **extremely low frequency**, baixíssima frequência.
**elicit** /ilisit/ *v* extrair, tirar; evocar, fazer surgir, trazer à tona; deduzir.
**elicitation** /ilisiteichen/ *s* instigação, dedução, indução.
**elide** /ilaid/ *v* elidir, suprimir, eliminar, omitir.
**eligibility** /élidjebileti/ *s* elegibilidade; qualificação, aptidão.

**eligible** /élidjebel/ *adj* elegível.
**eliminate** /ilimineit/ *v* eliminar.
**elimination** /ilimineichen/ *s* eliminação.
**eliminatory** /iliminetóri/ *adj* eliminatório.
**elision** /ilijen/ *s* elisão.
**elite** /ilít, eilít/ *s* elite (*pl* **elite** ou **elites**).
**elitism** /ilítizem, eilítizem/ *s* elitismo.
**elixir** /iliksеr/ *s* elixir.
**elk** /élk/ *s* alce (*pl* **elk** ou **elks**).
**ellipse** /ilips/ *s* elipse.
**ellipsis** /ilipsis/ *s* elipse (*pl* **ellipses** /ilipsíz/).
**ellipsoid** /ilipsoid/ *adj* e *s* elipsoide.
**elliptic** /iliptik/ *adj* elíptico.
**elliptical** /iliptikel/ » **elliptic**.
**elm** /élm/ *s* olmo, olmeiro.
**elocution** /élekyúchen/ *s* elocução.
**elocutionist** /élekyúchenist/ *s* declamador, orador.
**elongate** /ilánggeit/ *v* alongar, estender. | *adj* alongado, prolongado, comprido, delgado.
**elongated** /ilánggeitid/ *adj* » **elongate**.
**elongation** /ilánggeichen/ *s* alongamento, prolongamento, extensão; elongação.
**elope** /iloup/ *v* fugir para casar; evadir, escapar.
**eloquence** /élekwens/ *s* eloquência.
**eloquent** /élekwent/ *adj* eloquente.
**El Salvador** /él sælvedór/ *s* El Salvador.
**El Salvadorian** /él sælvedórien/ *s* e *adj* salvadorenho.
**else** /éls/ *adj* outro, diferente; adicional, além de, mais. | *pron* outro, outrem. | *adv* em outro lugar, em outra hora, de outra maneira, em vez de. | *conj* senão, ou, de outro modo. • **no one else** ninguém mais. **nothing else** nada mais. **what else?** o que mais? **who else?** quem mais?
**elsewhere** /élswér/ *adv* em qualquer outro lugar, alhures.
**elucidate** /ilúsideit/ *v* elucidar, esclarecer, explicar.
**elucidation** /ilúsideichen/ *s* elucidação.
**elucidative** /ilúsideitiv/ *adj* elucidativo.
**elucidator** /ilúsideiter/ *s* explicador, esclarecedor.
**elude** /ilúd/ *v* eludir, evadir, escapar, esquivar.
**elusive** /ilúsiv/ *adj* elusivo.
**Elysian** /ilijen/ *adj* elísio.
**Elysian Fields** *s* Campos Elísios.
**EM** *abrev* de **electromagnetic**, eletromagnético.
**emaciate** /imeichieit/ *v* emagrecer, definhar.
**emaciation** /imeichieichen/ *s* emagrecimento, definhamento.
**e-mail** /ímeil/ *s form red* de **electronic mail**, endereço eletrônico.
**emanate** /émeneit/ *v* emanar, exalar-se, desprender-se.
**emanation** /émeneichen/ *s* emanação.
**emanative** /émeneitiv/ *adj* emanante, exalante.
**emancipate** /imænsipeit/ *v* emancipar.
**emancipation** /imænsipeichen/ *s* emancipação.
**emancipator** /imænsipeiter/ *s* emancipador.
**emasculate** /imæskyuleit/ *v* emascular. | /imæskyulit/ *adj* emasculado.
**emasculation** /imæskyuleichen/ *s* emasculação.
**embalm** /émbám/ *v* embalsamar; preservar do esquecimento; perfumar, impregnar de aroma.
**embalmer** /émbámer/ *s* embalsamador.
**embalmment** /émbámment/ *s* embalsamento.
**embank** /émbængk/ *v* represar com dique; aterrar, terraplenar.
**embankment** /émbængkment/ *s* represa, dique; aterro.
**embargo** /émbárgou/ *s* embargo (*pl* **embargoes**). | *v* embargar.
**embark** /émbárk/ *v* embarcar (em navio ou avião); aventurar-se; envolver pessoa num negócio ou empreendimento.
**embarkation** /émbárkeichen/ *s* embarque.

**embarkment** /émbárkment/ » **embarkation**.
**embarrass** /émbéres/ *v* embaraçar, estorvar, atrapalhar; desconcertar; envolver em dificuldades financeiras.
**embarrassment** /émbéresment/ *s* embaraço; estorvo, impedimento, empecilho; constrangimento.
**embassy** /émbesi/ *s* embaixada.
**embattle** /émbætl/ *v* preparar para batalha; guarnecer com ameias, fortificar.
**embay** /émbei/ *v* proteger ou deter numa baía.
**embayment** /émbeiment/ *s* formação de baía; baía, enseada.
**embed** /émbéd/ *v* embutir, encaixar, encravar, incrustar.
**embedment** /émbédment/ *s* incrustação, encaixe.
**embellish** /émbélich/ *v* embelezar, adornar, enfeitar.
**embellishment** /émbélichment/ *s* embelezamento, adorno, decoração.
**ember** /émber/ *s* brasa, tição.
**embezzle** /émbézel/ *v* desfalcar, apropriar-se fraudulentamente, desviar (fundos).
**embezzlement** /émbézelment/ *s* desfalque, fraude.
**embitter** /émbiter/ *v* amargar; amargurar, angustiar.
**embitterment** /émbiterment/ *s* amargor, amargura.
**emblaze** /émbleiz/ *v* atear fogo, incendiar; iluminar, fazer resplandecer.
**emblazon** /émbleizen/ *v* adornar suntuosamente; adornar com símbolos heráldicos; brasonar, blasonar; exaltar, celebrar, enaltecer.
**emblem** /émblem/ *s* emblema, símbolo; insígnia, divisa.
**emblematic** /émblemætik/ *adj* emblemático.
**emblematical** /émblemætikel/ » **emblematic**.
**emblematize** /émblémetaiz/ *v* emblemar.
**emblemize** /émblémaiz/ » **emblematize**.
**embodiment** /émbádiment/ *s* incorporação, encarnação, personificação; concretização, materialização.
**embody** /émbádi/ *v* incorporar, encarnar, personificar; concretizar.
**emboss** /émbás/ *v* gravar em relevo, entalhar; ornamentar, decorar.
**embossment** /émbásment/ *s* relevo, adorno em relevo.
**embouchure** /ámbúchur, ámbúchur/ *s* desembocadura (rio); bocal (instrumento).
**embowel** /émbauel/ *v* desentranhar; esvaziar.
**embower** /émbauer/ *v* cobrir com folhagens; sombrear.
**embrace** /émbreis/ *v* abraçar, cingir; abarcar, abranger, incluir; adotar, seguir (uma causa, uma doutrina etc.); aceitar, submeter-se dignamente. | *s* abraço; aceitação.
**embracement** /émbreisment/ *s* abraço; aceitação, adoção (de uma causa, doutrina etc.).
**embranchment** /émbræntchment/ *s* braço de rio; ramificação, ramo.
**embrasure** /émbreijer/ *s* vão de porta ou janela, fresta; canhoneira, bombardeira.
**embroider** /émbroider/ *v* bordar.
**embroiderer** /émbroiderer/ *s* bordador, bordadeira.
**embroidery** /émbroideri/ *s* bordado.
**embroil** /émbroil/ *v* arrumar confusão, intrigar, confundir, envolver em briga.
**embroilment** /émbroilment/ *s* embrulhada, confusão, disputa.
**embryo** /émbriou/ *s* embrião (*pl* **embryos**).
**embryology** /émbriáledji/ *s* embriologia.
**embryonal** /émbrienel/ » **embryonic**.
**embryonic** /émbriánik/ *adj* embrionário.
**emend** /iménd/ *v* emendar (texto), corrigir, revisar.
**emendate** /iméndeit/ *v* emendar ou corrigir (texto).

**emendation** /íméndeichen/ *s* emenda, correção, revisão (texto).

**emerald** /émereld/ *s* esmeralda; cor de esmeralda. | *adj* verde-esmeralda.

**emerge** /imêrdj/ *v* emergir, surgir, sair; tornar evidente.

**emergence** /imêrdjens/ *s* emergência, emersão, surgimento.

**emergency** /imêrdjensi/ *s* emergência, necessidade urgente.

**emergency brake** *s* freio de emergência, freio de segurança, freio de mão.



**emergency room** *s* sala de emergência, sala de primeiros socorros (*abrev* **ER**).

**emergent** /imêrdjent/ *adj* emergente, que surge; urgente; resultante, consequente.

**emerging** /imêrdj*ing*/ *adj* emergente.

**emeritus** /iméretes/ *adj* emérito, jubilado. | *s* emérito (*pl* **emeriti**).

**emersion** /imêrjen/ *s* emersão, aparecimento.

**emery** /émeri/ *s* esmeril.

**emery board** *s* lixa para unhas.

**emigrant** /émigrent/ *adj* e *s* emigrante.

**emigrate** /émigreit/ *v* emigrar.

**emigration** /émigreichen/ *s* emigração.

**eminence** /éminens/ *s* eminência, celebridade, fama; colina.

**eminency** /éminensi/ » **eminence**.

**eminent** /éminent/ *adj* eminente.

**emissary** /émiséri/ *s* emissário.

**emission** /imichen/ *s* emissão.

**emissive** /imisiv/ *adj* emissivo, emissor.

**emit** /imit/ *v* emitir.

**EMM** *abrev* de **Expanded Memory Manager**, gerenciador de memória expandida.

**emollient** /imályent/ *s* e *adj* emoliente.

**emolument** /imályument/ *s* emolumento.

**e-money** /imâni/ *s form red* de **electronic money**, dinheiro eletrônico.

**emotion** /imouchen/ *s* emoção.

**emotional** /imouchenel/ *adj* emocional, emotivo; emocionante, comovente; sentimental.

**emotionalism** /imouchenelizem/ *s* sentimentalismo.

**emotionalist** /imouchenelist/ *s* sentimentalista.

**emotionality** /imouchenæleti/ *s* emotividade, sentimentalidade.

**emotive** /imoutiv/ *adj* emotivo.

**empathy** /émpe*thi*/ *s* empatia.

**emperor** /émpe*rer*/ *s* imperador.

**emperor penguin** *s* pinguim imperador.

**emphasis** /émfesis/ *s* ênfase (*pl* **emphases** /émfesíz/).

**emphasize** /émfesaiz/ *v* dar ênfase, acentuar, salientar, realçar.

**emphatic** /émfætik/ *adj* enfático; enérgico, vigoroso, expressivo.

**emphysema** /émfisíme, émfizíme/ *s* enfisema.

**empire** /émpaie*r*/ *s* império.

**empiric** /émpirik/ *s* empírico, prático; charlatão.

**empirical** /émpirikel/ *adj* empírico.

**empirically** /émpirikeli/ *adv* empiricamente.

**empiricism** /émpirisizem/ *s* empirismo.

**emplace** /émpleis/ *v* posicionar.

**emplacement** /émpleisment/ *s* posição, posicionamento; plataforma para peça de artilharia.

**employ** /émploi/ *v* empregar, dar emprego (a alguém); utilizar. | *s* emprego, serviço.

**employable** /émploiebel/ *adj* empregável.

**employe** /émploií, émploií/ » **employee**.

**employee** /émploií, émploií/ *s* empregado, funcionário.

**employer** /émploi*er*/ *s* empregador, patrão.

**employment** /émploiment/ *s* emprego, ocupação; cargo.

**employment agency** *s* agência de empregos.

**emporium** /émpóriem/ *s* empório (*pl* **emporiums** ou **emporia** /émpórie/).

**empower** /émpaue*r*/ *v* autorizar, dar poderes ou procuração.

**empress** /émpres/ *s* imperatriz.

**emptiness** /émptines/ *s* vazio, vácuo; solidão.
**empty** /émpti/ *adj* vazio; deserto, desocupado; sem sentido, inútil; privado, destituído. | *v* esvaziar, evacuar, desocupar; descarregar, despejar; esgotar.
**empty-handed** /émptihændid/ *adj* de mãos vazias.
**empty-headed** /émptihédid/ *adj* cabeça oca.
**empyreal** /émpiriel, émpairiel/ *adj* empíreo.
**empyrean** /émpirien, émpairien/ *adj* e *s* empíreo.
**emulate** /émyeleit/ *v* emular, competir, rivalizar.
**emulation** /émyeleichen/ *s* emulação.
**emulous** /émyeles/ *adj* êmulo, rival.
**emulsify** /imâlsifai/ *v* emulsionar, emulsificar.
**emulsion** /imâlchen/ *s* emulsão.
**enable** /éneibel/ *v* habilitar, capacitar, possibilitar, autorizar.
**enact** /énækt/ *v* decretar, promulgar, sancionar, converter em lei; desempenhar o papel de, atuar.
**enactment** /énæktment/ *s* decretação, lei, sanção, promulgação.
**enamel** /inæmel/ *s* esmalte. | *v* esmaltar.
**enamor** /inæmer/ *v* enamorar, cativar, encantar.
**enate** /ineit/ *adj* externo, que cresce para fora; por parte de mãe. | *s* parente por parte de mãe.
**encage** /énkeidj/ *v* engaiolar, encarcerar.
**encamp** /énkæmp/ *v* acampar.
**encampment** /énkæmpment/ *s* acampamento.
**encase** /énkeis/ *v* encaixar, envolver.
**encaustic** /énkástik/ *s* encáustica.
**encephalic** /énsefælik/ *adj* encefálico.
**encephalitis** /énséfelaitis/ *s* encefalite.
**enchain** /éntchein/ *v* acorrentar, prender.
**enchant** /éntchænt/ *v* encantar, enfeitiçar; deliciar, deleitar.
**enchanter** /éntchænter/ *s* encantador, fascinante; mágico, feiticeiro.
**enchanting** /éntchænting/ *adj* encantador.
**enchantment** /éntchæntment/ *s* encantamento, fascinação, feitiço, magia.
**enchantress** /éntchæntris/ *s* mulher fascinante, encantadora; feiticeira, bruxa.
**enchase** /éntcheis/ *v* cravejar com pedras preciosas, marchetar.
**encircle** /énsêrkel/ *v* cercar, cingir, envolver, rodear.
**enclasp** /énklæsp/ *v* cingir, abraçar.
**enclitic** /énklitik/ *s* enclítica. | *adj* enclítico.
**enclose** /énklouz/ *v* fechar, cercar; conter, envolver; anexar, ajuntar, incluir, inserir.
**enclosure** /énkloujer/ *s* recinto; cerco, cercado; papel ou documento incluso em correspondência.
**encode** /énkoud/ *v* codificar.
**encompass** /énkâmpes/ *v* cercar, circundar, cingir; encerrar, fechar, envolver; incluir; cumprir, realizar.
**encore** /ánkór/ *s* repetição, bis. | *interj* bis. | *v* pedir bis, bisar.
**encounter** /énkaunter/ *s* encontro (inesperado); choque, confronto, combate, batalha. | *v* encontrar (casualmente); enfrentar (inimigo).
**encourage** /énkêridj/ *v* animar, encorajar, instigar, estimular.
**encouragement** /énkêridjment/ *s* encorajamento, incitamento, instigação, estímulo.
**encouraging** /énkêredjing/ *adj* animador, encorajador.
**encroach** /énkroutch/ *v* abusar de, usurpar; invadir, transgredir.
**encrust** /énkrâst/ *v* incrustar, cravar.
**encrustation** /énkrâsteichen/ » **incrustation**.
**encrypt** /énkript/ *v* encriptar, codificar.
**encumber** /énkâmber/ *v* estorvar, embaraçar; obstruir; onerar, sobrecarregar.
**encumbrance** /énkâmbrens/ *s* estorvo, dificuldade; ônus real.

**encyclical** /énsiklikel/ *adj* encíclico. | *s* encíclica.
**encyclopedia** /énsaiklepídie/ *s* enciclopédia.
**encyclopedic** /énsaiklepídik/ *adj* enciclopédico.
**encyclopedism** /énsaiklepídizem/ *s* enciclopedismo.
**encyclopedist** /énsaiklepídist/ *s* enciclopedista.
**end** /énd/ *s* fim, término, conclusão; ponta, extremidade; morte; fim, finalidade; resultado, meta. | *v* acabar, terminar, expirar; morrer; destruir, matar, liquidar.
**endanger** /éndeindjer/ *v* arriscar, comprometer, expor ao perigo, pôr em risco.
**endangered** /éndeindjerd/ *adj* ameaçado de extinção.
**endear** /éndir/ *v* mostrar-se amável, manifestar carinho.
**endearing** /éndiring/ *adj* afetuoso, carinhoso, cativante.
**endeavor** /éndéver/ *v* esforçar-se, empenhar-se, procurar, tentar. | *s* esforço, empenho, tentativa.
**endemic** /éndémik/ *adj* endêmico.
**ending** /énding/ *s* fim, término, conclusão; desinência, terminação (gramática).
**endive** /éndaiv, ándív/ *s* endívia, chicória.
**endless** /éndles/ *adj* interminável, infinito, perpétuo, incessante.
**endmost** /éndmoust/ *adj* o mais próximo do fim, último.
**endnote** /éndnout/ *s* nota final (livro).
**endocrinologist** /éndoukrináledjist/ *s* endocrinologista.
**endocrinology** /éndoukrináledji/ *s* endocrinologia.
**endogamy** /éndágemi/ *s* endogamia.
**endorse** /éndórs/ *v* endossar.
**endorsement** /éndórsment/ *s* endosso, sanção, confirmação; aprovação, apoio; alteração (em contrato).
**endorser** /éndórser/ *s* endossante.
**endow** /éndau/ *v* dotar, doar, favorecer; beneficiar com algum dom, prendar.
**endowment** /éndaument/ *s* doação, dotação; dote, dom natural.
**end product** *s* produto final, produto acabado.
**end table** *s* mesa de canto.
**endue** /éndú/ *v* vestir; dotar, investir, prover.
**endurable** /éndurebel/ *adj* suportável, sofrível, tolerável.
**endurance** /éndurens/ *s* resistência, capacidade de suportar; perseverança; durabilidade, duração.
**endure** /éndur/ *v* tolerar, suportar; durar, resistir.
**enduring** /énduring/ *adj* resistente, duradouro, durável; paciente, tolerante.
**enduro** /éndurou/ *s* enduro (esporte) (*pl* **enduros**).
**end use** *s* uso final, finalidade.
**end user** *s* usuário final.
**endways** /éndweiz/ » **endwise**.
**endwise** /éndwaiz/ *adv* em pé, a prumo; de ponta a ponta; longitudinalmente.
**enemy** /énemi/ *s* e *adj* inimigo.
**energetic** /énerdjétik/ *adj* energético.
**energetics** /énerdjétiks/ *s us v sing* energética.
**energize** /énerdjaiz/ *v* energizar.
**energy** /énerdji/ *s* energia, força, potência; vigor.
**enervate** /énerveit/ *v* enervar, debilitar, enfraquecer, derrotar. | *adj* enervado, debilitado, esgotado, enfraquecido.
**enervation** /énerveichen/ *s* enervação, debilitação, fraqueza.
**enfeeble** /énfíbel/ *v* enfraquecer, debilitar.
**enfeeblement** /énfíbelment/ *s* enfraquecimento, debilitação.
**enfold** /énfould/ *v* envolver, embrulhar; abraçar.
**enforce** /énfórs/ *v* forçar a observância e obediência de; impor, compelir; reforçar.
**enfranchise** /énfræntchaiz/ *v* franquear, conceder franquia.

E

**engage** /éngeidj/ *v* contratar (serviços); reservar, alugar, encomendar; assumir compromisso (de casamento); requerer, exigir; atrair, cativar; travar combate com; empenhar-se, comprometer-se; envolver-se, ocupar-se.

**engaged** /éngeidjd/ *adj* empregado, ocupado; comprometido (com uma causa); noivo; envolvido em batalha; engrenado; embutido.

**engagement** /éngeidjment/ *s* compromisso; noivado; empenho; batalha, combate.

**engagement ring** *s* anel de noivado.

**engaging** /éngeidji*ng*/ *adj* atraente, encantador.

**engender** /éndjénde*r*/ *v* gerar, engendrar, produzir, procriar, propagar.

**engine** /éndjin/ *s* máquina; motor, mecanismo; locomotiva. | *v* equipar com motor ou mecanismo.

**engineer** /éndjini*r*/ *s* engenheiro; maquinista. | *v* executar, projetar (obras de engenharia); alterar ou produzir através da engenharia genética; dirigir, manejar.

**engineering** /éndjiniri*ng*/ *s* engenharia; manejo, manobra, direção.

**England** /i*ng*glend/ *s* Inglaterra.

**English** /i*ng*glich/ *adj* inglês. | *s* inglês (idioma). | *v* traduzir para o inglês; anglicizar.

**English Channel** Canal da Mancha.

**Englishman** /i*ng*glichmen/ *s masc* inglês.

**Englishwoman** /i*ng*glichwumen/ *s fem* inglesa.

**engorge** /éngórdj/ *v* devorar, engolir; empanturrar-se; abarrotar.

**engraft** /éngræft/ *v* enxertar; implantar, incorporar.

**engraftment** /éngræftment/ *s* enxerto; implantação.

**engrave** /éngreiv/ *v* gravar, esculpir, entalhar; estampar, imprimir.

**engraving** /éngreivi*ng*/ *s* estampa, gravura; gravação, arte de gravar.

**engross** /éngrous/ *v* monopolizar; absorver, ocupar (tempo, atenção etc.); transcrever, passar a limpo.

**engulf** /éngâlf/ *v* engolfar, tragar, engolir.

**enhance** /énhæns/ *v* realçar, acentuar, intensificar, elevar.

**enigma** /inigme/ *s* enigma, mistério.

**enigmatic** /énigmætik/ *adj* enigmático, obscuro, ambíguo.

**enigmatical** /énigmætikel/ » **enigmatic**.

**enjoin** /éndjoin/ *v* impor, ordenar, ditar, prescrever; proibir.

**enjoy** /éndjoi/ *v* gostar de, apreciar; gozar, desfrutar; divertir-se.

**enjoyable** /éndjoiebel/ *adj* agradável, divertido.

**enjoyment** /éndjoiment/ *s* alegria, divertimento; gozo, fruição, desfrute, prazer.

**enkindle** /énkindl/ *v* acender, inflamar, pegar fogo.

**enlace** /énleis/ *v* enlaçar, entrelaçar, abraçar, envolver.

**enlarge** /énlárdj/ *v* aumentar, expandir, ampliar, crescer; engrandecer.

**enlargement** /énlárdjment/ *s* aumento, ampliação.

**enlighten** /énlaiten/ *v* iluminar (espírito); esclarecer, informar, instruir.

**enlightenment** /énlaitenment/ *s* esclarecimento, conhecimento; *maiús* Iluminismo.

**enlist** /énlist/ *v* alistar-se no exército; abraçar uma causa; inscrever-se.

**enlisted man** *s* praça, militar que não tem patente de oficial.

**enlistment** /énlistment/ *s* alistamento, recrutamento.

**enliven** /énlaiven/ *v* animar, alegrar, agitar.

**enmesh** /énméch/ *v* enredar, emaranhar, confundir.

**enmity** /énmeti/ *s* inimizade, hostilidade.

**ennoble** /énoubel/ *v* enobrecer, nobilitar, dignificar.

**ennoblement** /énoubelment/ *s* enobrecimento.

**ennui** /ánwí, ánwi/ *s* tédio, enfado.

E

E

**enormity** /inórmeti/ *s* enormidade; atrocidade, monstruosidade, perversidade, barbaridade.
**enormous** /inórmes/ *adj* enorme, vasto, imenso.
**enormousness** /inórmesnes/ *s* enormidade, vastidão, imensidade.
**enough** /inâf/ *adj* suficiente, bastante. | *adv* suficientemente, bastante. | *interj* basta, chega. • **I have had enough of it** estou farto disto.
**enounce** /inauns/ *v* declarar, afirmar, enunciar, exprimir.
**enouncement** /inaunsment/ *s* enunciação.
**enquire** /énkwaier/ » **inquire**.
**enquiry** /énkwairi, inkweri/ » **inquiry**.
**enrage** /énreidj/ *v* enraivecer, enfurecer.
**enrapt** /énræpt/ *adj* encantado, extasiado.
**enrapture** /énræptcher/ *v* encantar, extasiar, maravilhar.
**enrich** /énritch/ *v* enriquecer; valorizar; beneficiar, melhorar; adubar.
**enrichment** /énritchment/ *s* enriquecimento; melhoramento, embelezamento.
**enrol** /énroul/ » **enroll**.
**enroll** /énroul/ *v* registrar, inscrever, matricular, alistar; embrulhar, enrolar.
**enrollment** /énroulment/ *s* inscrição, matrícula, alistamento.
**enrolment** /énroulment/ » **enrollment**.
**enroot** /énrút/ *v* enraizar, implantar.
**ensanguine** /énsængwin/ *v* ensanguentar, manchar de sangue.
**ensconce** /énskáns/ *v* esconder, abrigar.
**ensemble** /ánsámbel/ *s* conjunto, grupo.
**enshrine** /énchrain/ *v* guardar como relíquia, pôr em relicário; cultuar, venerar.
**enshroud** /énchraud/ *v* encobrir, ocultar.
**ensign** /énsain/ *s* bandeira, estandarte (de navio, exército etc.); alferes, guarda-marinha; insígnia, emblema, distintivo.
**enslave** /énsleiv/ *v* escravizar.
**enslavement** /énsleivment/ *s* escravização.
**enslaver** /énsleiver/ *s* escravocrata.
**ensnare** /énsnér/ *v* apanhar numa armadilha.
**ensue** /énsú/ *v* advir, resultar, suceder.
**ensure** /énchur/ *v* assegurar, garantir.
**ENT** *abrev* de **ear, nose and throat**, ouvido, nariz e garganta, otorrinolaringologia.
**entail** /énteil/ *v* transmitir bens por herança; impor, requerer, exigir. | *s* herança inalienável.
**entangle** /éntænggel/ *v* emaranhar, enredar, embaraçar; complicar, confundir.
**entanglement** /éntænggelment/ *s* emaranhamento, embaraço; complicação, confusão.
**enter** /énter/ *v* entrar, ingressar; penetrar, perfurar; introduzir, inserir; registrar, matricular, alistar, associar; escriturar, lançar; apresentar queixa.
**enteral** /énterel/ » **enteric**.
**enteric** /éntérik/ *adj* entérico.
**enterprise** /énterpraiz/ *s* empresa, empreitada, empreendimento; arrojo, espírito de aventura.
**enterprising** /énterpraizing/ *adj* empreendedor, arrojado.
**entertain** /éntertein/ *v* entreter, distrair.
**entertainer** /énterteiner/ *s* aquele que diverte profissionalmente, artista de teatro de variedades.
**entertaining** /énterteining/ *adj* divertido, alegre, recreativo.
**entertainment** /énterteinment/ *s* entretenimento, divertimento, distração, passatempo, diversão.
**enthrall** /énthról/ *v* dominar, escravizar, subjugar, submeter; enfeitiçar, cativar, fascinar.
**enthrallment** /énthrólment/ *s* domínio, escravidão; fascínio, encantamento.
**enthrone** /énthroun/ *v* entronizar, entronar.
**enthronement** /énthrounment/ *s* entronização.
**enthuse** /énthúz/ *v* entusiasmar.
**enthusiasm** /énthúziæzem/ *s* entusiasmo.

**enthusiast** /énthúziæst/ *s* entusiasta.
**enthusiastic** /énthúziæstik/ *adj* entusiástico.
**entice** /éntais/ *v* atrair, seduzir, induzir, instigar.
**enticement** /éntaisment/ *s* atração, sedução, indução, instigação.
**enticer** /éntaiser/ *s* tentador, sedutor, instigador.
**entire** /éntaier/ *adj* inteiro, todo, completo; contínuo, inteiriço; puro, sem mistura, homogêneo; não castrado (animal). | *s* todo, total, totalidade, integridade; garanhão, cavalo reprodutor.
**entirely** /éntaierli/ *adv* inteiramente, completamente, totalmente; unicamente, exclusivamente.
**entirety** /éntaireti/ *s* inteireza, integridade, conjunto, todo, totalidade.
**entitle** /éntaitl/ *v* intitular, denominar; dar direito a, habilitar, autorizar.
**entity** /énteti/ *s* entidade; existência; ente.
**entomb** /éntúm/ *v* enterrar, sepultar; servir de túmulo a.
**entombment** /éntúmment/ *s* sepultamento.
**entomologic** /éntemeládjik/ *adj* entomológico.
**entomological** /éntemeládjikel/ » **entomologic**.
**entomologist** /éntemáledjist/ *s* entomologista.
**entomology** /éntemáledji/ *s* entomologia.
**entourage** /ánturáj/ *s* comitiva, séquito; meio, ambiente, círculo de relações.
**entrails** /éntreilz/ *s pl* entranhas, vísceras.
**entrance** /éntrens/ *s* entrada, ingresso; acesso; admissão. | /éntræns/ *v* entrar em transe hipnótico; encantar, extasiar, fascinar, maravilhar.
**entrance examination** *s* exame de admissão.
**entrance fee** *s* taxa de matrícula ou de inscrição.
**entrant** /éntrent/ *s* estreante, participante.
**entrap** /éntræp/ *v* apanhar em armadilha; armar cilada.
**entreat** /éntrít/ *v* suplicar, implorar, rogar.
**entreaty** /éntríti/ *s* pedido, solicitação, súplica.
**entrepôt** /ántrepou/ *s* entreposto, armazém.
**entrepreneur** /ántreprenêr, ántreprenur/ *s* empresário, diretor de empresa, organizador, empreendedor.
**entropy** /éntrepi/ *s* entropia.
**entrust** /éntrâst/ *v* confiar, depositar em confiança; incumbir, entregar aos cuidados de.
**entry** /éntri/ *s* entrada; ingresso; acesso; inscrição, registro; verbete; competidor, participante de concurso.
**entry-level** /éntrilével/ *adj* básico, próprio para principiantes.
**entryway** /éntriwei/ *s* passagem, entrada.
**entwine** /éntwain/ *v* entrelaçar, enlaçar, enroscar.
**entwist** /éntwist/ *v* torcer, retorcer, enrolar, enroscar, entrelaçar.
**enumerate** /inúmereit, inyúmereit/ *v* enumerar, contar; especificar.
**enumeration** /inúmereichen, inyúmereichen/ *s* enumeração, contagem.
**enumerative** /inúmeretiv, inyúmeretiv/ *adj* enumerativo.
**enunciate** /inânsieit/ *v* pronunciar, articular; proferir; anunciar, proclamar.
**enunciation** /inânsieichen/ *s* enunciação; manifesto, declaração.
**enunciative** /inânsietiv/ *adj* enunciativo.
**envelop** /énvélep/ *v* envolver, envelopar, embrulhar; cercar o inimigo (militar).
**envelope** /énveloup/ *s* envelope; invólucro, capa.
**enviable** /énviebel/ *adj* invejável.
**envious** /énvies/ *adj* invejoso.
**environ** /énvairen/ *v* cercar, rodear, circundar.
**environment** /énvairenment/ *s* ambiente, meio ambiente; arredores, mediações.

**environmental** /énvairenmentel/ *adj* ambiental.
**environmentalism** /énvairenméntelizem/ *s* ambientalismo.
**environmentalist** /énvairenméntelist/ *s* ambientalista.
**envisage** /énvizidj/ *v* considerar, imaginar.
**envision** /énvijen/ *v* imaginar, prever.
**envoy** /énvoi/ *s* enviado em missão diplomática; mensageiro, emissário.
**envy** /énvi/ *s* inveja, cobiça. | *v* invejar, cobiçar, desejar com ardor.
**enwrap** /énræp/ *v* embrulhar, envelopar; envolver, atrair.
**enzyme** /énzaim/ *s* enzima.
**ephemeral** /ifémerel/ *adj* efêmero.
**epic** /épik/ *s* epopeia. | *adj* épico.
**epicene** /épisín/ *adj* e *s* hermafrodita, andrógino, efeminado, assexuado; epiceno.
**epicenter** /épisénter/ *s* epicentro.
**epicure** /épikyur/ *s* epicurista; gourmet, gastrônomo.
**epicurean** /épikyuríen/ *adj* epicurista.
**epicurism** /épikyurizem/ *s* epicurismo.
**epidemic** /épedémik/ *adj* epidêmico. | *s* epidemia.
**epidemical** /épedémikel/ *adj* » **epidemic**.
**epidermis** /épedêrmis/ *s* epiderme.
**epidural** /épedurel/ *adj* e *s* peridural.
**epiglottis** /épeglátis/ *s* epiglote (*pl* **epiglottises** ou **epiglottides** /épeglátidíz/).
**epigram** /épegræm/ *s* epigrama.
**epigraph** /épegræf/ *s* epígrafe.
**epigraphy** /épigrefi/ *s* epigrafia.
**epilepsy** /épilépsi/ *s* epilepsia.
**epileptic** /épiléptik/ *adj* e *s* epiléptico.
**epilog** /épelág/ » **epilogue**.
**epilogue** /épelág/ *s* epílogo.
**epiphany** /ipifeni/ *s* epifania.
**episcopacy** /ipiskepesi/ » **episcopate**.
**episcopate** /ipiskepet/ *s* episcopado.
**episode** /épesoud/ *s* episódio.
**episodic** /épesádik/ *adj* episódico.
**episodical** /épesádikel/ » **episodic**.
**epistemology** /ipistemáledji/ *s* epistemologia.
**epistle** /ipisel/ *s* epístola, carta, missiva.
**epistolary** /ipisteléri/ *adj* epistolar.
**epitaph** /épetæf/ *s* epitáfio.
**epithet** /épithét/ *s* epíteto.
**epitome** /ipitemi/ *s* epítome.
**epitomize** /ipitemaiz/ *v* epitomar.
**epoch** /épek, ípák/ *s* época, era, tempo, período.
**epochal** /épekel/ *adj* memorável, notável, que marcou época.
**epoch-making** /épekemeiking/ *adj* que marcou época, memorável, histórico.
**epode** /époud/ *s* epodo.
**eponym** /épenim/ *s* epônimo.
**epopee** /épepí/ *s* epopeia, poema épico.
**epos** /épás/ *s* epopeia, conjunto de poemas épicos.
**equable** /íkwebel/ *adj* igual, uniforme; tranquilo, calmo.
**equal** /íkwel/ *v* igualar, equiparar. | *adj* igual, idêntico; imparcial, justo. | *s* igual.
**equality** /ikwáleti/ *s* igualdade, uniformidade, equidade.
**equalization** /íkwelizeichen/ *s* equalização; igualação, nivelamento; compensação, equilíbrio.
**equalize** /íkwelaiz/ *v* equalizar; igualar; uniformizar.
**equalizer** /íkwelaizer/ *s* equalizador; igualador, compensador.
**equal sign** *s* sinal de igual (=).
**equanimity** /ékwenimeti/ *s* equanimidade, serenidade.
**equate** /ikweit/ *v* equacionar; igualar, equiparar.
**equation** /ikweijen/ *s* equação; igualação, igualdade, equilíbrio.
**equator** /ikweiter/ *s* equador.
**equatorial** /ékwetóriel/ *adj* equatorial.
**equatorial current** *s* corrente equatorial.
**Equatorial Guinea** /ékwetóriel gini/ *s* Guiné Equatorial.

**Equatorial Guinean** /ékwetóriel ginien/ *s* e *adj* guinéu-equatoriano.
**equerry** /ékweri/ *s* cavalariço, escudeiro.
**equestrian** /ikwéstrien/ *adj* equestre. | *s* cavaleiro, ginete.
**equidistant** /íkwidistent/ *adj* equidistante.
**equilateral** /íkwelæterel/ *adj* equilateral.
**equilibrate** /ikwilebreit/ *v* equilibrar.
**equilibration** /ikwilibreichen/ *s* equilibração, equilíbrio.
**equilibrist** /ikwilebrist/ *s* equilibrista.
**equilibrium** /íkwelibriem/ *s* equilíbrio (*pl* **equilibriums** ou **equilibria** /íkwelibrie/).
**equine** /íkwain/ *adj* equino.
**equinoctial** /íkwinákchel/ *adj* equinocial. | *s* equador celeste; tempestade equinocial.
**equinoctial circle** *s* equador celeste.
**equinox** /íkwináks/ *s* equinócio.
**equip** /ikwip/ *v* equipar, prover, munir.
**equipage** /ékwipidj/ *s* equipagem, equipamento; carruagem; comitiva.
**equipment** /ikwipment/ *s* equipamento, aparelhamento.
**equipoise** /ékwipoiz/ *s* equilíbrio, contrapeso.
**equitable** /ékwitebel/ *adj* equitativo, justo, imparcial.
**equitableness** /ékwitebelnes/ *s* equidade, justiça.
**equitation** /ékwiteichen/ *s* equitação.
**equity** /ékwiti/ *s* equidade, justiça; imparcialidade, retidão; valor líquido, lucro líquido.
**equivalence** /ikwivelens/ *s* equivalência.
**equivalency** /ikwivelensi/ » **equivalence**.
**equivalent** /ikwivelent/ *adj* equivalente.
**equivocal** /ikwivekel/ *adj* ambíguo; duvidoso; enigmático, obscuro.
**equivocate** /ikwivekeit/ *v* usar expressões ambíguas intencionalmente.
**equivocation** /ikwivekeichen/ *s* ambiguidade; evasiva, subterfúgio.
**equivoke** /ékwevouk/ » **equivoque**.
**equivoque** /ékwevouk/ *s* palavra, frase ou expressão ambígua; trocadilho; ambiguidade.
**ER** *abrev* de **emergency room**, sala de emergência (em hospital).
**era** /ire, ére/ *s* era, época.
**eradicable** /irædikebel/ *adj* erradicável.
**eradicate** /irædikeit/ *v* erradicar, eliminar, exterminar, desarraigar.
**eradication** /irædikeichen/ *s* erradicação, extermínio.
**erasable** /ireisebel/ *adj* delével.
**erase** /ireis/ *v* apagar.
**eraser** /ireiser/ *s* borracha, apagador.
**erasure** /ireicher/ *s* rasura, borrão, mancha.
**ere** /ér/ *prep* e *conj* antes de, antes que.
**erect** /irékt/ *v* erigir, erguer, edificar, levantar. | *adj* ereto, levantado, erguido.
**erectile** /iréktel, iréktail/ *adj* erétil.
**erection** /irékchen/ *s* ereção; construção, edificação.
**erectness** /iréktnes/ *s* ereção, firmeza.
**eremite** /érimait/ *s* eremita.
**ergonomic** /êrgenámik/ *adj* ergonômico.
**ergonomics** /êrgenámiks/ *s us v sing* ergonomia.
**Eritrea** /éritríe/ *s* Eritreia.
**Eritrean** /éritríen/ *s* nativo da Eritreia. | *adj* relativo ou pertencente à Eritreia.
**ermine** /êrmin/ *s* arminho, pele de arminho.
**erode** /iroud/ *v* erodir, corroer, desgastar-se.
**erodible** /iroudbel/ *adj* corrosível.
**erogenous** /irádjines/ *adj* erógeno.
**erosion** /iroujen/ *s* erosão, desgaste, corrosão.
**erosive** /irousiv/ *adj* erosivo.
**erotic** /irátik/ *adj* erótico.
**eroticism** /irátesizem/ *s* erotismo.
**erotism** /éretizem/ » **eroticism**.
**err** /êr, ér/ *v* errar, enganar-se; proceder mal, pecar.
**errand** /érend/ *s* pequena missão ou incumbência.
**errant** /érent/ *adj* errante, nômade; desnorteado, desgarrado.

**errantry** /érentri/ *s* vida errante.
**erratic** /irætik/ *adj* errante, errático, irregular.
**erratum** /irátem, ireitem/ *s* errata, erro tipográfico (*pl* **errata** /iráte, ireite/).
**erroneous** /erounies/ *adj* errôneo, errado, inexato, incorreto.
**error** /érer/ *s* erro, engano, equívoco, incorreção.
**error message** *s* mensagem de erro.
**eruct** /irâkt/ *v* arrotar.
E
**eructation** /írâkteichen/ *s* eructação, arroto.
**erudite** /éryedait/ *adj* erudito, instruído, sábio.
**erudition** /éryúdichen/ *s* erudição, conhecimento, cultura.
**erupt** /irâpt/ *v* expelir, descarregar; sair com violência, escapar-se; estourar, explodir; romper ou nascer (dente); entrar em erupção.
**eruption** /irâpchen/ *s* erupção; emissão violenta, explosão; nascimento de dente.
**escalade** /éskeleid/ *s* escalada, subida e ataque a fortificações inimigas.
**escalate** /éskeleit/ *v* aumentar progressivamente, intensificar, expandir.
**escalation** /éskeleichen/ *s* intensificação, expansão.
**escalator** /éskeleiter/ *s* escada rolante.
**escape** /iskeip/ *v* escapar, fugir. | *s* evasão, escape, fuga; vazamento; tecla usada para interromper um comando ou sair de um programa (computação, *abrev* **Esc**).
**escapement** /iskeipment/ *s* escapo (mecanismo de relógio); escape, fuga, evasão.
**escapism** /iskeipizem/ *s* escapismo.
**escarole** /éskeroul/ *s* escarola.
**escarp** /éskárp/ *s* escarpa. | *v* escarpar, cortar (terreno) em escarpas, tornar íngreme.
**escarpment** /éskárpment/ *s* escarpa, talude, rampa.
**eschatology** /ésketáledji/ *s* escatologia.
**eschew** /éstchú/ *v* evitar, abster-se, fugir de.
**escort** /éskórt/ *s* acompanhante; escolta. | /éskórt, éskórt/ *v* escoltar, acompanhar.
**esculent** /éskyelent/ *adj* comestível.
**escutcheon** /iskâtchen/ *s* escudo de armas, brasão (heráldica); placa ornamental (como o espelho de uma fechadura).
**Eskimo** /éskemou/ *s* esquimó (*pl* **Eskimo** ou **Eskimos**).
**ESL** /i:ésél/ *abrev* de **English as a second language**, inglês como segunda língua.
**esophagus** /isáfeges/ *s* esôfago (*pl* **esophagi** /isáfegai, isáfedjai/).
**esoteric** /ésetérik/ *adj* esotérico.
**esotericism** /ésetéresizem/ *s* esoterismo.
**especial** /ispéchel/ *adj* especial, excepcional.
**especially** /ispécheli/ *adv* especialmente, particularmente.
**Esperanto** /ésperæntou/ *s* esperanto.
**espial** /éspaiel/ *s* espionagem, espreita, observação; descoberta.
**espionage** /éspienáj, éspienidj/ *s* espionagem.
**esplanade** /ésplenád, éspleneid/ *s* esplanada.
**espousal** /ispauzel/ *s* esponsal, promessa de casamento; adoção, defesa (de uma causa).
**espouse** /ispauz/ *v* desposar, casar-se com; adotar, patrocinar uma causa.
**espouser** /ispauzer/ *s* esposo; patrono.
**espresso** /éspré sou/ *s* café expresso (*pl* **espressos**).
**espy** /ispai/ *v* avistar, ver ao longe.
**esquire** /éskwaier, iskwaier/ *s* escudeiro; título imediatamente inferior ao de cavaleiro; *maiús* título usado para advogados nos EUA (*abrev* **Esq**).
**essay** /ései, ései/ *v* ensaiar, experimentar, tentar. | *s* tentativa, experiência; /ései/ ensaio literário.

**essayist** /éseiist/ *s* ensaísta, autor de ensaios literários.

**essence** /ésens/ *s* essência, substância, âmago; perfume, solução em álcool.

**essential** /isénchel/ *adj* essencial, indispensável. | *s* elemento indispensável, algo fundamental, essencial.

**essential oil** *s* óleo essencial.

**EST** /iésti/ *abrev* de **Eastern Standard Time**, horário padrão do leste dos EUA.

**establish** /istæblich/ *v* estabelecer, instituir; fixar, firmar; decretar.

**establisher** /istæblicher/ *s* instituidor, fundador.

**establishment** /istæblichment/ *s* estabelecimento, instituição, negócio; base, princípio fundamental, ordem, estatuto; *maiús* ordem social estabelecida.

**estate** /isteit/ *s* posses, bens, patrimônio; herança, espólio; estado, condição, posição social.

**esteem** /istím/ *v* estimar, considerar. | *s* estima, apreço, consideração. • **self esteem** autoestima.

**esthete** /ésthít/ » **aesthete**.

**esthetic** /ésthétik/ » **aesthetic**.

**esthetician** /ésthétichen/ » **aesthetician**.

**esthetics** /ésthétiks/ » **aesthetics**.

**estimable** /éstimebel/ *adj* estimável.

**estimate** /éstimeit/ *v* estimar, calcular, orçar; julgar, opinar. | /éstimit/ *s* estimativa, avaliação; orçamento, cálculo; opinião, juízo.

**estimation** /éstimeichen/ *s* estimativa, avaliação; apreço, respeito; opinião, juízo.

**Estonia** /éstounie/ *s* Estônia.

**Estonian** /éstounien/ *s* e *adj* estoniano.

**estop** /éstáp/ *v* impedir, proibir, embargar.

**estoppel** /éstápel/ *s* interdição, impedimento, embargo.

**estrange** /istreindj/ *v* afastar, separar; alienar, indispor, desafeiçoar.

**estrangement** /istreindjment/ *s* separação, afastamento; desavença.

**estrogen** /éstredjem/ *s* estrógeno.

**estrus** /éstres/ *s* cio.

**estuary** /éstchúéri/ *s* estuário.

**esurient** /isurient/ *adj* voraz, faminto.

**ET** /íti/ *abrev* de **Eastern Time**, horário do leste dos EUA; de **elapsed time**, tempo decorrido; de **Extraterrestrial**.

**ETA** /ítiei/ *abrev* de **estimated time of arrival**, horário estimado de chegada.

**et al.** /étál/ *abrev lat* de **et alii**, e outros.

**etc.** /itsétere/ *abrev lat* de **et cetera**, e as demais coisas.

**etch** /étch/ *v* gravar, estampar com água-forte; delinear, esboçar.

**etching** /étching/ *s* gravura, estampa a água-forte.

**eternal** /itêrnel/ *adj* eterno, imortal.

**eternalize** /itêrnelaiz/ » **eternize**.

**eternity** /itêrneti/ *s* eternidade, imortalidade, perenidade.

**eternize** /itêrnaiz/ *v* eternizar.

**ether** /íther/ *s* éter; espaço celeste.

**ethereal** /ithiriel/ *adj* etéreo, sublime, celestial; leve, delicado.

**etherealize** /ithirielaiz/ *v* eterizar.

**etherize** /ítheraiz/ *v* anestesiar, sujeitar à influência do éter; transformar em éter.

**ethic** /éthik/ *s* ética.

**ethical** /éthikel/ *adj* ético.

**ethics** /éthiks/ *s us v sing* ética, tratado de ética; *us v sing* ou *pl* ética, regras que ditam a conduta de uma pessoa.

**Ethiopia** /íthioupie/ *s* Etiópia.

**Ethiopian** /íthioupien/ *s* e *adj* etíope.

**ethnic** /éthnik/ *adj* étnico; pagão, idólatra. | *s* etnia, membro de um grupo étnico.

**ethnography** /éthnágrefi/ *s* etnografia.

**ethnology** /éthnáledji/ *s* etnologia.

**ethology** /itáledji/ *s* etologia.

**ethyl** /éthel/ *s* etilo.

**ethyl alcohol** *s* álcool etílico.

**ethylene** /éthelín/ *s* etileno.

**etymologic** /étimeládjik/ *adj* etimológico.

**etymological** /étimeládjikel/ » **etymologic**.

**etymologist** /étimáledjist/ *s* etimologista.

**etymology** /étimáledji/ *s* etimologia.
**eucalyptus** /yúkeliptes/ *s* eucalipto (*pl* **eucalyptuses** ou **eucalypti** /yúkeliptai/).
**Eucharist** /yúkerist/ *s* eucaristia.
**Eucharistic** /yúkeristik/ *adj* eucarístico.
**Eucharistical** /yúkeristikel/ » **Eucharistic**.
**eugenic** /yúdjénik/ *adj* eugênico.
**eulogist** /yúledjist/ *s* elogiador.
**eulogistic** /yúledjistik/ *adj* elogioso, encomiástico.
**eulogize** /yúledjaiz/ *v* elogiar, louvar, encomiar.
**eulogy** /yúledji/ *s* elogio, louvor.
**eunuch** /yúnek/ *s* eunuco.
**euphemism** /yúfemizem/ *s* eufemismo.
**euphonic** /yúfánik/ *adj* eufônico.
**euphony** /yúfeni/ *s* eufonia.
**euphoria** /yúfórie/ *s* euforia.
**euphoric** /yúfórik/ *adj* eufórico.
**Europe** /yurep/ *s* Europa.
**European** /yurepíen/ *adj* e *s* europeu.
**euthanasia** /yúthenéije/ *s* eutanásia.
**evacuant** /ivækyúent/ *adj* purgativo, laxativo. | *s* purgante, laxante.
**evacuate** /ivækyueit/ *v* evacuar; abandonar, desocupar.
**evacuation** /ivækyueichen/ *s* evacuação.
**evade** /iveid/ *v* evadir, evitar, escapar.
**evaluate** /ivælyueit/ *v* avaliar, estimar, calcular.
**evaluation** /ivælyueichen/ *s* avaliação.
**evanesce** /évenés/ *v* dissipar, esvanecer.
**evanescence** /évenésens/ *s* esvaecimento.
**evanescent** /évenésent/ *adj* evanescente.
**evangel** /ivændjel/ *s* evangelho.
**evangelic** /ívændjélik, évændjélik/ » **evangelical**.
**evangelical** /ívændjélikel, évændjélikel/ *adj* evangélico.
**evangelism** /ívændjélizem/ *s* evangelismo.
**evangelist** /ivændjelist/ *s* evangelista.
**evangelization** /ivændjelizeichen/ *s* evangelização.
**evangelize** /ivændjelaiz/ *v* evangelizar.
**evaporate** /ivæpereit/ *v* evaporar.
**evaporation** /ivæpereichen/ *s* evaporação.
**evasion** /iveijen/ *s* evasão, fuga; evasiva, subterfúgio.
**evasive** /iveisiv/ *adj* evasivo; ambíguo.
**eve** /ív/ *s* véspera; noite, anoitecer.
**even** /íven/ *v* igualar, nivelar; equilibrar. | *adj* uniforme, nivelado, plano; calmo; justo, imparcial; igual, idêntico; par, exato, redondo (número). | *adv* até, ainda, mesmo; exatamente, igualmente. • **even though** ainda que, mesmo que. **even now** mesmo agora. **even so** ainda assim.
**evening** /ívning/ *s* entardecer, anoitecer.
**evening dress** *s* traje a rigor.
**evening gown** *s* vestido de baile.
**evening star** *s* estrela vespertina.
**event** /ivént/ *s* evento, acontecimento, ocorrência; eventualidade, caso; consequência, resultado. • **in the event** no caso.
**even-tempered** /íventémperd/ *adj* sossegado, calmo.
**eventful** /ivéntfel/ *adj* movimentado, agitado, cheio de acontecimentos; importante, memorável.
**eventide** /íventaid/ *s* entardecer, anoitecer.
**event planner** *s* promotor de eventos.
**eventual** /ivéntchuel/ *adj* final, consequente, resultante, definitivo.
**eventuality** /ivéntchuæleti/ *s* eventualidade, contingência.
**eventually** /ivéntchueli/ *adv* finalmente, ao fim, posteriormente.
**eventuate** /ivéntchueit/ *v* resultar, suceder.
**ever** /éver/ *adv* sempre, constantemente; já, algum dia, alguma vez; jamais, nunca. • **as ever** como sempre. **ever since** desde que, desde então. **ever and again** ocasionalmente.
**evergreen** /évergrín/ *adj* sempre verde, verdejante; perene, duradouro. | *s* sempre-viva.

**everlasting** /éverlæsting/ *adj* perpétuo, eterno, perdurável, interminável. | *s* eternidade; sempre-viva; *maiús* Deus.
**evermore** /évermór/ *adv* eternamente, para sempre.
**eversion** /ivêrjen/ *s* eversão, reviramento.
**evert** /ivêrt/ *v* everter, virar pelo avesso.
**every** /évri/ *adj* todo, cada um, cada. • **every now and then** de vez em quando. **every other day** dia sim, dia não.
**everybody** /évribádi/ *pron* todo mundo, todos.
**everyday** /évridei, évridei/ *adj* diário, corrente, cotidiano; comum, corriqueiro.
**everyone** /évriwân/ *pron* cada um, cada pessoa, todos.
**everything** /évrithing/ *pron* tudo.
**everywhere** /évrihwér, évriwér/ *adv* em todo lugar, por toda parte.
**evict** /ivikt/ *v* expulsar; despejar, desalojar, desapropriar; desapossar.
**eviction** /ivikchen/ *s* despejo.
**evidence** /évidens/ *s* evidência, prova; testemunho, depoimento. | *v* evidenciar, demonstrar.
**evident** /évident/ *adj* evidente, claro.
**evidently** /évidentli/ *adv* evidentemente, obviamente.
**evil** /ível/ *adj* mau, ruim, perverso, malvado; nocivo, prejudicial. | *s* mal, maldade, perversidade; infortúnio, dano.
**evildoer** /íveldúer/ *s* malfeitor.
**evil eye** *s* mau-olhado.
**evil-minded** /ívelmaindid/ *adj* maldoso, maligno, mal-intencionado.
**evince** /ivins/ *v* evidenciar, revelar, manifestar, demonstrar.
**eviscerate** /ivisereit/ *v* eviscerar, estripar; desvitalizar, enfraquecer.
**evitable** /évitebel/ *adj* evitável.
**evocation** /évekeichen/ *s* evocação.
**evocative** /iváketiv/ *adj* evocativo.
**evoke** /ivouk/ *v* evocar, despertar.
**evolution** /évelúchen, ívelúchen/ *s* evolução, crescimento, desenvolvimento.
**evolutionism** /évelúchenizem/ *s* evolucionismo.
**evolutionist** /évelúchenist/ *s* evolucionista.
**evolve** /iválv/ *v* evoluir, desenvolver; elaborar, produzir.
**evolvement** /iválvment/ *s* desenvolvimento, evolução.
**evulsion** /ivâlchen/ *s* evulsão, extração, arrancamento.
**ewe** /yú/ *s* ovelha.
**ewer** /yúer/ *s* jarro, vaso, ânfora.
**ex** /éks/ *prep* sem. | *s* a letra X; *gír* ex-marido, ex-mulher, ex-companheiro etc.
**exacerbate** /igzæserbeit/ *v* exacerbar, irritar, agravar, piorar.
**exacerbation** /igzæserbeichen/ *s* exacerbação, irritação, provocação, agravação.
**exact** /igzækt/ *v* exigir, obrigar; extorquir. | *adj* exato, preciso; rigoroso, minucioso; justo.
**exacting** /igzækting/ *adj* exigente.
**exaction** /igzækchen/ *s* exação, exigência; extorsão.
**exactitude** /igzæktetúd/ *s* exatidão.
**exactly** /igzæktli/ *adv* exatamente.
**exaggerate** /igzædjereit/ *v* exagerar.
**exaggeration** /igzædjereichen/ *s* exagero.
**exalt** /igzólt/ *v* exaltar, enaltecer, glorificar; elevar a um cargo ou posição superior.
**exaltation** /égzólteichen/ *s* exaltação, elevação a um cargo ou posição importante.
**exalted** /igzóltid/ *adj* elevado; nobre, sublime; exaltado, excitado, entusiasmado.
**exam** /igzæm/ *s* exame, teste.
**examinant** /igzæmenent/ *s* examinador; examinando.
**examination** /igzæmineichen/ *s* exame, estudo, análise; prova, teste; investigação, inquérito, interrogatório.

**examine** /igzæmin/ *v* examinar; inspecionar; estudar, analisar; investigar, inquirir, interrogar.
**examinee** /igzæminí/ *s* examinando.
**examiner** /igzæminer/ *s* examinador; investigador, interrogador.
**example** /igzæmpel/ *s* exemplo, modelo, amostra.
**exasperate** /igzæspereit/ *v* exasperar, irritar; exacerbar, exaltar, inflamar; agravar, piorar.

E

**exasperation** /igzæspereichen/ *s* exasperação, irritação; agravação, piora.
**excavate** /ékskeveit/ *v* cavar; escavar, desenterrar.
**excavation** /ékskeveichen/ *s* escavação; cavidade, fosso, buraco.
**exceed** /iksíd/ *v* exceder, ultrapassar, superar, suplantar.
**exceeding** /iksíding/ *adj* extremo, excessivo, extraordinário.
**excel** /ikség/ *v* exceder, superar, primar, sobressair, destacar-se, distinguir-se.
**excellence** /ékselens/ *s* excelência, superioridade.
**Excellency** /ékselensi/ *s* Excelência (título honorífico).
**excellent** /ékselent/ *adj* excelente, ótimo, esplêndido.
**except** /iksépt/ *v* excetuar, excluir, isentar. | *prep* exceto, à exceção de, fora, a não ser, menos, salvo. | *conj* a não ser que, a menos que.
**excepting** /ikséptíng/ *prep* exceto, salvo. | *conj* a não ser que, a menos que.
**exception** /iksépchen/ *s* exceção, exclusão; recusa, objeção; impugnação.
**exceptionable** /iksépchenebl/ *adj* recusável, contestável, sujeito à objeção.
**exceptional** /iksépchenel/ *adj* excepcional, raro; extraordinário, excelente.
**excerpt** /éksêrpt/ *v* extrair trecho ou citação de livro, selecionar, fazer excertos. | /éksêrpt/ *s* excerto, seleção, transcrição, citação.
**excess** /iksés, éksés/ *s* excesso, demasia; sobra, excedente; abuso. | *adj* excessivo, excedente, em excesso, supérfluo.
**excess baggage** *s* excesso de bagagem.
**excessive** /iksésiv/ *adj* excessivo, demasiado.
**exchange** /ikstcheindj/ *v* trocar, permutar, cambiar. | *s* troca, permuta, câmbio; intercâmbio cultural. • **bill of exchange** letra de câmbio.
**exchange rate** *s* taxa de câmbio.
**excise** /éksaiz/ *v* cortar, extirpar; taxar. | /éksaiz/ *s* imposto, taxa.
**excision** /éksijen/ *s* excisão, extirpação, corte, amputação.
**excitable** /iksaitebel/ *adj* excitável.
**excitant** /iksaitent/ *adj* e *s* excitante, estimulante.
**excitation** /éksaiteichen/ *s* excitação, estimulação.
**excitative** /éksaitetiv/ *adj* excitante, excitativo.
**excitatory** /éksaitetóri/ » **excitative**.
**excite** /iksait/ *v* excitar, estimular, incitar; inflamar, provocar.
**excited** /iksaitid/ *adj* excitado, agitado, alvoroçado, entusiasmado.
**excitement** /iksaitment/ *s* excitação; arrebatamento, emoção; agitação, alvoroço, rebuliço.
**exciter** /iksaiter/ *s* instigador, provocador.
**exciting** /iksaiting/ *adj* excitante, emocionante, estimulante.
**exclaim** /ikskleim/ *v* exclamar, bradar.
**exclamation** /éksklemeichen/ *s* exclamação, brado, grito.
**exclamation point** *s* ponto ou sinal de exclamação (!).
**exclamatory** /éksklæmetóri/ *adj* exclamatório, exclamativo.
**exclude** /iksklúd/ *v* excluir; rejeitar; expulsar, expelir, eliminar.
**exclusion** /iksklújen/ *s* exclusão; rejeição; expulsão.
**exclusionist** /iksklújenist/ *s* exclusivista.

**exclusive** /iksklúsiv/ *adj* exclusivo, seleto; restrito, completo. | *s* furo de reportagem.
**exclusively** /iksklúsivli/ *adv* exclusivamente, unicamente.
**exclusivity** /iksklúsiveti/ *s* exclusividade.
**excogitate** /ékskádjiteit/ *v* excogitar, imaginar, maquinar.
**excogitation** /ikskádjiteichen/ *s* excogitação, invenção, maquinação.
**excommunicate** /ékskemyúnikeit/ *v* excomungar. | /ékskemyúnikit/ *s* e *adj* excomungado.
**excommunication** /ékskemyúnikeichen/ *s* excomunhão.
**excoriate** /ékskórieit/ *v* escoriar, esfolar; censurar, acusar, denunciar.
**excoriation** /ékskórieichen/ *s* escoriação, esfoladura; repreensão, censura; denúncia.
**excrement** /ékskrement/ *s* excremento, fezes.
**excrescence** /ikskrésens/ *s* excrescência.
**excrescency** /ikskrésensi/ » **excrescence**.
**excrescent** /ikskrésent/ *adj* excrescente.
**excrete** /ikskrít/ *v* excretar, expelir.
**excretion** /ikskríchen/ *s* excreção, evacuação.
**exculpate** /ékskelpeit, ikskâlpeit/ *v* desculpar, absolver.
**exculpation** /ékskelpeichen/ *s* desculpa, justificação, defesa.
**excursion** /ikskêrjen/ *s* excursão; digressão, divagação; desvio de um corpo de seu percurso original.
**excursionist** /ikskêrjenist/ *s* excursionista.
**excursive** /ikskêrsiv/ *adj* errante, digressivo.
**excursus** /ékskêrses/ *s* digressão; dissertação (*pl* **excursuses**).
**excusable** /ikskyúzebel/ *adj* desculpável.
**excuse** /ikskyúz/ *v* escusar, desculpar, perdoar; justificar; isentar, eximir. | /ikskyús/ *s* escusa, desculpa, perdão; justificação; pretexto, alegação.
**exec** /igzék/ *s inform* executivo.
**execrable** /éksikrebel/ *adj* execrável, abominável, detestável.
**execrate** /éksikreit/ *v* execrar, detestar, maldizer.
**execration** /éksikreichen/ *s* execração, maldição, imprecação, praga.
**executant** /igzékyetent/ *s* executante.
**execute** /éksikyút/ *v* executar; cumprir, realizar; matar.
**execution** /éksikyúchen/ *s* execução; desempenho, cumprimento, realização; penhora, embargo, sequestro; execução de pena de morte.
**executioner** /éksikyúchener/ *s* executor, carrasco.
**executive** /igzékyetiv/ *adj* executivo. | *s* poder executivo; administrador, diretor.
**executive officer** *s* oficial administrador, diretor; subcomandante.
**executive secretary** *s* secretária executiva.
**executor** /igzékyeter/ *s* executor; testamenteiro.
**executory** /igzékyetóri/ *adj* executório, executivo.
**exemplar** /igzémpler/ *s* exemplar; exemplo, modelo; amostra.
**exemplary** /igzémpleri/ *adj* exemplar.
**exemplification** /igzémplefikeichen/ *s* exemplificação; traslado.
**exemplify** /igzémplifai/ *v* exemplificar, ilustrar; trasladar, tirar cópia autenticada.
**exempli gratia** /igzémplí greichíe/ *adv* por exemplo (*abrev* **e.g.**).
**exempt** /igzémpt/ *v* isentar, dispensar, eximir. | *adj* e *s* livre, isento.
**exemptible** /igzémptibel/ *adj* isentável, dispensável.
**exemption** /igzémpchen/ *s* isenção, dispensa.
**exercise** /éksersaiz/ *v* exercitar; exercer, praticar, treinar; importunar, atormentar. | *s* exercício, uso, emprego; exercício físico; tarefa escolar; treino, ensaio; treinamento.

**exercise bicycle** *s* bicicleta ergométrica.
**exercise book** *s* livro de exercícios.
**exerciser** /éksersaizer/ *s* exercitante, exercitador; aparelho de ginástica.
**exercitation** /igzêrsiteichen/ *s* exercício, treinamento, prática, desempenho.
**exert** /igzêrt/ *v* exercer; pôr em ação, aplicar.
**exertion** /igzêrchen/ *s* esforço, empenho.
**exfoliate** /éksfoulieit/ *v* esfoliar, descascar, escamar.

E

**exfoliation** /éksfoulieichen/ *s* exfoliação; esfoliação, descamação.
**exfoliative** /éksfoulieitiv/ *adj* exfoliativo; esfoliativo.
**exhalation** /éksheleichen, ékseleichen/ *s* exalação; emanação.
**exhale** /ékshei1, éksheil/ *v* exalar; evaporar.
**exhaust** /igzást/ *v* exaurir, esgotar; gastar, consumir; fatigar, extenuar. | *s* escape, descarga, escapamento; exaustor.
**exhaustible** /igzástebel/ *adj* exaurível, esgotável.
**exhaustion** /igzástchen/ *s* exaustão, esgotamento, fadiga.
**exhaustive** /igzástiv/ *adj* exaustivo.
**exhibit** /igzibit/ *v* exibir, mostrar, expor; demonstrar, provar. | *s* exposição, exibição; objeto exibido; instrumento de prova, elemento material de prova.
**exhibiter** /igzibiter/ » **exhibitor**.
**exhibition** /éksibichen/ *s* exibição, exposição.
**exhibitionism** /éksibichenizem/ *s* exibicionismo.
**exhibitionist** /éksibichenist/ *s* exibicionista.
**exhibitor** /igzibiter/ *s* expositor.
**exhilarant** /igzilerent/ *adj* hilariante, divertido, alegre, estimulante. | *s* algo que alegra, diverte.
**exhilarate** /igzilereit/ *v* alegrar, divertir, estimular, revigorar.
**exhilarating** /igzilereiting/ *adj* animador, hilariante, alegre, jovial.
**exhilaration** /igzilereichen/ *s* alegria, jovialidade, animação, regozijo.
**exhort** /igzórt/ *v* exortar, aconselhar, recomendar.
**exhortation** /égzórteichen, éksórteichen/ *s* exortação, advertência.
**exhortative** /igzórtetiv/ *adj* exortativo, animador.
**exhortatory** /igzórtetóri/ » **exhortative**.
**exhumation** /ékshyúmeichen/ *s* exumação.
**exhume** /égzúm/ *v* exumar.
**exigence** /éksidjens/ » **exigency**.
**exigency** /éksedjensi, igzidjensi/ *s* emergência, urgência, premência; exigência.
**exigent** /éksedjent/ *adj* urgente, premente; exigente.
**exiguity** /éksigyúeti/ *s* exiguidade, escassez, carência.
**exiguous** /égzigyues/ *adj* exíguo, minguado.
**exile** /éksail, égzail/ *s* exílio. | *v* exilar, desterrar.
**exist** /igzist/ *v* existir, haver; viver, subsistir; ocorrer.
**existence** /igzistens/ *s* existência; ser, ente, entidade; ocorrência.
**existent** /igzistent/ *adj* existente. | *s* o que existe.
**existential** /égzisténchel/ *adj* existencial.
**existentialism** /égzisténchelizem/ *s* existencialismo.
**existentialist** /égzisténchelist/ *adj* e *s* existencialista.
**exit** /éksit, égzit/ *s* saída, partida; morte. | *v* sair, ir embora.
**exit poll** *s* pesquisa eleitoral de boca-de-urna.
**exodus** /éksedes/ *s* êxodo, emigração; *maiús* Êxodo (livro da Bíblia) (*pl* **exoduses**).
**exogenous** /iksádjenes/ *adj* exógeno.
**exonerate** /igzánereit/ *v* exonerar, isentar, livrar; absolver, perdoar.
**exoneration** /igzánereichen/ *s* exoneração, isenção, desobrigação.
**exorbitance** /igzórbetens/ *s* exorbitância.

**exorbitant** /igzórbetent/ *adj* exorbitante.
**exorcise** /éksórsaiz/ *v* exorcizar.
**exorcism** /éksórsizem/ *s* exorcismo.
**exorcist** /éksórsist/ *s* exorcista.
**exordium** /égzórdiem/ *s* exórdio (*pl* **exordiums** ou **exordia** /égzórdie/).
**exoteric** /éksetérik/ *adj* esotérico; popular, comum.
**exotic** /igzátik/ *adj* exótico.
**exoticism** /igzátesizem/ *s* exotismo.
**expand** /ikspænd/ *v* expandir, aumentar, ampliar; detalhar, desenvolver; estender, espalhar.
**expanse** /ikspæns/ *s* expansão, amplitude, extensão, vastidão.
**expansible** /ikspænsebel/ *adj* expansível.
**expansion** /ikspænchen/ *s* expansão, extensão, aumento; propagação, ampliação; desenvolvimento econômico.
**expansionism** /ikspænchenizem/ *s* expansionismo.
**expansive** /ikspænsiv/ *adj* expansivo, vasto, amplo, extenso; comunicativo.
**expatiate** /ékspeichieit/ *v* desenvolver um tema, discorrer, dissertar; vaguear, perambular.
**expatriate** /ékspeitrieit/ *v* expatriar, desterrar. | /ékspeitriit/ *s* e *adj* expatriado, desterrado.
**expatriation** /ékspeitrieichen/ *s* expatriação, desterro, exílio.
**expect** /ikspékt/ *v* esperar, aguardar, contar com; *inform* presumir, supor. • **be expecting** estar grávida.
**expectance** /ikspéktens/ » **expectancy**.
**expectancy** /ikspéktensi/ *s* expectativa; probabilidade, perspectiva.
**expectant** /ikspéktent/ *adj* expectante, esperançoso; grávida. | *s* aspirante, pretendente, candidato; grávida.
**expectation** /ékspékteichen/ *s* expectativa, esperança, perspectiva.
**expectorant** /ikspékterent/ *adj* e *s* expectorante.
**expectorate** /ikspéktereit/ *v* expectorar, escarrar.
**expectoration** /ikspéktereichen/ *s* expectoração, escarro.
**expedience** /ikspídiens/ » **expediency**.
**expediency** /ikspídiensi/ *s* conveniência, utilidade, oportunidade; oportunismo, utilitarismo.
**expedient** /ikspídient/ *adj* oportuno, conveniente, útil, vantajoso; oportunista. | *s* expediente, recurso, meio.
**expedite** /ékspidait/ *v* apressar, acelerar; facilitar; expedir, despachar.
**expedition** /ékspidichen/ *s* expedição, jornada; diligência, rapidez, eficiência.
**expeditionary** /ékspidichenéri/ *adj* expedicionário.
**expeditious** /ékspidiches/ *adj* expedito, eficiente, rápido, diligente.
**expel** /ikspél/ *v* expelir, expulsar, banir, despedir.
**expend** /ikspénd/ *v* despender, gastar, expender; consumir.
**expenditure** /ikspénditcher/ *s* gasto, desembolso, despesa, dispêndio.
**expense** /ikspéns/ *s* despesa, dispêndio, gasto.
**expense account** *s* conta de despesas.
**expensive** /ikspénsiv/ *adj* caro, dispendioso, custoso.
**experience** /ikspiriens/ *s* experiência, prática. | *v* experimentar, sentir, passar por.
**experienced** /ikspirienst/ *adj* experiente.
**experiment** /ikspérement/ *s* experimento, experiência, ensaio, tentativa. | /ikspéremént/ *v* experimentar, fazer experiências, ensaiar.
**experimental** /ékspériméntl/ *adj* experimental.
**experimentation** /ikspéreménteichen/ *s* experimentação, ensaio, prova.
**experiment station** *s* centro de experiências, estação experimental.
**expert** /ékspêrt/ *adj* hábil, esperto, conhecedor, perito. | *s* perito, especialista.
**expertise** /ékspêrtíz/ *s* perícia.
**expiable** /ékspiebel/ *adj* expiável.

**expiate** /ékspieit/ *v* expiar, remir culpa, cumprir pena, sofrer consequências.
**expiation** /ékspieichen/ *s* expiação, reparação.
**expiatory** /ékspietóri/ *adj* expiatório.
**expiration** /ékspereichen/ *s* expiração, exalação; término, fim, conclusão.
**expiration date** *s* data de expiração, data de vencimento.
**expire** /ikspaier/ *v* expirar, terminar, acabar, vencer (prazo); dar o último suspiro; exalar, expirar, expelir.
**expiry** /ikspairi/ *s* expiração, término (contrato); morte.
**explain** /iksplein/ *v* explicar, explanar, esclarecer, expor.
**explanation** /éksplenechen/ *s* explanação, explicação, elucidação.
**explanatory** /iksplænetóri/ *adj* explanatório, explicativo.
**expletive** /ékspletiv/ *adj* expletivo. | *s* imprecação; palavra expletiva.
**explicable** /éksplikebel/ *adj* explicável.
**explicate** /éksplikeit/ *v* explicar, esclarecer.
**explicative** /éksplíketiv, éksplikeitiv/ *adj* explicativo.
**explicit** /iksplisit/ *adj* explícito, claro, categórico.
**explode** /iksploud/ *v* explodir, estourar, detonar; demolir, destruir.
**exploit** /iksploit/ *v* explorar, aproveitar; tirar partido de, abusar de, aproveitar-se de. | /éksploit/ *s* façanha, feito, proeza.
**exploitation** /éksploiteichen/ *s* exploração, utilização.
**exploration** /éksplóreichen/ *s* exploração, investigação.
**exploratory** /iksplóretóri/ *adj* exploratório.
**explore** /iksplór/ *v* explorar (novas terras, espaço, desconhecido); investigar, estudar, analisar; examinar.
**explorer** /iksplórer/ *s* explorador, pesquisador; sonda.
**explosion** /iksploujen/ *s* explosão, estouro; detonação; crescimento rápido, aumento.
**explosive** /iksplousiv/ *adj e s* explosivo.
**exponent** /ikspounent/ *s* expoente; intérprete; representante. | *adj* explanatório.
**exponential** /ékspounénchel/ *adj* exponencial.
**export** /ikspórt, ékspórt/ *v* exportar. | /ékspórt/ *s* exportação; artigo exportado.
**exportable** /ikspórtebel/ *adj* exportável.
**exportation** /ékspórteichen/ *s* exportação; artigo exportado.
**exporter** /ikspórter/ *s* exportador.
**expose** /ikspouz/ *v* expor, exibir; expor à luz; apresentar, mostrar; revelar, divulgar; desproteger, abandonar; pôr em risco.
**exposition** /ékspezichen/ *s* exposição, explanação; exposição, exibição, mostra.
**expositive** /ikspázetiv/ *adj* expositivo.
**expositor** /ikspázeter/ *s* expositor.
**expostulate** /ikspástcheleit/ *v* repreender, discutir, debater.
**exposure** /ikspoujer/ *s* exposição, exibição; revelação, desmascaramento; exposição à luz; apresentação (na mídia).
**exposure meter** *s* fotômetro.
**expound** /ikspaund/ *v* expor, detalhar, explicar, esclarecer.
**express** /iksprés/ *v* expressar, manifestar; representar, simbolizar; espremer (frutas); enviar correspondência por via expressa, despachar. | *adj* expresso, explícito; particular, específico; direto, rápido, sem escalas. | *s* transporte expresso, serviço de remessas rápidas; encomenda entregue por esse serviço. | *adv* por serviço ou transporte expresso.
**expression** /ikspréchen/ *s* expressão, manifestação, declaração; ato de espremer.

**expressionism** /ikspréchenizem/ *s* expressionismo.
**expressionist** /ikspréchenist/ *s* expressionista.
**expressionless** /ikspréchenles/ *adj* inexpressivo, sem expressão.
**expressive** /iksprésiv/ *adj* expressivo.
**expressiveness** /iksprésivnes/ *s* expressividade, significação.
**expressivity** /éksprésiveti/ *s* expressividade.
**expresso** /iksprésou/ » **espresso**.
**expressway** /ikspréswei/ *s* rodovia expressa, autoestrada.
**expropriate** /iksprouprieit/ *v* expropriar, desapropriar.
**expropriation** /iksproupriеichen/ *s* expropriação, desapropriação.
**expulsion** /ikspâlchen/ *s* expulsão.
**expunge** /ikspândj/ *v* anular, cancelar, apagar, expurgar.
**expurgate** /ékspergeit/ *v* expurgar.
**expurgation** /ékspergeichen/ *s* expurgação, depuração.
**expurgator** /ékspergeiter/ *s* expurgador, censor.
**expurgatorial** /ékspêrgetóriel/ » **expurgatory**.
**expurgatory** /ékspêrgetóri/ *adj* expurgatório, depurativo.
**expy** *abrev* de **expressway**.
**exquisite** /ikskwizit, ékskwizit/ *adj* refinado, fino, delicado, raro; intenso, agudo; excelente, perfeito. | *s* janota, almofadinha, dândi.
**exquisiteness** /ikskwizitnes, ékskwizitnes/ *s* requinte, fineza, delicadeza; perfeição, excelência, primor.
**exscind** /éksind/ *v* excluir, extirpar.
**exsiccate** /éksikeit/ *v* dessecar, secar, ressequir.
**exsiccation** /éksikeichen/ *s* exsicação, dessecação.
**extant** /ékstent, ékstænt/ *adj* existente, subsistente, que ainda existe.
**extemporaneous** /ikstémpereinies/ *adj* extemporâneo, improvisado.
**extemporization** /ikstémperizeichen/ *s* improviso, improvisação.
**extemporize** /ikstémperaiz/ *v* improvisar.
**extend** /iksténd/ *v* estender, esticar, alongar, estirar; aumentar, alargar, expandir; adulterar.
**extended** /iksténdid/ *adj* estendido, alongado, esticado; prolongado; ampliado, expandido.
**extensible** /iksténsebel/ *adj* extensível, prorrogável.
**extensile** /iksténsil/ » **extensible**.
**extension** /iksténchen/ *s* extensão, alcance; alongamento, prolongamento; ampliação, expansão, aumento, acréscimo; ramal telefônico.
**extensive** /iksténsiv/ *adj* extensivo, vasto, amplo, extenso.
**extensor** /iksténser/ *s* músculo extensor.
**extent** /ikstént/ *s* extensão, grau, alcance; volume, tamanho; embargo. • **to the extent that** na medida em que. **to the full extent** inteiramente. **to what extent?** até que ponto?
**extenuate** /ikstényueit/ *v* atenuar, suavizar, amenizar.
**extenuation** /ikstényueichen/ *s* extenuação, atenuação; justificação, desculpa, paliação.
**extenuatory** /ikstényuetóri/ *adj* paliativo.
**exterior** /ikstirier/ *adj* exterior, externo, de fora. | *s* exterior, parte externa.
**exteriority** /ikstirióreti/ *s* exterioridade.
**exteriorize** /ikstirieraiz/ *v* exteriorizar.
**exterminate** /ikstêrmineit/ *v* exterminar.
**extermination** /ikstêrmineichen/ *s* extermínio.
**exterminator** /ikstêrmineiter/ *s* exterminador.
**exterminatory** /ikstêrmenetóri/ *adj* exterminatório, eliminatório.
**external** /ikstêrnel/ *adj* externo, exterior, visível; corpóreo, físico; superficial; estrangeiro. | *s* parte exterior.
**externality** /ékstêrnæleti/ *s* exterioridade.

**externalize** /ikstêrnelaiz/ *v* externar, exteriorizar, manifestar; atribuir a causas exteriores.
**extinct** /ikstingkt/ *adj* extinto.
**extinction** /ikstingkchen/ *s* extinção, exterminação, aniquilamento.
**extinguish** /ikstinggwich/ *v* extinguir; destruir, aniquilar; eliminar; solver dívida, invalidar, anular.
**extinguisher** /ikstinggwicher/ *s* extintor de incêndio.
E
**extirpate** /éksterpeit/ *v* extirpar, arrancar; erradicar, destruir, exterminar.
**extirpation** /éksterpeichen/ *s* extirpação; exterminação.
**extol** /ikstoul/ *v* exaltar, enaltecer.
**extoll** /ikstoul/ » **extol.**
**extort** /ikstórt/ *v* extorquir.
**extortion** /ikstórchen/ *s* extorsão.
**extortionate** /ikstórchenet/ *adj* extorsivo; exorbitante.
**extra** /ékstre/ *adj* extra; excedente, supérfluo; extraordinário, superior; sujeito a cobrança adicional. | *s* excesso, excedente; adicional, acessório; edição especial de jornal; funcionário extra; figurante em filmes; algo de qualidade excepcional. | *adv* em grau excepcional, de forma extraordinária.
**extract** /ikstrækt/ *v* extrair, arrancar; precipitar; deduzir; calcular. | /ékstrækt/ *s* extrato; fragmento, trecho.
**extraction** /ikstrækchen/ *s* extração; extrato, origem, essência; linhagem, procedência.
**extractive** /ikstræktiv/ *adj* extrativo, extraível. | *s* extrato, essência.
**extractor** /ikstrækter/ *s* extrator.
**extracurricular** /ékstrekerikyeler/ *adj* extracurricular; *inform* extraconjugal.
**extraditable** /ékstredaitebel/ *adj* extraditável.
**extradite** /ékstredait/ *v* extraditar.
**extradition** /ékstredichen/ *s* extradição.
**extrajudicial** /ékstredjúdichel/ *adj* extrajudicial.
**extramarital** /ékstreméretel/ *adj* extraconjugal.
**extraneous** /ikstreinies/ *adj* extrínseco; irrelevante; estranho, externo, exterior.
**extraordinary** /ikstrórdenéri, ékstreórdenéri/ *adj* extraordinário, raro, singular.
**extrapolate** /ikstræpeleit/ *v* extrapolar.
**extrapolation** /ikstræpeleichen/ *s* extrapolação.
**extrasensory** /ékstresénseri/ *adj* extrassensorial.
**extraterrestrial** /ékstreteréstriel/ *adj* e *s* extraterrestre.
**extravagance** /ikstrævegens/ *s* extravagância.
**extravagancy** /ikstrævegensi/ » **extravagance.**
**extravagant** /ikstrævegent/ *adj* extravagante.
**extravasate** /ikstræveseit/ *v* extravasar.
**extravasation** /ikstræveseichen/ *s* extravasamento, derramamento; hemorragia.
**extraversion** /ékstreverjen/ » **extroversion.**
**extravert** /ékstrevêrt/ » **extrovert.**
**extraverted** /ékstrevêrtid/ » **extroverted.**
**extreme** /ikstrím/ *adj* extremo; máximo, supremo, extraordinário; drástico, severo, radical. | *s* extremo; extremidade, fim; excesso.
**extremely high frequency** *s* altíssima frequência (*abrev* **EHF**).
**extremely low frequency** *s* baixíssima frequência (*abrev* **ELF**).
**extreme unction** *s* extrema-unção.
**extremism** /ikstrímizem/ *s* extremismo.
**extremist** /ikstrímist/ *s* extremista.
**extremity** /ikstrémeti/ *s* extremidade.
**extricable** /ikstrikebel, ékstrikebel/ *adj* desembaraçável, deslindável.
**extricate** /ékstrikeit/ *v* desembaraçar, livrar, desenredar, esclarecer.
**extrication** /ékstrikeichen/ *s* desenredo, desembaraço, ato de desembaraçar.
**extrinsic** /ékstrinsik, ékstrinzik/ *adj* extrínseco; não essencial, acessório.

**extroversion** /ékstreverjen/ *s* extroversão.
**extrovert** /ékstrevêrt/ *s* extrovertido.
**extroverted** /ékstrevêrtid/ *adj* extrovertido.
**extrude** /ikstrúd/ *v* expulsar, expelir; moldar, cunhar, perfilar metal.
**extrusion** /ikstrújen/ *s* extrusão; expulsão.
**exuberance** /igzúberens/ *s* exuberância.
**exuberant** /igzúberent/ *adj* exuberante.
**exude** /igzúd, iksúd/ *v* exsudar.
**exult** /igzâlt/ *v* exultar.
**exultance** /igzâltens/ *s* exultação.
**exultancy** /igzâltensi/ » **exultance**.
**exultant** /igzâltent/ *adj* exultante.
**exultation** /éksâlteichen/ *s* exultação.
**exuviae** /igzúvii/ *s pl* exúvia, pelos, despojos de animais.
**exuviate** /igzúvieit/ *v* mudar a pele (animais), trocar as penas (aves).
**eye** /ai/ *s* olho; visão, perspicácia; ponto de vista, opinião; buraco da agulha; abertura (máquina fotográfica); dispositivo sensível à luz; botão, broto (planta); centro ou olho do furacão; *fig* centro das atenções; *inform* detetive. | *v* olhar, observar, vigiar. • **an eye for an eye** olho por olho. **have eyes for** estar interessado em. **keep an eye on** ficar de olho em, vigiar. **with naked eye** a olho nu.
**eyeball** /aiból/ *s* globo ocular. | *v inform* observar atentamente; calcular de vista.
**eyeball-to-eyeball** /aibólteaiból/ *adv inform* olho no olho.
**eye bank** *s* banco de olhos.
**eyebrow** /aibrau/ *s* sobrancelha.
**eyebrow pencil** *s* lápis de sobrancelha.
**eye-catching** /aikætching/ *adj* atrativo, vistoso.
**eye contact** *s* contato visual, olhos nos olhos.
**eyeful** *s* vista completa; alguém vistoso, atraente; algo que atinge os olhos em cheio; observação minuciosa.
**eyeglass** /aiglæs/ *s* monóculo. • **eyeglasses** óculos.
**eyehole** /aihoul/ *s* órbita ocular; buraco, orifício para espiar.
**eyelash** /ailæch/ *s* cílio, pestana.
**eyelet** /ailet/ *s* ilhó; olho mágico.
**eyelid** /ailid/ *s* pálpebra.
**eyelift** /ailift/ *s* cirurgia plástica para eliminar rugas e bolsas ao redor dos olhos.
**eyeliner** /ailainer/ *s* delineador.
**eye opener** *s inform* surpresa, circunstância surpreendente; bebida alcoólica que se toma de manhã.
**eyeshade** /aicheid/ *s* viseira, pala de boné.
**eye shadow** *s* sombra (maquiagem).
**eyeshot** /aichát/ *s* alcance da vista, campo de visão.
**eyesight** /aisait/ *s* visão, vista (faculdade de ver); alcance da vista.
**eyesore** /aisór/ *s* coisa ofensiva ou desagradável ao olhar.
**eyestrain** /aistrein/ *s* cansaço ocular, vista cansada.
**eyetooth** /aitúth/ *s* dente canino.
**eyewash** /aiwách/ *s* colírio; *inform* conversa fiada, bobagem.
**eyewink** /aiwingk/ *s* piscadela; instante.
**eyewitness** /aiwitnis, aiwitnis/ *s* testemunha ocular.
**eyrie** /éri, iri/ » **aerie**.
**eyry** /éri, iri/ » **aerie**.
**e-zine** /ízín/ *s form red* de **electronic magazine**, revista eletrônica.

E

**f** ou **F** /éf/ *s* 6ª letra do alfabeto inglês. | *abrev maiús* de **Fahrenheit**. | *símb maiús* de **fluorine**.

**fa** /fá/ *s* fá (nota musical).

**fab** /fæb/ *s inform* fabricação. | *adj gír* fabuloso, maravilhoso.

**fable** /feibel/ *s* fábula, mito, lenda; mentira. | *v* inventar, contar histórias.

**fabric** /fæbrik/ *s* tecido, pano; textura, trama, urdidura; construção, edifício.

**fabricant** /fæbrikent/ *s* fabricante.

**fabricate** /fæbrikeit/ *v* manufaturar, fabricar; construir; forjar, inventar (mentira ou história), falsificar.

**fabrication** /fæbrikeichen/ *s* fabricação, manufatura; estrutura; invenção, mentira.

**fabricator** /fæbrikeiter/ *s* fabricante, construtor; mentiroso.

**fabulist** /fæbyelist/ *s* fabulista.

**fabulous** /fæbyeles/ *adj* incrível, espantoso; fabuloso, maravilhoso; legendário, mitológico.

**facade** /fesád/ » **façade**.

**façade** /fesád/ *s* fachada.

**face** /feis/ *s* face, rosto, cara; fisionomia, semblante; careta; lado, aspecto; frente, fachada. | *v* encarar, enfrentar; estar com a frente para. • **face to face** cara a cara.

**face card** *s* rainha, rei ou valete (no baralho).

**face-lift** /feislift/ *s* cirurgia plástica facial; remodelação, reforma.

**face value** *s* valor nominal.

**facial** /feichel/ *adj* facial.

**facile** /fæsil/ *adj* fácil, simples; fluente, ágil, rápido, vivo; superficial, descuidado; insincero, inautêntico.

**facilitate** /fesiliteit/ *v* facilitar.

**facilitation** /fesiliteichen/ *s* facilitação.

**facility** /fesileti/ *s* facilidade, destreza, habilidade; docilidade, complacência, instalação. • **facilities** vantagens, comodidades, facilidades; instalações.

**facing** /feising/ *s* acabamento, bainha, debrum, barra; revestimento.

**facsimile** /fæksimeli/ *s* fac-símile (cópia); fax (equipamento).

**fact** /fækt/ *s* fato, ocorrência, acontecimento; realidade, verdade. • **as a matter of fact** para dizer a verdade, realmente. **in fact** na verdade, de fato.

**faction** /fækchen/ *s* facção; dissensão, dissidência; filme ou obra literária que mistura realidade e ficção.

**factious** /fækches/ *adj* faccioso.

**factitious** /fæktiches/ *adj* factício, artificial.

**factor** /fækter/ *s* fator, elemento, causa; agente comercial, corretor.

**factorage** /fækteridj/ *s* corretagem; comissão.

**factorial** /fæktóriel/ *s* e *adj* fatorial.
**factorize** /fækteraiz/ *v* fatorar, decompor em fatores.
**factory** /fækteri/ *s* fábrica, usina; estabelecimento comercial.
**factual** /fæktchúel/ *adj* factual, real, concreto.
**facultative** /fækelteitiv/ *adj* facultativo, não obrigatório, optativo.
**faculty** /fækelti/ *s* faculdade mental, habilidade, capacidade; escola superior, faculdade; corpo docente de uma faculdade; classe profissional, membros de uma profissão; autorização, licença, permissão.
**fad** /fæd/ *s* modismo, mania, moda passageira.
**fade** /feid/ *v* desbotar, perder a cor; definhar; desaparecer gradualmente (imagem ou som), desvanecer. | *s* desaparecimento gradual. • **fade in** aparecer gradualmente. **fade out** desaparecer gradualmente.
**fag** /fæg/ *s* calouro em escola; trabalho penoso, lida, labuta; *gír* cigarro; *gír* homossexual. | *v* trabalhar arduamente, esfalfar-se, cansar-se.
**fail** /feil/ *v* falhar; ser reprovado (na escola); falir; desapontar, decepcionar; não cumprir, negligenciar. • **without fail** sem falta.
**failing** /feiling/ *s* falta, deslize, fraqueza; malogro, fracasso; defeito, imperfeição. | *adj* deficiente, esgotado, enfraquecido, em declínio. | *prep* na ausência de, na falta de.
**failure** /feilyer/ *s* falha, falta, deficiência; colapso, avaria, pane; declínio, fracasso, fiasco; insolvência, falência; reprovação.
**fain** /fein/ *adv* felizmente, alegremente.
**faint** /feint/ *v* desmaiar, desfalecer. | *s* desmaio. | *adj* fraco, abatido; covarde, frouxo, tímido; vago, indistinto, obscuro.
**faint-hearted** /feinthártid / *adj* medroso, covarde, tímido.
**fair** /fér/ *s* feira, exibição; bazar, quermesse. | *adj* belo, formoso; claro, límpido, puro; claro, louro; justo, imparcial; satisfatório, médio, regular; enganoso, capcioso. | *adv* imparcialmente, honestamente; diretamente, em cheio.
**fairground** /férgraund/ *s* local aberto para feiras ou exposições.
**fair-haired** /férhérd/ *adj* louro; favorito (pessoa).
**fairish** /férich/ *adj* razoável, regular.
**fairly** /férli/ *adv* de modo justo, honestamente; claramente; completamente; moderadamente, razoavelmente.
**fair-minded** /férmaindid/ *adj* justo, imparcial.
**fair play** *s* jogo limpo.
**fairy** /féri/ *s* fada.
**fairy godmother** *s* fada madrinha.
**fairyland** /férilænd/ *s* reino das fadas.
**fairy tale** *s* conto de fadas.
**faith** /feith/ *s* fé, crença; credo, doutrina religiosa; lealdade, fidelidade.
**faithful** /feithfel/ *adj* fiel, leal, dedicado; confiável, verídico. | *s* crente, fiel (*pl* **faithful** ou **faithfuls**).
**faith healer** *s* curandeiro.
**faith healing** *s* curandeirismo.
**faithless** /feithles/ *adj* infiel, desleal; incrédulo, descrente.
**fake** /feik/ *s* falsificação, fraude. | *adj* fraudulento, falso. | *v* fingir, simular; falsificar, adulterar; improvisar (música).
**faker** /feiker/ *s* enganador, fraudador, impostor.
**fakir** /fákir/ *s* faquir.
**falcate** /fælkeit/ *adj* falciforme, em forma de foice.
**falcon** /fælken/ *s* falcão (*tb* artilharia).
**fall** /fól/ *v* cair, tombar, ruir, desmoronar; perecer; baixar, cair, diminuir, decair. | *s* queda, ruína; descida, declive; baixa, diminuição; outono. • **fall asleep** cair no sono, adormecer. **fall in love** apaixonar-se.
**fallacious** /feleiches/ *adj* falso, enganoso.

F

**fallacy** /fælesi/ *s* falácia, ardil, sofisma.
**fallen** /fólen/ *v part pass* de **fall**.
**fall guy** *s gír* otário; bode expiatório.
**fallibility** /fælebileti/ *s* falibilidade.
**falling star** *s* estrela cadente, meteoro.
**falloff** /fáláf/ *s* redução, declínio.
**fallopian tube** /feloupien túb/ *s* trompa de Falópio.
**fallout** /fálaut/ *s* precipitação radioativa; efeito colateral.
**fallow** /fælou/ *v* arrotear, alqueivar. | *adj* inativo, desocupado. | *s* terra de pousio.
F **false** /fóls/ *adj* falso; fingido, desonesto; errôneo, incorreto; artificial, postiço; infundado, irregular; desafinado.
**false alarm** *s* alarme falso.
**false-hearted** /fólshártid/ *adj* desleal, traiçoeiro.
**falsehood** /fólshud/ *s* falsidade, mentira.
**falsification** /fólsifikeichen/ *s* falsificação, adulteração.
**falsifier** /fólsifaier/ *s* falsificador.
**falsify** /fólsifai/ *v* falsificar, adulterar, forjar; mentir; provar a falsidade de, desmentir.
**falsity** /fólseti/ *s* falsidade, mentira.
**falter** /fólter/ *v* hesitar, vacilar; gaguejar, balbuciar; tropeçar, cambalear. | *s* balbucio, gagueira; som trêmulo.
**fame** /feim/ *s* fama, reputação. | *v* afamar.
**famed** /feimd/ *adj* famoso, afamado.
**familiar** /femilyer/ *adj* familiar, comum; familiarizado; íntimo, atrevido; domesticado. | *s* amigo íntimo; frequentador.
**familiarity** /femiliéreti/ *s* familiaridade.
**familiarize** /femilyeraiz/ *v* familiarizar, acostumar.
**family** /fæmeli/ *s* família; linhagem, estirpe; tribo, clã.
**family doctor** *s* médico da família; clínico geral.
**family man** *s* pai de família; homem dedicado ao lar.
**family name** *s* sobrenome (*tb* **surname**).
**family planning** *s* planejamento familiar.
**family tree** *s* árvore genealógica.
**famine** /fæmin/ *s* fome; escassez, penúria.
**famish** /fæmich/ *v* passar fome; morrer de fome.
**famous** /feimes/ *adj* famoso, célebre.
**fan** /fæn/ *s* ventilador; leque; fã, admirador. | *v* ventilar, arejar, abanar; soprar (brasa), inflamar; abrir em leque.
**fanatic** /fenætik/ *adj* e *s* fanático.
**fanatical** /fenætikel/ *adj* fanático.
**fanaticism** /fenætisizem/ *s* fanatismo.
**fanaticize** /fenætisaiz/ *v* fanatizar.
**fanciful** /fænsifel/ *adj* fantasioso, fantástico, imaginário.
**fancy** /fænsi/ *v* imaginar, fantasiar. | *s* imaginação, fantasia; suposição arbitrária, cisma; capricho, veneta; gosto pessoal, preferência. | *adj* imaginário, fantasioso; extravagante, exorbitante; decorativo; caprichoso.
**fancy dress** *s* fantasia, vestimenta carnavalesca.
**fancy-free** /fænsifri/ *adj* desimpedido, sem preocupações ou compromissos amorosos.
**fancywork** /fænsiwêrk/ *s* trabalho manual feito com agulha e linha (bordado, crochê etc.).
**fanfare** /fænfér/ *s* fanfarra.
**fang** /fæng/ *s* dente canino; presa de serpente; raiz de dente.
**fantail** /fænteil/ *s* pombo doméstico; cauda em leque.
**fantasize** /fæntesaiz / *v* fantasiar, imaginar.
**fantastic** /fæntæstik/ *adj* fantástico, imaginário.
**fantastical** /fæntæstikel/ » **fantastic**.
**fantasy** /fæntesi/ *s* fantasia, imaginação; capricho; ficção.
**fantom** /fæntem/» **phantom**.
**fanzine** /fænzín/ *s* fanzine (revista amadora feita por fãs).

**FAQ** *abrev* de **Frequently Asked Questions**, perguntas mais frequentes (lista com as repostas às dúvidas mais frequentes dos usuários de um produto).

**far** /fár/ *adv* longe, ao longe; demasiadamente. | *adj* distante, remoto, longínquo. • **as far as I'm concerned** quanto a mim, no que me diz respeito. **as far as I know** até onde eu saiba.

**far and wide** *adv* em todo lugar, por toda parte.

**faraway** /fárewei/ *adj* remoto, distante; sonhador, abstrato, distraído.

**farce** /fárs/ *v* rechear (alimento); entremear com piadas. | *s* farsa (teatro); recheio (de alimento).

**fare** /fér/ *s* preço de passagem, tarifa; frete, carreto; comida, alimentação. | *v* suceder, sair-se bem ou mal; viajar; comer.

**Far East** *s* Extremo Oriente.

**farewell** /férwél/ *s* adeus, despedida. | *interj* adeus.

**far-fetched** /fárfétcht/ *adj* forçado, artificial, inverossímil.

**far-flung** /fárflâng/ *adj* remoto, distante; vasto, extenso.

**farina** /ferine/ *s* farinha de cereais, amido, fécula.

**farinaceous** /férineiches/ *adj* farináceo.

**farm** /fárm/ *s* fazenda, sítio, terreno agrícola; propriedade rústica, rancho, granja, quinta. | *v* cultivar, lavrar a terra; arrendar, alugar (terras).

**farmer** /fármer/ *s* fazendeiro, agricultor, lavrador; arrendatário.

**farm hand** *s* colono, trabalhador rural.

**farmhouse** /fármhaus/ *s* casa de fazenda.

**farmland** /fármlænd/ *s* terra apropriada para cultivo.

**farmstead** /fármstéd/ *s* fazenda e as suas dependências.

**farmyard** /fármyárd/ *s* pátio de fazenda.

**far-off** /fáráf/ *adj* remoto, distante, longínquo.

**far-reaching** /fáritching/ *adj* de longo alcance, extenso; importante, de grande projeção, de amplas consequências.

**farrier** /férier/ *s* ferrador (de cavalos).

**farrow** /férou/ *v* parir (a porca). | *s* ninhada de porcos.

**farseeing** /fársiing/ *adj* previdente, prudente; que vê longe, sagaz.

**farsighted** /fársaitid/ *adj* previdente, prudente, sagaz; hipermetrope.

**farsightedness** /fársaitidnes/ *s* hipermetropia.

**fart** /fárt/ *v gír* soltar um pum. | *s* pum.

**farther** /fárdher/ *adj* mais remoto, mais adiante; posterior. | *adv* mais longe, além.

**farthermost** /fárdhermoust/ *adj* o mais afastado, o mais remoto.

**farthest** /fárdhist/ *adj* o mais distante, mais remoto.

**fasciate** /fæchieit/ *adj* fasciculado.

**fascicle** /fæsikel/ *s* fascículo; pequeno feixe.

**fascinate** /fæseneit/ *v* fascinar.

**fascinating** /fæseneiting/ *adj* fascinante.

**fascination** /fæseneichen/ *s* fascinação, atração, encanto.

**fascinator** /fæseneiter/ *s* fascinador.

**fascism** /fæchizem/ *s* fascismo.

**fascist** /fæchist/ *s* e *adj* fascista.

**fashion** /fæchen/ *s* moda; estilo, modelo, padrão; costume, maneira, modo. | *v* amoldar, dar feitio a; adaptar, modelar.

**fashionable** /fæchenebel/ *adj* elegante, da moda. | *s* pessoa elegante.

**fashioner** /fæchener/ *s* modista; costureiro; criador.

**fashion plate** *s* figurino.

**fast** /fæst/ *v* jejuar. | *s* jejum, abstinência. | *adj* rápido, veloz; adiantado (relógio); firme, seguro, sólido, estável; fiel, leal.

**fasten** /fæsen/ *v* atar, ligar, prender, firmar; impor-se.

**fastening** /fæsening/ *s* trinco, prendedor, fecho, ferrolho.

F

**fast food** *s fast-food*, comida preparada e servida rapidamente.
**fast-forward** /fæstfórwerd/ *s* avanço rápido.
**fastidious** /fæstídies/ *adj* meticuloso; fastidioso, impertinente, rabugento, exigente; delicado, melindroso.
**fastness** /fǽstnes/ *s* firmeza, solidez, segurança; rapidez, velocidade; fortaleza, forte; reduto, lugar secreto.
**FAT** *abrev* de **file allocation table**, tabela de alocação de arquivos.

F

**fat** /fæt/ *adj* gordo, obeso, corpulento; gorduroso, oleoso; lucrativo, rendoso; rico, próspero. | *s* gordura; banha, sebo; graxa; obesidade. | *v* engordar.
**fatal** /féitel/ *adj* fatal, inevitável; fatídico, agourento, sinistro; importante, decisivo; mortal.
**fatal error** *s* erro fatal (em computação, erro que encerra o sistema ou o aplicativo em execução sem chances de recuperação).
**fatalism** /féitelizem/ *s* fatalismo.
**fatalist** /féitelist/ *s* fatalista.
**fatalistic** /feitelístik/ *adj* fatalista.
**fatality** /fetǽleti/ *s* fatalidade, destino, desgraça.
**fatality rate** *s* índice de mortalidade.
**fatally** /féiteli/ *adv* fatalmente; decisivamente; inevitavelmente.
**fat cat** *s gír* financiador de campanhas políticas; pessoa rica e influente.
**fate** /feit/ *s* fado, destino, sorte; resultado, consequência.
**fated** /féitid/ *adj* predestinado, fadado, condenado.
**fateful** /féitfel/ *adj* fatal, fatídico; predestinado, profético; muito importante, decisivo.
**fathead** /fǽthéd/ *s gír* bobo, bronco.
**father** /fádher/ *s* pai; patriarca; antepassado, progenitor; criador, inventor; forma primitiva, protótipo; homem idoso e venerável; *maiús* Deus. | *v* procriar; adotar como filho, apadrinhar; fundar, originar.
**father figure** *s* figura do pai, imagem do pai.
**fatherhood** /fádherhud/ *s* paternidade.
**father-in-law** /fádherinlá/ *s* sogro (*pl* **fathers-in-law**).
**fatherland** /fádherlænd/ *s* pátria, terra natal.
**fatherless** /fádherles/ *adj* órfão de pai; bastardo, ilegítimo.
**fatherly** /fádherli/ *adj* paternal, paterno. | *adv* paternalmente.
**Father's Day** *s* Dia dos Pais (comemorado no terceiro domingo do mês de junho nos EUA).
**fathom** /fǽdhem/ | *v* sondar, penetrar, aprofundar; compreender, esquadrinhar.
**fathomable** /fǽdhemebel/ *adj* sondável.
**fathomless** /fǽdhemles/ *adj* insondável; incompreensível.
**fatidic** /fetídik/ *adj* fatídico, profético.
**fatidical** /fetídikel/ » **fatidic**.
**fatigue** /fetíg/ *s* fadiga, cansaço. | *v* fatigar, cansar, esgotar.
**fatten** /fǽten/ *v* engordar; fertilizar (terra); encorpar, inchar.
**fattish** /fǽtich/ *adj* um tanto gordo, gordinho, gorducho.
**fatty** /fǽti/ *adj* gorduroso, oleoso. | *s inform* gordinho, pessoa gorda.
**fatuity** /fetúeti/ *s* fatuidade, estupidez.
**fatuous** /fǽtchúes/ *adj* fátuo, tolo, insensato; irreal, ilusório.
**faucet** /fásit/ *s* torneira, bica.
**fault** /fólt/ *s* falha (de caráter); defeito físico, imperfeição; erro, engano; culpa. | *v* culpar, censurar; formar falha em (geologia).
**faultless** /fóltles/ *adj* irrepreensível, impecável.
**faulty** /fólti/ *adj* defeituoso, falho.
**faun** /fán/ *s* fauno.
**fauna** /fáne/ *s* fauna (*pl* **faunas** ou **faunae** /fání/).
**favor** /féiver/ *s* favor, obséquio, fineza; parcialidade, favoritismo; privilégio,

concessão; vantagem, benefício. | *v* tratar com gentileza; fazer um favor; ser a favor de; facilitar, favorecer, proteger.
**favorable** /feiverebel/ *adj* favorável.
**favored** /feiverd/ *adj* favorecido, protegido; bem-dotado.
**favorite** /feiverit/ *adj* e *s* favorito.
**favoritism** /feiveritizem/ *s* favoritismo.
**fawn** /fán/ *v* bajular, adular. | *s* corsa nova; cor de corsa, castanho-claro.
**fax** /fæks/ *s* fac-símile, fax. | *v* enviar por fax.
**fay** /fei/ *v* unir, juntar. | *s* fada.
**faze** /feiz/ *v* desconcertar, perturbar.
**FBI** *abrev* de **Federal Bureau of Investigation**, agência de investigação federal americana.
**FDA** *abrev* de **Food and Drug Administration**, órgão encarregado de autorizar a industrialização de alimentos e remédios nos EUA.
**fealty** /fílti/ *s* fidelidade, lealdade.
**fear** /fir/ *s* medo, temor, pavor; reverência. | *v* recear, temer; venerar, respeitar.
**fearful** /firfel/ *adj* temível, pavoroso; medroso, receoso.
**fearless** /firles/ *adj* destemido, corajoso.
**fearsome** /firsem/ *adj* temível, alarmante; tímido, medroso.
**feasibility** /fízebileti/ *s* praticabilidade, exequibilidade.
**feasible** /fízebel/ *adj* praticável, exequível, viável, possível.
**feast** /físt/ *s* festa, banquete; regalo, deleite. | *v* festejar, banquetear; deleitar.
**feat** /fít/ *s* feito, façanha, proeza.
**feather** /fédher/ *s* pena, pluma, penacho; cocar, roupagem; trivialidade, coisa sem importância. | *v* emplumar, enfeitar; ondular, flutuar como uma pena.
**feather bed** *s* colchão de penas.
**featherbrain** /fédherbrein/ *s* pessoa frívola, tola, cabeça de vento.
**feather duster** *s* espanador de penas.
**feathered** /fédherd/ *adj* emplumado, enfeitado com penas.
**feathering** /fédhering/ *s* plumagem.
**featherweight** /fédherweit/ *s* peso-pena (esportes); pessoa ou coisa leve e pequena; pessoa insignificante.
**feathery** /fédheri/ *adj* coberto de penas; leve, frágil.
**feature** /fítcher/ *s* feição, traço; aspecto, característica; recurso; filme ou atração principal num programa; matéria especial (em revista, jornal etc.). | *v* dar realce a, dar destaque a, publicar com destaque; delinear as características.
**featureless** /fítcherles/ *adj* sem feições ou traços característicos, descaracterizado, desinteressante.
**febricity** /fibriseti/ *s* estado febril.
**febrile** /fíbril/ *adj* febril.
**February** /fébrúéri/ *s* fevereiro.
**fecal** /fíkel/ *adj* fecal.
**feces** /físíz/ *s pl* fezes, excrementos.
**feculent** /fékyelent/ *adj* feculento, impuro.
**fecund** /fékend/ *adj* fecundo, fértil, produtivo.
**fecundate** /fékendeit/ *v* fecundar.
**fecundation** /fékendeichen/ *s* fecundação, fertilização.
**fecundity** /fikândeti/ *s* fecundidade.
**fed** /féd/ *v pass* e *part pass* de **feed**.
**FED** /féd/ *s* **Federal Reserve System**, banco central americano; *geralm minús* agente federal.
**federal** /féderel/ *adj* federal.
**Federal District** *s* Distrito Federal.
**federalism** /féderelizém/ *s* federalismo.
**federalist** /féderelist/ *s* e *adj* federalista.
**federalize** /féderelaiz/ *v* federalizar, federar.
**federate** /fédereit/ *v* federar-se, aliar-se. | /féderet/ *s* federado. | *adj* federado, aliado.
**federation** /fédereichen/ *s* federação, liga, aliança.
**federative** /féderetiv, fédereitiv/ *adj* federativo.
**fed up** *adj* farto, cansado (de uma situação etc.).

**fee** /fí/ *s* honorários, emolumento, taxa; gorjeta, gratificação; feudo. | *v* gratificar, dar gorjeta.

**feeble** /fíbel/ *adj* fraco, frágil, tênue; inadequado, ineficaz.

**feed** /fíd/ *v* alimentar (*tb* máquinas), amamentar, nutrir; manter, sustentar, prover, abastecer. | *s inform* refeição farta, comilança; ato de comer; ração para animais; suprimento.

**feedback** /fídbæk/ *s* retroalimentação; retorno de informação, resultado de uma atividade.

F

**feeder** /fíder/ *s* alimentador; afluente, tributário.

**feel** /fíl/ *v* sentir; tocar, apalpar; ter impressão ou palpite, pressentir. | *s* tato; sensação, impressão. • **feel like** estar disposto a, estar com vontade de.

**feeler** /fíler/ *s* insinuação ou indireta para testar as reações de alguém; antena de inseto.

**feeling** /fíling/ *s* tato; sentimento; sensação, pressentimento, impressão; sensibilidade; ternura, afeto. | *adj* sensível, comovente.

**feet** /fít/ *s pl* de **foot**.

**feign** /fein/ *v* fingir; imaginar, inventar; falsificar.

**feigned** /feind/ *adj* fingido, dissimulado; irreal, fictício.

**feint** /feint/ *s* ataque simulado; dissimulação, artifício, estratagema. | *v* promover falso ataque; dissimular, usar artifício.

**feldspar** /féldspár/ *s* feldspato.

**felicitate** /felísiteit/ *v* felicitar.

**felicitation** /felisitéichen/ *s* felicitação.

**felicitous** /felísites/ *adj* feliz, venturoso; apropriado, oportuno, bem escolhido.

**felicity** /felíseti/ *s* felicidade, ventura, bem-estar; motivo de alegria, contentamento.

**feline** /fílain/ *adj* e *s* felino.

**fell** /fél/ *v pass* de **fall**. | *v* derrubar, cortar; matar; embainhar, rematar costura. | *s* derrubada, corte de árvores; remate (em costura). | *adj* cruel, desumano; letal; terrível, sinistro.

**fellatio** /feléichiou/ *s* felação.

**feller** /féler/ *s* lenhador, lenheiro; *inform* homem, rapaz, sujeito.

**fellow** /félou/ *s* homem, rapaz; *inform* namorado; companheiro, camarada; igual, par, equivalente; membro de um clube ou de conselho universitário.

**fellow feeling** *s* simpatia, sentimento de solidariedade.

**fellow man** *s* semelhante, próximo.

**fellowship** /félouchip/ *s* companheirismo, coleguismo; confraternidade; solidariedade, amizade; associação, sociedade; bolsa de estudos.

**felon** /félen/ *s* réu, criminoso; unheiro (doença).

**felonious** /felóunies/ *adj* criminoso.

**felony** /féleni/ *s* crime, delito grave.

**felspar** /félspár/ » **feldspar**.

**felt** /félt/ *v pass* e *part pass* de **feel**. | *s* feltro. | *v* guarnecer com feltro, cobrir com feltro. | *adj* de feltro.

**female** /fímeil/ *s* fêmea. | *adj* fêmea, feminino.

**feminine** /féminin/ *adj* feminino; efeminado. | *s* feminino (gramática).

**femininity** /féminíneti/ *s* feminilidade.

**feminism** /féminizem/ *s* feminismo.

**feminist** /féminist/ *s* e *adj* feminista.

**feminize** /féminaiz/ *v* efeminar-se.

**femoral** /fémerel/ *adj* femoral.

**femur** /fímer/ *s* fêmur (*pl* **femurs** ou **femora** /fímere/).

**fen** /fén/ *s* pântano, charco, brejo.

**fence** /féns/ *v* cercar, murar, fortificar; defender-se, esquivar-se; esgrimir. | *s* esgrima; cerca, cercado, grade, tapume, muro; receptador de objetos roubados.

**fencer** /fénser/ *s* esgrimista.

**fence sitter** *s inform* o que fica em cima do muro, o que evita tomar partido.

**fencing** /fénsing/ *s* esgrima; construção de defesa.

**fend** /fénd/ *v* desviar, rechaçar (um golpe); defender-se sozinho.
**fender** /fénder/ *s* guarda, defesa; guarda--fogo; limpa-trilhos, para-lama.
**fennel** /fénel/ *s* funcho, erva-doce.
**fenny** /féni/ *adj* pantanoso.
**feral** /férel, firel/ *adj* selvagem, feroz.
**ferine** /firain/ *adj* bravio, selvagem.
**ferity** /fériti/ *s* ferocidade.
**ferment** /fermént/ *v* fermentar; agitar, excitar, inflamar. | /fêrmént/ *s* fermento, levedura; comoção, tumulto, agitação.
**fermentation** /fêrménteichen/ *s* fermentação.
**fermentative** /ferméntetiv/ *adj* fermentativo.
**fern** /fêrn/ *s Bot* feto, samambaia.
**ferocious** /ferouches/ *adj* feroz, brutal, selvagem.
**ferocity** /feráseti/ *s* ferocidade.
**ferric** /férik/ *adj* férreo, de ferro.
**ferroconcrete** /féroukánkrít/ *s* cimento armado.
**ferry** /féri/ *v* transportar em embarcação. | *s* balsa.
**ferryboat** /féribout/ *s* balsa.
**fertile** /fêrtel/ *adj* fértil, frutífero; abundante.
**fertility** /fertileti/ *s* fertilidade.
**fertilization** /fêrtelizeichen/ *s* fertilização, fecundação.
**fertilize** /fêrtelaiz/ *v* fertilizar, adubar.
**fertilizer** /fêrtelaizer/ *s* fertilizante, adubo.
**ferule** /férel/ *s* férula, palmatória. | *v* bater com palmatória.
**fervency** /fêrvensi/ *s* ardência, incandescência; fervor, veemência, devoção.
**fervent** /fêrvent/ *adj* fervoroso, veemente, fogoso; ardente, incandescente.
**fervid** /fêrvid/ *adj* férvido, fervente, abrasador; ardoroso, fervoroso.
**fervor** /fêrver/ *s* fervor, ardor, devoção, veemência, entusiasmo.
**festal** /féstel/ *adj* festivo, solene.
**fester** /féster/ *v* inflamar, supurar, infeccionar; apodrecer; decair, deteriorar. | *s* ferida, úlcera, pústula, chaga.
**festival** /féstivel/ *adj* festivo. | *s* festival.
**festive** /féstiv/ *adj* festivo.
**festivity** /féstiveti/ *s* festividade.
**festoon** /féstún/ *v* engrinaldar, ornar de festões. | *s* festão, grinalda.
**fetal** /fítel/ *adj* fetal.
**fetal position** *s* posição fetal.
**fetch** /fétch/ *v* ir buscar, trazer, mandar vir; alcançar um preço (em leilão), ser vendido por; inalar. | *s* estratagema, ardil; busca.
**fetching** /fétching/ *adj* encantador, atraente.
**fetich** /fétich/ » **fetish**.
**fetid** /fétid/ *adj* fétido.
**fetish** /fétich/ *s* fetiche; obsessão, fixação.
**fetter** /féter/ *v* agrilhoar, prender, algemar. | *s* grilhão, algema.
**fettle** /fétl/ *s* boas condições; estado emocional.
**fetus** /fítes/ *s* feto (*pl* **fetuses**. *var* **foetus**).
**feud** /fyúd/ *s* rixa, contenda.
**feudal** /fyúdel/ *adj* feudal.
**feudalism** /fyúdelizem/ *s* feudalismo.
**feudatory** /fyúdetóri/ *adj* feudatário. | *s* feudatário, vassalo.
**fever** /fíver/ *s* febre; calor, ardor; agitação, animação. | *v* causar febre a.
**feverish** /fíverich/ *adj* febril, febricitante; exaltado, agitado.
**few** /fyú/ *adj*, *s* e *pron* poucos, poucas.
**fiancé** /fiánsei, fiánsei/ *s* noivo.
**fiancée** /fiánsei, fiánsei/ *s* noiva.
**fiasco** /fiæskou/ *s* fiasco, fracasso (*pl* **fiascos** ou **fiascoes**).
**fiat** /fíet/ *s* ordem, decreto; autorização, sanção.
**fib** /fib/ *v* mentir, contar lorotas. | *s* mentira, lorota.
**fibber** /fiber/ *s* mentiroso, contador de lorotas.
**fiber** /faiber/ *s* fibra.
**fiberglass** /faiberglæs/ *s* fibra de vidro.
**fibula** /fibyele/ *s* perônio (*pl* **fibulae** /fibyelí/ ou **fibulas**).
**fickle** /fikel/ *adj* inconstante, volúvel.

F

**fiction** /fikchen/ *s* ficção, invenção; mentira; literatura de ficção.
**fictional** /fikchenel/ *adj* relativo a ficção, imaginário.
**fictitious** /fiktiches/ *adj* fictício, imaginário; simulado, falso.
**fiddle** /fidl/ *s* violino, rabeca; *inform* ninharia, bobagem, picuinha; engodo, fraude. | *v* tocar violino; vadiar, perder tempo; burlar, enganar; fraudar, falsificar.
**fiddler** /fidler/ *s* rabequista, violinista.
**fidelity** /fidéleti/ *s* fidelidade.
**fidget** /fidjit/ *s* inquietação, agitação; pessoa inquieta ou nervosa. | *v* estar inquieto, incomodado, remexer-se.
**fiduciary** /fidúchiéri/ *adj* e *s* fiduciário.
**fief** /fíf/ *s* feudo, domínio.
**field** /fíld/ *s* campo; terra cultivada; campo de batalha; esfera de ação, setor de atividade. | *adj* de campo. | *v* colocar em ação; pôr em campo (jogadores).
**fiend** /fínd/ *s* mau espírito, demônio; pessoa malvada; *inform* pessoa viciada em algo.
**fiendish** /fíndich/ *adj* diabólico, satânico; perverso, cruel; horrível, desagradável, difícil.
**fierce** /firs/ *adj* feroz, selvagem, violento; desumano, cruel; veemente, impetuoso, ardoroso; *inform* difícil, desagradável; aterrador, ameaçador.
**fiery** /fairi/ *adj* ígneo, de fogo, cor de fogo; abrasador, ardente, flamejante; inflamável; fogoso, impetuoso; belicoso, colérico.
**fife** /faif/ *s* pífano.
**fifteen** /fiftín/ *num* quinze.
**fifteenth** /fiftínth/ *num* décimo quinto.
**fifth** /fifth/ *num* quinto.
**fiftieth** /fiftieth/ *num* quinquagésimo.
**fifty** /fifti/ *num* cinquenta.
**fig** /fig/ *s* figueira; figo; ninharia, coisa sem valor.
**fight** /fait/ *v* lutar, brigar, combater, disputar. | *s* luta, briga, combate, disputa.
**fighter** /faiter/ *s* batalhador, lutador; pugilista; caça, avião de caça.
**figment** /figment/ *s* fantasia, invenção.
**figurant** /figyeránt/ *s* figurante.
**figuration** /figyereichen/ *s* figuração.
**figurative** /figyeretiv/ *adj* figurativo, figurado, metafórico; emblemático, simbólico.
**figure** /figyer/ *s* algarismo, cifra; figura geométrica; silhueta, forma; personalidade, figura, personagem; representação pictórica; diagrama; desenho, padrão, padronagem. | *v* calcular; retratar, desenhar. • **figures** números, contas, cálculos. **figure out** resolver, solucionar, decifrar; conceber, fazer uma ideia.
**figured** /figyerd/ *adj* moldado, configurado; estampado, adornado; simbolizado, retratado.
**figurehead** /figyerhéd/ *s* carranca; testa de ferro, chefe nominal.
**figure of speech** *s* figura de linguagem.
**figurine** /figyúrín/ *s* estatueta.
**Fiji** /fídjí/ *s* Fiji.
**Fijian** /fídjíen, fídjíen/ *s* e *adj* fijiano.
**filament** /filement/ *s* filamento.
**filamentous** /filemêntes/ *adj* filamentoso.
**filature** /filetcher/ *s* fiação (de seda).
**filbert** /filbert/ *s* avelã; aveleira.
**filch** /filtch/ *v* furtar, surrupiar.
**filcher** /filtcher/ *s* gatuno, larápio.
**file** /fail/ *s* arquivo; lixa, lima; fila, coluna. | *v* arquivar; limar, polir, afiar com lima; marchar ou andar em fila.
**filet** /filei/ *s* filé; filó, tule.
**filial** /filiel/ *adj* filial, relativo a filho ou filha.
**filiation** /filieichen/ *s* filiação, genealogia.
**filigree** /filigrí/ *s* filigrana. | *v* filigranar.
**filing** /failing/ *s* arquivamento; limadura, limagem.
**fill** /fil/ *v* encher; satisfazer (exigências, requisitos, necessidades etc.); preencher (formulário, ficha, vaga, cargo etc.). | *s* o bastante, o suficiente; aterro. • **fill out** completar, preencher (formulário etc.).

F

**fillet**/filit/ *s* fita de cabelo; filé; friso, filete. | *v* atar ou decorar com fita ou filete; cortar em filés.
**fill-in** /filin/ *s inform* substituto, reserva; resumo, sumário de informações importantes.
**filling** /filing/ *s* enchimento; obturação; recheio (comida).
**filling station***s* posto de gasolina.
**fillip**/filip/ *s* piparote. | *v* dar piparotes.
**filly**/fili/ *s* potranca, égua nova.
**film**/film/ *s* filme; fita; película; membrana. | *v* filmar; cobrir com película.
**filmgoer** /filmgouer/ *s* frequentador de cinema.
**filmmaker**/filmmeiker/ *s* cineasta; diretor ou produtor de filmes.
**filter**/filter/ *s* filtro. | *v* filtrar.
**filth**/filth/ *s* sujeira, imundície; corrupção, imoralidade; obscenidade.
**filthy** /filthi/ *adj* imundo, sujo; obsceno; sórdido, torpe, vil.
**filtration**/filtreichen/ *s* filtração, filtragem.
**fin** /fin/ *s* barbatana, nadadeira; estabilizador vertical de avião. | *v* equipar com nadadeiras; nadar como um peixe; mover as barbatanas.
**final**/fainel/ *adj* final, último, definitivo, conclusivo. | *s* final; exame final; etapa final.
**finalist**/fainelist/ *s* finalista.
**finality**/fainæleti/ *s* finalidade.
**finalize**/fainelaiz/ *v* finalizar.
**finance** /fainæns, fainæns, finæns/ *v* financiar, realizar operações financeiras. | *s* finança, fundos, rendas.
**financial**/fainænchel/ *adj* financeiro.
**find**/faind/ *v* achar, encontrar, descobrir; verificar, certificar-se de; pensar, julgar; declarar, pronunciar; imaginar, inventar. | *s* achado, descoberta. • **find out** descobrir, resolver, decifrar.
**finder** /fainder/ *s* descobridor, inventor; visor (máquina fotográfica).
**finding**/fainding/ *s* achado, descoberta, invenção; conclusão; veredicto, decisão, laudo.
**fine**/fain/ *adj* fino, de alta qualidade; delicado; puro, livre de impurezas; afiado, aguçado; preciso; refinado, elegante; saudável. | *adv* bem, muito bem. | *s* multa. | *v* multar; apurar, refinar, purificar.
**fine arts***s* belas-artes.
**fine print** *s* letra miúda (em contratos, documentos etc.).
**finery**/faineri/ *s* ornamentos, decoração vistosa.
**fines herbes***s* ervas finas.
**finesse**/finés/ *s* refinamento, delicadeza, fineza; habilidade, tato, diplomacia. | *v* usar de artifícios.
**finger**/fingger/ *s* dedo. | *v* tocar com os dedos, manusear; *inform* dedurar.
**finger bowl***s* lavanda (pequena taça com água, que se põe na mesa para se lavarem os dedos durante as refeições).
**fingering**/finggering/ *s* dedilhado.
**fingernail**/finggerneil/ *s* unha.
**fingerprint**/finggerprint/ *s* impressão digital. | *v* tirar as impressões digitais.
**fingertip**/finggertip/ *s* ponta do dedo.
**finish**/finich/ *v* finalizar, acabar, terminar, concluir; executar, realizar, consumar; aperfeiçoar, rematar, retocar; levar à ruína; liquidar, vencer, destruir, matar. | *s* fim, termo, conclusão; acabamento, remate, retoque; revestimento; polimento; última demão.
**finished**/finicht/ *adj* terminado, acabado, concluído; esmerado, perfeito.
**finishing touch***s* retoque final.
**finite**/fainait/ *adj* finito.
**fink** /fingk/ *s gír* delator; fura-greves. | *v* dedurar, delatar; furar, dar para trás.
**Finland**/finlend/ *s* Finlândia.
**Finlander** /finlender/ *s* finlandês (cidadão).
**Finn**/fin/ *s* finlandês (cidadão).
**Finnish**/finich/ *adj* finlandês. | *s* finlandês (idioma).
**fire**/faier/ *s* fogo, chama; incêndio; queima, combustão; emoção, ardor, fervor, entusiasmo; erupção; veemência, furor; febre, inflamação; brilho, luminosidade,

F

resplendor; fuzilaria, descarga de arma de fogo, tiro, tiroteio, rajada. | *v* atear fogo a, incendiar, queimar; explodir, disparar, detonar; animar, estimular, incitar; irritar, arder; luzir, iluminar; avermelhar; *inform* despedir, demitir, pôr na rua. • **on fire** em chamas. **he was fired** ele foi demitido.

**fire alarm** *s* alarme de incêndio.

**firearm** /faierárm / *s* arma de fogo.

**firebomb** /faierbám/ *s* bomba incendiária.

**firebox** /faierbáks/ *s* fornalha.

**fire brigade** *s* brigada de incêndio.

F

**firebug** /faierbâg/ *s* incendiário, piromaníaco.

**firecracker** /faierkræker/ *s* bombinha, traque (artefato pirotécnico).

**fire department** *s* corpo de bombeiros.

**fire door** *s* porta corta-fogo.

**fire drill** *s* treinamento ou simulado de incêndio.

**fire engine** *s* carro de bombeiro.

**fire escape** *s* escada de incêndio.

**fire extinguisher** *s* extintor de incêndio.

**firefly** /faierflai/ *s* vaga-lume, pirilampo.

**fireman** /faiermen/ *s* bombeiro.

**fireplace** /faierpleis/ *s* lareira.

**fireplug** /faierplâg/ *s* hidrante.

**fireproof** /faierprúf/ *adj* à prova de fogo. | *v* tornar à prova de fogo.

**firewall** /faierwól/ *s* parede corta-fogo; sistema de proteção contra acesso não autorizado a uma rede (computação).

**firewood** /faierwud/ *s* lenha.

**fireworks** /faierwêrks/ *s* fogos de artifício.

**firing** /faiering/ *s* queima, ignição; combustível, lenha, carvão.

**firing line** *s* linha de fogo.

**firing squad** *s* pelotão de fuzilamento.

**firkin** /fêrkin/ *s* barril de madeira.

**firm** /fêrm/ *adj* firme, sólido, fixo; vigoroso, resistente. | *s* firma, empresa, sociedade, casa comercial. | *v* firmar-se.

**firmament** /fêrmement/ *s* firmamento.

**firmness** /fêrmnes/ *s* firmeza, solidez.

**first** /fêrst/ *adj* primeiro; principal, fundamental. | *s* primeiro; princípio, começo. | *adv* primeiro, primeiramente; pela primeira vez; em primeiro lugar. • **at first** a princípio. **first of all** antes de mais nada.

**first aid** *s* primeiros socorros.

**first-born** /fêrstbórn/ *s* e *adj* primogênito.

**first class** *s* primeira classe.

**first-class** /fêrstklæs/ *adj* de primeira classe, excelente. | *adv* de ou em primeira classe.

**first finger** *s* dedo indicador.

**first floor** *s* *IngAm* andar térreo; *IngBrit* primeiro andar.

**firsthand** /fêrsthænd/ *adj* de primeira mão.

**first lady** *s* primeira-dama.

**firstly** /fêrstli/ *adv* primeiramente, em primeiro lugar.

**first name** *s* primeiro nome, prenome.

**first night** *s* noite de estreia (teatro).

**first person** *s* primeira pessoa (gramática).

**fiscal** /fiskel/ *adj* fiscal.

**fish** /fich/ *s* peixe, pescado (*pl* **fish** ou **fishes**). | *v* pescar; buscar.

**fishbowl** /fichboul/ *s* aquário.

**fisher** /ficher/ *s* pescador; marta, pelo de marta.

**fisherman** /fichermen/ *s* pescador.

**fishery** /ficheri/ *s* pesca, indústria da pesca; pesqueiro.

**fishhook** /fichhuk/ *s* anzol.

**fishing** /fiching/ *s* pesca, pescaria; pesqueiro, lugar onde se pesca.

**fishing rod** *s* vara de pescar.

**fishnet** /fichnét/ *s* rede de pesca.

**fish story** *s* história de pescador.

**fissile** /fisil/ *adj* separável; físsil.

**fission** /fichen/ *s* fendimento, divisão; fissão; fissiparidade.

**fissure** /ficher/ *v* fender-se, rachar. | *s* fissura, fenda.

**fist** /fist/ *s* punho, pulso. | *v* agarrar, segurar com força.

**fisticuffs** /fistikâfs/ *s pl* briga de murros ou socos; pugilismo.
**fistula** /fistyele/ *s* fístula (*pl* **fistulas** /fistyelez/ ou **fistulae** /fistyelí/).
**fit** /fit/ *v* convir, caber, ficar bem; ajustar, adaptar, acomodar, adequar; ajustar--se, encaixar-se, adaptar-se; preparar, habilitar; provar, experimentar (roupa, sapato); equipar, montar (máquinas); cair bem (roupa). | *s* ajustamento, adaptação, preparação; caimento, corte (roupa); ajuste, assentamento, encaixe; ataque, acesso, crise; síncope, desmaio; disposição, impulso. | *adj* apropriado, adequado; capaz, habilitado; justo, direito, conveniente; pronto, preparado, apto; em boa forma, em boa saúde, bem disposto.
**fitch** /fitch/ *s* doninha.
**fitful** /fitfel/ *adj* espasmódico, intermitente, irregular.
**fitness** /fitnes/ *s* boa forma física.
**fitting** /fit*ing*/ *adj* próprio, adequado. | *s* peça, acessório (de máquina ou aparelho); prova de roupa (em costura).
**five** /faiv/ *num* cinco.
**fix** /fiks/ *v* consertar; fixar, prender, pregar; fixar na memória, concentrar; fitar, olhar; atrair, prender (olhar, atenção); estabelecer, determinar; atribuir, imputar, pôr culpa; ordenar, pôr em ordem; arranjar, arrumar, preparar; subornar; castigar; ajustar contas. | *s* correção, reparo, ajuste; situação difícil ou embaraçosa, apuro; *gír* dose de entorpecente injetável.
**fixate** /fikseit/ *v* fixar, firmar, estabilizar; fixar com os olhos; fixar-se, obcecar--se.
**fixation** /fikseichen/ *s* fixação.
**fixed** /fikst/ *adj* fixo; arraigado, estável; estabelecido, determinado; rígido, imóvel.
**fixture** /fikstcher/ *s* móvel fixo, peça fixa; algo ou alguém estabelecido permanentemente em algum lugar.
**fizz** /fiz/ *v* sibilar, silvar, chiar, efervescer. | *s* sibilo, chiado, silvo; bebida efervescente.
**fizzle** /fizel/ *v* silvar, chiar; *inform* sair-se mal, fracassar. | *s inform* fiasco, fracasso.
**flabbergast** /flæbergæst/ *v* espantar, surpreender, pasmar.
**flabby** /flæbi/ *adj* flácido, frouxo, mole, fraco, lânguido.
**flaccid** /flæksid, flæsid/ *adj* flácido.
**flaccidity** /flæksideti, flæsideti/ *s* flacidez.
**flag** /flæg/ *s* bandeira, estandarte; laje, pedra usada para pavimentar; cabeçalho de jornal. | *v* lajear, pavimentar com lajes; pôr bandeiras em, embandeirar; comunicar-se por meio de bandeiras; pender, murchar; desanimar, esmorecer, enfraquecer.
**flagellate** /flædjeleit/ *v* flagelar.
**flagellation** /flædjeleichen/ *s* flagelação.
**flagging** /flæg*ing*/ *s* lajeado, pavimento de laje. | *adj* flácido, lânguido.
**flagitious** /fledjiches/ *adj* perverso, mau, infame, abominável, atroz.
**flag of truce** *s* bandeira branca, bandeira de trégua.
**flagon** /flægen/ *s* frasco, jarra.
**flagpole** /flægpoul/ *s* mastro de bandeira.
**flagrant** /fleigrent/ *adj* flagrante, evidente, patente, notório.
**flagship** /flægchip/ *s* nau capitânia.
**flagstaff** /flægstæf/ *s* mastro de bandeira.
**flagstone** /flægstoun/ *s* lájea, laje, lousa.
**flair** /flér/ *s* talento, jeito, habilidade; instinto, faro, perspicácia; elegância, estilo.
**flake** /fleik/ *v* lascar, descamar; cobrir de flocos. | *s* floco; lasca, lâmina, camada, escama; *gír* pessoa excêntrica; *gír* cocaína.
**flak jacket** *s* colete ou jaqueta à prova de bala.
**flam** /flæm/ *s* mentira, embuste; bobagem, conversa boba.

F

**flamboyant** /flæmbóient/ *adj* vistoso, ornamentado, resplandecente; pomposo, ostentador.
**flame** /fleim/ *s* chama; flama, paixão; fulgor, brilho; *gír* amante, pessoa amada. | *v* inflamar, incendiar, abrasar.
**flaming** /fleiming/ *adj* flamejante, em chamas; ardente, apaixonado, fogoso; violento, veemente.
**flamingo** /flemínggou/ *s* flamingo.
**flammable** /flæmebl/ *adj* inflamável.
**flamy** /fleimi/ *adj* flamejante, ardente.
**flank** /flængk/ *s* flanco; lado, ala; ilharga, costado. | *v* flanquear; atacar de flanco.
**flannel** /flænel/ *s* flanela.
**flap** /flæp/ *s* aba, borda, orla, orelha; tremulação; palmada, tapa, pancada; *flap* (avião); *inform* distúrbio, agitação. | *v* abaixar, deixar cair, pender; bater, dar palmadas; oscilar, vibrar, tremular; irritar-se, perturbar-se.
**flapjack** /flæpdjæk/ *s* panqueca.
**flare** /flér/ *s* chama trêmula e brilhante, labareda, clarão; sinal luminoso, foguete de sinalização; explosão (de raiva); alargamento, expansão. | *v* queimar, incendiar; flamejar, cintilar; inflamar-se, enfurecer-se; sinalizar com chamas ou luzes; alargar, expandir.
**flash** /flæch/ *s* brilho, clarão repentino; lampejo; lanterna; momento, instante. | *v* flamejar, brilhar, reluzir; mover-se ou passar como um relâmpago; *gír* lembrar-se de repente; reprogramar (aparelho eletrônico).
**flashback** /flæchbæk/ *s* retrospecto.
**flash card** *s* cartão com figuras, letras ou números usado em sala de aula; cartão de reprogramação (computação).
**flash flood** *s* inundação repentina e violenta depois de uma chuvarada.
**flashlight** /flæchlait/ *s* lanterna, farolete; *flash* (fotografia); luz pisca-pisca.
**flashy** /flæchi/ *adj* vistoso, berrante, espalhafatoso, vulgar; cintilante, de brilho efêmero.
**flask** /flæsk/ *s* frasco; cantil.
**flat** /flæt/ *v* alisar, aplanar, achatar; abemolar, abaixar o tom. | *s* apartamento; superfície plana; planície; pneu furado e vazio; bemol. | *adj* plano, liso, chato; estendido, estirado; prostrado; categórico; monótono; insípido, sem sabor; vazio (pneu).
**flatfoot** /flætfut/ *s* pé chato; pessoa com pé chato; *gír* policial, guarda (*pl* **flatfeet**).
**flat-footed** /flætfutid/ *adj* de pés chatos; firme, decidido, resoluto; *inform* despreparado, de calças curtas.
**flatland** /flætlænd/ *s* planície, baixada.
**flat silver** *s* talheres de prata.
**flatten** /flæten/ *v* achatar, aplanar, nivelar; derrubar, vencer.
**flatter** /flæter/ *v* lisonjear, elogiar, adular.
**flattery** /flæteri/ *s* lisonja, adulação, bajulação.
**flatulence** /flætchelens/ *s* flatulência; vaidade, presunção, pretensão.
**flatulency** /flætchelensi/ » **flatulence**.
**flatulent** /flætchelent/ *adj* flatulento; inflado, pretensioso.
**flatus** /fleites/ *s* flato, flatulência, ventosidade.
**flaunt** /flánt/ *v* ostentar, exibir, alardear.
**flautist** /flautist/ *s* flautista.
**flavor** /fleiver/ *v* temperar, condimentar, dar sabor a. | *s* sabor, gosto; tempero, condimento.
**flavoring** /fleivering/ *s* essência, condimento.
**flavorless** /fleiverles/ *adj* insípido.
**flaw** /flá/ *s* fenda, rachadura; falha, defeito; rajada de vento, borrasca. | *v* tornar-se defeituoso, estragar.
**flawless** /fláles/ *adj* perfeito, impecável.
**flax** /flæks/ *s* linho, fibra do linho.
**flaxen** /flæksen/ *adj* de linho ou da cor do linho.
**flay** /flei/ *v* esfolar, tirar a pele de; açoitar, chicotear; criticar severamente, descompor.
**flea** /flí/ *s* pulga.

**fleabite** /flibait/ *s* picada de pulga; inconveniência, contrariedade.
**flea market** *s* mercado de pulgas, feira de bugigangas.
**fleck** /flék/ *v* salpicar, manchar. | *s* pinta, mancha; floco, partícula.
**flection** /flékchen/ » **flexion**.
**fled** /fléd/ *v pass* e *part pass* de **flee**.
**fledgeling** /flédjling/ » **fledgling**.
**fledgling** /flédjling/ *s* filhote de pássaro; pessoa jovem e inexperiente. | *adj* inexperiente.
**flee** /flí/ *v* fugir de, escapar; desaparecer, sumir, ir-se.
**fleer** /flir/ *s* zombaria, chacota, deboche. | *v* zombar, debochar.
**fleet** /flít/ *s* frota. | *adj* rápido, ligeiro. | *v* passar ou mover-se rapidamente; sumir, desaparecer.
**fleeting** /flíting/ *adj* rápido, passageiro, efêmero.
**Flemish** /flémich/ *adj* flamengo. | *s* flamengo (indivíduo e idioma).
**flesh** /fléch/ *s* carne, o corpo, a matéria; sensualidade; natureza humana, humanidade; parentesco, consanguinidade; polpa (de fruto). | *v* alimentar com carne; atrair com carne; incitar, excitar; fartar, saciar; dar substância; detalhar.
**flesh and blood** *s* natureza, existência humana, humanidade; consanguinidade, parentesco.
**flesh fly** *s* mosca varejeira.
**fleshly** /fléchli/ *adj* corpóreo; carnal, sensual.
**fleshy** /fléchi/ *adj* carnudo, roliço, corpulento.
**fletcher** /flétcher/ *s* fabricante ou vendedor de flechas.
**flew** /flú/ *v pass* de **fly**.
**flex** /fléks/ *v* dobrar, vergar, curvar. | *s* arqueamento, flexão; flexibilidade.
**flexibility** /fléksibileti/ *s* flexibilidade.
**flexible** /fléksibel/ *adj* flexível, maleável; influenciável, dócil.
**flexible time** *s* horário flexível.
**flexile** /fléksel/ » **flexible**.
**flexion** /flékchen/ *s* flexão.
**flextime** /flékstaim/ » **flexible time**.
**flexuous** /flékchues/ *adj* flexuoso, sinuoso, tortuoso.
**flexure** /flékcher/ *s* flexão, curvatura.
**flibbertigibbet** /flibertidjibit/ *s* pessoa tola, frívola ou faladeira, matraca.
**flick** /flik/ *s* pancada leve, piparote. | *v* golpear de leve.
**flicker** /fliker/ *s* movimento rápido; luz oscilante, bruxuleio, centelha. | *v* adejar, chamejar; tremular (luz).
**flier** /flaier/ *s* o que voa, voador; aviador; passageiro de avião; folheto, panfleto; degrau de escada.
**flight** /flait/ *s* voo; movimento rápido; ímpeto, arroubo; lance de escada; bando de pássaros, revoada; fuga, retirada precipitada. | *v* voar em bando, migrar.
**flight attendant** *s* comissário de bordo, aeromoça.
**flighty** /flaiti/ *adj* inconstante, frívolo, volúvel; irresponsável, leviano.
**flimsy** /flimzi/ *adj* frágil, inconsistente; superficial, frívolo. | *s* papel fino usado para cópias.
**flinch** /flintch/ *v* recuar, encolher-se, retrair-se; vacilar, hesitar. | *s* recuo, hesitação.
**flinders** /flinderz/ *s pl* fragmentos, lascas, estilhaços.
**fling** /fling/ *v* arremessar, lançar, atirar; descartar, atirar fora; emitir, exalar. | *s* arremesso; período de excessos (alimentares, de bebida alcoólica).
**flint** /flint/ *s* pederneira, sílex; pedra de isqueiro.
**flip** /flip/ *v* dar uma pancada de leve; atirar para o ar; afastar com um movimento rápido; reagir rapidamente; sacudir. | *s* sacudidela, pancada leve; arremesso rápido; estalido; gemada misturada com bebida alcoólica.
**flipper** /fliper/ *s* nadadeira, barbatana; pé de pato.
**flip side** *s* lado oposto, reverso.

**flirt** /flêrt/ *s* namorador, namoradeira; movimento rápido, safanão. | *v* flertar; entreter-se; mover-se aos safanões; atirar ou mover-se rapidamente.

**flirtation** /flêrteichen/ *s* namorico, flerte.

**flitter** /fliter/ » **flutter**.

**float** /flout/ *v* flutuar, boiar; estabelecer, iniciar (negócio); irrigar. | *s* boia, jangada; objeto flutuante; carro alegórico; colher de pedreiro.

**floater** /flouter/ *s* flutuador; andarilho; eleitor que vota fraudulentamente em lugares diversos numa só eleição.

F

**floating** /flouting/ *adj* flutuante; variável, oscilante.

**floccule** /flákyúl/ *s* floco, flóculo.

**flock** /flák/ *v* reunir-se, juntar-se, congregar-se. | *s* rebanho, manada, bando; agrupamento, congregação; floco, tufo (de lã).

**floe** /flou/ *s* banquisa.

**flog** /flág/ *v* chicotear, açoitar; *inform* publicar agressivamente.

**flood** /flâd/ *v* inundar, alagar; jorrar. | *s* inundação, dilúvio, enchente; cheia; fluxo; projetor luminoso, holofote.

**floodgate** /flâdgeit/ *s* comporta de dique, eclusa.

**floor** /flór/ *s* chão, piso, pavimento; andar (de prédio); tribuna (congresso, parlamento). | *v* assoalhar, pavimentar; derrubar, vencer, derrotar; confundir, desconcertar, pasmar; *inform* pisar fundo no acelerador de um veículo.

**floorboard** /flórbórd/ *s* tábua de assoalho; assoalho de veículo.

**flooring** /flóring/ *s* pavimento, soalho; material para pavimentos.

**floor plan** *s* planta baixa.

**flop** /fláp/ *v* cair ruidosamente; sacudir-se, agitar-se; *inform* fracassar completamente; *gír* dormir. | *s* movimento desajeitado ou pesado, baque; fracasso, malogro, fiasco.

**flophouse** /fláphaus/ *s* cortiço; albergue noturno; hotel barato.

**floppy** /flápi/ *adj* frouxo, mole, bambo, flexível.

**floppy disk** *s* disquete.

**flora** /flóre/ *s* flora (*pl* **floras** ou **florae** / flórí/).

**florescence** /flórésens/ *s* florescência.

**florescent** /flórésent/ *adj* florescente.

**floriculture** /flórikâltcher/ *s* floricultura, cultivo de flores e plantas ornamentais.

**floriculturist** /flórikâltcherist/ *s* floricultor.

**florid** /flórid/ *adj* rosado; ornado, embelezado.

**florin** /flórin/ *s* florim (moeda).

**florist** /flórist, flourist/ *s* florista.

**floss** /flás/ *s* fio dental; seda natural ou vegetal; penugem.

**flotation** /flouteichen/ *s* flutuação; financiamento (de empresa); lançamento de títulos no mercado.

**flounder** /flaunder/ *v* tropeçar, atrapalhar-se.

**flour** /flauer/ *s* farinha; polvilho; pó fino. | *v* fazer farinha; enfarinhar.

**flourish** /flêrich/ *v* florir, enfeitar; brandir, menear; mover, agitar; exibir, ostentar; desenvolver-se, prosperar. | *s* prosperidade, florescimento; viço, vigor, esplendor; prelúdio (música).

**flout** /flaut/ *v* escarnecer, zombar. | *s* zombaria.

**flow** /flou/ *v* fluir, correr; circular (sangue, dinheiro); afluir, refluir; escoar-se, escorrer; jorrar, derramar-se; subir, encher (a maré). | *s* fluxo, escoamento; circulação; correnteza, curso d'água; grande quantidade, abundância; cheia, inundação; fluxo menstrual; ondulação de linhas, aspecto flutuante.

**flower** /flauer/ *s* flor. | *v* florir, florescer; prosperar.

**flower bud** *s* flor em botão.

**flowerpot** /flauerpát/ *s* vaso de plantas, floreira.

**flown** /floun/ *v part pass* de **fly**.

**fl oz** *abrev* de **fluid ounce**, peso líquido (*tb* **fl. oz.**)

**flu** /flú/ *s inform* influenza, gripe.
**flub** /flâb/ *v* marretar, fazer trabalho malfeito. | *s* trabalho malfeito.
**fluctuate** /flâktchueit/ *v* flutuar; oscilar, variar.
**fluctuation** /flâktchueichen/ *s* flutuação; oscilação, variação.
**fluency** /flúensi/ *s* fluência.
**fluent** /flúent/ *adj* fluente.
**flue pipe** *s* tubo de órgão.
**fluffy** /flâfi/ *adj* fofo, leve, macio; felpudo; frívolo, superficial.
**fluid** /flúid/ *adj* e *s* fluido.
**fluidity** /fluideti/ *s* fluidez.
**fluidness** /flúidnes/ » **fluidity**.
**flung** /flâng/ *v pass e part pass* de **fling**.
**flunk** /flângk/ *s inform* reprovação em exame. | *v inform* reprovar em exame; ser reprovado em exame.
**fluor** /flúór, flúer/ *s* flúor.
**fluorescence** /flórésens/ *s* fluorescência.
**fluorescent** /flórésent/ *adj* fluorescente.
**fluorescent lamp** *s* lâmpada fluorescente.
**fluorine** /flóri:n/ *s* flúor.
**flurry** /flêri/ *v* agitar, excitar, confundir. | *s* rajada de vento; pancada de chuva; excitação, agitação.
**flush** /flâch/ *s* jorro, jato, esguicho; descarga de vaso sanitário; crescimento súbito; exuberância; excitação; rubor, vermelhidão; brilho; força, vigor. | *adj* cheio, transbordante; vigoroso; corado, rosado; rico; pródigo, generoso. | *v* entusiasmar; inundar; lavar com jato d'água; dar descarga; ruborizar; alinhar. | *adv* alinhadamente; diretamente, em cheio.
**fluster** /flâster/ *v* ficar nervoso, perturbar-se. | *s* confusão, excitação.
**flute** /flút/ *s* flauta. | *v* tocar flauta.
**flutist** /flútist/ *s* flautista.
**flutter** /flâter/ *v* alvoroçar; bater as asas; agitar-se. | *s* abalo, comoção, confusão; movimento rápido; pulsação irregular, palpitação.
**fluvial** /flúviel/ *adj* fluvial.
**flux** /flâks/ *s* fluxo. | *v* fluir, correr; fundir-se.
**fluxion** /flâkchen/ *s* fluxo; modificação contínua.
**fly** /flai/ *s* mosca; braguilha, zíper; coisa insignificante; leque, abano. | *v* voar; fugir, evadir-se; flutuar; soltar (balão, pipa); rebentar, explodir.
**flyer** /flaier/ » **flier**.
**flying** /flaiing/ *adj* veloz; voador. | *s* voo; aviação.
**flying boat** *s* hidroavião, hidroplano.
**flying fish** *s* peixe-voador.
**flying machine** *s* avião, aeroplano.
**flying saucer** *s* disco voador.
**fly net** *s* mosquiteiro.
**flypaper** /flaipeiper/ *s* papel mata-mosca.
**flysheet** /flaichít/ *s* folheto, prospecto, folha volante.
**fly swatter** *s* mata-moscas.
**FM** /éfém/ *abrev* de **frequency modulation**, frequência modulada.
**foal** /foul/ *v* parir. | *s* cria de animal.
**foam** /foum/ *s* espuma; isopor. | *v* espumar.
**foamy** /foumi/ *adj* espumoso.
**fob** /fáb/ *v* aproveitar-se de, enganar, lograr. | *s* engano; bolso para relógio.
**focal** /foukel/ *adj* focal.
**focalize** /foukelaiz/ *v* focalizar, focar, enfocar.
**focal point** *s* foco, centro.
**focus** /foukes/ *s* foco. | *v* focalizar, pôr em foco, focar, enfocar.
**foe** /fou/ *s* inimigo, adversário.
**foeman** /foumen/ *s* inimigo de guerra.
**foetal** /fítel/ » **fetal**.
**foetus** /fítes/ » **fetus**.
**fog** /fág/ *s* nevoeiro, névoa, cerração, neblina; confusão mental, perplexidade. | *v* enevoar-se; escurecer (uma fotografia).
**foggy** /fági/ *adj* enevoado, cerrado, nublado; indistinto, confuso.
**foil** /foil/ *v* frustrar; despistar. | *s* folha de metal; contraste, realce; derrota, frustração; amálgama.

F

**fold** /fould/ *v* dobrar; envolver, embrulhar; enlaçar, entrelaçar, cruzar os braços; abraçar. | *s* dobra, prega, ruga; embrulho, pacote; congregação de fiéis.

**folder** /foulder/ *s* dobrador, dobradeira; pasta de papéis; folheto dobrado.

**folding door** *s* porta sanfonada.

**foliage** /fouliidj/ *s* folhagem.

**foliate** /foulieit/ *v* folhear; laminar (vidro). | /fouliit, foulieit/ *adj* folheado.

**folio** /fouliou/ *s* fólio; livro in-fólio; página. | *v* paginar, numerar (páginas).

**folk** /fouk/ *s* povo, tribo, nação; raça; família, parentes; *inform* pessoas, gente (*pl* **folk** ou **folks**). | *adj* folclórico, popular.

**folk dance** *s* dança folclórica.

**folklore** /fouklór/ *s* folclore.

**folklorist** /fouklórist/ *s* folclorista.

**folk music** *s* música folclórica.

**folksy** /fouksi/ *adj inform* simples, despretensioso.

**folk tale** *s* conto popular.

**follicle** /fálikel/ *s* folículo.

**follow** /fálou/ *v* seguir, acompanhar; suceder a, seguir-se; compreender; prestar atenção, observar. | *s* perseguição.

**follower** /fálouer/ *s* discípulo, seguidor, adepto; imitador.

**following** /fálouing/ *adj* seguinte, imediato, próximo. | *s* séquito, cortejo; comitiva.

**follow-up** /fálouâp/ *s* continuação, seguimento; acompanhamento (*tb* **followup**).

**folly** /fáli/ *s* tolice, insensatez.

**foment** /foumént/ *v* fomentar, instigar.

**fomentation** /fouménteichen/ *s* fomentação.

**fomenter** /fouménter/ *s* fomentador.

**fond** /fánd/ *adj* afeiçoado; afetuoso, amoroso. • **be fond of** gostar de.

**fondle** /fándl/ *v* acariciar, afagar.

**fondness** /fándnes/ *s* afeto, afeição, ternura; gosto, predileção.

**font** /fánt/ *s* fonte.

**food** /fúd/ *s* comida, alimento, ração; sustento.

**food chain** *s* cadeia alimentar.

**food poisoning** *s* intoxicação alimentar.

**fool** /fúl/ *s* tolo, bobo. | *v* enganar, lograr, trapacear.

**foolery** /fúleri/ *s* tolice, bobagem, asneira.

**foolish** /fúlich/ *adj* tolo, insensato; ridículo, absurdo; insignificante, trivial.

**foolishness** /fúlichnes/ *s* insensatez, tolice, loucura.

**foot** /fut/ *s* pé; base, sopé, a parte mais inferior (*pl* **feet**). | *v* pisar; andar, caminhar.

**footage** /futidj/ *s* comprimento ou extensão em pés; comprimento total de um filme.

**football** /futból/ *s* futebol americano; bola de futebol americano.

**footballer** /futbóler/ *s* futebolista.

**footboard** /futbórd/ *s* suporte para os pés; estribo; pedal; plataforma.

**footbridge** /futbridj/ *s* ponte para pedestres, passarela.

**footed** /futid/ *adj* provido de pés.

**footer** /futer/ *s* rodapé (documento).

**footgear** /futgir/ *s* calçado.

**footing** /futing/ *s* base, piso, ponto de apoio, fundamento, alicerce; posição, estado.

**footle** /fútl/ *s* bobagem, tolice, baboseira. | *v* dizer bobagens, perder tempo com ninharias.

**footless** /futles/ *adj* sem pés; infundado.

**footlights** /futlaits/ *s pl* ribalta.

**footmark** /futmárk/ *s* pegada.

**footnote** /futnout/ *s* nota de rodapé.

**footpath** /futpæth/ *s* trilha para pedestres.

**footprint** /futprint/ *s* pegada.

**footstep** /futstép/ *s* passo; pegada.

**footwear** /futwér/ *s* calçado.

**foozle** /fúzel/ *s* ato desastrado. | *v* atrapalhar.

**fop** /fáp/ *s* almofadinha, janota.

**foppery** /fáperi/ *s* afetação, janotismo.

**foppish** /fápich/ *adj* afetado, vaidoso.

**for** /fór/ *prep* para; por; por causa de; durante; a fim de; em lugar de; a despeito de; destinado a. | *conj* porque; pois; enquanto; desde que; devido a. • **as for me** quanto a mim. **for weeks** há semanas. **what's it for?** para que serve isso?

**forasmuch as** /fórezmâtch ez/ *conj* tendo em vista que, desde que, já que.

**foray** /fórei/ *v* saquear, pilhar; invadir. | *s* invasão, incursão.

**forbad** /ferbæd/ *v pass* de **forbid** (*tb* **forbade**).

**forbade** /ferbæd/ *v pass* de **forbid** (*tb* **forbad**).

**forbear** /fórbér/ *v* abster-se, evitar. | /fórbér/ *s* » **forebear**.

**forbearance** /fórbérens/ *s* abstenção; indulgência, tolerância, paciência.

**forbid** /ferbid/ *v* proibir, vedar; excluir, impossibilitar, interditar.

**forbidden** /ferbiden/ *v part pass* de **forbid**. | *adj* proibido.

**forbidding** /ferbiding/ *adj* ameaçador, amedrontador; proibitivo; desagradável.

**forbore** /fórbór/ *v pass* de **forbear**.

**forborne** /fórbórn/ *v part pass* de **forbear**.

**force** /fórs/ *s* força; vigor, energia; causa; peso, importância; eficácia; queda-d'água; força militar, tropas. | *v* forçar, obrigar, constranger; violar; insistir; obter por força; violentar. • **by force** à força.

**forced** /fórst/ *adj* forçado; constrangido, afetado.

**forceful** /fórsfel/ *adj* poderoso, vigoroso; eficaz.

**forceps** /fórséps/ *s* fórceps.

**fore** /fór/ *adj* dianteiro, anterior, antecedente, prévio. | *s* frente, parte dianteira; proa.

**forearm** /fórárm/ *s* antebraço.

**forebear** /fórbér/ *s* ancestral, antepassado.

**forebode** /fórboud/ *v* predizer, pressentir.

**foreboding** /fórbouding/ *s* presságio, pressentimento.

**forecast** /fórkæst/ *v* prever, predizer, prognosticar. | *s* previsão, prognóstico. • **weather forecast** previsão do tempo.

**foreclose** /fórklouz/ *v* impedir, barrar; excluir, privar (direito); executar (hipoteca).

**foreclosure** /fórkloujer/ *s* execução de hipoteca.

**foredoom** /fórdúm/ *v* predestinar, fadar, condenar de antemão.

**forefather** /fórfádher/ *s* antepassado.

**forefinger** /fórfingger/ *s* dedo indicador.

**forefoot** /fórfut/ *s* pata dianteira; talha--mar.

**forefront** /fórfrânt/ *s* frente, parte dianteira; vanguarda.

**forego** /fórgou/ *v* anteceder, adiantar-se a, preceder.

**foregoer** /fórgouer/ *s* predecessor, antecessor, precursor.

**foregoing** /fórgouing/ *adj* anterior, antecedente, precedente.

**foregone** /fórgán/ *adj* antecedente, precedente, prévio, anterior. | *v part pass* de **forego**.

**foreground** /fórgraund/ *s* primeiro plano.

**forehanded** /fórhændid, fórhændid/ *adj* prudente, precavido; econômico, parcimonioso.

**forehead** /fóréd, fórhéd/ *s* fronte, testa; parte frontal.

**foreign** /fórin/ *adj* estrangeiro; de fora; alheio; exótico.

**foreigner** /fóriner/ *s* estrangeiro.

**forejudge** /fórdjâdj/ *v* prejulgar.

**foreknow** /fórnou/ *v* prever, antever.

**foreland** /fórlend/ *s* promontório, cabo.

**foreleg** /fórlég/ *s* perna dianteira (quadrúpede).

**forelock** /fórlák/ *s* topete, madeixa; pino em forma de S.

**foreman** /fórmen/ *s* capataz, feitor, mestre; primeiro jurado.

F

**foremost** /fórmoust/ *adj* primeiro, dianteiro, pioneiro. | *adv* em primeiro lugar, antes de tudo.

**forename** /fórneim/ *s* prenome, nome de batismo.

**forenamed** /fórneimd/ *adj* supradito, mencionado acima.

**forenoon** /fórnún, fórnún/ *s* manhã.

**forensic** /ferénsik, ferénzik/ *adj* forense; argumentativo, retórico.

**foreordain** /fórórdein/ *v* predestinar, fadar.

**forepart** /fórpárt/ *s* parte dianteira; princípio.



**forepaw** /fórpó/ *s* pata dianteira.

**forerun** /fórrân/ *v* adiantar-se a, preceder; prevenir.

**forerunner** /fórrâner/ *s* precursor; prognóstico, presságio.

**foresee** /fórsí/ *v* prever, antecipar.

**foreshadow** /fórchædou/ *v* pressagiar, predizer.

**foreshow** /fórchou/ *v* mostrar antecipadamente, prenunciar, predizer.

**foresight** /fórsait/ *s* previsão; prudência, precaução.

**foreskin** /fórskin/ *s* prepúcio.

**forest** /fórist/ *s* floresta, selva, mata. | *v* formar uma floresta, arborizar, reflorestar.

**forestall** /fórstól/ *v* antecipar; impedir, interceptar; monopolizar.

**forester** /fórister/ *s* guarda-florestal; morador da floresta.

**forestry** /fóristri/ *s* silvicultura; administração florestal; região florestal.

**foretell** /fórtél/ *v* predizer, vaticinar, pressagiar.

**forethought** /fórthát/ *s* premeditação, reflexão prévia; previdência, prudência.

**foretoken** /fórtouken/ *v* prognosticar, pressagiar. | *s* prognóstico, premonição.

**forever** /fóréver/ *adv* para sempre, eternamente; incessantemente. | *s* eternidade.

**forevermore** /fórévermór/ *adv* para todo o sempre, eternamente.

**foreword** /fórwêrd/ *s* prefácio, introdução.

**forfeit** /fórfit/ *s* perda (direitos); multa, pena. | *v* perder por confisco. | *adj* confiscado.

**forfeiture** /fórfetcher/ *s* confisco; multa.

**forgave** /fergeiv/ *v pass* de **forgive**.

**forge** /fórdj/ *v* forjar, moldar; tramar, inventar; imitar, falsificar. | *s* fornalha; fundição.

**forger** /fórdjer/ *s* forjador; falsário.

**forgery** /fórdjeri/ *s* falsificação, forjadura.

**forget** /fergét/ *v* esquecer, olvidar, não se lembrar; perder o interesse em; desprezar, abandonar.

**forgetful** /fergétfel/ *adj* esquecido; negligente.

**forget-me-not** /fergétminát/ *s* miosótis.

**forgive** /fergiv/ *v* perdoar, desculpar, absolver; remitir (dívida).

**forgiveness** /fergivnes/ *s* perdão, remissão, absolvição, clemência.

**forgiving** /fergiving/ *adj* generoso, indulgente, clemente.

**forgo** /fórgou/ » **forego**.

**forgot** /fergát/ *v pass* de **forget**.

**forgotten** /fergáten/ *v part pass* de **forget**.

**fork** /fórk/ *s* garfo; forcado; forquilha; bifurcação; confluência de um rio. | *v* bifurcar.

**forked** /fórkt/ *adj* bifurcado.

**forlorn** /fórlórn/ *adj* solitário, abandonado, triste.

**form** /fórm/ *v* formar, fabricar, construir; organizar-se. | *s* forma, figura, modelo; formulário.

**formal** /fórmel/ *adj* formal.

**formalism** /fórmelizem/ *s* formalismo.

**formalist** /fórmelist/ *s* formalista.

**formality** /fórmæleti/ *s* formalidade.

**format** /fórmæt/ *s* formato (livro); formatação. | *v* formatar.

**formation** /fórmeichen/ *s* formação.

**formative** /fórmetiv/ *adj* e *s* formativo.

**former** /fórmer/ *adj* anterior, precedente, antigo. | *s* formador.

**formerly** /fórmerli/ *adv* antigamente.

**Formica™** /fórmaike/ *s* fórmica.
**formicary** /fórmikéri/ *s* formigueiro.
**formidable** /fórmedebel/ *adj* terrível, temível, pavoroso; formidável; difícil, que tem obstáculos.
**formless** /fórmles/ *adj* sem forma.
**formula** /fórmyule/ *s* fórmula (*pl* **formulas** ou **formulae** /fórmyulí/).
**formulate** /fórmyuleit/ *v* formular, desenvolver.
**formulation** /fórmyuleichen/ *s* formulação.
**formulize** /fórmyulaiz/ *v* formular.
**fornicate** /fórnikeit/ *v* fornicar.
**fornication** /fórnikeichen/ *s* fornicação.
**fornicator** /fórnikeiter/ *s* fornicador.
**forsake** /fórseik/ *v* desertar, abandonar; renunciar, abrir mão de.
**forsooth** /fórsúth/ *adv* certamente, sem dúvida.
**forswear** /fórswér/ *v* abjurar, renegar.
**fort** /fórt/ *s* forte, fortaleza, fortificação.
**forth** /fórth/ *adv* adiante, para a frente, avante; para fora.
**forthcoming** /fórthkâming/ *adj* próximo, futuro, vindouro; sociável, afável.
**forthright** /fórthrait/ *adj* direto, franco, sem rodeios. | *adv* de maneira franca, diretamente.
**forthwith** /fórthwith/ *adv* imediatamente.
**fortieth** /fórtieth/ *num* quadragésimo.
**fortification** /fórtefikeichen/ *s* fortificação.
**fortifier** /fórtefaier/ *s* fortificante.
**fortify** /fórtefai/ *v* fortificar.
**fortitude** /fórtetúd/ *s* força de espírito, firmeza, coragem.
**fortnight** /fórtnait/ *s* quinzena, duas semanas.
**fortnightly** /fórtnaitli/ *adv* quinzenalmente. | *adj* quinzenal. | *s* quinzenário (revista, publicação).
**fortress** /fórtres/ *s* fortaleza, fortificação.
**fortuitous** /fórtúetes/ *adj* fortuito, casual, eventual, acidental, imprevisto; afortunado, sortudo.
**fortuity** /fórtúeti/ *s* casualidade, eventualidade.
**fortunate** /fórtchenet/ *adj* afortunado, ditoso, venturoso.
**fortune** /fórtchen/ *s* fortuna, sorte, bom êxito; ventura, acaso, destino.
**fortuneteller** /fórtchentéler/ *s* adivinho, cartomante, quiromante.
**fortunetelling** /fórtchentéling/ *s* cartomancia, quiromancia.
**forty** /fórti/ *num* quarenta.
**forum** /fórem/ *s* fórum, foro (*pl* **forums** ou **fora** /fóre/).
**forward** /fórwerd/ *adv* para a frente, avante; em evidência. | *adj* anterior, dianteiro; que vai para a frente, que avança; precoce, avançado; disposto, solícito; presunçoso. | *v* despachar, enviar, encaminhar, remeter (carta); apressar, promover, ativar, estimular. | *s* atacante.
**forwarder** /fórwerder/ *s* despachante.
**foss** /fás/ » **fosse**.
**fossa** /fáse/ *s* fossa (*pl* **fossae** /fásí/).
**fosse** /fás/ *s* fosso, cova.
**fossil** /fásel/ *s* e *adj* fóssil.
**fossilization** /fáselizeichen/ *s* fossilização.
**fossilize** /fáselaiz/ *v* fossilizar.
**foster** /fáster/ *v* criar, adotar; acalentar (ideia, esperança). | *adj* adotivo, de criação.
**fought** /fát/ *v pass* e *part pass* de **fight**.
**foul** /faul/ *v* sujar, emporcalhar; obstruir; cometer infração, violar. | *adj* sujo, imundo; fétido, podre; entupido, obstruído. | *s* falta, infração; colisão. | *adv* traiçoeiramente.
**foul play** *s* jogo sujo, trapaça, injustiça.
**found** /faund/ *v* fundar, estabelecer, instituir; fundir, derreter; *pass* e *part pass* de **find**.
**foundation** /faundeichen/ *s* fundação; criação; alicerce, base; princípio, origem; fundo.
**founder** /faunder/ *s* fundador, criador. | *v* afundar, naufragar, ir a pique; arruinar-se; cair de cansaço.

**foundling** /faundling/ *s* criança abandonada.
**foundry** /faundri/ *s* fundição.
**fount** /faunt/ *s* fonte; origem, causa.
**fountain** /faunten/ *s* fonte, nascente; origem, causa; chafariz; bebedouro.
**fountainhead** /fauntenhéd/ *s* manancial, nascente, cabeceira; origem.
**fountain pen** *s* caneta-tinteiro.
**four** /fór/ *num* quatro.
**four-footed** /fórfutid/ *adj* quadrúpede.
**four hundred** *s* a elite social, a nata.
**fourscore** /fórskór/ *adj* oitenta.
F
**fourteen** /fórtín/ *num* quatorze, catorze.
**fourteenth** /fórtínth/ *num* décimo-quarto.
**fourth** /fórth/ *num* quarto, quarta parte.
**Fourth of July** *s* Dia da Independência dos EUA (4 de julho).
**fowl** /faul/ *s* ave, aves.
**fox** /fáks/ *s* raposa; pessoa astuciosa; *gír* pessoa atraente (*pl* **foxes** ou **fox**). | *v* enganar; disfarçar, ser manhoso; fermentar cerveja; consertar sapato.
**foxed** /fákst/ *adj* descolorido, manchado, mofado.
**foxy** /fáksi/ *adj* astuto, matreiro; descorado, desbotado; azedo, mal fermentado (vinho, cerveja); velho, estragado, mofado.
**foyer** /foier, foiei/ *s* vestíbulo de teatro ou hotel.
**fracas** /freikes/ *s* desordem, tumulto.
**fraction** /frækchen/ *s* fração; fragmento, porção.
**fractional** /frækchenel/ *adj* fracionário.
**fractious** /frækches/ *adj* rebelde, irascível, mal-humorado.
**fracture** /fræktcher/ *v* fraturar, quebrar. | *s* fratura, ruptura, quebra; fenda, fissura.
**fragile** /frædjel/ *adj* frágil, delicado; quebradiço.
**fragility** /frædjileti/ *s* fragilidade, fraqueza.
**fragment** /frægment/ *s* fragmento. | /frægmént, frægmént/ *v* fragmentar.
**fragmentary** /frægmentéri/ *adj* fragmentário.
**fragmentation** /frægmenteichen/ *s* fragmentação.
**fragmentize** /frægmentaiz/ *v* fragmentar.
**fragrance** /freigrens/ *s* fragrância, aroma, perfume.
**fragrant** /freigrent/ *adj* fragrante, aromático, perfumado.
**frail** /freil/ *adj* frágil, delicado; quebradiço. | *s* cesto grande para frutas.
**frailty** /freilti/ *s* fragilidade, fraqueza.
**frame** /freim/ *s* estrutura, constituição, construção; armação, esqueleto, carcaça; constituição física; chassi; moldura; quadro (cinema, tv). | *v* formar, modelar, moldar; compor, armar; construir, fabricar; dispor, ordenar, enquadrar; articular; inventar.
**frame-up** /freimâp/ *s gír* tramoia, conspiração.
**framework** /freimwêrk/ *s* armação, estrutura; madeiramento, vigamento; ossatura, esqueleto.
**framing** /freiming/ *s* estrutura, armação; vigamento; encaixe, enquadramento.
**franc** /frængk/ *s* franco (moeda).
**France** /fræns/ *s* França.
**franchise** /fræntchaiz/ *s* franquia; imunidade, isenção, privilégio; direito de voto. | *v* isentar, eximir, privilegiar; franquear.
**Franciscan** /frænsisken/ *adj* e *s* franciscano.
**frangible** /frændjebel/ *adj* quebradiço.
**frank** /frængk/ *v* franquear carta; despachar livre de porte. | *adj* franco; sincero, ingênuo. | *s* franquia postal.
**frankness** /frængknes/ *s* franqueza, sinceridade, candura, inocência.
**frantic** /fræntik/ *adj* frenético, excitado, desvairado.
**fraternal** /fretêrnel/ *adj* fraternal, fraterno.
**fraternity** /fretêrneti/ *s* fraternidade, irmandade; confraria, sociedade, grêmio.
**fraternization** /freternizeichen/ *s* fraternização.

**fraternize** /frætemaiz/ *v* fraternizar, irmanar.
**fratricidal** /frætresaidel/ *adj* fratricida.
**fratricide** /frætresaid/ *s* fratricida, fratricídio.
**fraud** /frád/ *s* fraude; engano, logro, trapaça.
**fraudulence** /frádjelens/ *s* fraude.
**fraudulent** /frádjelent/ *adj* fraudulento.
**fraught** /frát/ *adj* carregado, abastecido, repleto, cheio, provido.
**fray** /frei/ *v* roçar, puir; desgastar, desfiar, esfiapar. | *s* rixa, briga, disputa.
**frazzle** /fræzel/ *v* desgastar, puir, esfarrapar. | *s* farrapo, frangalho.
**freak** /frík/ *s* excentricidade; pessoa excêntrica; deformidade, anomalia; aleijão; *gír* viciado em drogas.
**freakish** /fríkich/ *adj* caprichoso, extravagante, excêntrico; grotesco, anormal.
**freckle** /frékel/ *s* sarda. | *v* cobrir-se de sardas.
**freckly** /frékli/ *adj* sardento.
**free** /frí/ *adj* livre, liberto; independente; franco; liberal; generoso; grátis; vago, desocupado; voluntário, espontâneo; desatado; desembaraçado. | *adv* sinceramente; gratuitamente. | *v* libertar, soltar; desobstruir.
**freeboot** /fríbút/ *v* piratear.
**freebooter** /fríbúter/ *s* pirata.
**freedom** /frídem/ *s* liberdade, independência.
**freehand** /fríhænd/ *adj* à mão livre.
**free hand** *s* plenos poderes, carta branca.
**freehanded** /fríhændid/ *adj* generoso; liberal.
**freehold** /fríhould/ *s* propriedade imóvel livre de ônus.
**freelance** /frílæns/ *adj* independente. | *s* profissional sem vínculo empregatício. | *v* trabalhar como *free lance*, trabalhar por tarefa (escritor, artista independente).
**freeman** /frímen/ *s* homem livre; cidadão.
**freemason** /frímeisen/ *s* maçom.
**freemasonry** /frímeisenri/ *s* maçonaria.
**freethinker** /fríthingker/ *s* livre-pensador.
**free trade** *s* comércio livre.
**freeway** /fríwéi/ *s* autoestrada; estrada sem pedágios.
**freewill** /fríwil/ *adj* voluntário, de livre vontade, espontâneo.
**free will** *s* livre-arbítrio.
**freeze** /fríz/ *v* gelar, congelar.
**freezer** /frízer/ *s* congelador, frigorífico.
**freight** /freit/ *s* frete, carga. | *v* carregar, fretar.
**freighter** /freiter/ *s* cargueiro, navio de carga.
**French** /fréntch/ *adj* francês. | *s* francês (idioma e povo).
**French fries** /fréntch fraiz/ *s pl* batatas fritas.
**Frenchman** /fréntchmen/ *s* francês.
**Frenchwoman** /fréntchwumen/ *s* francesa.
**frenetic** /frenétik/ *adj* frenético.
**frenzied** /frénzid/ *adj* frenético, nervoso, colérico.
**frenzy** /frénzi/ *v* delirar; enfurecer. | *s* frenesi, exaltação.
**frequency** /fríkwensi/ *s* frequência.
**frequent** /fríkwent/ *adj* frequente. | /fríkwént, fríkwént/ *v* frequentar.
**frequentative** /fríkwéntetiv/ *adj* frequentativo.
**frequenter** /fríkwénter/ *s* frequentador.
**frequently** /fríkwentli/ *adv* frequentemente.
**fresco** /fréskou/ *s* afresco (*pl* **frescoes** ou **frescos**).
**fresh** /fréch/ *adj* fresco, novo; jovem; recém-chegado; verdejante, viçoso; limpo; puro (ar); doce (água); inexperiente; atrevido; vivo, alegre. | *s* cheia, inundação. | *adv* recentemente, há pouco tempo.
**freshen** /fréchen/ *v* refrescar; renovar, revigorar.
**freshman** /fréchmen/ *s* principiante, novato; calouro (de escola ou faculdade).

F

**freshness** /fréchnes/ *s* frescura, frescor; novidade.
**freshwater** /fréchwáter/ *adj* de água doce.
**fret** /frét/ *v* roer, corroer; trastejar; irritar, atormentar, aborrecer; encrespar (água); ornamentar com trabalhos em relevo. | *s* trasto; arabesco; erosão, corrosão; irritação, aborrecimento.
**fretful** /frétfel/ *adj* irritável, impaciente; agitado, encrespado.
**fretwork** /frétwêrk/ *s* gregas, arabescos.
**friar** /fraier/ *s* frade, frei.
**friary** /fraieri/ *s* mosteiro, convento de frades.
**fribble** /fribel/ *v* perder tempo com frivolidades. | *s* frivolidade; pessoa frívola.
**fricassee** /frikesí, frikesí/ *s* fricassê. | *v* guisar, fazer guisado.
**fricative** /friketiv/ *adj* fricativo. | *s* consoante fricativa.
**friction** /frikchen/ *s* fricção, atrito; conflito de opiniões, ausência de harmonia.
**Friday** /fraidei, fraidi/ *s* sexta-feira.
**friend** /frénd/ *s* amigo, companheiro; correligionário, partidário; protetor, favorecedor.
**friendless** /fréndles/ *adj* abandonado, desamparado, sem amigos.
**friendliness** /fréndlines/ *s* amizade, benevolência.
**friendly** /fréndli/ *adj* amigável, amistoso, amigo, cordial; favorável, propício. | *adv* amistosamente, amigavelmente, amavelmente.
**friendship** /fréndchip/ *s* amizade.
**frier** /fraier/ » **fryer**.
**frieze** /fríz/ *s* friso, frisa.
**frigate** /friget/ *s* fragata.
**fright** /frait/ *s* espanto, temor, susto, pavor.
**frighten** /fraiten/ *v* assustar, apavorar, horripilar, afugentar.
**frightful** /fraitfel/ *adj* espantoso, terrível, horrível; *inform* excessivo, extremo.
**frigid** /fridjid/ *adj* frígido; frio, formal.
**frigidity** /fridjideti/ *s* frigidez; frieza, indiferença, formalidade.
**frigorific** /frigerifik/ *adj* frigorífico.
**frigorifical** /frigerifikel/ » **frigorific**.
**frill** /fril/ *s* faixa ornamental; franja; fímbria; borda, orla. | *v* guarnecer de babados ou franjas.
**fringe** /frindj/ *v* franjar, debruar. | *s* franja; orla, margem; guarnição, debrum.
**fringe benefit** *s* benefício adicional.
**frippery** /friperi/ *s* roupa ou acessório chamativo e vulgar; afetação, ostentação; bugigangas, quinquilharias.
**frisk** /frisk/ *s* pulo, salto, cambalhota. | *v* saltar, pular; revistar (alguém).
**frisky** /friski/ *adj* alegre, vivo, travesso, brincalhão.
**fritter** /friter/ *v* desperdiçar, esbanjar; espicaçar, picar. | *s* bolinho frito.
**frivol** /frivel/ *v* comportar-se frivolamente.
**frivolity** /friváleti/ *s* frivolidade.
**frivolous** /friveles/ *adj* frívolo.
**frizz** /friz/ *v* frisar, encrespar; fritar, frigir. | *s* cacho, caracol de cabelo.
**frizzle** /frizel/ » **frizz**.
**fro** /frou/ *adv* atrás, para trás. • **to and fro** para frente e para trás, para lá e para cá.
**frock** /frák/ *s* vestido solto; hábito sacerdotal. | *v* vestir hábito sacerdotal; ordenar-se.
**frog** /frág/ *s* rã.
**frolic** /frálik/ *v* brincar, divertir-se. | *s* brincadeira, travessura, divertimento.
**frolicsome** /fráliksem/ *adj* brincalhão, alegre.
**from** /frám/ *prep* de (origem, procedência), proveniente de; desde, a partir de; por causa de, conforme. • **apart from** à parte, salvo, exceto. **from now on** de agora em diante. **from time to time** de vez em quando.
**frond** /fránd/ *s Bot* fronde, copa.
**front** /frânt/ *s* frente; frontispício; dianteira; face, testa, rosto; atrevimento, ousadia, desfaçatez; peitilho de camisa; fachada;

frente de batalha. | *adj* fronteiro; dianteiro. | *v* fazer frente, encarar; estar em frente; servir de fachada a.
**frontage** /frântidj/ *s* fachada, frente.
**frontal** /frântel/ *adj* e *s* frontal.
**front door** *s* porta da frente.
**frontier** /frântir/ *s* fronteira.
**frontispiece** /frântispís/ *s* frontispício.
**front line** *s* linha de frente, linha de combate.
**frost** /fróst/ *s* geada; frio intenso. | *v* gelar, congelar.
**frosty** /frásti/ *adj* congelado, enregelado; indiferente, frio.
**froth** /fráth/ *s* espuma; frivolidade. | *v* espumar, cobrir de espuma.
**frothy** /fráthi/ *adj* espumoso, espumante; fútil, insignificante.
**froward** /frouwerd/ *adj* desobediente, intratável, obstinado.
**frown** /fraun/ *v* franzir as sobrancelhas; carranquear, fechar a cara. | *s* franzimento das sobrancelhas, carranca, cenho.
**frowsy** /frauzi/ » **frowzy**.
**frowzy** /frauzi/ *adj* fétido, sujo, rançoso; desmazelado, relaxado, desalinhado.
**froze** /frouz/ *v pass* de **freeze**.
**frozen** /frouzen/ *v part pass* de **freeze**. | *adj* gelado, congelado.
**frozen food** *s* comida congelada.
**fructiferous** /frâktiferes/ *adj* frutífero.
**fructification** /frâktefikeichen/ *s* frutificação.
**fructify** /frâktefai/ *v* frutificar.
**fructuous** /frâktchues/ *adj* frutífero.
**frugal** /frúgel/ *adj* frugal.
**frugality** /frúgæleti/ *s* frugalidade.
**frugivorous** /frúdjiveres/ *adj* frugívoro.
**fruit** /frút/ *s* fruto, fruta (*pl* **fruit** ou **fruits**).| *v* frutificar.
**fruitful** /frútfel/ *adj* frutífero, fértil; proveitoso, útil.
**fruition** /fruichen/ *s* fruição.
**fruitless** /frútles/ *adj* infrutífero, estéril.
**fruity** /frúti/ *adj* semelhante a fruta (cor, gosto); sugestivo, agradável, saboroso; excessivamente doce ou sentimental; *gír* louco, excêntrico; homossexual.
**frump** /frâmp/ *s* mulher sem graça.
**frumpish** /frâmpich/ *adj* chato, sem graça; antiquado.
**frustrate** /frâstreit/ *v* frustrar, decepcionar; inutilizar.
**frustration** /frâstreichen/ *s* frustração.
**fry** /frai/ *v* fritar, frigir. | *s* fritada, fritura; criançada; peixinho, girino.
**fryer** /fraier/ *s* frigideira; frango próprio para fritar.
**frying pan** /fraiing pæn/ *s* frigideira.
**FTP** *abrev* de **File Transfer Protocol**, protocolo de transferência de arquivo.
**fuchsia** /fyúche/ *s* fúcsia (flor, cor).
**fuddle** /fâdl/ *v* embebedar; estontear, aturdir. | *s* embriaguez, bebedeira.
**fudge** /fâdj/ *s* doce feito de açúcar, leite e manteiga; asneira, bobagem. | *v* falsificar, trapacear, agir desonestamente; fugir (de assunto); hesitar, vacilar; ultrapassar limites.
**fuel** /fyúel/ *s* combustível. | *v* abastecer (de combustível).
**fugacious** /fyúgeiches/ *adj* fugaz, efêmero, transitório.
**fugitive** /fyúdjetiv/ *adj* e *s* fugitivo.
**fugleman** /fyúgelmen/ *s* chefe de fila, instrutor (nos exercícios militares); líder político.
**fugue** /fyúg/ *s* fuga (música).
**fulfil** /fulfil/ » **fulfill**.
**fulfill** /fulfil/ *v* cumprir, realizar, executar, desempenhar, efetuar; satisfazer (desejo); obedecer; consumar, completar, preencher, terminar.
**fulfillment** /fulfilment/ *s* cumprimento, desempenho; satisfação; efetuação, efetivação, preenchimento.
**fulfilment** /fulfilment/ » **fulfillment**.
**fulgent** /fâldjent/ *adj* fulgente.
**fulgurate** /fulgyereit/ *v* fulgurar.
**fuliginous** /fyulidjines/ *adj* fuliginoso.
**full** /ful/ *adj* cheio, pleno, repleto; lotado, completo, preenchido; inteiro, completo;

minucioso, detalhado; pleno, total, integral. | *s* totalidade; máximo, auge, apogeu. | *adv* inteiramente, plenamente, completamente.

**full blood** *s* raça pura.

**full dress** *s* traje a rigor.

**full moon** *s* lua cheia.

**full speed** *s* velocidade máxima.

**full stop** *s* ponto final (sinal de pontuação); parada total.

**full-time** /fultaim/ *adv* e *adj* período integral.

**full time** *s* tempo ou horário integral.

F

**fully** /fuli/ *adv* inteiramente, plenamente, completamente.

**fulminant** /fulminent/ *adj* fulminante.

**fulminate** /fulmineit/ *v* fulminar, explodir. | *s* fulminato, explosivo.

**fulmination** /fulmineichen/ *s* fulminação.

**fulsome** /fulsem/ *adj* ofensivo, insincero.

**fume** /fyúm/ *s* vapor; exalação, emanação. | *v* defumar, incensar; *fig* enfurecer-se.

**fumigate** /fyúmigeit/ *v* fumigar.

**fumigation** /fyúmigeichen/ *s* fumigação.

**fun** /fân/ *s* divertimento, brincadeira; chiste, trote. | *v* brincar, gracejar, divertir-se. • **for fun** por brincadeira, por divertimento. **make fun of** ridicularizar, caçoar.

**funambulist** /fyúnæmbyelist/ *s* funâmbulo.

**function** /fângkchen/ *s* função; faculdade; ofício, dever; entretenimento; cerimônia, solenidade. | *v* funcionar, trabalhar.

**functional** /fângkchenel/ *adj* funcional.

**functionalism** /fângkchenelizem/ *s* funcionalismo.

**functionary** /fângkchenéri/ *s* funcionário.

**fund** /fând/ *v* converter em fundos públicos; capitalizar; consolidar. | *s* fundo, lastro; estoque, valor disponível, reserva.

**fundament** /fândement/ *s* fundamento, base, alicerce.

**fundamental** /fândeméntel/ *adj* fundamental, essencial, básico. | *s* fundamento, princípio ou regra fundamental.

**fundamentally** /fândeménteli/ *adv* fundamentalmente, essencialmente.

**funeral** /fyúnerel/ *s* funeral. | *adj* fúnebre, funerário.

**funeral home** *s* casa funerária, velório.

**funeral service** *s* missa fúnebre.

**funerary** /fyúneréri/ *adj* funerário, fúnebre.

**funereal** /fyúniriel/ *adj* funéreo, fúnebre.

**fungus** /fângges/ *s* fungo (*pl.* **fungi** /fânggai, fânggí, fândjai, fândjí/ ou **funguses**).

**funicle** /fyúnikel/ *s* funículo, cordão, filamento.

**funk** /fângk/ *s* medo; pessoa covarde, medroso; estado de profunda depressão; *funk* (música). | *v* encolher-se de medo.

**funnel** /fânel/ *s* funil; tubo afunilado; chaminé, túnel.

**funny** /fâni/ *adj* engraçado, divertido; pândego; esquisito, bizarro; raro, singular.

**funny paper** *s* caderno de quadrinhos em jornal.

**fur** /fêr/ *s* pele de animal; pelo fino e macio de certos animais; pelica; casaco de pele. | *adj* de peles, feito de peles. | *v* forrar ou guarnecer de peles.

**furbelow** /fêrbilou/ *v* enfeitar de babados ou folhos. | *s* pregas.

**furbish** /fêrbich/ *v* lustrar, polir; renovar, restaurar.

**furcate** /fêrkeit/ *v* bifurcar, bipartir. | *adj* bifurcado, bipartido.

**furcation** /fêrkeichen/ *s* bifurcação.

**furious** /fyuries/ *adj* furioso, raivoso.

**furlough** /fêrlou/ *v* licenciar. | *s* licença; baixa.

**furnace** /fêrnis/ *s* fornalha, forno; prova difícil, provação.

**furnish** /fêrnich/ *v* fornecer, prover, equipar; mobiliar; guarnecer.

**furnishings** /fêrnichingz/ *s pl* mobília.

**furniture** /fêrnitcher/ *s* mobília, móveis.

**furrier** /fêrier/ *s* peleiro, vendedor de peles.
**furrow** /fêrou/ *s* sulco, rego de arado; ruga. | *v* sulcar, vincar; arar.
**furry** /fêri/ *adj* peludo, feito ou coberto de peles.
**further** /fêr*dher*/ *adj* adicional, suplementar; mais distante. | *adv* mais longe, mais distante; mais; além disso. | *v* promover, favorecer, incrementar.
**furtherance** /fêr*dher*ens/ *s* avanço, promoção, fomento, favorecimento, incremento.
**furthermore** /fêr*dher*mór/ *adv* ademais, demais, além disso.
**furthermost** /fêr*dher*moust/ *adj* o mais afastado ou remoto.
**furthest** /fêr*dh*ist/ *adj* e *adv* mais distante, mais remoto (tempo, espaço).
**furtive** /fêrtiv/ *adj* furtivo, oculto, secreto; dissimulado, manhoso.
**furuncle** /fyurâ*ng*kel/ *s* furúnculo.
**fury** /fyuri/ *s* fúria, raiva, furor.
**fuse** /fyúz/ *s* fusível; espoleta; detonador; estopim, rastilho. | *v* equipar com fusível; fundir, derreter.
**fuselage** /fyúselaj/ *s* fuselagem.
**fusibility** /fyúzibileti/ *s* fusibilidade.
**fusil** /fyúzil/ *s* fuzil.
**fusileer** /fyúzilir/ » **fusilier**.
**fusilier** /fyúzilir/ *s* fuzileiro.
**fusillade** /fyúselád, fyúseleid/ *s* fuzilaria.
**fusion** /fyújen/ *s* fusão; fundição, derretimento; liga, mistura.
**fusionist** /fyújenist/ *s* fusionista, partidário de fusão política.
**fuss** /fâs/ *s* estardalhaço, barulho, rebuliço, alvoroço, confusão. | *v* aborrecer, importunar; fazer espalhafato, exagerar; excitar-se, emocionar-se, inquietar-se.
**fussy** /fâsi/ *adj* exagerado, meticuloso; inquieto, atarantado, nervoso; intricado, elaborado.
**fustian** /fâstchen/ *adj* de fustão; bombástico; pomposo. | *s* fustão; estilo bombástico.
**fustigate** /fâstigeit/ *v* fustigar, açoitar, espancar.
**fustiness** /fâstines/ *s* bolor, mofo.
**fusty** /fâsti/ *adj* bolorento, rançoso, mofento.
**futile** /fyútel, fyútail/ *adj* fútil, frívolo; inútil, ineficaz; vão, sem objetivo.
**futility** /fyútileti/ *s* futilidade, frivolidade; inutilidade; tentativa fracassada.
**future** /fyútcher/ *s* futuro.
**future tense** *s* futuro (tempo verbal).
**futurism** /fyútcherizem/ *s* futurismo.
**futurist** /fyútcherist/ *s* futurista.
**futuristic** /fyútcheristik/ *adj* futurístico.
**futurity** /fyútureti/ *s* futuro, acontecimento futuro.
**fuze** /fyúz/ » **fuse**.
**fuzz** /fâz/ *s* cotão, flocos, felpa, penugem; *gír* polícia.
**fuzzy** /fâzi/ *adj* indistinto, borrado, confuso; flocoso, felpudo.

F

# Gg

G

**g** ou **G** /dji/ *s* 7ª letra do alfabeto inglês; sol (nota musical). | *abrev minús* de **gram**.

**gab** /gæb/ *v* tagarelar. | *s* tagarelice, loquacidade.

**gabble** /gæbel/ *v* tagarelar; emitir sons inarticulados. | *s* tagarelice; sons inarticulados.

**gabbler** /gæbler/ *s* tagarela, falador.

**gabby** /gæbi/ *adj gír* tagarela.

**gabion** /geibien/ *s* gabião.

**gable** /geibel/ *s* aresta.

**gable roof** *s* telhado de duas águas.

**Gabon** /gæboun/ *s* Gabão.

**Gabonese** /gæbeníz/ *s* gabonense, gabonês (*pl* **Gabonese**). | *adj* gabonense, gabonês.

**gad** /gæd/ *v* vaguear, perambular. | *s* talhadeira; aguilhão.

**gadget** /gædjit/ *s* aparelho, dispositivo, invento, engenhoca.

**gaff** /gæf/ *s* gancho, arpão, fisga; *gír* trapaça, fraude; gafe. | *v* arpoar, fisgar; *gír* trapacear, fraudar.

**gaffe** /gæf/ *s* gafe, falha de etiqueta.

**gaffer** /gæfer/ *s* iluminador (em uma filmagem).

**gag** /gæg/ *v* amordaçar; enjoar, ter náuseas; fazer piada. | *s* mordaça; piada, pilhéria.

**gage** /geidj/ *s* penhor, cautela, garantia, fiança; desafio, afronta.

**gaiety** /geieti/ *s* alegria, júbilo; jovialidade, vivacidade.

**gaily** /geili/ *adv* alegremente.

**gain** /gein/ *v* ganhar, obter, conquistar, adquirir; lucrar, levar vantagem; adiantar (relógio); ganhar peso; progredir, melhorar. | *s* lucro, vantagem; progresso; aquisição.

**gainer** /geiner/ *s* ganhador, beneficiário.

**gainful** /geinfel/ *adj* lucrativo, vantajoso.

**gainsay** /geinsei/ *v* contradizer, negar.

**gait** /geit/ *s* passo, modo de andar; marcha, trote, andadura (cavalo). | *v* treinar, adestrar andadura (cavalo).

**gaiter** /geiter/ *s* polaina.

**gala** /geile, gæle, gál/ *s* gala, festa, pompa. | *adj* de gala, pomposo, luxuoso.

**galactic** /gelæktik/ *adj* galáctico.

**galavant** /gælevænt/ » **gallivant**.

**galaxy** /gæleksi/ *s* galáxia.

**gale** /geil/ *s* vendaval, ventania; explosão (de riso), excitação.

**Galician** /gelichen/ *adj* e *s* galiciano (Polônia); galego (Espanha).

**Galilaean** /gælelíen/ » **Galilean**.

**Galilean** /gælelíen/ *adj* e *s* galileu.

**gall** /gól/ *s* fel, bílis; ódio, amargura, rancor. | *v* esfolar, escoriar-se; irritar, atormentar.

**gallant** /gælent/ *s* homem elegante; galã, galanteador. | *adj* fino, elegante (cavalo, navio); vistoso, garboso. | *v* galantear, cortejar.

**gallantry** /gælentri/ *s* coragem, bravura; galanteria, galanteio; cortesia, gentileza.

**gallbladder** /gólbleider/ *s* vesícula biliar (*tb* **gall blader**).

**gallery** /gæleri/ *s* galeria; tribuna; varanda, balcão; coleção, sortimento.

**galley** /gæli/ *s* galé; cozinha de bordo.

**Gallic** /gælik/ *adj* gálico, gaulês, francês; gálico (ácido).

**Gallicize** /gælesaiz/ *v* afrancesar.

**gallinaceous** /gælineiches/ *adj* galináceo.

**gallivant** /gælevænt/ *v* vagabundear; divertir-se.

**gallon** /gælen/ *s* galão (3,785 ℓ nos EUA e 4,546ℓ na Inglaterra).

**galloon** /gelún/ *s* galão, debrum.

**gallop** /gælep/ *v* galopar. | *s* galope.

**galloping** /gæleping/ *adj* galopante.

**gallows** /gælouz/ *s* forca, patíbulo, cadafalso (*pl* **gallows** ou **gallowses**).

**gallows humor** *s* humor negro.

**gallstone** /gólstoun/ *s* cálculo biliar.

**galop** /gælep/ *s* galope (dança).

**galosh** /gelách/ *s* galocha.

**galvanize** /gælvenaiz/ *v* galvanizar.

**galvanometer** /gælvenámeter/ *s* galvanômetro.

**Gambia** /gæmbie/ *s* Gâmbia.

**Gambian** /gæmbien/ *s* e *adj* gambiano.

**gamble** /gæmbel/ *s* jogo de azar; risco, coisa arriscada ou incerta. | *v* apostar em jogos de azar; arriscar.

**gambler** /gæmbler/ *s* jogador, apostador de jogo de azar.

**gambol** /gæmbel/ *v* saltar, pular; brincar, fazer travessuras. | *s* salto, pulo; travessura.

**game** /geim/ *s* jogo, partida; brincadeira, passatempo; trama, ardil; coragem; zombaria; intento; caça (animais); carne de caça. | *adj* de ou relativo à caça; corajoso, valente; defeituoso, manco. | *v* apostar ou perder no jogo, arriscar.

**game bird** *s* ave de caça.

**game card** *s* placa de jogo.

**game cartridge** *s* cartucho de jogo.

**gamecock** /geimkák/ *s* galo de briga.

**game room** *s* salão de jogos.

**gamete** /gæmít, gemít/ *s* gameta.

**gamin** /gæmin/ *s* menino de rua.

**gaming** /geiming/ *s* prática do jogo de azar, jogatina.

**gamma** /gæme/ *s* gama (terceira letra do alfabeto grego).

**gamma ray** *s* raio gama.

**gammon** /gæmen/ *v* dar gamão em; enganar, lograr, falar com lábia. | *s* vitória (no jogo de gamão); presunto defumado; parte inferior do toucinho defumado.

**gamut** /gæmet/ *s* gama, escala (música).

**gander** /gænder/ *s* ganso macho; *inform* olhadela, espiada; *inform* simplório, palerma.

**gang** /gæng/ *s* bando, tropa, quadrilha, turma. | *v* agrupar-se, reunir-se (bando, turma).

**ganglion** /gængglien/ *s* gânglio (*pl* **ganglia** /gængglie/ ou **ganglions**).

**gangrene** /gænggrín/ *v* gangrenar. | *s* gangrena.

**gangster** /gængster/ *s* bandido, criminoso, salteador.

**gangway** /gængwei/ *s* passagem, corredor; prancha de desembarque (navio).

**gantry** /gæntri/ *s* armação para sustentação de barris; pórtico; ponte de sinalização (estrada de ferro).

**gap** /gæp/ *v* abrir uma brecha em, fender. | *s* brecha, fenda, buraco, abertura; espaço em branco, lacuna; diferença; passagem entre montanhas; interrupção.

**gape** /geip/ *v* bocejar; ficar boquiaberto, embasbacar-se. | *s* bocejo; abertura, fenda, brecha; olhar embasbacado.

**garage** /gerá j, gerádj/ *s* garagem; oficina de automóveis. | *v* guardar na garagem.

**garage sale** *s* venda de roupas e objetos usados na própria casa do vendedor.

G

**garb** /gárb/ *s* trajes, vestimentas, roupagens; *fig* aparência, aspecto externo. | *v* vestir-se com roupa ou uniforme característicos.
**garbage** /gárbidj/ *s* lixo, sobras, refugo.
**garbage can** *s* lata de lixo, lixeira.
**garbanzo** /gárbánzou/ *s* grão-de-bico.
**garble** /gárbel/ *v* deturpar, alterar, adulterar (livros, fatos). | *s* deturpação.
**garden** /gárden/ *s* jardim, horto, pomar, quintal. | *v* cultivar jardins, ajardinar.
**garden bed** *s* canteiro.
**gardener** /gárdner/ *s* jardineiro.
**gardenia** /gárdínye/ *s* gardênia.
**gargle** /gárgel/ *v* gargarejar. | *s* gargarejo.
**gargoyle** /gárgoil/ *s* gárgula, carranca de fonte.
**garish** /gérich/ *adj* brilhante, vistoso, berrante; extravagante, espalhafatoso, vulgar.
**garland** /gárlend/ *s* grinalda, guirlanda, coroa de flores. | *v* engrinaldar.
**garlic** /gárlik/ *s* alho.
**garment** /gárment/ *s* peça de roupa.
**garner** /gárner/ *s* celeiro, paiol. | *v* amontoar, armazenar, pôr no celeiro; ganhar, adquirir, acumular.
**garnet** /gárnit/ *s* granada (pedra preciosa); cor de granada, grená.
**garnish** /gárnich/ *s* adorno, enfeite, ornamento. | *v* guarnecer, decorar, ornar; notificar, intimar (judicialmente).
**garnishment** /gárnichment/ *s* enfeite, adorno, ornamento, guarnição; intimação, notificação (judicial).
**garret** /géret/ *s* sótão, mansarda.
**garrison** /géresen/ *s* grupo de soldados, guarnição; fortificação. | *v* guarnecer, fortificar.
**garrote** /gerát, gérout/ *s* garrote. | *v* garrotear, estrangular.
**garter** /gárter/ *s* liga (peça elástica que prende a meia).
**gas** /gæs/ *s* gás; gasolina; *gír* conversa fiada; *gír* pessoa ou coisa muito interessante (*pl* **gases** ou **gasses**). | *v* tratar ou envenenar com gás; *gír* falar demais.
**gasbag** /gæsbæg/ *s* balão de gás; *gír* falador, tagarela.
**gas burner** *s* bico de gás.
**gas chamber** *s* câmara de gás.
**gaseous** /gæsies, gæches/ *adj* gasoso.
**gash** /gæch/ *s* corte profundo. | *v* cortar, ferir (com instrumento de corte).
**gasket** /gæskit/ *s* arruela de vedação.
**gaslight** /gæslait/ *s* bico de gás.
**gas main** *s* gasoduto.
**gas mask** *s* máscara contra gás.
**gasoline** /gæselín, gæselín/ *s* gasolina.
**gasoline pump** *s* bomba de gasolina.
**gasometer** /gæsámeter/ *s* gasômetro.
**gasp** /gæsp/ *s* arfada, palpitação, respiração ofegante. | *v* arfar, ofegar, palpitar, falar com esforço.
**gas station** *s* posto de gasolina.
**gassy** /gæsi/ *adj* gasoso, impregnado de gás.
**gastric** /gæstrik/ *adj* gástrico.
**gastric juice** *s* suco gástrico.
**gastritis** /gæstraites/ *s* gastrite.
**gastronomer** /gæstránemer/ *s* gastrônomo.
**gastronomic** /gæstrenámik/ *adj* gastronômico.
**gastronomical** /gæstrenámikel/ » **gastronomic**.
**gastronomist** /gæstránemist/ *s* gastrônomo.
**gastronomy** /gæstránemi/ *s* gastronomia.
**gate** /geit/ *s* portão, porteira, portal; entrada principal; cancela, comporta; desfiladeiro.
**gatecrasher** /geitkræcher/ *s gír* penetra, bicão.
**gatekeeper** /geitkíper/ *s* porteiro.
**gateway** /geitwei/ *s* entrada, pórtico, passagem, porta.
**gather** /gædher/ *v* apanhar, colher (frutas, flores); reunir, juntar, congregar; concluir; preguear tecido. | *s* reunião, assembleia; franzido, prega, dobra.
**gatherer** /gædherer/ *s* coletor, apanhador; franzidor (peça de máquina de costura).

**gathering** /gædhering/ *s* ajuntamento, reunião, concentração; coleta, colheita; franzido, prega.

**gauche** /gouch/ *adj* desajeitado; tímido, acanhado; grosseiro.

**gaucherie** /goucherí/ *s* grosseria, falta de tato ou de jeito.

**gaudy** /gádi/ *adj* espalhafatoso, de mau gosto.

**gauge** /geidj/ *s* medidor, calibrador, indicador, aferidor; padrão, calibre; diâmetro, bitola, medida. | *v* medir, aferir, calibrar.

**gaunt** /gánt/ *adj* magro, descarnado, angular; desolado, fúnebre.

**gauntlet** /gántlet/ *s* luva usada para dirigir, esgrimir, manejar ferramentas pesadas etc.

**gauze** /gáz/ *s* gaze; névoa fina.

**gauzy** /gázi/ *adj* diáfano, transparente.

**gave** /geiv/ *v pass* de **give**.

**gavel** /gævel/ *s* martelo de leiloeiro e de juiz; pequeno malho de madeira usado por pedreiros.

**gawk** /gák/ *s* palerma, parvo, paspalhão. | *v* olhar para algo ou alguém de maneira apalermada.

**gawky** /gáki/ *adj* parvo, tolo, paspalhão.

**gay** /gei/ *adj* alegre, divertido, festivo; brilhante, vivo, jovial; homossexual. | *s* homossexual.

**gayety** /geieti/ » **gaiety**.

**gayly** /geili/ » **gaily**.

**gaze** /geiz/ *s* olhar fixo, contemplação. | *v* olhar fixamente, fitar, contemplar.

**gazelle** /gezél/ *s* gazela.

**gazette** /gezét/ *s* gazeta, jornal.

**gazetteer** /gæzetir/ *s* dicionário geográfico.

**G.B.** /djíbí/ *abrev* de **Great Britain**, Grã-Bretanha.

**gear** /gir/ *s* marcha, câmbio; engrenagem, roda dentada; equipamento; ferramentas, utensílios domésticos; vestuário, acessórios; parafernália. | *v* engrenar, engatar; aparelhar, engatar.

**gearing** /giring/ *s* engrenagem, transmissão de movimento.

**gearshift** /girchift/ *s* alavanca do câmbio (veículos).

**gearwheel** /girhwíl/ *s* roda dentada (*tb* **gear wheel**).

**gee** /djí/ *interj* puxa, puxa vida.

**gel** /djél/ *s* gel. | *v* formar ou tornar-se gel.

**gelatin** /djéletin/ *s* gelatina.

**gelatine** /djéletín, djéletin/ » **gelatin**.

**gelatinous** /djelætenes/ *adj* gelatinoso.

**geld** /géld/ *v* castrar (animal); tirar o vigor, enfraquecer.

**gelding** /gélding/ *s* animal castrado.

**gelid** /djélid/ *adj* gélido, gelado.

**gelt** /gélt/ *v pass* e *part pass* de **geld**.

**gem** /djém/ *s* gema, pedra preciosa.

**geminate** /djémineit/ *v* geminar. | *adj* /djéminet/ geminado.

**Gemini** /djémenai, djémeni/ *s* Gêmeos (constelação e signo).

**gender** /djénder/ *s* gênero (gramática); sexo.

**gene** /djín/ *s* gene.

**genealogical** /djínieládjikel/ *adj* genealógico.

**genealogy** /djíniæledji/ *s* genealogia.

**general** /djénerel/ *adj* geral, genérico, comum, usual, público. | *s* general. • **in general** em geral.

**general anesthetic** *s* anestesia geral.

**general delivery** *s* posta-restante.

**generality** /djénerælti/ *s* generalidade.

**generalization** /djénerelizeichen/ *s* generalização.

**generalize** /djénerelaiz/ *v* generalizar.

**generally** /djénereli/ *adv* geralmente.

**general practitioner** *s* clínico geral (*abrev* **GP** ou **G.P.**).

**general staff** *s* estado-maior.

**general strike** *s* greve geral.

**generate** /djénereit/ *v* gerar, produzir, originar, criar; causar, provocar.

**generation** /djénereichen/ *s* geração, procriação, reprodução.

**generation gap** *s* conflito de gerações.
**generator** /djénereiter/ *s* gerador, dínamo.
**generic** /djenérik/ *adj* genérico.
**generosity** /djénerásetí/ *s* generosidade.
**generous** /djéneres/ *adj* generoso; abundante, rico.
**genesis** /djénesis/ *s* gênese (*pl* **geneses** /djénesiz/).
**genetic** /djénétik/ *adj* genético.
**genetical** /djénétikel/ » **genetic**.
**genetic code** *s* código genético.
**genetic engineering** *s* engenharia genética.
**geneticist** /djénétisist/ *s* geneticista.
**genetics** /djénétiks/ *s us v sing* genética.
**genial** /djíniel/ *adj* cordial, amável, benévolo; gracioso.
**genie** /djíni/ *s* gênio (criatura que realiza desejos).
**genital** /djénetel/ *adj* genital. | *s* genitália.
**genitive** /djénetiv/ *s* genitivo.
**genius** /djínies/ *s* gênio, talento raro (*pl* **geniuses**); divindade, espírito protetor (*pl* **genii** /djíniai/).
**genocide** /djénesaid/ *s* genocídio.
**genre** /jánre/ *s* gênero, espécie, estilo.
**genteel** /djéntíl/ *adj* polido, distinto, bem-educado, fino.
**gentian** /djénchen/ *s* genciana.
**gentile** /djéntail/ *s* e *adj* gentílico; pagão.
**gentility** /djéntileti/ *s* nobreza; distinção, refinamento.
**gentle** /djéntl/ *adj* gentil, dócil; meigo, suave, brando; pacífico, tranquilo; nobre, bem-nascido. | *v* suavizar, abrandar; amansar, domesticar animal.
**gentlefolk** /djéntlfouk/ *s pl* nobreza, alta sociedade (*tb* **gentlefolks**).
**gentleman** /djéntlmen/ *s* cavalheiro.
**gentleman's agreement** *s* acordo entre cavalheiros, pacto de honra.
**gentleness** /djéntlnes/ *s* docilidade, brandura, suavidade, delicadeza.
**gentry** /djéntri/ *s* pequena nobreza, família distinta, alta burguesia.
**genuflect** /djényuflékt/ *v* genuflectir.
**genuine** /djényuin/ *adj* genuíno, autêntico, legítimo, verdadeiro; sincero, honesto.
**geocentric** /djíouséntrik/ *adj* geocêntrico.
**geographer** /djiágrefer/ *s* geógrafo.
**geographic** /djíegræfik/ *adj* geográfico.
**geographical** /djíegræfikel/ » **geographic**.
**geography** /djiágrefi/ *s* geografia.
**geologic** /djieládjik/ » **geological**.
**geological** /djieládjikel/ *adj* geológico.
**geologist** /djiáledjist/ *s* geólogo.
**geology** /djiáledji/ *s* geologia.
**geometric** /djíemétrik/ *adj* geométrico.
**geometrical** /djíemétrikel/ » **geometric**.
**geometry** /djiámetri/ *s* geometria.
**geophysics** /djíoufiziks/ *s us v sing* geofísica.
**geopolitics** /djíoupáletiks/ *s us v sing* geopolítica.
**Georgia** /djórdje/ *s* Geórgia.
**Georgian** /djórdjen/ *s* e *adj* georgiano.
**geranium** /djereiniem/ *s* gerânio.
**geriatric** /djeriætrik/ *adj* geriátrico.
**geriatrics** /djeriætriks/ *s us v sing* geriatria.
**germ** /djêrm/ *s* germe, micróbio; embrião, semente.
**German** /djêrmen/ *s* e *adj* alemão.
**Germanic** /djermænik/ *adj* germânico.
**Germany** /djêrmeni/ *s* Alemanha.
**germicide** /djêrmesaid/ *s* germicida.
**germinal** /djêrmenel/ *adj* germinal.
**germinate** /djêrmeneit/ *v* germinar.
**germination** /djêrmeneichen/ *s* germinação.
**germ warfare** *s* guerra bacteriológica.
**gerund** /djérend/ *s* gerúndio.
**gestate** /djésteit/ *v* gerar, conceber.
**gestation** /djésteichen/ *s* gestação, gravidez.
**gesticulate** /djéstikyeleit/ *v* gesticular.
**gesticulation** /djéstikyeleichen/ *s* gesticulação.
**gesture** /djéstcher/ *s* gesto. | *v* gesticular.

**get** /gét/ *v* conseguir, obter, ganhar; adquirir; pegar; apanhar, contrair (doença); habituar-se; compreender, entender; chegar; produzir; trazer; vencer; recolher; ser capaz de. • **get down** descer; chatear; cansar. **get in** entrar, chegar; envolver-se. **get off** partir, ir embora. **get on** progredir, prosperar; subir, entrar; vestir, pôr. **get out** sair, ir embora. **get together** montar, juntar, acumular. **get up** levantar da cama, subir.

**getaway** /gétewei/ *s* escapada, fuga; largada (de corrida).

**get-together** /géttegé*dher*/ *s* reunião informal.

**getup** /gétâp/ *s* composição, estilo, apresentação (livro, revista); *inform* adorno, traje.

**gewgaw** /gúgá/ *s* quinquilharia, bugiganga.

**geyser** /gaiz*er*/ *s* gêiser.

**Ghana** /gáne/ *s* Gana.

**Ghanaian** /gánien, gáneien/ *s* e *adj* ganense, ganês.

**Ghanian** /gánien/ » **Ghanaian**.

**ghastly** /gæstli/ *adj* pálido, lívido, cadavérico; horrível, horripilante, medonho.

**ghetto** /gétou/ *s* gueto.

**ghost** /goust/ *s* fantasma, espectro, alma penada, aparição; espírito, alma; sombra, vislumbre; imagem secundária.

**ghostly** /goustli/ *adj* fantasmagórico, espectral.

**ghost story** *s* conto, história de fantasmas.

**ghostwriter** /goustrait*er*/ *s* escritor cujas obras são assinadas por outro.

**ghoul** /gúl/ *s* pessoa de tendências necrófilas; espírito mau que viola as covas e se alimenta dos cadáveres.

**giant** /djaient/ *adj* gigantesco, colossal. | *s* gigante.

**gibber** /djib*er*/ *v* falar ou tagarelar coisas sem sentido. | *s* palavreado, algaravia.

**gibberish** /djiberich/ *s* linguagem ininteligível, inarticulada; linguagem altamente técnica, jargão.

**gibbet** /djibit/ *s* forca, patíbulo. | *v* enforcar; expor à execração pública.

**gibbon** /giben/ *s* gibão.

**gibe** /djaib/ *s* escárnio, zombaria, deboche. | *v* escarnecer, zombar, debochar.

**giddiness** /gidines/ *s* vertigem; frivolidade, inconstância.

**giddy** /gidi/ *adj* tonto, vertiginoso; frívolo, inconstante.

**GIF** *abrev* de **Graphics Interchange Format**, formato de intercâmbio de arquivo gráfico.

**gift** /gift/ *s* presente, dádiva, oferenda; dom, inclinação, talento. | *v* presentear, doar.

**gifted** /giftid/ *adj* dotado, prendado, talentoso.

**gigabyte** /gigebait/ *s* unidade igual a um bilhão de *bytes*.

**gigantic** /djaigæntik/ *adj* gigantesco, colossal.

**giggle** /gigel/ *v* dar risadinha; ter um ataque de riso. | *s* riso afetado e tolo, risadinha.

**giggler** /gigl*er*/ *s* pessoa que ri sem motivo.

**gigolo** /djigelou/ *s* gigolô.

**gigot** /zígou/ *s* pernil ou perna (carneiro, porco).

**gild** /gild/ *v* dourar, folhear a ouro; tornar vistoso.

**gilding** /gildi*ng*/ *s* douração, ato de folhear a ouro; folha ou tinta dourada.

**gill** /gil/ *s* guelra ou brânquia de peixe.

**gilt** /gilt/ *adj* dourado. | *s* camada ou folha de ouro que reveste um objeto, douradura. | *v pass* e *part pass* de **gild**.

**gimcrack** /djimkræk/ *adj* barato e deselegante. | *s* coisa vistosa sem valor, quinquilharia.

**gimlet** /gimlet/ *s* broca, pua, verruma.

**gimmick** /gimik/ *s* macete ou truque publicitário para atrair a atenção; engenhoca. | *v* usar de macete ou truque publicitário para atrair a atenção.

G

**gin** /djin/ *s* gim (bebida); laço, armadilha de caça; máquina de descaroçar algodão. | *v* apanhar em laço ou armadilha; descaroçar algodão.

**ginger** /djindj*er*/ *s* gengibre.

**ginger ale** *s* refrigerante aromatizado com gengibre.

**ginger beer** *s* bebida não alcoólica aromatizada com gengibre fermentado.

**gingerbread** /djindj*er*bréd/ *s* pão de especiarias, pão de gengibre; ornamento vistoso e barato, enfeite de mau gosto.

**gingerly** /djindj*er*li/ *adv* cautelosamente. | *adj* cauteloso, prudente.



**gingery** /djindjeri/ *adj* com sabor de gengibre, semelhante ao gengibre, de sabor picante.

**gingham** /gi*ng*em/ *s* tecido de algodão com padrão xadrez ou listado.

**gip** /djip/ » **gyp**.

**Gipsy** /djipsi/ » **Gypsy**.

**giraffe** /djeræf/ *s* girafa (*pl* **giraffe** ou **giraffes**).

**girandole** /djirendoul/ *s* girândola, candelabro, lustre.

**gird** /gêrd/ *v* circundar, amarrar, enlaçar; preparar-se para a ação; zombar, escarnecer.

**girder** /gêrd*er*/ *s* viga mestra.

**girdle** /gêrdel/ *v* cercar, circundar; pôr cinta em. | *s* cinto; cinta elástica ou ortopédica; faixa, cinturão.

**girl** /gêrl/ *s* garota, menina, moça; namorada.

**girlfriend** /gêrlfrénd/ *s* namorada; /gêrlfrénd/ amiga (*tb* **girl friend**).

**girlhood** /gêrlhud/ *s* meninice, adolescência feminina.

**girlish** /gêrlich/ *adj* juvenil, próprio de menina ou moça.

**Girl Scout** *s* escoteira, bandeirante.

**girth** /gêr*th*/ *s* circunferência, perímetro; medida da cintura; cilha. | *v* circundar, cingir.

**gist** /djist/ *s* ideia central, sentido principal, essência.

**give** /giv/ *v* dar, doar, ceder, presentear, oferecer; pagar, administrar (remédio); impingir; sacrificar. • **give back** retornar, devolver. **give over** parar, cessar. **give up** abandonar, desistir.

**given** /given/ *v part pass* de **give**. | *adj* especificado, determinado, dado; inclinado a.

**given name** *s* prenome, nome de batismo.

**giver** /giv*er*/ *s* doador, contribuinte.

**glabrous** /gleibres/ *adj* calvo.

**glacial** /gleichel/ *adj* glacial, glaciário.

**glaciation** /gleichieichen/ *s* glaciação.

**glacier** /gleich*er*/ *s* glaciar, geleira.

**glad** /glæd/ *adj* satisfeito, contente, alegre.

**gladden** /glæden/ *v* alegrar.

**glade** /gleid/ *s* clareira.

**gladiator** /glædieit*er*/ *s* gladiador.

**gladly** /glædli/ *adv* com muito prazer, com alegria.

**gladness** /glædnes/ *s* alegria, satisfação, júbilo.

**gladsome** /glædsem/ *adj* alegre, contente, jovial.

**glair** /glér/ *s* clara de ovo, albumina; substância viscosa.

**glamor** /glæm*er*/ » **glamour**.

**glamour** /glæm*er*/ *s* encanto, charme, fascinação.

**glamorous** /glæmeres/ *adj* encantador, fascinante, glamouroso.

**glamourous** /glæmeres/ » **glamorous**.

**glance** /glæns/ *s* clarão, fulgor; olhar de relance, olhadela. | *v* olhar rapidamente, passar os olhos; cintilar, brilhar. • **at a glance** num relance. **at first glance** à primeira vista.

**gland** /glænd/ *s* glândula.

**glandular** /glændjel*er*/ *adj* glandular.

**glare** /glér/ *s* olhar penetrante; brilho intenso, clarão. | *v* olhar de modo penetrante; fitar, encarar; brilhar, cintilar.

**glaring** /glér*ing*/ *adj* brilhante, deslumbrante; óbvio, evidente; penetrante, fixo (olhar).

**glass**/glæs/ *s* vidro; qualquer objeto feito de vidro; copo, taça; vidraça; espelho; telescópio. | *v* envidraçar; cobrir ou proteger com vidro; refletir (num espelho). • **glasses** óculos.
**glassful** /glæsful/ *s* o conteúdo de um copo.
**glass eye** *s* olho de vidro.
**glasshouse**/glæshaus/ *s* fábrica de vidro, vidraria.
**glassmaker** /glæsmeiker/ *s* pessoa que fabrica vidro.
**glassware** /glæswér/ *s* vidros, vidraria, artigos de vidro ou de cristal.
**glass wool** *s* lã de vidro.
**glassworks** /glæswêrks/ *s us v sing* fábrica de vidro, vidraria.
**glassy** /glæsi/ *adj* vítreo, transparente, cristalino; inexpressivo, sem vida.
**glaucoma**/glákoume/ *s* glaucoma.
**glaze** /gleiz/ *s* superfície lisa e brilhante; verniz, esmalte, cobertura vitrificada; camada fina de gelo; cobertura em doces. | *v* suprir ou guarnecer de vidros, envidraçar; lustrar; esmaltar, envernizar.
**glazier**/gleijer/ *s* vidraceiro.
**glazing**/gleizing/ *s* envidraçamento; ofício de vidraceiro; vitrificação; lustre, envernizamento.
**gleam**/glím/ *s* raio de luz, lampejo, luz fraca. | *v* luzir, radiar, cintilar, bruxulear.
**glean**/glín/ *v* respigar, catar; juntar, recolher; colecionar, compilar.
**glee**/glí/ *s* regozijo, alegria, júbilo.
**gleeful**/glífel/ *adj* alegre, jubiloso.
**gleeman**/glímen/ *s* trovador, menestrel.
**glen**/glén/ *s* vale estreito, ravina.
**glib** /glib/ *adj* fluente, desembaraçado, fácil; precipitado, impensado.
**glide** /glaid/ *v* deslizar, escorregar; resvalar, mover-se vagarosamente; passar imperceptivelmente; planar. | *s* escorregadela, deslize, deslizamento.
**glider**/glaider/ *s* planador.
**glim**/glim/ *s* luz de vela.
**glimmer**/glimer/ *v* tremeluzir, bruxulear. | *s* luz fraca e trêmula, bruxuleio; relance, lampejo.
**glimpse** /glimps/ *v* vislumbrar, olhar de relance. | *s* vislumbre, olhadela.
**glint** /glint/ *v* faiscar, reluzir, cintilar. | *s* brilho, clarão, lampejo.
**glisten**/glisen/ *v* brilhar, cintilar, reluzir. | *s* brilho, cintilação.
**glitter** /gliter/ *s* brilho, fulgor, cintilação; purpurina, *glitter*. | *v* brilhar, reluzir.
**gloaming** /glouming/ *s* crepúsculo, entardecer.
**gloat** /glout/ *v* regozijar-se (com o mal alheio), regalar-se.
**global**/gloubel/ *adj* global, mundial.
**globalization** /gloubelizeichen/ *s* globalização.
**globalize**/gloubelaiz/ *v* globalizar.
**global village** *s* aldeia global.
**globe** /gloub/ *s* globo, esfera. | *v* arredondar.
**globular** /glábyeler/ *adj* globular, esférico.
**globule**/glábyúl/ *s* glóbulo.
**gloom** /glúm/ *s* penumbra, escuridão; abatimento, melancolia. | *v* escurecer; entristecer.
**gloomy**/glúmi/ *adj* escuro, sombrio; triste, melancólico, depressivo.
**glorification** /glórefekeichen/ *s* glorificação.
**glorify**/glórefai/ *v* glorificar.
**glorious** /glóries/ *adj* glorioso, ilustre; esplêndido, magnífico.
**glory** /glóri/ *s* glória, fama, celebridade; louvor, exaltação; brilho, esplendor, beleza. | *v* gloriar-se, ufanar-se, envaidecer-se.
**gloss** /glás/ *s* lustro, brilho, polimento; falsa aparência, falso brilho; glosa, nota explicativa, comentário; interpretação falsa. | *v* lustrar, polir, acetinar, envernizar; dar falsa interpretação; fazer comentários ou notas explicativas em textos.

**glossary** /gláseri/ *s* glossário.
**glossy** /glási/ *adj* brilhante, lustroso, polido.
**glottis** /glátes/ *s* glote (*pl* **glottises** /glátisiz/ ou **glottides** /glátidíz/).
**glove** /glâv/ *s* luva. | *v* enluvar, pôr luva em.
**glove compartment** *s* porta-luvas.
**glow** /glou/ *v* brilhar, arder, fulgir, fulgurar; corar, ruborizar. | *s* brilho, incandescência, fulgor; vermelhidão, rubor; bem-estar.
**glower** /glauer/ *v* olhar com ar ameaçador, encarar. | *s* olhar ameaçador.
**gloze** /glouz/ *v* servir-se de paliativo.
**glucose** /glúkous/ *s* glicose.
**glue** /glú/ *v* colar, grudar, fixar, aderir. | *s* cola, grude, visco.
**gluey** /glúi/ *adj* pegajoso, viscoso, grudento.
**glum** /glâm/ *adj* mal-humorado, taciturno, sombrio, deprimido.
**glut** /glât/ *v* abarrotar, atulhar, sobrecarregar; saciar, fartar. | *s* excesso, superabundância.
**gluten** /glúten/ *s* glúten.
**glutinous** /glútenes/ *adj* glutinoso, viscoso, pegajoso.
**glutton** /glâten/ *s* glutão.
**gluttonous** /glâtenes/ *adj* glutão, voraz, guloso.
**gluttony** /glâteni/ *s* glutonaria, gula.
**glycerin** /gliserin, gliserín/ *s* glicerina.
**glycerine** /gliserin, gliserín/ » **glycerin**.
**GMT** /djiémtí/ *abrev* de **Greenwich Mean Time**, horário de Greenwich.
**gnash** /næch/ *v* ranger os dentes.
**gnat** /næt/ *s* pernilongo, mosquito.
**gnaw** /ná/ *v* roer, corroer, desgastar; atormentar.
**gnome** /noum/ *s* gnomo, duende; máxima, aforismo, provérbio.
**gnocchi** /nyáki/ *s pl* nhoque.
**gnostic** /nástik/ *adj* e *s* gnóstico.
**GNP** /djiémpí/ *abrev* de **Gross National Product**, PIB, Produto Interno Bruto.
**go** /gou/ *v* ir; mover-se; viajar; partir; dirigir-se a; levar, conduzir; funcionar, trabalhar (máquinas); prosseguir, continuar; expirar; desaparecer; morrer; atravessar por momento difícil; condizer; combinar com; circular, passar de mão em mão. | *s* vitalidade; período de tempo. • **go ahead** ir em frente, continuar. **go away** ir embora, desaparecer. **go back** retroceder. **go by** passar (tempo); ser guiado por. **go on** continuar; acontecer. **go out** chegar ao fim; sair, viajar, passear. **go with** harmonizar; combinar. **to go** para viagem (no restaurante).
**goad** /goud/ *s* aguilhão, aguilhoada; estímulo. | *v* aguilhoar; incitar, estimular.
**go-ahead** /gouehéd/ *adj* ativo, enérgico, empreendedor. | *s* permissão para prosseguir.
**goal** /goul/ *s* meta, fim, intento, objetivo; gol.
**goalkeeper** /goulkíper/ *s* goleiro.
**goal line** *s* linha de fundo.
**goal post** *s* trave do gol.
**goat** /gout/ *s* cabra, bode; homem lascivo; bode expiatório; *maiús* Capricórnio (constelação e signo).
**goatee** /goutí/ *s* cavanhaque.
**gobble** /gábel/ *v* devorar, comer e beber com avidez. | *s* gorgolejo, gluglu (voz do peru).
**gobbler** /gábler/ *s* peru.
**go-between** /goubetwín/ *s* intermediário, mensageiro.
**goblet** /gáblet/ *s* taça, cálice.
**goblin** /gáblin/ *s* duende, elfo.
**god** /gád/ *s* deus, divindade; *maiús* o Senhor, Deus.
**godchild** /gádtchaild/ *s* afilhado, afilhada.
**goddaughter** /gáddáter/ *s* afilhada.
**goddess** /gádis/ *s* deusa.
**godfather** /gádfádher/ *s* padrinho.
**godless** /gádles/ *adj* herege, ateu, ímpio; mau, perverso.
**godlike** /gádlaik/ *adj* divino, como um deus, próprio de um deus.

**godmother** /gádmâ*dher*/ *s* madrinha.
**godparent** /gádpérent/ *s* padrinho ou madrinha.
**godson** /gádsân/ *s* afilhado.
**goggle** /gágel/ *v* arregalar ou revirar os olhos. | *s* olhar fixo. • **goggles** óculos de proteção.
**going** /gou*ing*/ *s* ida, saída, partida. | *adj* em funcionamento, em atividade, em andamento.
**goiter** /goit*er*/ *s* bócio.
**gold** /gould/ *s* ouro; dinheiro, riqueza. | *adj* da cor do ouro, dourado.
**gold dust** *s* ouro em pó.
**golden** /goulden/ *adj* dourado, de ouro; brilhante como ouro; excelente, de ótima qualidade.
**gold mine** *s* mina de ouro.
**gold rush** *s* corrida em busca do ouro.
**goldsmith** /gouldsmi*th*/ *s* ourives.
**golf** /gálf/ *s* golfe. | *v* jogar golfe.
**golf club** *s* taco de golfe; clube de golfe.
**golf course** *s* campo de golfe.
**golfer** /gálf*er*/ *s* jogador de golfe.
**gondola** /gándele/ *s* gôndola.
**gondolier** /gándelir/ *s* gondoleiro.
**gone** /gán/ *v part pass* de **go**. | *adj* partido, ido; perdido, arruinado; morto, falecido; esgotado, gasto.
**gong** /gá*ng*/ *s* gongo.
**good** /gud/ *adj* bom; benigno; útil; vantajoso; propício; obediente; sólido, estável; hábil; considerável; virtuoso; apropriado; genuíno, legítimo. | *s* bem, virtude, bondade. | *adv* bem. • **for good** para sempre. **goods** mercadorias, artigos, gêneros, bens.
**good afternoon** *s* boa-tarde.
**good-bye** /gudbai/ *s* e *interj* adeus (*tb* **goodbye** e **good-by**).
**good evening** *s* boa-noite.
**good fellow** *s* bom sujeito, boa-praça.
**Good Friday** *s* Sexta-feira Santa.
**goodhearted** /gudhárted/ *adj* gentil, generoso, de bom coração.
**goodie** /gudi/ » **goody**.
**good-looking** /gudluki*ng*/ *adj* bonito, de boa aparência.
**goodly** /gudli/ *adj* belo, formoso, atraente; amplo, considerável.
**good morning** *s* bom-dia.
**good nature** *s* boa índole, bondade.
**good-natured** /gudneitch*erd*/ *adj* bondoso, de bom coração.
**goodness** /gudnes/ *s* bondade, benevolência, virtude. | *interj* meu Deus. • **for goodness sake** valha-me Deus, pelo amor de Deus.
**good night** *s* boa-noite (despedida).
**goodwill** /gudwil/ *s* boa vontade, gentileza, benevolência.
**goody** /gudi/ *interj* que bom; que delícia. | *s* guloseima.
**goof** /gúf/ *v* cometer um erro, dar uma mancada; matar o tempo. | *s* pateta, bobalhão, palerma; mancada, deslize, erro.
**goofy** /gúfi/ *adj* pateta, tolo, ridículo.
**goose** /gús/ *s* ganso; *coloq* bobo (*pl* **geese** /gís/).
**gooseberry** /gúsbéri/ *s* groselha.
**gore** /gór/ *s* sangue coagulado; nesga. | *v* ferir (com presas ou chifradas); cortar em nesgas.
**gorge** /górdj/ *s* desfiladeiro; garganta, goela; conteúdo do estômago, o que se engole; apetite voraz. | *v* engolir, empanturrar-se, devorar.
**gorgeous** /górdjes/ *adj* esplêndido, suntuoso, deslumbrante, belo.
**gorilla** /gerile/ *s* gorila.
**gormandize** /górmendaiz/ *v* comer sofregamente, devorar.
**gormandizer** /górmendaiz*er*/ *s* comilão, glutão.
**gory** /góri/ *adj* sangrento, ensanguentado.
**gosh** /gách/ *interj* caramba.
**gosling** /gázli*ng*/ *s* ganso pequeno; pessoa ingênua e inexperiente.
**gospel** /gáspel/ *s* evangelho.
**gospel music** *s* música evangélica.

**gossamer** /gásemer/ *s* teia de aranha; tecido fino. | *adj* delicado, fino, transparente.
**gossip** /gásep/ *v* fofocar, mexericar, bisbilhotar, falar da vida alheia. | *s* mexerico, boato, fofoca; fofoqueiro, mexeriqueiro.
**got** /gát/ *v pass* de **get**.
**gothic** /gáthik/ *adj* e *s* gótico.
**gotten** /gáten/ *v part pass* de **get**.
**gouache** /guách/ *s* guache.
**gouge** /gaudj/ *v* chanfrar com goiva; *inform* extorquir. | *s* goiva, escopro; *inform* extorsão.
**gourd** /górd, gurd/ *s* planta trepadeira; cabaça, cuia.
**gout** /gaut/ *s* gota, artrite.
**govern** /gâvern/ *s* governo. | *v* governar, administrar; guiar; regular; controlar; reger (gramática).
**governance** /gâvernens/ *s* governo, controle.
**governess** /gâvernes/ *s* preceptora, governanta.
**government** /gâvernment/ *s* governo, administração; regência (gramática).
**governmental** /gâvernméntel/ *adj* governamental.
**governor** /gâverner/ *s* governador; gerente, executivo, patrão.
**gown** /gaun/ *s* roupão, chambre; vestido longo; toga, beca. | *v* vestir toga.
**GP** *abrev* de **general practitioner**, clínico geral.
**grab** /græb/ *v* agarrar, arrebatar, apossar-se de. | *s* agarramento, arrebatamento, avanço.
**grabble** /græbel/ *v* apalpar, tatear; estatelar-se, prostrar-se.
**grace** /greis/ *s* graça, elegância; bênção, graça divina; bondade, clemência; agradecimento. | *v* agraciar; embelezar; honrar; favorecer.
**graceful** /greisfel/ *adj* elegante, gracioso.
**gracefulness** /greisfelnes/ *s* graça, elegância.
**graceless** /greisles/ *adj* desajeitado, deselegante; depravado, amoral.
**gracious** /greiches/ *adj* gracioso, atraente, cortês, encantador; indulgente, benévolo, benigno.
**graciousness** /greichesnes/ *s* graça, bondade, gentileza, amabilidade.
**gradate** /greideit/ *v* graduar, matizar, dispor em gradação, classificar.
**gradation** /greideichen/ *s* gradação, nuança.
**grade** /greid/ *s* grau; fase; classe, categoria; série, ano escolar; nota (de prova ou trabalho escolar). | *v* graduar, classificar, seriar; nivelar uma superfície.
**grade crossing** *s* passagem de nível.
**grade school** *s* escola primária.
**gradient** /greidient/ *s* gradiente, inclinação, rampa, declive.
**gradual** /grædjuel/ *adj* gradual, progressivo.
**graduate** /grædjueit/ *v* graduar(-se), classificar(-se), diplomar(-se), colar grau. | /grædjuet/ *s* graduado (grau universitário).
**graduation** /grædjueichen/ *s* graduação, gradação; colação de grau, formatura.
**graft** /græft/ *s* tipo de enxertia, transplante; concussão, suborno. | *v* implantar, transplantar, enxertar; subornar, extorquir.
**grafter** /græfter/ *s* enxertador; subornador.
**grail** /greil/ *s* graal.
**grain** /grein/ *v* granular. | *s* grão, semente; glóbulo; cereal; veio da madeira; índole, característica essencial; pequena porção.
**gram** /græm/ *s* grama (peso); plantas leguminosas.
**gramineous** /greminies/ *adj* gramíneo.
**grammar** /græmer/ *s* gramática.
**grammarian** /gremérien/ *s* gramático.
**grammatical** /gremætikel/ *adj* gramatical.
**gramophone** /græmefoun/ *s* gramofone, fonógrafo.

**granary** /grǽneri/ *s* celeiro.
**grand** /grænd/ *adj* grande, grandioso, sublime, imponente, magnificente; ilustre, digno.
**grandaunt** /grǽndænt/ » **great-aunt**.
**grandchild** /grǽndtchaild/ *s* neto, neta (*pl* **grandchildren** /grǽndtchildren/).
**granddaughter** /grǽnddáter/ *s* neta.
**grandeur** /grǽndjer/ *s* grandeza, magnificência.
**grandfather** /grǽndfádher/ *s* avô.
**grandfather clock** *s* carrilhão, relógio de pêndulo.
**grandiloquence** /grændílekwens/ *s* grandiloquência.
**grandiloquent** /grændílekwent/ *adj* grandiloquente.
**grandiosity** /grændiáseti/ *s* grandiosidade, pompa, ostentação.
**grandma** /grǽndmá/ *s inform* vovó.
**grandmother** /grǽndmâdher/ *s* avó.
**grandnephew** /grǽndnéfyú/ *s* sobrinho-neto.
**grandniece** /grǽndnís/ *s* sobrinha-neta.
**grandpa** /grǽndpá/ *s inform* vovô.
**grandparent** /grǽndpérent/ *s* avô, avó.
**grand piano** *s* piano de cauda.
**Grand Prix** *s* Grande Prêmio.
**grandson** /grǽndsân/ *s* neto.
**granduncle** /grǽndânkel/ *s* » **great-uncle**.
**granite** /grǽnit/ *s* granito.
**grannie** /grǽni/ » **granny**.
**granny** /grǽni/ *s inform* avó, vovó.
**grant** /grænt/ *s* concessão, outorga; donativo, subsídio, privilégio. | *v* conferir, outorgar, conceder. • **take for granted** dar algo por certo, contar com.
**grantable** /grǽntebel/ *adj* concedível, outorgável, admissível.
**grantee** /grænti/ *s* concessionário.
**granular** /grǽnyeler/ *adj* granular, granuloso.
**granulate** /grǽnyeleit/ *v* granular.
**granulation** /grænyeléichen/ *s* granulação.
**grape** /greip/ *s* uva.
**grapefruit** /gréipfrút/ *s* toranja.
**grapevine** /gréipvain/ *s* videira, parreira, vinha; boato falso; fonte de informação confidencial.
**graph** /græf/ *s* diagrama, gráfico.
**graphic** /grǽfik/ *adj* gráfico.
**graphical** /grǽfikel/ » **graphic**.
**graphic arts** *s* artes gráficas.
**graphics** /grǽfiks/ *s us v sing* arte gráfica, desenho gráfico.
**graphology** /grefáledji/ *s* grafologia.
**graph paper** *s* papel quadriculado, papel milimetrado.
**grapple** /grǽpel/ *v* agarrar, segurar, prender; lutar corpo a corpo com, engalfinhar-se. | *s* golpe, chave; luta corpo a corpo.
**grasp** /græsp/ *v* agarrar, segurar, arrebatar; compreender. | *s* ato de agarrar, de segurar; poder de compreensão.
**grasping** /grǽsping/ *adj* avaro, ávido.
**grass** /græs/ *s* grama, capim, pasto, relva; erva; *gír* maconha.
**grasshopper** /grǽsháper/ *s* gafanhoto.
**grassland** /grǽslænd/ *s* pasto, pastagem.
**grate** /greit/ *v* raspar, ralar; ranger; irritar. | *s* grade, grelha.
**grateful** /gréitfel/ *adj* grato, agradecido.
**gratefulness** /gréitfelnes/ *s* gratidão, reconhecimento.
**grater** /gréiter/ *s* ralador, raspador.
**gratification** /grætefikéichen/ *s* gratificação.
**gratify** /grǽtefai/ *v* satisfazer, agradar, contentar.
**gratis** /grǽtes, gréites/ *adv* e *adj* grátis, gratuito.
**gratitude** /grǽtetúd/ *s* gratidão.
**gratuitous** /gretúetes/ *adj* gratuito; voluntário, espontâneo; sem razão, infundado.
**gratuity** /gretúeti/ *s* gorjeta, gratificação.
**grave** /greiv/ *s* cova, sepultura; morte, extinção. | /gráv, greiv/ acento grave. | *v* gravar, esculpir. | *adj* grave, sério, preocupante, importante; sóbrio, sisudo.

G

G

**gravedigger** /greivdiger/ *s* coveiro.
**gravel** /grævel/ *s* cascalho, pedregulho. | *v* cobrir de areia ou de calcário; *inform* irritar; deixar perplexo, desconcertar.
**graveness** /greivnes/ *s* gravidade, seriedade.
**graver** /greiver/ *s* buril, cinzel; gravador, escultor.
**gravestone** /greivstoun/ *s* lápide, pedra tumular.
**graveyard** /greivyárd/ *s* cemitério.
**gravitate** /græviteit/ *v* gravitar.
**gravitation** /græviteichen/ *s* gravitação.
**gravitational** /græviteichenel/ *adj* gravitacional.
**gravity** /græveti/ *s* gravidade, atração; seriedade, sobriedade.
**gravure** /grævyur/ *s* gravura.
**gravy** /greivi/ *s* caldo ou molho de carne; *gír* lucro fácil.
**gray** /grei/ *adj* cinza, cinzento, grisalho; depressivo. | *s* cinza.
**grayish** /greiich/ *adj* acinzentado.
**gray matter** *s* massa cinzenta.
**gray scale** *s* escala de tons de cinza.
**graze** /greiz/ *s* escoriação, esfoladura. | *v* roçar, encostar, tocar de leve; raspar, arranhar; pastar, pastorear; comer entre as refeições, beliscar.
**grazier** /greijer/ *s* engordador ou invernador de gado.
**grease** /grís/ *s* gordura, banha; óleo, graxa, lubrificante. | *v* untar, engraxar, lubrificar; *gír* subornar, "molhar a mão"; *gír* matar.
**greasy** /grísi/ *adj* gorduroso, oleoso.
**great** /greit/ *adj* grande, volumoso, vultoso; vasto, extenso; numeroso; longo, dilatado; ótimo, excelente; eminente, notável; poderoso, magnífico; principal.
**great-aunt** /greitænt/ *s* tia-avó.
**great-grandchild** /greitgrændchaild/ *s* bisneto ou bisneta.
**great-granddaughter** /greitgrænddáter/ *s* bisneta.
**great-grandfather** /greitgrændfádher/ *s* bisavô.
**great-grandmother** /greitgrændmâdher/ *s* bisavó.
**great-grandparent** /greitgrændpérent/ *s* bisavô ou bisavó.
**great-grandson** /greitgrændsân/ *s* bisneto.
**great-uncle** /greitânkel/ *s* tio-avô.
**Greece** /grís/ *s* Grécia.
**greed** /gríd/ *s* cobiça, ganância, avareza.
**greedy** /grídi/ *adj* avaro, ganancioso; glutão, guloso.
**Greek** /grík/ *s* e *adj* grego.
**green** /grín/ *s* verde; verduras, legumes verdes; prado, campina, relva. | *adj* verde, verdejante; não maduro; fresco, vivo, vívido. | *v* pintar de ou tornar-se verde.
**green bean** *s* vagem.
**green corn** *s* milho verde.
**greenery** /gríneri/ *s* estufa (de plantas); vegetação, folhagem.
**green-eyed** /grínaid/ *adj* ciumento.
**greenfly** /grínflai/ *s* pulgão.
**greenhouse** /grínhaus/ *s* estufa de plantas.
**greenhouse effect** *s* efeito estufa.
**greenish** /grínich/ *adj* esverdeado.
**green pepper** *s* pimentão.
**greenroom** /grínrúm/ *s* camarim dos atores.
**greensward** /grínswórd/ *s* gramado.
**greet** /grít/ *v* saudar, cumprimentar.
**greeting** /gríting/ *s* saudação, felicitação, cumprimento.
**gregarious** /grigéries/ *adj* gregário.
**Gregorian** /grigórien/ *adj* gregoriano.
**Gregorian calendar** *s* calendário gregoriano.
**Gregorian chant** *s* canto gregoriano.
**Grenada** /greneid/ *s* Granada.
**Grenadian** /greneidien/ *s* e *adj* granadino.
**grenade** /greneid/ *s* granada, bomba.
**grew** /grú/ *v pass* de **grow**.
**grey** /grei/ » **gray**.

**grid** /grid/ *s* grade, grelha, rede; posição de largada numa corrida de carros.
**griddle** /gridl/ *s* fôrma, assadeira para bolo.
**grief** /gríf/ *s* pesar, dor, aflição; desgraça, revés, aflição.
**grievance** /grívens/ *s* agravo, queixa; ressentimento.
**grieve** /grív/ *v* sofrer, afligir-se, lamentar-se, doer-se.
**grievous** /gríves/ *adj* penoso, aflitivo, doloroso; atroz, cruel; sério, grave, nocivo.
**grill** /gril/ *s* grelha; grelhado; grade. | *v* assar, grelhar; torturar pelo calor.
**grille** /gril/ *s* grade de ferro de proteção.
**grillroom** /grilrúm/ *s* restaurante que tem como especialidade carnes grelhadas.
**grim** /grim/ *adj* inflexível, rígido; implacável, impiedoso; sinistro.
**grimace** /grimes, grimeis/ *v* fazer caretas. | *s* careta, trejeito.
**grime** /graim/ *v* sujar, encardir. | *s* sujeira, fuligem.
**grimy** /graimi/ *adj* sujo, imundo, encardido.
**grin** /grin/ *v* sorrir. | *s* sorriso.
**grind** /graind/ *s* moagem, trituração; trabalho pesado; rangido; *inform* estudante aplicado. | *v* moer, triturar, esmagar; afiar, amolar; ranger os dentes; estudar duramente.
**grinder** /grainder/ *s* moedor; afiador, amolador; dente molar.
**grip** /grip/ *s* aperto de mão; controle, poder, domínio; compreensão; mala, valise; pinça, garra; alça, cabo; gripe. | *v* agarrar firmemente, prender, apertar, segurar; prender a atenção.
**gripe** /graip/ *v* agarrar, segurar, apertar; afligir, atormentar; causar ou ter cólicas intestinais; *inform* aborrecer, reclamar. | *s* ato de agarrar, aperto; controle, domínio; aflição, dor, tormento; cabo, alça, punho; aborrecimento, queixa. • **gripes** cólicas intestinais.
**grippe** /grip/ *s* gripe.
**grisly** /grizli/ *adj* horrível, medonho, repugnante.
**grist** /grist/ *s* grão para moer; grão moído, farelo.
**gristle** /grisel/ *s* cartilagem.
**gristly** /grisli/ *adj* cartilaginoso.
**grit** /grit/ *s* areia grossa, saibro, cascalho ou pedregulho; *inform* firmeza de caráter. | *v* cobrir de saibro; ranger os dentes. • **grits** *us v sing* ou *pl* aveia, trigo, sêmola, canjica.
**gritty** /griti/ *adj* areento, arenoso; corajoso, determinado.
**grizzly** /grizli/ *adj* cinzento, grisalho.
**grizzly bear** *s* urso-pardo.
**groan** /groun/ *v* gemer, lamentar, suspirar. | *s* gemido, lamentação.
**groat** /grout/ *s* antiga moeda inglesa.
**grocer** /grouser/ *s* merceeiro, vendeiro.
**grocery** /grouseri/ *s* mercearia, empório, armazém.
**groggy** /grági/ *adj* cambaleante, grogue.
**grogram** /grágrem/ *s* gorgorão.
**groin** /groin/ *s* virilha.
**groom** /grúm/ *s* cavalariço; noivo. | *v* tratar de cavalos; enfeitar, pôr em ordem; treinar alguém para uma atividade.
**groomsman** /grúmzmen/ *s* padrinho do noivo.
**groove** /grúv/ *s* entalhe, canalete, estria; experiência agradável. | *v* fazer ranhuras, chanfrar, estriar; *gír* divertir-se.
**groovy** /grúvi/ *adj gír* maravilhoso, agradável.
**grope** /group/ *v* tatear, andar às cegas.
**gross** /grous/ *adj* bruto (peso, lucro), total; gritante, flagrante; indecente, obsceno, vulgar; gordo, corpulento, denso; grande, volumoso. | *s* bruto, total (sem deduções).
**grotesque** /groutésk/ *adj* grotesco, bizarro.
**ground** /graund/ *s* solo, chão, piso, terra (*tb* eletrônica); área, terreno; razão, motivo; base, fundamento; campo, campo de esportes. | *v* fundar, fixar, basear, fundamentar; pôr no chão, tocar o chão. | *pass* e *part pass* de **grind**.

G

**ground crew** *s* mecânicos ou técnicos de terra.
**ground floor** *s* andar térreo.
**groundless** /graundles/ *adj* sem fundamento, infundado.
**groundling** /graundl*ing*/ *s* planta ou animal rasteiros; pessoa de gosto acanhado e sem espírito crítico.
**groundsel** /graundsel/ » **groundsill**.
**groundsill** /graundsil/ *s* viga fundamental, viga mestra.
**ground speed** *s* velocidade em relação à terra.
**ground water** *s* lençol freático, água subterrânea.

G

**groundwork** /graundwêrk/ *s* fundação, base.
**group** /grúp/ *s* grupo. | *v* agrupar, ajuntar, reunir.
**grouping** /grúp*ing*/ *s* agrupamento; série.
**grouse** /graus/ *v* resmungar, reclamar.
**grout** /graut/ *s* reboco, argamassa. | *v* rebocar.
**grove** /grouv/ *s* pequeno bosque, arvoredo; pomar.
**grovel** /grável/ *v* arrastar-se, humilhar-se, rebaixar-se.
**grow** /grou/ *v* crescer; brotar, germinar; cultivar, plantar, criar, produzir; desenvolver-se, tornar-se, vir a ser.
**grower** /grou*er*/ *s* cultivador, produtor.
**growl** /graul/ *v* rosnar, resmungar. | *s* rosnado, resmungo.
**grown** /groun/ *adj* crescido, adulto. | *v part pass* de **grow**.
**grown-up** /grounâp / *s* adulto (*tb* **grownup**). | /grounâp/ *adj* adulto, próprio de adulto.
**growth** /grou*th*/ *s* crescimento, desenvolvimento; aumento; maturidade; tumor, câncer.
**grub** /grâb/ *s* larva de insetos, lagarta; *gír* comida, boia; pessoa que faz trabalhos tediosos. | *v* cavar, desenterrar; arrancar pela raiz; labutar, trabalhar feito escravo.
**grubby** /grâbi/ *adj* encardido, sujo, imundo; infestado de larvas, bichado.
**grudge** /grâdj/ *s* ressentimento, rancor. | *v* conceder de má vontade, relutar.
**gruel** /grúel/ *s* mingau de aveia, papa.
**gruesome** /grúsem/ *adj* horrendo, pavoroso, medonho.
**gruff** /grâf/ *adj* áspero, grosseiro, rude.
**grumble** /grâmbel/ *v* resmungar, grunhir. | *s* resmungo, grunhido.
**grumpy** /grâmpi/ *adj* rabugento, resmungão.
**grunge** /grândj/ *s gír* sujo, encardido; pessoa chata, nojenta.
**grungy** /grândji/ *adj* nojento; em condições precárias.
**grunt** /grânt/ *v* grunhir, rosnar, resmungar; queixar-se, gemer. | *s* gemido, grunhido, ronco.
**guarantee** /gérentí, gérentí/ *s* garantia; fiança, caução, penhor; fiador. | *v* garantir.
**guarantor** /gérentór, gérentór/ *s* fiador.
**guaranty** /gérenti/ *s* garantia, caução. | *v* garantir.
**guard** /gárd/ *v* guardar, vigiar, proteger. | *s* guarda, vigilante, sentinela; anteparo, proteção, defesa.
**guarded** /gárdid/ *adj* precavido, cauteloso, prevenido; guardado, protegido.
**guardian** /gárdien/ *s* guardião, protetor; tutor, curador.
**guardian angel** *s* anjo da guarda.
**guardianship** /gárdienchip/ *s Jur* tutela, tutoria; proteção, guarda.
**guardrail** /gárdréil/ *s* corrimão; trilho de proteção na margem das estradas.
**guardroom** /gárdrúm/ *s* sala de guarda; prisão militar, xadrez.
**Guatemala** /gwátemále/ *s* Guatemala.
**Guatemalan** /gwátemálen/ *s* e *adj* guatemalteco.
**guava** /gwáve/ *s* goiaba; goiabeira.
**guerdon** /gêrden/ *s* galardão, prêmio, recompensa. | *v* recompensar, premiar.
**guerilla** /gerile/ » **guerrilla**.

**guerrilla** /gerile/ *s* guerrilha; guerrilheiro.

**guess** /gés/ *v* adivinhar, conjeturar, supor; julgar, pensar. | *s* conjetura, suposição, palpite.

**guessing game** *s* jogo de adivinhação.

**guesswork** /géswêrk/ *s* suposição, especulação.

**guest** /gést/ *s* convidado, visita, hóspede. | *v* receber convidado; participar como convidado.

**guffaw** /gâfá/ *s* gargalhada. | *v* gargalhar.

**GUI** *abrev* de **graphical user interface**, interface gráfica do usuário.

**guidance** /gaidens/ *s* direção, governo; liderança, guia.

**guide** /gaid/ *v* guiar, conduzir, orientar; gerenciar. | *s* guia (pessoa ou livro); líder.

**guidebook** /gaidbuk/ *s* guia (livro) para turista.

**guide dog** *s* cão que guia deficientes visuais.

**guideline** /gaidlain/ *s* diretriz, orientação.

**guild** /gild/ *s* corporação, associação, grêmio.

**guilder** /gilder/ *s* florim (moeda da Holanda).

**guile** /gail/ *s* logro, embuste, artifício, engano, malícia.

**guileful** /gailfel/ *adj* astucioso, embusteiro, malicioso.

**guileless** /gailles/ *adj* sincero, franco, ingênuo.

**guillotine** /giletín/ *s* guilhotina. | *v* guilhotinar.

**guilt** /gilt/ *s* culpa, pecado, delito.

**guiltless** /giltles/ *adj* inocente, livre de culpa.

**guilty** /gilti/ *adj* culpado.

**Guinea** /gini/ *s* Guiné.

**Guinea-Bissau** /ginibisau/ *s* Guiné-Bissau.

**Guinea-Bissauan** /ginibisauen/ *s* e *adj* guineense.

**Guinean** /ginien/ *s* e *adj* guineano.

**guinea pig** *s* cobaia, porquinho-da-índia.

**guise** /gaiz/ *s* aparência, aspecto, semblante.

**guitar** /gitár/ *s* violão.

**guitarist** /gitárist/ *s* violonista.

**gulch** /gâltch/ *s* ravina, garganta.

**gulf** /gâlf/ *s* golfo; abismo, precipício; redemoinho.

**gull** /gâl/ *s* gaivota; ingênuo, crédulo. | *v* lograr, enganar.

**gullet** /gâlit/ *s* esôfago; garganta; canal, ravina.

**gully** /gâli/ *s* canal, vala, sulco. | *v* cavar, erodir, desbarrancar.

**gulp** /gâlp/ *v* tragar, engolir avidamente. | *s* trago, gole.

**gum** /gâm/ *s* goma, resina; goma de mascar; adesivo, cola; gengiva. | *v* pôr goma em, grudar, colar.

**gummy** /gâmi/ *adj* viscoso, que tem consistência de goma.

**gumption** /gâmpchen/ *s* inteligência, esperteza, iniciativa; coragem, fibra, juízo.

**gun** /gân/ *s* arma de fogo; salva, tiro de canhão; artilheiro, atirador; matador profissional. | *v* atirar com arma de fogo; dar partida ou acelerar veículo.

**gunboat** /gânbout/ *s* canhoneira.

**gunnery** /gâneri/ *s* artilharia.

**gunpowder** /gânpauder/ *s* pólvora.

**gunshot** /gânchát/ *s* tiro ou alcance de arma de fogo.

**gunsmith** /gânsmi*th*/ *s* armeiro.

**gurgle** /gêrgel/ *v* gorgolar, borbulhar, borbotar. | *s* borbotão, gorgolão.

**gush** /gâch/ *v* jorrar, brotar, minar; expressar-se efusivamente. | *s* jorro; *inform* entusiasmo, efusão; explosão de choro.

**gust** /gâst/ *s* pé-de-vento, rajada, lufada; pancada (de chuva); explosão de emoção. | *v* ventar forte.

**gustation** /gâsteichen/ *s* gustação, paladar.

**gustative** /gâstetiv/ » **gustatory**.

**gustatory** /gâstetóri/ *adj* gustativo.

**gusty** /gâsti/ *adj* tempestuoso, estrepitoso.

**gut** /gât/ *s* tripa, intestino; vísceras, entranhas; gargalo, passagem estreita. | *v* desentranhar; estripar. • **guts** *gír* coragem, energia, atrevimento; essência.

**gutter** /gâter/ *s* sarjeta; canaleta, valeta; calha. | *v* derreter, queimar (vela); sulcar, abrir valetas.

**guttural** /gâterel/ *adj* gutural.

**guy** /gai/ *s inform* camarada, sujeito, cara; corda, cabo. | *v* guiar, aguentar com um cabo; ridicularizar, zombar.

**Guyana** /giæne, gaiæne/ *s* Guiana.

**Guyanese** /gíeníz, gaieníz/ *s* e *adj* guianense, guianês.

G

**guzzle** /gâzel/ *v* beber em demasia; consumir em excesso.

**gym** /djim/ *s* ginásio de esportes; educação física.

**gymnasium** /djimneiziem/ *s* ginásio de esportes.

**gymnast** /djimnæst/ *s* ginasta.

**gymnastic** /djimnæstik/ *adj* ginástico.

**gymnastics** /djimnæstiks/ *s us v pl* ginástica (exercício físico); *us v sing* ginástica (arte ou prática de exercícios); *us v pl* ginástica (mental ou intelectual).

**gynecologist** /gainekáledjist/ *s* ginecologista.

**gynecology** /gainekáledji/ *s* ginecologia.

**gyp** /djip/ *s gír* trapaça, vigarice; trapaceiro. | *v gír* trapacear, roubar.

**Gypsy** /djipsi/ *s* cigano.

**gyratory** /djairetóri/ *adj* giratório.

# Hh



**h** ou **H** /eitch/ *s* 8ª letra do alfabeto inglês. | *abrev minús* de **hour**. | *símb maiús* de **hydrogen**.
**ha** /há/ *interj* ah. | *abrev* de **hectare**.
**habeas corpus** /héibieskórpes/ *s* habeas corpus.
**haberdasher** /hæberdæcher/ *s* loja de artigos para homens.
**haberdashery** /hæberdæcheri/ *s* comércio de artigos para homens.
**habiliment** /hebilement/ *s* vestimenta. • **habiliments** mobília, acessório, equipamento.
**habilitate** /hebileteit/ *v* habilitar.
**habilitation** /hebileteichen/ *s* habilitação.
**habit** /hæbit/ *v* vestir, trajar. | *s* hábito, traje, vestimenta; hábito, costume; vício em drogas.
**habitable** /hæbitebel/ *adj* habitável.
**habitant** /hæbitent/ *s* habitante.
**habitation** /hæbiteichen/ *s* habitação.
**habitual** /hebitchuel/ *adj* habitual.
**habituate** /hebitchueit/ *v* habituar.
**habitude** /hæbitúd/ *s* hábito, costume.
**hack** /hæk/ *v* cortar, picar, despedaçar; andar a cavalo; dirigir táxi. | *s* talhe, corte, entalhe; tosse seca; cavalo de aluguel; táxi.
**hacker** /hæker/ *s* aficionado por computador que examina a fundo os sistemas com fins ilícitos.
**hackney** /hækni/ *v* banalizar-se por excesso de uso. | *adj* banal, comum; de aluguel.
**hackneyed** /hæknid/ *adj* banal, corriqueiro.
**had** /hæd/ *v pass* e *part pass* de **have**.
**haddock** /hædek/ *s* hadoque (peixe).
**haft** /hæft/ *v* pôr um cabo em. | *s* cabo (faca, machado, enxada).
**hag** /hæg/ *s* bruxa, feiticeira; mulher velha, má e feia.
**haggard** /hægerd/ *adj* pálido, abatido. | *s* falcão selvagem.
**haggle** /hægel/ *v* estraçalhar, mutilar; pechinchar. | *s* regateio, pechincha.
**haggler** /hægler/ *s* regateador.
**hah** /há/ *interj* ah.
**hail** /heil/ *v* granizar, chover pedras; saudar, aclamar. | *s* granizo, saraiva; saudação, aclamação, apelo. | *interj* salve.
**hailstone** /heilstoun/ *s* granizo.
**hailstorm** /heilstórm/ *s* tempestade de granizo.
**hair** /hér/ *s* cabelo, pelo, crina; fibra, filamento.
**hairbreadth** /hérbrédth/ *adj* muito próximo. | *s* » **hairsbreadth**.
**hairbrush** /hérbrâch/ *s* escova de cabelo.
**haircut** /hérkât/ *s* corte de cabelo.
**hairdo** /hérdú/ *s* penteado.

**hairdresser** /hérdréser/ *s* cabeleireiro.
**hair dryer** *s* secador de cabelos.
**hairiness** /hérines/ *s* qualidade de ter cabelos.
**hairless** /hérles/ *adj* calvo.
**hairline** /hérlain/ *s* linha ou listra muito fina; contorno do couro cabeludo; tipo de letra fina.
**hairpin** /hérpin/ *s* grampo de cabelo.
**hair-raising** /héreizing/ *adj* horripilante, horrível.
**hairsbreadth** /hérzbrédth/ *s* distância muito pequena. • **by a hairsbreadth** por um fio de cabelo.
**hair spray** *s* laquê, *spray* para cabelos (*tb* **hairspray**).
**hairstyle** /hérstail/ *s* penteado.
**hairstylist** /hérstailist/ *s* cabeleireiro.
**hairy** /héri/ *adj* cabeludo, peludo.
**Haiti** /heiti/ *s* Haiti.
**Haitian** /heichen, heitien/ *s* e *adj* haitiano.
**halation** /heleichen/ *s* mancha de luz em fotografias.
**hale** /heil/ *adj* robusto, forte. | *v* arrastar, puxar, içar.
**half** /hæf/ *s* metade. | *adj* meio, semi, quase. | *adv* parcialmente, em parte (*pl* **halves** /hævz/). • **half an hour** meia hora.
**half-and-half** /hæfendhæf/ *adv* e *adj* meio a meio.
**halfback** /hæfbæk/ *s* meio-de-campo.
**half-breed** /hæfbríd/ *s ofens* mestiço. | *adj* híbrido.
**half brother** *s* meio-irmão.
**half-moon** /hæfmún/ *s* meia-lua.
**half sister** *s* meia-irmã.
**halftime** /hæftaim/ *s* meio-tempo.
**halfway** /hæfwei/ *adj* incompleto. | *adj* e *adv* metade do caminho.
**hall** /hól/ *s* salão; vestíbulo; saguão, entrada; corredor; edifício público.
**hallelujah** /hælilúye/ *s* e *interj* aleluia.
**hallmark** /hólmárk/ *s* carimbo oficial indicativo de pureza de artigos de ouro e prata, indicação de legitimidade, prova de excelência. | *v* pôr marca de pureza em metais preciosos.
**hallow** /hælou/ *v* santificar, consagrar; reverenciar, honrar.
**hallowed** /hæloud/ *adj* consagrado, santificado.
**Halloween** /hælouín/ *s* véspera do dia de Todos os Santos (31 de outubro), Dia das Bruxas.
**hallucinate** /helúsineit/ *v* enganar-se, iludir-se, alucinar.
**hallucination** /helúsineichen/ *s* alucinação, ilusão.
**hallway** /hólwei/ *s* entrada, saguão; corredor.
**halo** /heilou/ *v* aureolar, glorificar. | *s* halo, auréola (*pl* **halos** ou **haloes**).
**halt** /hólt/ *v* parar, fazer parar; vacilar, hesitar; mancar, coxear. | *s* parada, descanso.
**halter** /hólter/ *s* cabresto; morte por enforcamento; corda de enforcar. | *v* encabrestar; enforcar.
**halting** /hólting/ *adj* manco; vacilante.
**halve** /hæv/ *v* dividir ao meio, em partes iguais; diminuir pela metade.
**ham** /hæm/ *s* presunto, pernil; mau ator; radioamador; curva ou barriga da perna.
**hamburg** /hæmbêrg/ » **hamburger**.
**hamburger** /hæmbêrger/ *s* hambúrguer.
**hame** /heim/ *s* cangalhas.
**hamlet** /hæmlet/ *s* aldeia, lugarejo.
**hammer** /hæmer/ *v* martelar, bater ou moldar com martelo, forjar; bater incessantemente. | *s* martelo, malho; cão (espingarda).
**hammock** /hæmek/ *s* rede de dormir.
**hamper** /hæmper/ *v* impedir, dificultar, estorvar. | *s* cesto com tampa.
**hamster** /hæmster/ *s* hamster.
**hand** /hænd/ *s* mão; pata dianteira; ponteiro do relógio; palmo (medida); caligrafia; direção; trabalhador; participante; ajuda física ou braçal. | *v* dar, passar, transmitir, entregar; conduzir,

guiar. • **at hand** à mão, próximo. **by hand** manualmente. **hand out** dar, distribuir.

**handbag** /hændbæg/ *s* bolsa feminina; maleta.

**handball** /hændból/ *s* handebol.

**handbill** /hændbil/ *s* impresso, panfleto.

**handbook** /hændbuk/ *s* manual, guia.

**hand brake** *s* freio de mão.

**handcart** /hændkárt/ *s* carrinho de mão.

**handcraft** /hændkræft/ » **handicraft**.

**handcuff** /hændkâf/ *s* algema (*us pl*). | *v* algemar.

**handed** /hændid/ *adj* destro. • **left-handed** canhoto.

**handful** /hændful/ *s* mão-cheia, punhado.

**hand-held** /hændhéld/ *adj* portátil, que pode ser operado carregando-se na mão (*tb* **handheld**).

**handicap** /hændikæp/ *v* impor restrição, impedir, dificultar. | *s* deficiência física ou mental.

**handicraft** /hændikræft/ *s* habilidade manual; artesanato, trabalho manual.

**handiness** /hændines/ *s* habilidade, destreza, perícia.

**handiwork** /hændiwêrk/ *s* trabalho manual ou artesanal.

**handkerchief** /hængkertchif/ *s* lenço.

**handle** /hændel/ *v* tocar com a mão, pôr as mãos; manejar, manusear, manipular; lidar; gerenciar, administrar. | *s* manopla, trinco, maçaneta; alça, asa, cabo.

**handlebar** /hændelbár/ *s* guidom de bicicleta.

**handler** /hændler/ *s* manipulador, operador; treinador.

**handless** /hændles/ *adj* maneta, sem mãos.

**handling** /hændling/ *s* manejo, toque; execução.

**handmade** /hændmeid/ *adj* feito à mão.

**handout** /hændaut/ *s* esmola, doação; nota para a imprensa; amostra.

**handrail** /hændreil/ *s* corrimão.

**handsel** /hændsel/ *v* estrear, iniciar. | *s* primeiro pagamento, sinal dado em dinheiro.

**handset** /hændsét/ *s* fone (aparelho de telefone).

**handshake** /hændcheik/ *s* aperto de mãos.

**handsome** /hændsem/ *adj* belo, elegante, bonito; grande, vasto; apropriado.

**handsomeness** /hændsemnes/ *s* beleza, elegância.

**hands-on** /hændzán/ *adj* que envolve participação ativa, prático.

**handwriting** /hændraiting/ *s* escrita à mão, letra de mão; caligrafia; manuscrito.

**handy** /hændi/ *adj* jeitoso, destro, hábil; conveniente, útil; ao alcance de mão.

**handyman** /hændimæn/ *s* pessoa que faz qualquer tipo de trabalho, faz-tudo.

**hang** /hæng/ *v* pendurar, suspender, pender; travar, parar de funcionar; forrar; inclinar; ficar suspenso, pendente; enforcar. | *s* declive, ladeira; modo, jeito. • **hang up** desligar o telefone; adiar.

**hangar** /hænger/ *s* hangar, galpão.

**hangdog** /hængdág/ *s* indivíduo vil, mesquinho. | *adj* intimidado, envergonhado, culpado.

**hanged** /hængd/ *v pass* e *part pass* de **hang**, enforcado. • **be hanged** ser enforcado.

**hanger** /hænger/ *s* cabide, gancho, alça, presilha.

**hanging** /hænging/ *s* enforcamento; inclinação; suspensão; reposteiros. | *adj* suspenso, dependurado, inclinado.

**hang-glide** /hængglaid/ *v* voar de asa-delta.

**hang glider** *s* asa-delta; aquele que voa de asa-delta.

**hangman** /hængmen/ *s* carrasco, enforcador; jogo da forca.

**hangnail** /hængeil/ *s* cutícula.

**hangover** /hængouver/ *s* ressaca, bebedeira.

**hank** /hængk/ *s* novelo, meada, rolo; inclinação; mola.
**hanker** /hængker/ *v* suspirar por, desejar ardentemente.
**hap** /hæp/ *v* acontecer, ocorrer. | *s* acaso, sorte, destino; acontecimento.
**haphazard** /hæphæzerd/ *s* acaso, casualidade, acidente. | *adj* casual, fortuito. | *adv* casualmente, por acaso.
**hapless** /hæples/ *adj* infeliz, sem sorte.
**haplessness** /hæplesnes/ *s* infelicidade, desgraça, falta de sorte.
**happen** /hæpen/ *v* acontecer, ocorrer.
**happening** /hæpening/ *s* acontecimento, ocorrência.
**happiness** /hæpines/ *s* felicidade, alegria, ventura, sorte.
**happy** /hæpi/ *adj* feliz, alegre, venturoso.
**happy-go-lucky** /hæpigoulâki/ *adj* despreocupado, confiante.
**happy hour** *s* período da tarde em que bares e restaurantes servem bebidas a preços mais baixos.
**harangue** /heræng/ *v* arengar, falar em público, discursar. | *s* discurso, arenga.
**harass** /heræs, héres/ *v* importunar, aborrecer; desgastar, cansar; devastar, arruinar.
**harassment** /heræsment, héresment/ *s* tormento, importunação; estrago, devastação, ruína.
**harbinger** /hárbindjer/ *s* precursor. | *v* predizer, vaticinar.
**harbor** /hárber/ *v* abrigar, acolher, hospedar; proteger, refugiar; nutrir, fomentar. | *s* porto, ancoradouro, enseada; refúgio, asilo, alojamento.
**harborage** /hárberidj/ *s* porto; refúgio, abrigo.
**hard** /hárd/ *adj* sólido, duro, firme, forte, resistente; árduo, severo, inflexível; ofensivo, opressivo; difícil; trabalhoso, cansativo. | *adv* duramente, arduamente; violentamente; penosamente; fortemente; perto, junto.
**hardback** /hárdbæk/ *adj* de capa dura. | *s* livro de capa dura.
**hard-boiled** /hárdboild/ *adj* cozido até ficar duro; rude; impassível.
**hard copy** *s* cópia impressa.
**hard disk** *s* disco rígido.
**harden** /hárden/ *v* endurecer, solidificar; temperar (metal); tornar insensível.
**hardening** /hárdning/ *s* endurecimento, dureza, têmpera; obstinação.
**hardheaded** /hárdhédid/ *adj* teimoso, obstinado, de cabeça-dura; prático, realista.
**hardhearted** /hárdhártid/ *adj* insensível, cruel, impiedoso, frio.
**hard labor** *s* trabalho forçado.
**hardly** /hárdli/ *adv* com dificuldade; mal; duramente, dolorosamente. • **hardly ever** quase nunca.
**hardness** /hárdnes/ *s* firmeza, solidez; severidade, inflexibilidade, crueldade.
**hard-pressed** /hárdprést/ *adj* em dificuldades, apuros.
**hard rock** *s* rock pesado.
**hard sell** *s inform* venda agressiva.
**hardship** /hárdchip/ *s* miséria, necessidade, apuros.
**hardware** /hárdwér/ *s* ferragens, maquinaria; componentes físicos de um computador.
**hardwood** /hárdwud/ *s* madeira de lei.
**hardy** /hárdi/ *adj* forte, robusto, vigoroso; valente, ousado; resistente.
**hare** /hér/ *s* lebre.
**harebrained** /hérbreind/ *adj* bobo, tolo.
**harelip** /hérlip/ *s* lábio leporino.
**harem** /hérem/ *s* harém.
**haricot** /hérikou/ *s* feijão-branco; ensopado de carne e verduras.
**hark** /hárk/ *v* escutar atentamente.
**harlot** /hárlet/ *s* prostituta, meretriz.
**harlotry** /hárletri/ *s* prostituição.
**harm** /hárm/ *v* prejudicar, causar dano, fazer mal. | *s* prejuízo, dano, mal.
**harmful** /hármfel/ *adj* nocivo, prejudicial, danoso.

**harmfulness** /hármfelnes/ *s* prejuízo, dano, maldade.
**harmless** /hármles/ *adj* inofensivo, inocente.
**harmonic** /hármánik/ *adj* harmônico.
**harmonica** /hármánike/ *s* harmônica, gaita.
**harmonious** /hármounies/ *adj* harmonioso.
**harmonize** /hármenaiz/ *v* harmonizar.
**harmony** /hármeni/ *s* harmonia.
**harness** /hárnis/ *v* aparelhar, arrear. | *s* arreios.
**harp** /hárp/ *s* harpa. | *v* tocar harpa.
**harpist** /hárpist/ *s* harpista.
**harpoon** /hárpún/ *v* arpoar, ferir com o arpão. | *s* arpão.
**harpooner** /hárpúner/ *s* arpoador.
**harpsichord** /hárpsikórd/ *s* cravo (instrumento musical).
**harridan** /hériden/ *s* megera, velha de mau gênio.
**harrow** /hérou/ *v* gradar, aplanar (o terreno); atormentar, angustiar. | *s* grade (para aplainar terra), rastelo.
**harrowing** /hérouing/ *adj* doloroso, angustiante.
**harry** /héri/ *v* saquear, devastar; afligir, atormentar.
**harsh** /hárch/ *adj* áspero; rude, ríspido, severo; irritante, desagradável.
**harshen** /hárchen/ *v* tornar áspero, severo, cruel.
**harshness** /hárchnes/ *s* aspereza, rudeza, severidade, indelicadeza.
**hart** /hárt/ *s* cervo, veado (*pl* **harts** ou **hart**).
**harvest** /hárvist/ *v* colher, ceifar. | *s* colheita, ceifa, safra.
**harvester** /hárvister/ *s* ceifeiro; máquina de ceifar.
**has** /hæz/ 3ª *pes sing pres* de **have**.
**hash** /hæch/ *s* picadinho de carne; confusão, bagunça. | *v* picar em pedacinhos; bagunçar.
**hasn't** /hæzent/ *form contr* de **has not**.
**haste** /heist/ *v* apressar, acelerar. | *s* pressa, diligência, urgência.
**hasten** /heisen/ *v* apressar, acelerar.
**hastily** /heistili/ *adv* apressadamente, aceleradamente, diligentemente.
**hasty** /heisti/ *adj* apressado, precipitado.
**hat** /hæt/ *s* chapéu. | *v* pôr chapéu em, cobrir.
**hatch** /hætch/ *s* ninhada, cria; incubação; portinhola; compartimento de navio; escotilha; alçapão. | *v* chocar, fazer sair da casca.
**hatchet** /hætchit/ *s* machadinha.
**hatching** /hætching/ *s* sombreamento (artes gráficas).
**hatchway** /hætchwei/ *s* escotilha.
**hate** /heit/ *v* odiar, detestar, ter aversão a. | *s* ódio, aversão, rancor.
**hateful** /heitfel/ *adj* odioso, detestável, execrável.
**hatpin** /hætpin/ *s* alfinete de chapéu.
**hatred** /heitrid/ *s* ódio, raiva, rancor, animosidade.
**haughtiness** /hátines/ *s* arrogância, desdém, insolência, orgulho.
**haughty** /háti/ *adj* arrogante, orgulhoso, insolente.
**haul** /hál/ *v* puxar, arrastar; rebocar. | *s* puxão; arrasto (peixe).
**haulage** /hálidj/ *s* carreto, condução, transporte, reboque; frete pago pelo carreto ou reboque.
**hauler** /háler/ *s* rebocador, transportador.
**haunch** /hántch/ *s* anca, quadril.
**haunt** /hánt/ *v* assombrar. | *s* lugar mal-assombrado.
**haunting** /hánting/ *adj* obcecante (música, visão).
**hautboy** /houboi, ouboi/ *s* oboé.
**have** /hæv/ *v* ter, possuir; tomar, aceitar; permitir; dar à luz; *aux* haver, ter. • **have to** ter de. **have to do with** ter a ver com.
**haven** /heiven/ *s* porto, ancoradouro; refúgio, abrigo. | *v* dar refúgio, abrigo.

H

**have-not** /hævnát/ *s* desprovido (de bens materiais).
**haven't** /hævent/ *form contr* de **have not**.
**haversack** /hæversæk/ *s* mochila, bornal.
**havoc** /hævek/ *v* devastar, destruir. | *s* destruição, dano, estrago.
**haw** /há/ *s* espinheiro, fruto do espinheiro. | *v* hesitar ao falar. | *interj* usada para comandar animal para virar à esquerda.
**Hawaiian** /hewáyen/ *adj* e *s* havaiano.
**hawk** /hák/ *s* falcão. | *v* caçar com falcão; mascatear; pigarrear (para limpar a garganta).
**hawker** /hák/ *s* mascate.
**hawk-eyed** /hákaid/ *adj fig* com olhos de falcão, de águia.
**hawthorn** /háthórn/ *s* espinheiro, arbusto espinhoso.
**hay** /hei/ *s* feno, pasto, forragem. | *v* preparar feno; alimentar animais com feno.
**hay fever** *s* febre do feno.
**hayfork** /heifórk/ *s* forcado, garfão para feno.
**hazard** /hæzerd/ *v* arriscar, aventurar. | *s* risco, perigo, acaso. • **hazard a guess** arriscar um palpite.
**hazardous** /hæzerdes/ *adj* perigoso; arriscado, incerto, duvidoso.
**hazardous waste** *s* lixo tóxico.
**haze** /heiz/ *s* neblina, nevoeiro, névoa. | *v* ficar nublado.
**hazel** /heizel/ *s* aveleira; castanho-avermelhado (cor).
**hazelnut** /heizelnât/ *s* avelã.
**hazy** /heizi/ *adj* nebuloso, enevoado; obscuro, vago.
**H-bomb** /eitchbám/ *s* bomba H, bomba de hidrogênio.
**he** /hí/ *pron* ele. | *s* macho (pessoa ou animal).
**head** /héd/ *s* cabeça, cérebro; chefe, diretor; cabeçalho; cabeçote; cabeceira (cama, mesa, rio); proa de navio. | *adj* primeiro em uma lista; principal, chefe. | *v* estar à frente de, chefiar, liderar; guiar, ir em direção a. • **heads or tails** cara ou coroa.
**headache** /hédeik/ *s* dor de cabeça.
**headboard** /hédbórd/ *s* cabeceira (cama, sepultura).
**headdress** /héddrés/ *s* grinalda, toucado.
**header** /héder/ *s* cabeçalho.
**headhunter** /hédhânter/ *s* caçador de cabeças; *inform* selecionador e/ou recrutador de executivos.
**heading** /héding/ *s* cabeçalho, título; curso, rumo de viagem.
**headlight** /hédlait/ *s* farol dianteiro.
**headline** /hédlain/ *s* manchete.
**headman** /hédmæn/ *s* chefe de uma tribo primitiva.
**headmaster** /hédmæster/ *s* diretor de escola.
**headmistress** /hédmistres/ *s* diretora de escola.
**headphone** /hédfoun/ *s* fone de ouvido.
**headquarters** /hédkwórterz/ *s pl us v sing* ou *pl* quartel-general; centro administrativo; escritórios centrais.
**headstone** /hédstoun/ *s* lápide.
**headword** /hédwêrd/ *s* palavra-chave, entrada (dicionário, glossário, enciclopédia).
**headwork** /hédwêrk/ *s* trabalho intelectual.
**heady** /hédi/ *adj* impetuoso, obstinado, teimoso; vertiginoso.
**heal** /híl/ *v* curar, sarar, cicatrizar; recuperar (física ou espiritualmente).
**healable** /hílebel/ *adj* curável, sanável.
**healer** /híler/ *s* curandeiro.
**health** /hélth/ *s* saúde (do corpo e mental). • **Department of Health** Ministério da Saúde. **good health!** saúde! (brinde).
**health care** *s* cuidados médicos (*tb* **healthcare**).
**healthful** /hélthfel/ *adj* saudável, salubre.
**health insurance** *s* seguro de saúde.
**healthy** /hélthi/ *adj* são, sadio; salubre, saudável.

**heap** /híp/ *s* pilha, monte, montão. | *v* empilhar, amontoar.
**hear** /hir/ *v* ouvir, escutar; tomar conhecimento; assistir a, participar de (palestra). • **hear from** ter notícias de.
**hearer** /hirer/ *s* ouvinte, auditor.
**hearing** /hiring/ *s* audição; audiência, averiguação.
**hearing aid** *s* aparelho para surdez.
**hearing-impaired** /hiringimpérd/ *adj* deficiente auditivo. | *s us v pl* deficientes auditivos.
**hearsay** /hirsei/ *s* boato, rumor.
**hearse** /hêrs/ *s* carro fúnebre.
**heart** /hárt/ *s* coração; centro, núcleo; coragem, ânimo, disposição; afeição, amor; parte mais importante e essencial. • **hearts** naipe de copas. **know by heart** saber de cor.
**heartache** /hárteik/ *s* mágoa, desgosto.
**heart attack** *s* ataque cardíaco.
**heartbeat** /hártbít/ *s* batimento cardíaco.
**heartbreak** /hártbreik/ *s* desgosto, pesar, desapontamento.
**heartbreaking** /hártbreiking/ *adj* de partir o coração.
**heartbroken** /hártbrouken/ *adj* inconsolável, com o coração partido.
**heartburn** /hártbêrn/ *s* azia.
**heart disease** *s* doença cardíaca.
**hearten** /hártend/ *v* encorajar.
**heart failure** *s* parada cardíaca.
**heartfelt** /hártfélt/ *adj* sincero, cordial.
**hearth** /hárthstoun/ *s* lareira; *fig* vida familiar, lar.
**heartily** /hártili/ *adv* sinceramente; com vontade, apetitosamente.
**heartless** /hártles/ *adj* impiedoso, cruel, desumano, insensível.
**heartlessness** /hártlesnes/ *s* crueldade, desumanidade, insensibilidade.
**hearty** /hárti/ *adj* sincero, cordial, franco; forte, vigoroso, bem disposto.
**heat** /hít/ *s* calor, ardor; paixão, veemência; *inform* pressão, estresse; *gír* policial. | *v* aquecer; animar, excitar, inflamar.
**heater** /híter/ *s* aquecedor.
**heath** /híth/ *s* charneca; urze, espinheiro.
**heathen** /híthen/ *adj* e *s* gentio, pagão, idólatra, incrédulo, infiel (*pl s* **heathens** ou **heathen**).
**heat stroke** *s* insolação.
**heat wave** *s* onda de calor.
**heave** /hív/ *v* levantar com esforço, suspender, guindar; jogar, lançar, arremessar; vomitar; expectorar. | *s* elevação; arremesso; náusea.
**heaven** /héven/ *s* céu, firmamento, paraíso.
**heavenliness** /hévenlines/ *s* excelência suprema, natureza celeste.
**heavenly** /hévenli/ *adj* celeste, divino, sublime.
**heavy** /hévi/ *adj* pesado; violento, grave, opressivo; denso, concentrado, maciço; grosso; árduo. | *adv* pesadamente.
**heavyweight** /héviweit/ *s* peso pesado.
**Hebraic** /híbreiik/ *adj* hebraico.
**Hebraical** /híbreiikel/ » **Hebraic**.
**Hebrew** /híbru/ *s* hebreu, hebraico.
**hecatomb** /héketoum/ *s* hecatombe, mortandade, carnificina.
**heckle** /hékel/ *v* importunar ou interromper um palestrante com perguntas.
**hectare** /héktér/ *s* hectare (*abrev* **ha**).
**hectic** /héktik/ *adj* agitado, confuso; héctico.
**hectogram** /héktougræm/ *s* hectograma (*abrev* **hg**).
**hectoliter** /héktoulíter/ *s* hectolitro (*abrev* **hl**).
**hectometer** /héktoumíter/ *s* hectômetro (*abrev* **hm**).
**he'd** /híd/ *form contr* de **he had** e **he would**.
**hedge** /hédj/ *s* sebe, cerca viva; barreira. | *v* cercar de sebes, cultivar sebes; proteger-se contra perdas nos negócios.
**hedgehog** /hédjhág/ *s* ouriço.
**hedgerow** /hédjrou/ *s* cercas vivas, sebes.

H

**hedonism** /hídenizem/ *s* hedonismo.
**hedonist** /hídenist/ *s* hedonista.
**heed** /híd/ *v* prestar atenção, considerar. | *s* consideração, cautela, atenção.
**heedful** /hídfel/ *adj* cuidadoso, atento.
**heedfulness** /hídfelnes/ *s* cautela, vigilância, atenção.
**heedless** /hídles/ *adj* desatento, descuidado, imprudente, negligente.
**heedlessness** /hídlesnes/ *s* desatenção, negligência, imprudência.
**heehaw** /híhá/ *s* zurro, orneio. | *v* zurrar, ornejar.
**heel** /híl/ *s* calcanhar; salto, tacão; opressão, tirania. | *v* pôr ou consertar salto de sapato; inclinar para um lado.
**heft** /héft/ *s* peso. | *v* erguer para avaliar o peso; ter um determinado peso.
**hefty** /héfti/ *adj* robusto, forte, de tamanho e peso consideráveis.
**hegemony** /hidjémeni, hédjemouni/ *s* hegemonia.
**height** /hait/ *s* altura; ápice, cume; eminência, montanha, monte; auge, apogeu, clímax.
**heighten** /haiten/ *v* erguer, levantar; elevar, intensificar.
**heinous** /heines/ *adj* hediondo, abominável.
**heinousness** /heinesnes/ *s* hediondez.
**heir** /ér/ *s* herdeiro.
**heirdom** /érdem/ *s* herança.
**heiress** /éris/ *s* herdeira.
**heirship** /érchip/ *s* direito de herdar.
**held** /héld/ *v pass* e *part pass* de **hold**.
**helicopter** /hélikápter/ *s* helicóptero.
**heliocentric** /híliouséntrik/ *adj* heliocêntrico.
**heliocentrical** /híliouséntrikel/ » **heliocentric**.
**heliport** /hélipórt/ *s* heliporto.
**helium** /híliem/ *s* hélio.
**helix** /híliks/ *s* hélice; voluta (*pl* **helixes** ou **helices** /híliksíz/).
**hell** /hél/ *s* inferno.
**he'll** /híl/ *form contr* de **he will** e **he shall**.
**hell-bent** /hélbént/ *adj* impetuosamente determinado, teimoso (*tb* **hellbent**).
**hellcat** /hélkæt/ *s inform* mulher vil, bruxa.
**Hellenic** /helénik/ *adj* e *s* helênico.
**Hellenize** /hélinaiz/ *v* helenizar.
**hellish** /hélich/ *adj* infernal.
**hello** /hélou/ *interj* alô, olá.
**helm** /hélm/ *s* leme, timão; liderança, direção. | *v* liderar, conduzir.
**helmet** /hélmet/ *s* capacete; elmo.
**helmsman** /hélmzmen/ *s* timoneiro.
**help** /hélp/ *v* ajudar, socorrer, auxiliar; proteger; remediar, aliviar. | *s* ajuda, socorro, auxílio; remédio, recurso, alívio; ajudante, auxiliar.
**help desk** *s* equipe de suporte técnico (de uma empresa).
**helper** /hélper/ *s* auxiliar, ajudante.
**helpful** /hélpfel/ *adj* prestativo; útil.
**helping** /hélping/ *s* porção de comida servida a alguém.
**helpless** /hélples/ *adj* indefeso, desamparado; incapaz, impossibilitado, desvalido.
**helplessly** /hélplesli/ *adv* sem poder fazer nada.
**helpmate** /hélpmeit/ *s* companheiro (marido e esposa).
**helve** /hélv/ *s* cabo (machado, martelo).
**Helvetian** /hélvíchen/ *adj* e *s* helvético, suíço.
**hem** /hém/ *s* bainha, debrum; pigarro (para chamar atenção). | *v* embainhar, debruar; cercar, limitar; pigarrear para chamar atenção.
**he-man** /hímæn/ *s* homem forte e viril.
**hematic** /himætik/ *adj* hemático, sanguíneo.
**hematology** /hímetáledji/ *s* hematologia.
**hematoma** /hímetoume/ *s* hematoma (*pl* **hematomas** ou **hematomata** /hímetoumete/).
**hemisphere** /hémisfir/ *s* hemisfério.
**hemispheric** /hémisfirik/ *adj* hemisférico.

**hemispherical** /hémisfirikel/ » **hemispheric**.
**hemlock** /hémlák/ *s* cicuta (planta e veneno).
**hemoglobin** /hímougloubin/ *s* hemoglobina.
**hemophilia** /hímoufilie/ *s* hemofilia.
**hemorrhage** /hémeridj/ *s* hemorragia.
**hemorrhoids** /hémeroidz/ *s pl* hemorroidas.
**hemp** /hémp/ *s* cânhamo, maconha.
**hen** /hén/ *s* galinha.
**hence** /héns/ *adv* portanto, doravante, consequentemente, por esse motivo; daí.
**henceforth** /hénsfórth/ *adv* daqui por diante, de hoje em diante.
**henceforward** /hénsfórwerd/ *adv* daqui por diante, de hoje em diante.
**henchman** /héntchmen/ *s* subordinado, capanga.
**hencoop** /hénkúp/ *s* galinheiro.
**hendecasyllabic** /héndékesilæbik/ *adj* e *s* hendecassílabo.
**hennery** /héneri/ *s* galinheiro, granja.
**henpeck** /hénpék/ *v inform* tiranizar ou dominar o marido.
**hepatic** /hipætik/ *adj* hepático. | *s* remédio hepático.
**hepatitis** /hépetaitis/ *s* hepatite (*pl* **hepatitides** /hépetaitidíz/).
**heptagon** /héptegán/ *s* heptágono.
**her** /hêr/ *adj* seu, seus, sua, suas (dela). | *pron 3ª pes sing fem* a, lhe. | *s* fêmea.
**herald** /héreld/ *s* arauto, mensageiro. | *v* anunciar publicamente, proclamar.
**heraldry** /héreldri/ *s* heráldica.
**herb** /êrb, hêrb/ *s* erva.
**herbaceous** /erbeiches/ *adj* herbáceo.
**herbal** /êrbel/ *s* herbário. | *adj* herbóreo, herbático.
**herbalist** /êrbelist/ *s* herbolário, ervanário.
**herbivore** /êrbevór/ *s* herbívoro.
**herbivorous** /êrbiveres/ *adj* herbívoro.
**Herculean** /hêrkyúlíen/ *adj* herculano, hercúleo.
**herd** /hêrd/ *s* rebanho, manada, bando; multidão. | *v* arrebanhar.
**herdsman** /hêrdzmen/ *s* boiadeiro, vaqueiro.
**here** /hir/ *adv* aqui, por aqui, neste lugar. | *interj* presente, aqui.
**hereabout** /hirebaut/ *adv* nesta vizinhança, nestas imediações.
**hereabouts** /hirebauts/ » **hereabout**.
**hereafter** /hiræfter/ *adv* daqui por diante. | *s* a vida de além-túmulo.
**hereby** /hirbai/ *adv* pelo presente (documento, ato, decreto), por este meio ou instrumento.
**hereditament** /hérediitement/ *s* herança.
**hereditary** /heréditéri/ *adj* hereditário.
**heredity** /heréditi/ *s* hereditariedade.
**herein** /hirin/ *adv* incluso, anexo.
**hereinafter** /hirinæfter/ *adv* daqui por diante, nas partes que se seguem (documentos, discursos).
**hereinbefore** /hirinbifór/ *adv* daqui para trás, nas partes que antecedem (documentos, discursos).
**hereof** /hiráv/ *adv* disto.
**hereon** /hirán/ *adv* sobre isto.
**heresy** /héresi/ *s* heresia.
**heretic** /héretik/ *s* e *adj* herege, herético.
**heretical** /herétikel/ *adj* herético.
**hereto** /hirtú/ *adv* para este (documento, fim, propósito).
**heretofore** /hirtúfór/ *adv* até o presente, antes disso.
**hereupon** /hirepán/ *adv* imediatamente após isto.
**herewith** /hirwidh/ *adv* juntamente, em anexo; por meio disto, deste modo.
**heritability** /héritebileti/ *s* hereditariedade.
**heritage** /héritidj/ *s* herança, legado.
**hermaphrodite** /hermæfroudait/ *s* hermafrodita.
**hermetic** /hermétik/ *adj* hermético.
**hermetical** /hermétikel/ » **hermetic**.
**hermit** /hêrmit/ *s* eremita.

H

**hermitage** /hêrmitidj/ *s* eremitério, claustro, retiro.
**hernia** /hêrnie/ *s* hérnia (*pl* **hernias** ou **herniae** /hêrní/).
**hero** /hirou/ *s* herói.
**heroic** /hirouik/ *adj* heroico, épico. | *s* verso heroico.
**heroical** /hirouik/ » *adj* **heroic**.
**heroin** /hérouin/ *s* heroína (droga).
**heroine** /hérouin/ *s* heroína.
**heroism** /hérouizem/ *s* heroísmo.
**heron** /héren/ *s* garça.
**herring** /héring/ *s* arenque.
**hers** /hêrz/ *pron* seu, seus, sua, suas (dela).
**herself** /hersélf/ *pron* ela mesma, ela própria.
**he's** /hís/ *form contr* de **he is** e **he has**.
**hesitant** /hézitent/ *adj* hesitante.
**hesitate** /héziteit/ *v* hesitar, vacilar.
**hesitation** /héziteichen/ *s* hesitação.
**heterodox** /héteredáks/ *adj* heterodoxo.
**heterodoxy** /héteredáksi/ *s* heterodoxia.
**heterogamy** /héterágemi/ *s* heterogamia.
**heterogeneity** /héteroudjeníeti/ *s* heterogeneidade.
**heterogeneous** /héteroudjínies/ *adj* heterogêneo.
**heterogenous** /héteroudjenes/ » **heterogeneous**.
**heterosexual** /héterousékchuel/ *s* e *adj* heterossexual.
**heterosexuality** /héterousékchuæleti/ *s* heterossexualidade.
**hew** /hyú/ *v* talhar, cortar com machado.
**hewer** /hyúer/ *s* talhador.
**hexagon** /hékségán/ *s* hexágono.
**hexahedron** /héksehídren/ *s* hexaedro.
**hexameter** /héksæmeter/ *s* hexâmetro.
**hey** /hei/ *interj* eh, ei.
**heyday** /heidei/ *s* apogeu, auge.
**hi** /hai/ *interj* alô, olá.
**hiatus** /haieites/ *s* hiato, lacuna (*pl* **hiatuses** /haieitesiz/ ou **hiatus**).
**hibernal** /haibêrnel/ *adj* hibernal.
**hibernate** /haiberneit/ *v* hibernar.
**hibernation** /haiberneichen/ *s* hibernação.
**hiccough** /hikâp/ » **hiccup**.
**hiccup** /hikâp/ *s* soluço. | *v* soluçar.
**hid** /hid/ *v pass* e *part pass* de **hide**.
**hidden** /hiden/ *v part pass* de **hide**.
**hide** /haid/ *v* esconder, ocultar, segregar. | *s* couro, pele de animal.
**hide-and-seek** /haidensík/ *s* esconde-esconde.
**hideaway** /haidewei/ *s* esconderijo, refúgio.
**hidebound** /haidbaund/ *adj* inflexível, obstinado.
**hideous** /hidies/ *adj* hediondo, horroroso, medonho, repulsivo.
**hideout** /haidaut/ *s* esconderijo.
**hie** /hai/ *v* apressar.
**hierarchal** /hairárkel/ » **hierarchical**.
**hierarchic** /hairárkik/ » **hierarchical**.
**hierarchical** /hairárkikel/ *adj* hierárquico.
**hierarchy** /hairárki/ *s* hierarquia.
**hieratic** /hairætik/ *adj* hierático.
**hieroglyph** /hairouglif/ *s* hieróglifo, hieroglifo.
**hi-fi** /haifai, haifai/ *s inform* de **high fidelity**, alta-fidelidade.
**higgle** /higel/ *v* regatear.
**higgler** /higler/ *s* regateador.
**high** /hai/ *adj* alto, elevado; superior, eminente; crucial; violento, intenso; luxuoso, extravagante; *gír* embriagado, drogado. | *adv* alto, altamente; de modo extravagante. | *s* alto, alturas. • **high and low** em todo lugar, por toda parte. **high in the air** nas alturas.
**high altar** *s* altar-mor.
**highborn** /haibórn/ *adj* bem-nascido, de alta linhagem, nobre.
**highbred** /haibréd/ *adj* puro-sangue.
**highchair** /haitchér/ *s* cadeira de bebê.
**high-class** /haiklæs/ *adj* superior, de primeira classe.
**high court** *s* suprema corte.

**high-density** /haidénseti/ *adj* de alta densidade.
**higher education** *s* ensino superior.
**highjack** /haidjæk/ » **hijack**.
**highland** /hailend/ *s* região elevada, planalto. • **Highlands** região montanhosa da Escócia.
**high-level** /hailével/ *adj* de alto nível.
**highlight** /hailait/ *s* parte ressaltada; evento ou detalhe importante. | *v* realçar, enfatizar.
**highness** /haines/ *s* elevação; alteza. • **Your Highness** Vossa Alteza.
**high-risk** /hairisk/ *adj* de alto risco.
**high school** *s* colégio, escola secundária.
**high-speed** /haispíd/ *adj* de alta velocidade.
**high style** *s* alto estilo, alta moda.
**high-tech** /haiték/ *adj* de alta tecnologia. | *s* alta tecnologia.
**high-tension** /haiténchen/ *adj* de alta tensão.
**highway** /haiwei/ *s* autoestrada, rodovia.
**hijack** /haidjæk/ *v* sequestrar (especialmente um avião).
**hijacker** /haidjæker/ *s* sequestrador.
**hike** /haik/ *v* caminhar, andar a pé; elevar a quantia de modo abrupto. | *s* caminhada, passeio a pé, marcha; aumento repentino.
**hilarious** /hilériès/ *adj* hilariante.
**hilarity** /hiléreti/ *s* hilaridade.
**hill** /hil/ *s* colina, morro, monte. | *v* formar montes, amontoar.
**hillbilly** /hilbili/ *s* caipira.
**hillock** /hilek/ *s* pequena colina, outeiro.
**hillside** /hilsaid, hilsaid/ *s* encosta, vertente.
**hilly** /hili/ *adj* montanhoso, escarpado.
**hilt** /hilt/ *s* punho, cabo (punhal, espada).
**him** /him/ *pron 3ª pess sing masc* o, lhe. | *s* macho.
**himself** /himsélf/ *pron* se, si mesmo, ele mesmo, ele próprio.
**hind** /haind/ *adj* traseiro, posterior, da retaguarda. | *s* corça.
**hinder** /hinder/ *v* impedir, obstruir, retardar. | /hainder/ *adj* traseiro, posterior.
**hindermost** /haindermoust/ » **hindmost**.
**hindmost** /haindmoust/ *adj* que está mais atrás, último.
**hindrance** /hindrens/ *s* obstáculo, impedimento.
**Hindu** /hindú/ *s* e *adj* hindu.
**Hinduism** /hindúizem/ *s* hinduísmo.
**hinge** /hindj/ *s* dobradiça, gonzo, junta, articulação. | *v* pôr dobradiça; tornar algo dependente.
**hint** /hint/ *s* insinuação, sugestão, dica, pista. | *v* insinuar, dar uma dica ou pista.
**hip** /hip/ *s* anca, quadril; ângulo externo, cantoneira de telhado.
**hippodrome** /hipedroum/ *s* hipódromo.
**hippopotamus** /hipepátemes/ *s* hipopótamo (*pl* **hippopotamuses** ou **hippopotami** /hipepátemai/).
**hire** /hair/ *v* alugar; contratar, empregar; conseguir trabalho. | *s* aluguel; salário, pagamento; contratação.
**hireling** /hairling/ *s* mercenário.
**hirer** /hairer/ *s* locador, alugador.
**his** /hiz/ *adj* e *pron* seu, sua, seus, suas (dele).
**Hispanic** /hispænik/ *adj* e *s* hispânico.
**hiss** /his/ *s* silvo; vaia. | *v* silvar; vaiar.
**histology** /histáledji/ *s* histologia.
**historian** /histórien/ *s* historiador.
**historic** /histórik/ *adj* histórico (que tem importância ou influência na história).
**historical** /histórikel/ *adj* histórico (relativo a qualquer fato da história).
**history** /histeri/ *s* história; histórico (computação).
**hit** /hit/ *v* bater; chocar-se com; acertar (no alvo), atingir. | *s* golpe, pancada; choque, colisão.
**hitch** /hitch/ *s* empecilho, transtorno, obstáculo; nó, laço; carona. | *v* prender, agarrar; mover puxando ou sacudindo; pegar carona.

**hitchhike** /hitchhaik/ *v* pedir ou pegar carona.
**hi-tech** /haiték/ » **high-tech**.
**hither** /hi*dher*/ *adv* para cá, em direção a este lugar. | *adj* localizado perto.
**hitherto** /hi*th*ertú/ *adv* até agora, até o momento.
**HIV** /eitchaiví/ *abrev* de **human immunodeficiency virus**, vírus da imunodeficiência humana (AIDS).
**hive** /haiv/ *s* colmeia, enxame. | *v* enxamear.
**hives** /haivz/ *s us v sing* ou *pl* urticária.
**ho** /hou/ *interj* olá.
**hoard** /hórd/ *s* provisão, reserva, tesouro. | *v* armazenar, acumular reserva; esconder tesouro.
H
**hoarse** /hórs/ *adj* rouco.
**hoarseness** /hórsnes/ *s* rouquidão.
**hoary** /hóri/ *adj* branco, grisalho, esbranquiçado (especialmente cabelos pela idade); ancião, muito velho e respeitável.
**hoax** /houks/ *s* logro, burla, mistificação. | *v* burlar, lograr, mistificar.
**hoaxer** /houks*er*/ *s* burlador, mistificador.
**hobble** /hábel/ *v* coxear, mancar. | *s* coxeadura.
**hobby** /hábi/ *s* passatempo preferido.
**hobbyhorse** /hábihórs/ *s* cavalinho de pau.
**hobgoblin** /hábgáblin/ *s* duende, diabrete.
**hobnob** /hábnáb/ *v* ter intimidade (com alguém), fazer camaradagem.
**hockey** /háki/ *s* hóquei.
**hoe** /hou/ *s* enxada. | *v* cavar ou capinar com enxada.
**hog** /hág/ *s* porco; glutão. | *v* monopolizar, tomar mais do que de direito.
**hoist** /hoist/ *s* hasteamento, içamento; guindaste, guincho. | *v* hastear, içar.
**hold** /hould/ *s* posse, controle completo; presa, apresamento; garra; apoio (para mão ao segurar). | *v* segurar, agarrar, prender, sustentar; conter, reter, deter; manter (cargo, posição); resistir; possuir; acontecer (festa em determinado local). • **hold on** esperar, aguardar. **hold the line** não desligue (o telefone).
**holdall** /houldól/ *s* maleta ou mochila de viagem.
**hold button** *s* botão de chamada em espera (aparelho de telefone).
**holder** /hould*er*/ *s* portador, detentor, possuidor; vasilhame, recipiente.
**holding** /hould*ing*/ *s* posse, arrendamento. • **holdings** ações, títulos, propriedades.
**holdup** /houldâp/ *s* demora; assalto a mão armada.
**hole** /houl/ *s* buraco, cavidade; furo, orifício; toca. | *v* esburacar, fazer buraco.
**holiday** /háledei/ *s* feriado.
**holiness** /houlines/ *s* santidade.
**holistic** /houlistik/ *adj* holístico.
**Holland** /hálend/ *s* Holanda.
**hollow** /hálou/ *v* cavar, escavar. | *adj* oco, vazio; fundo; pérfido, falso; surdo, abafado (som). | *s* cavidade, depressão.
**hollowness** /hálounes/ *s* cavidade; perfídia, falsidade.
**holly** /háli/ *s* azevinho.
**holocaust** /hálekást, houlekást/ *s* holocausto.
**hologram** /hálegræm, houlegræm/ *s* holograma.
**holster** /houlst*er*/ *s* coldre.
**holy** /houli/ *adj* sagrado, santo, divino.
**homage** /hámidj, ámidj/ *s* homenagem. • **pay a homage** homenagear, prestar homenagem.
**home** /houm/ *s* lar, casa, residência, habitação; pátria, cidade natal. | *adj* caseiro, doméstico, familiar. | *adv* para casa, em casa. | *v* ir ou voltar para casa. • **at home** em casa; à vontade.
**homebuilder** /houmbild*er*/ *s* construtor, construtora (de casas).
**homecoming** /houmkâm*ing*/ *s* regresso ao lar.
**home computer** *s* computador residencial.

**home economics** *s* economia doméstica.
**homeland** /houmlænd/ *s* terra natal, pátria.
**homeless** /houmles/ *adj* sem lar, desabrigado. | *s us v pl* os sem-teto, os desabrigados.
**homeliness** /houmlines/ *s* simplicidade, rusticidade.
**homely** /houmli/ *adj* doméstico, simples, caseiro, humilde.
**homemade** /hoummeid/ *adj* feito em casa, caseiro.
**homeopathy** /houmiápe*th*i/ *s* homeopatia.
**home page** *s* página inicial (documento destinado a funcionar como o ponto de partida de um *site* da Web).
**homesick** /houmsik/ *adj* com saudades da pátria ou do lar.
**homespun** /houmspân/ *adj* caseiro, feito em casa. | *s* pano tecido em casa.
**homestead** /houmstéd/ *s* propriedade rural.
**hometown** /houmtaun/ *s* cidade natal.
**home video** *s* fita de videocassete para se ver em casa.
**homework** /houmwêrk/ *s* lição ou dever de casa.
**homicidal** /hámesaidel/ *adj* homicida.
**homicide** /hámesaid/ *s* homicídio; homicida.
**homogeneity** /houmoudjeníeti/ *s* homogeneidade.
**homogeneous** /houmoudjínies/ *adj* homogêneo.
**homograph** /hámegræf, houmegræf/ *s* homógrafo.
**homonym** /hámenim/ *s* homônimo.
**homonymous** /houmánemes/ *adj* homônimo, que tem o mesmo nome.
**homophone** /hámefoun, houmefoun/ *s* homófono.
**homosexual** /houmousékchuel/ *adj* e *s* homossexual.
**homosexuality** /houmousékchuæleti/ *s* homossexualidade.
**Honduran** /hánduren/ *s* e *adj* hondurenho.
**Honduras** /hándures/ *s* Honduras.
**hone** /houn/ *s* pedra de amolar ou afiar. | *v* afiar, amolar; lamentar.
**honest** /ánist/ *adj* honesto, honrado; sincero.
**honestly** /ánistli/ *adv* e *interj* honestamente, francamente.
**honesty** /ánisti/ *s* honestidade, honradez; sinceridade, franqueza.
**honey** /hâni/ *s* mel; querido, meu bem, doçura. | *v* melar, adoçar; bajular com conversa doce.
**honeybee** /hânibí/ *s* abelha-doméstica.
**honeycomb** /hânikoum/ *s* favo de mel.
**honeyed** /hânid/ *adj* doce, adoçado com mel.
**honeymoon** /hânimún/ *s* lua de mel.
**Hong Kong** /há*ng*ká*ng*/ *s* Hong Kong.
**honied** /hânid/ » **honeyed**.
**honk** /há*ng*k/ *s* grasnido; buzinada. | *v* grasnar; buzinar.
**honor** /án*er*/ *s* honra, honradez, dignidade. | *v* honrar, respeitar, homenagear, glorificar (a Deus), estimar.
**honorable** /án*er*ebel/ *adj* honrado, honroso, digno, justo, nobre.
**honorableness** /án*er*ebelnes/ *s* honorabilidade, honestidade, retidão.
**honorarium** /ánerériem/ *s* honorários (*pl* **honorariums** ou **honoraria** /ánerérie/).
**hood** /hud/ *s* capuz, touca; capô; capota de automóvel. | *v* pôr touca ou capuz.
**hooded** /hudid/ *adj* encapuzado.
**hoodwink** /hudwi*ng*k/ *v* enganar, ludibriar, iludir.
**hoof** /huf/ *s* casco (cavalo, boi). | *v* andar devagar, andar a passo (*pl* **hoofs** ou **hooves** /huvz/).
**hook** /huk/ *s* gancho; anzol. | *v* fisgar, prender com gancho, enganchar.
**hooked** /hukt/ *adj gír* viciado (em uma atividade ou em drogas). • **be hooked on** estar viciado em.
**hooker** /huk*er*/ *s* prostituta.

**hooligan** /h<u>ú</u>ligen/ *s* desordeiro, bagunceiro.
**hoop** /húp, hup/ *s* arco, círculo, argola, aro. | *v* pôr arcos ou aros.
**hoot** /hút/ *s* pio da coruja; grito, apupo, vaia; buzinada. | *v* gritar, apupar, vaiar; buzinar.
**hop** /háp/ *s* salto, pulo. | *v* pular, saltar, saltitar.
**hope** /houp/ *s* esperança, confiança, expectativa. | *v* ter esperança, esperar, confiar.
**hopeful** /h<u>ou</u>pfel/ *adj* esperançoso, promissor.
**hopefully** /h<u>ou</u>pfeli/ *adv* esperançosamente, felizmente.
**hopefulness** /h<u>ou</u>pfelnes/ *s* qualidade de ser esperançoso.
**hopeless** /h<u>ou</u>ples/ *adj* desesperançado, desesperado.
**hopelessness** /h<u>ou</u>plesnes/ *s* desesperança.
**horde** /hórd/ *s* horda, bando.
**horizon** /her<u>ai</u>zen/ *s* horizonte.
**horn** /hórn/ *s* chifre, corno; trompa, corneta; buzina.
**horned** /hórnd/ *adj* cornudo, cornígero.
**hornet** /h<u>ó</u>rnit/ *s* vespão, marimbondo.
**horny** /h<u>ó</u>rni/ *adj* córneo, que tem chifre.
**horologe** /h<u>ó</u>reloudj/ *s* relógio de sol, relógio, principalmente de torre.
**horoscope** /h<u>ó</u>reskoup/ *s* horóscopo.
**horrible** /h<u>ó</u>rebel/ *adj* horrível.
**horribleness** /h<u>ó</u>rebelnes/ *s* horribilidade.
**horrid** /h<u>ó</u>rid/ *adj* horrendo.
**horrify** /h<u>ó</u>rifai/ *v* horrorizar.
**horror** /h<u>ó</u>rer/ *s* horror.
**horse** /hórs/ *s* cavalo; cavalo de pau; cavalaria. | *v* montar a cavalo, fornecer cavalos.
**horsehair** /h<u>ó</u>rshér/ *s* crina.
**horseman** /h<u>ó</u>rsmen/ *s* cavaleiro.
**horsemanship** /h<u>ó</u>rsmenchip/ *s* equitação.
**horsepower** /h<u>ó</u>rspauer/ *s* cavalo-vapor.
**horseshoe** /h<u>ó</u>rschú/ *s* ferradura.
**horsewoman** /h<u>ó</u>rswumen/ *s* amazona.
**hortative** /h<u>ó</u>rtetiv/ *adj* exortativo.
**hortatory** /h<u>ó</u>rtetóri/ *adj* exortatório.
**horticulture** /h<u>ó</u>rtekâltcher/ *s* horticultura.
**hose** /houz/ *s* mangueira; meias; calções. | *v* regar com mangueira.
**hosiery** /h<u>ou</u>jeri/ *s* artigos de malha, meias e roupas íntimas.
**hospice** /h<u>á</u>spis/ *s* abrigo para viajantes (mantido por religiosos).
**hospitable** /h<u>á</u>spitebel, háspi̲tebel/ *adj* hospitaleiro.
**hospital** /h<u>á</u>spitel/ *s* hospital.
**hospitality** /háspit<u>æ</u>leti/ *s* hospitalidade.
**hospitalize** /h<u>á</u>spitelaiz/ *v* hospitalizar.
**host** /houst/ *s* anfitrião; hospedeiro; hóstia.
**hostage** /h<u>á</u>stidj/ *s* refém.
**hostel** /h<u>á</u>stel/ *s* hospedaria, estalagem, albergue.
**hostess** /h<u>ou</u>stis/ *s* anfitriã.
**hostile** /h<u>á</u>stel, h<u>á</u>stail/ *adj* hostil.
**hostility** /hást<u>i</u>leti/ *s* hostilidade.
**hostler** /h<u>á</u>sler, <u>á</u>sler/ *s* moço de estrebaria; estalajadeiro; operador de veículos pesados.
**hot** /hát/ *adj* quente, ardente, picante, fogoso, intrépido, violento, apaixonado.
**hot dog** *s* cachorro-quente (*tb* **hotdog**).
**hotel** /h<u>ou</u>tél/ *s* hotel, hospedaria.
**hotfoot** /h<u>á</u>tfut/ *adv* apressadamente. | *v* apressar-se.
**hothead** /h<u>á</u>théd/ *s* pessoa impetuosa, impulsiva, fogosa.
**hothouse** /h<u>á</u>thaus/ *s* estufa para plantas.
**hot key** *s* tecla de atalho (computação).
**hound** /haund/ *s* cão de caça. | *v* acossar, caçar com cães.
**hour** /aur/ *s* hora, tempo, ocasião.
**hourglass** /<u>au</u>rglæs/ *s* ampulheta.
**hourly** /<u>au</u>rli/ *adj* de hora em hora. | *adv* a cada hora.
**house** /haus/ *s* casa, moradia, residência, habitação, morada, lar, domicílio; casa comercial; casa de espetáculos;

assembleia. | *v* residir, morar, habitar, recolher-se, abrigar-se, agasalhar-se.

**household** /haushould/ *s* lar, casa.

**householder** /haushoulder/ *s* proprietário de imóvel; chefe de família.

**housekeeper** /hauskíper/ *s* empregado que toma conta da casa; dona-de-casa.

**housemaid** /hausmeid/ *s* empregada doméstica.

**housewife** /hauswaif/ *s* dona-de-casa, mãe de família; /hâzif/ estojo de costura.

**housework** /hauswêrk/ *s* serviço doméstico.

**housing** /hauzing/ *s* habitação, moradia; alojamento; compartimento.

**hovel** /hâvel/ *s* choça, casebre.

**how** /hau/ *adv* como, de que maneira; até que grau ou quantidade, até que extensão; por que razão. | *conj* como. | *s* modo ou método de se fazer algo. • **how are you?** como vai? **how nice!** que bom! **how much/many** quanto, quantos.

**however** /hauéver/ *conj* todavia, contudo, porém. | *adv* de qualquer modo, como quer que seja.

**howl** /haul/ *s* uivo, urro; berro, grito. | *v* uivar, urrar; berrar, gritar.

**howler** /hauler/ *s* besteira, disparate.

**howsoever** /hausouéver/ *adv* de qualquer modo.

**hoy** /hoi/ *interj* olá, alto.

**HQ** /eitchkyú/ *abrev* de **Headquarters**, QG, Quartel-General.

**HTML** *abrev* de **Hypertext Markup Language**, linguagem de marcação de hipertexto.

**HTTP** *abrev* de **HyperText Transfer Protocol**, protocolo de transferência de hipertexto.

**hub** /hâb/ *s* núcleo, eixo, centro; cubo (roda).

**hubbub** /hâbâb/ *s* algazarra, tumulto.

**hubcap** /hâbkæp/ *s* calota (carro).

**huckster** /hâkster/ *s* vendedor ambulante, mascate. | *v* vender ou anunciar um produto com propaganda agressiva.

**huddle** /hâdl/ *s* multidão (pessoas e animais); pequena conferência ou encontro. | *v* reunir-se ou aconchegar-se para espantar o frio; tumultuar.

**hue** /hyú/ *s* matiz, tonalidade; aparência, aspecto.

**huff** /hâf/ *s* ressentimento.

**huffiness** /hâfines/ *s* vulnerabilidade.

**huffy** /hâfi/ *adj* vulnerável, irritável.

**hug** /hâg/ *s* abraço apertado. | *v* abraçar.

**huge** /hyúdj/ *adj* enorme, imenso, vasto.

**hugeness** /hyúdjnes/ *s* enormidade, imensidade, vastidão.

**hulk** /hâlk/ *s* brutamontes, pessoa grande e desajeitada.

**hull** /hâl/ *s* casco (navio); casca (fruta, semente). | *v* descascar.

**hullo** /helou/ » **hello**.

**hum** /hâm/ *s* zumbido, zunido. | *v* cantarolar, zumbir.

**human** /hyúmen/ *adj* e *s* humano.

**human being** *s* ser humano.

**humane** /hyúmein/ *adj* humano, humanitário, benevolente.

**humaneness** /hyúmeinnes/ *s* humanidade, clemência, compaixão.

**humanism** /hyúmenizem/ *s* humanismo.

**humanist** /hyúmenist/ *s* humanista.

**humanitarian** /hyúmænetérien/ *adj* e *s* humanitário.

**humanitarianism** /hyúmænetérienizem/ *s* humanitarismo.

**humanity** /hyúmæneti/ *s* humanidade, a espécie humana.

**humanize** /hyúmenaiz/ *v* humanizar.

**humankind** /hyúmenkaind/ *s* humanidade, espécie humana.

**human nature** *s* natureza humana.

**human race** *s* raça humana.

**human resources** *s* recursos humanos.

**human rights** *s* direitos humanos.

**humble** /hâmbel/ *adj* humilde, simples, modesto. | *v* humilhar; rebaixar.

**humbleness** /hâmbelnes/ *s* humildade.

**humbug** /hâmbâg/ *s* fraude, farsa, engano, logro; impostor, embusteiro. | *v* iludir, lograr, tapear.
**humdrum** /hâmdrâm/ *adj* monótono, rotineiro. | *s* conversa ou rotina monótona.
**humid** /hyúmid/ *adj* úmido.
**humidify** /hyúmidifai/ *v* umedecer.
**humidity** /hyúmideti/ *s* umidade.
**humiliate** /hyúmilieit/ *v* humilhar.
**humiliation** /hyúmilieichen/ *s* humilhação.
**humility** /hyúmileti/ *s* humildade.
**hummingbird** /hâmingbêrd/ *s* beija-flor, colibri.
**humor** /hyúmer/ *s* humor; disposição, estado de espírito. | *v* fazer a vontade de, atender aos desejos de; adaptar-se. • **bad/good humor** mau/bom humor.
**humorist** /hyúmerist/ *s* humorista.
**humorous** /hyúmeres/ *adj* engraçado, com humor, divertido, cômico.
**hump** /hâmp/ *v* corcovar, curvar, arquear. | *s* corcunda, corcova.
**humpback** /hâmpbæk/ *s* corcunda.
**humpbacked** /hâmpbækt/ *adj* corcovado, corcunda.
**humpback whale** *s* baleia corcunda.
**humpy** /hâmpi/ *adj* corcunda, giboso.
**hunch** /hântch/ *s* corcova, corcunda; palpite, pressentimento; naco, pedaço. | *v* curvar, arquear.
**hunchback** /hântchbæk/ *s* corcunda (pessoa).
**hundred** /hândred/ *num* cem. | *s* cem, centena.
**hundredth** /hândredth/ *num* centésimo.
**hung** /hâng/ *v pass* e *part pass* de **hang**.
**Hungarian** /hânggérien/ *adj* e *s* húngaro.
**Hungary** /hânggeri/ *s* Hungria.
**hunger** /hângger/ *s* fome; ânsia, desejo ardente, vontade. | *v* ter fome; ansiar, desejar ardentemente.
**hunger strike** *s* greve de fome.
**hungry** /hânggri/ *adj* com fome, faminto.
**hunk** /hângk/ *s* naco, pedaço; *gír* homem atraente sexualmente.
**hunt** /hânt/ *s* caça, caçada; busca, perseguição. | *v* caçar; perseguir.
**hunter** /hânter/ *s* caçador.
**hunting** /hânting/ *s* caça, caçada; perseguição.
**huntress** /hântres/ *s* caçadora.
**huntsman** /hântsmen/ *s* caçador.
**hurdle** /hêrdl/ *s* barreira, obstáculo (esporte). | *v* saltar sobre barreiras.
**hurdy-gurdy** /hêrdigêrdi, hêrdigêrdi/ *s* realejo.
**hurl** /hêrl/ *v* arremessar, lançar.
**hurricane** /hêrikein/ *s* furacão.
**hurried** /hêrid/ *adj* apressado, precipitado.
**hurry** /hêri/ *s* pressa, precipitação. | *v* apressar, precipitar.
**hurt** /hêrt/ *v* ferir; ofender, magoar; doer. | *s* dor; ferimento; sofrimento, angústia; prejuízo, dano.
**hurtful** /hêrtfel/ *adj* prejudicial, nocivo.
**hurtfulness** /hêrtfelnes/ *s* dano, prejuízo, malefício.
**hurtle** /hêrtl/ *v* arremessar-se com violência, agitar-se, mover-se com rapidez.
**hurtless** /hêrtles/ *adj* inofensivo; ileso.
**husband** /hâzbend/ *s* marido, esposo. | *v* economizar, usar com parcimônia.
**husbandry** /hâzbendri/ *s* agricultura, lavoura; economia.
**hush** /hâch/ *v* silenciar, calar; acalmar. | *s* silêncio, calma. • **Hush!** Silêncio!
**husk** /hâsk/ *s* casca, palha (trigo, milho). | *v* descascar, debulhar.
**huskie** /hâski/ *s geralm maiús* cão siberiano.
**husky** /hâski/ *adj* rouco; corpulento. | *s geralm maiús* cão siberiano.
**hustle** /hâsel/ *v* empurrar; apressar; trabalhar rapidamente e com vigor. | *s* empurrão; atividade enérgica.
**hustler** /hâsler/ *s* pessoa enérgica, que trabalha com vigor.
**hut** /hât/ *s* cabana, choupana, barraca. | *v* alojar em barraca.

**hutch** /hâtch/ *s* recipiente, caixa; gaiola, viveiro; armário para guardar copos e pratos.
**hutment** /hâtment/ *s* acampamento de tropas, conjunto de barracas.
**hyaena** /haiíne/ » **hyena**.
**hyaline** /haielin, haielain/ *adj* hialino, transparente, cristalino.
**hybrid** /haibrid/ *s* híbrido.
**hybridism** /haibridizem/ *s* hibridismo.
**hybridity** /haibrideti/ *s* hibridez.
**hydrant** /haidrent/ *s* hidrante.
**hydraulic** /haidrálik/ *adj* hidráulico.
**hydroelectric** /haidrouiléktrik/ *adj* hidroelétrico.
**hydrogen** /haidredjen/ *s* hidrogênio (*símb* **H**).
**hydrography** /haidrágrefi/ *s* hidrografia.
**hydrology** /haidráledji/ *s* hidrologia.
**hydropathy** /haidrápe*th*i/ *s* hidropatia.
**hydrophobia** /haidroufoubie/ *s* hidrofobia.
**hydroplane** /haidrouplein/ *s* hidroplano, hidroavião.
**hydrosphere** /haidrousfir/ *s* hidrosfera.
**hydrotherapy** /haidrou*th*érepi/ *s* hidroterapia.
**hydrous** /haidres/ *adj* aquoso, que contém água.
**hyena** /haiíne/ *s* hiena.
**hygiene** /haidjín/ *s* higiene.
**hygienic** /haidjiénik, haidjénik, haidjínik/ *adj* higiênico.
**hygienist** /haidjínist, haidjínist/ *s* higienista, sanitarista.
**hymen** /haimen/ *s* hímen.
**hymeneal** /haimeníel/ *adj* nupcial.
**hymn** /him/ *s* hino. | *v* celebrar com hinos, entoar hinos.
**hymnology** /himnáledji/ *s* hinologia.
**hyper-** /haiper-/ *pref* hiper-.
**hyperacidity** /haiperesideti/ *s* hiperacidez.
**hyperactive** /haiperæktiv/ *adj* hiperativo.
**hyperactivity** /haiperæktiveti/ *s* hiperatividade.
**hyperbola** /haipêrbele/ *s* hipérbole (matemática) (*pl* **hyperbolas** ou **hyperbolae** /haipêrbelí/).
**hyperbole** /haipêrbeli/ *s* hipérbole (gramática).
**hyperlink** /haiperlingk/ *s* vínculo dinâmico (computação).
**hypersensitive** /haipersénsetiv/ *adj* hipersensível, supersensível.
**hypersonic** /haipersánik/ *adj* hipersônico.
**hypertension** /haiperténchen/ *s* hipertensão.
**hypertext** /haipertékst/ *s* hipertexto (computação).
**hyphen** /haifen/ *v* hifenizar. | *s* hífen, traço de união.
**hyphenate** /haifeneit/ *v* hifenizar.
**hyphenation** /haifeneichen/ *s* hifenização.
**hypnosis** /hipnousis/ *s* hipnose (*pl* **hypnoses** /hipnousíz/).
**hypnotism** /hipnetizem/ *s* hipnotismo.
**hypnotize** /hipnetaiz/ *v* hipnotizar.
**hypnotizer** /hipnetaizer/ *s* hipnotizador.
**hypochondriac** /haipoukándriæk/ *s* e *adj* hipocondríaco.
**hypocrisy** /hipákresi/ *s* hipocrisia.
**hypocrite** /hipekrit/ *s* hipócrita.
**hypotenuse** /haipátenús/ *s* hipotenusa.
**hypothecate** /haipá*th*ekeit/ *v* hipotecar.
**hypothenuse** /haipá*th*enús/ » **hypotenuse**.
**hypothesis** /haipá*th*esis/ *s* hipótese (*pl* **hypotheses** /haipá*th*esíz/).
**hypothetic** /haipou*th*étik/ » **hypothetical**.
**hypothetical** /haipou*th*étikel/ *adj* hipotético, imaginário.
**hysteria** /histérie, histirie/ *s* histeria, histerismo.
**hysteric** /histérik/ *s* histérico. • **hysterics** *us v sing* ou *pl* ataque de histeria.
**hysterical** /histérikel/ *adj* histérico.

H

# I i



**i** ou **I** /ai/ *s* 9ª letra do alfabeto inglês. | *pron 1ª pess sing maiús* eu. | *símb maiús* de **iodine** (química); *num rom maiús* de um.
**Iberian** /aibirien/ *adj* e *s* ibérico, ibero.
**ibidem** /ibidém, ibaidem/ *adv lat* na mesma obra, capítulo ou página já citados.
**ice** /ais/ *s* gelo; neve; sorvete. | *v* gelar, congelar.
**ice age** *s* período glacial.
**ice bag** *s* bolsa de gelo.
**iceberg** /aisbêrg/ *s iceberg*, massa de gelo flutuante.
**icebox** /aisbáks/ *s* geladeira, refrigerador; caixa para colocar gelo.
**icebreaker** /aisbreiker/ *s* navio quebra--gelos.
**ice bucket** *s* balde de gelo.
**icecap** /aiskæp/ *s* calota glacial.
**ice-cold** /aiskould/ *adj* muito gelado.
**ice cream** *s* sorvete.
**ice-cream cone** *s* casquinha de sorvete; sorvete de casquinha.
**ice-cream parlor** *s* sorveteria.
**iced** /aist/ *adj* gelado; de gelo; coberto de gelo.
**ice field** *s* lençol de gelo, extensa área de gelo flutuante.
**ice hockey** *s* hóquei sobre gelo.
**Iceland** /aislend/ *s* Islândia.
**Icelander** /aislender/ *s* islandês (gentílico).
**Icelandic** /aislændik/ *adj* islandês. | *s* islandês (idioma).
**iceman** /aismen/ *s* vendedor de gelo; *gír* matador de aluguel.
**ice point** *s* ponto de congelamento.
**ice skate** *s* patim para gelo.
**ice-skate** /aiskeit/ *v* patinar no gelo.
**ice skater** *s* patinador no gelo.
**ice storm** *s* tempestade de gelo.
**icicle** /aisikel/ *s* pingente de gelo; pessoa reservada, calada.
**icily** /aisili/ *adv* gelidamente, friamente.
**icing** /aising/ *s* glacê, cobertura para bolo.
**icon** /aikán/ *s* ícone.
**iconoclast** /aikáneklæst/ *s* iconoclasta.
**iconography** /aikenágrefi/ *s* iconografia.
**icy** /aisi/ *adj* gélido, gelado, glacial; coberto de gelo.
**I'd** /aid/ *form contr* de **I had, I would** e **I should**.
**ID** /aidí/ *s inform* identidade (documento); identificador, identificação.
**ID card** /aidíkárd/ » **identification card**.
**idea** /aidíe/ *s* ideia; concepção; noção; opinião, impressão.
**ideal** /aidíel/ *s* ideal; modelo; utopia; perfeição. | *adj* ideal; imaginário; utópico; perfeito.
**idealism** /aidíelizem/ *s* idealismo.
**idealist** /aidíelist/ *s* idealista.

**idealization** /aidíelezeichen/ *s* idealização.
**idealize** /aidíelaiz/ *v* idealizar.
**idem** /aidém, ídém/ *pron lat* o mesmo.
**identical** /aidéntekel/ *adj* idêntico.
**identifiable** /aidéntefaiebel/ *adj* identificável, reconhecível.
**identification** /aidéntefikeichen/ *s* identificação.
**identification card** *s* cédula de identificação.
**identifier** /aidéntefaier/ *s* identificador.
**identify** /aidéntefai/ *v* identificar, reconhecer.
**identity** /aidénteti/ *s* identidade.
**identity crisis** *s* crise de identidade.
**ideology** /aidiáledji/ *s* ideologia.
**idiocy** /ídiesi/ *s* idiotismo, estupidez; deficiência mental grave.
**idiom** /ídiem/ *s* expressão idiomática; dialeto.
**idiomatic** /idiemætik/ *adj* idiomático.
**idiot** /ídiet/ *s* idiota, imbecil; deficiente mental.
**idle** /aidl/ *adj* desocupado, ocioso; inativo; vadio, indolente, preguiçoso; frívolo. | *v* ficar ocioso; vadiar.
**idleness** /aidlnes/ *s* preguiça, indolência; ociosidade.
**idly** /aidli/ *adv* preguiçosamente; indolentemente, preguiçosamente.
**idol** /aidl/ *s* ídolo.
**idolater** /aidáleter/ *s* idólatra, admirador; devoto.
**idolator** /aidáleter/ » **idolater**.
**idolatry** /aidáletri/ *s* idolatria; devoção excessiva.
**idolize** /aidelaiz/ *v* idolatrar, adorar.
**idyl** /aidel/ » **idyll**.
**idyll** /aidel/ *s* idílio.
**i.e.** /aií/ *abrev lat* de **Id est**, ou seja, isto é.
**if** /if/ *conj* se; ainda que; no caso de.
**igloo** /iglú/ *s* iglu (*pl* **igloos**).
**igneous** /ígnies/ *adj* ígneo.
**ignite** /ignait/ *v* acender; inflamar, incitar.
**ignition** /ignichen/ *s* ignição, inflamação; chave de ignição.
**ignoble** /ignoubel/ *adj* ignóbil, vil; comum.
**ignominious** /ignemínies/ *adj* ignominioso, infame; degradante.
**ignominy** /ígnemini/ *s* ignomínia; grande degradação.
**ignorance** /ígnerens/ *s* ignorância, falta de instrução, conhecimento ou informação.
**ignorant** /ígnerent/ *adj* ignorante; mal instruído.
**ignore** /ignór/ *v* ignorar, desconhecer; rejeitar (por falta de provas); desconsiderar.
**iguana** /igwáne/ *s* iguana.
**ilex** /ailéks/ *s* azevinho.
**ill** /il/ *adj* doente, indisposto; mau, ruim, malvado, hostil. | *s* mal, desgraça, calamidade; doença. | *adv* mal, insatisfatoriamente, desfavoravelmente; com dificuldade.
**I'll** /ail/ *form contr* de **I will** e **I shall**.
**illation** /ileichen/ *s* ilação, conclusão, dedução.
**illegal** /ilígel/ *adj* ilegal.
**illegality** /ilígæleti/ *s* ilegalidade.
**illegible** /ilédjebel/ *adj* ilegível, indecifrável.
**illegitimacy** /ilidjítemesi/ *s* ilegitimidade.
**illegitimate** /ilidjítemet/ *adj* ilegal, ilegítimo; bastardo.
**ill humor** *s* mau humor.
**ill-humored** /ilhyúmerd/ *adj* mal-humorado.
**illicit** /ilísit/ *adj* ilícito, ilegal.
**illimitable** /ilímitebel/ *adj* ilimitável, infinito.
**illiteracy** /ilíteresi/ *s* analfabetismo, incultura.
**illiterate** /ilíteret/ *adj* analfabeto, ignorante, inculto.
**ill-mannered** /ilmænerd/ *adj* rude, grosseiro.
**illness** /ílnes/ *s* doença, enfermidade; indisposição.
**illogic** /iládjik/ *s* falta de lógica.

**illogical** /iládjikel/ *adj* ilógico, sem sentido; que contradiz os princípios da lógica.
**illume** /ilúm/ *v* iluminar, alumiar.
**illuminant** /ilúmenent/ *s* luminária, aparelho de iluminação.
**illuminate** /ilúmeneit/ *v* iluminar, clarear; elucidar.
**illumination** /ilúmineichen/ *s* iluminação; iluminura; esclarecimento, elucidação.
**illuminator** /ilúmeneiter/ *s* iluminador.
**illumine** /ilúmin/ *v* iluminar.
**illusion** /ilújen/ *s* ilusão; engano, erro.
**illusionism** /ilújenizem/ *s* ilusionismo.
**illusionist** /ilújenist/ *s* ilusionista.
**illusive** /ilúsiv/ *adj* ilusório.
**illusory** /ilúseri, ilúzeri/ *adj* ilusório, irreal.
**illustrate** /ilestreit/ *v* ilustrar; exemplificar, esclarecer.
**illustration** /ilestreichen/ *s* ilustração, gravura; explicação, exemplificação.
**illustrator** /ilestreiter/ *s* ilustrador, desenhista.
**illustrious** /ilâstries/ *adj* ilustre, famoso, célebre.
**I'm** /aim/ *form contr* de **I am**.
**image** /imidj/ *s* imagem, efígie, retrato; ideia, representação mental; imagem. | *v* imaginar, formar imagem de; figurar; simbolizar.
**imagery** /imidjeri/ *s* imagens criadas pela mente; imagens, estátuas, ícones.
**imaginable** /imædjinebel/ *adj* imaginável.
**imaginary** /imædjenéri/ *adj* imaginário, irreal, fictício. | *s* número imaginário.
**imagination** /imædjineichen/ *s* imaginação, fantasia.
**imaginative** /imædjenetiv, imædjeneitiv/ *adj* imaginativo, criativo.
**imagine** /imædjin/ *v* imaginar; conjeturar; conceber; julgar, pensar, supor; fantasiar.
**imago** /imeigou, imágou/ *s* imago; inseto após metamorfose (*pl* **imagoes** ou **imagines** /imeidjiníz, imádjiníz/).
**imbalance** /imbælens/ *s* desequilíbrio.
**imbecile** /imbesil/ *adj* e *s* imbecil.
**imbecility** /imbesileti/ *s* imbecilidade.
**imbibe** /imbaib/ *v* beber; embeber; absorver; ensopar.
**imbue** /imbyú/ *v* inspirar; impregnar; manchar.
**imitable** /imitebel/ *adj* imitável.
**imitate** /imiteit/ *v* imitar, parodiar, copiar; reproduzir; simular.
**imitation** /imiteichen/ *s* imitação; cópia.
**immaculate** /imækyelet/ *adj* extremamente limpo, imaculado, puro.
**immaterial** /imetiriel/ *adj* sem importância; imaterial, incorpóreo, espiritual.
**immature** /imetur/ *adj* imaturo, infantil.
**immatureness** /imeturnes/ *s* imaturidade.
**immeasurable** /iméjerebel/ *adj* imensurável, infinito.
**immediate** /imídiit/ *adj* imediato, instantâneo; próximo, seguinte; urgente; direto (sem intermediações).
**immediately** /imídiitli/ *adv* imediatamente.
**immense** /iméns/ *adj* imenso, enorme; ilimitado; muito bom, excelente.
**immensity** /iménseti/ *s* imensidão, vastidão.
**immerge** /imêrdj/ *v* imergir, mergulhar, afundar.
**immerse** /imêrs/ *v* imergir, submergir; mergulhar; batizar por imersão.
**immersion** /imêrchen, imêrjen/ *s* imersão; batismo; eclipse.
**immigrant** /imigrent/ *s* imigrante.
**immigrate** /imigreit/ *v* imigrar.
**immigration** /imigreichen/ *s* imigração.
**imminence** /iminens/ *s* iminência.
**imminent** /iminent/ *adj* iminente.
**immobile** /imoubil, imoubail/ *adj* imóvel; irremovível, fixo.
**immobilize** /imoubelaiz/ *v* imobilizar; fixar.
**immobility** /imoubileti/ *s* imobilidade.
**immoderate** /imáderet/ *adj* imoderado, demasiado, excessivo.
**immodest** /imádist/ *adj* indecente, impudico, obsceno; imodesto, excessivo, exorbitante; arrogante.

**immodesty** /imádesti/ *s* imodéstia.
**immolate** /imeleit/ *v* imolar, sacrificar; destruir.
**immolation** /imeleichen/ *s* imolação; destruição.
**immoral** /imórel/ *adj* imoral.
**immorality** /imóræleti/ *s* imoralidade, desregramento.
**immortal** /imórtel/ *adj* e *s* imortal.
**immortality** /imórtæleti/ *s* imortalidade.
**immortalize** /imórtelaiz/ *v* imortalizar, perpetuar.
**immovable** /imúvebel/ *adj* imóvel; inabalável; implacável.
**immune** /imyún/ *adj* imune, protegido; isento. | *s* pessoa que tem imunidade.
**immune system** *s* sistema imunológico.
**immunity** /imyúneti/ *s* imunidade; isenção.
**immunology** /imyenáledji/ *s* imunologia.
**immutable** /imyútebel/ *adj* imutável.
**imp** /imp/ *s* duende, diabinho; criança endiabrada, travessa. | *v* alar; aumentar a capacidade de voo de uma ave.
**impact** /impækt/ *s* impacto, choque, colisão; influência. | /impækt, impækt/ *v* impactar; unir, apertar; colidir; influenciar.
**impair** /impér/ *v* enfraquecer, debilitar.
**impairment** /impérment/ *s* enfraquecimento; deficiência.
**imparity** /impæreti/ *s* disparidade, desigualdade.
**impart** /impárt/ *v* revelar, desvendar; dar, conceder, conferir, compartilhar.
**impartial** /impárchel/ *adj* imparcial, justo.
**impartiality** /impárchiæleti/ *s* imparcialidade.
**impartible** /impártebel/ *adj* indivisível.
**impassable** /impæsebel/ *adj* impraticável; inacessível; intransponível; intransitável.
**impasse** /impæs, impæs/ *s* impasse; beco, passagem ou caminho sem saída.
**impassible** /impæsebel/ *adj* impassível.
**impassioned** /impæchend/ *adj* apaixonado; fervoroso, ardente.
**impassive** /impæsiv/ *adj* impassível; insensível.
**impatience** /impeichens/ *s* impaciência; intolerância.
**impatient** /impeichent/ *adj* impaciente; intolerante.
**impeach** /impítch/ *v* acusar alguém de má conduta publicamente, denunciar.
**impeachment** /impítchment/ *s impeachment*, acusação pública de má conduta, denúncia.
**impeccable** /impékebel/ *adj* impecável, perfeito.
**impede** /impíd/ *v* impedir; retardar.
**impediment** /impédiment/ *s* impedimento; obstrução, obstáculo.
**impel** /impél/ *v* impelir.
**impend** /impénd/ *v* estar iminente, estar próximo de acontecer.
**impenetrable** /impénitrebel/ *adj* impenetrável; incompreensível; empedernido, insensível.
**impenitent** /impénitent/ *adj* impenitente.
**imperative** /impéretiv/ *adj* imperativo, autoritário; absolutamente necessário, urgente. | *s* imperativo (modo verbal); comando, ordem.
**imperceptible** /imperséptebel/ *adj* imperceptível.
**imperfect** /impêrfikt/ *adj* imperfeito.
**imperfection** /imperfékchen/ *s* imperfeição.
**imperial** /impiriel/ *adj* imperial.
**imperialism** /impirielizem/ *s* imperialismo.
**imperil** /impérel/ *v* arriscar, pôr em perigo.
**imperious** /impiries/ *adj* dominador, ditatorial; imperioso, urgente, imperativo.
**imperishable** /impérichebel/ *adj* imperecível.
**impermeable** /impêrmiebel/ *adj* impermeável.
**impermissible** /impermisebel/ *adj* proibido; inadmissível.
**impersonal** /impêrsenel/ *adj* impessoal.
**impersonate** /impêrseneit/ *v* fingir ser outra pessoa; imitar alguém.
**impertinence** /impêrtnens/ *s* impertinência, insolência; despropósito.

**impertinency** /impêrtnensi/ *s* impertinência.
**impertinent** /impêrtnent/ *adj* impertinente, insolente; irrelevante.
**imperturbable** /impertêrbebel/ *adj* imperturbável, sereno.
**impervious** /impêrvies/ *adj* intransitável; impenetrável.
**impetuous** /impétchues/ *adj* impetuoso, impulsivo.
**impetuousness** /impétchuesnes/ *s* impetuosidade.
**impetus** /impites/ *s* ímpeto, estímulo, impulso (*pl* **impetuses**).
**impiety** /impaieti/ *s* impiedade; irreverência, desrespeito.
**impinge** /impindj/ *v* invadir; infringir; chocar-se com.
**impious** /impies, impaies/ *adj* ímpio, descrente.
**impish** /impich/ *adj* travesso, endiabrado.
**implacable** /implækebel/ *adj* implacável.
**implant** /implænt/ *v* implantar, inserir, inculcar. | /implænt/ *s* implante.
**implantation** /implænteichen/ *s* implantação, implante.
**implement** /implement/ *s* instrumento, ferramenta, acessório. | *v* implementar.
**implicate** /implikeit/ *v* implicar; envolver (-se); dar a entender, fazer supor.
**implication** /implikeichen/ *s* implicação.
**implicit** /implisit/ *adj* implícito.
**implode** /imploud/ *v* implodir.
**implore** /implór/ *v* implorar, rogar, suplicar.
**imply** /implai/ *v* implicar, envolver; querer dizer, significar, sugerir.
**impolite** /impelait/ *adj* rude, mal-educado.
**imponderable** /impánderebel/ *adj* imponderável.
**import** /impórt, impórt/ *v* importar; significar; envolver; ser importante. | /impórt/ *s* mercadoria importada, importação; importância; significado.
**importance** /impórtens/ *s* importância, significação.
**important** /impórtent/ *adj* importante.
**importation** /impórteichen/ *s* importação.
**importunate** /impórtchenit/ *adj* importuno, incômodo.
**importune** /impórtún, impórtchen/ *v* importunar. | *adj* importuno.
**impose** /impouz/ *v* impor, ordenar, obrigar a; iludir, ludibriar.
**imposing** /impouzi*ng*/ *adj* impressionante, imponente.
**imposition** /impezichen/ *s* imposição, obrigação; engano, impostura; imposto, tributo.
**impossibility** /impásebileti/ *s* impossibilidade.
**impossible** /impásebel/ *adj* impossível; impraticável; inaceitável.
**impost** /impoust/ *s* imposto, taxa.
**impostor** /impáste*r*/ *s* impostor, embusteiro.
**imposture** /impástche*r*/ *s* impostura, fraude.
**impotent** /impetent/ *adj* impotente; incapaz, ineficaz; estéril.
**impound** /impaund/ *v* aprisionar; apreender judicialmente os bens de uma pessoa, apossar-se legalmente de; acumular, reservar.
**impoverish** /impáve*r*ich/ *v* empobrecer; exaurir, esgotar (recursos, terra).
**impracticable** /impræktikebel/ *adj* impraticável, impossível.
**imprecate** /imprikeit/ *v* invocar o diabo; rogar pragas, maldizer.
**imprecation** /imprikeichen/ *s* imprecação, maldição.
**imprecise** /imprisais/ *adj* impreciso, vago, inexato.
**impregnable** /imprégnebel/ *adj* invencível; incontestável.
**impregnate** /imprégneit/ *v* fecundar, tornar fértil, emprenhar; impregnar. | /imprégnit/ *adj* impregnado.

**impregnation** /imprégneichen/ *s* impregnação.
**impress** /imprés/ *v* impressionar, passar uma boa impressão; influenciar; imprimir, gravar; recrutar; confiscar. | /imprés/ *s* impressão; influência; estampa, carimbo, marca.
**impressible** /imprésebel/ *adj* impressionável.
**impression** /impréchen/ *s* impressão, ideia vaga; impressão tipográfica; tiragem de uma edição; marca produzida em superfície por meio de pressão.
**impressionable** /impréchenebel/ *adj* impressionável, influenciável.
**Impressionism** /impréchenizem/ *s* Impressionismo.
**imprest** /imprést, imprést/ *s* empréstimo, adiantamento de valor.
**imprint** /imprint/ *v* imprimir, gravar, estampar; gravar na memória. | /imprint/ *s* impressão, influência; marca impressa.
**imprison** /imprizen/ *v* aprisionar, encarcerar, confinar.
**imprisonment** /imprizenment/ *s* aprisionamento, encarceramento.
**improbable** /imprábebel/ *adj* improvável.
**improbity** /improubeti/ *s* improbidade, desonestidade.
**improper** /impráper/ *adj* impróprio, inadequado.
**improve** /imprúv/ *v* melhorar; valorizar; aumentar a produtividade.
**improvement** /imprúvment/ *s* melhoramento, melhoria, progresso.
**improvidence** /imprávedens/ *s* improvidência, imprevidência, negligência.
**improvident** /imprávedent/ *adj* improvidente, negligente, imprevidente.
**improvisation** /imprávizeichen/ *s* improvisação, improviso.
**improvisator** /imprávizeiter/ *s* improvisador.
**improvise** /imprevaiz/ *v* improvisar.
**improviser** /imprevaizer/ *s* improvisador.
**imprudence** /imprúdens/ *s* imprudência; indiscrição.
**imprudent** /imprúdent/ *adj* imprudente; indiscreto.
**impugn** /impyún/ *v* impugnar, contestar.
**impugner** /impyúner/ *s* impugnador.
**impulse** /impâls/ *s* impulso, ímpeto.
**impulsive** /impâlsiv/ *adj* impulsivo, momentâneo, repentino.
**impunity** /impyúneti/ *s* impunidade.
**impure** /impyur/ *adj* impuro, imoral; adulterado, contaminado.
**imputation** /impyuteichen/ *s* imputação, atribuição; acusação.
**impute** /impyút/ *v* imputar, atribuir; acusar.
**in** /in/ *prep* em, dentro de; durante, no decurso de; entre. | *adv* dentro; em casa; na moda; no poder; na estação (frutas, pesca, caça). | *adj* interno; que está na moda. | *s* pessoa que tem poder; *inform* influência, poder.
**inability** /inebileti/ *s* inabilidade, incapacidade.
**inaccessibility** /inæksésebileti/ *s* inacessibilidade.
**inaccessible** /inæksésebel/ *adj* inacessível.
**inaccuracy** /inækyeresi/ *s* inexatidão, imprecisão.
**inaccurate** /inækyeret/ *adj* inexato, impreciso.
**inaction** /inækchen/ *s* inação, falta de ação.
**inactive** /inæktiv/ *adj* inativo; indolente; fora de serviço.
**inadequacy** /inædikwesi/ *s* inadequação.
**inadequate** /inædikwet/ *adj* inadequado.
**inadmissible** /inedmisebel/ *adj* inadmissível.
**inadvertent** /inedvêrtent/ *adj* inadvertido, desatento, negligente, distraído.
**inadvisable** /inedvaizebel/ *adj* desaconselhável.
**inalienable** /ineilyenebel/ *adj* inalienável.
**inane** /inein/ *adj* fútil, tolo, insensato.
**inanimate** /inænimet/ *adj* inanimado.

**inanition** /inenichen/ *s* inanição.

**inanity** /inæneti/ *s* futilidade, tolice, insensatez.

**inappeasable** /inepízebel/ *adj* implacável, inconciliável.

**inapplicable** /inæplikebel, ineplikebel/ *adj* inaplicável.

**inapposite** /inæpezit/ *adj* inconveniente.

**inappreciable** /inepríchiebel/ *adj* imperceptível, insignificante.

**inappreciative** /inepríchieitiv/ *adj* desprezível.

**inapproachable** /ineproutchebel/ *adj* inacessível; inabordável.

**inappropriate** /inepropriet/ *adj* impróprio, inadequado.

**inapt** /inæpt/ *adj* inadequado; inapto, incapaz.

**inaptitude** /inæptetúd/ *s* inadequação; inaptidão, incapacidade.

**inarticulate** /inártikyelet/ *adj* inarticulado, ininteligível; mudo, sem fala.

**inasmuch as** /inezmâtch ez/ *conj* desde que, visto que; na medida em que.

**inattention** /ineténchen/ *s* desatenção, distração, negligência.

**inattentive** /ineténtiv/ *adj* desatento, negligente.

**inattentiveness** /ineténtivnes/ *s* desatenção, negligência.

**inaudibility** /inádibileti/ *s* falta de audição.

**inaudible** /inádebel/ *adj* inaudível.

**inaugural** /inágyurel/ *adj* inaugural; inicial. | *s* inauguração; discurso de inauguração ou de posse.

**inaugurate** /inágyureit/ *v* inaugurar; iniciar, começar.

**inauguration** /inágyureichen/ *s* inauguração.

**inauspicious** /ináspiches/ *adj* não auspicioso, infeliz, funesto, sinistro.

**inauthentic** /ináthéntik/ *adj* não autêntico, falso.

**in-between** /inbitwín/ *adj* e *s* intermediário.

**inboard** /inbórd/ *adj* de bordo. | *adv* a bordo.

**inborn** /inbórn/ *adj* inato, hereditário.

**inbox** /inbáks/ *s* caixa de entrada (computação).

**inbreathe** /inbrídh/ *v* inspirar, inalar.

**inbred** /inbréd/ *adj* inato, inerente; produzido por cruzamentos consanguíneos.

**incalculable** /inkælkyelebel/ *adj* incalculável; incerto, indeterminado.

**incandescence** /inkendésens/ *s* incandescência.

**incandescent** /inkendésent/ *adj* incandescente, brilhante.

**incantation** /inkænteichen/ *s* encantamento.

**incapability** /inkeipebileti/ *s* incapacidade; incompetência.

**incapable** /inkeipebel/ *adj* incapaz; incompetente.

**incapacitate** /inkepæsiteit/ *v* incapacitar, inabilitar.

**incapacity** /inkepæseti/ *s* incapacidade; deficiência física; desqualificação.

**incarcerate** /inkársereit/ *v* encarcerar, confinar, aprisionar.

**incarnadine** /inkárnedain, inkárnedín/ *adj* da cor da carne, vermelho escarlate. | *v* avermelhar.

**incarnate** /inkárnet/ *adj* encarnado; personificado; vermelho. | /inkárneit/ *v* encarnar; personificar.

**incarnation** /inkárneichen/ *s* encarnação.

**incautious** /inkóches/ *adj* incauto, descuidado.

**incendiary** /inséndiéri/ *s* incendiário; agitador. | *adj* incendiário.

**incense** /inséns/ *s* incenso; fragrância; adulação, lisonja. | *v* queimar incenso, perfumar com incenso; /inséns/ enraivecer, inflamar, enfurecer.

**incentive** /inséntiv/ *s* incentivo. | *adj* estimulante.

**incept** /insépt/ *v* ingerir.

**inception** /insépchen/ *s* começo, início, origem.

**inceptive** /inséptiv/ *adj* incipiente, inicial.
**incertitude** /insêrtitúd/ *s* incerteza, dúvida; instabilidade, insegurança.
**incessant** /insésent/ *adj* incessante.
**incest** /inséstt/ *s* incesto.
**incestuous** /inséstchues/ *adj* incestuoso; imoral.
**inch** /intch/ *s* polegada; pequena quantidade.
**inchoate** /inkoueit/ *adj* elementar, incipiente.
**inchoative** /inkouetiv/ *adj* inicial.
**incident** /insident/ *s* incidente. | *adj* incidental.
**incinerate** /insinereit/ *v* incinerar, cremar.
**incineration** /insinereichen/ *s* incineração.
**incipient** /insipient/ *adj* incipiente.
**incise** /insaiz/ *v* incisar, cortar; entalhar, gravar.
**incision** /insijen/ *s* incisão.
**incisive** /insaisiv/ *adj* incisivo, direto; penetrante, agudo.
**incisor** /insaizer/ *s* incisivo (dente).
**incitation** /inseteichen/ *s* incitação.
**incite** /insait/ *v* incitar, instigar, estimular.
**incivility** /insivileti/ *s* incivilidade.
**inclemency** /inklémensi/ *s* inclemência, impiedade; severidade.
**inclement** /inklément/ *adj* inclemente, impiedoso; severo.
**inclinable** /inklainebel/ *adj* inclinável; favorável.
**inclination** /inklineichen/ *s* inclinação, preferência; ladeira, inclinação de ângulo.
**incline** /inklain/ *v* inclinar, curvar, baixar; ter inclinação, propensão; convencer. | *s* inclinação, declive.
**inclose** /inklouz/ *v* incluir, conter.
**include** /inklúd/ *v* incluir, abranger.
**inclusion** /inklújen/ *s* inclusão.
**inclusive** /inklúsiv/ *adj* inclusivo, abrangente.
**incognita** /inkágnite, inkágnite/ *adv* e *adj* incógnito. | *s* incógnita.
**incognito** /inkágnitou, inkágnitou/ *adv*, *adj* e *s* incógnito.
**incoherence** /inkouhirens/ *s* incoerência.
**incoherent** /inkouhirent/ *adj* incoerente.
**incombustible** /inkembâstebel/ *adj* incombustível.
**income** /inkâm/ *s* renda, rendimento.
**income tax** *s* imposto de renda.
**incoming** /inkâming/ *adj* entrante; próximo; sucessor. | *s* entrada; chegada. • **incomings** renda, rendimento.
**incommensurable** /inkeménserebel/ *adj* incomensurável.
**incommensurate** /inkeménseret/ *adj* incomensurável; desproporcional.
**incommode** /inkemoud/ *v* incomodar, importunar, perturbar.
**incommodious** /inkemoudies/ *adj* inconveniente, incômodo, importuno.
**incommunicable** /inkemyúnikebel/ *adj* incomunicável.
**incommutable** /inkemyútebel/ *adj* incomutável, impermutável; imutável.
**incomparable** /inkámperebel/ *adj* incomparável.
**incompatibility** /inkempætebileti/ *s* incompatibilidade.
**incompatible** /inkempætebel/ *adj* incompatível.
**incompetence** /inkámpetens/ *s* incompetência.
**incompetency** /inkámpetensi/ » **incompetence**.
**incomplete** /inkemplít/ *adj* incompleto, inacabado.
**incomprehensible** /inkámprihénsebel/ *adj* incompreensível, ininteligível.
**incomprehension** /inkámprihénchen/ *s* incompreensão.
**incomprehensive** /inkámprihénsiv/ *adj* não abrangente, restrito.
**incomputable** /inkempyútebel/ *adj* incomputável, incalculável.
**inconceivable** /inkensívebel/ *adj* inconcebível, incrível.

**inconclusive** /inkenklúsiv/ *adj* inconcludente.

**inconformity** /inkenfórmeti/ *s* inconformidade, desacordo.

**incongruent** /inkánggruent, inkángrúent/ *adj* incongruente.

**incongruity** /inkengrúeti/ *s* incongruência, impropriedade.

**incongruous** /inkánggrues/ *adj* incongruente; inconsistente; incompatível, desarmônico.

**inconsequent** /inkánsikwent/ *adj* inconsequente.

**inconsiderable** /inkensiderebel/ *adj* insignificante, sem importância, trivial.

**inconsiderate** /inkensideret/ *adj* inconsiderado; impensado, irrefletido.

**inconsistency** /inkensistensi/ *s* inconsistência.

**inconsistent** /inkensistent/ *adj* inconsistente; irregular, imprevisível; ilógico.

**inconsolable** /inkensoulebel/ *adj* inconsolável, desconsolado.

**inconspicuous** /inkenspikyues/ *adj* insignificante, imperceptível.

**inconstancy** /inkánstensi/ *s* inconstância, volubilidade.

**inconstant** /inkánstent/ *adj* inconstante, mutável, variável; volúvel.

**incontestable** /inkentéstebel/ *adj* incontestável, irrefutável.

**incontinence** /inkántenens/ *s* incontinência; descontrole.

**incontinent** /inkántenent/ *adj* incontinente; imoderado.

**incontrollable** /inkentroulebel/ *adj* incontrolável.

**incontrovertible** /inkántrevêrtebel/ *adj* incontroverso, indubitável.

**inconvenience** /inkenvínyens/ *s* inconveniência. | *v* causar inconveniência a, dificultar.

**inconvenient** /inkenvínyent/ *adj* inconveniente, inoportuno.

**inconvertible** /inkenvêrtebel/ *adj* inconvertível.

**inconvincible** /inkenvinsebel/ *adj* não convencível, não persuadível.

**incorporate** /inkórpereit/ *v* criar corporações; incorporar, anexar, unir, juntar. | /inkórperet/ *adj* incorporado.

**incorporation** /inkórpereichen/ *s* incorporação.

**incorporeal** /inkórpóriel/ *adj* incorpóreo, intangível, imaterial.

**incorrect** /inkerékt/ *adj* incorreto, errado; inadequado.

**incorrigible** /inkóredjebel/ *adj* incorrigível.

**incorrupt** /inkerâpt/ *adj* incorrupto; puro.

**incorruptible** /inkerâptebel/ *adj* incorruptível.

**increase** /inkrís/ *s* aumento, incremento; progênie. | /inkrís/ *v* aumentar, intensificar, estender, propagar.

**incredible** /inkrédibel/ *adj* incrível, inacreditável.

**incredulity** /inkredúleti/ *s* incredulidade.

**incredulous** /inkrédjules/ *adj* incrédulo, céptico.

**increment** /inkrement/ *s* incremento, aumento, acréscimo; desenvolvimento.

**incriminate** /inkrimineit/ *v* acusar, incriminar.

**incrust** /inkrâst/ » **encrust**.

**incrustation** /inkrâsteichen/ *s* incrustação.

**incubate** /ingkyubeit/ *v* incubar, chocar.

**incubation** /ingkyubeichen/ *s* incubação.

**incubator** /ingkyubeiter/ *s* incubadora.

**inculcate** /inkâlkeit, inkâlkeit/ *v* inculcar.

**inculpate** /inkâlpeit, inkâlpeit/ *v* incriminar, acusar.

**incumbency** /inkâmbensi/ *s* incumbência.

**incur** /inkêr/ *v* incorrer em, estar sujeito a.

**incurable** /inkyurebel/ *adj* incurável.

**incurious** /inkyuries/ *adj* indiferente, descuidado, negligente.

**incursion** /inkêrchen/ *s* incursão.

**incurvate** /inkêrveit, inkêrveit/ *v* curvar, arquear. | /inkêrveit/ *adj* curvado, arqueado.

**incurve** /inkêrv/ *v* encurvar para dentro. | *s* curva para dentro.
**incuse** /inkyúz/ *adj* cunhado, estampado.
**indebted** /indétid/ *adj* endividado; obrigado (por favores recebidos).
**indebtedness** /indétidnes/ *s* estado de dívida, obrigação.
**indecency** /indísensi/ *s* indecência.
**indecent** /indísent/ *adj* indecente, imoral, inadequado.
**indecision** /indisijen/ *s* indecisão.
**indecorous** /indékeres/ *adj* indecoroso.
**indeed** /indíd/ *adv* realmente, certamente, de fato, muito. | *interj* verdade, jura (expressando surpresa ou ironia).
**indefatigable** /indifætigebel/ *adj* infatigável, incansável.
**indefeasible** /indifízebel/ *adj* indestrutível, inalienável.
**indefinable** /indifainebel/ *adj* indefinível.
**indefinite** /indéfenet/ *adj* indefinido; vago; impreciso; incerto.
**indefinite article** *s* artigo indefinido.
**indefinite pronoun** *s* pronome indefinido.
**indelible** /indélebel/ *adj* indelével, inapagável.
**indelicacy** /indélikesi/ *s* indelicadeza.
**indelicate** /indéliket/ *adj* indelicado.
**indemnification** /indémnifikeichen/ *s* indenização; compensação, reparação.
**indemnify** /indémnifai/ *v* indenizar.
**indemnity** /indémneti/ *s* indenização; compensação.
**indent** /indént/ *v* recortar; endentar, dentear; serrilhar, picotar; abrir parágrafo, recuar; imprimir, estampar. | /indént/ *s* endentação; recuo (parágrafo).
**indentation** /indénteichen/ *s* endentação.
**indenture** /indéntcher/ *s* contrato. | *v* contratar.
**independence** /indipéndens/ *s* independência.
**Independence Day** *s* dia da independência dos EUA (4 de julho de 1776).
**independency** /indipéndensi/ *s* independência; estado ou território independente.
**independent** /indipéndent/ *adj* independente.
**indescribable** /indiskraibebel/ *adj* indescritível.
**indestructible** /indistrâktebel/ *adj* indestrutível.
**indeterminate** /inditêrminet/ *adj* indeterminado.
**indetermination** /inditêrmineichen/ *s* indeterminação, imprecisão.
**index** /indéks/ *s* índice; indicação; dedo indicador; expoente (matemática), índice (de raiz) (*pl* **indexes** /indéksiz/ ou **indices** /indisíz/). | *v* pôr índice alfabético em; indexar; indicar, sinalizar.
**index finger** *s* dedo indicador.
**India** /indie/ *s* Índia.
**Indian** /indien/ *adj* indiano, hindu; índio (nativo das Américas). | *s* índio; qualquer língua dos nativos das Américas; indiano.
**indicate** /indikeit/ *v* indicar; demonstrar, mostrar; salientar.
**indication** /indikeichen/ *s* indicação.
**indicative** /indiketiv/ *adj* indicativo. | *s* indicativo (modo verbal).
**indicator** /indikeiter/ *s* indicador, ponteiro.
**indict** /indait/ *v* acusar formalmente.
**indictable** /indaitebel/ *adj* acusado.
**indictment** /indaitment/ *s* acusação; denúncia, queixa.
**indifference** /indiferens/ *s* indiferença, desinteresse, apatia.
**indifferent** /indiferent/ *adj* indiferente; desinteressado; imparcial.
**indigence** /indidjens/ *s* indigência, pobreza extrema.
**indigent** /indidjent/ *adj* indigente, pobre.
**indigested** /indidjéstid, indaidjéstid/ *adj* indigesto.
**indigestible** /indidjéstebel, indaidjéstebel/ *adj* indigerível.
**indignant** /indignent/ *adj* indignado.
**indignation** /indigneichen/ *s* indignação.
**indignity** /indigneti/ *s* indignidade, humilhação, injúria; afronta.

**indigo** /indigou/ *s* índigo, anil (cor); corante azul; *Bot* índigo (*pl* **indigos** *ou* **indigoes**). | *adj* da cor do anil.
**indirect** /indirékt, indairékt/ *adj* indireto.
**indirect object** *s* objeto indireto.
**indiscernible** /indisêrnebel, indizêrnebel/ *adj* indiscernível, imperceptível.
**indiscipline** /indiseplin/ *s* indisciplina.
**indiscreet** /indiskrít/ *adj* indiscreto.
**indiscretion** /indiskréchen/ *s* indiscrição.
**indiscriminate** /indiskriminet/ *adj* indiscriminado; confuso; indistinto.
**indiscrimination** /indiskrimineichen/ *s* indiscriminação.
**indispensable** /indispénsebel/ *adj* indispensável, essencial.
**indispose** /indispouz/ *v* estar indisposto (doente); indispor, criar inimizade.
**indisposed** /indispouzd/ *adj* indisposto.
**indisposition** /indispezichen/ *s* indisposição, incômodo; inimizade.
**indisputable** /indispyútebel/ *adj* inegável, inquestionável.
**indissoluble** /indisályebel/ *adj* indissolúvel.
**indistinct** /indistingkt/ *adj* indistinto.
**indistinctive** /indistingktiv/ *adj* indistinto, indiscriminado.
**indistinguishable** /indistinggwichebel/ *adj* indistinguível.
**indite** /indait/ *v* redigir, compor.
**individual** /individjuel/ *s* indivíduo, pessoa. | *adj* individual.
**individualism** /individjuelizem/ *s* individualismo.
**individualist** /individjuelist/ *s* individualista.
**individuality** /individjuæleti/ *s* individualidade.
**indivisible** /indivizebel/ *adj* indivisível.
**indocile** /indásel/ *adj* indócil, indomável.
**indocility** /indásileti, indousileti/ *s* indocilidade.
**indolence** /indelens/ *s* indolência, preguiça.
**indolent** /indelent/ *adj* indolente.
**indomitable** /indámetebel/ *adj* invencível, inconquistável.
**Indonesia** /indeníje/ *s* Indonésia.
**Indonesian** /indeníjen/ *s* e *adj* indonésio.
**indoor** /indór/ *adj* interior, interno.
**indoors** /indórz/ *adv* portas adentro, dentro de casa.
**indorse** /indórs/ » **endorse**.
**indubitable** /indúbitebel/ *adj* indubitável, evidente.
**induce** /indús/ *v* induzir, persuadir; causar, produzir.
**inducement** /indúsment/ *s* incentivo, estímulo.
**inducer** /indúser, indyúser/ *s* indutor.
**induct** /indâkt/ *v* instalar, introduzir.
**induction** /indâkchen/ *s* indução; instalação, introdução; prefácio.
**inductive** /indâktiv/ *adj* indutivo; introdutório.
**inductor** /indâkter/ *s* indutor.
**indue** /indú/ » **endue**.
**indulge** /indâldj/ *v* satisfazer (desejos, sentimentos); condescender.
**indulgence** /indâldjens/ *s* indulgência.
**indulgent** /indâldjent/ *adj* indulgente.
**indurate** /indureit/ *v* endurecer. | *adj* endurecido, obstinado.
**industrial** /indâstriel/ *adj* e *s* industrial.
**industrial engineering** *s* engenharia industrial.
**industrialism** /indâstrielizem/ *s* industrialismo.
**industrialist** /indâstrielist/ *s* industrial, industrialista.
**industrialization** /indâstrielizeichen/ *s* industrialização.
**industrialize** /indâstrielaiz/ *v* industrializar.
**industrious** /indâstries/ *adj* diligente, aplicado.
**industry** /indestri/ *s* indústria; setor econômico de manufaturas.
**inebriate** /iníbrieit/ *v* embriagar, embebedar; intoxicar. | /iníbriet/ *adj* embriagado; intoxicado. | *s* bêbado, embriagado.
**inebriation** /iníbrieichen/ *s* embriaguez.

**inebriety** /iníbraieti/ *s* bebedeira; intoxicação.
**ineffaceable** /inifeisebel/ *adj* indelével.
**ineffective** /iniféktiv/ *adj* ineficaz; inadequado.
**ineffectual** /iniféktchuel/ *adj* ineficaz; inútil.
**inefficacious** /inéfikeiches/ *adj* ineficaz.
**inefficacy** /inéfikesi/ *s* ineficácia.
**inefficiency** /inifichensi/ *s* ineficiência.
**inefficient** /inifichent/ *adj* ineficiente.
**inelastic** /inílæstik/ *adj* inelástico, inflexível, rígido.
**inelegance** /inéligens/ *s* deselegância, falta de refinamento.
**inelegant** /inéligent/ *adj* deselegante, impolido, sem refinamento.
**ineligibility** /inélidjebileti/ *s* inelegibilidade.
**ineligible** /inélidjebel/ *adj* inelegível.
**inept** /inépt/ *adj* inepto, incapaz, impróprio; absurdo.
**inequality** /inikwáleti/ *s* desigualdade, disparidade; parcialidade; diversidade.
**inequitable** /inékwetebel/ *adj* injusto.
**inequity** /inékweti/ *s* iniquidade, injustiça.
**inert** /inêrt/ *adj* inerte; inativo.
**inertia** /inêrche/ *s* inércia; preguiça, indolência.
**inestimable** /inéstimebel/ *adj* inestimável; incalculável.
**inevitable** /inévitebel/ *adj* inevitável.
**inexact** /inigzækt/ *adj* inexato, impreciso.
**inexcusable** /inikskyúzebel/ *adj* indesculpável, imperdoável.
**inexistent** /inigzistent/ *adj* inexistente.
**inexorable** /inékserebel/ *adj* inexorável, inalterável, inflexível.
**inexpedient** /inikspídient/ *adj* inoportuno; inadequado; inconveniente.
**inexpensive** /inikspénsiv/ *adj* não dispendioso, barato.
**inexperience** /inikspiriens/ *s* inexperiência.
**inexperienced** /inikspirienst/ *adj* inexperiente.
**inexpert** /inékspêrt, inikspêrt/ *adj* inábil; inexperiente.
**inexpiable** /inékspiebel/ *adj* irreparável; implacável.
**inexplainable** /inikspleinebel/ *adj* inexplicável.
**inexplicable** /inéksplikebel, inikspliкebel/ *adj* inexplicável, inexprimível.
**inexplicit** /inikspli sit/ *adj* não explícito; indefinido.
**inexpressible** /inikssprésebel/ *adj* inexprimível; indescritível.
**inexpressive** /inikssprésiv/ *adj* inexpressivo.
**inexpugnable** /inikspâgnebel, inikspyúnebel/ *adj* inexpugnável, invencível.
**inextinguishable** /inikstinggwichebel/ *adj* inextinguível.
**inextricable** /inikstrikebel, inékstrikebel/ *adj* inextricável, inacessível; emaranhado; confuso, difícil de resolver.
**infallible** /infælebel/ *adj* infalível.
**infamous** /infemes/ *adj* infame, sem honra, mal-afamado.
**infamy** /infemi/ *s* infâmia.
**infancy** /infensi/ *s* infância.
**infant** /infent/ *s* bebê, criancinha; menor. | *adj* infantil; nascente, novo.
**infanticide** /infæntesaid/ *s* infanticídio; infanticida.
**infantile** /infentail, infentil/ *adj* infantil, pueril.
**infantilism** /infentelizem, infentailizem, infæntelizem/ *s* infantilismo.
**infantry** /infentri/ *s* infantaria.
**infarct** /infárkt, infárkt/ *s* infarto.
**infatuate** /infætchueit/ *v* inspirar ou sentir uma cega paixão. | *adj* cegamente apaixonado.
**infatuation** /infætchueichen/ *s* paixão cega, louca.
**infect** /infékt/ *v* infectar, infeccionar, contaminar; perverter; contagiar.
**infection** /infékchen/ *s* infecção, contaminação; contaminação moral ou corrupção.
**infectious** /infékches/ *adj* infeccioso; contagioso.

**infelicitous** /infelisetes/ *adj* impróprio, inadequado; infeliz.
**infelicity** /infeliseti/ *s* infelicidade.
**infer** /infêr/ *v* inferir, deduzir, conjeturar.
**inference** /inferens/ *s* inferência, dedução, conclusão.
**inferential** /inferénchel/ *adj* conclusivo.
**inferior** /infirier/ *s* e *adj* inferior; subalterno.
**inferiority** /infirióreti/ *s* inferioridade.
**inferiority complex** *s* complexo de inferioridade.
**infernal** /infêrnel/ *adj* infernal, diabólico.
**inferno** /infêrnou/ *s* inferno (*pl* **infernos**).
**infertile** /infêrtel/ *adj* infértil, estéril.
**infest** /infést/ *v* infestar.
**infidel** /infedél/ *s* infiel, descrente.
**infidelity** /infedéleti/ *s* infidelidade, adultério; deslealdade.
**infighting** /infaiting/ *s* intriga, rivalidade dentro de um grupo.
**infiltrate** /infiltreit, infiltreit/ *v* infiltrar, introduzir-se lentamente; embeber, filtrar.
**infiltration** /infiltreichen/ *s* infiltração.
**infinite** /infenit/ *s* algo infinito. | *adj* infinito, ilimitado; /infinet, infainait/ infinito (matemática).
**infinitesimal** /infinitésimel/ *s* infinitésimo. | *adj* infinitesimal, diminuto, excessivamente pequeno.
**infinitive** /infinetiv/ *s* infinitivo (modo verbal).
**infinity** /infineti/ *s* infinidade.
**infirm** /infêrm/ *adj* doente, fraco (especialmente por idade); irresoluto, indeciso.
**infirmary** /infêrmeri/ *s* enfermaria.
**infirmity** /infêrmeti/ *s* enfermidade.
**infix** /infiks/ *s* infixo, afixo (gramática). | /infiks, infiks/ *v* cravar; encaixar; implantar.
**inflame** /infleim/ *v* inflamar, excitar; pegar fogo; causar inflamação.
**inflammable** /inflæmebel/ *adj* inflamável.
**inflammation** /inflemeichen/ *s* inflamação; incêndio.
**inflammatory** /inflæmetóri/ *adj* inflamado, raivoso; inflamatório.
**inflate** /infleit/ *v* inflar, dilatar, expandir; inflacionar.
**inflation** /infleichen/ *s* inflação; dilatação, expansão.
**inflationary** /infleichenéri/ *adj* inflacionário.
**inflect** /inflékt/ *v* modular (a voz); declinar, conjugar.
**inflection** /inflékchen/ *s* inflexão, modulação da voz; flexão (gramática).
**inflexible** /infléksebel/ *adj* inflexível, imutável, inalterável.
**inflict** /inflikt/ *v* infligir, impor, causar.
**infliction** /inflikchen/ *s* imposição.
**inflow** /inflou/ *s* afluência, influxo.
**influence** /influens/ *v* influir, influenciar, persuadir. | *s* influência, persuasão, prestígio.
**influent** /influent/ *adj* fluente. | *s* afluente.
**influential** /influénchel/ *adj* influente.
**influenza** /influénze/ *s* influenza, gripe.
**influx** /inflâks/ *s* influxo, afluência.
**infold** /infould/ *v* envolver, encerrar.
**inform** /infórm/ *v* informar, instruir; delatar.
**informal** /infórmel/ *adj* informal, sem cerimônia, contra as regras de etiqueta.
**informality** /infórmæleti/ *s* informalidade.
**informant** /infórment/ *s* informante.
**information** /infermeichen/ *s* informação, informações; instrução, comunicação.
**informative** /infórmetiv/ *adj* informativo, instrutivo.
**informed** /infórmd/ *adj* informado, instruído.
**informer** /infórmer/ *s* informante.
**infract** /infrækt/ *v* infringir.
**infraction** /infrækchen/ *s* infração.
**infractor** /infrækter/ *s* infrator.
**infrangible** /infrændjibel/ *adj* inquebrável, inseparável; inviolável.
**infrared** /infreréd/ *adj* e *s* infravermelho.
**infrequent** /infríkwent/ *adj* inconstante; irregular.
**infringe** /infrindj/ *v* infringir, transgredir, violar.

**infringement** /infrindjment/ *s* infração, transgressão, violação.
**infuriate** /infyurieit/ *v* enfurecer, irritar.
**infuse** /infyúz/ *v* infundir, introduzir; imbuir.
**infusion** /infyújen/ *s* infusão.
**ingenious** /indjínyes/ *adj* engenhoso, habilidoso; astuto.
**ingenuity** /indjinyúeti/ *s* esperteza, habilidade; inteligência; engenhosidade.
**ingenuous** /indjényues/ *adj* ingênuo, inocente; sincero.
**ingenuousness** /indjényuesnes/ *s* ingenuidade, inocência; sinceridade.
**ingest** /indjést/ *v* engolir, ingerir.
**ingestion** /indjéstchen/ *s* ingestão.
**inglorious** /inglóries/ *adj* inglório, vergonhoso; modesto.
**ingot** /*ing*get/ *s* lingote, barra de metal.
**ingrain** /ingrein/ *v* arraigar. | *adj* arraigado; feito com fibra ou fio tingido. | *s* fibra ou fio tingido.
**ingrate** /ingreit, ingreit/ *s* ingrato.
**ingratiate** /ingreichieit/ *v* congraçar.
**ingratitude** /ingrætetúd/ *s* ingratidão.
**ingredient** /ingrídient/ *s* ingrediente.
**ingress** /ingrés/ *s* ingresso, entrada.
**ingression** /ingréchen/ » **ingress**.
**ingrown** /ingroun/ *adj* encravado (unha, pelo).
**inhabit** /inhæbit/ *v* habitar, morar.
**inhabitant** /inhæbitent/ *s* habitante.
**inhalation** /inheleichen/ *s* inalação.
**inhale** /inheil/ *v* inalar, inspirar.
**inhaler** /inheil*er*/ *s* inalador (pessoa, aparelho).
**inharmonious** /inhármounies/ *adj* desarmônico, discordante.
**inhere** /inhir/ *v* inerir.
**inherent** /inhirent, inhérent/ *adj* inerente, natural, inato.
**inherit** /inhérit/ *v* herdar.
**inheritance** /inhéritens/ *s* herança.
**inheritor** /inhérit*er*/ *s* herdeiro.
**inhibit** /inhibit/ *v* inibir, impedir (crescimento, ato, desejo); proibir.
**inhibition** /inhibichen/ *s* inibição (crescimento, ato, desejo); proibição.
**inhospitable** /inháspitebel, inháspitebel/ *adj* inóspito, inospitaleiro; desfavorável, hostil.
**inhospitality** /inháspetæleti/ *s* falta de hospitalidade.
**inhuman** /inhyúmen/ *adj* desumano, cruel, brutal.
**inhumanity** /inhyúmæneti/ *s* desumanidade, crueldade.
**inhume** /inhyúm/ *v* sepultar, enterrar.
**inimical** /inimikel/ *adj* hostil; prejudicial.
**inimitable** /inimitebel/ *adj* inimitável.
**iniquitous** /inikwites/ *adj* iníquo, injusto.
**iniquity** /inikweti/ *s* iniquidade, injustiça, violação dos direitos; pecado.
**initial** /inichel/ *adj* inicial. | *s* letra inicial; capitular; inicial | *v* assinar com as iniciais.
**initialize** /inichelaiz/ *v* inicializar.
**initially** /inicheli/ *adv* inicialmente.
**initiate** /inichieit/ *v* iniciar, originar; introduzir, admitir como membro de um grupo. | /inichiet/ *adj* e *s* iniciado.
**initiation** /inichieichen/ *s* iniciação.
**initiative** /inichetiv/ *s* iniciativa. | *adj* iniciativo; introdutório, preliminar.
**inject** /indjékt/ *v* injetar, introduzir; aplicar injeção.
**injection** /indjékchen/ *s* injeção.
**injudicious** /indjúdiches/ *adj* desajuizado, tolo.
**injunction** /indjâ*ng*kchen/ *s* ordem; mandado.
**injure** /indj*er*/ *v* prejudicar, ofender; lesar, danificar, violar; ferir.
**injurious** /indjuries/ *adj* prejudicial, nocivo; ofensivo, injusto.
**injury** /indjeri/ *s* injúria, ofensa; dano, perda; ferimento.
**injustice** /indjâstis/ *s* injustiça.
**ink** /*ing*k/ *s* tinta de escrever. | *v* borrar, cobrir ou manchar de tinta.
**inkling** /*ing*kl*ing*/ *s* insinuação; sugestão, ideia.

**inland** /inlend/ *adj* interior. | *s* o interior de um país. | /inlænd, inlænd/ *adv* para o interior (do país).

**inlander** /inlender/ *s* habitante do interior.

**in-law** /inlá/ *s* parente por casamento (sogra, cunhado).

**inlet** /inlét/ *s* angra, enseada, baía; entrada.

**inly** /inli/ *adv* interiormente, no íntimo.

**inmate** /inmeit/ *s* interno, prisioneiro (especialmente em prisões e hospitais).

**inmost** /inmoust/ *adj* interior; íntimo.

**inn** /in/ *s* estalagem, pousada; taverna.

**innate** /ineit/ *adj* inato; inerente; intuitivo.

**inner** /iner/ *adj* interior; íntimo, secreto; profundo, subjacente.

**innermost** /inermoust/ *adj* íntimo; interior.

**innervate** /inêrveit, inerveit/ *v* enervar; estimular um músculo.

**innkeeper** /inkíper/ *s* proprietário ou gerente de uma pousada ou de um hotel.

**innocence** /inesens/ *s* inocência (moral e legal).

**innocency** /inesensi/ *s* inocência, simplicidade; ato inocente.

**innocent** /inesent/ *adj* e *s* inocente (moral e legal); inofensivo.

**innocuous** /inákyues/ *adj* inócuo, inofensivo.

**innominate** /inámenet/ *adj* anônimo.

**innovate** /ineveit/ *v* inovar.

**innovation** /ineveichen/ *s* inovação.

**innovative** /ineveitiv/ *adj* inovador.

**innumerable** /inúmerebel/ *adj* inumerável, muito numeroso.

**innutrition** /innútrichen/ *s* desnutrição.

**inobservance** /inebzêrvens/ *s* inobservância, desatenção.

**inoculate** /inákyeleit/ *v* inocular, vacinar.

**inoculation** /inákyeleichen/ *s* inoculação.

**inodorous** /innouderes/ *adj* inodoro.

**inoffensive** /inefénsiv/ *adj* inofensivo.

**inoperable** /ináperebel/ *adj* inoperável.

**inoperative** /ináperetiv/ *adj* inoperante; inválido.

**inopportune** /ináperún/ *adj* inoportuno.

**inordinate** /inórdenit/ *adj* desordenado; imoderado, excessivo.

**inorganic** /inórgænik/ *adj* inorgânico.

**inpatient** /inpeichent/ *s* paciente internado em hospital.

**input** /input/ *s* entrada.

**input device** *s* dispositivo de entrada.

**inquest** /inkwést/ *s* inquérito.

**inquire** /inkwair/ *v* inquirir, indagar.

**inquiry** /inkwairi, inkweri/ *s* interrogatório; inquérito; investigação; consulta.

**inquisition** /inkwizichen/ *s maiús* Inquisição, Santo Ofício; inquérito policial.

**inquisitive** /inkwizetiv/ *adj* curioso, indiscreto; investigador, pesquisador.

**inquisitor** /inkwiziter/ *s* inquiridor.

**I.N.R.I.** *abrev lat* de **Iesus Nazarenus Rex Iudaeorum**, Jesus Nazareno, Rei dos Judeus.

**inroad** /inroud/ *s* invasão, ataque de surpresa.

**inrush** /inrâch/ *s* invasão súbita, influxo repentino.

**insalubrious** /inselúbries/ *adj* insalubre.

**insalubrity** /inselúbrieti/ *s* insalubridade.

**insane** /insein/ *adj* insano, louco; imoderado, excessivo; tolo.

**insanitary** /insænitéri/ *adj* anti-higiênico.

**insanity** /insæneti/ *s* insanidade, loucura; tolice.

**insatiable** /inseichebel/ *adj* insaciável.

**insatiate** /inseichiet/ *adj* insaciável.

**inscribe** /inskraib/ *v* inscrever, entalhar; fazer dedicatória; alistar, arrolar, registrar.

**inscription** /inskripchen/ *s* inscrição; dedicatória; matrícula (inscrição).

**inscrutable** /inskrútebel/ *adj* inescrutável, misterioso.

**insect** /insékt/ *s* inseto.

**insecticide** /inséktisaid/ *s* inseticida.

**insecure** /insikyur/ *adj* incerto, arriscado, inseguro.

**insecurity** /insikyureti/ *s* insegurança.
**inseminate** /inséminelt/ *v* inseminar; semear.
**insemination** /inséminelchen/ *s* inseminação.
**insensate** /insénseit, insénsit/ *adj* inanimado, inconsciente; cruel, frio; insensato.
**insensible** /insénsebel/ *adj* insensível; apático; inconsciente; imperceptível.
**inseparable** /inséperebel/ *adj* inseparável.
**insert** /insêrt/ *v* inserir, introduzir. | /insêrt/ *s* inserção.
**insertion** /insêrchen/ *s* inserção.
**insertion point** *s* ponto de inserção.
**in-service** /insêrvis/ *adj* referente a funcionário de período integral.
**inset** /insét, insét/ *v* inserir. | /insét/ *s* inserção; canal, fluxo.
**inshore** /inchór/ *adv* na costa, perto da costa. | *adj* costeiro.
**inside** /insaid, insaid/ *prep* dentro de. | *adv* na parte interna. | *s* o interior, parte interna. | *adj* interior, interno.
**insider** /insaider/ *s* membro (grupo, organização, sociedade).
**insidious** /insidies/ *adj* insidioso, traiçoeiro.
**insight** /insait/ *s* discernimento intelectual; compreensão profunda e intuitiva.
**insigne** /insigne/ » **insignia**.
**insignia** /insignie/ *s* insígnia (*pl* **insignia** ou **insignias**).
**insignificance** /insignifikens/ *s* insignificância.
**insignificancy** /insignifikensi/ *s* insignificância, pessoa ou coisa insignificante.
**insignificant** /insignifikent/ *adj* insignificante.
**insincere** /insinsir/ *adj* insincero, hipócrita.
**insincerity** /insinséreti/ *s* insinceridade, hipocrisia.
**insinuate** /insinyueit/ *v* insinuar.
**insinuating** /insinyueiting/ *adj* insinuante, sugestivo.
**insinuation** /insinyueichen/ *s* insinuação.
**insipid** /insipid/ *adj* insípido.
**insist** /insist/ *v* insistir, perseverar.
**insistence** /insistens/ *s* insistência, persistência.
**insistency** /insistensi/ » **insistence**.
**insistent** /insistent/ *adj* insistente, persistente.
**insolation** /insouleichen/ *s* insolação.
**insolence** /inselens/ *s* insolência.
**insolent** /inselent/ *adj* insolente, arrogante; impertinente.
**insoluble** /insályebel/ *adj* insolúvel (que não pode ser dissolvido).
**insolvable** /insálvebel/ *adj* insolúvel (que não pode ser solucionado).
**insolvency** /insálvensi/ *s* insolvência.
**insolvent** /insálvent/ *adj* insolvente, falido. | *s* falência.
**insomnia** /insámnie/ *s* insônia.
**insomuch as** /insoumâtch es/ *adv* a tal ponto que, de tal modo que, de maneira que.
**inspect** /inspékt/ *v* inspecionar.
**inspection** /inspékchen/ *s* inspeção, exame, vistoria, fiscalização.
**inspector** /inspékter/ *s* inspetor; investigador.
**inspectorate** /inspékteret/ *s* inspetoria.
**inspiration** /inspereichen/ *s* inspiração.
**inspire** /inspair/ *v* inspirar, influenciar; inalar.
**inspirit** /inspirit/ *v* animar, incitar, encorajar.
**instability** /instebileti/ *s* instabilidade.
**instal** /instól/ » **install**.
**install** /instól/ *v* instalar, inaugurar.
**installation** /insteleichen/ *s* instalação; colocação, arranjo.
**installation program** *s* programa de instalação.
**installer** /instóler/ *s* instalador.
**installment** /instólment/ *s* prestação, pagamento em prestações; instalação; parte ou capítulo de um trabalho literário apresentado em série.

**instalment** /instólment/ » **installment**.

**instance** /instens/ *v* exemplificar. | *s* exemplo; *Jur* instância; pedido. • **for instance** por exemplo.

**instancy** /instensi/ *s* urgência.

**instant** /instent/ *s* instante, momento. | *adj* imediato; instantâneo; urgente.

**instantaneous** /instenteinies/ *adj* instantâneo.

**instanter** /instænter/ *adv* imediatamente, instantaneamente.

**instead** /instéd/ *adv* em vez de, em lugar de.

**instep** /instép/ *s* tarso, peito do pé.

**instigate** /instigeit/ *v* instigar, incitar, fomentar.

**instil** /instil/ » **instill**.

**instill** /instil/ *v* instilar, colocar gota a gota; introduzir gradualmente.

**instinct** /instingkt/ *s* instinto, aptidão natural.

**instinctive** /instingktiv/ *adj* instintivo.

**institute** /institút/ *v* instituir; inaugurar, começar. | *s* instituto, instituição, associação; seminário, curso de curta duração.

**institution** /institúchen/ *s* instituição social (casamento, família); instituição (educacional, filantrópica etc.); hospício, manicômio.

**institutional** /institúchenel/ *adj* institucional.

**instruct** /instrâkt/ *v* instruir, informar.

**instruction** /instrâkchen/ *s* instrução, esclarecimento; lição.

**instructive** /instrâktiv/ *adj* instrutivo, esclarecedor.

**instructor** /instrâkter/ *s* instrutor.

**instrument** /instrement/ *s* instrumento, ferramenta; documento legal; agente, meio. | *v* instrumentalizar.

**instrumental** /instreméntel/ *adj* instrumental.

**instrumentation** /instreménteichen/ *s* instrumentação; estudo e prática de arranjos musicais.

**insubordinate** /insebórdenit/ *adj* e *s* insubordinado.

**insubstantial** /insebstænchel/ *adj* insubstancial; frouxo, fraco.

**insufferable** /insâferebel/ *adj* intolerável, detestável.

**insufficiency** /insefichensi/ *s* insuficiência.

**insufficient** /insefichent/ *adj* insuficiente.

**insulate** /inseleit/ *v* isolar.

**insulation** /inseleichen/ *s* isolação; material isolante.

**insulator** /inseleiter/ *s* isolador, isolante.

**insulin** /inselin/ *s* insulina.

**insult** /insâlt/ *s* insulto, injúria, afronta. | /insâlt/ *v* insultar, afrontar.

**insuperable** /insúperebel/ *adj* insuperável.

**insupportable** /insepórtebel/ *adj* insuportável, intolerável; injustificável.

**insuppressible** /inseprésebel/ *adj* não suprimível.

**insurance** /inchurens/ *s* seguro, prêmio de seguro.

**insure** /inchur/ *v* segurar, fazer seguro.

**insured** /inchurd/ *s* segurado, pessoa que recebe o prêmio do seguro (*pl* **insured** ou **insureds**).

**insurer** /inchurer/ *s* segurador.

**insurgent** /insêrdjent/ *adj* revoltado, rebelde. | *s* rebelde, dissidente.

**insurmountable** /insermauntebel/ *adj* insuperável, intransponível.

**insurrection** /inserékchen/ *s* insurreição, levante, rebelião.

**insusceptible** /inseséptebel/ *adj* insuscetível.

**intact** /intækt/ *adj* intacto, inteiro.

**intake** /inteik/ *s* entrada, abertura, orifício; influxo.

**intangible** /intændjebel/ *adj* intangível.

**integer** /intidjer/ *s* número inteiro.

**integral** /integrel, intégrel/ *adj* integral, integrante. | /integrel/ *s* integral (matemática).

**integrate** /integreit/ *v* integrar.

**integrated circuit** *s* circuito integrado.

**integration** /integreichen/ *s* integração.
**integrity** /intégreti/ *s* integridade, honestidade.
**intellect** /intelékt/ *s* intelecto.
**intellection** /intelékchen/ *s* intelecção.
**intellectual** /inteléktchuel/ *adj* e *s* intelectual.
**intellectualism** /inteléktchuelizem/ *s* intelectualismo.
**intellectualize** /inteléktchuelaiz/ *v* intelectualizar.
**intelligence** /intélidjens/ *s* inteligência; informação; organização de espionagem, serviço secreto.
**intelligencer** /intélidjenser/ *s* informante; agente secreto, espião.
**intelligent** /intélidjent/ *adj* inteligente; racional.
**intelligible** /intélidjebel/ *adj* inteligível.
**intemperance** /intémperens/ *s* intemperança.
**intend** /inténd/ *v* pretender, tencionar.
**intendance** /inténdens/ *s* intendência, gerenciamento; escritório administrativo.
**intended** /inténdid/ *adj* intencional, proposital; prometido. | *s inform* noivo(a).
**intense** /inténs/ *adj* intenso, intensivo, ardente; sério; emotivo.
**intensify** /inténsifai/ *v* intensificar.
**intension** /inténchen/ *s* intensidade; determinação.
**intensive** /inténsiv/ *adj* intensivo.
**intent** /intént/ *s* intento, propósito, intenção. | *adj* decidido, determinado.
**intention** /inténchen/ *s* intenção.
**intentional** /inténchenel/ *adj* intencional.
**inter** /intêr/ *v* enterrar, sepultar.
**interact** /interækt/ *v* interagir.
**interaction** /interækchen/ *s* interação.
**interactive** /interæktiv/ *adj* interativo.
**interactive TV** *s* televisão interativa.
**interbreed** /interbríd/ *v* produzir animais ou plantas híbridos.
**intercalate** /intêrkeleit/ *v* intercalar.
**intercalation** /intêrkeleichen/ *s* intercalação.
**intercede** /intersíd/ *v* rogar; interceder, mediar.
**intercept** /intersépt/ *v* interceptar. | /intersépt/ *s* distância da origem até a interseção do eixo da coordenada.
**intercepter** /intersépter/ *s* interceptador.
**interception** /intersépchen/ *s* intercepção.
**interceptor** /intersépter/ » **intercepter**.
**interchange** /intertcheindj/ *v* intercambiar, trocar, permutar; alternar. | /intertcheindj/ *s* intercâmbio, permuta.
**interchangeable** /intertcheindjebel/ *adj* intercambiável, permutável.
**intercom** /interkám/ *s* interfone.
**intercommunicate** /interkemyúnikeit/ *v* intercomunicar; trocar (informações, mensagens).
**intercommunication** /interkemyúnikeichen/ *s* intercomunicação.
**intercommunion** /interkemyúnyen/ *s* comunhão ou associação mútua.
**interconnect** /interkenékt/ *v* fazer interconexão.
**interconnection** /interkenékchen/ *s* interconexão.
**intercourse** /interkórs/ *s* relações sexuais; intercâmbio, comunicação (entre pessoas, grupos e países).
**interdepartmental** /interdípártméntel/ *adj* interdepartamental.
**interdict** /interdikt/ *s* interdição. | /interdikt/ *v* interditar.
**interdiction** /interdikchen/ *s* interdição.
**interdisciplinary** /interdiseplinéri/ *adj* interdisciplinar.
**interest** /intrist, intrést, interist/ *s* interesse. | *v* interessar.
**interesting** /intristing, intrésting, interisting/ *adj* interessante.
**interface** /interfeis/ *s* interface (computação); superfície que se limita com outra. | *v* unir por meio de interface.
**interfere** /interfir/ *v* interferir, intervir, mediar; obstruir a passagem; produzir interferência.

I

**interference** /interfirens/ *s* interferência; intervenção, intromissão; barreira.
**intergalactic** /intergelæktik/ *adj* intergaláctico.
**interim** /interim/ *s* ínterim. | *adj* interino.
**interior** /intirier/ *adj* e *s* interior.
**interject** /interdjékt/ *v* interpor.
**interjection** /interdjékchen/ *s* interjeição.
**interlace** /interleis/ *v* entrelaçar; alterar, intercalar.
**interlard** /interlárd/ *v* entremear, mesclar, inserir.
**interline** /interlain/ *v* escrever entre as linhas; ajustar (roupa).
**interlink** /interlingk/ *v* interligar, conectar.
**interlock** /interlák/ *v* engrenar; entrelaçar.
**interlocution** /interloukyúchen/ *s* interlocução, diálogo.
**interlocutor** /interlákyeter/ *s* interlocutor.
**interlude** /interlúd/ *s* interlúdio, episódio.
**intermeddle** /intermédl/ *v* intrometer-se, intervir, interferir.
**intermediary** /intermidiéri/ *adj* intermediário. | *s* intermediário, mediador; fase intermediária.
**intermediate** /intermídiet/ *v* intermediar, intervir. | *adj* e *s* intermediário.
**interment** /intêrment/ *s* enterro, funeral.
**interminable** /intêrminebel/ *adj* interminável, incessante.
**intermingle** /intermingguel/ *v* entremear, misturar.
**intermission** /intermichen/ *s* pausa, intervalo, recesso.
**intermit** /intermit/ *v* descontinuar, interromper temporariamente.
**intermittent** /intermitent/ *adj* intermitente.
**intern** /intêrn, intêrn/ *v* estagiar; confinar, internar(-se). | /intêrn/ *s* estagiário; aluno interno.
**internal** /intêrnel/ *adj* interno, interior; doméstico; intrínseco.
**international** /internæchenel/ *adj* internacional.
**internationalize** /internæchenelaiz/ *v* internacionalizar.
**internaut** /釋internát/ *s* internauta.
**interne** /intêrn, intêrn/ » **intern**.
**internecine** /internísin/ *adj* mutuamente destrutivo.
**internee** /intêrní/ *s* interno, prisioneiro.
**Internet** /interrnét/ *s* Internet (rede mundial de computadores).
**Internet access** *s* acesso à Internet.
**Internet access provider** *s* provedor de acesso à Internet.
**Internet account** *s* conta na Internet.
**Internet address** *s* endereço na Internet.
**Internet service provider** *s* provedor de serviços da Internet.
**internist** /intêrnist/ *s* médico especialista em doenças internas.
**internment** /intêrnment/ *s* internação, confinamento.
**internship** /intêrnchip, intêrnchip/ *s Med* estágio, residência.
**interpersonal** /interpêrsenel/ *adj* interpessoal.
**interplanetary** /interplænetéri/ *adj* interplanetário.
**interpolate** /intêrpeleit/ *v* interpolar, intercalar.
**interpose** /interpouz/ *v* interpor; interferir; argumentar, fazer observação.
**interposition** /interpezichen/ *s* interposição, intervenção.
**interpret** /intêrpret/ *v* interpretar; elucidar, esclarecer; traduzir oralmente.
**interpretation** /intêrpreteichen/ *s* interpretação; explicação, esclarecimento.
**interpretative** /intêrpreteitiv/ » **interpretive**.
**interpreter** /intêrpreter/ *s* intérprete.
**interpretive** /intêrpretiv/ *adj* interpretativo, explicativo.
**interracial** /interreichel/ *adj* inter-racial.
**interrelate** /interrileit/ *v* inter-relacionar.
**interrogate** /intéregeit/ *v* interrogar.
**interrogation** /intéregeichen/ *s* interrogação, interrogatório.

**interrogative** /interrágetiv/ *adj* interrogativo.
**interrogatory** /interrágetóri/ *adj* interrogativo. | *s* interrogatório.
**interrupt** /interrâpt/ *v* interromper. | /interrâpt/ *s* sinal de interrupção de execução.
**interrupter** /interrâpter/ *s* interruptor.
**interruption** /interrâpchen/ *s* interrupção.
**intersect** /intersékt/ *v* cruzar, cortar.
**intersection** /intersékchen/ *s* interseção.
**intersperse** /interspêrs/ *v* espalhar, entremear.
**interstellar** /interstéler/ *adj* interstelar.
**intertwine** /intertwain/ *v* entrelaçar.
**interurban** /interêrben/ *adj* interurbano.
**interval** /intervel/ *s* intervalo, interstício.
**intervene** /intervín/ *v* intervir, interpor-se, interferir.
**intervention** /intervénchen/ *s* intervenção, mediação.
**interventionism** /intervénchenizem/ *s* intervencionismo.
**interview** /intervyú/ *s* entrevista. | *v* entrevistar.
**interviewer** /intervyúer/ *s* entrevistador.
**interweave** /interwív, interwív/ *v* entrelaçar.
**intestacy** /intéstesi/ *s* falta de testamento legal.
**intestate** /intésteit, intéstit/ *adj* intestado. | *s* pessoa que morreu sem testamento legal.
**intestine** /intéstin/ *s geralm us pl* intestino; interior. | *adj* interno, doméstico.
**intimacy** /intemesi/ *s* intimidade.
**intimate** /intemet/ *adj* íntimo, familiar, pessoal. | *s* amigo íntimo; confidente. | /intemeit/ *v* dar a entender, sugerir; proclamar, anunciar.
**intimation** /intemeichen/ *s* intimação, notificação; sugestão, insinuação.
**intimidate** /intimideit/ *v* intimidar, amedrontar.
**into** /inte/ *prep* em, para dentro de; em.
**intolerable** /intálerebel/ *adj* intolerável.
**intolerance** /intálerens/ *s* intolerância.
**intolerant** /intálerent/ *adj* intolerante.
**intonate** /intouneit, inteneit/ *v* entoar, modular a voz.
**intonation** /intouneichen, inteneichen/ *s* entonação, modulação da voz.
**intoxicate** /intáksikeit/ *v* intoxicar, envenenar; embriagar; excitar, estimular.
**intoxication** /intáksikeichen/ *s* intoxicação; embriaguez; excitação, estímulo.
**intractable** /intræktebel/ *adj* intratável, teimoso; incurável.
**intranet** /intrenét/ *s* rede interna de computadores de uma empresa.
**intransigeant** /intrænsedjent/ » **intransigent**.
**intransigence** /intrænsedjens/ *s* intransigência.
**intransigency** /intrænsedjensi/ » **intransigence**.
**intransigent** /intrænsedjent/ *adj* intransigente.
**intransitive** /intrænsetiv/ *adj* intransitivo.
**intrench** /intréntch/ *v* entrincheirar, firmar.
**intrepid** /intrépid/ *adj* intrépido, arrojado, corajoso.
**intricacy** /intrikesi/ *s* complexidade.
**intricate** /intriket/ *adj* intricado, complexo.
**intrigue** /intríg/ *v* intrigar, conspirar; ter um caso de amor secreto; provocar curiosidade. /intríg, intríg/ *s* intriga, conspiração; amor secreto.
**intrinsic** /intrinsik, intrinzik/ *adj* intrínseco, inerente.
**introduce** /intredús, intredyús/ *v* introduzir, levar ao conhecimento; apresentar (pessoas, projeto de lei); inserir, injetar; fazer prefácio.
**introduction** /intredâkchen/ *s* introdução; apresentação.
**introductory** /intredâkteri/ *adj* introdutório, preliminar.
**introit** /introuit, introit/ *s* introito.
**intromission** /introumichen/ *s* intromissão.
**intromissive** /introumisiv/ *adj* intrometido.

**intromit** /introumit/ *v* intrometer.
**introspection** /introuspékchen, intrespékchen/ *s* introspecção, autoexame.
**intrude** /intrúd/ *v* introduzir à força, intrometer-se, penetrar.
**intrusion** /intrújen/ *s* intrusão, intromissão; invasão de propriedade.
**intrusive** /intrúsiv/ *adj* intruso; intrusivo.
**intuition** /intuichen/ *s* intuição, pressentimento.
**intuitive** /intúitiv/ *adj* intuitivo.
**intumesce** /intúmés/ *v* intumescer, inchar.
**intumescence** /intúmésens/ *s* intumescência, inchaço.
**intumescent** /intúmésent/ *adj* intumescente, inchado.
**inundate** /inendeit/ *v* inundar, alagar.
**inundation** /inendeichen/ *s* inundação.
**inure** /inyur/ *v* acostumar, habituar.
**inutile** /inyútil/ *adj* inútil.
**inutility** /inyútileti/ *s* inutilidade.
**invade** /inveid/ *v* invadir, violar.
**invalid** /invelid/ *s* inválido, deficiente físico. | *v* invalidar fisicamente, incapacitar. | *adj* inválido, incapacitado; /invælid/ nulo, sem validade, falso.
**invalidate** /invælideit/ *v* invalidar, anular.
**invaluable** /invælyuebel/ *adj* inestimável, incalculável.
**invariable** /invériebel/ *adj* invariável, constante.
**invasion** /inveijen/ *s* invasão.
**invective** /invéktiv/ *s* invectiva, ataque injurioso. | *adj* injurioso.
**inveigh** /invei/ *v* injuriar, vituperar; protestar veementemente, criticar.
**inveigle** /inveigel, invígel/ *v* seduzir, engodar, persuadir.
**invent** /invént/ *v* inventar, criar.
**invention** /invénchen/ *s* invenção.
**inventive** /invéntiv/ *adj* inventivo.
**inventory** /inventóri/ *s* inventário. | *v* inventariar.
**inverse** /invêrs, invêrs/ *adj* e *s* inverso, oposto.
**inversion** /invêrjen, invêrchen/ *s* inversão.
**invert** /invêrt/ *v* inverter, reverter. | /invêrt/ *s* algo invertido; homossexual.
**invertebrate** /invêrtebrit, invêrtebreit/ *adj* e *s* invertebrado.
**invest** /invést/ *v* investir (tempo, esforço, dinheiro); aplicar, empregar; revestir, cobrir, vestir; dar posse.
**investigate** /invéstigeit/ *v* investigar.
**investigation** /invéstigeichen/ *s* investigação, exame.
**investigator** /invéstigeiter/ *s* investigador.
**investment** /invéstment/ *s* investimento, emprego de capital; quantia investida; compromisso.
**investor** /invéster/ *s* investidor.
**inveterate** /invéteret/ *adj* inveterado, crônico.
**invidious** /invidies/ *adj* odioso; invejoso; hostil.
**invigorate** /invigereit/ *v* revigorar, fortalecer, fortificar.
**invincible** /invinsebel/ *adj* invencível.
**inviolable** /invaielebel/ *adj* inviolável.
**inviolate** /invaielet/ *adj* inviolado, intacto, íntegro.
**invisibility** /invizebileti/ *s* invisibilidade.
**invisible** /invizebel/ *adj* invisível.
**invitation** /inviteichen/ *s* convite.
**invite** /invait/ *v* convidar; solicitar; encorajar. | /invait/ *s inform* convite.
**inviting** /invaiting/ *adj* convidativo, atraente.
**in vitro** /in vítrou/ *adj in vitro*, artificial.
**invocation** /invekeichen/ *s* invocação, apelo, prece.
**invoice** /invois/ *s* fatura, remessa. | *v* faturar.
**invoke** /invouk/ *v* invocar; pedir auxílio, solicitar; conjurar.
**involuntary** /inválentéri/ *adj* involuntário.
**involution** /invelúchen/ *s* envolvimento; complexidade.
**involve** /inválv/ *v* envolver, implicar; complicar; conter, incluir; engajar, participar.

**inward** /inwerd/ *adj* interno, interior; íntimo; voltado para dentro. | *adv* interiormente. | *s* o interior, a essência. • **inwards** para dentro; entranhas.
**inwardness** /inwerdnes/ *s* intimidade, familiaridade; introspecção.
**inweave** /inwív/ *v* tecer, entretecer.
**inwrought** /inrát/ *adj* ornamentado, decorado.
**I/O** *abrev* de **input/output**, entrada/saída.
**iodate** /aiedeit/ *s* iodato. | *v* iodar.
**iodine** /aiedain, aiedin/ *s Quím* iodo (*símb* **I**).
**iodize** /aiedaiz/ *v* tratar com iodo.
**ion** /aien, aián/ *s* íon.
**ionosphere** /aiánesfir/ *s* ionosfera.
**iota** /aioute/ *s* jota (9ª letra do alfabeto grego); quantidade diminuta.
**IP** *abrev* de **Internet Protocol**, protocolo de Internet.
**IQ** /aikyú/ *abrev* de **intelligence quotient**, Q.I., quociente de inteligência.
**Iran** /iræn, írán/ *s* Irã.
**Iranian** /ireinien, iránien/ *s* e *adj* iraniano.
**Iraq** /iræk, írák/ *s* Iraque.
**Iraqi** /iráki/ *s* iraquiano (*pl* **Iraqis**). | *adj* iraquiano.
**irascible** /iræsebel/ *adj* irascível, irritável.
**irate** /aireit, aireit/ *adj* irado.
**ire** /air/ *s* ira, cólera.
**Ireland** /airlénd/ *s* Irlanda.
**iridescent** /iridésent/ *adj* iridescente, com as cores do arco-íris.
**iris** /airis/ *s* íris (*pl* **irises** /airisiz/ ou **irides** /airidíz/).
**Irish** /airich/ *s* irlandês (povo e idioma). | *adj* irlandês.
**Irishman** /airich/ *s masc* irlandês (nativo ou habitante).
**Irishwoman** /airich/ *s fem* irlandesa (nativa ou habitante).
**irk** /êrk/ *v* aborrecer(-se), incomodar(-se).
**irksome** /êrksem/ *adj* irritante, exasperante.
**iron** /aiern/ *s* ferro (*símb* **FE**); ferro de passar roupa; qualquer instrumento feito de ferro; firmeza, dureza, solidez. | *v* passar roupa; algemar, agrilhoar. | *adj* de ferro, férreo; duro, cruel; forte, robusto.
**Iron Age** *s* Idade do Ferro.
**ironclad** /aiernklæd/ *adj* couraçado; rígido, inflexível. | *s* encouraçado.
**iron horse** *s* locomotiva.
**ironic** /airánik/ *adj* irônico.
**ironical** /airánikel/ » **ironic**.
**ironing** /aierning/ *s* ação de passar roupa a ferro; roupa passada ou para passar.
**ironing board** *s* tábua de passar roupa.
**iron maiden** *s* instrumento de tortura medieval consistindo de um caixão de ferro no formato de uma pessoa no qual a vítima era colocada e perfurada com estacas internas.
**irons** /aiernz/ *s* algemas, grilhões.
**ironwork** /aiernwêrk/ *s* objetos de ferro, armação de ferro.
**ironworks** /aiernwêrks/ *s us v sing* ou *pl* fundição, forja.
**irony** /aireni/ *s* ironia, sarcasmo.
**irradiance** /ireidiens/ *s* irradiação.
**irradiate** /ireidieit/ *v* irradiar, iluminar, aclarar; tratar por meio de radiação.
**irradiation** /ireidieichen/ *s* irradiação; terapia que utiliza radiação.
**irrational** /iræchenel/ *adj* irracional.
**irreclaimable** /irikleimebel/ *adj* incorrigível, irrecuperável.
**irreconcilable** /irékensailebel/ *adj* irreconciliável, incompatível.
**irrecoverable** /irikâverebel/ *adj* irreparável, irremediável.
**irrecusable** /irikyúsebel/ *adj* irrecusável.
**irredeemable** /iridímebel/ *adj* irremissível, irremediável.
**irreducible** /iridúsebel/ *adj* irredutível; irreduzível.
**irrefragable** /iréfregebel/ *adj* incontestável.
**irrefutable** /iréfyetebel, irifyútebel/ *adj* irrefutável, incontestável.
**irregular** /irégyeler/ *adj* irregular, desigual, assimétrico; atípico, incomum.

I

**irregularity** /irégyeléreti/ *s* irregularidade.
**irrelevance** /irélevens/ *s* irrelevância.
**irrelevancy** /irélevensi/ » **irrelevance**.
**irrelevant** /irélevent/ *adj* irrelevante, insignificante.
**irreligion** /irilidjen/ *s* irreligião, descrença, ateísmo.
**irreligious** /irilidjes/ *adj* irreligioso, ateu, descrente.
**irremediable** /irimídiebel/ *adj* irremediável.
**irremovable** /irimúvebel/ *adj* fixo, imóvel, irremovível.
**irreparable** /iréperebel/ *adj* irreparável, irremediável.
**irrepressible** /iriprésebel/ *adj* irreprimível, incontrolável.
**irreproachable** /iriproutchebel/ *adj* irrepreensível, correto, impecável.
**irresistible** /irizistebel/ *adj* irresistível.
**irresolute** /irézelút/ *adj* irresoluto, duvidoso, vacilante.
**irresolvable** /irizálvebel/ *adj* insolúvel.
**irresponsibility** /irispánsebileti/ *s* irresponsabilidade.
**irresponsible** /irispánsebel/ *adj* irresponsável.
**irresponsive** /irispánsiv/ *adj* insensível, apático.
**irretrievable** /iritrívebel/ *adj* irreparável, irrecuperável.
**irreverence** /iréverens/ *s* irreverência.
**irreverent** /iréverent/ *adj* irreverente.
**irreversible** /irivêrsebel/ *adj* irreversível, imutável.
**irrevocable** /irévekebel/ *adj* irrevogável.
**irrigate** /irigeit/ *v* irrigar, molhar.
**irrigation** /irigeichen/ *s* irrigação.
**irritable** /iritebel/ *adj* irritável, colérico.
**irritant** /iritent/ *adj* e *s* irritante.
**irritate** /iriteit/ *v* irritar, exasperar.
**irritation** /iriteichen/ *s* irritação.
**irritative** /iriteitiv/ *adj* irritante.
**is** /iz/ *v 3ª pess sing pres* é, está.
**ISDN** /aiésdíén/ *abrev* de **Integrated Services Digital Network**, RDSI, rede digital de sistemas integrados.
**Islam** /izlám, izlám/ *s* islamismo.
**Islamic** /izlámik/ *adj* islâmico.
**Islamism** /izlemizem/ *s ofens* islamismo
**island** /ailend/ *s* ilha. | *v* insular, formar ilha; isolar.
**islander** /ailender/ *s* ilhéu.
**isle** /ail/ *s* ilhota, pequena ilha.
**islet** /ailit/ *s* ilha muito pequena.
**isn't** /izent/ *form contr* de **is not**.
**ISO** /aiésou/ *abrev* de **International Organization for Standardization**, Organização Internacional de Padronização.
**isolate** /aiseleit/ *v* isolar.
**isosceles** /aisáselíz/ *adj* isóscele.
**ISP** *abrev* de **Internet Service Provider**, provedor de serviços da Internet.
**Israel** /izriel, izreiel/ *s* Israel.
**Israeli** /izreili/ *s* e *adj* israelense.
**Israelite** /izrielait, izreielait/ *s* israelita, judeu. | *adj* israelita, judaico.
**issuable** /ichuebel/ *adj* que pode ser emitido, publicável.
**issuance** /ichuens/ *s* emissão, edição.
**issue** /ichú/ *v* sair, brotar; expedir, emitir, publicar. | *s* emissão, tiragem; distribuição; edição, número (jornal, revista); questão, assunto; ponto crucial; descarga; perda de sangue; herdeiro.
**it** /it/ *pron pess 3ª pess sing* ele, ela, o, a, isto, isso.
**Italian** /itælyen/ *adj* e *s* italiano.
**Italic** /itælik/ *adj* e *s* itálico; *minús* itálico (tipologia).
**italicize** /itælisaiz/ *v* imprimir em itálico.
**Italy** /iteli/ *s* Itália.
**itch** /itch/ *s* comichão, prurido; desejo. | *v* prurir, coçar, irritar; desejar ardentemente.
**itchy** /itchi/ *adj* comichoso, que provoca coceira; irrequieto.
**it'd** /ited/ *form contr* de **it would** e **it had**.
**item** /aitem/ *s* item, artigo, cláusula.
**iterate** /itereit/ *v* repetir, reiterar.
**iteration** /itereichen/ *s* reiteração, repetição.

**itinerant** /aitinerent, itinerent/ *adj* e *s* itinerante.

**itinerary** /aitineréri, itineréri/ *s* itinerário. | *adj* itinerante.

**itinerate** /aitinereit, itinereit/ *v* viajar de um lugar para outro.

**it'll** /itel/ *form contr* de **it will** e **it shall**.

**its** /its/ *pron* seu, sua, seus, suas (dele, dela, referente a objeto ou animal).

**itself** /itsélf/ *pron reflex* (*ref* a **it**) se, si, ele mesmo, ela mesma, mesmo, próprio.

**itsy-bitsy** /itsibitsi/ » **itty-bitty**.

**itty-bitty** /itibiti/ *adj inform* muito pequeno, minúsculo.

**Ivorian** /aivórien/ *adj* e *s* ebúrneo, marfiniano, marfinense.

**ivory** /aiveri/ *adj* ebúrneo, de marfim, alvo. | *s* marfim; cor marfim.

**Ivory Coast** /aiveri koust/ *s* Costa do Marfim.

**ivy** /aivi/ *s* hera.

**I-way** /aiwei/ *s* infovia.

# J j



**j** ou **J** /djei/ *s* 10ª letra do alfabeto inglês.

**jab** /djæb/ *s* soco, golpe, cutucão, cotovelada, espetadela. | *v* socar, cutucar, apunhalar, espetar.

**jabber** /djæber/ *s* tagarelice, algaravia. | *v* tagarelar, palrar, palavrear.

**jabberer** /djæberer/ *s* tagarela.

**jack** /djæk/ *s* macaco (mecânica), guindaste, guincho; bandeira de proa; valete (jogo de carta); *inform* homem do povo, sujeito.

**jackal** /djækel/ *s* chacal.

**jackass** /djækæs/ *s* burro, asno; estúpido, tolo.

**jackdaw** /djækdá/ *s* gralha.

**jacket** /djækit/ *s* jaqueta, jaleco; capa (disco); sobrecapa (livro), envoltório. | *v* vestir jaqueta.

**jackhammer** /djækhæmer/ *s* britadeira.

**jack-in-the-box** /djækindhebáks/ *s* caixa de surpresa (*pl* **jack-in-the-boxes** ou **jacks-in-the-box**).

**jackknife** /djæknaif/ *s* canivete.

**jack-of-all-trades** /djækevóltreidz/ *s* pau para toda obra (*pl* **jacks-of-all-trades**).

**jack-o'-lantern** /djækelæntern/ *s* abóbora recortada em forma de um rosto e com uma vela acesa dentro usada na noite do Dia das Bruxas (*pl* **jack-o'-lanterns**).

**jackpot** /djækpát/ *s* prêmio acumulado, total de apostas.

**jade** /djeid/ *s* jade; cavalo velho e ruim. | *v* cansar.

**jaded** /djeidid/ *adj* exausto, esgotado.

**jag** /djæg/ *s* dente de serra; recorte; *gír* bebedeira. | *v* recortar, dentear.

**jagged** /djægid/ *adj* denteado, recortado, irregular.

**jaggedness** /djægidnes/ *s* desigualdade, escabrosidade, mossa.

**jaguar** /djægwár, djægyuár/ *s* jaguar, onça-pintada.

**jail** /djeil/ *s* cadeia, prisão, cárcere. | *v* pôr na cadeia, encarcerar, prender.

**jailbird** /djeilbêrd/ *s* presidiário.

**jailer** /djeiler/ *s* carcereiro.

**jailor** /djeiler/ » **jailer**.

**jam** /djæm/ *v* apertar, comprimir, espremer. | *s* geleia, compota; aperto; engarrafamento; *fig* enrascada.

**Jamaica** /djemeike/ *s* Jamaica.

**Jamaican** /djemeiken/ *s* e *adj* jamaicano.

**jamb** /djæm/ *s* umbral de porta e janela.

**jambe** /djæm/ » **jamb**.

**jamboree** /djæmberí/ *s* farra, festa alegre; reunião de escoteiros.

**jangle** /djænggel/ *v* causar som alto, metálico e dissonante. | *s* barulho estridente.

**jangler** /djæ̲nggler/ *s* altercador, tagarela.
**janitor** /djæ̲neter/ *s* zelador.
**January** /djæ̲nyuéri/ *s* janeiro.
**Japan** /djepæ̲n/ *s* Japão.
**Japanese** /djæpeni̲z/ *s* japonês (*pl* **Japanese**). | *adj* japonês.
**jape** /djeip/ *s* gracejo, peça, zombaria. | *v* gracejar, motejar, troçar.
**jar** /djár/ *v* ranger; chocar; vibrar, sacudir. | *s* pote, jarro; som áspero; abalo, solavanco.
**jargon** /djá̲rgen/ *s* jargão, gíria.
**jasmine** /djæ̲zmin/ *s* jasmim.
**jasper** /yæ̲sper/ *s* jaspe.
**jaundice** /djá̲ndis/ *v* afetar de icterícia. | *s* icterícia.
**jaundiced** /djá̲ndist/ *adj* ictérico, amarelado.
**jaunt** /djánt/ *s* passeio, excursão. | *v* passear, excursionar.
**jauntiness** /djá̲ntines/ *s* garbo, graça, bom modo.
**jaunty** /djá̲nti/ *adj* jovial, garboso, elegante, vistoso.
**Javanese** /djáveni̲z/ *adj* e *s* javanês.
**jaw** /djá/ *v* gritar, tagarelar. | *s* maxilar, mandíbula.
**jawbone** /djá̲boun/ *s* maxilar.
**jay** /djei/ *s* gaio (ave); tagarela.
**jaywalker** /dje̲iwáker/ *s* pedestre imprudente.
**jealous** /djé̲les/ *adj* ciumento; zeloso; invejoso.
**jealousy** /djé̲lesi/ *s* ciúme; zelo; inveja.
**jean** /djín/ *s* brim, calça.
**jeep** /djíp/ *s* jipe.
**jeer** /djir/ *v* zombar, escarnecer. | *s* zombaria, sarcasmo.
**jeerer** /dji̲rer/ *s* zombador, escarnecedor.
**jejune** /djidjú̲n/ *adj* desinteressante, maçante; imaturo, infantil; jejuno.
**jell** /djél/ *v* gelatinizar-se.
**jellied** /djé̲lid/ *adj* gelatinoso.
**jellify** /djé̲lefai/ *v* gelatinizar.
**jelly** /djé̲li/ *s* geleia, gelatina.
**jellyfish** /djé̲lifich/ *s* água-viva, medusa; indeciso (*pl* **jellyfish** ou **jellyfishes**).
**jeopardize** /djé̲perdaiz/ *v* arriscar, pôr em perigo.
**jeopardy** /djé̲perdi/ *s* risco, perigo.
**jerk** /djêrk/ *v* empurrar, puxar, arrancar, sacudir. | *s* empurrão, puxão, tranco, solavanco; *gír* bobão, tolo.
**jerky** /djê̲rki/ *adj* convulsivo, abrupto; bobo, tolo. | *s* carne-seca, charque.
**jersey** /djê̲rzi/ *s* jérsei (tecido); camisa de malha, camisolas; raça de gado.
**jess** /djés/ *s* correia que se prende aos pés do falcão; peia. | *v* pear.
**jessamine** /djé̲semin/ » **jasmine**.
**jest** /djést/ *v* gracejar, brincar, zombar. | *s* gracejo, brincadeira, zombaria.
**jester** /djé̲ster/ *s* bufão, bobo da corte, comediante.
**Jesuit** /djé̲zyuit, djé̲juit/ *s* jesuíta.
**jet** /djét/ *s* jato, esguicho, jorro; avião a jato. | *v* jorrar, esguichar, sair a jato.
**jet engine** *s* motor a jato.
**jetliner** /djé̲tlainer/ *s* avião a jato.
**jetsam** /djé̲tsem/ *s* carga de navio lançada ao mar.
**jetty** /djé̲ti/ *s* quebra-mar, píer, cais.
**Jew** /djú/ *s* judeu.
**jewel** /djú̲el/ *s* joia, pedra preciosa. | *v* adornar com joias.
**jeweler** /djú̲eler/ *s* joalheiro, joalheria.
**jeweller** /djú̲eler/ » **jeweler**.
**jewelry** /djú̲elri/ *s* joias.
**Jewess** /djú̲is/ *s* judia.
**Jewish** /djú̲ich/ *adj* judaico, israelita.
**Jewry** /djú̲ri/ *s* o povo judeu; bairro judeu.
**jib** /djib/ *s* vela, bujarrona; braço móvel de guindaste. | *v* mudar o curso de um navio, mover-se de modo irrequieto.
**jibe** /djaib/ » **gibe**.
**jiffy** /dji̲fi/ *s* *inform* momento, instante.
**jig** /djig/ *s* jiga (dança). | *v* sacudir, agitar, saracotear.
**jiggle** /dji̲gel/ *v* bambolear, gingar. | *s* bamboleio, ginga, balanço.

J

**jigsaw** /djigsá/ *s* serra tico-tico; quebra-cabeça.
**jilt** /djilt/ *s* pessoa que dá o fora em noivo/namorado. | *v* rejeitar, dar o fora no noivo/namorado.
**jimmy** /djimi/ *s* pé de cabra.
**jingle** /djinggel/ *s* tinido, som, consonância; verso, quadrilha, rima. | *v* tinir, tilintar; rimar.
**jittery** /djiteri/ *adj* muito nervoso, agitado.
**jive** /djaiv/ *s* conversa mole, logro. | *v* lograr.
**job** /djáb/ *s* trabalho; obra, tarefa; serviço; emprego, bico; dever, obrigação. | *v* trabalhar de empreitada, fazer bico, agiotar.
**jobber** /djáber/ *s* corretor, intermediário, agiota.
**jobbery** /djáberi/ *s* negociata, corrupção entre políticos.
**jobless** /djábles/ *adj* desempregado.
**jockey** /djáki/ *s* jóquei. | *v* trapacear, ludibriar.
**jocose** /djoukous/ *adj* jocoso, alegre.
**jocular** /djákyeler/ *adj* jocoso, divertido.
**jocund** /djákend, djoukend/ *adj* jovial, alegre.
**jog** /djág/ *s* sacudidela; solavanco; cotovelada; corrida em ritmo lento, trote lento. | *v* mover-se vagarosamente, dar cotoveladas, sacolejar.
**jogger** /djáger/ *s* aquele que anda lentamente, pesadamente.
**joggle** /djágel/ *s* entalhe, encaixe. | *v* sacudir, agitar.
**join** /djoin/ *v* unir, ligar, juntar, anexar, acrescentar, associar-se. | *s* junção, ligação, encaixe.
**joiner** /djoiner/ *s* marceneiro; aquele que adere.
**joinery** /djoineri/ *s* marcenaria.
**joint** /djoint/ *s* junta, articulação; junção, ligação. | *adj* junto, unido, ligado, associado. | *v* ligar, unir, articular.
**jointer** /djointer/ *s* plaina pequena, junteira.
**jointure** /djointcher/ *s* doação de bens à esposa.
**joint venture** *s* associação de empresas.
**joist** /djoist/ *s* viga, trave, barrote.
**joke** /djouk/ *v* gracejar, brincar. | *s* piada, gracejo, brincadeira.
**joker** /djouker/ *s* piadista, brincalhão; curinga (jogo de cartas); cláusula disfarçada.
**jollification** /djálefikeichen/ *s inform* festança, folia.
**jolliness** /djálines/ *s* jovialidade, alegria, júbilo, regozijo.
**jolly** /djáli/ *adj* jovial, alegre, divertido.
**jolt** /djoult/ *s* solavanco, balanço. | *v* sacudir, balançar, dar solavancos.
**Jordan** /djórden/ *s* Jordânia.
**Jordanian** /djórdeinien/ *s* e *adj* jordaniano.
**joss** /djás/ *s* ídolo chinês.
**jostle** /djásel/ *v* empurrar, acotovelar, esbarrar. | *s* colisão, choque, esbarrão.
**jot** /dját/ *s* coisa mínima, um nada. | *v* anotar, apontar.
**jotting** /djáting/ *s* memorando, nota, apontamento, observação.
**journal** /djêrnel/ *s* jornal, periódico; diário (contábil).
**journalism** /djêrnelizem/ *s* jornalismo.
**journalist** /djêrnelist/ *s* jornalista.
**journalistic** /djêrnelistik/ *adj* jornalístico.
**journalize** /djêrnelaiz/ *v* registrar em forma de diário, colaborar em jornais; escriturar um diário.
**journey** /djêrni/ *v* viajar. | *s* viagem, jornada.
**journeyman** /djêrnimen/ *s* artífice assalariado, oficial.
**joust** /djaust/ *s* justa, torneio. | *v* mediar-se torneio.
**jovial** /djouviel/ *adj* jovial, alegre.
**joviality** /djouviæleti/ *s* jovialidade.
**jowl** /djaul/ *s* bochecha, papada.
**joy** /djoi/ *s* alegria, prazer. | *v* alegrar-se, regozijar-se.

**joyful** /djoifel/ *adj* alegre, contente.
**joyous** /djoies/ *adj* alegre, jubiloso.
**joy ride** *s gír* passeio de automóvel em alta velocidade.
**joystick** /djoistik/ *s* controle ou controlador de jogos.
**jubilant** /djúbilent/ *adj* jubilante, exaltante, triunfante.
**jubilate** /djúbileit/ *v* alegrar-se.
**jubilation** /djúbileichen/ *s* júbilo, exultação, alegria intensa.
**jubilee** /djúbilí, djúbilí/ *s* jubileu.
**Judaic** /djúdeiik/ *adj* judaico.
**Judaical** /djúdeiikel/ » **Judaic**.
**Judaism** /djúdeiizem, djúdiizem/ *s* judaísmo.
**Judean** /djúdien/ *s* habitante da Judeia. | *adj* da Judeia.
**judge** /djâdj/ *v* julgar, sentenciar; arbitrar, decidir, concluir. | *s* juiz; árbitro; perito, conhecedor.
**judgement** /djâdjment/ » **judgment**.
**judgeship** /djâdjchip/ *s* magistratura.
**judgment** /djâdjment/ *s* juízo, critério, opinião; julgamento, decisão, sentença; bom-senso.
**judicature** /djúdiketcher/ *s* judicatura, magistratura.
**judicial** /djúdichel/ *adj* judicial, judicioso; imparcial.
**judiciary** /djúdichiéri/ *s* judiciário.
**judicious** /djúdiches/ *adj* judicioso, sensato, criterioso.
**judiciousness** /djúdichesnes/ *s* juízo, critério, prudência, sabedoria.
**jug** /djâg/ *s* jarro, moringa, bilha; *gír* cadeia, prisão. | *v gír* pôr na cadeia, prender.
**juggle** /djâgel/ *v* iludir; fazer malabarismos. | *s* truque, trapaça.
**juggler** /djâgler/ *s* malabarista; trapaceiro.
**jugglery** /djâgleri/ *s* malabarismo; trapaça.
**juice** /djús/ *s* suco, sumo, caldo.
**juiciness** /djúsines/ *s* suculência.
**juicy** /djúsi/ *adj* suculento, sucoso, sumarento.
**jukebox** /djúkbáks/ *s* fonógrafo automático que funciona com moeda.
**July** /djulai/ *s* julho.
**jumble** /djâmbel/ *s* mistura, confusão, desordem. | *v* misturar, embaralhar.
**jumbo** /djâmbou/ *s* jumbo (pessoa, animal ou coisa gigante, enorme) (*pl* **jumbos**). | *adj* jumbo, gigante, enorme.
**jump** /djâmp/ *v* pular, saltar, passar por cima, subir. | *s* salto, pulo.
**jumper** /djâmper/ *s* saltador; colete, malha; vestido sem manga.
**jumpy** /djâmpi/ *adj* nervoso.
**junction** /djângkchen/ *s* junção, conexão, ligação, entroncamento.
**juncture** /djângktcher/ *s* junção, conjuntura, momento crítico.
**June** /djún/ *s* junho.
**jungle** /djânggel/ *s* selva, floresta, mato.
**junior** /djúnyer/ *s* e *adj* júnior (*abrev* **jr.** ou **Jr.**).
**junk** /djângk/ *s* junco, embarcação pequena; objetos sem valor, refugo.
**junker** /djângker/ *s* carro velho necessitando reparos; jovem fidalgo alemão.
**junket** /djângkit/ *s* coalhada; piquenique; viagem à custa do governo. | *v* fazer honras, receber; viajar à custa de.
**junk food** *s* comida ou lanche sem valor nutritivo.
**junkie** /djângki/ *s* viciado em drogas.
**junky** /djângki/ *adj* passível de ser descartado, sem valor. | *s* » **junkie**.
**junto** /djântou/ *s* reunião secreta, comissão, conspiração, facção.
**Jupiter** /djúpiter/ s Júpiter.
**Jurassic** /djuræsik/ *adj* e *s* jurássico.
**juridic** /djuridik/ » **juridical**.
**juridical** /djuridikel/ *adj* jurídico.
**jurisconsult** /djuriskánsâlt/ *s* jurisconsulto, jurista.
**jurisdiction** /djurisdikchen/ *s* jurisdição, competência, alçada.
**jurisprudence** /djurisprúdens/ *s* jurisprudência.
**jurist** /djurist/ *s* jurista, jurisconsulto.

J

**juror** /djurer/ *s* jurado.
**jury** /djuri/ *s* júri.
**just** /djâst/ *adj* justo, imparcial, razoável, com fundamento, exato, racional, legítimo, virtuoso. | *adv* justamente, apenas, somente, só, perfeitamente.
**justice** /djâstis/ *s* justiça, equidade, retidão; júri, magistrado.
**justifiable** /djâstefaiebel/ *adj* justificável.
**justifiableness** /djâstefaiebelnes/ *s* justiça, retidão.
**justification** /djâstefikeichen/ *s* justificação, razão.
**justify** /djâstifai/ *v* justificar, desculpar, absolver, perdoar.
**justly** /djâstli/ *adv* justamente.
**justness** /djâstnes/ *s* justiça, imparcialidade, exatidão.
**jut** /djât/ *s* ressalto, saliência. | *v* fazer saliência, projetar-se.
**jute** /djút/ *s* juta.
**juvenescence** /djúvenésens/ *s* rejuvenescimento.
**juvenescent** /djúvenésent/ *adj* rejuvenescente, rejuvenescedor.
**juvenile** /djúvenel, djúvenail/ *adj* juvenil, jovem, imaturo, menor de idade.
**juvenile delinquent** *s* delinquente juvenil.
**juvenility** /djúvenileti/ *s* juventude, mocidade, imaturidade.
**juxtapose** /djâkstepouz/ *v* justapor.
**juxtaposition** /djâkstepezichen/ *s* justaposição, sobreposição.

**k** ou **K** /kei/ *s* 11ª letra do alfabeto inglês. | *abrev minús* de **karat**; *maiús* de **Kelvin**; *maiús* de **Kilobyte**; *maiús* de **Kindergarten** | *símb maiús* de **potassium**.

**kaiak** /kaiæk/ » **kayak**.

**kale** /keil/ *s* couve.

**kaleidoscope** /kelaideskoup/ *s* caleidoscópio.

**kalends** /kælendz, keilendz/ » **calends**.

**kamikaze** /kámekázi/ *s kamikaze*, piloto suicida. | *adj* suicida.

**kangaroo** /kænggerú/ *s* canguru (*pl* **kangaroo** ou **kangaroos**).

**kayak** /kaiæk/ *s* caiaque.

**karat** /kéret/ *s* quilate (teor de ouro de liga metálica).

**karate** /kærāti/ *s* caratê.

**karateist** /kærátist/ *s* carateca.

**kart** /kárt/ *s kart,* carro de corrida pequeno.

**Kazakhstan** /kezákstán/ *s* Cazaquistão.

**Kazakhstani** /kezákstáni/ *s* e *adj* cazaque.

**Kbyte** *s form red* de **kilobyte**.

**kedge** /kédj/ *s* pequena âncora. | *v* rebocar um navio.

**keel** /kíl/ *s* quilha; barco; carena. | *v* emborcar.

**keen** /kín/ *adj* afiado; aguçado; perspicaz; intenso, vivo; forte, potente; ardente, veemente. | *s* lamento, choro.

**keep** /kíp/ *v* deter, reter; guardar, conservar (comida); manter; sustentar, prover; estocar; continuar; anotar; atualizar dados; restringir; prevenir, evitar; administrar, dirigir. | *s* guarda, proteção, custódia; sustento; masmorra; prisão. • **keep up** manter em boas condições; continuar, perseverar.

**keeper** /kíper/ *s* guarda, protetor, defensor.

**keeping** /kíping/ *s* guarda, custódia; acordo, harmonia.

**keepsake** /kípseik/ *s* dádiva, presente; lembrança.

**keg** /kég/ *s* barril, barrica. | *v* estocar em barris.

**kelp** /kélp/ *s* alga marinha.

**Kelt** /kélt/ » **Celt**.

**Keltic** /kéltik/ » **Celtic**.

**kelvin** /kélvin/ *s* kelvin (*símb* **K**).

**ken** /kén/ *s* percepção, compreensão; vista, olhar.

**kennel** /kénel/ *s* canil; toca, covil; meio-fio, sarjeta. | *v* abrigar em canil, covil ou toca.

**Kenya** /kénye, kínye/ *s* Quênia.

**Kenyan** /kényen, kínyen/ *s* e *adj* queniano.

**kept** /képt/ *v pass* e *part pass* de **keep**.

**kerchief** /kêrtchif/ *s* véu, lenço de cabeça; lenço de mão (*pl* **kerchiefs** ou **kerchieves**).

**keratin** /kéretin/ *s* elemento químico queratina.
**kernel** /kêrnel/ *s* grão, semente; cereal; caroço; núcleo, parte central.
**kerosene** /kéresín, kéresín/ *s* elemento químico querosene.
**kerosine** /kéresín, kéresín/ » **kerosene**.
**kerseymere** /kêrzimir/ *s* casimira.
**ketchup** /kétchep/ *s* *ketchup*.
**kettle** /kétl/ *s* caldeirão; chaleira.
**kettledrum** /kétldrâm/ *s* timbale, tímpano (instrumento musical).
**key** /kí/ *s* chave; meio de acesso, controle ou posse; elemento crucial, vital; respostas das perguntas de um teste, gabarito; clave (música); botão ou alavanca utilizado na operação de maquinário. | *v* fechar à chave; afinar (instrumento); ajustar, adaptar, harmonizar.
**keyboard** /kíbórd/ *s* teclado (piano, computador, máquina de escrever); sintetizador, órgão elétrico. | *v* tocar teclado, órgão elétrico.
**keyboard layout** *s* leiaute do teclado.
**keyboard shortcut** *s* atalho pelo teclado.
**keycard** /kíkárd/ *s* cartão eletrônico.
**keyhole** /kíhoul/ *s* buraco da fechadura.
**keynote** /kínout/ *s* nota tônica (música); elemento principal. | *v* dar nota tônica, dar o tom.
**keypad** /kípæd/ *s* teclado numérico do computador.
**keystone** /kístoun/ *s* pedra angular, fecho de abóbada.
**keystroke** /kístrouk/ *s* pressionamento de tecla.
**keyword** /kíwêrd/ *s* palavra-chave; código, senha.
**kg** *abrev* de **kilogram**, quilograma.
**KGB** /keidjíbí/ *abrev* de **Komitét Gosudárstvennoi Bezopásnosti**, serviço secreto da União Soviética.
**khaki** /kæki/ *s* cor cáqui; roupa dessa cor. • **khakis** uniforme de cor cáqui.
**khalif** /keilif, kælif/ » **caliph**.
**khan** /kán/ *s* cã (soberano em certas regiões da Ásia).
**kHz** *abrev* de **Kilohertz**, quilohertz.
**kibbutz** /kibuts, kibúts/ *s* *kibutz*, fazenda coletiva em Israel (*pl* **kibbutzim** /kibútsím/).
**kibe** /kaib/ *s* frieira, inflamação cutânea causada pelo frio.
**kick** /kik/ *v* chutar, dar pontapé; marcar gol ou ponto com chute; ricochetear; reclamar vigorosamente, protestar. | *s* chute, pontapé; ricochete; protesto, reclamação. • **kick off** começar o jogo.
**kicker** /kiker/ *s* chutador; *inform* reviravolta, virada (nos acontecimentos).
**kickoff** /kikáf/ *s* pontapé inicial no futebol; *inform* início, começo.
**kickshaw** /kikchá/ *s* comida fina; pequeno ornamento, joia.
**kid** /kid/ *s* criança, garoto; *gír* colega, camarada; cabrito; pele ou carne de cabrito; produto feito com o couro do cabrito. | *adj* feito com o couro do cabrito. | *v.* dar cria (cabra); brincar, divertir-se; zombar, escarnecer, ridicularizar.
**kidnap** /kidnæp/ *v* raptar, sequestrar.
**kidnaper** /kidnæper/ » **kidnapper**.
**kidnapper** /kidnæper/ *s* raptor, sequestrador.
**kidney** /kidni/ *s* rim; tipo, espécie.
**kilderkin** /kilderkin/ *s* barril.
**kill** /kil/ *v* matar; extinguir, aniquilar, pôr fim a; neutralizar; fazer parar (motor); exaurir, estafar; passar o tempo sem fazer nada; consumir totalmente; causar dor ou sofrimento extremo. | *s* matança; caça abatida; pessoa assassinada; alvo destruído numa guerra.
**killer** /kiler/ *s* assassino, matador; *gír* algo muito difícil de se resolver ou compreender.
**killer whale** *s* orca.
**killing** /kiling/ *s* homicídio, assassinato; lucro rápido. | *adj* fatal; exaustivo; *inform* hilariante.

K

**kiln** /kiln, kil/ *s* forno industrial. | *v* secar ou calcinar ao forno.
**kilo** /kílou/ *s* quilograma; quilômetro (*pl* **kilos**).
**kilobyte** /kiloubait/ *s kilobyte*, unidade de medida de capacidade de registro em memória equivalente a 1.024 *bytes*.
**kilogram** /kilougræm/ *s* quilograma (*abrev* **kg**).
**kilohertz** /kilouhérts/ *s* quilohertz (*abrev* **kHz**).
**kilometer** /kilámeter, kilemíter/ *s* quilômetro (*abrev* **km**).
**kilt** /kilt/ *s* saiote escocês. | *v* envolver o corpo com algo.
**kimono** /kemoune/ *s* quimono (*pl* **kimonos**).
**kin** /kin/ *s us v pl* parentes. | *adj* parente consanguíneo; análogo.
**kind** /kaind/ *s* espécie, tipo, gênero; casta, família (plantas, animais). | *adj* bondoso, generoso, caridoso, tolerante; amoroso, amável. • **kind of** um pouco de.
**kindergarten** /kindergárten/ *s* jardim de infância (*abrev* **K**).
**kindhearted** /kaindhártid/ *adj* bom, bondoso.
**kindle** /kindl/ *v* acender, colocar fogo, iluminar; inflamar, excitar, entusiasmar; dar cria. | *s* ninhada.
**kindliness** /kaindlines/ *s* bondade, generosidade; amabilidade; gentileza.
**kindling** /kindling/ *s* material facilmente inflamável, lenha, graveto.
**kindly** /kaindli/ *adj* benevolente, bondoso; simpático, agradável; prestativo. | *adv* suavemente, gentilmente; generosamente; prazerosamente.
**kindness** /kaindnes/ *s* amabilidade; bondade, benevolência; tolerância; gentileza.
**kindred** /kindred/ *s* familiar, parente; do mesmo clã ou tribo. | *adj* aparentado, irmanado; análogo, afim.
**kinematics** /kinemætiks/ *s us v sing* cinemática.
**kinetic** /kinétik/ *adj* cinético, dinâmico.
**kinfolk** /kinfouk/ *s pl* parentes, familiares.
**kinfolks** /kinfouks/ » **kinfolk**.
**king** /king/ *s* rei (*tb* baralho e xadrez); Deus; Jesus. | *adj* principal (em tamanho ou importância).
**kingdom** /kingdem/ *s* reino, monarquia; reino de Deus; reino da natureza (mineral, vegetal, animal); domínio.
**kingfisher** /kingficher/ *s* martim-pescador.
**kingly** /kingli/ *adj* régio, real, majestoso. | *adv* majestosamente.
**kingship** /kingchip/ *s* majestade, realeza; reinado; monarquia.
**king-size** /kingsaiz/ *adj* de tamanho maior que o padrão.
**king-sized** /kingsaizd/ » **king-size**.
**kink** /kingk/ *s* dobra, torção; câibra; torcicolo; excentricidade, peculiaridade; *gír* desvio no comportamento sexual. | *v* formar dobra, torcer.
**kinsfolk** /kinzfouk/ » **kinfolk**.
**kinship** /kinchip/ *s* parentesco; afinidade.
**kinsman** /kinzmen/ *s masc* parente; homem da mesma raça, cultura ou nacionalidade que outro.
**kinswoman** /kinzwumen/ *s fem* parenta; mulher da mesma raça, cultura ou nacionalidade que outra.
**kiosk** /kíásk, kiásk/ *s* quiosque.
**kip** /kip/ *s* pele de filhote de animal não curtida.
**Kirghiz** /kirgíz/ *s* Quirguistão.
**Kirghizstan** /kirgístán/ *s* e *adj* quirguiz.
**Kiribati** /kiribátí, kirebæs/ *s* Quiribati.
**Kiribatian** /kiribátien/ *s* e *adj* quiribatiano.
**kirsch** /kirch/ *s* licor de cerejas.
**kiss** /kis/ *s* beijo; toque leve e gentil; confeito (especialmente chocolate); suspiro (doce). | *v* beijar; tocar levemente; bater de leve, esbarrar. • **kiss good-bye** dar como perdido.
**kit** /kit/ *s* kit; conjunto de malas para viagem; filhote de gato.
**kitchen** /kitchen/ *s* cozinha; culinária; pessoal da cozinha, cozinheiros.
**kitchenette** /kitchinét/ *s* pequena cozinha.

**kitchen garden** *s* horta.
**kitchenware** /kitchinwér/ *s* utensílios de cozinha.
**kite** /kait/ *s* pipa, papagaio, quadrado; milhano, milhafre; letra de crédito, título de cobrança (papagaio); cheque com valor adulterado. | *v* voar como uma pipa; conseguir dinheiro por meio de título de cobrança; adulterar cheque.
**kith and kin** *s pl* parentes e amigos.
**kitsch** /kitch/ *s kitsch*, algo de mau gosto. | *adj* caracterizado pelo *kitsch*, de mau gosto.
**kitten** /kiten/ *s* gatinho. | *v* parir (a gata).
**kitty** /kiti/ *s* gatinho.
**kiwi** /kiwi/ *s kiwi*, quivi.
**KKK** /keikeikei/ *abrev* de **Ku Klux Klan**.
**kleptomania** /kléptoumeinie/ *s* cleptomania.
**km** *abrev* de **kilometer**.



**knack** /næk/ *s* talento; destreza, habilidade.
**knap** /næp/ *v* britar.
**knapsack** /næpsæk/ *s* mochila.
**knave** /neiv/ *s* patife, tratante; serviçal masculino; homem de origem humilde; valete (baralho).
**knavery** /neiveri/ *s* patifaria, desonestidade.
**knead** /níd/ *v* amassar, sovar; misturar, unir; massagear, pressionar.
**knee** /ní/ *s* joelho; cotovelo (cano, conexão); qualquer coisa semelhante a um joelho. | *v* ajoelhar.
**kneecap** /níkæp/ *s* rótula (joelho); joelheira. | *v* aleijar lesando a perna ou o joelho.
**kneel** /níl/ *v* ajoelhar.
**kneepad** /nípæd/ *s* joelheira.
**knell** /nél/ *v* tocar o sino solenemente (como num funeral); avisar, chamar ou proclamar por meio do toque do sino. | *s* dobre ou toque do sino; sinal de desastre ou destruição.
**knelt** /nélt/ *v pass* e *part pass* de **kneel**.
**knew** /nú, nyú/ *v pass* de **know**.
**knickknack** /niknæk/ *s* penduricalho, balangandã.
**knife** /naif/ *s* faca, navalha, punhal; lâmina (*pl* **knives** /naivz/). | *v* cortar, apunhalar; abrir caminho.
**knight** /nait/ *s* cavaleiro medieval (dignitário, membro de uma ordem oficial); defensor de causa ou princípio; cavalo (xadrez). | *v* tornar alguém cavaleiro, condecorar.
**knighthood** /naithud/ *s* dignidade de cavaleiro, comportamento ou qualidade cavalheiresca; cavalaria.
**knit** /nit/ *v* tricotar; unir, ligar, juntar. | *s* peça feita de tricô.
**knitting** /niting/ *s* tricô.
**knitting needle** *s* agulha de tricô.
**knob** /náb/ *s* nó, protuberância; maçaneta, puxador arredondado; botão arredondado (rádio).
**knock** /nák/ *s* pancada, golpe; som da pancada. | *v* bater, espancar; bater à porta; chocar-se, colidir; instilar, introduzir; *gír* criticar. • **knock out** nocautear.
**knocker** /náker/ *s* argola de metal para bater à porta; *gír* seio.
**knockout** /nákaut/ *s* nocaute; golpe decisivo.
**knoll** /noul/ *s* colina, morro.
**knop** /náp/ *s* botão de flor (ornamental).
**knot** /nát/ *s* nó, laço; faixa, fita decorativa; dificuldade, problema difícil; protuberância, nódulo, calombo; enlace; nó (unidade de velocidade). | *v* atar, amarrar.
**knotty** /náti/ *adj* cheio de nós, nodoso; intrincado, complexo.
**knout** /naut/ *s* chicote de couro. | *v* chicotear.
**know** /nou/ *v* conhecer, saber, compreender, entender; ter certeza; ter habilidade; ter experiência; reconhecer, distinguir; discernir.
**knowable** /nouebel/ *adj* que se pode saber ou conhecer; distinguível.

**know-how** /n<u>ou</u>hau/ *s* perícia, prática, conhecimento e habilidade necessários para se fazer algo corretamente.
**knowing** /n<u>ou</u>*ing*/ *adj* instruído; hábil, sagaz, esperto, astucioso; deliberado, consciente.
**know-it-all** /n<u>ou</u>itól/ *s* e *adj inform* sabe-tudo.
**knowledge** /n<u>á</u>lidj/ *s* conhecimento, erudição; sabedoria; entendimento; informação específica.
**known** /noun/ *v part pass* de **know**. | *adj* sabido, reconhecido. | *s* fato conhecido, sabido.
**know-nothing** /n<u>ou</u>nâ*thing*/ *s* ignorante, irracional.
**knuckle** /n<u>â</u>kel/ *s* nó, falange dos dedos; articulação, junta; parte da dobradiça em que se encaixa o pino; soco-inglês. | *v* pressionar ou bater com os nós dos dedos.
**knur** /nêr/ *s* nó de madeira.
**knurl** /nêrl/ *s* protuberância, nó; serrilha, rebordo. | *v* serrilhar.
**koala** /kou<u>á</u>le/ *s* coala.
**Korean** /ker<u>í</u>en/ *s* e *adj* coreano.
**kudos** /k<u>ú</u>douz/ *s* aclamação, aplauso para um feito excepcional.
**Ku Klux Klan** /kú klâks kl<u>æ</u>n/ *s* organização secreta (sul dos EUA) destinada a garantir a supremacia dos brancos por meio de atos terroristas (*abrev* **KKK**).
**Kuwait** /kúw<u>ei</u>t, kúw<u>ai</u>t/ *s* Kuweit.
**Kuwaiti** /kúw<u>ei</u>ti, kúw<u>ai</u>ti/ *s* e *adj* kuweitiano.

**l** ou **L** /él/ *s* 12ª letra do alfabeto inglês. | *abrev minús* de **liter**. | *símb num rom maiús* cinquenta.
**lab** /læb/ *s form red* **laboratory**.
**label** /leibel/ *s* rótulo, etiqueta. | *v* rotular, etiquetar.
**labial** /leibiel/ *adj* e *s* labial.
**labialize** /leibielaiz/ *v* labializar.
**labiate** /leibieit/ *adj* labiado.
**labiodental** /leibioudéntel/ *adj* e *s* labiodental.
**labor** /leiber/ *s* trabalho, tarefa; trabalho de parto. | *v* trabalhar, lidar; estar em trabalho de parto.
**laboratory** /læbretóri/ *s* laboratório.
**Labor Day** *s* feriado em que se comemora o Dia do Trabalho nos EUA e Canadá (primeira segunda-feira do mês de setembro).
**laborer** /leiberer/ *s* operário, trabalhador braçal.
**laborious** /lebóries/ *adj* trabalhoso, laborioso.
**labor union** *s* sindicato.
**labyrinth** /læberinth/ *s* labirinto.
**lac** /læk/ *s* laca, goma-laca.
**lace** /leis/ *s* cordão; renda; galão, debrum. | *v* apertar com cordões; prender; enlaçar; entrelaçar; adornar com rendas ou debrum.
**lacerate** /læsereit/ *v* dilacerar, rasgar; magoar profundamente. | *adj* dilacerado, rasgado; ferido, magoado.
**laceration** /læsereichen/ *s* dilaceração.
**lachrymal** /lækrimel/ *adj* lacrimal.
**lacing** /leising/ *s* laço, cordão; *inform* surra.
**lack** /læk/ *s* falta, carência, deficiência. | *v* necessitar, precisar.
**lackadaisical** /lækedeizikel/ *adj* lânguido, desanimado.
**lackey** /læki/ *s* lacaio, servidor, pajem.
**laconic** /lekánik/ *adj* lacônico, conciso, breve.
**lacquer** /læker/ *s* laca, verniz. | *v* cobrir com laca, laquear.
**lacrimal** /lækrimel/ » **lachrymal**.
**lactate** /lækteit/ *s* lactato. | *v* produzir leite.
**lactation** /lækteichen/ *s* lactação, período de amamentação.
**lactic** /læktik/ *adj* láctico.
**lactose** /læktous/ *s* lactose.
**lacuna** /lekyúne/ *s* lacuna, espaço em branco (*pl* **lacunae** /lekyúni/ ou **lacunas**).
**lacustrine** /lekâstrin/ *adj* lacustre.
**lad** /læd/ *s* moço, rapaz, jovem.
**ladder** /læder/ *s* escada de mão; fio corrido em meia. | *v* desfiar (a meia).
**laddie** /lædi/ *s* rapazinho, menino, garoto.
**lade** /leid/ *v* carregar; tirar ou remover (água) com concha; oprimir.
**ladle** /leidl/ *s* concha. | *v* servir com concha.
**lady** /leidi/ *s* senhora, dama; *inform* esposa; *maiús* título de nobreza britânico.

**ladybird** /leidibêrd/ » **ladybug**.
**ladybug** /leidibâg/ *s* joaninha.
**ladylike** /leidilaik/ *adj* feminina; polida, educada, fina (que tem as maneiras de uma dama).
**ladylove** /leidilâv/ *s* namorada.
**lag** /læg/ *v* demorar-se, ficar para trás, retardar; revestir barril com madeira; enfraquecer. | *s* atraso, retardamento; retardatário; revestimento de madeira usado em barril.
**laggard** /lægerd/ *adj* vagaroso. | *s* retardatário.
**lagging** /læging/ *s* cobertura, revestimento (para impedir o vazamento de calor).
**lagoon** /legún/ *s* lagoa, laguna.
**laic** /leiik/ *adj* laical, secular. | *s* leigo.
**laical** /leiikel/ » **laic**.
**lair** /lér/ *s* toca, covil, cova.
**lake** /leik/ *s* lago; pigmento vermelho usado em tintas; vermelho intenso (cor).
**lam** /læm/ *v gír* bater, espancar; fugir, escapar (da prisão).
**lama** /láme/ *s* lama (monge budista).
**lamb** /læm/ *s* cordeiro; carne de cordeiro; pessoa delicada.
**lambent** /læmbent/ *adj* ligeiro, rápido; luminoso.
**lambskin** /læmskin/ *s* pele de cordeiro.
**lame** /leim/ *adj* coxo, manco, aleijado; doente, dolorido; insatisfatório. | *v* aleijar, ficar aleijado.
**lament** /lemént/ *s* lamento, queixa. | *v* lamentar, queixar-se.
**lamentable** /leméntebel, læmentebel/ *adj* lamentável, lastimável.
**lamentation** /læmenteichen/ *s* lamentação, lamento, pranto.
**lamina** /læmine/ *s* lâmina (*pl* **laminae** / læminí/ ou **laminas**).
**laminate** /læmineit/ *v* laminar. | /læmenit/ *s* e *adj* laminado.
**lamination** /læmineichen/ *s* laminação, laminagem; lâmina.
**lamp** /læmp/ *s* lâmpada; lampião; corpo celeste que emite ou reflete luz.
**lampblack** /læmpblæk/ *s* fuligem, tisne.
**lamplight** /læmplait/ *s* luz artificial.
**lampoon** /læmpún/ *s* caricatura; sátira bem-humorada. | *v* satirizar.
**lamppost** /læmppoust/ *s* poste de luz (nas ruas).
**lamprey** /læmpri/ *s* lampreia (peixe).
**lampshade** /læmpcheid/ *s* abajur, quebra--luz.
**LAN** /læn/ *abrev* de **local area network**, rede local.
**lance** /læns/ *v* lancetar; lancear; perfurar. | *s* lança; arpão; lanceta.
**lancer** /lænser/ *s* lanceiro.
**lancinating** /lænseneiting/ *adj* lancinante.
**land** /lænd/ *s* terra; solo; região, área; nação, país; propriedade. | *v* desembarcar; aterrissar, pousar (avião).
**landed** /lændid/ *adj* que possui terras.
**landfall** /lændfól/ *s* terra avistada ou alcançada depois de uma viagem.
**landholder** /lændhoulder/ *s* proprietário de terras.
**landing** /lænding/ *s* desembarque, descarga; pouso; aterragem; plataforma de embarque ou desembarque de passageiros ou cargas.
**landing field** *s* campo de pouso.
**landlady** /lændleidi/ *s fem* dona de terras, proprietária rural, proprietária de imóvel; estalajadeira.
**landless** /lændles/ *adj* sem terra, que não possui terras.
**landlord** /lændlórd/ *s masc* dono de terras, proprietário rural, proprietário de imóvel; estalajadeiro.
**landmark** /lændmárk/ *s* limite; marco (divisório); ponto de referência. | *adj* significante, importante.
**landowner** /lændouner/ *s* dono de terras.
**land reform** *s* reforma agrária.
**landscape** /lændskeip/ *s* paisagem, panorama. | *v* projetar jardim, ajardinar.
**landscape mode** *s* modo paisagem (computação).

**landslide** /l<u>æ</u>ndslaid/ *s* desmoronamento, desabamento; eleição ganha com grande vantagem de votos.
**landslip** /l<u>æ</u>ndslip/ » **landslide**.
**lane** /lein/ *s* passagem estreita, beco; caminho; alameda; faixa de orientação de veículos em uma rua; rota prescrita para navios ou aviões.
**language** /l<u>æ</u>n*g*gwidj/ *s* língua, idioma; linguagem; estilo de linguagem; vocabulário específico.
**languid** /l<u>æ</u>n*g*gwid/ *adj* lânguido; desanimado; vagaroso; fraco.
**languish** /l<u>æ</u>n*g*gwich/ *v* enfraquecer, desfalecer, definhar.
**languishment** /l<u>æ</u>n*g*gwichment/ *s* desfalecimento, enfraquecimento.
**languor** /l<u>æ</u>n*g*g*er*/ *s* languidez, abatimento.
**lank** /læn*g*k/ *adj* alto e magro; fino e escorrido (cabelo).
**lanky** /l<u>æ</u>n*g*ki/ *adj* alto, magro e desajeitado, magricela.
**lanolin** /l<u>æ</u>nelin/ *s* lanolina.
**lantern** /l<u>æ</u>nte*r*n/ *s* lanterna, farol; abajur.
**lanyard** /l<u>æ</u>nye*r*d/ *s* corda que prende os mastros; cordão usado no pescoço para carregar alguma coisa.
**Laos** /laus/ *s* Laos.
**Lao** /lau/ *s* e *adj* laosiano.
**lap** /læp/ *s* regaço, colo; bainha, aba (de vestuário); volta completa em pista de corrida; sobreposto; lambida; ato de beber com a língua (gatos, cães). | *v* encobrir, sobrepor; embrulhar; dobrar; enrolar.
**lapel** /lep<u>é</u>l/ *s* lapela.
**lapidary** /l<u>æ</u>pedéri/ *s* lapidário; comerciante de pedras preciosas. | *adj* referente às pedras preciosas ou à lapidação; conciso.
**Lapland** /l<u>æ</u>plænd/ *s* Lapônia.
**Laplander** /l<u>æ</u>plænde*r*/ *s* lapão, lapônio.
**lappet** /l<u>æ</u>pit/ *s* aba; lóbulo.
**lapse** /læps/ *v* decair; desviar, desencaminhar; passar despercebido; expirar, caducar; cometer um lapso; cair em erro. | *s* lapso, engano, deslize; queda, declínio; intervalo; deterioração.
**lapsed** /læpst/ *adj* inativo.
**laptop** /l<u>æ</u>ptáp/ *s* computador pessoal portátil.
**larboard** /l<u>á</u>rbe*r*d/ *adj* de bombordo. | *s* bombordo.
**lard** /lárd/ *s* toucinho. | *v* cobrir com gordura, rechear carne com fatias de toucinho.
**larder** /l<u>á</u>rde*r*/ *s* despensa; provisões de comida.
**large** /lárdj/ *adj* grande, largo, vasto; importante, considerável; compreensivo, tolerante; intenso; pretensioso.
**lariat** /l<u>æ</u>riet/ *s* laço (para laçar animais).
**lark** /lárk/ *s* calhandra, cotovia; brincadeira, travessura. | *v* dizer gracinhas, pregar peça, fazer travessuras.
**larky** /l<u>á</u>rki/ *adj* travesso, brincalhão.
**larrup** /l<u>é</u>rep/ *v gír* espancar, surrar; derrotar. | *s* pancada, golpe.
**larva** /l<u>á</u>rve/ *s* larva (*pl* **larvae** /l<u>á</u>rvi/ ou **larvas**).
**laryngology** /lérin*g*g<u>á</u>ledji/ *s* laringologia.
**larynx** /l<u>é</u>rin*g*ks/ *s* laringe (*pl* **larynges** /lér<u>i</u>ndjíz/ ou **larynxes**).
**lascivious** /les<u>i</u>vies/ *adj* lascivo, sensual.
**lasciviousness** /les<u>i</u>viesnes/ *s* lascívia, sensualidade, luxúria.
**laser** /l<u>e</u>ize*r*/ *s* raio *laser*.
**laser printer** *s* impressora a *laser*.
**lash** /læch/ *s* açoite; chicotada; pestana, cílio; sarcasmo. | *v* açoitar, chicotear; censurar asperamente; prender com corda ou corrente.
**lasher** /l<u>æ</u>che*r*/ *s* açoitador.
**lashing** /l<u>æ</u>chin*g*/ *s* atadura.
**lass** /læs/ *s* moça, jovem senhora; namorada.
**lassitude** /l<u>æ</u>sitúd/ *s* lassidão, fadiga, cansaço, letargia.
**last** /læst/ *adj* último; mais recente, mais novo; atual, presente; superior, supremo; conclusivo. | *adv* por último; mais

recentemente; finalmente. | *s* o fim, final; o último. | *v* durar, conservar-se; permanecer. • **at last** por fim, finalmente.

**lasting** /læsting/ *adj* durável, duradouro.

**latch** /lætch/ *s* trinco, fecho, tranca. | *v* trancar.

**late** /leit/ *adj* atrasado, tardio; último, final; recente. | *adv* tarde, fora de hora, até tarde; recentemente. • **be late** estar atrasado. **later on** mais tarde.

**lately** /leitli/ *adv* recentemente, ultimamente.

**latency** /leitensi/ *s* latência.

**latent** /leitent/ *adj* latente, oculto, potencial.

**lateral** /læterel/ *adj* e *s* lateral.

**latex** /leitéks/ *s* látex; borracha sintética (*pl* **latices** /leitisíz/ ou **latexes**).

**lath** /læth/ *s* ripa, sarrafo (*pl* **laths** /læths, lædhz/). | *v* ripar, cobrir com ripas, sarrafos.

**lathe** /leidh/ *s* torno mecânico.

**lather** /lædher/ *s* espuma de sabão. | *v* ensaboar, cobrir-se de espuma; *inform* surrar, espancar.

**Latin** /læten/ *s* língua latina; latino (membro do povo latino, principalmente da América Latina). | *adj* latino.

**Latinism** /lætenizem/ *s* latinismo.

**latish** /leitich/ *adj* um pouco tarde.

**latitude** /lætetúd/ *s* latitude; liberdade de ação.

**latter** /læter/ *adj* o último (de dois); próximo do fim; moderno, recente.

**latterly** /læterli/ *adv* ultimamente.

**latter-day** /læterdei/ *adj* moderno, de nossos dias.

**lattice** /lætis/ *s* janela de grade.

**Latvia** /lætvie/ *s* Letônia.

**Latvian** /lætvien/ *s* e *adj* letão.

**laud** /lád/ *s* prece, louvor; canto de louvor. | *v* louvar, glorificar.

**laudable** /ládebel/ *adj* louvável, recomendável.

**laudatory** /ládetóri/ *adj* laudatório.

**laugh** /læf/ *v* rir; zombar. | *s* riso, gargalhada; *inform* coisa absurda, piada, escárnio.

**laughable** /læfebel/ *adj* digno de riso ou escárnio.

**launch** /lántch/ *v* lançar, arremessar; lançar em órbita (satélite, foguete); colocar um barco na água; iniciar, disparar; fazer um lançamento (livro). | *s* lancha.

**launcher** /lántcher/ *s* lançador.

**laundry** /lándri/ *s* lavanderia.

**laureate** /lóriit/ *adj* e *s* laureado.

**laurel** /lórel/ *s* loureiro, louro; triunfo, glória. | *v* laurear, honrar, premiar.

**lava** /láve/ *s* lava.

**lavatory** /lævetóri/ *s* lavatório.

**lave** /leiv/ *v* lavar, banhar; refrescar-se.

**lavender** /lævender/ *s* alfazema, lavanda; lilás (cor).

**laver** /leiver/ *s* bacia batismal.

**lavish** /lævich/ *adj* pródigo; esbanjador. | *v* esbanjar, dar em profusão.

**law** /lá/ *s* lei, regra, legislação; jurisprudência; princípio.

**lawbreaker** /lábreiker/ *s* contraventor, infrator.

**lawful** /láfel/ *adj* legal, legítimo.

**lawgiver** /lágiver/ *s* legislador, aquele que aplica as leis.

**lawless** /láles/ *adj* ilegal, ilegítimo.

**lawmaker** /lámeiker/ *s* legislador.

**lawn** /lán, lón/ *s* relva, grama; tecido fino de linho ou algodão.

**lawn mower** *s* cortador de grama.

**lawyer** /láyer/ *s* advogado.

**lax** /læks/ *adj* negligente; lasso, frouxo; cansado, fatigado.

**laxative** /læksetiv/ *adj* laxativo. | *s* laxante.

**laxity** /lækseti/ *s* negligência; relaxamento, lassidão.

**lay** /lei/ *v* pôr, colocar, assentar; arrumar (mesa); deitar; botar ovos; fazer sexo (vulgar). | *s* direção da torcedura de uma corda; ato de pôr ovos; *gír ofens* relação sexual; *gír ofens* parceiro sexual. | *adj* leigo; laico, secular.

L

**layer** /leier/ *s* galinha poedeira; camada, estrato. | *v* dividir ou separar em camadas; cortar o cabelo em diferentes camadas.

**layman** /leimen/ *s* leigo.

**layoff** /leiáf/ *s* suspensão temporária de trabalho, demissão.

**layout** /leiaut/ *s* leiaute, plano, esboço.

**layover** /leiouver/ *s* parada curta ou temporária numa jornada.

**lazy** /leizi/ *adj* preguiçoso, vadio; vagaroso, lento.

**LCD** /élsídí/ *abrev* de **liquid-crystal display**, monitor de cristal líquido.

**lea** /lí/ *s* prado, campina, pastagem.

**lead** /léd/ *v* chumbar; colocar entrelinha; colocar caixilhos nos vidros das janelas; adicionar chumbo. | *s* chumbo (*símb* **Pb**); prumo; bala, projétil; grafita.

**lead** /líd/ *v* levar; guiar; induzir; dirigir (orquestra); agir como líder, liderar; influenciar (pensamento, ação alheia); encabeçar, estar em primeiro lugar. | *s* chefia, liderança, líder; iniciativa, frente, vanguarda.

**leaden** /léden/ *adj* de chumbo; cor de chumbo; vagaroso; sem vida; chato; depressivo; inerte, pesado.

**leader** /líder/ *s* líder, comandante, condutor, guia.

**leadership** /líderchip/ *s* liderança, direção, chefia.

**leading** /líding/ *adj* que está na liderança; principal. | *s* entrelinhamento.

**leaf** /líf/ *s* folha (de planta, livro, porta); folhagem; aba de mesa. | *v* cobrir-se de folhas, enfolhar; folhear livro.

**leafage** /lífidj/ *s* folhagem, folhas.

**leaflet** /líflet/ *s* pequena folha; panfleto. | *v* distribuir panfletos.

**leafy** /lífi/ *adj* frondoso.

**league** /líg/ *s* liga, aliança, associação, confederação; légua. | *v* associar-se, confederar-se.

**leaguer** /líger/ *s* confederado, associado.

**leak** /lík/ *v* vazar. | *s* fenda, abertura, buraco, rombo; vazamento.

**leakage** /líkidj/ *s* vazamento, escoamento.

**leaky** /líki/ *adj* que permite o vazamento, mal vedado.

**lean** /lín/ *s* inclinação; carne magra. | *adj* magro; pobre; enxuto (orçamento). | *v* inclinar; apoiar-se, encostar-se; *inform* fazer pressão.

**leap** /líp/ *v* pular, saltar; transpor; mudar bruscamente de opinião; agir impulsivamente. | *s* salto, pulo; extensão do salto; transição súbita.

**leap year** *s* ano bissexto.

**learn** /lêrn/ *v* aprender, instruir-se, memorizar, adquirir conhecimento, experiência ou habilidade.

**learned** /lêrnid/ *adj* erudito, versado, culto.

**learning** /lêrning/ *s* conhecimento, estudo, aprendizado.

**lease** /lís/ *s* contrato de arrendamento, propriedade arrendada. | *v* arrendar.

**leasehold** /líshould/ *s* arrendamento, propriedade arrendada.

**leash** /lích/ *s* guia, corrente ou cordão com que se prendem animais pelo pescoço; controle, restrição. | *v* restringir, controlar (com guia).

**least** /líst/ *adj super* de **little**, o mínimo, o menor. | *adv* o menos. | *s* o que é menos importante. • **at least** no mínimo, pelo menos.

**leastways** /lístweiz/ *adv* pelo menos, no mínimo.

**leather** /lédher/ *s* pele de animal, couro; artigo de couro. | *adj* de couro, coberto de couro. | *v* usar couro, cobrir com couro.

**leatherette** /lédherét/ *s* couro sintético.

**leathern** /lédhern/ *adj* de couro.

**leave** /lív/ *v* deixar; abandonar; despedir-se, partir; renunciar a, desistir de; omitir; permitir. | *s* licença, autorização, permissão; despedida, partida.

**leaven** /léven/ *s* levedura, fermento, catalisador. | *v* fermentar.

**Lebanese** /lébeníz/ *s* e *adj* libanês.

**Lebanon** /lébenen/ *s* Líbano.
**lecher** /létcher/ *s* libertino, devasso.
**lecherous** /létcheres/ *adj* luxurioso, libidinoso.
**lechery** /létcheri/ *s* luxúria, perversão, libidinagem.
**lector** /lékter/ *s* leitor (de serviço religioso), palestrante.
**lecture** /léktcher/ *s* palestra, sermão, repreensão. | *v* palestrar, fazer uma preleção; censurar, repreender.
**lecturer** /léktcherer/ *s* palestrante; professor universitário.
**led** /léd/ *v pass* e *part pass* de **lead**.
**LED** /élídí/ *abrev* de **light-emitting diode**; diodo emissor de luz.
**ledge** /lédj/ *s* prateleira; beirada (de um precipício).
**ledger** /lédjer/ *s* livro-caixa, razão (livro); lápide sepulcral.
**lee** /lí/ *adj* a sotavento; ao abrigo do vento. | *s* sotavento; abrigo, proteção.
**leech** /lítch/ *s* sanguessuga; parasita; beira lateral da vela.
**leek** /lík/ *s* alho-poró.
**leer** /lir/ *v* olhar maliciosamente. | *s* olhar malicioso.
**leery** /liri/ *adj* astuto, desconfiado.
**lees** /líz/ *s pl* sedimentos que se formam durante a fermentação, especialmente em vinhos.
**left** /léft/ *s* esquerda. | *adj* esquerdo. | *adv* à esquerda.
**left-handed** /léfthændid/ *adj* canhoto; dúbio. | *adv* com a mão esquerda.
**left-hander** /léfthænder/ *s* canhoto.
**leftover** /léftouver/ *adj* restante, remanescente. | *s* sobras, resto. • **leftovers** sobras de uma comida, de um prato.
**leftward** /léftwerd/ *adv* à esquerda, na esquerda.
**leg** /lég/ *s* perna; pata; pé. | *v inform* bater pernas, andar.
**legacy** /légesi/ *s* herança, legado.
**legal** /lígel/ *adj* legal, lícito. | *s* aquele que está de acordo com as leis.
**legality** /ligæleti/ *s* legalidade.
**legalization** /lígelizeichen/ *s* legalização.
**legalize** /lígelaiz/ *v* legalizar.
**legal-size** /lígelsaiz/ *adj* que mede 216 x 279 mm, referente ao papel carta.
**legate** /légit/ *s* diplomata, emissário oficial do Papa.
**legation** /ligeichen/ *s* missão diplomática.
**legend** /lédjend/ *s* lenda, mito; legenda (mapas, fotos); letreiro.
**legendary** /lédjendéri/ *adj* lendário, fabuloso, legendário.
**legging** /léging/ *s* perneira. • **leggings** calça justa usada embaixo da roupa para aquecer.
**leggy** /légi/ *adj* de pernas compridas, desproporcionais; de pernas bonitas.
**legible** /lédjebel/ *adj* legível.
**legion** /lídjen/ *s* legião; multidão.
**legionary** /lídjenéri/ *adj* legionário. | *s* legionário.
**legislate** /lédjisleit/ *v* legislar.
**legislation** /lédjisleichen/ *s* legislação.
**legislative** /lédjisleitiv/ *adj* legislativo. | *s* poder legislativo.
**legislator** /lédjisleiter/ *s* legislador.
**legislature** /lédjisleitcher/ *s* legislatura.
**legist** /lídjist/ *s* legista.
**legitimacy** /ledjitemesi/ *s* legitimidade.
**legitimate** /ledjitemet/ *adj* legitimado, legítimo. | /ledjitemeit/ *v* legitimar.
**legume** /légyúm, ligyúm/ *s* legume, vagem.
**leguminous** /legyúmines/ *adj* leguminoso.
**leisure** /líjer, léjer/ *s* lazer, tempo livre, descanso, folga.
**leisured** /líjerd, léjerd/ *adj* desocupado, ocioso.
**lemon** /lémen/ *s* limão; limoeiro; amarelo limão. | *adj* de limão.
**lemonade** /lémeneid/ *s* limonada.
**lend** /lénd/ *v* emprestar; *fig* dar, proporcionar.
**lendable** /léndebel/ *adj* que pode ser emprestado.

L

**length** /léngkth, léngth/ *s* comprimento, extensão; duração.
**lengthen** /léngkthen, léngthen/ *v* alongar (-se).
**lengthy** /léngkthi, léngthi/ *adj* longo (principalmente em relação ao tempo); tedioso.
**lenience** /líniens/ » **leniency**.
**leniency** /líniensi/ *s* gentileza, generosidade, indulgência.
**lenient** /línient/ *adj* gentil, generoso, indulgente.
**lenitive** /lénetiv/ *s* lenitivo, calmante. | *adj* lenitivo, que alivia a dor.
**lenity** /léneti/ *s* generosidade, clemência.
**lens** /lénz/ *s* lente; cristalino.
**Lent** /lént/ *s* quaresma.
**Lenten** /lénten/ *adj* quaresmal.
**lentil** /léntel/ *s* lentilha.
**leonine** /líenain/ *adj* leonino.
**leopard** /liperd/ *s* leopardo.
**leotard** /líetárd/ *s collant*; colante (tipo de roupa muito justa).
**leper** /léper/ *s* leproso; pária, excluído.
**leprosy** /lépresi/ *s* lepra.
**leprous** /lépres/ *adj* leproso.
**lesbian** /lézbien/ *s* lésbica.
**lesbianism** /lézbienizem/ *s* lesbianismo.
**lesion** /líjen/ *s* lesão, dano; ferida.
**Lesotho** /lésoutou/ *s* Lesoto.
**less** /lés/ *adj comp* de **little**, menor, inferior. | *prep adv* e *s* menos.
**lessee** /lésí/ *s* arrendatário.
**lessen** /lésen/ *v* diminuir, reduzir; depreciar.
**lesser** /léser/ *adj compar* de **little**, menor, inferior, menos.
**lesson** /lésen/ *s* lição, instrução; aula; reprimenda, censura. | *v* dar uma lição, instruir; repreender.
**lessor** /lésór, lésór/ *s* senhorio, arrendador, locador.
**lest** /lést/ *conj* para que não, que; com receio de.
**let** /lét/ *v* deixar, permitir; alugar. | *s* obstáculo, impedimento. • **let's go** vamos.

L

**lethal** /líthel/ *adj* letal, mortal.
**lethargic** /lithárdjik/ *adj* letárgico.
**lethargy** /létherdji/ *s* letargia, apatia, torpor.
**letter** /léter/ *s* letra; carta; tipo de letra; sentido literal. | *v* estampar letras, escrever usando letras.
**letter bomb** *s* carta-bomba.
**letterbox** /léterbáks/ *s* caixa de correspondência; caixa postal.
**lettered** /léterd/ *adj* letrado, erudito; inscrito ou marcado com letras.
**letterhead** /léterhéd/ *s* cabeçalho; papel timbrado.
**letter of credit** *s* carta de crédito.
**letter-quality** /léterkwáleti/ *adj* que tem qualidade de carta.
**lettuce** /létis/ *s* alface.
**leucocyte** /lúkousait/ » **leukocyte**.
**leukocyte** /lúkousait/ *s* leucócito.
**levee** /lévi/ *s* dique, represa, açude; cais.
**level** /lével/ *s* nível; superfície plana. | *v* nivelar, aplainar, igualar; apontar. | *adj* plano, horizontal; nivelado, emparelhado.
**leveler** /léveler/ *s* nivelador; pessoa que luta contra as diferenças sociais.
**leveller** /léveler/ » **leveler**.
**lever** /léver, líver/ *s* alavanca, pé de cabra. | *v* alavancar.
**leverage** /léveridj, líveridj/ *s* alavancagem; posição vantajosa.
**leviable** /léviebel/ *adj* sujeito a taxas, tributável.
**levitate** /léviteit/ *v* levitar ou fazer levitar, flutuar ou fazer flutuar.
**levity** /léveti/ *s* leviandade, frivolidade, inconstância.
**levy** /lévi/ *v* lançar impostos; recrutar; embargar, confiscar. | *s* imposto, taxa; confisco.
**lewd** /lúd/ *adj* lascivo, obsceno, indecente.
**lexicography** /léksikágrefi/ *s* lexicografia.
**lexicon** /léksikán/ *s* léxico (*pl* **lexicons** ou **lexica** /léksike/).

**liability** /laiebileti/ *s* responsabilidade.
**liable** /laiebel/ *adj* obrigado legalmente, responsável por; suscetível a.
**liar** /laier/ *s* mentiroso.
**libation** /laibeichen/ *s* libação.
**libel** /laibel/ *s* libelo, panfleto difamatório. | *v* difamar por escrito.
**liberal** /liberel/ *adj* liberal; pródigo. | *s maiús* membro do partido liberal; pessoa com ideias liberais.
**liberalism** /liberelizem/ *s* liberalismo.
**liberality** /liberæleti/ *s* liberalidade; generosidade.
**liberate** /libereit/ *v* libertar, soltar.
**liberation** /libereichen/ *s* libertação, liberação, liberdade.
**liberation theology** *s* teologia da libertação.
**Liberia** /laibirie/ *s* Libéria.
**Liberian** /laibirien/ *s* e *adj* liberiano.
**libertine** /libertín/ *s* e *adj* libertino.
**liberty** /liberti/ *s* liberdade, licença.
**libidinous** /libidenes/ *adj* libidinoso.
**Libra** /líbre, laibre/ *s* Libra (constelação e signo).
**Libran** /líbren, laibren/ *s* libriano.
**librarian** /laibrérien/ *s* bibliotecário.
**library** /laibréri/ *s* biblioteca.
**libretto** /librétou/ *s* libreto (*pl* **librettos** ou **libretti** /librétí/).
**Libya** /libie/ *s* Líbia.
**Libyan** /libien/ *s* e *adj* líbio.
**lice** /lais/ *s pl* de **louse**.
**license** /laisens/ *s* licença, permissão, autorização; liberdade artística. | *v* licenciar, autorizar.
**license agreement** *s* acordo de licenciamento.
**licit** /lisit/ *adj* lícito, permitido, legal.
**lick** /lik/ *v* lamber; *gír* surrar. | *s* lambida; pequena quantidade.
**licking** /liking/ *s gír* espancamento.
**licorice** /likerich/ *s* alcaçuz.
**lid** /lid/ *s* tampa; pálpebra; *gír* chapéu. | *v* tampar.
**lidless** /lidles/ *adj* que não tem tampa, destampado.
**lie** /lai/ *v* deitar, jazer; estar situado, ocupar uma posição ou lugar; estender, pôr na horizontal. | *s* posição; toca, covil.
**lie** /lai/ *v* mentir, enganar. | *s* mentira.
**Liechtenstein** /liktenstain/ *s* Liechtenstein. | *adj* pertencente ou relativo a Liechtenstein.
**Liechtensteiner** /liktenstainer/ *s* nativo de Liechtenstein.
**lief** /líf/ *adv* prontamente. | *adj* pronto, disposto, preparado.
**lien** /lín, líen/ *s* hipoteca.
**lieutenant** /lúténent/ *s* tenente.
**life** /laif/ *s* vida; existência, duração; biografia; maneira de viver; fonte de vitalidade e força; natureza.
**lifeboat** /laifbout/ *s* bote salva-vidas.
**life buoy** *s* boia salva-vidas.
**life expectancy** *s* expectativa de vida.
**lifeguard** /laifgárd/ *s* salva-vidas.
**life insurance** *s* seguro de vida.
**life jacket** *s* colete salva-vidas.
**lifeless** /laifles/ *adj* morto; inanimado; sem vida, sem animação; inabitável.
**lifelike** /laiflaik/ *adj* fiel, natural, real.
**lifelong** /laifláng/ *adj* vitalício, perpétuo, perene.
**lifer** /laifer/ *s gír* prisioneiro (que cumpre prisão perpétua); aquele que segue carreira militar.
**lifestyle** /laistail/ *s* estilo de vida.
**lifetime** /laiftaim/ *s* duração da vida, existência.
**lift** /lift/ *v* levantar, erguer, ascender, elevar; transportar por via aérea; rescindir, anular; *inform* roubar. | *s* ato de levantar, esforço para levantar; auxílio, ajuda.
**ligament** /ligement/ *s* ligamento; tira.
**ligature** /ligetcher/ *s* ligadura, ligação.
**light** /lait/ *s* luz; claridade; brilho; fonte de luz (lâmpada, lanterna); sinal luminoso; janela, claraboia; fonte de fogo (fósforo, isqueiro); iluminação espiritual; consciência, compreensão. | *v* pegar fogo; pôr fogo; acender; iluminar. | *adj* claro (cor); brilhante; iluminado; leve.

**light bulb** *s* lâmpada (elétrica).
**lighten** /laiten/ *v* iluminar, alumiar; clarear (cor); brilhar; relampejar; diminuir o peso; aliviar (dor, tensão, opressão); tornar-se mais leve.
**lighter** /laiter/ *s* acendedor, isqueiro; fragata (navio). | *adj comp* de **light**, mais leve; mais claro.
**light-fingered** /laitfinggerd/ *adj* gatuno.
**lightfoot** /laitfut/ » **light-footed**.
**light-footed** /laitfutid/ *adj* ágil, ligeiro.
**lighthouse** /laithaus/ *s* farol (náutica).
**lighting** /laiting/ *s* iluminação, luz; ignição.
**lightly** /laitli/ *adv* ligeiramente; levemente; facilmente; despreocupadamente, levianamente.
**light-minded** /laitmaindid/ *adj* leviano; bobo, tolo.
**lightness** /laitnes/ *s* iluminação; leveza; agilidade; leviandade.
**lightning** /laitning/ *s* raio, relâmpago.
L
**light pen** *s* caneta óptica.
**lights** /laits/ *s pl* bofes, pulmões (dos animais).
**lightsome** /laitsem/ *adj* luminoso, claro; gracioso; leviano; tolo.
**light-year** /laityir/ *s* ano-luz.
**ligneous** /lignies/ *adj* lígneo, lenhoso.
**like** /laik/ *v* gostar de, achar bom; querer ter; preferir. | *s* preferência. | *adj* igual, semelhante, análogo, parecido. | *conj* como. | *adv* como, do mesmo modo.
**likelihood** /laiklihud/ *s* probabilidade.
**likely** /laikli/ *adj* provável; plausível; aparentemente apropriado; promissor. | *adv* provavelmente.
**like-minded** /laikmaindid, laikmaindid/ *adj* da mesma opinião, gosto ou sentimento.
**liken** /laiken/ *v* assemelhar, comparar.
**likeness** /laiknes/ *s* semelhança, similaridade; retrato, representação de uma imagem.
**likewise** /laikwaiz/ *adv* da mesma forma, de modo similar.
**liking** /laiking/ *s* atração, amor; preferência, simpatia, gosto.
**lilac** /lailek, lailák/ *s* lilás; cor lilás.
**lilt** /lilt/ *s* maneira alegre ou vivaz de falar; canção alegre; maneira leve de andar ou se mover. | *v* falar, cantar etc. de maneira alegre e ritmada.
**lily** /lili/ *s* lírio, flor-de-lis.
**limb** /lim/ *s* galho de árvore; membro (perna, braço, asa). | *v* desmembrar, arrancar os membros.
**limber** /limber/ *adj* flexível, maleável. | *v* tornar flexível.
**lime** /laim/ *s* limeira; lima (fruta); cal, óxido de cálcio; visco. | *v* aplicar cal a; cobrir de visco, agarrar com visco.
**limestone** /laimstoun/ *s* calcário.
**limit** /limit/ *s* limite, fronteira; extremo. | *v* limitar, restringir; confinar.
**limitation** /limiteichen/ *s* limitação, restrição.
**limitable** /limitebel/ *adj* limitável, restringível.
**limited** /limitid/ *adj* limitado, restrito; limitada (tipo de empresa. *abrev* **Ltd.**, **Ltd.**, **Ld.**).
**limitless** /limitles/ *adj* ilimitado, irrestrito.
**limn** /lim/ *v* descrever; pintar, desenhar, representar.
**limo** /limou/ *s inform* limusine (*pl* **limos**).
**limousine** /limezín, limezín/ *s* limusine.
**limp** /limp/ *v* coxear, mancar. | *adj* mole; hesitante; fraco (de caráter). | *s* coxeadura.
**limpet** /limpit/ *s* lapa (molusco).
**limpid** /limpid/ *adj* límpido, translúcido; calmo, sereno.
**linage** /lainidj/ *s* quantidade de linhas impressas; preço por linhas impressas.
**line** /lain/ *s* linha, traço; ruga; limite, fronteira; contorno; barbante, corda; tubulação; cabo; linha telefônica; rota; empresa de navegação e aérea; linha férrea; formação militar, fila; sequência, ordem; linha de produtos e serviços. |

*v* marcar com linha; representar com linhas; alinhar(-se).
**lineage** /linidj, liniidj/ *s* linhagem, estirpe, descendência.
**lineage** /lainidj/ » **linage**.
**lineal** /liniel/ *adj* hereditário; linear.
**lineament** /liniement/ *s* linha, contorno (face).
**linear** /linier/ *adj* linear.
**lineation** /linieichen/ *s* delineamento, contorno; ato de delinear.
**lineman** /lainmen/ *s* pessoa responsável pela manutenção e reparos de linhas telegráficas, telefônicas ou elétricas; atacante (futebol).
**linen** /linin/ *s* linho (tecido); roupa de linho. | *adj* de linho.
**liner** /lainer/ *s* aquele que desenha ou faz linhas; navio.
**linesman** /lainzmen/ *s* juiz de linha, bandeirinha.
**linger** /lingger/ *v* demorar, tardar; estar doente por muito tempo antes de morrer; persistir; proceder vagarosamente; adiar.
**lingerie** /lánjerei, lænjerí/ *s lingerie*, roupa íntima feminina.
**lingo** /linggou/ *s* jargão (*pl* **lingoes**).
**lingual** /linggwel/ *adj* lingual.
**linguist** /linggwist/ *s* poliglota; linguista.
**linguistics** /linggwistiks/ *s us v sing* linguística.
**liniment** /liniment/ *s* linimento.
**lining** /laining/ *s* forro, revestimento (vestuário, chapéu).
**link** /lingk/ *s* argola, elo de corrente; traço de união; conexão; associação, correlação; ligação, comunicação, conexão. | *v* encadear; ligar, unir; conectar.
**linkage** /lingkidj/ *s* união, conexão, associação.
**linking verb** *s* verbo de ligação.
**links** /lingks/ *s pl* campo de golfe.
**linn** /lin/ *s* queda de água, catarata, cachoeira.
**Linotype™** /lainetaip/ *s* linotipo.
**linseed** /linsíd/ *s* linhaça.
**linseed oil** *s* óleo de linhaça.
**lint** /lint/ *s* fiapos de tecido, fibra de algodão.
**lintel** /lintel/ *s* caixilho, verga de porta ou de janela.
**lion** /laien/ *s* leão; pessoa corajosa; pessoa considerada como selvagem ou cruel; *fig* celebridade momentânea.
**lioness** /laienes/ *s fem* leoa.
**lionize** /laienaiz/ *v* tratar (uma pessoa) como uma celebridade.
**lip** /lip/ *s* lábio, beiço; borda, extremidade. | *v* beijar; dizer; tocar levemente com os lábios.
**lip reading** *s* leitura labial.
**lipstick** /lipstik/ *s* batom.
**liquefaction** /likwifækchen/ *s* liquefação.
**liquefy** /likwifai/ *v* liquidificar.
**liqueur** /likêr, likyur/ *s* licor.
**liquid** /likwid/ *adj* líquido; fluido; límpido; fluente. | *s* líquido.
**liquidate** /likwideit/ *v* liquidar.
**liquidation** /likwideichen/ *s* liquidação.
**liquidity** /likwideti/ *s* liquidez.
**liquify** /likwifai/ » **liquefy**.
**liquor** /liker/ *s* bebida alcoólica destilada. | *v* submergir, mergulhar; *gír* embebedar.
**lisp** /lisp/ *s* pronúncia errada dos sons "s" e "z". | *v* pronunciar mal os sons "s" e "z"; pronunciar imperfeitamente.
**list** /list/ *s* lista, rol, relação, catálogo; arena; filete, moldura. | *v* fazer uma lista; registrar, catalogar, incluir em lista; tirar lascas.
**list box** *s* caixa de listagem.
**listel** /listel/ *s* listel, moldura, filete.
**listen** /lisen/ *v* escutar, ouvir; prestar atenção.
**listing** /listing/ *s* cada item de uma lista ou relação; lista, rol, relação.
**listless** /listles/ *adj* apático, indiferente.
**list price** *s* preço de tabela.
**litany** /liteni/ *s* ladainha.
**liter** /líter/ *s* litro.

**literacy** /literesi/ *s* capacidade de ler e escrever, alfabetização.
**literal** /literel/ *adj* literal, ao pé da letra.
**literally** /litereli/ *adv* literalmente, exato, ao pé da letra.
**literary** /literéri/ *adj* literário.
**literate** /literet/ *adj* alfabetizado; bem escrito. | *s* pessoa alfabetizada (capaz de ler e escrever); literato, douto.
**literature** /literetcher, literetchur/ *s* literatura, conjunto de trabalhos literários.
**lithe** /laidh/ *adj* flexível, maleável; leve, suave, gracioso.
**lithesome** /laidhsem/ *adj* flexível, maleável.
**lithium** /lithiem/ *s* lítio (*símb* **Li**).
**lithograph** /lithegræf/ *s* litografia. | *v* litografar.
**lithosphere** /lithousfir/ *s* litosfera.
**Lithuania** /lithyueinie/ *s* Lituânia.
**Lithuanian** /lithyueinien/ *s* e *adj* lituano.
**litigant** /litigent/ *s* litigante.
**litigate** /litigeit/ *v* litigar, pleitear ou questionar em juízo.
**litigious** /litidjes/ *adj* litigioso, litigante.
**litter** /liter/ *s* confusão, desordem; detritos, lixo; ninhada. | *v* parir (animal); sujar, jogar lixo; bagunçar.
**little** /litl/ *adj* pequeno; pouco; insignificante; limitado; humilde. | *s* pouco, pequena quantidade. | *adv* mal, pouco. • **a little** um pouco. **little by little** pouco a pouco.
**little finger** *s* dedo mínimo.
**littleness** /litlnes/ *s* insignificância.
**littoral** /literel/ *s* e *adj* litoral.
**liturgy** /literdji/ *s* liturgia; *maiús* Eucaristia.
**livable** /livebel/ *adj* habitável; tolerável, suportável.
**live** /liv/ *v* viver, existir; ganhar ou gozar a vida; morar, habitar; experienciar. | /laiv/ *adj* vivo; interessante, relevante; combustível; ao vivo. | /laiv/ *adv* ao vivo.
**liveable** /livebel/ » **livable**.
**livelihood** /laivlihud/ *s* meio de vida, subsistência, sustento.
**liveliness** /laivlines/ *s* vivacidade, disposição, animação, ânimo.
**livelong** /livláng/ *adj* completo, total.
**lively** /laivli/ *adj* vivo; vigoroso, cheio de vida, ativo; animado, espirituoso; revigorante. | *adv* vivamente, vigorosamente.
**liven** /laiven/ *v* alegrar, animar.
**liver** /liver/ *s* fígado.
**livery** /liveri/ *s* uniforme, farda.
**livestock** /laivsták/ *s* animais domésticos de uma fazenda, criação.
**livid** /livid/ *adj* lívido, pálido; muito bravo, furioso.
**living** /living/ *adj* vivo; vivificante; real, verdadeiro. | *s* modo de vida, sustento.
**living room** *s* sala de estar.
**living wage** *s* salário mínimo.
**lizard** /lizerd/ *s* lagarto.
**load** /loud/ *s* carga, peso; capacidade de produção (máquina, sistema). | *v* carregar (veículos, armas de fogo), receber carga; encher (recipiente), acumular; abastecer; oprimir; adulterar; transferir dados de um disquete, por exemplo, para a memória do computador.
**loader** /louder/ *s* programa que transfere dados de um disquete, por exemplo, para a memória de um computador; carregador.
**loading** /louding/ *s* carga.
**loadstar** /loudstár/ » **lodestar**.
**loadstone** /loudstoun/ » **lodestone**.
**loaf** /louf/ *v* vadiar. | *s* pão (*pl* **loaves**).
**loafer** /loufer/ *s* preguiçoso, vagabundo.
**loam** /loum/ *v* barrear. | *s* argila, barro.
**loan** /loun/ *s* empréstimo, o valor emprestado. | *v* emprestar (dinheiro, bens).
**loath** /louth, loudh/ *adj* de má vontade, relutante.
**loathe** /loudh/ *v* detestar, odiar.
**loathsome** /loudhsem, louthsem/ *adj* repugnante, insuportável.
**lob** /láb/ *v* rebater (a bola); mover-se desajeitadamente. | *s* bola rebatida.
**lobby** /lábi/ *s* vestíbulo; saguão; sala de espera, antecâmara; grupo de pessoas

que tentam influenciar autoridades em favor de causa específica. | *v* tentar influenciar autoridades.

**lobe** /loub/ *s* lóbulo.

**lobelia** /loubílye/ *s* lobélia.

**lobster** /lábster/ *s* lagosta.

**lobule** /lábyúl/ *s* lóbulo.

**local** /loukel/ *adj* local. | *s* transporte público (trem, ônibus) que faz várias paradas até chegar ao terminal.

**local area network** *s* rede local.

**local bus** *s* barramento local.

**locality** /loukæleti/ *s* localidade.

**localization** /loukelizeichen/ *s* localização.

**localize** /loukelaiz/ *v* descentralizar, tornar local; localizar.

**locate** /loukeit, loukeit/ *v* localizar; colocar em determinado lugar, situar; estabelecer.

**location** /loukeichen/ *s* localização; localidade.

**locative** /láketiv/ *adj* e *s* locativo.

**lock** /lák/ *s* fechadura; fecho; cadeado, trava; comporta, eclusa, canal; fecho de arma de fogo; cacho, mecha de cabelo; tufo de lã. | *v* fechar à chave, trancar, travar; confinar, encerrar; entrelaçar.

**lockage** /lákidj/ *s* passagem de um navio através de um canal; taxa paga pelo navio para transitar num canal.

**locker** /láker/ *s* fechadura; armário para guardar objetos pessoais em aeroportos ou outros lugares públicos; sala ou compartimento frigorífico.

**locker room** *s* vestiário (ginásios, escolas).

**locket** /lákit/ *s* medalhão.

**lockout** /lákaut/ *s* fechamento de uma fábrica, durante uma disputa trabalhista.

**locksmith** /láksmith/ *s* serralheiro, aquele que faz ou conserta fechaduras.

**lockup** /lákâp/ *s inform* calabouço, prisão; ato de fechar, fechamento.

**locomotion** /loukemouchen/ *s* locomoção.

**locomotive** /loukemoutiv/ *s* locomotiva. | *adj* locomotivo, locomotor.

**locust** /loukest/ *s* gafanhoto; alfarroba.

**locution** /loukyúchen/ *s* locução.

**lode** /loud/ *s* filão, veio.

**lodestar** /loudstár/ *s* a Estrela Polar, estrela guia.

**lodestone** /loudstoun/ *s* ímã.

**lodge** /ládj/ *s* alojamento, chalé, choupana; local de reunião de certas irmandades ou fraternidades. | *v* alojar, hospedar; alugar acomodações; implantar; confiar.

**lodgement** /ládjment/ » **lodgment**.

**lodger** /ládjer/ *s* hóspede, inquilino.

**lodging** /ládjing/ *s* casa, hospedaria.

**lodgment** /ládjment/ *s* alojamento; depósito, acúmulo.

**loft** /láft/ *s* sótão; mezanino; balcão ou galeria (igreja). | *v* guardar, armazenar no sótão.

**lofty** /láfti/ *adj* alto, elevado; pomposo, excelso.

**log** /lág/ *s* lenha, tora; velocímetro de bordo; logaritmo. | *v* cortar árvores, cortar lenha. • **log in** ou **log on** entrar no sistema, conectar, acessar (computação). **log out** ou **log off** sair do sistema, desconectar (computação).

**logarithm** /lágeridhem/ *s* logaritmo.

**logic** /ládjik/ *s* lógica; raciocínio; método.

**logical** /ládjikel/ *adj* lógico, coerente.

**logician** /loudjichen/ *s* estudante ou especialista em lógica.

**logistic** /loudjistik/ *adj* logístico; referente à lógica.

**logistical** /loudjistikel/ » **logistic**.

**logistics** /loudjistiks/ *s us v sing* ou *pl* logística.

**loin** /loin/ *s* lombo, quadril; filé de lombo.

**loiter** /loiter/ *v* estar à toa, vaguear, perambular; demorar-se, tardar.

**loll** /lál/ *v* recostar-se, refestelar-se; suspender.

**lollipop** /lálipáp/ *s* pirulito.

L

**lollypop** /lálipáp/ » **lollipop**.
**lone** /loun/ *adj* solitário, só; solteiro.
**loneliness** /lounlines/ *s* solidão.
**lonely** /lounli/ *adj* solitário, só; deserto, ermo; depressivo (por estar sozinho).
**lonesome** /lounsem/ *adj* solitário, só; depressivo (por estar sozinho), triste; deserto, ermo.
**long** /láng/ *adj* longo, comprido; alto; extenso; que dura muito tempo; chato, entediante. | *adv* por muito tempo, há muito tempo; longamente; extensamente; por uma grande distância. | *s* um longo período. | *v* ansiar, almejar. • **before long** em breve.
**longevity** /lándjéveti/ *s* longevidade.
**longhand** /lánghænd/ *s* escrita cursiva.
**longing** /lánging/ *s* anseio, desejo ardente.
**longitude** /lándjetúd/ *s* longitude.
**long-standing** /lángstænding/ *adj* duradouro, existente há muito tempo.
L
**long-term** /lángtêrm/ *adj* a longo prazo.
**look** /luk/ *v* olhar; observar, contemplar; procurar; prestar atenção; parecer, ter aspecto de. | *s* olhar, olhadela; aspecto; aparência, fisionomia. • **look for** procurar.
**looker** /luker/ *s* espectador, observador.
**looking glass** *s* espelho.
**look-up** /lukâp/ *s* pesquisa.
**loom** /lúm/ *v* assomar, aparecer; estar iminente. | *s* aparição (distorcida); tear.
**loon** /lún/ *s* mergulhão; insano, louco.
**loop** /lúp/ *s* laçada, volta; arco; curva, pirueta; conjunto de instruções executado repetidamente (computação). | *v* dar laçada; formar um arco; mover-se fazendo curvas, dar piruetas com avião.
**loophole** /lúphoul/ *s* falha, brecha.
**loose** /lús/ *adj* solto, livre; frouxo, folgado, pouco apertado; irresponsável, irreverente. | *v* soltar, desatar, relaxar, libertar; aliviar, desobrigar.
**loosen** /lúsen/ *v* desprender, soltar; livrar-se de uma prisão de ventre.
**loot** /lút/ *v* saquear, pilhar, roubar. | *s* saque, pilhagem; objetos ou valores adquiridos de forma ilícita.
**lop** /láp/ *v* cortar; podar, tirar os ramos, desgalhar; eliminar o supérfluo; deixar cair, ficar pendurado.
**lope** /loup/ *s* passo seguro; galope, trote. | *v* correr com facilidade; galopar, trotar.
**lopsided** /lápsaidid/ *adj* mais pesado ou mais alto de um lado que do outro, torto, assimétrico.
**loquacious** /loukweiches/ *adj* loquaz, tagarela, falador.
**lord** /lórd/ *s* lorde, senhor, amo, dono; rei; *maiús* Deus, Jesus. | *v* agir como um lorde; dominar.
**lordly** /lórdli/ *adj* altivo, orgulhoso, arrogante; grandioso, nobre.
**lordship** /lórdchip/ *s* excelência (título ou tratamento); poder, autoridade, estado ou jurisdição de um lorde.
**Lord's Prayer** *s* pai-nosso.
**lore** /lór/ *s* saber, conhecimento; sabedoria popular.
**lorn** /lórn/ *adj* privado de alguma coisa; abandonado; que sofre a perda de entes queridos; desolado.
**lory** /lóri/ *s* arara.
**lose** /lúz/ *v* perder; ficar ou estar privado de; deixar escapar; desperdiçar.
**loser** /lúzer/ *s* perdedor, derrotado; azarado.
**loss** /lás/ *s* perda, dano, prejuízo; derrota; privação.
**lost** /lást/ *adj* perdido; remoto, perdido no tempo, que não se pratica mais; incapaz (de funcionar, agir ou fazer progressos); absorto. | *v pass* e *part pass* de **lose**.
**lot** /lát/ *s* sorteio; parte, lote, porção; monte; sorte, fado, fortuna; tipo, espécie; local usado para um fim específico; estúdio de filmagem. | *v* dividir em lotes. • **a lot** muito.
**loth** /louth, loudh/ » **loath**.
**lotion** /louchen/ *s* loção.

**lotos** /loutes/ » **lotus**.
**lottery** /láteri/ *s* loteria.
**lotus** /loutes/ *s* lótus, loto, lódão.
**loud** /laud/ *adj* alto (voz, som, ruído), ruidoso; insistente; berrante (cor); fétido. | *adv* alto.
**loudspeaker** /laudspíker/ *s* alto-falante.
**lounge** /laundj/ *v* vaguear, vadiar, passar o tempo preguiçosamente. | *s* saguão (teatro, hotel), sala de espera, sala de estar.
**lour** /laur/ *v* mostrar-se zangado, sombrio ou ameaçador.
**louse** /laus/ *s* piolho (*pl* **lice**).
**lousy** /lauzi/ *adj* piolhento; repelente, repulsivo; desagradável; inferior, sem valor.
**lout** /laut/ *s* indivíduo grosseiro, desajeitado. | *v* curvar(-se), dobrar(-se).
**loutish** /lautich/ *adj* grosseiro, rústico, rude.
**louver** /lúver/ *s* janela veneziana; respiradouro.
**louvre** /lúver/ » **louver**.
**lovable** /lâvebel/ *adj* amável, digno de amor, de simpatia.
**love** /lâv/ *s* amor; afeição profunda, paixão; desejo sexual; caso de amor; pessoa amada; *maiús* cupido. | *v* amar, gostar muito de, adorar; estar enamorado; desejar (sexualmente); ter relações sexuais. • **fall in love** apaixonar-se.
**loveable** /lâvebel/ » **lovable**.
**love affair** *s* caso amoroso.
**loveless** /lâvles/ *adj* sem amor, desamado.
**lovely** /lâvli/ *adj* amoroso; amável, encantador, sedutor, fascinante; bonita (mulher). | *s* pessoa bonita (especialmente mulher).
**lover** /lâver/ *s* amado; amante, parceiro sexual; apreciador.
**loving** /lâving/ *adj* afetuoso, amoroso, terno.
**low** /lou/ *adj* baixo, de pequena elevação; próximo da linha do horizonte; pequeno, fraco; raso (rio); rude, sem refinamento; miserável, mesquinho; deprimido; mugido. | *adv* baixo, por baixo; suavemente, quietamente. | *s* baixada. | *v* mugir.
**lower** /louer/ *adj comp* de **low**, inferior, mais baixo. | *v* baixar, abaixar; diminuir, reduzir (valor, qualidade); enfraquecer; /laur/ mostrar-se zangado, sombrio ou ameaçador.
**lowercase** /louerkeis/ *adj* em letra minúscula, caixa baixa. | *v* pôr em letra minúscula.
**lowercase letter** *s* letra minúscula, caixa baixa.
**lower class** *s* classe baixa, menos abastada.
**lowermost** /louermoust/ *adj* o mais baixo.
**lowliness** /loulines/ *s* humildade, inferioridade.
**lowly** /louli/ *adj* baixo; humilde. | *adv* humildemente.
**low-neck** /lounék/ » **low-necked**.
**low-necked** /lounékt/ *adj* decotado.
**low-res** /louréz/ » **low-resolution**.
**low-resolution** /lourézelúchen/ *adj* de baixa resolução.
**low-tension** /louténchen/ *adj* de baixa tensão.
**low water** *s* maré baixa.
**loyal** /loiel/ *adj* leal, fiel.
**loyalist** /loielist/ *s* leal, fiel.
**loyalty** /loielti/ *s* lealdade, fidelidade.
**lozenge** /lázendj/ *s* pastilha medicamentosa; losango.
**lubber** /lâber/ *s* pessoa desajeitada.
**lubricant** /lúbrikent/ *adj* e *s* lubrificante.
**lubricate** /lúbrikeit/ *v* lubrificar.
**lubricator** /lúbrikeiter/ *s* lubrificante.
**lubricious** /lúbriches/ *adj* inconstante; imoral, indecente; lúbrico, libidinoso, lascivo.
**lubricity** /lúbriseti/ *s* lubricidade; lascívia, luxúria, sensualidade; inconstância.
**lubricous** /lúbrikes/ » **lubricious**.
**lucent** /lúsent/ *adj* luzente, brilhante; transparente, claro.

**lucid** /lúsid/ *adj* inteligível; lúcido; límpido.
**luck** /lâk/ *s* sorte; fortuna, prosperidade; sucesso; felicidade. | *v* conseguir obter algo desejado, ter sorte. • **out of luck** sem sorte.
**luckless** /lâkles/ *adj* sem sorte, desafortunado.
**lucky** /lâki/ *adj* afortunado; propício, venturoso; de sorte, que dá sorte; feliz.
**lucrative** /lúkretiv/ *adj* lucrativo, rendoso.
**lucre** /lúker/ *s* lucro, dinheiro.
**lucubrate** /lúkyebreit/ *v* lucubrar, estudar à noite.
**lucubration** /lúkyebreichen/ *s* lucubração, estudo trabalhoso.
**ludicrous** /lúdikres/ *adj* burlesco, ridiculamente cômico, absurdo.
**luff** /lâf/ *s* navegação a barlavento, barlavento. | *v* pôr navio na direção do vento, navegar a barlavento.
**lug** /lâg/ *v* puxar ou empurrar com dificuldade; carregar com esforço, arrastar; forçar o motor (automóvel). | *s* coisa que se puxa, alça; caixa para transportar frutas e verduras.
**luggage** /lâgidj/ *s* bagagem, carga, malas e pastas de viajantes.
**lugubrious** /legúbries/ *adj* lúgubre, triste, soturno, fúnebre.
**lukewarm** /lúkwórm/ *adj* morno, tépido; sem entusiasmo, indiferente.
**lull** /lâl/ *v* colocar para dormir, ninar, embalar; acalmar(-se). | *s* calma; calmaria; período de pouca atividade ou inatividade.
**lullaby** /lâlebai/ *s* canção de ninar.
**lumbago** /lâmbeigou/ *s* lumbago, dor na região lombar.
**lumbar** /lâmbár/ *adj* lombar. | *s* nervo, artéria ou vértebra da região lombar.
**lumber** /lâmber/ *s* madeira de construção, madeiramento; traste, coisa inútil. | *v* cortar ou serrar madeira da floresta, preparar a madeira, aparelhar; mover-se com dificuldade.
**lumberjack** /lâmberdjæk/ *s* lenhador; casaco curto de lã ou couro.
**luminary** /lúmenéri/ *s* luminária; celebridade, pessoa célebre.
**luminescence** /lúmenésens/ *s* luminescência.
**luminescent** /lúmenésent/ *adj* luminescente.
**luminosity** /lúmenáseti/ *s* luminosidade.
**luminous** /lúmenes/ *adj* luminoso, brilhante, resplandecente.
**lump** /lâmp/ *s* massa informe; torrão de açúcar; conjunto, coleção; pessoa vista como inapta física e intelectualmente; inchaço. | *adj* em conjunto, em massa; total, não parcelado. | *v* amontoar, aglomerar; mover-se com dificuldade.
**lumpish** /lâmpich/ *adj* pesado; desajeitado, trapalhão.
**lumpy** /lâmpi/ *adj* encaroçado, granuloso.
**lunacy** /lúnesi/ *s* loucura, demência, insanidade; grande tolice ou estupidez.
**lunar** /lúner/ *adj* lunar.
**lunarscape** /lúnerskeip/ *s* paisagem lunar.
**lunar year** *s* ano lunar.
**lunate** /lúneit, lúnit/ *adj* em forma de meia-lua ou crescente.
**lunated** /lúneitid/ » **lunate**.
**lunatic** /lúnetik/ *adj* e *s* lunático, insano; tolo, estúpido.
**lunation** /lúneichen/ *s* lunação.
**lunch** /lântch/ *s* almoço. | *v* almoçar.
**luncheon** /lântchen/ *s* almoço formal; festa diurna em que se servem refeições leves.
**luncheonette** /lântchenét/ *s* lanchonete.
**lunchroom** /lântchrúm/ *s* lanchonete; refeitório.
**lunchtime** /lântchtaim/ *s* hora do almoço.
**lung** /lâng/ *s Anat* pulmão.
**lunge** /lândj/ *s* estocada, investida, bote. | *v* dar uma estocada, investir, dar um bote.
**lunkhead** /lângkhéd/ *s gír* pessoa imbecil, idiota.

**lupin** /lúpin/ » *s* **lupine**.
**lupine** /lúpin/ *s* tremoço. | /lúpain/ *adj* do lobo, lupino; voraz.
**lurch** /lêrtch/ *s* guinada. | *v* mover-se repentina e desajeitadamente; dar uma guinada.
**lure** /lur/ *s* chamariz, engodo, isca. | *v* atrair, seduzir.
**lurid** /lurid/ *adj* chocante, repugnante; sensacionalista; pálido.
**lurk** /lêrk/ *v* ficar de emboscada, espreitar, espiar.
**luscious** /lâches/ *adj* adocicado, suculento, saboroso; luxuriante, sedutor.
**lush** /lâch/ *adj* viçoso (vegetação); abundante; luxuriante, opulento. | *s gír* bebida alcoólica, drinque. | *v* beber em excesso.
**lust** /lâst/ *v* desejar ardentemente (principalmente desejo sexual), cobiçar. | *s* desejo ardente, luxúria; cobiça.
**luster** /lâster/ *s* brilho; glória, esplendor; candelabro, lustre; alpaca (tecido). | *v* brilhar, esplandecer; dar brilho, lustrar, polir.
**lustful** /lâstfel/ *adj* luxurioso.
**lustrate** /lâstreit/ *v* purificar por meio de uma cerimônia.
**lustrous** /lâstres/ *adj* lustroso, brilhante.
**lusty** /lâsti/ *adj* forte, saudável, vigoroso; luxurioso; alegre.
**lute** /lút/ *s* alaúde; massa para vedar. | *v* vedar.
**luxate** /lâkseit/ *v* luxar, desconjuntar, deslocar.
**luxation** /lâkseichen/ *s* luxação.
**luxe** /lâks, lúks/ *s* luxo.
**Luxembourg** /lâksembêrg/ *s* Luxemburgo.
**Luxemburg** /lâksembêrg/ » **Luxembourg**.
**Luxembourger** /lâksembêrger/ *s* e *adj* luxemburguês.
**luxuriant** /lâkchurient, lâgjurient/ *adj* luxuriante, viçoso, abundante; luxurioso.
**luxuriate** /lâkchurieit, lâgjurieit/ *v* ter prazeres sexuais; vicejar, florescer, proliferar.
**luxurious** /lâkchuries, lâgjuries/ *adj* luxurioso, voluptuoso; suntuoso, faustoso, exuberante.
**luxury** /lâkcheri, lâgjeri/ *s* luxo, suntuosidade; luxúria, volúpia, prazer.
**lyceum** /laisíem, laisíem/ *s* liceu.
**lying** /laiing/ *adj* falso, mentiroso, desonesto.
**lying-in** /laiing in/ *s* parto (*pl* **lyings-in** ou **lying-ins**).
**lynch** /lintch/ *v* linchar.
**lynx** /lingks/ *s* lince (*pl* **lynx** ou **lynxes**).
**lyre** /lair/ *s* lira.
**lyric** /lirik/ *adj* lírico. | *s* poema lírico. • **lyrics** letra de música.
**lyrical** /lirikel/ *adj* lírico.
**lyricism** /lirisizem/ *s* lirismo.
**lyrism** /lirizem/ » **lyricism**.
**lyrist** /lairist/ *s* tocador de lira; /lirist/ poeta lírico.

L

# Mm

**m** ou **M** /ém/ *s* 13ª letra do alfabeto inglês. | *abrev minús* de **meter**.| *símb num rom maiús* 1000.
**macabre** /mekábre/ *adj* macabro.
**macaroni** /mækerouni/ *s* macarrão (*pl* **macaroni**).
**macaronic** /mækeránik/ *adj* macarrônico.
**macaroon** /mækerún/ *s* biscoito de amêndoas ou de coco.
**macaw** /meká/ *s* arara.
**mace** /meis/ *s* maça, clava; macis.
**Macedonia** /mæsedounie/ *s* Macedônia.
**Macedonian** /mæsedounien/ *s* e *adj* macedônio.
**macerate** /mæsereit/ *v* macerar.
**maceration** /mæsereichen/ *s* maceração.
**machinate** /mækeneit/ *v* maquinar, tramar.
**machination** /mækeneichen/ *s* maquinação, trama, conspiração.
**machinator** /mækeneiter/ *s* maquinador.
**machine** /mechín/ *s* máquina; engenho; instrumento, aparelho. | *v* operar máquina. | *adj* maquinal.
**machine gun** *s* metralhadora.
**machine-gun** /mechíngân/ *v* metralhar.
**machinery** /mechíneri/ *s* maquinário, maquinaria.
**machinist** /mechínist/ *s* mecânico, técnico em máquinas.
**machismo** /mátchízmou/ *s* machismo.



**macho** /mátchou/ *adj* e *s* machão.
**Macintosh™** /mækintách/ *s* série de computadores pessoais da Apple Computer Corporation.
**mackerel** /mækrel/ *s* cavala (peixe) (*pl* **mackerel** ou **mackerels**).
**mackle** /mækel/ *s* borrão (impressão). | *v* borrar (impressora).
**Mac OS** *abrev* de **Macintosh Operating System**, sistema operacional do Macintosh.
**macro** /mækrou/ *s* macro, uma única instrução que resulta em uma série de instruções programadas (computação) (*pl* **macros**).
**macro virus** *s* vírus de macro.
**macrobiotics** /mækroubaiátiks/ *s us v sing* macrobiótica.
**macula** /mækyele/ *s* mácula (*pl* **maculae** /mækyelí/ ou **maculas**).
**maculate** /mækyeleit/ *v* macular, manchar; poluir. | *adj* maculado, manchado; impuro.
**maculation** /mækyeleichen/ *s* ato de sujar, manchar; mancha, pinta.
**mad** /mæd/ *adj* louco, doido, demente; raivoso, furioso; entusiasmado, exasperado; confuso. | *v* enlouquecer, endoidecer; irritar-se, enfurecer-se.
**Madagascan** /mædegæsken/ *s* e *adj* malgaxe, madagascarense.

**Madagascar** /mædegæsker/ *s* Madagascar.
**Madam** /mæden/ *s* madame (forma polida de se dirigir a uma mulher); dona de bordel (*pl* **Mesdames**).
**madcap** /mædkæp/ *adj* e *s* maluco, impulsivo.
**madden** /mæden/ *v* enfurecer(-se), exasperar(-se); ficar louco.
**maddening** /mædening/ *adj* irritante; enlouquecedor.
**made** /meid/ *v pass* e *part pass* de **make**. | *adj* feito, fabricado, manufaturado; produzido artificialmente. • **made for** feito para.
**made-to-order** /meidtuórder/ *adj* feito por encomenda.
**made-up** /meidâp/ *adj* inventado, fabricado; maquiado; concluído; organizado.
**madhouse** /mædhaus/ *s* manicômio, hospício.
**madly** /mædli/ *adv* loucamente.
**madman** /mædmen/ *s masc* homem louco, demente.
**madness** /mædnes/ *s* loucura, demência; fúria; entusiasmo.
**madwoman** /mædwumen/ *s fem* mulher louca, demente.
**magazine** /mægezín, mægezín/ *s* revista, periódico; armazém, depósito (munições); pente (arma de fogo); compartimento onde se coloca o filme nas máquinas fotográficas e filmadoras.
**maggot** /mæget/ *s* larva de mosca varejeira; *gír* pessoa vil, desprezível; extravagância, capricho.
**magic** /mædjik/ *adj* mágico, feiticeiro; prodigioso, encantador. | *s* magia, mágica; feitiçaria; encantamento. | *v* praticar magia ou feitiçaria.
**magical** /mædjikel/ *adj* mágico; sedutor, encantador.
**magician** /medjichen/ *s* mago, feiticeiro; mágico, ilusionista.
**magisterial** /mædjistiriel/ *adj* magisterial; referente à magistratura; dogmático, ditatorial.
**magistracy** /mædjistresi/ *s* magistratura.
**magistrate** /mædjistreit, mædjistrit/ *s* magistrado.
**magma** /mægme/ *s* magma (*pl* **magmas** ou **magmata** /mægmáte/).
**magnanimity** /mægnenimeti/ *s* magnanimidade, generosidade.
**magnanimous** /mægnænemes/ *adj* magnânimo, nobre; generoso.
**magnate** /mægneit, mægnit/ *s* magnata.
**magnesium** /mægníziem/ *s* magnésio (*símb* **Mg**).
**magnet** /mægnet/ *s* ímã, magneto.
**magnetic** /mægnétik/ *adj* magnético; atraente, sedutor.
**magnetic card** *s* cartão magnético.
**magnetic field** *s tb* campo magnético.
**magnetic force** *s* força magnética.
**magnetism** /mægnetizem/ *s* magnetismo; atração, sedução, fascinação.
**magnetization** /mægnetizeichen/ *s* magnetização, imantação; atração.
**magnetize** /mægnetaiz/ *v* magnetizar, imantar; encantar, seduzir.
**magnific** /mægnifik/ *adj* magnífico, suntuoso; pomposo.
**magnifical** /mægnifikel/ » **magnific**.
**magnification** /mægnifikeichen/ *s* magnificação, engrandecimento; ampliação, aumento.
**magnificence** /mægnifisens/ *s* magnificência, esplendor; grande beleza.
**magnificent** /mægnifisent/ *adj* magnificente, esplêndido; nobre.
**magnifier** /mægnifaier/ *s* ampliador; lente de aumento, lupa.
**magnify** /mægnifai/ *v* aumentar, ampliar; exagerar, engrandecer; glorificar, louvar.
**magnifying glass** *s* lupa.
**magniloquence** /mægnilekwens/ *s* grandiloquência.
**magniloquent** /mægnilekwent/ *adj* grandiloquente, grandíloquo.
**magnitude** /mægnitúd/ *s* magnitude, grandeza; extensão, dimensão; brilho.
**magus** /meiges/ *s* mago (*pl* **magi** /meidjai/).

M

**maharaja** /máherádje/ *s* marajá.
**maharajah** /máherádje/ » **maharaja.**
**mahogany** /mehágeni/ *s* mogno; cor de mogno.
**maid** /meid/ *s* moça, mulher solteira; virgem; criada, empregada.
**maiden** /meiden/ *adj* virginal; solteira; inexperiente; azarão (cavalo). | *s* moça, mulher solteira; virgem; azarão (cavalo).
**maidenhood** /meidenhud/ *s* virgindade; condição, estado ou tempo de estar solteira.
**maiden name** *s* nome de solteira.
**maid of honor** *loc subst* dama de honra; dama de companhia.
**mail** /meil/ *s* mala postal, correio; carta, correspondência; expedição; cota, armadura; carapaça, casco. | *v* enviar pelo correio; cobrir ou proteger com cota de malha, encouraçar.
**mailbag** /meilbæg/ *s* mala postal.
**mailbox** /meilbáks/ *s* caixa de correio.
**mailing** /meiling/ *s* envio de qualquer objeto pelo correio.
M
**mailing list** *s* lista de correspondência.
**mailman** /meilmæn/ *s* carteiro.
**mail merge** *s* mala direta.
**mail order** *s* venda por correspondência.
**maim** /meim/ *v* mutilar, aleijar.
**main** /mein/ *adj* principal, essencial, importante. | *s* a parte principal; tubo ou condutor principal de gás, água ou esgoto; continente; força física.
**main clause** *s* oração principal.
**mainland** /meinlend/ *s* terra firme, continente.
**mainly** /meinli/ *adv* principalmente, essencialmente.
**mainmast** /meinmest/ *s* mastro principal.
**main memory** *s* memória principal.
**mainsail** /meinsel/ *s* vela mestra ou grande.
**maintain** /meintein/ *v* manter, sustentar; conservar, preservar.
**maintainable** /meinteinebel/ *adj* defensável, suportável, sustentável.
**maintainer** /meinteiner/ *s* mantenedor, protetor.
**maintenance** /meintenens/ *s* manutenção, sustento; subsistência; proteção, apoio.
**maize** /meiz/ *s* milho; amarelo-claro, laranja-claro (cor).
**majestic** /medjéstik/ *adj* majestoso, pomposo, real.
**majestical** /medjéstikel/ » **majestic.**
**majesty** /mædjesti/ *s* majestade, realeza; autoridade suprema. • **Her/His/Your Majesty** sua, vossa majestade.
**major** /meidjer/ *adj* maior; principal, mais importante. | *s* major; maior de idade.
**majority** /medjóreti/ *s* maioria; maioridade; posto de major.
**major scale** *Mús* clave maior.
**make** /meik/ *v* fazer, fabricar; construir, produzir, manufaturar; formar, moldar; transformar; criar, inventar; adquirir, ganhar, obter; compelir, forçar; alcançar, chegar; causar, iniciar; conduzir, levar; instituir, estabelecer; preparar, arrumar. | *s* manufatura; marca, modelo; estilo, feitura. • **make believe** fingir. **make up** construir; maquiar.
**make-believe** /meikbilív/ *adj* falso, fantasioso. | *s* fingimento, simulação.
**maker** /meiker/ *s* autor, criador; fabricante; *maiús* Deus.
**makeshift** /meikchift/ *s* substituto. | *adj* provisório, temporário.
**makeup** /meikâp/ *s* temperamento, caráter, disposição; cosméticos, maquiagem; composição, construção; diagramação; caracterização de personagem (cinema, TV); prova substitutiva.
**making** /meiking/ *s* fabricação, manufatura, confecção; criação; produto manufaturado; realização.
**maladroit** /mæledroit/ *adj* e *s* desastrado, inepto.
**malady** /mæledi/ *s* doença, enfermidade, moléstia.

**malaise** /meleiz/ *s* mal-estar, indisposição.
**malaria** /melérie/ *s* malária.
**Malawi** /máláwi/ *s* Malauí.
**Malawian** /máláwien/ *s* e *adj* malauiano.
**Malay** /meilei, melei/ *adj* e *s* malaio.
**Malaysia** /meleije/ *s* Malásia.
**Malaysian** /meleijen/ *s* e *adj* malásio.
**malcontent** /mælkentént/ *adj* e *s* descontente.
**Maldives** /mældaivz, mældívz/ *s* Maldivas.
**Maldivan** /mældaiven, mældíven/ » **Maldivian**.
**Maldivian** /mældaivien, mældívien/ *s* e *adj* maldivo, maldivano.
**male** /meil/ *s* macho; homem, menino. | *adj* masculino, macho; viril.
**male chauvinist pig** *s gír* porco chauvinista, machão.
**male connector** *s* conector-macho.
**malediction** /mæledikchen/ *s* maldição, praga, imprecação.
**malefactor** /mælefækter/ *s* criminoso.
**malefic** /meléfik/ *adj* maléfico; diabólico.
**maleficent** /meléfesent/ *adj* maléfico, maligno.
**malevolence** /melévelens/ *s* malevolência.
**malevolent** /melévelent/ *adj* malevolente, malfazejo, maldoso.
**malformation** /mælfórmeichen/ *s* má-formação, deformidade, anomalia.
**malfunction** /mælfângkchen/ *v* funcionar com deficiência. | *s* mau funcionamento, funcionamento anormal ou deficiente.
**Mali** /máli/ *s* Mali.
**Malian** /málien/ *s* e *adj* malinês.
**malice** /mælis/ *s* maldade, intenção de prejudicar o outro; premeditação, intenção criminosa.
**malicious** /meliches/ *adj* maldoso, malévolo.
**malign** /melain/ *v* difamar, caluniar. | *adj* maligno, malévolo.
**malignance** /melignens/ » **malignancy**.
**malignancy** /melignensi/ *s* malignidade.
**malignant** /melignent/ *adj* maligno, pernicioso; virulento, canceroso.
**malignity** /meligneti/ *s* malignidade, maldade, perversidade, hostilidade.
**malinger** /melingger/ *v* fingir-se de doente para fugir do trabalho.
**mall** /mól/ *s* malho grande, marreta; centro comercial, *shopping center*.
**malleable** /mæliebel/ *adj* maleável; adaptável; controlável.
**mallet** /mælit/ *s* malho, maço, macete; taco ou bastão de polo; baqueta.
**mallow** /mælou/ *s* malva.
**malnutrition** /mælnútrichen/ *s* desnutrição, subnutrição.
**malodorous** /mælouderes/ *adj* malcheiroso, fedorento.
**malpractice** /mælpræktis/ *s* exercício inadequado da medicina; conduta inadequada e antiética de profissionais e funcionários públicos.
**malt** /mólt/ *s* malte; cerveja ou bebida fermentada de malte. | *v* extrair o malte; maltar, transformar a cevada em malte.
**Malta** /mólte/ *s* Malta.
**Maltese** /móltíz/ *s* e *adj* maltense.
**maltreat** /mæltrít/ *v* maltratar, abusar.
**maltreatment** /mæltrítment/ *s* maus-tratos, abuso.
**malversation** /mælverseichen/ *s* malversação.
**mama** /máme/*s inform* mamãe; *gír* mulher, esposa.
**mamma** /mæme/ *s* mama, glândula mamária; /máme/ mamãe.
**mammal** /mæmel/ *s* mamífero.
**mammary gland** *s* glândula mamária.
**mammoth** /mæmeth/ *s* mamute; gigante. | *adj* enorme, colossal.
**man** /mæn/ *s* homem, varão; ser humano; *inform* marido, amante, namorado. | *v* tripular; contratar homens para realizar um trabalho (*pl* **men** /mén/).
**manacle** /mænekel/ *s* algemas. | *v* algemar, maniatar.

M

**manage** /mæ̲nidj/ *v* dirigir, governar, administrar, gerenciar; manejar, manobrar.
**manageable** /mæ̲nidjebel/ *adj* manejável, controlável.
**management** /mæ̲nidjment/ *s* direção, administração, gerência; manejo; gerenciamento.
**manager** /mæ̲nidjer/ *s* diretor, administrador, gerente; empresário; gerenciador.
**managerial** /mænedjiriel/ *adj* administrativo, gerencial.
**mandala** /mâ̲ndele/ *s* mandala.
**mandate** /mæ̲ndeit/ *s* mandato, ordem; comitê, delegação. | /mændei̲t/ *v* expedir um mandato; tornar obrigatório.
**mandatory** /mæ̲ndetóri/ *adj* obrigatório. | *s* mandatário.
**mandible** /mæ̲ndibel/ *s* mandíbula, queixada.
**mandragora** /mændræ̲gere/ » **mandrake**.
**mandrake** /mæ̲ndreik/ *s* mandrágora.
**mandrel** /mæ̲ndrel/ *s* mandril.
**mandril** /mæ̲ndrel/ » **mandrel**.
**mane** /mein/ *s* crina; juba.
**man-eater** /mæ̲níter/ *s* animal que se alimenta de carne humana; canibal; *gír* mulher perigosa para os homens.
**maneuver** /menu̲ver/ *s* manobra tática, estratégia. | *v* manobrar; tramar, planejar; manipular.
**man Friday** *s* homem de confiança para todo e qualquer serviço.
**manful** /mæ̲nfel/ *adj* viril, másculo; corajoso, valente.
**manganese** /mæ̲ngguení̲z/ *s* manganês (*símb* **Mn**).
**mange** /meindj/ *s* sarna, escabiose.
**manger** /mei̲ndjer/ *s* manjedoura.
**mangle** /mæ̲nggel/ *v* desfigurar, mutilar; calandrar, acetinar na calandra. | *s* calandra.
**mango** /mæ̲nggou/ *s* manga; mangueira (*pl* **mangoes** ou **mangos**).
**mangonel** /mæ̲nggenél/ *s* catapulta.
**manhandle** /mæ̲nhændel/ *v* mover algo com emprego da força humana, manipular.
**manhole** /mæ̲nhoul/ *s* bueiro, boca de lobo.
**manhood** /mæ̲nhud/ *s* população masculina; virilidade, masculinidade; humanidade.
**man-hour** /mæ̲naur/ *s* hora-homem (relativo à produção industrial).
**mania** /mei̲nie/ *s* mania, obsessão.
**maniac** /mei̲niæk/ *adj* e *s* maníaco, louco.
**manicure** /mæ̲nikyur/ *s* tratamento das unhas ou mãos com cosméticos. | *v* fazer as unhas, cuidar das mãos.
**manicurist** /mæ̲nikyúrist/ *s* manicuro, manicura.
**manifest** /mæ̲nifést/ *s* manifesto, conhecimento de embarque; lista dos passageiros de um avião ou navio. | *adj* óbvio, evidente. | *v* evidenciar, revelar; vir à luz, aparecer.
**manifestation** /mæniféstei̲chen/ *s* manifestação; sinal, evidência.
**manifestly** /mæ̲niféstli/ *adv* claramente, evidentemente.
**manifesto** /mænifé̲stou/ *s* manifesto, proclamação, declaração pública de princípios, políticas etc. | *v* manifestar, declarar (*pl* **manifestoes** ou **manifestos**).
**manifold** /mæ̲nifould/ *adj* múltiplo, multiforme, vários, diversos. | *s* cópia; cano ou tubo com várias ligações. | *v* copiar, multiplicar, tornar múltiplo.
**manikin** /mæ̲nikin/ *s* homem baixo; manequim, boneco.
**manioc** /mæ̲niák/ *s* mandioca.
**manioca** /mænio̲uke/ » **manioc**.
**maniple** /mæ̲nipel/ *s* manípulo.
**manipulate** /meni̲pyeleit/ *v* manipular, manejar; manobrar.
**manipulation** /menipyelei̲chen/ *s* manipulação, manuseio, manejo.
**mankind** /mænkai̲nd/ *s* a humanidade, a raça humana; o sexo masculino.
**manlike** /mæ̲nlaik/ *adj* que tem as qualidades do homem.

**manly** /mænli/ *adj* que tem as qualidades tradicionalmente atribuídas ao homem; pertencente ao homem. | *adv* humanamente, de forma humana.

**mannequin** /mænikin/ *s* manequim.

**manner** /mæner/ *s* maneira, modo; aparência; educação, delicadeza; método, estilo; espécie, gênero.

**Mannerism** /mænerizem/ *s* maneirismo (arte); *minús* afetação.

**mannerly** /mænerli/ *adj* polido, cortês. | *adv* polidamente, com bons modos.

**mannikin** /mænikin/ » **manikin**.

**mannish** /mænich/ *adj* masculinizado; característico do homem.

**manometer** /menámeter/ *s* manômetro.

**manpower** /mænpauer/ *s* energia correspondente ao trabalho físico do homem; potencial humano.

**mansion** /mænchen/ *s* mansão.

**mantis** /mæntis/ *s* louva-a-deus (*pl* **mantises** ou **mantes** /mæntíz/).

**mantle** /mæntl/ *s* manto, capa; camisa (de lampião). | *v* cobrir, tapar.

**mantra** /mæntre/ *s* mantra.

**manual** /mænyuel/ *s* manual, compêndio; teclado. | *adj* manual (relativo à mão).

**manufacture** /mænyefæktcher/ *s* manufatura, indústria. | *v* manufaturar, fabricar; criar.

**manufacturer** /mænyefæktcherer/ *s* fabricante.

**manumit** /mænyemit/ *v* manumitir, alforriar, liberar.

**manure** /menur/ *s* esterco, adubo. | *v* estercar, adubar, estrumar, fertilizar.

**manuscript** /mænyeskript/ *s* manuscrito.

**many** /méni/ *adj* muitos, muitas, diversos. | *s us v pl* multidão, massa. | *pron us v pl* muitos.

**map** /mæp/ *s* mapa; *gír* rosto humano. | *v* traçar, delinear, mapear.

**maple** /meipel/ *s* plátano.

**mapmaker** /mæpmeiker/ *s* cartógrafo.

**maquette** /mækét/ *s* maquete, maqueta.

**maquillage** /mákiáj/ *s* maquiagem.

**mar** /már/ *v* danificar; estragar, arruinar, espoliar; desfigurar. | *s* deformidade, cicatriz.

**Mar.** *abrev* de **March**.

**marathon** /mérethán/ *s* maratona.

**maraud** /meràd/ *v* pilhar, roubar.

**marauder** /meráder/ *s* saqueador.

**marble** /márbel/ *s* mármore; bolinha de gude. | *adj* marmóreo, feito de mármore; duro, insensível. | *v* marmorizar.

**marcasite** /márkesait/ *s* marcassita.

**march** /mártch/ *s* marcha; fronteira; *maiús* março. | *v* marchar, caminhar, avançar; bordejar, fazer fronteira com; pôr em marcha.

**marcher** /mártcher/ *s* aquele que marcha por uma causa; habitante de fronteira.

**marchioness** /márchenis, márchenés/ *s fem* marquesa.

**mare** /mér/ *s* lado escuro da lua (*pl* **maria**); égua.

**margarin** /márdjerin/ » **margarine**.

**margarine** /márdjerin/ *s* margarina.

**margin** /márdjin/ *s* margem, beira; espaço, margem do papel; extremidade; fronteira; margem de lucros. | *v* marginar; beirar.

**marginal** /márdjinel/ *s* e *adj* marginal.

**marigold** /mérigould/ *s* calêndula.

**marihuana** /mæriwáne/ » **marijuana**.

**marijuana** /mæriwáne/ *s* maconha.

**marinade** /mérineid, mérineid/ *s* vinha-d'alhos, marinada.

**marine** /merín/ *adj* marinho, marítimo; náutico, naval. | *s* marinha; fuzileiro naval; *maiús* marinha, membro da marinha.

**mariner** /mériner/ *s* marinheiro, navegante.

**marionette** /mérienét/ *s* marionete.

**marital** /méritel/ *adj* marital, conjugal.

**marital status** *s* estado civil.

**maritime** /méritaim/ *adj* marítimo, naval.

**marjoram** /márdjerem/ *s* manjerona.

**mark** /márk/ *s* marca, sinal; signo; carimbo, sinete; nota escolar; indício, sintoma; vestígio; alvo, mira, objetivo. | *v* marcar, assinalar; observar; evidenciar, distinguir; tomar notas; marcar pontos.
**marker** /márker/ *s* marcador; placar, marcador de pontos; sinalização.
**market** /márkit/ *s* mercado, feira; preço de mercado; compra e venda de determinados produtos. | *v* levar ao mercado, comprar ou vender no mercado, negociar. • **on the market** disponível para compra.
**market basket** *s* cesta básica.
**marketeer** /márketir/ » **marketer**.
**marketer** /márkiter/ *s* feirante, negociante, comerciante.
**marketing** /márkiting/ *s* compra ou venda no mercado; mercadologia, *marketing*.
**marketplace** /márkitpleis/ *s* local para comércio; mundo do comércio; fórum de debates.
**market price** *s* preço de mercado.
**market research** *s* pesquisa de mercado.
**marking** /márking/ *s* marcação.
**marksman** /márksmen/ *s* atirador perito, aquele que tem boa pontaria.
**markup** /márkâp/ *s* alta de preço.
**markup language** *s* linguagem de marcação.
**marl** /márl/ *s* marga, marna. | *v* adubar com marga.
**marmalade** /mármeleid/ *s* geleia ou compota de laranja ou outras frutas cítricas.
**marmot** /mármet/ *s* marmota.
**maroon** /merún/ *v* exilar numa ilha deserta. | *s* castanho, marrom avermelhado.
**marquess** /márkwis/ » **marquis**.
**marquis** /márkwis, márki/ *s masc* marquês (*pl* **marquises** /márkwisiz/ ou **marquis** /márkiz/).
**marriage** /méridj/ *s* casamento, matrimônio; união íntima.
**marriageable** /méridjebel/ *adj* casadouro, núbil.
**married** /mérid/ *adj* casado; conjugal. | *s* pessoa casada (*pl* **marrieds** ou **married**).
**marrow** /mérou/ *s* tutano; medula; essência, a parte mais profunda.
**marry** /méri/ *v* casar-se, unir, desposar; combinar.
**Mars** /márz/ *s* Marte.
**marsh** /márch/ *s* pântano, brejo.
**marshal** /márchel/ *s* marechal; mestre de cerimônias; comando do corpo de bombeiros. | *v* dirigir, guiar; disciplinar, pôr em ordem.
**Marshall Islands** *s* Ilhas Marshall.
**Marshallese** /márchelíz/ *s* nativo das Ilhas Marshall. | *adj* pertencente ou relativo às Ilhas Marshall.
**marsh gas** *s* metano.
**marshmallow** /márchmélou/ *s* tipo de doce ou cobertura para bolos feito de clara de ovos, açúcar e xarope de milho; malvavisco; *gír* pessoa covarde.
**marshy** /márchi/ *adj* pantanoso.
**mart** /márt/ *s* mercado.
**marten** /márten/ *s* marta; pelo de marta (*pl* **marten** ou **martens**).
**martial** /márchel/ *adj* marcial, bélico, relativo à guerra.
**martial art** *s* arte marcial.
**Martian** /márchen/ *adj* e *s* marciano.
**martin** /márten/ *s* martim-pescador.
**martyr** /márter/ *s* mártir. | *v* martirizar; torturar.
**martyrdom** /márterdem/ *s* martírio, tormento.
**martyrize** /márteraiz/ *v* martirizar.
**marvel** /márvel/ *s* maravilha; prodígio; assombro, admiração. | *v* maravilhar-se, pasmar, admirar-se.
**marvellous** /márveles/ » **marvelous**.
**marvelous** /márveles/ *adj* maravilhoso; miraculoso, sobrenatural.
**marvelousness** /márvelesnes/ *s* maravilha, grandeza, singularidade.

M

**mascara** /mæskére/ *s* rímel. | *v* aplicar rímel.
**mascot** /mæskát/ *s* mascote.
**masculine** /mæskyelin/ *adj* masculino, másculo, viril. | *s* gênero masculino (gramática); macho.
**masculinity** /mæskyelineti/ *s* masculinidade.
**mash** /mæch/ *v* amassar, triturar; transformar em pasta; *gír* flertar. | *s* pasta, mistura, papa; ração para animais. • **mashed potatoes** purê de batatas.
**mask** /mæsk/ *s* máscara; disfarce, pretexto, subterfúgio. | *v* mascarar.
**masker** /mæsker/ *s* mascarado.
**masochism** /mæsekizem/ *s* masoquismo.
**mason** /meisen/ *s* pedreiro; *maiús* maçom.
**Masonic** /mesánik/ *adj* maçônico.
**masonry** /meisenri/ *s* ofício de pedreiro; *maiús* maçonaria.
**masquer** /mæsker/ » **masker**.
**masquerade** /mæskereid/ *s* baile de máscaras; fantasia; embuste. | *v* mascarar, disfarçar; fantasiar-se.
**mass** /mæs/ *s Fís* massa; montão, grande quantidade; a maior parte, a maioria; volume; *maiús* missa, eucaristia. | *adj* de massa; feito em larga escala; completo, total. | *v* reunir em uma massa. • **masses** classes sociais inferiores.
**massacre** /mæseker/ *v* massacrar, chacinar; *inform* derrotar. | *s* massacre, matança, carnificina.
**massage** /mesáj, mesádj/ *s* massagem. | *v* massagear; bajular, adular; manipular.
**masseur** /mæsêr/ *s masc* massagista.
**masseuse** /mæsêz/ *s fem* massagista.
**massive** /mæsiv/ *adj* maciço, sólido; forte; pesado; excessivo.
**mass medium** *s* meio de comunicação de massa (*pl* **mass media**).
**mass noun** *s* substantivo classificado como incontável em inglês.
**mass production** *s* produção em massa.
**massy** /mæsi/ *adj* maciço, compacto; sólido, volumoso.
**mast** /mæst/ *s* mastro; haste; torre de rádio ou televisão.
**master** /mæster/ *s* mestre; dono, senhor, amo; proprietário, patrão; artista de grande capacidade. | *v* dominar, vencer; ser superior em algo, ser mestre em. | *adj* magistral; principal; superior.
**masterful** /mæsterfel/ *adj* imperioso; de mestre, hábil.
**master key** *s* chave mestra.
**masterliness** /mæsterlines/ *s* maestria, perfeição.
**masterly** /mæsterli/ *adj* de mestre, magistral. | *adv* primorosamente, magistralmente.
**masterpiece** /mæsterpís/ *s* obra-prima.
**mastership** /mæsterchip/ *s* domínio, controle; mestrado.
**masterwork** /mæsterwêrk/ *s* obra-prima.
**mastery** /mæsteri/ *s* maestria, domínio; supremacia, superioridade.
**masticate** /mæstikeit/ *v* mastigar; moer, ralar.
**mastication** /mæstikeichen/ *s* mastigação, trituração.
**mastiff** /mæstif/ *s* mastim.
**mastodon** /mæstedán/ *s* mastodonte.
**mastodont** /mæstedánt/ *adj* mastodôntico.
**masturbate** /mæsterbeit/ *v* masturbar.
**masturbation** /mæsterbeichen/ *s* masturbação.
**mat** /mæt/ *s* esteira, tapete, capacho; emaranhado (cabelo); moldura de telas artísticas; tela de proteção usada em construções. | *adj* opaco, fosco. | *v* esteirar, cobrir ou decorar com capachos ou esteiras; entrançar, emaranhar; emoldurar.
**match** /mætch/ *s* igual, semelhante; competidor, adversário; luta, competição, partida (jogo); companheiro, par; correspondência; fósforo. | *v* casar-se, acasalar; igualar; fazer parelha, corresponder, adaptar; combinar, harmonizar.

**matchable** /mætchebel/ *adj* igualável; comparável; correspondente.
**matchbox** /mætchbáks/ *s* caixa de fósforos.
**matchless** /mætchles/ *adj* incomparável.
**match point** *s* o último ponto necessário para ganhar uma partida (tênis, voleibol).
**mate** /meit/ *s* companheiro, camarada, colega; cônjuge; sócio; macho ou fêmea (em procriação); xeque-mate (xadrez). | *v* acasalar, copular; formar pares; dar xeque-mate.
**material** /metiriel/ *adj* material, formado de matéria, relativo à matéria, físico; corpóreo (em oposição a espiritual); importante, crucial, relevante. | *s* matéria, substância; ingrediente, componente.
**materialism** /metirielizem/ *s* materialismo.
**materialist** /metirielist/ *s* materialista.
**materialization** /metirielizeichen/ *s* materialização.
**materialize** /metirielaiz/ *v* materializar, tornar material.
**maternal** /metêrnel/ *adj* maternal, materno.
**maternally** /metêrneli/ *adv* maternalmente.
**maternity** /metêrneti/ *s* maternidade, qualidade ou condição de mãe. | *adj* relativo à maternidade.
**maternity ward** *s* maternidade (hospital).
**math** /mæ*th*/ *s* matemática.
**mathematic** /mæ*th*emætik/ » **mathematical**.
**mathematical** /mæ*th*emætikel/ *adj* matemático; preciso, exato.
**mathematician** /mæ*th*emetichen/ *s* matemático.
**mathematics** /mæ*th*emætiks/ *s us v sing* matemática.
**matin** /mæten/ *adj* matinal, matutino.
**matinal** /mætenel/ » **matin**.
**matinee** /mætenei/ *s* matinê (*tb* **matinée**).
**matriarch** /meitriárk/ *s* matriarca.
**matricide** /mætrisaid/ *s* matricídio.
**matriculate** /metrikyeleit/ *v* matricular (-se). | *s* aluno matriculado.
**matriculation** /metrikyeleichen/ *s* matrícula.
**matrimonial** /mætremouniel/ *adj* matrimonial, conjugal.
**matrimony** /mætremouni/ *s* matrimônio.
**matrix** /meitriks/ *s* matriz; útero; molde; massa rochosa que envolve um mineral (*pl* **matrices** /meitriksíz/ ou **matrixes** / meitriksiz/).
**matron** /meitren/ *s* matrona; mãe de família; governanta; supervisora (instituição pública).
**matter** /mæter/ *s* matéria, substância; assunto; importância; consequência; questão; causa, motivo; problema, dificuldade; excremento, pus, secreção. | *v* importar, interessar, fazer caso. • **as a matter of fact** de fato, realmente. **no matter what** aconteça o que acontecer.
**matter-of-fact** /mæterevfækt/ *adj* real, verdadeiro, literal.
**matting** /mæti*ng*/ *s* esteira, tapete; tapeçaria; superfície ou acabamento fosco.
**mattock** /mætek/ *s* picareta, enxadão.
**mattress** /mætres/ *s* colchão.
**maturate** /mætchereit/ *v* amadurecer; supurar, fazer supurar.
**maturation** /mætchereichen/ *s* maturação, amadurecimento; supuração.
**mature** /metur/ *v* madurar, amadurecer; atingir o ponto de supuração; vencer o prazo. | *adj* maduro, sazonado; completo, acabado; adulto; vencido (prazo).
**maturity** /metureti/ *s* maturidade; acabamento; vencimento de um título.
**matutinal** /metútenel/ *adj* matutino.
**maudlin** /mádlin/ *adj* sentimental.
**maul** /mól/ *s* malho grande, marreta. | *v* espancar; quebrar com marreta.
**maunder** /mánder/ *v* engrolar, resmungar; devanear, divagar; dizer disparates.
**Mauritania** /móriteinie/ *s* Mauritânia.
**Mauritanian** /móriteinien/ *s* e *adj* mauritano.

**Mauritius** /mórichies/ *s* Maurício.
**Mauritian** /mórichien/ *s* e *adj* mauriciano.
**maverick** /mæverik/ *s* vitela não marcada com ferrete; dissidente. | *adj* independente.
**maw** /má/ *s* bucho (dos animais).
**mawkish** /mákich/ *adj* excessivamente sentimental, lamuriento; insípido.
**maxilla** /mæksile/ *s* maxila (*pl* **maxillae** /mæksili/ ou **maxillas**).
**maxillary** /mæksileri/ *adj* maxilar. | *s* maxilar.
**maxim** /mæksim/ *s* máxima, preceito, ditado.
**maximize** /mæksimaiz/ *v* maximizar.
**maximum** /mæksemem/ *adj* máximo. | *s* máximo (*pl* **maximums** ou **maxima** /mækseme/).
**may** /mei/ *v aux us* para expressar poder, permissão, possibilidade, desejo ou obrigação (*pass* **might**). | *s maiús* maio (mês); primavera da vida, mocidade.
**maybe** /meibi/ *adv* talvez. | *s inform* incerteza.
**May Day** *s* 1º de maio, Dia do Trabalho (nos EUA e Canadá o Dia do Trabalho é comemorado na primeira segunda-feira de setembro e é chamado de **Labor Day**).
**mayday** /meidei/ *s* sinal de pedido de socorro internacional usado por aviões e navios em perigo.
**mayflower** /meiflauer/ *s* flor-de-maio.
**mayonnaise** /meieneiz, meieneiz/ *s* maionese.
**mayor** /meier/ *s* prefeito.
**maze** /meiz/ *s* labirinto; confusão, incerteza.
**mazy** /meizi/ *adj* confuso, intrincado, labiríntico.
**me** /mí/ *pron pess* me, mim.
**meadow** /médou/ *s* prado, charneca.
**meager** /míger/ *adj* magro; insuficiente, pobre, escasso; estéril.
**meagre** /míger/ » **meager**.
**meal** /míl/ *s* refeição; farinha grossa de cereais.
**mealy** /míli/ *adj* farináceo, farinhento; pálido.
**mean** /mín/ *adj* baixo, vil, desprezível; interesseiro, egoísta; humilde, pobre; insignificante; de má aparência, surrado; debilitado, doente; intermediário. | *s* meio, mediano; meio-termo; expediente, método, modo; média. | *v* significar, denotar; ter em vista, importar. • **means** meios, bens, recursos; método, forma. **by all means** certamente.
**meander** /miænder/ *s* meandro, labirinto; volta, rodeio. | *v* vaguear; serpear, manobrar.
**meaning** /míning/ *adj* significativo, sugestivo. | *s* sentido, significado, acepção; propósito, intenção.
**meaningful** /míningfel/ *adj* significativo; expressivo.
**meaningless** /míningles/ *adj* sem sentido, sem significação.
**meanly** /mínli/ *adv* miseravelmente; humildemente.
**meantime** /míntaim/ *adv* entretanto, enquanto isso. | *s* ínterim.
**measles** /mízelz/ *s us v sing* ou *pl* sarampo.
**measly** /mízli/ *adj* atacado de sarampo; *gír* mísero.
**measurable** /méjerebel/ *adj* mensurável; importante, significativo.
**measure** /méjer/ *s* medida; tamanho, dimensão; extensão; capacidade, quantidade; instrumento para medição; unidade ou sistema de medida; medição; norma, padrão; limite; procedimento. | *v* medir, dimensionar; julgar, avaliar, calcular; graduar, regular; confrontar, comparar; dividir.
**measureless** /méjerles/ *adj* incomensurável, ilimitado.
**measurement** /méjerment/ *s* medição, medida, ato de medir; sistema de medida.

**measurer** /méjerer/ *s* medidor.
**meat** /mít/ *s* carne (alimento) especialmente de mamíferos; parte comestível de uma fruta.
**meatball** /mítból/ *s* almôndega; *gír* pessoa obtusa, estúpida.
**meaty** /míti/ *adj* carnudo, vigoroso; substancial, significativo.
**mechanic** /mikænik/ *s* mecânico (profissão).
**mechanical** /mikænikel/ *adj* mecânico, da mecânica; executado por máquinas.
**mechanics** /mikæniks/ *s us v sing* ou *pl* mecânica.
**mechanism** /mékenizem/ *s* mecanismo.
**mechanize** /mékenaiz/ *v* mecanizar; equipar com maquinário.
**medal** /médel/ *s* medalha. | *v inform* condecorar, distinguir com medalha; conquistar medalha.
**medalist** /médelist/ *s* ganhador de medalha.
**medallion** /medælyen/ *s* medalhão; registro de táxi; antiga moeda grega.
M **meddle** /médl/ *v* intrometer-se, interferir.
**meddler** /médler/ *s* intrometido, intruso.
**meddlesome** /médlsem/ *adj* intrometido, curioso, indiscreto.
**media** /mídie/ *s pl* de **medium**.
**mediaeval** /mídiível, médiível/ » **medieval**.
**medial** /mídiel/ *adj* médio, medial, intermediário.
**median** /mídien/ *s* número médio; mediana. | *adj* mediano, do meio.
**mediate** /mídieit/ *v* mediar, intervir, ser ou servir de mediador; reconciliar. | /mídiet/ *adj* intermediário, mediato, interposto.
**mediation** /mídieichen/ *s* mediação, negociação; reconciliação.
**mediator** /mídieiter/ *s* mediador, intercessor, arbitrador.
**medic** /médik/ *s* membro do corpo médico militar.
**medical** /médikel/ *adj* médico, medicinal.
**medicament** /medikement/ *s* medicamento, remédio, droga.
**medicate** /médikeit/ *v* medicar; aplicar curativo.
**medication** /médikeichen/ *s* medicação; tratamento com medicação.
**medicinal** /medisinel/ *adj* medicinal.
**medicine** /médisen/ *s* medicina; remédio, medicamento; curandeirismo.
**medieval** /mídiível, médiível/ *adj* medieval.
**mediocrity** /mídiákreti/ *s* mediocridade.
**meditate** /méditeit/ *v* meditar, refletir, contemplar; planejar, tencionar.
**meditation** /méditeichen/ *s* meditação, contemplação; planejamento.
**meditative** /méditeitiv/ *adj* meditativo, pensativo.
**medium** /mídiem/ *adj* médio, mediano, moderado. | *s* meio de comunicação de massa (*us pl* **media**); agente, instrumento; ambiente, meio ambiente, meio de cultura; pessoa que se comunica com espíritos (*pl* **media** /mídie/ ou **mediums**).
**medlar** /médler/ *s* nêspera; nespereira.
**medley** /médli/ *s* mistura, miscelânea.
**medulla** /midâle/ *s* medula (*pl* **medullas** ou **medullae** /midâlí/).
**meek** /mík/ *adj* afável, paciente, meigo, manso; resignado.
**meet** /mít/ *v* encontrar-se com, ir ao encontro de, reunir-se com; conhecer alguém, ser apresentado a, travar conhecimento; cruzar; lidar com; satisfazer; experienciar. | *s* encontro, reunião; competição. | *adj* próprio, apropriado, adequado.
**meeting** /míting/ *s* encontro, entrevista, reunião; comício; conferência; desafio, competição atlética.
**megabyte** /mégebait/ *s* *megabyte*, um milhão de *bytes* (*abrev* **MB**).
**megalomania** /mégloumeinie/ *s* megalomania.
**megalopolis** /mégelápelis/ *s* megalópole.
**megaphone** /mégefoun/ *s* megafone.

**megapolis** /migæpelis/ » **megalopolis**.
**melancholia** /mélenkoulie/ *s* melancolia.
**melancholic** /mélenkálik/ *adj* melancólico.
**melancholy** /mélenkáli/ *s* melancolia | *adj* melancólico.
**melanin** /mélenin/ *s* melanina.
**meliorate** /mílyereit/ *v* melhorar.
**mellifluous** /meliflues/ *adj* melífluo; suave, doce.
**mellow** /mélou/ *adj* maduro; suave (sabor); puro, rico (cores e sons); úmido, fértil (solo); alegre, jovial; *gír* levemente bêbado; suculento. | *v* amadurecer.
**melodious** /meloudies/ *adj* melodioso, harmonioso.
**melodize** /méledaiz/ *v* compor uma melodia.
**melodrama** /méloudráme/ *s* melodrama.
**melody** /méledi/ *s* melodia, ária.
**melon** /mélen/ *s* melão.
**melt** /mélt/ *v* derreter, liquefazer; dissolver, fundir; desvanecer-se, dissipar-se, sumir. | *s* fundição; ação de fundir; massa fundida.
**melter** /mélter/ *s* fundidor.
**melting point** *s* ponto de fusão.
**melting pot** *s* caldeirão; cadinho.
**member** /mémber/ *s* membro; braços, pernas; pênis; sócio, associado de um clube ou organização; membro de uma equação.
**membership** /mémberchip/ *s* associação, estado ou qualidade de ser membro; o total de membros de um grupo ou associação.
**membrane** /mémbrein/ *s* membrana.
**membranous** /mémbrenes/ *adj* membranoso.
**memo** /mémou/ *s inform* memorando.
**memoir** /mémwár/ *s* memória; biografia; ensaio, relatório para uma instituição acadêmica.
**memorable** /mémerebel/ *adj* memorável, notável, célebre.
**memorandum** /mémerænden/ *s* memorando (*pl* **memorandums** ou **memoranda** /mémerænde/).
**memorial** /memóriel/ *adj* comemorativo. | *s* monumento comemorativo; exposição de fatos, petição.
**memorize** /mémeraiz/ *v* memorizar.
**memory** /mémeri/ *s* memória; lembrança, recordação.
**memory cache** *s cache* de memória.
**memory card** *s* placa de memória.
**memory cartridge** *s* cartucho de memória.
**memory chip** *s chip* de memória.
**memory management** *s* gerenciamento da memória.
**memory-resident** /mémerirézident/ *adj* residente na memória.
**memory size** *s* tamanho da memória.
**men** /mén/ *s pl* de **man**.
**menace** /ménes/ *v* ameaçar, intimidar. | *s* ameaça.
**mend** /ménd/ *v* remendar, consertar; emendar, corrigir; restabelecer, melhorar; curar, regenerar. | *s* conserto, emenda; ato de emendar.
**mendable** /méndebel/ *adj* corrigível, reparável.
**mendacious** /méndeiches/ *adj* falso, mentiroso, traiçoeiro.
**mendacity** /méndæseti/ *s* mentira, embuste.
**mendicancy** /méndikensi/ *s* mendicância.
**mendicant** /méndikent/ *s* mendigo. | *adj* mendicante.
**mendicity** /méndiseti/ » **mendicancy**.
**mending** /ménding/ *s* roupas ou outros artigos que precisam ser remendados, consertados.
**menial** /míniel/ *adj* servil, subalterno. | *s* criado, lacaio.
**menopause** /ménepáz/ *s* menopausa.
**menses** /ménsíz/ *s us v sing* ou *pl* menstruação.
**menstrual** /ménstrel, ménstruel/ *adj* menstrual.

**menstruate** /ménstrueit/ *v* menstruar.
**menstruation** /ménstrueichen/ *s* menstruação, mênstruo.
**menstruous** /ménstrues/ » **menstrual**.
**mensurable** /méncherebel/ *adj* mensurável.
**mensuration** /ménchereichen/ *s* mensuração, medição.
**mental** /méntel/ *adj* mental; intelectual, racional; *gír* enlouquecido, perturbado.
**mental age** *s* idade mental.
**mental hospital** *s* hospital psiquiátrico, manicômio.
**mentality** /méntæleti/ *s* mentalidade, caráter, índole.
**mention** /ménchen/ *s* menção, alusão. | *v* mencionar, referir-se a.
**mentionable** /ménchenebel/ *adj* mencionável, digno de menção.
**mentor** /ménter/ *s* mentor, guia. | *v inform* orientar, instruir.
**menu** /ményú/ *s tb* menu; cardápio.
**menu bar** *s* barra de menus.
**menu item** *s* item do menu, opção do menu.
**meow** /míau/ *s* miado. | *v* miar.
**mercantile** /mêrkentíl, mêrkentail/ *adj* mercantil, comercial.
**mercantilism** /mêrkentílizem, mêrkentailizem/ *s* mercantilismo.
**mercenary** /mêrsenéri/ *adj* e *s* mercenário.
**merchandise** /mêrtchendaiz/ *v* promover, negociar, comerciar. | *s* mercadorias.
**merchandising** /mêrtchendaizing/ *s* venda promocional de mercadorias através do conjunto de produção, *marketing* e publicidade.
**merchandize** /mêrtchendaiz/ *v* » **merchandise**.
**merchandizing** /mêrtchendaizing/ » **merchandising**.
**merchant** /mêrtchent/ *s* negociante, comerciante, mercador. | *adj* mercantil, comercial.
**merchantman** /mêrtchentmen/ *s* navio mercante.
**merciful** /mêrsifel/ *adj* misericordioso, clemente, compassivo.
**mercifulness** /mêrsifelnes/ *s* misericórdia, clemência, compaixão.
**merciless** /mêrsiles/ *adj* impiedoso, cruel.
**mercury** /mêrkyeri/ *s maiús* Mercúrio; mercúrio (*símb* **Hg**).
**mercy** /mêrsi/ *s* misericórdia, clemência, piedade, mercê; bênção.
**mere** /mir/ *adj* mero, simples; puro, inalterado. | *s* charco, lagoa.
**merely** /mirli/ *adv* meramente, apenas, simplesmente.
**meretricious** /méretriches/ *adj* meretrício, de meretriz; vulgar; insincero.
**merge** /mêrdj/ *v* unir, fundir(-se), derreter (-se), juntar(-se); ser absorvido gradualmente; mesclar.
**meridian** /meridien/ *adj* meridional; do meio-dia; relativo ao ponto mais alto, apogeu. | *s* meridiano; ponto culminante, zênite.
**meridional** /meridienel/ *adj* e *s* meridional, austral, do sul.
**meringue** /meræng/ *s* merengue (doce).
**merit** /mérit/ *s* mérito, merecimento, qualidade meritória; valor; virtude. | *v* merecer, fazer jus a.
**meritorious** /méretóries/ *adj* meritório.
**merl** /mêrl/ *s* melro.
**merle** /mêrl/ » **merl**.
**merlin** /mêrlin/ *s* esmerilhão, pequeno falcão.
**mermaid** /mêrmeid/ *s* sereia.
**merman** /mêrmæn/ *s* tritão.
**merry** /méri/ *adj* alegre, engraçado; festivo, prazeroso.
**merry-go-round** /mérigouraund/ *s* carrossel.
**merrymaking** /mérimeiking/ *s* festejos, comemorações.
**mesh** /méch/ *s* malha (de rede, peneira etc.); estrutura entrelaçada; armadilha,

cilada. | *v* apanhar com rede, enredar, enlaçar; harmonizar, coordenar.

**mesmerism** /mézmerizem/ *s* mesmerismo, hipnotismo.

**mesmerize** /mézmeraiz/ *v* hipnotizar.

**mesmerizer** /mézmeraizer/ *s* hipnotizador.

**mess** /més/ *s* mistura; confusão, bagunça; sujeira, desordem; comida de má qualidade. | *v* sujar, enxovalhar; dar de comer, arranchar; confundir; bagunçar; intrometer-se.

**message** /mésidj/ *s* mensagem, comunicação; notícia; ensinamento. | *v* enviar mensagem. • **get the message** entender, compreender.

**message header** *s* cabeçalho da mensagem.

**messenger** /mésindjer/ *s* mensageiro; correio militar, moço de recados; precursor, profeta; carteiro.

**messy** /mési/ *adj* desordenado, desarranjado, sujo.

**metabolism** /metæbelizem/ *s* metabolismo.

**metadata** /métedeite/ *s* metadados.

**metafile** /métefail/ *s* metarquivo.

**metal** /métel/ *s* metal; liga metálica; cascalho. | *v* pavimentar com cascalho.

**metalanguage** /mételænggwidj/ *s* metalinguagem.

**metallic** /metælik/ *adj* metálico.

**metallurgy** /mételêrdji/ *s* metalurgia.

**metalwork** /mételwêrk/ *s* trabalho em metal.

**metamorphosis** /métemórfesis, métemórfousis/ *s* metamorfose (*pl* **metamorphoses** /métemórfesíz, métemórfousíz/).

**metaphor** /métefór/ *s* metáfora.

**metaphysic** /métefizik/ *s* metafísica.

**metaphysical** /métefizikel/ *adj* metafísico; imaterial, incorpóreo.

**metaplasm** /méteplæzem/ *s* metaplasmo.

**metastasis** /metæstesis/ *s* metástase (*pl* **metastases** /metæstesíz/).

**mete** /mít/ *v* distribuir, repartir. | *s* limite, fronteira.

**meteor** /mítier, mítiór/ *s* meteoro.

**meteorology** /mítierálediji/ *s* meteorologia.

**meter** /míter/ *s* metro; métrica (poesia); ritmo; medidor. | *v* medir; distribuir.

**method** /méthed/ *s* método, regra, ordem; modo, maneira, procedimento.

**methodic** /methádik/ » **methodical**.

**methodical** /methádikel/ *adj* metódico, sistemático, ordenado.

**Methodism** /méthedizem/ *s* metodismo; *minús* procedimento metódico.

**Methodist** /méthedist/ *s* metodista; *minús* pessoa metódica.

**methodize** /méthedaiz/ *v* metodizar, organizar de acordo com um método, sistematizar.

**methodology** /méthedáledji/ *s* metodologia.

**meticulous** /metikyeles/ *adj* meticuloso.

**metonymy** /metánemi/ *s* metonímia.

**metric** /métrik/ *adj* métrico. | *s* sistema métrico; métrica (poesia).

**metrics** /métriks/ *s us v sing* métrica (poesia).

**metric system** *s* sistema métrico.

**metro** /métrou/ *s* metrô, trem metropolitano; *inform* área metropolitana (*pl* **metros**). | *adj inform* metropolitano.

**metropolis** /metrápelis/ *s* metrópole.

**mettle** /métl/ *s* valor, coragem.

**mew** /myú/ *v* miar; engaiolar. | *s* miado; esconderijo; gaiola; gaivota.

**mewl** /myúl/ *v* choramingar, lamentar-se.

**Mexican** /méksiken/ *adj* e *s* mexicano.

**Mexico** /méksikou/ *s* México.

**mice** /mais/ *s pl* de **mouse**.

**microbe** /maikroub/ *s* micróbio.

**microbiology** /maikroubaiáledji/ *s* microbiologia.

**microbus** /maikroubâs/ *s* micro-ônibus (*pl* **microbuses** ou **microbusses**).

**microcephalous** /maikrouséfeles/ *adj* microcéfalo, microcefálico.

**microchip** /maikroutchip/ *s microchip.*
**microcomputer** /maikroukempyúter/ *s* microcomputador.
**microeconomics** /maikrouékenámiks/ *s us v sing* microeconomia.
**microfilm** /maikroufilm/ *s* microfilme. | *v* microfilmar.
**Micronesia** /maikrouníje/ *s* Micronésia.
**Micronesian** /maikrounijen/ *s* e *adj* micronésio.
**microorganism** /maikrouórgenizem/ *s* micro-organismo.
**microprocessor** /maikroupráséser/ *s* microprocessador.
**microscope** /maikreskoup/ *s* microscópio.
**microsurgery** /maikrousêrgeri, maikrousêrgeri/ *s* microcirurgia.
**microwave** /maikrouweiv/ *s* micro-onda.
**microwave oven** *s* forno de micro-ondas.
**mid** /mid/ *adj* meio, médio, central. | *prep* em meio a.
**midday** /middei/ *s* meio-dia.
**middle** /midl/ *adj* central, mediano; intermediário. | *s* meio, parte intermediária, centro. | *v* colocar no meio.
**middle age** *s* meia-idade.
**Middle Ages** *s* Idade Média.
**middle class** *s* classe média.
**Middle East** *s* Oriente Médio.
**middling** /midling/ *adj* médio, mediano; regular. | *adv* moderadamente, regularmente.
**Mideast** /midíst/ » **Middle East**.
**midge** /midj/ *s* mosquito-pólvora; pessoa pequena.
**MIDI** *abrev* de **Musical Instrument Digital Interface**, interface digital de instrumentos musicais.
**midland** /midlend/ *adj* central, interior. | *s* a parte central ou o interior de um país.
**midlife** /midlaif/ *s* meia idade (*pl* **midlives**). | *adj* relativo à meia-idade.
**midlife crisis** *s* crise de meia-idade.
**midnight** /midnait/ *s* meia-noite.
**midshipman** /midchipmen, midchipmen/ *s* aspirante da marinha.
**midsize** /midsaiz/ *adj* de tamanho médio.
**midst** /midst/ *s* centro, meio.
**midsummer** /midsâmer/ *s* solstício do verão.
**midway** /midwei, midwei/ *s* meio caminho; área de um circo, feira ou exposição onde estão localizadas as diversões ou *shows*. | *adj* situado a meio caminho. | *adv* a meio caminho.
**midwife** /midwaif/ *s* parteira (*pl* **midwives**). | *v* partejar, servir de parteira.
**mien** /mín/ *s* ar, fisionomia, aspecto; modo.
**miff** /mif/ *s* mau humor; zanga, raiva. | *v* ofender(-se), zangar(-se).
**might** /mait/ *v aux pass* de **may** (*us* para indicar uma condição ou possibilidade). | *s* poder; força física.
**mighty** /maiti/ *adj* forte, poderoso, eficaz.
**migraine** /maigrein/ *s* enxaqueca.
**migrate** /maigreit/ *v* emigrar; migrar.
**migration** /maigreichen/ *s* migração.
**migratory** /maigretóri/ *adj* migratório.
**milady** /mileidi/ *s fem* nobre inglesa.
**mild** /maild/ *adj* gentil, suave; doce, brando, meigo; agradável; indulgente, clemente; maleável; moderado (calor, frio).
**mile** /mail/ *s* milha (medida de comprimento equivalente a 1.609 m).
**mileage** /mailidj/ *s* milhagem.
**milestone** /mailstoun/ *s* marco à beira da estrada indicando a distância em milhas; marco importante na vida de uma pessoa ou de uma nação.
**militancy** /militensi/ *s* militância.
**militant** /militent/ *adj* e *s* militante.
**militarism** /militerizem/ *s* militarismo.
**militarize** /militeraiz/ *v* militarizar, equipar-se para a guerra.
**military** /militéri/ *s* forças armadas (*pl* **military** ou **militaries**). | *adj* militar, bélico, marcial.
**militia** /miliche/ *s* milícia.
**milk** /milk/ *s* leite; suco leitoso (coco, látex). | *v* ordenhar; *inform* explorar

alguém, aproveitar-se de; extrair, tirar à força; dar leite.
**milker** /milker/ *s* ordenhador.
**milkmaid** /milkmeid/ *s* ordenhadora.
**milkman** /milkmæn/ *s* leiteiro.
**milk shake** *s milk-shake*, leite batido com sorvete.
**milk tooth** *s* dente de leite.
**milky** /milki/ *adj* lácteo, leitoso, lactescente.
**Milky Way** *s* Via Láctea.
**mill** /mil/ *s* moinho, moenda; fábrica, usina; laminadora, fresa, polidora; milésimo de um dólar. | *v* moer, triturar; laminar; mover-se em redemoinho, rodopiar.
**millenarian** /milenérien/ *adj* milenário, milenar.
**millenary** /milenéri/ *s* milênio, milhar. | *adj* milenário, milenar.
**millennium** /miléniem/ *s* milênio (*pl* **milleniums** ou **millenia** /milénie/).
**millepede** /milepid/ » **millipede**.
**miller** /miler/ *s* moleiro, moendeiro.
**millesimal** /milésemel/ *s* milésimo. | *adj* referente a um milésimo.
**milligram** /miligræm/ *s* miligrama (*abrev* **mg**).
**milliliter** /mililíter/ *s* mililitro (*abrev* **ml**).
**millimeter** /milimíter/ *s* milímetro (*abrev* **mm**).
**milliner** /miliner/ *s* chapeleiro.
**milling** /miling/ *s* moagem, moedura; trituração, fresagem; laminação, polimento.
**million** /milyen/ *num* milhão (*pl* **million** ou **millions**).
**millionaire** /milyenér, milyenér/ *s* milionário.
**millionth** /milyenth/ *num* milionésimo.
**millipede** /milepid/ *s* centopeia.
**millstone** /milstoun/ *s* mó de moinho; um grande peso, fardo.
**milord** /milórd/ *s masc* milorde, nobre inglês.
**mime** /maim/ *v* mimicar, gesticular; atuar com mímica. | *s* mímica; pantomima.
**mimeograph** /mimiegræf/ *s* mimeógrafo. | *v* mimeografar.
**mimesis** /mimísis/ *s* mimese.
**mimic** /mimik/ *v* arremedar, macaquear; simular. | *adj* burlesco, imitativo. | *s* mímico, imitador; cópia, imitação.
**mimicry** /mimikri/ *s* mímica, pantomima, arremedo; mimetismo.
**mince** /mins/ *s* carne picada. | *v* picar (carne), cortar em pedacinhos; fragmentar; reduzir a grânulos, triturar; andar de modo afetado, pavonear-se.
**mincemeat** /minsmít/ *s* uma mistura de maçã, uva passa, carne, especiarias e rum, que serve de recheio para tortas; picadinho (carne).
**mind** /maind/ *s* mente, intelecto, cérebro; memória, lembrança; propensão, inclinação; pensamento, consciência; razão, juízo. | *v* lembrar, notar, observar; prestar atenção, estar alerta; tomar cuidado; fazer caso, preocupar-se; comportar-se bem. • **never mind** não tem importância. **do you mind?** você se importa?
**minded** /maindid/ *adj* propenso, inclinado.
**mindful** /maindfel/ *adj* atento, cuidadoso.
**mindless** /maindles/ *adj* descuidado, desatento; estúpido, tolo.
**mine** /main/ *pron 1ª pess sing* meu, minha, meus, minhas. | *v* minar; explorar, extrair (minérios); cavar, abrir buracos. | *s* jazida, mina; bomba, explosivo.
**miner** /mainer/ *s* mineiro, minerador; sapador.
**mineral** /minerel/ *adj* e *s* mineral.
**mineralization** /minerelizeichen/ *s* mineralização.
**mineralogy** /mineráledji/ *s* mineralogia.
**mingle** /minggel/ *v* misturar, juntar.
**miniature** /minietcher/ *s* e *adj* miniatura.
**minimal** /minimel/ *adj* mínimo, menor.
**minimize** /minimaiz/ *v* minimizar.
**minimum** /minimem/ *adj* mínimo. | *s* mínimo (*pl* **minimums** ou **minima** /minime/).

**minimum wage** *s* salário mínimo.
**mining** /maining/ *s* mineração.
**miniseries** /minisiríz/ *s* minissérie (TV) (*pl* **miniseries**).
**miniskirt** /miniskêrt/ *s* minissaia.
**minister** /minister/ *s* ministro; sacerdote. | *v* ministrar, dar; atender, oficiar.
**ministerial** /ministiriel/ *adj* ministerial.
**ministration** /ministreichen/ *s* assistência, ajuda; sacerdócio.
**ministry** /ministri/ *s* ministério; clero, sacerdócio.
**mink** /mingk/ *s* marta; pele de marta (*pl* **mink** ou **minks**).
**minor** /mainer/ *adj* menor; minoritário, secundário; inferior. | *s* menor de idade; tom menor (música).
**minority** /mainóreti, minóreti/ *s* minoria; menoridade.
**minstrel** /minstrel/ *s* menestrel, bardo.
**mint** /mint/ *s* hortelã; casa da moeda; grande quantidade de dinheiro. | *v* cunhar, amoedar; inventar (palavra, frase). | *adj* novo, renovado, fresco.
M
**minus** /maines/ *prep* menos; *inform* sem. | *s* sinal de subtração; deficiência, defeito. | *adj* negativo (em escala).
**minuscule** /miniskyúl, minâskyúl/ *adj* minúsculo. | *s* minúscula (letra).
**minute** /minit/ *s* minuto; intervalo, momento; nota, apontamento, memorando. | *v* minutar, sumariar, lavrar ata. | /mainút/ *adj* miúdo, diminuto, minúsculo; insignificante. • **just a minute** só um momento, espere um momento.
**minute hand** *s* ponteiro dos minutos (relógio).
**miracle** /mirekel/ *s* milagre; maravilha; peça medieval.
**miraculous** /mirækyeles/ *adj* miraculoso, milagroso; maravilhoso, fenomenal.
**mirage** /miráj/ *s* miragem; ilusão.
**mire** /mair/ *s* atoleiro, lama, lodo. | *v* atolar; enlamear.
**mirror** /mirer/ *s* espelho; exemplo, modelo. | *v* espelhar, refletir.
**mirror image** *s* imagem espelhada.
**mirth** /mêrth/ *s* alegria, regozijo, hilaridade.
**mirthful** /mêrthfel/ *adj* alegre, jovial.
**mirthless** /mêrthles/ *adj* triste.
**miry** /maieri/ *adj* lodoso, lamacento, pantanoso.
**misadventure** /misedvéntcher/ *s* infortúnio, desgraça.
**misaligned** /miselaind/ *adj* desalinhado.
**misalignment** /miselaiment/ *s* desalinhamento.
**misalliance** /miselaiens/ *s* casamento inadequado, união imprópria.
**misanthrope** /misenthroup/ *s* misantropo.
**misanthropist** /misænthrepist/ » **misanthrope**.
**misapplication** /misæplikeichen/ *s* mau emprego, uso incorreto.
**misapprehend** /misæprihénd/ *v* compreender mal, enganar-se, não perceber.
**misapprehension** /misæprihénchen/ *s* má compreensão, engano, erro, equívoco.
**misappropriation** /miseproupriеichen/ *s* apropriação indébita.
**misbecome** /misbikâm/ *v* ser inadequado, ser impróprio.
**misbegotten** /misbigáten/ *adj* bastardo; ilegítimo, indébito.
**misbehave** /misbiheiv/ *v* comportar-se mal.
**misbehavior** /misbiheivyer/ *s* mau comportamento.
**misbelief** /misbilíf/ *s* falsa crença; heresia.
**miscalculate** /miskælkyeleit/ *v* calcular mal.
**miscalculation** /miskælkyeleichen/ *s* cálculo errado, conta errada.
**miscall** /miskól/ *v* chamar por nome errado.
**miscarriage** /miskéridj/ *s* aborto; fracasso, falha; má administração.
**miscarry** /miskéri/ *v* extraviar; abortar; fracassar (não atingir os objetivos propostos).
**miscellaneous** /miseleinies/ *adj* misturado, misto, variado.

**miscellany** /miseleini/ *s* miscelânea.
**mischance** /mistchæns/ *s* infortúnio, desgraça.
**mischief** /mistchif/ *s* maldade, travessura, diabrura; dano, destruição; pessoa que causa problemas, confusões.
**mischievous** /mistcheves/ *adj* maldoso; peralta, desordeiro; prejudicial.
**misconception** /miskensépchen/ *s* opinião falsa, ideia errônea, compreensão incorreta.
**misconduct** /miskendâkt/ *v* administrar mal; comportar-se mal. | /miskándâkt/ *s* má conduta; má administração; adultério.
**misconstruction** /miskenstrâkchen/ *s* interpretação ou compreensão errônea; erro de construção de frase.
**misconstrue** /miskenstrú/ *v* interpretar mal, não compreender.
**miscount** /miskaunt/ *v* contar erradamente, calcular mal. | /miskaunt/ *s* contagem errada.
**misdeed** /misdíd/ *s* má ação; delito, crime.
**misdemeanor** /misdimíner/ *s* má conduta; delito, crime.
**misdirect** /misderékt, misdairékt/ *v* direcionar, apontar mal; orientar ou instruir erroneamente; enviar para endereço errado (correspondência).
**misdo** /misdú/ *v* fazer algo desajeitadamente, fazer de forma imprópria, errada.
**misdoing** /misdúing/ *s* má ação, erro.
**miser** /maizer/ *s* avarento, sovina.
**miserable** /mizerebel/ *adj* miserável, infeliz, desditoso; pobre, inferior. | *s* miserável, infeliz, desgraçado.
**miserableness** /mizerebelnes/ *s* desgraça, infelicidade, desventura.
**miserly** /maizerli/ *adj* avaro, avarento, sovina.
**misery** /mizeri/ *s* miséria, desdita, penúria; sofrimento; infelicidade.
**misfeasance** /misfízens/ *s* infração, transgressão.
**misfit** /misfit/ *s* objeto ou roupa mal-ajustada; pessoa desajustada.
**misfortune** /misfórtchen/ *s* infortúnio, desventura, desgraça, revés.
**misgive** /misgiv/ *v* suscitar receios ou preocupações, levantar suspeitas; recear, ter apreensões.
**misgiving** /misgiving/ *s* apreensão, receio, desconfiança.
**misgovern** /misgâvern/ *v* desgovernar, governar mal.
**misgovernment** /misgâvernment/ *s* mau governo.
**misguidance** /misgaidens/ *s* direção ou orientação falsa.
**misguide** /misgaid/ *v* guiar ou dirigir mal; influir ou orientar alguém negativamente, desencaminhar.
**misguided** /misgaidid/ *adj* desencaminhado, mal-orientado.
**mishandle** /mishændl/ *v* administrar mal; maltratar alguém.
**mishap** /mishæp/ *s* má sorte, azar, desgraça, infortúnio; acidente.
**misinform** /misinfórm/ *v* dar informação errônea.
**misinformation** /misinfermeichen/ *s* informação errônea.
**misinterpret** /misintêrprit/ *v* interpretar mal; explicar mal.
**misjudge** /misdjâdj/ *v* julgar mal.
**misjudgment** /misdjâdjment/ *s* juízo falso, opinião errônea.
**misknow** /misnou/ *v* compreender mal.
**mislay** /mislei/ *v* colocar em lugar diferente, errado, largar à toa.
**mislead** /mislíd/ *v* desencaminhar, desorientar, induzir em erro.
**mismanage** /mismænidj/ *v* administrar mal e erroneamente.
**misplace** /mispleis/ *v* pôr em lugar indevido; acreditar ou confiar em uma pessoa indigna.
**misplacement** /mispleisment/ *s* má colocação (fora do lugar).
**misprint** /misprint/ *v* imprimir mal, errar na impressão. | /misprint/ *s* erro tipográfico.

**mispronounce** /misprenauns/ *v* pronunciar erroneamente.
**mispronunciation** /misprenânsieichen/ *s* pronúncia má ou incorreta.
**misquote** /miskwout/ *v* fazer citação ou referência errada.
**misread** /misríd/ *v* ler ou interpretar mal.
**misrepresent** /misréprizént/ *v* representar de forma incorreta ou desonesta os interesses ou ideias de alguém.
**misrepresentation** /misréprizénteichen/ *s* representação falsa ou incorreta, deturpação.
**misrule** /misrúl/ *v* aplicar mal as regras; governar mal. | *s* desgoverno; mau governo.
**miss** /mis/ *v* falhar, errar; ser malsucedido, não conseguir; não alcançar, não obter; não compreender, não entender; não notar, não perceber; não encontrar; sentir a falta de; malograr; omitir; perder. | *s* senhorita, moça solteira (*abrev* **Ms.** ou **Ms**); falha (de motor); insucesso.
**misshape** /mischeip/ *v* desfigurar, deformar.
**missile** /misel/ *s* projétil, bala (de arma de fogo); míssil teleguiado; míssil balístico.
**missing** /mis*ing*/ *adj* desaparecido, perdido; ausente.
**mission** /michen/ *s* missão; vocação, dever, destino; objetivo, aspiração; tarefa, dever.
**missionary** /micheneri/ *s* missionário, evangelista. | *adj* missionário; persuasivo, insistente.
**missive** /misiv/ *s* mensagem escrita, carta, missiva.
**misspend** /misspénd/ *v* esbanjar.
**misstate** /missteit/ *v* fazer declaração ou afirmação errônea.
**misstatement** /missteitment/ *s* declaração falsa.
**mist** /mist/ *s* neblina, névoa, nevoeiro, cerração, bruma. | *v* obscurecer, ofuscar, enevoar; chuviscar.
**mistake** /misteik/ *v* errar, cometer um erro; compreender mal, equivocar-se, enganar-se. | *s* engano, erro, equívoco.
**mistaken** /misteiken/ *v part pass* de **mistake**. | *adj* errado, errôneo, enganado.
**Mister** /mist*er*/ *s* senhor (*abrev* **Mr.**).
**mistranslation** /mistrænsleichen/ *s* tradução incorreta.
**mistreat** /mistrít/ *v* maltratar, tratar grosseiramente, abusar.
**mistress** /mistris/ *s* administradora, proprietária, patroa; mestra, professora; amante, concubina; ama, senhora.
**mistrust** /mistrâst, mistrâst/ *v* desconfiar, suspeitar. | *s* desconfiança, suspeita.
**mistrustful** /mistrâstfel/ *adj* desconfiado, duvidoso, receoso.
**misty** /misti/ *adj* enevoado, obscuro, nebuloso; vago.
**misunderstand** /misând*er*stænd/ *v* compreender mal, equivocar-se.
**misunderstanding** /misând*er*stænd*ing*/ *s* mal-entendido, equívoco.
**misuse** /misyús/ *s* uso ou aplicação imprópria ou ilegal. | /misyúz/ *v* usar incorretamente; abusar de, maltratar.
**mite** /mait/ *s* objeto ou criatura pequena; bagatela, ninharia; espécie de ácaro que infesta alimentos armazenados.
**miter** /mait*er*/ *s* mitra.
**mitigate** /mitigeit/ *v* mitigar, aliviar, abrandar.
**mitigation** /mitigeichen/ *s* mitigação, abrandamento.
**mitral** /maitrel/ *adj* mitral; mitriforme.
**mitral valve** *s* válvula mitral.
**mix** /miks/ *s* mistura, composição; confusão, embrulhada. | *v* misturar, mesclar, combinar; unir, amalgamar; associar, fundir; acasalar. • **mix up** confundir.
**mixed** /mikst/ *adj* misturado, misto, variado.
**mixed-up** /mikstâp/ *adj inform* confuso.
**mixer** /miks*er*/ *s* batedeira; misturador; betoneira; pessoa sociável.
**mixture** /mikstch*er*/ *s* mistura; mescla (também tecido).

**mix-up** /miksâp/ *s inform* confusão, briga.
**mizzle** /mizel/ *v* chuviscar, garoar. | *s* chuvisco, garoa.
**Mme.** *abrev* de **Madame**.
**mnemonic** /nimánik/ *adj* mnemônico.
**moan** /moun/ *v* gemer; lamentar-se; reclamar. | *s* lamento; gemido.
**moat** /mout/ *s* fosso.
**mob** /máb/ *v* amotinar. | *s* populacho, turba; *inform* crime organizado.
**mobile** /moubel/ *adj* móvel; volúvel; fluido, instável, inconstante. | /moubíl/ *s* móbile.
**mobile phone** » **mobile telephone**.
**mobile telephone** *s* telefone móvel.
**mobility** /moubileti/ *s* mobilidade.
**mobilization** /moubelizeichen/ *s* mobilização.
**mobilize** /moubelaiz/ *v* mobilizar.
**moccasin** /mákesen/ *s* mocassim.
**mock** /mák/ *v* zombar, ridicularizar, escarnecer; arremedar. | *adj* burlesco, fingido; simulado, falso. | *adv* de modo insincero, fingido. | *s* zombaria; objeto de escárnio; arremedo.
**mocker** /máker/ *s* zombeteiro, zombador.
**mockery** /mákeri/ *s* escárnio, zombaria; objeto de escárnio.
**modal** /moudel/ *adj* modal.
**modality** /moudæleti/ *s* modalidade.
**mode** /moud/ *s* modo, maneira, meio; processo, método; costume, hábito, prática, rotina; moda.
**model** /mádel/ *s* modelo, exemplo; amostra; norma, padrão; figurino; manequim, modelo. | *v* modelar, fazer molde; servir de modelo. | *adj* modelado.
**modem** /moudem/ *abrev* de **modulador/ demodulador**, *modem*.
**moderate** /mádereit/ *v* moderar, acalmar; restringir, conter-se; agir como moderador. | /mádaret/ *adj* moderado, comedido; calmo; medíocre.
**moderation** /mádereichen/ *s* moderação, temperança; calma.
**modern** /mádern/ *adj* e *s* moderno, atual; experimental.
**modernism** /mádernizem/ *s* modernismo.
**modernity** /mádêrneti/ *s* modernidade.
**modest** /mádist/ *adj* modesto; recatado; acanhado; despretensioso.
**modesty** /mádisti/ *s* modéstia; recato.
**modification** /mádifikeichen/ *s* modificação, transformação.
**modify** /mádifai/ *v* modificar, mudar, variar.
**modulate** /mádjeleit/ *v* modular; regular, ajustar.
**modulation** /mádjeleichen/ *s* modulação.
**module** /mádjúl/ *s* módulo.
**moiety** /moieti/ *s* metade; parte, porção.
**moil** /moil/ *v* mourejar, labutar. | *s* trabalho árduo, labuta, faina; confusão.
**moist** /moist/ *adj* úmido; choroso.
**moisten** /moisen/ *v* umedecer.
**mol** /moul/ *s* mol.
**mold** /mould/ *s* molde, fôrma, matriz; modelo, padrão; mofo, bolor; humo, terra vegetal. | *v* moldar, modelar; mofar, criar bolor.
**Moldova** /máldouve/ *s* Moldávia.
**Moldovan** /máldouven/ *s* e *adj* moldávio.
**mole** /moul/ *s* molhe, dique; toupeira; mol; verruga.
**molecular** /melékyeler/ *adj* molecular.
**molecule** /málikyúl/ *s* molécula.
**molest** /melést/ *v* molestar.
**molestation** /moulésteichen/ *s* molestamento; incômodo, estorvo.
**mollification** /málefikeichen/ *s* mitigação, alívio; pacificação.
**mollifier** /málefaier/ *s* calmante.
**mollify** /málefai/ *v* pacificar, acalmar; abrandar, suavizar.
**mollusc** /málesk/ » **mollusk**.
**mollusk** /málesk/ *s* molusco.
**molten** /moulten/ *v part pass* de **melt**. | *adj* fundido, derretido.
**mom** /mám/ *s inform* mamãe.
**moment** /moument/ *s* momento, instante; época, período, fase.

**momentarily** /moumentéreli/ *adv* momentaneamente.
**momentary** /moumentéri/ *adj* momentâneo, transitório, efêmero.
**momentous** /mouméntes/ *adj* de importância extrema, solene.
**momma** /máme/ » **mama**.
**Mon.** *abrev* de **Monday**.
**Monaco** /mánekou/ *s* Mônaco.
**Monacan** /máneken/ *s* nativo de Mônaco. | *adj* pertencente ou relativo a Mônaco.
**monarch** /mánerk, mánárk/ *s* monarca, rei, soberano.
**monarchism** /mánerkizem, mánárkizem/ *s* monarquismo.
**monarchy** /mánerki, mánárki/ *s* monarquia.
**monastery** /mánestéri/ *s* mosteiro.
**monasticism** /menæstisizem/ *s* monasticismo, vida monástica.
**Monday** /mândei, mândi/ *s* segunda-feira (*abrev* **Mon.**).
**Monégasque** /máneigæsk/ *s* nativo de Mônaco. | *adj* pertencente ou relativo a Mônaco.
**monetary** /mánetéri/ *adj* monetário.
**money** /mâni/ *s* dinheiro; riqueza, fortuna, capital; moeda corrente. • **make money** ganhar dinheiro.
**moneybag** /mânibæg/ *s* bolsa de dinheiro.
**moneychanger** /mânitcheindjer/ *s* cambista.
**moneyed** /mânid/ *adj* endinheirado, rico.
**monger** /mángger/ *s* negociante.
**Mongolia** /mánggoulie/ *s* Mongólia.
**Mongolian** /mánggoulien/ *adj* mongol; *tb minús ofens* mongoloide. | *s* mongol.
**mongolism** /mánggelizem/ *s ofens* mongolismo, síndrome de Down.
**mongoose** /mánggús/ *s* mangusto.
**mongrel** /mánggrel/ *s* planta híbrida; animal híbrido, vira-lata. | *adj* mestiço, cruzado.
**monied** /mânid/ » **moneyed**.
**monition** /mounichen, menichen/ *s* advertência, admoestação, reprimenda, admonição; conselho.
**monitor** /mániter/ *s* monitor; sistema de controle (rádio, TV). | *v* controlar, monitorar.
**monk** /mângk/ *s* monge, frade.
**monkery** /mângkeri/ *s* vida monástica; monastério.
**monkey** /mângki/ *s* macaco, símio; adulto ou criança brincalhona, travessa. | *v inform* macaquear, imitar, arremedar.
**monochromatic** /mánekroumætik/ *adj* monocromático.
**monoculture** /mánekâltcher/ *s* monocultura.
**monogamy** /menágemi/ *s* monogamia.
**monogram** /mánegræm/ *s* monograma.
**monolog** /mánelág/ *s* monólogo.
**monologue** /mánelág/ » **monolog**.
**monopolize** /menápelaiz/ *v* monopolizar.
**monopoly** /menápeli/ *s* monopólio, cartel.
**monosyllabic** /mánesilæbik/ *adj* monossilábico.
**monosyllable** /mánesilebel/ *s* monossílabo.
**monotone** /mánetoun/ *s* canto ou música em um só tom.
**monotonous** /menátenes/ *adj* monótono, enfadonho, tedioso.
**monsoon** /mánsún/ *s* monção, estação chuvosa.
**monster** /mánster/ *s* monstro.
**monstrosity** /mánstráseti/ *s* monstruosidade, absurdo.
**monstrous** /mánstres/ *adj* monstruoso, disforme; enorme.
**month** /mânth/ *s* mês.
**monthly** /mânthli/ *adj* mensal. | *s* publicação mensal. | *adv* mensalmente. • **monthlies** menstruação.
**monument** /mányement/ *s* monumento; marco, sinal de divisa; lápide sepulcral.
**monumental** /mányeméntel/ *adj* monumental, grandioso, descomunal.

M

**moo** /mú/ *v* mugir. | *s* mugido.
**mooch** /mútch/ *v* mendigar; roubar; viver às custas dos outros.
**mood** /múd/ *s* ânimo, humor; modo, tom; temperamento, capricho.
**moody** /múdi/ *adj* temperamental; triste, taciturno.
**moon** /mún/ *s* lua. | *v* vaguear ou olhar distraidamente, andar no mundo da lua.
**moonlight** /múnlait/ *s* luar, clarão da lua. | *v* trabalhar à noite em um emprego extra.
**moonshine** /múnchain/ *s* luar; *inform* disparate, desatino; aguardentes destiladas ou comercializadas ilegalmente.
**moony** /múni/ *adj* enluarado, lunar; lunático, distraído, sonhador.
**moor** /mur/ *v* amarrar (embarcação), ancorar, atracar. | *s* charco, charneca, pântano.
**mooring** /muring/ *s* ancoragem, amarração.
**Moorish** /murich/ *adj* relativo aos mouros e à sua cultura.
**moose** /mús/ *s* alce (*pl* **moose**).
**moot** /mút/ *v* debater, discutir. | *s* debate. | *adj* discutível.
**mop** /máp/ *v* limpar com esfregão. | *s* esfregão; grenha, cabelos emaranhados.
**mope** /moup/ *v* estar desanimado ou melancólico. | *s* estado de melancolia, desânimo, depressão.
**moral** /mórel/ *adj* moral, ético; casto; digno, virtuoso. | *s* moral; moralidade.
**morale** /meræl/ *s* moral, estado de disciplina e ânimo.
**moralism** /mórelizem/ *s* moralismo.
**moralist** /mórelist/ *s* moralista.
**morality** /moræleti/ *s* moralidade; virtude, ética.
**moralization** /mórelizeichen/ *s* moralização.
**moralize** /mórelaiz/ *v* moralizar; expressar julgamentos morais, dar interpretações morais.
**morass** /meræs/ *s* pântano, charneca, brejo.
**morbid** /mórbid/ *adj* mórbido, patológico, doentio; pavoroso.
**morbidness** /mórbidnes/ *s* morbidez.
**more** /mór/ *adj comp* de **much** e **many** mais, maior, extra, adicional. | *adv* mais, além do mais. | *s* o maior, o mais. • **more and more** mais e mais. **more or less** mais ou menos. **never more** nunca mais.
**moreover** /mórouver, mórouver/ *adv* além disso, além do mais, de mais a mais.
**morgue** /mórg/ *s* morgue, necrotério.
**moribund** /móribând/ *adj* moribundo.
**morning** /mórning/ *s* manhã; amanhecer.
**Morocco** /merákou/ *s* Marrocos.
**Moroccan** /meráken/ *s* e *adj* marroquino.
**moron** /mórán/ *s* retardado, mentecapto.
**morose** /merous, mórous/ *adj* mal-humorado, melancólico, taciturno.
**morphia** /mórfie/ » **morphine**.
**morphine** /mórfín/ *s* morfina.
**morphology** /mórfáledji/ *s* morfologia.
**morrow** /márou/ *s* o dia seguinte, período que segue logo após um evento.
**Morse code** *s* código Morse.
**morsel** /mórsel/ *s* bocado (de comida); petisco, guloseima.
**mortal** /mórtel/ *adj* mortal, fatal; mortífero; implacável. | *s* mortal, ser humano.
**mortality** /mórtæleti/ *s* mortalidade; mortandade; taxa de mortalidade.
**mortar** /mórter/ *s* pilão; morteiro; cimento, argamassa.
**mortgage** /mórgidj/ *s* hipoteca. | *v* hipotecar.
**mortice** /mórtis/ » **mortise**.
**mortification** /mórtefikeichen/ *s* mortificação; gangrena; humilhação, vexame.
**mortify** /mórtefai/ *v* mortificar, humilhar; necrosar, gangrenar.
**mortise** /mórtis/ *v* encaixar, malhetar. | *s* encaixe, malhete, mortagem.
**mortuary** /mórtchuéri/ *s* necrotério.

M

**mosaic** /mouzeiik/ *s* mosaico.
**Moslem** /mázlém, máslém/ *adj* e *s* muçulmano.
**mosque** /másk/ *s* mesquita.
**mosquito** /meskítou/ *s* mosquito (*pl* **mosquitoes** ou **mosquitos**).
**moss** /más/ *s* musgo.
**most** /moust/ *adj super* de **much** e **many**, o mais, o maior. | *adv* mais, muito, muitíssimo, extremamente. | *s* o principal, o máximo, a maior quantidade, a maioria.
**mostly** /moustli/ *adv* principalmente, geralmente.
**mote** /mout/ *s* corpúsculo, partícula minúscula.
**motel** /moutél/ *s* hotel à beira de estrada, motel.
**moth** /máth/ *s* traça; mariposa.
**mother** /mâdher/ *s* mãe, progenitora; fêmea; madre, abadessa, superiora de convento; matriz, origem, causa. | *adj* materno, maternal. | *v* ser mãe de; servir de mãe, adotar, perfilhar.
M
**motherboard** /mâdherbórd/ *s* placa-mãe.
**motherhood** /mâdherhud/ *s* maternidade.
**mother-in-law** /mâdherinlá/ *s* sogra (*pl* **mothers-in-law**).
**motherland** /mâdherlænd/ *s* pátria, terra natal; terra de origem.
**motherless** /mâdherles/ *adj* órfão de mãe.
**mother-of-pearl** /mâdherevpêrl/ *s* madrepérola.
**Mother's Day** /mâdherzdei/ *s* Dia das Mães (comemorado no segundo domingo do mês de maio).
**mother tongue** *s* língua materna.
**motif** /moutíf/ *s* motivo, tema, figura.
**motion** /mouchen/ *s* movimento; gesto, sinal; moção; proposta. | *v* acenar, gesticular.
**motionless** /mouchenles/ *adj* imóvel, parado; pasmado, estupefato.
**motion picture** *s* filme cinematográfico. • **motion pictures** indústria cinematográfica.
**motivate** /mouteveit/ *v* motivar.
**motivation** /mouteveichen/ *s* motivação.
**motive** /moutiv/ *adj* motriz; impulsionador. | *s* motivo; causa, razão; tema, assunto. | *v* motivar, causar.
**motley** /mátli/ *adj* matizado; heterogêneo. | *s* mescla de cores; mistura de elementos diversos, miscelânea.
**motor** /mouter/ *s* motor; veículo, automóvel; máquina, engenho. | *v* dirigir, andar de carro ou de outro veículo a motor. | *adj* motor, motriz; motorizado.
**motorboat** /mouterbout/ *s* lancha ou barco a motor.
**motorcycle** /moutersaikel/ *s* motocicleta.
**motorist** /mouterist/ *s* motorista.
**motorize** /mouteraiz/ *v* motorizar.
**mottle** /mátl/ *v* matizar, mosquear, sarapintar. | *s* mancha ou pinta colorida.
**mottled** /mátld/ *adj* sarapintado.
**mound** /maund/ *s* monte, montículo (de terra); colina. | *v* fortificar, entrincheirar; aterrar.
**mount** /maunt/ *s* montanha, monte; montaria; suporte, encaixe, caixilho. | *v* cavalgar, montar, assentar sobre; subir, galgar, escalar; fixar, encaixar; armar; aumentar, avolumar.
**mountain** /maunten/ *s* montanha, serra.
**mountaineer** /mauntenir/ *s* montanhês; alpinista. | *v* escalar montanhas.
**mountaineering** /mauntenirin*g*/ *s* alpinismo.
**mountainous** /mauntenes/ *adj* montanhoso; colossal, enorme.
**mountain range** *s* cadeia de montanhas, cordilheira.
**mounting** /mauntin*g*/ *s* suporte, armação.
**mourn** /mórn/ *v* prantear, lamentar ou chorar a morte de alguém; sentir pesar, afligir-se, estar de luto.
**mourner** /mórner/ *s* pranteador.
**mournful** /mórnfel/ *adj* triste, melancólico, choroso; lutuoso.
**mourning** /mórnin*g*/ *s* pesar; luto.

**mouse** /maus/ *s* rato; pessoa tímida ou covarde; *mouse* (em computação, pequeno dispositivo movido com a mão para controlar o cursor na tela) (*pl* **mice** /mais/. em computação *tb us pl* **mouses**). | /mauz/ *v* caçar ratos; espreitar.
**mouse port** *s* porta do *mouse*.
**mouser** /mauzer/ *s* animal que caça ratos, gato.
**mousetrap** /maustræp/ *s* ratoeira.
**mousse** /mús/ *s* musse.
**moustache** /mâstæch, mestæch/ » **mustache.**
**mouth** /mau*th*/ *s* boca; bico; foz (de rio); entrada, abertura; trejeito, careta. | /mau*dh*/ *v* mastigar; vociferar, declamar; fazer caretas.
**mouthful** /mau*th*ful/ *s* bocado, pedaço; observação importante; palavra ou frase de difícil pronúncia.
**mouth organ** *s* gaita, harmônica de boca.
**mouthpiece** /mau*th*pís/ *s* bocal, embocadura, boquilha; *inform* pessoa que fala em nome de outra, porta-voz; protetor para os dentes (boxe).
**mouthy** /mau*dh*i, mau*th*i/ *adj* loquaz; tagarela.
**movable** /múvebel/ *adj* e *s* móvel. • **movables** bens móveis.
**move** /múv/ *s* movimento; mudança; ato, passo, procedimento; lance, jogada. | *v* mover-se, movimentar-se; mexer; mudar de lugar, mudar de residência; sair, partir; avançar, progredir; fazer uma jogada; fazer um requerimento ou uma moção; emocionar, comover; instigar, induzir, influenciar, persuadir. • **move in** entrar de mudança. **move out** sair de mudança.
**moveable** /múvebel/ » **movable.**
**movement** /múvment/ *s* movimento; impulso, marcha; ação, ato, atividade; campanha, cruzada; manobra, deslocamento; tendência.
**mover** /múver/ *s* motor, movedor; transportador.
**movie** /múvi/ *s* cinema; filme cinematográfico. • **movies** exibição de um filme; indústria cinematográfica; cinema.
**moviegoer** /múvigouer/ *s* frequentador assíduo de cinema, cinéfilo.
**movie producer** *s* produtor de filmes.
**movie star** *s* estrela ou astro de cinema.
**moving** /múving/ *adj* móvel; comovente.
**moving picture** *s* filme cinematográfico.
**mow** /mou/ *v* ceifar, segar. | /mau/ *s* meda, monte de feno; celeiro.
**mower** /mouer/ *s* ceifeiro, segador.
**Mozambique** /mouzæmbík/ *s* Moçambique.
**Mozambican** /mouzæmbíken/ *s* e *adj* moçambicano.
**MPEG** *abrev* de **Moving Pictures Experts Group**, conjunto de padrões de compactação de áudio e vídeo.
**mph** /émpíeitch/ *abrev* de **miles per hour**, milhas por hora.
**Mr.** /mister/ *s* sr., senhor (*pl* **Messrs.** / méserz/).
**Mrs.** /misiz/ *s* sra., senhora (*pl* **Mmes.** / meidám/).
**Ms.** /miz/ *s* dona (usado antes do sobrenome ou nome completo de uma mulher casada ou solteira) (*pl* **Mses.** / meidám/).
**MS-DOS** /émésdás/ *abrev* de **Microsoft Disk Operating System**, sistema operacional de disco da Microsoft.
**much** /mâtch/ *adj* muito. | *s* quantidade grande. | *adv* muito, bastante. • **as much as** tanto ... quanto. **how much** quanto. **so much** tanto. **too much** demais, excessivo.
**muck** /mâk/ *s* esterco; húmus; refugo, lixo.
**mucous** /myúkes/ *adj* mucoso.
**mucus** /myúkes/ *s* muco, mucosidade.
**mud** /mâd/ *s* lama, lodo. | *v* enlamear; difamar alguém.
**muddle** /mâdl/ *v* turvar, enlamear; confundir, atrapalhar-se. | *s* desordem, confusão; trapalhada.

M

**muddy** /mâdi/ *adj* turvo, lamacento, lodoso; confuso, vago; fosco, sem brilho. | *v* enlamear, sujar, desnortear; obscurecer.

**mudguard** /mâdgárd/ *s* para-lama.

**muff** /mâf/ *s* regalo (agasalho de pele para as mãos); pessoa desajeitada. | *v* proceder desajeitadamente.

**muffin** /mâfin/ *s* tipo de bolinho doce servido quente.

**muffle** /mâfel/ *v* cobrir, agasalhar, encapotar; abafar (som). | *s* focinho.

**muffler** /mâfler/ *s* silenciador, silencioso; cachecol.

**mug** /mâg/ *s* caneca; *inform* face; assaltante. | *v* assaltar (com violência); fazer caretas.

**mugger** /mâger/ *s* assaltante.

**muggy** /mâgi/ *adj* quente e muito úmido (clima).

**mulct** /mâlkt/ *v* multar; confiscar; fraudar, enganar. | *s* multa.

**mule** /myúl/ *s* mula; *inform* pessoa teimosa; máquina de fiar; tipo de tamanco.



**mulish** /myúlich/ *adj* cabeçudo, teimoso, obstinado.

**mull** /mâl/ *v* ponderar, meditar; aquecer. | *s* musselina.

**multifarious** /mâlteféries/ *adj* versátil, variado.

**multiform** /mâltifórm/ *adj* multiforme, polimorfo.

**multilateral** /mâltilæterel/ *adj* multilateral.

**multilingual** /mâltilinggwel/ *adj* multilíngue.

**multimedia** /mâltimídie/ *s pl us v sing* multimídia.

**multinational** /mâltinæchenel/ *adj* e *s* multinacional.

**multiple** /mâltepel/ *adj* múltiplo. | *s* múltiplo.

**multiple-choice** /mâltepeltchois/ *adj* de múltipla escolha.

**multiple-user system** *s* sistema multiusuário.

**multiplication** /mâlteplikeichen/ *s* multiplicação; propagação, procriação.

**multiplier** /mâlteplaier/ *s* multiplicador.

**multiply** /mâlteplai/ *v* multiplicar; aumentar; propagar.

**multiracial** /mâltireichel/ *adj* multirracial.

**multitude** /mâltetúd/ *s* multidão, povo, massa, população.

**multitudinous** /mâltetúdenes/ *adj* numeroso, populoso.

**mum** /mâm/ *s Bot* crisântemo. | *adj* calado, silencioso. | *interj* silêncio.

**mumble** /mâmbel/ *s* murmúrio, resmungo. | *v* murmurar, resmungar; mascar, ruminar.

**mummer** /mâmer/ *s* mímico.

**mummification** /mâmifikeichen/ *s* mumificação.

**mummify** /mâmefai/ *v* mumificar, embalsamar.

**mummy** /mâmi/ *s* múmia; *inform* mamãe.

**mumps** /mâmps/ *s pl us v sing* ou *pl* caxumba.

**munch** /mântch/ *v* mastigar ruidosamente; comer com prazer.

**municipal** /myúnisepel/ *adj* municipal.

**munificence** /myúnifesens/ *s* munificência, generosidade.

**munificent** /myúnifesent/ *adj* munificente, generoso, liberal.

**muniment** /myúnement/ *s* título de posse, escritura.

**munition** /myúnichen/ *s geral us pl* munição. | *v* municionar.

**mural** /myurel/ *adj* e *s* mural.

**murder** /mêrder/ *v* assassinar. | *s* assassinato, homicídio; *gír* algo sacrificante, grande incômodo.

**murderer** /mêrderer/ *s* assassino.

**murderous** /mêrderes/ *adj* mortal, mortífero, homicida; *inform* arrasador, devastador.

**murk** /mêrk/ *s* escuridão, trevas.

**murky** /mêrki/ *adj* escuro, tenebroso, obscuro.

**murmur** /mêrmer/ *s* murmúrio, sussurro. | *v* murmurar, sussurrar.
**muscle** /mâsel/ *s* músculo; força muscular; *inform* poder, autoridade. | *v* forçar.
**muscular** /mâskyeler/ *adj* muscular; musculoso.
**muse** /myúz/ *s* musa; inspiração, devaneio; estado de meditação. | *v* ponderar, meditar, estar absorto.
**museum** /myúzíem/ *s* museu.
**mush** /mâch/ *s* mingau, papa; qualquer coisa mole e espessa.
**mushroom** /mâchrúm/ *s* cogumelo. | *adj* de cogumelo; semelhante a um cogumelo. | *v* multiplicar-se, crescer rapidamente.
**music** /myúzik/ *s* música, melodia, harmonia.
**musical** /myúzikel/ *adj* musical, melodioso. | *s* peça ou filme musical.
**music box** *s* caixa de música.
**musician** /myúzichen/ *s* músico.
**musk** /mâsk/ *s* almíscar.
**musk deer** *s* almiscareiro.
**musket** /mâskit/ *s* mosquete, espingarda antiga.
**musketeer** /mâsketir/ *s* mosqueteiro.
**musky** /mâski/ *adj* almiscarado.
**Muslim** /mâzlem, muzlem/ » **Moslem**.
**muslin** /mâzlin/ *s* musselina.
**muss** /mâs/ *s* desordem, confusão. | *v* desordenar, confundir, sujar.
**mussel** /mâsel/ *s* mexilhão.
**must** /mâst/ *v aux* usado para indicar obrigação, necessidade ou probabilidade. | *s* algo necessário, indispensável; mosto, sumo de uva; almíscar.
**mustache** /mâstæch, mestæch/ *s* bigode; barbas (de animal).
**mustard** /mâsterd/ *s* mostarda; mostardeira.
**muster** /mâster/ *s* recrutamento ou inspeção de tropas; assembleia, conferência; alistamento; reunião. | *v* agregar, ajuntar; convocar, recrutar; inspecionar tropas; ordenar, organizar.
**mustn't** /mâsent/ *form contr* de **must not**.
**musty** /mâsti/ *adj* rançoso, mofento, bolorento.
**mutable** /myútebel/ *adj* mutável, variável.
**mutate** /myúteit/ *v* mudar, alterar; sofrer mutações.
**mutation** /myúteichen/ *s* mutação (genética); mudança, alteração.
**mute** /myút/ *adj* mudo, silencioso, calado. | *s ofens* mudo; letra ou sílaba muda; surdina. | *v* abafar o som, tocar em surdina; clarear, suavizar (cor).
**muteness** /myútnes/ *s* mudez.
**mutilate** /myúteleit/ *v* mutilar.
**mutilation** /myúteleichen/ *s* mutilação.
**mutineer** /myútenir/ *s* revoltoso, amotinado.
**mutinous** /myútenes/ *adj* insubordinado, rebelde; turbulento, incontrolável.
**mutiny** /myútini/ *v* amotinar-se, revoltar-se. | *s* rebelião, revolta, insurreição, motim.
**mutism** /myútizem/ *s* mutismo, mudez.
**mutter** /mâter/ *v* murmurar, resmungar. | *s* murmúrio, resmungo.
**mutterer** /mâterer/ *s* murmurador, aquele que murmura, que resmunga.
**mutton** /mâten/ *s* carne de carneiro.
**mutual** /myútchuel/ *adj* mútuo, recíproco; comum.
**mutuality** /myútchuæleti/ *s* mutualidade, reciprocidade.
**muzzle** /mâzel/ *v* pôr focinheira em; impedir a livre expressão de opiniões, fazer calar. | *s* focinho; focinheira.
**muzzy** /mâzi/ *adj* turvado, indistinto; mentalmente confuso.
**my** /mai/ *adj poss* meu, minha, meus, minhas.
**Myanmar** /myánmár/ *s* Mianmar.
**myocardium** /maioukárdiem/ *s* miocárdio (*pl* **myocardia** /maioukárdie/).
**myoma** /maioume/ *s* mioma (*pl* **myomas** ou **myomata** /maioumete/).

**myope** /maioup/ *s* míope.
**myopia** /maioupie/ *s* miopia.
**myopic** /maiápik/ *adj* míope.
**myosotis** /maiousoutis/ *s* miosótis.
**myriad** /miried/ *s* miríade; milhares. | *adj* inumerável; multifacetado.
**myrrh** /mêr/ *s* mirra.
**myrtle** /mêrtl/ *s* murta, mirto.
**myself** /maisélf/ *pron* eu próprio, eu mesmo, a mim mesmo.
**mysterious** /mistiries/ *adj* misterioso.
**mystery** /misteri/ *s* mistério, enigma, segredo.
**mystic** /mistik/ *adj* místico; enigmático, misterioso, oculto. | *s* místico.
**mystification** /mistifikeichen/ *s* mistificação.
**mystify** /mistifai/ *v* mistificar; confundir, iludir; tornar misterioso.
**myth** /mith/ *s* mito; fábula.
**mythic** /mithik/ » **mythical**.
**mythical** /mithikel/ *adj* mítico; fictício.
**mythologic** /mitheládjik/ » **mithological**.
**mythological** /mitheládjikel/ *adj* mitológico; fabuloso, imaginário.
**mythology** /mitháledji/ *s mitologia*.

M

# Nn

**n** ou **N** /én/ *s* 14ª letra do alfabeto inglês. | *abrev minús* número indefinido; *minús* de **neutron**. | *símb maiús* de **nitrogen**.
**nab** /næb/ *v inform* apanhar em flagrante, prender ou agarrar (fugitivo, transgressor); agarrar bruscamente.
**nabob** /neibáb/ *s* nababo; ricaço.
**nacre** /neiker/ *s* nácar, madrepérola.
**nacreous** /neikries/ *adj* nacarado.
**nag** /næg/ *v* importunar, amolar, implicar. | *s* cavalo velho e imprestável.
**nail** /neil/ *s* unha; prego, cravo. | *v* pregar, martelar, bater; capturar, deter, prender.
**nail file** *s* lixa de unhas.
**nail polish** *s* esmalte de unhas.
**nail scissors** *s* tesoura de unha.
**naive** /náiv/ *adj* crédulo, inocente, simples, natural, sem afetação.
**naked** /neikid/ *adj* nu, despido, descoberto; puro, simples; indefeso, exposto.
**naked eye** *s* olho nu.
**nakedness** /neikidnes/ *s* nudez; evidência, simplicidade; falta de proteção.
**name** /neim/ *s* nome; apelido; título; reputação, fama, renome. | *v* nomear, chamar, apelidar; identificar, classificar, denominar.
**nameless** /neimles/ *adj* sem nome, anônimo, desconhecido.
**namely** /neimli/ *adv* isto é, a saber.
**nameplate** /neimpleit/ *s* placa identificadora.
**namesake** /neimseik/ *s* homônimo, xará.
**Namibia** /nemibie/ *s* Namíbia.
**Namibian** /nemibien/ *s* e *adj* namibiano.
**nannie** /næni/ » **nanny**.
**nanny** /næni/ *s* babá.
**nanny goat** *s* cabra.
**nap** /næp/ *s* sono ligeiro, soneca, cochilo. | *v* cochilar, dormir a sesta; estar desprevinido.
**nape** /neip/ *s* nuca.
**napkin** /næpkin/ *s* guardanapo.
**narcism** /nársizem/ » **narcissism**.
**narcissism** /nársesizem/ *s* narcisismo.
**narcissus** /nársises/ *s* narciso (*pl* **narcissuses** ou **narcissi** /nársisai/).
**narcotic** /nárkátik/ *s* narcótico; narcomaníaco. | *adj* narcótico, narcotizante.
**narcotize** /nárketaiz/ *v* narcotizar.
**nares** /néríz/ *s* narinas.
**narrate** /néreit, næreit/ *v* narrar, contar, relatar; expor.
**narrater** /néreiter, nereiter/ » **narrator**.
**narration** /næreichen/ *s* narração, relato.
**narrative** /nérentiv/ *adj* narrativo. | *s* narrativa, relato; descrição, história.
**narrator** /néreiter, nereiter/ *s* narrador.
**narrow** /nérou/ *adj* estreito, exíguo; reduzido, limitado, curto; mesquinho,

intolerante; minucioso, escrupuloso. | *v* estreitar; encolher; diminuir, limitar.
**narrow-minded** /néroumaindid/ *adj* intolerante.
**NASA** /næse/ *abrev* de **National Aeronautics and Space Administration**, NASA, Administração Nacional de Aeronáutica e Espaço dos EUA.
**nasal** /neizel/ *adj* nasal. | *s* nasal, som ou letra nasal.
**nasality** /neizæleti/ *s* nasalidade.
**nasalization** /neizelizeichen/ *s* nasalização.
**nasalize** /neizelaiz/ *v* nasalar.
**nascent** /næsent, neisent/ *adj* nascente.
**nastiness** /næstines/ *s* imundície, sordidez.
**nasty** /næsti/ *adj* sujo, imundo; indecente, moralmente ofensivo; muito desagradável; perigoso, doloroso, grave.
**natality** /neitæleti/ *s* natalidade.
**natation** /neiteichen, næteichen/ *s* natação.
**nates** /neitíz/ *s pl* nádegas.
**nation** /neichen/ *s* nação, país, povo.
N
**national** /næchenel, næchnel/ *adj* nacional.
**nationalism** /næchenelizem, næchnelizem/ *s* nacionalismo.
**nationality** /næchenæleti, næchnæleti/ *s* nacionalidade; nação; patriotismo.
**nationalization** /næchenelizeichen/ *s* nacionalização.
**nationalize** /næchenelaiz, næchnelaiz/ *v* nacionalizar.
**native** /neitiv/ *adj* nativo, natural; inato, inerente; autóctone, nato; genuíno, puro. | *s* nativo.
**native language** *s* língua nativa.
**native forest** *s* floresta nativa.
**nativity** /netiveti/ *s* nascimento, natividade; *maiús* nascimento de Jesus.
**natty** /næti/ *adj* elegante, alinhado.
**natural** /nætcherel/ *adj* natural, próprio, genuíno; nativo; inato; primitivo; normal, comum. | *s Mús* bequadro; penteado afro.
**natural food** *s* comida natural.
**natural gas** *s* gás natural.
**naturalism** /nætcherelizem/ *s* naturalismo.
**naturalization** /nætcherelizeichen/ *s* naturalização; aclimatação (animais, plantas), adaptação.
**naturalize** /nætcherelaiz/ *v* naturalizar; aclimatar (animais, plantas), adaptar.
**naturally** /nætchereli/ *adv* naturalmente, seguramente, sem dúvida.
**natural resource** *s* recurso natural.
**nature** /neitcher/ *s* natureza; cosmos, mundo; caráter, índole; personalidade, gênio, temperamento; gênero, classe, espécie.
**naught** /nát/ *s* nada, zero; cifra. | *adj* sem nenhum valor.
**naughty** /náti/ *adj* mau, desobediente.
**Nauru** /náúrú/ *s* Nauru.
**Nauruan** /náúrúen/ *s* e *adj* nauruano.
**nausea** /názie, náje/ *s* náusea.
**nauseous** /náches, názies/ *adj* repugnante, nauseabundo.
**nautical** /nátikel/ *adj* náutico.
**naval** /neivel/ *adj* naval, da marinha.
**nave** /neiv/ *s* nave de igreja; cubo de uma roda.
**navel** /neivel/ *s* umbigo; centro.
**navigable** /nævigebel/ *adj* navegável.
**navigate** /nævigeit/ *v* navegar; pilotar.
**navigation** /nævigeichen/ *s* navegação, pilotagem; comércio marítimo.
**navigator** /nævigeiter/ *s* navegador, navegante; piloto.
**navy** /neivi/ *s* marinha de guerra, força naval; esquadra, frota; azul-marinho.
**navy blue** *s* azul-marinho.
**Nazi** /nátsi/ *s* nazista. | *adj* nazista.
**Nazism** /nátsizem/ *s* nazismo.
**NBA** /énbíei/ *abrev* de **National Basketball Association**, Associação Nacional de Basquetebol; de **National Boxing Association**, Associação Nacional de Boxe.
**near** /nir/ *adv* perto, próximo, aproximado; quase. | *prep* perto de, próximo de,

cerca de. | *adj* perto, próximo; íntimo, familiar; aproximado. | *v* aproximar-se, acercar-se.

**nearby** /nirbai/ *adv* e *adj* muito perto, vizinho, contíguo.

**nearly** /nirli/ *adv* quase, de perto; intimamente.

**nearsighted** /nirsaitid/ *adj* míope.

**neat** /nít/ *adj* limpo, asseado, decente; com esmero, alinhado; puro.

**neatly** /nítli/ *adv* asseadamente; puramente.

**neb** /néb/ *s* bico (de aves); focinho; ponta.

**nebula** /nébyele/ *s* nebulosa (*pl* **nebulae** /nébyelí/ ou **nebulas**).

**nebulize** /nébyelaiz/ *v* nebulizar.

**nebulosity** /nébyeláseti/ *s* nebulosidade.

**necessary** /néseséri/ *adj* necessário, indispensável. | *s* o necessário.

**necessitate** /nesésiteit/ *v* tornar necessário, obrigar, compelir.

**necessitous** /nesésetes/ *adj* necessitado, indigente, pobre.

**necessity** /neséseti/ *s* necessidade, precisão; exigência; pobreza.

**neck** /nék/ *s* pescoço; colo; gargalo; colarinho; istmo, península. | *v inform* abraçar, acariciar; torcer o pescoço de uma ave.

**necklace** /nékles/ *s* gargantilha.

**necktie** /néktai/ *s* gravata.

**necrology** /nékrâledji/ *s* necrologia, obituário.

**necropsy** /nékrápsi/ *s* necropsia.

**nectar** /nékter/ *s* néctar.

**nectarine** /nékterín/ *s* nectarina.

**need** /níd/ *v* necessitar, precisar de, carecer; ter de, ser preciso. | *s* necessidade, falta, carência; indigência, pobreza.

**needful** /nídfel/ *adj* necessário, indispensável.

**needle** /nídl/ *s* agulha (bússola, costura, injeção); injeção; ponteiro, haste. | *v* costurar, trabalhar com agulha; provocar.

**needless** /nídles/ *adj* supérfluo, desnecessário.

**needlework** /nídlwêrk/ *s* trabalho de agulha, costura, bordado.

**needn't** /nídent/ *form contr* de **need not**.

**needs** /nídz/ *adv* necessariamente.

**needy** /nídi/ *adj* necessitado, indigente.

**nefarious** /neféries/ *adj* nefando, abominável, perverso.

**negate** /nigeit/ *v* negar, desmentir; invalidar, anular.

**negation** /nigeichen/ *s* negação, negativa; recusa, contradição.

**negative** /négetiv/ *adj* negativo; contrário; nulo. | *s* negativo (foto); negativa, negação; recusa; veto. | *v* negar, desmentir; desaprovar, rejeitar; contradizer.

**neglect** /niglékt/ *v* negligenciar, descuidar, desleixar; olvidar, esquecer-se de; desprezar. | *s* negligência, descuido, desleixo; desprezo, indiferença, desdém; abandono.

**neglecter** /niglékter/ *s* negligente, descuidado, desleixado.

**negligence** /néglidjens/ *s* negligência, descuido, desleixo.

**negligent** /néglidjent/ *adj* negligente, descuidado, desleixado; indiferente.

**negotiable** /nigouchiebel/ *adj* negociável.

**negotiate** /nigouchieit/ *v* negociar; parlamentar.

**negotiation** /nigouchieichen/ *s* negociação.

**negotiator** /nigouchieiter/ *s* negociador, negociante.

**Negro** /nígrou/ *s* negro (raça) (*pl* **Negroes**). | *adj* negro.

**neigh** /nei/ *v* relinchar. | *s* relincho.

**neighbor** /neiber/ *adj* e *s* vizinho, próximo. | *v* aproximar-se; morar próximo de.

**neighborhood** /neiberhud/ *s* vizinhança, arredores; bairro.

**neighborly** /neiberli/ *adj* de bom vizinho, amistoso.

**neither** /n*i*dher, n*a*idher/ *adj* e *pron* nenhum, nenhum dos dois. | *adv* também não, tampouco. | *conj* nem. • **neither... nor...** nem... nem...
**neoclassicism** /níouklæsisizem/ *s* neoclassicismo.
**Neolithic** /nioulithik/ *s* neolítico.
**neologism** /niáledjizem/ *s* neologismo.
**neon** /nián/ *s* néon, neônio.
**Nepal** /nepól/ *s* Nepal.
**Nepalese** /népelíz/ *s* e *adj* nepalês.
**nephew** /néfyú/ *s* sobrinho.
**Neptune** /néptún/ *s* Netuno.
**nerd** /nêrd/ *s gír* pessoa estúpida, incapaz, desinteressante.
**nerve** /nêrv/ *s* nervo, tendão; coragem, sangue-frio. | *v* dar força a, vigorizar, encorajar. • **nerves** nervosismo, histeria.
**nerveless** /nêrvles/ *adj* sem coragem, sem fibra, fraco; calmo, controlado.
**nervous** /nêrves/ *adj* nervoso, exaltado, agitado; receoso, apreensivo.
**nervous breakdown** *s* esgotamento nervoso.
**nervousness** /nêrvesnes/ *s* nervosidade, nervosismo, excitação.
**nervous system** *s* sistema nervoso.
**nervure** /nêrvyer/ *s* nervura; veia.
**ness** /nés/ *s* promontório, cabo; sufixo que exprime qualidade ou estado.
**nest** /nést/ *s* ninho, ninhada; abrigo, covil. | *v* aninhar, alojar-se; encaixar.
**nestle** /nésel/ *v* abrigar-se, alojar-se, acomodar-se.
**nestling** /néstling, nésling/ *s* pintainho, filhote de pássaro; bebê.
**net** /nét/ *s* rede; malha, laço; armadilha. | *v* colher, pegar, pescar com rede; proteger ou cercar com rede; fazer, tecer rede. | *adj* líquido (peso, lucro, preço).
**nether** /nédher/ *adj* inferior, mais baixo, abaixo.
**Netherlands** /nédherlendz/ *s* Holanda.
**Netherlands Antilles** /nédherlendz æntilíz/ s Antilhas Holandesas.
**nethermost** /nédhermoust/ *adj* o mais baixo, o mais profundo.
**net profit** *s* lucro líquido.
**netting** /néting/ *s* rede; pesca com rede; o processo de fabricar redes.
**nettle** /nétl/ *s Bot* urtiga. | *v* irritar.
**nettle rash** *s* urticária.
**net weight** *s* peso líquido.
**network** /nétwêrk/ *s* rede; cadeia de emissoras (rádio, TV); sistema, organização, complexo. | *v* cobrir com rede; transmitir em rede de televisão ou rádio; conectar-se a uma rede.
**neuralgia** /nurældje/ *s* nevralgia.
**neuralgic** /nurældjik/ *adj* nevrálgico.
**neurasthenic** /nuræsthénik/ *adj* neurastênico.
**neurologist** /nuráledjist/ *s* neurologista.
**neuron** /nurán/ *s* neurônio.
**neurone** /nuroun/ » **neuron**.
**neurosis** /nurousis/ *s* neurose (*pl* **neuroses** /nurousíz/).
**neurotic** /nurátik/ *s* e *adj* neurótico.
**neuter** /núter/ *s* gênero neutro; sexo neutro. | *adj* neutro; assexuado.
**neutral** /nútrel/ *adj* neutro, indefinido; imparcial, mediano; neutra (cor), pardacento; assexuado. | *s* neutral, neutro (indivíduo, país).
**neutrality** /nútræleti/ *s* neutralidade, imparcialidade.
**neutralize** /nútrelaiz/ *v* neutralizar.
**neutron** /nútrán/ *s* nêutron.
**neutron bomb** *s* bomba nuclear.
**never** /néver/ *adv* nunca, jamais, de modo nenhum. • **never mind** não faz mal.
**nevermore** /névermór/ *adv* nunca mais.
**nevertheless** /néverdhelés/ *adv* todavia, contudo, não obstante.
**new** /nú, nyú/ *adj* novo, sem uso; recente, moderno, original; diferente; adicional; rejuvenescido, renovado.
**New Age** *adj* referente ao movimento espiritualista Nova Era. | *s new age* (estilo musical).

N

**newborn** /núbórn, nyúbórn/ *adj* recém--nascido.

**newcomer** /núkâmer, nyúkâmer/ *s* recém-chegado.

**new-fashioned** /núfæchend, nyúfæchend/ *adj* da última moda; recente, atual.

**newish** /núich, nyúich/ *adj* razoavelmente novo.

**newly** /núli, nyúli/ *adv* recentemente.

**newlywed** /núliwéd, nyúliwéd/ *s* recém--casado.

**new moon** *s Astron* lua nova.

**newness** /núnes, nyúnes/ *s* novidade, inovação.

**news** /núz, nyúz/ *s us v sing* notícias, novidades.

**news agency** *s* agência de notícias.

**newsboy** /núzboi, nyúzboi/ *s* jornaleiro.

**newscast** /núzkæst, nyúzkæst/ *s* noticiário (rádio, TV).

**newsmagazine** /núzmægezín, nyúzmægezín/ *s* revista semanal de notícias e acontecimentos atuais.

**newsman** /núzmen, nyúzmen/ *s* jornalista.

**newspaper** /núzpeiper, nyúzpeiper/ *s* jornal.

**newsprint** /núzprint, nyúzprint/ *s* papel de jornal.

**newsstand** /núzstænd, nyúzstænd/ *s* banca de jornais e revistas.

**New Year's Day** *s* dia de ano-novo, o primeiro dia do ano, 1º de janeiro.

**New Year's Eve** *s* véspera do dia de ano--novo, 31 de dezembro.

**New Zealand** /núzílend/ *s* Nova Zelândia.

**New Zealander** /núzílender/ *s* neozelandês.

**next** /nékst/ *s* seguinte, próximo. | *adj* vizinho, contíguo; próximo, seguinte. | *adv* logo, imediatamente; depois, em seguida. • **next door** casa ao lado. **next time** da próxima vez.

**nexus** /nékses/ *s* nexo, conexão (*pl* **nexus** ou **nexuses**).

**nib** /nib/ *s* lâmina de metal usada em caneta; bico, ponta; bico de pássaro.

**nibble** /nibel/ *v* mordiscar, beliscar. | *s* dentada; pequena porção de comida.

**Nicaragua** /nikerágwe/ *s* Nicarágua.

**Nicaraguan** /nikerágwen/ *s* e *adj* nicaraguano, nicaraguense.

**nice** /nais/ *adj* bonito, belo, lindo; agradável, simpático; delicado, sutil; fino, refinado, elegante; muito bom, ótimo; educado, polido.

**niceness** /naisnes/ *s* beleza, finura; gentileza; delicadeza; exatidão.

**nicety** /naiseti/ *s* prazer, amenidade; exatidão, minúcia; sutileza, delicadeza, fineza.

**niche** /nitch, ních/ *s* nicho. | *v* aninhar, anichar.

**nick** /nik/ *s* talho, corte, lasca. | *v* lascar, entalhar.

**nickel** /nikel/ *s* níquel. | *v* niquelar.

**nicknack** /niknæk/ » **knickknack**.

**nickname** /nikneim/ *s* apelido. | *v* apelidar.

**nicotine** /niketín/ *s* nicotina.

**nictate** /nikteit/ » **nictitate**.

**nictitate** /nikteteit/ *v* pestanejar, piscar.

**nictitation** /nikteteichen/ *s* pestanejo.

**nidus** /naides/ *s* ninho (de ovos de insetos, aranhas); cavidade onde os esporos se desenvolvem (*pl* **niduses** ou **nidi** /naidai/).

**niece** /nís/ *s* sobrinha.

**Niger** /naidjer/ *s* Níger.

**Nigeria** /naidjirie/ *s* Nigéria.

**Nigerian** /naidjirien/ *s* e *adj* nigeriano.

**Nigerien** /naidjerien/ *s* e *adj* nigerino.

**niggard** /nigerd/ *adj* e *s* mesquinho, sovina, miserável.

**nigger** /niger/ *s gír ofens* negro.

**niggle** /nigel/ *v* preocupar-se com ninharias, perder tempo com pormenores.

**night** /nait/ *s* noite. | *adj* noturno.

**night blindness** *s* cegueira noturna.

**nightclothes** /naitkloudhz/ *s* roupas de dormir.

**nightclub** /naitklâb/ *s* boate, casa noturna.
**nightdress** /naitdrés/ *s* camisola.
**nightgown** /naitgaun/ *s* camisola.
**nightingale** /naitengeil/ *s* rouxinol.
**nightlife** /naitlaif/ *s* vida noturna.
**nightmare** /naitmér/ *s* pesadelo.
**night school** *s* escola noturna.
**nighttime** /naittaim/ *s* noite, as horas da noite. | *adj* que ocorre durante a noite.
**night watch** *s* ronda noturna; guarda-noturno.
**nightwear** /naitwér/ *s* roupas de dormir.
**nil** /nil/ *s* nulo, nada, nenhum.
**nimble** /nimbel/ *adj* ágil, rápido; esperto, vivo.
**nimbly** /nimbli/ *adv* sagazmente, ativamente.
**nine** /nain/ *num* nove.
**nineteen** /naintín/ *num* dezenove.
**nineteenth** /naintínth/ *num* décimo nono.
**ninety** /nainti/ *num* noventa.
**ninny** /nini/ *s* tolo, simplório.
**ninth** /nainth/ *num* nono, nona parte.
**nip** /nip/ *v* beliscar, mordiscar, morder; tolher, deter, cercar; beber, bebericar. | *s* beliscão, unhada; dentada, mordida; pedaço, bocado; trago, gole; frio intenso, geada.
**nipper** /niper/ *s pl* pinça; garra; torquês, tenaz.
**nipping** /niping/ *adj* penetrante; mordaz, sarcástico.
**nipple** /nipel/ *s* mamilo; bico de mamadeira; chupeta; protuberância semelhante ao mamilo.
**nippy** /nipi/ *adj inform* picante; cortante (vento, frio); veloz, rápido.
**nit** /nit/ *s* lêndea.
**nitrate** /naitreit/ *s* nitrato, fertilizante de nitrato de potássio e sódio. | *v* fertilizar com nitrato.
**nitric** /naitrik/ *adj* nítrico.
**nitrogen** /naitredjen/ *s* nitrogênio (*símb* **N**).
**nitroglycerin** /naitrouglíserín/ *s* nitroglicerina.
**nitroglycerine** /naitrouglíserín/ » **nitroglycerin**.
**nitrous acid** *s* ácido nitroso.
**nix** /niks/ *s gír* nada, ninguém. | *adv* nada, não. | *v* vetar, proibir.
**no** /nou/ *adv* não, de modo algum. | *s* não, negativa, recusa, voto contrário. | *adj* nenhum, nenhuma. • **no admittance** proibida a entrada. **no matter** não importa. **no smoking** proibido fumar. **no more** tampouco.
**nob** /náb/ *s* cabeça, cuca.
**nobby** /nábi/ *adj* vaidoso, elegante.
**nobility** /noubíleti/ *s* nobreza.
**noble** /noubel/ *adj* nobre, aristocrata; magnânimo (nobre de espírito); inerte (gás). | *s* nobre, aristocrata.
**nobleman** /noubelmen/ *s masc* nobre, fidalgo.
**noblewoman** /noubelwumen/ *s fem* nobre, fidalga.
**nobody** /noubádi, noubâdi, noubedi/ *pron* ninguém. | *s* joão-ninguém.
**noctambulism** /náktæmbyúlizem/ *s* sonambulismo.
**nocturnal** /náktêrnel/ *adj* noturno.
**nocturne** /náktêrn/ *s* noturno (artes).
**nod** /nád/ *v* anuir, acenar com a cabeça; cabecear, dormitar; inclinar a cabeça em sinal de cumprimento. | *s* sinal de consentimento, aceno.
**nodal** /noudel/ *adj* nodoso.
**noddy** /nádi/ *s* idiota, imbecil, simplório.
**node** /noud/ *s* nódulo, nodo, nó, protuberância.
**nodule** /nádyúl/ *s* nódulo.
**nog** /nág/ *s* cavilha; bloco de madeira; qualquer bebida alcoólica batida com ovo.
**nohow** /nouhau/ *adv* de modo algum.
**noise** /noiz/ *s* barulho, ruído; clamor; *inform* protesto. | *v* espalhar, divulgar; fazer barulho; tornar famoso, público.
**noiseless** /noizles/ *adj* silencioso.
**noise pollution** *s* poluição sonora.
**noisiness** /noiznes/ *s* barulho, ruído.

N

**noisome** /noisem/ *adj* desagradável, asqueroso; perigoso.
**noisy** /noizi/ *adj* ruidoso, barulhento.
**nominal** /námenél/ *adj* nominal.
**nominate** /námeneit/ *v* nomear, designar para o cargo, propor como candidato (eleição).
**nomination** /námeneichen/ *s* nomeação.
**nominative** /námenetiv/ *adj* indicado ao cargo, nomeado como candidato. | *s* nominativo.
**nominee** /námeni/ *s* o nomeado, o indicado para o cargo.
**nonage** /nánidj, nounidj/ *s* menoridade.
**nonaggression** /nánegréchen/ *s* não agressão.
**nonalcoholic** /nánælkehálik/ *s* e *adj* não alcoólico.
**nonaligned** /nánelaind/ *adj* não alinhado (país partidário do não alinhamento).
**noncaloric** /nánkelórik/ *adj* não calórico.
**nonce** /náns/ *s* tempo presente, ocasião.
**nonchalance** /náncheláns/ *s* indiferença, apatia.
**nonchalant** /nánchelánt/ *adj* indiferente, frio.
**noncombatant** /nánkembætent, nánkámbetent/ *s* não combatente.
**nondurable** /nándurebel/ *adj* e *s* não durável, perecível.
**none** /nân/ *pron* nenhum, ninguém, nada. | *adv* não, de nenhum modo, de forma alguma.
**nonentity** /nánénteti/ *s* pessoa insignificante, nulidade; algo que não existe ou que existe apenas na imaginação.
**nonessential** /nánisénchel/ *adj* não essencial.
**nonexistence** /nánigzistens/ *s* não existência.
**nonexplosive** /nániksplousiv/ *adj* e *s* não explosivo.
**nonfiction** /nánfikchen/ *s* não ficção.
**nonintervention** /nánintervénchen/ *s* não intervenção.
**nonlinear** /nánlinier/ *adj* não linear.
**nonliterate** /nánliteret/ *adj* e *s* iletrado.
**nonmetal** /nánmétel/ *s* não metal.
**nonnuclear** /nánnúklier/ *adj* não nuclear.
**nonpareil** /nánperél/ *adj* incomparável. | *s* pessoa ou coisa de grande mérito; protótipo, modelo.
**nonplus** /nánplâs/ *v* tornar perplexo, pasmar, embaraçar. | *s* confusão, perplexidade.
**nonsense** /nánséns/ *s* tolice, asneira, disparate.
**nonskid** /nánskid/ *adj* antiderrapante.
**nonsmoker** /nánsmouker/ *s* não fumante.
**nonstandard** /nánstænderd/ *adj* não padrão.
**nonstop** /nánstáp/ *adj* e *adv* incessante, contínuo, sem parada, sem escala.
**nonuser** /nányúzer/ *s* não usuário.
**nonverbal** /nánvêrbel/ *adj* não verbal.
**nonviolence** /nánvaielens/ *s* não violência.
**noodle** /núdl/ *s* talharim; *inform* palerma, estúpido.
**nook** /nuk/ *s* recanto, alcova; canto escondido.
**noon** /nún/ *s* meio-dia; apogeu, auge.
**noonday** /núndei/ *s* meio-dia.
**noose** /nús/ *s* nó corrediço, armadilha, laço. | *v* apanhar num laço.
**nor** /nór/ *conj* nem. • **neither... nor** nem... nem.
**Nordic** /nórdik/ *adj* e *s* nórdico.
**norm** /nórm/ *s* norma, regra, modelo, padrão.
**normal** /nórmel/ *adj* normal, comum, usual. | *s* normal.
**normality** /nórmæleti/ *s* normalidade.
**normalization** /nórmelizeichen/ *s* normalização.
**normalize** /nórmelaiz/ *v* normalizar, padronizar.
**north** /nórth/ *s* norte, a região situada ao norte. | *adj* do norte, setentrional. | *adv* para o norte, ao norte.
**North America** *s* América do Norte.

**North Korea** /nórth keríe/ *s* Coreia do Norte.
**North Korean** /nórth kerien/ *s* e *adj* norte-coreano.
**northeast** /nórthíst/ *s* nordeste. | *adj* oriundo do nordeste. | *adv* em direção ao nordeste.
**northeastern** /nórthístern/ *adj* do nordeste, relativo ao nordeste.
**northern** /nórdhern/ *adj* do norte, setentrional.
**northerner** /nórtherner/ *s* nortista (nos EUA).
**Northern Ireland** *s* Irlanda do Norte.
**northward** /nórthwerd/ *adv* para o norte. | *s* direção, ponto ou região norte. | *adj* do norte.
**northwest** /nórthwést/ *s* noroeste. | *adj* oriundo do noroeste. | *adv* em direção ao noroeste.
**northwestern** /nórthwéstern/ *adj* do noroeste, relativo ao noroeste.
**Norway** /nórwei/ *s* Noruega.
**Norwegian** /nórwídjen/ *s* e *adj* norueguês.
**nose** /nouz/ *s* nariz; focinho; olfato, faro; ponta, bico, proa (avião, navio). | *v* farejar, cheirar, localizar algo pelo cheiro; embicar (no tráfego); intrometer-se, bisbilhotar.
**noseband** /nouzbænd/ *s* focinheira.
**nostril** /nástrel/ *s* narina, fossa nasal.
**nosy** /nouzi/ *adj* xereta, curioso, bisbilhoteiro, abelhudo.
**not** /nát/ *adv* não, nem, de forma alguma.
**notability** /noutebileti/ *s* notabilidade, importância, valor; pessoa importante ou notável.
**notable** /noutebel/ *s* pessoa notável, celebridade. | *adj* notável, eminente, insigne.
**notary** /nouteri/ *s* notário, tabelião.
**notation** /nouteichen/ *s* notação; anotação, observação.
**notch** /nátch/ *s* entalhe, corte em v; desfiladeiro estreito. | *v* entalhar, cortar; *inform* marcar pontos no jogo.
**note** /nout/ *v* notar, observar, reparar; tomar nota de, anotar. | *s* nota; observação; marca, sinal; bilhete, memorando; missiva, escrito; vale, ordem de pagamento; tom, nota musical. • **note of hand** nota promissória.
**notebook** /noutbuk/ *s* caderno de anotações, agenda; computador portátil.
**noted** /noutid/ *adj* notável, insigne, famoso.
**nothing** /nâthing/ *s* nada, coisa nenhuma, zero, nulidade. | *adv* de modo algum. | *pron* nada. | *adj* insignificante.
**nothingness** /nâthingnes/ *s* nada; espaço vazio; insignificância.
**notice** /noutis/ *s* nota, notificação; notícia, informação; observação; reconhecimento; advertência; comentário, resenha crítica. | *v* notar, perceber, reparar; noticiar; fazer menção, mencionar, citar; notificar.
**noticeable** /noutisebel/ *adj* digno de atenção, perceptível.
**notification** /noutefikeichen/ *s* notificação, aviso, advertência.
**notify** /noutefai/ *v* notificar, comunicar; advertir, avisar.
**notion** /nouchen/ *s* noção, ideia; opinião, parecer; teoria, crença; capricho. • **notions** atavios, material de costura.
**notional** /nouchenel/ *adj* imaginário, mental, teórico.
**notions shop** *s* armarinho (estabelecimento).
**notoriety** /nouteraieti/ *s* notoriedade.
**notorious** /noutóries/ *adj* notório.
**nought** /nát/ » **naught**.
**noun** /naun/ *s* substantivo.
**nourish** /nêrich/ *v* nutrir, alimentar, sustentar; desenvolver, promover.
**nourishment** /nêrichment/ *s* alimento; alimentação, nutrição, ato de nutrir.
**nous** /nús, naus/ *s* razão, mente, intelecto.
**novel** /nável/ *s* romance. | *adj* novíssimo, recente, moderno, original.

**novelist** /návelist/ *s* romancista.

**novelty** /návelti/ *s* novidade.

**November** /nouvémber/ *s* novembro.

**novena** /nouvíne/ *s* novena (*pl* **novenas** ou **novenae** /nouvíní/).

**novice** /návis/ *s* noviço; novato, aprendiz.

**noviciate** /nouvichit, nouvichieit/ » **novitiate**.

**novitiate** /nouvichit, nouvichieit/ *s* noviciado, aprendizagem, iniciação.

**now** /nau/ *s* o momento atual. | *adv* agora, já, imediatamente; então. | *conj* desde que, assim sendo. | *adj* atual. • **just now** há pouco, agora mesmo. **now and then** de vez em quando.

**nowadays** /nauedeiz/ *adv* atualmente, hoje em dia.

**noway** /nouwei/ *adv* de nenhum modo, de jeito nenhum.

**noways** /nouweiz/ » **noway**.

**nowhere** /nouhwér, nouwér/ *adv* em parte alguma, em lugar nenhum.

**nowise** /nouwaiz/ *adv* de forma alguma.

**noxious** /nákches/ *adj* nocivo, prejudicial, pernicioso; insalubre.

**nozzle** /názel/ *s* bico, bocal, esguicho; *inform* nariz.

**NSP** *abrev* de **Network Service Provider**, provedor de serviços de rede.

**nub** /nâb/ *s* protuberância, nó; a essência, o ponto principal.

**nuclear** /núklier/ *adj* nuclear.

**nuclear disarmament** *s* desarmamento nuclear.

**nuclear energy** *s* energia nuclear.

**nuclear medicine** *s* medicina nuclear.

**nuclear reactor** *s* reator nuclear.

**nuclear weapon** *s* arma nuclear.

**nucleus** /núklies/ *s* núcleo, centro (*pl* **nuclei** /núkliai/ ou **nucleuses**).

**nude** /núd, nyúd/ *adj* nu, despido; desguarnecido, destituído. | *s* nu, nudez.

**nudge** /nâdj/ *v* cotovelar levemente, cutucar; chegar mais perto de; importunar, aborrecer. | *s* cotovelada ligeira, cutucão.

**nudism** /núdizem, nyúdizem/ *s* nudismo.

**nugatory** /núgetórí/ *adj* insignificante, sem valor; sem forças, inválido.

**nugget** /nâgit/ *s* pepita; porção, pedaço.

**nuisance** /núsens/ *s* dano, incômodo, transtorno; flagelo, praga, peste; ato nocivo aos interesses públicos ou privados.

**null** /nâl/ *v* anular. | *adj* nulo, inútil; sem força legal, sem efeito, sem valor, insignificante. | *s* zero.

**null character** *s* caractere nulo.

**nullification** /nâlifikeichen/ *s* anulação, supressão, abolição.

**nullify** /nâlifai/ *v* anular, invalidar; cancelar.

**nullity** /nâleti/ *s* nulidade.

**numb** /nâm/ *v* tirar a sensibilidade, adormecer, entorpecer. | *adj* transido, entorpecido, incapaz de sentir ou se mover; indiferente.

**number** /nâmber/ *s* número, algarismo; soma, total; exemplar (revista, jornal); peça teatral ou musical, *show*; tomo, volume. | *v* contar, enumerar; incluir; limitar, restringir. • **a number of** vários, muitos.

**numberless** /nâmberles/ *adj* inumerável, inúmeros.

**numbly** /nâmli/ *adv* entorpecidamente.

**numbness** /nâmnes/ *s* torpor, dormência.

**numbskull** /nâmskâl/ » **numskull**.

**numerable** /númerebel/ *adj* numerável.

**numeral** /númerel/ *adj* numeral, numérico. | *s* numeral.

**numerate** /númereit/ *v* numerar, contar.

**numeration** /númereichen/ *s* numeração, enumeração; conta, cálculo.

**numeric** /numérik/ *s* número, numeral | *adj* » **numerical**.

**numerical** /númérikel/ *adj* numérico.

**numerology** /núméráledjí/ *s* numerologia.

**numerous** /númeres/ *adj* numeroso.

**numismatics** /númizmætiks/ *s us v sing* numismática.

**numskull** /nâmskâl/ *s* idiota, estúpido, parvo.
**nun** /nân/ *s* monja, freira.
**nunnery** /nâneri/ *s* convento de freiras.
**nuptial** /nâpchel/ *adj* nupcial, conjugal. • **nuptials** casamento, núpcias, boda.
**nurd** /nêrd/ » **nerd**.
**nurse** /nêrs/ *s* enfermeira; ama de leite; pajem, babá. | *v* aleitar, amamentar; pajear, proteger, cuidar; trabalhar como enfermeira.
**nursery** /nêrseri/ *s* berçário; quarto de criança; sementeira, viveiro.
**nursery rhyme** *s* poema ou cantiga para crianças.
**nursery school** *s* creche, berçário.
**nursing** /nêrsi*ng*/ *s* enfermagem.
**nurture** /nêrtch*er*/ *v* nutrir; educar; cultivar. | *s* educação; criação; nutrição.
**nut** /nât/ *s* noz, castanha, amêndoa; porca (de parafuso); excêntrico, fanático, entusiasta. | *v* colher ou procurar nozes.
**nut case** *s gír* excêntrico, maluco.
**nutcracker** /nâtkræk*er*/ *s* quebra-nozes.
**nutmeat** /nâtmít/ *s* parte comestível da noz.
**nutmeg** /nâtmég/ *s* noz-moscada.
**nutrient** /nútrient/ *adj* nutritivo. | *s* nutriente.
**nutrition** /nútrichen/ *s* nutrição.
**nuts** /nâts/ *adj gír* louco, insano.
**nutshell** /nâtchél/ *s* casca de noz, de avelã.
**nutty** /nâti/ *adj* abundante em nozes; que contém ou é feito de nozes; *gír* maluco, idiota.
**nuzzle** /nâzel/ *v* pressionar, esfregar ou puxar com o nariz ou o focinho.
**NY** /énwai/ *abrev* de **New York**.
**NYC** /énwaisí/ *abrev* de **New York City**, cidade de New York.
**nylon** /nailán/ *s* náilon. • **nylons** meias de náilon.
**nymph** /nimf/ *s* ninfa; menina bonita.
**nymphet** /nimpfet/ *s* ninfeta.
**nymphomania** /nimfoumeinie/ *s* ninfomania.
**nymphomaniac** /nimfoumeiniæk/ *s* ninfômana, ninfomaníaca.

N

**o** ou **O** /ou/ *s* 15ª letra do alfabeto inglês; zero. | *interj* ó, oh. | *símb* de **oxygen**.

**oaf** /ouf/ *s* imbecil, idiota, parvo.

**oak** /ouk/ *s* carvalho.

**oar** /ór/ *s* remo, remador. | *v* remar.

**oasis** /oueisis/ *s* oásis (*pl* **oases** /oueisíz/).

**oat** /out/ *s us v pl* ou *sing* aveia.

**oaten** /outen/ *adj* de aveia.

**oath** /outh/ *s* juramento; blasfêmia; praga.

**oatmeal** /outmíl/ *s* farinha de aveia.

**obduracy** /ábduresi/ *s* endurecimento, obstinação, determinação, inflexibilidade, teima.

**obdurate** /ábdurit/ *adj* endurecido, obstinado, impenitente, inflexível.

**obedience** /oubídiens/ *s* obediência, sujeição.

**obedient** /oubídient/ *adj* obediente, dócil.

**obelisk** /ábelisk/ *s* obelisco.

**obese** /oubís/ *adj* obeso.

**obesity** /oubíseti/ *s* obesidade.

**obey** /oubei/ *v* obedecer.

**obfuscate** /ábfeskeit, ábfâskeit/ *v* ofuscar, confundir, obscurecer.

**obituary** /oubitchuéri/ *adj* obituário.

**object** /ábdjikt, ábdjékt/ *s* objeto, coisa; assunto; objetivo, intento. | /ebdjékt/ *v* contrapor-se, opor-se; desaprovar.

**objection** /ebdjékchen/ *s* objeção, oposição.

**objective** /ebdjéktiv/ *adj* objetivo, claro, justo, impessoal; real. | *s* objetivo; propósito, intenção; objetiva (lente).

**oblate** /ábleit, ábleit/ *adj* que tem o formato de uma esfera achatada nos polos. | /ábleit/ *s* leigo dedicado à vida religiosa; membro de comunidades católicas.

**oblation** /ebleichen/ *s* oblação, oferenda a Deus ou aos santos.

**obligate** /ábligeit/ *v* obrigar, forçar; estar agradecido ou em débito. | *adj* indispensável, essencial.

**obligation** /áblegeichen/ *s* obrigação; contrato; obséquio, favor.

**obligatory** /ebligetóri, áblegetóri/ *adj* obrigatório, compulsório.

**oblige** /eblaidj/ *v* obrigar, forçar; estar agradecido ou em débito; fazer um favor.

**obligee** /ábledjí/ *s* credor.

**obliging** /eblaidj*ing*/ *adj* prestativo, atencioso, disposto.

**oblique** /oublík, eblík/ *adj* oblíquo; evasivo, indireto.

**obliquity** /eblikweti/ *s* obliquidade, inclinação; desonestidade, falta, desvio.

**obliterate** /eblitereit, oublitereit/ *v* obliterar, suprimir, abolir, anular; apagar.

**oblivion** /eblivien/ *s* esquecimento.

**oblivious** /eblivies/ *adj* esquecido; inconsciente, absorto.

**oblong** /ábláng/ *adj* oblongo, alongado, oval, elíptico.
**obloquy** /áblekwi/ *s* infâmia, calúnia, aviltamento.
**obnoxious** /ebnákches/ *adj* detestável, ofensivo, odioso.
**oboe** /oubou/ *s* oboé.
**obscene** /ebsín/ *adj* obsceno.
**obscenity** /ebséneti/ *s* obscenidade.
**obscure** /ebskyur/ *adj* obscuro, escuro, indistinto; vago; confuso. | *v* obscurecer; ofuscar; confundir; ocultar-se. | *s* obscuridade.
**obscurity** /ebskyureti/ *s* obscuridade; ofuscamento; confusão.
**obsequious** /ebsíkwies/ *adj* obsequioso, subserviente.
**observable** /ebzêrvebel/ *adj* observável; notável.
**observance** /ebzêrvens/ *s* observância, cumprimento; observação; costume, rito.
**observant** /ebzêrvent/ *adj* observador; respeitador, cumpridor.
**observation** /ábzerveichen/ *s* observação; comentário; exame.
**observatory** /ebzêrvetóri/ *s* observatório.
**observe** /ebzêrv/ *v* observar, perceber, notar; comentar; cumprir, obedecer; celebrar.
**observer** /ebzêrver/ *s* observador.
**obsess** /ebsés/ *v* obsedar, ter ideia fixa, estar obcecado por uma ideia ou pensamento.
**obsession** /ebséchen/ *s* obsessão.
**obsolete** /ábselít/ *adj* obsoleto, que caiu em desuso.
**obstacle** /ábstekel/ *s* obstáculo.
**obstacle race** *s* corrida com obstáculos.
**obstetrician** /ábstetrichen/ *s* obstetra.
**obstetrics** /ebstétriks/ *s us v sing* ou *pl* obstetrícia.
**obstinacy** /ábstenesi/ *s* obstinação, persistência.
**obstinate** /ábstenet/ *adj* obstinado, persistente.
**obstruct** /ebstrâkt/ *v* obstruir.
**obstruction** /ebstrâkchen/ *s* obstrução, impedimento, obstáculo.
**obtain** /ebtein/ *v* obter, adquirir.
**obtrude** /ebtrúd/ *v* impor, forçar, introduzir à força.
**obturate** /ábtereit/ *v* obstruir, tapar.
**obtuse** /ábtús/ *adj* obtuso, estúpido; embotado, sem corte.
**obvert** /ábvêrt/ *v* girar alguma coisa para mostrar um outro lado; alterar a aparência.
**obvious** /ábvies/ *adj* óbvio, evidente.
**occasion** /ekeijen/ *s* acontecimento; ocasião; oportunidade; causa, razão. | *v* causar, ocasionar.
**occasional** /ekeijenel/ *adj* ocasional, eventual.
**occasionally** /ekeijeneli/ *adv* ocasionalmente, eventualmente.
**occident** /áksedent/ *s* ocidente, oeste.
**occidental** /áksedéntel/ *adj* ocidental.
**occlude** /eklúd/ *v* absorver; obstruir, impedir a passagem, tapar, fechar.
**occlusion** /eklújen/ *s* oclusão, obstrução.
**occlusive** /eklúsiv/ *adj* oclusivo.
**occult** /ekâlt, ákâlt/ *adj* oculto, sobrenatural, secreto, misterioso. | /ekâlt/ *v* ocultar.
**occultation** /ákâlteichen/ *s* ocultação.
**occultism** /ekâltizem/ *s* ocultismo.
**occupancy** /ákyepensi/ *s* ocupação.
**occupant** /ákyepent/ *s* ocupante, titular.
**occupation** /ákyepeichen/ *s* ocupação, trabalho, emprego; ocupação de terras, invasão.
**occupational therapy** *s* terapia ocupacional.
**occupy** /ákyúpai/ *v* ocupar ou apoderar-se de um lugar, invadir; consumir o tempo, durar; fazer uso de; empregar.
**occur** /ekêr/ *v* ocorrer, acontecer, suceder; vir à mente.
**occurrence** /ekêrens/ *s* ocorrência, acontecimento.
**ocean** /ouchen/ *s* oceano.

**oceanography** /ouchenágrefi/ *s* oceanografia.
**ocher** /ouker/ *s* ocre, ocra; a cor da ocra.
**ochre** /ouker/ » **ocher**.
**o'clock** /eklák/ *adv* do ou de acordo com o relógio (*form red* de **of the clock**).
**octagon** /áktegán/ *s* octógono.
**octagonal** /áktægenel/ *adj* octogonal.
**octave** /áktiv, ákteiv/ *s* oitava (música).
**October** /áktouber/ *s* outubro.
**octopus** /áktepes/ *s* octópode, polvo (*pl* **octopuses** ou **octopi** /áktepai/).
**ocular** /ákyeler/ *adj* ocular, visual. | *s* lente.
**oculist** /ákyelist/ *s* oculista, oftalmologista.
**odalisk** /oudelisk/ » **odalisque**.
**odalisque** /oudelisk/ *s* odalisca.
**odd** /ád/ *adj* singular, peculiar, estranho; demasiado, excedente; esporádico, ocasional; avulso, sem par; só, único; ímpar (número).
**oddity** /ádeti/ *s* singularidade.
**oddments** /ádments/ *s* retalhos, sobras.
**ode** /oud/ *s* ode.
**odious** /oudies/ *adj* odioso, infame.
**odium** /oudiem/ *s* ódio, ira.
**odontological** /oudántáledjikel/ *adj* odontológico.
**odontology** /oudántáledji/ *s* odontologia.
**odor** /ouder/ *s* odor, cheiro.
**odoriferous** /ouderiferes/ *adj* odorífero, aromático.
**odorous** /ouderes/ *adj* cheiroso.
**odyssey** /ádisi/ *s* odisseia.
**of** /áv/ *prep* de. • **of course** naturalmente, claro.
**off** /áf/ *adv* longe, distante; ao longo de, ao lado de; fora, ausente; para fora. | *adj* distante, remoto; desconectado, desligado; inoperante, fora de operação ou uso; cancelado, anulado; desocupado; fechado. | *prep* fora de; distante de. | *v* ir embora, partir. • **a day off** um dia de folga. **turn off** desligar. **10% off** 10% de desconto.
**offal** /áfel/ *s* sobras, restos, refugo.
**offend** /efénd/ *v* ofender, insultar, afrontar; transgredir, violar; pecar.
**offender** /efénder/ *s* transgressor, infrator.
**offense** /eféns/ *s* ofensa, afronta; transgressão, pecado; crime.
**offensive** /efénsiv/ *adj* ofensivo, afrontoso; repulsivo, repugnante.
**offer** /áfer/ *v* oferecer, propor; prover; ofertar. | *s* oferta, oferecimento, dádiva.
**offering** /áfering/ *s* oferta, oferenda, contribuição.
**offertory** /áfertóri/ *s* ofertório.
**offhand** /áfhænd/ *adj* improvisado, espontâneo, despreparado. | *adv* de improviso, despreparadamente.
**office** /áfis/ *s* escritório; pessoal administrativo; cargo, função; posição de autoridade; repartição pública, agência, ministério.
**office boy** *s* bói, contínuo.
**officeholder** /áfishoulder/ *s* detentor de cargo público.
**officer** /áfiser/ *s* oficial das forças armadas; funcionário público; agente policial; administrador de clubes.
**official** /efichel, ouf ichel/ *adj* oficial, público, autorizado. | *s* funcionário público; árbitro.
**officiate** /efichieit/ *v* oficiar; exercer as funções de um executivo ou de uma autoridade.
**officinal** /efisinel, áfisainel/ *adj* oficinal. | *s* droga, medicamento à venda em farmácia.
**officious** /efiches/ *adj* oficioso, obsequioso, prestativo; informal.
**offing** /áfing/ *s* mar alto.
**offish** /áfich/ *adj* distante, reservado.
**off-key** /áfki/ *adj* desafinado, dissonante.
**off-limits** /áflimits/ *adj* fora de alcance, não permitido.
**off-line** /áflain/ *adj* desconectado (da rede).

O

**offload** /áfloud/ *v* descarregar; transferir dados.
**off-price** /áfprais/ *adj* abaixo do preço usual, com desconto.
**offprint** /áfprint/ *v* publicar em separata. | *s* separata.
**off-road** /áfroud/ *adj* relativo a veículo projetado para andar fora de estradas pavimentadas.
**off-screen** /áfskrín/ *adv* e *adj* fora da tela (televisão, cinema); privado, particular.
**off-season** /áfsízen/ *s* baixa temporada. | *adj* e *adv* fora de estação ou temporada.
**offset** /áfsét, áfsét/ *s* compensação; desvio, deslocamento; início, estágio inicial; ofsete, tipo de impressão gráfica. | *adj* deslocado, descentrado. | *v* imprimir em ofsete; decalcar; /áfsét/ compensar, contrabalançar.
**offshore** /áfchór/ *adj* e *adv* distante da praia.
**offside** /áfsaid/ *adj* e *adv* impedido, fora de jogo.
**offsides** /áfsaidz/ » **offside**.
**offspring** /áfspring/ *s* descendência, prole; resultado, produto (*pl* **offspring**).
O
**off-stage** /áfsteidj/ *adj* dos bastidores; privado, particular. | *adv* nos bastidores, na vida privada.
**often** /áfen, áften/ *adv* frequentemente, muitas vezes.
**ogive** /oudjaiv/ *s* ogiva.
**ogre** /ouger/ *s* ogro, papão.
**oh** /ou/ *interj* oh, ó.
**oil** /oil/ *s* óleo, azeite; petróleo, derivados de petróleo. | *v* azeitar, untar com óleo; lubrificar, engraxar.
**oilcan** /oilkæn/ *s* almotolia, recipiente em formato cônico para óleos e azeites.
**oil field** *s* campo de petróleo.
**oil painting** *s* pintura a óleo.
**oil well** *s* poço de petróleo.
**oily** /oili/ *adj* oleoso; insincero, falso.
**ointment** /ointment/ *s* unguento, pomada.
**OK** /oukei/ *s inform* aprovação. | *v* aprovar, autorizar. | *interj*, *adv* e *adj* tudo certo.
**okay** /oukei/ » **OK**.
**okra** /oukre/ *s* quiabo.
**old** /ould/ *adj* velho, idoso, antigo, maduro. | *s* pessoa de uma idade específica; idoso; tempo antigo, passado. • **how old are you?** quantos anos você tem?
**old age** *s* velhice.
**olden** /oulden/ *adj* velho, antigo.
**old-fashioned** /ouldfæchend/ *adj* antiquado, fora de moda.
**oleaginous** /ouliædjines/ *adj* oleaginoso, oleoso; falso, insincero.
**oligarchy** /áligárki, ouligárki/ *s* oligarquia.
**olive** /áliv/ *s* oliveira; azeitona; oliva (cor). | *adj* azeitonado.
**olive oil** *s* azeite de oliva.
**Olympiad** /oulimpiæd/ *s* olimpíada.
**Olympian** /oulimpien/ *adj* olímpico; majestoso.
**Olympic** /oulimpik/ *adj* olímpico.
**Olympic Games** *s pl* Jogos Olímpicos.
**Olympics** /oulimpiks/ *s pl* Olimpíadas.
**Oman** /oumán/ *s* Omã.
**Omani** /oumáni/ *s* e *adj* omani, omaniano.
**ombudsman** /ámbedzmen, ámbâdzmen/ *s* oficial ou pessoa designada para receber e investigar reclamações.
**omelet** /ámlet, ámelet/ *s* omelete.
**omelette** /ámlet, ámelet/ » **omelet**.
**omen** /oumen/ *s* presságio, agouro, sinal. | *v* pressagiar, profetizar.
**ominous** /ámenes/ *adj* ominoso, agourento; nefasto; assustador, sinistro.
**omissible** /oumisibel/ *adj* que se pode omitir.
**omission** /oumichen/ *s* omissão.
**omit** /oumit/ *v* omitir; descuidar, negligenciar, deixar de.
**omnipotent** /ámnipetent/ *adj* e *s* onipotente.
**omnivorous** /ámniveres/ *adj* onívoro, que come de tudo.

**on** /án, ón/ *prep* sobre, em cima de; por meio de; em; junto a; a, ao; de, além de. | *adv* sobre, em cima de; na direção de; em diante, para frente; em operação, em funcionamento, em ação. • **on fire** em chamas. **on foot** a pé. **on time** pontualmente. **go on** continuar. **later on** mais tarde.

**once** /wâns/ *adv* uma única vez, uma vez, outrora. | *s* uma única vez. | *conj* uma vez que, assim que. | *adj* antigo. • **at once** imediatamente. **once more** mais uma vez. **once upon a time** era uma vez.

**oncologist** /ánkáledjist/ *s* oncologista.

**oncology** /ánkáledji/ *s* oncologia.

**one** /wân/ *adj* único, individual; igual, mesmo; um tal, um certo. | *num* um. | *s* um, uma; o número um. | *pron* um, algum; alguém.

**oneness** /wânnes/ *s* unidade, singularidade; indivisibilidade, totalidade.

**onerous** /áneres, ouneres/ *adj* oneroso; opressivo.

**oneself** /wânsélf/ *pron* si mesmo, si próprio.

**one-sided** /wânsaidid/ *adj* parcial; maior ou mais desenvolvido de um lado que de outro, que ocorre de um único lado.

**one-way** /wânwei/ *adj* de uma só direção, de um só sentido, de mão única; sem retorno (descartável). • **one-way ticket** passagem somente de ida.

**ongoing** /ángouing/ *adj* que está ocorrendo neste momento; progressivo.

**onion** /ânyen/ *s* cebola.

**on-line** /ánlain, ónlain/ *adj* conectado (à rede).

**onlooker** /ánluker/ *s* espectador.

**only** /ounli/ *adj* único, só. | *adv* somente. | *conj* mas, no entanto; exceto.

**onomastic** /ánoumæstik/ *adj* onomástico.

**onomatopoeia** /ánoumætoupíe/ *s* onomatopeia.

**onrush** /ánrâch/ *s* investida, arremetida; agressão, ataque.

**onset** /ánsét/ *s* ataque; começo, início.

**onshore** /ánchó/ *adv* e *adj* próximo à praia.

**onslaught** /ánslót/ *s* ataque violento.

**on-stage** /ánsteidj/ *adv* e *adj* no palco, visível ao público.

**onto** /ántú/ *prep* para cima de, sobre, em cima de.

**ontology** /ántáledji/ *s* ontologia.

**onward** /ánwerd/ *adj* avançado, que se move para frente. | *adv* avante, para frente.

**onwards** /ánwerdz/ *adv* progressivamente, para frente.

**onyx** /ániks/ *s* ônix.

**ooze** /úz/ *v* gotejar, fluir vagarosamente; verter líquido, exsudar; desaparecer gradualmente. | *s* exsudação, transpiração; limo, lodo.

**oozy** /úzi/ *adj* gotejante.

**opacity** /oupæseti/ *s* opacidade.

**opal** /oupel/ *s* opala.

**opaque** /oupeik/ *adj* opaco; impenetrável; obscuro.

**open** /oupen/ *adj* aberto; óbvio; sem restrição; suscetível, vulnerável; sincero, franco; disponível, vago; sem preconceito; irrestrito. | *v* abrir; desobstruir, limpar; inaugurar, iniciar, começar; aparecer, mostrar-se; estar disponível. | *s* ar livre, campo raso, clareira.

**open-air** /oupenér/ *adj* a céu aberto, ao ar livre.

**open door** *s* livre acesso.

**open-ended** /oupenéndid/ *adj* irrestrito, ilimitado; indefinido; mutável.

**opener** /oupener/ *s* abridor (de latas, garrafas).

**open-eyed** /oupenaid/ *adj* de olhos abertos, assombrado; atento, alerta.

**openhanded** /oupenhændid/ *adj* liberal, generoso.

**openhearted** /oupenhártid/ *adj* franco, sincero; bom.

O

**opening** /oupening/ *s* abertura; fenda, brecha, entrada, buraco, orifício; clareira; inauguração; começo; oportunidade.
**open market** *s* mercado livre.
**open-minded** /oupenmaindid/ *adj* liberal, receptivo a novas ideias e opiniões.
**open season** *s* temporada aberta (caça, pesca).
**opera** /ápere, ápre/ *s* ópera.
**operagoer** /áperegouer, ápregouer/ *s* frequentador de óperas.
**opera house** *s* teatro lírico.
**operate** /ápereit/ *v* operar, executar, pôr em ação; dirigir; exercer influência; entrar em ação.
**operation** /apereichen/ *s* operação, funcionamento, atividade; atividade ilegal; intervenção cirúrgica; campanha militar.
**operational** /ápereichenel/ *adj* operacional.
**operative** /áperetiv, ápereitiv/ *adj* operante; eficaz, eficiente; ativo (em funcionamento), operatório. | *s* operário; espião; detetive particular.
**operator** /ápereiter/ *s* operador, maquinista; empresário.
O
**operetta** /áperét/ *s* opereta.
**ophidian** /oufidien/ *adj* ofídico. | *s* ofídio, serpente, cobra.
**ophthalmologist** /áfthælmáledjist/ *s* oftalmologista.
**ophthalmology** /áfthælmáledji/ *s* oftalmologia.
**opine** /oupain/ *v* opinar.
**opinion** /epinyen/ *s* opinião, parecer, ponto de vista; julgamento, análise de um perito.
**opinionated** /epinyeneitid/ *adj* opiniático, teimoso, obstinado.
**opium** /oupiem/ *s* ópio.
**opossum** /epásem/ *s* gambá (*pl* **opossum** ou **opossums**).
**opponent** /epounent/ *s* oponente. | *adj* oposto, de oposição.
**opportune** /ápertún/ *adj* oportuno.
**opportunist** /ápertúnist/ *s* oportunista.
**opportunity** /ápertúneti/ *s* oportunidade, ocasião, chance.
**opposable** /epouzebel/ *adj* objetável, impugnável.
**oppose** /epouz/ *v* opor-se, objetar, resistir.
**opposite** /ápezit/ *adj* oposto, contrário; fronteiro; diferente. | *s* oposto; antagonista; antônimo. | *adv* em frente, do outro lado. | *prep* em frente.
**opposition** /ápezichen/ *s* oposição, resistência; obstáculo; *maiús* partido político da oposição.
**oppositionist** /ápezichenist/ *s* oposicionista.
**oppress** /eprés/ *v* oprimir, tiranizar.
**oppression** /epréchen/ *s* opressão.
**oppressive** /eprésiv/ *adj* opressivo, tirânico.
**opprobrious** /eproubries/ *adj* ignominioso, infamante, vergonhoso.
**oppugn** /epyún/ *v* opugnar, contradizer, discutir, refutar.
**optative** /áptetiv/ *s* e *adj* optativo.
**optic** /áptik/ *adj* óptico. | *s* olho, vista; lentes de instrumento óptico.
**optical** /áptikel/ *adj* óptico.
**optician** /áptichen/ *s* óptico (que faz ou vende óculos e instrumentos ópticos).
**optimism** /áptemizem/ *s* otimismo.
**optimist** /áptemist/ *s* otimista.
**option** /ápchen/ *s* opção, alternativa, escolha.
**optional** /ápchenel/ *adj* facultativo, opcional.
**opulence** /ápyelens/ *s* opulência, abundância.
**optometrist** /áptámetrist/ *s* optometrista.
**optometry** /áptámetri/ *s* optometria.
**opulency** /ápyelensi/ » **opulence**.
**opulent** /ápyelent/ *adj* opulento.
**or** /ór/ *conj* ou, ou então.
**oracle** /órekel/ *s* oráculo.
**oracular** /órækyúler/ *adj* oracular; profético; enigmático.

**oral** /órel/ *adj* oral, bucal.
**orange** /órindj/ *s* laranja; laranjeira; cor de laranja. | *adj* alaranjado.
**orangeade** /órindjeid/ *s* laranjada.
**orangery** /órindjri/ *s* laranjal.
**orangoutang** /ourængetæng/ » **orangutan**.
**orangutan** /ourængetæn/ *s* orangotango.
**orate** /óreit, óreit/ *v* discursar, falar em público.
**oration** /óreichen/ *s* discurso.
**orator** /óreter/ *s* orador, discursador.
**oratory** /óretóri/ *s* oratória, eloquência; oratório (pequeno altar).
**orb** /órb/ *v* arredondar. | *s* orbe, esfera, globo; astro, corpo celeste.
**orbicular** /órbikyúler/ *adj* orbicular, circular, esférico.
**orbit** /órbit/ *s* órbita.
**orchard** /órtcherd/ *s* pomar.
**orchardist** /órtcherdist/ *s* pomicultor.
**orchestra** /órkistre/ *s* orquestra.
**orchestrate** /órkistreit/ *v* orquestrar, compor, arranjar; controlar.
**orchestration** /órkistreichen/ *s* orquestração, instrumentação; controle.
**orchid** /órkid/ *s* orquídea.
**ordain** /órdein/ *v* ordenar, consagrar; predestinar.
**ordeal** /órdíl, órdíl/ *s* provação.
**order** /órder/ *v* ordenar; arranjar, dispor; instruir, comandar; pedir, encomendar. | *s* ordem; arranjo, organização, disposição; comando; pedido, encomenda. • **in order to** a fim de.
**orderly** /órderli/ *adj* em ordem; ordenado, metódico, sistemático; ordeiro, pacífico. | *s* atendente, recepcionista (em hospital). | *adv* sistematicamente, regularmente.
**ordinal** /órdenel/ *s* número ordinal. | *adj* ordinal.
**ordinal number** *s* número ordinal.
**ordinance** /órdenens/ *s* ordem, comando; ritual cristão; estatuto, regulamento, decreto.
**ordinary** /órdenéri/ *adj* ordinário, comum, vulgar; inferior.
**ordinate** /órdenit/ *adj* ordenado, regular, metódico.
**ordination** /órdeneichen/ *s* ordenação.
**ordure** /órdjer/ *s* imundície, excremento; ofensa moral.
**ore** /ór/ *s* minério.
**organ** /órgen/ *s* órgão.
**organic** /órgænik/ *adj* orgânico; fundamental; simples.
**organic chemistry** *s* química orgânica.
**organism** /órgenizem/ *s* organismo, estrutura orgânica.
**organization** /órgenizeichen/ *s* organização; associação; organismo.
**organize** /órgenaiz/ *v* organizar, sistematizar; constituir, fundar, criar.
**organized** /órgenaizd/ *adj* organizado.
**orgasm** /órgæzem/ *s* orgasmo.
**orgy** /órdji/ *s* orgia, bacanal.
**orient** /órient/ *s maiús* oriente (países asiáticos); brilho da pérola de alta qualidade, pérola que tem esse brilho. | *adj* extremamente brilhante. | /óriént/ *v* orientar-se.
**oriental** /óriéntel/ *adj maiús* oriental; brilhante e valiosa (pérola).
**orientation** /óriénteichen/ *s* orientação.
**orifice** /órefis/ *s* orifício.
**origin** /óredjin/ *s* origem, fonte; proveniência, procedência; causa, fundamento, motivo; ascendência.
**original** /eridjinel/ *adj* original, primitivo; novo. | *s* protótipo; original (texto, obra de arte).
**originality** /eridjinæleti/ *s* originalidade.
**originate** /eridjineit/ *v* originar, produzir, inventar; originar-se, ter origem.
**orison** /órizen/ *s* oração, prece, rogo.
**ornament** /órnement/ *s* ornamento, adorno; insígnia. | *v* ornamentar, embelezar.
**ornamental** /órneméntel/ *adj* ornamental.
**ornamentation** /órneménteichen/ *s* ornamentação; adorno.

O

**ornate** /órneit/ *adj* excessivamente ornamentado.
**ornithology** /órnethåledji/ *s* ornitologia, parte da zoologia que trata das aves.
**orography** /orágrefi/ *s* orografia, estudo geográfico das montanhas.
**orphan** /órfen/ *adj* e *s* órfão.
**orphanage** /órfenidj/ *s* orfanato; orfandade.
**orrery** /óreri/ *s* planetário, modelo mecânico do sistema solar.
**orthodontics** /órthoudántiks/ *s us v sing* ortodontia.
**orthodox** /órthedáks/ *s* ortodoxo.
**orthodoxy** /órthedáksi/ *s* ortodoxia.
**orthographic** /órthougræfik/ *adj* ortográfico.
**orthographical** /órthougræfikel/ » **orthographic**.
**orthography** /órthágrefi/ *s* ortografia.
**orthomolecular** /órthoumelékyeler/ *adj* ortomolecular.
**orthopaedics** /órthoupídiks/ » **orthopedics**.
**orthopedic** /órthoupídik/ *adj* ortopédico.
**orthopedics** /órthoupídiks/ *s us v sing* ortopedia.
O
**oscillate** /áseleit/ *v* oscilar, balançar; vacilar.
**oscillation** /áseleichen/ *s* oscilação.
**osculate** /áskyúleit/ *v* oscular, beijar.
**osculation** /áskyúleichen/ *s* beijo.
**osier** /oujer/ *s* salgueiro.
**Osmanli** /ásmænli/ *s* turco otomano (*pl* **Osmanlis**). | *adj* otomano.
**osmosis** /ázmousis/ *s* osmose (*pl* **osmoses**).
**osseous** /ásies/ *adj* ósseo.
**ossification** /ásefikeichen/ *s* ossificação.
**ossify** /ásefai/ *v* ossificar, converter-se em osso; ter padrões rígidos.
**ossuary** /ásyúéri/ *s* ossuário, ossário.
**ostensible** /ásténsebel/ *adj* ostensível.
**ostensive** /ásténsiv/ *adj* ostensivo.
**ostentation** /ástenteichen/ *s* ostentação, exibição.
**ostentatious** /ástenteiches/ *adj* ostentoso.
**osteology** /ástiáledji/ *s* osteologia.
**ostracism** /ástresizem/ *s* ostracismo.
**ostracize** /ástresaiz/ *v* excluir (de um grupo).
**ostrich** /ástritch/ *s* avestruz (*pl* **ostriches** ou **ostrich**).
**other** /âdher/ *adj* outro; diferente; adicional; oposto, contrário; alternado; restante. | *pron* outro(s), outra(s). | *adv* diferentemente, de outro modo. | *s* outro(s), outra(s).
**otherwise** /âdherwaiz/ *adv* de outro modo, diferentemente, aliás. | *adj* outro, diferente.
**otiose** /ouchious/ *adj* indolente, ocioso; fútil, vão.
**otter** /áter/ *s* lontra (*pl* **otters** ou **otter**).
**ouch** /autch/ *interj* ai.
**ought** /át, ót/ *v* dever.
**ounce** /auns/ *s* onça (medida de peso).
**our** /aur/ *adj* e *pron* nosso(s), nossa(s).
**ourselves** /auersélvz/ *pron* nós mesmos.
**oust** /aust/ *v* tirar à força, desapossar, usurpar, expulsar.
**ouster** /auster/ *s* desapropriação, usurpação, expulsão.
**out** /aut/ *adv* fora, de fora, para fora, do lado de fora. | *adj* externo, exterior; que está de saída, de partida; fora de moda. | *prep* além; do lado de fora de. | *s* aquele que está afastado; *fig* válvula de escape. | *v* desvendar, revelar; jogar a bola para fora do campo. • **out of date** ultrapassado. **out of fashion** fora de moda.
**outbalance** /autbælens/ *v* exceder (em influência e significado).
**outbid** /autbid/ *v* cobrir um lance (leilão).
**outboard** /autbórd/ *s* motor de popa, barco que usa motor de popa. | *adj* situado na parte externa de uma embarcação. | *adv* fora ou distante do centro de uma embarcação.

**outbreak** /autbreik/ *s* erupção, deflagração, irrupção.
**outbuilding** /autbild*ing*/ *s* edifício anexo.
**outburst** /autbêrst/ *s* erupção, explosão (ira, paixão).
**outcast** /autkæst/ *s* pária, proscrito, desterrado.
**outclass** /autklæs/ *v* exceder, sobrepujar.
**outcome** /autkâm/ *s* consequência, resultado, efeito.
**outcry** /autkrai/ *s* clamor; protesto.
**outdo** /autdú/ *v* exceder, ultrapassar.
**outdoor** /autdór/ *adj* que é realizado ao ar livre.
**outdoors** /autdórz/ *adv* ao ar livre, fora de casa. | *s* ar livre.
**outer** /aut*er*/ *adj* exterior, externo.
**outermost** /aut*er*moust/ *adj* distante do centro, exterior.
**outfall** /autfól/ *s* saída de água, desembocadura.
**outfit** /autfit/ *s* equipamento; *inform* organização, associação. | *v* equipar, prover.
**outflank** /autflæ*ng*k/ *v* flanquear, atacar pelos flancos.
**outflow** /autflou/ *s* efusão, fluxo, jorro. | /autflou/ *v* correr, fluir, verter.
**outgo** /autgou/ *v* exceder, sobrepujar. | /autgou/ *s* gasto ou despesa excessiva; ato de exceder.
**outgoing** /autgoui*ng*/ *adj* de saída, de partida; amigável, sociável.
**outgrow** /autgrou/ *v* crescer em demasia; superar; deixar para trás.
**outgrowth** /autgrou*th*/ *s* crescimento excessivo.
**outhouse** /authaus/ *s* banheiro fora de casa, latrina, casinha.
**outing** /aut*ing*/ *s* passeio, excursão.
**outland** /autlænd/ *s* terra estrangeira; regiões afastadas, províncias.
**outlandish** /autlændich/ *adj* bizarro, estranho; remoto, longínquo.
**outlast** /autlæst/ *v* exceder em duração, viver mais, sobreviver a.
**outlaw** /autlá/ *s* proscrito, banido, foragido. | *v* declarar ilegal; proscrever, banir.
**outlawry** /autlári/ *s* proscrição.
**outlay** /autlei/ *s* despesa, custeio. | /autlei/ *v* despender.
**outlet** /autlét/ *s* passagem, saída; escape; escoadouro; curso de água; tomada (elétrica); loja de fábrica.
**outline** /autlain/ *s* contorno (linha externa); esboço, perfil (desenho); resumo. | *v* contornar, delinear; resumir.
**outlive** /autliv/ *v* sobreviver a.
**outlook** /autluk/ *s* ponto de vista; expectativa; perspectiva; atenção, vigilância.
**outlying** /autlaii*ng*/ *adj* afastado, exterior, remoto, retirado.
**outmoded** /autmoudid/ *adj* antiquado, obsoleto, fora de moda.
**outmost** /autmoust/ *adj* distante do centro, exterior.
**outnumber** /autnâmb*er*/ *v* superar em número.
**out-of-date** /autevdeit/ *adj* desatualizado, fora de moda.
**out-of-door** /autevdór/ » **outdoor**.
**out-of-doors** /autevdórz/ » **outdoors**.
**out-of-the-way** /autev*dh*ewei/ *adj* longínquo, remoto; impróprio.
**outpace** /autpeis/ *v* ultrapassar.
**outpost** /autpoust/ *s* posto avançado; pequena base militar instalada em outro país.
**outpour** /autpór/ *v* jorrar. | /autpór/ *s* jorro, jato.
**output** /autput/ *s* produção; potência.
**outrage** /autreidj/ *v* ultrajar, injuriar, ofender. | *s* ultraje, violência; indignidade, imoralidade.
**outrageous** /autreidjes/ *adj* ultrajante, injurioso; violento; extraordinário, extravagante.
**outreach** /autrítch/ *v* ir além de, passar, ultrapassar, tomar a dianteira; exceder. | *s* alcance.

**outride** /autraid/ *v* dirigir mais rápido, mais longe ou melhor que; resistir, opor-se.

**outrider** /autraider/ *s* guia, escolta; predecessor.

**outright** /autrait/ *adj* completo, total; sincero, franco. | /autrait/ *adv* abertamente, sem rodeios; inteiramente.

**outrun** /autrân/ *v* correr mais rápido que; escapar; ir além, exceder.

**outside** /autsaid/ *adj* externo, exterior, de fora; extremo; aparente. | *s* a parte externa, o lado de fora, exterior; aparência; limite máximo. | *adv* exteriormente, no lado de fora, fora; ao ar livre. | *prep* fora de, para fora; além; exceto.

**outsider** /autsaider, autsaider/ *s* pessoa excluída, banida ou isolada.

**outskirt** /autskêrt/ *s* região afastada do centro. • **outskirts** periferia, subúrbio.

**outspeak** /autspík/ *v* falar claramente.

**outspoke** /autspouk/ *v pass* de **outspeak**.

**outspoken** /autspouken/ *v part pass* de **outspeak**. | *adj* franco, que fala abertamente.

**outspread** /autspréd/ *v* estender, esticar, distender.



**outstand** /autstænd/ *v* projetar; distinguir-se, sobressair-se.

**outstanding** /autstænding/ *adj* distinto, notável; pendente, não resolvido, em aberto (débito, contas).

**outstretch** /autstrétch/ *v* estender, esticar, distender.

**outstrip** /autstrip/ *v* deixar para trás; exceder.

**outward** /autwerd/ *adj* exterior, externo; visível, aparente; superficial. | *adv* para o exterior, para fora do centro (*tb* **outwards**). | *s* mundo exterior, material.

**outwear** /autwér/ *v* durar bastante, resistir ao tempo.

**outwit** /autwit/ *v* suplantar pela astúcia e esperteza.

**outwore** /autwór/ *v pass* de **outwear**.

**outworn** /autwórn/ *v part pass* de **outwear**. | *adj* desgastado, fora de uso.

**oval** /ouvel/ *s* e *adj* oval.

**ovary** /ouveri/ *s* ovário.

**ovate** /ouveit/ *adj* oval.

**ovation** /ouveichen/ *s* ovação, aplauso prolongado.

**oven** /âven/ *s* forno.

**ovenbird** /âvenbêrd/ *s* joão-de-barro.

**ovenware** /âvenwér/ *s* louça refratária.

**over** /ouver/ *prep* acima de, sobre, por cima de, em; do outro lado; através, por; via, por intermédio de; durante; mais que. | *adv* acima de; do outro lado, do lado oposto; acima, além do limite; para outro lugar; através, por; completamente; novamente, outra vez; no fim; a mais. | *adj* externo, exterior; excessivo, extremo; extra, excedente. | *v* saltar, pular. • **over and over** outra vez, de novo.

**overact** /ouverækt/ *v* levar a excesso, exagerar.

**overactive** /ouverækttiv/ *adj* hiperativo.

**overage** /ouvereidj/ *s* excesso. | *adj* que tem idade superior; muito velho, ultrapassado.

**overall** /ouveról/ *adj* em toda a extensão; geral, integral. | /ouveról/ *adv* geralmente. • **overalls** macacão.

**overanxious** /ouverængkches/ *adj* extremamente ansioso.

**overbalance** /ouverbælens/ *v* exceder; desequilibrar-se. | *s* excesso de peso, de quantidade.

**overbear** /ouverbér/ *v* sobrepujar, sujeitar, dominar pela força física; ser mais importante; frutificar em demasia.

**overbearing** /ouverbéring/ *adj* despótico, tirânico, dominador, ditatorial.

**overburden** /ouverbêrdn/ *v* sobrecarregar; oprimir. | *s* sobrecarga.

**overbuy** /ouverbai/ *v* comprar além do necessário.

**overcast** /ouverkæst, ouverkæst/ *v* escurecer, obscurecer; enevoar-se, cobrir-se de nuvens. | *adj* enevoado, coberto de nuvens; sombrio, melancólico. | *s* neblina, cerração.

**overcharge** /ouvertchárdj/ *v* cobrar caro; sobrecarregar, exagerar. | *s* preço abusivo; sobrecarga.

**overcloud** /ouverklaud/ *v* cobrir de nuvens, anuviar-se; obscurecer, entristecer.

**overcoat** /ouverkout/ *s* sobretudo (casaco).

**overcome** /ouverkâm/ *v* vencer, dominar, conquistar; superar; ser vitorioso.

**overcrowd** /ouverkraud/ *v* abarrotar, lotar.

**overdevelop** /ouverdivélep/ *v* desenvolver em excesso.

**overdo** /ouverdú/ *v* exceder, exagerar; cozinhar muito.

**overdose** /ouverdous/ *s* superdose (especialmente de narcótico). | /ouverdous/ *v* exagerar na dose.

**overdraw** /ouverdous/ *v* exceder o saldo da conta bancária, ficar com saldo devedor; exagerar.

**overdress** /ouverdrés/ *v* vestir-se com esmero, ser elegante em demasia.

**overdue** /ouverdú/ *adj* vencido e não pago (título comercial); em atraso; esperado; tardio.

**overeat** /ouverít/ *v* comer habitualmente em excesso.

**overexpose** /ouverikspouz/ *v* expor excessivamente.

**overextend** /ouverikstend/ *v* estender ou ampliar excessivamente; obrigar alguém a exceder seus limites financeiros.

**overfeed** /ouverfíd/ *v* alimentar em excesso.

**overflow** /ouverflou/ *v* transbordar, inundar; ser superabundante. | /ouverflou/ *s* inundação, transbordamento.

**overfly** /ouverflai/ *v* sobrevoar.

**overgrow** /ouvergrou/ *v* crescer demasiadamente; cobrir de mato, crescer (vegetação).

**overgrowth** /ouvergrouth/ *s* crescimento excessivo, abundante.

**overhang** /ouverhæng/ *v* exceder, estender além do necessário, sobressair; ornamentar com pendentes; ameaçar. | /ouverhæng/ *s* saliência.

**overhaul** /ouverhál/ *v* revisar, examinar cuidadosamente; desmontar (para fazer reparos); renovar. | /ouverhál/ *s* revisão; reparo.

**overhead** /ouverhéd/ *adj* localizado na parte de cima; dispendioso. | *s* despesas.

**overhead projector** *s* retroprojetor.

**overheat** /ouverhít/ *v* aquecer mais que o necessário; causar agitação, excitar.

**overjoy** /ouverdjoi/ *v* encher de alegria, deleitar-se.

**overladen** /ouverleiden/ *adj* sobrecarregado.

**overland** /ouverlænd/ *adj* terrestre. | /ouverlænd/ *adv* por terra.

**overlap** /ouverlæp/ *v* sobrepor, encobrir. | /ouverlæp/ *s* envoltório, parte sobreposta.

**overlay** /ouverlei/ *v* cobrir uma superfície, revestir. | /ouverlei/ *s* camada, cobertura, revestimento.

**overleaf** /ouverlíf/ *adv* no verso da folha.

**overleap** /ouverlíp/ *v* saltar, pular; passar por cima, ultrapassar os limites.

**overload** /ouverloud/ *v* sobrecarregar. | /ouverloud/ *s* sobrecarga.

**overlook** /ouverluk/ *v* ver do alto, olhar por cima; ter uma bela vista; não perceber, deixar passar; ignorar, desconsiderar; examinar, observar; supervisionar.

**overmaster** /ouvermæster/ *v* dominar, subjugar.

**overmatch** /ouvermætch/ *v* vencer, sobrepujar; ser muito forte para; lutar com um oponente mais forte. | *s* competição com um participante superior aos demais.

**overmuch** /ouvermâtch/ *adj* excessivo, demasiado. | *adv* excessivamente.

**overnight** /ouvernait/ *adv* durante a noite; repentinamente, de um dia para o outro. | *adj* noturno; repentino. | *v* passar a noite.
**overpass** /ouverpæs/ *s* ponte, passagem elevada, anel viário. | *v* atravessar, transpor; transgredir; desprezar.
**overpower** /ouverpauer/ *v* sujeitar, dominar, subjugar.
**overrule** /ouverrúl/ *v* rejeitar, anular; dominar, prevalecer.
**overrun** /ouverrân/ *v* invadir; assolar, infestar; espalhar-se rapidamente; ir além de; transbordar; recorrer (tipologia).
**overseas** /ouversíz, ouversíz/ *adj* ultramarino, de além-mar. | *adv* além-mar, no estrangeiro (*tb* **oversea**).
**oversee** /ouversí/ *v* vigiar; inspecionar, supervisionar.
**overseer** /ouversíer/ *s* inspetor, supervisor.
**overset** /ouversét/ *v* perturbar, abalar emocionalmente; compor linha com excesso de tipos.
**overshadow** /ouverchædou/ *v* sombrear, obscurecer; sobrepujar, dominar.
**overshoot** /ouverchút/ *v* exceder o alvo; ultrapassar os limites; ir muito longe, exceder-se.
**oversight** /ouversait/ *s* erro (devido à falta de atenção), descuido; controle, supervisão.
**oversleep** /ouverslíp/ *v* dormir além da hora, perder a hora.
**overstate** /ouversteit/ *v* exagerar.
**overstep** /ouverstép/ *v* exceder, ultrapassar os limites.
**overstock** /ouversták/ *v* abarrotar, armazenar em excesso. | *s* estoque excessivo.
**overstrain** /ouverstrein/ *v* esticar, estender forçando além dos limites; despender muito esforço físico.
**oversupply** /ouverseplai/ *s* suprimentos em excesso. | *v* suprir em excesso.
**overtake** /ouverteik/ *v* alcançar; pegar de surpresa, surpreender.
**overtax** /ouvertæks/ *v* exigir demais de alguém, sujeitar; cobrar imposto excessivo.
**overthrow** /ouverthrou/ *v* virar, capotar; derrotar, derrubar; depor, destituir; lançar um objeto além da marca.
**overtime** /ouvertaim/ *s* horas extras, trabalho extraordinário; pagamento pelo trabalho extra; prorrogação. | *adv* além do tempo determinado. | *v* exceder o tempo necessário.
**overtop** /ouvertáp/ *v* elevar-se acima de; ter precedência sobre; sobressair.
**overturn** /ouvertêrn/ *v* virar, capotar, emborcar; derrubar, destruir; invalidar ou reverter uma decisão por meios legais. | /ouvertêrn/ *s* virada, capotagem.
**overvalue** /ouvervælyú/ *v* encarecer o valor, avaliar acima do preço.
**overweight** /ouverweit/ *adj* muito pesado, acima do peso normal. | *v* exceder em peso, sobrecarregar; enfatizar, dar muita importância a. | /ouverweit/ *s* excesso de peso; superioridade, preponderância.
**overwhelm** /ouverhwélm/ *v* inundar, submergir; derrotar, esmagar; afetar profundamente, acabrunhar; cobrir de presentes.
**overwhelming** /ouverhwélming/ *adj* esmagador, demasiado.
**overwork** /ouverwêrk/ *v* trabalhar excessivamente. | /ouverwêrk/ *s* excesso de trabalho.
**oviform** /ouvifórm/ *adj* oviforme, oval.
**ovine** /ouvain/ *adj* e *s* ovino.
**oviparous** /ouviperes/ *adj* ovíparo.
**ovulate** /ávyúleit, ouvyúleit/ *v* ovular.
**ovule** /ávyúl, ouvyúl/ *s* óvulo.
**owe** /ou/ *v* estar em débito, dever (dinheiro, favores).
**owing** /ouing/ *adj* devido, que falta pagar.
**owl** /aul/ *s* coruja.
**own** /oun/ *adj* próprio; sozinho, por si mesmo. | *v* possuir, ter; controlar;

O

admitir, reconhecer. • **on my on** por mim mesmo, pelo meu próprio esforço; independente.

**owner** /ouner/ *s* dono, proprietário.

**ownership** /ounerchip/ *s* propriedade, domínio.

**ox** /áks/ *s* boi, bovino (*pl* **oxen** /áksen/).

**oxidation** /áksideichen/ *s* oxidação.

**oxide** /áksaid/ *s* óxido.

**oxidize** /áksidaiz/ *v* oxidar.

**oxygen** /áksidjen/ *s* oxigênio (*símb* **O**).

**oxygenate** /áksidjeneit/ *v* oxigenar.

**oxytone** /áksitoun/ *adj* e *s* oxítono.

**oyster** /oister/ *s* ostra.

**oz** /auns/ *abrev* de **ounce**.

**ozone** /ouzoun/ *s* ozônio.

# Pp

**p** ou **P** /pí/ *s* 16ª letra do alfabeto inglês. | *abrev minús* de **proton**. | *símb maiús* de **phosphorus**.
**pa** /pá/ *s inform* papai.
**pace** /peis/ *s* passo, passada; andadura, marcha. | *v* andar compassadamente, andar de um lado para outro, andar com passos largos; andar a passo (cavalo); medir a passos.
**pacemaker** /peismeiker/ *s* marca-passo.
**pachyderm** /pækedêrm/ *s* paquiderme.
**pacific** /pesifik/ *adj* pacífico; quieto, tranquilo, sossegado.
**pacifically** /pesifikeli/ *adv* pacificamente.
**pacification** /pæsifikeichen/ *s* pacificação.
**pacificator** /pesifikeiter/ *s* pacificador.
**Pacific Ocean** *s* oceano Pacífico.
**pacifier** /pæsefaier/ *s* chupeta.
**pacifism** /pæsefizem/ *s* pacifismo.
**pacifist** /pæsefist/ *s* pacifista.
**pacify** /pæsefai/ *v* pacificar, apaziguar; tranquilizar, acalmar.
**pack** /pæk/ *s* pacote, embrulho; fardo; matilha; quadrilha, bando; monte. | *v* embrulhar, empacotar; encher, entupir, abarrotar, lotar; arrumar as malas; acondicionar, enlatar, conservar; compactar.
**package** /pækidj/ *s* pacote, fardo, embrulho; embalagem.
**packed** /pækt/ *adj* lotado, apinhado.
**packer** /pæker/ *s* empacotador.
**packet** /pækit/ *s* maço, pacote pequeno; paquete.
**pack ice** *s* gelo flutuante.
**packing** /pæking/ *s* embalagem, empacotamento; enchimento, recheio; vedação.
**packsack** /pæksæk/ *s* saco de viagem.
**pact** /pækt/ *s* pacto, acordo, tratado.
**pad** /pæd/ *s* almofada (*tb* de carimbo); joelheira; chumaço; bloco de papel; plataforma (foguete). | *v* enchumaçar, acolchoar, almofadar; caminhar sem ruído.
**padding** /pæding/ *s* chumaço, enchimento.
**paddle** /pædl/ *s* remo; pá (de roda propulsora). | *v* remar; patinhar, chapinhar.
**paddler** /pædler/ *s* remador.
**paddock** /pædek/ *s* cercado (para animais).
**paddy** /pædi/ *s* arrozal; arroz (com casca).
**padlock** /pædlák/ *s* cadeado. | *v* fechar com cadeado.
**padre** /pádrei/ *s inform* capelão, padre.
**paella** /páyéle/ *s* paelha (prato típico espanhol).
**pagan** /peigen/ *adj* e *s* pagão.
**paganism** /peigenizem/ *s* paganismo.
**page** /peidj/ *s* página; pajem; mensageiro. | *v* paginar; virar as páginas; servir

de pajem ou de ajudante; mandar mensagem em um bipe ou *pager*.

**pageantry** /pædjentri/ *s* pompa, fausto, ostentação.

**pager** /peidjer/ *s* bipe, *pager*.

**paginate** /pædjeneit/ *v* paginar.

**pagination** /pædjeneichen/ *s* paginação, numeração de páginas.

**pagoda** /pegoude/ *s* templo oriental, pagode.

**paid** /peid/ *v pass* e *part pass* de **pay**.

**pail** /peil/ *s* balde; baldada.

**pain** /pein/ *s* dor; sofrimento, tormento, aflição; esforço; perturbação, aborrecimento. | *v* doer; atormentar, afligir, magoar.

**painful** /peinfel/ *adj* doloroso, penoso; trabalhoso, árduo.

**painfully** /peinfeli/ *adv* dolorosamente, penosamente; arduamente.

**painkiller** /peinkiler/ *s* analgésico.

**painless** /peinles/ *adj* sem dor, indolor; descomplicado.

**painstaking** /peinzteiking/ *s* esforço, trabalho cuidadoso, diligência. | *adj* diligente, muito cuidadoso (trabalho).

**paint** /peint/ *v* pintar, tingir; maquiar-se. | *s* tinta, pintura; cosmético.

**paintbrush** /peintbrâch/ *s* broxa, pincel.

**painted** /peintid/ *adj* pintado.

**painter** /peinter/ *s* pintor.

**painting** /peinting/ *s* pintura; quadro, tela.

**pair** /pér/ *s* par, dupla; casal. | *v* emparelhar, formar par, estar aos pares; casar.

**pajamas** /pedjámez/ *s* pijama.

**pal** /pæl/ *s inform* companheiro, camarada, amigo.

**palace** /pæles/ *s* palácio.

**palatable** /pæletebel/ *adj* palatável, gostoso, saboroso; tolerável, aceitável.

**palatal** /pæletel/ *adj* e *s* palatal.

**palate** /pælet/ *s* palato, céu da boca; paladar, gosto.

**palatial** /peleichel/ *adj* palaciano, palatino.

**palaver** /pelæver/ *s* palavreado. | *v* palavrear; lisonjear.

**pale** /peil/ *v* empalidecer; perder a importância. | *adj* pálido; claro, descorado; fraco. | *s* estaca, poste; paliçada.

**paleface** /peilfeis/ *s* cara pálida, branco.

**paleness** /peilnes/ *s* palidez.

**paleontologist** /peiliántáledjist/ *s* paleontólogo.

**paleontology** /peiliántáledji/ *s* paleontologia.

**Palestine** /pælestain/ *s* Palestina.

**Palestinian** /pælestinien/ *s* e *adj* palestino.

**palette** /pælet/ *s* paleta (de pintor).

**paling** /peiling/ *s* paliçada, estacada.

**palisade** /pæleseid/ *s* paliçada.

**palish** /peilich/ *adj* levemente pálido.

**pall** /pól/ *s* mortalha, manto. | *v* tornar-se insípido, monótono, perder a graça; saciar, enjoar.

**pallet** /pælit/ *s* palheta, lingueta; enxerga (cama pobre), catre.

**palliate** /pælieit/ *v* paliar, suavizar, abrandar, mitigar, tornar menos severo.

**palliation** /pælieichen/ *s* paliação, mitigação.

**palliative** /pælietiv/ *adj* e *s* paliativo.

**pallid** /pælid/ *adj* muito pálido, descorado.

**pallidness** /pælidnes/ *s* palidez.

**pallor** /pæler/ *s* palor, palidez.

**palm** /pám/ *v* empalmar, esconder na palma da mão; surrupiar. | *s* palma da mão; palmo (medida); palma, palmeira.

**palmate** /pælmeit/ *adj* espalmado.

**palmist** /pámist/ *s* quiromante.

**palmister** /pámister/ » **palmist**.

**palmistry** /pámistri/ *s* quiromancia.

**Palm Sunday** *s* Domingo de Ramos.

**palmtop** /pámtáp/ *s* computador de mão.

**palpability** /pælpebileti/ *s* palpabilidade; evidência.

**palpable** /pælpebel/ *adj* palpável; evidente, claro.

**palpate** /pælpeit/ *v* apalpar, examinar pelo tato.

**palpitate** /pælpeteit/ *v* palpitar, latejar, pulsar.
**palpitation** /pælpeteichen/ *s* palpitação, pulsação.
**palsied** /pólzid/ *adj* paralítico, paralisado.
**palsy** /pólzi/ *s* paralisia.
**palter** /pólter/ *v* enganar, lograr, simular; regatear, negociar.
**paltry** /póltri/ *adj* trivial, vil, desprezível.
**pamper** /pæmper/ *v* paparicar, mimar.
**pamphlet** /pæmflit/ *s* panfleto.
**pan** /pæn/ *s* panela, frigideira, caçarola, tacho; prato de balança; bateia. | *v* batear; cozinhar em panela; *inform* criticar.
**panacea** /pænesíe/ *s* panaceia.
**Panama** /pænemá/ *s* Panamá.
**Panama Canal** *s* Canal do Panamá.
**Panamanian** /pænemeinien/ *s* e *adj* panamenho.
**pancake** /pænkeik/ *s* panqueca.
**pancreas** /pænkries/ *s* pâncreas.
**panda** /pænde/ *s* panda.
**pandemic** /pændémik/ *adj* epidêmico. | *s* epidemia.
**pander** /pænder/ *v* alcovitar. | *s* alcoviteiro.
**pane** /pein/ *s* vidro, vidraça.
**panel** /pænel/ *s* painel; júri, jurados, banca; lambris.
**panel discussion** *s* mesa-redonda.
**pang** /pæng/ *s* pontada, dor aguda; aflição, angústia. | *v* atormentar, fazer sofrer.
**panic** /pænik/ *s* pânico. | *v* entrar em pânico.
**panicky** /pæniki/ *adj* aterrorizado, assustado.
**panorama** /pæneræme/ *s* panorama.
**panoramic** /pæneræmik/ *adj* panorâmico.
**pansy** /pænzi/ *s* amor-perfeito (flor); *ofens* afeminado, maricas.
**pant** /pænt/ *s* arfada; palpitação, pulsação; *geralm pl* calcinha, cueca. | *v* ofegar, arfar, arquejar; palpitar.
**pantaloon** /pæntelún/ *s maiús* pantalão, arlequim, bufão; *geralm pl* pantalonas.
**pantheism** /pænthiizen/ *s* panteísmo.
**pantheist** /pænthiist/ *s* panteísta.
**pantheon** /pænthián/ *s* panteão.
**panther** /pænther/ *s* pantera, puma.
**panties** /pæntiz/ *s pl* calcinha (de mulher).
**pantomime** /pæntemain/ *s* pantomima, mímica.
**pantry** /pæntri/ *s* despensa, copa.
**pantyhose** /pæntihouz/ *s pl* meia-calça.
**pap** /pæp/ *s* papa, mingau.
**papa** /pápe, pepá/ *s inform* papai.
**papacy** /peipesi/ *s* papado, pontificado.
**papal** /peipel/ *adj* papal, pontificial.
**paparazzo** /pápárátsou/ *s paparazzo* (profissional que tira fotos indiscretas de celebridades) (*pl* **paparazzi**).
**papaya** /pepaie/ *s* papaia, mamão.
**paper** /peiper/ *s* papel; folha de papel; jornal; relatório, tratado; papel de parede; *geralm pl* documento. | *adj* de papel, como papel. | *v* empapelar; revestir com papel de parede.
**paperback** /peiperbæk/ *s* brochura.
**paperboard** /peiperbórd/ *s* papelão.
**paperboy** /peiperboi/ *s* garoto que entrega ou vende jornais.
**paper clip** *s* clipe.
**paperknife** /peipernaif/ *s* abridor de cartas.
**paper money** *s* papel-moeda.
**paperweight** /peiperweit/ *s* peso para papéis.
**paperwork** /peiperwêrk/ *s* trabalho burocrático.
**papier-mâché** /peipermechei/ *s* papel machê.
**papilla** /pepile/ *s* papila; pústula (*pl* **papillae** /pepilí/).
**paprika** /pæpríke/ *s* páprica.
**Papua New Guinea** /pæpyue nú gini/ *s* Papua-Nova Guiné.
**Papua New Guinean** /pæpyue nú ginien/ *s* e *adj* papuásio.
**papyrus** /pepaires/ *s* papiro (*pl* **papyruses** /pepairesiz/ ou **papyri** /pepairai/).
**par** /pár/ *s* quantia ou nível padrão; igualdade, paridade. | *adj* igual ao padrão.

P

**parable** /pérebel/ *s* parábola (alegoria religiosa).
**parabola** /perӕbele/ *s* parábola.
**parabolic** /pérebálik/ *adj* parabólico.
**parabolical** /pérebálikel/ » **parabolic**.
**parachute** /péréchút/ *s* paraquedas. | *v* saltar ou lançar de paraquedas.
**parachuter** /pérechúter/ » **parachutist**.
**parachutist** /pérechútist/ *s* paraquedista.
**parade** /pereid/ *s* parada, desfile; revista de tropas; passeata; passeio público. | *v* marchar, participar de parada; passar em revista; desfilar, exibir-se.
**paradigm** /péredaim, péredim/ *s* paradigma, modelo, exemplo.
**paradigmatic** /péredigmӕtik/ *adj* paradigmático.
**paradise** /péredaiz/ *s* paraíso.
**paradisiacal** /péredisaiekel/ *adj* paradisíaco.
**paradisiac** /péredisiӕk/ » **paradisiacal**.
**paradox** /péredáks/ *s* paradoxo.
**paradoxical** /péredáksikel/ *adj* paradoxal.
**paraffin** /pérefin/ *s* parafina. | *v* parafinar.
**paragon** /péregán/ *s* paradigma.
**paragraph** /péregrӕf/ *s* parágrafo; alínea. | *v* paragrafar.
**Paraguay** /péregwei, péregwai/ *s* Paraguai.
**Paraguayan** /péregweien, péregwaien/ *s* e *adj* paraguaio.
**parakeet** /pérekít/ *s* periquito.
**parallel** /pérelél/ *adj* paralelo; comparável. | *s* paralelo; paralela; semelhança; comparação. | *v* pôr em paralelo; confrontar, comparar; igualar.
**parallel bars** *s pl* barras paralelas.
**paralyse** /pérelaiz/ » **paralyze**.
**paralysis** /perӕlisis/ *s* paralisia, paralisação (*pl* **paralyses** /perӕlisíz/).
**paralytic** /pérelitik/ *s* e *adj* paralítico.
**paralyze** /pérelaiz/ *v* paralisar.
**paramedic** /péremédik/ *s* paramédico.
**parameter** /perӕmeter/ *s* parâmetro.
**paramilitary** /péremileteri/ *adj* paramilitar.
**paramount** /péremaunt/ *adj* supremo, soberano, principal, superior.
**paramountcy** /péremauntsi/ *s* superioridade, supremacia.
**paranoia** /pérenoie/ *s* paranoia.
**paranormal** /pérenórmel/ *adj* paranormal.
**parapet** /pérepét/ *s* parapeito; muro fortificado.
**paraphrase** /pérefreiz/ *v* parafrasear. | *s* paráfrase.
**paraplegic** /péreplídjik/ *adj* e *s* paraplégico.
**parapsychology** /péresaikáledji/ *s* parapsicologia.
**parasite** /péresait/ *s* parasita.
**parasitic** /péresitik/ *adj* parasítico.
**parasitical** /péresitikel/ » **parasitic**.
**parasol** /péresól/ *s* guarda-sol.
**paratrooper** /péretrúper/ *s* paraquedista.
**paratroops** /péretrúps/ *s pl* tropa de paraquedistas.
**parcel** /pársel/ *v* parcelar, repartir, dividir; empacotar, embrulhar. | *s* parcela; embrulho, pacote, volume; terreno, lote.
**parcel post** *s* serviço de encomenda postal.
**parch** /pártch/ *v* secar, ressecar; tostar.
**parchment** /pártchment/ *s* pergaminho.
**pardon** /párden/ *s* perdão, desculpa; indulto, absolvição. | *v* perdoar, desculpar. • **pardon me?** como disse? como? (quando não se escuta direito o que foi dito). **I beg your pardon** desculpe-me.
**pardonable** /párdenebel/ *adj* perdoável.
**pardoner** /párdener/ *s* perdoador.
**pare** /pér/ *v* cortar, aparar, descascar; reduzir (custos).
**parent** /pérent/ *s* pai ou mãe; progenitor; causa, origem.
**parentage** /pérentidj/ *s* ascendência, origem, linhagem.

**parental** /perentel/ *adj* paterno ou materno.
**parenthesis** /perenthesis/ *s* parêntese (*pl* **parentheses** /perenthesíz/).
**parenthood** /pérenthud/ *s* paternidade ou maternidade.
**parish** /périch/ *s* paróquia.
**parishioner** /perichener/ *s* paroquiano.
**parity** /péreti/ *s* paridade.
**park** /párk/ *s* parque, jardim público; estacionamento. | *v* estacionar veículo.
**parka** /párke/ *s* jaqueta com capuz.
**parking** /párking/ *s* estacionamento. • **no parking** estacionamento proibido.
**parking lot** *s* estacionamento.
**parking meter** *s* parquímetro.
**parlance** /párlens/ *s* parlatório.
**parley** /párlei/ *v* parlamentar, negociar, discutir. | *s* discussão, negociação.
**parliament** /párlement/ *s* parlamento.
**parliamentary** /párleménteri/ *adj* parlamentar, do parlamento.
**parlor** /párler/ *s* saleta, salão.
**parlous** /párles/ *adj* perigoso, arriscado.
**parochial** /peroukiel/ *adj* paroquial; provinciano.
**parody** /péredi/ *s* paródia. | *v* parodiar.
**parole** /peroul/ *s* liberdade condicional. | *v* dar livramento condicional.
**paroxysm** /péreksizem/ *s* paroxismo.
**paroxytone** /péráksitoun/ *adj* e *s* paroxítono.
**parquet** /párkei/ *s* parquete, parquê.
**parricide** /péresaid/ *s* parricídio; parricida.
**parrot** /péret/ *s* papagaio (ave).
**parry** /péri/ *v* desviar, esquivar-se, evadir, evitar (golpe, pergunta). | *s* desvio, evasão; resposta evasiva.
**parse** /párs/ *v* analisar (sintaticamente).
**parsimonious** /pársemounies/ *adj* parcimonioso.
**parsimony** /pársemouni/ *s* parcimônia.
**parsley** /pársli/ *s* salsa.
**parson** /pársen/ *s* pastor, clérigo, sacerdote, pároco.
**parsonage** /pársenidj/ *s* presbitério, residência paroquial.
**part** /párt/ *s* parte; porção, quota, pedaço, fração; componente, peça; dever, obrigação, função, tarefa; papel, representação (peça teatral); risca do cabelo. | *v* dividir, repartir, partir; separar, apartar, desprender-se, desunir-se, separar-se (de pessoas).
**partake** /párteik/ *v* participar, partilhar, compartilhar.
**partaker** /párteiker/ *s* participante.
**partial** /párchel/ *adj* parcial.
**partiality** /párchiæleti/ *s* parcialidade; gosto, predileção.
**partially** /párcheli/ *adv* parcialmente.
**partible** /pártebel/ *adj* divisível.
**participant** /pártisepent/ *s* e *adj* participante.
**participate** /pártisepeit/ *v* participar.
**participation** /pártisepeichen/ *s* participação.
**participator** /pártisepeiter/ *s* participador.
**participle** /pártisipel/ *s* particípio.
**particle** /pártekel/ *s* partícula.
**particular** /pertikyeler/ *adj* particular, específico, próprio, determinado; meticuloso, detalhado, minucioso. | *s* particular, pormenor, detalhe.
**particularity** /pertikyeléreti/ *s* particularidade.
**particularize** /pertikyeleraiz/ *v* particularizar, pormenorizar, detalhar.
**particularly** /pertikyelerli/ *adv* particularmente, em particular, especialmente.
**parting** /párting/ *s* separação; partida, adeus, despedida. | *adj* divisório, de separação.
**partisan** /pártizen/ *adj* faccioso, partidário. | *s* partidário, seguidor; guerrilheiro.
**partite** /pártait/ *adj* partido, dividido.
**partition** /pártichen/ *s* partição; divisão, partilha; tabique, tapume, parede divisória. | *v* separar, dividir, repartir.
**partitive** /pártetiv/ *s* e *adj* partitivo.

**partly** /pártli/ *adv* em parte, parcialmente.
**partner** /pártner/ *s* parceiro; sócio (empresa); par (na dança); companheiro, companheira, cônjuge. | *v* fazer parceria, associar-se.
**partnership** /pártnerchip/ *s* parceria; sociedade, associação.
**part of speech** *s* classe gramatical.
**partridge** /pártridj/ *s* perdiz (*pl* **partridge** ou **partridges**).
**part-time** /párttaim, párttaim/ *adj* de meio expediente, de meio período (emprego).
**parturient** /pártúrient/ *adj* parturiente, de ou relativo ao parto.
**parturition** /pártúrichen/ *s* parto.
**party** /párti/ *s* partido político, grupo, facção; parte litigante, parte interessada; festa, sarau.
**pass** /pæs/ *v* passar; ir, transpor, ultrapassar, superar; suceder, transcorrer; transferir, circular, dar em mãos; aprovar, adotar, ser aprovado ou adotado; atravessar, cruzar; ignorar; cessar, morrer. | *s* passe; passagem, caminho; desfiladeiro; aprovação; permissão; situação, condição; entrada grátis.
**passable** /pæsebel/ *adj* passável, transitável; tolerável, satisfatório.
**passage** /pæsidj/ *s* passagem, passo; travessia, viagem, navegação; trecho (de obra).
**passageway** /pæsidjwei/ *s* passagem, corredor, caminho.
**passbook** /pæsbuk/ *s* caderneta.
**passenger** /pæsendjer/ *s* passageiro.
**passerby** /pæserbai/ *s* transeunte (*pl* **passersby**).
**passible** /pæsibel/ *adj* passível.
**passing** /pæsing/ *adj* passageiro, fugaz, transitório, momentâneo; casual; precipitado, superficial. | *s* passagem; morte.
**passion** /pæchen/ *s* paixão; explosão, ira, cólera, furor; *maiús* paixão de Cristo.
**passional** /pæchenel/ *adj* passional.
**passionate** /pæchenit/ *adj* apaixonado; ardente, emotivo.
**passionateness** /pæchenitnes/ *s* impetuosidade, arrebatamento.
**passionflower** /pæchenflauer/ *s* flor do maracujá.
**passion fruit** *s* maracujá.
**passionless** /pæchenles/ *adj* impassível.
**passive** /pæsiv/ *adj* passivo, quieto, indiferente. | *s* voz passiva; passivo.
**passive smoker** *s* fumante passivo.
**passivism** /pæsevizem/ *s* passivismo.
**passivity** /pæsiveti/ *s* passividade.
**passkey** /pæskí/ *s* chave mestra.
**Passover** /pæsouver/ *s* Páscoa (dos judeus).
**passport** /pæspórt/ *s* passaporte.
**password** /pæswêrd/ *s* senha.
**past** /pæst/ *adj* passado, decorrido; findo, consumado. | *s* passado. | *prep* mais de, além de.
**pasta** /páste/ *s* massa.
**paste** /peist/ *s* pasta, massa; cola, goma; *gír* golpe forte. | *v* colar; afixar; *gír* golpear.
**pasteboard** /peistbórd/ *s* papelão, cartão, cartolina. | *adj* de papelão.
**pastel** /pæstél/ *s* e *adj* pastel (arte).
**paste-up** /peistâp/ *s* colagem (arte).
**pasteurization** /pæstcherizeichen/ *s* pasteurização.
**pasteurize** /pæstcheraiz/ *v* pasteurizar.
**pastil** /pæstíl/ » **pastille**.
**pastille** /pæstíl/ *s* pastilha (medicamento).
**pastime** /pæstaim/ *s* passatempo, entretenimento agradável.
**pastor** /pæster/ *s* pastor.
**past participle** *s* particípio passado.
**past perfect** *s* passado perfeito.
**pastry** /peistri/ *s* massa (pastel, bolo); folhados, tortas.
**past tense** *s* tempo passado.
**pasturage** /pæstcheridj/ *s* pasto, pastagem.
**pasture** /pæstcher/ *s* pasto, pastagem. | *v* pastar, pastorear, apascentar.

**pasty** /peisti/ *adj* pastoso; pálido.
**pat** /pæt/ *v* bater de leve (como gesto de carinho), afagar. | *s* pancadinha, tapinha (nas costas). | *adj* oportuno, apropriado. | *adv inform* perfeitamente, exatamente.
**patch** /pætch/ *s* retalho, remendo; curativo; venda (para olho); horta, canteiro. | *v* remendar; consertar.
**patchable** /pætchebel/ *adj* remendável.
**patcher** /pætcher/ *s* remendão.
**patchwork** /pætchwêrk/ *s* trabalho feito de retalhos (como uma colcha de retalhos).
**patchy** /pætchi/ *adj* feito de retalhos; ímpar, sem igual (em qualidade e desempenho).
**pate** /peit/ *s* cabeça, cachola.
**pâté** /pátei/ *s* patê.
**paten** /pæten/ *s* pátena.
**patent** /pætent/ *adj* patente, evidente, notório, óbvio. | *s* patente; privilégio, direito.
**patented** /pætentid/ *adj* patenteado; privilegiado; concedido por alvará.
**patentee** /pætentí/ *s* detentor de patente.
**paternal** /petêrnel/ *adj* paternal, paterno.
**paternally** /petêrnelli/ *adv* paternalmente.
**paternalism** /petêrnelizem/ *s* paternalismo.
**paternity** /petêrneti/ *s* paternidade.
**paternity test** *s* teste de paternidade.
**path** /pæth/ *s* caminho, trilha, vereda, senda; trajetória, curso.
**pathetic** /pethétik/ *adj* patético, digno de pena.
**pathetical** /pethétikel/ » **pathetic**.
**pathfinder** /pæthfainder/ *s* explorador, desbravador, pioneiro.
**pathologic** /pætheládjik/» **pathological**.
**pathological** /pætheládjikel/ *adj* patológico.
**pathologist** /petháledjist/ *s* patologista.
**pathology** /petháledji/ *s* patologia.
**pathway** /pæthwei/ *s* caminho, trilha.
**patience** /peichens/ *s* paciência.
**patient** /peichent/ *adj* paciente, tolerante. | *s* paciente, doente, enfermo.
**patiently** /peichentli/ *adv* pacientemente.
**patin** /pæten/ » **paten**.
**patina** /pætene/ *s* pátina.
**patine** /pætene/ » **patina**.
**patio** /pætiou/ *s* pátio.
**patriarch** /peitriárk/ *s* patriarca.
**patriarchal** /peitriárkel/ *adj* patriarcal.
**patriarchate** /peitriárkit/ *s* patriarcado.
**patriarchic** /peitriárkik/ » **patriarchal**.
**patrician** /petrichen/ *s* e *adj* patrício, nobre, aristocrático.
**patrimony** /pætremouni/ *s* patrimônio.
**patriot** /peitriet/ *s* patriota.
**patriotic** /peitriátik/ *adj* patriótico.
**patriotism** /peitrietizem/ *s* patriotismo.
**patrol** /petroul/ *s* patrulha, ronda. | *v* patrulhar, rondar.
**patrol car** *s* radiopatrulha (carro).
**patrolman** /petroulmen/ *s* guarda de patrulha.
**patron** /peitren/ *s* patrono, patrocinador, protetor, benfeitor; padroeiro; freguês.
**patronage** /peitrenidj/ *s* patrocínio, proteção, amparo; freguesia, clientela.
**patroness** /peitrenis/ *s* patrocinadora; padroeira.
**patronize** /peitrenaiz/ *v* patrocinar, favorecer, amparar; ser freguês de; tratar de modo condescendente.
**patron saint** *s* santo padroeiro.
**patronymic** /pætrenimik/ *adj* e *s* patronímico.
**patter** /pæter/ *s* tamborilada; ruído de passos leves; tagarelice. | *v* tamborilar; dar passos curtos; tagarelar.
**pattern** /pætern/ *v* moldar; seguir o modelo de. | *s* padrão; modelo, exemplar; molde (costura); forma.
**patterning** /pæterning/ *s* padronagem, configuração.
**patty** /pæti/ *s* bolinho (salgado).
**paucity** /páseti/ *s* exiguidade, escassez, penúria, insuficiência.

P

**paunch** /pántch/ *s* pança, barriga grande.
**paunchy** /pántchi/ *adj* barrigudo, pançudo.
**pauper** /páper/ *s* paupérrimo, mendigo.
**pause** /páz/ *v* pausar, cessar, parar. | *s* pausa, interrupção, intervalo.
**pave** /peiv/ *v* pavimentar, calçar.
**pavement** /peivment/ *s* calçada, passeio; pavimento, calçamento.
**paver** /peiver/ *s* calceteiro.
**pavilion** /pevilyen/ *s* pavilhão; barraca, tenda (feira, exposição).
**paving** /peiving/ *s* pavimento, calçamento.
**paw** /pá/ *s* pata (com garras), garra. | *v* dar patada; raspar a pata no chão; apalpar alguém.
**pawn** /pán/ *v* penhorar; arriscar. | *s* penhor, penhora; peão (xadrez).
**pawnbroker** /pánbrouker/ *s* agiota, penhorista.
**pawnshop** /páncháp/ *s* casa de penhores.
**pay** /pei/ *v* pagar, liquidar, saldar; remunerar; valer a pena, compensar; render, prestar (atenção, homenagem, tributo). | *s* pagamento; remuneração, soldo, ordenado, salário. • **pay attention to** prestar atenção a.
**payable** /peiebel/ *adj* pagável, com pagamento vencido. • **payables** contas a pagar.
**payback** /peibæk/ *s* pagamento em retorno.
**pay cable** *s* TV paga (a cabo).
**paycheck** /peitchék/ *s* contracheque, holerite.
**payday** /peidei/ *s* dia de pagamento.
**payee** /peií/ *s* pessoa a quem se paga, beneficiário.
**payer** /peier/ *s* pagador, sacado.
**payload** /peiloud/ *s* carga; peso total de uma carga; total de passageiros transportados em um avião.
**paymaster** /peimæster/ *s* pagador.
**payment** /peiment/ *s* pagamento; recompensa, retribuição, prêmio.
**payoff** /peiáf/ *s* pagamento total de salário.
**payroll** /peiroul/ *s* folha de pagamento.
**pay station** *s* telefone público.
**PBX** /píbíéks/ *abrev* de **private branch exchange**, rede de ramais privada.
**PC** /písí/ *abrev* de **personal computer**, computador pessoal.
**P.D.** /pídí/ *abrev* de **Police Department**, delegacia de polícia.
**PDT** *abrev* de **Pacific Daylight Time**, horário de verão do Pacífico.
**pea** /pí/ *s* ervilha.
**peace** /pís/ *s* paz; calma, tranquilidade.
**peaceable** /písebel/ *adj* pacífico, pacato, sossegado, tranquilo.
**peaceableness** /písebelnes/ *s* quietação, sossego, calmaria.
**peaceful** /písfel/ *adj* pacífico; sossegado, tranquilo.
**peacekeeper** /pískíper/ *s* pessoa que promove a paz.
**peacekeeping** /pískíping/ *adj* que promove a paz.
**peacemaker** /písmeiker/ *s* pacificador.
**peace offering** *s* proposta de paz.
**peace officer** *s* xerife.
**peace pipe** *s* cachimbo da paz.
**peach** /pítch/ *s* pêssego. | *v* delatar, dedurar, denunciar.
**peacock** /píkák/ *s* pavão.
**peahen** /píhén/ *s* pavoa.
**peak** /pík/ *s* pico, cume; apogeu, máximo, auge; viseira, pala (boné).
**peaked** /píkt/ *adj* pontiagudo, pontudo.
**peal** /píl/ *s* repique (sinos); explosão de barulho. | *v* repicar (sino).
**pean** /píen/ » **paean**.
**peanut** /pínât/ *s* amendoim.
**peanut butter** *s* pasta de amendoim.
**pear** /pér/ *s* pera.
**pearl** /pêrl/ *s* pérola. | *v* ornar com pérolas.
**peasant** /pézent/ *s* camponês, aldeão, campônio.
**peasantry** /pézentri/ *s* campesinato, gente do campo.
**peat** /pít/ *s* turfa.

**pebble** /pébel/ *v* pavimentar com seixos. | *s* seixo, calhau, pedregulho.
**peccability** /pékebileti/ *s* pecabilidade.
**peccable** /pékebel/ *adj* pecável.
**peccant** /pékent/ *adj* pecador; culpado, faltoso.
**peck** /pék/ *v* bicar, dar bicadas; pegar comida (com o bico); beliscar (comida), debicar; *inform* dar uma beijoca. | *s* bicada; *inform* beijoca.
**pecking order** *s* hierarquia.
**peckish** /pékich/ *adj* mal-humorado, irritado.
**pectoral** /pékterel/ *adj* peitoral.
**peculation** /pékyeleichen/ *s* peculato.
**peculator** /pékyeleiter/ *s* peculatário.
**peculiar** /pikyúlyer/ *adj* peculiar, característico, próprio, específico; esquisito, estranho. | *s* peculiaridade.
**peculiarity** /pikyúliéreti/ *s* peculiaridade, particularidade, singularidade; excentricidade, esquisitice.
**pecuniary** /pikyúniéri/ *adj* pecuniário.
**pedagogic** /pédegádjik/ *adj* pedagógico.
**pedagogical** /pédegádjikel/ » **pedagogic**.
**pedagogue** /pédegág/ *s* pedagogo.
**pedagogy** /pédegádji/ *s* pedagogia.
**pedal** /pédel/ *s* pedal. | *v* pedalar.
**pedant** /pédent/ *s* pedante.
**pedantic** /pédæntik/ *adj* pedante, pedantesco.
**pedantry** /pédentri/ *s* pedantismo.
**peddle** /pédel/ *v* mascatear, vender mercadorias pelas ruas; traficar, fazer tráfico; *inform* espalhar, disseminar.
**peddler** /pédler/ *s* mascate, vendedor; traficante.
**pederast** /péderæst/ *s* pederasta.
**pedestal** /pédistel/ *s* pedestal.
**pedestrian** /pedéstrien/ *s* pedestre, transeunte. | *adj* pedestre; banal, corriqueiro.
**pediatric** /pídiætrik/ *adj* pediátrico.
**pediatrician** /pídietrichen/ *s* pediatra.
**pediatrics** /pídiætriks/ *s us v sing* pediatria.
**pediatrist** /pídiætrist/ » **pediatrician**.
**pedicure** /pédikyur/ *s* pedicuro.
**pedigree** /pédigrí/ *s pedigree*, origem, linhagem; ascendência, genealogia.
**pee** /pí/ *s gír* xixi, urina. | *v gír* fazer xixi, urinar.
**peek** /pík/ *v* espiar, espreitar. | *s* espiada.
**peel** /píl/ *s* casca (fruta); pá (remo, forno). | *v* descascar, tirar a casca, pelar(-se).
**peeler** /píler/ *s* descascador, pelador.
**peeling** /píling/ *s* descascamento.
**peep** /píp/ *v* espreitar, espiar; aparecer, despontar, surgir, mostrar-se; piar (pássaro). | *s* espiada, olhadela; pio.
**peeper** /píper/ *s* espreitador.
**peephole** /píphoul/ *s* buraco por onde se pode espreitar.
**peer** /pir/ *v* fitar, tentar enxergar, fixar a vista em; despontar. | *s* par, semelhante, igual; nobre, pessoa pertencente à nobreza.
**peerage** /piridj/ *s* nobreza.
**peeress** /piris/ *s fem* nobre, mulher pertencente à nobreza.
**peerless** /pirles/ *adj* incomparável, sem igual, sem par.
**peeve** /pív/ *v* ficar irritado.
**peevish** /pívich/ *adj* rabugento, impertinente, mal-humorado.
**peevishness** /pívichnes/ *s* rabugice, impertinência.
**peg** /pég/ *s* cavilha, tacha. | *v* prender ou fixar com cavilhas; marcar com tachas (mapa, plano); fixar o preço; classificar, categorizar; trabalhar duro, persistir.
**pejorative** /pidjóretiv, pédjereitiv/ *adj* pejorativo, depreciativo.
**pelican** /péliken/ *s* pelicano.
**pellet** /pélit/ *s* bolinha (papel, isopor); pelota (usada na catapulta).
**pellicle** /pélikel/ *s* película.
**pell-mell** /pélmél/ *adv* em desordem, em confusão; precipitadamente. | *s* desordem, confusão; precipitação. | *adj* desordenado, confuso; precipitado.
**pellucid** /pelúsid/ *adj* transparente, translúcido.

**pellucidity** /pelúsideti/ *s* transparência.
**pelt** /pélt/ *v* lançar, atirar, arremessar; bater repetidamente. | *s* pancada forte, golpe; pele de animal (não curtida).
**peltry** /péltri/ *s* pelaria, peles.
**pelvic** /pélvik/ *adj* pélvico.
**pelvis** /pélvis/ *s* pélvis (*pl* **pelvises** ou **pelves** /pélvíz/).
**pen** /pén/ *s* pena (de escrever); caneta; curral, cercado, redil; cisne fêmea. | *v* escrever, redigir; encurralar, colocar no curral.
**penal** /pínel/ *adj* penal.
**penal code** *s* código penal.
**penalize** /pínelaiz/ *v* penalizar.
**penalty** /pénelti/ *s* pena, penalidade; multa; pênalti.
**penance** /pénens/ *s* penitência. | *v* penitenciar.
**penchant** /péntchent/ *s* queda, predileção, inclinação.
**pencil** /pénsel/ *s* lápis, lapiseira; pincel fino. | *v* escrever ou desenhar a lápis.
**pendant** /péndent/ *s* pendente, pingente (colar, brinco).
**pendent** /péndent/ » **pendant**.
**pending** /pénding/ *adj* pendente, por solucionar, aguardando confirmação; iminente. | *prep* no processo de, durante; no aguardo, até a.
**pendulous** /péndjeles/ *adj* pendente.
**pendulum** /péndjelem/ *s* pêndulo.
**penetrable** /pénitrebel/ *adj* penetrável.
**penetrate** /pénitreit/ *v* penetrar; permear, infiltrar; compreender.
**penetrating** /pénitreiting/ *adj* penetrante; perspicaz.
**penetration** /pénitreichen/ *s* penetração; perspicácia, discernimento.
**penguin** /pénggwin/ *s* pinguim.
**penholder** /pénhoulder/ *s* porta-canetas, porta-penas.
**penicillin** /pénisilin/ *s* penicilina.
**peninsula** /péninsele/ *s* península.
**penis** /pínis/ *s* pênis (*pl* **penises** ou **penes** /píníz/).
**penitence** /pénitens/ *s* penitência.
**penitent** /pénitent/ *s* e *adj* penitente.
**penitentiary** /péniténtcheri/ *s* penitenciária, presídio. | *adj* penitenciário, penal.
**penknife** /pénnaif/ *s* canivete.
**penman** /pénmen/ *s* escriba, copista, calígrafo; autor, escritor.
**penmanship** /pénmenchip/ *s* caligrafia, escrita (arte, estilo ou habilidade).
**pen name** *s* pseudônimo (de autor).
**pennant** /pénent/ *s* flâmula, bandeirola, pendão.
**penniless** /péniles/ *adj* completamente sem dinheiro, duro.
**penny** /péni/ *s* pêni (unidade monetária na Irlanda e no Reino Unido) (*pl* **pennies**); a moeda de um centavo nos EUA e Canadá (*pl* **pennies**); moeda que desde 1971 corresponde à centésima parte da libra (**pence**).
**penology** /pinâledji/ *s* penalística.
**pen pal** *s* colega de correspondência.
**pension** /pénchen/ *s* pensão, aposentadoria, renda; pensão, pequeno hotel. | *v* dar uma pensão.
**pensionable** /pénchenebel/ *adj* com direito a pensão.
**pensioner** /pénchener/ *s* pensionista.
**pensive** /pénsiv/ *adj* pensativo, absorto.
**pent** /pént/ *adj* encurralado, confinado.
**pentagon** /péntegán/ *s* pentágono; *maiús* Pentágono (sede do serviço militar dos EUA).
**penthouse** /pénthaus/ *s* alpendre, telheiro; cobertura (apartamento).
**penultimate** /pinâltemet/ *adj* e *s* penúltimo.
**penurious** /penuries/ *adj* avaro, pão-duro, mesquinho; penurioso.
**penury** /pényuri/ *s* penúria, miséria, extrema pobreza.
**peon** /píen/ *s* peão, trabalhador desqualificado.
**people** /pípel/ *s pl* pessoas, povo (de uma nação). | *v* povoar, colonizar, habitar.
**pep** /pép/ *s* vigor, energia, disposição, entusiasmo. | *v* estimular, revigorar.

P

**pepper** /péper/ *s* pimenta, pimenteira. | *v* apimentar; salpicar, borrifar.

**peppermint** /pépermint/ *s* hortelã-pimenta; dropes de hortelã.

**pepperoni** /péperouni/ *s* pimentão.

**pep talk** *s inform* conversa animadora, de incentivo.

**peptic** /péptik/ *adj* péptico, digestivo.

**per** /per/ *prep* por (unidade); mediante, por intermédio de; conforme. | *adv* por unidade; por hora. • **km per hour** km por hora.

**perambulate** /perǽmbyeleit/ *v* perambular, vaguear; inspecionar a pé.

**perambulation** /perǽmbyeleichen/ *s* perambulação.

**per annum** /per ǽnem/ *adv* por ano.

**per capita** /per kǽpite/ *adv* por pessoa.

**perceivable** /persívebel/ *adj* percebível.

**perceive** /persív/ *v* perceber, sentir; compreender, discernir.

**percent** /persént/ *adv* por cento.

**percentage** /perséntidj/ *s* percentagem, porcentagem.

**percept** /pêrsépt/ *s* objeto de percepção.

**perceptible** /perrséptebel/ *adj* perceptível.

**perception** /perrsépchen/ *s* percepção; noção, ideia.

**perch** /pêrtch/ *s* perca; poleiro. | *v* empoleirar-se.

**percolate** /pêrkeleit/ *v* percolar.

**percuss** /perkâs/ *v* percutir.

**percussion** /perkâchen/ *s* percussão.

**percussionist** /perkâchenist/ *s* percussionista.

**percussive** /perkâsiv/ *adj* percussivo.

**perdition** /perdichen/ *s* perdição da alma, danação eterna.

**perdurable** /perdúrebel/ *adj* perdurável.

**peregrinate** /péregrineit/ *v* peregrinar.

**peregrination** /péregrineichen/ *s* peregrinação.

**peregrine** /périgrin/ *adj* peregrino. | *s* falcão-peregrino.

**peremptory** /perémpteri/ *adj* peremptório, decisivo; imperativo.

**perennial** /peréniel/ *adj* e *s* perene.

**perfect** /pêrfikt/ *adj* perfeito; completo, consumado. | *s* perfeito (tempo verbal). | /pêrfékt/ *v* tornar perfeito.

**perfectible** /perféktebel/ *adj* perfectível.

**perfection** /perfékchen/ *s* perfeição.

**perfectionist** /perfékchenist/ *adj* e *s* perfeccionista.

**perfectly** /pêrfiktli/ *adv* perfeitamente.

**perfectness** /pêrfiktnes/ *s* perfeição, excelência.

**perfect number** *s* número perfeito.

**perfidious** /perfidies/ *adj* pérfido, desleal, infiel, traidor.

**perfidy** /pêrfedi/ *s* perfídia, deslealdade.

**perforate** /pêrfereit/ *v* perfurar, furar. | /pêrferit/ *adj* perfurado.

**perforation** /pêrfereichen/ *s* perfuração.

**perforator** /pêrfereiter/ *s* perfurador.

**perform** /perfórm/ *v* fazer, realizar, executar, cumprir (dever, tarefa); interpretar, atuar, representar (teatro, música); desempenhar.

**performable** /perfórmebel/ *adj* executável, realizável.

**performance** /perfórmens/ *s* execução, realização; desempenho, rendimento; apresentação, representação; atuação.

**performer** /perfórmer/ *s* executante, realizador; artista, ator, músico, intérprete.

**perfume** /pêrfyúm, pêrfyúm/ *s* perfume, fragrância. | /perfyúm/ *v* perfumar.

**perfumer** /perfyúmer/ *s* perfumista.

**perfumery** /perfyúmeri/ *s* perfumaria.

**perfunctory** /perfângkteri/ *adj* negligente, indolente, descuidado.

**perhaps** /perhǽps/ *adv* talvez, porventura.

**peril** /pérel/ *s* perigo, risco. | *v* expor-se ao perigo, arriscar-se.

**perilous** /péreles/ *adj* perigoso, arriscado.

**perilousness** /pérelesnes/ *s* perigo, risco, situação perigosa.

**perimeter** /perimeter/ *s* perímetro.

**period** /piried/ *s* período; era, época; fase; ponto final; menstruação.

**periodic** /piriádik/ *adj* periódico.
**periodical** /piriádikel/ *s* periódico, publicação periódica.
**periodic law** *s* lei periódica.
**periodic table** *s* tabela periódica.
**periodontics** /périoudántiks/ *s us v sing* periodontia.
**peripheral** /periferel/ *adj* periférico.
**periphery** /periferi/ *s* periferia.
**periphrasis** /perifresis/ *s* perífrase (*pl* **periphrases** /perifresíz/).
**periphrastic** /périfræstik/ *adj* perifrástico.
**perish** /périch/ *v* perecer, sucumbir, morrer.
**perishable** /périchebel/ *adj* perecível, deteriorável (alimento). | *s geralm us pl* alimento perecível.
**periwig** /périwig/ *s* peruca, cabeleira postiça.
**perjure** /pêrdjer/ *v* perjurar.
**perjurer** /pêrdjerer/ *s* aquele que jura em falso.
**perjury** /pêrdjeri/ *s* perjúrio.
**perk** /pêrk/ *v* levantar rapidamente.
**perkiness** /pêrkines/ *s* aprumo, galhardia.
**perky** /pêrki/ *adj* vivo, animado, esperto.
**permanence** /pêrmenens/ *s* permanência, constância, estabilidade.
**permanent** /pêrmenent/ *adj* permanente.
**permanent tooth** *s* dente permanente.
**permanganate** /permænggeneit/ *s* permanganato.
**permeable** /pêrmiebel/ *adj* permeável.
**permeate** /pêrmieit/ *v* permear, penetrar por; impregnar.
**permeation** /pêrmieichen/ *s* permeação, infiltração.
**permissible** /perrmisebel/ *adj* permissível, lícito.
**permission** /perrmichen/ *s* permissão, autorização, licença.
**permissive** /perrmisiv/ *adj* permissivo, tolerante, permitido.
**permit** /permit/ *v* permitir, deixar, consentir; dar oportunidade. | /pêrmit/ *s* permissão, autorização, licença.
**permutation** /pêrmyúteichen/ *s* permutação.
**permute** /permyút/ *v* permutar, trocar.
**pernicious** /perniches/ *adj* pernicioso, ruinoso, perigoso.
**perniciousness** /pernichesnes/ *s* perniciosidade.
**peroxide** /peráksaid/ *s* peróxido.
**perpend** /perpénd/ *v* ponderar, considerar.
**perpendicular** /pêrpendikyúler/ *s* e *adj* perpendicular.
**perpendicularity** /pêrpendikyúléreti/ *s* perpendicularidade.
**perpetrate** /pêrpetreit/ *v* perpetrar.
**perpetration** /pêrpetreichen/ *s* perpetração.
**perpetual** /perpétchuel/ *adj* perpétuo, eterno.
**perpetuate** /perpétchueit/ *v* perpetuar, eternizar.
**perpetuation** /perpétchueichen/ *s* perpetuação.
**perplex** /perpléks/ *v* confundir, deixar perplexo.
**perplexed** /perplékst/ *adj* perplexo, desconcertado, confuso.
**perplexity** /perplékseti/ *s* perplexidade.
**perquisite** /pêrkwizit/ *s* gratificação, remuneração; regalia, mordomia.
**persecute** /pêrsikyút/ *v* perseguir, oprimir; importunar, molestar, incomodar.
**persecution** /pêrsikyúchen/ *s* perseguição, perseguição.
**persecutor** /pêrsikyúter/ *s* perseguidor, opressor.
**perseverance** /pêrsevirens/ *s* perseverança, persistência.
**persevere** /pêrsevir/ *v* perseverar, persistir.
**Persia** /pêrje/ *s* Pérsia.
**Persian** /pêrjen/ *adj* persa. | *s* persa (habitante e língua).
**Persian cat** *s* gato persa.
**Persian Gulf** *s* Golfo Pérsico.
**persimmon** /persimen/ *s* caquizeiro, caqui.

**persist** /persist/ *v* persistir, insistir.
**persistence** /persistens/ *s* persistência, insistência.
**persistent** /persistent/ *adj* persistente, insistente.
**person** /pêrsen/ *s* pessoa (*tb* gramatical), indivíduo.
**personable** /pêrsenebel/ *adj* bem-apessoado, atraente.
**personage** /pêrsenidj/ *s* personagem; pessoa importante.
**personal** /pêrsenel/ *adj* pessoal, particular.
**personal computer** *s* computador pessoal.
**personal identification number** *s* número de identificação pessoal, senha (*abrev* **PIN**).
**personality** /pêrsenæleti/ *s* personalidade.
**personally** /pêrseneli/ *adv* pessoalmente.
**personalty** /pêrsenelti/ *s* bens móveis.
**personate** /pêrseneit/ *v* personificar, passar por alguém, assumir a identidade de alguém.
**personation** /pêrseneichen/ *s* personificação, prosopopeia.
**personification** /persánifikeichen/ *s* personificação.
**personify** /persánifai/ *v* personificar.
**personnel** /pêrsenél/ *s* pessoal (companhia, empresa).
**perspective** /perspéktiv/ *s* perspectiva.
**perspicacious** /pêrspikeiches/ *adj* perspicaz.
**perspicaciousness** /pêrspikeichesnes/ *s* perspicácia.
**perspicuity** /pêrspikyúeti/ *s* perspicuidade.
**perspicuous** /perspikyues/ *adj* perspícuo.
**perspiration** /perspereichen/ *s* perspiração, transpiração, suor.
**perspire** /perspaier/ *v* perspirar, transpirar, suar.
**persuade** /persweid/ *v* persuadir, convencer, induzir.
**persuasion** /persweijen/ *s* persuasão; convicção; crença, credo; opinião, ideologia.
**persuasive** /persweisiv/ *adj* persuasivo.
**pert** /pêrt/ *adj* atrevido, petulante; esperto, vivo.
**pertain** /perrtein/ *v* pertencer, fazer parte; referir-se, condizer.
**pertinacious** /pêrteneiches/ *adj* pertinaz.
**pertinacity** /pêrtenæsetich/ *s* pertinácia.
**pertinence** /pêrtenens/ *s* pertinência.
**pertinency** /pêrtenensi/ » **pertinence**.
**pertinent** /pêrtenent/ *adj* pertinente.
**pertly** /pêrtli/ *adv* descaradamente, vivamente, habilmente.
**pertness** /pêrtnes/ *s* petulância, insolência, ousadia.
**perturb** /pertêrb/ *v* perturbar, irritar.
**perturbable** /pertêrbebel/ *adj* perturbável.
**perturbation** /pêrterbeichen/ *s* perturbação.
**Peru** /perú/ *s* Peru.
**perusal** /perúzel/ *s* leitura cuidadosa.
**peruse** /perúz/ *v* ler cuidadosamente.
**peruser** /perúzer/ *s* leitor atento, observador.
**Peruvian** /perúvien/ *s* e *adj* peruano.
**pervade** /perveid/ *v* impregnar, penetrar; espalhar-se, difundir-se.
**pervasion** /perveijen/ *s* penetração, impregnação.
**pervasive** /perveisiv/ *adj* penetrante.
**perverse** /pervêrs/ *adj* pervertido; contumaz, teimoso, pertinaz; do contra.
**perversion** /pervêrjen/ *s* perversão, corrupção; deturpação.
**perversity** /pervêrseti/ *s* perversidade.
**pervert** /pervêrt/ *v* perverter, corromper; desvirtuar, distorcer. | /pêrvêrt/ *s* pervertido.
**perverted** /pervêrtid/ *adj* pervertido, corrompido.
**perverter** /pervêrter/ *s* pervertedor, corruptor.

P

**pervious** /pêrvies/ *adj* permeável, penetrável.
**perviousness** /pêrviesnes/ *s* permeabilidade.
**pessimism** /pésemizem/ *s* pessimismo.
**pessimist** /pésemist/ *s* pessimista.
**pessimistic** /pésemistik/ *adj* pessimista.
**pest** /pést/ *s* peste, epidemia, praga; pessoa ou coisa detestável.
**pester** /péster/ *v* atormentar, incomodar, irritar.
**pestiferous** /péstiferes/ *adj* pestífero, nocivo.
**pestilence** /pésteléns/ *s* pestilência, peste.
**pestilent** /pésteléent/ *adj* pestilento; pernicioso.
**pestle** /pésel/ *s* pilão. | *v* triturar ou moer no pilão.
**pet** /pét/ *s* animal de estimação; pessoa favorita. | *adj* de estimação (animal); querido, favorito, predileto. | *v* acariciar, afagar, fazer carinho, mimar.
**petal** /pétel/ *s* pétala.
**petition** /petichen/ *s* petição, requerimento. | *v* peticionar, solicitar, requerer.
**petitioner** /petichener/ *s* peticionário.
**petrify** /pétrifai/ *v* petrificar(-se).
**petrochemical** /pétroukémikel/ *s* e *adj* petroquímico.
**petrochemistry** /pétroukémistri/ *s* petroquímica.
**petrol** /pétrel/ *s IngBrit* gasolina.
**petroleum** /petrouliem/ *s* petróleo.
**petrology** /petráledji/ *s* petrologia.
**petticoat** /pétikout/ *s* anágua, saiote; *ofens* garota, mulher. | *adj gír* feminino.
**pettifogger** /pétifáger/ *s* advogado inescrupuloso.
**pettiness** /pétines/ *s* mesquinharia, mesquinhez; inferioridade; insignificância.
**pettish** /pétich/ *adj* impertinente, rabugento.
**pettishness** /pétichnes/ *s* impertinência, rabugice.
**petty** /péti/ *adj* mesquinho, pequeno; insignificante, banal; inferior, subalterno.
**petty cash** *s* fundo de caixa.
**petty officer** *s* suboficial da Marinha.
**petulance** /pétchelens/ *s* rabugice, mau humor; petulância.
**petulancy** /pétchelensi/ » **petulance**.
**petulant** /pétchelent/ *adj* rabugento, mal-humorado; petulante.
**petunia** /petúnye/ *s* petúnia.
**pew** /pyú/ *s* banco de igreja.
**PHA** /píeitchei/ *abrev* de **Public Housing Administration**, administração pública.
**phalange** /feilændj, fælendj/ » **phalanx**.
**phalanx** /feilængks/ *s* falange, unidade de infantaria, corpo de tropas (*pl* **phalanxes** /feilængksiz/ ou **phalanges** /felændjíz/); falange dos dedos (*pl* **phalanges** /felændjíz/).
**phallic** /fælik/ *adj* fálico.
**phantasm** /fæntæzem/ *s* fantasma.
**phantom** /fæntem/ *s* fantasma, espectro, aparição.
**Pharaoh** /férou, feirou/ *s* faraó.
**Pharisee** /férisí/ *s* fariseu.
**pharmaceutic** /fármesútik/ » **pharmaceutical**.
**pharmaceutical** /fármesútikel/ *adj* farmacêutico.
**pharmacist** /fármesist/ *s* farmacêutico.
**pharmacology** /fármekáledji/ *s* farmacologia.
**pharmacy** /fármesi/ *s* farmácia (estudo e estabelecimento).
**pharyngitis** /férindjaitis/ *s* faringite.
**pharynx** /færingks/ *s* faringe (*pl* **pharynges** /feringdjíz/ ou **pharynxes** /færingksiz/).
**phase** /feiz/ *s* fase, estágio.
**pheasant** /fézent/ *s* faisão (*pl* **pheasants** ou **pheasant**).
**phenomenal** /fenámenel/ *adj* fenomenal.
**phenomenology** /fenámenáledji/ *s* fenomenologia.
**phenomenon** /fenámenám/ *s* fenômeno (*pl* **phenomena** /fenámene/); fenômeno (sobrenatural), fato inexplicável (*pl* **phenomenons**).
**phew** /fyú/ *interj* ufa (cansaço, surpresa).

**philanthropic** /filænthrápik/ *adj* filantrópico.
**philanthropical** /filænthrápikel/ » **philanthropic**.
**philanthropist** /felænthrepist/ *s* filantropo.
**philanthropy** /felænthrepi/ *s* filantropia.
**philatelist** /filætelist/ *s* filatelista.
**philately** /filæteli/ *s* filatelia.
**philharmonic** /filhármánik/ *s* filarmônica. | *adj* filarmônico.
**Philippine** /filepín/ *adj* filipino.
**Philippines** /filepínz/ *s* Filipinas.
**philosopher** /filásefer/ *s* filósofo.
**philosophic** /filesáfik/ » **philosophical**.
**philosophical** /filesáfikel/ *adj* filosófico.
**philosophy** /filásefi/ *s* filosofia.
**phlegm** /flém/ *s* fleuma; catarro, muco.
**phlegmatic** /flégmætik/ *adj* fleumático, calmo.
**phobia** /foubie/ *s* fobia.
**phone** /foun/ *s* telefone. | *v* telefonar. • **be on the phone** estar no telefone.
**phoneme** /founím/ *s* fonema.
**phonemic** /founímik/ *adj* fonêmico.
**phonetic** /founétik/ *adj* fonético.
**phonetic alphabet** *s* alfabeto fonético.
**phonetics** /founétiks/ *s us v sing* fonética.
**phoney** /founi/ » **phony**.
**phonic** /fánik/ *adj* fônico.
**phonics** /fániks/ *s us v sing* fônica.
**phonogram** /founegræm/ *s* fonograma.
**phonograph** /founegræf/ *s* fonógrafo.
**phonographic** /founegræfik/ *adj* fonográfico.
**phonography** /founágrefi/ *s* fonografia.
**phonology** /fenáledji/ *s* fonologia.
**phony** /founi/ *adj gír* falso, falsificado. | *s* falsificação; impostor.
**phosphate** /fásfeit/ *s* fosfato.
**phosphorescence** /fásferésens/ *s* fosforescência.
**phosphorescent** /fásferésent/ *adj* fosforescente.
**phosphorus** /fásferes/ *s* fósforo (*símb* **P**).
**photo** /foutou/ *s* foto.
**photocopier** /foutoukápier/ *s* fotocopiadora.
**photocopy** /foutoukápi/ *s* fotocópia. | *v* fotocopiar.
**photoelectric** /foutouiléktrik/ *adj* fotoelétrico.
**photoelectrical** /foutouiléktrikel/ » **photoelectric**.
**photoelectric cell** *s* célula fotoelétrica.
**photograph** /foutougræf/ *s* fotografia. | *v* fotografar.
**photographer** /fetágrefer/ *s* fotógrafo.
**photographic** /foutegræfik/ *adj* fotográfico.
**photographical** /foutegræfikel/ » **photographic**.
**photography** /fetágrefi/ *s* fotografia.
**photon** /foután/ *s* fóton.
**photosynthesis** /foutousinthesis/ *s* fotossíntese.
**phrase** /freiz/ *s* frase, locução, sentença, expressão. | *v* expressar (oralmente ou por escrito); frasear.
**phraseology** /freiziáledji/ *s* fraseologia.
**phrasing** /freizing/ *s* fraseado.
**physic** /fizik/ *s* remédio, medicamento. | *v* medicar.
**physical** /fizikel/ *adj* físico.
**physical therapist** *s* fisioterapeuta.
**physical therapy** *s* fisioterapia.
**physician** /fizichen/ *s* médico, clínico.
**physicist** /fizisist/ *s* físico.
**physics** /fiziks/ *s us v sing* Física.
**physiognomy** /fiziágnemi/ *s* fisionomia, aparência, aspecto.
**physiologic** /fizieládjik/ » **physiological**.
**physiological** /fizieládjikel/ *adj* fisiológico.
**physiologist** /fiziáledjist/ *s* fisiologista.
**physiology** /fiziáledji/ *s* fisiologia.
**physiotherapy** /fiziouthérepi/ » **physical therapy**.
**physiotherapist** /fiziouthérepist/ » **physical therapist**.
**physique** /fizík/ *s* físico, corpo.
**pi** /pai/ *s* pi, 16ª letra do alfabeto grego (p).

**pianist** /pi̲enist/ *s* pianista.
**piano** /piæ̲nou/ *s* piano.
**pick** /pik/ *s* picareta, picão; escolha, seleção. | *v* selecionar, escolher; colher; picar, furar; bicar; abrir com chave falsa. • **pick up** apanhar, catar; aprender. **pick pocket** bater carteira.
**pickax** /pi̲kæks/ *s* picareta, picão, alvião.
**pickaxe** /pi̲kæks/ » **pickax**.
**picked** /pi̲kit/ *adj* escolhido, selecionado.
**picket** /pi̲kit/ *s* estaca, ripa (de cerca); piquete (greve). | *v* cercar com estacas; fazer piquete (greve).
**pickle** /pi̲kel/ *s* picles. | *v* conservar em vinagre.
**pick-me-up** /pi̲kmiâp/ *s inform* estimulante, dose de bebida.
**pickpocket** /pi̲kpákit/ *s* batedor de carteiras.
**picky** /pi̲ki/ *adj* exigente.
**picnic** /pi̲knik/ *s* piquenique. | *v* fazer piquenique.
**pictorial** /piktó̲riel/ *adj* pictorial, ilustrado.
**picture** /pi̲ktcher/ *s* pintura, tela, quadro; desenho, ilustração; cena; retrato, fotografia; filme; imagem, descrição. | *v* pintar; ilustrar, desenhar; imaginar; retratar; descrever.
**picturesque** /piktcheré̲sk/ *adj* pitoresco.
**pie** /pai/ *s* torta; pastel, pastelão.
**piece** /pís/ *s* pedaço; fragmento; peça, pedaço, parte. | *v* remendar; reunir, juntar, unir (peças).
**piecemeal** /pí̲smíl/ *adv* em pedaços, gradualmente; pouco a pouco.
**piecework** /pí̲swêrk/ *s* trabalho por empreitada.
**pied** /paid/ *adj* variegado, de várias cores, mesclado.
**pier** /pir/ *s* píer, cais.
**pierce** /pirs/ *v* furar, perfurar, traspassar com instrumento pontiagudo.
**piercing** /pi̲rsing/ *adj* agudo, penetrante.
**piety** /pa̲ieti/ *s* devoção (à família, a Deus).
**piffle** /pi̲fel/ *s* tolice, futilidade. | *v* dizer tolices; ocupar-se com ninharia.
**pig** /pig/ *s* porco, leitão; lingote (metal); *fig* porcalhão.
**pigeon** /pi̲djen/ *s* pombo; *gír* ingênuo, otário, trouxa.
**pigeonhole** /pi̲djenhoul/ *s* escaninho; compartimento para pombo.
**piggish** /pi̲gich/ *adj* voraz, glutão; teimoso.
**piggy** /pi̲gi/ *s* leitão, porquinho.
**piggy bank** /pi̲gibængk/ *s* cofrinho em forma de porco.
**pigheaded** /pighé̲did/ *adj* teimoso, cabeça-dura.
**piglet** /pi̲glet/ *s* leitão.
**pigment** /pi̲gment/ *s* pigmento. | /pigmé̲nt/ *v* pigmentar.
**pigmentation** /pigmentei̲chen/ *s* pigmentação.
**pigsty** /pi̲gstai/ *s* chiqueiro, pocilga.
**pigtail** /pi̲gteil/ *s* trança, rabo de cavalo.
**pike** /paik/ *s* lúcio (peixe) (*pl* **pike** ou **pikes**); lança (arma); pedágio de estrada.
**pilaster** /pilæ̲ster/ *s* pilastra.
**pilchard** /pi̲ltcherd/ *s* sardinha.
**pile** /pail/ *s* pilha, monte, montão; estaca; pilha elétrica; penugem; reator nuclear. | *v* empilhar, amontoar; cravar estacas.
**pile driver** *s* bate-estacas.
**piles** /pailz/ *s pl* hemorroidas.
**pilfer** /pi̲lfer/ *v* furtar, surrupiar (objetos sem valor).
**pilferer** /pi̲lferer/ *s* gatuno, larápio (que pratica pequenos furtos).
**pilgrim** /pi̲lgrim/ *s* peregrino, romeiro.
**pilgrimage** /pi̲lgrimidj/ *s* peregrinação, romaria.
**piling** /pa̲iling/ *s* acumulação, empilhamento, montão.
**pill** /pil/ *s* pílula, comprimido.
**pillage** /pi̲lidj/ *s* pilhagem, saque. | *v* pilhar, saquear.
**pillar** /pi̲ler/ *s* pilar, coluna; *fig* sustentáculo.

**pillbox** /pilbáks/ *s* porta-comprimidos.
**pillory** /pileri/ *s* pelourinho. | *v* expor no pelourinho.
**pillow** /pilou/ *s* travesseiro, almofada. | *v* descansar sobre o travesseiro ou a almofada.
**pillowcase** /piloukeis/ *s* fronha.
**pilot** /pailet/ *s* piloto. | *v* pilotar, guiar, dirigir.
**pilotage** /pailetidj/ *s* pilotagem.
**pimp** /pimp/ *s* cafetão (explorador de mulheres).
**pimple** /pimpel/ *s* espinha (na pele).
**PIN** /pin/ *abrev* de **personal identification number**, número de identificação pessoal.
**pin** /pin/ *s* alfinete; broche; pino; grampo (de cabelo). | *v* prender com alfinetes; fixar, segurar, prender.
**pinball** /pinbál/ *s* fliperama.
**pincers** /pinserz/ *s pl* alicate; pinças (de siri, lagosta).
**pinch** /pintch/ *s* beliscão; aperto, necessidade, dificuldade; pitada (sal). | *v* beliscar; apertar; economizar exageradamente, ser pão-duro; *gír* furtar, surripiar.
**pinchpenny** /pintchpéni/ *adj* avarento. | *s* mesquinho.
**pincushion** /pinkuchen/ *s* alfineteira.
**pine** /pain/ *s* pinheiro, pinho; pinha; madeira de pino. | *v* definhar, murchar; desfalecer; suspirar, ansiar.
**pineapple** /painæpel/ *s* abacaxi, ananás.
**ping** /ping/ *s* silvo, sibilo. | *v* sibilar.
**Ping-Pong™** /pingpáng/ *s* pingue-pongue.
**pinguid** /pingwid/ *adj* gordo, gorduroso, oleoso.
**pinhead** /pinhéd/ *s* cabeça de alfinete.
**pinion** /pinyen/ *s* asa ou penugem de ave; roda dentada. | *v* atar as asas.
**pink** /pingk/ *s* cravo, cravina; cor-de-rosa. | *adj* cor-de-rosa. | *v* perfurar; picotar, recortar.
**pinkie** /pingki/ *s inform* dedo mínimo, mindinho.
**pinking shears** *s pl* tesoura para picotar.
**pinkish** /pingkich/ *adj* rosado.
**pinky** /pingki/ » **pinkie**.
**pin money** *s* dinheiro para eventuais despesas.
**pinnacle** /pinekel/ *s* pináculo; máximo, auge, apogeu. | *v* guarnecer de pináculo.
**pinpoint** /pinpoint/ *s* algo muito pequeno ou insignificante. | *adj* meticuloso, preciso; minúsculo. | *v* localizar com precisão.
**pint** /paint/ *s* pinta (medida equivalente a 473,12 ml nos EUA e 569,4 ml na Inglaterra).
**pintle** /paintel/ *s* pino, cavilha.
**pinup** /pinâp/ *s* fotografia de pessoa atraente.
**pioneer** /paienir/ *s* pioneiro, explorador, descobridor de caminhos. | *v* abrir caminho, explorar.
**pious** /paies/ *adj* pio, devoto, religioso.
**piousness** /paiesnes/ *s* piedade, devoção.
**pip** /pip/ *s* caroço, semente; apito, sinal sonoro; naipe ou número em carta de baralho. | *v* romper a casca de um ovo; piar.
**pipe** /paip/ *s* cachimbo; tubo, canudo, cano; flauta, pífaro, gaita de foles; pipa (para armazenar líquidos). | *v* tocar (flauta, gaita); encanar, canalizar; emitir som estridente.
**pipeful** /paipful/ *s* cachimbada.
**pipeline** /paiplain/ *s* oleoduto; encanamento.
**piper** /paiper/ *s* flautista, gaiteiro.
**piping** /paiping/ *s* sistema de encanamento; ato de tocar instrumento de sopro; som estridente. | *adj* estridente, agudo; tranquilo, pacífico.
**pique** /pík/ *s* melindre, ressentimento. | *v* melindrar, deixar ressentido.
**piracy** /pairesi/ *s* pirataria.

P

**piranha** /perãnye/ *s* piranha (peixe).
**pirate** /pairet/ *s* pirata; plagiário. | *v* pilhar, furtar; piratear, plagiar.
**Piscean** /paisien/ *adj* pisciano.
**Pisces** /paisíz/ *s pl us v sing* Peixes (signo e constelação).
**pish** /pich/ *interj* usada para expressar desdém.
**piss** /pis/ *s vulg* urina. | *v* urinar.
**pistachio** /pistæchiou/ *s* pistácia; pistache, pistácio.
**pistil** /pistil/ *s* pistilo.
**pistol** /pistel/ *s* pistola. | *v* disparar a pistola.
**piston** /pisten/ *s* pistão, êmbolo.
**pit** /pit/ *s* buraco, cova, fosso, fossa; abismo; mina, jazida; inferno; túmulo, sepultura; caroço. | *v* escavar; prender num fosso.
**pitch** /pitch/ *s* piche, breu; declive, inclinação; tom musical, diapasão; arremesso, lance; ponto máximo. | *v* cobrir (com piche, breu); jogar, arremessar (bola, pedra); entoar, dar o tom; montar, armar (barraca).
**pitch-black** /pitchblæk/ *adj* escuro como breu.
**pitcher** /pitcher/ *s* jarro, cântaro; arremessador, lançador (beisebol).
**pitchfork** /pitchfórk/ *s* forcado.
**pitchiness** /pitchines/ *s* negrura, escuridão.
**pitchy** /pitchi/ *adj* embreado, extremamente escuro.
**piteous** /pities/ *adj* lastimoso.
**piteousness** /pitiesnes/ *adj* lástima, tristeza, dó.
**pitfall** /pitfól/ *s* armadilha, arapuca; perigo imprevisto.
**pith** /pith/ *s* medula; casca interna (laranja); essência, parte principal. | *v* matar (tirando a seiva, o núcleo vital, a medula), desmedular.
**pithy** /pithi/ *adj* substancial, essencial, conciso.
**pitiable** /pitiebel/ *adj* lastimável, lamentável, de dar pena; desprezível.
**pitiful** /pitifel/ *adj* desprezível; lamentável.
**pitifully** /pitifeli/ *adv* lastimavelmente.
**pitifulness** /pitifelnes/ *s* desprezo; lamento.
**pitiless** /pitiles/ *adj* impiedoso.
**pitilessness** /pitilesnes/ *s* impiedade, desumanidade.
**pitman** /pitmen/ *s* mineiro (de mina de carvão, ferro).
**pit stop** *s* posto de parada para abastecimento de combustível ou troca de pneus em uma corrida de automóveis.
**pittance** /pitens/ *s* ninharia; pagamento insignificante.
**pitted** /pitid/ *adj* esburacado; descaroçado.
**pity** /piti/ *s* piedade, compaixão, dó, pena. | *v* compadecer-se de, ter pena de. • **what a pity!** que pena!
**pivot** /pivet/ *s* pivô, eixo, pino; centro, elemento central. | *v* colocar sobre um eixo, girar sobre um eixo.
**pivotal** /pivetel/ *adj* relativo a pivô; principal, essencial, crucial.
**pixie** /piksi/ » **pixy**.
**pixy** /piksi/ *s* duende.
**pizza** /pítse/ *s* pizza.
**pizzeria/pítserí/** *s* pizzaria.
**placable** /plækebel/ *adj* placável, manso.
**placard** /plækárd/ *v* anunciar, fazer propaganda, afixar cartazes. | *s* placa, letreiro.
**placate** /pleikeit/ *v* aplacar, apaziguar, pacificar, tranquilizar.
**place** /pleis/ *s* lugar, local; localidade, sítio; espaço; habitação; cargo, colocação; ordem, posição; estabelecimento. | *v* pôr, colocar; arranjar (colocação, emprego); reconhecer, identificar; encomendar; classificar. • **in place** em ordem, no devido lugar.
**placement** /pleisment/ *s* ato de colocar; colocação, cargo.
**placenta** /pleséntе/ *s* placenta (*pl* **placentas** ou **placentae** /plesénti/).

P

**placer** /pleiser/ *s* aluvião, depósito de minérios.

**placid** /plæsid/ *adj* plácido, sereno, sossegado, calmo.

**placidity** /plesideti/ *s* placidez, calma, serenidade.

**plagiarism** /pleidjerizem/ *s* plágio, plagiato.

**plagiarize** /pleidjeraiz/ *v* plagiar.

**plagiary** /pleidjeri/ *s* plágio.

**plague** /pleig/ *s* praga, calamidade, flagelo, desgraça; peste, epidemia. | *v* atormentar, incomodar, importunar; infestar, infeccionar.

**plaguy** /pleigi/ *adj* irritante, desagradável, maçante.

**plaid** /plæd/ *adj* de tecido enxadrezado.

**plaided** /plædid/ *adj* enxadrezado.

**plain** /plein/ *s* planície, campina. | *adj* plano, liso; franco, sincero, honesto; evidente, claro; simples, comum (pessoa, comida); puro.

**plainness** /pleines/ *s* clareza; sinceridade, honestidade; simplicidade.

**plainsong** /pleinsáng/ *s* canto gregoriano.

**plaint** /pleint/ *s* queixa, reclamação; lamento.

**plaintiff** /pleintif/ *s* demandante, pleiteante.

**plaintive** /pleintiv/ *adj* triste, choroso, lamentoso.

**plait** /plæt/ *s* trança; prega, dobra. | *v* trançar; preguear, dobrar.

**plan** /plæn/ *s* plano; projeto, esboço, planta, diagrama. | *v* traçar um plano; planejar, projetar, esboçar.

**plane** /plein/ *s* plano; superfície plana; nível, estágio; avião, aeroplano; plaina (ferramenta); plátano. | *adj* plano, que tem superfície plana. | *v* aplainar; planar.

**planer** /pleiner/ *s* plaina mecânica.

**planet** /plænit/ *s* planeta.

**planetarium** /plænitériem/ *s* planetário (*pl* **planetariums** ou **planetaria** /plænitérie/).

**planetary** /plænitéri/ *adj* planetário.

**planish** /plænich/ *v* aplainar, alisar (metais).

**planisphere** /plænisfir/ *s* planisfério.

**plank** /plængk/ *s* prancha, tábua; suporte, apoio. | *v* cobrir com tábuas, assoalhar, entabuar.

**planking** /plængking/ *s* tabuado.

**plankton** /plængkten/ *s* plâncton.

**plant** /plænt/ *s* planta, vegetal, erva; fábrica, usina; aparelhagem, instalação. | *v* plantar, cultivar; fixar, implantar; suprir, prover; estabelecer.

**plantation** /plænteichen/ *s* plantação, plantio; fazenda agrícola.

**planter** /plænter/ *s* plantador, cultivador; administrador ou dono de fazenda agrícola.

**plaque** /plæk/ *s* placa, plaqueta; broche; crachá (identificação).

**plash** /plæch/ *s* atoleiro, charco; mancha, salpico. | *v* enlamear, chafurdar; salpicar, manchar.

**plasm** /plæzem/ » **plasma**.

**plasma** /plæzme/ *s* plasma.

**plaster** /plæster/ *v* emplastar; gessar; pôr reboco. | *s* gesso; estuque, reboco; emplastro (curativo).

**plasterer** /plæsterer/ *s* gesseiro, rebocador.

**plastic** /plæstik/ *s* plástico; *inform* cartão de crédito. | *adj* plástico.

**plastic surgery** *s* cirurgia plástica.

**plasticity** /plæstiseti/ *s* plasticidade.

**plasticize** /plæstisaiz/ *v* plastificar, produzir plástico.

**plat** /plæt/ *s* trança; pedaço de terra; mapa de terreno loteado. | *v* trançar, tecer; executar uma planta.

**plate** /pleit/ *s* prato; chapa, lâmina, folha de metal; placa de metal; clichê; troféu; baixela, prataria; armadura. | *v* chapear, laminar, revestir de metal.

**plateau** /plætou/ *s* platô, planalto (*pl* **plateaus** ou **plateaux** /plætouz/).

**plated** /pleitid/ *adj* folheado (ouro, prata), galvanizado.

**plateful** /pleitful/ *s* prato cheio, pratada.
**platform** /plætfórm/ *s* plataforma; palanque, tribuna; tablado; plataforma política, programa partidário.
**plating** /pleit*ing*/ *s* galvanização.
**platinum** /plætnen/ *s* platina (*símb* **Pt**).
**platitude** /plætetúd/ *s* banalidade; lugar-comum, chavão.
**platonic** /pletánik/ *adj* platônico (que transcende o físico).
**platonic love** *s* amor platônico.
**Platonical** /pletánikel/ *adj* platônico (relacionado a Platão).
**platoon** /pletún/ *s* pelotão.
**platter** /plæt*er*/ *s* travessa, prato grande.
**platypus** /plætipes/ *s* ornitorrinco (*pl* **platypuses**).
**plaudit** /pládit/ *s* aclamação, aplauso.
**plausible** /plázebel/ *adj* plausível, razoável, aceitável; enganador.
**play** /plei/ *v* jogar, participar de jogo; brincar; representar, interpretar (cinema, teatro); desempenhar, exercer função; tocar instrumento; manejar, manusear. | *s* jogo; divertimento, brincadeira; peça teatral, drama; ação, conduta; jogada.
**playbill** /pleibil/ *s* cartaz (de teatro).
**playboy** /pleiboi/ *s* homem que passa a vida em prazeres e diversões, *playboy*.
**player** /plei*er*/ *s* jogador; ator; músico; apostador.
**playful** /pleiful/ *adj* brincalhão, alegre, divertido.
**playgirl** /pleigêrl/ *s* mulher que passa a vida em prazeres e diversões.
**playgoer** /pleigou*er*/ *s* frequentador de teatro.
**playground** /pleigraund/ *s* área destinada à recreação infantil, *playground*.
**playhouse** /pleihaus/ *s* teatro; casa de bonecas.
**playing card** *s* carta de jogo ou baralho.
**playmate** /pleimeit/ *s* companheiro (jogo, brincadeira).
**playoff** /pleiáf/ *s* partida de desempate; série de partidas jogadas para determinar um campeonato.
**playroom** /pleirúm/ *s* salão de jogos.
**plaything** /plei*thing*/ *s* joguete, brinquedo.
**playwright** /pleirait/ *s* dramaturgo.
**plea** /plí/ *s* alegação, declaração; desculpa, pretexto; apelo, súplica.
**pleach** /plítch/ *v* entretecer, entrelaçar.
**plead** /plíd/ *v* pleitear, defender, advogar; suplicar, apelar; justificar, desculpar; declarar.
**pleadable** /plídebel/ *adj* alegável, justificável.
**pleader** /plíd*er*/ *s* defensor, litigante, suplicante.
**pleading** /plíd*ing*/ *s* súplica, apelo; alegação, defesa; processo.
**pleasant** /plézent/ *adj* agradável; amável.
**pleasantness** /plézentnes/ *s* prazer; amabilidade.
**pleasantry** /plézentri/ *s* graça, gracejo, brincadeira; civilidade.
**please** /plíz/ *v* agradar, satisfazer, contentar; querer, gostar, ter gosto em. • **if you please** se você quiser. **please!** por favor!
**pleasing** /plíz*ing*/ *adj* agradável, amável.
**pleasurable** /pléjerebel/ *adj* agradável.
**pleasure** /pléj*er*/ *s* prazer, gosto, satisfação.
**pleat** /plít/ *s* prega. | *v* preguear.
**plebeian** /plibíen/ *s* e *adj* plebeu.
**plebiscite** /plébesait/ *s* plebiscito.
**plebs** /plébz/ *s* plebe (*pl* **plebes** /plíbíz/).
**pledge** /plédj/ *s* penhor, caução; garantia; compromisso, promessa; brinde (à saúde de). | *v* penhorar, hipotecar, caucionar; comprometer-se a; brindar (à saúde de).
**pledger** /plédj*er*/ *s* penhorante.
**plenary** /plíneri/ *adj* plenário, pleno.
**plenitude** /plénitúd/ *s* plenitude.
**plentiful** /pléntiful/ *adj* abundante, farto, fértil.

**plentifulness** /pl**é**ntifulnes/ *s* abundância, fertilidade.
**plenty** /pl**é**nti/ *adj* abundante, farto. | *adv* muito, bastante. | *s* abundância, fartura.
**pleonasm** /plíounæzem/ *s* pleonasmo.
**pleuron** *s* /plurán/ *s* pleura (*pl* **pleura** /plure/).
**pliable** /plaiebel/ *adj* maleável, flexível; dócil, brando, controlável.
**pliancy** /plaiensi/ *s* flexibilidade.
**pliant** /plaient/ *adj* maleável, flexível.
**pliers** /plaierz/ *s pl* alicate.
**plight** /plait/ *v* comprometer-se, empenhar-se. | *s* apuro, situação difícil ou ruim; compromisso.
**plod** /plád/ *v* caminhar lenta e pesadamente; trabalhar arduamente.
**plodder** /pláder/ *s* aquele que trabalha arduamente; pessoa que caminha lentamente.
**plonk** /plâng/ » **plunk**.
**plosive** /plousiv/ *s* consoante oclusiva. | *adj* oclusivo, que produz oclusão.
**plot** /plát/ *v* tramar, conspirar; traçar a planta de; fazer esquema ou gráfico. | *s* trama, conspiração; enredo teatral; porção (de terra).
**plotter** /pláter/ *s* tipo de impressora que imprime gráficos e desenhos com precisão.
**plough** /plau/ » **plow**.
**plow** /plau/ *s* arado, charrua. | *v* lavrar, arar, cultivar (terra); abrir caminho, fender.
**plowman** /plaumen/ *s* lavrador.
**pluck** /plâk/ *v* tirar, puxar, arrancar; depenar (ave); dedilhar (instrumento); dar um puxão, safanão. | *s* coragem, ânimo; puxão, arrancada.
**plucky** /plâki/ *adj* valente, corajoso.
**plug** /plâg/ *s* rolha, tampão; plugue; hidrante; vela de ignição; tomada; *gír* bala (arma de fogo). | *v* arrolhar, tampar, tapar, vedar; ligar na tomada; *gír* balear, atirar.
**plum** /plâm/ *s* ameixa; ameixeira.
**plumage** /plúmidj/ *s* plumagem.
**plumb** /plâm/ *v* pôr a prumo; sondar, medir profundidade (da água); examinar, verificar. | *adj* vertical. | *s* prumo, fio de prumo, nível; sonda. | *adv* a prumo.
**plumber** /plâmer/ *s* encanador.
**plumbing** /plâming/ *s* encanamento; serviço de encanamento.
**plume** /plúm/ *s* pluma, pena; penacho. | *v* emplumar; vangloriar-se, orgulhar-se.
**plummet** /plâmit/ *s* chumbo (prumo, linha de pesca). | *v* cair rapidamente.
**plump** /plâmp/ *adj* rechonchudo, gordo, roliço. | *s* baque, queda súbita. | *v* soltar, deixar cair; engordar, tornar-se roliço.
**plumpness** /plâmpnes/ *s* corpulência.
**plunder** /plânder/ *v* saquear, pilhar. | *s* saque, pilhagem, roubo.
**plunderous** /plânderes/ *adj* espoliador, saqueador.
**plunge** /plândj/ *v* mergulhar, afundar, submergir; lançar, arremessar. | *s* mergulho, imersão.
**plunger** /plândjer/ *s* mergulhador.
**plunk** /plângk/ *s* som estridente; baque, golpe violento, pancada. | *v* tanger (instrumento); arremessar ou colocar algo abruptamente.
**pluperfect** /plúpêrfikt/ *adj* e *s* mais-que-perfeito (tempo verbal).
**plural** /plurel/ *adj* e *s* plural.
**plurality** /pluræleti/ *s* pluralidade.
**plus** /plâs/ *conj* mais. | *s* o sinal de adição (+); quantidade positiva; fator favorável (*pl* **pluses** ou **plusses**). | *adj* positivo; adicional, extra.
**plush** /plâch/ *s* pelúcia.
**plushy** /plâchi/ *adj* felpudo.
**Pluto** /plútou/ *s* Plutão.
**plutocracy** /plútákresi/ *s* plutocracia.
**plutonium** /plútouniem/ *s* plutônio (*símb* **Pu**).
**pluvial** /plúviel/ *adj* pluvial, chuvoso.
**ply** /plai/ *v* unir, juntar; trafegar, ir e vir; fornecer ou oferecer continuamente;

manejar, usar; entrelaçar; dobrar. | *s* prega, dobra, ruga; camada.

**pneumatic** /númætik/ *adj* pneumático.

**pneumatics** /númætik/ *s us v sing* pneumática.

**pneumonia** /númounye/ *s* pneumonia.

**poach** /poutch/ *v* escaldar, ferver, cozinhar; invadir, penetrar (em propriedade alheia); caçar ou pescar ilegalmente.

**poacher** /poutcher/ *s* caçador ou pescador furtivo, ladrão de caça ou pesca; vasilha, travessa.

**pock** /pák/ *s* pústula, marca na pele.

**pocket** /pákit/ *s* bolso; bolsa; caçapa (sinuca). | *v* pôr no bolso, embolsar; encaçapar. | *adj* de bolso.

**pocketbook** /pákitbuk/ *s* carteira (notas, documentos); bolsa de mulher; livro de bolso.

**pocket edition** *s* edição de bolso.

**pocketful** /pákitful/ *s* o conteúdo que pode caber em um bolso.

**pocketknife** /pákitnaif/ *s* canivete.

**pocket money** *s* dinheiro para pequenos gastos ou incidentes, trocado.

**pod** /pád/ *s* vagem; cardume (golfinhos, baleia). | *v* produzir vagens.

**poem** /pouem/ *s* poema.

**poesy** /pouesi/ *s* poesia.

**poet** /pouet/ *s* poeta.

**poetess** /pouitis/ *s* poetisa.

**poetic** /pouétik/ *adj* poético. | *s* poética.

**poetical** /pouétikel/ *adj* poético.

**poetics** /pouétiks/ *s* poética (arte).

**poetry** /pouétri/ *s* poesia.

**poignancy** /poinyensi/ *s* pungência, comoção.

**poignant** /poinyent/ *adj* pungente, comovente, doloroso; agudo, intenso; picante.

**point** /point/ *s* ponto; ponta; sinal, mancha; motivo, razão; objetivo; ideia, sentido; local; momento, instante; posição; pormenor, circunstância. | *v* apontar (dedo, arma); indicar; evidenciar; chamar a atenção. • **point of view** ponto de vista.

**point-blank** /pointblængk/ *adj* direto, categórico, claro, franco; à queima-roupa (tiro). | *adv* categoricamente, diretamente, sem rodeios.

**pointed** /pointid/ *adj* pontiagudo, pontudo, aguçado; agudo, penetrante; mordaz, satírico.

**pointer** /pointer/ *s* indicador; ponteiro; perdigueiro, cão caçador; conselho, dica.

**pointing** /pointing/ *s* pontuação; pontaria; indicação, apontamento.

**pointless** /pointles/ *adj* sem razão, sem sentido; sem ponta; inútil.

**pointy** /pointi/ *adj* significativo.

**poise** /poiz/ *s* equilíbrio, estabilidade; porte, postura; autoconfiança, segurança. | *v* balançar, equilibrar; estabilizar; suspender, pairar.

**poison** /poizen/ *s* veneno, tóxico. | *v* envenenar, intoxicar.

**poisoner** /poizener/ *s* envenenador, intoxicador.

**poisoning** /poizening/*s* envenenamento, intoxicação.

**poisonous** /poizenes/ *adj* venenoso, tóxico.

**poke** /pouk/ *s* empurrão; cutucada; soco; malandro. | *v* empurrar; cutucar; tatear, apalpar; atiçar (fogo).

**poker** /pouker/ *s* atiçador (de fogo); jogo de cartas, pôquer.

**poker face** *s* fisionomia impassível, indiferente.

**pokey** /pouki/ » **poky**.

**poky** /pouki/ *adj* lento, vagaroso, moroso; pequeno, acanhado.

**Poland** /poulend/ *s* Polônia.

**polar** /pouler/ *adj* polar.

**polar bear** *s* urso polar.

**Polaris** /peléris/ *s* estrela polar.

**polarity** /pouléreti/ *s* polaridade.

**polarization** /poulerizeichen/ *s* polarização.

**polarize** /poulerai z/ *v* polarizar.
**pole** /poul/ *s* polo; poste, mastro; vara, pau; *maiús* polaco, polonês. | *v* escorar com varas; impulsionar (barco) com ajude de uma vara.
**poleax** /poulæks/ *s* enxó (tipo de machadinha).
**poleaxe** /poulæks/ » **poleax**.
**polemic** /pelémik/ *s* polêmica; polemista. | *adj* polêmico, controverso.
**polemics** /pelémiks/ *s us v sing* ou *pl* polêmica.
**polestar** /poulstár/ *s* estrela polar.
**pole vault** /pouvált/ *s* salto com vara.
**police** /pelís/ *v* policiar, vigiar. | *s* polícia.
**police court** *s* tribunal de pequenas causas.
**police dog** *s* cão policial, pastor alemão.
**policeman** /pelísmen/ *s* policial.
**police reporter** *s* repórter policial.
**police station** *s* delegacia, distrito policial.
**policewoman** /pelíswumen/ *s* policial feminina.
**policy** /pálesi/ *s* política (conjunto de medidas e ações administrativas); apólice de seguros.
**policyholder** *s* segurado.
**polio** /pouliou/ *s* pólio, poliomielite.
**poliomyelitis** /poulioumaielaites/ *s* poliomielite.
**polish** /pálich/ *v* polir, lustrar; engraxar; melhorar, aperfeiçoar. | *s* polimento; esmalte, verniz; graxa; cera; *maiús* polonês, polaco. | *adj maiús* polaco, polonês.
**polite** /pelait/ *adj* polido, educado, cortês.
**politeness** /pelaitnes/ *s* polidez, cortesia, gentileza.
**politic** /páletik/ *adj* prudente, sensato; político.
**political** /pelitikel/ *adj* político.
**politician** /páletichen/ *s* político, estadista.
**politics** /páletiks/ *s us v sing* política (ciência política).
**polity** /páleti/ *s* forma de governo, constituição política.
**polka dot** /pouke dát/*s* tecido estampado com bolinhas.
**poll** /poul/ *v* votar; receber, obter (votos); fazer enquete; apurar votos. | *s* apuração de votos, votação; lista eleitoral; enquete, pesquisa de opinião. • **polls** colégios eleitorais, local de votação.
**pollen** /pálen/ *s* pólen.
**pollinate** /páleneit/ *v* polinizar.
**pollination** /páleneichen/ *s* polinização.
**pollutant** /pelútent/ *s* poluente.
**pollute** /pelút/ *v* poluir, contaminar.
**pollution** /pelúchen/ *s* poluição.
**polo** /poulou/ *s* polo (esporte).
**polo shirt** *s* camisa polo.
**polyclinic** /páliklinik/ *s* policlínica.
**polygamous** /peligemes/ *adj* polígamo.
**polygamy** /peligemi/ *s* poligamia.
**polyglot** /páliglát/ *adj* e *s* poliglota.
**polygon** /páligán/ *s* polígono.
**Polynesia** /páleníje/ *s* Polinésia.
**Polynesian** /páleníjen/ *s* e *adj* polinésio.
**polysemy** /pálisími/ *s Ling* polissemia.
**polysyllabic** /pálisilæbik/ *adj* polissilábico.
**polysyllable** /pálisilebel/ *s* polissílabo.
**pome** /poum/ *s* pomo.
**pomegranate** /pámgrænit/ *s* romã; romãzeira.
**pomp** /pámp/ *s* pompa, ostentação.
**pompon** /pámpán/ *s* pompom.
**pomposity** /pámpáseti/ *s* pompa, ostentação.
**pompous** /pámpes/ *adj* pomposo.
**pond** /pánd/ *s* tanque, pequeno lago artificial.
**ponder** /pánder/ *v* ponderar, meditar, pensar, refletir.
**ponderable** /pánderebel/ *adj* ponderável.
**ponderous** /pánderes/ *adj* muito pesado; enfadonho, maçante.
**ponderousness** /pánderesnes/ *s* peso.
**poniard** /pányerd/ *s* punhal. | *v* apunhalar.
**pontiff** /pántif/ *s* pontífice.

P

**pontificate** /pántifikeit/ *s* pontificado. | *v* pontificar.
**pontoon** /pántún/ *s* pontão, plataforma flutuante; barcaça.
**pony** /pouni/ *s* pônei.
**ponytail** /pouniteil/ *s* rabo de cavalo.
**poodle** /púdl/ *s poodle* (raça de cachorro).
**pool** /púl/ *s* poço de um rio; poça (água, sangue); lagoa, pequeno lago; piscina; bolada, total de apostas; consórcio; fundo monetário; sinuca (jogo); grupo de pessoas ou empresas. | *v* formar lagoa ou poço; contribuir para um fundo comum; coligar.
**poolroom** /púlrúm/ *s* salão de sinuca.
**poop** /púp/ *s* tombadilho da popa; *gír* pessoa desagradável.
**poor** /pur/ *adj* pobre; fraco; indigente; escasso; coitado; inferior; insuficiente; infértil, infecundo; humilde. | *s us v pl* os pobres.
**poorhouse** /purhauz/ *s* asilo para indigentes.
**poorly** /purli/ *adj* adoentado, que está mal de saúde. | *adv* mal.
**poorness** /purnes/ *s* pobreza, necessidade, miséria.
**pop** /páp/ *s* estalo, disparo, estouro; bebida gasosa; *inform* papai. | *adj* popular. | *v* estourar; disparar, atirar; pipocar, saltar; abrir de repente.
**popcorn** /pápkórn/ *s* pipoca.
**pope** /poup/ *s* papa, pontífice.
**popedom** /poupdem/ *s* papado.
**popgun** /pápgân/ *s* espingarda de ar comprimido.
**poplin** /páplin/ *s* popelina (tecido).
**poppa** /pápe/ » **papa**.
**poppy** /pápi/ *s* papoula.
**poppycock** /pápikák/ *s gír* bobagem, conversa boba.
**Popsicle™** /pápsikel/ *s tb minús* picolé.
**populace** /pápyelis/ *s* populaça, plebe, ralé.
**popular** /pápyeler/ *adj* popular, do povo.
**popularity** /pápyeléreti/ *s* popularidade.
**popularize** /pápyeleraiz/ *v* popularizar.
**populate** /pápyeleit/ *v* povoar, habitar.
**population** /pápyeleichen/ *s* população.
**population control** *s* controle populacional.
**population explosion** *s* explosão demográfica.
**populism** /pápyelizem / *s* população.
**populous** /pápyeles/ *adj* populoso.
**porcelain** /pórselin/ *s* porcelana.
**porch** /pórtch/ *s* varanda; pórtico; alpendre.
**porcupine** /pórkyepain/ *s* porco-espinho.
**pore** /pór/ *s* poro. | *v* olhar de perto, fixar a vista sobre; pensar muito.
**pork** /pórk/ *s* carne de porco.
**porker** /pórker/ *s* leitão.
**porky** /pórki/ *adj inform* porco-espinho.
**pornography** /pórnágrefi/ *s* pornografia.
**pornographic** /pórnegræfik/ *adj* pornográfico.
**porosity** /póráseti/ *s* porosidade.
**porous** /póres/ *adj* poroso.
**porridge** /póridj/ *s* mingau, papa de aveia.
**porringer** /pórindjer/ *s* tigela pequena com cabo.
**port** /pórt/ *s* porto; bombordo; orifício, porta, abertura; porte físico; *maiús* vinho do Porto. | *v* levar, passar a bombordo.
**portable** /pórtebel/ *adj* portátil, manual, desmontável.
**portage** /pórtidj/ *s* transporte; local, rota.
**portal** /pórtel/ *adj* relativo a portal. | *s* portal, porta principal.
**portcullis** /pórtkâlis/ *s* grade de ferro levadiça.
**portend** /pórténd/ *v* prenunciar, predizer, pressagiar.
**portent** /pórtént/ *s* presságio, prenúncio, mau agouro; portento, prodígio.
**portentous** /pórténtes/ *adj* auspicioso; prodigioso, portento.
**porter** /pórter/ *s* carregador (bagagens); atendente de passageiros (trem); tipo de cerveja preta.

**porterage** /pórteridj/ *s* transporte, frete.
**portfolio** /pórtfouliou/ *s* portfólio; pasta para documentos.
**porthole** /pórthoul/ *s* portinhola.
**portico** /pórtikou/ *s* pórtico *(pl* **porticoes** ou **porticos**).
**portion** /pórchen/ *v* partilhar, dividir, repartir; dotar. | *s* porção, parte; dote.
**portly** /pórtli/ *adj* corpulento, volumoso.
**portrait** /pórtrit/ *s* retrato (pintura, desenho, foto), personificação; descrição.
**portray** /pórtrei/ *v* retratar; descrever; representar, personificar.
**portrayal** /pórtreiel/ *s* representação; retrato; descrição.
**portrayer** /pórtreier/ *s* pintor, retratista, criador.
**Portugal** /pórtchegel/ *s* Portugal.
**Portuguese** /pórtchegís/ *adj* e *s* português.
**pose** /pouz/ *v* posar; colocar, apresentar (perguntas, problemas); fazer-se passar por. | *s* postura; pose.
**posh** /pách/ *adj* fino, elegante.
**position** /pezichen/ *s* posição, colocação, lugar; situação; opinião; posição social, posto. | *v* situar, posicionar.
**positional** /pezichenel/ *adj* relativo à posição de alguém.

P

**positive** /pázetiv/ *adj* positivo; certo, indiscutível; verdadeiro.
**positiveness** /pázetivnes/ *s* positividade; certeza, segurança.
**positivism** /pázitivizem/ *s* positivismo.
**positivist** /pázitivist/ *s* positivista.
**possess** /pezés/ *v* possuir, ter.
**possessed** /pezést/ *adj* possesso, possuído; possuidor.
**possession** /pezéchen/ *s* posse, poder; possessão.
**possessive** /pezésiv/ *adj tb* possessivo; dominador.
**possessive adjective** *s* pronome possessivo adjetivo.
**possessive pronoun** *s* pronome possessivo.
**possessor** /pezéser/ *s* possuidor.
**possibility** /pásebileti/ *s* possibilidade.
**possible** /pásebel/ *adj* possível.
**possibly** /pásebli/ *adv* possivelmente, pode ser, talvez.
**post** /poust/ *s* poste; correio; posto; estaca; guarnição, base militar. | *v* pôr no correio, postar; colocar, afixar (cartazes, avisos); informar; viajar rapidamente, apressar-se; destacar, mandar soldado para um posto.
**postage** /poustidj/ *s* porte, franquia postal.
**postage stamp** *s* selo postal.
**postal** /poustel/ *adj* postal.
**post card** /poustkárd/ *s* cartão-postal.
**postdate** /poustdeit/ *v* pré-datar (cheques).
**poster** /pouster/ *s* cartaz, pôster.
**posterior** /pástirier/ *adj* posterior. | *s* nádegas, traseiro.
**posteriority** /pástirióreti/ *s* posterioridade.
**posterity** /pástéreti/ *s* posteridade.
**postern** /poustern/ *s* postigo, porta pequena.
**postgraduate** /poustgrædjuwit/ *s* e *adj* pós-graduado.
**posthaste** /poustheist/ *adv* com toda a pressa.
**postman** /poustmen/ *s* carteiro.
**postmark** /poustmárk/ *s* carimbo postal. | *v* carimbar (no correio).
**postmaster** /poustmæster/ *s* agente do correio.
**post meridiem** *adv* depois do meio-dia (*abrev* **p.m.**).
**post office** *s* agência do correio.
**postpone** /pouspoun/ *v* adiar, transferir, prorrogar.
**postponement** /pouspounment/ *s* adiamento, transferência.
**postscript** /poustskript/ *s* pós-escrito (*abrev* **P.S., p.s., PS**).
**postulate** /pástchelit/ *s* postulado; requisito; pressuposição. | *v* /pástcheleit/ postular; pressupor; requerer.

**postulation** /pástcheleichen/ *s* postulação; requerimento.
**posture** /pástcher/ *s* postura, posição; situação, estado, condição; atitude. | *v* pôr(-se) em determinada posição, tomar certa postura; fazer pose.
**postwar** /poustwór/ *adj* pertencente ao período pós-guerra.
**posy** /pouzi/ *s* ramalhete, buquê, ramo.
**pot** /pát/ *s* panela; pote; jarro, vaso; *gír* maconha; *inform* bolo, aposta (jogo). | *v* pôr em conserva; plantar em vaso.
**potable** /poutebel/ *adj* potável, bebível.
**potash** /pátæch/ *s* potassa.
**potassium** /petæsiem/ *s* potássio (*símb* **K**).
**potato** /peteitou/ *s* batata (*pl* **potatoes**).
**potato chips** *s* batatas fritas.
**potbelly** /pátbéli/ *s* pança, barriga protuberante.
**potency** /poutensi/ *s* potência, força, autoridade.
**potent** /poutent/ *adj* potente, poderoso; forte, eficaz.
**potentate** /poutenteit/ *s* potentado, soberano.
**potential** /pouténchel/ *s* e *adj* potencial.
**potentiality** /pouténchiæleti/ *s* potencialidade, força.
**pother** /pádher/ *s* tumulto, confusão; nuvem (poeira, fumaça). | *v* alvoroçar, tumultuar.
**pothole** /páthoul/ *s* caldeirão; buraco grande (estrada, rua).
**potion** /pouchen/ *s* poção.
**potpourri** /poupurí/ *s* miscelânea, mistura, mescla.
**potshard** /pátchêrd/ » **potsherd**.
**potsherd** /pátchêrd/ *s* caco, fragmento de louça (especialmente em arqueologia).
**pottage** /pátidj/ *s* sopa, caldo de carne e legumes.
**potter** /páter/ *s* oleiro, ceramista.
**pottery** /páteri/ *s* olaria; cerâmica, louça.
**pouch** /pautch/ *s* bolsa (marsupiais); cartucheira. | *v* embolsar, pôr na bolsa; tomar forma de bolsa.
**poult** /poult/ *s* ave nova (frango, peru, faisão).
**poultice** /poultis/ *s* cataplasma. | *v* aplicar cataplasma em.
**poultry** /poultri/ *s* aves domésticas.
**pounce** /pauns/ *v* lançar-se sobre, atacar. | *s* salto, ataque (sobre uma presa).
**pound** /paund/ *s* libra (unidade monetária e medida de peso equivalente a 453,6 g); curral, cercado; local onde são mantidas mercadorias apreendidas. | *v* encurralar (gado); golpear, bater, martelar; triturar, moer.
**poundage** /paundidj/ *s* comissão ou taxa baseada no valor da libra esterlina; confinamento de animais.
**pound sterling** *s* libra esterlina.
**pour** /pór/ *v* derramar, despejar, entornar; servir (leite, café); fluir, escoar; chover torrencialmente. | *s* escoamento; temporal.
**pourboire** /purbwár/ *s* gorjeta.
**pouring** /póring/ *adj* torrencial, de aguaceiro.
**pout** /paut/ *s* beiço, amuo. | *v* fazer beiço ou bico, amuar.
**poverty** /páverti/ *s* pobreza, indigência, miséria.
**powder** /pauder/ *s* pó; polvilho; talco; pólvora; fermento. | *v* pulverizar, reduzir a pó; salpicar; polvilhar; empoar.
**powdery** /pauderi/ *adj* pulverulento, empoado.
**power** /pauer/ *s* poder; força, energia; autoridade; capacidade, competência; comando; potência.
**power drill** *s* furadeira elétrica.
**powerful** /pauerful/ *adj* poderoso, potente.
**powerfulness** /pauerfulnes/ *s* força, energia, poder.
**powerhouse** /pauerhaus/ *s* usina elétrica; pessoa cheia de energia.

**powerless** /pauerles/ *adj* impotente, fraco, incapaz.
**power plant** *s* usina elétrica.
**power steering** *s* direção hidráulica.
**pox** /páks/ *s* qualquer doença de pele pustulosa ou eruptiva (varíola, varicela); sífilis.
**practicable** /prǽktikebel/ *adj* praticável, viável.
**practical** /prǽktikel/ *adj* prático.
**practically** /prǽktikeli/ *adv* praticamente.
**practice** /prǽktis/ *s* prática; experiência; uso, costume, hábito; exercício, treinamento. | *v* praticar, colocar em prática; exercer uma profissão; exercitar.
**practicing** /prǽktising/ *adj* praticante.
**practitioner** /prǽktichener/ *s* profissional, liberal (médico, advogado).
**pragmatic** /prægmǽtik/ *adj* pragmático, prático.
**pragmatical** /prægmǽtikel/ *adj* pragmático.
**pragmatism** /prǽgmetizem/ *s* pragmatismo.
**prairie** /préri/ *s* pradaria, campina.
**praise** /preiz/ *v* louvar, exaltar, elogiar. | *s* louvor, elogio.
**praiser** /preizer/ *s* admirador, louvador.
**praiseworthiness** /preizwêrdhines/ *s* valor, merecimento, aprovação, louvor.
**praiseworthy** /preizwêrdhi/ *adj* louvável, elogiável, encomiástico.
**prance** /præns/ *v* empinar (cavalo); emproar-se.
**prank** /prængk/ *v* ornar, decorar, enfeitar. | *s* logro, peça, trote.
**prankish** /prǽngkich/ *adj* travesso, brincalhão.
**prate** /preit/ *v* tagarelar, falar muito. | *s* tagarelice, loquacidade.
**prater** /preiter/ *s* falador.
**prattle** /prætl/ *s* murmúrio, tagarelice. | *v* balbuciar, tagarelar, murmurar.
**prawn** /prán/ *s* crustáceo semelhante ao camarão.
**praxis** /prǽksis/ *s* praxe *(pl* **praxes** /prǽksíz/).
**pray** /prei/ *v* orar, rezar; implorar, rogar, suplicar.
**prayer** /prér/ *s* oração, prece; rezador.
**prayerful** /prérful/ *adj* devoto, piedoso.
**praying mantis** *s* louva-a-deus.
**preach** /prítch/ *v* pregar (sermão); recomendar.
**preacher** /prítcher/ *s* pregador, orador.
**preachify** /prítchifai/ *v inform* fazer sermão.
**preamble** /príæmbel, príæmbel/ *s* preâmbulo.
**prearrange** /príereindj / *v* predispor, preparar.
**precarious** /prikéries/ *adj* precário.
**precariousness** /prikériesnes/ *s* precariedade.
**precatory** /préketóri/ *adj* precatório, rogatório.
**precaution** /prikáchen/ *s* precaução, prevenção.
**precede** /prisíd/ *v* preceder, anteceder, acontecer em primeiro lugar.
**precedence** /présedéns, prisídens/ *s* precedência; preferência, primazia.
**precedency** /présedénsi, prisídensi/ » **precedence**.
**precedent** /présedént/ *s* precedente, antecedente.
**preceding** /prisíding/ *adj* anterior.
**precept** /prísépt/ *s* preceito, norma, regra, doutrina; ordem judicial.
**preceptor** /prísépter/ *s* preceptor.
**precession** /prisséchen/ *s* precedência; precessão.
**preciosity** /préchiáseti/ *s* preciosismo.
**precious** /préches/ *adj* precioso; estimado, valioso; querido, amado. | *s* pessoa amada, estimada.
**preciousness** /préchesnes/ *s* preciosidade, valia.
**precious stone** *s* pedra preciosa, gema.
**precipice** /présepis/ *s* precipício.
**precipitance** /prisipitens/ » **precipitancy**.
**precipitancy** /prisipitensi/ *s* precipitação.

**precipitate** /prisipiteit/ *v* precipitar, lançar (de uma grande altura); apressar, acelerar; formar precipitado. | /prisipitit/ *adj* e *s* precipitado.
**precipitation** /prisipiteichen/ *s* precipitação.
**precipitous** /prisipites/ *adj* íngreme, escarpado; com vários precipícios.
**precise** /prisais/ *adj* preciso, exato, definitivo; meticuloso.
**preciseness** /prisaisnes/ *s* precisão, exatidão.
**precision** /prisijen/ *s* precisão, exatidão.
**preclude** /priklúd/ *v* impedir, prevenir.
**preclusion** /priklújen/ *s* impedimento, prevenção.
**preclusive** /priklúziv/ *adj* preventivo, impeditivo.
**precocious** /prikouches/ *adj* precoce, prematuro.
**preconceive** /príkensív/ *v* preconceber.
**preconception** /príkensépchen/ *s* preconceito, opinião formada.
**preconcert** /príkensêrt/ *v* combinar previamente, ajustar antecipadamente.
**precursor** /prikêrser/ *s* precursor; predecessor.
**precursory** /prikêrseri/ *adj* precursor.
**predator** /prédeter/ *s* predador.
**predatory** /prédetóri/ *adj* predatório.
**predecessor** /prédeséser/ *s* predecessor, antecessor.
**predestinate** /prídésteneit/ *v* predestinar. | /prídéstenit/ *adj* predestinado.
**predestination** /prídésteneichen/ *s* predestinação, destino.
**predestine** /prídéstin/ *v* predestinar.
**predetermination** /príditêrmineichen/ *s* predeterminação.
**predetermine** /príditêrmen/ *v* predeterminar.
**predicate** /prédikeit/ *v* proclamar; afirmar. | /prédikit/ *s* predicado; atributo, qualidade.
**predication** /prédikeichen/ *s* afirmação; predicação.
**predicative** /pridiketiv/ *adj* predicativo.
**predict** /pridikt/ *v* predizer, profetizar, prever.
**prediction** /pridikchen/ *s* predição, profecia.
**predictive** /pridiktiv/ *adj* profético.
**predictor** /pridikter/ *s* profetizador, profeta.
**predilection** /prédelékchen/ *s* predileção, preferência.
**predispose** /prídispouz/ *v* predispor.
**predisposition** /prídispezichen/ *s* predisposição, tendência, inclinação.
**predominance** /pridámenens/ *s* predominância, predomínio.
**predominancy** /pridámenensi/ » **predominance**.
**predominant** /pridámenent/ *adj* predominante.
**predominate** /pridámeneit/ *v* predominar, preponderar, prevalecer.
**predomination** /pridámeneichen/ *s* predomínio, preponderância.
**preeminence** /priéminens/ *s* preeminência.
**preeminent** /priéminent/ *adj* preeminente.
**preempt** /priémpt/ *v* adquirir ou apropriar (-se) de antemão; tomar lugar.
**preemption** /priémpchen/ *s* preempção, precedência (no direito de compra).
**preemptive** /priémptiv/ *adj* preemptivo.
**preface** /préfis/ *s* prefácio. | *v* prefaciar.
**prefatory** /préfeteri/ *adj* relativo a prefácio, introdutório.
**prefect** /prífékt/ *s* prefeito.
**prefecture** /príféktcher/ *s* prefeitura.
**prefer** /prífêr/ *v* preferir; dar prioridade; apresentar queixa.
**preferable** /préferebel/ *adj* preferível.
**preference** /préferens/ *s* preferência, predileção.
**preferential** /préferénchel/ *adj* preferencial.
**preferment** /prífêrment/ *s* promoção, nomeação; preferência.
**prefix** /prífiks/ *s* prefixo. | *v* prefixar.
**pregnable** /prégnebel/ *adj* vulnerável.

P

**pregnancy** /prégnensi/ *s* gravidez; criatividade.
**pregnant** /prégnent/ *adj* grávida, prenhe; criativo; significativo.
**prehistoric** /príhistórik/ *adj* pré-histórico.
**prehistorical** /príhistórikel/ » **prehistoric**.
**prehistory** /príhisteri/ *s* pré-história.
**prejudge** /prídjâdj/ *v* prejulgar, fazer juízo antecipado de.
**prejudgment** /prídjâdjment/ » **prejudgment**.
**prejudgment** /prídjâdjment/ *s* julgamento antecipado.
**prejudice** /prédjedis/ *v* causar preconceito; causar prejuízo, prejudicar. | *s* preconceito, prevenção; dano, prejuízo.
**prelacy** /prélesi/ *s* prelatura, episcopado.
**prelate** /prélit/ *s* prelado.
**prelect** /prilékt/ *v* prelecionar, conferenciar.
**prelection** /prilékchen/ *s* preleção, conferência.
**preliminary** /prilimenéri/ *adj* preliminar. | *s* preliminar.
**prelude** /prélúd/ *v* preludiar, iniciar. | *s* prelúdio, prólogo, prefácio.
**premature** /prímetur/ *adj* prematuro.
**premeditate** /príméditeit/ *v* premeditar.
**premeditated** /príméditeitid/ *adj* premeditado.
**premeditation** /príméditeichen/ *s* premeditação.
**premenstrual syndrome** *s* tensão pré-menstrual (TPM) *(abrev* **PMS**).
**premier** /primir/ *s* primeiro-ministro. | *adj* primeiro, principal.
**premise** /prémis/ *v* explicar, expor antecipadamente. | *s* premissa. • **premises** terreno e instalações.
**premium** /prímiem/ *s* prêmio; bonificação; brinde.
**premolar** /prímouler/ *s* pré-molar.
**premonition** /prímenichen/ *s* premonição, presságio, pressentimento.
**prenatal** /príneitel/ *adj* pré-natal.
**preoccupation** /príákyúpeichen/ *s* preocupação, inquietação; pré-ocupação, ocupação anterior (de um lugar).
**preoccupied** /príákyúpaid/ *adj* preocupado, apreensivo, absorto; pré-ocupado, ocupado anteriormente.
**preoccupy** /príákyúpai/ *v* preocupar; ocupar primeiro (antes de outra pessoa).
**preparation** /prépereichen/ *s* preparação. • **preparations** preparativos.
**preparative** /pripéretiv/ *adj* e *s* preparativo, preparatório.
**preparatory** /pripéretóri/ *adj* preparatório; preliminar.
**prepare** /pripér/ *v* preparar(-se), aprontar (-se); preparar (comida); preparar-se, tornar-se apto (para um exame).
**prepay** /prípei/ *v* pagar antecipadamente.
**prepayment** /prípeiment/ *s* pagamento antecipado.
**prepense** /pripéns/ *adj* premeditado, deliberado, intencional.
**preponderance** /pripánderens/ *s* preponderância.
**preponderancy** /pripánderensi/ » **preponderance**.
**preponderant** /pripánderent/ *adj* preponderante.
**preponderate** /pripándereit/ *v* preponderar.
**preponderation** /pripándereichen/ *s* preponderância.
**preposition** /prépezichen/ *s* preposição.
**prepositive** /pripázetiv/ *adj* prepositivo, prefixo. | *s* palavra ou partícula prepositiva, prefixo.
**prepossess** /prípezés/ *v* causar boa impressão; predispor, preparar.
**prepossessing** /prípezésing/ *adj* atraente, cativante.
**prepossession** /prípezéchen/ *s* ideia preconcebida, preconceito.
**preposterous** /pripásteres/ *adj* absurdo, disparatado, grotesco, irracional.
**prepotency** /prípoutnsi/ *s* prepotência, predominância.

**prepotent** /prípoutnt/ *adj* prepotente, influente, poderoso.
**prerogative** /prirágetiv/ *s* prerrogativa, privilégio. | *adj* privilegiado.
**presage** /présidj/ *v* pressagiar, profetizar, predizer. | *s* presságio, pressentimento.
**presbyter** /prézbiter/ *s* presbítero.
**presbyterian** /prézbitirien/ *adj* e *s* presbiteriano.
**presbytery** /prézbitéri/ *s* presbitério.
**preschool** /prískúl/ *adj* pré-escolar. | *s* pré-escola.
**prescience** /préchens/ *s* presciência, presságio, previsão.
**prescient** /préchent/ *adj* presciente, previdente, que prevê.
**prescind** /prisind/ *v* abstrair, separar.
**prescribe** /priskraib/ *v* prescrever; ordenar, determinar, ditar; receitar (medicação).
**prescript** /prískript/ *s* prescrição, regra, preceito, norma.
**prescription** /priskripchen/ *s* prescrição, regra, preceito; receita médica.
**prescriptive** /priskriptiv/ *adj* sancionado, prescrito.
**presence** /prézens/ *s* presença.
**present** /prézent/ *adj* presente; vigente, corrente, atual; existente. | *s* o presente, presente, oferta, dádiva. | /prizént/ *v* apresentar; expor, mostrar; presentear, ofertar; trazer a público.
**presentable** /prizéntebel/ *adj* que pode ser ofertado; apresentável.
**presentation** /prézenteichen/ *s* apresentação, exibição; presente, oferta.
**present-day** /prézentdei/ *adj* atual, moderno, de hoje.
**presentient** /prísénchient/ *adj* que tem pressentimento.
**presentiment** /prizéntiment/ *s* pressentimento, prenúncio, palpite.
**presently** /prézentli/ *adv* agora; daqui a pouco, logo, muito breve.
**presentment** /prizéntment/ *s* apresentação; representação.
**present participle** *s* particípio presente.
**present perfect** *s* pretérito perfeito composto.
**present tense** *s* tempo presente.
**preservation** /prézerveichen/ *s* preservação, conservação.
**preservative** /prizêrvetiv/ *adj* preservativo. | *s* conservante.
**preserve** /prizêrv/ *v* preservar, proteger; conservar; fazer compota, pôr em conserva. | *s* conserva, compota; reserva florestal.
**preserver** /prizêrver/ *s* preservador.
**preside** /prizaid/ *v* presidir, dirigir.
**presidency** /prézidensi/ *s* presidência.
**president** /prézident/ *s* presidente.
**presidential** /prézidénchel/ *adj* presidencial.
**press** /prés/ *v* apertar, comprimir; pressionar; espremer, prensar; oprimir; passar (roupas); forçar; insistir. | *s* prensa, imprensa (máquina); pressão, aperto; premência; turba, multidão; imprensa (jornais e revistas).
**press conference** *s* entrevista coletiva.
**pressing** /présing/ *adj* urgente, importante. | *s* prensagem.
**pressman** /présmæn/ *s* impressor.
**press release** *s* comunicado ou matéria liberada para publicação.
**pressure** /précher/ *s* pressão.
**pressure cabin** *s* cabine pressurizada.
**pressure cooker** *s* panela de pressão.
**pressure gauge** *s* manômetro.
**pressure group** *s* grupo de pressão.
**pressurize** /précheraiz/ *v* pressurizar.
**prestige** /préstídj/ *s* prestígio, reputação, influência.
**prestigious** /préstijes/ *adj* prestigioso.
**presumable** /prizúmebel/ *adj* presumível, provável.
**presume** /prizúm/ *v* presumir, supor; ousar, atrever-se.
**presuming** /prizúming/ *adj* presunçoso, arrogante.

**presumption** /prizâmpchen/ *s* presunção, arrogância; conjectura, suposição; atrevimento.
**presumptive** /prizâmptiv/ *adj* presumível.
**presumptuous** /prizâmptchúes/ *adj* presunçoso, vaidoso, arrogante, insolente.
**presumptuousness** /prizâmptchúesnes/ *s* presunção, vaidade, arrogância, insolência.
**presuppose** /prísepouz/ *v* pressupor, presumir.
**presupposition** /prísâpezichen/ *s* pressuposição.
**preteen** /prítín/ *s* pré-adolescente.
**pretend** /priténd/ *v* fingir, fazer de conta; ter a pretensão.
**pretender** /priténder/ *s* fingidor; pretendente (ao trono).
**pretense** /príténs/ *s* fingimento; pretensão, reivindicação; pretexto; ostentação.
**pretension** /priténchen/ *s* pretensão; presunção.
**pretentious** /priténches/ *adj* pretensioso; pomposo, aparatoso.
**pretermit** /prítermit/ *v* ignorar; omitir.
**preternatural** /príternætcherel/ *adj* sobrenatural; extraordinário.
**pretext** /prítékst/ *s* pretexto, desculpa.
**prettiness** /pritines/ *s* beleza, graça, formosura.
**pretty** /priti/ *adj* belo, bonito; gracioso, atraente; terrível. | *adv* muito, bastante, um tanto.
**prevail** /priveil/ *v* prevalecer, preponderar, predominar; triunfar; persuadir, induzir.
**prevailing** /priveiling/ *adj* predominante; corrente.
**prevalence** /prévelens/ *s* prevalência.
**prevalent** /prévelent/ *adj* predominante.
**prevaricate** /privérikeit/ *v* usar de evasivas, mentir.
**prevarication** /privérikeichen/*s* evasiva, mentira.
**prevaricator** /privérikeiter/ *s* mentiroso, embusteiro.
**prevent** /privént/ *v* impedir, evitar.
**preventative** /privéntetiv/ » **preventive**.
**preventer** /privénter/ *s* o que evita ou impede.
**prevention** /privénchen/ *s* prevenção, impedimento; obstáculo, empecilho.
**preventive** /privéntiv/ *adj* preventivo, profilático.
**preview** /prívyú/ *s* pré-estreia; trechos de um filme, *trailer*; prévia.
**previous** /prívies/ *adj* prévio, anterior, antecipado.
**previously** /príviesli/ *adv* previamente, antecipadamente, anteriormente.
**previousness** /príviesnes/ *s* anterioridade.
**previse** /prívies/ *v* prever; prevenir.
**prevision** /prívijen / *s* previsão, profecia.
**prey** /prei/ *s* presa; vítima. | *v* caçar; saquear, pilhar.
**price** /prais/ *s* preço; custo. | *v* avaliar, pôr preço.
**priceless** /praisles/ *adj* inestimável, sem preço, impagável.
**prick** /prik/ *v* picar, furar, espetar; aguçar os ouvidos; atormentar (mentalmente). | *s* picada, alfinetada; instrumento pontiagudo; remorso; *gír* pênis.
**pricker** /priker/ *s* qualquer instrumento que pique ou fure; espinho, ferrão.
**prickle** /prikel/ *s* ferrão, espinho. | *v* picar; provocar sensação de picada.
**prickly** /prikli/ *adj* espinhoso, espinhento; irritadiço.
**pride** /praid/ *s* orgulho, dignidade, autorrespeito; vaidade, arrogância. | *v* orgulhar-se, vangloriar-se.
**prideful** /praidful/ *adj* orgulhoso, presunçoso, arrogante.
**priest** /príst/ *s* padre, sacerdote.
**priestess** /prístis/ *s* sacerdotisa.
**priesthood** /prísthud/ *s* sacerdócio, clero.
**prig** /prig/ *s* pedante, pretensioso, arrogante.
**prim** /prim/ *adj* afetado. | *v* assumir uma expressão afetada, empertigar, ataviar.

**primacy** /praimesi/ *s* primazia, superioridade.
**primal** /praimel/ *adj* primitivo, primeiro; principal, primordial.
**primary** /praiméri/ *adj* principal, fundamental; primeiro, primário, primitivo.
**primary color** *s* cor primária.
**primary school** *s* escola primária.
**primate** /praimeit/ *s* primata; /praimit/ primaz.
**prime** /praim/ *adj* primeiro (em qualidade, excelência ou valor; no tempo, na ordem, na sequência); primo (número). | *s* aurora; primavera; plenitude (vigor físico e mental). | *v* preparar, aprontar; carregar (arma); dar a primeira demão; instruir, informar.
**prime minister** *s* primeiro-ministro *(abrev* **PM, P.M.**).
**prime number** *s* número primo.
**primer** /primer/ *s* cartilha; escorva, espoleta.
**prime time** *s* horário nobre (na TV).
**primeval** /praimível/ *adj* primevo, primitivo, muito antigo.
**primitive** /primitiv/ *adj* primitivo, primordial, originário; simples, rudimentar, tosco.
**primitiveness** /primitivnes/ *s* antiguidade.
**primogenitor** /praimoudjéniter/ *s* primogênito, o ancestral mais antigo.
**primordial** /praimórdiel/ *adj* primordial; primitivo, fundamental. | *s* primórdio, origem, princípio básico.
**primrose** /primrouz/ *s* prímula.
**prince** /prins/ *s* príncipe.
**princedom** /prinsdem/ *s* principado.
**princely** /prinsli/ *adj* principesco.
**princess** /prinsis, prinsés/ *s* princesa.
**principal** /prinsepel/ *adj* principal, mais importante. | *s* líder, chefe, dirigente; diretor de escola; capital (dinheiro).
**principality** /prinsepæleti/ *s* principado.
**principle** /prinsepel/ *s* princípio, base, fundamento; norma, conduta; lei, teoria (científica).
**prink** /pringk/ *v* enfeitar-se, adornar-se exageradamente.
**print** /print/ *v* imprimir; publicar; estampar. | *s* impressão; estampa; material impresso.
**printed** /printid/ *adj* impresso; estampado.
**printed matter** *s* material impresso.
**printer** /printer/ *s* impressor, tipógrafo; impressora.
**printing** /printing/ *s* impressão, tipografia; tiragem.
**printing office** *s* gráfica.
**printing press** *s* máquina impressora, prelo.
**prior** /praier/ *adj* anterior, prévio; que precede em importância ou valor. | *s* prior, superior de convento.
**prioress** /praieris/ *s* prioresa, priora.
**priority** /praióreti/ *s* prioridade; precedência.
**priory** /praieri/ *s* priorado.
**prism** /prizem/ *s* prisma.
**prison** /prizen/ *s* prisão, cárcere, penitenciária. | *v* prender, aprisionar, encarcerar.
**prisoner** /prizener/ *s* prisioneiro, preso.
**prisoner of war** *s* prisioneiro de guerra.
**prissy** /prisi/ *adj* afetado, amaneirado.
**pristine** /pristín/ *adj* primitivo, original, em estado puro; prístino, relativo a tempos passados.
**privacy** /praivesi/ *s* retiro, isolamento; privacidade, intimidade; segredo.
**private** /praivet/ *adj* privado, particular; secreto, reservado.
**privateer** /praivetir/ *s* navio corsário; pirata, corsário.
**privately** /praivetli/ *adv* em particular.
**privation** /praiveichen/ *s* privação, escassez, necessidade.
**privative** /privetiv/ *adj* privativo, que causa privação; que altera o significado de um termo de positivo para negativo (gramática). | *s* partícula negativa (gramática).

P

**privilege** /privelidj/ *s* privilégio, prerrogativa, regalia. | *v* privilegiar.
**privileged** /privelidjd/ *adj* privilegiado.
**privity** /priveti/ *s* confidência, segredo; relação de direito.
**privy** /privi/ *adj* privado; secreto; pessoal, íntimo. | *s* parte interessada; toalete, banheiro.
**prize** /praiz/ *s* prêmio; recompensa. | *v* avaliar, calcular valor; valorizar; merecer um prêmio.
**prizefight** /praizfait/ *s* luta de boxe.
**prize ring** *s* ringue de boxe
**prizewinner** *s* premiado.
**pro** /prou/ *s* e *adv* pró, a favor.
**probability** /prábebileti/ *s* probabilidade.
**probable** /prábebel / *adj* provável, verossímil.
**probably** /prábebli/ *adv* provavelmente.
**probate** /proubeit/ *s* processo de validação de testamento; certificado judicial da validade de testamento; cópia autenticada de testamento.
**probation** /proubeichen/ *s* provação; liberdade condicional; período de experiência (no trabalho).
**probationer** /proubeichener/ *s* principiante, em experiência; em liberdade condicional.

P

**probative** /proubetiv/ *adj* probatório, usado como prova.
**probe** /proub/ *s* investigação (científica); inquérito, sindicância; sonda cirúrgica. | *v* sondar, explorar; investigar.
**probity** /proubeti/ *s* probidade, integridade.
**problem** /práblem/ *s* questão, problema.
**problematic** /práblemætik/ *adj* problemático.
**problematical** /práblemætikel/ » **problematic.**
**procedure** /presídjer/ *s* procedimento; processo, método.
**proceed** /prousíd/ *v* continuar, prosseguir; processar; avançar.
**proceeding** /prousíding/ *s* procedimento. • **proceedings** medidas legais.
**proceeds** /prousídz/ proventos, rendimentos.
**process** /prásés/ *s* processo, andamento; progresso. | *v* processar judicialmente; /presés/ seguir uma procissão.
**procession** /preséchen/ *s* progressão; origem; cortejo, desfile; sucessão, sequência.
**processor** /práséser/ *s* processador.
**proclaim** /proukleim/ *v* proclamar, anunciar, declarar.
**proclamation** /prákleméichen/ *s* proclamação.
**proclivity** /proukliveti/ *s* propensão, inclinação, predisposição.
**procrastinate** /proukræsteneit/ *v* delongar, demorar-se; protelar, procrastinar, retardar, adiar.
**procreate** /proukrieit/ *v* procriar, conceber, reproduzir.
**procreation** /proukrieichen/ *s* procriação.
**procreator** /proukrieiter/ *s* procriador.
**proctology** /práktáledji/ *s* proctologia.
**proctologist** /práktáledjist/ *s* proctologista.
**proctor** /prákter/ *s* inspetor, supervisor, chefe da disciplina (colégios e universidades).
**procurator** /prákyereiter/ *s* procurador (aquele que tem procuração).
**procure** /proukyur/ *v* obter, conseguir (com esforço); conseguir parceiros sexuais para outras pessoas.
**prod** /prád/ *v* picar, agulhar, espetar; incitar, estimular. | *s* instrumento pontiagudo, espeto; incitação, estímulo.
**prodigal** /prádigel/ *adj* e *s* pródigo, gastador, esbanjador.
**prodigality** /prádigæleti/ *s* prodigalidade, desperdício.
**prodigious** /predidjes/ *adj* prodigioso, maravilhoso, espantoso.
**prodigy** /prádedji/ *s* prodígio.

**produce** /predús/ *v* produzir, criar; fabricar, manufaturar; mostrar, apresentar, exibir. | /prádús/ *s* produto, produção.

**producer** /predúser/ *s* produtor.

**product** /prádâkt/ *s* produto.

**production** /predâkchen/ *s* produção.

**productive** /predâktiv/ *adj* produtivo; fértil, fecundo.

**productivity** /proudektiveti/*s* produtividade.

**profanation** /práfeneichen/ *s* profanação.

**profane** /proufein/ *v* profanar, violar; aviltar. | *adj* profano; leigo, secular; vulgar, grosseiro.

**profanity** /proufæneti/ *s* profanidade, sacrilégio; linguagem vulgar, blasfêmia.

**profess** /prefés/ *v* professar, declarar; pretender, aparentar; afirmar crença em; fazer votos (em ordem religiosa).

**profession** /preféchen/ *s* profissão; declaração (crença, sentimento).

**professional** /preféchenel/ *s* e *adj* profissional.

**professionalize** /preféchenelaiz/ *v* profissionalizar.

**professor** /preféser/ *s* professor (universidade ou colégio); adepto, partidário.

**proffer** /práfer/ *s* oferta, oferecimento. | *v* oferecer, ofertar.

**proficiency** /prefichensi/ *s* proficiência, competência.

**proficient** /prefichent/ *adj* proficiente, hábil, competente.

**profile** /proufail/ *s* perfil, contorno. | *v* traçar o perfil de.

**profit** /práfit/ *s* benefício, proveito, vantagem; lucro. | *v* lucrar, render, ganhar; beneficiar-se, levar vantagem.

**profitable** /práfitebel/ *adj* proveitoso, vantajoso, lucrativo, rendoso.

**profiteer** /práfitir/ *s* aproveitador, explorador, especulador.

**profit sharing** *s* participação de lucros de uma empresa recebida pelos empregados.

**profligate** /práfligit/ *adj* e *s* desregrado, libertino, devasso.

**profound** /prefaund/ *adj* profundo, fundo; absoluto, excessivo.

**profoundness** /prefaundnes/ *s tb fig* profundidade.

**profundity** /proufândeti/ *s* profundidade.

**profuse** /prefyús/ *adj* profuso, abundante, farto.

**profusion** /prefyújen/ *s* profusão, abundância.

**progenitor** /proudjéneter/ *s* progenitor, ascendente.

**progeny** /prádjeni/ *s* progênie, prole (*pl* **progeny** ou **progenies**).

**progesterone** /proudjésteroun/ *s* progesterona.

**prognostic** /prágnástik/ *adj* e *s* prognóstico.

**prognosticate** /prágnástikeit/ *v* prognosticar, predizer.

**prognostication** /prágnástikeichen/ *s* prognóstico.

**program** /prougræm/ *s* programa. | *v* programar.

**programer** /prougræmer/ » **programmer**.

**programmer** /prougræmer/ *s* programador.

**progress** /pregrés/ *v* progredir; prosseguir, avançar. | /prágrés/ *s* progresso, avanço; desenvolvimento.

**progression** /pregréchen/ *s* progresso, avanço; sequência; progressão.

**progressive** /pregrésiv/ *adj* progressivo; progressista.

**progressivity** /pregrésivit/ *s* progressividade.

**prohibit** /prouhibt/ *v* proibir; impedir, evitar.

**prohibition** /prouhibichen/ *s* proibição.

**prohibitive** /prouhibetiv/ *adj* proibitivo.

**prohibitory** /prouhibetóri/ » **prohibitive**.

**project** /predjékt/ *v* projetar, arremessar; projetar (imagem); fazer sobressair. | /prádjékt/ *s* projeto; plano.

**projectile** /predjéktel/ *s* projétil.

**projection** /predjékchen/ *s* projeção (cinema); plano, planejamento; ressalto, saliência; estimativa, previsão.
**projective** /predjéktiv/ *adj* projetivo.
**projective geometry** *s* geometria projetiva.
**projector** /predjékter/ *s* projetor.
**proletarian** /prouletérien/ *adj* e *s* proletário.
**proletariat** /prouletériet/ *s* proletariado.
**proliferate** /proulifereit/ *v* proliferar.
**prolific** /proulifik/ *adj* prolífico.
**prolix** /prouliks/ *adj* prolixo.
**prolog** /proulág/ *s* prólogo.
**prologue** /proulág/ » **prolog**.
**prolong** /proulá*ng*/ *v* prolongar, alongar (tempo); aumentar (tamanho).
**prolongate** /proulá*ng*geit/ *v* prolongar.
**promenade** /prámeneid/ *s* passeio a pé; lugar público próprio para se passear a pé; baile. | *v* passear, dar um passeio.
**prominence** /prámenens/ *s* proeminência, saliência, protuberância.
**prominency** /prámenensi/ *s* proeminência.
**prominent** /prámenent/ *adj* proeminente, saliente; amplamente conhecido, eminente.
**promiscuity** /prámiskyúeti/ *s* promiscuidade.
**promiscuous** /premiskyues/ *adj* promíscuo.
**promise** /prámis/ *v* prometer. | *s* promessa, compromisso.
**promisor** /prámisór/ *s* prometedor.
**promising** /prámisi*ng*/ *adj* prometedor, promissor.
**promissory** /prámisóri/ *adj* promissório, que encerra uma promessa.
**promissory note** *s* nota promissória.
**promontory** /prámentóri/ *s* promontório.
**promote** /premout/ *v* promover (cargo); fomentar, estimular; fazer promoção de.
**promoter** /premouter/ *s* promotor, organizador.
**promotion** /premouchen/ *s* promoção; fomento, estímulo.
**promotive** /premoutiv/ *adj* promovedor, promotor.
**prompt** /prámpt/ *adj* pontual; pronto, rápido. | *s* lembrete. | *v* incitar, estimular, induzir; fazer lembrar; servir de ponto a (teatro).
**prompter** /prámpter/ *s* ponto (no teatro).
**promptly** /prámptli/ *adv* prontamente.
**promptitude** /prámptitúd/ *s* prontidão; pontualidade.
**promulgate** /prámelgeit/ *v* promulgar (declaração oficial, decreto).
**prone** /proun/ *adj* deitado de barriga para baixo, debruçado; propenso, disposto.
**prong** /prá*ng*/ *s* dente, ponta; ramo, ramificação, braço. | *v* furar (com objeto pontiagudo).
**pronominal** /prounámenel/ *adj* pronominal.
**pronoun** /prounaun/ *s* pronome.
**pronounce** /prenauns/ *v* pronunciar; representar com símbolos fonéticos; declarar oficialmente.
**pronounced** /prenaunst/ *adj* pronunciado; acentuado, distinto, marcado.
**pronouncement** /prenaunsment/ *s* declaração ou proclamação formal, julgamento.
**pronunciation** /prenânsieichen/ *s* pronúncia, pronunciação.
**proof** /prúf/ *s* prova, evidência; prova tipográfica; demonstração, argumentação. | *adj* à prova de, resistente. | *v* impermeabilizar.
**proofread** /prúfríd/ *v* fazer revisão de texto tipográfico.
**prop** /práp/ *s* escora, suporte; apoio, amparo. | *v* apoiar, sustentar.
**propagate** /prápegeit/ *v* propagar; espalhar, difundir; transmitir.
**propagation** /prápegeichen/ *s* propagação; disseminação.
**propel** /prepél/ *v* propelir, impelir, impulsionar, propulsionar.
**propellant** /prepélent/ *adj* propulsor, impulsor. | *s* propelente.

**propellent** /prepélent/ » **propellant**.
**propeller** /prepéler/ *s* hélice (avião, barco).
**propellor** /prepéler/ » **propeller**.
**propensity** /prepénseti/ *s* propensão, inclinação, tendência.
**proper** /práper/ *adj* apropriado, adequado; correto, justo, certo; peculiar, característico.
**proper noun** *s* substantivo próprio.
**property** /práperti/ *s* propriedade, possesão, bem, coisa possuída; característica, peculiaridade.
**prophecy** /práfesi/ *s* profecia, presságio, predição.
**prophesy** /práfesai/ *v* profetizar, prever o futuro.
**prophet** /práfit/ *s* profeta.
**prophetic** /prefétik/ *adj* profético.
**propitiate** /proupichieit/ *v* conciliar, apaziguar.
**propitiation** /proupichieichen/ *s* conciliação, apaziguamento.
**propitious** /proupiches/ *adj* favorável, propício, auspicioso.
**propolis** /prápelis/ *s* própolis, própole.
**proportion** /prepórchen/ *s* proporção. | *v* proporcionar, ajustar, tornar proporcional.
**proportional** /prepórchenel/ *adj* proporcional.
**proportionate** /prepórchenet/ *v* proporcionar. | *adj* proporcionado, proporcional.
**proposal** /prepouzel/ *s* proposta, proposição, oferta; proposta de casamento.
**propose** /prepouz/ *v* propor, sugerir; recomendar, sugerir; brindar.
**proposition** /prápezichen/ *s* proposição, proposta; assunto (para discussão), questão.
**propound** /prepaund/ *v* propor.
**proprietary** /prepraietéri/ *adj* proprietário; privado. | *s* proprietário, grupo de proprietários; posse, direito de propriedade.
**proprietor** /proupraieter/ *s* proprietário, dono.
**proprietress** /proupraietris/ *s* proprietária, dona.
**propriety** /prepraieti/ *s* conformidade, adequação, conveniência.
**propulsion** /prepâlchen/ *s* propulsão, impulso.
**prorogation** /prourougeichen/ *s* prorrogação, adiamento.
**prorogue** /prouroug/ *v* prorrogar, adiar.
**prosaic** /prouzeik/ *adj* prosaico, relativo à prosa; comum, trivial.
**proscribe** /prouskraib/ *v* delatar ou condenar; proscrever, banir.
**proscription** /prouskripchen/ *s* proscrição, proibição.
**prose** /prouz/ *adj* prosaico; comum (linguagem). | *s* prosa. | *v* escrever em prosa; falar ou escrever longa e tediosamente.
**prosecute** /prásikyút/ *v* processar; agir como um promotor; prosseguir, levar adiante.
**prosecuting attorney** *s* advogado de acusação.
**prosecution** /prásikyúchen/ *s* acusação, denúncia.
**prosecutor** /prásikyúter/ *s* acusador; promotor público.
**prosody** /prásedi/ *s* prosódia.
**prospect** /práspékt/ *s* perspectiva, expectativa; probabilidade; panorama, vista; depósito de minérios. | *v* prospectar, explorar (minérios, petróleo).
**prospective** /prespéktiv/ *adj* esperado, provável, previsto.
**prospector** /práspékter/ *s* prospector, garimpeiro.
**prospectus** /prespéktes/ *s* prospecto.
**prosper** /prásper/ *v* prosperar, progredir.
**prosperity** /práspéreti/ *s* prosperidade.
**prosperous** /prásperes/ *adj* próspero.
**prostate** /prásteit/ *s* próstata.
**prostitute** /prástetút/ *s* prostituta. | *v* prostituir(-se).

**prostitution** /prástetchúchen/ *s* prostituição, vida desregrada.
**prostrate** /prástreit/ *v* prostrar; abater, arrasar. | *adj* prostrado; abatido, humilhado, sem forças.
**prostration** /prástreichen/ *s* prostração.
**prosy** /prouzi/ *adj* prosaico.
**protagonist** /proutægenist/ *s* protagonista.
**protect** /pretékt/ *v* proteger, defender, amparar.
**protecter** /pretékter/ » **protector**.
**protection** /pretékchen/ *s* proteção, amparo, apoio.
**protectionism** /pretékchenizem/ *s* protecionismo.
**protective** /pretéktiv/ *adj* protetor.
**protector** /pretékter/ *s* protetor, defensor, guardião.
**protein** /proutín/ *s* proteína.
**protest** /proutést/ *s* protesto. | /proutést/ *v* protestar, fazer objeção.
**Protestant** /prátestent/ *s* e *adj* protestante.
**protestation** /prátesteichen/ *s* protesto; desaprovação.
**protocol** /proutekól/ *s* protocolo.
**proton** /proután/ *s* próton.
**protoplasm** /prouteplæzem/ *s* protoplasma.
**prototype** /proutetaip/ *s* protótipo.
**protract** /proutrækt/ *v* protelar, prolongar, retardar.
**protraction** /proutrækchen/ *s* prolongamento, demora.
**protractor** /proutrækter/ *s* transferidor (instrumento para medir e construir ângulos); músculo extensor.
**protrude** /proutrúd/ *v* puxar para fora, sobressair.
**protuberance** /proutúberens/ *s* protuberância, saliência.
**protuberancy** /proutúberensi/ *s* protuberância.
**protuberant** /proutúberent/ *adj* protuberante.
**proud** /praud/ *adj* orgulhoso, vaidoso; presunçoso, arrogante; digno, honrado.
**prove** /prúv/ *v* provar, demonstrar; comprovar (autenticidade); verificar, confirmar (resultado de um cálculo); imprimir (prova experimental).
**proven** /prúven/ *adj* provado, comprovado. | *v pass* e *part pass* de **prove**.
**provenance** /právenens/ *s* proveniência, origem.
**proverb** /právêrb/ *s* provérbio.
**proverbial** /prevêrbiel/ *adj* proverbial.
**provide** /prevaid/ *v* prover, fornecer; abastecer, suprir; proporcionar; providenciar; determinar, estabelecer.
**provided** /prevaidid/ *adj* provido, munido. | *conj* contanto que, desde que.
**providence** /právedens/ *s* providência.
**providential** /právedénchel/ *adj* providencial.
**province** /právins/ *s* província.
**provincial** /previnchel/ *adj* provincial; provinciano, do interior.
**provision** /previjen/ *s* provisão; fornecimento, abastecimento; medida, disposição, cláusula. | *v* prover, abastecer, suprir.
**provisional** /previjenel/ *adj* temporário, interino.
**provisory** /prevaizeri/ *adj* provisório, condicional.
**provocation** /právekeichen/ *s* provocação, incitação; desafio.
**provocative** /preváketiv/ *adj* provocante, provocativo; irritante.
**provoke** /prevouk/ *v* provocar; irritar, exasperar; incitar, instigar.
**provoking** /prevouking/ *adj* provocante, irritante.
**prow** /prau/ *s* proa.
**prowess** /prauis/ *s* coragem, bravura; grande habilidade ou destreza.
**prowl** /praul/ *v* rondar; perambular, vagar.
**proximate** /práksemet/ *adj* próximo.
**proximity** /práksimeti/ *s* proximidade.
**proxy** /práksi/ *s* procurador; procuração.

**prude** /prúd/ *s* pessoa preocupada em ser ou parecer apropriada, modesta e justa.
**prudence** /prúdens/ *s* prudência, cautela, ponderação.
**prudent** /prúdent/ *adj* prudente, cauteloso, precavido.
**prudery** /prúderi/ *s* recato exagerado.
**prudish** /prúdich/ *adj* recatado, pudico.
**prune** /prún/ *v gír* fazer expressões faciais de mau humor ou desgosto; podar. | *s* ameixa seca.
**prurient** /prurient/ *adj* lascivo, sensual.
**pry** /prai/ *v* espreitar, bisbilhotar; levantar, abrir com; obter com esforço ou dificuldade. | *s* bisbilhoteiro.
**psalm** /sám/ *s* salmo.
**pseudonym** /súdenim/ *s* pseudônimo.
**psychiatric** /saikiætrik/ *adj* psiquiátrico.
**psychiatrist** /saikaietrist/ *s* psiquiatra.
**psychiatry** /saikaietri/ *s* psiquiatria.
**psychic** /saikik/ *adj* psíquico. | *s* médium.
**psychical** /saikikel/ » **psychic**.
**psycho** /saikou/ *adj* louco, insano. | *s gír* psicopata.
**psychoanalysis** /saikouenælesis/ *s* psicanálise.
**psychodrama** /saikoudræm/ *s* psicodrama.
**psycholinguistics** /saikoulinggwistiks/ *s us v sing* psicolinguística.
**psychologic** /saikeládjik/ » **psychological**.
**psychological** /saikeládjikel/ *adj* psicológico.
**psychologist** /saikáledjist/ *s* psicólogo.
**psychology** /saikáledji/ *s* psicologia.
**psychopath** /saikepæth/ *s* psicopata.
**psychosis** /saikousis/ *s* psicose (*pl* **psychoses** /saikousíz/).
**psychosomatic** /saikousoumætik/ *adj* psicossomático.
**psychotherapy** /saikouthérepi/ *s* psicoterapia.
**ptyalin** /taielin/ *s* ptialina.
**puberty** /pyúberti/ *s* puberdade.
**pubis** /pyúbis/ *s* púbis (*pl* **pubes** /pyúbíz/).
**public** /pâblik/ *adj* público, comunitário, comum. | *s* o público, o povo.
**public affairs** *s pl* negócios públicos.
**publication** /pâblikeichen/ *s* publicação.
**public defender** *s* defensor público.
**public figure** *s* pessoa pública.
**publicity** /pâbliseti/ *s* publicidade.
**publicize** /pâblisaiz/ *v* divulgar, promover.
**public library** *s* biblioteca pública.
**public relations** *s* relações públicas.
**public school** *s* escola pública.
**publish** /pâblich/ *v* publicar; editar; divulgar.
**publisher** /pâblicher/ *s* publicador; editor.
**puck** /pâk/ *s* duende, diabrete; disco de hóquei.
**pucker** /pâker/ *v* enrugar, franzir. | *s* dobra, prega (na roupa).
**pudding** /puding/ *s* pudim; chouriço.
**puddle** /pâdl/ *s* poça, lamaçal. | *v* enlamear.
**pudgy** /pâdji/ *adj inform* rechonchudo, atarracado.
**puerile** /pyúeril/ *adj* pueril, infantil; imaturo.
**puff** /pâf/ *v* soprar, dar baforadas; ofegar, bufar; inflar; inchar. | *s* sopro, bafejo; baforada; lufada; inchação.
**puffy** /pâfi/ *adj* inchado; ofegante.
**pugilism** /pyúdjilizem/ *s* pugilismo, boxe.
**pugilist** /pyúdjilist/ *s* pugilista, boxeador.
**pugnacious** /pâgneiches/ *adj* combativo, briguento, beligerante.
**puke** /pyúk/ *v gír* vomitar. | *s* vômito.
**pule** /pyúl/ *v* choramingar, lamuriar.
**pull** /pul/ *v* puxar, dar um puxão; tirar, remover; rasgar; esticar, estender; remar. | *s* puxão; tração; gole, trago; tragada (de cigarro); *gír* influência.
**pullback** /pulbæk/ *s* retirada, recuo; entrave, impedimento, obstáculo.
**pullet** /pulit/ *s* frango.

**pulley** /puli/ *s* polia, roldana.
**pullman** /pulmen/ *s* vagão-leito (trem); mala grande.
**pullover** /pulouver/ *s* pulôver.
**pullulate** /pâlyeleit/ *v* pulular, germinar.
**pulp** /pâlp/ *s* polpa; pasta. | *v* reduzir a pasta ou polpa.
**pulpit** /pâlpit/ *s* púlpito, tribuna.
**pulsate** /pâlseit/ *v* pulsar, bater, palpitar.
**pulsation** /pâlseichen/ *s* pulsação, batimento, palpitação; vibração.
**pulse** /pâls/ *s* pulso, pulsação, palpitação, batimento. | *v* pulsar, bater.
**pulverization** /pâlveraizeichen/ *s* pulverização.
**pulverize** /pâlveraiz/ *v* pulverizar.
**puma** /pyúme/ *s* puma.
**pumice** /pâmis/ *v* alisar, polir (com pedra-pomes). | *s* pedra-pomes.
**pump** /pâmp/ *s* bomba de ar ou de água. | *v* bombear.
**pumpkin** /pâmpkin/ *s* abóbora, jerimum.
**pun** /pân/ *s* trocadilho. | *v* fazer trocadilho.
**punch** /pântch/ *v* furar, perfurar; socar, esmurrar; cutucar. | *s* punção, buril, furador, picotador; murro, soco; força, vigor; ponche (bebida).
**puncheon** /pântchen/ *s* escora; instrumento pontiagudo, punção, buril; tipo de barril, conteúdo líquido desse barril.
**puncher** /pântcher/ *s* vaqueiro, peão.
**punchy** /pântchi/ *adj* vigoroso; grogue, zonzo.
**punctilio** /pângktiliou/ *s* etiqueta, formalidade (*pl* **punctilios**)
**punctilious** /pângktilies/ *adj* meticuloso, escrupuloso.
**punctual** /pângktchuel/ *adj* pontual, pronto; exato, preciso.
**punctuate** /pângktchueit/ *v* pontuar (texto); interromper.
**punctuation** /pângktchueichen/ *s* pontuação (texto).
**punctuation mark** *s* sinal de pontuação.
**puncture** /pângktcher/ *v* puncionar; furar, perfurar; depreciar, deflacionar. | *s* picada, furo (especialmente de pneu).
**pungency** /pândjénsi/ *s* pungência.
**pungent** /pândjént/ *adj* pungente, doloroso; pontiagudo; mordaz, irônico, sarcástico.
**punish** /pânich/ *v* punir, castigar.
**punishment** /pânichment/ *s* castigo, punição.
**punitive** /pyúnetiv/ *adj* punitivo.
**punk** /pângk/ *adj* e *s gír punk*.
**puny** /pyúni/ *adj* pequeno, miúdo, insignificante, fraco.
**pup** /pâp/ *s* cachorrinho; filhote.
**pupa** /pyúpe/ *s* pupa, ninfa, crisálida (*pl* **pupae** /pyúpí/ ou **pupas** /pyúpez/).
**pupil** /pyúpel/ *s* aluno, pupilo; menor tutelado; pupila (olhos).
**pupilage** /pyúpelidj/ *s* menoridade, tutela, pupilagem.
**pupillage** /pyúpelidj/ » **pupilage**.
**pupillary** /pyúpeléri/ *adj* estudantil, referente ao estudante; referente à pupila.
**puppet** /pâpit/ *s* fantoche, marionete, títere, boneco.
**puppy** /pâpi/ *s* cachorrinho.
**purblind** /pêrblaind/ *adj* catacego, vista curta; estúpido, curto de inteligência.
**purchasable** /pêrtchesebel/ *adj* comprável, adquirível; subornável, corrupto.
**purchase** /pêrtches/ *v* comprar, adquirir. | *s* compra, aquisição.
**pure** /pyur/ *adj* puro, homogêneo, sem mistura; legítimo; completo, pleno; casto, virginal.
**pureblood** /pyurblâd/ *adj* puro-sangue.
**purée** /pyurei/ *s* purê.
**purfle** /pêrfel/ *v* debruar, orlar. | *s* debrum, orla.
**purgation** /pêrgeichen/ *s* purgação, purificação.
**purgative** /pêrgetiv/ *adj* purgativo; purificador. | *s* purgante.
**purgatory** /pêrgetóri/ *s* purgatório. | *adj* purgatório, purificador.

P

**purge** /pêrdj/ *v* purgar, limpar; purificar, depurar; provocar evacuação. | *s* purgação; purgante; depuração, purificação.

**purification** /pyurefikeichen/ *s* purificação; limpeza.

**purify** /pyurefai/ *v* limpar, livrar das impurezas; purificar(-se), livrar(-se) de pecados e culpas.

**Puritan** /pyuriten/ *s* e *adj* puritano; *minús* rigoroso (moralmente).

**Puritanism** /pyuritenizem/ *s* puritanismo; *minús* rigor moral.

**purity** /pyuriti/ *s* pureza, inocência, castidade; uniformidade, homogeneidade; linguagem escrita ou falada em estilo formal; cor pura.

**purloin** /perloin/ *v formal* furtar, surripiar, roubar.

**purple** /pêrpel/ *s* púrpura; roupa de cor púrpura, símbolo da realeza ou de alto escalão; poder imperial, nobreza; cardeal, bispo. | *adj* purpúreo, purpurino; real, imperial; elaborado e poético (estilo literário). | *v* purpurar.

**purport** /pêrpórt/ *v* ter ou apresentar uma falsa aparência ou modo de ser, passar por; ter a intenção de, tencionar. | *s* significado, sentido; intenção, propósito.

**purpose** /pêrpes/ *v* propor-se a, tencionar. | *s* propósito, objetivo, finalidade, intenção; determinação, resolução. • **on purpose** de propósito.

**purposeful** /pêrpesful/ *adj* decidido, determinado, resoluto; intencional.

**purposeless** /pêrpesles/ *adj* sem propósito ou objetivo.

**purposely** /pêrpesli/ *adv* propositalmente, intencionalmente, deliberadamente.

**purr** /pêr/ *s* ronrom (do gato). | *v* ronronar.

**purse** /pêrs/ *s* bolsa (de mulher), carteira; recursos, riqueza, dinheiro; prêmio em dinheiro. | *v* franzir ou enrugar (lábios e sobrancelhas).

**purser** /pêrser/ *s* comissário de bordo (navio).

**pursuance** /persúens/ *s* execução, prosseguimento, continuação.

**pursuant** /persúent/ *adj* conforme. | *adv* de acordo com, em conformidade com.

**pursue** /persú/ *v* perseguir, acossar; seguir, continuar, levar adiante; ocupar-se, dedicar-se (profissão, carreira).

**pursuit** /persút/ *s* perseguição; aspiração, busca; ocupação, atividade.

**purulence** /pyurelens/ *s* purulência, pus.

**purulent** /pyurelent/ *adj* purulento.

**purvey** /pervei/ *v* prover, abastecer, suprir.

**purveyance** /perveiens/ *s* abastecimento, fornecimento, provisão.

**purveyor** /perveier/ *s* abastecedor, fornecedor.

**purview** /pêrvyú/ *s* âmbito, alcance; ponto de vista; alcance, âmbito ou limite de uma disposição legal.

**pus** /pâs/ *s* pus.

**push** /puch/ *v* empurrar; impulsionar, impelir; avançar, forçar para frente; pressionar, forçar; obrigar; estender, alargar; *gír* traficar (entorpecentes); *gír* promover (vendas, negócios). | *s* empurrão; impulso; estímulo; energia, dinamismo.

**pushcart** /puchkárt/ *s* carrinho de mão.

**pusher** /pucher/ *s gír* traficante de drogas.

**pushing** /puching/ *adj* empreendedor, ativo; ambicioso, vigoroso; agressivo, ousado.

**pushover** /puchouver/ *s* coisa muito fácil.

**pushup** /puchâp/ *s* flexão de braço.

**pushy** /puchi/ *adj* agressivo.

**pusillanimity** /pyúsilenimeti/ *s* pusilanimidade.

**pusillanimous** /pyúsilænimes/ *adj* pusilânime.

**puss** /pus/ *s inform* gatinho; *inform* menina, garota; *gír* boca; *gír* rosto, face.

**pussy** /pusi/ *s inform* gato; *vulg* vulva.

**pussycat** /pusikæt/ *s* gatinho.

**pustulate** /pâstyúleit/ *v* formar pústulas. | *adj* pustulento, pustuloso.

**pustulation** /pâstcheleichen/ *s* formação ou aparecimento de pústulas.
**pustule** /pâstchúl/ *s* pústula, ferida purulenta.
**put** /put/ *v* pôr, colocar; provocar; sujeitar, submeter; atribuir; estimar; impor (ônus); apostar (jogos, cavalos); depositar; propor; calcular. | *s* arremesso de peso; tipo de venda ou operação financeira a prazo. • **put away** descartar, rejeitar, pôr de lado. **put down** anotar; pôr fim, reprimir.
**putrefaction** /pyútrefækchen/ *s* putrefação, podridão.
**putrefy** /pyútrefai/ *v* putrefazer, apodrecer, decompor-se, cheirar mal.
**putrescence** /pyútrésens/ *s* putrescência.
**putrid** /pyútrid/ *adj* pútrido, apodrecido, podre; corrupto, corrompido.
**puttee** /pâtí/ *s* polaina, perneira.
**puzzle** /pâzel/ *v* confundir, embaraçar, complicar. | *s* enigma, quebra-cabeça.
**puzzlement** /pâzelment/ *s* perplexidade, confusão, embaraço.
**puzzler** /pâzeler/ *s* pergunta embaraçosa, problema difícil.
**puzzling** /pâzeling/ *adj* enigmático, misterioso; embaraçado, complicado.
**Pygmy** /pigmi/ *s* pigmeu, anão.
**pyramid** /piremid/ *s* pirâmide.
**pyretic** /pairétik/ *adj* pirético, febril.
**pyrotechnic** /pairoutéknik/ *adj* pirotécnico.
**pyrotechnics** /pairoutékniks/ *s us v sing* pirotécnica.
**python** /paithán/ *s píton; anaconda, sucuri.*

P

**q** ou **Q** /kyú/ *s* 17ª letra do alfabeto inglês.

**Qatar** /kátár, ketár/ *s* Catar.

**Qatari** /kátári, ketári/ *s* catariano.

**quack** /kwæk/ *v* grasnar; agir como um curandeiro ou charlatão. | *s* grasno, grasnido; charlatão; curandeiro. | *adj* charlatanesco.

**quackery** /kwækeri/ *s* charlatanismo.

**quad** /kwád/ *abrev* de quadrângulo; quadrante.

**quadrangle** /kwádræ*ng*gel/ *s* quadrângulo; pátio, área quadrangular.

**quadrangular** /kwádræ*ng*gyel*er*/ *adj* quadrangular.

**quadrant** /kwádrent/ *s* quadrante.

**quadrate** /kwádreit, kwádrit/ *adj* e *s* quadrado, retângulo.

**quadratic** /kwádrætik/ *adj* equação quadrática ou do segundo grau.

**quadrature** /kwádretcher/ *s* quadratura.

**quadrillion** /kwádrilyen/ *s* quatrilhão.

**quadruped** /kwádrupéd/ *adj* e *s* quadrúpede.

**quadruple** /kwádrúpel, kwádrupel/ *adj* e *s* quádruplo. | *v* quadruplicar.

**quadruplicate** /kwádrúplikeit/ *v* quadruplicar. | /kwádrúplikit/ *adj* quadruplicado.

**quadruplication** /kwádrúplikeichen/ *s* quadruplicação.

**quaggy** /kwægi/ *adj* pantanoso.

**quagmire** /kwægmaie*r*/ *s* pântano, atoleiro, lamaçal; situação difícil ou precária.

**quail** /kweil/ *s* codorniz, codorna (*pl* **quail** ou **quails**). | *v* encolher-se com medo, sentir ou mostrar medo.

**quaint** /kweint/ *adj* estranho; antiquado; exótico.

**quake** /kweik/ *v* tremer, estremecer. | *s* terremoto, abalo sísmico; estremecimento.

**quakeproof** /kweikprúf/ *adj* à prova de terremoto.

**Quaker** /kweike*r*/ *s* quacre (membro de uma seita protestante).

**qualification** /kwálifikeichen/ *s* qualificação; dom, aptidão, habilitação; limitação, restrição.

**qualified** /kwálifaid/ *adj* apto, capaz, qualificado, preparado; modificado; incompleto, limitado, restrito.

**qualifier** /kwálifaie*r*/ *s* qualificador.

**qualify** /kwálifai/ *v* qualificar, habilitar, tornar-se apto; diplomar, licenciar.

**qualitative** /kwáliteitiv/ *adj* qualitativo.

**quality** /kwáleti/ *s* qualidade; excelência; capacidade, predicado, propriedade; timbre. | *adj* excelente, de ótima qualidade.

**quality assurance** *s* garantia de qualidade.

**quality control** *s* controle de qualidade.
**qualm** /kwám/ *s* enjoo, náuseas; desfalecimento, desmaio; escrúpulo, aflição, apreensão.
**qualmish** /kwámich/ *adj* apreensivo, receoso, temeroso; desfalecido; que tem náuseas.
**quandary** /kwánderi/ *s* dúvida, incerteza, perplexidade.
**quantify** /kwántefai/ *v* quantificar.
**quantity** /kwánteti/ *s* quantidade; soma, montante; número.
**quantize** /kwántaiz/ *v* quantizar.
**quantum** /kwántem/ *s* quantum; quantidade, quantia (*pl* **quanta** /kwánte/).
**quarantine** /kwórentín/ *s* quarentena; período de 40 dias. | *v* isolar em quarentena; isolar (política ou economicamente).
**quarrel** /kwórel/ *v* discutir, altercar, brigar; reclamar; discordar. | *s* briga, desavença, discussão violenta; motivo ou causa da desavença.
**quarry** /kwóri/ *s* presa, caça (animais); pedreira; fonte de pesquisa; quadrado ou losango. | *v* extrair pedras de uma pedreira; colher informações, pesquisar.
**quart** /kwórt/ *s* quarta (medida).
**quarter** /kwórter/ *s* um quarto, quarta parte; um quarto de dólar; trimestre; um quarto da Lua; um quarto de hora (15 minutos); um quarto de tonelada; *maiús* bairro específico de uma cidade; clemência, misericórdia. | *v* dividir em quatro partes; esquartejar; alojar, aquartelar (soldados). • **quarters** alojamentos, quartel.
**quarterback** /kwórterbæk/ *s* zagueiro.
**quarterfinal** /kwórterfainel/ *s* quarta de final. | *adj* referente à quarta de final.
**quarterly** /kwórterli/ *adj* trimestral. | *s* publicação trimestral. | *adv* trimestralmente.
**quartermaster** /kwórtermæster/ *s* contramestre; oficial intendente.
**quartet** /kwórtét/ *s* quarteto.
**quartette** /kwórtét/ » **quartet**.
**quartz** /kwórts/ *s Geol* quartzo.
**quartz crystal** *s Geol* cristal de quartzo.
**quash** /kwách/ *v Jur* invalidar, anular; subjugar, reprimir por meio da força.
**quaternary** /kwáterneri, kwetêrneri/ *adj* e *s* quaternário.
**quatrain** /kwátrein, kwátrein/ *s* quarteto, quadra.
**quaver** /kweiver/ *v* falar ou cantar com a voz tremida; trilar, gorjear (com instrumento ou voz). | *s* trilo, gorjeio, trinado; tremido.
**quay** /kí, kei/ *s* cais, desembarcadouro.
**queasiness** /kwízines/ *s* enjoo, náusea.
**queasy** /kwízi/ *adj* enjoativo; enjoado, nauseado; preocupado.
**queazy** /kwízi/ » **queasy**.
**queen** /kwín/ *s* rainha, soberana; *fig* dominadora; dama, rainha (baralho e xadrez); *gír ofens* homossexual masculino. | *v* tornar-se uma rainha.
**queenly** /kwínli/ *adj* real, régio; próprio de rainha. | *adv* majestosamente.
**queer** /kwir/ *v* arruinar; impedir; pôr alguém em situação embaraçosa. | *adj* estranho, excêntrico, anormal; indisposto, adoentado; falso; suspeito. | *s gír ofens* homossexual.
**queerish** /kwirich/ *adj* um tanto estranho, bizarro.
**quell** /kwél/ *v* sufocar, reprimir; mitigar, abrandar, pacificar.
**quench** /kwéntch/ *v* extinguir, apagar; temperar, resfriar (metal aquecido); saciar, satisfazer (sede); destruir, acabar.
**quencher** /kwéntcher/ *s* extintor, o que apaga, o que esfria; o que sacia ou satisfaz.
**querist** /kwérist/ *s* interrogador, investigador, perguntador.
**querulous** /kwéryeles/ *adj* queixoso, lamuriante; rabugento, impertinente.
**query** /kwiri/ *s* quesito, pergunta; hesitação, dúvida; ponto de interrogação. | *v*

Q

indagar, perguntar; duvidar de; marcar com ponto de interrogação.

**quest** /kwést/ *v* investigar, questionar; buscar, procurar. | *s* busca, procura, pesquisa; expedição, aventura.

**question** /kwéstchen/ *s* pergunta, questão; assunto, negócio; problema; controvérsia; debate; dúvida, incerteza. | *v* perguntar, indagar; interrogar; pôr em dúvida, desconfiar de; analisar, examinar.

**questionable** /kwéstchenebel/ *adj* questionável, discutível, duvidoso.

**question mark** *s* ponto de interrogação.

**questionnaire** /kwéstchenér/ *s* questionário, formulário.

**queue** /kyú/ *s* fila; trança de cabelo, rabo de cavalo. | *v* fazer ou entrar em uma fila.

**quibble** /kwibel/ *s* evasiva, subterfúgio; argúcia, sofisma. | *v* sofismar, usar de evasivas ou subterfúgios.

**quick** /kwik/ *adj* rápido, veloz, ligeiro; esperto, vivo, sagaz; precipitado, impetuoso, petulante. | *s* os vivos; carne viva; essência, âmago. | *adv* rápido, rapidamente, prontamente.

**quicken** /kwiken/ *v* vivificar, animar; apressar, acelerar; estimular, excitar.

**quickie** /kwiki/ *s inform* algo feito rapidamente.

**quicklime** /kwiklaim/ *s* cal viva, cal virgem.

**quickly** /kwikili/ *adv* rapidamente, prontamente.

**quickness** /kwikines/ *s* ligeireza, rapidez; esperteza, vivacidade.

**quicksand** /kwiksænd/ *s* areia movediça.

**quicksilver** /kwiksilver/ *s* mercúrio. | *adj* mercurial.

**quid** /kwid/ *s* naco de fumo para mascar.

**quiescent** /kwaiésent, kwiésent/ *adj* quiescente, tranquilo, inativo.

**quiet** /kwaiet/ *adj* quieto, imóvel; calado; sossegado, calmo, tranquilo, pacífico; sereno, manso. | *s* quietude; silêncio; sossego, tranquilidade, calma. | *v* acalmar, aquietar, tranquilizar. • **keep quiet!** quieto!

**quill** /kwil/ *s* pena (grande) de ave; pena para escrever; espinho (de ouriço, porco-espinho).

**quilt** /kwilt/ *s* colcha, acolchoado, edredom. | *v* acolchoar, estofar, forrar.

**quince** /kwins/ *s Bot* marmelo; marmeleiro.

**quinine** /kwainain/ *s* quinino.

**quinine water** *s* água tônica.

**quinquagenarian** /kwinkwedjenérien/ *adj* e *s* quinquagenário.

**quinquennial** /kwinkwéniel/ *adj* quinquenal. | *s* quinto aniversário; período de cinco anos.

**quinquennium** /kwinkwéniem/ *s* quinquênio (*pl* **quinquennia** /kwinkwénie/ ou **quinquenniums**).

**quint** /kwint/ *s* sequência de cinco cartas do mesmo naipe em alguns jogos; quíntuplo.

**quintessence** /kwintésens/ *s* quinta-essência, suprassumo.

**quintet** /kwintét/ *s* quinteto, conjunto de cinco pessoas ou instrumentos.

**quintette** /kwintét/ » **quintet**.

**quintillion** /kwintilyen/ *s* quintilhão.

**quintuple** /kwintúpel, kwintepel/ *adj* quintuplicado. | *s* quíntuplo. | *v* quintuplicar.

**quip** /kwip/ *s* piada, troça; dito espirituoso; sarcasmo, zombaria, ironia. | *v* proferir ditos sarcásticos ou espirituosos, gracejar.

**quirk** /kwêrk/ *s* comportamento excêntrico, esquisitice, extravagância; torção, curva; subterfúgio, evasão.

**quit** /kwit/ *v* abandonar, largar, ir embora; quitar; desistir de, renunciar; terminar, concluir, encerrar; descontinuar, parar.

**quite** /kwait/ *adv* inteiramente, completamente; bem, bastante; realmente.

**quits** /kwits/ *adj* quite.
**quittance** /kwitens/ *s* quitação, pagamento; recibo; recompensa, prêmio.
**quiver** /kwiver/ *s* tremor, estremecimento; palpitação. | *v* tremer, estremecer; palpitar, agitar-se.
**quiz** /kwiz/ *v* interrogar, testar o conhecimento por meio de perguntas. | *s* teste ou exame rápido, questionário; gracejo, piada; exame oral (*pl* **quizzes**).
**quiz show** *s* programa de rádio ou TV em que os participantes respondem a perguntas para ganhar prêmios.
**quizzical** /kwizikel/ *adj* enigmático, intrigante; cômico, engraçado; excêntrico, estranho.
**quoin** /koin, kwoin/ *s* pedra angular; ângulo externo de um edifício; cunha. | *v* pôr em cunha, acunhar.
**quota** /kwoute/ *s* cota, quota.
**quotable** /kwoutebel/ *adj* citável.
**quotation** /kwouteichen/ *s* cotação de preços, orçamento; citação (de texto).
**quotation mark** *s* aspas (sinal de pontuação).
**quote** /kwout/ *v* citar (autor, passagem de um livro); escrever entre aspas, transcrever; cotar (preços). | *s* citação (textos); cotação (preços); provérbio, dito.
**quotidian** /kwoutidien/ *adj* cotidiano, diário.
**quotient** /kwouchent/ *s* quociente.

Q

# Rr

**r** ou **R** /ár/ *s* 18ª letra do alfabeto inglês. | *abrev maiús* ou *minús* de **radius**; de **resistence**.

**rabbet** /ræbit/ *s* entalhe, encaixe. | *v* encaixar, entalhar.

**rabbit** /ræbit/ *s* coelho, lebre; pele de coelho ou lebre. | *v* caçar coelhos ou lebres.

**rabble** /ræbel/ *s* multidão, turba; plebe, gentalha.

**rabid** /ræbid/ *adj* raivoso (atacado de hidrofobia); furioso, feroz; fanático.

**rabies** /reibíz/ *s* hidrofobia, raiva.

**raccoon** /rækún/ *s* racum (*pl* **raccoons** ou **raccoon**).

**race** /reis/ *s* raça, linhagem, descendência, casta; corrida; disputa (eleitoral); correnteza, torrente; canal (rio). | *v* correr; competir, disputar. • **the human race** a raça humana.

**racecar** /reiskár/ *s* carro de corrida.

**racer** /reiser/ *s* corredor que compete em corridas.

**racetrack** /reistræk/ *s* pista de corrida.

**rachitis** /rekaites/ » **rickets**.

**racial** /reichel/ *adj* racial.

**racing** /reising/ *s* corrida. | *adj* de corrida.

**racism** /reisizem/ *s* racismo.

**racist** /reisist/ *s* e *adj* racista.

**rack** /ræk/ *s* armação em que são colocados objetos, prateleira; cremalheira; potro (instrumento de tortura). | *v* colocar na prateleira ou na estante; torturar no potro; afligir.

**racket** /rækit/ *s* grande confusão, algazarra, barulho; raquete; negócio desonesto ou fraudulento. | *v* fazer ou movimentar-se com barulho; levar uma vida social agitada.

**racketeer** /ræketir/ *s* estelionatário, chantagista, extorsionário. | *v* extorquir.

**racoon** /rækún/ » **raccoon**.

**racy** /reisi/ *adj* aromático, picante; vigoroso, estimulante; fino, de bom gosto.

**radar** /reidár/ *s* radar.

**radial** /reidiel/ *adj* radial. | *s* pneu radial.

**radiate** /reidieit/ *adj* radiado. | *v* radiar, brilhar, irradiar, cintilar.

**radiation** /reidieichen/ *s* radiação, irradiação.

**radiator** /reidieiter/ *s* radiador.

**radical** /rædikel/ *adj* radical, essencial, fundamental; original, primitivo. | *s* radical.

**radio** /reidiou/ *s* rádio. | *v* transmitir ou comunicar-se por rádio.

**radioactive** /reidiouæktiv/ *adj* radioativo.

**radioactivity** /reidiouæktiveti/ *s* radioatividade.

**radiobroadcast** /reidioubrádkæst/ *s* transmissão ou emissão radiofônica. | *v* transmitir por rádio, irradiar.

**radiograph** /reidiougræf/ *s* radiografia. | *v* radiografar.

**radiography** /reidiágrefi/ *s* radiografia.
**radiology** /reidiáledji/ *s* radiologia.
**radioscopy** /reidiáskepi/ *s* radioscopia.
**radiotelegraphy** /reidioutelégrefi/ *s* radiotelegrafia.
**radiotelephony** /reidiouteléfeni/ *s* radiotelefonia.
**radiotherapy** /reidiou*th*érepi/ *s* radioterapia.
**radio wave** *s* onda de rádio.
**radish** /rædich/ *s* rábano, rabanete.
**radium** /reidiem/ *s* rádio (*símb* **Ra**).
**radius** /reidies/ *s* raio; rádio (anatomia); área (*pl* **radii** /reidiai/ ou **radiuses**).
**radix** /reidiks, rædiks/ *s* raiz (*pl* **radices** /reidiksiz, rædiksiz/ ou **radixes** /rædesíz, reidesíz/).
**RAF** /árieiéf/ *abrev* de **Royal Air Force**, Força Aérea Real.
**raffle** /ræfel/ *s* rifa, sorteio; escombros, detritos.
**raft** /ræft/ *s* jangada, balsa; *inform* grande quantidade; bote inflável. | *v* transportar ou viajar em balsa; construir balsa.
**rafter** /ræft*er*/ *s* viga, caibro, esteio; jangadeiro.
**rag** /ræg/ *s* trapo, farrapo; pano de chão; *gír* jornal sensacionalista. | *v* ridicularizar, zombar; *gír* repreender.
**ragamuffin** /ræegemâfin/ *s* maltrapilho.
**rage** /reidj/ *s* raiva, fúria, cólera; paixão, desejo ardente; moda, mania coletiva. | *v* enfurecer-se, encolerizar-se; movimentar-se com intensidade (vento, mar); alastrar-se (epidemia).
**ragged** /rægid/ *adj* esfarrapado, roto, maltrapilho; áspero; desigual, com imperfeições.
**ragman** /rægmæn/ *s* trapeiro.
**ragtag** /rægtæg/ *adj* desordenado, irregular.
**raid** /reid/ *s* reide, incursão rápida, invasão ou ataque de surpresa; batida policial. | *v* invadir, fazer ou participar de um reide.
**raider** /reid*er*/ *s* invasor, participante de um reide.
**rail** /reil/ *s* barra ou grade de apoio ou proteção; corrimão, balaustrada; parapeito; amurada; trilho (de ferrovia); ferrovia. | *v* cercar, colocar barras ou grades; ralhar, insultar.
**railing** /reili*ng*/ *s* balaustrada, grade, proteção; crítica, reclamação, insulto.
**railroad** /reilroud/ *s* via férrea, ferrovia. | *v* transportar por ferrovia; construir ferrovias; trabalhar em uma ferrovia.
**railway** /reilwei/ *s* estrada de ferro.
**raiment** /reiment/ *s* roupa, vestuário.
**rain** /rein/ *s* chuva. | *v* chover. • **rain cats and dogs** chover torrencialmente.
**rainbow** /reinbou/ *s* arco-íris.
**rain check** *s* ingresso que permite ao espectador assistir a um espetáculo em outro dia caso chova no dia reservado.
**raincoat** /reinkout/ *s* capa de chuva, capa impermeável.
**raindrop** /reindráp/ *s* pingo de chuva.
**rainfall** /reinfól/ *s* aguaceiro, chuvarada; índice pluviométrico.
**rain forest** *s* floresta tropical.
**rainstorm** /reinstórm/ *s* tempestade com chuva.
**rainy** /reini/ *adj* chuvoso.
**raise** /reiz/ *v* levantar, erguer; construir, edificar; suscitar, evocar; instigar, sublevar; criar, cultivar, plantar; aumentar, ampliar; angariar; promover. | *s* aumento; levantamento, elevação.
**raiser** /reiz*er*/ *s* cultivador, criador (de animais).
**raisin** /reizen/ *s* passa, uva seca.
**rake** /reik/ *s* ancinho; pessoa imoral; inclinação perpendicular. | *v* raspar, limpar ou recolher com ancinho; remexer, revolver; procurar cuidadosamente; inclinar perpendicularmente.
**raker** /reik*er*/ *s* raspador, raspadeira; o que trabalha com o ancinho; explorador.

**rally** /ræli/ *v* reunir ou agrupar-se (tropas, partidários); voltar à luta (após dispersão); convalescer, recuperar forças, reanimar-se; brincar, zombar, caçoar. | *s* reunião, assembleia; recuperação, melhora (saúde, vigor); mofa, zombaria; rali.

**ram** /ræm/ *s* carneiro; bate-estacas; aríete; *maiús* Áries (signo e constelação). | *v* calcar, macetar; meter à força, enfiar; forçar a passagem ou aceitação (projeto de lei).

**RAM** /ræm/ *abrev* de **Random-Access Memory**, memória de acesso randômico.

**ramble** /ræmbel/ *v* passear, vaguear (andar a esmo); divagar (ao falar e escrever), desvairar; crescer a esmo. | *s* passeio, caminhada.

**rambler** /ræmbler/ *s* passeante, pessoa que vagueia, anda sem rumo; divagador; rosa trepadeira.

**ramification** /ræmifikeichen/ *s* ramificação.

**ramify** /ræmifai/ *v* ramificar.

**rammer** /ræmer/ *s* maço, martelo de bate-estacas, aríete.

**ramp** /ræmp/ *s* rampa, declive. | *v* esbravejar, enfurecer; ameaçar.

**rampage** /ræmpeidj/ *s* fúria, extrema agitação e violência. | /ræmpeidj, ræmpeidj/ *v* mover-se de forma violenta e agressiva; enraivecer-se.

**rampancy** /ræmpensi/ *s* excesso, exuberância.

**rampant** /ræmpent/ *adj* desenfreado, descontrolado; exaltado, agressivo; excessivo, exuberante.

**rampart** /ræmpárt, ræmpert/ *s* baluarte, muralha; proteção, fortaleza, forte. | *v* defender ou fortificar-se em um baluarte.

**ramrod** /ræmrád/ *s* vareta de espingarda. | *v* supervisionar.

**ran** /ræn/ *v pass* de **run**.

**ranch** /ræntch/ *s* fazenda (de criação de animais), rancho; casa-grande. | *v* viver ou trabalhar numa fazenda.

**rancher** /ræntcher/ *s* rancheiro; casa de fazenda.

**rancid** /rænsid/ *adj* rançoso; desagradável, repugnante.

**rancor** /rængker/ *s* rancor, ódio.

**rancorous** /rængkeres/ *adj* rancoroso.

**random** /rændem/ *adj* aleatório, impensado, fortuito, feito ao acaso. • **at random** à toa, aleatoriamente.

**range** /reindj/ *s* extensão, área, âmbito; classe, ordem, série; fila, fileira; distância, limite, raio de ação; altura, amplitude; alcance (voz, arma); autonomia de veículo; área de teste de foguetes; campo aberto, pastagens naturais; domínio, hábitat de uma espécie; ato de vaguear por uma região. | *v* vaguear, percorrer, perambular; soltar o gado; dispor em uma ordem, enfileirar, classificar; variar; estender-se.

**ranger** /reindjer/ *s* andarilho, peregrino; patrulheiro; guarda-florestal.

**rank** /rængk/ *s* classe social, posição social, classificação; posto hierárquico, grau; fila, fileira. | *adj* viçoso, exuberante; de odor ou sabor forte; ofensivo; completo, total. | *v* enfileirar, ordenar, dispor; classificar; *gír* atormentar, reclamar.

**rankle** /rængkel/ *v* amargurar-se, irritar-se; causar irritação, infeccionar, inflamar.

**ransack** /rænsæk/ *v* revistar, rebuscar; saquear, pilhar.

**ransom** /rænsem/ *s* resgate, preço de um resgate; redenção. | *v* resgatar, remir, livrar.

**ransomer** /rænsemer/ *s* resgatador, redentor.

**rant** /rænt/ *v* falar ou declamar de forma alta e veemente. | *s* fala ou discurso alto e bombástico.

**rap** /ræp/ *s* pancada ou batida (rápida e seca); *gír* conversa, papo; repreensão, reprovação; *rap* (estilo músical); *inform* o mínimo. | *v* bater, dar golpes, socar;

discutir, confabular; repreender, reprovar; criticar; culpar.

**rapacious** /repeiches/ *adj* voraz; ganancioso, ávido.

**rape** /reip/ *s* estupro; violação; bagaço de uva; colza. | *v* estuprar, violentar; violar.

**rapid** /ræpid/ *adj* rápido, veloz. | *s geralm us pl* corredeiras, cachoeiras.

**rapid eye movement** *s* movimento rápido dos olhos (*abrev* **REM**).

**rapidity** /repideti/ *s* rapidez, velocidade.

**rapier** /reipier/ *s* florete, espadim de esgrima.

**rapine** /ræpin/ *s* rapina, roubo, pilhagem.

**rapt** /ræpt/ *adj* extasiado, enlevado.

**rapture** /ræptcher/ *v* arrebatar, extasiar. | *s* êxtase, arroubo, enlevo, entusiasmo.

**rare** /rér/ *adj* raro, incomum; excelente, extraordinário; rarefeito (ar); malpassado (carne).

**rarefy** /rérefai/ *v* rarefazer; purificar, refinar.

**rarely** /rérli/ *adv* raramente.

**rareness** /rérnes/ *s* raridade, excelência.

**rarify** /rérefai/ » **rarefy**.

**rarity** /réreti/ *s* raridade, excelência; rarefação.

**rascal** /ræskel/ *s* tratante, velhaco, patife.

**rascally** /ræskeli/ *adj* ignóbil, baixo, vil.

R

**rase** /reiz/ » **raze**.

**rash** /ræch/ *adj* arrojado, ousado; irrefletido. | *s* erupção cutânea; onda (de acontecimentos).

**rasher** /ræcher/ *s* fatia fina de toucinho frito ou tostado; porção ou prato com essas fatias.

**rashness** /ræchnes/ *s* temeridade, precipitação, imprudência.

**rasp** /ræsp/ *s* grosa (lima), raspadeira; som estridente e áspero; ato de limar. | *v* limar com grosa, raspar; produzir som estridente.

**raspberry** /ræzbéri/ *s* framboesa.

**rat** /ræt/ *s* rato, ratazana; traidor, desertor; *inform* pessoa sorrateira e desprezível. | *v* caçar ratos; *gír* delatar ou trair os companheiros.

**ratable** /reitebel/ *adj* avaliável; proporcional.

**ratchet** /rætchit/ *s* dente (engrenagem); taramela, lingueta.

**rate** /reit/ *s* taxa, índice; razão, proporção; tarifa, preço, custo; padrão, qualidade, classe, categoria. | *v* avaliar, calcular; fixar preço, tributar; considerar; classificar; *inform* merecer. • **rate of exchange** taxa de câmbio.

**rater** /reiter/ *s* avaliador, aquele que estabelece as taxas.

**rather** /rædher/ *adv* um tanto, bastante. • **it's rather cold** está um pouco frio. **I would rather** ou **I should rather** eu prefereria. **rather than** em vez, ao invés de.

**ratification** /rætefikeichen/ *s* ratificação.

**ratify** /rætefai/ *v* ratificar, sancionar, validar, confirmar.

**rating** /reiting/ *s* classificação; posto, graduação; avaliação financeira; índice de audiência ou de popularidade (rádio, TV).

**ratio** /reichiou/ *s* relação em grau e número entre duas coisas similares; razão; proporção (*pl* **ratios**).

**ratiocinate** /ræchiáseneit/ *v* raciocinar.

**ratiocination** /ræchiáseneichen/ *s* raciocínio.

**ration** /ræchen, reichen/ *s* ração. | *v* suprir com rações; racionar.

**rational** /ræchenel/ *adj* racional, lógico.

**rationalism** /ræchenelizem/ *s* racionalismo.

**rationality** /ræchenæleti/ *s* racionalidade.

**rattle** /rætl/ *v* emitir ou provocar sons rápidos e secos, chocalhar, batucar; tagarelar, matraquear, falar rapidamente; *inform* confundir, perturbar. | *s* chocalho, som do chocalho; guizo (cascavel); conversa rápida e alta.

**rattlebrained** /rætlbreind/ *adj* tolo, tagarela.
**rattlesnake** /rætlsneik/ *s* cascavel.
**rattletrap** /rætltræp/ *s* calhambeque, carro velho.
**rattling** /rætling/ *adj* alegre, vivo, animado.
**raucity** /ráseti/ » **raucousness**.
**raucous** /rákes/ *adj* rouco; turbulento.
**raucousness** /rákesnes/ *s* rouquidão.
**ravage** /rævidj/ *v* assolar, devastar; roubar, saquear. | *s* destruição, devastação, ruína.
**rave** /reiv/ *v* delirar; bramar, rugir, encolerizar-se; entusiasmar-se. | *s* delírio, acesso, fúria.
**ravel** /rævel/ *v* desfiar, esfiapar; embaraçar, emaranhar; deslindar, desembaraçar. | *s* fio solto ou emaranhado (meada); complicação.
**raven** /reiven/ *s* corvo; presa, pilhagem. | *adj* negro e brilhante. | /ræven/ *v* saquear, pilhar, rapinar; comer vorazmente.
**ravening** /rævening/ *s* voracidade, sofreguidão. | *adj* rapace, rapinante.
**ravenous** /rævenes/ *adj* voraz, ávido, esfomeado; rapinante.
**ravine** /revín/ *s* ravina, garganta, desfiladeiro.
**raving** /reiving/ *adj* alucinado, desvairado. | *s* delírio, alucinação.
**ravish** /rævich/ *v* raptar; violar; estuprar.
**ravishment** /rævichment/ *s* rapto; violação; estupro.
**raw** /rá/ *adj* bruto; cru, não cozido; natural, não tratado, não manufaturado; inexperiente, sem treinamento; esfolado, em carne viva; frio, úmido (tempo); cruel, injusto; inflamado, infectado; pelado, nu.
**rawboned** /rábound/ *adj* ossudo.
**rawhide** /ráhaid/ *s* couro cru; chicote de couro cru.
**raw materials** *s* matéria-prima.
**rawness** /ránes/ *s* crueza; inexperiência.
**ray** /rei/ *s* raio; luz, clarão; pequena porção, traço, vestígio; radiação; arraia; corola; linha. | *v* irradiar, cintilar.
**raze** /reiz/ *v* arrasar, demolir.
**razor** /reizer/ *s* navalha; aparelho de barbear; barbeador elétrico.
**razorblade** /reizerbleid/ *s* lâmina de barbear.
**RDA** /árdíei/ *abrev* de **Remote Data Access**, acesso de dados remoto.
**reach** /rítch/ *s* ato de estender a mão ou o braço para pegar algo; extensão, área; grau de entendimento ou de compreensão; capacidade, alcance. | *v* estender (mão), esticar (braço); alcançar, atingir, chegar a; influenciar, afetar. • **out of reach** fora de alcance.
**reachable** /rítchebel/ *adj* atingível, alcançável.
**react** /riækt/ *v* reagir, contra-atacar.
**reaction** /riækchen/ *s* reação; contra-ataque; conservadorismo.
**reactor** /riækter/ *s* reator; reação nuclear; aquele que reage a um estímulo.
**read** /ríd/ *v* ler, interpretar; compreender, descobrir o significado, decifrar; prever, adivinhar; atribuir um significado; registrar, marcar, mostrar. | *adj* lido, instruído. | *s* qualquer coisa lida.
**readable** /rídebel/ *adj* legível; interessante ou prazeroso de ser lido.
**reader** /rider/ *s* leitor; declamador; revisor; livro de leitura; antologia.
**readily** /rédili/ *adv* prontamente, de boa vontade; imediatamente; facilmente.
**readiness** /rédines/ *s* presteza, prontidão; desembaraço, facilidade.
**reading** /ríding/ *s* leitura, interpretação; conferência, palestra; marcação, registro; declamação.
**readjust** /ríedjâst/ *v* reajustar.
**readjustment** /ríedjâstment/ *s* reajustamento.
**read-only memory** *s* memória somente para leitura (*abrev* **ROM**).

R

**ready** /rédi/ *adj* pronto, preparado; disposto, apto, propenso; disponível, à mão.

**ready-made** /rédimeid/ *adj* já feito, pronto, disponível (roupa, comida); preconcebido.

**reagent** /ríeidjent/ *s* reagente.

**real** /ríel/ *s* real; realidade. | *adj* real, verdadeiro; genuíno, autêntico; sincero. | *adv inform* muito.

**realism** /ríelizem/ *s* realismo.

**realist** /rielist/ *s* realista.

**reality** /riæleti/ *s* realidade.

**realization** /rielizeichen/ *s* realização.

**realize** /rielaiz/ *v* compreender; realizar, efetuar; converter ou trocar bens; render, obter (lucros, ganhos).

**really** /ríeli/ *adv* realmente, verdadeiramente, na verdade, de fato.

**realm** /rélm/ *s* reino, região; domínio, esfera, campo, setor.

**real state** *s* bens imobiliários.

**real-time** /ríeltaim/ *adj* em tempo real.

**ream** /rím/ *s* resma (papel). | *v* dar forma, alargar com um mandril; espremer (frutas).

**reamer** /rímer/ *s* mandril; espremedor de frutas.

**reanimate** /ríænemeit/ *v* reanimar.

**reap** /ríp/ *v* ceifar; colher, coletar; obter algo como resultado de um esforço.

**reaper** /ríper/ *s* ceifeiro, máquina de ceifar.

**rear** /rir/ *s* parte de trás, fundos; retaguarda; *inform* traseiro, nádega. | *adj* traseiro, posterior, último. | *v* criar, cuidar (de crianças); erguer, levantar; erigir, construir; empinar (cavalo).

**rear admiral** *s* contra-almirante.

**rear guard** *s* retaguarda.

**rear-view mirror** *s* espelho retrovisor.

**reason** /rízen/ *s* razão, motivo, causa; justificação, explicação; bom-senso; sanidade mental, juízo; raciocínio, lógica, razão. | *v* raciocinar, pensar de forma lógica; concluir; persuadir. • **out of reason** fora de propósito.

**reasonable** /rízenebel/ *adj* razoável; racional, lógico; justo; moderado.

**reasoning** /rízening/ *s* raciocínio; argumento.

**reassemble** /ríesémbel/ *v* reunir novamente, tornar a juntar.

**rebate** /ríbeit, ribeit/ *v* abater, descontar; deduzir, diminuir; encaixar, entalhar. | /ríbeit/ *s* desconto, dedução; encaixe, entalhe.

**rebel** /rébél/ *s* rebelde, revoltoso. | /ribél/ *v* rebelar-se, revoltar-se, insurgir-se.

**rebellion** /ribélyen/ *s* rebelião, motim.

**rebellious** /ribélyes/ *adj* rebelde, insubordinado.

**rebirth** /ríbêrth/ *s* renascimento.

**reboot** /ríbút/ *v* reiniciar (computador).

**rebound** /ríbaund/ *s* repercussão; ricochete; recuperação, melhora. | /ríbaund, ríbaund/ *v* repercutir; ricochetear, ressoar; recuperar-se (de depressão).

**rebuff** /ribâf/ *v* rejeitar, recusar. | *s* recusa, mau acolhimento, rejeição.

**rebuild** /ríbild/ *v* reedificar, reconstruir, remodelar.

**rebuke** /ribyúk/ *v* repreender, admoestar; censurar, recriminar. | *s* repreensão; recriminação, censura.

**rebut** /ribât/ *v* rebater, contradizer, refutar.

**rebuttal** /ribâtel/ *s* refutação.

**recalcitrant** /rikælsitrent/ *adj* recalcitrante, intratável, teimoso, obstinado. | *s* pessoa teimosa, recalcitrante.

**recall** /rikól, ríkól/ *v* chamar novamente; relembrar; anular, revogar, cancelar; pedir ou ordenar retorno; fazer voltar. | /ríkól/ *s* revocação, pedido de retorno; recordação, lembrança; revogação, cancelamento; toque de chamada.

**recant** /rikænt/ *v* retratar, retirar o que disse; renegar (crença).

**recapitulate** /ríkepitcheleit/ *v* recapitular, rever os pontos principais de, resumir.

**recapitulation** /ríkepitcheleichen/ *s* recapitulação.

**recapture** /ríkæptcher/ *v* recapturar; retomar; recordar. | *s* recaptura; retomada.

**recast** /ríkæst/ *v* reformar, remodelar; mudar elenco, redistribuir papéis (teatro). | *s* reforma, remodelação.

**recede** /risíd/ *v* retroceder, recuar; desaparecer.

**receipt** /risít/ *s* recibo, quitação; recebimento. | *v* passar recibo. • **receipts** entrada de caixa, receita.

**receivable** /risívebel/ *adj* aceitável, a receber. • **receivables** contas a receber.

**receive** /risív/ *v* receber, aceitar; admitir, aprovar; hospedar, acolher.

**received** /risívd/ *adj* amplamente aceito como correto ou verdadeiro.

**receiver** /risíver/ *s* recebedor; receptáculo; receptor; receptador (de mercadorias roubadas).

**recension** /risénchen/ *s* revisão crítica de um texto; texto revisado.

**recent** /rísent/ *adj* recente, novo, moderno.

**receptacle** /riséptekel/ *s* receptáculo, recipiente.

**reception** /risépchen/ *s* recepção, acolhimento; aceitação.

**receptive** /riséptiv/ *adj* receptivo.

**recess** /rísés, risés/ *s* retiro, esconderijo, alcova; recesso, suspensão temporária do trabalho. | *v* pôr em esconderijo; entrar em recesso.

**recession** /riséchen/ *s* recuo, retirada; recessão.

**recharge** /rítchárdj/ *v* recarregar (bateria). | *s* /rítchárdj/ recarga.

**recipe** /résipi/ *s* receita (comida, remédio, sucesso).

**recipient** /risipient/ *s* receptor, recebedor (órgão, sangue). | *adj* receptivo.

**reciprocal** /risiprekel/ *s* e *adj* recíproco.

**reciprocate** /risiprekeit/ *v* reciprocar, tornar recíproco; alternar, oscilar; retribuir; ser equivalente.

**reciprocation** /risiprekeichen/ *s* reciprocação, permutação; correspondência mútua; movimento alternado.

**recital** /risaitel/ *s* recital; narração, recitação.

**recitation** /résiteichen/ *s* recitação, declamação; prova oral.

**recite** /risait/ *v* recitar, declamar; contar em detalhes, descrever; enumerar.

**reckless** /rékles/ *adj* negligente; inconsequente, precipitado, temerário.

**reckon** /réken/ *v* calcular, fazer contas, computar; considerar; *inform* pensar, assumir; somar, achar o total.

**reckoning** /rékening/ *s* contagem, cálculo; conta a ser paga; pagamento de conta.

**reclaim** /rikleim/ *v* reabilitar, regenerar (pessoa); tornar útil, cultivar (terreno); reciclar, reaproveitar, recuperar.

**re-claim** /ríkleim/ *v* reclamar, reivindicar.

**reclamation** /réklemeichen/ *s* reclamação; reforma, restauração, reformulação.

**recline** /riklain/ *v* recostar, reclinar.

**recluse** /réklús, riklús/ *adj* recluso, solitário. | *s* recluso, eremita.

**recognition** /rékegnichen/ *s* reconhecimento.

**recognize** /rékegnaiz/ *v* reconhecer.

**recoil** /ríkoil, rikoil/ *s* recuo; coice (arma de fogo). | /rikoil/ *v* recuar, retroceder (por medo, nojo); dar coice (arma de fogo).

**recollect** /rékelékt/ *v* relembrar, recordar.

**recollection** /rékelékchen/ *s* recordação, memória; lembrança, reminiscência.

**recommend** /rékeménd/ *v* recomendar; aconselhar; encomendar.

**recommendation** /rékemendeichen/ *s* recomendação; conselho.

**recompense** /rékempéns/ *s* recompensa; remuneração; indenização, compensação. | *v* recompensar; indenizar; retribuir.

**recompose** /ríkempouz/ *v* recompor, refazer; tranquilizar.

**reconcile** /ré̲kensail/ *v* reconciliar; harmonizar; conformar, resignar; adaptar, tornar compatível.
**reconciliation** /rékensilie̲ichen/ *s* reconciliação; expiação, penitência.
**recondite** /ré̲kendait, riká̲ndait/ *adj* abstruso, confuso, ambíguo; obscuro, escondido.
**reconsider** /ríkensi̲der/ *v* reconsiderar.
**reconstitute** /ríká̲nstetút/ *v* reconstituir.
**reconstruct** /ríkenstrâ̲kt/ *v* reconstruir.
**reconvey** /ríkenve̲i/ *v* reconduzir, tornar a levar.
**record** /rikó̲rd/ *v* registrar, anotar; fixar, conservar; gravar (disco ou fita); indicar, marcar; arquivar. | /ré̲kerd/ *s* registro; minuta, ata, protocolo; arquivo, cadastro; testemunho; documento; gravação de disco ou fita; recorde.
**recorder** /rikó̲rder/ *s* registrador, apontador; gravador.
**recording** /rikó̲rding/ *s* gravação; registro.
**recourse** /ri̲kórs, rikó̲rs/ *s* recurso; auxílio; apelo.
**recover** /rikâ̲ver/ *v* recuperar, retomar; recobrar, restabelecer (saúde); reparar, compensar; *Jur* ganhar indenização.
**recovery** /rikâ̲veri/ *s* restabelecimento, recuperação; recompensa.
**recovery room** *s* sala de recuperação pós-cirúrgica.
**recreant** /ré̲krient/ *adj* covarde, desleal. | *s* pessoa sem fé, covarde.
**recreate** /ré̲krieit/ *v* recrear, divertir.
**re-create** /ríkrie̲it/ *v* recriar.
**recreation** /rékrie̲ichen/ *s* recreação, divertimento.
**recriminate** /rikri̲meneit/ *v* recriminar.
**recrudescence** /ríkrúdé̲sens/ *s* recrudescência.
**recruit** /rikrú̲t/ *v* recrutar, alistar; restabelecer; renovar (saúde, vigor); admitir, acolher. | *s* recruta; novato em organização.
**recruitment** /rikrú̲tment/ *s* recrutamento, alistamento.
**rectangle** /ré̲ktænggel/ *s* retângulo.
**rectangular** /réktæ̲nggyeler/ *adj* retangular.
**rectify** /ré̲ktefai/ *v* retificar, corrigir; purificar, refinar através de destilação.
**rectilinear** /réktel̲inier/ *adj* retilíneo.
**rectitude** /ré̲ktetúd/ *s* retidão; integridade; honestidade.
**rector** /ré̲kter/ *s* reitor; pároco.
**rectory** /ré̲kteri/ *s* residência paroquial.
**recumbent** /rikâ̲mbent/ *adj* deitado, reclinado, recostado; em repouso, descansado.
**recuperate** /rikú̲pereit/ *v* recuperar-se de perdas financeiras, restabelecer-se; restaurar (força, saúde), convalescer.
**recur** /rikê̲r/ *v* voltar, aparecer de novo; evocar, voltar à memória; repetir, tornar a acontecer; recorrer, apelar.
**recurrence** /rikê̲rens/ *s* recorrência, repetição; volta, retorno.
**recurrent** /rikê̲rent/ *adj* recorrente.
**recyclable** /rísa̲iklebel/ *adj* e *s* reciclável.
**recycle** /rísa̲ikel/ *v* reciclar.
**red** /réd/ *adj* vermelho, rubro, encarnado. | *s* a cor vermelha; *geralm maiús* ativista radical, comunista; *maiús ofens* pele-vermelha (nativos americanos).
**redaction** /ridæ̲kchen/ *s* redação, edição, revisão; reedição, nova edição.
**redactor** /ridæ̲kter/ *s* redator, editor.
**red blood cell** *s* glóbulo vermelho do sangue, eritrócito.
**Red Cross** *s* Cruz Vermelha.
**redden** /ré̲den/ *v* avermelhar.
**reddish** /ré̲dich/ *adj* avermelhado.
**redeem** /ridí̲m/ *v* redimir, salvar, resgatar; reabilitar-se, redimir-se; remir, reaver; converter em dinheiro.
**redeemer** /ridí̲mer/ *s* aquele que redime, liberta. • **The Redeemer** O Redentor.
**redeliver** /rídili̲ver/ *v* restituir, devolver.
**redemption** /ridé̲mpchen/ *s* redenção, salvação; amortização de dívida; pagamento de obrigação; remissão dos pecados pelo sacrifício de Cristo.

R

**redhead** /rédhéd/ *s* ruivo.
**redheaded** /rédhédid/ *adj* ruivo.
**redistribute** /rídistribyút/ *v* redistribuir.
**redistribution** /rídistribyúchen/ *s* redistribuição.
**red meat** *s* carne vermelha.
**redness** /rédnes/ *s* vermelhidão, rubor.
**redo** /rídú/ *v* refazer; redecorar, reformar casa.
**redolent** /rédelent/ *adj* cheiroso, aromático; sugestivo.
**redouble** /rídâbel/ *v* redobrar, repetir, intensificar.
**redoubt** /ridaut/ *s* reduto, pequeno forte; refúgio, abrigo.
**redoubtable** /ridautebel/ *adj* formidável, temível, respeitável.
**redound** /ridaund/ *v* redundar; resultar; contribuir.
**red pepper** *s* pimenta-malagueta.
**redress** /ridrés/ *v* retificar, corrigir; ajustar, balancear. | /rídrés/ *s* reparação de um erro; correção; compensação.
**redskin** /rédskin/ *s gír ofens* pele-vermelha (nativos americanos).
**reduce** /ridús/ *v* reduzir, diminuir; rebaixar, degradar, subjugar; abaixar preços; emagrecer, fazer dieta; minorar, enfraquecer.
**reducible** /ridúsebel/ *adj* redutível.
**reduction** /ridâkchen/ *s* redução, diminuição; emagrecimento; rebaixamento de posto; abatimento, decréscimo.
**redundancy** /ridândensi/ *s* redundância.
**redundant** /ridândent/ *adj* redundante, pleonástico.
**reduplicate** /ridúplekeit/ *v* reduplicar, multiplicar; repetir, dobrar.
**redwood** /rédwud/ *s* sequoia.
**reed** /ríd/ *s* junco; caniço de junco; palheta (de instrumento de sopro), instrumento de sopro com palheta.
**reef** /ríf/ *s* recife, rochedo; veio (ouro).
**reek** /rík/ *s* fumaça, vapor; mau cheiro. | *v* emitir vapor, fumaça ou cheiro forte, exalar.
**reel** /ríl/ *s* carretel, bobina; rolo de filme ou fita; molinete; rodopio, turbilhão. | *v* enrolar (em carretel, rolo); cambalear, vacilar; girar; ficar tonto.
**reelect** /ríilékt/ *v* reeleger.
**reelection** /ríilékchen/ *s* reeleição.
**reenact** /ríinækt, ríénækt/ *v* ordenar de novo, restabelecer.
**reenforce** /ríinfórs/ » **reinforce**.
**reenter** /riénter/ *v* reentrar; reinformar; redigitar.
**refection** /rifékchen/ *s* refeição leve.
**refer** /rifêr/ *v* referir, aludir; recorrer a, reportar-se, consultar (buscar informações); submeter (questão, problema) a julgamento ou exame; atribuir, creditar; mencionar.
**referable** /rifêrebel, réferebel/ *adj* que se pode referir, reportar, atribuir.
**referee** /réferí/ *s* árbitro; juiz. | *v* arbitrar, julgar.
**reference** /réferens, réfrens/ *s* referência; alusão, menção; notas de remissão ou rodapé; relação, conexão; recomendação. | *v* incluir referências; reportar, referir. • **in reference to** em referência a, concernente a.
**reference book** *s* livro de consulta.
**referendum** /réferéndem/ *s* plebiscito (*pl* **referendums** ou **referenda** /réferénde/).
**refill** /rifíl/ *v* preencher, pôr nova carga. | /rífil/ *s* refil.
**refine** /rifain/ *v* refinar(-se); purificar(-se); aperfeiçoar(-se), esmerar(-se) em excesso, apurar(-se).
**refinement** /rifainment/ *s* refino; refinamento, requinte.
**refinery** /rifaineri/ *s* refinaria.
**refit** /rífit/ *v* consertar, reparar; refazer; reequipar.
**reflect** /riflékt/ *v* refletir, espelhar; refletir, meditar, pensar, considerar; expressar, revelar; ecoar.
**reflection** /riflékchen/ *s* reflexo, reflexão; meditação; observação, consideração; censura, crítica.

**reflective** /rifléktiv/ *adj* refletivo, que sofre reflexão; reflexivo, meditativo.

**reflex** /rífléks/ *s* reflexo; imagem refletida; cópia, reprodução. | *adj* reflexo, refletido. | *v* refletir.

**reflexive** /rifléksiv/ *adj* e *s* reflexivo.

**reflux** /ríflâks/ *s* refluxo, vazante.

**reforest** /rifórist/ *v* reflorestar.

**reform** /rifórm/ *s* reforma (social, política); melhoria. | *v* reformar, emendar, corrigir.

**reformation** /réfermeichen/ *s* reforma; reformação.

**reformatory** /rifórmetóri/ *s* reformatório. | *adj* reformador.

**refract** /rifrækt/ *v* refratar, refranger.

**refraction** /rifrækchen/ *s* refração.

**refractory** /rifrækteri/ *adj* obstinado, teimoso, indócil; refratário, que resiste à ação do calor; de difícil tratamento médico. | *s* material refratário.

**refrain** /rifrein/ *v* refrear, conter, abster-se. | *s* estribilho, refrão.

**refresh** /rifréch/ *v* refrescar(-se); vivificar, reviver, animar-se; atualizar (dados na tela); repor, reencher.

**refreshment** /rifréchment/ *s* refrescamento; alimento que refresca ou revigora.

**refrigerate** /rifridjereit/ *v* refrigerar.

**refrigerator** /rifridjereiter/ *s* refrigerador, geladeira.

**refuge** /réfyúdj/ *s* refúgio, abrigo. | *v* refugiar-se.

**refugee** /réfyudjí/ *s* refugiado.

**refulgent** /rifâldjent/ *adj* refulgente, radiante, brilhante.

**refund** /rífând/ *v* reembolsar, restituir (dinheiro). | /rífând/ *s* reembolso, restituição, devolução (dinheiro).

**refundable** /rífândebel/ *adj* reembolsável, restituível.

**refurbish** /rífêrbich/ *v* limpar, brunir de novo, renovar.

**refusal** /rifyúzel/ *s* recusa; opção preferencial (compra, venda).

**refuse** /réfyús/ *s* refugo, lixo, resíduo. | /rifyúz/ *v* recusar, rejeitar; opor-se a, negar-se.

**refute** /rifyút/ *v* refutar, impugnar; contradizer, contestar.

**regain** /rigein/ *v* tornar a ganhar, recobrar, recuperar.

**regal** /rígel/ *adj* real, régio; magnífico, esplêndido.

**regale** /rigeil/ *v* regalar(-se). | *s* festa, banquete; iguaria especial.

**regard** /rigárd/ *v* considerar, julgar; olhar, observar, examinar; referir-se a, concernir a. | *s* consideração, respeito, estima; olhar; atenção, cuidado. • **regards** cumprimentos, lembranças (votos de felicidade). **with regard to** com respeito a.

**regardless** /rigárdles/ *adj* desatento, indiferente; descuidado, desleixado. | *adv* apesar de tudo.

**regatta** /rigáte/ *s* regata.

**regency** /rídjensi/ *s* regência.

**regenerate** /ridjénereit/ *v* regenerar (-se). | /ridjénerit/ *adj* e *s* regenerado, revitalizado, espiritualmente renovado.

**regeneration** /ridjénereichen/ *s* regeneração, restauração; renascimento espiritual ou moral.

**regent** /rídjent/ *s* regente, reinante; membro de um conselho de uma universidade.

**reggae** /régei/ *s* *reggae* (estilo musical).

**regiment** /rédjement/ *s* regimento; multidão, grande número de pessoas. | /rédjemént/ *v* arregimentar; organizar; uniformizar, sistematizar.

**region** /rídjen/ *s* região; território; distrito.

**regional** /rídjenel/ *adj* regional.

**regionalism** /rídjenelizem/ *s* regionalismo.

**register** /rédjister/ *s* registro; lista; contador, registrador; cadastro, livro de registro. | *v* registrar(-se), inscrever(-se); indicar, anotar; expressar, mostrar.

**registration** /rédjistreichen/ *s* registro, matrícula, inscrição.

**registry** /rédjistri/ *s* registro, protocolo, inscrição; cartório de registro civil; livro de registros.
**regnant** /régnent/ *adj* reinante; dominante, prevalecente.
**regress** /rígrés/ *s* regresso, volta. | /rigrés/ *v* regressar, retornar; regredir, retroceder.
**regression** /rigréchen/ *s* regressão.
**regret** /rigrét/ *s* pesar, magoa; arrependimento, remorso. | *v* lamentar, deplorar; arrepender-se de.
**regretful** /rigrétfel/ *adj* arrependido; pesaroso.
**regular** /régyeler/ *adj* regular, normal, usual; simétrico; pontual, metódico, periódico; constante, correto; *inform* legal, bom. | *s* soldado efetivo do exército; membro de uma ordem religiosa; cliente habitual.
**regularity** /régyeléreti/ *s* regularidade; lealdade, fidelidade (partidária).
**regularization** /régyelerizeichen/ *s* regularização, uniformização.
**regulate** /régyeleit/ *v* regular, regularizar; ordenar, normalizar; ajustar, acertar (relógio, temperatura); moderar.
**regulation** /régyeleichen/ *s* regulamento; regra, norma.
**regulator** /régyeleiter/ *s* regulador.
**rehabilitate** /ríhebileteit/ *v* reabilitar.
**rehearsal** /rihêrsel/ *s* ensaio (para apresentação pública).
**rehearse** /rihêrs/ *v* ensaiar.
**reign** /rein/ *s* reino, reinado, soberania. | *v* reinar; dominar, prevalecer.
**reimburse** /ríimbêrs/ *v* reembolsar, indenizar.
**reimpression** /ríimpréchen/ *s* reimpressão.
**rein** /rein/ *s* rédea, freios; controle. | *v* refrear, conter; controlar.
**reincarnate** /ríinkárneit/ *v* reencarnar.
**reincarnation** /ríinkárneichen/ *s* reencarnação.
**reindeer** /reindir/ *s* rena (*pl* **reindeers** ou **reindeer**).
**reinforce** /ríinfórs/ *v* reforçar.
**reinforced concrete** *s* concreto armado.
**reins** /reinz/ *s pl* rins, região renal; entranhas (o lugar dos afetos e das paixões).
**reinstate** /ríinsteit/ *v* reintegrar; repor.
**reiterate** /riitereit/ *v* reiterar.
**reject** /ridjékt/ *v* rejeitar; recusar, negar; repudiar; descartar; vomitar. | /rídjékt/ *s* coisa ou pessoa rejeitada; refugo.
**rejection** /ridjékchen/ *s* rejeição.
**rejoice** /ridjois/ *v* regozijar-se, alegrar-se.
**rejoin** /rídjoin/ *v* reunir, reagrupar; /ridjoin/ retorquir, replicar.
**rejuvenate** /ridjúveneit/ *v* rejuvenescer.
**rejuvenescence** /ridjúvenésens/ *s* rejuvenescimento.
**relapse** /rilæps/ *v* reincidir, recair. | /rilæps, rílæps/ *s* recaída; relapsia; recidiva.
**relate** /rileit/ *v* relatar, narrar, descrever; concernir, dizer respeito a; relacionar, ligar, juntar, associar.
**related** /rileitid/ *adj* relativo a, aparentado com; aliado, conexo, ligado.
**relation** /rileichen/ *s* relação, ligação, conexão; parentesco; relato, narração; cópula, relações sexuais. • **in relation to** em relação a, com respeito a.
**relationship** /rileichenchip/ *s* relacionamento.
**relative** /réletiv/ *adj* relativo; referente a, concernente a. | *s* dependente; parente; relativo (pronome).
**relative clause** *s* oração subordinada.
**relativity** /réletiveti/ *s* relatividade.
**relax** /rilæks/ *v* relaxar; abrandar, afrouxar; pôr-se à vontade, distrair-se.
**relaxation** /rílækseichen/ *s* relaxamento, afrouxamento; descanso, repouso; diversão, entretenimento.
**relay** /rílei, rilei/ *v* revezar; passar adiante; retransmitir (por rádio). | /rílei/ *s* muda (de cavalos); turno, revezamento; relé.
**relay race** *s* corrida de revezamento.
**release** /rilís/ *v* soltar, largar; liberar, desobrigar; autorizar exibição ou publicação;

lançar no mercado. | *s* libertação, liberação; soltura, exoneração, desobrigação; lançamento (livro, disco).

**relegate** /rélegeit/ *v* relegar, afastar; banir, exilar, desterrar.

**relegation** /rélegeichen/ *s* desterro, exílio.

**relent** /rilént/ *v* apiedar-se, abrandar-se.

**relevance** /rélevens/ *s* relevância, pertinência; aplicabilidade, propósito.

**relevancy** /rélevensi/ » **relevance**.

**relevant** /rélevent/ *adj* relevante, pertinente.

**reliable** /rilaiebel/ *adj* confiável, seguro, fidedigno.

**reliance** /rilaiens/ *s* confiança, fé; pessoa em quem se confia.

**relic** /rélik/ *s* relíquia.

**relict** /rélikt/ *s* e *adj* remanescente.

**relief** /rilíf/ *s* alívio; aliviador; socorro, assistência, ajuda; rendição; substituição (pessoal), revezamento; relevo.

**relieve** /rilív/ *v* aliviar, mitigar; ajudar, socorrer, prestar assistência; render; realçar, pôr em relevo; quebrar a monotonia.

**religion** /rilidjen/ *s* religião.

**religious** /rilidjes/ *adj* religioso, devoto; consciencioso, escrupuloso. | *s* religioso (*pl* **religious**).

**relinquish** /rilingkwich/ *v* abandonar; desistir; renunciar, render-se.

R

**relinquishment** /rilingkwichment/ *s* abandono; renúncia; desistência.

**relish** /rélich/ *s* gosto ou sabor agradável; aperitivo, antepasto; apetite, prazer, gosto. | *v* saborear, apreciar, comer com prazer; condimentar.

**reluctant** /rilâktent/ *adj* relutante, hesitante; que oferece resistência ou oposição.

**rely** /rilai/ *v* fiar-se, confiar em; depender de.

**REM** /áriém, rém/ *abrev* de **rapid eye movement**, movimento rápido dos olhos.

**remain** /rimein/ *v* ficar ou permanecer (igual), continuar; restar, sobrar. • **remains** *s pl* sobras, restos; ruínas; restos mortais, fósseis.

**remainder** /rimeinder/ *s* resto, restante; sobra, encalhe. | *v* saldar.

**remake** /rímeik/ *v* refazer, reconstituir. | /rímeik/ *s* o ato de refazer; algo que é refeito, nova versão de um filme antigo.

**remark** /rimárk/ *s* observação (verbal ou por escrito), anotação; comentário. | *v* observar, notar, ver, reparar; dizer ou fazer uma observação ou comentário.

**remarkable** /rimárkebel/ *adj* notável, extraordinário, invulgar.

**remediable** /rimídiebel/ *adj* remediável.

**remedy** /rémedi/ *s* remédio, medicamento; recurso (jurídico); reparação de um erro. | *v* curar; remediar, reparar; corrigir.

**remember** /rimémber/ *v* lembrar, recordar; dar lembranças a.

**remind** /rimaind/ *v* fazer lembrar de.

**reminder** /rimainder/ *s* lembrete, nota.

**reminiscence** /rémenisens/ *s* reminiscência, recordação, memória.

**remise** /rimaiz/ *v* retirar queixa.

**remiss** /rimis/ *adj* negligente; desleixado, despreocupado.

**remission** /rimichen/ *s* remissão, perdão; enfraquecimento, abatimento; libertação.

**remit** /rimit/ *v* remeter (dinheiro), enviar; cancelar; perdoar; comutar; restaurar, restituir; adiar, postergar, protelar; desistir.

**remittance** /rimitens/ *s* remessa (dinheiro, valores).

**remnant** /rémnent/ *s* remanescente, resto; retalho; indício, vestígio. • **remnants** grupo de sobreviventes.

**remodel** /rímádel/ *v* remodelar, reconstruir.

**remonstrance** /rimánstrens/ *s* reclamação, queixa, protesto.

**remorse** /rimórs/ *s* remorso.

**remote** /rimout/ *adj* remoto, afastado, distante; retirado, isolado.

**remote control** *s* controle remoto.
**remoteness** /rimoutnes/ *s* afastamento, isolamento.
**remotion** /rimouchen/ *s* remoção.
**remount** /rímaunt/ *v* remontar, restaurar; voltar a montar; fazer remonta em.
**removal** /rimúvel/ *s* remoção, retirada; demissão, exoneração.
**remove** /rimúv/ *v* tirar, retirar, remover; eliminar, extirpar; demitir; mudar-se (de residência, emprego); ir embora, partir. | *s* mudança, remoção.
**remunerate** /rimyúnereit/ *v* remunerar, pagar; recompensar.
**remuneration** /rimyúnereichen/ *s* remuneração, pagamento.
**renaissance** /rénesáns, rénesáns/ *s* renascimento, vida nova; *maiús* Renascimento, Renascença (período histórico e artístico). | *adj maiús* relacionado ao Renascimento.
**renal** /rínel/ *adj* renal.
**rend** /rénd/ *v* rasgar, lacerar; perturbar.
**render** /rénder/ *v* ceder; prestar serviço ou assistência; pagar o que é devido; retribuir, recompensar; tornar; apresentar, representar (peça teatral), interpretar; traduzir, converter; devolver, restituir.
**rendition** /réndichen/ *s* retribuição; interpretação (peça de teatro, *show*); tradução.
**renegade** /rénegeid/ *s* renegado, desertor; fora da lei, rebelde. | *v* tornar-se um renegado, desertor.
**renew** /rinú, rinyú/ *v* renovar; restaurar, retomar; reafirmar, repetir; restabelecer; recomeçar, reatar.
**renounce** /rinauns/ *v* renunciar a, rejeitar.
**renovate** /réneveit/ *v* renovar; reavivar.
**renovation** /réneveichen/ *s* renovação.
**renown** /rinaun/ *s* renome, fama.
**renowned** /rinaund/ *adj* famoso, célebre.
**rent** /rént/ *s* aluguel, arrendamento; fenda, abertura; cisão, rompimento de relações. | *v* alugar, arrendar; pagar ou cobrar aluguel.
**rent-a-car** /réntekár/ *s* um carro alugado; agência que oferece carros para alugar.
**rental** /réntel/ *s* aluguel pago ou recebido; renda, ato de alugar ou arrendar; casa ou carro de aluguel. | *adj* de aluguel.
**rent-free** /réntfrí/ *adj* isento de pagamento de aluguel.
**renter** /rénter/ *s* arrendatário, rendeiro; locatário, inquilino.
**renunciation** /rinânsieichen/ *s* renúncia; carta de renúncia.
**reopen** /ríoupen/ *v* reabrir; reatar.
**reorganization** /ríórgenizeichen/ *s* reorganização.
**reorganize** /ríórgenaiz/ *v* reorganizar.
**repair** /ripér/ *v* reparar, restaurar, remendar; renovar, revitalizar; ir frequentemente (a um lugar). | *s* reparo, conserto; restauração, renovação; lugar frequentado habitualmente; ida, visita.
**repairer** /ripérer/ *s* reparador, consertador.
**reparation** /répereichen/ *s* reparação, restauração; compensação.
**repartee** /répártí, répártei/ *s* réplica ou resposta rápida e inteligente.
**repass** /rípæs/ *v* repassar.
**repast** /ripæst/ *s* refeição. | *v* comer, alimentar-se.
**repatriate** /rípeitrieit/ *v* repatriar.
**repay** /rípei/ *v* tornar a pagar; /ripei/ reembolsar, restituir.
**repayment** /ripeiment/ *s* reembolso, devolução; novo pagamento.
**repeal** /ripíl/ *v* revogar, rescindir.
**repeat** /ripít/ *v* repetir; recitar. | *s* repetição; estribilho.
**repeater** /ripíter/ *s* repetidor; relógio ou rifle de repetição; repetente (estudante).
**repel** /ripél/ *v* repelir; rechaçar, rejeitar; repugnar, desagradar; causar repulsa, aversão.
**repellant** /ripélent/ » **repellent**.

**repellent** /ripélent/ *adj* repelente, repulsivo. | *s* substância que repele insetos; tratamento ou substância que impermeabiliza tecidos.

**repent** /ripént/ *v* arrepender-se; sentir remorso. | *adj* rastejante, prostrado.

**repentance** /ripéntens/ *s* arrependimento, remorso; penitência.

**repercussion** /ríperkâchen, réperkâchen/ *s* repercussão; reverberação; eco.

**repertory** /répertóri/ *s* repertório.

**repertory company** *s* companhia teatral com repertório fixo.

**repetition** /répetichen/ *s* repetição; trecho a ser decorado, recitado.

**repine** /ripain/ *v* estar descontente, lamentar-se.

**replace** /ripleis/ *v* repor, restituir; substituir, pôr no lugar de.

**replacement** /ripleisment/ *s* reposição; substituto.

**replay** /ríplei/ *v* jogar novamente; tocar novamente; reprisar. | *s* /ríplei/ *s* repetição.

**replenish** /riplénich/ *v* reencher, completar; prover, reabastecer; inspirar.

**replete** /riplít/ *adj* repleto, cheio.

**repletion** /riplíchen/ *s* plenitude.

**reply** /riplai/ *s* resposta, réplica. | *v* responder, replicar.

**report** /ripórt/ *s* relatório, relato, descrição; informe, notícia, reportagem; boletim; rumor, boato. | *v* relatar, descrever, contar; informar, transmitir; fazer uma reportagem; apresentar-se (para o trabalho); denunciar (pessoa, delito); emitir relatório.

**report card** *s* boletim escolar.

**reporter** /ripórter/ *s* repórter.

**repose** /ripouz/ *s* repouso, descanso; sossego, tranquilidade. | *v* repousar, descansar; depositar (confiança).

**reprehension** /réprihénchen/ *s* repreensão.

**represent** /réprizént/ *v* representar, substituir; corresponder, agir no lugar de, simbolizar; mostrar, retratar, pintar; interpretar, representar; descrever em palavras, afirmar, declarar.

**representation** /réprizénteichen/ *s* representação.

**representative** /réprizéntetiv/ *s* representante, delegado; deputado federal ou estadual. | *adj* representativo. • **the House of Representatives** Câmara dos Deputados.

**repress** /riprés/ *v* reprimir; dominar.

**repressible** /riprésebel/ *adj* reprimível; dominável.

**reprieve** /riprív/ *s* suspensão temporária ou comutação de uma pena; alívio temporário. | *v* adiar ou cancelar uma pena; aliviar temporariamente.

**reprimand** /répremænd/ *s* reprimenda, repreensão. | /répremænd, répremænd/ *v* reprovar, repreender.

**reprint** /ríprint/ *s* reimpressão. | /ríprint/ *v* reimprimir.

**reprisal** /ripraizel/ *s* represália.

**reproach** /riproutch/ *s* censura, repreensão, reprovação; vergonha, desgraça. | *v* exprobrar; reprovar, desacreditar.

**reprobate** /réprebeit, réprebit/ *adj* e *s* depravado, réprobo. | /réprebeit/ *v* reprovar, rejeitar; *Teol* condenar às penas eternas.

**reproduce** /rípredús/ *v* reproduzir, gerar; copiar, imitar.

**reproducer** /rípredúser/ *s* reprodutor.

**reproduction** /rípredâkchen/ *s* reprodução; cópia, imitação.

**reproof** /riprúf/ *s* reprovação, censura.

**reprove** /riprúv/ *v* reprovar, censurar.

**reptile** /réptail, réptel/ *s* réptil; *fig* pessoa vil, abjeta.

**republic** /ripâblik/ *s* república.

**republican** /ripâbliken/ *adj* e *s* republicano.

**republication** /rípâblikeichen/ *s* reimpressão, reedição.

**Republic of the Congo** /ripâblik ev *dh*e kángou/ *s* República do Congo.

**republish** /rípâblich/ *v* reeditar, reimprimir.

**repudiate** /ripyúdieit/ *v* repudiar, rejeitar, repelir; renegar.
**repudiation** /ripyúdieichen/ *s* repúdio, rejeição; não reconhecimento (de dívidas).
**repugnance** /ripâgnens/ *s* repugnância, aversão.
**repugnant** /ripâgnent/ *adj* repugnante.
**repulse** /ripâls/ *s* repulsa; rejeição, recusa. | *v* repelir, rechaçar; recusar, rejeitar.
**repulsion** /ripâlchen/ *s* repulsão, repugnância, extrema aversão.
**reputation** /répyeteichen/ *s* reputação, fama, notoriedade.
**repute** /ripyút/ *s* reputação, fama. | *v* reputar; considerar.
**request** /rikwést/ *s* pedido, requisição, solicitação. | *v* pedir, solicitar.
**require** /rikwaier/ *v* precisar de, compelir; requerer, exigir; obrigar, mandar.
**required** /rikwaierd/ *adj* necessário, obrigatório.
**requirement** /rikwaierment/ *s* requisito, exigência, necessidade.
**requisite** /rékwizit/ *s* requisito, algo indispensável, necessário. | *adj* necessário, essencial.
**requisition** /rékwizichen/ *s* requisição por escrito, requerimento.
**requital** /rikwaitel/ *s* revide, retorno, paga.
**requite** /rikwait/ *v* retribuir; revidar, vingar.
**rescind** /risind/ *v* rescindir, anular.
**rescission** /risijen/ *s* rescisão.
**rescript** /rískript/ *s* rescrito; decreto.
**rescue** /réskyú/ *s* salvamento, resgate. | *v* livrar, salvar, resgatar.
**research** /rísêrtch, risêrtch/ *s* pesquisa científica, investigação; estudo minucioso. | /risêrtch, rísêrtch/ *v* pesquisar, investigar.
**resemblance** /rizémblens/ *s* semelhança, parecença.
**resemble** /rizémbel/ *v* parecer-se, assemelhar-se.
**resent** /rizént/ *v* ressentir, ofender-se.
**resentment** /rizéntment/ *s* ressentimento, melindre, indignação.
**reservation** /rizerveichen/ *s* reserva (passagem, hotel); restrição, limitação; reserva indígena; lugar reservado.
**reserve** /rizêrv/ *s* reserva; sigilo, moderação, restrição. | *v* reservar; conservar, armazenar; restringir.
**reservoir** /rézervwár, rézervór/ *s* reservatório, açude.
**reset** /rísét/ *v* recolocar, reajustar. | *s* recolocação, reajuste.
**reside** /rizaid/ *v* residir, morar; estar presente em.
**residence** /rézidens/ *s* residência.
**resident** /rézident/ *s* residente.
**residue** /rézedú/ *s* resíduo, resto.
**resign** /rizain/ *v* resignar-se; renunciar a, demitir-se.
**re-sign** /rísain/ *v* tornar a assinar.
**resignation** /rézigneichen/ *s* resignação; demissão, renúncia.
**resilience** /rizilyens/ *s* capacidade de recuperar-se rapidamente de uma doença; elasticidade.
**resiliency** /rizilyensi/ » **resilience**.
**resin** /rézin/ *s* resina. | *v* resinar.
**resist** /rizist/ *v* resistir, opor resistência. | *s* substância que protege uma superfície (contra corrosão).
**resistance** /rizistens/ *s* resistência.
**resistible** /rizistebel/ *adj* resistível.
**resoluble** /rizályebel/ *adj* resolúvel, resolvível.
**resolute** /rézelút/ *adj* resoluto.
**resolution** /rézelúchen/ *s* resolução; solução; intrepidez, firmeza, determinação; definição (tela); decisão judicial.
**resolve** /rizálv/ *v* resolver, decidir; decompor, analisar; mudar, transformar, converter; solucionar. | *s* resolução; decisão.
**resonance** /rézenens/ *s* ressonância.
**resort** /rizórt/ *s* recurso; lugar muito frequentado; estação de veraneio; local de recreação. | *v* frequentar, afluir; recorrer, fazer uso de.

**resound** /rizaund/ *v* ressoar; repercutir, ficar famoso; ecoar.
**resource** /rísórs, risórs/ *s* recurso; meio; habilidade.
**respect** /rispékt/ *s* respeito, estima, alta consideração. | *v* respeitar, apreciar, ter em alta estima; concernir, dizer respeito a.
**respective** /rispéktiv/ *adj* respectivo, particular.
**respiration** /réspereichen/ *s* respiração.
**respire** /rispaier/ *v* respirar.
**respite** /réspit/ *s* descanso, pausa; suspensão temporária de pena; prorrogação, adiamento. | *v* dar descanso a, dar uma trégua; prorrogar; suspender (execução de pena).
**resplendence** /rispléndens/ *s* resplendor, brilho, fulgor.
**resplendency** /rispléndensi/ » **resplendence**.
**respond** /rispánd/ *s* resposta, réplica; reação. | *v* responder; reagir positivamente.
**responsibility** /rispánsebileti/ *s* responsabilidade.
**responsible** /rispánsebel/ *adj* responsável.
**responsive** /rispánsiv/ *adj* receptivo, responsivo.
**rest** /rést/ *s* descanso, repouso; pausa, intervalo; sossego, tranquilidade; suporte, apoio; resto, restante. | *v* descansar, repousar; ficar parado; deitar-se, tranquilizar-se; permanecer, ficar; restar, sobrar. • **take a rest** descansar.
**restaurant** /résteránt, résterent/ *s* restaurante.
**resting** /résting/ *adj* em repouso; morto.
**restitution** /réstitúchen/ *s* restituição, devolução, recuperação; indenização, compensação.
**restive** /réstiv/ *adj* irrequieto, impaciente; teimoso.
**restless** /réslis/ *adj* irrequieto, impaciente.
**restock** /risták/ *v* reabastecer.
**restoration** /réstereichen/ *s* restauração; reintegração.
**restore** /ristór/ *v* restaurar; restituir, repor.
**restrain** /ristrein/ *v* reter, refrear, impedir; limitar, restringir; dominar, controlar.
**restraint** /ristreint/ *s* constrangimento, sujeição; coerção, limitação, restrição; controle.
**restriction** /ristrikchen/ *s* restrição, limitação.
**result** /rizâlt/ *v* resultar; seguir-se, inferir-se. | *s* resultado, efeito, consequência; conclusão, solução.
**resume** /rizúm/ *v* recomeçar, retomar; reassumir, recuperar.
**resume** /rézumei, rézumei/ *s* currículo profissional; resumo, sumário.
**resumption** /rizâmpchen/ *s* recomeço, retomada; ato de reassumir.
**resurface** /rísêrfis/ *v* revestir, pavimentar ou cobrir de novo; reaparecer.
**resurge** /risêrdj/ *v* ressurgir, ressuscitar.
**resurrection** /rézerékchen/ *s maiús* Ressurreição; restauração, renovação.
**resuscitate** /risâseteit/ *v* ressuscitar, reviver.
**retail** /ríteil/ *s* varejo, venda a varejo. | *adj* de varejo. | *adv* no varejo; a preço de varejo. | /ríteil, riteil/ *v* vender a varejo; contar, narrar um fato minuciosamente.
**retain** /ritein/ *v* reter, guardar, conservar; relembrar; contratar ou pagar serviços de advogado.
**retake** /ríteik/ *v* retomar; fotografar, filmar ou gravar novamente. | /ríteik/ *s* retomada (*tb* nas filmagens).
**retaliation** /ritælieichen/ *s* retaliação, revide, represália; desforra, vingança, desagravo.
**retard** /ritárd/ *v* retardar, atrasar-se, protelar. | /rítárd/ *s* demora, atraso; *ofens* retardado.
**retch** /rétch/ *v* ter ânsias de vômito, vomitar.
**retention** /riténchen/ *s* retenção, conservação; memória.

R

**reticence** /rétesens/ *s* reticência, relutância, reserva.
**reticle** /rétikel/ *s* retícula.
**reticulate** /ritikyeleit/ *v* fazer em forma de rede. | /ritikyelit, ritikyeleit/ *adj* reticulado.
**retina** /rétene/ *s* retina (*pl* **retinas** ou **retinae** /réteni/).
**retinue** /rétenú/ *s* comitiva, cortejo.
**retire** /ritaier/ *v* tirar de circulação; retroceder (tropas); aposentar-se; recuar, esconder-se; recolher-se, ir deitar-se.
**retired** /ritaierd/ *adj* aposentado.
**retirement** /ritaierment/ *s* retiro; retirada, retraimento; aposentadoria.
**retort** /ritórt/ *s* réplica, resposta rápida e inteligente; retorta, destilador. | *v* retorquir, replicar; destilar, purificar (em retorta).
**retouch** /rítâtch/ *v* retocar. | *s* retoque.
**retrace** /ritreis/ *v* retraçar.
**retract** /ritrækt/ *v* retratar-se; recolher-se, retrair-se; retirar (acusação), revogar.
**retread** /rítrád/ *v* recauchutar (pneu). | /rítréd/ *s* pneu recauchutado.
**retreat** /ritrít/ *v* retirar-se, bater em retirada; retroceder, recuar. | *s* retirada, toque de retirada; retiro, refúgio, abrigo; período de reclusão, de isolamento.
**retrench** /ritréntch/ *v* reduzir, diminuir; suprimir, omitir; poupar, economizar.
**retribution** /rétrebyúchen/ *s* castigo merecido; justiça divina.
**retrieve** /ritrív/ *v* recuperar, reaver; restabelecer, restaurar; remediar, retificar, consertar.
**retriever** /ritríver/ *s* cães de caça, perdigueiros.
**retroact** /rétrouækt/ *v* retroagir.
**retrograde** /rétregreid/ *adj* retrógrado. | *v* retrogradar; retroceder; degenerar.
**retrospect** /rétrespékt/ *v* lançar os olhos para o passado, contemplar o passado. | *s* retrospecto.
**return** /ritêrn/ *s* retorno, regresso, volta; devolução, restituição, reembolso; réplica, resposta, revide. | *v* restituir, retribuir; retornar, regressar, voltar; responder, replicar; render, dar ou produzir (lucros); devolver, restituir; rebater. | *adj* de regresso, de volta, de retorno. • **in return** em reciprocidade.
**reunion** /ríyúnyen/ *s* reunião, encontro; reencontro.
**reusable** /ríyúzebel/ *adj* reutilizável.
**revaluation** /rívælyueichen/ *s* reavaliação; valorização (moeda).
**reveal** /rivíl/ *v* revelar, mostrar.
**revel** /rével/ *v* divertir-se em uma festa; ter grande prazer. | *s* grande festa ou comemoração.
**revenge** /rivéndj/ *v* vingar-se. | *s* vingança, desforra, represália.
**revengeful** /rivéndjfel/ *adj* vingativo.
**revenue** /révenú/ *s* renda, rendimento; receita pública; órgão governamental responsável pela receita, fisco.
**reverberation** /rivêrbereichen/ *s* reverberação; repercussão, eco.
**reverence** /réverens/ *s* reverência, respeito, veneração; gesto respeitoso, mesura. | *v* reverenciar, respeitar, honrar; saudar respeitosamente.
**reverend** /réverend/ *adj* reverendo, venerável, respeitoso. | *s* reverendo, padre.
**reverie** /réveri/ *s* devaneio, sonho, fantasia.
**reverse** /rivêrs/ *adj* reverso, inverso, oposto. | *s* inverso, contrário; verso, reverso; parte de trás, dorso, costas; infortúnio, vicissitude, mudança de sorte; derrota, revés; marcha a ré. | *v* inverter; virar do avesso ou de cabeça para baixo; anular, revogar; reverter; opor-se; dar marcha a ré.
**reversible** /rivêrsebel/ *adj* reversível. | *s* traje ou tecido que pode ser usado de ambos os lados.
**revert** /rivêrt/ *v* reverter, voltar a.

**revet** /rivét/ *v* escorar, arrimar.
**review** /rivyú/ *v* rever, revisar, recapitular; analisar, criticar; passar em revista. | *s* revisão; artigo, ensaio crítico de literatura, arte ou acontecimentos; exame, análise; recordação, retrospecto; inspeção.
**reviewer** /rivyúer/ *s* ensaísta, crítico de arte ou literatura.
**revile** /rivail/ *v* insultar, destratar, xingar.
**revise** /rivaiz/ *v* rever, revisar, reler; corrigir (provas tipográficas); reconsiderar, modificar. | *s* revisão; segunda prova.
**revision** /rivijen/ *s* revisão; edição revista.
**revival** /rivaivel/ *s* revivificação, revitalização; restauração, renovação, ressurgimento; reapresentação (peça teatral ou filme antigos).
**revive** /rivaiv/ *v* reviver, ressuscitar; restaurar a eficiência, revigorar; relembrar; reapresentar (peça antiga); voltar de um desmaio.
**revoke** /rivouk/ *v* revogar, anular, cancelar.
**revolt** /rivoult/ *v* revoltar(-se), amotinar-se; sentir repugnância, horrorizar-se. | *s* rebelião, revolta.
**revolution** /révelúchen/ *s* revolução, revolta política, rebelião; rotação.
**revolve** /riválv/ *v* revolver, orbitar, girar; recorrer periodicamente, voltar a acontecer; relembrar; refletir, meditar.
**revolver** /riválver/ *s* revólver (arma); o que imprime movimento rotativo.
**revolving door** *s* porta giratória.
**revue** /rivyú/ *s* teatro de revista, *show* musical.
**revulsion** /rivâlchen/ *s* reação, mudança súbita de humor; revulsão.
**reward** /riwórd/ *v* recompensar, gratificar. | *s* recompensa, prêmio.
**rewind** /ríwaind/ *v* rebobinar. | *s* ato de rebobinar.
**rewire** /ríwaier/ *v* substituir a fiação elétrica.
**reword** /ríwêrd/ *v* reformular, repetir, dizer em outras palavras.
**rewrite** /ríralt/ *v* reescrever. | /rírait/ *s* ato de reescrever; algo reescrito.
**RGB** /árdjíbí/ *abrev* de **Red Green Blue**, vermelho verde azul.
**rhapsody** /ræpsedi/ *s* rapsódia.
**rhea** /ríe/ *s* ema, nhandu.
**rhetoric** /réterik/ *s* retórica.
**rheumatic** /rúmætik/ *adj* e *s* reumático.
**rhinal** /rainel/ *adj* nasal.
**rhino** /rainou/ *s inform* rinoceronte (*pl* **rhinos**).
**rhinoceros** /rainásereş/ *s* rinoceronte (*pl* **rhinoceros** ou **rhinoceroses**).
**rhombus** /rámbes/ *s* losango, rombo (*pl* **rhombuses** ou **rhombi** /rámbai/).
**rhyme** /raim/ *s* rima. | *v* rimar; compor uma rima.
**rhythm** /ri*dh*em/ *s* ritmo, cadência.
**rib** /rib/ *s* costela; nervura, estria; vareta de guarda-chuva; *inform* brincadeira. | *v* reforçar com suportes em forma de costela, fortificar com vigas; *inform* zombar de.
**ribald** /ribeld, raibóld/ *adj* e *s* devasso, obsceno, indecente.
**ribbon** /riben/ *v* ornar ou guarnecer de fitas. | *s* fita; cinta, faixa.
**rice** /rais/ *s* arroz.
**rich** /ritch/ *adj* rico, abastado; precioso, valioso; fértil, fecundo; sonoro; forte, saturada (cor); gorduroso, substancioso (alimento); *inform* muito divertido (espetáculo). | *s us v pl* a classe alta, os ricos. • **riches** riquezas, bens, posses.
**rick** /rik/ *s* monte de feno, palha. | *v* amontoar.
**rickets** /rikits/ *s us v sing* ou *pl* raquitismo.
**ricochet** /rikechei, rikechei/ *v* ricochetear.
**rid** /rid/ *v* livrar-se, libertar-se.
**ridden** /riden/ *v part pass* de **ride**.
**riddle** /ridl/ *s* enigma, adivinha; peneira grossa, crivo. | *v* decifrar enigmas; falar

de maneira enigmática; peneirar, crivar; perfurar.

**ride** /raid/ *v* cavalgar; andar (de carro, bicicleta, cavalo); vogar, flutuar; carregar, levar; *inform* irritar ou molestar; ancorar. | *s* passeio (de carro, bicicleta, cavalo); percurso, trajeto, viagem. • **take for a ride** *gír* enganar ou ludibriar alguém; levar alguém a um lugar e matá-lo.

**ridge** /ridj/ *v* abrir sulcos, fazer regos com arado; enrugar, eriçar. | *s* crista de onda; cordilheira, cadeia de montanhas; área estreita de alta pressão atmosférica; aresta, saliência; cumeeira.

**ridicule** /ridikyúl/ *s* ridículo, troça, mofa. | *v* ridicularizar, escarnecer de.

**ridiculous** /ridikyeles/ *adj* ridículo.

**riding** /raiding/ *s* cavalgada; equitação.

**riding habit** *s* traje de equitação.

**riding school** *s* escola de equitação.

**rife** /raif/ *adj* de uso comum, disseminado; numeroso, abundante.

**riffle** /rifel/ *v* embaralhar (cartas); virar rapidamente (páginas de livro). | *s* rápido, cascata, corredeira; lavadouro (de areia aurífera).

**rifle** /raifel/ *s* espingarda, carabina, fuzil. | *v* saquear, pilhar.

**rift** /rift/ *s* fenda, racha, fissura; desavença, discórdia. | *v* fender, rachar, gretar.

**rig** /rig/ *v* montar, armar; aparelhar, equipar; manipular, agir de modo fraudulento; arranjar às pressas, improvisar; *inform* vestir, adornar; mastrear. | *s inform* vestuário vistoso, roupagem, fantasia; aparelhagem, equipamento; trapaça, fraude; mastreação.

**right** /rait/ *adj* certo, correto, exato, preciso; direito; justo, honesto; reto (linha, ângulo); adequado; bom, satisfatório, em ordem; sensato, razoável. | *adv* certo, satisfatoriamente, corretamente; exatamente; mesmo; diretamente, em linha reta; à direita; adequadamente; justamente, com razão; legalmente. | *s* direito; justiça; direita; soco com a mão direita (boxe). | *v* endireitar, corrigir; fazer justiça; recolocar na posição correta, arrumar, pôr em ordem. • **all right** certo, tudo certo. **right now** agora mesmo, imediatamente.

**rightful** /raitfel/ *adj* justo; legítimo.

**right-hand** /raithænd/ *adj* à direita, da direita.

**right-handed** /raithændid/ *adj* destro. | *adv* com a mão direita.

**right-hander** /raithænder/ *s* destro.

**right wing** *s* ala direita, grupo conservador.

**rigid** /ridjid/ *adj* rígido, hirto; rigoroso, severo, escrupuloso; preciso, exato.

**rigor** /riger/ *s* rigor, severidade, rigidez; calafrio, tremor.

**rigorous** /rigeres/ *adj* rigoroso, severo.

**rill** /ril/ *s* ribeiro, regato.

**rille** /ril/ » **rill**.

**rim** /rim/ *s* borda, extremidade; aro, rebordo; margem. | *v* orlar, margear.

**rime** /raim/ *s* camada (gelo, barro); geada; rima. | *v* gear.

**rind** /raind/ *s* casca (fruta); crosta (queijo).

**ring** /ring/ *s* anel, aliança; aro, argola; círculo; grupos que agem ilegalmente; ringue; picadeiro. | *v* movimentar-se em círculos ou espirais; pôr anel ou aro; rodear, cercar, circundar.

**ring** /ring/ *s* telefonema; tinido; toque, badalada. | *v* tocar, fazer tocar, soar; tilintar, encher de sons; telefonar. • **ring back** retornar um telefonema. **ring off** desligar o telefone.

**ring finger** *s* dedo anelar.

**ringworm** /ringwêrm/ *s* tinha.

**rink** /ringk/ *s* rinque; time de jogadores (jogo de malha, boliche).

**rinse** /rins/ *v* enxaguar. | *s* solução para tingir ou condicionar os cabelos.

**riot** /raiet/ *s* tumulto, desordem, arruaça, rixa; exuberância, profusão (de cores); acesso de riso, gargalhadas; deboche; *inform* pessoa muito divertida; intemperança. | *v* participar de desordens e tumultos; praticar excessos.

**rioter** /raieter/ *s* desordeiro; libertino.

**rip** /rip/ *v* rasgar, romper; descoser, descosturar; despedaçar; serrar (madeira); *inform* movimentar-se com rapidez. | *s* rasgo, rasgão; corredeira, riacho, córrego.

**R.I.P.** /áraipí/ *abrev lat* de *requiescat in pace*, **rest in peace**, descanse em paz.

**riparian** /ripérien/ *adj* ribeirinho.

**ripe** /raip/ *adj* maduro (fruta); sazonado; feito, pronto; oportuno (negócio); experiente.

**ripen** /raipen/ *v* amadurecer.

**ripper** /raiper/ *s* serrador, cortador.

**ripple** /ripel/ *v* ondular levemente. | *s* leve ondulação.

**rise** /raiz/ *v* subir, elevar-se; levantar-se, erguer-se; ascender socialmente; aumentar, crescer (tamanho, volume, intensidade, força); nascer, despontar no horizonte; emergir; subir, aparecer; originar-se; ressuscitar; rebelar-se, sublevar-se. | *s* subida, ascensão; grau de elevação ou ascensão; nascer do sol ou de outro corpo celeste; elevação (pequena colina), aclive, ladeira; origem, início, fonte; ocasião, oportunidade; aumento (preço, quantidade, valor); elevação de *status*, prosperidade.

**risible** /rizebel/ *adj* risível, irrisório.

R

**rising** /raizing/ *adj* que se eleva ou sobe, emergente; ascendente, crescente. | *s* ato de levantar-se; nascer do sol; ascensão; insurreição.

**risk** /risk/ *s* risco; perigo; acaso. | *v* arriscar (-se). • **at risk** que corre perigo. **at your own risk** por sua conta e risco.

**risky** /riski/ *adj* arriscado.

**rite** /rait/ *s* rito, ritual, sacramento.

**ritual** /ritchuel/ *s* ritual.

**rival** /raivel/ *s* rival. | *v* rivalizar ou competir com.

**rivalry** /raivelri/ *s* rivalidade.

**rive** /raiv/ *v* fender, rachar; despedaçar.

**river** /river/ *s* rio.

**riverbank** /riverbængk/ *s* banco de rio.

**river basin** *s* bacia fluvial.

**riverbed** /riverbéd/ *s* leito de rio.

**river horse** *s* hipopótamo.

**riverside** /riversaid/ *s* margem de rio.

**rivet** /rivit/ *s* rebite, cravo, grampo. | *v* rebitar, cravar, pregar.

**rivulet** /rivyelit/ *s* regato.

**roach** /routch/ *s inform* barata (inseto); *gír* cigarro de maconha.

**road** /roud/ *s* estrada; rua, caminho. • **on the road** em viagem, a caminho.

**roadbed** /roudbéd/ *s* leito de rodovia.

**roadside** /roudsaid/ *s* beira da estrada.

**roadstead** /roudstéd/ *s* pequeno porto, ancoradouro.

**road test** *s* teste de estrada.

**roadway** /roudwei/ *s* estrada, pista de rolamento.

**roam** /roum/ *v* vaguear, andar a esmo, perambular. | *s* ato de vaguear.

**roar** /rór/ *v* rugir, urrar; bramir; gargalhar; vociferar, divulgar. | *s* rugido; bramido; gargalhada.

**roast** /roust/ *adj* e *s* assado, tostado. | *v* assar, torrar, tostar; ridicularizar.

**rob** /ráb/ *v* roubar (pessoa, banco, loja).

**robe** /roub/ *s* manto; roupão; toga, beca. | *v* vestir (manto, roupa).

**robot** /roubát/ *s* robô.

**robust** /roubâst, roubâst/ *adj* robusto.

**rock** /rák/ *s* rocha; rochedo; pedra; balanço, embalo; *rock* (estilo musical); *gír crack*. | *v* balançar; tremer, sacudir; embalar, acalentar; abalar, agitar. • **on the rocks** situação difícil, ruína, bancarrota; servido com cubos de gelo (bebida).

**rocket** /rákit/ *s* foguete. | *v* subir como um foguete.

**rocky** /ráki/ *adj* rochoso; pedregoso; empedernido, semelhante a uma rocha.

**rod** /rád/ *s* vara, verga, barra, vareta; vara para castigar; unidade de medida equivalente a 5,03 m; *gír* pistola, revólver.

**rode** /roud/ *v pass* de **ride**.

**rodent** /roudent/ *adj* e *s* roedor.
**roe** /rou/ *s* ovas de peixe; corço, corça (*pl* **roe** ou **roes**).
**roe deer** *s* corço, corça.
**rogation** /rougeichen/ *s* rogação, prece.
**roger** /rádjer/ *interj* recebido (usado em radiocomunicação, indicando recebimento de mensagem).
**rogue** /roug/ *s* tratante, patife, velhaco; maroto, brincalhão; vagabundo, andarilho; animal desgarrado. | *v* fraudar, usar de má-fé.
**roguery** /rougeri/ *s* velhacaria, patifaria; vadiagem; malícia, traquinagem.
**roister** /roister/ *v* fanfarrear, alardear, bravatear.
**role** /roul/ *s* papel (teatro, cinema, grupo); função, posição; comportamento individual.
**rôle** /roul/ » **role**.
**roll** /roul/ *v* rolar, rodar; revolver, orbitar; mover-se sobre rodas; revirar (olhos); enrolar (cigarro); gingar; laminar (metal), calandrar (papel); ondular (mar); embrulhar; ser levado (pela correnteza); abrir com rolo; produzir sons cadenciados. | *s* rolo, cilindro; enrolamento; rolagem; rol, lista, registro; rocambole; rufar do tambor, som cadenciado; rebolar; balanço; ondulação.
**roller** /rouler/ *s* rolo, cilindro; roldana, calandra; rodinha (de cadeira); atadura, faixa; onda grande que rebenta na praia.
**roller coaster** *s* montanha-russa.
**roller skate** *s* patim de rodas.
**roller-skate** /roulerskeit/ *v* andar de patins de rodas, patinar.
**ROM** /rám/ *abrev* de **Read-Only Memory**, memória somente para leitura.
**Roman** /roumen/ *s* romano. | *adj* relativo a Roma; românico.
**romance** /roumæns, roumæns/ *s* romance, aventura amorosa; ambiente amoroso; narrativa, conto, filme que idealiza o amor; *maiús* as línguas românicas. | *v* fantasiar, romancear. | *adj* românico, neolatino.
**Romania** /roumeinie/ *s* Romênia.
**Romanian** /roumeinien/ *s* e *adj* romeno.
**romantic** /roumæntik/ *adj* romântico, sentimental; visionário, imaginativo; fantasioso, fictício; *geralm maiús* pertencente ao romantismo. | *s* pessoa romântica; *geralm maiús* seguidor do romantismo.
**Romany** /rámeni, roumeni/ *adj* e *s* cigano.
**romp** /rámp/ *s* brincadeira, travessura; pessoa brincalhona; vitória fácil. | *v* brincar ruidosamente; correr livremente; ganhar uma corrida ou um jogo facilmente.
**rood** /rúd/ *s* cruz, crucifixo.
**roof** /rúf/ *s* telhado, abóbada, teto; lar, teto, abrigo; capota; cobertura; o ponto mais alto, cume. | *v* cobrir com um teto, abrigar; tornar-se extremamente irritado; reclamar de forma veemente.
**rook** /ruk/ *s* gralha; trapaça (jogos); torre (xadrez). | *v* enganar, trapacear (em jogos).
**rookery** /rukeri/ *s* viveiro ou ninho de gralhas; espelunca, pardieiro.
**room** /rúm/ *s* quarto, aposento, sala; espaço; oportunidade, ocasião; causa, motivo, razão. | *v* alojar(-se); morar; ocupar um aposento. • **double room** quarto de casal. **single room** quarto individual.
**roost** /rúst/ *s* poleiro; lugar de descanso. | *v* empoleirar; descansar; alojar, dar guarida.
**rooster** /rúster/ *s* galo.
**root** /rút/ *s* raiz; origem, base; antepassado, origem; essência, fundo; âmago. | *v* arraigar, criar raízes, fixar-se; originar; arrancar pela raiz; torcer, aplaudir. • **root for** torcer por uma equipe.
**rope** /roup/ *s* corda, fieira, réstia; laço, corda de enforcamento; enforcamento. | *v* atar, amarrar com corda; laçar, laçar

um animal; isolar uma àrea com cordas; *inform* enganar.

**rosary** /rouzeri/ *s* rosário, terço.

**rose** /rouz/ *s* rosa; roseira; cor-de-rosa choque; roseta; rosácea. | *adj* cor-de--rosa, róseo, rosado. | *v pass* de **rise**.

**rosemary** /rouzméri/ *s* rosmaninho, alecrim.

**rosin** /rázen/ *s* resina de terebintina, breu, pez. | *v* cobrir, esfregar com resina.

**roster** /ráster/ *s* lista, rol.

**rot** /rát/ *v* apodrecer, estragar; corromper, degenerar. | *s* podridão, putrefação; tolice, disparate, asneira.

**rotary** /routeri/ *s* rotativa, máquina rotativa. | *adj* rotativo.

**rotate** /routeit/ *v* girar, rodar; fazer girar; revezar, alternar. | *adj* que tem partes giratórias.

**rotation** /routeichen/ *s* rotação; alternância, revezamento.

**rotative** /routeitiv/ *adj* rotativo.

**rote** /rout/ *s* rotina, traquejo; memorização pela repetição.

**rotten** /ráten/ *adj* podre, apodrecido; fétido; corrupto; mau, perverso.

**rotund** /routând/ *adj* redondo, circular; gordo, esférico; sonoro.

**rough** /râf/ *adj* áspero, rugoso; caloso; acidentado, irregular; rústico; tempestuoso, turbulento, bravo; rude, grosseiro; duro, difícil; ríspido, insolente. | *s* aspereza, rudeza, grosseria; adversidade, dificuldade; esboço, rascunho; estado bruto, sem refinamento; pessoa bronca, grosseira, valentão. | *adv* rudemente. | *v* tornar áspero; projetar de qualquer jeito; tratar com rudeza, ofender.

**roulade** /rúlád/ *s* trinado, trino; bife rolê, bife enrolado.

**roulette** /rúlét/ *s* roleta (jogo de apostas).

**round** /raund/ *adj* redondo, circular, cilíndrico; arredondado; aproximado (cálculo); roliço; completo, cheio; inteiro (número); bastante, considerável; labial. | *adv* circularmente; completamente; aproximadamente. | *prep* em torno de, em volta de, ao redor de. | *v* arredondar; cercar, circundar; dar voltas, rodear; terminar, completar; reunir, recolher; tornar-se roliço, engordar; fazer um circuito, dar uma volta; labializar. | *s* roda, rodela, disco; globo, bola; giro, rotação, volta, ronda; dança de roda; rodada; série, sucessão, ciclo; assalto (em boxe); tiro, descarga, disparo.

**rounded** /raundid/ *adj* redondo; labial; cheio, completo.

**rounder** /raunder/ *s* instrumento para arredondar; guarda que faz a ronda; pessoa devassa.

**round hand** *s* letra, caligrafia redonda.

**roundtable** /raundteibel/ *s* mesa-redonda. • **Round Table** *s* Távola Redonda.

**roundtrip** /raundtrip/ *s* viagem de ida e volta.

**roundup** /raundâp/ *s* rodeio; *inform* grupo de pessoas suspeitas pela polícia; resumo.

**rouse** /rauz/ *v* despertar, acordar; provocar, estimular, incitar. | *s* o despertar.

**rousing** /rauzing/ *adj* excitante, inflamado; vigoroso; grande.

**rout** /raut/ *s* debandada, fuga desordenada; turba, malta; ralé, gentalha; distúrbios públicos, tumultos, desordem. | *v* dispersar, debandar; escavar, desencravar; expor, descobrir; derrotar.

**route** /rút, raut/ *s* caminho, rota; itinerário, trajetória; rodovia. | *v* mostrar o caminho, traçar a rota ou o itinerário; esquematizar; enviar, despachar por uma rota específica.

**routine** /rútín/ *s* rotina; hábito. | *adj* rotineiro, regular, habitual, de praxe.

**rove** /rouv/ *v* passar fio por orifício, cardar (lã); perambular, vaguear; esticar ou torcer fios, fibras. | *s* vagabundo, errante, andarilho; perambulação; fios (algodão, lã) torcidos.

**rover** /rouver/ *s* vagabundo, andarilho; veículo usado para explorar o solo de planetas e seus satélites, sonda espacial; pirata; navio pirata.

**row** /rou/ *v* remar; transportar em barco a remo; enfileirar; /rau/ participar de um tumulto, discussão. | *s* /rou/ ato de remar; passeio de barco a remo; fila, fileira; /rau/ discussão violenta, briga, contenda.

**rowboat** /roubout/ *s* barco a remo.

**rowdy** /raudi/ *s* desordeiro, brigão, barulhento, grosseiro. | *adj* desordeiro, brigão, rude.

**row house** /rou haus/ *s* casa geminada.

**royal** /roiel/ *adj* real, régio, nobre; majestoso, magnífico, superior.

**royalist** /roielist/ *s* monarquista, monárquico.

**royal jelly** *s* geleia real.

**royalty** /roielti/ *s* realeza, nobre; membro da família real. • **royalties** direitos autorais.

**rpm** /árpíém/ *abrev* de **revolutions per minute**, rpm, rotações por minuto.

**RTF** /ártiéf/ *abrev* de **Rich Text Format**, formato de texto com formatação.

**RTS** /ártiés/ *abrev* de **Reliable Transfer Service**, serviço de transferência confiável.

**rub** /râb/ *v* esfregar, roçar, friccionar; raspar, polir, limpar; apagar, desgastar por fricção. | *s* esfrega, atrito; fricção, polimento; dificuldade, embaraço.

**rubber** /râber/ *s* borracha; algo feito de borracha (pneu, borracha para apagar); esfregador, polidor; massagista; melhor de três ou de cinco (jogo); partida para desempatar, negra; *gír* preservativo.

**rubber band** *s* elástico.

**rubber check** *s* cheque-borracha.

**rubberneck** /râbernék/ *s* abelhudo, xereta. | *v* bisbilhotar, xeretar.

**rubber plant** *s* seringueira.

**rubberstamp** /râberstæmp/ *s* carimbo de borracha.

**rubbish** /râbich/ *s* lixo, refugo, rebotalho; bagatela, coisa sem valor; fala desconexa, absurdo, besteira.

**rubble** /râbel/ *s* cascalho, pedregulho.

**rubeola** /rúbiele/ *s* rubéola.

**rubicund** /rúbekând/ *adj* rubicundo.

**rubric** /rúbrik/ *adj* rubro, vermelho. | *s* rubrica; título.

**ruby** /rúbi/ *s* rubi. | *adj* da cor do rubi.

**ruck** /râk/ *s* multidão, populacho; prega, vinco. | *v* vincar.

**rudder** /râder/ *s* leme, timão; comando, governo, direção; *fig* mentor, guia.

**ruddy** /râdi/ *adj* rosado, corado; vermelho, rubro.

**rude** /rúd/ *adj* rude, grosseiro; primitivo; vigoroso, robusto; bruto.

**rudeness** /rúdnes/ *s* rudeza, grosseria, crueza; insolência; severidade, rigor.

**rudiment** /rúdement/ *s* órgão que teve desenvolvimento incompleto. • **rudiments** rudimento.

**rue** /rú/ *v* lastimar, sentir remorsos por; arrepender-se. | *s* arrependimento, pesar, remorso; arruda.

**ruff** /râf/ *s* rufo; gola de tufos engomados; coleira natural de penas em torno do pescoço; trunfo (jogo de cartas).

**ruffian** /râfien/ *s* rufião; alcoviteiro; gângster.

**ruffle** /râfel/ *v* franzir, pôr babados; encrespar; arrepiar, eriçar (penas); irritar; rufar; agitar, perturbar; embaralhar (cartas); folhear (livro); comportar-se de forma arrogante. | *s* gola ou colarinho pregueado; confusão, tumulto; rufo.

**rug** /râg/ *s* tapete; pele de animal usada como tapete; *gír* toupeira.

**Rugby** /râgbi/ *s* rúgbi.

**rugged** /râgid/ *adj* escarpado, acidentado; duro, austero; tempestuoso; que exige grande esforço, vigoroso; rústico, grosseiro; áspero, irregular.

**ruin** /rúin/ *s* ruína, perdição; decadência, queda. | *v* arruinar; demolir, destruir; perder, decair; desintegrar; falir.

**rule** /rúl/ *s* regra, norma; lei, código; costume, uso, prática; governo, domínio, autoridade, controle; régua. | *v* governar, dominar; exercer controle; reinar, comandar; decretar, decidir em julgamento; prevalecer, dominar; traçar linhas com a régua.

**ruler** /rúler/ *s* soberano, regente, ditador; régua.

**ruling** /rúling/ *adj* dominante; predominante. | *s* ato de governar; poder, domínio.

**rum** /râm/ *s* rum, aguardente.

**rumble** /râmbel/ *v* ribombar; ressoar, avançar com estrondo; participar de um tumulto ou de luta entre gangues; rosnar, resmungar; falar com voz grossa. | *s* estrondo, ribombo; assento traseiro; porta-malas traseiro; luta de gangues rivais.

**ruminant** /rúmenent/ *s* ruminante. | *adj* ruminante, pensativo.

**rummage** /râmidj/ *v* procurar, buscar; remexer, esquadrinhar. | *s* busca minuciosa; confusão, miscelânea.

**rummage sale** *s* venda de mercadorias usadas.

**rumor** /rúmer/ *v* divulgar ou espalhar (boato). | *s* rumor, boato.

**rump** /râmp/ *s* anca, traseiro; alcatra; parte traseira; nádegas.

**rumple** /râmpel/ *v* amarrotar; enrugar. | *s* ruga; prega, dobra, vinco; amassadura, amassado.

R

**rumpus** /râmpes/ *s* desordem, tumulto, rixa.

**run** /rân/ *v* correr; competir, disputar corrida; correr fugindo, escapar; candidatar-se ou lançar alguém como candidato; funcionar (máquina, motor); conduzir, guiar, transportar; escorrer, pingar (nariz); dirigir ou organizar (negócio); descobrir, pesquisar as origens; estar em cartaz (filme, peça de teatro); prevalecer, estar em voga; executar; estender; fluir, escoar; derreter (metal). | *s* corrida; galope; distância percorrida, percurso, rota; jornada de trabalho; produção, produtividade; caminho ou trilha de animais; sequência, série; livre acesso; tendência, direção; volta, viagem; funcionamento, operação (máquina). | *adj* derretido (metal, ouro). • **run away** escapar, fugir. **run into** encontrar alguém por acaso; colidir. **run out** expelir, expulsar; acabar, esgotar.

**runaway** /rânewei/ *adj* fugitivo, desertor; fora de controle. | *s* fugitivo; *inform* vitória fácil.

**rundown** /rândaun/ *adj* em condições precárias, sujo.

**rung** /râng/ *s* degrau de escada; raio (roda); *v part pass* de **ring**.

**runnel** /rânel/ *s* riacho, córrego.

**runner** /râner/ *s* corredor, competidor de corridas; mensageiro; fugitivo; contrabandista; agente, corretor; passadeira; caminho de mesa.

**running** /râning/ *s* corrida; ato de correr; direção, condução, gerência; funcionamento, operação, manutenção; corrimento, escoamento. | *adj* atual, em vigor, em andamento. | *adv* de forma consecutiva.

**runway** /rânwei/ *s* pista (pouso e decolagem); leito de rio; trilha de animais.

**rupture** /râptcher/ *s* ruptura, rompimento; discórdia, desinteligência; ruptura, hérnia. | *v* romper; fraturar.

**rural** /rurel/ *adj* rural, campestre.

**ruse** /rúz/ *s* estratagema, subterfúgio, artifício; ardil, astúcia, manha.

**rush** /râch/ *v* apressar-se, acelerar; correr, mover-se; investir, arremeter, agir impulsivamente; atacar, impelir, tomar de assalto; afluir a, invadir; lançar, precipitar; entreter. | *s* pressa, precipitação, correria; arrancada, arremetida, investida; afluxo, afluência; assalto, ataque repentino; sensação agradável depois do uso de estimulantes.

**rusk** /râsk/ *s* pão doce torrado; biscoito doce de textura macia.

**russet** /râ̲sit/ *adj* e *s* castanho-avermelhado.
**Russia** /râ̲che/ *s* Rússia.
**Russian** /râ̲chen/ *s* e *adj* russo.
**rust** /râst/ *s* ferrugem; inatividade, ócio; cor de ferrugem. | *v* enferrujar; deteriorar em consequência da inatividade.
**rustic** /râ̲stik/ *adj* rústico, campestre; rude, grosseiro, simples. | *s* camponês, pessoa simples, rude.
**rustiness** /râ̲stines/ *s* enferrujamento.
**rustle** /râ̲sel/ *v* mover sorrateiramente; roçar, farfalhar; roubar gado.
**rustproof** /râ̲stprúf/ *adj* à prova de ferrugem, inoxidável.
**rusty** /râ̲sti/ *adj* enferrujado.
**ruth** /rú*th*/ *s* piedade, compaixão, dó.
**ruthlessness** /rú̲*th*lesnes/ *s* crueldade, desumanidade, falta de compaixão.
**ruttish** /râ̲tich/ *adj* libidinoso.
**R/W** *abrev* de **Read/Write**, Leitura/Gravação.
**Rwanda** /ruá̲nde/ *s* Ruanda.
**Rwandan** /ruá̲nden/ *s* e *adj* ruandês.
**rye** /rai/ *s* centeio; uísque de centeio; cigano.

# Ss

**s** ou **S** /és/ *s* 19ª letra do alfabeto inglês. | *abrev minús* de **second**; *minús* ou *maiús* de **south**, **southern**. | *símb maiús* de **sulfur**.

**Sabbath** /sæbeth/ *s* sabá.

**saber** /seiber/ *s* sabre.

**sabotage** /sæbetáj, sæbetáj/ *s* sabotagem. | *v* sabotar.

**saboteur** /sæbétêr/ *s* sabotador.

**sac** /sæk/ *s* saco, bolsa membranosa.

**saccharin** /sækerin/ *s* sacarina.

**saccharine** /sækerin, sækerain/ *adj* sacarino, muito doce; meigo; extremamente sentimental.

**saccharose** /sækerous/ *s* sacarose.

**sacerdotal** /sæserdoutel/ *adj* sacerdotal.

**sack** /sæk/ *s* saco, saca; saque, roubo, pilhagem; demissão do emprego; saco de dormir, cama. | *v* ensacar; saquear, roubar, pilhar; demitir do emprego.

**sacral** /seikrel/ *adj* sacro, sagrado.

**sacrament** /sækrement/ *s* sacramento.

**sacred** /seikrid/ *adj* sagrado, venerado.

**sacrifice** /sækrefais/ *s* sacrifício. | *v* sacrificar.

**sacrilege** /sækrelidj/ *s* sacrilégio.

**sacrilegious** /sækrelidjes/ *adj* sacrílego.

**sacristan** /sækristen/ *s* sacristão.

**sacristy** /sækristi/ *s* sacristia.

**sad** /sæd/ *adj* triste, melancólico; pesaroso; sombrio; deplorável.

**sadden** /sæden/ *v* entristecer.

**sadness** /sædnes/ *s* tristeza, melancolia.

**safari** /séfári/ *s* safári (*pl* **safaris**).

**safe** /seif/ *adj* seguro; salvo, ileso; idôneo, leal; cauteloso. | *s* cofre, caixa-forte; recipiente para guardar alimentos; *gír* preservativo.

**safe-conduct** /seifkándâkt/ *s* salvo-conduto.

**safe-deposit box** /seifdipázit báks/ *s* caixa-forte.

**safeguard** /seifgárd/ *s* salvaguarda, proteção. | *v* salvaguardar, proteger.

**safekeeping** /seifkíping/ *s* custódia, proteção.

**safe mode** *s* modo seguro, modo de segurança (computação).

**safe sex** *s* sexo seguro.

**safety** /seifti/ *s* segurança.

**safety belt** *s* cinto de segurança.

**safety pin** *s* alfinete de segurança.

**safety valve** *s* válvula de segurança.

**saffron** /sæfren/ *s* açafrão.

**sag** /sæg/ *s* depressão; baixa, queda temporária. | *v* vergar, ceder, curvar-se; pender; enfraquecer; baixar, cair.

**sagacious** /segeiches/ *adj* sagaz, perspicaz.

**sagacity** /segæseti/ *s* sagacidade.

**sage** /seidj/ *adj* sábio, prudente. | *s* sábio; salva.

**Sagittarian** /sædjetérien/ *s* e *adj* sagitariano.
**Sagittarius** /sædjetéries/ *s* Sagitário (signo e constelação).
**sago** /seigou/ *s* sagu (*pl* **sagos**).
**Sahara** /sehére, sehåre/ *s* Saara.
**sail** /seil/ *s* vela (embarcação); veleiro; viagem ou passeio de barco. | *v* navegar; velejar; viajar por mar, atravessar (mar, oceano); deslizar.
**sailboat** /seilbout/ *s* barco a vela.
**sailing** /seil*ing*/ *s* navegação.
**sailor** /seil*er*/ *s* marinheiro.
**saint** /seint/ *s* santo. | *v* santificar.
**sainted** /seintid/ *adj* sagrado, santo; santificado.
**sainthood** /seinthud/ *s* santidade.
**Saint Kitts and Nevis** *s* São Cristóvão e Névis.
**saintly** /seintli/ *adj* sagrado, santo.
**Saint Lucia** *s* Santa Lúcia.
**Saint Valentine's Day** /seint vælentainz dei/ » **Valentine's Day**.
**Saint Vincent and the Grenadines** *s* São Vicente e Granadinas.
**sake** /seik/ *s* causa, fim, motivo, finalidade; benefício, vantagem.
**salable** /seilebel/ *adj* vendável; vendível.
**salacious** /seleiches/ *adj* lascivo.
**salad** /sæled/ *s* salada.
**salad days** *s pl* época de juventude, inocência, inexperiência.
**salad dressing** *s* tempero ou molho para salada.
**salad oil** *s* azeite de mesa.
**salamander** /sælemænd*er*/ *s* salamandra.
**salami** /selámi/ *s* salame (*pl* **salamis**).
**salary** /sæleri/ *s* salário, ordenado.
**salaried** /sælerid/ *adj* assalariado.
**sale** /seil/ *s* venda; saldo de venda; liquidação; demanda; leilão. • **for sale** à venda. **on sale** em liquidação.
**saleable** /seilebel/ » **salable**.
**salesclerk** /seilzklêrk/ *s* vendedor que trabalha em lojas.
**salesman** /seilzmen/ *s masc* vendedor.
**saleswoman** /seilzwumen/ *s fem* vendedora.
**salience** /seiliens/ *s* saliência.
**saliency** /seiliensi/ » **salience**.
**salient** /seilyent/ *adj* saliente. | *s* ângulo saliente.
**saline** /seilín, seilain/ *s* salina. | *adj* salino.
**saliva** /selaive/ *s* saliva.
**salivate** /sæleveit/ *v* salivar.
**sallow** /sælou/ *adj* amarelado, pálido. | *s* *Bot* espécie de salgueiro. | *v* amarelar, empalidecer.
**sally** /sæli/ *s* saída, partida repentina; investida, ataque; atitude rápida. | *v* partir em viagem; sair da defensiva para posição de ataque; sair de repente.
**salmon** /sæmen/ *s* salmão (*pl* **salmon** ou **salmons**).
**saloon** /selún/ *s* salão; bar.
**salt** /sólt, sált/ *s* sal. | *adj* salgado; conservado em sal. | *v* salgar; curar, conservar em sal.
**saltation** /sælteichen/ *s* salto, pulo; mutação, transformação.
**saltern** /sólt*ern*/ *s* salina.
**saltiness** /sóltines/ *s* salinidade.
**saltpeter** /sóltpít*er*/ *s* salitre.
**saltshaker** /sóltcheik*er*/ *s* saleiro.
**saltwater** /sóltwát*er*/ *adj* marinho, de água salgada.
**saltworks** /sóltwêrks/ *s pl us v sing* ou *pl* salina.
**salty** /sólti/ *adj* salgado; marinho; pungente.
**salubrious** /selúbries/ *adj* salubre.
**salutary** /sælyetéri/ *adj* salutar, saudável.
**salutation** /sælyeteichen/ *s* saudação.
**salute** /selút/ *v* saudar, cumprimentar; receber alguém; fazer continência; salvar, dar salva. | *s* saudação; continência; salva (artilharia).
**salvage** /sælvidj/ *s* salvamento (navio, tripulação). | *v* salvar.
**salvation** /sælveichen/ *s* salvação; redenção; bem-aventurança.

**salve** /sæv, sáv/ *s* unguento, pomada. | *v* curar, aliviar dor (com pomada).
**salvo** /sælvou/ *s* salva (palmas, artilharia) (*pl* **salvos** ou **salvoes**).
**same** /seim/ *adj* mesmo, mesma, idêntico, igual. | *pron* o mesmo, a mesma. | *adv* do mesmo modo, da mesma maneira.
**sameness** /seimnes/ *s* igualdade; monotonia.
**Samoa** /semoue/ *s* Samoa.
**Samoan** /semouen/ *s* e *adj* samoano.
**sample** /sæmpel/ *s* amostra, modelo, prova. | *v* dar amostra, ter amostra de; provar, experimentar.
**sampling** /sæmpli*ng*/ *s* amostragem.
**sampling rate** *s* taxa de amostragem.
**sanatarium** /sænetériem/ » **sanatorium** (*pl* **sanatariums** ou **sanataria** /sænetérie/).
**sanatorium** /sænetóriem/ *s* sanatório (*pl* **sanatoriums** ou **sanatoria** /sænetórie/).
**sanctifier** /sæ*ng*ktifaie*r*/ *s* santificador.
**sanctify** /sæ*ng*ktifai/ *v* santificar.
**sanction** /sæ*ng*kchen/ *s* sanção, aprovação; confirmação; lei, decreto. | *v* sancionar, aprovar, autorizar; ratificar, confirmar.
**sanctuary** /sæ*ng*ktchuéri/ *s* santuário, templo; abrigo, refúgio.
**sand** /sænd/ *s* areia. | *v* jogar areia em; arear.
**sandal** /sændel/ *s* sandália; sândalo.
**sandbag** /sændbæg/ *s* saco de areia. | *v* pôr sacos de areia em; *gír* tratar severamente ou injustamente.
**sandbank** /sændbæ*ngk*/ *s* banco de areia.
**sandbar** /sændbár/ *s* banco de areia.
**sandbox** /sændbáks/ *s* caixa de areia (para crianças, animais).
**sandcastle** /sændkæsel/ *s* castelo de areia.
**sandpaper** /sændpeipe*r*/ *s* lixa. | *v* lixar.
**sandstone** /sændstoun/ *s* arenito.
**sandstorm** /sændstórm/ *s* tempestade de areia.
**sandwich** /sændwitch, sænwitch/ *s* sanduíche. | *v* fazer sanduíche; colocar entre, imprensar.
**sandy** /sændi/ *adj* arenoso, areento; marrom-amarelado, da cor da areia.
**sane** /sein/ *adj* são, sadio; sensato.
**sanguine** /sæ*ng*gwin/ *adj* otimista; animado; sanguíneo; corado, que tem cor de sangue.
**sanguineous** /sæ*ng*gwinies/ *adj* sanguíneo; da cor do sangue.
**sanitary** /sænitéri/ *adj* sanitário; higiênico.
**sanitary napkin** *s* absorvente higiênico.
**sanitation** /sæniteichen/ *s* serviço de saúde pública; saneamento básico, instalações sanitárias.
**sanity** /sæneti/ *s* sanidade mental; juízo, sensatez.
**San Marino** /sænmerínou/ *s* San Marino.
**sans serif** *s* sem serifa (tipologia).
**São Tomé and Príncipe** *s* São Tomé e Príncipe.
**sap** /sæp/ *s* seiva; sapa, trincheira, galeria; vitalidade, saúde. | *v* solapar, escavar; debilitar, esgotar.
**SAP** *abrev* de **Service Advertising Protocol**, protocolo de aviso de serviço.
**sapid** /sæpid/ *adj* sápido, saboroso.
**sapience** /seipiens/ *s* sapiência.
**sapient** /seipient/ *adj* sapiente.
**sapless** /sæples/ *adj* seco; desvitalizado.
**sapling** /sæpli*ng*/ *s* árvore ou pessoa jovem.
**sapphire** /sæfaie*r*/ *s* safira. | *adj* feito de ou semelhante à safira; da cor da safira.
**sappy** /sæpi/ *adj* seivoso; suculento; *gír* imaturo, tolo; excessivamente sentimental.
**sarcasm** /sárkæzem/ *s* sarcasmo, ironia.
**sarcastic** /sárkæstik/ *adj* sarcástico, irônico.
**sarcoma** /sárkoume/ *s* sarcoma (*pl* **sarcomas** ou **sarcomata** /sárkoumete/).
**sarcophagus** /sárkáfeges/ *s* sarcófago (*pl* **sarcophaguses** ou **sarcophagi** /sárkáfegai/).
**sardine** /sárdin/ *s* sardinha.

**sardonic** /sárdánik/ *adj* zombeteiro, sarcástico.
**sarge** /sárdj/ *s inform* sargento.
**sash** /sæch/ *s* caixilho de janela; banda, faixa, fita (usada na cintura ou no ombro). | *v* guarnecer com caixilho; pôr fita ou faixa (na cintura).
**Sat.** *abrev* de **Saturday**.
**Satan** /seiten/ *s* satã, satanás.
**satanic** /setænik, seitænik/ *adj* satânico, diabólico.
**satanical** /setænikel, seitænikel/ » **satanic**.
**sate** /seit/ *v* saciar, satisfazer; fartar.
**satellite** /sætelait/ *s* satélite.
**satiable** /seichebel/ *adj* saciável.
**satiate** /seichieit/ *v* saciar; fartar. | /seichiit/ *adj* saciado.
**satiation** /seichieichen/ *s* saciedade.
**satin** /sæten/ *s* cetim. | *adj* de cetim.
**satire** /sætaier/ *s* sátira.
**satiric** /setirik/ » **satirical**.
**satirical** /setirikel/ *adj* satírico.
**satirize** /sæteraiz/ *v* satirizar.
**satisfaction** /sætisfækchen/ *s* satisfação, contentamento; compensação; pagamento.
**satisfactory** /sætisfækteri/ *adj* satisfatório; agradável.
**satisfied** /sætesfaid/ *adj* satisfeito.
**satisfy** /sætesfai/ *v* satisfazer; convencer, persuadir; pagar, saldar; indenizar; retificar, emendar.
**saturate** /sætchereit/ *v* saturar. |/sætcherit/ *adj* saturado.
**saturation** /sætchereichen/ *s* saturação.
**Saturday** /sæterdei, sæterdi/ *s* sábado.
**Saturn** /sætern/ *s* Saturno.
**saturnine** /sæternain/ *adj* saturnino.
**satyr** /seiter, sæter/ *s* sátiro.
**sauce** /sás, sós/ *s* molho, tempero; compota; atrevimento; bebida alcoólica. | *v* temperar, pôr molho; ser atrevido.
**sauceboat** /sásbout/ *s* molheira.
**saucepan** /sáspen/ *s* panela com cabo, caçarola.
**saucer** /sáser, sóser/ *s* pires.
**saucy** /sási, sósi/ *adj* insolente, atrevido; provocante.
**Saudi** /saudi, sódi/ *s* e *adj* saudita.
**Saudi Arabia** *s* Arábia Saudita.
**Saudi Arabian** *s* e *adj* árabe-saudita, saudi-arábico.
**sauna** /saune, sóne/ *s* sauna.
**saunter** /sánter, sónter/ *v* passear, andar. | *s* passeio (a pé).
**sausage** /sásidj, sósidj/ *s* salsicha, chouriço, linguiça.
**savage** /sævidj/ *adj* e *s* selvagem; primitivo.
**savagery** /sævidjeri/ *s* selvageria; barbaridade; ferocidade.
**savanna** /sevæne/ *s* savana.
**savannah** /sevæne/ » **savanna**.
**save** /seiv/ *v* salvar; preservar, conservar; poupar, guardar, economizar; evitar. | *prep* exceto, salvo. | *conj* a não ser que, a menos que.
**saving** /seiving/ *s* poupança, economia; redução de gastos; salvamento; ressalva. | *prep* exceto. | *conj* a não ser que.
**savings account** *s* conta de poupança.
**savior** /seivyer/ *s* salvador; *maiús* o Salvador (Jesus Cristo).
**savor** /seiver/ *v* saborear, provar. | *s* sabor, gosto.
**savory** /seiveri/ *adj* saboroso, apetitoso; picante; respeitável. | *s* petisco; segurelha.
**saw** /só/ *s* serra, serrote; provérbio, ditado. | *v* serrar; *pass* de **see**.
**sawdust** /sádâst/ *s* serragem.
**sawmill** /sámil/ *s* serraria.
**saxhorn** /sækshórn/ *s* bombardino.
**Saxon** /sæksen/ *adj* e *s* saxão.
**saxophone** /sæksefoun/ *s* saxofone.
**say** /sei/ *v* dizer, falar, afirmar; anunciar, declarar, exprimir; indicar, mostrar; alegar, reportar; supor; recitar, repetir. | *s* fala, palavra, discurso; influência.
**saying** /seiing/ *s* ditado, dito, provérbio.
**say-so** /seisou/ *s inform* expressão de permissão ou aprovação; autoridade para decidir algo (*pl* **say-sos**).

**scab** /skæb/ *s* crosta, casca (ferida); sarna; fura-greve; pessoa contratada para trabalhar no lugar de um grevista. | *v* formar casca, ficar coberto de crosta; trabalhar no lugar de um grevista.

**scabbard** /skæberd/ *s* bainha (espada).

**scabies** /skeibíz/ *s* escabiose, sarna (*pl* **scabies**).

**scabrous** /skæbres, skeibres/ *adj* escabroso; escandaloso.

**scaffold** /skæfeld/ *s* andaime; tablado, palanque, plataforma; cadafalso. | *v* colocar andaimes; montar palanque, plataforma.

**scalable** /skeilebel/ *adj* escalável.

**scald** /skáld/ *s* escaldadura, queimadura. | *v* queimar, escaldar.

**scale** /skeil/ *v* escalar, subir, trepar; pesar; representar com escala; escamar-se, descascar-se; tirar escamas; tirar tártaro. | *s* escama; película, camada; caspa; crosta; tártaro dos dentes; prato de balança; escala; instrumento de medida; proporção, tamanho. • **scales** balança. **Scales** Libra (signo e constelação).

**scallop** /skálep/ *v* recortar de forma ondulada; cozinhar algo com leite ou molho; cortar em pedaços. | *s* recorte ondulado.

**scalp** /skælp/ *v* escalpar, escalpelar; *gír* revender ingressos a preço mais alto que o de bilheteria. | *s* couro cabeludo, escalpe.

S

**scalpel** /skælpel/ *s* escalpelo.

**scalper** /skælper/ *s* cambista.

**scaly** /skeili/ *adj* escamoso.

**scamper** /skæmper/ *v* sair correndo, correr em disparada. | *s* movimento rápido, corrida.

**scan** /skæn/ *v* examinar, esquadrinhar; escanear, varrer, digitalizar; olhar, ler rapidamente, folhear; explorar (radar).

**scandal** /skændel/ *s* escândalo, vergonha, desgraça.

**scandalize** /skændelaiz/ *v* escandalizar.

**scandalous** /skændeles/ *adj* escandaloso, vergonhoso.

**Scandinavia** /skændineivie/ *s* Escandinávia.

**Scandinavian** /skændineivien/ *adj* e *s* escandinavo.

**scant** /skænt/ *v* restringir, limitar o suprimento de, racionar; diminuir; tratar inadequadamente, negligenciar. | *adj* escasso, raro, parco; insuficiente.

**scanty** /skænti/ *adj* escasso, minguado; exíguo, diminuto; inadequado, insuficiente.

**scapegoat** /skeipgout/ *s* bode expiatório.

**scapula** /skæpyele/ *s* escápula, omoplata (*pl* **scapulas** ou **scapulae** /skæpyelí/).

**scar** /skár/ *v* cicatrizar-se, marcar com cicatriz; deixar sequelas. | *s* cicatriz, sinal; marca, mancha.

**scarab** /skéreb/ *s* escaravelho.

**scarce** /skérs/ *adj* escasso, raro.

**scarcely** /skérsli/ *adv* mal, quase não.

**scarcity** /skérseti/ *s* escassez, falta.

**scare** /skér/ *s* susto, sobressalto, pânico. | *adj* assustador. | *v* assustar-se, atemorizar-se; amedrontar, alarmar.

**scarecrow** /skérkrou/ *s* espantalho.

**scaremonger** /skérmángger/ *s* alarmista.

**scarf** /skárf/ *s* cachecol; faixa, banda; lenço (de cabeça); pano, caminho de mesa; chanfradura (*pl* **scarfs** ou **scarves**). | *v* pôr uma faixa ou banda; chanfrar, emendar; *gír* comer vorazmente, devorar.

**scarify** /skérefai/ *v* escarificar; criticar severamente, censurar.

**scarlet** /skárlet/ *adj* e *s* escarlate.

**scarlet fever** *s* escarlatina.

**scarp** /skárp/ *s* escarpa. | *v* escarpar.

**scary** /skéri/ *adj* assustador, alarmante; assustado, que se assusta facilmente; extremamente tímido.

**scathe** /skeidh/ *s* prejuízo, dano. | *v* danificar; criticar severamente.

**scathing** /skeidhing/ *adj* mordaz; doloroso.

**scatter** /skæter/ *v* espalhar; dispersar; separar. | *s* espalhamento, dispersão; o que foi espalhado.
**scatterbrain** /skæterbrein/ *s* pessoa desorganizada.
**scavenger** /skævindjer/ *s* catador de lixo, pessoa que procura restos de comida no lixo; animal que se nutre de carniça.
**scene** /sín/ *s* cena, cenário; espetáculo, exibição.
**scenery** /síneri/ *s* cenário natural, vista; painel ou cortina de fundo de palco.
**scenic** /sínik/ *adj* pitoresco; cênico, teatral.
**scenography** /sínágrefi/ *s* cenografia.
**scent** /sént/ *s* faro, olfato; odor, aroma; perfume; indício, pista, rastro. | *v* perfumar; cheirar; farejar.
**scentless** /séntles/ *adj* inodoro.
**scepter** /sépter/ *s* cetro; insígnia real ou de comando. | *v* dar cetro a, empunhar o cetro.
**sceptic** /sképtik/ » **skeptic**.
**sceptical** /sképtikel/ » **skeptical**.
**scepticism** /sképtisizem/ » **skepticism**.
**schedule** /skédjúl/ *s* lista, tabela, relação; itinerário; programação; horário; calendário escolar. | *v* programar, agendar; tabelar; fixar.
**scheme** /skím/ *s* esquema, plano, projeto; sistema, método; diagrama; trama, intriga. | *v* projetar, planejar; tramar, maquinar, intrigar.
**schism** /sizem, skizem/ *s* cisma, divisão.
**schist** /chist/ *s* xisto.
**scholar** /skáler/ *s* erudito, sábio, letrado; bolsista; aluno, estudante.
**scholarly** /skálerli/ *adj* erudito.
**scholarship** /skálerchip/ *s* bolsa de estudos; erudição; conhecimento.
**scholastic** /skelæstik/ *adj* escolástico; acadêmico.
**scholiast** /skouliæst/ *s* escoliasta.
**school** /skúl/ *s* escola, instituição educacional; curso, aulas; universidade. | *adj* escolar, educacional. | *v* educar, ensinar, instruir; disciplinar, treinar.
**school age** *s* idade escolar.
**school bag** *s* pasta, bolsa, mochila escolar.
**schoolbook** /skúlbuk/ *s* livro escolar, livro didático.
**schoolboy** /skúlboi/ *s masc* colegial, estudante, aluno.
**school bus** *s* ônibus escolar.
**school day** *s* dia de aula.
**schoolfellow** /skúlfélou/ *s* colega de escola.
**schoolgirl** /skúlgêrl/ *s fem* colegial, estudante, aluna.
**schooling** /skúling/ *s* educação, ensino.
**schoolmaster** /skúlmæster/ *s masc* professor; diretor de escola; instrutor.
**schoolmate** /skúlmeit/ *s* colega de escola.
**schoolmistress** /skúlmistris/ *s* professora; diretora de escola.
**schoolroom** /skúlrúm/ *s* sala de aula.
**schoolteacher** /skúltítcher/ *s* professor, professora.
**school year** *s* ano letivo.
**schooner** /skúner/ *s* escuna.
**science** /saiens/ *s* ciência, erudição.
**science fiction** *s* ficção científica.
**scientific** /saientifik/ *adj* científico.
**scientist** /saientist/ *s* cientista.
**sci-fi** /saifai/ *s inform* ficção científica (*pl* **sci-fis**). | *adj* de ficção científica.
**scintillate** /sinteleit/ *v* cintilar, faiscar.
**scion** /saien/ *s* herdeiro, descendente.
**scission** /sijen, sichen/ *s* cisão, divisão.
**scissor** /sizer/ *v* cortar com tesoura.
**scissors** /sizerz/ *s us v sing* ou *pl* tesoura; *us v sing* tesoura (movimento das pernas).
**sclerosis** /sklirousis/ *s* esclerose (*pl* **scleroses** /sklirousíz/).
**sclerous** /sklires/ *adj* esclerosado, endurecido.
**scoff** /skáf/ *v* escarnecer, zombar; *gír* comer vorazmente, devorar. | *s* escárnio, zombaria.
**scoffer** /skáfer/ *s* escarnecedor, zombador.

**scold** /skould/ *v* ralhar, repreender. | *s* repreendedor.
**scolding** /skoulding/ *s* repreensão.
**sconce** /skáns/ *s* fortificação; castiçal; *gír* crânio humano, cabeça.
**scoop** /skúp/ *s* pá; colherão; concha; caçamba; colher para servir sorvete; bola de sorvete; furo jornalístico; cavidade; espátula cirúrgica, cureta. | *v* cavar, escavar; pegar, recolher (com pá); dar um furo de reportagem; agarrar.
**scoot** /skút/ *v* disparar, correr em disparada. | *s* fuga, corrida, carreira.
**scooter** /skúter/ *s* lambreta; patinete; barco a vela.
**scope** /skoup/ *s* alcance, campo, extensão; finalidade; oportunidade.
**scorch** /skórtch/ *v* crestar, queimar, chamuscar; dirigir em alta velocidade; criticar, censurar. | *s* queimadura leve; ferrugem (plantas).
**score** /skór/ *s* incisão, corte, entalhe; dívida, débito; escore, placar, contagem; motivo, razão; partitura. | *v* marcar, riscar, gravar; entalhar, cortar; registrar escore, fazer pontos; orquestrar.
**scoreboard** /skórbórd/ *s* placar, marcador.
**scorn** /skórn/ *s* desdém, desprezo, escárnio. | *v* desprezar, desdenhar, escarnecer.
**Scorpio** /skórpiou/ *s* Escorpião (signo e constelação); escorpiano.
**scorpion** /skórpien/ *s* escorpião.
**Scorpius** /skórpies/ *s* Escorpião (constelação).
**Scotch** /skátch/ *s* escocês; uísque escocês. | *adj* escocês.
**scot-free** /skátfrí/ *adj* isento de imposto ou cobrança; são e salvo, ileso. | *adv* gratuitamente, sem ter de pagar.
**Scotland** /skátlend/ *s* Escócia.
**Scottish** /skátich/ *s* escocês; língua escocesa. | *adj* escocês.
**scoundrel** /skaundrel/ *s* patife, tratante, canalha.
**scour** /skauer/ *v* arear, polir, esfregar; explorar; percorrer.
**scourge** /skêrdj/ *v* flagelar; açoitar, castigar severamente. | *s* flagelo; açoite, castigo.
**scout** /skaut/ *s* escoteiro; bandeirante; batedor, explorador; observador, sentinela. | *v* vigiar, espiar, espionar, patrulhar; desdenhar, rejeitar.
**scow** /skau/ *s* chata, barcaça.
**scowl** /skaul/ *s* carranca, cara feia. | *v* fazer carranca, olhar feio para.
**scrabble** /skræbel/ *s* garatuja; arranhão. | *v* rabiscar; arranhar, raspar.
**scraggy** /skrægi/ *adj* muito magro, fino, esquelético, magricela; áspero.
**scramble** /skræmbel/ *v* brigar, lutar; misturar, mexer; bater (ovos); escalar; engatinhar; arrastar. | *s* escalada, subida; disputa, luta; *motocross*.
**scrambled eggs** *s pl* ovos mexidos.
**scrap** /skræp/ *s* pedaço, fragmento; sucata; luta, briga. | *v* jogar no lixo; lutar, brigar; reduzir a sucata. • **scraps** sobras, restos de comida.
**scrapbook** /skræpbuk/ *s* álbum de recortes.
**scrape** /skreip/ *s* raspão, arranhão; rangido; aperto, dificuldade; luta, briga. | *v* raspar, lixar; arranhar, esfolar; ranger; roçar.
**scraper** /skreiper/ *s* raspador.
**scrappy** /skræpi/ *adj* incoerente, desconexo; brigão.
**scratch** /skrætch/ *s* arranhão; unhada; risca; rangido. | *v* coçar; riscar; arranhar; rabiscar; cancelar (luta, competição); ranger.
**scrawny** /skráni/ *adj* muito magro.
**scream** /skrím/ *v* berrar, gritar; guinchar, emitir som estridente. | *s* berro, grito; ruído, som estridente.
**screech** /skrítch/ *v* guinchar, chiar. | *s* ruído agudo, guincho.
**screen** /skrín/ *s* tela (cinema, TV, computador); grade, barreira; biombo, anteparo,

S

tapume. | *v* exibir filme, filmar; proteger, esconder; separar com biombo.

**screen saver** *s* protetor de tela.

**screw** /skrú/ *s* parafuso; torcedura; avarento, pão-duro. | *v* atarraxar, parafusar, apertar; torcer, enroscar, rosquear; ter relações sexuais.

**screwball** /skr<u>ú</u>ból/ *s* e *adj* excêntrico, irracional, impulsivo.

**screwdriver** /skr<u>ú</u>draiv*er*/ *s* chave de fenda; coquetel de vodca e suco de laranja.

**screw propeller** *s* hélice (navio, avião).

**screw thread** *s* rosca de parafuso.

**scribble** /skr<u>i</u>bel/ *s* rabisco, garatuja. | *v* rabiscar, garatujar.

**scribe** /skraib/ *s* escriba; escritor; copista. | *v* riscar, escrever.

**scrimmage** /skr<u>i</u>midj/ *s* escaramuça, briga, conflito; disputa pela bola (futebol). | *v* disputar a bola (futebol).

**scrimp** /skrimp/ *v* economizar; restringir.

**script** /skript/ *s* escrita; letra ou escrita cursiva; manuscrito; documento original; texto (teatral, de filme). | *v* preparar texto (teatral, de filme).

**scripture** /skr<u>i</u>ptch*er*/ *s* escritura. • **Scriptures** Escrituras Sagradas.

**scroll** /skroul/ *s* rolo de pergaminho; voluta; lista de nomes. | *v* rolar.

**scroll bar** *s* barra de rolagem.

**Scrooge** /skrúdj/ *s tb minús* miserável, sovina (da personagem do *Conto de Natal*, de Charles Dickens).

**scrotum** /skr<u>ou</u>tem/ *s* escroto (*pl* **scrota** /skr<u>ou</u>te/ ou **scrotums**).

**scrounge** /skraundj/ *v* surrupiar, filar.

**scrub** /skrâb/ *s* moita, matagal; limpeza, esfregação; pessoa ou animal insignificante. | *v* lavar, esfregar, limpar; cancelar, abandonar; remover impurezas.

**scrubber** /skr<u>â</u>b*er*/ *s* esfregão, esfregador.

**scrubby** /skr<u>â</u>bi/ *adj* mirrado, pequeno; coberto com vegetação de cerrado; inferior.

**scruff** /skrâf/ *s* nuca.

**scruple** /skr<u>ú</u>pel/ *v* ter escrúpulos; duvidar. | *s* escrúpulo; hesitação.

**scrupulous** /skr<u>ú</u>peles/ *adj* escrupuloso, cuidadoso.

**scrutinize** /skr<u>ú</u>tenaiz/ *v* examinar cuidadosamente, escrutinar.

**scrutiny** /skr<u>ú</u>teni/ *s* escrutínio, exame minucioso.

**scuba** /sk<u>ú</u>be/ *s* equipamento de mergulho.

**scuba diver** *s* mergulhador que utiliza equipamento de mergulho.

**scud** /skâd/ *v* correr apressadamente; navegar de vento em popa. | *s* carreira, corrida; rajada de vento; navegação.

**scuffle** /sk<u>â</u>fel/ *s* briga, rixa, tumulto; enxada. | *v* brigar, lutar.

**scull** /skâl/ *s* ginga (remo pequeno); barco de regata; regata. | *v* remar.

**scullery** /sk<u>â</u>leri/ *s* copa (cômodo da casa).

**scullion** /sk<u>â</u>lyen/ *s* ajudante de cozinha, lavador de pratos.

**sculptor** /sk<u>â</u>lpt*er*/ *s* escultor.

**sculpture** /sk<u>â</u>lptch*er*/ *s* escultura. | *v* esculpir, entalhar.

**scum** /skâm/ *v* formar espuma. | *s* espuma, escuma; escória, ralé, gentinha.

**scumble** /sk<u>â</u>mbel/ *v* esbater, graduar tintas (pintura), atenuar. | *s* esbatimento (pintura).

**scummer** /sk<u>â</u>m*er*/ *s* escumadeira.

**scurf** /skêrf/ *s* descamação, caspa.

**scurrilous** /sk<u>ê</u>reles/ *adj* obsceno, indecente, vulgar.

**scurry** /sk<u>ê</u>ri/ *v* correr, apressar-se. | *s* correria, pressa.

**scurvy** /sk<u>ê</u>rvi/ *adj* vil, miserável, desprezível. | *s* escorbuto.

**scuttle** /skâtl/ *s* escotilha; alçapão, portinhola; fuga, corrida acelerada. | *v* pôr a pique, afundar (navio); fugir, correr precipitadamente; descartar, desconsiderar.

**scythe** /said*h*/ *s* foice. | *v* ceifar.

**sea** /sí/ *s* mar; oceano.

**sea breeze** *s* brisa marinha.

**seacoast** /síkoust/ *s* costa marítima.
**seafarer** /síférer/ *s* navegante.
**seafood** /sífúd/ *s* frutos do mar.
**seagull** /sígâl/ *s* gaivota.
**sea horse** *s* cavalo-marinho.
**seal** /síl/ *s* foca; selo (autenticidade); sinete; lacre; sigilo; vedação. | *v* lacrar, selar; vedar, fechar; ratificar, confirmar; selar, decidir; caçar focas.
**sealant** /sílent/ *s* vedante.
**sea level** *s* nível do mar.
**sea lion** *s* leão-marinho.
**seam** /sím/ *s* costura; sutura; junção, junta; ruga; cicatriz. | *v* costurar; enrugar.
**seaman** /símen/ *s masc* marinheiro.
**seamless** /símles/ *adj* sem costura.
**seamstress** /símstris/ *s* costureira.
**seamy** /sími/ *adj* sórdido; que tem costura.
**seaplane** /síplein/ *s* hidroavião.
**seaport** /sípórt/ *s* porto de mar.
**sear** /sir/ *v* murchar, ressecar; chamuscar, tostar, crestar. | *s* marca, cicatriz de queimadura. | *adj* » **sere**.
**search** /sêrtch/ *s* busca, procura; exame, pesquisa. | *v* procurar, buscar; explorar, investigar; revistar.
**search criteria** *s* critérios de pesquisa.
**search engine** *s* ferramenta de pesquisa.
**searcher** /sêrtcher/ *s* pesquisador.
**searchlight** /sêrtchlait/ *s* holofote, refletor.
**seashell** /síchél/ *s* concha do mar.
**seashore** /síchór/ *s* litoral, praia, costa.
**seasick** /sísik/ *adj* mareado, enjoado.
**seasickness** /sísiknes/ *s* enjoo.
**seaside** /sísaid/ *s* praia, litoral.
**season** /sízen/ *s* estação do ano; temporada, época. | *v* amadurecer; acostumar-se, aclimatar; temperar, condimentar.
**seasonal** /sízenel/ *adj* sazonal, periódico.
**seasoning** /sízening/ *s* tempero, condimento.
**seat** /sít/ *s* assento, cadeira; lugar, local; sede (governo), centro, capital; traseiro, fundilhos (calça); nádegas. | *v* assentar, providenciar lugar para sentar; colocar assentos; fixar, instalar.
**seat belt** *s* cinto de segurança.
**sea turtle** *s* tartaruga marinha.
**seawater** /síwáter/ *s* água do mar.
**seaway** /síwei/ *s* rota marítima; via fluvial.
**seaweed** /síwíd/ *s* alga marinha.
**sebaceous** /sebeiches/ *adj* sebáceo, seboso, gorduroso.
**sebaceous gland** *s* glândula sebácea.
**secant** /síkent/ *s* secante.
**secession** /siséchen/ *s* secessão.
**seclude** /siklúd/ *v* separar, segregar, afastar.
**secluded** /siklúdid/ *adj* isolado, afastado, remoto (lugar).
**seclusion** /siklújen/ *s* afastamento, isolamento, retiro; solidão.
**second** /sékend/ *adj* segundo; secundário, inferior. | *num* segundo. | *s* segundo (fração de tempo); instante, momento; assistente (no boxe). | *v* secundar, ajudar, apoiar; vir em segundo lugar.
**secondary** /sékendéri/ *adj* secundário. | *s* subordinado, subalterno.
**secondary school** *s* escola secundária.
**second-class** /sékendklæs/ *adj* de segunda classe.
**secondhand** /sékenhænd/ *adj* de segunda mão.
**Second World War** *s* Segunda Guerra Mundial.
**secrecy** /síkresi/ *s* sigilo, segredo; descrição, reserva.
**secret** /síkret/ *adj* secreto, confidencial; discreto. | *s* segredo, mistério.
**secret agent** *s* agente secreto.
**secretary** /sékretéri/ *s* secretário, secretária; escrivaninha.
**secrete** /sikrít/ *v* secretar, segregar; esconder, entocar.
**secretion** /sikríchen/ *s* segregação; secreção.
**secretive** /sikrítiv/ *adj* discreto, reservado.
**secret police** *s* polícia secreta.

**secret service** *s* serviço secreto.
**sect** /sékt/ *s* seita, doutrina.
**sectarian** /séktérien/ *s* e *adj* sectário, partidário.
**section** /sékchen/ *s* seção, divisão; parte, setor, região (cidade); gomo (fruta); parágrafo; incisão, corte. | *v* cortar, fazer incisão; separar, dividir; secionar.
**sector** /sékter/ *s* setor. | *v* setorizar.
**secular** /sékyeler/ *adj* secular, antigo; profano. | *s* leigo, laico.
**secure** /sikyur/ *adj* seguro, salvo, protegido; confiante; certo, garantido. | *v* segurar, proteger, defender; apertar, segurar firme; assegurar, garantir; adquirir.
**security** /sikyureti/ *s* segurança; certeza, garantia; proteção.
**security guard** *s* guarda, vigia, segurança.
**sedate** /sideit/ *adj* calmo, tranquilo, comedido. | *v* sedar, tomar sedativos.
**sedative** /sédetiv/ *adj* e *s* sedativo.
**sedentary** /sédentéri/ *adj* sedentário.
**sediment** /sédement/ *s* sedimento.
**sedition** /sidichen/ *s* sedição, revolta, insurreição.
**seduce** /sidús/ *v* seduzir.
**seducer** /sidúser/ *s* sedutor.
**seduction** /sidâkchen/ *s* sedução.
**seductive** /sidâktiv/ *adj* sedutor, atraente.
**sedulous** /sédjeles/ *adj* assíduo, perseverante.
**see** /sí/ *v* ver, enxergar; compreender, perceber; observar, notar; consultar; considerar; prever; verificar; visitar. | *s* sé, catedral.
**seed** /síd/ *s* semente, grão; sêmen, esperma; bulbo; embrião, germe (*pl* **seeds** ou **seed**). | *v* semear.
**seedbed** /sídbéd/ *s* sementeira.
**seedling** /sídling/ *s* broto, muda de planta que acabou de germinar.
**seedtime** /sídtaim/ *s* época do plantio.
**seedy** /sídi/ *adj* malvestido, desmazelado; abatido, desanimado; que tem muitas sementes.
**seeing** /síing/ *conj* visto que.
**seek** /sík/ *v* procurar, buscar; tentar, esforçar-se por, empenhar-se; pedir.
**seel** /síl/ *v* tapar os olhos.
**seem** /sím/ *v* parecer, dar a impressão de.
**seeming** /síming/ *adj* aparente. | *s* aparência, semblante.
**seemingly** /símingli/ *adv* aparentemente.
**seemly** /símli/ *adj* apropriado, adequado, próprio; agradável, bonito, de boa aparência.
**seen** /sín/ *v part pass* de **see**.
**seep** /síp/ *v* filtrar; infiltrar-se, penetrar, minar (líquidos).
**seepage** /sípidj/ *s* infiltração.
**seer** /sir/ *s* vidente, profeta.
**seesaw** /sísá/ *v* brincar em uma gangorra. | *s* gangorra.
**seethe** /sídh/ *v* fazer ferver, efervescer.
**segment** /ségment/ *s* segmento, seção, parte. | /ségmént, ségmént/ *v* segmentar.
**segregate** /ségregeit/ *v* segregar, isolar. | /ségregit/ *adj* separado, isolado. | *s* aquele que foi isolado.
**segregation** /ségregeichen/ *s* segregação.
**seismic** /saizmik/ *adj* sísmico.
**seize** /síz/ *v* pegar, agarrar; confiscar; apoderar-se; aproveitar, não deixar escapar (oportunidade); capturar.
**seizing** /sízing/ *s* amarração, trinca.
**seizure** /síjer/ *s* tomada, captura; confisco, sequestro, apreensão; ataque (doença).
**seldom** /séldem/ *adv* raramente.
**select** /selékt/ *v* selecionar, escolher. | *adj* seleto, escolhido, selecionado. | *s us v sing* ou *pl* algo de valor ou qualidade superior.
**selection** /selékchen/ *s* seleção, escolha.
**self** /sélf/ *adj* idêntico, do mesmo material, igual. | *pron* si, mesmo, próprio. | *s* o eu, a própria pessoa; individualidade; ego; interesse próprio (*pl* **selves**).
**self-centered** /sélfsénterd/ *adj* egocêntrico.
**self-cleaning** /sélfklíning/ *adj* autolimpante.

**self-confidence** /sélfkánfedens/ *s* autoconfiança.
**self-confident** /sélfkánfedent/ *adj* autoconfiante.
**self-conscious** /sélfkánches/ *adj* que tem autoconsciência; constrangido, envergonhado.
**self-control** /sélfkentroul/ *s* autocontrole.
**self-extracting file** *s* arquivo compactado de autoextração.
**self-government** /sélfgâvernment/ *s* autonomia.
**self-important** /sélfimpórtent/ *adj* convencido.
**selfish** /sélfich/ *adj* egoísta.
**self-knowledge** /sélfnálidj/ *s* autoconhecimento.
**selfless** /sélfles/ *adj* desprendido.
**self-medication** /sélfmédikeichen/ *s* automedicação.
**self-pity** /sélfpiti/ *s* pena de si próprio, vítima.
**self-reproach** /sélfriproutch/ *s* remorso.
**self-satisfaction** /sélfsætisfækchen/ *s* convencimento, presunção.
**self-service** /sélfsêrvis/ *adj* de autosserviço.
**self-sufficient** /sélfsefichent/ *adj* autossuficiente.
**self-test** *s* autoteste.
**sell** /sél/ *v* vender; persuadir; estar à venda; ser aprovado, ganhar aceitação; ser vendido. | *s* venda.
**seller** /séler/ *s* vendedor.
**sellout** /sélaut/ *s* liquidação (mercadorias); traidor.
**semantics** /semæntiks/ *s us v sing* ou *pl* semântica.
**semaphore** /sémefór/ *s* semáforo, sinal.
**semblance** /sémblens/ *s* semelhança, aparência.
**semeiotics** /símiátik/ » **semiotics**.
**semen** /símen/ *s* sêmen, esperma.
**semester** /seméster/ *s* semestre.
**semicircle** /sémisêrkel/ *s* semicírculo.
**semicolon** /sémikoulen/ *s* ponto e vírgula.
**seminar** /sémenár/ *s* seminário (grupo de pesquisa).
**seminary** /séminéri/ *s* seminário (instituição).
**semiotics** /símiátik/ *s us v sing* semiótica.
**semivowel** /sémivauel/ *s* semivogal.
**senate** /sénit/ *s* senado.
**senator** /séneter/ *s* senador.
**send** /sénd/ *v* mandar, enviar, remeter; despachar; lançar, jogar, impelir, arremessar; direcionar, conduzir; emitir.
**sender** /sénder/ *s* remetente.
**Senegal** /sénigól/ *s* Senegal.
**Senegalese** /sénigelíz/ *s* e *adj* senegalês.
**senile** /sínail, sénail/ *adj* senil, muito velho, caduco.
**senility** /senileti/ *s* senilidade, velhice.
**senior** /sínyer/ *s* pessoa mais graduada ou mais velha. | *adj* sênior.
**sensation** /sénseichen/ *s* sensação; impressão forte; excitação.
**sensational** /sénseichenel/ *adj* sensacional.
**sense** /séns/ *s* senso; sensação; sentido; sentimento; razão; juízo.
**senseless** /sénsles/ *adj* inconsciente; insensato, tolo.
**senselessness** /sénslesnes/ *s* insensatez, tolice, absurdo.
**sensibility** /sénsebileti/ *s* sensibilidade; sensatez.
**sensible** /sénsebel/ *adj* sensato, ajuizado, razoável, de bom senso.
**sensitive** /sénsetiv/ *adj* sensível, sensitivo; melindroso, cuidadoso; suscetível. | *s* pessoa sensitiva.
**sensitiveness** /sénsetivnes/ *s* sensibilidade.
**sensitivity** /sénsetiveti/ *s* susceptibilidade; sensitividade.
**sensory** /sénseri/ *adj* sensório.
**sensual** /sénchuel/ *adj* sensual.
**sensuality** /sénchuæleti/ *s* sensualidade.

**sensuous** /sénchues/ *adj* sensual; sensório.
**sent** /sént/ *v pass* e *part pass* de **send**.
**sentence** /séntens/ *s* sentença; decisão judicial; período (gramática). | *v* sentenciar, condenar.
**sententious** /séntênches/ *adj* sentencioso.
**sentiment** /séntement/ *s* sentimento; sentimentalismo, emoção; opinião, parecer.
**sentimental** /séntemêntel/ *adj* sentimental.
**sentimentality** /séntemêntæleti/ *s* sentimentalismo.
**sentry** /séntri/ *s* sentinela, guarda.
**separable** /séperebel/ *adj* separável.
**separate** /séperit/ *adj* separado. | /sépereit/ *v* separar, afastar.
**separation** /sépereichen/ *s* separação; baixa; demissão, afastamento.
**Sept.** *abrev* de **September**.
**September** /séptémber/ *s* setembro (*abrev* **Sept.**).
**septic** /séptik/ *adj* séptico.
**septuagenarian** /séptuedjenérien/ *adj* e *s* setuagenário.
**sepulcher** /sépelker/ *s* sepulcro, túmulo.
**sequacious** /sikweiches/ *adj* sequaz.
**sequel** /síkwel/ *s* continuação, sequência; sequela.
**sequence** /síkwens/ *s* sequência; arranjo; série; consequência.
**sequester** /sikwéster/ *v* sequestrar; confiscar.
**Serbo-Croatian** /sêrboukroueichen/ *s* e *adj* servo-croata.
**sere** /sir/ *adj* murcho, árido.
**serenade** /séreneid/ *s* serenata. | *v* fazer uma serenata.
**serene** /serín/ *adj* sereno, calmo.
**serenity** /seréneti/ *s* serenidade, calma.
**serf** /sêrf/ *s* servo, escravo.
**serfdom** /sêrfdem/ *s* servidão.
**serge** /sêrdj/ *s* sarja (tecido).
**sergeant** /sárdjent/ *s* sargento.
**serial** /siriel/ *adj* seriado, em série. | *s* publicação periódica, publicação em série.
**serial communication** *s* comunicação serial.
**serial killer** *s* assassino em série.
**serial number** *s* número de série.
**serial port** *s* porta serial.
**serial printer** *s* impressora serial.
**series** /siríz/ *s* série (*pl* **series**).
**serif** /sérif/ *s* serifa.
**serious** /siries/ *adj* sério, grave; solene; crítico, perigoso; complexo, difícil.
**seriously** /siriesli/ *adv* com seriedade, seriamente.
**seriousness** /siriesnes/ *s* seriedade, gravidade.
**sermon** /sêrmen/ *s* sermão, pregação.
**serous** /sires/ *adj* seroso, aquoso.
**serpent** /sêrpent/ *s* serpente.
**serrate** /séreit/ *adj* serrado, dentado, como uma serra.
**serum** /sirem/ *s* soro (*pl* **serums** ou **sera** /sire/).
**servant** /sêrvent/ *s* empregado, criado; servo.
**serve** /sêrv/ *v* servir, estar a serviço de; servir à mesa; fornecer, suprir; gastar, passar (tempo); sacar (tênis); acasalar. | *s* saque (tênis).
**server** /sêrver/ *s* servidor.
**server error** *s* erro de servidor.
**service** /sêrvis/ *s* serviço; emprego; cerimônia religiosa, culto, missa; assistência, manutenção; louça; acasalamento; préstimo, obséquio; serventia. | *v* prestar serviço. | *adj* de serviço.
**serviceable** /sêrvisebel/ *adj* pronto para ser usado, prático; útil; durável.
**service bureau** *s* prestadora de serviços.
**service provider** *s* provedor de serviços.
**servile** /sêrvel, sêrvail/ *adj* servil.
**serving** /sêrving/ *s* ato de servir; porção individual servida em uma refeição.
**servitude** /sêrvetúd/ *s* servidão, escravidão.
**sesame** /sésemi/ *s* sésamo, gergelim.
**session** /séchen/ *s* sessão, reunião; assembleia; período de aulas.

**set** /sét/ *v* pôr, colocar, dispor; plantar; pôr no lugar; estabelecer, fixar; marcar hora; designar; acertar (relógio); propor, apresentar (questão); preparar, armar (armadilha). | *adj* rígido, inflexível; imóvel, fixo; construído; teimoso; preparado, pronto; estabelecido, fixado. | *s* jogo, série, conjunto; aparelho (TV, rádio); cenário teatral; estúdio; tendência; círculo social.
**setback** /sétbæk/ *s* revés; contratempo, piora, recaída; recuo (arquitetura).
**settee** /sétí/ *s* banco de madeira com encosto; sofá pequeno.
**setter** /séter/ *s* tipógrafo; cão perdigueiro.
**setting** /séting/ *s* armação, montagem; ocaso, pôr do sol; engaste; ambiente, lugar; cenário, ambientação (narrativa, filme, teatro).
**settle** /sétl/ *v* fixar, decidir, determinar; assentar, depositar; instalar, estabelecer; acalmar; saldar, pagar; colonizar; descer, pousar. | *s* banco comprido de costas altas.
**settlement** /sétlment/ *s* colônia, povoado, pequena comunidade; pagamento, liquidação; acerto, ajuste; colonização; transferência de propriedade; assentamento.
**settler** /sétler/ *s* colono, colonizador.
**setup** /sétâp/ *s* configuração.
**setup program** *s* programa de configuração.
**setup wizard** *s* assistente de configuração.
**seven** /séven/ *num* sete.
**seventeen** /séventín/ *num* dezessete.
**seventeenth** /séventínth/ *num* décimo sétimo.
**seventh** /séventh/ *num* sétimo.
**sever** /séver/ *v* separar, romper; cortar, dividir.
**several** /séverel/ *adj* vários, diversos; respectivo, individual, distinto. | *pron us v pl* alguns, poucos.
**severe** /sevír/ *adj* rigoroso, severo; austero; sério; violento.
**severity** /sevéreti/ *s* severidade; austeridade; seriedade; violência.
**sew** /sou/ *v* coser, costurar, cerzir.
**sewage** /súidj/ *s* água de esgoto, esgoto.
**sewer** /súer/ *s* tubo, cano de esgoto; costureira, alfaiate; servo, empregado (medieval).
**sewerage** /súeridj/ *s* rede de esgoto.
**sewing** /souing/ *s* costura.
**sewing machine** *s* máquina de costura.
**sex** /séks/ *s* sexo.
**sexless** /séksles/ *adj* assexuado, sem sexo.
**sexology** /séksáledji/ *s* sexologia.
**sexologist** /séksáledjist/ *s* sexólogo.
**sex symbol** *s* símbolo sexual.
**sextant** /sékstent/ *s* sextante.
**sextet** /sékstét/ *s* sexteto.
**sexton** /séksten/ *s* sacristão.
**sexual** /sékchuel/ *adj* sexual.
**sexual assault** *s* assédio sexual.
**sexual harassment** *s* assédio sexual.
**sexuality** /sékchuæleti/ *s* sexualidade.
**sexual orientation** *s* orientação sexual.
**sexual relations** *s pl* relação sexual.
**sexy** /séksi/ *adj* sensual, erótico.
**Seychelles** /seichélz/ *s* Seicheles.
**shabby** /chæbi/ *adj* malvestido, esfarrapado; mesquinho, desprezível; velho, muito usado, gasto, surrado.
**shack** /chæk/ *s* choupana, barracão.
**shackle** /chækel/ *v* algemar, acorrentar; estorvar; confinar. | *s* algema, corrente, grilhão; estorvo.
**shade** /cheid/ *s* sombra; penumbra; sombreado; tonalidade, gradação de cor; veneziana; toldo, guarda-sol. | *v* sombrear; dar sombra; proteger-se da luz; mudar de tonalidade.
**shadow** /chædou/ *s* sombra, área sombreada; vulto; vestígio; fantasma; proteção; imitação, cópia; reflexão (no espelho). | *v* escurecer; sombrear; seguir, vigiar (sem ser visto).
**shadowy** /chædoui/ *adj* ilusório, irreal, indistinto, vago; sombreado, escuro.

S

**shady** /cheidi/ *adj* suspeito, duvidoso; sombreado.

**shaft** /chæft/ *s* eixo (máquina); haste (lança, seta); cabo (machado, martelo); coluna; abertura, passagem; raio, feixe de luz; caule, tronco; poço (elevador).

**shaggy** /chægi/ *adj* peludo, felpudo; desgrenhado, despenteado; desorganizado, desarrumado.

**shah** /chá/ *s* xá (soberano iraniano).

**shake** /cheik/ *v* sacudir, agitar, acenar; tremer, sacudir, agitar; balançar; trepidar, estremecer; apertar a mão. | *s* abalo, sacudida, vibração; gesto negativo com a cabeça; aperto de mão; bebida batida; *inform* terremoto; fissura, fenda.

**shale** /cheil/ *s* xisto.

**shall** /chæl/ *v aux us* na formação do futuro; dever (*pass* **should**).

**shallow** /chælou/ *adj* raso, pouco profundo; superficial.

**sham** /chæm/ *v* simular, fingir. | *adj* falso, simulado. | *s* fraude; fingimento; impostor; imitação.

**shamble** /chæmbel/ *v* caminhar desajeitadamente. | *s* passo vacilante ou desajeitado, bamboleio.

**shambles** /chæmbelz/ *s pl us v sing* matadouro; bagunça, desordem, confusão; devastação.

**shame** /cheim/ *s* vergonha, humilhação; desonra, desgraça. | *v* desonrar; envergonhar.

**shamefaced** /cheimfeist/ *adj* envergonhado.

**shameful** /cheimfel/ *adj* vergonhoso.

**shameless** /cheimles/ *adj* descarado, sem-vergonha.

**shampoo** /chæmpú/ *s* xampu (*pl* **shampoos**).

**shank** /chængk/ *s* perna, tarso (animal); canela, tíbia; talo principal de uma planta, pé; haste.

**shan't** /chænt/ *form contr* de **shall not**.

**shanty** /chænti/ *s* cabana, choupana, barracão.

**shantytown** /chæntitaun/ *s* favela.

**shape** /cheip/ *v* dar forma a, formar; moldar; ajustar, adaptar. | *s* forma, figura; molde; modelo, aspecto; estado, condição, aspecto.

**shapeless** /cheiples/ *adj* disforme; informe, sem forma definida.

**shapely** /cheipli/ *adj* benfeito, escultural.

**shard** /chárd/ *s* caco, fragmento (vidro, metal).

**share** /chér/ *s* parte, porção, quota; ação, fração. | *v* dividir, repartir; compartilhar.

**shared network directory** *s* diretório de rede compartilhado.

**shared printer** *s* impressora compartilhada.

**sharecropper** /chérkráper/ *s* meeiro.

**shareholder** /chérhoulder/ *s* acionista.

**shareware** /chérwér/ *s* programa protegido por direitos autorais distribuído em caráter experimental gratuitamente.

**shark** /chárk/ *s* tubarão; velhaco, vigarista.

**sharp** /chárp/ *v* afiar, aguçar. | *adj* afiado, aguçado; pontudo; penetrante; perspicaz; esperto; sustenido; alerta; exato, preciso; nítido; intenso, severo. | *adv* pontualmente, exatamente; acima do tom. | *s* díese, meio-tom; *inform* perito.

**sharpen** /chárpen/ *v* afiar, aguçar.

**sharpener** /chárpener/ *s* afiador, apontador (lápis).

**sharper** /chárper/ *s* trapaceiro.

**sharp-eyed** /chárpaid/ *adj* perspicaz, observador; de olhar penetrante.

**sharpness** /chárpenes/ *s* nitidez.

**sharpshooter** /chárpchúter/ *s* atirador de elite.

**sharp-sighted** /chárpsaitid/ *adj* de boa visão; perspicaz, alerta.

**sharp-tongued** /chárptângd/ *adj* sarcástico, mordaz.

**shatter** /chæter/ *v* quebrar, despedaçar; destruir, danificar, abalar.

**shave** /cheiv/ *v* barbear-se; raspar, ralar, fatiar bem fino; roçar; aplainar. | *s* ato de barbear ou aparar, barbeação; raspa, fatia muito fina.
**shaver** /cheiver/ *s* barbeador.
**shaving** /cheiving/ *s* barbeação.
**shawl** /chál/ *s* xale, manta.
**shawm** /chám/ *s* oboé.
**she** /chí/ *pron 2ª pess sing fem* ela. | *s* fêmea.
**sheaf** /chíf/ *v* fazer feixes. | *s* feixe; maço (de papel, etc.).
**shear** /chir/ *v* tosquiar, tosar; ceifar; cortar, aparar (cabelo); despojar. | *s* tosquia, tosa; lâmina. • **shears** tesoura de poda.
**sheath** /chíth/ *s* bainha; estojo; invólucro, revestimento.
**sheathe** /chídh/ *v* revestir, cobrir; embainhar.
**shed** /chéd/ *v* derramar, espalhar, entornar, jorrar (sangue, bebida); irradiar, emitir; soltar, deixar cair (pele, penas, folhas). | *s* barracão, telheiro, alpendre; vertente.
**she'd** /chíd/ *form contr* de **she had** e **she would**.
**sheen** /chín/ *s* brilho, lustre, resplendor.
**sheeny** /chíni/ *adj* lustroso, brilhante.
**sheep** /chíp/ *s* carneiro, ovelha; pele de carneiro; pessoa submissa (*pl* **sheep**).
**sheepdog** /chípdág/ *s* cão pastor.
**sheepfold** /chípfould/ *s* redil, curral.
**sheepherder** /chíphêrder/ *s* pastor de ovelhas.
**sheepish** /chípich/ *adj* tímido, envergonhado, acanhado; estúpido.
**sheep's eyes** *s pl* olhares tímidos de amor.
**sheepskin** /chípskin/ *s* pele de carneiro; *inform* diploma.
**sheer** /chir/ *adj* puro, sem mistura; íngreme; fino, transparente (tecido); completo. | *adv* completamente, totalmente; perpendicularmente. | *v* mudar de rumo, desviar. | *s* desvio do curso.
**sheet** /chít/ *s* lençol; lauda, folha (papel); chapa, lâmina (metal); camada (gelo); escota. | *v* cobrir com lençol ou folha de papel.
**sheet feeder** *s* alimentador de papel.
**sheik** /chík, cheik/ *s* xeique, xeque (chefe árabe).
**sheikh** /chík, cheik/ » **sheik**.
**shelf** /chélf/ *s* prateleira; estante; baixio; saliência (rocha) (*pl* **shelves**).
**shell** /chél/ *v* descascar; bombardear; derrotar; tirar a concha (moluscos). | *s* casca (noz); casco; carapaça; concha; projétil, obus.
**she'll** /síl/ *form contr* de **she will** e **she shall**.
**shellfire** /chélfaier/ *s* bombardeio.
**shellfish** /chélfich/ *s* marisco, molusco, crustáceo (*pl* **shellfish** ou **shellfishes**).
**shellproof** /chélprúf/ *adj* à prova de arma de fogo.
**shelter** /chélter/ *s* abrigo, refúgio, proteção. | *v* abrigar, proteger, refugiar.
**shelve** /chélv/ *v* colocar em prateleira; pôr de lado, protelar, encostar; engavetar, arquivar (planos, documentos).
**shelving** /chélving/ *s* material para estante, prateleiras.
**shepherd** /chéperd/ *s* pastor (ovelhas). | *v* pastorear, guiar.
**sherd** /chêrd/ » **shard**.
**sheriff** /chérif/ *s* xerife.
**sherry** /chéri/ *s* xerez (vinho espanhol).
**she's** /chíz/ *form contr* de **she is** e **she has**.
**shield** /chíld/ *s* escudo, proteção, amparo. | *v* proteger; servir de escudo.
**shift** /chift/ *s* troca, mudança, transferência; turno; artifício. | *v* mudar, trocar, transferir.
**shift key** *s* tecla que quando pressionada muda a tipologia de minúscula para maiúscula.
**shiftless** /chiftles/ *adj* indolente, preguiçoso.

**shifty** /chifti/ *adj* esperto, maroto, ardiloso.
**shilling** /chiling/ *s* xelim.
**shim** /chim/ *s* calço, cunha.
**shimmer** /chimer/ *v* vislumbrar; tremeluzir, brilhar. | *s* vislumbre; luz ou brilho fraco.
**shin** /chin/ *s* canela.
**shindy** /chindi/ *s* tumulto, barulho.
**shine** /chain/ *v* brilhar, reluzir; sobressair; polir, lustrar. | *s* brilho; polimento.
**shingle** /chinggel/ *s* seixo, calhau, cascalho; telha; tabuleta, placa; corte de cabelo feminino bem curto. | *v* cobrir de telhas; cortar o cabelo bem curto.
**shiny** /chaini/ *adj* brilhante, lustroso.
**ship** /chip/ *s* navio, barco, embarcação; aeronave, nave espacial. | *v* embarcar; despachar; enviar.
**shipbuilder** /chipbilder/ *s* construtor naval.
**shipbuilding** /chipbilding/ *s* construção naval.
**shipment** /chipment/ *s* carga; embarque, carregamento.
**shipping** /chiping/ *s* frota mercante; embarque, expedição; navegação.
**shipshape** /chipcheid/ *adj* em ordem, arrumado, organizado.
**shipwreck** /chiprék/ *s* naufrágio; ruína, perda; destroços de navio. | *v* naufragar; arruinar.
**shipwright** /chiprait/ *s* carpinteiro naval.
**shipyard** /chipyárd/ *s* estaleiro.
**shirk** /chêrk/ *v* esquivar-se, fugir do trabalho, faltar ao dever.
**shirt** /chêrt/ *s* camisa.
**shirtwaist** /chêrtweist/ *s* blusa de mulher.
**shit** /chit/ *s vulgar* bosta, merda; excremento, matérias fecais; narcótico; pessoa covarde, incompetente. • **give a shit** *vulgar* não dar a mínima.
**shiver** /chiver/ *v* tremer (de frio ou medo); quebrar em pedaços. | *s* tremedeira, calafrio; caco, fragmento.
**shivery** /chiveri/ *adj* quebrável; arrepiado.
**shoal** /choul/ *s* baixio, banco de areia; cardume; multidão, aglomeração. | *adj* raso, de pouca profundidade.
**shock** /chák/ *s* choque, descarga elétrica; abalo emocional; colisão, impacto; tufo de cabelo; meda ou monte de trigo. | *v* chocar, colidir; escandalizar; abalar; dar choque elétrico; ofender.
**shocking** /cháking/ *adj* chocante, lamentável; escandaloso; terrível, muito ruim.
**shockproof** /chákprúf/ *adj* antichoque, à prova de choque.
**shock therapy** *s* terapia de choque.
**shock troops** *s pl* tropa de choque.
**Shockwave** /chákwéiv/ *s* formato para serviços de áudio e vídeo multimídia em documentos HTML.
**shoddy** /chádi/ *adj* de má qualidade, inferior, ordinário. | *s* tecido de má qualidade, artigo de qualidade inferior.
**shoe** /chú/ *s* sapato, calçado; ferradura; base, suporte. | *v* calçar; ferrar (cavalo).
**shoebox** /chúbáks/ *s* caixa de sapato.
**shoehorn** /chúhórn/ *s* calçadeira.
**shoelace** /chúleis/ *s* cadarço.
**shoemaker** /chúmeiker/ *s* sapateiro.
**shoeshine** /chúchain/ *s* graxa de sapato.
**shogun** /chougân/ *s* xogum.
**shoo** /chú/ *interj* xô, fora. | *v* enxotar, afugentar.
**shoot** /chút/ *v* atirar, dar tiros, disparar arma de fogo; filmar, rodar; caçar; matar ou destruir a tiros; lançar, arremessar (futebol); fotografar. | *s* tiro, disparo (arma de fogo); caça, caçada; chute; broto; lançamento de foguete; sessão fotográfica.
**shop** /cháp/ *s* loja. | *v* fazer compras.
**shopkeeper** /chápkíper/ *s* lojista.
**shoplift** /cháplift/ *v* furtar (em loja).
**shoplifter** /cháplifter/ *s* ladrão (de loja).
**shopper** /cháper/ *s* comprador.
**shopping center** *s* centro comercial.
**shopping mall** *s shopping center*, centro de compras.

**shore** /chór/ *s* costa, litoral, praia; escora, esteio. | *v* escorar, suster.
**shoreline** /chórlain/ *s* linha litorânea.
**short** /chórt/ *adj* curto; breve; baixo, pequeno; brusco, rude; escasso, insuficiente; deficiente. | *adv* bruscamente, de repente. | *s* vogal breve, som curto; calça curta; curto-circuito; curta-metragem.
**shortage** /chórtidj/ *s* falta, escassez, deficiência.
**shortbread** /chórtbréd/ *s* biscoito amanteigado.
**short circuit** *s* curto-circuito.
**shortcoming** /chórtkâm*ing*/ *s* defeito, falha, deficiência, imperfeição.
**shortcut** /chórtkât/ *s* atalho.
**shortcut key** *s* tecla de atalho.
**shorten** /chórten/ *v* encurtar.
**shortening** /chórten*ing*/ *s* encurtamento; gordura, banha (usada em culinária).
**shorthand** /chórthænd/ *s* taquigrafia, estenografia.
**shortly** /chórtli/ *adv* em breve, dentro de pouco tempo; concisamente; abruptamente.
**short sale** *s* venda por consignação.
**short-tempered** /chórttémperd/ *adj* irritadiço.
**short-term** /chórttêrm/ *adj* a curto prazo.
**short wave** *s* onda curta.
**short-winded** /chórtwindid/ *adj* ofegante; breve, sucinto.
S
**shot** /chát/ *s* tiro, descarga (arma de fogo); projétil; tentativa; carga (explosivo); atirador; chumbo (de caça); detonação de explosivos; conta, dívida; bebida alcoólica. | *adj inform* batido, gasto, envelhecido; matizado. | *v* carregar (arma).
**should** /chud/ *v aux pass* de **shall** *us* para exprimir obrigação, possibilidade, condição e conselhos.
**shoulder** /chouldêr/ *s* ombro; quarto dianteiro (animal). | *v* levar ao ombro; sustentar; assumir (responsabilidade).
**shoulder bag** *s* bolsa a tiracolo.
**shoulder blade** *s* omoplata.
**shouldn't** /chudent/ *form contr* de **should not**.
**shout** /chaut/ *v* gritar, berrar. | *s* grito, berro.
**shove** /châv/ *v* empurrar. | *s* empurrão, impulso.
**shovel** /châvel/ *s* pá; escavadeira. | *v* remover, escavar com pá.
**show** /chou/ *v* mostrar, exibir, expor; aparecer; demonstrar, revelar. | *s* espetáculo; exposição; mostra, exibição; demonstração.
**show biz** *s gír* o mundo dos espetáculos, indústria do entretenimento.
**show business** *s* o mundo dos espetáculos, indústria do entretenimento.
**showcase** /choukeis/ *s* balcão de vidro (loja, museu), mostruário; vitrina.
**shower** /chauêr/ *v* chover; encher, cumular; tomar banho. | *s* aguaceiro, temporal; chuveiro; banho de chuveiro; festa em homenagem a alguém; /chouêr/ mostrador, expositor.
**shower bath** *s* banho de chuveiro.
**showery** /chaueri/ *adj* chuvoso.
**showing** /chou*ing*/ *s* exposição, apresentação.
**showman** /choumen/ *s* produtor de espetáculos.
**shown** /choun/ *v part pass* de **show**.
**show room** *s* sala de exposição (vendas).
**showy** /choui/ *adj* vistoso, ostentoso.
**shred** /chréd/ *v* cortar em tiras, retalhar, picar. | *s* pedaço, tira (pano); fragmento, partícula.
**shrew** /chrú/ *s* megera, mulher má.
**shrewd** /chrúd/ *adj* astuto, perspicaz, sagaz.
**shrewdness** /chrúdnes/ *s* astúcia.
**shriek** /chrík/ *s* grito agudo, guincho. | *v* gritar, guinchar.
**shrill** /chril/ *v* produzir som agudo. | *adj* agudo, estridente (som).
**shrimp** /chrimp/ *s* camarão; *gír* pessoa insignificante; *gír* pessoa de baixa estatura (*pl* **shrimps** ou **shrimp**).

**shrine** /chrain/ *s* relicário; santuário; túmulo, sepultura de um santo. | *v* guardar em lugar sagrado.
**shrink** /chri*ng*k/ *v* encolher; retrair; recuar; diminuir. | *s* encolhimento; *gír* psiquiatra.
**shrinkage** /chri*ng*kidj/ *s* encolhimento.
**shrive** /chraiv/ *v* ouvir em confissão; ser absolvido dos pecados após confissão.
**shrivel** /chrivel/ *v* enrugar, encarquilhar, murchar.
**shroud** /chraud/ *s* mortalha; manto, véu; enxárcia. | *v* amortalhar; encobrir.
**shrub** /chrâb/ *s* arbusto; bebida feita com suco de frutas, açúcar e rum.
**shrubbery** /chrâberi/ *s* grupo de arbustos.
**shrug** /chrâg/ *v* dar de ombros como sinal de desdém. | *s* gesto de desdém encolhendo os ombros; jaqueta feminina.
**shudder** /châd*er*/ *s* tremor, estremecimento. | *v* tremer, estremecer.
**shuffle** /châfel/ *v* arrastar os pés, mover-se lentamente; baralhar (cartas do baralho); misturar, embaralhar, colocar em desordem. | *s* ação de arrastar os pés; mistura, desordem; baralhamento (cartas).
**shun** /chân/ *v* evitar, afastar-se de, fugir.
**shunt** /chânt/ *v* manobrar, desviar; desviar corrente, fazer circuito secundário. | *s* desvio; derivação; circuito secundário.
**shut** /chât/ *v* fechar, tapar, tampar, vedar; trancar; cerrar; confinar, prender. | *s* ato de fechar. • **shut up** cale-se.
**shutdown** /châtdaun/ *s* paralisação, interrupção (operação, produção).
**shutter** /chât*er*/ *s* persiana, veneziana; obturador (máquina fotográfica).
**shuttle** /châtel/ *s* lançadeira; viagens curtas, ida e volta (ponte aérea, ônibus, trem).
**shuttlecock** /châtlkák/ *s* peteca.
**shy** /chai/ *adj* tímido, acanhado. | *s* arremesso, lançamento; *inform* tentativa. | *v* encolher-se, recuar de medo; lançar, arremessar; mover-se de repente.
**shyness** /chaines/ *s* timidez, acanhamento.
**Siberia** /saibirie/ *s* Sibéria.
**Siberian** /saibirien/ *s* e *adj* siberiano.
**sibilant** /sibelent/ *adj* e *s* sibilante.
**sibilation** /sibeleichen/ *s* sibilação, silvo.
**sick** /sik/ *adj* doente, enfermo; enjoado, com náuseas; farto; aborrecido.
**sicken** /siken/ *v* ficar doente; enojar.
**sickening** /sikeni*ng*/ *adj* enjoativo; desagradável.
**sickle** /sikel/ *s* foice, foicinho.
**sickly** /sikli/ *adj* doentio; pálido, fraco.
**sickness** /siknes/ *s* doença; indisposição; náusea, mal-estar.
**side** /said/ *s* lado; flanco, lateral; margem, superfície, beira; aspecto; fase. | *adj* lateral. | *v* favorecer, tomar partido, apoiar.
**sideboard** /saidbórd/ *s* aparador, bufê.
**sideburns** /saidbênz/ *s pl* costeletas, suíças.
**side dish** *s* guarnição.
**side effect** *s* efeito colateral.
**sideman** /saidmæn/ *s* acompanhante (música).
**sidereal** /saidiriel/ *adj* sideral.
**sidewalk** /saidwák/ *s* calçada.
**sideways** /saidweiz/ *adj* lateral. | *adv* de lado, lateralmente (*tb* **sideway**).
**siding** /saidi*ng*/ *s* tapume, prancha; desvio (estrada de ferro).
**sidle** /saidl/ *v* aproximar-se furtivamente; andar de lado.
**siege** /sídj/ *s* sítio, cerco. | *v* sitiar.
**Sierra Leone** /siérélioun/ *s* Serra Leoa.
**Sierra Leonean** /siéréliounien/ *s* e *adj* serra-leonês.
**sieve** /siv/ *s* peneira. | *v* peneirar.
**sift** /sift/ *v* peneirar; examinar, analisar; polvilhar.
**sigh** /sai/ *s* suspiro. | *v* suspirar.
**sight** /sait/ *s* vista, visão; visibilidade; mira, pontaria; opinião. | *v* ver, avistar; observar, olhar; mirar, apontar.
**sighted** /saitid/ *adj* que enxerga.

**sighting** /saiting/ *s* pontaria.
**sightless** /saitles/ *adj* invisível; cego.
**sightseeing** /saitsíing/ *s* visita a lugares interessantes, excursão. | *adj* de excursão.
**sign** /sain/ *v* assinar; fazer sinal; sinalizar; rubricar. | *s* sinal, marca; tabuleta, placa, letreiro; indício; vestígio, traço; manifestação; signo. • **sign of the cross** sinal da cruz.
**signal** /signel/ *s* aviso, sinal; indício; senha; impulso, pulso (telecomunicação); sinal de transmissão (rádio, televisão); gesto. | *adj* notável, marcante, destacado. | *v* sinalizar; fazer sinal.
**signal converter** *s* conversor de sinais.
**signature** /signetcher/ *s* assinatura.
**signet** /signit/ *s* sinete, carimbo, selo.
**significance** /signifikens/ *s* significado, importância, sentido.
**significancy** /signifikensi/ » **significance**.
**significant** /signifekent/ *adj* significante, significativo.
**signification** /signefikeichen/ *s* significação, sentido.
**signify** /signefai/ *v* significar.
**sign language** *s* linguagem dos sinais.
**silence** /sailens/ *s* silêncio. | *v* silenciar.
**silencer** /sailenser/ *s* silenciador (arma, moto), silencioso.
**silent** /sailent/ *adj* silencioso, quieto, calado.
**silex** /sailéks/ *s* sílica.
**silhouette** /siluét/ *s* silhueta.
**silicon** /siliken/ *s* silício (*símb* **Si**).
**silicone** /silikoun/ *s* silicone.
**silk** /silk/ *s* seda. | *adj* de seda.
**silken** /silken/ *adj* feito de seda; sedoso, macio.
**silkworm** /silkwêrm/ *s* bicho-da-seda.
**silky** /silki/ *adj* sedoso, lustroso.
**sill** /sil/ *s* soleira (porta); peitoril (janela).
**silly** /sili/ *adj* bobo, tolo, idiota.
**silt** /silt/ *s* sedimento, vasa. | *v* encher ou entupir com sedimento.
**silver** /silver/ *s* prata (*símb* **Ag**). | *adj* prateado; de prata. | *v* pratear.
**silver anniversary** *s* bodas de prata.
**silver plate** *s* banho, revestimento de prata.
**silver-plate** /silver pleit/ *v* revestir, folhear de prata.
**silversmith** /silversmith/ *s* prateiro.
**silverware** /silverwér/ *s* artigos de prata, prataria.
**silvery** /silveri/ *adj* prateado.
**similar** /simeler/ *adj* similar.
**similarity** /simelæreti/ *s* semelhança, similaridade.
**simmer** /simer/ *v* cozer em fogo lento, ferver lentamente.
**simper** /simper/ *s* sorriso tolo. | *v* sorrir afetadamente.
**simple** /simpel/ *adj* simples; ingênuo, inocente; puro; comum, trivial; fácil. | *s* pessoa simples, humilde.
**simple-minded** /simpelmaindid/ *adj* simples; ingênuo; tolo.
**simpleton** /simpelten/ *s* simplório, bobo.
**simplicity** /simpliseti/ *s* simplicidade; ingenuidade; estupidez.
**simply** /simpli/ *adv* simplesmente.
**simulate** /simyeleit/ *v* simular.
**simulation** /simyeleichen/ *s* simulação.
**simulator** /simyeleiter/ *s* simulador.
**simultaneity** /saimelteníeti, simelteníeti/ *s* simultaneidade.
**simultaneous** /saimelteinyes, simelteinyes/ *adj* simultâneo.
**sin** /sin/ *s* pecado, culpa. | *abrev* de **sine**, seno. | *v* pecar.
**since** /sins/ *prep* desde. | *adv* desde então, desde; há, atrás, há muito tempo. | *conj* desde que, uma vez que, visto que, já que.
**sincere** /sinsir/ *adj* sincero.
**sincerity** /sinséreti/ *s* sinceridade.
**sine** /sain/ *s* seno.
**sinew** /sinyú/ *s* tendão; força muscular, vigor, energia.
**sinewy** /sinyúi/ *adj* vigoroso; musculoso.
**sinfonia** /sinfeníe/ *s* sinfonia.
**sinful** /sinfel/ *adj* pecador, pecaminoso.

S

**sing** /sing/ *v* cantar; louvar; entoar; zumbir; gorjear.
**Singapore** /singepór/ *s* Cingapura.
**Singaporean** /singepórien, singepórien/ *s* e *adj* cingapuriano.
**singe** /sindj/ *v* chamuscar, queimar levemente. | *s* chamusco, queimadura leve.
**singer** /singer/ *s* cantor; poeta; pássaro canoro.
**single** /singgel/ *adj* único; simples; solteiro; só, solitário; singular. | *s* individual; solteiro. | *v* escolher, separar.
**singly** /singgli/ *adv* sozinho, separadamente, individualmente.
**singular** /singgyeler/ *adj* e *s* singular.
**singularity** /singgyeléreti/ *s* singularidade.
**sinister** /sinister/ *adj* sinistro, ameaçador; esquerdo.
**sink** /singk/ *s* pia; fossa, esgoto; lugar de corrupção. | *v* afundar, submergir; descer, cair, depositar; reduzir, diminuir; enfraquecer; perfurar, cavar (buraco); *inform* derrotar; quitar (dívida).
**sinker** /singker/ *s* chumbada (pesca).
**sinner** /siner/ *s* pecador.
**sinuosity** /sinyuáseti/ *s* sinuosidade.
**sinuous** /sinyues/ *adj* sinuoso.
**sip** /sip/ *s* sorvo, gole. | *v* sorver, beber aos poucos.
**siphon** /saifen/ *s* sifão.
**sir** /sêr/ *s* senhor; *maiús* título honorífico.
**siren** /sairen/ *s* sirena. buzina; *maiús* sereia, ninfa.
**sirloin** /sêrloin/ *s* filé de lombo bovino.
**sirup** /sirep, sêrep/ » **syrup**.
**sissy** /sisi/ *s* homem efeminado, maricas.
**sister** /sister/ *s* irmã; freira.
**sisterhood** /sisterhud/ *s* irmandade.
**sister-in-law** /sisterinló/ *s* cunhada (*pl* **sisters-in-law**).
**sit** /sit/ *v* sentar(-se); situar, localizar; pôr, colocar; posar (fotografia); permanecer; ocupar cargo, posição.
**site** /sait/ *s* local, lugar, localidade.
**sitting** /siting/ *s* sessão, reunião; assentada. | *adj* assentado; para sentar.
**situated** /sitchueitid/ *adj* situado, localizado.
**situation** /sitchueichen/ *s* situação, condição; localização; colocação, emprego, posto.
**six** /siks/ *num* seis.
**sixteen** /sikstín/ *num* dezesseis.
**sixtieth** /sikstieth/ *num* décimo sexto.
**sixty** /siksti/ *num* sessenta. • **Sixties** *tb minús* os anos 60, a década de 60.
**sizable** /saizebel/ *adj* de tamanho considerável.
**size** /saiz/ *s* tamanho, área; medida; número (roupa, sapato); volume. | *v* arranjar, classificar de acordo com o tamanho.
**sizeable** /saizebel/ » **sizable**.
**sizzle** /sizel/ *s* chiado (de gordura fritando). | *v* chiar, frigir; ficar muito quente.
**skate** /skeit/ *s* patim (gelo ou rodas); arraia branca; pessoa, indivíduo. | *v* patinar.
**skateboard** /skeitbórd/ *s skate*.
**skater** /skeiter/ *s* patinador.
**skein** /skein/ *s* meada, madeixa.
**skeleton** /skéleten/ *s* esqueleto, carcaça.
**skeptic** /sképtik/ *s* céptico.
**skeptical** /sképtikel/ *adj* céptico.
**skepticism** /skétptesizem/ *s* cepticismo, ceticismo.
**sketch** /skétch/ *s* croqui, esboço; rascunho; pequena composição literária (teatro, TV); *Mús* composição breve para piano. | *v* fazer esboço, rascunhar.
**sketchy** /skétchi/ *adj* esboçado; incompleto.
**skew** /skyú/ *s* obliquidade; inclinação, desvio. | *adj* torto, assimétrico. | *v* distorcer; inclinar.
**ski** /skí/ *s Esp* esqui. | *v* esquiar.
**skid** /skid/ *s* calço (roda); derrapagem, escorregão; palete. | *v* derrapar, escorregar, deslizar; pôr calço ou cunha.
**skiddy** /skidi/ *adj* deslizante, escorregadio.

**skiff** /skif/ *s* esquife.
**skilful** /skilfel/ » **skillful**.
**skill** /skil/ *s* perícia; habilidade, proficiência, destreza; talento.
**skilled** /skild/ *adj* perito, hábil.
**skillful** /skilfel/ *adj* hábil, habilidoso.
**skim** /skim/ *s* escuma. | *v* desnatar; folhear, cobrir; escamar; passar os olhos sobre, ler superficialmente; planar.
**skimmer** /skimer/ *s* escumadeira.
**skim milk** *s* leite desnatado.
**skimp** /skimp/ *v* economizar; restringir.
**skimpiness** /skimpines/ *s* mesquinhez.
**skimpy** /skimpi/ *adj* escasso; pão-duro, avaro, sovina.
**skin** /skin/ *s* pele, derme; couro; casca. | *v* tirar a pele (de animal); ralar, machucar a pele.
**skin-deep** /skindíp/ *adj* superficial. | *adv* superficialmente.
**skinflint** /skinflint/ *s* avarento, mesquinho, pão-duro.
**skinhead** /skinhéd/ *s gír* cabeça raspada (membro de grupo de jovens que prega a supremacia branca e o racismo).
**skinny** /skini/ *adj* magricela, descarnado.
**skintight** /skintait/ *adj* justo, colado, grudado (no corpo).
**skip** /skip/ *s* salto, pulo; omissão; ricochete. | *v* saltar, pular; omitir; ricochetear. • **skip rope** pular corda.
**skipper** /skiper/ *s* capitão (navio, equipe de futebol).
**skirmish** /skêrmich/ *s* escaramuça.
**skirt** /skêrt/ *s* saia; margem, borda. | *v* circundar, orlar.
**skit** /skit/ *s* paródia, sátira.
**skive** /skaiv/ *v* cortar, aparar, raspar (couro, borracha).
**skulk** /skâlk/ *v* esquivar-se, esconder-se. | *s* covarde.
**skull** /skâl/ *s* crânio; caveira.
**skunk** /skângk/ *s* gambá; *gír* pessoa desprezível ou vil.
**sky** /skai/ *s* céu, firmamento.
**sky blue** *s* a cor azul-celeste.
**skydive** /skaidaiv/ *v* saltar de paraquedas.
**skydiver** /skaidaiver/ *s* paraquedista.
**skydiving** /skaidaiving/ *s* paraquedismo.
**sky-high** /skaihai/ *adv* lá no alto, nas nuvens. | *adj* altíssimo.
**skylark** /skailárk/ *s* cotovia.
**skylight** /skailait/ *s* claraboia.
**skyline** /skailain/ *s* linha do horizonte.
**skyrocket** /skairákit/ *s* foguete, rojão.
**skyscraper** /skaiskreiper/ *s* arranha-céu (edifício).
**skyward** /skaiwerd/ *adv* em direção ao céu, no céu.
**slab** /slæb/ *s* laje, lajota; tora; pedaço grosso (queijo, pão). | *v* cortar em fatias grossas; pavimentar com laje, lajota.
**slack** /slæk/ *v* afrouxar, soltar; negligenciar; ficar lento; relaxar. | *adj* frouxo, solto (corda); vagaroso, lento; descuidado, negligente; sem energia; flácido. | *s* parte bamba de corda; flacidez; pausa; período de pouca atividade. • **slacks** calças.
**slacken** /slæken/ *v* afrouxar; relaxar; reduzir (velocidade, intensidade).
**slag** /slæg/ *s* escumalha, escória.
**slake** /sleik/ *v* saciar, satisfazer (sede); molhar, umedecer.
**slam** /slæm/ *s* ato de bater com força, pancada. | *v* bater, fechar (com violência); *gír* criticar severamente.
**slander** /slænder/ *s Jur* calúnia, difamação. | *v* caluniar, difamar.
**slanderous** /slænderes/ *adj* calunioso, difamatório.
**slang** /slæng/ *s* gíria. | *v* falar na gíria.
**slant** /slænt/ *s* ladeira, declive; inclinação; ponto de vista. | *v* inclinar.
**slap** /slæp/ *s* bofetada, palmada, tapa; insulto. | *v* esbofetear; insultar; jogar algo com força.
**slash** /slæch/ *s* corte, talho; redução; clareira. | *v* cortar, talhar; reduzir; criticar severamente.
**slat** /slæt/ *s* ripa; lâmina (persiana).

**slate** /sleit/ *s* ardósia; lousa. | *adj* de ardósia. | *v* cobrir com ardósia.
**slaughter** /sláter/ *s* matança, carnificina, massacre; abate (animais). | *v* abater animais; massacrar, matar pessoas de forma violenta.
**slaughterhouse** /sláterhaus/ *s* matadouro.
**slave** /sleiv/ *s* escravo; pessoa que trabalha demasiadamente. | *v* trabalhar como escravo; comercializar ou transportar escravos.
**slaver** /slæver/ *v* babar-se; bajular. | *s* baba; /sleiver/ traficante de escravos; bajulação.
**slavery** /sleiveri/ *s* escravidão, escravatura.
**slavish** /sleivich/ *adj* servil.
**slay** /slei/ *v* matar, chacinar, assassinar.
**slayer** /sleier/ *s* matador, assassino.
**sled** /sléd/ *s* trenó. | *v* andar de trenó.
**sledge** /slédj/ *s* trenó. | *v* andar de trenó.
**sledgehammer** /slédjhæmer/ *s* marreta, malho. | *v* dar marretadas.
**sleek** /slík/ *adj* macio; brilhante, lustroso; saudável. | *v* alisar, amaciar; lustrar.
**sleep** /slíp/ *s* sono. | *v* dormir.
**sleepiness** /slípines/ *s* sonolência.
**sleeping bag** *s* saco de dormir.
**sleeping car** *s* vagão-dormitório, vagão-leito.
**sleeping pill** *s* sedativo, calmante.
**sleepless** /slíples/ *adj* insone.
**sleepwalker** /slípwáker/ *s* sonâmbulo.
**sleepy** /slípi/ *adj* sonolento.
**sleet** /slít/ *s* chuva (com granizo ou neve); geada. | *v* chover granizo.
**sleeve** /slív/ *s* manga (camisa); capa (disco). | *v* pôr mangas ou capa.
**sleigh** /slai/ *s* trenó de um ou mais lugares. | *v* andar de trenó.
**sleight** /slait/ *s* astúcia, destreza; estratagema.
**slender** /slénder/ *adj* esbelto, delgado, fino; insuficiente, pouco.
**slenderness** /sléndernes/ *s* delgadeza.
**slept** /slépt/ *v pass* e *part pass* de **sleep**.
**slew** /slú/ *s* » **slough**; *inform* uma grande quantidade, uma porção.
**slice** /slais/ *s* fatia, pedaço. | *v* cortar em fatias.
**slick** /slik/ *s* superfície lisa ou escorregadia; mancha de óleo. | *adj* liso, lustroso; astuto, esperto; escorregadio. | *v* alisar, lustrar; pôr em ordem, organizar.
**slicker** /sliker/ *s* capa de chuva impermeável; *inform* vigarista, trapaceiro.
**slide** /slaid/ *s* desmoronamento, avalanche; deslizamento; escorregador; lâmina (microscópio); diapositivo, cromo (foto, filme). | *v* escorregar; deslizar; resvalar.
**slight** /slait/ *s* desprezo, desfeita. | *v* desprezar; negligenciar. | *adj* leve, superficial, não importante; escasso, pequeno; delicado, delgado.
**slighting** /slaiting/ *adj* desdenhoso, indelicado, descortês.
**slim** /slim/ *adj* esbelto, delgado, fino; escasso, fraco. | *v* emagrecer; afinar.
**slime** /slaim/ *s* lodo, limo, lama; muco (peixe, molusco). | *v* enlodar; retirar o muco.
**sling** /sling/ *s* funda, atiradeira; tipoia; linga. | *v* atirar; pôr em tipoia.
**slingshot** /slingchát/ *s* estilingue, bodoque.
**slink** /slingk/ *v* esquivar-se, esgueirar-se; dar à luz prematuramente (animais). | *s* bezerro prematuro.
**slip** /slip/ *v* escorregar; escapar; resvalar; deslizar; deslocar (osso); errar, falhar; vestir-se ou despir-se rapidamente. | *s* escorregão; falha, erro; combinação (*lingerie*); fronha; muda de planta; pedaço, tira de papel, boleto bancário.
**slipper** /sliper/ *s* chinelo.
**slippery** /sliperi/ *adj* escorregadio.
**slipshod** /slipchád/ *adj* relaxado, desleixado; malfeito.
**slit** /slit/ *s* fenda, racha; corte, incisão. | *v* fender, rachar; fazer corte.

**slither** /slidher/ *v* escorregar. | *s* escorregadela.

**sliver** /sliver/ *s* lasca (metal, madeira). | *v* lascar.

**slob** /sláb/ *s inform* sujeito relaxado, detestável.

**slobber** /sláber/ *s* baba. | *v* babar.

**slogan** /slougen/ *s slogan*, frase ou palavra criada para fins de propaganda.

**slop** /sláp/ *s* líquido derramado; papa, mingau (sem gosto). • **slops** lavagem (resto de comida para porcos); excremento.

**slope** /sloup/ *s* declive, inclinação; ladeira, rampa. | *v* inclinar, estar inclinado.

**sloppy** /slápi/ *adj* lamacento, sujo; descuidado, relaxado, desorganizado; aguado e insípido; *inform* sentimental.

**slosh** /slách/ *s* lama, neve derretida. | *v* esparrinhar, patinhar (na água, no gelo).

**slot** /slát/ *s* fenda, abertura estreita; ranhura; rastro de animal. | *v* rachar, fazer fenda.

**sloth** /sláth, slóth, slouth/ *s* desleixo; preguiça (indolência e animal).

**slouch** /slautch/ *s* má postura; pessoa indolente. | *v* ter má postura, andar encurvado ou de ombros caídos.

**slough** /slú, slau/ *s* lamaçal, atoleiro, charco, brejo; casca (ferida); pele velha (serpente, anfíbio). | /slâf/ *v* desprender, cair casca de ferida; mudar a pele.

**Slovak** /slouvák/ *s* e *adj* eslovaco.

S

**Slovakia** /slouvákie/ *s* Eslováquia.

**sloven** /slâven/ *s* pessoa relaxada, desleixada.

**Slovene** /slouvín/ *s* esloveno.

**Slovenia** /slouvínie/ *s* Eslovênia.

**Slovenian** /slouvínien/ *adj* esloveno.

**slovenly** /slâvenli/ *adj* relaxado, desleixado, desmazelado.

**slow** /slou/ *v* reduzir, diminuir (velocidade); fazer ou ir mais devagar, atrasar. | *adj* lento, vagaroso, devagar; atrasado, tardio; desinteressante, chato. | *adv* vagarosamente.

**slowdown** /sloudaun/ *s* redução, diminuição.

**slowly** /slouli/ *adv* devagar, lentamente.

**slowness** /slounes/ *s* lentidão.

**slow motion** *s* câmera lenta.

**slug** /slâg/ *s* lesma; *inform* preguiçoso, molengão; soco, pancada, murro; bala, projétil. | *v* esmurrar.

**sluggard** /slâgerd/ *s* e *adj* indolente, preguiçoso.

**sluggish** /slâgich/ *adj* mole, devagar, moroso; indolente, preguiçoso.

**sluice** /slús/ *s* eclusa, represa, comporta. | *v* abrir comporta.

**slum** /slâm/ *s* favela.

**slumber** /slâmber/ *s* soneca, cochilo. | *v* tirar uma soneca.

**slump** /slâmp/ *s* baixa, queda, (preço). | *v* cair, desmoronar; afundar.

**slur** /slêr/ *s* pronúncia indistinta; mancha, nódoa; insulto, crítica. | *v* manchar, sujar; insultar.

**slush** /slâch/ *s* neve meio derretida; lama, lamaçal; graxa, lubrificante. | *v* lubrificar, engraxar; enlamaçar.

**slut** /slât/ *s* prostituta.

**sly** /slai/ *adj* astuto, ardiloso; malicioso.

**slyness** /slaines/ *s* manha, astúcia.

**smack** /smæk/ *s* sabor, aroma; beijoca; palmada; pequeno barco a vela; *gír* heroína. | *v* ter sabor de; beijocar; dar palmadas.

**small** /smól/ *adj* pequeno, diminuto, exíguo. | *adv* em pedaços pequenos. | *s* algo pequeno.

**smallpox** /smólpáks/ *s* varíola.

**small talk** *s* conversa fiada.

**smart** /smárt/ *s* dor aguda, aflição; remorso. | *v* sentir dor; pungir, sofrer muito. | *adj* vivo, esperto, astuto; elegante, alinhado, na moda; atrevido; espirituoso.

**smart card** *s* placa inteligente, cartão inteligente.

**smash** /smæch/ *s* choque, colisão; estrondo; destruição, ruína; cortada violenta (tênis). | *v* despedaçar, quebrar, estraçalhar; destruir, arruinar; cortar bola com violência (tênis).

**smashing** /smæching/ *adj* violento, arrasador; *inform* maravilhoso, extraordinário.

**smashup** /smæchâp/ *s* choque, colisão (veículos); ruína total, derrota.

**smatter** /smæter/ *s* leve noção, conhecimento superficial. | *v* falar um idioma sem ter fluência ou conhecimento básico; estudar superficialmente.

**smatterer** /smæterer/ *s* presunçoso.

**smear** /smir/ *s* nódoa, mancha; insulto, difamação; loção, creme; lubrificante. | *v* esfregar, passar (creme, loção na pele); lubrificar, engraxar; *gír* derrotar; insultar, difamar, detrair.

**smell** /smél/ *s* cheiro; mau cheiro; olfato. | *v* cheirar; ter cheiro; farejar.

**smelly** /sméli/ *adj* malcheiroso.

**smelt** /smélt/ *v* fundir, derreter; *pass* e *part pass* de **smell**.

**smelter** /smélter/ *s* fundidor; fundição (oficina).

**smeltery** /smélteri/ » **smelter**.

**smile** /smail/ *s* sorriso. | *v* sorrir.

**smirk** /smêrk/ *v* sorrir com arrogância. | *s* sorriso afetado, forçado.

**smite** /smait/ *v* golpear, bater; castigar, torturar, afligir.

**smith** /smith/ *s* ferreiro.

**smithy** /smithi, smidhi/ *s* ferraria, forja.

**smock** /smák/ *s* guarda-pó, avental.

**smog** /smág/ *s* nevoeiro com fumaça, neblina misturada com poluição.

**smoke** /smouk/ *s* fumo; fumaça. | *v* fumar; fumegar; enfumaçar.

**smoker** /smouker/ *s* fumante; vagão para fumantes; reunião de homens.

**smokestack** /smoukstæk/ *s* chaminé (fábrica, navio).

**smoking** /smouking/ *adj* de ou para fumante.

**smoky** /smouki/ *adj* enfumaçado; fumegante.

**smolder** /smoulder/ *v* arder, queimar sem chama e com pouca fumaça. | *s* fumaça densa.

**smooth** /smúdh/ *v* polir; alisar; acalmar; suavizar; aplainar. | *adj* liso; macio; calmo, sereno; suave. | *s* superfície lisa; ato de aplainar, alisar.

**smother** /smâdher/ *v* abafar, sufocar; reprimir, conter. | *s* nuvem densa de fumaça ou poeira.

**smoulder** /smoulder/ » **smolder**.

**SMTP** *abrev* de **Simple Mail Transfer Protocol**, protocolo de transferência de correio simples.

**smudge** /smâdj/ *s* borrão, mancha; fumaceira. | *v* sujar, borrar, manchar; fumigar.

**smug** /smâg/ *adj* convencido, presunçoso.

**smuggle** /smâgel/ *v* contrabandear.

**smuggler** /smâgler/ *s* contrabandista.

**smut** /smât/ *s* fuligem; obscenidade. | *v* sujar, manchar.

**snack** /snæk/ *s* refeição ligeira, lanche.

**snack bar** *s* lanchonete.

**snag** /snæg/ *s* fio puxado (tecido); empecilho, imprevisto, obstáculo; protuberância; tronco ou árvore submersa (em rio).

**snail** /sneil/ *s* caracol, lesma; pessoa lerda.

**snake** /sneik/ *s* cobra, serpente; pessoa traiçoeira; cabo flexível usado para desentupir tubulações.

**snap** /snæp/ *s* estalo, estalido; vigor, energia; resposta áspera; dentada, mordida; foto instantânea. | *adj* que fecha ou abre com estalido; imprevisto, inesperado; improvisado, feito sem preparação. | *v* rachar, estalar, trincar; abocanhar, pegar com dentes; falar asperamente; tirar foto; mover-se rapidamente.

**snapshot** /snæpchát/ *s* instantâneo (fotografia).

**snare** /snér/ *s* laço, cilada, armadilha. | *v* pegar com laço.

**snarl** /snárl/ *s* rosnado, grunhido; fala áspera. | *v* rosnar.
**snatch** /snætch/ *s* trecho, fragmento (texto, música); tentativa de agarrar; sequestro. | *v* pegar, agarrar; apossar-se ilegalmente.
**sneak** /sník/ *s* pessoa covarde. | *v* entrar ou sair sorrateiramente. | *adj* transportado clandestinamente.
**sneaker** /sn<u>í</u>ker/ *s* tênis (calçado).
**sneaking** /sn<u>í</u>king/ *adj* secreto, oculto; sorrateiro.
**sneaky** /sn<u>í</u>ki/ *adj* furtivo.
**sneer** /snir/ *s* olhar de escárnio, ironia, desdém. | *v* zombar, desdenhar, escarnecer.
**sneeze** /sníz/ *s* espirro. | *v* espirrar.
**snick** /snik/ *s* corte, entalhe. | *v* cortar.
**sniff** /snif/ *s* fungada; inalação, cheirada. | *v* fungar; cheirar; farejar; *inform* desprezar, desdenhar.
**sniff dog** *s* cão farejador.
**snigger** /sn<u>i</u>ger/ *s* riso dissimulado. | *v* caçoar.
**snip** /snip/ *s* pequeno corte (com tesoura); pedaço, retalho; corte, incisão; *inform* pessoa de baixa estatura. | *v* recortar, cortar.
**sniper** /sn<u>ai</u>per/ *s* franco-atirador.
**snivel** /sn<u>i</u>vel/ *s* muco, ranho; choradeira, choramingo. | *v* choramingar; escorrer (nariz); lamentar, reclamar.
**snob** /snáb/ *s* esnobe, pretensioso.
**snobbery** /sn<u>á</u>beri/ *s* esnobismo.
**snobbish** /sn<u>á</u>bich/ *adj* esnobe.
**snooker** /sn<u>u</u>ker/ *s* sinuca.
**snoop** /snúp/ *v* bisbilhotar. | *s* bisbilhoteiro.
**snoopy** /sn<u>ú</u>pi/ *adj* xereta, bisbilhoteiro.
**snooze** /snúz/ *s* soneca. | *v* tirar uma soneca.
**snore** /snór/ *s* ronco. | *v* roncar.
**snort** /snórt/ *s* bufo; pequena dose de bebida ou narcótico ingerida de uma só vez. | *v* bufar; ridicularizar.
**snout** /snaut/ *s* focinho; tromba.
**snow** /snou/ *s* neve; qualquer coisa semelhante à neve. | *v* nevar.
**snowball** /sn<u>ou</u>ból/ *s* bola de neve.
**snowfall** /sn<u>ou</u>fól/ *s* nevada.
**snowflake** /sn<u>ou</u>fleik/ *s* floco de neve.
**snowman** /sn<u>ou</u>mæn/ *s* boneco de neve.
**snowplow** /sn<u>ou</u>plau/ *s* veículo para limpar neve.
**snowstorm** /sn<u>ou</u>stórm/ *s* nevasca.
**snow-white** /snouhw<u>ai</u>t, snouw<u>ai</u>t/ *adj* branco como a neve.
**snowy** /sn<u>ou</u>i/ *adj* nevado, nevoso; níveo, alvo como a neve; coberto de neve.
**snub** /snâb/ *s* desfeita, menosprezo; afronta. | *v* desprezar, tratar mal; repelir; frustrar. | *adj* arrebitado, muito pequeno.
**snub-nosed** /sn<u>â</u>bnouzd/ *adj* de nariz arrebitado.
**snuff** /snâf/ *s* rapé, tabaco; fungada, cheirada. | *v* cheirar; fungar; aspirar rapé.
**snuffle** /sn<u>â</u>fel/ *v* fungar; falar pelo nariz. | *s* fungação, fungada.
**snuffler** /sn<u>â</u>fler/ *s* indivíduo fanhoso.
**snug** /snâg/ *adj* abrigado, protegido; aconchegante, confortável. | *v* abrigar, aconchegar.
**snuggle** /sn<u>â</u>gel/ *v* aninhar-se, aconchegar-se.
**snugness** /sn<u>â</u>gnes/ *s* comodidade, conforto.
**so** /sou/ *adv* assim, deste modo; tão, tanto; portanto, então, por essa razão, bem, por conseguinte; também. | *conj* portanto, consequentemente, de modo que, para que, a fim de que. | *interj* então. | *pron* o(s) mesmo(s), a(s) mesma(s). • **and so on** ou **and so forth** e assim por diante.
**soak** /souk/ *v* embeber, encharcar, molhar; deixar de molho; embebedar-se, beber muito. | *s* embebição; bebedeira; bêbado; líquido, solução para embebição.
**soap** /soup/ *s* sabão, sabonete. | *v* ensaboar.
**soap bubble** *s* bolha de sabão.

**soap opera** *s* novela, melodrama (TV, rádio).
**soapstone** /soupstoun/ *s* pedra-sabão.
**soapsuds** /soupsâdz/ *s pl* espuma de sabão.
**soapy** /soupi/ *adj* ensaboado.
**soar** /sór/ *s* voo. | *v* voar muito alto, elevar-se em voo, planar.
**sob** /sáb/ *s* soluço. | *v* soluçar.
**sober** /souber/ *adj* sóbrio, não embriagado; calmo, sereno; racional, realista; equilibrado, sério. | *v* ficar sóbrio.
**sobriety** /sebraieti/ *s* sobriedade.
**sob story** *s* fábula, lenda melodramática.
**soccer** /sáker/ *s* futebol.
**sociability** /souchebileti/ *s* sociabilidade.
**sociable** /souchebel/ *adj* sociável. | *s* reunião social.
**social** /souchel/ *adj* social. | *s* reunião social.
**socialism** /souchelizem/ *s* socialismo.
**socialist** /souchelist/ *adj* e *s* socialista.
**socialize** /souchelaiz/ *v* socializar.
**social science** *s* ciências sociais.
**social security** *s* seguro social.
**social service** *s* serviço social.
**social studies** *s us v sing* ou *pl* estudos sociais.
**social work** *s* trabalho social.
**society** /sesaieti/ *s* sociedade.
**sociocultural** /sousioukâltcherel/ *adj* sociocultural.
**socioeconomic** /sousiouékenámik/ *adj* socioeconômico.
**sociologist** /sousiáledjist/ *s* sociólogo.
**sociology** /sousíáledji/ *s* sociologia.
**sock** /sák/ *s* meia curta, soquete (*pl* **socks** ou **sox**); murro, soco; comédia. | *v* esmurrar, socar; pôr meia.
**socket** /sákit/ *s* encaixe; bocal (lâmpada); tomada; cavidade.
**sod** /sád/ *s* torrão, placa (grama); gramado. | *v* cobrir com grama.
**soda** /soude/ *s* carbonato de sódio; soda limonada.
**soda pop** *s* refrigerante.
**soda water** *s* água com gás.
**sodden** /sáden/ *adj* encharcado, molhado. | *v* encharcar.
**sodium** /soudiem/ *s* sódio (*símb* **Na**).
**sodomy** /sádemi/ *s* sodomia.
**soever** /souéver/ *adv* por mais que; de qualquer modo, em todo caso.
**sofa** /soufe/ *s* sofá.
**soft** /sáft/ *adj* mole, macio; suave; tolerante, indulgente; brando; meigo. | *adv* suavemente, gentilmente.
**soft drink** *s* refrigerante.
**soften** /sáfen/ *v* suavizar, amaciar.
**softness** /sáftnes/ *s* brandura, ternura; suavidade, maciez; fraqueza.
**soft-spoken** /sáftspouken/ *adj* de voz suave.
**software** /sáftwér/ *s software*, programas de computador.
**software piracy** *s* pirataria de *software*.
**soggy** /sági/ *adj* encharcado, ensopado (terreno).
**soil** /soil/ *s* terreno, solo; terra; esgoto; refugo, escória. | *v* manchar, sujar; desgraçar.
**sojourn** /soudjêrn, soudjêrn/ *s* residência temporária, estada. | *v* residir temporariamente.
**solace** /sális/ *s* conforto, alívio, consolo. | *v* consolar.
**solar** /souler/ *adj* solar.
**solar system** *s* sistema solar.
**solder** /sáder/ *s* solda. | *v* soldar.
**soldier** /souldjer/ *s* soldado.
**sole** /soul/ *s* linguado (*pl* **sole** ou **soles**); sola (pé, sapato). | *adj* só, sozinho, único. | *v* pôr sola.
**solely** /souli/ *adv* unicamente, somente.
**solemn** /sálem/ *adj* solene, majestoso; formal; sério, sisudo; sagrado.
**solemnity** /selémneti/ *s* solenidade; seriedade.
**solicit** /selisit/ *v* solicitar, requerer; empenhar, insistir; angariar; incomodar, perturbar.
**solicitor** /selisiter/ *s* requerente.

**solicitous** /selisites/ *adj* inquieto, preocupado; solícito; ansioso.

**solicitude** /selisitúd/ *s* solicitude; inquietação, preocupação.

**solid** /sálid/ *adj* sólido, maciço; firme, estável. | *s* sólido.

**solidarity** /sáledéreti/ *s* solidariedade.

**solidify** /selidefai/ *v* solidificar.

**solidity** /selideti/ *s* solidez.

**soliloquy** /selilekwi/ *s* solilóquio, monólogo.

**solitaire** /sáletér/ *s* solitário (brilhante); passatempo que é jogado por uma só pessoa, jogo de paciência (baralho).

**solitary** /sáletéri/ *adj* solitário, isolado; segregado, recluso. | *s* eremita.

**solitude** /sáletúd/ *s* solidão; lugar ermo, retiro.

**solo** /soulou/ *s* solo (música) (*pl* **solos**). | *adj* solitário, sozinho.

**soloist** /soulouist/ *s* solista.

**Solomon Islands** *s* Ilhas Salomão.

**soluble** /sályebel/ *adj* solúvel.

**solution** /seluchen/ *s* solução; mistura homogênea.

**solve** /sálv/ *v* resolver, solver.

**solvency** /sálvensi/ *s* solvência.

**solvent** /sálvent/ *adj* e *s* solvente, dissolvente.

**Somalia** /soumálie/ *s* Somália.

**Somalian** /soumálien/ *s* e *adj* somali, somaliano.

**somber** /sámber/ *adj* sombrio, lúgubre, escuro.

**some** /sâm/ *adj* e *pron* algum, alguma, alguns, algumas, uns, umas.

**somebody** /sâmbádi/ *pron* alguém.

**someday** /sâmdei/ *adv* algum dia.

**somehow** /sâmhau/ *adv* de algum modo; por alguma razão.

**someone** /sâmwân/ *pron* alguém.

**somersault** /sâmersált/ *s* cambalhota.

**something** /sâmthing/ *pron* alguma coisa, algo.

**sometime** /sâmtaim/ *adv* algum dia, em outra oportunidade.

**sometimes** /sâmtaimz/ *adv* às vezes, algumas vezes.

**someway** /sâmwei/ *adv* de algum modo (*tb* **someways**).

**somewhat** /sâmwát/ *adv* um tanto quanto, até certo grau. | *pron* algo, alguma coisa.

**somewhere** /sâmwér/ *adv* em algum lugar. | *s* algum lugar.

**somnolence** /sámnelens/ *s* sonolência.

**somnolent** /sámnelent/ *adj* sonolento.

**son** /sân/ *s* filho.

**sonar** /sounár/ *s* sonar.

**song** /sáng, sóng/ *s* canto; canção.

**sonic** /sánik/ *adj* sônico.

**son-in-law** /sâninlá/ *s* genro (*pl* **sons-in-law**).

**sonnet** /sánit/ *s* soneto.

**sonority** /senóreti/ *s* sonoridade.

**soon** /sún/ *adv* logo, cedo, em breve, dentro de pouco tempo.

**sooner** /súner/ *adv* mais cedo, antes. • **no sooner than** tão logo que. **sooner or later** mais cedo ou mais tarde.

**soot** /sut/ *s* fuligem.

**soothe** /súdh/ *v* acalmar; suavizar, aliviar.

**soothing** /súdhing/ *adj* calmante, suavizante.

**soothsayer** /súthseier/ *s* adivinhador.

**sooty** /suti/ *adj* fuliginoso.

**sop** /sáp/ *v* embeber, molhar, ensopar. | *s* pedaço de pão, etc. embebido.

**sophism** /sáfizem/ *s* sofisma.

**sophisticated** /sefistikeitid/ *adj* sofisticado; refinado.

**soprano** /sepránou/ *s* soprano.

**sorcerer** /sórserer/ *s* feiticeiro, bruxo.

**sorceress** /sórseris/ *s fem* feiticeira, bruxa.

**sorcery** /sórseri/ *s* feitiçaria, bruxaria.

**sordid** /sórdid/ *adj* sórdido, vil.

**sore** /sór/ *s* chaga, ferida; dor. | *adj* doloroso, penoso; machucado, dolorido; amargurado, aborrecido.

**sorely** /sórli/ *adv* dolorosamente; gravemente; estremamente.

**sore throat** *s* dor de garganta.
**sorrow** /s<u>á</u>rou/ *s* pesar, dor, tristeza, desespero. | *v* entristecer; sentir dó.
**sorrowful** /s<u>á</u>refel/ *adj* pesaroso, triste, magoado.
**sorrowfulness** /s<u>á</u>refelnes/ *s* pesar, tristeza.
**sorry** /s<u>á</u>ri/ *adj* triste, desolado; arrependido. • **I am sorry** sinto muito.
**sort** /sórt/ *s* espécie, tipo, classe; caráter, qualidade; comportamento; classificação. | *v* classificar; pôr ordem, arrumar, arranjar.
**sortie** /s<u>ó</u>rtí/ *s* surtida, investida militar, ataque armado.
**so-so** /s<u>ou</u>sou, sous<u>ou</u>/ *adj* mais ou menos, regular. | *adv* nem bem nem mal, assim, assim.
**sot** /sát/ *s* beberrão, ébrio.
**sough** /sau, sâf/ *s* murmúrio, sopro (vento). | *v* murmurar, soprar (vento).
**sought** /sót/ *v pass* e *part pass* de **seek**.
**soul** /soul/ *s* alma.
**soulful** /s<u>ou</u>lfel/ *adj* comovente, emocional.
**soulless** /s<u>ou</u>lles/ *adj* cruel, insensível, desalmado.
**sound** /saund/ *s* som, tom, vibração; ruído, barulho; sonda; braço de mar, estreito, canal. | *adv* profundamente. | *adj* são, sadio, saudável; sólido, consistente; forte; seguro, firme; idôneo; confiável; válido, legal. | *v* soar; fazer soar, tocar, tanger ou retinir (sino.); parecer, dar a impressão de; pronunciar, articular; auscultar.
**sound card** *s* placa de som.
**sound clip** *s* clipe de som.
**sound effects** *s pl* efeitos sonoros.
**sounding** /s<u>au</u>nd*ing*/ *s* sondagem. | *adj* ressonante.
**soundness** /s<u>au</u>ndnes/ *s* solidez; sanidade, saúde.
**soundproof** /s<u>au</u>ndprúf/ *adj* à prova de som.
**soundtrack** /s<u>au</u>ndtræk/ *s* trilha sonora.
**sound wave** *s* onda sonora.
**soup** /súp/ *s* sopa.
**sour** /sauer/ *v* azedar. | *adj* azedo, ácido; mal-humorado. | *s* qualquer coisa ácida ou azeda.
**source** /sórs/ *s* fonte, nascente (rio); origem; criador.
**source book** *s* documento histórico, original, fonte de referência, base.
**sourness** /s<u>auer</u>nes/ *s* acidez, azedume.
**south** /sau*th*/ *s* sul. | *adj* do sul, meridional, austral. | *adv* para o sul, vindo do sul.
**South Africa** *s* África do Sul.
**South African** *s* e *adj* sul-africano.
**South America** *s* América do Sul.
**South American** *s* e *adj* sul-americano.
**southeast** /sau*th*<u>í</u>st/ *s* sudeste. | *adj* do sudeste. | *adv* para o sudeste, vindo do sudeste.
**southeastern** /sau*th*<u>í</u>stern/ *adj* do sudeste.
**southern** /s<u>â</u>*dh*ern/ *adj* meridional, do sul.
**southerner** /s<u>â</u>*dh*erner/ *s* sulista (EUA).
**Southern Hemisphere** *s* Hemisfério Sul.
**South Korea** *s* Coréia do Sul.
**South Korean** *s* e *adj* sul-coreano.
**South Pole** *s* Pólo Sul.
**southwest** /sau*th*w<u>é</u>st/ *s* e *adj* sudoeste. | *adv* em direção ao sudoeste, vindo do sudoeste.
**southwestern** /sau*th*w<u>é</u>stern/ *adj* do sudoeste.
**souvenir** /súven<u>i</u>r, s<u>ú</u>venir/ *s* lembrança, recordação.
**sovereign** /s<u>á</u>vren/ *adj* soberano. | *s* autoridade suprema, rei.
**sovereignty** /s<u>á</u>vrenti/ *s* soberania.
**sow** /sau/ *s* porca. | /sou/ *v* semear, espalhar sementes; disseminar, propagar; espalhar, cobrir.
**sower** /s<u>ou</u>er/ *s* semeador; propagador.
**soy** /soi/ *s* soja.
**soybean** /s<u>oi</u>bín/ *s* feijão-soja.
**soymilk** /s<u>oi</u>milk/ *s* leite de soja.

**spa** /spá/ *s* estância hidromineral; hotel ou estância da moda.
**space** /speis/ *s* espaço; área, lugar; espaço em branco; espaço, universo; prazo, intervalo de tempo; espaço publicitário. | *v* espaçar, separar.
**space age** *s* era espacial.
**space bar** *s* barra de espaço (teclado).
**spacecraft** /speiskræft/ *s* nave espacial (*pl* **spacecraft**).
**spaceship** /speischip/ *s* nave espacial.
**space shuttle** *s* ônibus espacial.
**space suit** *s* traje espacial.
**spade** /speid/ *s* pá. | *v* cavar com uma pá. • **spades** espadas (naipe de baralho).
**spaghetti** /spegéti/ *s* espaguete.
**Spain** /spein/ *s* Espanha.
**span** /spæn/ *s* palmo (unidade de medida igual a 23 cm); vão, extensão; período de tempo; envergadura; parelha (cavalos, bois). | *v* medir aos palmos; estender por meio de.
**spangle** /spæ*ng*gel/ *s* lantejoula. | *v* adornar com lantejoulas.
**Spaniard** /spænyer*d*/ *s* espanhol.
**Spanish** /spænich/ *adj* espanhol.
**spank** /spæ*ng*k/ *s* palmada. | *v* dar palmadas.
**spanner** /spæne*r*/ *s* chave inglesa.
**spar** /spár/ *s* mastro; viga (asa do avião); pugilato; espato. | *v* exercitar (no boxe); discutir, brigar.
**spare** /spér/ *v* economizar; poupar (não matar); dispor, emprestar; dispensar, isentar; evitar (gastos). | *adj* disponível, de sobra, extra (dinheiro, tempo); magro (pessoa); sobressalente (peça, acessório, pneu). | *s* peça sobressalente, reserva.
**sparing** /spéri*ng*/ *adj* poupado, reservado; limitado, deficiente.
**spark** /spárk/ *s* faísca, chispa. | *v* lançar faísca.
**sparkle** /spárkel/ *v* cintilar, faiscar, reluzir. | *s* brilho, cintilação.
**spark plug** *s* vela de ignição.
**sparrow** /spérou/ *s* pardal.
**sparse** /spárs/ *adj* escasso, esparso; ralo (barba, cabelo).
**spasm** /spæzem/ *s* espasmo, contração; convulsão.
**spasmodic** /spæzmádik/ *adj* espasmódico; convulsivo.
**spat** /spæt/ *v* desovar; brigar, discutir. | *s* ova (ostra, molusco) (*pl* **spat** ou **spats**); polaina curta; briga, discussão.
**spatter** /spæte*r*/ *s* salpico, respingo. | *v* salpicar, respingar.
**spawn** /spán/ *s* ovas de moluscos, peixes e anfíbios; desova; micélio; fonte, semente. | *v* gerar; desovar.
**speak** /spík/ *v* falar, conversar; discursar; expressar.
**speaker** /spíke*r*/ *s* locutor; orador; conferencista; *maiús* presidente (reunião, assembleia).
**speakerphone** /spíke*r*foun/ *s* viva-voz.
**speaking** /spíki*ng*/ *adj* que fala, falante, eloquente.
**spear** /spir/ *s* lança; arpão. | *v* espetar (com lança, arpão).
**spearhead** /spirhéd/ *s* ponta de lança.
**spearman** /spirmen/ *s* lanceiro.
**special** /spéchel/ *adj* especial, distinto, excepcional. | *s* especial (trem, programa de TV, publicação).
**special character** *s* caractere especial (que não é alfabético nem numérico).
**special effect** *s* efeito especial.
**specialist** /spéchelist/ *s* especialista.
**specialize** /spéchelaiz/ *v* especializar-se.
**specially** /spécheli/ *adv* especialmente; particularmente.
**specialty** /spéchelti/ *s* especialidade; particularidade.
**specie** /spíchí, spísí/ *s* dinheiro em moeda.
**species** /spíchíz, spísíz/ *s* espécie (*pl* **species**).
**specific** /spesifik/ *adj* específico.
**specification** /spésefikeichen/ *s* especificação.
**specify** /spésefai/ *v* especificar.

**specimen** /spésemen/ *s* espécime; exemplar, amostra.
**specious** /spíches/ *adj* especioso.
**speck** /spék/ *s* mancha; pinta; um pouquinho. | *v* manchar.
**spectacle** /spéktekel/ *s* espetáculo. • **spectacles** óculos.
**spectacular** /spéktækyeler/ *adj* espetacular.
**spectator** /spékteiter/ *s* espectador.
**specter** /spékter/ *s* espectro, fantasma.
**spectral** /spéktrel/ *adj* espectral, fantasmagórico.
**speculate** /spékyeleit/ *v* especular; refletir, meditar.
**speculation** /spékyeleichen/ *s* especulação; reflexão, meditação.
**speculator** /spékyeleiter/ *s* especulador.
**speech** /spítch/ *s* conversa; discurso; fala.
**speech recognition** *s* reconhecimento da fala.
**speechless** /spítchles/ *adj* calado; mudo; estupefato.
**speed** /spíd/ *s* velocidade; rapidez, pressa; *gír* anfetamina (droga); transmissão (engrenagem, marcha). | *v* correr, apressar-se; acelerar, dirigir com excesso de velocidade; mandar despachar; agilizar.
**speedboat** /spídbout/ *s* lancha (de corrida).
**speeding** /spíding/ *s* excesso de velocidade.
**speed limit** *s* limite de velocidade.
**speedometer** /spídámeter/ *s* velocímetro.
**speedway** /spídwei/ *s* autopista, autoestrada; pista de corrida.
**speedy** /spídi/ *adj* veloz, rápido.
**spell** /spél/ *s* turno; temporada, período; encanto, fascinação; feitiço, magia; palavra ou poção mágica. | *v* soletrar; grafar; enfeitiçar; descansar do trabalho; trocar de turno.
**spellbound** /spélbaund/ *adj* enfeitiçado, fascinado.
**speller** /spéler/ *s* soletrador; cartilha para alfabetização.
**spelling** /spéling/ *s* grafia, ortografia.
**spelling checker** *s* verificador ortográfico.
**spend** /spénd/ *v* gastar, despender; esbanjar, desperdiçar; passar (tempo).
**spendthrift** /spéndthrift/ *s* e *adj* esbanjador.
**spent** /spént/ *v pass* e *part pass* de **spend**. | *adj* esgotado; consumido, usado; exausto.
**sperm** /spêrm/ *s* esperma (*pl* **sperm** ou **sperms**).
**sperm bank** *s* banco de esperma.
**spew** /spyú/ *s* vômito; qualquer coisa expelida. | *v* vomitar; expelir, jorrar.
**sphere** /sfir/ *s* esfera.
**spheric** /sfirik, sférik/ » **spherical**.
**spherical** /sfirikel, sférikel/ *adj* esférico.
**sphinx** /sfingks/ *s* esfinge (*pl* **sphinxes** ou **sphinges** /sfindjiz/).
**spice** /spais/ *s* especiaria; tempero, condimento; perfume, aroma. | *v* temperar, condimentar.
**spicy** /spaisi/ *adj* temperado, condimentado; picante.
**spider** /spaider/ *s* aranha.
**spike** /spaik/ *s* espiga; ponta, bico; cravo (prego); trava (chuteira); chuteira; estaca. | *v* pregar; ferrar; perfurar; espetar.
**spill** /spil/ *s* tombo, queda; vazamento, derramamento. | *v* derramar, transbordar, entornar; fazer cair.
**spin** /spin/ *s* giro, rotação; volta (bicicleta, carro); parafuso (manobra de avião); efeito em tacada de bola (tênis.); estilo. | *v* rodar, girar, rodopiar; fiar, tecer; mergulhar em parafuso (avião).
**spinach** /spinitch/ *s* espinafre.
**spinal** /spainel/ *adj* espinal.
**spinal column** *s* coluna vertebral.
**spindle** /spindl/ *s* fuso, bilro, carretel; haste.
**spindly** /spindli/ *adj* alto e magro.

S

**spine** /spain/ *s* espinha; coluna vertebral; lombada (livro); espinho (planta).
**spineless** /spainles/ *adj* fracc, mole, covarde; invertebrado.
**spinning** /spining/ *s* fiação.
**spinster** /spinster/ *s* solteirona; mulher solteira.
**spiral** /spairel/ *s* e *adj* espiral.
**spire** /spaier/ *s* espiral; flecha, agulha (arquitetura).
**spirit** /spirit/ *s* espírito, alma; fantasma; coragem, ânimo. • **spirits** humor, astral; bebida alcoólica forte.
**spirited** /spiritid/ *adj* vivo, esperto, animado; vigoroso, enérgico.
**spiritism** /spiritizem/ *s* espiritismo.
**spiritual** /spiritchuel/ *adj* espiritual, religioso. | *s* canções folclóricas de fundo religioso natural dos negros americanos.
**spit** /spit/ *s* cuspo, saliva; espeto (para grelhar). | *v* cuspir, expectorar, escarrar; pôr no espeto, espetar.
**spite** /spait/ *s* despeito, rancor, ódio. | *v* irritar, contrariar; ofender, magoar.
**spiteful** /spaitfel/ *adj* malévolo, malvado, mau.
**spittoon** /spitún/ *s* escarradeira.
**splash** /splæch/ *s* salpico, respingo. | *v* salpicar, respingar; espirrar, esguichar; patinhar; demonstrar, publicar.
**spleen** /splín/ *s* baço.
**splendid** /spléndid/ *adj* esplêndido.
**splendor** /splénder/ *s* esplendor.
**splice** /splais/ *s* emenda, junção. | *v* emendar, unir, juntar (corda, fio).
**splint** /splint/ *s* tala (para fratura de osso).
**splinter** /splinter/ *s* lasca, farpa, estilhaço.
**split** /split/ *s* fenda, racha; rasgão; lasca. | *adj* dividido, rachado.
**split screen** *s* tela dividida.
**splotch** /splátch/ *s* mancha, nódoa. | *v* manchar.
**splurge** /splêrdj/ *s* extravagância, ostentação. | *v* ostentar.
**spoil** /spoil/ *v* estragar; danificar, inutilizar; mimar (uma criança). | *s* espólio; saque, pilhagem.
**spoilsport** /spoilspórt/ *s* desmancha-prazeres.
**spoke** /spouk/ *v pass* de **speak**. | *s* raio (roda, leme); degrau (escada de mão); travão de uma roda.
**spokesman** /spouksmen/ *s masc* porta-voz.
**spokeswoman** /spoukswumen/ *s fem* porta-voz.
**spoliation** /spoulieichen/ *s* espoliação.
**sponge** /spândj/ *s* esponja (animal). | *v* lavar com esponja; viver à custa de alguém.
**sponge cake** *s* pão de ló.
**spongy** /spândji/ *adj* esponjoso.
**sponsor** /spánser/ *s* fiador; padrinho; patrocinador. | *v* apadrinhar; patrocinar.
**spontaneity** /spánteneieti/ *s* espontaneidade.
**spontaneous** /spánteinies/ *adj* espontâneo.
**spoof** /spúf/ *s* paródia, escárnio; trapaça. | *v* trapacear.
**spook** /spúk/ *s inform* fantasma, assombração; agente secreto, espião.
**spooky** /spúki/ *adj* arrepiante; fantasmagórico.
**spool** /spúl/ *s* bobina, carretel. | *v* enrolar em bobina.
**spoon** /spún/ *s* colher.
**spoon-feed** /spúnfíd/ *v* dar de comer com colher; dar tudo mastigado.
**spoonful** /spúnfel/ *s* colherada.
**spoor** /spur/ *s* rasto ou pegada de animais.
**sporadic** /speredik/ *adj* esporádico.
**sporadical** /speredikel/ » **sporadic**.
**spore** /spór/ *s* esporo.
**sport** /spórt/ *s* esporte, desporto; brincadeira, diversão; zombaria, troça. | *v* brincar, divertir-se; fazer piada, troça.
**sporting** /spórting/ *adj* esportivo; esportista.

**sportsman** /spórtsmen/ *s masc* esportista.
**sportsmanship** /spórtsmenchip/ *s* desportismo; espírito esportivo.
**sportswear** /spórtswér/ *s* roupa esporte ou para praticar esporte.
**sportswoman** /spórtswumen/ *s fem* esportista.
**spot** /spát/ *s* mancha, marca, pinta; local, ponto; naipe (baralho); local, localização; *spot* (iluminação). | *v* ficar com o corpo cheio de manchas, pintas; situar, pôr em local determinado; espiar, detectar. | *adj* imediato, instantâneo.
**spotless** /spátles/ *adj* sem mancha, imaculado.
**spotlight** /spátlait/ *s* holofote; ponto de luz.
**spotty** /spáti/ *adj* manchado; desigual.
**spouse** /spaus/ *s* cônjuge.
**spout** /spaut/ *s* bica, calha; bico (bule, chaleira); esguicho. | *v* jorrar, esguichar.
**sprain** /sprein/ *s* torcedura, mau jeito, rompimento de ligamentos, tendões. | *v* romper tendão.
**sprawl** /sprál/ *v* espreguiçar-se, esparramar-se. | *s* espreguiçamento; crescimento urbano desorganizado.
**spray** /sprei/ *s spray*; aerossol, vaporizador; borrifo (água, espuma do mar); ramos de flores. | *v* vaporizar; borrifar.
**spread** /spréd/ *s* extensão; expansão; propagação, difusão. | *v* estender; espalhar; difundir; cobrir; expandir.
**spreadsheet** /sprédchít/ *s* planilha.
**spree** /sprí/ *s* farra, pândega; bebedeira.
**sprig** /sprig/ *s* broto, rebento, renovo.
**spright** /sprait/ » **sprite**.
**spring** /spring/ *s* nascente, fonte natural; primavera; causa, origem; mola, espiral; salto, pulo. | *v* pular, saltar; brotar, nascer; originar-se de, resultar; surgir; produzir; curvar, inclinar; desenvolver. | *adj* de mola; primaveral.
**springboard** /springbórd/ *s* trampolim.
**springtime** /springtaim/ *s* primavera.
**springy** /springi/ *adj* flexível, elástico.
**sprinkle** /springkel/ *s* borrifo; chuvisco; salpico. | *v* borrifar; chuviscar; regar; salpicar.
**sprinkler** /springkler/ *s* irrigador, borrifador; extintor automático de incêndio.
**sprint** /sprint/ *s* corrida (curta distância). | *v* correr a toda velocidade.
**sprite** /sprait/ *s* duende, gnomo.
**sprocket** /sprákit/ *s* dente (engrenagem).
**sprout** /spraut/ *s* broto, rebento. | *v* brotar, germinar.
**spruce** /sprús/ *s* abeto. | *adj* enfeitado; alinhado, elegante. | *v* arrumar-se; enfeitar-se.
**spry** /sprai/ *adj* ligeiro, ágil; esperto, ativo.
**spunk** /spângk/ *s inform* fibra, coragem.
**spunky** /spângki/ *adj inform* corajoso, impetuoso.
**spur** /spêr/ *s* espora; esporão; incentivo, estímulo. | *v* esporear; estimular, incentivar.
**spurious** /spyuries/ *adj* espúrio.
**spurn** /spêrn/ *s* rejeição, recusa. | *v* rejeitar com desdém.
**spurt** /spêrt/ *s* jorro, esguicho. | *v* jorrar, esguichar.
**spy** /spai/ *s* espião. | *v* espionar; espiar.
**SQL** *abrev* de **Structured Query Language**, linguagem de consulta estruturada.
**squabble** /skwábel/ *s* discussão, briga, altercação. | *v* brigar, discutir.
**squad** /skwád/ *s* pelotão; equipe, turma, grupo de pessoas; unidade policial.
**squad car** *s* carro de polícia.
**squadron** /skwádren/ *s* esquadrão; esquadrilha; esquadra.
**squalid** /skwálid/ *adj* esquálido, sórdido, sujo.
**squall** /skwól/ *s* grito, berro; rajada de vento.
**squalor** /skwáler/ *s* esqualidez, sujidade, sordidez.

S

**squama** /skweime, skwáme/ *s* escama (*pl* **squamae** /skweimí, skwámí/).
**squander** /skwánder/ *v* esbanjar, desperdiçar.
**square** /skwér/ *s* quadrado, segunda potência; quadra, bloco, quarteirão; praça; esquadro; *gír* indivíduo conservador, quadradão; casa (xadrez). | *adj* quadrado; quadrangular; antiquado; que forma um ângulo reto; honesto, justo; empatado. | *v* quadrar; ajustar, saldar (contas); elevar ao quadrado. | *adv* diretamente; honestamente; em ângulos retos; em quadrados.
**square bracket** *s* colchete.
**square dance** *s* quadrilha (dança).
**square root** *s* raiz quadrada.
**squash** /skwách/ *s* abóbora; polpa. | *v* espremer, esmagar.
**squat** /skwát/ *s* acocoramento, agachamento. | *v* acocorar-se, abaixar-se. | *adj* agachado.
**squawk** /skwák/ *s* grasnido. | *v* grasnar.
**squeak** /skwík/ *s* guincho, rangido, chiado. | *v* guinchar, ranger, chiar.
**squeal** /skwíl/ *s* guincho, grito agudo.
**squeamish** /skwímich/ *adj* delicado, melindroso; nauseado.
**squeeze** /skwíz/ *s* aperto, pressão; abraço; compressão. | *v* comprimir, apertar; espremer; exercer pressão sobre; abraçar.
**squib** /skwib/ *s* busca-pé; sátira.

**squid** /skwid/ *s* lula (*pl* **squids** ou **squid**).
**squint** /skwint/ *s* ato de olhar de soslaio; estrabismo; tendência, inclinação. | *v* olhar com os olhos meio fechados; olhar de soslaio.
**squire** /skwaier/ *s* escudeiro; cavalheiro; galanteador; juiz ou autoridade local.
**squirm** /skwêrm/ *s* torção. | *v* retorcer-se.
**squirrel** /skwêrel/ *s* esquilo.
**squirt** /skwêrt/ *s* seringa, bisnaga; esguicho. | *v* esguichar.
**Sri Lanka** /srílángke/ *s* Sri Lanka.
**Sri Lankan** /srílángken/ *s* e *adj* cingalês.
**stab** /stæb/ *s* facada, punhalada. | *v* esfaquear, apunhalar.
**stability** /stebileti/ *s* estabilidade.
**stabilize** /steibelaiz/ *v* estabilizar.
**stable** /steibel/ *adj* estável, firme; imutável; permanente, duradouro. | *s* estábulo.
**stack** /stæk/ *s* meda, monte (trigo, feno); chaminé.
**stadium** /steidiem/ *s* estádio; fase, estágio (de doença) (*pl* **stadiums** /steidiemz/ ou **stadia** /steidie/).
**staff** /stæf/ *s* equipe, grupo de assistentes, quadro de pessoal (*pl* **staffs**); estado-maior (*pl* **staffs**); pauta (*pl* **staffs** ou **staves**); bastão, cajado (*pl* **staffs** ou **staves**); mastro (bandeira) (*pl* **staffs** ou **staves**).
**stage** /steidj/ *s* estágio, etapa, período; palco, cena; plataforma, estrado; profissão de ator; teatro. | *v* encenar, apresentar em um palco.
**stagecoach** /steidjkoutch/ *s* carruagem, diligência.
**stagger** /stæger/ *s* vertigem, tortura. | *v* cambalear; vacilar.
**staggering** /stægering/ *adj* cambaleante; vacilante.
**staging** /steidjing/ *s* andaime.
**stagnancy** /stægnensi/ *s* estagnação.
**stagnant** /stægnent/ *adj* estagnado.
**stagnate** /stægneit/ *v* estagnar.
**stagnation** /stægneichen/ *s* estagnação.
**staid** /steid/ *adj* firme, determinado; sério, equilibrado, sensato; permanente.
**stain** /stein/ *s* mácula; nódoa, mancha; tinta usada em tingimento. | *v* manchar; macular; tingir, colorir.
**stainless** /steinles/ *adj* sem máculas; inoxidável.
**stainless steel** *s* aço inoxidável.
**stair** /stér/ *s* degrau. • **stairs** escada.
**staircase** /stérkeis/ *s* escada, escadaria.
**stairway** /stérwei/ *s* escadaria.
**stake** /steik/ *s* estaca, poste; aposta; prêmio. | *v* demarcar terra com estacas; apostar, arriscar.

**stale** /steil/ *adj* envelhecido, amanhecido (pão, queijo); passado, estragado (alimento).

**stalemate** /steilmeit/ *s* empate (xadrez); impasse.

**stalk** /stók/ *s* talo, haste; pedúnculo; base, apoio, suporte. | *v* caçar de tocaia; andar com arrogância; perseguir.

**stall** /stól/ *s* baia (estábulo); banca, tenda, barraca (vendedor).

**stallion** /stælyen/ *s* garanhão.

**stalwart** /stólwert/ *adj* robusto, forte; valente, corajoso, decidido.

**stamina** /stæmene/ *s* resistência (física, moral).

**stammer** /stæmer/ *s* gaguez, gagueira. | *v* gaguejar.

**stammerer** /stæmerer/ *s* gago.

**stamp** /stæmp/ *s* selo; impressão, marca; carimbo; cunho; timbre, sinete. | *v* selar; estampar, imprimir; carimbar.

**stampede** /stæmpíd/ *s* estouro (boiada); debandada, fuga precipitada.

**stance** /stæns/ *s* postura, atitude.

**stanchion** /stæntchen, stænchen/ *s* escora, pilar, suporte; cerca, cercado. | *v* cercar, confinar (gado).

**stand** /stænd/ *v* ficar de pé, levantar-se; estar em pé; ficar ou estar em determinada posição; suportar, aguentar; submeter-se. | *s* pausa, parada; banca, barraca; plataforma, tribuna; ponto, posição; arquibancada; andaime, suporte. • **stand by** estar disponível. **stand for** simbolizar, representar. **stand up** levantar-se.

**stand-alone** /stændeloun/ *adj* independente, que funciona de modo independente (computação).

**standard** /stænderd/ *s* modelo, padrão; norma, critério, medida; estandarte, bandeira. | *adj* padrão, típico; comum, normal.

**standardization** /stænderdizeichen/ *s* estandardização, padronização.

**standardize** /stænderdaiz/ *v* padronizar.

**standard of living** *s* padrão de vida.

**standby** /stændbai/ *adj* de reserva, de prontidão. | *s* apoio, arrimo, suporte; reserva, substituto. • **standby passenger** passageiro de lista de espera.

**standing** /stænding/ *adj* ereto, em pé; fixo, permanente; de pé, com validade. | *s* lugar, posição, reputação, prestígio (social, moral); tempo, duração.

**standpoint** /stændpoint/ *s* ponto de vista.

**standstill** /stændstil/ *s* pausa, parada.

**staple** /steipel/ *s* grampo (para papéis); produto básico (de primeira necessidade).

**stapler** /steipler/ *s* grampeador.

**star** /stár/ *s* estrela; astro, corpo celeste; artista (cinema, rádio); asterisco.

**starboard** /stárberd/ *s* estibordo. | *adj* de estibordo.

**stardom** /stárdem/ *s* estrelato.

**stardust** /stárdâst/ *s* enlevo, encanto; poeira (de estrelas).

**stare** /stér/ *s* olhar fixo. | *v* fitar, pregar os olhos em.

**starfish** /stárfich/ *s* estrela-do-mar (*pl* **starfish** ou **starfishes**).

**stargaze** /stárgeiz/ *v* sonhar acordado.

**stark** /stárk/ *adj* áspero, rígido, severo; total, completo. | *adv* totalmente.

**starlight** /stárlait/ *s* luz das estrelas.

**starling** /stárling/ *s* estorninho; esporão (ponte).

**starry** /stári/ *adj* estrelado; brilhante.

**start** /stárt/ *v* iniciar, começar; pôr em marcha ou movimento, dar partida (motor); partir, sair. | *s* começo, início; saída, partida; impulso; largada; dianteira, vantagem (em corrida); linha de partida.

**starter** /stárter/ *s* motor de arranque; pessoa que inicia ou dá partida em algo; pessoa ou cavalo que participa de corrida.

**startle** /stártl/ *v* assustar, amedrontar, espantar. | *s* susto, sobressalto.

**start-up** /stártâp/ *s* inicialização.

**startup disk** *s* disco de inicialização.

S

**startup screen** *s* tela de abertura.
**starvation** /stárveichen/ *s* fome, inanição, completa desnutrição.
**starve** /stárv/ *v* passar fome. • **be starving** ter fome.
**state** /steit/ *s* estado, condição, situação; estado, país, nação; pompa, fausto, gala. • **state of the art** a última palavra (em tecnologia).
**state attorney** *s* promotor público.
**stately** /steitli/ *adj* majestoso, imponente.
**statement** /steitment/ *s* declaração; relato, informe; depoimento (testemunha); extrato bancário.
**stateroom** /steitrúm/ *s* camarote (trem, navio).
**statesman** /steitsmen/ *s* estadista.
**static** /stætik/ *s* estática (rádio). | *adj* estático, parado, imóvel.
**statics** /stætiks/ *s us v sing* ou *pl* estática (ciência).
**station** /steichen/ *s* posto (policial, de bombeiros); posição, lugar; classe social; estação.
**stationary** /steichenéri/ *adj* estacionário.
**stationary bicycle** *s* bicicleta ergométrica.
**stationer** /steichener/ *s* dono ou vendedor de artigos de papelaria.
**stationery** /steichenéri/ *s* artigos de papelaria e de escritório.
**statistical** /stetistikel/ *adj* estatístico.
**statistician** /stætistichen/ *s* estatístico.
**statistics** /stetistiks/ *s us v sing* estatística.
**statuary** /stætchuéri/ *s* estatuário.
**statue** /stætchú/ *s* estátua.
**stature** /stætcher/ *s* estatura, altura, tamanho.
**status** /steites/ *s* posição social; condição, situação, estado.
**status bar** *s* barra de *status*.
**statute** /stætchút/ *s* estatuto, lei.
**statutory** /stætchetóri/ *adj* estatuído.
**stave** /steiv/ *s* aduela; pauta; estrofe; bastão, pau, vara. | *v* colocar aduelas.
**stay** /stei/ *s* estada, estadia, permanência; esteio, escora; adiamento, suspensão (processo); pausa, parada. | *v* deter, parar; permanecer, ficar; hospedar-se; adiar, postergar; satisfazer; fixar. • **stays** espartilho.
**steadfast** /stédfæst/ *adj* fixo, firme; fiel.
**steady** /stédi/ *adj* firme, seguro; estável, constante, regular; sério, sóbrio. | *v* firmar, fixar; acalmar. | *s* namorado fixo.
**steak** /steik/ *s* bife, filé.
**steal** /stíl/ *v* furtar, roubar; mover-se sorrateiramente. | *s* ato de roubar.
**stealthy** /stélthi/ *adj* clandestino, secreto, furtivo.
**steam** /stím/ *s* vapor; energia, força. | *v* produzir vapor.
**steamboat** /stímbout/ *s* barco a vapor.
**steamer** /stímer/ *s* navio a vapor.
**steamy** /stími/ *adj* vaporoso, cheio de vapor.
**stedfast** /stédfæst/ » **steadfast**.
**steed** /stíd/ *s* corcel (cavalo).
**steel** /stíl/ *s* aço.
**steelwork** /stílwêrk/ *s* algo feito de aço. • **steelworks** *us v sing* usina siderúrgica, fundição.
**steely** /stíli/ *adj* de aço, feito de aço.
**steep** /stíp/ *adj* íngreme; exorbitante, excessivo (preço). | *v* pôr de molho, embeber; saturar. | *s* precipício; infusão.
**steeple** /stípel/ *s* campanário, torre (igreja).
**steeplechase** /stípeltcheis/ *s* corrida com obstáculos.
**steer** /stir/ *s* novilho; palpite, conselho. | *v* dirigir, pilotar, guiar.
**steerage** /stiridj/ *s* direção, leme.
**steering wheel** *s* volante (carro); timão, leme.
**steersman** /stirzmen/ *s* timoneiro.
**stellar** /stéler/ *adj* estelar.
**stem** /stém/ *s* caule, tronco, talo; pecíolo, haste, suporte; proa; raiz (gramática). | *v* originar, descender.
**stench** /sténtch/ *s* mau cheiro.

S

**stencil** /sténsel/ *s* estêncil. | *v* gravar ou reproduzir por meio de estêncil.
**step** /stép/ *s* passo; degrau; passo de dança. | *v* pisar. • **steps** degrau. **step by step** passo a passo.
**stepchild** /stéptchaild/ *s* enteado.
**stepdaughter** /stépdáter/ *s* enteada.
**stepfather** /stépfádher/ *s* padrasto.
**stepladder** /stéplæder/ *s* escada portátil.
**stepmother** /stépmâdher/ *s* madrasta.
**steppe** /stép/ *s* estepe.
**stereoscope** /stérieskoup/ *s* estereoscópio.
**stereotype** /stérietaip/ *s* estereotipia; estereótipo. | *v* estereotipar.
**sterile** /stérel/ *adj* estéril, infecundo.
**sterility** /sterileti/ *s* esterilidade.
**sterilization** /stérelizeichen/ *s* esterilização.
**sterilize** /stérelaiz/ *v* esterilizar.
**sterling** /stêrling/ *adj* puro, genuíno, de alto valor; esterlino. | *s* libra esterlina.
**stern** /stêrn/ *adj* severo, austero. | *s* popa, ré.
**stethoscope** /stétheskoup/ *s* estetoscópio.
**stevedore** /stívedór/ *s* estivador.
**stew** /stú, styú/ *s* guisado, ensopado; *inform* comissário de bordo. | *v* ensopar, guisar.
**steward** /stúerd, styúerd/ *s* comissário de bordo; mordomo; ecônomo.
**stewardess** /stúerdis, styúerdis/ *s fem* comissária de bordo.
**stick** /stik/ *s* pau; bengala; galho, graveto; bastão; haste; vara, vareta. | *v* furar; cravar; grudar, colar; salientar; paralisar.
**sticker** /stiker/ *s* adesivo, autocolante.
**stickpin** /stikpin/ *s* alfinete (gravata).
**sticky** /stiki/ *adj* pegajoso, viscoso.
**stiff** /stif/ *adj* rígido, duro; firme; inflexível, forte; denso, espesso; laborioso. | *s gír* corpo, defunto; pessoa, indivíduo; mendigo, vagabundo. | *v* enganar, trapacear.
**stiffen** /stifen/ *v* endurecer, enrijecer.
**stifle** /staifel/ *v* sufocar, abafar; reprimir, conter.
**stifling** /staifling/ *adj* sufocante, asfixiante.
**stigma** /stigme/ *s* estigma (*pl* **stigmata** / stigmáte/ ou **stigmas**).
**stigmatism** /stigmetizem/ *s* astigmatismo.
**stiletto** /stilétou/ *s* estilete (*pl* **stilettos** ou **stilettoes**).
**still** /stil/ *s* silêncio; destilaria. | *adv* calmamente; ainda, até agora; ainda assim, todavia. | *v* acalmar, tranquilizar. | *adj* calmo, tranquilo, quieto, silencioso.
**stillborn** /stilbórn/ *adj* natimorto, nascido morto.
**still life** *s* natureza morta (arte) (*pl* **still lifes**).
**stillness** /stilnes/ *s* silêncio; tranquilidade, quietude, sossego.
**stilt** /stilt/ *s* andas, pernas de pau.
**stimulant** /stimyelent/ *s* e *adj* estimulante.
**stimulate** /stimyeleit/ *v* estimular.
**stimulation** /stimyeleichen/ *s* estimulação.
**stimulus** /stimyeles/ *s* estímulo (*pl* **stimuli** /stimyelai/).
**sting** /sting/ *s* ferrão, espinho; ferroada, picada; dor aguda; *gír* tapeação. | *v* picar, ferroar; atormentar; doer; *gír* explorar.
**stinginess** /stindjines/ *s* avareza.
**stingy** /stindji/ *adj* avarento, pão-duro, miserável.
**stink** /stingk/ *s* fedor, mau cheiro. | *v* cheirar mal.
**stinking** /stingking/ *adj* malcheiroso; *gír* muito bêbedo, embriagado.
**stint** /stint/ *s* restrição, limitação; tarefa, parte, quota. | *v* restringir, limitar; poupar.
**stipend** /staipénd/ *s* paga, remuneração, salário.
**stipulate** /stipyeleit/ *v* estipular, combinar.

**stipulation** /stipyeleichen/ *s* estipulação.

**stir** /stêr/ *s* tumulto, rebuliço; movimento; agitação. | *v* mover, mexer; misturar, agitar; emocionar.

**stirps** /stêrps/ *s* estirpe, linhagem (*pl* **stirpes**).

**stirring** /stêring/ *adj* comovente; ativo; movimentado.

**stirrup** /stêrep, stirep/ *s* estribo.

**stitch** /stitch/ *s* ponto (sutura, costura); pontada, dor aguda. | *v* costurar, coser, saturar.

**stock** /sták/ *s* tronco, cepo; linhagem; estoque; provisão; ações (Bolsa de Valores). | *v* estocar, armazenar; abastecer; cultivar, plantar. | *adj* estocado.

**stockade** /stákeid/ *s* paliçada, estacada. | *v* fortificar, proteger.

**stockbroker** /stákbrouker/ *s* corretor (Bolsa de Valores).

**stock exchange** *s* bolsa de valores.

**stockholder** /stákhoulder/ *s* acionista.

**stocking** /stáking/ *s* meia (feminina).

**stock market** *s* mercado de ações, bolsa.

**stockroom** /stákrúm/ *s* almoxarifado.

**stocky** /stáki/ *adj* atarracado, robusto.

**stockyard** /stákyárd/ *s* curral.

**stoicism** /stouisizem/ *s* estoicismo.

**stoke** /stouk/ *v* atiçar, alimentar (fogo).

**stoker** /stouker/ *s* foguista, fornalheiro.

**stole** /stoul/ *s* estola. | *v pass* de **steal**.

**stolid** /stálid/ *adj* apático, impassível.

**stomach** /stâmek/ *s* estômago; abdome, barriga; vontade, disposição. | *v* tolerar, suportar.

**stone** /stoun/ *s* pedra; joia, pedra preciosa; caroço; cálculo (renal); unidade de medida inglesa equivalente a 6,4 kg. | *v* apedrejar; descaroçar; pavimentar com pedras. | *adj* de pedra, feito de pedra.

**Stone Age** *s* Idade da Pedra.

**stonewall** /stounwól/ *v* recusar-se a cooperar com ou responder algo.

**stoney** /stouni/ » **stony**.

**stony** /stouni/ *adj* rígido, inflexível; pedregoso; duro, impassível, empedernido.

**stool** /stúl/ *s* banqueta, banco (bar, piano); evacuação (fezes). | *v* defecar.

**stoop** /stúp/ *s* inclinação, posição; ataque de ave de rapina. | *v* curvar (cabeça e ombro); andar curvado; atacar uma presa (ave de rapina).

**stop** /stáp/ *s* ato de parar; suspensão, pausa; parada, ponto de ônibus; tranca; bloqueio, obstrução; ponto; término, conclusão. | *v* fazer parar, deter; parar, interromper; tapar; bloquear, obstruir.

**stopcock** /stápkák/ *s* registro, válvula reguladora (torneira).

**stoplight** /stáplait/ *s* luz de freio (carro); sinal (trânsito).

**stopover** /stápouver/ *s* escala, parada (em viagem).

**stoppage** /stápidj/ *s* suspensão; parada.

**stopwatch** /stápwátch/ *s* cronômetro.

**storage** /stóridj/ *s* armazenagem.

**storage device** *s* dispositivo de armazenamento.

**store** /stór/ *s* armazém, depósito; estoque, reserva; loja. | *v* fornecer, abastecer; fazer provisão; armazenar, depositar. • **stores** provisões.

**storehouse** /stórhaus/ *s* armazém.

**storekeeper** /stórkíper/ *s* lojista; almoxarife.

**storeroom** /stórrúm/ *s* despensa.

**stork** /stórk/ *s* cegonha.

**storm** /stórm/ *s* tempestade, temporal; investida, assalto; tumulto. | *v* ventar muito forte; formar tempestade; agir de forma violenta e rápida.

**stormy** /stórmi/ *adj* tempestuoso; violento, turbulento.

**story** /stóri/ *s* história, fábula, lenda; relato; conto, narrativa, crônica; andar, pavimento.

**storybook** /stóribuk/ *s* livro de contos.

**storyteller** /stóritéler/ *s* contador de histórias.

**storywriter** /stóriraiter/ *s* escritor de histórias.
**stout** /staut/ *s* cerveja preta; pessoa corpulenta, robusta. | *adj* forte, robusto; corpulento; resoluto, firme, forte; poderoso.
**stove** /stouv/ *s* fogão; estufa, aquecedor.
**stow** /stou/ *v* arrumar, guardar, acondicionar.
**stowage** /stouidj/ *s* armazenamento (carga, mercadoria); lugar ou espaço para armazenagem; tarifa de armazenamento.
**stowaway** /stouewei/ *s* passageiro clandestino (avião, navio).
**straddle** /strædl/ *v* escarranchar. | *s* escarranchadura.
**straggle** /strægel/ *v* desgarrar; espalhar.
**straight** /streit/ *adj* direito; direto; plano, reto; exato; sério, honesto, franco; contínuo. | *adv* em linha reta; diretamente; honestamente; continuamente; imediatamente. | *s* reta.
**straighten** /streiten/ *v* endireitar; pôr em ordem.
**straightforward** /streitfórwerd/ *adj* direto, sincero; claro, fácil de compreender. | *adv* diretamente; honestamente, francamente.
**straightjacket** /streitdjækit/ » **straitjacket**.
**straight-laced** /streitleist/ » **strait-laced**.
**straightway** /streitwei/ *adv* imediatamente; diretamente.
**strain** /strein/ *v* exagerar, forçar (voz, vista); esticar; distender (músculo). | *s* esforço; luxação, deslocação, torção; tensão, pressão; linhagem, raça; tendência, traço.
**strained** /streind/ *adj* peneirado, coado; tenso, carregado; forçado.
**strainer** /streiner/ *s* peneira, coador, filtro.
**strait** /streit/ *s* estreito (geologia). | *adj* estreito, apertado.
**straitjacket** /streitdjækit/ *s* camisa de força.
**strait-laced** /streitleist/ *adj* austero, rigoroso.
**strand** /strænd/ *s* fio, fibra; corda, cordão, meada; praia, costa. | *v* torcer, entrelaçar fios para fazer meada; ir em direção à praia; ser levado em direção à praia; fracassar.
**strange** /streindj/ *adj* estranho, desconhecido; esquisito. | *adv* estranhamente.
**stranger** /streindjer/ *s* forasteiro; estrangeiro; novato.
**strangle** /strænggel/ *v* estrangular; sufocar.
**stranglehold** /strængelhould/ *s* estrangulamento (esportes).
**strangulate** /strænggyeleit/ *v* estrangular.
**strangulation** /strænggyeleichen/ *s* estrangulação, estrangulamento.
**strap** /stræp/ *s* correia; alça. | *v* prender com correia.
**stratagem** /strætedjem/ *s* estratagema.
**strategic** /stretídjik/ *adj* estratégico.
**strategical** /stretídjikel/ » **strategic**.
**strategist** /strætedjist/ *s* estrategista.
**strategy** /strætedji/ *s* estratégia.
**stratify** /strætefai/ *v* estratificar.
**stratosphere** /strætesfir/ *s* estratosfera.
**stratum** /streitem, strætem/ *s* camada, estrato (geologia); classe social (*pl* **strata** /streite/ ou **stratums**).
**straw** /strá/ *s* palha; objeto feito de palha; canudo (para beber). | *adj* feito de palha; da cor da palha.
**strawberry** /strábéri/ *s* morango.
**stray** /strei/ *s* animal perdido. | *adj* extraviado, desviado, perdido. | *v* perder, extraviar; vaguear; desviar-se do caminho.
**streak** /strík/ *s* risca, faixa, listra, traço; veio. | *v* listrar, riscar; fazer reflexo nos cabelos.
**stream** /strím/ *s* fluxo, corrente; córrego, riacho; jorro. | *v* jorrar; correr, fluir. • **stream of consciousness** fluxo de consciência.

S

**streamer** /strímer/ *s* flâmula; fita, faixa, serpentina; manchete de jornal de página inteira.
**streaming** /strímin*g*/ *s* transmissão contínua.
**streamline** /strímlain/ *v* construir algo em forma aerodinâmica; melhorar a aparência, modernizar, reformar; organizar. | *s* aerodinâmica.
**streamlined** /strímlaind/ *adj* aerodinâmico.
**street** /strít/ *s* rua.
**streetcar** /stríṯkár/ *s* bonde.
**streetlight** /strítlait/ *s* iluminação pública.
**strength** /strén*g*k*th*, strén*gth*/ *s* força, energia, vigor; poder, potência.
**strengthen** /strén*g*k*th*en, strén*gth*en/ *v* fortalecer.
**strenuous** /strényues/ *adj* árduo, rigoroso; esforçado, ativo.
**stress** /strés/ *s* pressão; tensão, estresse; esforço; acento tônico, sílaba ou vogal tônica. | *v* exercer ou sofrer pressão; enfatizar; acentuar.
**stretch** /strétch/ *s* extensão, estiramento; trecho; período; expansão; elasticidade. | *adj* feito de material elástico. | *v* estender; espichar, esticar.
**stretcher** /strétcher/ *s* estirador, esticador; padiola, maca.
**strew** /strú/ *v* espalhar, derramar; salpicar, polvilhar.
**stricken** /striken/ *v part pass* de **strike**. | *adj* acometido, atacado; ferido (por bala).
**strict** /strikt/ *adj* absoluto; exato, preciso; rigoroso, severo; meticuloso.
**stride** /straid/ *v* transpor, galgar; andar a passos largos. | *s* passo largo.
**strident** /straident/ *adj* estridente.
**strife** /straif/ *s* luta, conflito, briga.
**strike** /straik/ *s* greve; pancada, golpe; descoberta; uma única jogada que derruba todos os pinos no boliche. | *v* bater, golpear; desferir; fazer greve; riscar (fósforo); perfurar; colidir; picar (cobra).
**striker** /straiker/ *s* grevista.
**striking** /straikin*g*/ *adj* notável, surpreendente.
**string** /strin*g*/ *s* barbante, cordão, fio; corda (instrumento musical); colar. | *v* pôr cordas (instrumento musical); amarrar ou pendurar com corda, fio; estender, esticar.
**string bean** *s* vagem.
**stringed instrument** *s* instrumento de corda.
**strip** /strip/ *s* faixa (terra); tira (papel, toucinho, história em quadrinhos); pista (avião). | *v* despir, desnudar; despojar, saquear; descascar, tirar a casca; fazer *strip-tease*; cortar em tiras.
**stripe** /straip/ *s* lista, risca, faixa; chicotada. | *v* listrar.
**striped** /straipt/ *adj* listrado.
**stripper** /striper/ *s* pessoa que faz *strip-tease*; removedor (produto químico).
**striptease** /striptíz, striptíz/ *s* dança erótica na qual a dançarina ou o dançarino se despe.
**strive** /straiv/ *v* esforçar-se, empenhar-se em.
**strobe light** *s* estroboscópio.
**stroke** /strouk/ *s* pancada, golpe; afago, carícia; batida (das horas); derrame (enfermidade). | *v* acariciar, afagar.
**stroll** /stroul/ *s* passeio, giro, volta. | *v* passear, andar.
**stroller** /strouler/ *s* andarilho; carrinho de bebê; vagabundo.
**strong** /strón*g*/ *adj* forte, robusto; poderoso; enérgico, firme; efetivo. | *adv* fortemente.
**stronghold** strón*g*hould/ *s* fortaleza, forte.
**strong-minded** /strón*g*maindid/ *adj* resoluto, determinado.
**strongly** /strón*g*li/ *adv* fortemente.
**strontium** /strántchiem/ *s* estrôncio (*símb* **Sr**).
**strophe** /droufi/ *s* estrofe.
**structural** /strâktcherel/ *adj* estrutural.

S

**structure** /strâktcher/ *s* estrutura; construção.
**struggle** /strâgel/ *s* luta, combate; esforço. | *v* lutar; esforçar-se.
**strum** /strâm/ *v* dedilhar (guitarra, violão).
**strut** /strât/ *s* esteio, escora, suporte; andar pomposo. | *v* escorar; andar de modo afetado, pomposo.
**stub** /stâb/ *s* toco, ponta (cigarro, lápis); canhoto (talão de cheque). | *v* arrancar mato, ervas daninhas pela raiz; tropeçar; pisar em ponta de cigarro.
**stubborn** /stâbern/ *adj* obstinado, teimoso; persistente.
**stubbornness** /stâbernnes/ *s* teimosia.
**stubby** /stâbi/ *adj* atarracado.
**stucco** /stâkou/ *s* estuque, reboco (*pl* **stuccoes** ou **stuccos**). | *v* rebocar.
**stud** /stâd/ *s* tacha, cravo, prego; botão (de colarinho); haras; poste, suporte; garanhão reprodutor. | *v* ornamentar, guarnecer com pregos, tachas.
**student** /stúdent, styúdent/ *s* estudante, aluno.
**studio** /stúdiou/ *s* estúdio (*pl* **studios**).
**studious** /stúdies/ *adj* estudioso; cuidadoso.
**study** /stâdi/ *v* estudar; analisar, examinar; ler cuidadosamente; investigar. | *s* estudo; meditação; pesquisa.
**stuff** /stâf/ *s* matéria-prima, material; tecido; substância, essência; bugiganga, objeto sem valor; habilidade específica. | *v* encher, rechear; entupir, tapar; estofar; empacotar bem apertado.
**stuffing** /stâfing/ *s* enchimento; recheio.
**stuffy** /stâfi/ *adj* mal ventilado, abafado; entupido, tapado (nariz); chato, desinteressante.
**stum** /stâm/ *s* mosto, engaço de uva.
**stumble** /stâmbel/ *s* tropeção; erro grave, rata. | *v* tropeçar; errar.
**stump** /stâmp/ *s* ponta, bituca (cigarro); toco (árvore, braço, dente). | *v* reduzir a toco.
**stun** /stân/ *v* atordoar, estontear. | *s* aturdimento, choque.
**stunning** /stâning/ *adj* atordoante, estonteante.
**stunt** /stânt/ *s* proeza, façanha, truque. | *v* tolher, atrofiar; impedir o crescimento, desenvolvimento.
**stuntman** /stântmæn/ *s masc* dublê.
**stuntwoman** /stântwumen/ *s fem* dublê.
**stupefaction** /stúpefækchen/ *s* estupefação.
**stupefy** /stúpefai/ *v* estupefazer, assustar.
**stupendous** /stúpéndes/ *adj* estupendo, assombroso.
**stupid** /stúpid, styúpid/ *adj* e *s* estúpido, néscio, idiota, obtuso.
**stupidity** /stúpideti/ *s* estupidez.
**sturdy** /stêrdi/ *adj* forte, vigoroso; resoluto.
**sturgeon** /stêrdjen/ *s* esturjão.
**stutter** /stâter/ *s* gagueira. | *v* gaguejar.
**sty** /stai/ *s* terçol; chiqueiro, pocilga.
**stye** /stai/ » **sty 1**.
**style** /stail/ *s* estilo; modo, maneira, método; moda; estilete (planta).
**style sheet** *s* folha de estilos.
**stylet** /stailit/ *s* estilete.
**stylish** /stailich/ *adj* elegante, na moda.
**stylist** /stailist/ *s* estilista.
**stylistics** /stailistiks/ *s us v sing* estilística.
**stylus** /stailes/ *s* estilete; agulha (vitrola) (*pl* **styluses** ou **styli** /stailai/).
**suave** /swáv/ *adj* suave, delicado.
**suavity** /swáveti/ *s* suavidade.
**subclass** /sâbklæs/ *s* subclasse.
**subconscious** /sâbkânches/ *s* subconsciente.
**subdirectory** /sâbdirékteri/ *s* subdiretório.
**subdivide** /sâbdivaid, sâbdivaid/ *v* subdividir.
**subdivision** /sâbdivijen, sâbdivijen/ *s* subdivisão.
**subdue** /sebdú, sebdyú/ *v* subjugar, dominar, conquistar.

**subduer** /sebdúer, sebdyúer/ *s* subjugador, dominador.
**subhead** /sâbhéd/ *s* subtítulo.
**subhuman** /sâbhyúmen/ *adj* subumano.
**subject** /sâbdjikt, sâbdjékt/ *adj* sujeito; exposto; dependente de, sob domínio de. | *s* assunto, tema, tópico; matéria (escolar); súdito, vassalo; sujeito (gramática); subalterno. | /sebdjékt/ *v* sujeitar, submeter a consideração de; expor-se.
**subjective** /sebdjéktiv/ *adj* subjetivo.
**subjugate** /sâbdjegeit/ *v* subjugar, conquistar.
**subjunctive** /sebdjângktiv/ *adj* e *s* subjuntivo.
**sublease** /sâblís/ *s* sublocação. | /sâblís/ *v* sublocar.
**sublimate** /sâblimeit/ *v* sublimar, elevar.
**sublime** /seblaim/ *v* sublimar, exaltar, dignificar; purificar. | *adj* sublime, nobre; majestoso, esplêndido.
**submarine** /sâbmerín, sâbmerín/ *adj* e *s* submarino.
**submerge** /sebmêrdj/ *v* submergir.
**submersion** /sebmêrjen/ *s* submersão.
**submission** /sebmichen/ *s* submissão.
**submit** /sebmit/ *v* submeter-se, sujeitar-se.
**subordinate** /sebórdenit/ *adj* e *s* subordinado. | /sebórdeneit/ *v* subordinar; dominar.
**suborn** /sebórn/ *v* subornar.
**subscribe** /sebskraib/ *v* subscrever; endossar; fazer assinatura (revista, jornal, serviço).
**subscriber** /sebskraiber/ *s* assinante (revista, jornal, serviço); usuário de serviços públicos.
**subscription** /sebskripchen/ *s* subscrição; contribuição; assinatura (revista, jornal, serviço).
**subsequent** /sâbsikwent/ *adj* subsequente, seguinte.
**subserve** /sebsêrv/ *v* servir, ser útil.
**subservient** /sebsêrvient/ *adj* subserviente.
**subside** /sebsaid/ *v* acalmar-se; baixar (de nível); decantar.
**subsidiary** /sebsidiéri/ *adj* subsidiário; subordinado; suplementar. | *s* subsidiário; subordinado.
**subsidize** /sâbsedaiz/ *v* subsidiar.
**subsidy** /sâbsedi/ *s* subsídio.
**subsist** /sebsist/ *v* subsistir, sobreviver, durar.
**subsistence** /sebsistens/ *s* subsistência.
**subsoil** /sâbsoil/ *s* subsolo.
**substance** /sâbstens/ *s* substância, matéria; essência.
**substantial** /sebstænchel/ *adj* substancial, essencial; real; forte, firme.
**substantive** /sâbstentiv/ *s* substantivo. | *adj* substancial, considerável; independente; real.
**substitute** /sâbstetút/ *s* substituto. | *v* substituir.
**substitution** /sâbstetúchen/ *s* substituição, troca.
**substructure** /sâbstrâktcher/ *s* subestrutura, base, alicerce.
**subtenancy** /sâbténensi/ *s* sublocação.
**subterfuge** /sâbterfyúdj/ *s* subterfúgio.
**subterranean** /sâbtereinien/ *adj* subterrâneo.
**subtitle** /sâbtaitel/ *s* subtítulo.
**subtle** /sâtl/ *adj* sutil; perspicaz, astuto.
**subtract** /sebtrækt/ *v* subtrair.
**subtraction** /sebtrækchen/ *s* subtração.
**subtropical** /sâbtrápikel/ *adj* subtropical.
**suburb** /sâbêrb/ *s* subúrbio.
**suburban** /sebêrben/ *adj* suburbano.
**subvention** /sebvénchen/ *s* subvenção.
**subversion** /sebvêrjen/ *s* subversão.
**subversive** /sebvêrsiv/ *s* e *adj* subversivo.
**subvert** /sâbvêrt/ *v* subverter.
**subway** /sâbwei/ *s* metrô.
**succeed** /seksíd/ *v* ter êxito, ter sucesso.
**success** /seksés/ *s* sucesso, êxito.
**successful** /seksésfel/ *adj* bem-sucedido.

**succession** /sekséchen/ *s* sucessão.
**successive** /seksésiv/ *adj* sucessivo.
**successor** /sekséser/ *s* sucessor.
**succinct** /seksingkt/ *adj* sucinto, resumido, breve.
**succor** /sâker/ *s* ajuda, alívio. | *v* socorrer, ajudar.
**succulent** /sâkyelent/ *adj* suculento.
**succumb** /sekâm/ *v* sucumbir, ceder; morrer.
**such** /sâtch/ *adj* tal, de modo que, assim. | *pron* tal, tais como. | *adv* tão.
**suck** /sâk/ *v* sugar, chupar; absorver; aspirar. | *s* sucção.
**sucker** /sâker/ *s* sugador; *gír* otário, bobo; broto; tubo de sucção.
**suckle** /sâkel/ *v* mamar; amamentar.
**suckling** /sâkling/ *s* criança ou animal em fase de amamentação.
**sucrose** /súkrous/ *s* sacarose.
**suction** /sâkchen/ *s* sucção. | *v* remover por meio de sucção. | *adj* de sucção.
**sudden** /sâden/ *adj* repentino, súbito.
**suddenly** /sâdenli/ *adv* de repente, repentinamente.
**suds** /sâdz/ *s pl* água de sabão; espuma; *gír* cerveja.
**sue** /sú/ *v* processar; apelar, rogar.
**suede** /sweid/ *s* camurça.
**suet** /súit/ *s* sebo.
**suffer** /sâfer/ *v* padecer, sofrer; tolerar, permitir.
**sufferer** /sâferer/ *s* sofredor.
**suffering** /sâfering/ *s* sofrimento.
**suffice** /sefais/ *v* ser suficiente, bastar; ser capaz.
**sufficiency** /sefichensi/ *s* suficiência.
**sufficient** /sefichent/ *adj* suficiente.
**suffix** /sâfiks/ *s* sufixo.
**suffocate** /sâfekeit/ *v* sufocar, abafar.
**suffocation** /sâfekeichen/ *s* sufocação.
**suffrage** /sâfridj/ *s* sufrágio, voto.
**sugar** /chuger/ *s* açúcar. | *v* adoçar, açucarar.
**sugar beet** *s* beterraba.
**sugar cane** *s* cana-de-açúcar.
**sugary** /chugeri/ *adj* açucarado, doce.
**suggest** /segdjést, sedjést/ *v* sugerir; propor; indicar.
**suggestion** /segdjéstchen/ *s* sugestão; indicação; proposição.
**suicidal** /súesaidel/ *adj* suicida.
**suicide** /súesaid/ *s* suicídio; suicida. • **commit suicide** suicidar-se.
**suit** /sút/ *s* terno; processo, ação judicial, petição; naipe (baralho); conjunto, coleção. | *v* ajustar, adaptar; servir, agradar; ser apropriado.
**suitable** /sútebel/ *adj* adequado, conveniente; apropriado.
**suitcase** /sútkeis/ *s* mala de viagem.
**suite** /swít/ *s* suíte, apartamento; comitiva; mobília; conjunto, pacote (grupo de coisas destinadas para uso em conjunto).
**sulfate** /sâlfeit/ *s* sulfato.
**sulfur** /sâlfer/ *s* súlfur, enxofre (*símb* **S**).
**sulfurous** /sâlferes, sâlfyures/ *adj* sulfuroso.
**sulk** /sâlk/ *s* amuo, mau humor. | *v* amuar, ficar de mau humor.
**sulky** /sâlki/ *adj* amuado, mal-humorado.
**sullen** /sâlen/ *adj* emburrado, taciturno.
**sully** /sâli/ *v* manchar, sujar.
**sulphur** /sâlfer/ » **sulfur**.
**sultan** /sâlten/ *s* sultão.
**sultry** /sâltri/ *adj* muito abafado ou quente (tempo); sensual.
**sum** /sâm/ *s* soma total; quantia; conta, cálculo. | *v* somar, adicionar.
**summarize** /sâmeraiz/ *v* resumir, sumariar.
**summary** /sâmeri/ *s* sumário, resumo. | *adj* sumariado, resumido, conciso.
**summer** /sâmer/ *s* verão. | *v* veranear. | *adj* de verão.
**summersault** /sâmersólt/ » **somersault**.
**summertime** /sâmertaim/ *s* verão.
**summit** /sâmit/ *s* topo, cume; ápice, auge.
**summon** /sâmen/ *v* convocar, chamar; notificar, intimar.

**summons** /sâmenz/ *s pl* convocação, chamada; notificação, intimação.
**sumptuous** /sâmptchues/ *adj* suntuoso.
**sun** /sân/ *s* sol. | *v* expor ao sol.
**Sun.** *abrev* de **Sunday**.
**sunbath** /sânbæth/ *s* banho de sol.
**sunbathe** /sânbeidh/ *v* tomar banho de sol.
**sunbeam** /sânbím/ *s* raio de sol.
**sun block** *s* filtro solar (loção, creme).
**sunburn** /sânbêrn/ *s* queimadura de sol.
**sundae** /sândi, sândei/ *s sundae*, sorvete com calda, frutas e *chantilly*.
**Sunday** /sândei, sândi/ *s* domingo (*abrev* **Sun.**).
**sunder** /sânder/ *v* separar, quebrar.
**sundown** /sândaun/ *s* pôr do sol.
**sundry** /sândri/ *adj* variados, diversos.
**sunflower** /sânflauer/ *s* girassol.
**sunglasses** /sânglæsis/ *s* óculos de sol.
**sunken** /sângken/ *adj* submerso, afundado; fundo, baixo.
**sunlight** /sânlait/ *s* luz solar.
**sunlit** /sânlit/ *adj* iluminado pelo sol.
**sunny** /sâni/ *adj* ensolarado; alegre.
**sunrise** /sânraiz/ *s* nascer do sol.
**sunshine** /sânchain/ *s* brilho do sol.
**sunspot** /sânspát/ *s* mancha solar.
**sunstroke** /sânstrouk/ *s* insolação.
**sup** /sâp/ *s* gole, trago. | *v* cear; beber, sorver.
**superable** /súperebel/ *adj* superável.
**superabundant** /súperebândent/ *adj* superabundante.
**superb** /sepêrb/ *adj* soberbo, magnífico.
**supercilious** /súpersilies/ *adj* soberbo, arrogante, orgulhoso.
**superficial** /súperfichel/ *adj* superficial.
**superfluous** /súpêrflues/ *adj* supérfluo.
**superhero** /súperhirou/ *s* super-herói.
**superhuman** /súperhyúmen/ *adj* sobre-humano, sobrenatural.
**superimpose** /súperimpouz/ *v* sobrepor.
**superimposition** /súperimpezichen/ *s* sobreposição.
**superintend** /súperinténd/ *v* superintender, supervisionar.
**superintendent** /súperinténdent/ *s* superintendente.
**superior** /sepirier/ *adj* superior; arrogante. | *s* superior; pessoa de qualidade superior.
**superlative** /sepêrletiv/ *adj* e *s* superlativo; extraordinário.
**superman** /súpermæn/ *s* super-homem.
**supermarket** /súpermárkit/ *s* supermercado.
**supernatural** /súpernætcherel/ *adj* e *s* sobrenatural.
**superpower** /súperpauer/ *s* superpotência.
**superscript** /súperskript/ *s* sobrescrito.
**supersede** /súpersíd/ *v* substituir.
**supersensible** /súpersénsebel/ *adj* supersensível, suprassensível.
**supersonic** /súpersánik/ *adj* supersônico.
**superstition** /súperstichen/ *s* superstição.
**superstitious** /súperstiches/ *adj* supersticioso.
**superstructure** /súperstrâktcher/ *s* superestrutura.
**supervise** /súpervaiz/ *v* supervisionar.
**supervision** /súpervijen/ *s* supervisão.
**supervisor** /súpervaizer/ *s* supervisor.
**supper** /sâper/ *s* ceia.
**supplant** /seplænt/ *v* suplantar.
**supple** /sâpel/ *adj* flexível; adaptável. | *v* tornar-se flexível.
**supplement** /sâplement/ *s* suplemento. | /sâplemént/ *v* suplementar.
**supplemental** /sâpleméntel/ » **supplementary**.
**supplementary** /sâpleménteri/ *adj* suplementar.
**supplicant** /sâplekent/ *s* e *adj* suplicante.
**supplicate** /sâplekleit/ *v* suplicar.
**supplication** /sâplekeichen/ *s* súplica.
**supplier** /seplaier/ *s* fornecedor.
**supply** /seplai/ *s* fornecimento; provisão, abastecimento. | *v* fornecer; prover, abastecer.

**support**/sepórt/ *s* suporte; sustento, manutenção; apoio, assistência, ajuda. | *v* sustentar; suster; dar suporte, apoiar.
**suppose**/sepouz/ *v* supor, imaginar.
**supposed**/sepouzd/ *adj* suposto.
**supposition**/sâpezichen/ *s* suposição.
**suppository**/sepázetóri/ *s* supositório.
**suppress**/seprés/ *v* suprimir, cortar; sufocar, reprimir; conter.
**suppression** /sepréchen/ *s* supressão; repressão; contenção.
**suppurate**/sâpyereit/ *v* supurar.
**suppuration** /sâpyereichen/ *s* supuração.
**supremacy**/seprémesi/ *s* supremacia.
**supreme**/seprím/ *adj* supremo.
**surcharge** /sêrtchárdj/ *s* sobrecarga; sobretaxa. | *v* sobrecarregar; cobrar a mais.
**surcoat**/sêrkout/ *s* sobretudo.
**sure** /chur/ *adj* certo, com certeza, seguro; inevitável; confiável. | *adv* certamente, sem dúvida. • **for sure** certamente.
**surely** /churli/ *adv* sem dúvida, certamente.
**surety**/chureti/ *s* caução, garantia; confiança, certeza; fiador.
**surf** /sêrf/ *s* surfe; rebentação (ondas). | *v* surfar.
**surface**/sêrfis/ *s* superfície. | *v* vir à tona; aplicar uma superfície em. | *adj* superficial; da ou na superfície.
**surfboard**/sêrfbórd/ *s* prancha de surfe.
**surfeit**/sêrfit/ *s* excesso (bebida, comida). | *v* saciar-se, fartar-se.
**surgeon**/sêrdjen/ *s* cirurgião.
**surgery** /sêrdjeri/ *s* cirurgia; sala de cirurgia.
**surgical**/sêrdjikel/ *adj* cirúrgico.
**Suriname**/surinám/ *s* Suriname.
**Surinamese** /suerinæmíz/ *s* e *adj* surinamês.
**surliness**/sêrlines/ *s* mau humor.
**surly** /sêrli/ *adj* mal-humorado, áspero, grosseiro.
**surmise**/sermaiz/ *s* conjetura, desconfiança, suposição. | *v* conjeturar, supor.
**surmount** /sermaunt/ *v* superar, vencer, conquistar; escalar.
**surname**/sêrneim/ *s* sobrenome.
**surpass**/serpæs/ *v* exceder; superar.
**surplus** /sêrples/ *s* excesso, sobra. | *adj* excedente.
**surprise** /serpraiz/ *s* surpresa. | *v* surpreender.
**surprize**/serpraiz/ » **surprise**.
**surrealism**/seríelizem/ *s* surrealismo.
**surrender**/serénder/ *s* rendição; renúncia. | *v* render-se; renunciar.
**surreptitious** /sêreptiches/ *adj* subreptício.
**surround** /seraund/ *v* rodear; envolver, cercar. | *s* redor.
**surroundings** /seraundinggz/ *s pl* arredores.
**surveillance**/serveilyens/ *s* observação, vigilância.
**survey** /servei, sêrvei/ *v* investigar, inspecionar, examinar, vistoriar; fazer levantamento topográfico. | /sêrvei/ *s* investigação, inspeção, exame, vistoria; levantamento de dados; visão geral.
**surveyor**/serveier/ *s* inspetor.
**survival**/servaivel/ *s* sobrevivência.
**survive**/servaiv/ *v* sobreviver.
**survivor**/servaiver/ *s* sobrevivente.
**susceptibility** /seséptebileti/ *s* suscetibilidade.
**susceptible** /seséptebel/ *adj* suscetível; vulnerável; sensível.
**suspect** /sâspékt/ *s* e *adj* suspeito. | /sespékt/ *v* suspeitar, desconfiar.
**suspend**/sespénd/ *v* suspender.
**suspenders** /sespénderz/ *s pl* suspensórios.
**suspense**/sespéns/ *s* suspense, expectativa; dúvida, indecisão.
**suspension**/sespénchen/ *s* suspensão.
**suspension bridge** *s* ponte levadiça.
**suspicion** /sespichen/ *s* suspeita, desconfiança.

S

**suspicious** /sespiches/ *adj* suspeito, duvidoso.
**sustain** /sestein/ *v* sustentar, manter; amparar; escorar.
**swab** /swáb/ *v* limpar com esfregão. | *s* esfregão, estropalho.
**swag** /swæg/ *s* drapeado, cortina drapeada; festão (ornamento).
**swagger** /swæger/ *s* atitude ou fala insolente. | *v* andar com ar arrogante.
**swallow** /swálou/ *s* andorinha; trago, gole. | *v* engolir, tragar, devorar; acreditar sem questionar, engolir.
**swamp** /swámp/ *s* brejo, pântano. | *v* atolar, afundar.
**swampy** /swámpi/ *adj* pantanoso.
**swan** /swán/ *s* cisne.
**swap** /swáp/ *s* troca, permuta, barganha. | *v* trocar, permutar.
**sward** /swórd/ *s* gramado, campina.
**swarm** /swórm/ *s* multidão; enxame (abelha); bando.
**swarthy** /swórdhi, swórthi/ *adj* moreno, trigueiro.
**swash** /swách/ *v* chapinhar, esguichar. | *s* esguicho.
**swat** /swát/ *v* bater, dar tapas. | *s* tapa, soco.
**swathe** /sweidh/ *s* atadura, faixa. | *v* enfaixar.
**sway** /swei/ *s* oscilação, balanço; poder, influência. | *v* oscilar, balançar; pender para um lado; influenciar.
S
**swear** /swér/ *v* jurar; prometer; xingar, falar palavrões.
**sweat** /swét/ *s* suor, transpiração. | *v* suar, transpirar.
**sweater** /swéter/ *s* suéter.
**swede** /swíd/ *s* sueco.
**Sweden** /swíden/ *s* Suécia.
**Swedish** /swídich/ *adj* sueco. | *s* sueco (idioma).
**sweep** /swíp/ *v* varrer; remover, arrastar (vento, temporal); deslizar. | *s* varredura; limpeza.
**sweeper** /swíper/ *s* gari, varredor de rua.
**sweeping** /swíping/ *adj* impetuoso; amplo.
**sweepstakes** /swípsteiks/ *s us v sing* ou *pl* jogo de apostas em corrida de cavalos.
**sweet** /swít/ *adj* doce, adocicado; suave, meigo, gentil; perfumado, cheiroso. | *s* doce, sobremesa.
**sweeten** /swíten/ *v* adoçar; suavizar.
**sweetener** /swítener/ *s* adoçante.
**sweetening** /swítening/ *s* adoçamento; adoçante.
**sweetheart** /swíthárt/ *s* namorado, namorada; querido, querida.
**sweetness** /swítnes/ *s* doçura.
**sweet potato** *s* batata-doce.
**sweetsop** /swítsáp/ *s* pinha, fruta-do--conde.
**swell** /swél/ *s* aumento; inchação, intumescência; protuberância; ondulação. | *v* inchar, dilatar; aumentar, crescer; orgulhar-se, ficar arrogante. | *adj* elegante, na moda, fino.
**swelling** /swéling/ *s* inchaço; dilatação; expansão.
**swelter** /swélter/ *v* sentir-se sufocado, sofrer com o calor.
**swerve** /swêrv/ *s* desvio, mudança (direção). | *v* desviar, mudar de direção.
**swift** /swift/ *adj* rápido, veloz, ligeiro; pronto, imediato.
**swiftness** /swiftnes/ *s* ligeireza, rapidez; presteza.
**swig** /swig/ *s inform* trago, gole. | *v* beber em goles grandes.
**swim** /swim/ *s* natação. | *v* nadar; boiar.
**swimmer** /swimer/ *s* nadador.
**swimming** /swiming/ *s* natação.
**swimming pool** *s* piscina.
**swimsuit** /swimsút/ *s* traje de banho.
**swindle** /swindl/ *s* fraude, burla, trapaça, logro. | *v* burlar, trapacear, lograr.
**swindler** /swindler/ *s* vigarista, trapaceiro.
**swine** /swain/ *s* porco, suíno (*pl* **swine**).
**swing** /swing/ *v* balançar, oscilar; girar; gingar; *gír* enforcar. | *s* balanço; inclinação, tendência.

**swinish** /swainich/ *adj* grosseiro, bruto; suíno.
**swipe** /swaip/ *s* golpe, pancada forte; crítica severa. | *v* golpear, socar; roubar.
**swirl** /swêrl/ *s* redemoinho; rodopio. | *v* redemoinhar; rodopiar.
**swish** /swich/ *v* sibilar, zunir. | *s* zunido.
**Swiss** /swis/ *adj* e *s* suíço.
**switch** /switch/ *s* interruptor, chave; troca, permuta; vara, chicote. | *v* ligar ou desligar o interruptor; trocar, permutar; chicotear.
**switchboard** /switchbórd/ *s* mesa telefônica; quadro ou painel de controle.
**switchman** /switchmen/ *s* manobreiro (estrada de ferro).
**Switzerland** /switserlend/ *s* Suíça.
**swivel** /swivel/ *s* tornel, eixo; pivô, suporte giratório. | *v* girar, rodar.
**swob** /swáb/ » **swab**.
**swoon** /swún/ *s* desmaio. | *v* desmaiar.
**swoop** /swúp/ *s* queda, descida, ataque (ave de rapina); investida, arremetida. | *v* descer, cair; mergulhar (para pegar presa).
**swop** /swáp/ » **swap**.
**sword** /sórd/ *s* espada.
**swordfish** /sórdfich/ *s* peixe-espada (*pl* **swordfish** ou **swordfishes**).
**swordsman** /sórdzmen/ *s* esgrimista.
**sycophant** /sikefent, saikefent/ *s* puxa-saco.
**syllabic** /silæbik/ *adj* silábico.
**syllable** /silebel/ *s* sílaba.
**syllabus** /silebes/ *s* resumo, roteiro; programa (curso, estudo) (*pl* **syllabuses** ou **syllabi** /silebai/).
**symbol** /simbel/ *s* símbolo. | *v* simbolizar.
**symbol font** *s* fonte de símbolos.
**symbolic** /simbálik/ *adj* simbólico.
**symbolical** /simbálikel/ » **symbolic**.
**symbolism** /simbelizem/ *s* simbolismo.
**symbolize** /simbelaiz/ *v* simbolizar.
**symmetric** /simétrik/ » **symmetrical**.
**symmetrical** /simétrikel/ *adj* simétrico.
**symmetry** /simetri/ *s* simetria.
**sympathetic** /simpethétik/ *adj* solidário; compreensivo; bondoso, humano. • **sympathetic nervous system** sistema nervoso simpático.
**sympathize** /simpethaiz/ *v* compadecer, ter pena; solidarizar; dar pêsames.
**sympathy** /simpethi/ *s* compaixão, pena; solidariedade; simpatia. • **sympathies** pêsames, condolências.
**symphonic** /simfánik/ *adj* sinfônico.
**symphony** /simfeni/ *s* sinfonia.
**symposium** /simpouzien/ *s* simpósio. (*pl* **symposiums** ou **symposia** /simpouzie/).
**symptom** /simtem, simptem/ *s* sintoma.
**symptomatic** /simtemætik, simptemætik/ *adj* sintomático.
**synagog** /sinegág/ » **synagogue**.
**synagogue** /sinegág/ *s* sinagoga.
**synchronism** /singkrenizem/ *s* sincronismo.
**synchronization** /singkrenizeichen/ *s* sincronização.
**synchronize** /singkrenaiz/ *v* sincronizar.
**synchrony** /singkreni/ *s* sincronia.
**syncopation** /singkepeichen/ *s* síncope (gramática e música).
**syncope** /singkepi/ *s* síncope (medicina, gramática e música).
**syncretism** /singkretizem/ *s* sincretismo.
**syndetic** /sindétik/ *adj* sindético.
**syndic** /sindik/ *s* síndico.
**syndicalism** /sindikelizem/ *s* sindicalismo.
**syndicate** /sindekit/ *s* sindicato.
**syndrome** /sindroum/ *s* síndrome.
**synonym** /sinenim/ *s* sinônimo.
**synonymous** /sinánemes/ *adj* sinônimo.
**synopsis** /sinápsis/ *s* sinopse (*pl* **synopses** /sinápsíz/).
**synoptic** /sináptik/ *adj* sinóptico.
**synoptical** /sináptikel/ » **synoptic**.
**syntax** /sintæks/ *s* sintaxe.
**synthesis** /sinthesis/ *s* síntese (*pl* **syntheses** /sinthesíz/).
**synthesize** /sinthesaiz/ *v* sintetizar.

S

**synthetic** /sinthétik/ *adj* sintético.
**syphilis** /sifelis/ *s* sífilis.
**syphon** /saifen/ » **siphon**.
**Syria** /sirie/ *s* Síria.
**Syrian** /sirien/ *adj* e *s* sírio.
**syringe** /serindj, sirindj/ *s* seringa.
**syrup** /sirep, sêrep/ *s* xarope; calda.
**system** /sistem/ *s* sistema; método, ordem; regime (político).
**system administrator** *s* administrador de sistema.
**systematic** /sistemætik/ *adj* sistemático.
**systematical** /sistemætikel/ » **systematic**.
**systematics** /sistemætiks/ *s us v sing* sistemática.
**systematize** /sistemetaiz/ *v* sistematizar.
**system error** *s* erro do sistema.
**system failure** *s* queda do sistema.
**system operator** *s* operador de sistema.
**system prompt** *s* aviso do sistema.
**systems analysis** *s* análise de sistemas.
**systems analyst** *s* analista de sistemas.
**systole** /sisteli/ s sístole.

S

# Tt

**t** ou **T** /tí/ *s* 20ª letra do alfabeto inglês. | *abrev maiús* de **temperature**.

**tab** /tæb/ *s* lingueta, presilha; aba; etiqueta (em roupa); argola; *inform* conta, nota (para pagar); guia; tabulação.

**tabby** /tæbi/ *s* tabi (tipo de tafetá); gato malhado (especialmente fêmea); solteirona; fofoqueira. | *adj* malhado (gato).

**tab character** *s* caractere de tabulação.

**tabernacle** /tæbernækel/ *s* tabernáculo.

**table** /teibel/ *s* mesa; alimento servido à mesa; pessoas reunidas à mesa; tábua; lista, tabela, quadro. | *v* pôr na mesa; fazer tabela ou lista; adiar discussão ou votação (projeto de lei). • **at table** à mesa. **lay/set the table** pôr a mesa. **bus table** horário de ônibus. **table of contents** índice.

**tablecloth** /teibelkláth/ *s* toalha de mesa.

**tableland** /teibellænd/ *s* planalto, platô.

**table lookup** *s* pesquisa em tabela.

**tablespoon** /teibelspún/ *s* colher de sopa.

**tablet** /tæblit/ *s* placa de pedra ou metal (comemorativa); comprimido, pastilha; bloco ou folha de papel. | *v* inscrever em uma placa.

**tabloid** /tæbloid/ *s* tabloide.

**taboo** /tebú/ *s* e *adj* tabu (*pl* **taboos**).

**tabor** /teiber/ *s* tamborim, pequeno tambor.

**tabour** /teiber/ » **tabor**.

**tabu** /tebú/ » **taboo**.

**tabulate** /tæbyeleit/ *v* dispor em quadros sinópticos ou em tabela; tabelar; aplanar, alisar. | *adj* aplainado, plano.

**tachometer** /tækámeter/ *s* tacômetro.

**tachycardia** /tækikárdie/ *s* taquicardia.

**tachygraphy** /tækigrefi/ *s* taquigrafia.

**tacit** /tæsit/ *adj* tácito, implícito.

**tack** /tæk/ *s* tacha, prego de cabeça larga; alinhavo; cabo, corda; comida de qualidade inferior; ação de se mover de um lado para outro. | *v* pregar, prender com tachas; alinhavar; juntar, adicionar.

**tackle** /tækel/ *s* equipamento ou aparelhagem usado na prática de um esporte; talha, cordame. | *v* cometer falta (futebol americano); agarrar, derrubar; atacar, enfrentar (problema); arrear (cavalo).

**tact** /tækt/ *s* tato, jeito, tino, discernimento.

**tactful** /tæktfel/ *adj* discreto, diplomático.

**tactic** /tæktik/ *s* tática, método. • **tactics** *us v sing* operações táticas, manobra militar.

**tactical** /tæktikel/ *adj* tático, habilidoso.

**tactless** /tæktles/ *adj* sem tato, inábil.

**tadpole** /tædpoul/ *s* girino.

**taenia** /tínie/ *s* tênia (*pl* **taeniae** /tínií/ ou **taenias**).

**taffy** /tæfi/ *s* bala puxa-puxa.

**tag** /tæg/ *s* etiqueta (identificação, preço); qualquer ponta solta, farrapo, mecha de cabelo emaranhado; citação famosa, chavão, clichê; pega-pega, pique; identificador, marca. | *v* pôr etiquetas, rotular, classificar, identificar; seguir, acompanhar alguém de perto; juntar, acrescentar; pegar alguém no pega-pega.

**Tahiti** /tehíti/ *s* Taiti.

**Tahitian** /tehítichen/ *s* e *adj* taitiano.

**tail** /teil/ *s* cauda, rabo (animal, cometa, veículo, avião, vagão); rabiola (pipa, papagaio); ponta, extremidade, fim; *gír* nádegas, traseiro; *inform* pessoa ou detetive que segue ou observa outra pessoa; rabo de cavalo, trança. | *v* seguir, vigiar; formar fila. • **tails** *us v sing* coroa (moeda).

**taillight** /teilait/ *s* lanterna traseira (veículo).

**tailor** /teiler/ *s* alfaiate. | *v* fazer roupa sob medida; trabalhar como alfaiate; adaptar, adequar.

**tailor-made** /teilermeid/ *adj* feito por alfaiate; feito sob medida. | *s* roupa feita por alfaiate.

**taint** /teint/ *s* mancha, mácula; epidemia, infecção; decadência, corrupção. | *v* estragar, apodrecer; contaminar; corromper.

**Taiwan** /taiwán/ *s* Taiwan.

**Taiwanese** /taiweníz/ *s* e *adj* taiuanês.

**Tajik** /tádjik/ *s* e *adj* tadjique.

**Tajikistan** /tádjikistæn/ *s* Tadjiquistão.

T

**take** /teik/ *v* pegar, agarrar, tomar; usar, tomar (ônibus, trem); levar, conduzir; ser preciso, requerer; tirar, subtrair; assumir, aproveitar; supor, concluir; ganhar (jogo, competição); tomar, beber, engolir. | *s* tomada, captura; tomada (cena de filme); receita, lucro; ato de tomar, pegar; renda arrecadada em um jogo; caça, presa. • **take it easy** ir com calma. **take into account** levar em conta. **take for** considerar como, tomar por. **take off** tirar, despir, remover.

**taken** /teiken/ *part pass* de **take**.

**takeoff** /teikáf/ *s* decolagem; partida, embarque.

**takeout** /teikaut/ *adj* para viagem, para levar (refeição).

**takeover** /teikouver/ *s* aquisição de controle, tomada de poder.

**talc** /tælk/ *s* talco.

**tale** /teil/ *s* conto, história; maledicência, mexerico, mentira.

**talebearer** /teilbérer/ *s* mexeriqueiro, fofoqueiro.

**talent** /tælent/ *s* talento, aptidão.

**talisman** /tælizmen/ *s* talismã.

**talk** /tók/ *v* falar, dizer, exprimir-se; conversar, espalhar boatos; discutir, debater. | *s* fala, conversa, leitura; boato, mexerico. • **small talk** conversa fiada. **talk back** retrucar.

**tall** /tól/ *adj* alto (principalmente pessoas); que tem uma determinada altura; *inform* exorbitante, exagerado. • **how tall are you?** qual é a sua altura? quanto você mede?

**tallow** /tælou/ *s* sebo, banha. | *v* ensebar.

**tally** /tæli/ *s* contagem, registro do escore; correspondência, concordância; rótulo, etiqueta. | *v* calcular, fazer a conta; etiquetar, rotular; corresponder, ser igual.

**talon** /tælen/ *s* garra, unha.

**tamable** /teimebel/ adj domável.

**tamarind** /tæmerind/ *s* tamarindo.

**tambour** /tæmbur/ *s* tambor.

**tambourine** /tæmberín/ *s* pandeiro.

**tame** /teim/ *adj* manso; domesticado; dócil, submisso; insípido, sem graça. | *v* domar, domesticar; abrandar, amansar.

**tameable** /teimebel/ » **tamable**.

**tamer** /teimer/ *s* domesticador, domador.

**tamper** /tæmper/ *v* intrometer-se, influir, interferir.

**tampon** /tæmpám/ *s* absorvente interno.

**tan** /tæn/ *v* curtir (couro) com tanino; bronzear-se; *inform* surrar, espancar. | *s* cor morena, castanho-amarelado, bronzeado; tanino. | *adj* bronzeado, moreno.

**tandem** /tændem/ *s* carruagem puxada por dois cavalos (um atrás do outro); tandem (bicicleta de dois assentos).

**tang** /tæng/ *s* sabor ou odor muito forte, como o do suco de laranja; sabor picante; vestígio, traço; ruído estridente.

**tangence** /tændjens/ » **tangency**.

**tangency** /tændjensi/ *s* tangência.

**tangent** /tændjent/ *s* tangente.

**tangerine** /tændjerín/ *s* tangerina.

**tangible** /tændjebel/ *adj* tangível.

**tangle** /tænggel/ *s* complicação, confusão; *inform* altercação. | *v* emaranhar--se, enredar-se; brigar, discutir.

**tango** /tænggou/ *s* tango.

**tank** /tængk/ *s* tanque (água, gasolina); *Mil* tanque de combate; *gír* prisão, cela. | *v* armazenar em um tanque.

**tantamount** /tæntemaunt/ *adj* equivalente (em valor e efeito).

**tantivy** /tæntivi/ *adv* a todo galope, a toda velocidade. | *s* galope rápido.

**Tanzania** /tænzeníe/ *s* Tanzânia.

**Tanzanian** /tænzeníen/ *s* e *adj* tanzaniano.

**tap** /tæp/ *s* torneira; pancada leve; bebida tirada de barril; batoque, rolha; solado ou salto de sapato. | *v* bater de leve com a mão; pôr sola ou salto em sapato; abrir, deixar cair, tirar líquido; fazer uma punção; sangrar (árvore); grampear (telefone). • **taps** *us v sing* ou *pl* toque de silêncio, toque de recolher.

**tap dance** *s* sapateado.

**tape** /teip/ *s* fita; fita cassete; trena; fita adesiva. | *v* amarrar, atar, prender; medir com a trena; gravar música ou imagem em fita.

**tape cartridge** s cartucho de fita.

**tape drive** *s* unidade de fita.

**tape measure** *s* fita métrica, trena.

**tape player** *s* toca-fitas.

**taper** /teiper/ *s* círio, vela delgada; afilamento, adelgaçamento. | *v* afilar-se, ficar mais delgado; diminuir gradualmente até terminar.

**tape recorder** *s* gravador.

**tape recording** *s* gravação de música ou imagem em fita.

**tapestry** /tæpestri/ *s* tapeçaria.

**tapeworm** /teipwêrm/ *s* tênia, solitária.

**tapir** /teiper/ *s* anta, tapir.

**tar** /tár/ *v* alcatroar, brear, cobrir com alcatrão. | *s* alcatrão, breu; *inform* marinheiro.

**tarantula** /teræntchele/ *s* tarântula (*pl* **tarantulas** ou **tarantulae** /teræntcheli/).

**tardiness** /tárdines/ *s* lentidão, vagar; atraso.

**tardy** /tárdi/ *adj* tardio, atrasado; vagaroso, lento.

**target** /tárgit/ *s* alvo, mira; meta, objetivo; pequeno escudo; objeto de crítica ou ataque. | *v* estabelecer metas, objetivar.

**target language** *s* linguagem de destino.

**tariff** /térif/ *s* tarifa, taxa. | *v* tarifar, taxar.

**tarn** /tárn/ *s* pequeno lago entre montanhas.

**tarnish** /tárnich/ *s* mancha, desdouro; perda de brilho devido à corrosão ou oxidação (metal). | *v tb fig* manchar.

**tarry** /téri/ *v* demorar-se, retardar-se; esperar. | /tári/ *adj* coberto de alcatrão, alcatroado.

**tart** /tárt/ *adj* ácido, acre, azedo. | *s* torta doce; prostituta.

**tartan** /tárten/ *s* tecido axadrezado.

**tartar** /tárter/ *s* tártaro; *maiús* tártaro (povo da Ásia Central).

**tartar sauce** *s* molho tártaro.

**tartness** /tártnes/ *s* azedume, acidez.

**task** /tæsk/ *s* tarefa, incumbência, empreitada. | *v* impor uma tarefa; sobrecarregar.

**task bar** *s* barra de tarefas.

**task force** *s* força-tarefa.
**tassel** /tæsel/ *s* borla (cortina, almofada). | *v* enfeitar com borlas.
**taste** /teist/ *s* gosto, paladar, sabor; preferência, predileção; gosto, distinção, elegância. | *v* provar, experimentar; degustar, saborear. • **bad taste** mau gosto. **good taste** bom gosto.
**tasteful** /teistful/ *adj* saboroso, gostoso; bom gosto.
**tasteless** /teistles/ *adj* insípido, sem gosto; mau gosto.
**taster** /teister/ *s* provador, degustador.
**tasty** /teisti/ *adj* saboroso; fino, de bom gosto.
**tatter** /tæter/ *s* farrapo, trapo. | *v* esfarrapar, tornar-se esfarrapado.
**tattle** /tætl/ *s* tagarelice, mexerico. | *v* tagarelar, jogar conversa fora, mexericar.
**tattoo** /tætú/ *s* tatuagem; toque de recolher (*pl* **tattoos**). | *v* tamborilar, bater com os dedos; tatuar.
**taught** /tát, tót/ *pass* e *part pass* de **teach**.
**taunt** /tánt/ *s* mofa, insulto, zombaria, sarcasmo. | *v* censurar, escarnecer, insultar, zombar.
**Taurus** /tóres/ *s* Touro (signo e constelação).
**tavern** /tævern/ *s* taberna, botequim.
**tawny** /táni/ *s* castanho-amarelado.
**tax** /tæks/ *s* taxa, imposto, tributo; cargo, fardo, imposição. | *v* taxar, cobrar impostos.
**taxable** /tæksebel/ *adj* tributável, sujeito a taxação.
**taxation** /tækseichen/ *s* taxação, tributação.
**tax evasion** *s* sonegação de impostos.
**tax-exempt** /tæksigzémpt/ *adj* isento de tributação.
**tax-free** /tæksfrí/ *adj* isento de impostos.
**taxi** /tæksi/ *s* táxi (*pl* **taxis** ou **taxies**). | *v* transportar de táxi; taxiar.
**taxicab** /tæksikæb/ *s* táxi.
**taxidermist** /tæksidêrmist/ *s* taxidermista.
**taxidermy** /tæksidêrmi/ *s* taxidermia.
**taxi driver** *s* motorista de táxi.
**taximeter** /tæksimíter/ *s* taxímetro.
**taxi stand** *s* ponto de táxi.
**T-bone** /tíboun/ *s* bisteca, bife bovino com osso em forma de T.
**TCP** /tísípí/ *abrev* de **Transmission Control Protocol**, protocolo de controle de transmissão.
**TCP/IP** /tísípí aipí/ *abrev* de **Transmission Control Protocol/Internet Protocol**, protocolo de controle de transmissão/protocolo Internet.
**tea** /tí/ *s* chá; *gír* maconha.
**tea bag** *s* saquinho de chá.
**teach** /títch/ *v* ensinar, instruir.
**teacher** /títcher/ *s* professor, mestre, instrutor.
**teacup** /tíkâp/ *s* xícara de chá.
**team** /tím/ *s* equipe, time; turma, bando; junta, parelha (bois, cavalos). | *v* emparelhar, jungir; associar-se, agrupar-se.
**teamwork** /tímwêrk/ *s* trabalho de equipe.
**teapot** /típát/ *s* bule para servir chá.
**tear** /tér/ *s* rasgão, rasgo; correria, fúria; *gír* grande farra, bebedeira; lágrima; gota. | *v* rasgar em pedacinhos; correr; dilacerar; arrancar com violência; dividir, partir. • **tears** choro, pranto.
**tear gas** *s* gás lacrimogêneo.
**tease** /tíz/ *v* aborrecer, incomodar, irritar; brincar, caçoar; conseguir algo com agrados persistentes. | *s* provocador, brincalhão; importunação.
**teaspoon** /tíspún/ *s* colher de chá.
**teat** /tít/ *s* teta, úbere, mama; bico de mamadeira.
**technic** /téknik/ *s* técnica. | *adj* técnico.
**technics** /tékniks/ *us v sing* ou *pl* técnica, processo, método, teoria; *us v pl* detalhes, métodos técnicos, regras.
**technical** /téknikel/ *adj* relativo a técnica; com habilidade ou conhecimento especial.
**technician** /tékníkchen/ *s* técnico, perito (eletrônica, computação).

**technology** /téknáledji/ *s* tecnologia.
**teddy bear** *s* urso de pelúcia.
**tedious** /tídies/ *adj* tedioso, maçante.
**tee** /tí/ *s* a letra T; qualquer coisa em forma de T.
**teem** /tím/ *v* abundar em, estar cheio de; derramar, esvaziar.
**teen** /tín/ *s geralm pl* os numerais ou os anos entre 13 e 19; adolescente.
**teenage** /tíneidj/ *adj* adolescente.
**teenager** /tíneidjer/ *s* adolescente.
**teeth** /títh/ *s* dentes (*pl* de **tooth**).
**teetotaler** /títouteler/ *s* abstêmio.
**teetotalist** /títoutelist/ » **teetotaler**.
**teetotaller** /títouteler/ » **teetotaler**.
**TEFL** /téfel/ *abrev* de **Teaching English as a Foreign Language**, ensino de inglês como língua estrangeira.
**tegument** /tégyument/ *s* tegumento.
**telecommunication** /télikemyúnikeichen/ *s* telecomunicação.
**telecourse** /télikórs/ *s* telecurso.
**telegraph** /téligræf/ *s* telégrafo. | *v* telegrafar.
**telegraphy** /téligrefi/ *s* telegrafia.
**telemarketing** /télemárketing/ *s telemarketing*, vendas por telefone.
**telemetry** /telémetri/ *s* telemetria.
**telepathy** /telépethi/ *s* telepatia.
**telephone** /télefoun/ *s* telefone.
**telephone book** *s* agenda de telefone.
**telephone booth** *s* cabina de telefone público.
**telephone exchange** *s* central telefônica.
**telephone receiver** *s* fone, fono.
**telephonic** /télefánik/ *adj* telefônico.
**telephonist** /teléfenist/ *s* telefonista.
**telephony** /teléfeni/ *s* telefonia.
**telescope** /téleskoup/ *s* telescópio.
**Teletype™** /téletaip/ *s* teletipo.
**televise** /télevaiz/ *v* televisionar.
**television** /télevijen/ *s* televisão.
**tell** /tél/ *v* dizer, contar; revelar, informar, notificar; dar instruções; distinguir, diferenciar; narrar, relatar; causar impacto, ter efeito.
**teller** /téler/ *s* narrador, contador de histórias; caixa de banco; caixa eletrônico.
**temerity** /teméreti/ *s* temeridade.
**temper** /témper/ *s* têmpera (aço); temperamento, gênio; humor, disposição. | *v* temperar (aço, vidro, cerâmica); misturar; abrandar, mitigar; temperar, afinar.
**temperament** /témperement/ *s* temperamento.
**temperamental** /témpereméntel/ *adj* temperamental.
**temperance** /témperens/ *s* temperança, moderação; total abstinência alcoólica.
**temperate** /témperet/ *adj* temperado, moderado; temperado, ameno (clima, tempo).
**temperature** /témperetcher/ *s* temperatura; febre. • **have a temperature** estar com febre.
**tempest** /témpist/ *s* tempestade; *inform* agitação violenta, tumulto.
**template** /témplit/ *s* modelo, gabarito.
**temple** /témpel/ *s* templo; têmpora.
**tempo** /témpou/ *s* cadência, ritmo; movimento, andamento (música) (*pl* **tempos** ou **tempi** /témpí/).
**temporary** /témperéri/ *adj* temporário. | *s* temporário (empregado, trabalhador).
**temporary file** *s* arquivo temporário.
**tempt** /témpt/ *v* tentar, provocar; seduzir.
**tempttation** /témpteichen/ *s* tentação.
**ten** /tén/ *num* dez.
**tenacious** /teneiches/ *adj* tenaz, duro, forte; aderente.
**tenant** /ténent/ *s* inquilino, locatário; arrendatário; morador, residente. | *v* alugar, arrendar.
**tend** /ténd/ *v* cuidar de, zelar por; atender, trabalhar (na loja); cultivar; ter tendência, inclinação ou disposição para.
**tendency** /téndensi/ *s* tendência.
**tender** /ténder/ *s* vigia, zelador; navio-tênder, lancha auxiliar, vagão-tênder; proposta, oferta. | *adj* macio, tenro; suave, terno; delicado, sensível; jovem, vulnerável; solícito, protetor; dolorido. | *v* oferecer, ofertar; suavizar; amaciar.

**tenderfoot** /ténderfut/ *s* novato, inexperiente (*pl* **tenderfoots** ou **tenderfeet** / ténderfít/).
**tenderhearted** /ténderhártid/ *adj* compassivo.
**tenderness** /téndernes/ *s* ternura.
**tendinitis** /téndenaites/ *s* tendinite.
**tendon** /ténden/ *s* tendão.
**tendonitis** /téndenaites/ » **tendinitis**.
**tenebrious** /tenébries/ » **tenebrous**.
**tenebrous** /ténebres/ *adj* tenebroso.
**tenement** /ténement/ *s* habitação ou moradia para alugar; cortiço, habitações coletivas, casa de cômodos; imóvel.
**tenia** /tínie/ » **taenia**.
**tennis** /ténis/ *s* tênis (esporte).
**tennis shoe** *s* tênis (calçado).
**tenor** /téner/ *s* tenor; curso, tendência; teor, conteúdo; caráter.
**tense** /téns/ *adj* tenso, rijo, esticado. | *s* tempo (verbal). | *v* retesar, esticar.
**tension** /ténchen/ *s* tensão; nervosismo, ansiedade; força elástica. | *v* ficar tenso.
**tent** /tént/ *s* tenda, barraca; dreno. | *v* acampar; introduzir um dreno (em ferida).
**tentacle** /téntekel/ *s* tentáculo.
**tenth** /ténth/ *num* décimo.
**tenuity** /ténúeti/ *s* tenuidade, leveza.
**tepid** /tépid/ *adj* tépido, morno; apático, desanimado.
**tequila** /tekíle/ *s* tequila.
**tergiversate** /têrdjiverseit/ *v* tergiversar, usar de subterfúgios.
**term** /têrm/ *s* termo; prazo, período; limitação, conclusão, fim; expressão, palavra. | *v* chamar, denominar. • **come to terms with** chegar a um acordo com; adaptar-se. **in terms of** em função, relativamente a. **long term** longo prazo. **short term** curto prazo.
**terminal** /têrminel/ *adj* terminal, final; relativo ao período. | *s* estação ou ponto final (ônibus, trem); terminal (elétrico).
**terminate** /têrmineit/ *v* terminar, acabar, pôr um fim.
**termination** /têrmineichen/ *s* término, conclusão, fim; limite, fronteira; resultado; terminação.
**terminology** /têrmináledji/ *s* terminologia.
**termite** /têrmait/ *s* cupim.
**tern** /têrn/ *s* andorinha do mar; jogo de três, terno (loteria).
**ternary** /têrneri/ *adj* ternário. | *s* terno (grupo de três).
**terrace** /téris/ *s* terraço; área, pátio; varanda, sacada.
**terrestrial** /teréstriel/ *adj* terrestre. | *s* habitante da terra.
**terrible** /térebel/ *adj* terrível, medonho; tremendo; desagradável.
**terrier** /térier/ *s* terrier, cão de caça.
**terrific** /térifik/ *adj* assustador, terrível; muito bom, esplêndido.
**terrify** /térefai/ *v* aterrorizar, apavorar, intimidar.
**territory** /téretóri/ *s* território.
**terror** /térer/ *s* terror.
**terrorism** /térerizem/ *s* terrorismo.
**terrorist** /térerist/ *s* terrorista.
**terse** /têrs/ *adj* conciso.
**tertian** /têrchen/ *adj* e *s* terçã (febre).
**tertiary** /têrchiéri/ *adj* terciário.
**TESL** /tésel/ *abrev* de **Teaching English as a Second Language**, ensino de inglês como segunda língua.
**TESOL** /tísál/ *abrev* de **Teachers of English to Speakers of Other Languages**, professores de inglês para falantes de outras línguas.
**tessellation** /téseleichen/ *s* mosaico.
**test** /tést/ *s* teste, exame, prova; avaliação; reagente; ensaio, experiência; concha. | *v* testar, examinar, pôr à prova; submeter-se a um teste; aplicar um teste.
**testament** /téstement/ *s* testamento.
**test-drive** /téstdraiv/ *v* testar veículo.
**tester** /téster/ *s* examinador, analista, verificador.
**testicle** /téstikel/ *s* testículo.

**testify** /téstifai/ *v* testemunhar, depor; atestar, comprovar; evidenciar.
**testimonial** /téstimouniel/ *s* certidão, atestado, certificado; carta de recomendação. | *adj* de testemunho.
**testimony** /téstimouni/ *s* testemunho, depoimento; prova, evidência.
**testis** /téstis/ *s* testículo (*pl* **testes** /téstiz/).
**test tube** *s* tubo de ensaio, proveta.
**test-tube baby** *s* bebê de proveta.
**testy** /tésti/ *adj* irritado, impaciente, rabugento.
**tetanus** /tétenes/ *s* tétano.
**tether** /tédher/ *s* corda ou corrente (para amarrar animal); limite (de uma pessoa, de recursos). | *v* amarrar (com corda).
**tetrahedron** /tétrehídren/ *s* tetraedro (*pl* **tetrahedrons** ou **tetrahedra** /tétrehídre/).
**text** /tékst/ *s* texto; original; passagem da Bíblia; tópico, matéria.
**textbook** /tékstbuk/ *s* livro didático, compêndio. | *adj* clássico, característico (exemplo).
**text box** *s* caixa de texto.
**text editor** *s* editor de textos.
**textile** /tékstail, tékstil/ *s* tecido; fibra, material têxtil.
**text mode** *s* modo de texto.
**texture** /tékstcher/ *s* textura, composição; substância, caráter. | *v* texturizar.
**Thai** /tai/ *s* e *adj* tailandês.
**Thailand** /tailænd/ *s* Tailândia.
**than** /dhæn/ *conj* do que, que (em comparações).
**thank** /thængk/ *v* agradecer, dar graças; responsabilizar, creditar. • **thanks to** graças a. **thank you** obrigado.
**thankful** /thængkfel/ *adj* grato, agradecido.
**thankless** /thængkles/ *adj* ingrato, mal-agradecido.
**thanksgiving** /thængksgiving/ *s* ação de graças.
**Thanksgiving Day** *s* Dia de Ação de Graças.
**that** /dhæt/ *pron* esse, essa, isso, aquele, aquela, aquilo (*pl* **those**); que, quem, o qual, os quais, a qual, as quais. | *conj* que, para que, a fim de que. | *adv* tão, de tal modo. • **like that** assim, desse modo. **that is** ou seja, em outras palavras.
**thatch** /thætch/ *s* colmo; espécie de palha ou sapé. | *v* cobrir com sapé.
**thaw** /thá/ *v* degelar, derreter. | *s* degelo.
**the** /dhí/ *art def* o, a, os, as. | *adv* tanto, tanto ... quanto. • **the more, the better** quanto mais, melhor.
**theater** /thíeter/ *s* teatro; anfiteatro, salão de eventos; drama, arte dramática.
**theatre** /thíeter/ » **theater**.
**theft** /théft/ *s* furto, roubo.
**their** /dhér/ *adj* seu, seus, sua, suas, deles, delas.
**theirs** /dhérz/ *pron* o seu, os seus, a sua, as suas, os deles, as delas.
**theism** /thíizem/ *s* teísmo.
**them** /dhém/ *pron 3ª pess pl* os, as, lhes, a eles, a elas.
**thematic** /thímætik/ *adj* temático.
**theme** /thím/ *s* tema; assunto, matéria.
**theme park** *s* parque temático.
**theme song** *s* música-tema.
**themselves** /themsélvz/ *pron refl* se, a si mesmos/mesmas, eles mesmos, elas mesmas.
**then** /dhén/ *adv* então; nesse tempo, naquele tempo; depois, em seguida; além disso; nesse caso; portanto. | *s* esse tempo, essa ocasião. • **by then** naquela altura. **now and then** de vez em quando. **since then** desde então.
**thence** /dhéns/ *adv* daí, dali; portanto, por essa razão.
**theocracy** /thiákresi/ *s* teocracia.
**theocrat** /thíekræt/ *s* teocrata.
**theology** /thiáledji/ *s* teologia.
**theorem** /thíerem/ *s* teorema.

**theory** /*thíeri, thíri*/ *s* teoria.
**theosophy** /*thiásefi*/ *s* teosofia.
**therapeutic** /*thérepyútik*/ *adj* terapêutico.
**therapeutical** /*thérepyútikel*/ » **therapeutic**.
**therapeutics** /*thérepyútiks*/ *s us v sing* terapêutica.
**therapist** /*thérepist*/ *s* terapeuta.
**therapy** /*thérepi*/ s terapia.
**there** /*dhér*/ *s* esse lugar, esse ponto. | *adv* aí, ali; nesse lugar; nisso, nisto. | *interj* ei, aí, pronto. • **there is** *sing* há, existe. **there are** *pl* há, existem.
**thereabouts** /*dhérebauts, dhérebauts*/ *adv* por aí, mais ou menos (*tb* **thereabout**).
**thereafter** /*dhérǽfter*/ *adv* depois disso, depois, dali para frente.
**thereby** /*dhérbai*/ *adv* por meio disso, desse modo.
**therefore** /*dhérfór*/ *adv* portanto, por conseguinte, por isso.
**therefrom** /*dhérfrâm*/ *adv* disto, disso, daquilo.
**therein** /*dhérin*/ *adv* ali, nesse lugar, nesse tempo; nessas circunstâncias.
**thermal** /*thêrmel*/ *adj* térmico.
**thermograph** /*thêrmougræf*/ *s* termógrafo.
**thermometer** /*thêrmámeter*/ *s* termômetro.
**Thermosä** /*thêrmes*/ *s* garrafa térmica.
**thesaurus** /*thisóres*/ *s* dicionário de sinônimos (*pl* **thesauruses** ou **thesauri** /*thisóri*/).
**these** /*dhíz*/ *adj* e *pron* estes, estas (*pl* de **this**).
**thesis** /*thísis*/ *s* tese, dissertação acadêmica; proposição (*pl* **theses** /*thísíz*/).
**thew** /*thyú*/ *s* músculo, tendão.
**they** /*dhei*/ *pron 3ª pess pl* eles, elas.
**they'd** /*dheid*/ *form contr* de **they had**, **they would**.
**they'll** /*dheil*/ *form contr* de **they will**, **they shall**.
**they're** /*dhér*/ *form contr* de **they are**.
**they've** /*dheiv*/ *form contr* de **they have**.
**thick** /*thik*/ *s* a parte mais grossa; a parte mais ativa. | *adj* grosso; denso, espesso, pesado; *inform* estúpido; gutural, abafado (voz), indistinto (som); abundante, numeroso; *inform* íntimo, muito amigo, familiar. | *adv* densamente; intensamente.
**thicken** /*thiken*/ *v* tornar espesso, engrossar, adensar; intensificar.
**thicket** /*thikit*/ *s* bosque, conjunto denso de árvores.
**thickness** /*thiknis*/ *s* grossura; espessura; camada.
**thief** /*thíf*/ *s* ladrão, gatuno (*pl* **thieves** / *thívz*/).
**thimble** /*thimbel*/ *s* dedal.
**thin** /*thin*/ *adj* fino, delgado, esguio; ralo, esparso, rarefeito; diluído, aguado; fraco, insuficiente; pálido esmaecido.
**thing** /*thing*/ *s* coisa; objeto, algo que não é nomeado; *inform* criatura, pessoa; ato, ação; resultado de um trabalho; frase, dito, observação.
**think** /*thingk*/ *v* pensar, refletir; achar, ser da opinião, ponderar; lembrar, relembrar; crer, acreditar, supor; visualizar, imaginar. • **think about** examinar, considerar.
**thinker** /*thingker*/ *s* pensador; ponderador.
**thinking** /*thingking*/ *s* pensamento, opinião, julgamento. | *adj* pensante, racional.
**third** /*thêrd*/ *s* terceiro; terço, terça parte. | *adj* terceiro, terceira.
**third dimension** *s* terceira dimensão.
**third person** *s* terceira pessoa.
**Third World** *s* Terceiro Mundo.
**thirst** /*thêrst*/ *s* sede; desejo, vontade. | *v* sentir sede; desejar.
**thirsty** /*thêrsti*/ *adj* sedento, com sede; desejoso, ansioso.
**thirteen** /*thêrtín*/ *num* treze.

**thirteenth** /thêrtínth/ *num* décimo terceiro.
**thirtieth** /thêrtieth/ *num* trigésimo.
**thirty** /thêrti/ *num* trinta. • **Thirties** os anos 30, a década de 30.
**this** /dhis/ *adj* e *pron* este, esta, isto (*pl* **these**). | *adv* deste modo, a este grau.
**thistle** /thisel/ *s* cardo.
**thither** /thidher, dhidher/ *adj* mais longe, mais afastado. | *adv* para lá, nesta direção, ali.
**thong** /tháng/ *s* correia, tira de couro.
**thorax** /thóræks/ *s* tórax (*pl* **thoraxes** ou **thoraces** /thóresíz/).
**thorium** /thóriem/ *s* tório (*símb* **Th**).
**thorn** /thórn/ *s* espinho; desconforto, incômodo.
**thorough** /thêrou/ *adj* inteiro, completo; apurado, cuidadoso, meticuloso.
**thoroughbred** /thêroubréd/ *s* animal puro-sangue.
**thoroughfare** /thêroufér/ *s* rua, estrada, passagem; direito de passagem.
**those** /dhouz/ *adj* e *pron* aqueles, aquelas, esses, essas (*pl* de **that**).
**though** /dhou/ *conj* embora, apesar de que, ainda que. | *adv* no entanto, apesar disso.
**thought** /thát/ *s* pensamento; meditação, reflexão, raciocínio; opinião, ideia; atenção, consideração, cuidado; mentalidade, espírito; um pouquinho.
**thoughtful** /thátfel/ *adj* pensativo; cuidadoso; solícito.
**thoughtless** /thátles/ *adj* irrefletido, descuidado, desatencioso.
**thousand** /thauzend/ *adj* mil. | *s* um milhar, um milheiro.
**thrall** /thról/ *s* escravo; escravidão.
**thrash** /thræch/ *v* bater, espancar; derrotar totalmente; malhar, debulhar; sacudir violentamente. | *s* surra, espancamento.
**thread** /thréd/ *s* linha de costurar, fio; filamento; rosca (parafuso); encadeamento. | *v* enfiar (linha na agulha); roscar, rosquear; abrir caminho com dificuldade; enfiar contas ou pérolas em um fio.
**threat** /thrét/ *s* ameaça; presságio.
**threaten** /thréten/ *v* ameaçar.
**threatened** /thrétend/ *adj* ameaçado de extinção.
**three** /thrí/ *num* três.
**threshold** /thréchould, thréchhould/ *s* limiar; soleira da porta; entrada, passagem; *fig* princípio, começo.
**thrift** /thrift/ *s* economia, frugalidade.
**thrill** /thril/ *v* emocionar, excitar; vibrar, tremer, estremecer. | *s* emoção, excitação, frêmito; vibração, tremor, estremecimento.
**thriller** /thriler/ *s* livro, peça ou filme de suspense, que faz vibrar.
**thrive** /thraiv/ *v* florescer, crescer vigorosamente; prosperar, progredir.
**throat** /throut/ *s* garganta; passagem estreita.
**throaty** /throuti/ *adj* gutural, rouco.
**throb** /thráb/ *s* pulsação, palpitação; batimento, vibração; latejo. | *v* palpitar, latejar; pulsar.
**throne** /throun/ *s* trono.
**throng** /thráng/ *s* multidão, grande aglomeração. | *v* amontoar-se, aglomerar--se, apinhar-se.
**throttle** /thrátl/ *v* estrangular, esganar, sufocar. | *s* válvula reguladora, válvula borboleta; estrangulador, afogador (mecânica).
**through** /thrú/ *prep* através de, entre; por; por meio de; por causa de; durante, do começo ao fim de. | *adv* de lado a lado, de ponta a ponta, do começo ao fim; completamente, totalmente. | *adj* direto, sem interrupções ou paradas; desobstruído, livre (rua, passagem); acabado, terminado; que vai de lado a lado, de ponta a ponta. • **all through the night** durante a noite inteira. **go through** atravessar.

**throughout** /thruaut/ *prep* através de, de um extremo a outro. | *adv* por toda parte, em todas as partes; durante todo o tempo; inteiramente, totalmente.

**throw** /throu/ *v* atirar, jogar; arremessar, lançar, projetar; causar confusão ou perplexidade; projetar; descartar (baralho); organizar, dar uma festa. | *s* arremesso, lançamento; lance, lanço; aventura, risco. • **throw away** jogar fora; desperdiçar.

**thrum** /thrâm/ *v* dedilhar monotonamente, arranhar um instrumento de corda; falar, recitar em tom monótono de voz.

**thrust** /thrâst/ *s* empurrão, impulso; facada, estocada; arremetida súbita, assalto, ataque; força ou pressão dirigida, empuxo. | *v* empurrar com força; impelir, impulsionar; furar, espetar; atirar, arremeter; intercalar.

**thud** /thâd/ *s* golpe ou som surdo. | *v* bater com som surdo, baquear.

**thug** /thâg/ *s* assassino, matador.

**thumb** /thâm/ *s* polegar. | *v* manusear, manejar desajeitadamente; *inform* pedir carona.

**thumb index** *s* dedeira, índice de dedo.

**thumbnail** /thâmneil/ *s* unha do polegar; miniatura, rafe. | *adj* breve, conciso, resumido; pequeno (do tamanho da unha do polegar).

**thump** /thâmp/ *s* pancada, baque. | *v* bater, dar pancadas; martelar; andar pesadamente.



**thunder** /thânder/ *s* trovão, trovoada. | *v* trovejar, ribombar; proferir ameaças.

**thunderbolt** /thânderboult/ *s* raio.

**thundercloud** /thânderklaud/ *s* nuvem de tempestade.

**thunderous** /thânderes/ *adj* trovejante; ensurdecedor.

**Thursday** /thêrzdei, thêrzdi/ *s* quinta-feira.

**thus** /dhâs/ *adv* assim, desta forma, deste modo. • **thus far** até aqui.

**thwart** /thwórt/ *v* frustrar, impedir, evitar. | *s* assento de remador (barco a remo). | *adj* transversal; perverso.

**thyroid** /thairoid/ *s* tireoide.

**Tibet** /tibét/ *s* Tibete.

**Tibetan** /tibétan/ *s* e *adj* tibetano.

**tick** /tik/ *s* carrapato (inseto); tique-taque; sinal, marca para checar uma listagem; capa para colchão, forro. | *v* tiquetaquear; ticar, assinalar, marcar, checar.

**ticket** /tikit/ *s* bilhete (trem, ônibus); entrada, ingresso (cinema, teatro); etiqueta, rótulo; atestado, certificado, licença para pilotar. | *v* pôr etiqueta, rotular, marcar.

**tickle** /tikel/ *s* cócegas. | *v* fazer cócegas; sentir cócegas; divertir, agradar muito; estimular, excitar.

**ticktack** /tiktæk/ *s* tique-taque.

**tic-tac** /tiktæk/ » **ticktack**.

**ticktacktoe** *s* jogo da velha.

**tide** /taid/ *s* maré; tempo, estação; ocasião favorável. | *v* abaixar ou subir como a maré. • **high tide** maré alta. **low tide** maré baixa.

**tidy** /taidi/ *adj* arrumado, alinhado; asseado; *inform* adequado, satisfatório; substancial, considerável. | *v* pôr em ordem.

**tie** /tai/ *s* gravata; corda, cordão; nó de gravata; dormente (ferrovia); empate (jogo, eleição); laço, ligação. | *v* ajuntar, atar, ligar, prender, fazer um nó; igualar, empatar; restringir, tolher.

**tiebreaker** /taibreiker/ *s* decisão de empate, prorrogação para desempatar uma partida.

**tier** /tir/ *s* fila, fiada, fileira; camada, prateleira (colocada uma em cima da outra). | *v* arranjar em fileira ou fila, enfileirar.

**tiff** /tif/ *s* ressentimento passageiro, arrufo.

**tiger** /taiger/ *s* tigre.

**tigerish** /taigerich/ *adj* tigrino, próprio do tigre; *fig* feroz, sanguinário.

**tight** /tait/ *adj* esticado firme; apertado (*tb* tempo, dinheiro). | *adv* firmemente, seguramente; apertadamente.
**tighten** /taiten/ *v* apertar, estreitar, ajustar.
**tightfisted** /taitfistid, taitfistid/ *adj* pão--duro, mesquinho.
**tights** /taits/ *s pl* meia-calça; malha (colante) de dançarinos e acrobatas.
**tigress** /taigris/ *s* tigresa.
**tilde** /tilde/ *s* til (sinal diacrítico).
**tile** /tail/ *s* telha; ladrilho, azulejo. | *v* ladrilhar, azulejar; telhar.
**till** /til/ *conj* até, até que, antes que. | *v* lavrar (a terra), cultivar. | *s* caixa registradora.
**tillage** /tilidj/ *s* lavoura, cultivo da terra.
**tilt** /tilt/ *v* inclinar, pender; atacar, investir; atacar de lança em riste. | *s* inclinação, ladeira, declive; justa, combate, debate.
**timbal** /timbel/ *s* timbale.
**timber** /timber/ *s* árvores usadas como matéria-prima da madeira; madeira para construção; viga, madeiramento. | *v* colocar vigas, guarnecer com madeira.
**time** /taim/ *s* tempo, duração, período do tempo; hora; prazo; momento, ocasião, oportunidade. | *v* escolher o momento certo; acertar o relógio; calcular a duração do tempo; marcar o compasso; cronometrar. • **at the time** na ocasião. **at times** às vezes. **from time to time** de vez em quando. **have a good time** divertir-se. **in time** a tempo. **on time** na hora. **take your time!** não se apresse! **times** vezes (multiplicação).
**time and date** *s* hora e data.
**timekeeper** /taimkíper/ *s* cronometrista; cronômetro.
**timeless** /taimles/ *adj* eterno.
**timely** /taimli/ *adj* oportuno, conveniente.
**time-out** /taimaut/ *s* interrupção, suspensão, tempo-limite de conexão.
**timetable** /taimteibel/ *s* quadro de horários (estação de trem, aeroporto).
**time zone** *s* fuso horário.
**timid** /timid/ *adj* tímido, medroso.
**timing** /taiming/ *s* a escolha do melhor momento; cronometragem.
**timorous** /timeres/ *adj* medroso, temeroso, tímido.
**tin** /tin/ *s* estanho; folha de flandres; lata. | *v* enlatar. | *adj* de lata.
**tin can** *s* lata de conserva.
**tinder** /tinder/ *s* pavio, mecha.
**tinfoil** /tinfoil/ *s* papel alumínio.
**ting** /ting/ *s* tinido. | *v* tinir.
**tinge** /tindj/ *s* tom, matiz; traço, aparência. | *v* matizar, colorir; dar um toque especial, mudar a cor ou o sabor.
**tingle** /tinggel/ *s* ardor; picada leve; tremor. | *v* arder; picar.
**tinker** /tingker/ *s* funileiro, latoeiro (ambulante); remendão, trabalhador pouco habilidoso.
**tinkle** /tingkel/ *s* tinido, zunido. | *v* tilintar.
**tinsel** /tinsel/ *s* tiras estreitas de material brilhante usado como ornamentação.
**tint** /tint/ *s* tom, matiz; tingimento; tonalidade, tintura para cabelo. | *v* matizar, colorir de leve; tingir o cabelo.
**tiny** /taini/ *adj* minúsculo.
**tip** /tip/ *s* ponta, extremidade, ponteira; gorjeta, gratificação; dica; lixeira, depósito de lixo; inclinação, caimento. | *v* colocar a ponta ou a ponteira; inclinar--se; dar gorjeta; cumprimentar alguém (com o chapéu); dar uma dica; bater de leve em. • **from tip to toe** dos pés à cabeça.
**tipple** /tipel/ *s* bebida alcoólica. | *v* beber habitualmente.
**tipster** /tipster/ *s inform* alguém que vende dicas e palpites (na bolsa, nas corridas de cavalos).
**tipsy** /tipsi/ *adj* alegre, levemente embriagado.
**tiptoe** /tiptou/ *s* ponta dos pés. | *v* andar na ponta dos pés.
**tiptop** /tiptáp/ *s* cume, auge. | *adj* no ponto mais alto; ótimo, de primeira classe; excelente.

**tire** /taier/ *s* pneu. | *v* cansar-se; ficar impaciente, aborrecer-se.
**tired** /taierd/ *adj* cansado, fatigado; impaciente, aborrecido. • **tired out** morto de cansaço.
**tiresome** /taiersem/ *adj* fatigante, aborrecido, enfadonho.
**tiro** /tairou/ » **tyro**.
**tissue** /tichú/ *s* tecido; gaze; série, cadeia, nexo; lenço de papel; papel higiênico.
**tissue paper** *s* papel de seda.
**tit** /tit/ *s* nome comum a pássaros pequenos; *gír* teta, peito de mulher. • **tit for tat** pagar na mesma moeda.
**titanic** /taitænik/ *adj* titânico, gigantesco.
**titillate** /titeleit/ *v* titilar; estimular com toques leves, excitar eroticamente.
**title** /taitl/ *s* título (obra, publicação, nobreza); título de propriedade. | *v* intitular.
**title page** *s* frontispício de um livro, página de créditos.
**title role** *s* papel principal (teatro, cinema).
**titter** /titer/ *s* riso abafado, nervoso.
**tittle** /titel/ *s* pingo, pequeno traço ou marca (acento, ponto).
**TM** /tíém/ *abrev* de **trademark**.
**to** /tú/ *prep* a, para, em, ao; até; para com; conforme; ao som de; sobre, a respeito; designativo do infinitivo (verbo). | *adv* em direção a.
**toad** /toud/ *s* sapo; *fig* pessoa feia.
**toady** /toudi/ *s* adulador, bajulador. | *v* adular.
**to and fro** *adv* para frente e para trás.
**toast** /toust/ *s* brinde à saúde; pessoa a quem se brinda; torrada. | *v* torrar; brindar a felicidade de alguém.
**toaster** /touster/ *s* torradeira; pessoa que propõe um brinde.
**tobacco** /tebækou/ *s* tabaco, fumo (*pl* **tobaccoes** ou **tobaccos**).
**Tobagonian** /toubegounien/ *s* e *adj* tobaguiano.
**toboggan** /tebágen/ *s* tobogã.
**today** /tedei/ *s* hoje. | *adv* atualmente.
**toddle** /tádl/ *v* andar de maneira vacilante (como uma criança).
**toddler** /tádler/ *s* criança que está na fase de aprender a andar.
**to-do** /tedú/ *s inform* agitação, reboliço, azáfama.
**toe** /tou/ *s* dedo do pé. • **from top to toe** da cabeça aos pés.
**toehold** /touhould/ *s* apoio para os pés; apoio precário.
**toenail** /touneil/ *s* unha do pé.
**toffee** /táfi/ *s* caramelo, bala puxa-puxa.
**together** /tegédher/ *adv* juntamente, juntos, ao mesmo tempo, simultaneamente. • **get together** reunir(-se).
**toggle** /tágel/ *s* pino de madeira. | *v* alternar.
**Togo** /tougou/ *s* Togo.
**Togolese** /tougoulíz/ *s* e *adj* togolês.
**toil** /toil/ *s* trabalho fatigante, labuta. | *v* trabalhar com esforço ou afã, labutar; andar com dificuldade (subindo montanha).
**toilet** /toilit/ *s* vaso sanitário; banheiro; assepsia.
**toilet paper** *s* papel higiênico.
**token** /touken/ *s* sinal, símbolo, indício; lembrança, *souvenir*; prova, testemunho; ficha, moeda (do tipo usada em máquinas de fliperama); indicação, sinal, ficha.
**tolerable** /tálerebel/ *adj* tolerável; passável, regular.
**tolerance** /tálerens/ *s* tolerância.
**tolerate** /tálereit/ *v* tolerar.
**toll** /toul/ *s* pedágio; tributo, taxa; *tb fig* alto custo ou preço; dobre de sinos. | *v* tocar ou dobrar sinos (especialmente em funerais); cobrar pedágio.
**toll call** *s* chamada telefônica interurbana.
**toll free** *s* chamada livre de tarifação.
**tom** /tám/ *s* macho de alguns animais (especialmente gato e peru).

**tomato** /temeitou/ *s* tomate (*pl* **tomatoes**).
**tomb** /túm/ *s* tumba, túmulo, sepultura.
**tomboy** /tâmboi/ *s* garota cujo comportamento é considerado masculino.
**tombstone** /túmstoun/ *s* lápide.
**tomcat** /támkæt/ *s* gato (macho).
**tome** /toum/ *s* tomo, volume, livro (um dos livros de uma coleção de vários volumes).
**tomfool** /támfúl/ *s* tolo.
**tomorrow** /temárou/ *adv* e *s* amanhã.
**ton** /tân/ *s* tonelada.
**tonality** /tounæleti/ *s* tonalidade.
**tone** /toun/ *s* tom; tonalidade, timbre (voz, instrumento musical); matiz. | *v* dar o tom; modificar o tom; afinar; combinar (as cores).
**toner cartridge** *s* cartucho de *toner*.
**Tonga** /tânge/ *s* Tonga.
**Tongan** /tángen/ *s* e *adj* tonganês.
**tongue** /tâng/ *s* língua; idioma, fala.
**tongue-lashing** /tânglæching/ *s inform* reprimenda, descompostura.
**tongueless** /tângles/ *adj* sem fala, mudo.
**tongue-tied** /tângtaid/ *adj* sem fala, mudo; que tem língua presa.
**tongue twister** *s* trava-língua.
**tonic** /tánik/ *adj* tônico.
**tonight** /tenait/ *s* esta noite, hoje à noite. | *adv* durante esta noite, nesta noite.
**tonnage** /tânidj/ *s* tonelagem.
**tonsil** /tánsel/ *s* amígdala.
**too** /tú/ *adv* também; demais; também, além disso; muito, extremamente.
**took** /tuk/ *pass* de **take**.
**tool** /túl/ *s* ferramenta, instrumento. | *v* trabalhar com ferramentas; *inform* dirigir (veículo).
**toolbar** /toulbár/ *s* barra de ferramentas.
**toolbox** /toulbáks/ *s* caixa de ferramentas.
**toolkit** /toulkit/ *s kit* de ferramentas.
**toolmaker** /túlmeiker/ *s* ferramenteiro, fabricante de ferramentas.
**tooth** /túth/ *s* dente (*pl* **teeth**).
**toothache** /tútheik/ *s* dor de dente.
**toothbrush** /túthbrâch/ *s* escova de dente.
**toothless** /túthles/ *adj* desdentado, banguela.
**toothpaste** /túthpeist/ *s* pasta de dente.
**toothpick** /túthpik/ *s* palito de dente.
**toothsome** /túthsem/ *adj* saboroso, delicioso; prazeroso.
**tootle** /tútl/ *s* flauteio. | *v* tocar flauta, produzir sons curtos (flauta); passear sem rumo.
**top** /táp/ *s* topo, alto, cume; parte de cima, parte superior, a melhor parte; ápice, o primeiro, o melhor, eminente; qualquer parte superior, copa (árvore), tampo (mesa), cabeceira (cama). | *adj* de cima, do alto; superior; principal; alta (classe social); último (andar); eminente (posição). | *v* atingir o topo; ultrapassar, exceder, superar.
**topaz** /toupæz/ *s* topázio.
**topcoat** /tápkout/ *s* sobretudo.
**tope** /toup/ *s* cação. | *v* beber excessivamente, embriagar-se.
**top hat** *s* cartola.
**topic** /tápik/ *s* tópico, assunto, tema.
**topless** /táples/ *adj topless*, nua da cintura para cima.
**topmast** /tápmest/ *s* mastaréu da gávea.
**topmost** /tápmoust/ *adj* o mais alto.
**topnotch** /tápnátch/ *adj inform* excelente, de primeira classe.
**topography** /tepágrefi/ *s* topografia.
**topper** /táper/ *s* pessoa excelente; *gír* cartola.
**topping** /táping/ *s* molho ou guarnição colocado em cima do prato antes de ser servido. | *adj* o mais alto posto; excelente.
**topple** /tápel/ *v* derrubar, tombar.
**topsail** /tápsel/ *s* gávea.
**top-secret** /tápsíkret/ *adj* ultrassecreto.
**topsy-turvy** /tápsitêrvi/ *s* confusão, caos. | *adv* em confusão, às avessas. | *adj* de pernas para o ar.
**tor** /tór/ *s* pico rochoso.

**torch** /tórtch/ *s* tocha, archote; lanterna; maçarico.

**torment** /tórmént/ *s* tormento, suplício. | /tórmént, tórmént/ *v* atormentar.

**torpedo** /tórpídou/ *s* torpedo (*pl* **torpedoes**).

**torpid** /tórpid/ *adj* adormecido; apático, letárgico.

**torrent** /tórent/ *s* torrente, correnteza.

**torrid** /tórid/ *adj* tórrido.

**torsion** /tórchen/ *s* torção.

**tort** /tórt/ *s* dano, agravo.

**tortoise** /tórtes/ *s* cágado, tartaruga terrestre.

**tortuous** /tórtchues/ *adj* tortuoso, sinuoso.

**torture** /tórtcher/ *s* tortura; aflição, agonia. | *v* torturar, afligir; desvirtuar, deturpar.

**toss** /tás/ *v* atirar (para o ar); jogar(-se) de um lado para o outro, debater-se; agitar-se, levantar a cabeça de repente. | *s* arremesso; sacudidela; lançamento (de moeda para decidir a sorte).

**tot** /tát/ *s* *inform* criança pequena; pequena quantidade, um tico. | *v* somar, totalizar.

**total** /toutel/ *s* total, soma. | *adj* total, completo, absoluto. | *v* totalizar, somar.

**totalitarianism** /toutæletérienizem/ *s* totalitarismo.

**totality** /toutæleti/ *s* totalidade.

**totally** /touteli/ *adv* totalmente, completamente.

**totter** /táter/ *s* cambaleio. | *v* cambalear, vacilar, titubear.

**toucan** /túkæn, túkæn/ *s* tucano.

**touch** /tâtch/ *v* tocar, pôr a mão ou os dedos em; tocar de leve, roçar; alcançar com a mão; comover, sensibilizar; delinear, temperar, retocar; enfraquecer, debilitar; entrar em contato com. | *s* toque; tato; contato, comunicação; retoque, pincelada. • **get in touch with** entrar em contato com. **keep in touch** manter contato.

**touching** /tâtching/ *adj* tocante, comovente, emocionante. | *prep* concernente, sobre.

**touchy** /tâtchi/ *adj* melindroso, irritável, delicado.

**tough** /tâf/ *adj* duro, rijo; severo, inflexível; agressivo, desordeiro; resoluto, firme; elástico (fibra, tecido). | *s* pessoa violenta e rude.

**tour** /tur/ *s* excursão, viagem; *tournée*, giro. | *v* excursionar.

**tourism** /turizem/ *s* turismo.

**tourist** /turist/ *s* turista.

**tourmaline** /turmelin/ *s* turmalina.

**tournament** /têrnment/ *s* torneio, competição.

**tourney** /têrni/ *s* torneio. | *v* competir em torneio.

**tousle** /tauzel/ *v* desgrenhar, despentear.

**tout** /taut/ *v* angariar, aliciar (votos); espionar; obter e vender palpites em corridas de cavalos.

**tow** /tou/ *s* reboque, guincho; estopa. | *v* rebocar, guinchar.

**toward** /tórd, tewórd/ *prep* em direção a, para; em relação a; perto de (tempo).

**towards** /tórdz, tewórdz/ » **toward**.

**towel** /tauel/ *s* toalha. | *v* enxugar com toalha.

**tower** /tauer/ *s* torre; fortaleza. | *v* elevar-se, subir a grande altura; estar em posição superior, destacar-se.

**towering** /tauering/ *adj* muito elevado, eminente; destacado, proeminente.

**town** /taun/ *s* cidade, povoado; área comercial, centro da cidade.

**town hall** *s* prefeitura.

**toxic** /táksik/ *adj* e *s* tóxico.

**toy** /toi/ *s* brinquedo; algo sem importância, ninharia; passatempo. | *v* brincar, divertir-se; entreter-se.

**trace** /treis/ *s* traço, vestígio; pegada, rastro; evidência, indício; sinal. | *v* traçar, marcar, registrar; investigar, remontar às origens, reconstituir os vestígios; encontrar, localizar; rastrear.

**trachea** /treikie/ *s* traqueia (*pl* **tracheae** /treikií/ ou **tracheas**).
**track** /træk/ *s* rastro; traço, marca; caminho, trilha, pegada; pista (corrida); sequência ou sucessão (pensamento); trilho, via férrea. | *v* seguir o rastro; trilhar.
**tract** /trækt/ *s* trato de terra, região; aparelho, sistema, conjunto de órgãos que desempenha uma função especializada; folheto publicitário de grupo religioso ou político.
**tractable** /træktebel/ *adj* tratável, dócil.
**tractate** /trækteit/ *s* tratado literário, ensaio.
**traction** /trækchen/ *s* tração, tensão.
**tractor** /trækter/ *s* trator.
**trade** /treid/ *s* comércio, negócio; clientela; permuta, troca; comércio exterior; ofício. | *v* comerciar, negociar; trocar, permutar.
**trademark** /treidmárk/ *s* marca registrada (*abrev* **TM**).
**trade name** *s* nome fantasia.
**trade union** *s* sindicato (*abrev* **T.U.**)
**tradition** /tredichen/ *s* tradição.
**traditional** /tredichenel/ *adj* tradicional.
**traduce** /tredús/ *v* difamar, caluniar.
**traffic** /træfik/ *s* tráfico, comércio; tráfego. | *v* traficar, comerciar, trafegar.
**tragedy** /trædjedi/ *s* tragédia.
**trail** /treil/ *s* pista, trilha, caminho; rastro, pegada; esteira, marca. | *v* arrastar, puxar; seguir o rastro, perseguir; rastejar; trepar (planta), subir; pender, cair molemente.
**trailer** /treiler/ *s* *trailer* (reboque e apresentação com trechos de um filme).
**train** /trein/ *s* trem, comboio; fila, fileira; procissão, cortejo, séquito; linha, sequência, encadeamento. | *v* treinar, exercitar; ensinar, instruir; visar, apontar.
**trainee** /treiní/ *s* estagiário.
**trainer** /treiner/ *s* treinador.
**training** /treining/ *s* treinamento.
**trait** /treit/ *s* característica, traço; marca genética.
**traitor** /treiter/ *s* traidor.
**trajectory** /tredjékteri/ *s* trajetória.
**tram** /træm/ *s* bonde elétrico; trilho; vagonete (de mina).
**trammel** /træmel/ *s* tresmalho (rede de três panos); trava para adestrar animais; tramela; empecilho, estorvo (qualquer coisa que restringe a ação, a expressão).
**tramp** /træmp/ *s* marcha pesada; longa caminhada; som, ruído de passos pesados; andarilho, vagabundo; prostituta. | *v* caminhar a passos firmes e pesados; vagar, perambular; atravessar região a pé.
**trample** /træmpel/ *v* pisar, pisotear; calcar.
**tramway** /træmwei/ *s* via férrea, tranvia, linha de bonde.
**trance** /træns/ *s* transe, êxtase.
**tranquil** /trængkwil/ *adj* tranquilo, calmo.
**tranquility** /trængkwileti/ » **tranquillity**.
**tranquilizer** /trængkwilaizer/ *s* tranquilizante, calmante.
**tranquillity** /trængkwileti/ *s* tranquilidade.
**transaction** /trænzækchen/ *s* transação, negociação. • **transactions** relatório, ata.
**transatlantic** /trænsætlæntik/ *adj* transatlântico.
**transcend** /trænsénd/ *v* transcender, sobrepujar.
**transceiver** /trænsíver/ *s* transreceptor.
**transcript** /trænskript/ *s* transcrição.
**transfer** /trænsfêr/ *s* transferência. | / trænsfêr, trænsfêr/ *v* transferir, transmitir; ceder direitos. T
**transfer rate** *s* taxa de transferência.
**transfer time** *s* tempo de transferência.
**transfiguration** /trænsfigyereichen/ *s* transfiguração.
**transfix** /trænsfiks/ *v* transfixar, trespassar, perfurar; empalar; petrificar.
**transform** /trænsfórm/ *v* transformar; metamorfosear; converter.

**transformer** /trænsf<u>ó</u>rm*er*/ *s* transformador.
**transfuse** /trænsfy<u>ú</u>z/ *v* transfundir, difundir; fazer transfusão de sangue.
**transfusion** /trænsfy<u>ú</u>jen/ *s* transfusão.
**transgress** /trænsgr<u>é</u>s/ *v* transgredir, violar, infringir; delinquir.
**transgression** /trænsgr<u>é</u>chen/ *s* transgressão, violação da lei; delito, ofensa.
**transient** /tr<u>æ</u>nchent, tr<u>æ</u>nsient/ *adj* transitório. | *s* pessoa em trânsito.
**transit** /tr<u>æ</u>nsit/ *s* trânsito, passagem; transição.
**transition** /trænz<u>i</u>chen/ *s* transição, passagem; conjunção.
**transitive** /tr<u>æ</u>nsetiv/ *adj* transitivo. | *s* transitivo (gramática).
**transitory** /tr<u>æ</u>nsetóri/ *adj* transitório.
**translate** /trænsl<u>ei</u>t, tr<u>æ</u>nsleit/ *v* traduzir; interpretar; transmitir (telegrama).
**translation** /trænsl<u>ei</u>chen/ *s* tradução, versão, interpretação.
**translucence** /trænsl<u>ú</u>sens/ *s* transparência.
**translucency** /trænsl<u>ú</u>sensi/ » **translucence**.
**translucent** /trænsl<u>ú</u>sent/ *adj* translúcido.
**transmarine** /trænsmer<u>í</u>n/ *adj* transmarino, ultramarino.
**transmigration** /trænsmaigr<u>ei</u>chen/ *s* transmigração, reencarnação.
**transmissible** /trænsm<u>i</u>sebel/ *adj* transmissível.
**transmit** /trænsm<u>i</u>t/ *v* transmitir, propagar, conduzir.
**transmitter** /trænsm<u>i</u>t*er*/ *s* transmissor.
**transmutation** /trænsmyút<u>ei</u>chen/ *s* transmutação.
**transom** /tr<u>æ</u>nsem/ *s* trave, viga; pranchão.
**transparency** /trænsp<u>é</u>rensi/ *s* transparência; diapositivo.
**transparent** /trænsp<u>é</u>rent/ *adj* transparente.
**transpiration** /trænspir<u>ei</u>chen/ *s* transpiração.
**transpire** /trænsp<u>aier</u>/ *v* transpirar, vir a saber, ser divulgado; transpirar, suar.
**transplant** /tr<u>æ</u>nsplænt/ *s* transplante. | / trænspl<u>æ</u>nt, tr<u>æ</u>nsplænt/ *v* transplantar.
**transport** /tr<u>æ</u>nspórt/ *s* transporte; êxtase, grande emoção; indivíduo deportado, degredado. | /trænsp<u>ó</u>rt, tr<u>æ</u>nspórt/ *v* transportar; emocionar muito; deportar, degredar.
**transportation** /trænsp*er*t<u>ei</u>chen/ *s* transporte.
**transpose** /trænsp<u>ou</u>z/ *v* transpor; inverter a ordem.
**transsexual** /træns<u>é</u>kchuel/ *s* e *adj* transexual.
**transverse** /trænsv<u>ê</u>rs/ *adj* e *s* transversal.
**transvestite** /trænsv<u>é</u>stait/ *s* travesti.
**trap** /træp/ *s* laço, armadilha; cilada, arapuca; sifão; *gír* boca. | *v* armar laço; colocar armadilhas; prender, confinar. • **be trapped** ficar preso. **set a trap** armar uma armadilha.
**trap door** *s* alçapão.
**trapeze** /træp<u>í</u>z/ *s* trapézio.
**trapezoid** /tr<u>æ</u>pizoid/ *s* trapezoide.
**trappings** /tr<u>æ</u>p*i*ngz/ *s* arreios; ornamentos; adornos (de cavalo).
**trash** /træch/ *s* entulho, lixo; refugo, materiais descartáveis; produção literária sem valor; pessoa tola. | *v* podar, apurar; *gír* jogar fora, rejeitar; atacar verbalmente; destruir, arruinar.
**trauma** /tr<u>á</u>me/ *s* trauma (*pl* **traumas** ou **traumata** /tr<u>á</u>mete/).
**travel** /tr<u>æ</u>vel/ *v* viajar; percorrer; mover-se, deslocar-se. | *s* viagem, jornada; percurso.
**travel agency** *s* agência de viagens.
**travel agent** *s* agente de viagens.
**traveler** /tr<u>æ</u>vel*er*/ *s* viajante.
**traveler's check** *s* cheque de viagem.
**traveller** /tr<u>æ</u>vel*er*/ » **traveler**.
**traverse** /tr<u>æ</u>v*er*s, trev<u>ê</u>rs/ *s* travessa; travessão; viga; través; barreira; linha transversal. | *adj* transversal. | *v* atraves-

T

sar, cruzar; percorrer; girar, rodar (sobre o eixo); caminhar de lado; examinar.

**travesty** /træ̲visti/ *s* paródia, caricatura, imitação grotesca.

**trawl** /trál/ *s* rede de arrasto. | *v* pescar com rede de arrasto.

**tray** /trei/ *s* tabuleiro, bandeja.

**treachery** /tré̲tcheri/ *s* traição, insídia.

**treacly** /trí̲kli/ *adj* meloso, sentimental.

**tread** /trád/ *v* pisar, pôr o pé; esmagar, calcar, pisotear; caminhar, trilhar; copular (aves). | *s* passo, maneira de andar; piso (degrau de escada); gala (fecundação da ave fêmea).

**treadle** /trédl/ *s* pedal. | *v* pedalar.

**treason** /trí̲zen/ *s* traição, deslealdade.

**treasonably** /trí̲zenebli/ *adv* traiçoeiramente.

**treasure** /tré̲j*er*/ *s* tesouro, riqueza. | *v* entesourar; prezar muito, dar grande valor.

**treasury** /tré̲jeri/ *s* tesouraria; *maiús* Ministério da Fazenda

**treat** /trít/ *v* tratar, lidar com, considerar; obsequiar, pagar (bebidas, comidas), pagar despesas; tratar de alguém, cuidar, prestar serviços médicos; versar sobre, debater; discutir, negociar. | *s* grande satisfação; prazer, deleite; comidas e bebidas oferecidos por alguém. • **trick or treat** travessura ou gostosura (dito das crianças no dia das bruxas).

**treatise** /trí̲tis/ *s* tratado.

**treatment** /trí̲tment/ *s* tratamento.

**treaty** /trí̲ti/ *s* tratado (diplomático), acordo entre nações; negociação, acordo, contrato.

**treble** /tré̲bel/ *adj* triplo, triplicado; agudo. | *s* voz de soprano ou tiple, a voz mais aguda; triplo. | *v* triplicar.

**tree** /trí/ *s* árvore; poste, coluna, estaca de madeira.

**trefoil** /trí̲foil, tré̲foil/ *s* trevo.

**tremble** /tré̲mbel/ *s* tremor, tremedeira. | *v* tremer, estremecer; recear, temer.

**tremendous** /trimé̲ndes/ *adj* tremendo; enorme, imenso; *inform* maravilhoso.

**tremor** /tré̲m*er*/ *s* tremor, estremecimento; agitação.

**tremulant** /tré̲myelent/ *adj* trêmulo.

**trench** /tréntch/ *s* trincheira; fosso, vala, valeta. | *v* entrincheirar.

**trend** /trénd/ *s* inclinação, tendência; rumo, direção; moda. | *v* tender, ter inclinação.

**trepidation** /trépide̲ichen/ *s* trepidação, tremedeira; apreensão, temor, receio.

**trespass** /tré̲spæs/ *v* cometer uma ofensa, transgressão; violar a propriedade de alguém. | *s* violação de propriedade; transgressão de lei ou código.

**tress** /trés/ *s* trança ou cacho longo de cabelo.

**trestle** /tré̲sel/ *s* cavalete.

**triad** /tra̲iæd/ *s* tríade, trio.

**trial** /tra̲iel/ *s* julgamento, processo; tentativa, ensaio; experiência, prova; provação, sofrimento; teste. | *adj* relativo a julgamento, processo judicial; provisório. • **on trial** em experiência.

**trial balance** *s* balancete.

**triangle** /tra̲iæ*ng*gel/ *s* triângulo.

**triangular** /traiæ̲*ng*gyel*er*/ *adj* triangular.

**triarchy** /tra̲iárki/ *s* triunvirato.

**tribe** /traib/ *s* tribo; grupo de pessoas que tem o mesmo interesse.

**tribulation** /tribyele̲ichen/ *s* tribulação, aflição, infortúnio.

**tribunal** /traibyú̲nel/ *s* tribunal.

**tributary** /tri̲byetéri/ *s* e *adj* tributário.

**tribute** /tri̲byút/ *s* tributo, imposto, taxa; homenagem, tributo. • **pay tribute to** prestar homenagem a.

**trice** /trais/ *v* içar, guindar. | *s* instante, momento.

**trick** /trik/ *s* truque, artifício, ardil; burla, artimanha, trapaça; travessura, arte, brincadeira; jeito, habilidade especial; ilusão. | *v* enganar, burlar, trapacear, ludibriar.

**trickle** /tri̲kel/ *v* fluir ou gotejar, escorrer, pingar; mover-se lenta e constantemente. | *s* filete, gotejamento.

**tricky** /trIki/ *adj* enganador; delicado, complicado, que requer habilidade e precaução.
**tricolor** /traikâler/ *adj* tricolor. | *s* bandeira tricolor.
**tricot** /tríkou/ *s* tricô, malha.
**tricycle** /traisikel/ *s* triciclo.
**tridimensional** /traidiménchenel/ *adj* tridimensional.
**tried** /traid/ *pass* e *part pass* de **try**. | *adj* comprovado, testado, a toda prova.
**trifle** /traifel/ *s* ninharia, algo de pouca importância; bagatela, quantia muito pequena. | *v* brincar com; desperdiçar, esbanjar.
**trig** /trig/ *s* travão, calço, breque. | *adj* bem vestido, elegante. | *v* vestir-se bem; calçar, apoiar.
**trigger** /triger/ *s* gatilho, disparador. | *v* desencadear; disparar, explodir.
**trigonometry** /trigenámetri/ *s* trigonometria.
**trill** /tril/ *s* trinado, gorjeio. | *v* trinar, gorjear.
**trillion** /trilyen/ *s* trilhão.
**trilogy** /triledji/ *s* trilogia.
**trim** /trim/ *v* aparar, cortar os excessos, podar; enfeitar, ornamentar, adornar; pôr em ordem, arrumar. | *s* ordem, boa forma, boa aparência; apara, aparadela, corte, acabamento; ornamento, adorno, enfeite; roupa, vestuário. | *adj* bem cuidado, bem-arranjado; asseado, limpo; elegante, esbelto.
**trimester** /traiméster, traiméster/ *s* trimestre.
**trimming** /triming/ *s* ornamento, enfeite, adorno. • **trimmings** aparas, sobra; acessórios.
**trine** /train/ *adj* tríplice, trino. | *s* trio, tríade; *maiús* trindade; trígono.
**Trinidad and Tobago** /trinidæd en toubeigou/ *s* Trinidad e Tobago.
**Trinidadian** /trinidædien/ *s* e *adj* trinitário.
**trinket** /tringkit/ *s* ninharia; berloque.
**trio** /tríou/ *s* trio (*pl* **trios**).
**trip** /trip/ *s* viagem, excursão, passeio; rasteira, cambapé; passo em falso, tropeção; engano, erro. | *v* tropeçar, dar passo em falso; passar ou sofrer rasteira; andar ou dançar com passos leves, saltitar; enganar-se, equivocar-se, confundir-se; viajar.
**tripe** /traip/ *s* tripa, bucho, dobradinha; *inform* coisas, valor, porcaria.
**triphthong** /trifthóng/ *s* tritongo.
**triplane** /traiplein/ *s* triplano (avião).
**triple** /tripel/ *adj* triplicado. | *s* triplo. | *v* triplicar.
**triplet** /triplet/ *s* terno, trinca, conjunto de três. • **triplets** trigêmeos.
**triplication** /triplikeichen/ *s* triplicação.
**tripod** /traipád/ *s* trípode, tripé.
**trisyllable** /traisilebel/ *s* trissílabo.
**trite** /trait/ *adj* trivial, banal, sem originalidade.
**trituration** /tritchereichen/ *s* trituração.
**triumph** /traiemf/ *s* triunfo, vitória.
**trivial** /triviel/ *adj* trivial, banal, insignificante.
**troglodyte** /trágledait/ *s* troglodita.
**trolley** /tráli/ *s* bonde; carrinho (hospital, restaurante, aeroporto) empurrado à mão; vagonete (usado em minas).
**trolley bus** *s* ônibus elétrico.
**trolley car** *s* bonde.
**trolly** /tráli/ » **trolley**.
**trombone** /trámboun, trámboun/ *s* trombone.
**troop** /trúp/ *s* grupo, bando; tropa (soldados, cavalos, gado); unidade de escoteiros. | *v* mover-se em bando; desfilar, marchar.
**trooper** /trúper/ *s* soldado de cavalaria, soldado da polícia montada.
**trophy** /troufi/ *s* troféu.
**tropic** /trápik/ *s* e *adj* trópico.
**tropical** /trápikel/ *adj* tropical.
**trot** /trát/ *s* trote. | *v* trotar, correr ou andar com passos rápidos.
**troth** /tráth, trouth/ *s* fidelidade, promessa.

**trouble** /trâbel/ *s* problema, dificuldade, apuro; desgosto, aborrecimento; inquietação, preocupação; transtorno, incômodo; risco, perigo; agitação, conflito, desordem; doença, mal, enfermidade. | *v* aborrecer(-se), preocupar(-se); incomodar(-se), perturbar(-se); agitar, transtornar. • **be in trouble** estar em apuros. **get into trouble** meter-se em encrencas.

**troublemaker** /trâbelmeiker/ *s* desordeiro, encrenqueiro.

**troubleshooter** /trâbelchúter/ *s* solucionador de problemas (computação).

**troublesome** /trâbelsem/ *adj* perturbador, aborrecedor, preocupante; difícil.

**troublous** /trâbles/ *adj* perturbado, agitado, cheio de problemas; perturbador.

**trough** /tráf/ *s* cocho, gamela; calha (telhado).

**trounce** /trauns/ *v* surrar, espancar; vencer, derrotar; censurar.

**troupe** /trúp/ *s* trupe (companhia teatral).

**trousers** /trauzerz/ *s pl* calças.

**trousseau** /trúsou, trúsou/ *s* enxoval de noiva (*pl* **trousseaux** /trúsouz, trúsouz/ ou **trousseaus**).

**trout** /traut/ *s* truta (*pl* **trout** ou **trouts**).

**trowel** /trauel/ *s* colher de pedreiro.

**truant** /trúent/ *s* aluno ou trabalhador que se ausenta sem permissão. | *adj* preguiçoso, indolente. • **play truant** matar aula, cabular.

**truce** /trús/ *s* armistício, trégua.

**truck** /trâk/ *s* caminhão para transporte; carrinho de mão para transporte; plataforma sobre rodas; *inform* pequenos artigos de pouco valor; bens de troca; hortaliças para serem vendidas; permuta, troca. | *v* transportar em caminhão; dirigir caminhão; trocar, comercializar.

**truck driver** *s* motorista de caminhão.

**truck farm** *s* chácara que produz hortaliças para o mercado.

**truculent** /trâkyelent/ *adj* truculento.

**trudge** /trâdj/ *v* caminhar penosamente, arrastar-se. | *s* caminhada penosa, tediosa.

**true** /trú/ *adj* verdadeiro, real; certo, exato; fiel, leal; fundamental, essencial; genuíno, legítimo, autêntico; sincero. | *s* verdade, realidade.

**truelove** /trúlâv/ *s* bem-amado, namorado.

**truffle** /trâfel/ *s* trufa, túbera; trufa de chocolate.

**truism** /trúizem/ *s* truísmo.

**trull** /trâl/ *s* prostituta, meretriz.

**truly** /trúli/ *adv* sinceramente, verdadeiramente.

**trump** /trâmp/ *s* trunfo; *inform* pessoa admirável, boa praça. | *v* trunfar.

**trumpet** /trâmpit/ *s* trombeta; clarim, trompete. | *v* tocar trombeta, trombetear, apregoar.

**truncheon** /trântchen/ *s* cassetete de policial.

**trunk** /trângk/ *s* tronco (árvore, animal, homem); baú, mala grande, porta-malas; linha telefônica principal, tronco. • **trunks** calção de banho, sunga.

**truss** /trâs/ *s* funda (hérnia); treliça; qualquer coisa amarrada junto, feixe, molho. | *v* amarrar; reforçar, sustentar; amarrar as pernas e asas de uma ave antes de cozinhá-la.

**trust** /trâst/ *s* confiança, crédito; responsabilidade, encargo; truste, consórcio, monopólio; guarda, custódia, cuidado; fideicomisso, curador depositário. | *v* confiar, ter confiança em; ter fé em, crer, acreditar; deixar aos cuidados de, encarregar; dar crédito a, encarregar, fiar.

**trustee** /trâstí/ *s* curador, administrador, fideicomissário, depositário de bens em penhora.

**trustful** /trâstfel/ *adj* confiante, esperançoso.

**trusty** /trâsti/ *adj* fidedigno, confiável. | *s* preso que goza de privilégios por seu bom comportamento; pessoa de confiança.

**truth** /trúth/ *s* verdade, veracidade; sinceridade, integridade. • **to tell you the truth** para falar a verdade, para ser honesto, na realidade.
**truthful** /trúthfel/ *adj* verídico, verdadeiro; que fala verdade.
**try** /trai/ *v* tentar; experimentar, provar; pôr à prova, ensaiar; ouvir um acusado durante um processo judicial. | *s* tentativa; experiência; ensaio, prova. • **try on** experimentar ou provar uma roupa, um calçado.
**tryst** /trist/ *s* encontro; lugar do encontro. | *v* marcar encontro, afirmando a hora e o lugar.
**T-shirt** /tíchêrt/ *s* camiseta *(tb* **tee shirt**).
**tub** /tâb/ *s* tina, cuba; banheira. | *v* lavar-se na tina ou banheira.
**tuba** /túbe, tyúbe/ *s* tuba.
**tube** /túb, tyúb/ *s* tubo; bisnaga; válvula.
**tuber** /túber, tyúber/ *s* tubérculo.
**tuberculosis** /túbêrkyelousis/ *s* tuberculose.
**tuck** /tâk/ *s* dobra, prega, bainha; batida (tambor); vigor, energia. | *v* meter para dentro, enfiar; esconder, guardar; preguear, dobrar; cobrir bem, aconchegar; empanturrar-se, encher-se de comida.
**Tuesday** /túzdei, túzdi/ *s* terça-feira.
**tuft** /tâft/ *s* tufo (penas, cabelos, grama); topete, penacho; cavanhaque; moitas densas.
**tug** /tâg/ *s* ato de puxar com esforço; puxão; rebocador; grande esforço. | *v* puxar com força; rebocar; esforçar-se muito. • **tug of war** cabo de guerra.
**tuition** /tuichen/ *s* instrução, ensino.
**tulip** /túlip/ *s* tulipa.
**tumble** /tâmbel/ *v* derrubar, fazer cair; tombar, desabar; levar um trambolhão, cair de repente; andar aos tropeções, tropeçar; dar saltos acrobáticos, cambalhotas. | *s* tombo, desabamento; cambalhota; desordem, confusão.
**tumbler** /tâmbler/ *s* saltador, acrobata, ginasta; copo de vidro com base redonda.
**tumefy** /túmefai/ *v* tumeficar, inchar, intumescer.
**tumid** /túmid/ *adj* túmido, inchado; protuberante; bombástico, inflado.
**tumor** /túmer/ *s* tumor.
**tumult** /túmâlt/ *s* tumulto, motim.
**tumulus** /túmyeles/ *s* túmulo (*pl* **tumuli** /túmyelai/).
**tun** /tân/ *s* tonel grande, pipa de cerveja ou vinho.
**tuna** /túne/ *s* atum (*pl* **tuna** ou **tunas**); tuna (espécie de cactácea) (*pl* **tunas**).
**tune** /tún, tyún/ *s* melodia, música; entonação. • **tune in** sintonizar (rádio). **be in tune** estar afinado, estar de acordo. **be out of tune** estar desafinado, estar em desacordo.
**tuneful** /túnfel, tyúnfel/ *adj* melodioso.
**tunic** /túnik/ *s* túnica.
**Tunisia** /túníje/ *s* Tunísia.
**Tunisian** /túníje/ *s* e *adj* tunisiano.
**tunnel** /tânel/ *s* túnel. | *v* abrir ou perfurar um túnel.
**turban** /têrben/ *s* turbante.
**turbid** /têrbid/ *adj* túrbido; confuso.
**turbine** /têrbin, têrbain/ *s* turbina.
**turbulent** /têrbyelent/ *adj* turbulento.
**tureen** /turín/ *s* terrina, sopeira.
**turf** /têrf/ *s* relva, gramado; torrões de grama para plantio; turfa; turfe, hipismo (*pl* **turfs** ou **turves**). | *v* gramar, cobrir de relva.
**turgescent** /têrdjésent/ *adj* túrgido, inchado; pomposo.
**Turk** /têrk/ *s* turco.
**turkey** /têrki/ *s maiús* Turquia; *minús* peru; *minús inform* pessoa inepta, estúpida.
**Turkish** /têrkich/ *adj* turco.
**Turkmenistan** /têrkménisten/ *s* Turcomenistão.
**Turkmen** /têrkmén/ *s* e *adj* turcomano, turcomeno.
**turmaline** /turmelin/ » **tourmaline**.
**turmoil** /têrmoil/ *s* tumulto, desordem, confusão.

**turn** /têrn/ *v* virar, voltar; girar, dar voltas, rodar; transformar, tornar; volver, desviar; atingir, chegar; torcer, tornear; dobrar, virar do avesso. | *s* volta, rotação, giro; virada, desvio; vez, turno; inclinação, pendor. • **in turn** por sua vez. **turn back** repelir, fazer voltar. **turn into** transformar-se. **turn left** virar à esquerda. **turn off** desligar; apagar (luz). **turn on** ligar; acender (luz). **turn right** virar à direita.

**turncoat** /têrnkout/ *s* vira-casaca.

**turner** /têrner/ *s* torneiro (que trabalha no torno).

**turning** /têrning/ *s* curva, volta; rotação; ato de tornear.

**turning point** *s* ponto crítico, ponto decisivo.

**turnip** /têrnip/ *s* nabo.

**turnkey** /têrnki/ *s* carcereiro.

**turnkey system** *s* sistema fechado.

**turnover** /têrnouver/ *s* reviravolta, mudança; quantidade de dinheiro movimentado em um negócio; rotatividade dos trabalhadores em uma empresa; renovação de estoque; torta ou pastel de massa folhada.

**turnpike** /têrnpaik/ *s* pedágio.

**turnstile** /têrnstail/ *s* catraca, roleta.

**turpitude** /têrpitúd/ *s* torpeza, vileza.

**turquoise** /têrkwoiz/ *s* turquesa.

**turtle** /têrtel/ *s* tartaruga.

**turtleneck** /têrtelnæk/ *s* gola olímpica; blusa com essa gola.

**tusk** /tâsk/ *s* presa de elefante, dente de javali, colmilho.

**tussle** /tâsel/ *s* contenda, disputa, luta. | *v* lutar, brigar.

**tussock** /tâsek/ *s* tufo (grama, cabelos).

**tutelage** /tútelidj/ *s* tutela, tutoria; educação, ensino.

**tutor** /túter/ *s* professor particular; tutor; professor ou assistente em universidades americanas. | *v* ensinar, dar aulas particulares; tutelar; estudar sob a orientação de um professor.

**Tuvalu** /túvelú, túválú/ *s* Tuvalu.

**Tuvaluan** /túvelúen, túválúen/ *s* e *adj* tuvaluano.

**tuxedo** /tâksídou/ *s* *smoking* (traje masculino) (*pl* **tuxedos** ou **tuxedoes**).

**twaddle** /twádl/ *s* bisbilhotice; tagarelice, tolice. | *v* tagarelar, dizer tolices.

**twang** /twæng/ *s* estridor, zunido, silvo; som nasal; voz fanhosa. | *v* produzir som agudo; falar pelo nariz.

**tweed** /twíd/ *s* *tweed* (tecido de lã de duas cores); traje feito de *tweed*.

**tweeter** /twíter/ *s* *tweeter*, alto-falante de agudos.

**tweezers** /twízerz/ *s pl us v sing* e *pl* pinça, tenaz.

**twelfth** /twélfth/ *num* décimo segundo.

**twelve** /twélv/ *num* doze.

**twentieth** /twéntiith/ *num* vigésimo.

**twenty** /twénti/ *num* vinte.

**twice** /twais/ *adv* duas vezes, em dobro.

**twiddle** /twidl/ *s* giro, volta. | *v* torcer; brincar; dar volta.

**twig** /twig/ *s* rebento, raminho.

**twilight** /twailait/ *s* crepúsculo; obscuridade; iluminação difusa; decadência.

**twill** /twil/ *s* sarja (tecido).

**twin** /twin/ *s* e *adj* gêmeo. | *v* dar à luz gêmeos; igualar-se.

**twine** /twain/ *s* barbante; fio de vela. | *v* torcer em espiral; enroscar, entrelaçar; trançar (cordão, fio).

**twinkle** /twingkel/ *s* cintilação, brilho; relance, vislumbre; momento, instante. | *v* cintilar, brilhar; piscar, pestanejar.

**twirl** /twêrl/ *s* volta, rodopio, giro. | *v* rodopiar, girar; torcer, enrolar.

**twist** /twist/ *v* torcer; enrolar, enroscar; retorcer, entrelaçar; voltear, girar; distorcer, deturpar; serpentear, colear; desviar-se, mudar de direção; dançar tuíste. | *s* torção, torcedura; volta, curva; distorção, deformação; fio torcido, cordão, cordel; tuíste.

**twit** /twit/ *v* troçar, zombar, ridicularizar. | *s* zombaria, troça.

**twitch** /twitch/ *s* puxão, safanão; contração, crispação. | *v* contrair, crispar, contorcer; puxar de repente.
**twitter** /twiter/ *s* chilreio, trinado; alvoroço, agitação. | *v* chilrear, gorjear; alvoroçar-se; falar rapidamente com voz trêmula; rir nervosamente.
**two** /tú/ *num* dois.
**tymbal** /timbel/ » **timbal**.
**tympan** /timpen/ *s* tímpano.
**type** /taip/ *s* tipo, classe, categoria; estilo, forma; protótipo, modelo. | *v* representar, simbolizar; datilografar.
**typewrite** /taiprait/ *v* datilografar.
**typewriter** /taipraiter/ *s* máquina de datilografar.
**typhoon** /taifún/ *s* tufão.
**typhus** /taifes/ *s* tifo.
**typical** /tipikel/ *adj* típico, característico.
**typist** /taipist/ *s* datilógrafo.
**typography** /taipágrefi/ *s* tipografia.
**typology** /taipáledji/ *s* tipologia.
**tyranny** /tireni/ *s* tirania, despotismo.
**tyro** /tairou/ *s* principiante, novato, amador.
**tzar** /tsa:r/ *s* czar.

# Uu

**u** ou **U** /yú/ *s* 21ª letra do alfabeto inglês. | *abrev maiús* de **University**. | *símb maiús* de **uranium**.
**ubiquity** /yúbikweti/ *s* ubiquidade, onipresença.
**udder** /âder/ *s* úbere.
**udometer** /yúdámeter/ *s* udômetro, pluviômetro.
**UFO** /yúéfou/ *abrev* de **unidentified flying object**, óvni, objeto voador não identificado.
**ufology** /yúfáledji/ *s* ufologia, ovniologia.
**Uganda** /yúgænde/ *s* Uganda.
**Ugandan** /yúgænden/ *s* e *adj* ugandense.
**ugh** /âg/ *interj* usada para expressar repulsa ou horror.
**ugly** /âgli/ *adj* feio, horrendo; repulsivo, desagradável; ameaçador; problemático; nervoso, raivoso. | *s inform* feio.
**ugliness** /âglines/ *s* feiura, fealdade.
**U.K.** /yúkei/ *abrev* de **United Kingdom**, Reino Unido.
**Ukraine** /yúkrein, yúkrein/ *s* Ucrânia.
**Ukrainian** /yúkreinien/ *s* e *adj* ucraniano.
**ulcer** /âlser/ *s* úlcera, ferida.
**ulster** /âlster/ *s* espécie de casacão de lã grossa com cinto.
**ulterior** /âltirier/ *adj* ulterior, posterior; oculto, inconfesso.
**ultimate** /âltemit/ *adj* fundamental, essencial; máximo, supremo, maior, extremo; original, primitivo; último, final; longínquo, remoto. | *s* conclusão, ponto final; o extremo, o máximo; fundamento, princípio.
**ultimately** /âltemitli/ *adv* finalmente.
**ultimatum** /âltemeitem/ *s* ultimato (*pl* **ultimatums** ou **ultimata** /âltemeite/).
**ultrasonic** /âltresánik/ *adj* ultrassônico.
**ultrasonography** /âltresenágrefi/ *s* ultrassonografia.
**ultrasound** /âltresaund/ *s* ultrassom.
**ultraviolet** /âltrevaielet/ *adj* e *s* ultravioleta (*abrev* **UV**).
**ululate** /yúlyúleit/ *v* uivar, ulular, ganir.
**umbilical** /âmbilikel/ *adj* umbilical.
**umbilical cord** *s* cordão umbilical.
**umbrage** /âmbridj/ *s* ofensa, ressentimento; algo que produz sombra; sombra.
**umbrella** /âmbréle/ *s* guarda-chuva.
**umpire** /âmpaier/ *s* árbitro, juiz (especialmente no beisebol). | *v* arbitrar.
**umpteen** /âmptín/ *adj inform* inumerável, inúmero.
**UN** /yúén/ *abrev* de **United Nations**, Nações Unidas.
**unabashed** /ânebæcht/ *adj* imperturbável, impassível; óbvio.
**unable** /âneibel/ *adj* incapaz, ineficiente; incompetente.
**unabridged** /ânebridjd/ *adj* não abreviado, integral, original (obra literária, texto).

**unaccented** /ânæksέntid/ *adj* átono, não acentuado.
**unacceptable** /ânekséptebel/ *adj* inaceitável, inadmissível, insatisfatório.
**unaccomplished** /ânekámplicht/ *adj* incompleto, inacabado.
**unaccountable** /ânekauntebel/ *adj* inexplicável, injustificável; irresponsável.
**unaccredited** /ânekréditid/ *adj* não credenciado, não autorizado.
**unaccustomed** /ânekâstemd/ *adj* incomum; desacostumado.
**unachievable** /ânetchívebel/ *adj* inalcançável.
**unacquainted** /ânekweintid/ *adj* desconhecido, estranho; pouco versado em; que não foi apresentado.
**unadvised** /ânedvaizd/ *adj* irrefletido, imprudente; desinformado.
**unaffected** /ânefέktid/ *adj* natural, sincero; genuíno.
**unaffordable** /ânefórdebel/ *adj* muito caro, inacessível.
**unafraid** /ânefreid/ *adj* destemido.
**unalienable** /âneilienebel/ *adj* inalienável, inseparável, intransferível.
**unalterable** /ânólterebel/ *adj* inalterável, imutável.
**unambiguous** /ânæmbigyues/ *adj* claro, sem ambiguidade.
**unanimity** /yúnenimeti/ *s* unanimidade.
**unanimous** /yúnænemes/ *adj* unânime.
**unanswerable** /ânænserebel/ *adj* irrespondível, irrefutável, incontestável.
**unappeasable** /ânepízebel/ *adj* implacável, insaciável.
**unapproachable** /âneproutchebel/ *adj* inacessível, distante; intratável, reservado, antipático.
**unappropriated** /âneprouprieitid/ *adj* inadequado.
**unapproved** /âneprúvd/ *adj* desaprovado.
**unapt** /ânæpt/ *adj* inadequado; improvável.
**unarguable** /ânárgyuebel/ *adj* incontestável.
**unarmed** /ânármd/ *adj* desarmado, indefeso.
**unarticulated** /ânártikyeleitid/ *adj* inarticulado.
**unashamed** /ânecheimd/ *adj* desavergonhado, sem-vergonha.
**unassuming** /ânesúming/ *adj* modesto, despretensioso.
**unattached** /ânetætcht/ *adj* desligado, desprendido; descomprometido.
**unattainable** /âneteinebel/ *adj* inconquistável, inalcançável.
**unattended** /ânetέndid/ *adj* não cuidado, abandonado, negligenciado; sem atendentes (autoatendimento); não ouvido ou respondido.
**unavailable** /âneveilebel/ *adj* inacessível, indisponível.
**unaware** /ânewér/ *adj* desatento, inconsciente. | *adv* » **unawares**.
**unawares** /ânewérz/ *adv* de surpresa, inesperadamente.
**unbalance** /ânbælens/ *v* desequilibrar, desestabilizar.
**unbearable** /ânbérebel/ *adj* insuportável, intolerável.
**unbeaten** /ânbíten/ *adj* invicto; caminho não trilhado; não batido, não triturado.
**unbecoming** /ânbikâming/ *adj* impróprio; em desacordo com as normas, que não condiz.
**unbeknown** /ânbinoun/ *adj* desconhecido, ignorado.
**unbelief** /ânbilíf/ *s* descrença, falta de fé.
**unbelievable** /ânbilívebel/ *adj* incrível, inacreditável.
**unbeliever** /ânbilíver/ *s* descrente; infiel.
**unbend** /ânbέnd/ *v* afrouxar, soltar, desamarrar; descontrair, relaxar.
**unbending** /ânbέnding/ *adj* intransigente, rígido; antissocial, reservado.
**unbidden** /ânbiden/ *adj* não convidado; não requisitado.
**unbind** /ânbaind/ *v* desamarrar, desatar; soltar, libertar.

**unblock** /ânblák/ *v* desbloquear, desobstruir.
**unblushing** /ânblâch*ing*/ *adj* sem-vergonha, sem pudor.
**unborn** /ânbórn/ *adj* ainda não nascido, por nascer; futuro, vindouro.
**unbosom** /ânbuzem/ *v* revelar, confessar (segredos, sentimentos).
**unbound** /ânbaund/ *v pass* e *part pass* de **unbind**.
**unbounded** /ânbaundid/ *adj* ilimitado, irrestrito.
**unbreakable** /ânbreikebel/ *adj* e *s* inquebrável.
**unbroken** /ânbrouken/ *adj* intacto, inteiro; sem interrupção, contínuo; indomado (cavalo); não violado.
**unbutton** /ânbâten/ *v* desabotoar.
**uncalled-for** /ânkóldfór/ *adj* indesejado, indigno.
**uncanny** /ânkæni/ *adj* misterioso, sobrenatural; estranho, esquisito.
**uncared-for** /ânkérdfór/ *adj* desamparado, negligenciado.
**unceasing** /ânsís*ing*/ *adj* incessante, contínuo.
**uncertain** /ânsêrten/ *adj* incerto, duvidoso, indefinido, instável.
**uncertainty** /ânsêrtenti/ *s* incerteza.
**unchain** /ântchein/ *v* desacorrentar, soltar, libertar.
**unchangeable** /ântcheindjebel/ *adj* imutável, inalterável.
**uncharged** /ântchárdjd/ *adj* descarregado (arma); sem carga elétrica.
**unchaste** /ântcheist/ *adj* impudico, lascivo.
**unchecked** /ântchékt/ *adj* irreprimido, incontrolado, desenfreado; não verificado ou inspecionado.
**unchristian** /ânkristchen/ *adj* não cristão.
**uncivil** /ânsivel/ *adj* incivil, mal-educado, grosseiro.
**uncivilized** /ânsivelaizd/ *adj* incivilizado, bárbaro, inculto.
**unclasp** /ânklæsp/ *v* desabotoar, desenganchar, desafivelar, desprender, soltar.
**uncle** /âng*kel*/ *s* tio, titio; *gír* penhorista, agiota. • **Uncle Sam** Tio Sam.
**unclean** /ânklín/ *adj* sujo; depravado, moralmente decaído; impuro.
**unclear** /ânklir/ *adj* indefinido, obscuro.
**unclose** /ânklouz/ *v* abrir(-se); revelar.
**uncoil** /ânkoil/ *v* desenrolar(-se), desenroscar(-se).
**unclothe** /ânkloudh/ *v* despir.
**uncomfortable** /ânkâmfertebel/ *adj* incômodo, penoso, desagradável.
**uncommon** /ânkámen/ *adj* incomum, excepcional.
**uncommunicative** /ânkemyúniketiv/ *adj* reservado, calado.
**uncomplaining** /ânkemplein*ing*/ *adj* que não se queixa, paciente.
**uncompleted** /ânkemplítid/ *adj* incompleto, inacabado.
**uncompromising** /ânkámpremaiz*ing*/ *adj* incondicional, intransigente, inflexível.
**unconcern** /ânkensêrn/ *s* indiferença, despreocupação.
**unconditional** /ânkendichenel/ *adj* incondicional, absoluto.
**unconquerable** /ânkáng*kerebel*/ *adj* inconquistável.
**unconscionable** /ânkánchenebel/ *adj* irracional; inescrupuloso.
**unconscious** /ânkánches/ *adj* inconsciente, involuntário. | *s* inconsciente.
**unconsciousness** /ânkánchesnes/ *s* inconsciência.
**unconsidered** /ânkensiderd/ *adj* irrefletido; desconsiderado.
**unconstitutional** /ânkánstetúchenel/ *adj* inconstitucional.
**uncontrollable** /ânkentroulebel/ *adj* incontrolável, indomável.
**unconventional** /ânkenvénchenel/ *adj* inconvencional, informal; incomum.
**uncooked** /ânkukt/ *adj* não cozido, cru.
**uncoordinated** /ânkouórdeneitid/ *adj* descoordenado; sem planejamento, sem método.

**uncorrected** /ânkeréktid/ *adj* incorreto.

**uncountable** /ânkauntebel/ *adj* incontável, inumerável.

**uncouth** /ânkúth/ *adj* em estado natural, cru; desajeitado, inculto.

**uncover** /ânkâver/ *v* destapar, descobrir; revelar, evidenciar; tirar o chapéu (reverência ou respeito).

**uncovered** /ânkâverd/ *adj* descoberto, desprotegido; sem chapéu.

**uncross** /ânkrás/ *v* descruzar (pernas, braços).

**unction** /ângkchen/ *s* unção; unguento, bálsamo.

**unctuous** /ângktchues/ *adj* untuoso, gorduroso; rico em material orgânico (solo).

**uncultured** /ânkâltcherd/ *adj* inculto.

**uncut** /ânkât/ *adj* não cortado, inteiriço, integral; sem cortes, original (filme, texto); não circuncisado.

**undamaged** /ândæmidjd/ *adj* indene, ileso, incólume.

**undated** /ândeitid/ *adj* sem data.

**undaunted** /ândántid/ *adj* ousado, indômito, destemido.

**undeceive** /ândisív/ *v* libertar-se de ilusões.

**undecided** /ândisaidid/ *adj* indeciso, não determinado, em aberto. | *s* indeciso (eleitor).

**undecked** /ândékt/ *adj* sem ornamentos; sem convés.

**undeclared** /ândiklérd/ *adj* sem declaração formal.

**undeniable** /ândinaiebel/ *adj* inegável, irrefutável.

**under** /ânder/ *prep* sob, debaixo de, embaixo de; em posição ou grau inferior, menor; de acordo com, conforme. | *adv* embaixo, debaixo; inferiormente. | *adj* inferior.

**underage** /ândereidj/ *adj* de menor idade. | *s* falta, deficiência.

**underaged** /ândereidjd/ *adj* de menor idade.

**underbred** /ânderbréd/ *adj* malcriado, mal-educado; mestiço, vira-lata (animal).

**underclothes** /ânderkloudhz, ânderklouz/ *s* roupas íntimas.

**undercoat** /ânderkout/ *s* agasalho que se usa sob o paletó ou casaco.

**undercover** /ânderkâver/ *adj* secreto.

**undercroft** /ânderkráft/ *s* câmara subterrânea, cripta (de igreja).

**undercut** /ânderkât/ *s* corte na parte inferior; cortada (tênis). | /ânderkât/ *v* diminuir, enfraquecer; cortar por baixo (tênis); vender por preço baixo.

**underdeveloped** /ânderdivélept/ *adj* atrofiado; subdesenvolvido (país, região).

**underdevelopment** /ânderdivélepment/ *s* subdesenvolvimento.

**underdone** /ânderdân/ *adj* malcozido, malpassado.

**underexpose** /ânderikspouz/ *v* expor (filme) por tempo insuficiente; fazer pouca publicidade.

**underfeed** /ânderfíd/ *v* alimentar mal.

**underfoot** /ânderfut/ *adv* sob os pés; obstruindo o caminho.

**undergarment** /ândergárment/ *s* roupa de baixo, roupas íntimas.

**undergo** /ândergou/ *v* passar por, sofrer; experienciar, ser submetido a.

**underground** /ândergraund/ *s* subsolo, subterrâneo; organização clandestina. | *adj* subterrâneo; clandestino, secreto; do ou referente ao movimento vanguardista. | /ândergraund/ *adv* embaixo da terra; secretamente, clandestinamente.

**underhand** /ânderhænd/ *adj* secreto, sorrateiro, ardiloso, ilícito, fraudulento. | *adv* secretamente, deslealmente, furtivamente.

**underlie** /ânderlai/ *v* estar debaixo de; sustentar, fundamentar; submeter-se a.

**underline** /ânderlain, ânderlain/ *v* sublinhar; salientar, realçar, enfatizar. | /ânderlain/ *s* sublinha.

**underlying** /ânderlaiing/ *adj* subjacente; básico, fundamental; implícito.
**undermine** /ândermain, ândermain/ *v* minar, solapar; abalar, fracassar; debilitar.
**undermost** /ândermoust/ *adj* ínfimo, último, mais baixo. | *adv* na posição mais baixa.
**underneath** /ânderníth/ *adv* e *prep* debaixo, por baixo, embaixo. | *s* parte ou lado de baixo. | *adj* inferior.
**undernourish** /ândernêrich/ *v* subnutrir.
**undernutrition** /ândernútrichen/ *s* desnutrição.
**underprice** /ânderprais/ *v* baixar o preço; vender a preço mais baixo que os concorrentes.
**underproduce** /ânderpredús/ *v* produzir abaixo da capacidade plena, produzir abaixo da demanda.
**underrate** /ânderreit/ *v* subestimar, menosprezar.
**underscore** /ânderskór, ânderskór/ *v* sublinhar, grifar; enfatizar, ressaltar. | /ânderskór/ *s* sublinha.
**undersea** /ândersí/ *adv* dentro do mar. | *adj* submarino.
**underseas** /ândersíz/ » **undersea**.
**undersecretary** /ândersékretéri/ *s* subsecretário, cargo diretamente subordinado ao gabinete ministerial.
**underset** /ândersét/ *s* contracorrente marinha.
**undershirt** /ânderchêrt/ *s* camiseta.
**underside** /ândersaid/ *s* lado de baixo, inferior; lado menos nobre, menos desejável.
**undersign** /ândersain/ *v* subscrever.
**underskirt** /ânderskêrt/ *s* anágua.
**understand** /ânderstænd/ *v* entender, compreender; concluir, depreender; ouvir dizer, ter informação de que; supor, inferir.
**understanding** /ânderstænding/ *s* entendimento, compreensão; conhecimento; inteligência; acordo, trato. | *adj* compreensivo.
**understood** /ânderstud/ *pass* e *part pass* de **understand**. | *adj* entendido, compreendido; implícito.
**undertake** /ânderteik/ *v* empreender, incumbir-se de.
**undertaken** /ânderteiken/ *part pass* de **undertake**.
**undertaking** /ânderteiking/ *s* tarefa, incumbência; promessa, garantia; serviço funerário.
**undertone** /ândertoun/ *s* meia voz, tom baixo de voz; cor pálida, suave.
**undertook** /ândertuk/ *pass* de **undertake**.
**undertow** /ândertou/ *s* contracorrente, recuo das ondas, ressaca.
**undervalue** /ândervælyú/ *v* depreciar, subestimar.
**underwear** /ânderwér/ *s* roupas íntimas.
**underweight** /ânderweit/ *adj* abaixo do peso normal.
**underwood** /ânderwud/ *s* vegetação rasteira.
**underworld** /ânderwêrld/ *s* submundo, mundo do crime; antípodas, o outro lado da terra; Hades, o inferno.
**underwrite** /ânderrait/ *v* subscrever, assinar embaixo; garantir, responsabilizar-se financeiramente por um empreendimento; responsabilizar-se pelas perdas; segurar, assinar apólice de seguro; endossar um documento; firmar contrato de seguro.
**underwriter** /ânderraiter/ *s* agente de seguros.
**undeserved** /ândizêrvd/ *adj* imerecido, desmerecido.
**undesirable** /ândizairebel/ *adj* indesejável, inconveniente. | *s* pessoa indesejável.
**undies** /ândiz/ *s inform* roupa íntima (especialmente feminina).
**undiscriminating** /ândiskrimineiting/ *adj* indiscriminado.
**undistinguished** /ândistinggwicht/ *adj* indistinto, medíocre.

**undisturbed** /ândistêrbd/ *adj* impassível, calmo, sereno.
**undo** /ândú/ *v* desfazer, anular; desamarrar, desmontar; arruinar, destruir; desembrulhar.
**undoubted** /ândautid/ *adj* indubitável, autêntico.
**undreamed** /ândrímd/ *adj* inimaginável.
**undreamt** /ândrémt/ » **undreamed**.
**undress** /ândrés/ *v* despir(-se); desenfaixar. | *s* traje caseiro, uniforme; nudez total ou parcial; traje incompleto.
**undressed** /ândrést/ *adj* despido, nu; parcialmente vestido; sem tempero (salada); não tratado, sem curativo (machucado, ferida).
**undue** /ândú/ *adj* indevido; sucessivo; por pagar, atrasado (dívida); excessivo.
**undulate** /ândjeleit/ *v* ondular.
**unduly** /ândúli/ *adv* excessivamente, indevidamente.
**undutiful** /ândútifel/ *adj* desobediente, irreverente.
**undying** /ândaiing/ *adj* imortal, eterno.
**unearth** /ânêrth/ *v* desenterrar; trazer à luz (segredo, notícia).
**uneasy** /ânízi/ *adj* ansioso, apreensivo; constrangido, pouco à vontade; inquieto, intranquilo.
**uneducated** /ânédjukeitid/ *adj* inculto, ignorante.
**unemotional** /ânimouchenel/ *adj* sem emoção, racional.
**unemployed** /ânimploid/ *adj* desempregado; sem uso, ocioso. | *s* pessoa desempregada.
**unequal** /ânikwel/ *adj* desigual, irregular; assimétrico, variável; inadequado.
**unequivocal** /ânikwivekel/ *adj* claro, inequívoco.
**unerring** /ânêring/ *adj* infalível.
**UNESCO** /yúnéskou/ *abrev* de **United Nations Educational, Scientific, and Cultural Organization**, Organização Cultural, Científica e Educacional das Nações Unidas.
**unessential** /ânisénchel/ *adj* dispensável, sem importância.
**uneven** /âníven/ *adj* desigual, desnivelado; sem uniformidade; áspero; desalinhado.
**uneventful** /ânivéntfel/ *adj* sem nenhum acontecimento significativo, rotineiro.
**unexampled** /ânigzæmpeld/ *adj* sem precedente, sem paralelo.
**unexceptional** /âniksépchenel/ *adj* usual, corrente, banal; não sujeito a exceções, absoluto.
**unexpected** /ânikspéktid/ *adj* inesperado, imprevisto.
**unexploited** /âniksploitid/ *adj* não explorado ou desenvolvido.
**unfailing** /ânfeiling/ *adj* inesgotável, permanente; constante; infalível.
**unfair** /ânfér/ *adj* injusto; contrário às leis, desonesto, antiético.
**unfaith** /ânfeith/ *s* descrença, falta de fé.
**unfaithful** /ânfeithfel/ *adj* infiel, desleal.
**unfashionable** /ânfæchenebel/ *adj* fora de moda; desaprovado socialmente.
**unfasten** /ânfæsen/ *v* afrouxar, soltar, desatar.
**unfavorable** /ânfeiverebel/ *adj* desvantajoso; desfavorável, adverso.
**unfeeling** /ânfíling/ *adj* insensível, cruel.
**unfeigned** /ânfeind/ *adj* verdadeiro, genuíno, sincero.
**unfetter** /ânféter/ *v* pôr em liberdade, desacorrentar.
**unfinished** /ânfinicht/ *adj* inacabado, incompleto.
**unfit** /ânfit/ *v* incapacitar; tornar impróprio. | *adj* impróprio, inadequado; incapaz, desqualificado.
**unfix** /ânfiks/ *v* afrouxar, soltar; perturbar.
**unflagging** /ânflæging/ *adj* incansável, persistente, perseverante.
**unfledged** /ânflédjd/ *adj* implume; inexperiente, imaturo.
**unflinching** /ânflintching/ *adj* firme, destemido, resoluto.

U

**unfold** /ânfould/ *v* desdobrar, estender; revelar, abrir-se; desabrochar, desenvolver.
**unforeseen** /ânfórsín/ *adj* imprevisto, inesperado.
**unforgettable** /ânfergétebel/ *adj* inesquecível, memorável.
**unforgiving** /ânfergiving/ *adj* implacável.
**unformatted** /ânfórmætid/ *adj* não formatado (computação).
**unformed** /ânfórmd/ *adj* informe, amorfo; imaturo, não desenvolvido totalmente.
**unfortunate** /ânfórtchenet/ *adj* infortunado, infeliz; desastroso; deplorável. | *s* pessoa infortunada, azarada.
**unfounded** /ânfaundid/ *adj* infundado, sem fundamento.
**unfriendly** /ânfréndli/ *adj* inamistoso; desfavorável.
**unfruitful** /ânfrútfel/ *adj* infrutífero; estéril.
**ungainly** /ângeinli/ *adj* desajeitado, desgracioso.
**ungenerous** /ândjéneres/ *adj* egoísta; avarento.
**unglue** /ânglú/ *v* descolar, desgrudar.
**ungodly** /ângádli/ *adj* ímpio; pecaminoso.
**ungovernable** /ângâvernebel/ *adj* ingovernável, incontrolável.
**ungracious** /ângreiches/ *adj* desagradável, desgracioso, descortês; não atraente.
**ungrateful** /ângreitfel/ *adj* ingrato; desagradável, repulsivo.
**unguarded** /ângárdid/ *adj* desguarnecido, desprotegido, vulnerável.
**unguent** /ânggwent/ *s* unguento, bálsamo.
**unhand** /ânhænd/ *v* largar, soltar, tirar as mãos.
**unhandy** /ânhændi/ *adj* difícil de manejar; desajeitado, pesadão.
**unhappy** /ânhæpi/ *adj* infeliz, triste; insatisfeito, descontente; infortunado, azarado.
**unhealthy** /ânhélthi/ *adj* doente, doentio; insalubre; nocivo, prejudicial; impróprio.
**unheard** /ânhêrd/ *adj* não ouvido, despercebido.
**unheard-of** /ânhêrdáv/ *adj* desconhecido; sem precedente; muito ofensivo.
**unhesitating** /ânhéziteiting/ *adj* resoluto, decidido, sem hesitação.
**unhitch** /ânhitch/ *v* desenganchar, soltar.
**unholy** /ânhouli/ *adj* imoral; indigno; profano.
**unhook** /ânhuk/ *v* tirar do anzol; desenganchar.
**unhorse** /ânhórs/ *v* desmontar, cair do cavalo.
**UNICEF** /yúniséf/ *abrev* de **United Nations Children's Fund,** Fundo das Nações Unidas para a Infância.
**unicellular** /yúniséIyeler/ *adj* unicelular.
**unicolor** /yúnikâler/ *adj* monocromático.
**unicorn** /yúnikórn/ *s* unicórnio; *maiús* Unicórnio (constelação).
**unidirectional** /yúnidirékchenel, yúnidairékchenel/ *adj* unidirecional.
**unification** /yúnifikeichen/ *s* unificação.
**uniform** /yúnefórm/ *s* uniforme, farda. | *adj* igual, uniforme; consistente. | *v* uniformizar, igualar; colocar uniforme, fardar.
**unify** /yúnefai/ *v* unificar, unir, consolidar.
**unilateral** /yúnelæterel/ *adj* unilateral.
**unimpeachable** /ânimpítchebel/ *adj* irrepreensível; incontestável.
**unimportant** /ânimpórtent/ *adj* sem importância, insignificante.
**unimproved** /ânimprúvd/ *adj* não melhorado; inaproveitado; não cultivado (solo).
**uninformed** /âninfórmd/ *adj* desinformado, não informado.
**uninhabitable** /âninhæbitebel/ *adj* inabitável.
**uninspired** /âninspaierd/ *adj* não inspirado, insípido, monótono.

**uninsured** /âninchurd/ *adj* não assegurado. | *s* algo não assegurado.
**unintelligent** /ânintélidjent/ *adj* estúpido, ignorante, ininteligente.
**uninterested** /âníntristid, âninterestid/ *adj* desinteressado, indiferente.
**uninvited** /âninvaitid/ *adj* não desejado.
**uninviting** /âninvaiting/ *adj* desagradável, pouco convidativo.
**union** /yúnyen/ *s* união; casamento, enlace; fusão, junção.
**unipolar** /yúnipouler/ *adj* unipolar.
**unique** /yúník/ *adj* único, absoluto, excepcional.
**unisex** /yúneséks/ *adj* unissex.
**unisexual** /yúnesékchuel/ *adj* unissexual, unissexuado.
**unison** /yúnesen/ *s* unissonância; concordância, acordo.
**unit** /yúnit/ *s* unidade.
**unit cost** *s* custo unitário.
**unite** /yúnait/ *v* unir(-se), unificar(-se), aderir; agir em conjunto.
**united** /yúnaitid/ *adj* unido.
**United Arab Emirates** *s* Emirados Árabes Unidos.
**United Kingdom** *s* Reino Unido.
**United Nations** *s* Nações Unidas.
**United States of America** *s* Estados Unidos da América (*abrev* **U.S.A.** ou **USA**).
**unit price** *s* preço unitário.
**unity** /yúneti/ *s* unidade, união; harmonia; continuidade; homogeneidade.
**universal** /yúnevêrsel/ *adj* universal; geral; cósmico.
**universe** /yúnevêrs/ *s* universo, mundo.
**university** /yúnevêrseti/ *s* universidade.
**unjoint** /ândjoint/ *v* desarticular, disjuntar.
**unjust** /ândjâst/ *adj* injusto, iníquo.
**unjustifiable** /ândjâstifaiebel/ *adj* injustificável.
**unkempt** /ânkémpt/ *adj* despenteado; descuidado; inculto, rude.
**unkind** /ânkaind/ *adj* indelicado, grosseiro.
**unknit** /ânnit/ *v* desfiar(-se), desatar, desmanchar (tricô).
**unknown** /ânnoun/ *s* desconhecido; incógnita. | *adj* desconhecido; não identificado.
**unlace** /ânleis/ *v* desapertar, desatar o laço; desvestir, despir.
**unlawful** /ânláfel/ *adj* ilícito, ilegal, contrário à moralidade e às convenções; ilegítimo (filho de pais não casados).
**unlearn** /ânlêrn/ *v* desaprender, esquecer; deixar de lado.
**unlearned** /ânlêrnid/ *adj* iletrado, ignorante; inculto, sem instrução.
**unleavened** /ânlévend/ *adj* ázimo, não fermentado.
**unless** /ânlés/ *conj* a menos que, a não ser que. | *prep* salvo, exceto, com exceção.
**unlettered** /ânléterd/ *adj* ignorante, iletrado.
**unlike** /ânlaik/ *adj* diferente, desigual. | *prep* ao contrário de.
**unlikely** /ânlaikli/ *adj* improvável; inviável, sem chance de sucesso.
**unlimber** /ânlimber/ *v* preparar para agir; desengatar (revólver, rifle).
**unlimited** /ânlimitid/ *adj* ilimitado, infinito; absoluto.
**unlink** /ânlingk/ *v* desfazer (elos de corrente), desencadear; soltar, desatar.
**unload** /ânloud/ *v* descarregar (navio, automóvel); remover as balas de uma arma; desabafar, aliviar.
**unlock** /ânlák/ *v* destrancar; revelar, desvendar; libertar.
**unloose** /ânlús/ *v* desatar(-se), desfazer-se; soltar, libertar.
**unlovely** /ânlâvli/ *adj* feio; antipático, desagradável.
**unlucky** /ânlâki/ *adj* infeliz, sem sorte, infortunado; decepcionante.
**unman** /ânmæn/ *v* desanimar; acovardar; castrar, emascular.
**unmarried** /ânmérid/ *adj* solteiro.
**unmatched** /ânmætcht/ *adj* único, sem par; inigualável, sem rival.

**unmeaning** /ânmíning/ *adj* sem significado, sem sentido; inexpressivo, vazio (rosto).

**unmentionable** /ânménchenebel/ *adj* que não pode ser mencionado. | *s* objeto que não pode ser mencionado.

**unmerciful** /ânmêrsifel/ *adj* implacável, impiedoso, cruel; excessivo.

**unmindful** /ânmaindfel/ *adj* descuidado, desatento.

**unmistakable** /ânmisteikebel/ *adj* inconfundível, inequívoco, óbvio.

**unmixed** /ânmikst/ *adj* sem mistura, puro.

**unmoral** /ânmórel/ *adj* amoral.

**unmotivated** /ânmouteveitid/ *adj* desmotivado.

**unmoved** /ânmúvd/ *adj* calmo, indiferente; impassível.

**unmoving** /ânmúving/ *adj* fixo, imóvel; inabalável.

**unnatural** /ânnætcherel/ *adj* contrário às leis naturais; artificial; desnaturado.

**unnecessary** /ânnéseséri/ *adj* desnecessário, dispensável.

**unnerve** /ânnêrv/ *v* enervar, aborrecer; debilitar, desalentar.

**unnumbered** /ânnâmberd/ *adj* inumerável; que não está numerado.

**unobtrusive** /ânebtrúsiv/ *adj* discreto, reservado, modesto.

**unoccupied** /ânákyepaid/ *adj* desocupado; vazio, vago; que não está em uso; ocioso.

**unofficial** /ânefichel/ *adj* extraoficial; que não age oficialmente.

**unorganized** /ânórgenaizd/ *adj* desorganizado; inorgânico.

**unoriginal** /âneridjinel/ *adj* sem originalidade, comum.

**unorthodox** /ânórthedáks/ *adj* não ortodoxo, contrário às convenções.

**unostentatious** /ânástenteiches/ *adj* simples, modesto, despretensioso.

**unpack** /ânpæk/ *v* desempacotar, desembrulhar; desfazer a mala; descarregar.

**unpaid** /ânpeid/ *adj* não pago, por pagar (contas, dívidas, salário).

**unpeople** /ânpípel/ *v* despovoar.

**unperturbed** /ânpertêrbd/ *adj* impassível, calmo.

**unpick** /ânpik/ *v* descoser, descosturar.

**unpile** /ânpail/ *v* desempilhar.

**unpin** /ânpin/ *v* tirar alfinetes, desprender; libertar, soltar.

**unpleasant** /ânplézent/ *adj* desagradável, antipático.

**unplug** /ânplâg/ *v* desplugar, desconectar um plugue.

**unpolished** /ânpálicht/ *adj* não polido, não lustrado; inculto, com falta de boas maneiras, sem refinamento; incompleto, imperfeito; natural, sem sofisticação.

**unpopular** /ânpápyeler/ *adj* impopular.

**unpracticed** /ânpræktist/ *adj* não praticado, não testado; não experimentado; desqualificado.

**unpredictable** /ânpridiktebel/ *adj* imprevisível. | *s* algo imprevisível, imprevisto.

**unprejudiced** /ânprédjedist/ *adj* imparcial, sem preconceito.

**unpremeditated** /ânpríméditeitid/ *adj* não premeditado, não planejado.

**unprepared** /ânpripérd/ *adj* sem preparação, improvisado, desprevenido.

**unpretending** /ânpriténding/ *adj* despretensioso.

**unpriced** /ânpraist/ *adj* sem preço marcado.

**unprintable** /ânprintebel/ *adj* que não se pode imprimir, impublicável.

**unproductive** /ânpredâktiv/ *adj* improdutivo, ocioso; não rendoso.

**unprofessional** /ânpreféchenel/ *adj* amador (trabalho); inadequado em relação às normas profissionais.

**unprofitable** /ânpráfitebel/ *adj* não lucrativo; inútil.

**unpronounceable** /ânprenaunsebel/ *adj* impronunciável; não mencionável.

**unpropitious** /ânprepiches/ *adj* desfavorável.

U

**unqualified** /ânkwálefaid/ *adj* desqualificado; impróprio, inadequado; total, absoluto.

**unquestionable** /ânkwéstchenebel/ *adj* inquestionável, indiscutível, incontestável.

**unquiet** /ânkwaiet/ *adj* inquieto; turbulento.

**unravel** /ânræevel/ *v* desenredar, desembaraçar, desemaranhar; resolver, esclarecer.

**unread** /ânréd/ *adj* não lido; ignaro.

**unreal** /ânríl, ânríel/ *adj* irreal, fantasioso.

**unreason** /ânrízen/ *s* tolice, absurdo; irracionalidade.

**unreflecting** /ânrifléktin*g*/ *adj* irrefletido, impensado.

**unrelenting** /ânrilénting/ *adj* inflexível, inexorável.

**unreliable** /ânrilaiebel/ *adj* incerto, que não é de confiança.

**unremarkable** /ânrimárkebel/ *adj* sem distinção, ordinário.

**unremitting** /ânrimitin*g*/ *adj* incessante, infatigável, persistente.

**unrepentant** /ânripéntent/ *adj* impenitente, não arrependido.

**unreserve** /ânrizêrv/ *s* franqueza, sinceridade.

**unrest** /ânrést, ânrést/ *s* inquietação, mal-estar; perturbação, agitação, distúrbio.

**unrestrained** /ânristreind/ *adj* imoderado, desenfreado; espontâneo, natural.

**unrighteous** /ânraitches/ *adj* perverso, injusto.



**unrip** /ânrip/ *v* descoser, rasgar.

**unripe** /ânraip/ *adj* verde, não maduro; despreparado.

**unrivaled** /ânraiveld/ *adj* sem igual, incomparável.

**unrivalled** /ânraiveld/ » **unrivaled.**

**unroll** /ânroul/ *v* desenrolar, desdobrar; revelar, expor.

**unruly** /ânrúli/ *adj* indômito, indisciplinado.

**unsafe** /ânseif/ *adj* perigoso, inseguro.

**unsavory** /ânseiveri/ *adj* insípido, sem sabor, insosso; ofensivo.

**unsay** /ânsei/ *v* desdizer, retratar.

**unscrew** /ânskrú/ *v* desenroscar, desparafusar.

**unscrupulous** /ânskrúpyeles/ *adj* inescrupuloso, sem escrúpulos, sem consciência.

**unsearchable** /ânsêrtchebel/ *adj* insondável, inescrutável.

**unseasonable** /ânsízenebel/ *adj* extemporâneo, temporão; inoportuno.

**unseat** /ânsít/ *v* derrubar (da sela); depor, destituir (do cargo).

**unseemly** /ânsímli/ *adj* inconveniente, impróprio. | *adv* impropriamente, inconvenientemente.

**unseen** /ânsín/ *adj* invisível, oculto.

**unselfish** /ânsélfich/ *adj* generoso, altruísta.

**unset** /ânsét/ *adj* ainda não solidificado (gelatina, cimento).

**unsettle** /ânsétl/ *v* desarranjar; perturbar, tornar incerto.

**unsettled** /ânsétld/ *adj* variável, incerto, instável; não pago (conta); inabitado; não fixo, não determinado. • **unsettled weather** tempo instável.

**unsex** /ânséks/ *v* castrar.

**unshaped** /ânchеipt/ *adj* disforme, informe.

**unship** /ânchip/ *v* descarregar (navio); desengatar.

**unshod** /ânchád/ *adj* descalço; sem ferradura.

**unsightly** /ânsaitli/ *adj* feio, de má aparência.

**unskillful** /ânskilfel/ *adj* inábil, inexperiente.

**unsociable** /ânsouchebel/ *adj* insociável; incompatível.

**unsolicited** /ânselisitid/ *adj* não solicitado.

**unsought** /ânsát/ *adj* não buscado, não solicitado.

**unsound** /ânsaund/ *adj* em más condições, sem solidez; insano, doentio; falacioso, falso, infundado.

**unsparing** /ânspéring/ *adj* impiedoso, severo.

**unspecialized** /ânspéchelaizd/ *adj* sem especialização.

**unstable** /ânsteibel/ *adj* instável.

**unsteady** /ânstédi/ *adj* inconstante, instável; volúvel; irregular. | *v* desestabilizar.

**unstressed** /ânstrést/ *adj* não acentuado, átono.

**unstudied** /ânstâdid/ *adj* natural, espontâneo, improvisado; não estudado.

**unsubstantial** /ânsebstænchel/ *adj* insubstancial, irreal; pouco sólido.

**unsuccess** /ânseksés/ *s* insucesso.

**unsuccessful** /ânseksésfel/ *adj* malsucedido; malogrado, fracassado.

**unsuitable** /ânsútebel/ *adj* impróprio, inadequado.

**unsuspected** /ânsespéktid/ *adj* insuspeito, ignorado.

**unsymmetrical** /ânsimétrikel/ *adj* assimétrico.

**untangle** /ântængel/ *v* desembaraçar, desemaranhar, desenredar.

**untaught** /ântát/ *adj* ignorante, não instruído; inato, natural.

**unteach** /ântítch/ *v* desaprender; ensinar o oposto ao que foi aprendido.

**untenable** /ânténebel/ *adj* que não se pode proteger; indefensável.

**unthankful** /ânthængkfel/ *adj* ingrato, mal-agradecido.

**unthinkable** /ânthingkingkebel/ *adj* inimaginável.

**unthinking** /ânthingking/ *adj* impensado, irrefletido, descuidado.

**untidy** /ântaidi/ *adj* desarrumado, desalinhado; desleixado.

**untie** /ântai/ *v* desatar, soltar (nó), desamarrar; solucionar, resolver.

**until** /ântil/ *prep* até. | *conj* até que; antes de. • **not until** não antes de.

**untitled** /ântaitld/ *adj* sem título; sem direito a reclamação.

**unto** /ântú/ *prep* a, em, para.

**untold** /ântould/ *adj* inarrável, não revelado; incalculável, imenso.

**untouchable** /ântâtchebel/ *adj* intocável; inatingível. | *s tb maiús* intocável (membro de casta hindu).

**untoward** /ântórd, ântewórd/ *adj* desfavorável, inconveniente; refratário, rebelde; inconveniente, impróprio.

**untroubled** /ântrâbeld/ *adj* quieto, calmo, sossegado; não turvo, límpido.

**untrue** /ântrú/ *adj* falso; infiel, desleal; impreciso, inexato.

**untruth** /ântrúth/ *s* mentira, inverdade.

**untwist** /ântwist/ *v* destorcer, desenredar.

**unused** /ânyúzd/ *adj* não usado; novo; / ânyúst/ não acostumado.

**unusual** /ânyújuel/ *adj* raro, incomum, insólito.

**unutterable** /ânâterebel/ *adj* inexprimível; indizível; impronunciável.

**unvalued** /ânvælyud/ *adj* desprezado, menosprezado; não avaliado.

**unveil** /ânveil/ *v* tirar o véu; descobrir(-se); revelar(-se).

**unvoiced** /ânvoist/ *adj* não expresso ou dito; mudo (linguística).

**unwarranted** /ânwórentid/ *adj* injustificado, sem fundamento.

**unwary** /ânwéri/ *adj* incauto, imprudente.

**unwashed** /ânwácht/ *adj* não lavado, sujo. • **the unwashed masses** a plebe.

**unwell** /ânwél/ *adj* indisposto, doente; menstruada.

**unwholesome** /ânhoulsem/ *adj* insalubre; doentio, enfermo.

**unwilling** /ânwiling/ *adj* relutante, pouco disposto, sem vontade.

**unwind** /ânwaind/ *v* desenrolar; descontrair, relaxar.

**unwise** /ânwaiz/ *adj* imprudente, insensato.

**unwitting** /ânwiting/ *adj* inconsciente, involuntário.
**unwonted** /ânwóntid/ *adj* invulgar, fora do comum; desacostumado, desusado.
**unworthy** /ânwêrdhi/ *adj* indigno; sem valor, torpe; desprezível, vil.
**unwrap** /ânræp/ *v* desembrulhar, desenrolar.
**unwritten** /ânriten/ *adj* não escrito, em branco; tradicional, costumeiro.
**unyielding** /ânyílding/ *adj* inflexível, decidido.
**unzip** /ânzip/ *v* abrir zíper; descompactar (computação).
**up** /âp/ *prep* para cima, acima; sobre, em; ao longo. | *adv* no alto, para o alto; em pé; completamente, totalmente. | *adj* ascendente, alto; ereto; adiantado, avançado; virado para cima; levantado, posto em pé; excitado, eufórico; acabado, terminado. | *s* subida, ascensão, elevação, aumento; euforia. | *v* aumentar, subir; elevar, promover a posição superior. • **ups and downs** altos e baixos. **up to** estar a fim de fazer algo, ser capaz de fazer algo; depender de; até. **up there** lá em cima. **what's up?** o que se passa? o que é que houve?
**up-and-coming** /âpendkâming/ *adj* empreendedor, ativo.
**up-and-down** /âpendaun/ *adj* para cima e para baixo, para cá e para lá; vertical.
**upbraid** /âpbreid/ *v* censurar, repreender.
**upcast** /âpkæst/ *adj* lançado para o alto (terra, cinza vulcânica). | *s* algo lançado para cima.
**update** /âpdeit/ *v* atualizar. | /âpdeit/ *s* atualização.
**upgrade** /âpgreid/ *s* aclive, subida, elevação; atualização de *software* ou *hardware*. | /âpgreid/ *v* elevar de nível, promover; atualizar *software* ou *hardware*. | *adv* para cima progressivamente.
**upheave** /âphív/ *v* sublevar(-se), erguer (-se), insurgir(-se).
**uphold** /âphould/ *v* segurar, sustentar; apoiar, manter.
**upholster** /âphoulster/ *v* estofar, almofadar; revestir com tecido.
**upholstery** /âphoulsteri/ *s* estofados; tapeçaria, estofamento.
**upland** /âplend/ *adj* elevado, de ou relativo a planalto. | *s* região montanhosa, planalto; interior (de um país).
**uplift** /âplift/ *s* elevação, levantamento. | /âplift/ *v* erguer; ascender social, intelectualmente; enaltecer, exaltar. | *adj* levantado, elevado.
**upon** /epán/ *prep* sobre, em cima de; próximo a, cerca de; na ocasião, imediatamente depois. • **once upon a time** era uma vez.
**upper** /âper/ *adj* superior, mais alto; situado no interior de um país ou continente. | *s* parte superior de um calçado; *gír* droga (especialmente anfetamina).
**uppercase** /âperkeis/ *adj* escrito com letra maiúscula. | *v* imprimir com letras maiúsculas.
**upper class** *s* classe alta, nobreza.
**uppermost** /âpermoust/ *adj* superior, mais alto. | *adv* na frente, em primeiro lugar, no lugar mais alto.
**uppish** /âpich/ *adj* presunçoso, soberbo.
**upraise** /âpreiz/ *v* erguer, elevar.
**upright** /âprait/ *adj* vertical, ereto; honesto, íntegro. | *adv* verticalmente, em pé. | *s* posição vertical, verticalidade; poste, pilar, trave.
**uprise** /âpraiz/ *v* levantar(-se), ascender; surgir, nascer (sol). | *s* ascensão, subida.
**uprising** /âpraizing/ *s* insurreição, sublevação, revolta; subida, ascensão.
**uproar** /âprór/ *s* tumulto, barulho; alvoroço, gritaria.
**uproot** /âprút/ *v* arrancar pela raiz; extirpar, erradicar.
**upset** /âpsét/ *v* perturbar, afligir, transtornar; tombar, capotar; deixar cair, derrubar. | *adj* preocupado, transtornado,

U

aflito; indisposto; perturbado; virado, tombado. | /âpsét/ *s* transtorno, aflição; indisposição.
**upside** /âpsaid/ *s* a parte superior; vantagem.
**upside down** *adv* de pernas para o ar, de cabeça para baixo; em total desordem.
**upstairs** /âpstérz/ *s* andar de cima. | *adv* lá em cima, para o andar de cima; em nível acima. | *adj* localizado no andar de cima.
**upstart** /âpstárt/ *v* elevar-se subitamente. | *adj* presunçoso. | *s* ascensão rápida; pessoa de origem humilde que adquire poder e riqueza de forma inescrupulosa, novo-rico.
**uptake** /âpteik/ *s* compreensão, entendimento.
**up-to-date** /âptedeit/ *adj* atualizado, em dia (com ideias, estilos, moda).
**uptown** /âptaun, âptaun/ *adv* em direção à parte alta da cidade. | *adj* da ou referente à parte alta da cidade. | *s* parte alta da cidade.
**upturn** /âptêrn/ *v* virar para cima, erguer; revolver (terra). | /âptêrn/ *s* melhora, ascensão (negócios).
**upward** /âpwerd/ *adv* para cima, rumo a um lugar mais elevado; em direção às origens, ao passado; para o alto, em direção ao topo, à cabeça (*tb* **upwards**). | *adj* ascendente.
**uranium** /yureinien/ *s* urânio (*símb* **U**).
**Uranus** /yurenes, yúreines/ *s* Urano.
**urban** /êrben/ *adj* urbano, da cidade.
**urbane** /êrbein/ *adj* cortês, polido, refinado, de boas maneiras.
**urbanize** /êrbenaiz/ *v* urbanizar.
**urchin** /êrtchin/ *s* moleque, pivete; ouriço; ouriço-do-mar.
**urge** /êrdj/ *v* impelir, forçar, apressar; incitar, enfatizar; pedir ou recomendar com insistência, insistir; estimular, excitar. | *s* ímpeto, impulso irresistível, estímulo.
**urgency** /êrdjensi/ *s* urgência.
**urgent** /êrdjent/ *adj* urgente; persistente, insistente.
**urinal** /yurenel/ *s* mictório; urinol.
**urinate** /yureneit/ *v* urinar.
**urine** /yurin/ *s* urina.
**URL** *abrev* de **Uniform Resource Locator**, Localizador Uniforme de Recursos.
**urn** /êrn/ *s* urna.
**urology** /yurâledji/ *s* urologia.
**ursine** /êrsain/ *adj* ursino, de urso.
**Uruguay** /yuregwei/ *s* Uruguai.
**Uruguayan** /yuregweien/ *s* e *adj* uruguaio.
**USA** /yúései/ *abrev* de **United States of America**, EUA (Estados Unidos da América); *abrev* de **United States Army**, Exército dos Estados Unidos.
**usable** /yúzebel/ *adj* utilizável, adequado para uso.
**USAF** /yúéseiéf/ *abrev* de **United States Air Force**; Força Aérea dos EUA.
**usage** /yúsidj/ *s* uso; costume, hábito; manuseio.
**use** /yús/ *s* uso, emprego, utilização, aplicação; utilidade; modo de usar, manejo; costume, hábito, prática; usufruto. | /yúz/ *v* usar, empregar, utilizar; servir(-se); gastar, usar, consumir; tratar, proceder, lidar. • **I am used to** estou acostumado, estou habituado. **I used to** eu costumava, eu tinha o hábito de.
**useable** /yúzebel/ » **usable**.
**used** /yúzd/ *adj* usado, de segunda mão; /yúst, yúzd/ acostumado, habituado.
**useful** /yúsfel/ *adj* útil; benéfico.
**useless** /yúsles/ *adj* inútil, sem utilidade.
**user** /yúzer/ *s* usuário; consumidor de drogas.
**user-friendly** /yúzerfréndli/ *adj* de fácil compreensão e utilização (por parte do usuário).
**usher** /âcher/ *s* indicador de lugar (cinema, teatro, igreja), lanterninha, vaga-lume; porteiro; oficial de justiça, meirinho. | *v* introduzir, anunciar; guiar, conduzir, acompanhar.

**usual** /yújuel/ *adj* usual, habitual, costumeiro. • **as usual** como de costume.
**usufruct** /yúzufrâkt/ *s* usufruto.
**usurer** /yújerer/ *s* usurário, agiota.
**usurp** /yúsêrp/ *v* usurpar, apropriar-se.
**usury** /yújeri/ *s* usura, agiotagem.
**utensil** /yúténsel/ *s* utensílio.
**uterus** /yúteres/ *s* útero (*pl* **uteri** /yúterai/ ou **uteruses**).
**utility** /yútileti/ *s* utilidade; proveito. | *adj* utilitário. • **utility room** área de serviço.
**utilize** /yútelaiz/ *v* utilizar.
**utmost** /âtmoust/ *adj* extremo, máximo, mais distante. | *s* o máximo, o extremo.
**utopia** /yútoupie/ *s* utopia.
**utopian** /yútoupien/ *adj* utópico.
**utter** /âter/ *adj* completo, total; absoluto, ilimitado. | *v* pronunciar, articular, proferir; emitir, soltar (voz); publicar.
**utterance** /âterens/ *s* pronúncia, expressão vocal; dom da palavra, elocução; o fim extremo ou amargo.
**utterly** /âterli/ *adv* completamente, absolutamente.
**uvula** /yúvyele/ *s* úvula.
**Uzbek** /uzbék/ *s* e *adj* uzbeque.
**Uzbekistan** /uzbékistæn/ *s* Uzbequistão.

# Vv

**v** ou **V** /ví/ *s* 22ª letra do alfabeto inglês. | *símb* de **vanadium**; *num rom* 5.

**vacancy** /veikensi/ *s* vaga; lugar vago, espaço vazio; lacuna; inanidade, vacuidade.

**vacant** /veikent/ *adj* vago, vacante, vazio; desocupado, desabitado, livre; ocioso; ininteligente.

**vacate** /veikeit, veikeit/ *v* vagar, desocupar; anular; ir-se embora, partir.

**vacation** /veikeichen/ *s* férias, recesso; feriado. | *v* tirar ou passar férias.

**vacationist** /veikeichenist/ *s* pessoa que está em férias.

**vaccinate** /vækseneit/ *v* vacinar.

**vaccination** /vækseneichen/ *s* vacinação.

**vaccine** /væksín væksín/ *s* vacina.

**vacillant** /vækselent/ *adj* vacilante, instável.

**vacillate** /væseleit/ *v* vacilar, hesitar.

**vacuity** /vækyúeti/ *s* vacuidade, vazio, vácuo; lacuna; falta de ideias, vazio mental; tolice, insensatez; ócio.

**vacuous** /vækyues/ *adj* vazio; ininteligente, estúpido; sem sentido, inane; inativo, desocupado.

**vacuum** /vækyúm/ *s* vácuo (*pl* **vacuums** ou **vacua** /vækyue/); aspirador de pó (*pl* **vacuums**). | *v* limpar com aspirador de pó.

**vacuum bottle** *s* garrafa térmica.

**vacuum cleaner** *s* aspirador de pó.

**vagabond** /vægebánd/ *adj* e *s* vagabundo, vadio; nômade. | *v* vagabundear, vadiar; errar, vaguear.

**vagary** /veigeri, vegéri/ *s* extravagância, excentricidade; capricho, mania.

**vagina** /vedjaine/ *s* vagina (*pl* **vaginas** ou **vaginae** /vedjainí/).

**vaginal** /vædjenel/ *adj* vaginal.

**vagrancy** /veigrensi/ *s* vadiagem, vagabundagem; vida errante, nomadismo.

**vagrant** /veigrent/ *s* vagabundo; andarilho, nômade. | *adj* vadio, errante; descontrolado, inconstante; móvel.

**vague** /veig/ *adj* vago, indefinido; impreciso; ambíguo.

**vain** /vein/ *adj* vão, sem valor; vaidoso, presunçoso. • **in vain** em vão, inutilmente.

**vainglorious** /veinglóries/ *adj* vanglorioso, jactancioso, vaidoso, convencido.

**vainglory** /veinglóri, veinglóri/ *s* vanglória, jactância.

**vale** /veil/ *s* vale. | *interj* até logo, adeus.

**valediction** /vælediкchen/ *s* despedida; palavras ou discurso de despedida.

**valence** /veilens/ *s* valência.

**valency** /veilensi/ » **valence**.

**valentine** /vælentain/ *s* cartão ou presente do Dia dos Namorados.

**Valentine's Day** *s* Dia de São Valentim (14 de fevereiro, data em que se comemora o Dia dos Namorados) (*tb* **Saint Valentine's Day**).
**valet** /vælit, vælei, vælei/ *s* valete, pajem; camareiro (hotel, navio). | *v* trabalhar como camareiro ou criado.
**valet parking** *s* estacionamento com manobrista.
**valiant** /vælyent/ *adj* valoroso; corajoso, valente. | *s* pessoa corajosa.
**valid** /vælid/ *adj* válido; eficaz; justo.
**validate** /væledeit/ *v* validar, confirmar.
**validation** /væledeichen/ *s* validação, confirmação, homologação.
**validity** /vælideti/ *s* validade, validez, valor legal.
**valise** /velís/ *s* valise, maleta.
**valley** /væli/ *s* vale, depressão.
**valor** /væler/ *s* valentia, bravura, heroísmo.
**valorous** /væleres/ *adj* valente, bravo, corajoso.
**valuable** /vælyuebel/ *adj* valioso, de valor. | *s* objeto de valor.
**value** /vælyú/ *v* avaliar, estimar o valor de; valorizar, dar valor a, prezar. | *s* valor; utilidade; mérito; apreço, estima.
**value-added tax** *s* imposto sobre circulação de mercadorias (*abrev* **VAT**).
**valueless** /vælyúles/ *adj* sem valor, inútil.
**valve** /vælv/ *s* válvula; valva.
**valvula** /vælvyele/ » **valvule**.
**valvule** /vælvyúl/ *s* pequena válvula; estrutura valvular (*pl* **valvules** ou **valvulae** /vælvyelí/).
**vamp** /væmp/ *s* gáspea ou pala (sapato, botina); remendo; acompanhamento improvisado; *inform* mulher fatal. | *v* gaspear; fabricar, improvisar; remendar, reformar; improvisar (música); seduzir, explorar sexualmente.
**vampire** /væmpaier/ *s* vampiro.
**van** /væn/ *s* furgão (veículo); vanguarda, linha de frente. | *v* transportar em furgão.
**vanadium** /veneidien/ *s* vanádio (*símb* **V**).
**Vandal** /vændel/ *s* vândalo.
**vandalism** /vændelizem/ *s* vandalismo.
**vane** /vein/ *s* cata-vento; ventoinha; biruta; pá de hélice, de turbina ou de moinho de vento.
**vanguard** /vængárd/ *s* vanguarda.
**vanilla** /venile/ *s* baunilha; essência de baunilha. | *adj* aromatizado com baunilha.
**vanish** /vænich/ *v* desaparecer, sumir; desvanecer.
**vanity** /væneti/ *s* vaidade, presunção; futilidade, inutilidade.
**vanity case** *s nécessaire*, estojo de maquilagem; pó compacto facial, pó de arroz.
**vanquish** /vængkwich/ *v* dominar, conquistar, subjugar; reprimir, sufocar (sentimentos, emoções).
**vantage** /væntidj/ *s* vantagem, superioridade.
**Vanuatu** /vænwátú/ *s* Vanuatu.
**Vanuatuan** /vænwátúen/ *s* e *adj* vanuatense.
**vapid** /væpid/ *adj* insosso, insípido; enfadonho, monótono.
**vapor** /veiper/ *s* vapor; fumaça; gás; névoa, neblina. | *v* vaporizar, evaporar; conversar coisas tolas, sem sentido.
**vaporize** /veiperaiz/ *v* converter ou ser convertido em vapor, vaporizar.
**variability** /vériebileti/ *s* variabilidade.
**variable** /vériebel/ *s* variável. | *adj* variável, mutável, inconstante.
**variable cost** *s* custo variável.
**variance** /vériens/ *s* variação, divergência; desacordo; disparidade, discrepância.
**variant** /vérient/ *s* e *adj* variante.
**variation** /vérieichen/ *s* variação.
**varied** /vérid/ *adj* variado, diferente, diverso.
**variety** /veraieti/ *s* variedade, diversidade.
**variety show** *s* espectáculo de variedades (teatro).
**various** /véries/ *adj* vário, diverso, diferente.

V

**varix** /vériks/ *s* variz (*pl* **varices** /véresíz/).
**varnish** /várnich/ *s* verniz; brilho; aparência enganosa. | *v* envernizar; dar aparência enganosa.
**vary** /véri/ *v* variar, mudar, alterar; diversificar, modificar.
**vascular** /væskyeler/ *adj* vascular.
**vase** /veis, veiz, váz/ *s* vaso.
**vasectomize** /veséktemaiz/ *v* realizar vasectomia.
**vasectomy** /veséktemi/ *s* vasectomia.
**Vaselineä** /væselín, væselín/ *s* vaselina.
**vasoconstriction** /væsoukenstrikchen/ *s* vasoconstrição.
**vasodilatation** /væsoudileteichen/ » **vasodilation**.
**vasodilation** /væsoudaileichen/ *s* vasodilatação.
**vassal** /væsel/ *s* vassalo, súdito; servo, escravo.
**vast** /væst/ *adj* vasto, imenso; numeroso.
**vat** /væt/ *s* tanque, tina, tonel. | *v* colocar em um tanque, tonel.
**VAT** /víeití, væt/ *abrev* de **value-added tax**, ICMs (Imposto sobre Circulação de Mercadorias).
**Vatican** /vætiken/ *s* Vaticano.
**Vatican City** *s* Cidade do Vaticano.
**vaticinate** /vetiseneit/ *v* vaticinar, profetizar.
**vault** /vált/ *s* abóbada; galeria arqueada; cripta, catacumba; salto (sobre um obstáculo com auxílio das mãos ou de vara). | *v* abobadar; saltar (com auxílio das mãos ou vara).
**vaunt** /vánt/ *s* vaidade, jactância. | *v* jactar-se, gabar-se, vangloriar-se.
**VCR** /vísíár/ *abrev* de **video cassette recorder**, videocassete.
**veal** /víl/ *s* carne de vitela; vitela para abate.
**vector** /vékter/ *s* vetor.
**veer** /vir/ *s* guinada, virada; mudança de direção, desvio. | *v* desviar, mudar de direção, virar; fazer o navio guinar.
**vegetable** /védjtebel/ *s* vegetal, planta; hortaliça, legume. | *adj* vegetal.
**vegetal** /védjetel/ *adj* vegetal; vegetativo.
**vegetarian** /védjetérien/ *s* e *adj* vegetariano.
**vegetation** /védjeteichen/ *s* vegetação.
**vegetative** /védjeteitiv/ *adj* vegetativo.
**vehemence** /víemens/ *s* veemência.
**vehemency** /víemensi/ » **vehemence**.
**vehement** /víement/ *adj* veemente.
**vehicle** /víekel, víhikel/ *s* veículo.
**veil** /veil/ *s* véu; mantilha de freira; cortina. | *v* velar, cobrir; ocultar, dissimular.
**vein** /vein/ *s* veia; nervura; veio, filão; índole, tendência, caráter, humor. | *v* cobrir de veias; marmorear.
**vellum** /vélem/ *s* pergaminho, velino.
**velocity** /veláseti/ *s* velocidade.
**velvet** /vélvit/ *s* veludo; suavidade.
**velvety** /vélveti/ *adj* aveludado, veludoso.
**venal** /vínel/ *adj* venal, mercenário, corrupto.
**vend** /vénd/ *v* vender (pequenos artigos pelas ruas), mascatear; vender por meio de uma máquina automática.
**vender** /vénder/ *s* vendedor (geralmente ambulante), mascate; máquina automática para a venda de selos, refrigerantes, etc.
**vending machine** *s* máquina automática para a venda de chocolates, refrigerantes, etc.
**vendor** /vénder/ » **vender**.
**veneer** /venir/ *s* folha de madeira, fórmica; camada exterior, revestimento; fachada, aparência; compensado de madeira. | *v* cobrir com uma fina camada decorativa, folhear; ocultar, esconder; fabricar compensado de madeira.
**venerable** /vénerebel/ *adj* venerável.
**venerate** /vénereit/ *v* venerar, adorar.
**veneration** /vénereichen/ *s* veneração.
**venereal** /veniriel/ *adj* venéreo.
**venereal disease** *s* doença venérea.
**venetian blind** *s* veneziana.

**Venezuela** /vénizweile, vénizwíle/ *s* Venezuela.

**Venezuelan** /vénizweilen, vénizwílen/ *s* e *adj* venezuelano.

**vengeance** /véndjens/ *s* vingança, desforra.

**venial** /víniel/ *adj* venial, perdoável.

**venison** /vénisen/ *s* carne de veado.

**venom** /vénem/ *s* veneno; secreção venenosa de serpente, aranha ou escorpião, peçonha; malícia, maldade.

**venomous** /vénemes/ *adj* venenoso, peçonhento; maldoso, malicioso.

**venous** /vínes/ *adj* venoso.

**vent** /vént/ *s* abertura, orifício; saída, passagem; respiradouro, escape; chaminé (vulcão); ânus. | *v* dar saída, prover de abertura; desabafar; abrir uma saída.

**ventilate** /vénteleit/ *v* ventilar, arejar; expor à discussão pública, debater; oxigenar (sangue).

**ventilator** /vénteleiter/ *s* ventilador; inalador.

**ventricle** /véntrikel/ *s* ventrículo.

**ventriloquist** /véntrílekwist/ *s* ventríloquo.

**venture** /véntcher/ *v* arriscar-se, aventurar; arriscar (opinião); ousar, atrever. | *s* risco (financeiro); empreendimento arriscado, aventura comercial.

**venture capital** *s* capital de risco.

**venturous** /véntcheres/ *adj* arriscado, perigoso; arrojado, destemido.

**veracious** /vereiches/ *adj* honesto, verdadeiro; preciso, exato.

**veracity** /veræseti/ *s* veracidade; exatidão, precisão.

**veranda** /verænde/ *s* varanda.

**verandah** /verænde/ » **veranda**.

**verb** /vêrb/ *s* verbo.

**verbal** /vêrbel/ *adj* verbal.

**verbalism** /vêrbelizem/ *s* verbalismo.

**verbatim** /verbeitim/ *adj* literal, usando palavra por palavra. | *adv* literalmente, palavra por palavra.

**verboseness** /verbousnes/ *s* verbosidade.

**verbosity** /verbáseti/ » **verboseness**.

**verdant** /vêrdent/ *adj* verde, verdejante; inexperiente, ingênuo.

**verdict** /vêrdikt/ *s* veredicto.

**verdure** /vêrdjer/ *s* verdura, verdor; frescor, jovialidade.

**verge** /vêrdj/ *s* borda, margem. | *v* aproximar-se de, estar à beira de, beirar; bordar, limitar com; pender, inclinar-se.

**verification** /vérefikeichen/ *s* verificação, comprovação; prova, confirmação.

**verify** /vérefai/ *v* verificar, constar, averiguar; comprovar, confirmar; certificar, autenticar; afirmar sob juramento.

**verisimilitude** /véresemíletúd/ *s* verossimilhança.

**veritable** /véretebel/ *adj* verdadeiro, legítimo, genuíno.

**verity** /véreti/ *s* verdade; exatidão; veracidade.

**verjuice** /vêrdjús/ *s* suco ácido de algumas frutas (especialmente uva verde); azedume.

**vermicide** /vêrmesaid/ *s* vermicida.

**vermin** /vêrmin/ *s* pequenos animais e insetos nocivos ao homem; parasita; pessoa desprezível (*pl* **vermin**).

**verminous** /vêrmines/ *adj* infestado de piolhos ou pulgas; repulsivo.

**vernacular** /vernækyeler/ *s* e *adj* vernáculo.

**versant** /vêrsent/ *s* vertente (montanha); declive, inclinação.

**versatile** /vêrsetel/ *adj* versátil.

**verse** /vêrs/ *s* verso; poesia; estrofe. | *v* versejar, pôr em verso; familiarizar-se.

**versed** /vêrst/ *adj* versado, douto, estudado.

**versicle** /vêrsikel/ *s* versículo.

**versify** /vêrsefai/ *v* versificar, versejar.

**version** /vêrjen, vêrchen/ *s* versão, tradução; versão, interpretação própria; adaptação (texto, filme).

**verso** /vêrsou/ *s* verso, página oposta à da frente; reverso de uma medalha ou moeda (*pl* **versos**).

**versus** /vêrses/ *prep* contra (*abrev* **v.** ou **vs.**).
**vertebra** /vêrtebre/ *s* vértebra (*pl* **vertebrae** /vêrtebrí, vêrtebrai, vêrtebrei/ ou **vertebras**).
**vertebral** /vêrtebrel/ *adj* vertebral.
**vertebral column** *s* coluna vertebral.
**vertebrate** /vêrtebrit, vêrtebreit/ *s* e *adj* vertebrado.
**vertex** /vêrtéks/ *s* vértice; zênite; ápice, cume; vértex do crânio (*pl* **vertexes** ou **vertices** /vêrtisíz/).
**vertical** /vêrtekel/ *adj* e *s* vertical.
**vertically** /vêrtekeli/ *adv* verticalmente.
**vertigo** /vêrtegou/ *s* vertigem (*pl* **vertigoes** ou **vertigos**).
**verve** /vêrv/ *s* verve, energia; vitalidade, vivacidade.
**very** /véri/ *adv* muito, bastante; verdadeiramente. | *adj* verdadeiro, verídico; perfeito, completo; mesmo, próprio. • **very much** muitíssimo.
**vesicle** /vésikel/ *s* vesícula; cavidade.
**vesper** /vésper/ *s* vésper, estrela vespertina.
**vespertinal** /véspertainel/ » **vespertine**.
**vespertine** /véspertin, véspertain/ *adj* vespertino.
**vessel** /vésel/ *s* qualquer recipiente para líquido (vaso, xícara, copo); navio, embarcação; duto, canal, vaso, artéria, veia.
**vest** /vést/ *v* investir (alguém) de autoridade ou poder. | *s* colete.
**vested** /véstid/ *adj* adquirido.
**vestibule** /véstebyúl/ *s* vestíbulo.
**vestige** /véstidj/ *s* vestígio.
**vestment** /véstment/ *s* veste, vestuário que indica a condição social; paramentos.
**vest-pocket** /véstpákit/ *adj* de, para ou relativo ao bolso de colete; pequeno, miniatura.
**vestry** /véstri/ *s* sacristia; sala, salão paroquial.
**vesture** /véstcher/ *s* veste, vestuário; roupa, traje; qualquer coisa que recobre, cobertura. | *v* cobrir, vestir.
**vet** /vét/ *s inform* veterinário; veterano. | *v* tratar de animais; examinar ou avaliar (manuscrito).
**veteran** /véteren, vétren/ *adj* e *s* veterano.
**veterinarian** /véterinérien/ *s* veterinário.
**veterinary** /véterinéri/ *adj* veterinário. | *s* veterinário.
**vex** /véks/ *v* irritar, exasperar, atormentar; causar dor ou sofrimento físico; causar perplexidade; debater, discutir até exaustão.
**vexation** /vékseichen/ *s* irritação, exasperação; grande aborrecimento; tormento.
**VHF** /víeitchéf/ *abrev* de **very high frequency**, frequência muito alta.
**via** /vaie, víe/ *prep* via, por, pelo caminho de.
**viable** /vaiebel/ *adj* viável, possível.
**viaduct** /vaiedâkt/ *s* viaduto.
**vibrant** /vaibrent/ *adj* vibrante, sonoro, palpitante.
**vibrate** /vaibreit/ *v* vibrar; oscilar; ressoar.
**vibration** /vaibreichen/ *s* vibração; oscilação; trepidação.
**vicar** /viker/ *s* vigário.
**vicarage** /vikeridj/ *s* vicariato, presbitério.
**vice** /vais/ *s* vício; depravação, imoralidade, promiscuidade; perversidade; defeito, imperfeição; vice; morsa. | /vaise/ *prep* em vez de.
**vice president** *s* vice-presidente.
**vice squad** *s* equipe de policiais da delegacia de costumes.
**vice versa** *adv* vice-versa (*abrev* **v.v.**).
**vicinity** /vesineti/ *s* vizinhança, cercanias; proximidade.
**vicious** /viches/ *adj* imoral, depravado, mau; perigoso, violento, destrutivo, cruel; defeituoso, imperfeito.
**vicious circle** *s* círculo vicioso.
**victim** /viktim/ *s* vítima.
**victimize** /viktemaiz/ *v* vitimar.

**victor** /vikter/ *s* vencedor, conquistador.
**victory** /vikteri/ *s* vitória, triunfo.
**victual** /vitel/ *v* abastecer, prover; comer, alimentar(-se). | *s* alimento para consumo humano.
**video** /vidiou/ *s* vídeo; gravação em videoteipe; videocassete. | *adj* de ou referente a vídeo.
**videocassette** /vidioukesét/ *s* fita de vídeo.
**videocassette recorder** *s* videocassete (aparelho) (*abrev* **VCR**).
**videoconference** /vidioukánferens/ *s* videoconferência.
**video game** *s video game*, videojogo.
**videophone** /vidioufoun/ *s* videofone.
**videotape** /vidiouteip/ *s* videoteipe. | *v* gravar em videoteipe.
**videotex** /vidioutéks/ s videotexto.
**videotext** /vidioutékst/ » **videotex**.
**vie** /vai/ *v* rivalizar, disputar.
**Vietnam** /viétnám/ *s* Vietnã.
**Vietnamese** /viétnemíz/ *s* e *adj* vietnamita.
**view** /vyú/ *s* vista, visão, campo de visão; opinião, ideia; observação, exame; pesquisa sistemática, percepção, compreensão; paisagem, panorama. | *v* considerar, ver, pensar sobre; olhar bem, examinar; pensar de uma certa maneira; visualizar, exibir.
**viewer** /vyúer/ *s* observador; espectador, telespectador; visor.
**viewfinder** /vyúfainder/ *s* visor (câmera fotográfica, filmadora).
**viewpoint** /vyúpoint/ *s* ponto de vista.
**vigesimal** /vidjésemel/ *adj* vigésimo.
**vigil** /vidjel/ *s* vigília.
**vigor** /viger/ *s* vigor, energia, força; vigência.
**vigorous** /vigeres/ *adj* vigoroso, forte, vivaz.
**vile** /vail/ *adj* desprezível, baixo; vil, infame; imundo, sórdido; horrível, péssimo.
**vilify** /vilefai/ *v* aviltar, difamar, falar mal de.
**villa** /vile/ *s* mansão rural, casa de campo (grande e luxuosa).
**village** /vilidj/ *s* vila, aldeia, povoado.
**villager** /viledjer/ *s* aldeão, aldeã.
**villain** /vilen/ *s* vilão.
**villainy** /vileni/ *s* vilania.
**vim** /vim/ *s* energia, força, vigor.
**vincible** /vinsebel/ *adj* vencível, conquistável.
**vindicable** /vindikebel/ *adj* justificável.
**vindicate** /vindekeit/ *v* vindicar, reclamar em juízo; justificar, defender ou sustentar com provas e argumentos.
**vindictive** /vindiktiv/ *adj* vingativo.
**vine** /vain/ *s Bot* videira, vinha; trepadeira.
**vinegar** /vineger/ *s* vinagre; aspereza, mau humor; força, vigor.
**vineyard** /vinyerd/ *s* vinha, plantação de videiras.
**vintage** /vintidj/ *s* vindima, colheita de uvas; vinho identificado pela safra ou origem; safra, época. | *adj* relativo à colheita da uva; de boa qualidade, excelente; o melhor.
**vinyl** /vainel/ *s* vinil; plástico de vinil.
**viola** /vioule/ *s* viola, tipo de violino; viola.
**violate** /vaieleit/ *v* violar, infringir, transgredir; quebrar (promessa, juramento); desonrar, violentar, estuprar; profanar, corromper; invadir, devassar.
**violence** /vaielens/ *s* violência, fúria; abuso, injúria; fervor, arrebatamento.
**violent** /vaielent/ *adj* violento, furioso; intenso, extremo; impetuoso, arrebatado.
**violet** /vaielit/ *s* violeta.
**violin** /vaielin/ *s* violino.
**violinist** /vaielinist/ *s* violinista.
**violoncello** /víelántchélou, vaielántchélou/ *s* violoncelo (*pl* **violoncellos**).
**violoncellist** /víelántchélist, vaielántchélist/ *s* violoncelista.
**VIP** /víaipí/ *s abrev* de **very important person**, pessoa muito importante.

**viper** /vaiper/ *s* víbora; pessoa traiçoeira e maligna.
**virgin** /vêrdjin/ *s* virgem, donzela; *maiús* Virgem Maria. | *adj* virgem, casto, puro, imaculado.
**virginity** /verdjineti/ *s* virgindade.
**virgule** /vêrgyúl/ *s* barra, traço de separação (/) que indica que qualquer das duas alternativas pode ser usada.
**virility** /verileti/ *s* virilidade.
**virology** /vairáledji/ *s* virologia.
**virosis** /vairousis/ *s* virose (*pl* **viroses** / vairousíz/).
**virtual** /vêrtchuel/ *adj* virtual.
**virtue** /vêrtchú/ *s* virtude, retidão; mérito, valor; castidade. • **in/by virtue of** em virtude de, devido a.
**virtuous** /vêrtchues/ *adj* virtuoso; puro, casto.
**virulent** /viryelent/ *adj* virulento, maligno; detestável.
**virus** /vaires/ *s* vírus (*pl* **viruses**).
**visa** /víze/ *s* visto (de entrada no passaporte). | *v* dar visto de entrada (passaporte).
**visage** /vizidj/ *s* rosto, cara; semblante, aspecto.
**viscera** /visere/ *s pl* vísceras.
**viscid** /visid/ *adj* viscoso.
**viscount** /vaikaunt/ *s masc* visconde.
**viscountess** /vaikauntis/ *s fem* viscondessa.
**viscous** /viskes/ *adj* viscoso, pegajoso.
**vise** /vais/ *s* morsa (ou torno mecânico). | *v* apertar ou segurar com a morsa.
**visibility** /vizebileti/ *s* visibilidade.
**visible** /vizebel/ *adj* visível; manifesto, aparente; à mão, disponível.
**vision** /vijen/ *s* visão; aparição, fantasma; percepção visual, faculdade de ver; miragem, sonho. | *v* visionar.
**visit** /vizit/ *s* visita. | *v* visitar; *inform* conversar.
**visitant** /vizitent/ *adj* visitante. | *s* visitador, visitante; fantasma, espectro.
**visiting card** *s* cartão de visita.
**visiting professor** *s* professor visitante.
**visitor** /viziter/ *s* visita, visitante.
**visor** /vaizer/ *s* viseira, pala de boné; proteção contra o sol; disfarce, máscara.
**visual** /vijuel/ *s* visual. | *adj* visível; óptico.
**visual acuity** *s* acuidade visual.
**visual aid** *s* material instrucional visual.
**visual field** *s* campo de visão.
**visualize** /vijuelaiz/ *v* visualizar, figurar, imaginar.
**vital** /vaitel/ *adj* vital, essencial; vivo, vivaz; importante, fundamental; mortal, fatal.
**vitality** /vaitæleti/ *s* vitalidade, vigor, energia; força vital.
**vital signs** *s pl* sinais vitais.
**vitamin** /vaitemin/ *s* vitamina.
**vitiate** /vichieit/ *v* degradar, desvalorizar; depravar, corromper; invalidar, cancelar.
**viticulture** /vitikâltcher/ *s* viticultura.
**vitreous** /vitries/ *adj* vítreo.
**vitrify** /vitrefai/ *v* vitrificar.
**vituperate** /vaitúpereit, vitúpereit/ *v* vituperar.
**vivacious** /viveiches/ *adj* animado, vivo.
**vivacity** /vivæseti, vaivæseti/ *s* vivacidade.
**vivid** /vivid/ *adj* vívido, animado; vigoroso, ativo; brilhante, intenso.
**vivify** /vivefai/ *v* vivificar, animar.
**viviparous** /vaiviperes/ *adj* vivíparo.
**vixen** /viksen/ *s fem* raposa; megera, mulher irascível, de mau gênio.
**vizier** /vizir, vizyer/ *s* vizir.
**vizor** /vaizer/ » **visor**.
**vocable** /voukebel/ *s* vocábulo.
**vocabulary** /voukæbyeléri/ *s* vocabulário.
**vocal** /voukel/ *adj* vocal; oral; eloquente; sonoro; franco, dito sem hesitação.
**vocal cords** *s* cordas vocais.
**vocalic** /voukælik/ *adj* vocálico.
**vocalist** /voukelist/ *s* vocalista.
**vocation** /voukeichen/ *s* vocação, inclinação.

**vocative** /váketiv/ *adj* e *s* vocativo.
**vociferate** /vousifereit/ *v* vociferar.
**vociferous** /vousiferes/ *adj* vociferante.
**vodka** /vádke/ *s* vodca.
**vogue** /voug/ *s* voga; moda, estilo.
**voice** /vois/ *s* voz; opinião, expressão; direito de expressão, voz ativa. | *v* exprimir, dizer, enunciar, opinar; pronunciar sonoramente.
**voice box** *s* laringe.
**voiced** /voist/ *adj* vocal, vocálico; sonoro. • **voiced consonants** consoantes sonoras.
**voiceless** /voisles/ *adj* sem voz; mudo. • **voiceless consonants** consoantes mudas.
**void** /void/ *s* vácuo; vazio; sentimento de solidão ou perda. | *adj* destituído; nulo, sem validade, sem força legal; ineficaz, inútil; desocupado, vazio. | *v* invalidar, tornar sem efeito, anular; esvaziar, evacuar.
**volatile** /váletel/ *adj* volátil; volúvel, inconstante; explosivo, violento.
**volatilize** /váletelaiz/ *v* volatilizar, evaporar.
**volcanic** /válkænik/ *adj* vulcânico.
**volcano** /válkeinou/ *s* vulcão (*pl* **volcanoes** ou **volcanos**).
**volition** /voulichen/ *s* volição.
**volley** /váli/ *s* descarga (artilharia); rajada, saraivada (projéteis); míssil lançado. | *v* rebater (bola antes de cair no chão); lançar (rajadas).
**volleyball** /váliból/ *s* voleibol.
**voltage** /voultidj/ *s* voltagem.
**voltaic** /válteiik, voulteiik/ *adj* voltaico.
**voluble** /vályebel/ *adj* fluente, verboso, tagarela; rotativo, giratório.
**volume** /vályúm/ *s* volume; livro, tomo.
**voluntary** /válentéri/ *s* voluntário; prelúdio. | *adj* voluntário; intencional, deliberado.
**volunteer** /válentir/ *adj* e *s* voluntário. | *v* voluntariar-se.
**voluptuous** /velâptchues/ *adj* voluptuoso; sensual.
**volution** /velúchen/ *s* giro em espiral, espiral.
**vomit** /vámit/ *v* vomitar. | *s* vômito.
**voracious** /vóreiches/ *adj* voraz.
**vortex** /vórtéks/ *s* vórtice (*pl* **vortexes** / vórtéksiz/ ou **vortices** /vórtisíz/).
**votary** /vouteri/ *s* devoto, religioso; discípulo.
**vote** /vout/ *s* voto, sufrágio; votação; eleitor. | *v* eleger, votar.
**voter** /vouter/ *s* eleitor.
**voting machine** *s* máquina para votação eletrônica.
**votive** /voutiv/ *adj* votivo.
**vouch** /vautch/ *v* garantir, assegurar, responsabilizar-se por; atestar, provar.
**voucher** /vautcher/ *s* fiador; comprovante (despesa); recibo, fatura, vale; testemunho, prova. | *v* autenticar; emitir fatura, recibo.
**vouchsafe** /vautchseif, vautchseif/ *v* conceder; permitir, outorgar.
**vow** /vau/ *s* voto; declaração, promessa. | *v* jurar, prometer solenemente; declarar.
**vowel** /vauel/ *s* vogal.
**voyage** /voiidj/ *s* longa viagem, jornada. | *v* viajar; cruzar, atravessar (o oceano).
**voyager** /voiidjer/ *s* viajante.
**vulcanization** /vâlkenizeichen/ *s* vulcanização.
**vulcanize** /vâlkenaiz/ *v* vulcanizar.
**vulgar** /vâlger/ *adj* vulgar, comum.
**vulgarity** /vâlgéreti/ *s* vulgaridade.
**vulnerable** /vâlnerebel/ *adj* vulnerável.
**vulnerary** /vâlneréri/ *adj* vulnerário, próprio para a cura de feridas.
**vulture** /vâltcher/ *s* abutre, urubu.
**vulva** /vâlve/ *s* vulva (*pl* **vulvae** /vâlví/).

# Ww

**w** ou **W** /dâbelyú/ *s* 23ª letra do alfabeto inglês. | *abrev maiús* ou *minús* de **west**, **western**; *maiús* de **watt**. | *símb maiús* de **tungsten**.

**wabble** /wábel/ » **wobble**.

**wacky** /wæki/ *adj gír* excêntrico, louco, maluco, desequilibrado.

**wad** /wád/ *s* chumaço, tampão; rolo compacto (fumo); bucha (arma de fogo); *inform* grande quantidade, porção. | enchumaçar; embuchar, colocar bucha em arma de fogo; enrolar bem apertado (fumo).

**waddle** /wádel/ *v* andar com ginga; andar desajeitadamente ou com dificuldade. | *s* bamboleio, ginga.

**wade** /weid/ *v* andar (na água, lama ou neve com dificuldade), patinhar; fazer alguma coisa com dificuldade. | *s* ato de andar em água rasa.

**wafer** /weifer/ *s* bolo, bolacha ou biscoito fino e crocante; hóstia.

**waffle** /wáfel/ *s* massa leve assada em grelha elétrica e que pode ser coberta com manteiga ou geleia.

**waft** /wáft, wæft/ *v* boiar, flutuar. | *s* algo carregado pelo ar (odor, partícula); brisa leve; ato de flutuar.

**wag** /wæg/ *v* mover-se rápidamente (de um lado para outro ou de cima para baixo); mexer rapidamente a língua ao falar; andar desajeitadamente. | *s* sacudidura, balanço; pessoa engraçada, bem-humorada.

**wage** /weidj/ *s* salário, ordenado. | *v* engajar-se, envolver-se.

**wage earner** *s* assalariado.

**wager** /weidjer/ *s* aposta; algo apostado. | *v* apostar, arriscar.

**waggery** /wægeri/ *s* comportamento brincalhão; esperteza.

**waggle** /wægel/ *v* sacudir-se, mover o corpo rapidamente.

**wagon** /wægen/ *s* vagão, vagão de carga; carrinho (chá, bebidas); carro de polícia. | *v* transportar em vagão ou carrinho.

**wagoner** /wægener/ *s* maquinista, motorista.

**wagon-lit** /vágónlí/ *s* vagão-dormitório (trem) (*pl* **wagons-lits** ou **wagon-lits**).

**waif** /weif/ *s* pessoa sem lar; criança abandonada; filhote de animal abandonado; objeto perdido ou jogado fora.

**wail** /weil/ *v* queixar-se, lamentar-se, chorar alto. | *s* lamúria, queixa; gemido ou grito de dor; protesto, reclamação.

**wain** /wein/ *s* carroça, carroção.

**waist** /weist/ *s* cintura; corpo do vestido, blusa; parte mais estreita de um objeto.

**waistband** /weistbænd/ *s* cós, cintura de calça ou saia.

**waistcoat** /wésket, weistkout/ *s* colete masculino.
**waistline** /weistlain/ *s* cintura.
**wait** /weit/ *v* esperar, estar à espera, aguardar; trabalhar como garçom, servir à mesa; ter esperança; adiar (uma refeição, um evento). | *s* espera, demora. • **wait for** esperar por.
**waiter** /weiter/ *s* garçom, copeiro; bandeja.
**waiting** /weiting/ *s* espera, demora.
**waiting list** *s* lista de espera.
**waiting room** *s* sala de espera.
**waitress** /weitris/ *s* garçonete.
**waive** /weiv/ *v* desistir (de direito), renunciar, abrir mão de; colocar de lado temporariamente, adiar.
**wake** /weik/ *v* despertar, acordar, estar desperto; estar alerta; estimular, reviver, avivar, ressuscitar; conscientizar; velar, vigiar. | *s* vigília; velório; rilha, rastro; curso, caminho.
**wale** /weil/ *s* vergão; vinco, sulco, listra saliente em tecido.
**walk** /wák, wók/ *v* andar, caminhar; perambular; conduzir a vida, viver; medir com passos. | *s* andar, caminhada; modo de andar; distância percorrida a pé; caminho habitual; circuito próprio para caminhadas; competição de marcha; alameda, passeio. • **walk in** entrar. **go for a walk** ou **take a walk** sair para dar um passeio.
**walkaway** /wákewei/ *s* vitória fácil.
**walker** /wáker/ *s* caminhante, pedestre, andarilho; andador; sapatos específicos para caminhar.
**walkie-talkie** /wákitáki/ *s* *walkie-talkie*, aparelho transmissor e receptor portátil.
**walk-in** /wákin/ *adj* grande o suficiente em que se pode entrar; que se localiza à beira da via pública. | *s* sala grande; vitória fácil (principalmente em eleições); *gír* penetra.
**walking** /wáking/ *adj* ambulante, que pode se locomover, andante.
**walking papers** *s pl gír* notificação de dispensa de emprego.
**walking stick** *s* bengala.
**Walkman** /wákmen/ *s* *walkman*, pequeno aparelho de toca-fitas com rádio e fone de ouvido.
**walk-on** /wákán/ *s* papel secundário sem falas, figuração em teatro ou cinema.
**walkout** /wákaut/ *s* greve; ato de ausentar-se ou faltar a um compromisso em sinal de protesto.
**walkover** /wákouver/ *s* vitória fácil.
**walk-through** /wákthrú/ *s* ensaio de uma peça ou programa de TV.
**walkup** /wákâp/ *s* prédio sem elevador; apartamento ou escritório em um prédio sem elevador.
**walkway** /wákwei/ *s* passadiço, caminho, passagem.
**walky-talky** /wákitáki/ » **walkie-talkie**.
**wall** /wól/ *s* muro, parede, muralha, barragem. | *v* murar, emparedar; enclausurar; separar ou dividir ambientes com paredes. • **up the wall** extremamente irritado ou frustrado, subindo pelas paredes.
**wallet** /wálit/ *s* carteira de bolso.
**wallet PC** *s* computador de bolso.
**wallop** /wálep/ *v* bater, espancar, socar; derrotar fragorosamente; ferver ruidosamente; mover-se desajeitadamente. | *s* pancada, golpe.
**walloping** /wáleping/ *s* som de uma pancada ou batida; derrota fragorosa. | *adj inform* imenso, impressionante.
**wallow** /wálou/ *v* chafurdar, revolver-se (na lama, água, neve); atolar-se em vícios, perverter-se; nadar em dinheiro, viver em abundância. | *s* lamaçal, local onde os animais chafurdam.
**wallpaper** /wólpeiper/ *s* papel de parede. | *v* cobrir ou decorar com papel de parede.
**walnut** /wólnât/ *s* noz; nogueira.
**walrus** /wólres/ *s* morsa (*pl* **walrus** ou **walruses**).

W

**waltz** /wólts/ *s* valsa. | *v* valsar.
**wamble** /wámbel/ *v* mover-se cambaleando ou vacilando; virar (o estômago). | *s* movimento inseguro, hesitante; enjoo, náusea.
**wan** /wán/ *adj* lívido, pálido; triste, melancólico.
**wand** /wánd/ *s* vara, bastão; varinha (mágico, condão); batuta.
**wander** /wánder/ *v* andar ao acaso sem rumo, vagar, vagabundear; meandrar, serpentear (rio); desviar-se (caminho, conduta, fé, ideologia) perder o rumo.
**wanderer** /wánderer/ *s* andarilho, caminhante, viajante.
**wane** /wein/ *v* diminuir, decair, declinar; minguar (Lua). | *s* decadência, declínio, míngua.
**want** /wánt, wónt/ *v* desejar, querer; carecer de, ser desprovido de; necessitar, requerer, exigir; precisar da presença ou da ajuda de alguém; procurar (bandido). | *s* falta, carência, necessidade; desejo, vontades; defeito ou falha de caráter. • **wanted** procurado (criminoso).
**want ad** *s* anúncio classificado.
**wanting** /wánting, wónting/ *adj* ausente, inexistente, que está faltando; que não tem a qualificação necessária. | *prep* sem; menos.
**wanton** /wánten/ *adj* imoral, libertino, devasso, obsceno, indecente; cruel, impiedoso.
**war** /wór/ *s* guerra, luta, conflito armado; antagonismo, oposição de ideias; combate (crime, drogas). | *v* engajar-se numa guerra, estar num estado de rivalidade ou contenda. • **at war** em conflito. **war of nerves** guerra de nervos.
**war baby** *s* criança nascida durante a guerra.
**warble** /wórbel/ *v* trinar, gorjear. | *s* gorjeio, trinado; berne, abscesso provocado pelo berne; calo no lombo do cavalo provocado pelo atrito da sela.
**warble fly** *s Zool* mosca-berneira.
**war correspondent** *s* correspondente de guerra.
**war crime** *s* crime de guerra.
**war cry** *s* grito de guerra.
**ward** /wórd/ *s* bairro, distrito; enfermaria; ala (hospital, prisão); área aberta rodeada de muros em um castelo; menor de idade ou pessoa sob guarda legal; indivíduo protegido, tutelado; tutela, guarda, defesa, proteção. | *v* proteger, guardar.
**warden** /wórden/ *s* diretor administrativo de presídio; administrador de uma instituição; porteiro; supervisor, encarregado; vigia, guarda.
**warder** /wórder/ *s* guarda, porteiro, vigia; cetro, bastão usado como símbolo de autoridade e poder.
**wardrobe** /wórdroub/ *s* guarda-roupa.
**ware** /wér/ *s* conjunto de artigos do mesmo tipo e que têm a mesma utilidade; mercadoria.
**warehouse** /wérhaus/ *s* armazém, depósito de mercadorias. | *v* armazenar, estocar, guardar.
**warfare** /wórfér/ *s* guerra, conflito armado; operação militar com características específicas; desarmonia, conflito.
**war game** *s* operação militar simulada.
**warhead** /wórhéd/ *s* ogiva.
**warhorse** /wórhórs/ *s* cavalo de batalha; *gír* veterano de guerra; *inform* música ou peça de teatro que exibida exaustivamente.
**warlike** /wórlaik/ *adj* beligerante, hostil; marcial, bélico.
**warlock** /wórlák/ *s* feiticeiro, bruxo, mago.
**warlord** /wórlórd/ *s* comandante militar que exerce poder civil numa região.
**warm** /wórm/ *adj* morno; que tem a temperatura do corpo humano; que preserva o calor; entusiasmado, animado; ardente, caloroso; cordial, amigável; quente (cor). | *v* esquentar ou aquecer levemente, amorar; animar-se,

entusiasmar-se; emocionar-se, encher-se de emoções; tornar-se cordial, amigável. • **warm up** fazer aquecimento antes de atividade física, aquecer-se.

**warmth** /wórm*th*/ *s* calor moderado, agradável; cordialidade, amizade; ardor, entusiasmo, fervor, veemência.

**warm-up** /wórmâp/ *s* aquecimento.

**warn** /wórn/ *v* prevenir, alertar; advertir, avisar; avisar com antecedência; admoestar, censurar, advertir.

**warning** /wórni*ng*/ *s* aviso, advertência, alarme; sinal de alerta, sinalizador; admoestação, censura. | *adj* que avisa, que adverte.

**warp** /wórp/ *v* empenar (madeira); arquear, torcer; desviar do rumo certo; tecer, urdir; distorcer (fatos, verdade). | *s* empenamento, torção; desvio mental ou moral, aberração; urdidura.

**warplane** /wórplein/ *s* aeronave de guerra.

**warrant** /wórent/ *s* autorização, sanção; justificativa, desculpa; garantia, fiança; ordem judicial, mandado. | *v* garantir, afiançar, atestar (qualidade, procedência, idoneidade); dar garantia a um produto; justificar, dar razões para; autorizar, sancionar.

**warranty** /wórenti/ *s* garantia. • **under warranty** na garantia.

**warren** /wóren/ *s* viveiro de coelhos; grupo, bando de animais; área superpovoada; lugar labiríntico.

**warrior** /wóry*er*/ *s* guerreiro, soldado.

**warship** /wórchip/ *s* navio de guerra.

**wart** /wórt/ *s* verruga; imperfeição semelhante a uma verruga.

**wary** /wéri/ *adj* atento, prudente, previdente.

W

**was** /wáz, wâz/ *v pass* 1ª e 2ª *pess sing* de **be**.

**wash** /wách, wóch/ *v* lavar, banhar, limpar; molhar, ensopar; erodir, destruir (pela ação da água); ser carregado (pela água); redimir, purificar. | *s* lavagem, limpeza, banho; quantidade de coisas que serão lavadas; líquido fermentado; produto usado para lavagem; desinfetante bucal. | *adj* que é usado para lavar; lavável. • **wash up** *IngAm* lavar as mãos; *IngBrit* lavar louça após refeição.

**washable** /wáchebel, wóchebel/ *adj* lavável.

**washer** /wách*er*, wóch*er*/ *s* máquina de lavar (roupas, louças); lavador, lavadeira; arruela.

**washing** /wáchi*ng*, wóchi*ng*/ *s* lavagem, banho; artigos que serão lavados.

**washing machine** *s* máquina de lavar roupas.

**washing soda** *s* água sanitária.

**washroom** /wáchrum/ *s* banheiro.

**washy** /wáchi, wóchi/ *adj* diluído, aguado; sem força, debilitado, débil; frouxo, lasso.

**wasn't** /wázent, wâzent/ *form contr* de **was not**.

**wasp** /wásp/ *s* vespa.

**waspish** /wáspich/ *adj* impertinente, irritável, irascível; irritante.

**wassail** /wásel, wáseil/ *s* brinde (à saúde, à felicidade); bebida usada para fazer o brinde; festa com muita bebida. | *v* brindar.

**wastage** /weistidj/ *s* estrago, perda; desgaste; perda anual.

**waste** /weist/ *v* desperdiçar, gastar; consumir, debilitar, enfraquecer; perder (oportunidade, tempo), não aproveitar; destruir. | *s* desperdício, perda; lugar ou região desabitada; lugar destruído, ruína; resto, refugo, sobra, sucata, resíduo; lixo; excremento. | *adj* descartado, de refugo; árida, inculta (terra); baldio (terreno); usado, velho; excrementoso.

**wastebasket** /weistbæsket/ *s* cesto de lixo.

**wasteful** /weistfel/ *adj* esbanjador, extravagante; devastador, destrutivo.

**wasteland** /weistlænd/ *s* terra desolada, inculta; terreno baldio.

**wastepaper** /weistpeiper/ *s* papel usado, descartado.
**waste pipe** *s* tubo de escoamento, cano de esgoto.
**waster** /weister/ *s* gastador, esbanjador; destruidor.
**watch** /wátch/ *v* prestar atenção, observar atentamente, ficar de olho; esperar o momento certo; olhar, assistir, agir como espectador; vigiar, montar guarda, velar; estar de vigília. | *s* sentinela, vigília; observação atenta; pessoa que vigia, que fica de sentinela; relógio de bolso ou de pulso. • **watch out** estar alerta, tomar cuidado.
**watchband** /wátchbænd/ *s* pulseira de relógio.
**watchdog** /wátchdág/ *s* cão de guarda; guarda, guardião, protetor.
**watchful** /wátchfel/ *adj* atento, vigilante.
**watchmaker** /wátchmeiker/ *s* relojoeiro.
**watchman** /wátchmen/ *s* guarda, vigia, sentinela.
**watchword** /wátchwêrd/ *s* senha.
**water** /wáter, wóter/ *s* água; suprimento de água; sistema de abastecimento de água; líquidos do corpo (urina, lágrimas, suor, saliva); líquido amniótico; solução aquosa. | *v* aguar, molhar, regar, pôr água em; dar de beber; diluir, misturar água, irrigar; lacrimar, salivar; beber água.
**water bag** *s* bolsa (anatomia).
**water ballet** *s* nado sincronizado.
**waterbed** /wáterbéd/ *s* cama com colchão d'água.
**water biscuit** *s* biscoito de água.
**water blister** *s* bolha de água.
**water closet** *s* banheiro (*abrev* **W.C.**).
**watercolor** /wáterkâler/ *s* aquarela.
**watercourse** /wáterkórs/ *s* curso de água (natural ou artificial); riacho.
**watercress** /wáterkrés/ *s* agrião.
**water cure** *s* hidroterapia.
**waterfall** /wáterfól/ *s* cachoeira, cascata.
**waterfront** /wáterfrânt/ *s* orla marítima; zona portuária.
**water gauge** *s* indicador do nível de água.
**water glass** *s* relógio de água, clepsidra; copo para água.
**water hole** *s* poço de água, cavidade nas rochas onde se acumula água.
**water ice** *s* sobremesa feita de gelo picado e essência de frutas, raspadinha.
**watering can** *s* regador.
**watering place** *s* poço, bebedouro; estância balneária.
**watering pot** *s* regador.
**waterless** /wáterles/ *adj* seco; que não requer água.
**water lily** *s* nenúfar, lótus.
**water line** *s* linha de flutuação.
**waterlogged** /wáterlágd/ *adj* encharcado, saturado de água.
**water main** *s* cano principal de uma rede de água.
**waterman** /wátermen/ *s* barqueiro.
**watermark** /wátermárk/ *s* marca-d'água, filigrana; marca de nível de água. | *v* filigranar.
**watermelon** /wátermélen/ *s* melancia; melancieira.
**water mill** *s* moinho de água.
**water pipe** *s* cano de água.
**water polo** *s* polo aquático.
**waterpower** /wáterpauer/ *s* força hidráulica.
**waterproof** /wáterprúf/ *adj* à prova d'água, impermeável. | *v* impermeabilizar.
**watershed** /wáterchéd/ *s* divisor de águas, bacia hidrográfica; momento decisivo, ponto crítico.
**water ski** *s* esqui aquático.
**waterspout** /wáterspaut/ *s* tromba-d'água, chuva muito forte; bica, calha, gárgula.
**water supply** *s* abastecimento de água; sistema de suprimento de água.
**water system** *s* bacia hidrográfica; sistema de suprimento de água.
**watertight** /wátertait/ *adj* impermeável, hermético, vedado; inequívoco, irrefutável, categórico.

**waterway** /wáterwei/ *s* hidrovia, via navegável, canal.

**water wheel** *s* roda-d'água, roda hidráulica.

**water wings** *s pl* par de boias infláveis que se prende aos braços.

**waterworks** /wáterwêrks/ *s pl* sistema de abastecimento de água (reservatórios, tanques, tubulação, encanamento).

**watery** /wáteri/ *adj* aquoso; aguado, diluído; fraco; pálido (cor).

**watt** /wát/ *s* watt (unidade de medida de potência elétrica).

**wave** /weiv/ *v* acenar, abanar; ondular. | *s* onda (mar, rádio, calor, pânico, terror); aceno; ondulação; oscilação; tendência.

**waveband** /weivbænd/ *s* faixa de onda de frequência (rádio).

**waveform** /weivfórm/ *s* forma de onda.

**wavelength** /weivléngkth/ *s* comprimento de onda (rádio).

**waver** /weiver/ *v* movimentar-se instavelmente, oscilar; vacilar, hesitar; gaguejar, tremer a voz; piscar, tremeluzir.

**wavy** /weivi/ *adj* ondulante; ondulado; instável, vacilante.

**wax** /wæks/ *s* cera; cerume; parafina. | *adj* de cera; encerado, coberto de cera. | *v* encerar, polir com cera; desenvolver, aumentar (tamanho, peso, número); crescer, ficar cheia (Lua).

**waxwork** /wækswêrk/ *s* a arte de modelar em cera; figura ou objeto de cera. • **waxworks** *us v sing* ou *pl* exposição de figuras de cera em museu.

**way** /wei/ *s* via, caminho, estrada, passagem; oportunidade; direção; modo, maneira, jeito; aspecto; natureza, categoria; aptidão, facilidade; estado, condição. | *adv* distante, longínquo. • **by the way** a propósito. **no way** de jeito nenhum. **on the way** a caminho.

**waybill** /weibil/ *s* documento de embarque, guia de mercadorias, conhecimento (transportes).

**wayfarer** /weiférer/ *s* caminhante, viandante.

**waylaid** /weileid/ *v pass* e *part pass* de **waylay**.

**waylay** /weilei, weilei/ *v* emboscar, armar ciladas.

**way-out** /weiaut/ *adj* muito estranho ou esquisito, não convencional.

**wayside** /weisaid/ *s* beira da estrada. | *adj* que está à beira da estrada.

**way station** *s* estação ferroviária intermediária.

**wayward** /weiwerd/ *adj* mau, perverso; instável, imprevisível, caprichoso.

**W.C.** /dâblyúsí/ *abrev* de **water closet**, banheiro; de **without charge**, sem carga.

**we** /wí/ *pron* 1ª *pess pl* nós.

**weak** /wík/ *adj* fraco; franzino, débil, frágil; pusilânime; sem resistência, sem firmeza; inábil, inapto, incapaz; pouco inteligente.

**weaken** /wíken/ *v* enfraquecer, tornar fraco.

**weak-kneed** /wíkníd/ *adj* covarde, fraco.

**weakling** /wíkling/ *s* pessoa fraca (física ou moralmente).

**weakness** /wíknes/ *s* fraqueza, debilidade; falha ou defeito pessoal; preferência, inclinação, tendência.

**weakly** /wíkli/ *adj* frágil, fraco, debilitado. | *adv* debilmente, fracamente.

**weak-minded** /wíkmaindid/ *adj* fraco de espírito; tolo.

**weal** /wíl/ *s* prosperidade, felicidade, ventura; bem-estar social, bem comum; inchaço causado por uma pancada, galo.

**wealth** /wélth/ *s* riqueza, abundância; bens, recursos; grande quantia, profusão.

**wealthy** /wélthi/ *adj* rico, abastado.

**wean** /wín/ *v* desmamar; desapegar, desacostumar, perder o vício.

**weanling** /wínling/ *s* criança ou filhote de animal recém-desmamado.

W

hora que, sempre que, toda vez que, a qualquer momento que.

**where** /hwér, wér/ *adv* onde, aonde, em que lugar. | *conj* onde. | *s* lugar, ocasião.

**whereabouts** /hwérebauts, wérebauts/ *adv* onde, onde aproximadamente, próximo de que local. | *s us v sing* ou *pl* localização aproximada, paradeiro.

**whereas** /hwéræz, wéræz/ *conj* contanto que, ao passo que, enquanto que.

**whereby** /hwérbai, wérbai/ *conj* segundo o qual, de acordo com o qual; através do qual, por meio do qual.

**wherefore** /hwérfór, wérfór/ *adv* por que razão, por quê; então. | *s* razão, motivo.

**wherefrom** /hwérfrâm, wérfrâm/ *conj* de onde, de que lugar.

**wherein** /hwérin, wérin/ *adv* de que maneira, como. | *conj* onde, em que; durante o qual; como, de que maneira.

**whereof** /hwéráv, wéráv/ *conj* de que, do que.

**wherever** /hwéréver, wéréver/ *adv* e *conj* onde quer que.

**wherewithal** /hwérwi*dh*ól, wérwi*dh*ól, hwérwi*th*ól, wérwi*th*ól/ *s* meios, recursos (especialmente financeiros).

**whet** /hwét, wét/ *v* afiar, amolar; estimular, aguçar. | *s* estimulante; *inform* aperitivo.

**whether** /hwé*dher*, wé*dher*/ *conj* se, no caso de, caso, quer ... quer.

**whetstone** /hwétstoun, wétstoun/ *s* pedra de amolar.

**whew** /fyú/ *interj* ufa.

**whey** /hwei, wei/ *s* soro do leite.

**whey-face** /hweifeis, weifeis/ *s* pessoa com a face pálida.

**which** /hwitch, witch/ *pron* que, o que, o qual, a qual, os quais, as quais, cujo(s), cuja(s). | *adj* qual, qualquer.

**whichever** /hwitchéver, witchéver/ *adj* e *pron* qualquer um, seja qual for.

**whiff** /hwif, wif/ *s* sopro, baforada; cheiro no ar, ligeiro perfume; inalação; sinal, traço, vestígio. | *v* ser carregado pelo sopro do vento; inalar, cheirar; baforar.

**whiffle** /hwifel, wifel/ *v* mover-se de um lado para outro, vacilar; soprar (vento).

**while** /hwail, wail/ *s* período de tempo, instante, momento; tempo ou esforço empregado ao se fazer alguma coisa. | *conj* enquanto, ao mesmo tempo que; ainda que, embora. | *v* passar o tempo agradavelmente, entreter-se. • **once in a while** de vez em quando.

**whim** /hwim, wim/ *s* capricho, excentricidade; impulso repentino, veneta.

**whimper** /hwimp*er*, wimp*er*/ *s* lamúria, lamento, choradeira. | *v* choramingar, lamuriar-se; lamentar-se, queixar-se.

**whimsical** /hwimzikel, wimzikel/ *adj* caprichoso, arbitrário, excêntrico; imprevisível.

**whine** /hwain, wain/ *v* lamentar-se, choramingar, queixar-se; reclamar ou protestar de maneira infantil; ganir. | *s* lamento, lamúria, choro; ganido.

**whinny** /hwaini, waini/ *v* relinchar. | *s* relincho.

**whip** /hwip, wip/ *v* chicotear, açoitar, bater; castigar ou reprovar severamente; afetar ou golpear com uma chicotada; forçar, compelir; bater (creme, ovos); *inform* arrancar ou remover repentinamente; mover-se repentina e rapidamente; mover-se como um chicote. | *s* chicote, açoite; ferimento ou corte provocado por uma chicotada; sobremesa feita de clara de ovos batida; pá de moinho de vento.

**whipcord** /hwipkórd, wipkórd/ *s* cordel de chicote; tecido de lã com saliências diagonais.

**whip hand** *s* posição de domínio, superioridade; mão que segura o chicote.

**whiplash** /hwiplæch, wiplæch/ *s* chicotada; lesão na coluna cervical.

**whippersnapper** /hwip*er*snæp*er*, wip*er*snæp*er*/ *s* pessoa insignificante ou pretensiosa.

**whipping** /hwiping, wiping/ *s* surra, chicotada, açoitamento.
**whipping boy** *s* bode expiatório.
**whir** /hwêr, wêr/ *v* zunir, zumbir. | *s* zunido, zumbido, silvo; agitação.
**whirl** /hwêrl, wêrl/ *v* girar, rodar, rodopiar; fazer rodar; dirigir em alta velocidade. | *s* giro, volta, rotação; rodopio, turbilhão; tumulto, confusão; sucessão de eventos; estado de confusão mental, vertigem.
**whirlpool** /hwêrlpúl, wêrlpúl/ *s* redemoinho (na água), sorvedouro; banheira de hidromassagem.
**whirlwind** /hwêrlwind, wêrlwind/ *s* redemoinho (vento), turbilhão, tornado; tumulto, confusão; força ou coisa destrutiva. | *adj* tumultuado, rápido.
**whirlybird** /hwêrlibêrd, wêrlibêrd/ *s inform* helicóptero.
**whisk** /hwisk, wisk/ *v* mover rapidamente; abanar, sacudir; bater (ovos, creme). | *s* movimento rápido; espanador, escova de roupa; batedeira, batedor de ovos.
**whisker** /hwisker, wisker/ *s* bigode de animais; *inform* pequena distância, pequena margem, triz.
**whiskey** /hwiski, wiski/ *s* uísque.
**whisky** /hwiski, wiski/ » **whiskey**.
**whisper** /hwisper, wisper/ *s* murmúrio, sussurro, cochicho; rumor, boato; som murmurante. | *v* cochichar, sussurrar, murmurar; confidenciar; mexericar, fofocar (em tom baixo).
**whistle** /hwisel, wisel/ *v* assobiar, apitar, chamar com assobio. | *s* assobio, silvo, zunido; apito (instrumento).
**whit** /hwit, wit/ *s* porção mínima, um pouquinho, um bocadinho.
**white** /hwait, wait/ *s* branco (cor, pessoa); clara do ovo; branco dos olhos. | *adj* branco, desprovido de cor; pálido, lívido; de pele branca; em branco, sem nada escrito; incandescente; enfurecido; conservador, reacionário; com leite (café, chá). | *v* criar ou deixar espaços em branco; branquear, empalidecer. • **white blood cell** glóbulo branco.
**white bear** *s* urso-branco.
**whitecap** /hwaitkæp, waitkæp/ *s* onda de arrebentação com espuma na crista.
**white-collar** /hwaitkáler, waitkáler/ *adj* colarinho-branco.
**white elephant** *s* elefante branco, coisa sem utilidade.
**white feather** *s* símbolo de covardia.
**white flag** *s* bandeira branca (sinal de rendição).
**white heat** *s* incandescência; estado de excitação.
**White House** *s* Casa Branca (sede do governo americano).
**white knight** *s* salvador, redentor.
**white lie** *s* mentira inofensiva.
**white magic** *s* magia branca.
**white meat** *s* carne branca.
**whiten** /hwaiten, waiten/ *v* branquear, alvejar.
**white pages** *s* lista de assinantes.
**white sauce** *s* molho branco.
**whitesmith** /hwaitsmith, waitsmith/ *s* funileiro, latoeiro.
**whitewash** /hwaitwách, waitwách/ *s* cal para caiar. | *v* caiar, pintar ou cobrir com cal.
**Whitsun** /hwitsen, witsen/ *adj* relativo ao Pentecostes (festa cristã).
**Whitsunday** /hwitsândei, witsândei/ *s* domingo de Pentecostes.
**whittle** /hwitl, witl/ *v* cortar, aparar, desbastar (madeira); entalhar, esculpir; reduzir ou eliminar gradualmente.
**who** /hú/ *pron* que, quem, o(s) qual(is), a(s) qual(is).
**WHO** /dâbélyúeitchou/ *abrev* de **World Health Organization**, OMS, Organização Mundial da Saúde.
**who'd** /húd/ *form contr* de **who had** e **who would**.
**whodunit** /húdânit/ *s inform* romance ou história policial.

**whoever** /húéver/ *pron* quem, quem quer que, seja quem for, todo aquele que.

**whole** /houl/ *adj* todo, inteiro, completo; intacto, são, ileso; restaurado, recomposto, curado, inteiro. | *s* inteiro, todo; unidade, totalidade. | *adv* totalmente. • **as a whole** no geral, no conjunto.

**wholehearted** /houlhártid/ *adj* sincero, dedicado, fervoroso, entusiástico.

**whole milk** *s* leite integral.

**whole number** *s* número inteiro.

**wholesale** /houlseil/ *s* venda no atacado. | *adj* por atacado, atacadista; feito de maneira extensiva, indiscriminada. | *adv* em larga escala; indiscriminadamente, extensivamente. | *v* comprar no atacado para revender.

**wholesome** /houlsem/ *adj* sadio, saudável; salutar, proveitoso.

**who'll** /húl/ *form contr* de **who will** e **who shall**.

**wholly** /houlli, houli/ *adv* inteiramente, completamente; exclusivamente, somente.

**whom** /húm/ *pron* (com função de objeto) quem, a quem; que, o(s) qual(is), a(s) qual(is).

**whomever** /húméver/ *pron* (com função de objeto) quem quer que, seja quem for, todo aquele que.

**whoop** /hwúp, wúp, húp/ *s* grito, brado; grito de guerra; respiração ofegante. | *v* gritar, bradar; respirar ofegantemente.

**whooping cough** *s* coqueluche.

**whore** /hór/ *s* prostituta; pessoa sexualmente promíscua; pessoa que abdica de seus princípios em favor de ganhos pessoais. | *v* ter relações sexuais com prostitutas; aceitar pagamento em troca de relações sexuais.

**whoredom** /hórdem/ *s* prostituição; promiscuidade; deslealdade a Deus, idolatria.

**whorehouse** /hórhaus/ *s* casa de prostituição, bordel, prostíbulo.

**whoreson** /hórsen/ *s* filho ilegítimo. | *adj* abominável, vergonhoso.

**who's** /húz/ *form contr* de **who is** e **who has**.

**whose** /húz/ *pron* de quem; cujo(s), cuja(s).

**why** /hwai, wai/ *adv* por quê, por que razão ou motivo, com qual intenção ou motivo. | *conj* porque. | *s* porquê, motivo, razão. | *interj* ora, ora essa. • **why not** por que não?

**wick** /wik/ *s* mecha, pavio, fio.

**wicked** /wikid/ *adj* perverso, mau, ruim, maligno; grave, severo, difícil; ofensivo, insolente; *gír* muito bom, notável, efetivo.

**wicker** /wiker/ *s* vime; trabalho feito de vime.

**wicket** /wikit/ *s* postigo, portinhola; pequena janela ou abertura com vidro ou grade; comporta de represa.

**wide** /waid/ *adj* largo, amplo, extenso; de largura; bem aberto (olhos, boca). | *adv* longe, distante (da verdade, de alvo); extensamente, largamente.

**wide-awake** /waideweik/ *adj* desperto, bem acordado; alerta.

**wide-eyed** /waidaid/ *adj* de olhos bem abertos; inocente, crédulo.

**widen** /waiden/ *v* ampliar, alargar, aumentar, expandir.

**wide-open** /waidoupen/ *adj* escancarado, bem aberto; tolerante, sem leis ou restrições.

**widespread** /waidspréd/ *adj* muito espalhado ou difundido.

**widow** /widou/ *s fem* viúva. | *v* enviuvar.

**widower** /widouer/ *s masc* viúvo.

**widowerhood** /widouerhud/ *s* viuvez (do homem).

**widowhood** /widouhud/ *s* viuvez (da mulher).

**width** /witth, width/ *s* largura.

**wield** /wíld/ *v* empunhar, manejar com destreza (armas, ferramentas); exercer efetivamente (autoridade, influência).

**wife** /waif/ *s* mulher, esposa (*pl* **wives** / waivz/).

**wig** /wig/ *s* peruca, cabeleira postiça. | *v* repreender, censurar, admoestar. • **wig out** ficar extremamente excitado ou entusiasmado.

**wiggle** /wigel/ *v* balançar, sacudir, menear. | *s* balanço, meneio.

**wild** /waild/ *adj* silvestre, selvagem, em estado natural, não domesticado; desabitado; incivilizado, primitivo; devasso, imoral; desordenado, desarranjado; descontrolado (emocionalmente); extravagante, fantástico; turbulento, tempestuoso; imprudente, irresponsável; infundado; ávido, impaciente. | *s* selva, floresta, mata; estado natural; região inabitada. | *adv* loucamente, descontroladamente.

**wild boar** *s* javali.

**wild card** *s* curinga (baralho).

**wildcat** /waildkæt/ *s* gato montês, lince; pessoa violenta; greve não autorizada pelo sindicato. | *adj* arriscado (negócio); emitido por uma instituição financeira não confiável; executado fora dos procedimentos normais.

**wilderness** /wildernes/ *s* floresta, selva, mata; região em condições naturais; grande região inabitada ou vazia; selvageria.

**wildfire** /waildfaier/ *s* fogo que se espalha rapidamente; algo que age rápida e intensivamente; relâmpago sem trovão; fogo fátuo.

**wildlife** /waildlaif/ *s* vida selvagem, plantas e animais que vivem em estado natural.

**wildness** /waildnes/ *s* selvageria.

W

**wile** /wail/ *s* artimanha, truque, manobra, artifício, estratagema; trapaça, fraude.

**wilful** /wilfel/ » **willful**.

**will** /wil/ *s* vontade, desejo, arbítrio; determinação, propósito, força de vontade; autocontrole, autodisciplina; intenção deliberada, desejo; boa vontade, disposição; testamento. | *v* querer, desejar; escolher; decretar, ditar, ordenar; resolver, determinar; legar, deixar em testamento. | *v aux* (*pass* **would**) usado na formação do futuro.

**willful** /wilfel/ *adj* voluntarioso, deliberado, intencional; incontrolável.

**willing** /wiling/ *adj* disposto a, inclinado a, preparado para; que age ou está pronto para agir com satisfação; voluntário, desejoso.

**willow** /wilou/ *s* salgueiro.

**willpower** /wilpauer/ *s* força de vontade.

**wilt** /wilt/ *v* definhar, esmorecer, desfalecer; sentir ou exibir sinais de exaustão; murchar; fazer murchar; exaurir, fatigar.

**wily** /waili/ *adj* astuto, manhoso, ardiloso.

**wimble** /wimbel/ *s* broca, pua, furador.

**wimple** /wimpel/ *s* touca ou véu de freiras; dobra ou prega em roupa; onda na superfície da água; curva. | *v* cobrir ou vestir com véu; ondear, mover em ondas.

**win** /win/ *v* vencer, ser o primeiro numa competição; ganhar; conseguir alguma coisa com dificuldade; capturar (numa batalha); ganhar a afeição ou lealdade de alguém. | *s* vitória; ganho.

**wince** /wins/ *v* estremecer, retrair-se, sobressaltar-se. | *s* estremecimento, sobressalto.

**winch** /wintch/ *s* guincho, pequeno guindaste. | *v* guinchar.

**wind** /wind/ *s* vento, ar em movimento; sopro; hálito; respiração, fôlego; gases intestinais. | *v* expor ao vento; ventilar; sentir o cheiro; causar falta de ar, tirar o fôlego; permitir tomar fôlego.

**wind** /waind/ *v* enrolar; encapar, envolver; entrelaçar, enlaçar; andar em curvas; dar corda (relógio). | *s* curva, giro, volta.

**wind** /waind, wind/ *v* tocar um instrumento de sopro.

**windbag** /windbæg/ *s* fole; *gír* pessoa muito falante, tagarela.
**windbreak** /windbreik/ *s* cerca viva que serve de proteção contra o vento.
**windfall** /windfól/ *s* golpe de sorte, algo bom e inesperado; fruta madura que cai do pé por causa do vento.
**winding** /waindi*ng*/ *s* volta, giro; desvio, curva, sinuosidade. | *adj* sinuoso, espiralado.
**wind instrument** *s* instrumento de sopro.
**windlass** /windles/ *s* molinete. | *v* levantar alguma coisa usando o molinete, içar.
**windmill** /windmil/ *s* moinho de vento. | *v* mover como as rodas de um moinho, girar.
**window** /windou/ *s* janela; vidraça; vitrina; intervalo de tempo.
**window box** *s* jardineira no peitoril da janela.
**window-dressing** /windoudrési*ng*/ *s* decoração de vitrinas.
**window envelope** *s* envelope que possui uma abertura de papel transparente para visualização do endereço.
**windowpane** /windoupein/ *s* vidraça.
**Windowsä** /windouz/ *s* marca registrada do ambiente operacional da Microsoft.
**Windows application** *s* aplicação para Windows.
**window shade** *s* cortina.
**window-shop** /windoucháp/ *v* olhar vitrinas.
**windowsill** /windousil/ *s* peitoril, parapeito.
**windpipe** /windpaip/ *s* traqueia.
**windshield** /windchíld/ *s* para-brisa.
**windshield wiper** *s* limpador de pára-brisa.
**windsock** /windsák/ *s* biruta (instrumento que indica direção do vento).
**windstorm** /windstórm/ *s* ventania, tempestade de vento.
**windsurf** /windsêrf/ *v* praticar windsurfe.
**windsurfing** /windsêrfi*ng*/ *s* windsurfe.
**windward** /windwerd/ *s* barlavento. | *adj* de barlavento, na direção do vento. | *adv* a barlavento.
**windy** /windi/ *adj* ventoso; exposto ao vento, desprotegido; oco, vazio; verborrágico; flatulento.
**wine** /wain/ *s* vinho. | *v* prover de vinho ou recepcionar com vinho; beber vinho.
**wineglass** /wainglæs/ *s* taça para vinho.
**wing** /wi*ng*/ *s* asa, qualquer coisa que se pareça ou tenha função de asa; voo; seção, ala (hospital); facção. | *v* voar, alçar voo; munir de asas, alar; tornar apto para voar; emplumar, cobrir de penas; saltar como se tivesse asas; carregar ou transportar voando; disparar, arremessar. • **wings** bastidores de teatro.
**winged** /wi*ng*d/ *adj* alado.
**wingspan** /wi*ng*spæn/ *s* envergadura (asa).
**wink** /wi*ng*k/ *v* piscar um olho (para alguém); piscar, pestanejar, mover as pestanas; tremeluzir, cintilar. | *s* piscada, pestanejada, piscadela; piscar de olhos; brilho, lampejo; *inform* soneca, cochilo.
**winner** /winer/ *s* vencedor, vitorioso.
**winning** /wini*ng*/ *adj* vencedor, vitorioso; atraente, sedutor, cativante. | *s* vitória, conquista. • **winnings** ganhos, lucros.
**winnow** /winou/ *v* joeirar, separar o joio do trigo; separar o bom do ruim; livrar-se de coisas indesejáveis; eliminar (parte ruim). | *s* joeira, máquina de limpar o cereal; ato de separar o bom do ruim.
**WINS** *abrev* de **Windows Internet Name Service**, serviço de cadastramento na Internet do Windows.
**winsome** /winsem/ *adj* encantador, cativante.
**winter** /winter/ *s* inverno; período de tempo caracterizado pela frieza, miséria ou morte. | *adj* hibernal. | *v* passar o inverno; tomar conta, proteger algo durante o inverno.

**winter break** *s* recesso escolar durante o inverno.
**wintery** /wi̲nteri/ » **wintry**.
**wintry** /wi̲ntri/ *adj* relativo ao inverno; frio, gelado; indiferente, triste, reservado.
**wipe** /waip/ *v* esfregar com pano ou papel para limpar ou secar; passar (produto em superfície); apagar da memória. | *s* ato de limpar, esfregar, passar; pano para limpar, esfregão; bofetada, golpe, pancada.
**wiped-out** /wa̲i̲ptaut/ *adj* completamente exausto, esgotado.
**wiper** /wa̲i̲per/ *s* esfregão, pano de limpeza; limpador de para-brisa.
**wire** /waier/ *s* arame, fio metálico; fio elétrico; cabo, conjunto de fios; qualquer coisa semelhante a um arame; *gír* microfone escondido; telegrama. | *v* amarrar ou conectar com arame; passar no arame; instalar fiação elétrica; telegrafar.
**wired** /waierd/ *adj* equipado com fios elétricos ou cabos telefônicos; cercado ou reforçado com arame.
**wireless** /wa̲i̲e̲r̲les/ *adj* sem fio. | *s* sistema telegráfico ou telefônico sem fio (por meio de rádio); mensagem transmitida por sistema telegráfico ou telefônico sem fio.
**wiretap** /wa̲i̲e̲r̲tæp/ *s* grampo telefônico, escuta. | *v* instalar grampo telefônico.
**wirewalker** /wa̲i̲e̲r̲wáker/ *s* acrobata que anda na corda bamba.
**wiry** /wa̲i̲e̲ri/ *adj* de arame; duro como arame; magro e forte.
**wisdom** /wi̲zdem/ *s* sabedoria, discernimento; senso comum, prudência; conhecimento, erudição; ensinamentos passados por sábios antigos.
**wisdom tooth** *s* dente de siso.
**wise** /waiz/ *adj* sábio; prudente, que tem bom senso; erudito, douto; perspicaz, sagaz, astuto. | *s* modo, maneira de agir.
**wisecrack** /wa̲i̲zkræk/ *s gír* piada, gracejo, brincadeira (irreverente ou sarcástica).
**wise man** *s* um dos três reis magos que prestaram homenagem a Jesus; mago; sábio.
**wish** /wich/ *s* desejo, vontade; súplica, pedido, rogo; voto (de felicidade). | *v* desejar, querer; expressar um desejo; desejar algo a alguém; ordenar; solicitar; impor, forçar, impingir. • **with best wishes** cordialmente.
**wishful** /wi̲chfel/ *adj* desejoso, ansioso.
**wisp** /wisp/ *s* punhado, tufo; cacho (bananas); feixe; fios, fiapos; pessoa magra; linha fina de fumaça ou nuvem; dica; bando de pássaros.
**wistful** /wi̲stfel/ *adj* saudoso; tristonho, melancólico, pensativo.
**wit** /wit/ *s* inteligência; pessoa muito inteligente; humor, sarcasmo, sátira, ironia; pessoa espirituosa; sanidade, equilíbrio, juízo.
**witch** /witch/ *s* bruxa, feiticeira. | *v* enfeitiçar, lançar um encanto; fazer bruxarias.
**witchcraft** /wi̲tchkræft/ *s* bruxaria, feitiçaria; atração ou charme irresistível.
**witch doctor** *s* curandeiro, bruxo, feiticeiro.
**witch-hunt** /wi̲tchhânt/ *s* caça às bruxas.
**with** /wi*dh*, wi*th*/ *prep* com.
**withdraw** /wi*dh*drá̲/ *v* pegar de volta, retirar; sacar (dinheiro); retratar(-se), cancelar, retirar (acusação); bater em retirada de um campo de batalha, recuar.
**withdrawal** /wi*dh*drá̲el/ *s* retirada, retrocesso.
**withe** /wi*th*, wi*dh*, wai*dh*/ *s* vime, verga.
**wither** /wi̲*dh*er/ *v* murchar, secar.
**withered** /wi̲*dh*erd/ *adj* murcho, seco.
**withering** /wi̲*dh*ering/ *adj* devastador, fulminante.
**withhold** /wi*th*h̲o̲u̲ld, wi*dh*h̲o̲u̲ld/ *v* reter, refrear, reprimir; privar(-se), abster; deduzir do salário, reter na fonte (imposto).
**withholding tax** *s* imposto retido na fonte.

**within** /widhin, within/ *adv* dentro, por dentro, de dentro, internamente, interiormente. | *prep* em, dentro, dentro de, no interior de; à distância de, no espaço de; daqui a, no prazo de. | *s* interior, a parte de dentro. • **whitin a day** dentro de um dia, daqui a um dia. **within reach** ao alcance.

**without** /widhaut, withaut/ *adv* fora, do lado de fora, externamente. | *prep* sem (*abrev* **w/o**). • **without fail** sem erro, sem chance de dar errado.

**withstand** /withstænd, widhstænd/ *v* opor-se a, resistir a.

**witless** /witles/ *adj* estúpido, tolo.

**witness** /witnes/ *s* testemunha; declarante, depoente; testemunho, declaração; prova, evidência, sinal. | *v* ver, presenciar, testemunhar; prestar testemunho, declarar, depor; dar provas de; atestar legalidade ou autenticidade; dar lugar a.

**witted** /witid/ *adj* inteligente, sagaz.

**witticism** /witesizem/ *s* piada, observação espirituosa, troça.

**witty** /witi/ *adj* inteligente, esperto; espirituoso, engraçado; jocoso, chistoso.

**wives** /waiv/ *v* casar-se (mulher); providenciar uma esposa para alguém.

**wives** /waivz/ *pl* de **wife**.

**wizard** /wizerd/ *s* feiticeiro, mago; gênio, pessoa muito inteligente; assistente.

**wizardry** /wizerdri/ *s* feitiçaria, bruxaria, magia; grande habilidade ou destreza.

**wizen** /wizen/ *v* secar, murchar, enrugar. | *adj* seco, murcho, enrugado.

**wizened** /wizend/ *adj* seco, murcho, enrugado.

**w/o** *abrev* de **without**.

**wobble** /wábel/ *v* balançar, oscilar; tremer (voz), estremecer; vacilar, hesitar. | *s* movimento instável; som trêmulo, incerto.

**woe** /wou/ *s* dor, desgosto, aflição, sofrimento profundo, infelicidade; infortúnio, desastre, desgraça.

**woebegone** /woubigán/ *adj* profundamente triste, pesaroso ou infeliz; em condição inferior ou deplorável.

**woeful** /woufel/ *adj* triste, desolado; que causa dor, pesar ou desolação; deplorável, lamentável.

**woful** /woufel/ » **woeful**.

**woke** /wouk/ *v pass* de **wake**.

**woken** /wouken/ *v part pass* de **wake**.

**wolf** /wulf/ *s* lobo; pele de lobo; mamíferos similares ao lobo (hiena, raposa); larva destrutiva de alguns insetos (traça, berne); pessoa cruel e feroz (*pl* **wolves** /wulvz/). | *v* devorar, comer com voracidade.

**wolfish** /wulfich/ *adj* relativo a lobo; feroz, violento, predador.

**wolves** /wulvz/ *pl* de **wolf**.

**woman** /wumen/ *s* mulher; o sexo feminino; feminilidade; criada, servente; *inform* esposa, amante, namorada (*pl* **women** /wimin/). • **women's rights** direitos das mulheres.

**womanhood** /wumenhud/ *s* sexo feminino, feminilidade.

**womanish** /wumenich/ *adj* feminino.

**womankind** /wumenkaind/ *s* o sexo feminino, o conjunto de pessoas que compõem o sexo feminino.

**womanly** /wumenli/ *adj* feminino.

**woman suffrage** *s* direito do voto para as mulheres.

**womb** /wúm/ *s* útero.

**women** /wimim/ *s pl* de **woman**.

**wonder** /wânder/ *s* admiração, surpresa, estupefação; maravilha, milagre; perplexidade, dúvida; *maiús* uma das sete maravilhas do mundo antigo. | *v* admirar-se, maravilhar-se; surpreender-se, estar surpreso; estar intrigado, querer saber, perguntar-se. | *adj* espantoso, maravilhoso; superior a qualquer coisa vista ou prevista.

**wonder drug** *s* medicamento novo que prova grande eficácia.

**wonderful** /wânderfel/ *adj* maravilhoso, admirável; espantoso, surpreendente, assombroso.

**wondering** /wândering/ *adj* maravilhoso, admirável; espantoso, surpreendente, assombroso.

**wonderland** /wânderlænd/ *s* terra da fantasia, país das maravilhas. • **Alice in Wonderland** Alice no País das Maravilhas.

**wonderment** /wânderment/ *s* assombro, surpresa, espanto, temor; maravilha, milagre; perplexidade, dúvida.

**wondrous** /wândres/ *adj* excelente, extraordinário, maravilhoso.

**wonk** /wángk/ *s gír* estudante muito aplicado, que estuda demais, caxias.

**wont** /wónt, wount, wânt/ *adj* acostumado, habituado; bem parecido, como deve ser (conotação negativa). | *s* uso, hábito, costume.

**won't** /wount/ *form contr* de **will not**.

**woo** /wú/ *v* cortejar, namorar; procurar alcançar, tentar ganhar, almejar; convidar, influenciar, aliciar; solicitar, implorar, importunar.

**wood** /wud/ *s* madeira, pau, lenha; objeto feito de madeira. | *v* abastecer com madeira ou lenha; reflorestar, cobrir de árvores. | *adj* de madeira, feito de madeira; feito ou adequado para cortar, armazenar ou trabalhar com madeira. • **woods** selva, mata, floresta.

**wood alcohol** *s* metanol, álcool metílico.

**woodblock** /wudblák/ *s* xilogravura.

**wood coal** *s* carvão vegetal.

**woodcut** /wudkât/ *s* xilogravura.

**woodcutter** /wudkâter/ *s* lenhador, entalhador.

**wooden** /wuden/ *adj* de madeira; não natural, rígido, sem espontaneidade; rude, tosco, desajeitado.

**wood nymph** *s* dríade, ninfa dos bosques.

**woodpecker** /wudpéker/ *s* pica-pau.

**wood pulp** *s* polpa de madeira para fazer papel.

**woodwind** /wudwind/ *s* instrumento de sopro feito de madeira.

**woodwork** /wudwêrk/ *s* madeiramento de uma casa.

**woody** /wudi/ *adj* de madeira, lenhoso; característico da madeira, semelhante à madeira; arborizado.

**woof** /wuf/ *s* trama, textura de tecido; latido, uivo. | *v* uivar.

**woofer** /wufer/ *s* alto-falante que reproduz frequências baixas.

**wool** /wul/ *s* lã; roupas de lã; lanugem, pelo. | *adj* de lã.

**wool fat** » **wool grease**.

**wool grease** *s* lanolina.

**woozy** /wúzi/ *adj* confuso; embriagado, tonto.

**word** /wêrd/ *s* palavra, termo, vocábulo; algo dita, observação, expressão; letra de música; promessa, intenção, juramento; ordem; notícia; rumor, boato. | *v* exprimir por meio de palavras, redigir, escrever. • **in a word** resumindo. **in other words** em outras palavras. **keep the word** manter a palavra.

**wording** /wêrding/ *s* fraseado, estilo, redação.

**wordless** /wêrdles/ *adj* não expresso em palavras, não dito; silencioso.

**wordplay** /wêrdplei/ *s* jogo de palavras, trocadilho.

**word processor** *s* processador de textos, editor de textos.

**wordwrap** /wêrdræp/ *s* mudança automática de linha.

**wordy** /wêrdi/ *adj* verbal; prolixo.

**wore** /wór/ *v pass* de **wear**.

**work** /wêrk/ *s* trabalho, atividade mental ou física; emprego, ocupação; tarefa, serviço, obrigação; local de trabalho; produto do trabalho; feito, façanha, obra; obra artística; fábrica, oficina. | *adj* relativo, designado ao trabalho. | *v* trabalhar; agir, ocupar-se de, executar;

W

estar empregado; funcionar, estar em operação; exercer influência; causar, ocasionar, produzir; fomentar; manejar; fabricar, forjar; solver, solucionar. • **at work** trabalhando, em operação. **out of work** desempregado; fora de operação. **work of art** obra de arte. **works** coletânea do trabalho de um artista; mecanismo interno (relógio).

**workable** /wêrkebel/ *adj* viável, possível.

**workaday** /wêrkedei/ *adj* rotineiro, do dia a dia; comum, prosaico, mundano.

**workaholic** /wêrkehálik/ *s* pessoa viciada em trabalho.

**workbench** /wêrkebéntch/ *s* bancada (marcenaria, mecânica).

**workbook** /wêrkbuk/ *s* livro de exercícios; agenda de trabalho; livro ou manual de instruções.

**work camp** *s* campo de trabalhos forçados para prisioneiros; acampamento onde voluntários trabalham em projetos comunitários.

**workday** /wêrkdei/ *s* dia útil, dia de trabalho.

**worker** /wêrk*er*/ *s* trabalhador, operário.

**work force** *s* força de trabalho.

**workgroup** /wêrkgrúp/ *s* grupo de trabalho.

**workhorse** /wêrkhórs/ *s* algo que trabalha pesado sem falhar; cavalo usado para o trabalho; *gír* pessoa que trabalha demais, burro de carga.

**workhouse** /wêrkhaus/ *s* reformatório, casa de correção.

**working** /wêrki*ng*/ *adj* que trabalha, que funciona; que está empregado. | *s* partes escavadas de uma mina ou pedreira.

**working capital** *s* capital de giro.

**working class** *s* classe operária, operariado.

**working day** *s* dia útil, dia de trabalho.

**workingman** /wêrki*ng*mæn/ *s* trabalhador assalariado; operário, trabalhador braçal.

**workout** /wêrkaut/ *s* treinamento físico; teste de habilidade ou resistência.

**workplace** /wêrkpleis/ *s* local de trabalho.

**workroom** /wêrkrúm/ *s* sala de trabalho, oficina.

**worksheet** /wêrkchít/ *s* planilha.

**workshop** /wêrkcháp/ *s* oficina, fábrica; seminário, congresso científico ou cultural, curso intensivo.

**workstation** /wêrksteichen/ *s* estação de trabalho.

**work stoppage** *s* suspensão do trabalho como um meio de protesto.

**world** /wêrld/ *s* mundo; Terra; humanidade; vida mundana; existência humana. | *adj* mundial. • **all over the world** no mundo todo.

**worldly** /wêrldli/ *adj* mundano, terreno, profano; sofisticado, cosmopolita.

**World War I** *s* Primeira Guerra Mundial.

**World War II** *s* Segunda Guerra Mundial.

**worldwide** /wêrldwaid/ *adj* mundial, geral, universal. | *adv* mundialmente.

**worm** /wêrm/ *s* verme, parasita, lombriga; larva de inseto rastejante; rosca de parafuso; força destruidora; pessoa vil, desprezível; vírus (computação). | *v* insinuar-se, introduzir-se; mover-se como um verme; curar-se de verminose.

**worm-eaten** /wêrmíten/ *adj* comido por vermes; podre, estragado; decrépito.

**wormy** /wêrmi/ *adj* infestado de vermes, verminoso.

**worn** /wórn/ *v part pass* de **wear**. | *adj* gasto, usado, deteriorado.

**worn-out** /wórnaut/ *adj* gasto, usado, deteriorado; cansado, exausto.

**worrisome** /wêrisem/ *adj* preocupante; preocupado, ansioso.

**worry** /wêri/ *v* preocupar-se, incomodar-se, afligir-se; dilacerar; esforçar-se; perturbar, importunar. | *s* preocupação, inquietação, desconforto; ansiedade, aflição.

**worse** /wêrs/ *adj gr comp* de **bad** pior (em qualidade, condição de saúde); insatisfatório, pouco desejável. | *s* o pior. | *adv gr comp* de **badly** e **ill** pior. • **go from bad to worse** ir de mal a pior. **so much the worse** tanto pior.

**worsen** /wêrsen/ *v* piorar.

**worship** /wêrchip/ *s* adoração, veneração, devoção, culto. | *v* adorar, venerar, idolatrar, cultuar.

**worst** /wêrst/ *adj gr super* de **bad** péssimo, o pior de todos. | *adv gr super* de **badly** o pior. | *v* vencer, derrotar. • **at (the) worst** na pior das hipóteses.

**worsted** /wustid, wêrstid/ *s* lã penteada; tecido feito com esse tipo de lã.

**worth** /wêr*th*/ *s* valor, valia; valor material ou de mercado; preço, custo; bens, riqueza; mérito. | *adj* no valor de, equivalente a; ser digno de, ser merecedor de; que vale. • **it's worth it** vale a pena.

**worthless** /wêr*th*les/ *adj* sem valor, imprestável, inútil; desprezível, indigno.

**worthwhile** /wêr*th*hwail, wêr*th*wail/ *adj* que vale a pena, proveitoso.

**worthy** /wêr*dh*i/ *adj* que tem valor, mérito ou utilidade; honorável, admirável; valioso; merecedor, meritório, digno.

**would** /wud/ *v aux pass* de **will** usado na formação do condicional; usado para fazer um pedido polidamente.

**would-be** /wudbi/ *adj* aspirante, que pretende ser.

**wouldn't** /wudent/ *form contr* de **would not**.

**wound** /wúnd/ *s* ferida, ferimento, machucado; sofrimento, mágoa. | *v* ferir, machucar, magoar.

**wound** /waund/ *v pass* e *part pass* de **wind**.

**wove** /wouv/ *v pass* de **weave**.

**woven** /wouven/ *v part pass* de **weave**. | *adj* feito em tear, trançado.

**wow** /wau/ *interj* uau, que beleza, que maravilha. | *s* um grande sucesso. | *v* ter um grande prazer.

**wrack** /ræk/ *s* destruição, ruína, restos; restos de navio naufragado; alga marinha, alga marinha seca. | *v* arruinar, causar a ruína, estar arruinado; naufragar.

**wraith** /rei*th*/ *s* aparição, espectro, fantasma.

**wrangle** /rænggel/ *v* discutir em voz alta, altercar; vencer uma discussão; andar em rebanhos. | *s* altercação, discussão.

**wrangler** /ræ123nggler/ *s* pessoa que discute; vaqueiro, caubói.

**wrap** /ræp/ *v* agasalhar(-se), envolver(-se); embrulhar, empacotar, embalar; enlaçar, enrolar; cobrir, ocultar, encobrir; cercar, envolver; concluir uma filmagem. | *s* agasalho, casaco; xale; manta, cobertor.

**wrapper** /ræper/ *s* envoltório, invólucro, capa; papel de embrulho; cinta que envolve jornais e revistas; capa de livro; folha de tabaco que envolve o charuto; empacotador.

**wrapping paper** *s* papel de embrulho.

**wrath** /ræ*th*, rá*th*/ *s* ira, cólera, fúria, raiva; castigo, vingança; castigo divino para o pecado.

**wrathful** /ræ*th*fel, rá*th*fel/ *adj* irado, colérico, raivoso.

**wreak** /rík/ *v* impor castigo ou vingança; descarregar raiva, ira ou cólera; causar destruição.

**wreath** /rí*th*/ *s* coroa de flores, grinalda, guirlanda; espiral (fumaça).

**wreathe** /rí*dh*/ *v* trançar formando uma grinalda, entrelaçar; coroar ou decorar com uma grinalda; enrolar, ondular; retorcer, espiralar.

**wreck** /rék/ *s* destruição, ruína, desastre; naufrágio; restos, destroços; pessoa com esgotamento físico ou mental. | *v* destruir (por meio de uma colisão); desmantelar, arrasar, demolir; arruinar; estar na ruína.

**wreckage** /rékidj/ *s* naufrágio; destroços, escombros.

**wrecker** /réker/ *s* destruidor; demolidor; reboque, equipamento de resgate de destroços; aquele que provoca o naufrágio de navios perto da costa a fim de pilhá-los.

**wrench** /réntch/ *s* torção, torcedura; compaixão, tristeza, angústia; separação que causa sofrimento; distorção, deturpação, desvirtuamento; chave inglesa, chave de fenda. | *v* torcer, virar com força; puxar ou arrancar violentamente; alterar, deturpar, distorcer.

**wrest** /rést/ *v* arrancar violentamente; usurpar, adquirir por meio da força; distorcer, desvirtuar, deturpar; fazer mau uso, aplicar incorretamente. | *s* puxão; torção.

**wrestle** /résel/ *v* participar de luta corporal; brigar, lutar; esforçar-se; mover ou arrastar algo com grande esforço; marcar a ferro quente. | *s* competição de luta; luta corporal.

**wrestling** /résl*ing*/ *s* luta livre.

**wretch** /rétch/ *s* desafortunado, infeliz; pessoa vil ou desprezível, patife.

**wretched** /rétchid/ *adj* desafortunado, miserável, em estado deplorável; de qualidade inferior, de segunda categoria; desprezível, vil, insignificante.

**wriggle** /rigel/ *v* retorcer-se, contorcer-se; entrar ou sair sorrateiramente; insinuar--se. | *s* movimento em ziguezague, ondulante; caminho ou linha sinuosa.

**wright** /rait/ *s* artífice, operário.

**wring** /r*ing*/ *v* espremer, apertar, extrair líquido; torcer, deslocar; comprimir, apertar (mãos em sinal de aflição); causar aflição, agonia; arrancar (informação); contorcer-se de dor.

**wrinkle** /r*ing*kel/ *s* ruga, marca de expressão; vinco, sulco, dobra, prega. | *v* enrugar, dobrar, franzir.

**wrist** /rist/ *s* pulso, munheca; punho.

**wristband** /ristbænd/ *s* punho de camisa.

**wristlet** /ristlit/ *s* punho (camisa); pulseira, bracelete.

**wristwatch** /ristwátch/ *s* relógio de pulso.

**writ** /rit/ *s Jur* ordem judicial, mandado; escrituras.

**write** /rait/ *v* escrever; redigir, compor; preencher (cheque, formulário); anotar, tomar nota; subscrever; predizer, profetizar; armazenar informações, gravar (computação). • **write down** tomar nota. **write off** anular, cancelar (dívida).

**write access** *s* acesso para gravação.

**write error** *s* erro de gravação.

**write-protect** /raitpretékt/ *adj* protegido contra gravação.

**writer** /raiter/ *s* escritor.

**writhe** /rai*dh*/ *v* contorcer-se de dor. | *s* contorção.

**writing** /rait*ing*/ *s* escrita, caligrafia; composição literária. • **in writing** por escrito.

**written** /riten/ *v part pass* de **write**.

**wrong** /rá*ng*, ró*ng*/ *adj* errado, incorreto; imoral, ilegal, mau; injusto; impróprio, inoportuno; inaceitável, indesejável; avesso (roupa). | *adv* erradamente, erroneamente; na direção errada; imoralmente, injustamente; mal. | *s* injustiça, injúria, falta de ética ou de moral; violação dos direitos. | *v* tratar com injustiça; maldizer, difamar, desacreditar; violar. • **go wrong** dar errado; pegar o caminho errado.

**wrongdoer** /rá*ng*dúer, ró*ng*dúer/ *s* malfeitor; que faz coisas moral ou eticamente erradas.

**wrongful** /rá*ng*fel, ró*ng*fel/ *adj* errado, injusto; ilegal, criminoso.

**wrote** /rout/ *v pass* de **write**.

**wroth** /ró*th*, rá*th*/ *adj* indignado, irado, furioso.

**wrought** /rát, rót/ *adj* trabalhado, lavrado; forjado, fundido.

**wry** /rai/ *adj* irônico, amargo; torto, torcido; pervertido.

**WWW** /dâblyúdâblyúdâblyú/ *abrev* de **World Wide Web**, rede mundial.

**WYSIWYG** /wiziwig/ *abrev* de **What You See Is What You Get**, o que você vê na tela é exatamente o que será impresso.

# Xx Yy Zz

**x** ou **X** /éks/ *s* 24ª letra do alfabeto inglês; filme proibido para menores; fator, pessoa ou algo desconhecido. | *v* marcar com X; cancelar. | *símb* de **abscissa.**

**x-axis** /éksæksis/ s eixo X (*pl* **x-axes** /éksæksíz/).

**X-chromosome** /ékskroumesoum/ *s* cromossomo X.

**xenophobia** /zénefoubie/ *s* xenofobia.

**Xerox**™ /ziráks/ *s* xerox, xérox.

**XL** *abrev* de **extra large** ou **extra long**, extra grande.

**Xmas** /krismes/ *s* Natal.

**X-rated** /éksreitid/ *adj* proibido para menores (filme); vulgar, obsceno, de sexo explícito.

**x-ray** /éksrei/ *s* raio X. | *v* tirar radiografia.

**xylograph** /zailougræf/ *s* xilogravura.

**xylography** /zailágrefi/ *s* xilografia.

**xyloid** /zailoid/ *adj* xiloide, relativo ou semelhante à madeira.

**xylophone** /zailefoun/ *s* xilofone.

**y** ou **Y** /wai/ *s* 25ª letra do alfabeto inglês. | *abrev* de **yen.** | *símb* de **ordinate**; de **yttrium.**

**yacht** /yát/ *s* iate. | *v* navegar num iate.

**yacht club** *s* iate clube.

**yachting** /yáting/ *s* iatismo.

**yachtsman** /yátsmen/ *s masc* iatista.

**yachtswoman** /yátswumen/ *s fem* iatista.

**yackety-yak** /yækitíyæk/ *s gír* conversa sem sentido, tagarelice.

**yahoo** /yáhú, yeihú/ *s* pessoa rude, bruta, grosseira (*pl* **yahoos**).

**yak** /yæk/ *s* iaque; *gír* tagarelice. | *v gír* tagarelar.

**yam** /yæm/ *s* inhame.

**yammer** /yæmer/ *v inform* lamuriar-se, queixar-se, reclamar. | *s* lamúria, reclamação, queixa.

**yang** /yæng, yáng/ *s yang* (princípio cósmico masculino na filosofia chinesa).

**Yankee** /yængki/ *s* ianque, nativo ou habitante do norte dos EUA; cidadão norte-americano.

**yap** /yæp/ *v* ladrar, ganir; *gír* falar besteira, dizer coisas sem sentido. | *s* latido estridente; *gír* conversa barulhenta, sem sentido; *gír* boca; *gír* pessoa estúpida, rude ou vulgar.

**yard** /yárd/ *s* pátio, terreno, quintal; área reservada para um fim específico; pátio de manobras de ferrovia; pastagem de inverno; curral, cercado para animais, viveiro; jarda (unidade de medida equivalente a 914 mm). | *v* confinar, prender.

**yarn** /yárn/ *s* fio (lã, algodão); *inform* narrativa real ou fictícia, conto de aventura. | *v* contar uma história.

**yawn** /yán, yón/ *v* bocejar, abrir a boca; estar/ficar boquiaberto; abrir(-se), escancarar(-se); demonstrar tédio ou cansaço. | *s* bocejo (sono, tédio); algo entediante que provoca um bocejo.

**yea** /yei/ *adv* sim; sem dúvida, realmente. | *s* resposta afirmativa, voto a favor; aquele que vota a favor.

**yeah** /yée, yæe/ » *adv* **yea**.

**yean** /yín/ *v* parir, dar cria (ovelha, cabra).

**yeanling** /yínling/ *s* cordeirinho, cabritinho, ovelhinha; bebê. | *adj* recém-nascido, infantil.

**year** /yir/ *s* ano. • **year in, year out** entra ano, sai ano. **a two-year-old boy** um garoto de dois anos.

**yearbook** /yirbuk/ *s* anuário; álbum escolar.

**yearling** /yirling/ *s* animal com um ano de idade.

**yearn** /yêrn/ *v* sentir saudade ou melancolia; ansiar, desejar (com melancolia); ter piedade ou carinho.

**yearning** /yêrning/ *s* anseio, desejo.

**yeast** /yíst/ *s* lêvedo, levedura, fermento. | *v* fermentar.

**yell** /yél/ *v* berrar, gritar (de dor, pavor, surpresa, entusiasmo). | *s* grito, berro; grito de torcida.

**yellow** /yélou/ *s* amarelo. | *adj* amarelo; *ofens* asiático; *gír* covarde, medroso. | *v* amarelecer, amarelar.

**yellow fever** *s* febre amarela.

**yellowish** /yélouich/ *adj* amarelado.

**yellow journalism** *s* imprensa marrom, imprensa sensacionalista.

**yellow pages** *s pl* páginas amarelas, lista telefônica de serviços e produtos.

**yelp** /yélp/ *v* uivar, latir, ganir. | *s* uivo, ganido.

**Yemen** /yémen/ *s* Iêmen.

**Yemeni** /yémeni/ *s* e *adj* iemenita.

**yen** /yén/ *s* desejo ardente; iene (unidade monetária do Japão). | *v* desejar ardentemente.

**yes** /yés/ *adv* sim, certamente. | *s* sim, resposta afirmativa; voto a favor. | *v* dizer sim.

**yes man** *s* pessoa servil, bajulador, puxa-saco.

**yesterday** /yésterdei, yésterdei/ *s* e *adv* ontem.

**yet** /yét/ *adv* ainda, até agora; já. | *conj* todavia, contudo. • **not yet** ainda não.

**yeti** /yéti/ *s* abominável homem das neves.

**yield** /yíld/ *v* produzir, render, ser produtivo; render-se, sujeitar-se, submeter(-se); desistir, abrir mão; ceder, não resistir. | *s* produção; renda, rendimento, lucro.

**yielding** /yílding/ *adj* inclinado a ceder; indulgente, dócil.

**yin** /yin/ *s* *yin* (princípio cósmico feminino na filosofia chinesa).

**YMCA** /waiémsíei/ *abrev* de **Young Men's Christian Association**, ACM, Associação Cristã de Moços.

**yoga** /youge/ *s* ioga.

**yoghourt** /yougert/ » **yogurt**.

**yoghurt** /yougert/ » **yogurt**.

**yogurt** /yougert/ *s* iogurte.

**yoke** /youk/ *s* canga; parelha, junta (animais); pala (de roupa); jugo, domínio. | *v* colocar canga no animal, jungir; unir, atar; subjugar, forçar.

**yokel** /youkel/ *s* caipira, rústico, jeca.

**yolk** /youk/ *s* gema de ovo; gordura de lã.

**yonder** /yánder/ *adv* naquele lugar, para aquele lugar. | *adj* distante, longe. | *pron* aquele, aquela.

**yore** /yór/ *s* tempo passado, passado longínquo.

**you** /yú/ *pron 2ª pess sing* e *pl* você(s), tu, vós; te, ti, lhe(s), vos, o(s), a(s).

**you'd** /yúd/ *form contr* de **you had** e **you would**.

**you'll** /yúl/ *form contr* de **you will** e **you shall**.

**young** /yâng/ *adj* jovem, moço, novo; iniciado há pouco, não avançado; vigoroso, cheio de vida, fresco; imaturo, inexperiente. | *s* juventude; prole, ninhada.

**youngster** /yângster/ *s* criança; jovem; animal jovem.

**your** /yur, yór/ *adj* teu(s), tua(s), seu(s), sua(s), vosso(s), vossa(s).

**you're** /yur, yór/ *form contr* de **you are**.

**yours** /yurz, yórz/ *pron 2ª pess sing* e *pl* teu(s), tua(s), seu(s), sua(s), vosso(s), vossa(s).

**yourself** /yursélf, yórsélf/ *pron* se, você mesmo, você próprio.

**yourselves** /yursélvz, yórsélvz/ *pron* se, vocês mesmos, vocês próprios.

**youth** /yúth/ *s* juventude, mocidade; jovem, moço, rapaz; *us v sing* ou *pl* os jovens.

**youthful** /yúthfel/ *adj* jovem; juvenil; vigoroso, cheio de vida; novo, nos primeiros estágios de desenvolvimento.

**youth hostel** *s* albergue da juventude.

**yowl** /yaul/ *v* berrar, uivar, queixar-se. | *s* grito, berro, lamento, uivo.

**yo-yo** /youyou/ *s* ioiô (*pl* **yo-yos**).

**yttrium** /itriem/ *s* ítrio (*símb* **Y**).

**Yugoslavia** /yúgouslávie/ *s* Iugoslávia.

**Yugoslavian** /yúgouslávien/ *s* e *adj* iugoslavo.

**Yule** /yúl/ *s* Natal.

**Yuletide** /yúltaid/ *s* época do Natal.

**yummy** /yâmi/ *adj gír* gostoso, delicioso (sabor ou cheiro).

**yuppie** /yâpi/ *s inform* jovem da cidade bem-sucedido.

**YWCA** /waidâblyúsíei/ *abrev* de **Young Women's Christian Association**, ACM, Associação Cristã de Moças.

**z** ou **Z** /zí/ *s* 26ª letra do alfabeto inglês.| *símb* de **atomic number**; de **impedance**.

**Zaire** /zaiir/ *s* Zaire.

**Zairean** /zaiirien/ *s* e *adj* zairense.

**Zairian** /zaiirien/ » **Zairean.**

**Zambia** /zæmbie/ *s* Zâmbia.

**Zambian** /zæmbien/ *s* e *adj* zambiano.

**zany** /zeini/ *s* bufão, palhaço; pessoa de comportamento extravagante. | *adj* ridiculamente cômico; engraçado, bizarro.

**zeal** /zíl/ *s* devoção, fervor, ardor, entusiasmo.

**zealot** /zélet/ *s* fanático, excessivamente devoto ou entusiasta.

**zealotry** /zéletri/ *s* fanatismo.

**zealous** /zéles/ *adj* fervoroso, ardente, entusiástico.

**zebra** /zíbre/ s zebra.

**zenith** /zínith/ *s* zênite.

**zephyr** /zéfer/ *s* zéfiro, vento suave e fresco; espécie de tecido leve.

**zeppelin** /zépelin/ *s* zepelim.

**zero** /zirou/ *s* zero; nada; *inform* pessoa sem influência ou importância (*pl* **zeros** ou **zeroes**). | *adj* relativo ao zero; que não tem valor mensurável; *inform* ausente, inoperante, irrelevante. | *v* zerar. • **zero in** fazer mira.

**zero hour** *s* hora zero.

**zest** /zést/ *s* gosto, interesse; entusiasmo, animação; zesto.

**zeugma** /zúgme/ *s* zeugma.

**Zeus** /zús/ *s* Zeus.

**zigzag** /zigzæg/ *s* zigue-zague. | *v* ziguezaguear.

**Zimbabwe** /zimbábwei/ *s* Zimbábue.

**Zimbabwean** /zimbábwien/ *s* e *adj* zimbabuense.

**zinc** /zingk/ *s* zinco (*símb* **Zn**). | *v* revestir de zinco.

**Zionism** /zaienizem/ *s* sionismo.

**zip** /zip/ *s* zunido, assobio; energia, força, disposição; zíper, fecho ecler; *gír* nada, zero. | *v* passar velozmente como um zunido; agir ou proceder com rapidez e vigor; abrir ou fechar o zíper; transmitir entusiasmo, vivacidade; compactar, comprimir (arquivos).

**ZIP code** *s* CEP, código de endereçamento postal.

**zipper** /ziper/ *s* zíper, fecho ecler.

**zippy** /zipi/ *adj* ativo, vigoroso, animado.

**zirconium** /zerkouniem/ *s* zircônio (*símb* **Zr**).
**zither**/zither, zidher/ *s* cítara.
**zithern**/zithern, zidhern/ » **zither**.
**zodiac**/zoudiæk/ *s* zodíaco.
**zone**/zoun/ *s* zona. | *v* dividir ou demarcar em zonas.
**zoo**/zú/ *s* zoológico (*pl* **zoos**).
**zookeeper** /zúkíper/ *s* pessoa responsável pelos cuidados dos animais no zoológico.
**zoologic**/zoueládjik/ » **zoological**.
**zoological**/zoueládjikel/ *adj* zoológico.
**zoological garden** *s* jardim zoológico.
**zoologist**/zouáledjist/ *s* zoólogo.
**zoology**/zouáledji/ *s* zoologia.
**zoom** /zúm/ *v* zunir, mover-se zunindo; fazer uma manobra vertical repentina; dar zum. • **zoom in** produzir o efeito de aproximação, aproximar. **zoom out** produzir o efeito de afastamento, afastar.
**Zulu**/zúlú/ *s* e *adj* zulu (*pl* **Zulu** ou **Zulus**).

# PORTUGUÊS INGLÊS

Campos Jr.

# Aa

**a** ou **A** *s* 1ª letra do alfabeto português. | *art def* the. | *pron* her; you. | *prep* at; on; to; unto; by. • **às 3 horas** at 3 o'clock. **dia a dia** day by day.

**aba** *s* lap, lappet (de vestuário); brim; flap; tab.

**abacate** *s* avocado, aguacate.

**abacateiro** *s* avocado.

**abacaxi** *s* pineapple.

**ábaco** *s* abacus.

**abade** *s* abbot.

**abadessa** *s* abbess.

**abadia** *s* abbey.

**abafado** *adj* airless, breathless; stuffy, close; dull, hollow (som); thick (voz).

**abafador** *s* damper.

**abafamento** *s* choke, closeness.

**abafar** *v* suffocate; stifle, smother; drown (voz, som); mute, muffle (som); damp (fogo).

**abaixa-língua** *s* depressor.

**abaixar** *v* lower, reduce; abate (preço); flat (tom).

**abaixo** *prep* below, beneath. | *interj* down.

**abaixo-assinado** *s* petition; round-robin.

**abajur** *s* lampshade; table lamp; lantern.

**abalar** *v* agitate, rock, undermine, shatter; shock, overset (emocionalmente).

**abalo** *s* convulsion; shock; shaking; quake, earth tremor (sísmico).

**abanador** *s* fan.

**abanar** *v* fan, wave; whisk.

**abandonado** *adj* abandoned; castaway; derelict; friendless; unattended.

**abandonar** *v* abandon; leave, desert; forget (ideia); quit, give up.

**abandono** *s* abandon, abandonment; dereliction, neglect (estado); desertion (ato); desolation; dismissal (de uma ideia etc.); relinquishment.

**abano** *s* fly.

**abarcar** *v* comprise; enclose, embrace.

**abarrotamento** *s* cram.

**abarrotar** *v* cram; overcrowd, overstock; pack.

**abastado** *adj* wealthy, rich, well-to-do.

**abastecedor** *s* purveyor.

**abastecer** *v* supply; fuel (combustível); cater; feed, provide; load; stock, store.

**abastecimento** *s* supply; provision; purveyance. • **abastecimento de água** water supply.

**abate** *s* slaughter (animais).

**abater** *v* abate; butcher, slaughter (animais); depress, dispirit, prostrate; discount, rebate; drop.

**abatido** *adj* depressed, downcast; depressive, down; dejected, haggard.

**abatimento** *s* abatement, allowance; deduction, diminution, discount, reduction; dejection, depression; weakness, languor.

**abaular** *v* camber.
**abdicação** *s* abdication.
**abdicar** *v* abdicate.
**abdome** *s* abdomen, belly.
**abdômen** *s* abdomen, belly.
**abdominal** *adj* abdominal.
**abdução** *s* abduction.
**abduzir** *v* abduct.
**abecedário** *s* ABC.
**abelha** *s* bee.
**abelha-doméstica** *s* honeybee.
**abelhudo** *s* eavesdropper, rubberneck. | *adj* nosy.
**abemolar** *v* flat.
**abençoado** *adj* blessed.
**abençoar** *v* bless.
**aberração** *s* aberration.
**abertamente** *adv* outright.
**aberto** *adj* open; clear (céu); on (torneira); open-minded (liberal).
**abertura** *s* open; gap, crevice; cut; aperture, eye (máquina fotográfica); port; slot (estreita); liberalization (política).
**abeto** *s* spruce.
**abismado** *adj* stupefied, shocked.
**abismo** *s* abyss, chasm, crag.
**abjeto** *adj* abject.
**abjuração** *s* abjuration.
**abjurar** *v* abjure.
**ablação** *s* ablation.
**ablativo** *adj* e *s* ablative.
**ablução** *s* ablution.
**abnegação** *s* abnegation.
**abnegar** *v* abnegate.
**abóbada** *s* cope, arch, dome, vault.
**abobadar** *v* cope, dome, vault.
**abóbora** *s* pumpkin, squash.
**abobrinha** *s* zucchini, squash.
**abocanhar** *v* seize with the mouth; snap.
**abolar** *v* ball.
**aboletar** *v* billet.
**abolição** *s* abolition; cancellation, nullification.
**abolicionismo** *s* abolitionism.
**abolicionista** *s* abolitionist.
**abolir** *v* abolish.
**abominação** *s* abomination; cursedness; detestation.
**abominar** *v* abominate, abhor.
**abominável** *adj* abominable. • **abominável homem das neves** yeti.
**abono** *s* bonus.
**abordagem** *s* approach.
**abordar** *v* approach; broach; accost (alguém com agressividade).
**a bordo** *adv* inboard, on board.
**aborígine** *adj* aborigine.
**aborrecedor** *adj* troublesome.
**aborrecer** *v* annoy, bother, tease, • **aborrecer-se** get upset, get bored.
**aborrecido** *adj* tired, tiresome, boring, annoyed.
**aborrecimento** *s* annoyance, boredom; trouble; fret.
**abortar** *v* miscarry; abort.
**abortivo** *adj* abortive.
**aborto** *s* miscarriage; abortion. • **fazer um aborto** have an abortion.
**abotoadeira** *s* buttonhook.
**abotoadura** *s* cufflink.
**abotoar** *v* button up.
**abraçadeira** *s* brace, clamp.
**abraçar** *v* hug; embrace; enfold, accolade, enlist (causa); clasp, squeeze.
**abraço** *s* hug; embrace; accolade; clasp, squeeze.
**abrandamento** *s* mitigation.
**abrandar** *v* mitigate; diminish, reduce; calm down; soften; relax.
**abrangência** *s* comprehension, coverage.
**abrangente** *adj* comprehensive, broad; all-around, inclusive.
**abranger** *v* comprehend, contain, include; cover; circle; reach.
**abrasado** *adj* aglow.
**abrasão** *s* abrasion.
**abrasar** *v* flame.
**abrasivo** *adj* e *s* abrasive.
**abreviação** *s* abbreviation, contraction.
**abreviadamente** *adv* curtly.

**abreviar** *v* abbreviate; abridge; brief, condense.
**abreviatura** *s* abbreviation.
**abridor** *s* opener (de latas, garrafas).
**abrigar** *v* shelter; protect.
**abrigo** *s* shelter, cover; refuge. • **abrigo subterrâneo** cellar.
**abril** *s* April.
**abrir** *v* open; unlock (fechadura); unfasten; cut (caminho). • **abrir a boca (de sono)** yawn. **abrir mão de** *v* yield, forsake, waive. **abrir-se** confide in, open up.
**ab-rogar** *v* abrogate.
**abruptamente** *adv* shortly.
**abrupto** *adj* abrupt.
**abscesso** *s* abscess.
**abscisão** *s* abscission.
**abscissa** *s* abscissa.
**absinto** *s* absinthe.
**absolutamente** *adv* absolutely.
**absolutismo** *s* absolutism.
**absolutista** *s* absolutist.
**absoluto** *adj* absolute; complete, total. • **em absoluto** absolutely not, not at all.
**absolver** *v* absolve.
**absolvição** *s* absolution.
**absorção** *s* absorption.
**absorto** *adj* absorbed; absent.
**absorvente** *s* e *adj* absorbent.
**absorvente higiênico** *s* sanitary napkin.
**absorvente interno** *s* tampon.
**absorver** *v* absorb.
**abstêmio** *adj* abstemious. | *s* teetotaler.
**abstenção** *s* abstention.
**abster** *v* withhold. • **abster-se** abstain.
**abstinência** *s* abstention.
**abstinente** *adj* abstinent.
**abstração** *s* abstraction.
**abstracionismo** *s* abstractionism.
**abstrair** *v* abstract.
**abstrato** *adj* abstract.
**abstruso** *adj* recondite.
**absurdidade** *s* absurdity.
**absurdo** *s* absurd.
**abundância** *s* abundance.
**abundante** *adj* abundant.
**abundar** *v* abound.
**abusado** *adj* impertinent, presumptuous; tiresome, wearisome (saturado).
**abusar** *v* abuse.
**abusivo** *adj* abusive.
**abuso** *s* abuse; maltreatment, violence. • **abuso de confiança** breach of trust.
**abutre** *s* vulture.
**acabado** *adj* complete, done, finished; through, up, worn out (esgotado).
**acabamento** *s* completeness; finish; trim (adorno, decoração).
**acabar** *v* finish, end; complete, terminate, conclude; consummate. • **ele acabou de chegar** he has just arrived.
**acabrunhar** *v* distress; embarrass.
**acácia** *s* acacia.
**academia** *s* academy.
**acadêmico** *s* academic. | *adj* scholastic.
**açafrão** *s* saffron.
**açaí** *s* cabbage palm.
**acalentar** *v* dandle, rock; foster (ideia, esperança).
**acalmar** *v* calm. • **acalmar-se** calm down.
**acamado** *adj* bedridden.
**acamar** *v* couch.
**acamaradar** *v* companion.
**acampamento** *s* camp, encampment.
**acampamento de tropas** *s* hutment.
**acampar** *v* camp, encamp.
**acanhado** *adj* bashful, shy.
**acanhamento** *s* bashfulness, shyness.
**acanto** *s* acanthus.
**acantonamento** *s* cantonment.
**ação** *s* action; act, deed (ato); plot (enredo); share (finanças).
**ação coletiva** *s* coaction.
**ação de graças** *s* thanksgiving.
**ação judicial** *s* cause, suit.
**acarear** *v* confront.
**acariciador** *s* cherisher.
**acariciar** *v* caress, cherish; pet, stroke.
**acarinhar** *v* cuddle.
**ácaro** *s* acarus.
**acasalamento** *s* coupling.
**acasalar** *v* copulate, couple, mate.

A

**acaso** *s* chance, accident, casualness. • **ao acaso** at random. **por acaso** by chance.
**acastanhado** *adj* brownish.
**acastelado** *adj* castellated.
**acatamento** *s* respect; deference.
**acatar** *v* respect; defe; honor; bey (lei).
**aceder** *v* accede, consent.
**acéfalo** *adj* acephalous.
**aceirar** *v* backfire.
**aceitação** *s* acceptance, acceptation; admittance; approval.
**aceitar** *v* accept; admit. • **aceita uma bebida?** would you like a drink?
**aceitável** *adj* acceptable; admissible.
**aceito** *adj* accepted.
**aceleração** *s* acceleration.
**acelerador** *s* accelerator.
**acelerar** *v* accelerate, speed.
**acenar** *v* wave (com a mão), nod (com a cabeça). • **acenar com** offer, promise.
**acendedor** *s* lighter.
**acender** *v* light (cigarro, fogo), turn on (luz); excite, inflame.
**aceno** *s* sign, gesture; wave (com a mão), nod (com a cabeça).
**acento** *s* accent; stress (tônico, intensidade).
**acento agudo** *s* acute accent.
**acento circunflexo** *s* circumflex accent.
**acento grave** *s* grave accent.
**acentuação** *s* accentuation.
**acentuado** *adj* stressed (sílaba), pronounced.
**acentuar** *v* accent, accentuate (marcar com acento); stress (salientar); enhance (realçar).
**acepção** *s* acceptation, meaning.
**acerbar** *v* acerbate.
**acercar-se** *v* approach, draw near.
**acertado** *adj* right (certo); sensible (sensato).
**acertar** *v* hit (no alvo); regulate, set, adjust (relógio, temperatura); reach (acordo).
**acerto** *s* hit; settlement.
**aceso** *adj* alight.
**acessar** *v* access.
**acessível** *adj* accessible; approachable (pessoa); reasonable, affordable (preço).
**acesso** *s* access; fit (raiva, de doença); attack; admission, admittance; approach; accession; adit.
**acesso à Internet** *s* Internet access.
**acesso por discagem** *s* dial-up access.
**acessório** *s* accessory; attachment. | *adj* accessory; adjunct.
**acetato** *s* acetate.
**acetona** *s* acetone.
**achado** *s* find, finding, discovery; bargain (pechinca).
**achar** *v* find (descobrir); think (pensar).
**achatar** *v* flat, flatten.
**acidentado** *adj* rough (terreno); eventful (viagem). | *s* injured person.
**acidental** *adj* accidental.
**acidentalmente** *adv* accidentally.
**acidente** *s* accident; chance (acaso).
**acidez** *s* acidity.
**ácido** *s* e *adj* acid.
**ácido desoxirribonucleico** *s* DNA.
**ácido nitroso** *s* nitrous acid.
**acidular** *v* acidulate.
**acima** *adv* above; up. • **acima de 10 pessoas** over 10 people, more than 10 people. **acima mencionado** aforementioned. **no andar de cima** upstairs. **rio acima** up river.
**acima de** *prep* above; beyond (além de). • **acima do peso normal** overweight.
**acinzentado** *adj* grayish.
**acionar** *v* actuate, drive; sue (jurídico).
**acionista** *s* shareholder, stockholder.
**aclamação** *s* acclaim, acclamation; applause, hail.
**aclamar** *v* acclaim; cheer, hail.
**aclarar** *v* clear.
**aclimatação** *s* acclimatization.
**aclimatar** *v* acclimate.
**aclive** *s* acclivity, slop, incline.
**acme** *s* acme.
**acne** *s* acne.

**aço** *s* steel. • **aço inoxidável** stainless steel.
**acobreado** *adj* coppery.
**acocoramento** *s* squat.
**acocorar-se** *v* squat.
**ações** *s* stock (Bolsa de Valores).
**açoitamento** *s* whipping.
**acoitar** *v* shelter.
**açoitar** *v* whip, lash.
**açoite** *s* whip, lash.
**acolá** *adv* over there.
**acolchetar** *v* clasp.
**acolchoado** *s* quilt.
**acolchoar** *v* quilt (costurar); pad (forrar); upholster (estofar).
**acolher** *v* welcome; shelter (abrigar); accept.
**acolhimento** *s* reception; refuge.
**acometer** *v* assail, attack; take hold of (alguém de doença).
**acomodação** *s* accommodation; adaptation; arrangement.
**acomodar** *v* accommodate; adapt; arrange; make comfortable (tornar cômodo).
**acompanhamento** *s* follow-up; accompaniment (música); side dish (culinária).
**acompanhante** *s* companion; escort (homem que acompanha mulher em um evento); accompanist, sideman (música).
**acompanhar** *v* accompany, follow; attend (resultado); escort; watch (assistir); keep up with (eventos); companion. • **eu a acompanhei até a porta** I showed her to the door.
**aconchegante** *adj* cozy.
**aconchegar** *v* bring near. • **aconchegar-se** make oneself comfortable.
**acondicionar** *v* pack.
**aconselhar** *v* advise, counsel; recommend. • **aconselhar-se com** consult.
**aconselhável** *adj* advisable.
**acontecer** *v* happen; hold (festa em determinado local).
**acontecimento** *s* event; happening; occasion.
**acoplador** *s* coupler (rádio e TV).
**acoplamento** *s* clutch.
**acordado** *adj* awake.
**acordar** *v* wake, awake (despertar); agree (concordar).
**acorde** *s* chord.
**acordeão** *s* accordion.
**acordo** *s* agreement; accordance, accord.
**acordo entre nações** *s* treaty.
**acorrentar** *v* chain.
**acossar** *v* pursue (perseguir); harass (atormentar).
**acostamento** *s* berm, shoulder.
**acostumado** *adj* accustomed. • **estar acostumado** be used to.
**acostumar** *v* accustom. • **acostumar-se** get used to.
**acotovelar** *v* jostle.
**açougue** *s* butchery, butcher shop.
**açougueiro** *s* butcher.
**acovardar-se** *v* lose courage.
**acre** *adj* bitter; acid. | *s* acre (medida).
**acreditar** *v* believe; credit; think; guarantee.
**acreditável** *adj* believable.
**acrescentar** *v* add.
**acréscimo** *s* addition; increase; rise.
**acrílico** *s* acrylic.
**acrobacia** *s* acrobatics.
**acrobata** *s* acrobat.
**acróbata** *s* acrobat.
**acrobático** *adj* acrobatic.
**acrofobia** *s* acrophobia.
**acromático** *adj* achromatic.
**acromatizar** *v* achromatize.
**acrônimo** *s* acronym.
**acrópole** *s* acropolis.
**acróstico** *s* acrostic.
**açúcar** *s* sugar.
**açúcar mascavo** *s* brown sugar.
**açucarado** *adj* sugary.
**açucarar** *v* sugar.
**açude** *s* dam.
**acudir** *v* to run to help, help, assist.
**acuidade** *s* acuity.

**acuidade visual** *s* visual acuity.
**acuminado** *adj* acuminate.
**acuminar** *v* acuminate.
**acumpliciado** *adj* accessory.
**acumulação** *s* accumulation.
A **acumulado** *adj* cumulate.
**acumulador** *s* accumulator.
**acumular** *v* accumulate; collect (reunir); pile up (amontoar); combine (funções); drift (neve, areia).
**acumulativo** *adj* accumulative.
**acúmulo** *s* accumulation.
**acunhar** *v* quoin.
**acupuntura** *s* acupuncture.
**acupunturar** *v* acupuncture.
**acusação** *s* accusation; charge; prosecution (jurídico).
**acusado** *s* accused; defendant.
**acusador** *s* prosecutor.
**acusar** *v* accuse; reveal; blame (culpar). • **acusar formalmente** complain, indict.
**acusativo** *adj* e *s* accusative.
**acusável** *adj* chargeable.
**acústica** *s* acoustics.
**acústico** *adj* acoustic.
**adaga** *s* dagger.
**adágio** *s* adage.
**adamascado** *adj* damask.
**adamascar** *v* damask.
**Adão** *s* Adam.
**adaptabilidade** *s* adaptability.
**adaptação** *s* adaptation.
**adaptador** *s* adapter.
**adaptar** *v* adapt; fit (acomodar).
**adaptável** *adj* adaptable.
**adega** *s* cellar.
**adejar** *v* flicker.
**ademais** *adv* furthermore, besides, moreover.
**adenda** *s* addendum.
**adendo** *s* addendum.
**adenoide** *s* adenoid.
**adensar** *v* thicken.
**adentrar** *v* enter.
**adentro** *adv* inside.
**adepto** *s* follower.
**adequação** *s* adequacy.
**adequado** *adj* adequate.
**adequar** *v* adapt, fit, make suitable.
**adereçar** *v* adorn, decorate.
**adereço** *s* adornment.
**aderência** *s* adherence.
**aderente** *adj* adherent, sticking.
**aderir** *v* adhere; stick, cling (colar); join in (a um movimento).
**adesão** *s* adhesion; support (patrocínio).
**adesivo** *adj* adhesive, sticky, clingy. | *s* adhesive; sticker.
**a despeito de** *prep* despite, for.
**adestrar** *v* train.
**adeus** *interj* bye-bye, good-bye, farewell. | *s* good-bye; farewell.
**adiamento** *s* adjournment, postponement.
**adiantado** *adj* advanced; fast (relógio). • **pagar adiantado** pay in advance.
**adiantamento** *s* advance, anticipation; advance payment (dinheiro).
**adiantar** *v* advance; pay in advance (dinheiro); put foward (relógio); say in advance. • **não adianta insistir** there is no pont insisting, it's no use insisting. **adiantar-se para** go/come up to.
**adiante** *adv* ahead; in front; forward (para frente). • **mais adiante** further on; later on (no tempo).
**adiar** *v* postpone, put off; adjourn (sessão).
**adição** *s* addition; sum.
**adicional** *adj* additional.
**adicionalmente** *adv* besides.
**adicionar** *v* add; sum.
**aditamento** *s* addition.
**aditivo** *adj* additive.
**ádito** *s* adit.
**adivinha** *s* riddle.
**adivinhação** *s* fortunetelling (destino); guessing, guesswork (conjetura).
**adivinhador** *s* soothsayer.
**adivinhar** *v* guess; foretell (destino); read (pensamento).

**adivinho** *s* fortuneteller.
**adjacência** *s* adjacency.
**adjacente** *adj* adjacent.
**adjetivo** *s* adjective. | *adj* adjectival.
**adjudicação** *s* adjudication.
**adjudicado** *adj* adjudged.
**adjudicar** *v* adjudge, adjudicate.
**adjunção** *s* adjunction.
**adjunto** *adj* adjunct.
**adjurar** *v* adjure.
**administração** *s* administration; management (direção); board (comissão); government.
**administração de empresas** *s* business administration.
**administrador** *s* administrator; director; manager.
**administrador de sistema** *s* system administrator.
**administradora** *s* mistress.
**administrante** *adj* administrant.
**administrar** *v* administer (*tb* remédio), manage; govern; keep. • **administrar mal** misconduct.
**administrativo** *adj* administrative.
**admiração** *s* admiration (estima); wonder, amazement (assombro).
**admirador** *s* admirer.
**admirar** *v* admire. • **admirar-se de** be astonished/surprised at. **não é de admirar-se** it's not surprising. **não me admiro** I'm not surprised.
**admirável** *s* admirable, wonderful, wondering, amazing (espantoso).
**admissão** *s* admission; admittance (para entrar); intake.
**admissível** *adj* admissible.
**admitir** *v* admit; allow; take on, recruit (funcionário).
**admoestação** *s* admonition.
**admoestar** *v* admonish.
**admonição** *s* monition.
**ADN** *s* DNA.
**adobe** *s* adobe.
**adoçamento** *s* sweetening.
**adoçante** *s* sweetener, sweetening.
**adoção** *s* adoption; embracement (de causa, doutrina etc.).
**adoçar** *v* dulcify, sugar, sweeten.
**adocicado** *adj* slightly sweet.
**adoecer** *v* fall ill.
**adoentado** *adj* sick.
**adolescência** *s* adolescence.
**adolescente** *s* adolescent, teenager.
**adoração** *s* adoration; cult, worship.
**adorar** *v* adore; worship; love.
**adorável** *adj* adorable.
**adormecer** *v* fall asleep; numb (ficar dormente).
**adormecido** *adj* asleep; numb (dormente).
**adornar** *v* adorn; dress (vitrine, árvore de natal).
**adotar** *v* adopt.
**adotivo** *adj* adoptive, foster.
**adquirir** *v* acquire; purchase (comprar); get, obtain.
**adquirível** *adj* purchasable.
**adrenalina** *s* adrenaline.
**adstringência** *s* astringency.
**adstringente** *adj* e *s* astringent.
**aduana** *s* customhouse, customshouse.
**adubar** *v* manure, fertilize.
**adubo** *s* manure, fertilizer.
**aduela** *s* clapboard, stave.
**adulação** *s* blarney; flattery.
**adulador** *s* flatterer, cajoler.
**adular** *v* adulate, flatter, cajole.
**adúltera** *s* adulteress.
**adulteração** *s* adulteration.
**adulterado** *adj* adulterate.
**adulterante** *adj* e *s* adulterant.
**adulterar** *v* adulterate.
**adultério** *s* adultery.
**adúltero** *s* adulterer.
**adulto** *adj* e *s* adult, grown-up.
**adventismo** *s* Adventism.
**adventista** *adj* e *s* Adventist.
**advento** *s* advent.
**adverbial** *adj* adverbial.
**advérbio** *s* adverb.
**adversário** *s* adversary.

**adversativo** *adj* adversative.
**adversidade** *s* adversity.
**adverso** *adj* adverse, unfavorable.
**advertência** *s* warning; reprimand.
**advertir** *v* advert; warn; reprimand.
**advir** *v* result.
**advocacia** *s* advocacy.
**advogado** *s* attorney, lawyer.
**advogado de acusação** *s* prosecuting attorney.
**advogado de defesa** *s* defender.
**advogar** *v* advocate.
**aeração** *s* aeration.
**aeragem** *s* aeration.
**aéreo** *adj* aerial; airy • **ataque/bombardeio aéreo** air raid. **linha/rota aérea** airway. **por via aérea** by airmail.
**aeróbica** *s* aerobics.
**aerodinâmica** *s* aerodynamics; streamline.
**aerodinâmico** *adj* aerodynamic; streamlined.
**aeródromo** *s* airfield.
**aeroespacial** *adj* aerospace.
**aerofólio** *s* airfoil.
**aerógrafo** *s* airbrush.
**aerograma** *s* aerogram.
**aeromoço** *s* steward, flight attendant.
**aeronauta** *s* aeronaut.
**aeronáutica** *s* aeronautics.
**aeronáutico** *adj* aeronautic.
**aeronave** *s* aircraft, ship.
**aeroplano** *s* airplane.
**aeroporto** *s* airport.
**aerossol** *s* aerosol, spray.
**aeróstato** *s* airship.
**afã** *s* ado.
**afagar** *v* caress, pet; stroke (cabelo).
**afago** *s* caress; stroke.
**afamado** *adj* famed, renowned.
**afamar** *v* fame.
**afastado** *adj* remote, distant; secluded; apart (separado).
**afastamento** *s* removal; distance; rejection (emprego).
**afastar** *v* remove; distance; separate. • **afastar-se** go away.
**afável** *adj* affable, affectionate.
**a favor** *adv* in favor of, pro.
**Afeganistão** *s* Afghanistan.
**afegão** *s* e *adj* Afghan.
**afeição** *s* affection, fondness.
**afeiçoado** *adj* fond.
**afeminado** *adj* e *s* effeminate.
**aferidor** *s* gauge (instrumento); inspector (pessoa).
**aferir** *v* gauge (com instrumento); check, inspect (verificar); assess (resultado).
**aferrar** *v* secure; grasp. • **aferrar-se a** cling to (a ideia, costume).
**aferrolhar** *v* bolt; imprison (pessoa).
**aferventar** *v* boil.
**afetação** *s* affectation.
**afetado** *adj* affected.
**afetar** *v* affect.
**afetivo** *adj* affective.
**afeto** *s* affect, affection.
**afetuoso** *adj* affectionate.
**afiado** *adj* sharp, acute.
**afiador** *s* sharpener.
**afiançar** *v* bail; warrant.
**afiançável** *adj* bailable.
**afiar** *v* sharpen.
**afilado** *adj* thin (nariz).
**afilamento** *s* taper.
**afilhada** *s* goddaughter, godchild.
**afilhado** *s* godson, godchild.
**afiliação** *s* affiliation.
**afiliado** *s* affiliate.
**afiliar** *v* affiliate.
**afim** *adj* kindred; similar; related (consanguíneo).
**a fim de que** *conj* for, that, so.
**afinação** *s* tuning.
**afinal** *adv* at last, finally.
**afinal de contas** *adv* after all
**afinar** *v* attune, tune; taper (adelgar).
**afinco** *s* insistence; obstinacy, stubbornness.
**afinidade** *s* affinity.
**afins** *adj* kindred; similar; related (consanguíneo).
**afirmação** *s* affirmation, assertion; statement (declaração).

**afirmar** *v* affirm, assert; declare.
**afirmativa** *s* affirmative.
**afirmativo** *adj* affirmative.
**afivelar** *v* buckle.
**afixar** *v* affix; stick, post (cartazes, avisos).
**afixo** *s* affix.
**aflição** *s* affliction; anxiety (apreensão); anguish.
**afligir** *v* afflict, distress; torment; worry. • **afligir-se** bother, worry.
**aflitivo** *adj* distressful, grievous.
**aflito** *adj* distressed, anxious.
**aflorar** *v* emerge.
**afluência** *s* affluence.
**afluente** *adj* affluent. | *s* tributary (rio).
**afluir** *v* flow.
**afluxo** *s* afflux.
**afobação** *s* bustle, flustered; panic.
**afobado** *adj* flustered; panicky, nervous.
**afobar** *v* fluster; make nervous. • **afobar-se** get flustered.
**afogado** *adj* drowned.
**afogador** *s* throttle (mecânica).
**afogar** *v* drown; flood (motor). • **afogar-se** drown, be drowned.
**afoito** *adj* bold, daring.
**afora** *prep* except for, apart from. • **pelo mundo afora** throughout the world.
**aforismo** *s* aphorism.
**afortunado** *adj* fortunate, lucky.
**afrancesar** *v* Gallicize.
**à frente** *adv* ahead.
**afresco** *s* fresco.
**África** *s* Africa.
**África do Sul** *s* South Africa.
**africânder** *s* Afrikaner.
**africâner** *s* Afrikaans.
**africano** *adj* e *s* African.
**afro-americano** *adj* e *s* Afro-American.
**afrodisíaco** *s* e *adj* aphrodisiac.
**afronta** *s* affront, insult.
**afrontar** *v* affront, insult, offend.
**afrontoso** *adj* offensive.
**afrouxamento** *s* relaxation.
**afrouxar** *v* slacken; loosen.
**afugentar** *v* drive away.
**afundado** *adj* sunken.
**afundamento** *s* dent (em superfície).
**afundar** *v* sink (submergir); deepen (cavidade).
**agachado** *adj* squat.
**agachamento** *s* squat, crouch.
**agachar** *v* squat, crouch.
**agarração** *s* necking.
**agarrado** *adj* binding, stuck.
**agarrador** *s* catcher.
**agarramento** *s* necking; close attachment (a uma pessoa).
**agarrar** *v* seize, grasp, catch. • **agarrar-se** cling.
**agasalhar** *v* wrap up.
**agasalho** *s* coat (casaco), sweater (suéter).
**ágata** *s* agate.
**agência** *s* agency; office (escritório); branch (de banco); bureau.
**agência de empregos** *s* employment agency.
**agência de notícias** *s* news agency.
**agência de viagens** *s* travel agency.
**agência do correio** *s* post office.
**agenda** *s* agenda (lista de assuntos a serem tratados); diary, notebook.
**agenda de endereços** *s* address book.
**agenda de telefone** *s* telephone book.
**agenda de trabalho** *s* workbook.
**agendar** *v* schedule.
**agente** *s* agent; broker (corretor).
**agente de polícia** *s* officer, *masc* policeman, *fem* policewoman.
**agente de seguros** *s* underwriter.
**agente de viagens** *s* travel agent, courier.
**agente secreto** *s* secret agent, intelligencer.
**ágil** *adj* agile.
**agilidade** *s* agility.
**agilizar** *v* speed.
**ágio** *s* premium.
**agiota** *s* usurer, moneylender.
**agiotagem** *s* usury.
**agiotar** *v* job.

A

**agir** *v* act. • **agir bem** do right. **agir mal** do wrong.
**agitação** *s* agitation; excitement; restless (inquietação); unrest, disturbance (perturbação); tremor (solo).
**agitado** *adj* agitated, disturbed, restless.
**agitador** *s* agitator; disturber.
**agitar** *v* agitate, disturb; shake (sacudir); stir (mexer); swing, wave (braços). • **agitar-se** get upset; get rough (mar).
**aglomeração** *s* agglomeration; crowd (multidão).
**aglomerado** *adj* e *s* agglomerate.
**aglomerar** *s* agglomerate.
**aglutinação** *s* agglutination.
**aglutinar** *v* agglutinate.
**agnóstico** *adj* e *s* agnostic.
**agonia** *s* agony, anguish.
**agoniar** *v* agonize.
**agonizante** *adj* dying.
**agonizar** *v* agonize.
**agora** *adv* now; nowadays, presently. • **agora mesmo** right now. **a partir de agora** from now on. **até agora** up to now.
**agosto** *s* August.
**agourar** *v* augur.
**agourento** *adj* ominous.
**agouro** *s* omen.
**agradar** *v* please.
**agradável** *adj* pleasant.
**agradecer** *v* thank.
**agradecido** *adj* grateful, thankful. • **mal--agradecido** ungrateful.
**agradecimento** *s* gratitude, thanks.
**agrado** *s* blandishment. • **fazer um agrado em** be affectionate with.
**agrário** *adj* e *s* agrarian.
**agravação** *s* aggravation.
**agravar** *v* aggravate, make worse.
**agravo** *s* grievance.
**agredir** *v* aggress; attack; insult.
**agregação** *s* aggregation.
**agregado** *adj* e *s* aggregate.
**agregar** *v* aggregate. • **agregar-se** affiliate.
**agremiação** *s* association, confederation; society.
**agressão** *s* aggression.
**agressividade** *s* aggressiveness.
**agressivo** *adj* aggressive.
**agressor** *s* aggressor.
**agreste** *adj* rural; wild, uncultivated.
**agrião** *s* watercress.
**agrícola** *adj* agricultural.
**agricultor** *s* farmer.
**agricultura** *s* agriculture.
**agrilhoar** *v* fetter, iron.
**agronomia** *s* agronomy.
**agrônomo** *s* agronomist.
**agrupamento** *s* grouping; cluster (informática).
**agrupar** *v* group.
**água** *s* water. • **dar água na boca** be mouthwatering.
**água benta** *s* holy water.
**aguaceiro** *s* heavy shower, downpour.
**água com gás** *s* soda water.
**água de coco** *s* coconut water.
**água-de-colônia** *s* cologne.
**água de esgoto** *s* sewage.
**aguado** *adj* watery.
**água doce** *s* fresh water.
**água do mar** *s* seawater.
**água mineral** *s* mineral water.
**água oxigenada** *s* peroxide.
**água parada** *s* backwater.
**aguar** *v* water.
**aguardar** *v* wait for; await; expect. • **aguardando confirmação** *adj* pending.
**aguardente** *s* spirit, rum.
**água salgada** *s* salt water.
**água sanitária** *s* washing soda, household bleach.
**água subterrânea** *s* ground water.
**água tônica** *s* quinine water.
**água-viva** *s* jellyfish.
**aguçado** *adj* pointed; acute (sentido).
**aguçar** *v* sharpen (afiar); excite (estimular).

**agudeza** *s* sharpness; perspicacity; shrillness (som).
**agudo** *adj* acute; treble, shrill (som); sharp.
**aguentar** *v* bear; stand, put up with (dor); hold, withstand (peso); stand up. • **aguentar firme** hold up.
**águia** *s* eagle.
**agulha** *s* needle (bússola, costura, injeção); spire (arquitetura); stylus (vitrola).
**agulha de tricô** *s* knitting needle.
**agulhar** *v* prod.
**ah** *interj* hah, ha.
**ai** *interj* ouch.
**aí** *adv* there. • **e aí?** and then what? **e por aí afora** and so on. **por aí** somewhere over there, thereabouts.
**aiatolá** *s* ayatollah.
**aidético** *adj* suffering from AIDS. | *s* person with AIDS.
**ainda** *adv* still, yet; even (mesmo). • **ainda agora** just now. **ainda assim** even so. **ainda bem** just as well. **ainda não** not yet. **ainda que** even if. **maior ainda** even bigger.
**aipo** *s* celery.
**ajanotar** *v* dandify.
**ajardinar** *v* garden.
**ajeitar** *v* fit, adjust; arrange (arranjar), fix.
**ajoelhado** *adj* kneeling.
**ajoelhar** *v* kneel, knee.
**ajuda** *s* assistance, help, aid, support; grant, subsidy.
**ajuda de custo** *s* allowance.
**ajuda financeira** *s* welfare.
**ajudante** *s* assistant, helper; adjutant (militar). | *adj* assistant.
**ajudar** *v* help, assist, aid.
**ajuizado** *adj* sensible (sensato); discreet (prudente).
**ajuntamento** *s* gathering.
**ajuntar** *v* join, add; gather, group, attach (documentos).
**ajustado** *adj* conformable (acordo).
**ajustamento** *s* adjustment.
**ajustar** *v* adjust (regular); settle (conta, disputa); accommodate, fit; take in (roupa); agree on.
**ajustável** *adj* adjustable.
**ajuste** *s* adjustment, adaptation; settlement (contas); agreement (acordo).
**ala** *s* row (fileira); ward (hospital, prisão); wing (edifício).• **ala direita** right wing. **ala esquerda** left wing.
**Alá** *s* Allah.
**alado** *adj* winged.
**alagação** *s* flooding.
**alagadiço** *adj* swampy, marshy. | *s* swamp, marsh.
**alagamento** *s* flooding.
**alagar** *v* deluge; flood.
**alambique** *s* still.
**alameda** *s* avenue, lane; grove (arvoredo).
**alar** *v* wing, haul.
**alaranjado** *adj* orange.
**alarde** *s* boasting. • **fazer alarde de** boast about.
**alardear** *v* boast of; show off.
**alargamento** *s* enlargement; flare.
**alargar** *v* broaden, widen, flare (tornar largo); extend (ampliar); loosen, slacken (afrouxar).
**alarido** *s* clamor, outcry.
**alarma** *s* alarm.
**alarmante** *adj* alarming.
**alarmar** *v* alarm.
**alarme** *s* alarm. • **alarme de incêndio** fire alarm. **alarme de roubo** burglar alarm. **alarme falso** false alarm.
**alarmista** *s* alarmist.
**alastrar** *v* bestrew, scatter; spread (disseminar).
**alaúde** *s* lute.
**alavanca** *s* lever, crank. • **alavanca de câmbio** *s* gearshift (veículos).
**alavancagem** *s* leverage.
**alavancar** *v* lever.
**albanês** *s* e *adj* Albanian.
**Albânia** *s* Albania.
**albatroz** *s* albatross.

A

**albergue** *s* hostel. • **albergue da juventude** youth hostel. **albergue noturno** flophouse.
**albinismo** *s* albinism.
**albino** *s* albino.
**álbum** *s* album.
**albume** *s* egg white.
**albúmen** *s* albumen.
**albumina** *s* albumin.
**alça** *s* strap; grip, handle.
**alcachofra** *s* artichoke.
**alcaçuz** *s* licorice.
**alçada** *s* jurisdiction.• **isso não é da minha alçada** that is beyond my control.
**alcalino** *adj* alkaline.
**alcaloide** *s* alkaloid.
**alcançar** *v* reach; hand; obtain, get; attain, achieve; understand.
**alcançável** *adj* reachable; attainable.
**alcance** *s* reach; power, competence; understanding; range (tiro, voz, visão); scope; coverage.• **alcance da vista** eyeshot, eyesight. **alcance do ouvido** earshot (até onde o ouvido pode escutar). **ao alcance de** within reach of. **de grande alcance** of great consequence. **fora do alcance da mão** out of reach.
**alçapão** *s* trap door; trap (arapuca).
**alcaparra** *s* caper.
**alçar** *v* lift up; raise (voz). • **alçar voo** take off, wing.
**alcateia** *s* pack (lobos); gang (ladrões).
**alcatra** *s* rump.
**alcatrão** *s* tar.
**alcatroado** *adj* tarry.
**alcatroar** *v* tar.
**alce** *s* elk, moose.
**álcool** *s* alcohol. • **álcool etílico** ethyl alcohol. **álcool metílico** wood alcohol.
**alcoólatra** *s* alcoholic, drunkard.
**alcoólico** *adj* e *s* alcoholic.
**alcoolismo** *s* alcoholism.
**alcova** *s* alcove.
**alcovitar** *v* pander.
**alcoviteira** *s* bawd.
**alcoviteiro** *s* ruffian, pander.
**alcovitice** *s* bawdiness.
**alcunha** *s* nickname.
**aldeão** *s* villager.
**aldeia** *s* village.
**aldeia global** *s* global village.
**aldrava** *s* click.
**aleatório** *adj* aleatory, random.
**alecrim** *s* rosemary.
**alegação** *s* allegation; pleading.
**alegar** *v* allege; plead.
**alegável** *adj* pleadable.
**alegoria** *s* allegory.
**alegórico** *adj* allegorical.
**alegrar** *v* cheer, gladden; brighten up (ambiente); liven (animar) • **alegrar-se** cheer up.
**alegre** *adj* happy, glad; cheerful (jovial); bright (cores); gay; merry, tight (embriagado).
**alegria** *s* happiness, gladness, joy.
**aleijado** *adj* crippled, lame, disabled. | *s* crippled.
**aleijão** *s* freak, deformity.
**aleijar** *v* cripple, lame; maim (mutilar).
**aleitar** *v* breast-feed; nurse.
**aleluia** *s* e *interj* hallelujah.
**além** *adv* over there, beyond; further on. | *s* hereafter.
**além de** *loc prep* beyond; on the other side of (no outro lado de); over (para mais de); apart from, besides (ademais de).
**além disso** *loc adv* also, furthermore. moreover.
**além do mais** *loc adv* more, moreover.
**Alemanha** *s* Germany.
**alemão** *s* e *adj* German.
**além-mar** *adv* overseas.
**alento** *s* breath; courage. • **dar alento** encourage.
**alergia** *s* allergy.
**alérgico** *adj* allergic.
**alerta** *adj* e *s* alert.
**alertar** *v* alert.
**alfa** *s* alpha.

**alfabético** *adj* alphabetical.
**alfabetização** *s* literacy.
**alfabetizado** *adj* literate.
**alfabetizar** *v* teach to read and write.
**alfabeto** *s* alphabet.
**alfabeto fonético** *s* phonetic alphabet.
**alface** *s* lettuce.
**alfaiate** *s* tailor.
**alfândega** *s* customs, customhouse.
**alfarroba** *s* locust.
**alfazema** *s* lavender.
**alferes** *s* ensign.
**alfinetada** *s* prick.
**alfinetar** *v* prick; pin (marcar costura).
**alfinete** *s* pin; stickpin (gravata). • **alfinete de chapéu** hatpin. **alfinete de fralda** diaper pin. **alfinete de segurança** safety pin.
**alfineteira** *s* pincushion.
**alforriar** *v* manumit.
**alga** *s* alga.
**alga marinha** *s* seaweed.
**algália** *s* bougie.
**algaravia** *s* gibber.
**algarismo** *s* numeral, digit, figure.
**algarismo arábico** *s* Arabic numeral.
**algarismo romano** *s* Roman numeral.
**algazarra** *s* uproar, racket.
**álgebra** *s* algebra.
**algema** *s* cuff, handcuff, shackle. • **algemas** handcuffs.
**algemar** *v* cuff, handcuff, shackle.
**algeriano** *s* e *adj* Algerian.
**algo** *pron* anything, something. | *adv* somewhat, rather.
**algodão** *s* cotton.
**algodão-doce** *s* cotton candy.
**algodoeiro** *s* cotton.
**alguém** *pron* someone, somebody; anyone, anybody (em negativas e interrogativas).
**algum** *adj* some; any (em negativas e interrogativas). | *pron* one, some. • **alguma coisa** something. **alguma vez** sometime. **algumas vezes** sometimes. **algum dia** one day. **algum lugar** somewhere. **algum tempo** for a while. **alguns** several, some. **de modo algum** in no way.
**alheio** *adj* foreign (estrangeiro); alien (estranho); someone else's (de outrem). • **alheio a** unaware of.
**alho** *s* garlic.
**alho-poró** *s* leek.
**alhures** *adv* elsewhere.
**ali** *adv* there. • **ali dentro** in there. **até ali** up to there. **por ali** around there; that way (direção).
**aliado** *adj* allied. | *s* ally.
**aliança** *s* alliance, league; ring (anel).
**aliança de casamento** *s* wedding ring.
**aliar** *v* ally. • **aliar-se** make an alliance.
**aliás** *adv* as a matter of fact, by the way (a propósito); that is (ou seja); nevertheless (contudo); incidentally (diga de passagem).
**álibi** *s* alibi.
**alicate** *s* pliers.
**alicate de unha** *s* nail clippers.
**alicerçar** *v* base.
**alicerce** *s* base, fundament; foundation (edifício).
**aliciar** *v* entice; tout (votos).
**alienação** *s* alienation.
**alienação mental** *s* insanity.
**alienado** *s* alienated; insane (demente). | *s* lunatic.
**alienar** *v* alien, alienate.
**alienável** *adj* alienable.
**alienígena** *s* e *adj* alien.
**alienista** *s* alienist.
**aligátor** *s* alligator.
**alimentação** *s* food (alimentos); feeding (ação); supply (eletrônica).
**alimentador** *s* feeder.
**alimentador de papel** *s* sheet feeder.
**alimentar** *v* feed (*tb* máquinas), aliment; cherish (desejo). | *adj us atrib* food (produto); eating (hábito).
**alimento** *s* aliment, food; nourishment.
**alimento perecível** *s* perishable.
**alínea** *s* paragraph.

**alinhado** *adj* aligned; elegant (elegante).
**alinhamento** *s* alignment. • **alinhamento da margem** justification.
**alinhar** *v* align. **alinhar-se** form a line (enfileirar-se).
A
**alinhavar** *v* tack.
**alinhavo** *s* tack.
**alíquota** *s* percentage.
**alisar** *v* smooth (tornar liso); straighten, conk (cabelo); stroke (cariciar).
**alistado** *adj* e *s* conscript.
**alistamento** *s* enlistment.
**alistamento militar** *s* enlistment; conscription, draft (compulsório).
**alistar** *v* recruit, conscript. • **alistar-se no exército** enlist.
**aliteração** *s* alliteration.
**aliviado** *adj* relieved (pessoa, dor); lightened (carga).
**aliviar** *v* alleviate, relieve; lighten (carga).
**alívio** *s* relief.
**alma** *s* soul.
**almanaque** *s* almanac.
**almejar** *v* aim, aspire; long for.
**almirantado** *s* admiralty.
**almirante** *s* admiral.
**almíscar** *s* musk, must.
**almiscarado** *adj* musky.
**almiscareiro** *s* musk deer.
**almoçar** *v* have lunch.
**almoço** *s* lunch.
**almofada** *s* cushion; pad (*tb* de carimbo).
**almofadar** *v* upholster; pad.
**almofadinha** *s* *inform* dandy, dude.
**almôndega** *s* meatball.
**almotolia** *s* oilcan.
**almoxarifado** *s* depot, warehouse, stockroom.
**almoxarife** *s* bailiff (cargo oficial); storekeeper (responsável pelo almoxarifado).
**alô** *interj* hello, hi.
**alocação** *s* allocation.
**alocar** *v* allocate.
**alojamento** *s* accommodations; lodgment, lodge; housing; billet (militar).
**alojar** *v* lodge; billet (militar). • **alojar-se** stay.
**alongado** *adj* elongate.
**alongamento** *s* elongation, lengthening; extension (prazo), stretching (ginástica).
**alongar** *v* elongate, lengthen; extend (prazo); prolong (tempo); stretch out (ginástica).
**alopata** *s* allopath.
**alopatia** *s* allopathy.
**alourado** *adj* blondish.
**alpaca** *s* alpaca.
**alpendre** *s* penthouse, shed; porch.
**Alpes** *s* Alps.
**alpinismo** *s* mountaineering.
**alpinista** *s* mountaineer, climber.
**alqueivar** *v* fallow.
**alquimia** *s* alchemy.
**alquimista** *s* alchemist.
**alta** *s* rise (preços); discharge (de hospital); high (bolsa); boom (repentina do comércio, da popularidade).
**alta de preço** *s* markup.
**alta-fidelidade** *s* hi-fi, high fidelity.
**alta moda** *s* high style.
**altar** *s* altar.
**altar-mor** *s* high altar.
**alta sociedade** *s* high society.
**alta tecnologia** *s* high tech.
**alta-tensão** *s* high tension.
**alteração** *s* alteration, change; disturbance; falsification; endorsement (em contrato).
**alterado** *adj* bad-tempered, irritated (de mau humor); changed (mudado).
**alterar** *v* alter, change; falsify (falsificar). • **alterar-se** get angry, lose one's temper.
**alterável** *adj* changeable.
**altercação** *s* dispute, wrangle.
**altercador** *s* jangler.
**altercar** *v* quarrel, wrangle.
**alternado** *adj* alternate.
**alternador** *s* alternator.
**alternância** *s* rotation; crop rotation (agricultura).

**alternar** *v* alternate; toggle (eletrônica e computação).
**alternativo** *adj* alternate; alternating (eletrônica).
**alteza** *s* highness.
**altímetro** *s* altimeter.
**altíssima frequência** *s* extremely high frequency.
**altitude** *s* altitude.
**altivez** *s* haughtiness (arrogância); loftiness (nobreza).
**altivo** *adj* haughty (arrogante); lofty (elevado).
**alto** *s* high; tall (estatura); high, sharp, loud (som); top, upper. | *adv* loudly, loud (falar); high (voar). | *s* top, summit. | *interj* halt. • **alta noite** dead of night. **altos e baixos** ups and downs. **do alto** from above. **por alto** superficially.
**alto-astral** *s* good vibes.
**alto estilo** *s* high style.
**alto-falante** *s* loudspeaker.
**alto-falante de agudos** *s* tweeter.
**alto-mar** *adj* deep-sea.
**alto-relevo** *s* boss.
**altruísmo** *s* altruism.
**altruísta** *s* altruist. | *adj* altruistic.
**altura** *s* height; altitude; point (momento); pitch (som); whereabouts (lugar). • **em que altura da 5ª avenida?** whereabouts in 5th Avenue? **estar à altura de** be up to (ser capaz de). **nesta altura** at this point. **ter 1.70 m de altura** be 1.70 tall.
**alucinação** *s* hallucination.
**alucinado** *adj* desperate, crazy.
**alucinar** *v* hallucinate.
**aludir** *v* allude.
**alugador** *s* hirer.
**alugar** *v* rent, hire (tomar de aluguel); let, rent out (dar de aluguel).
**aluguel** *s* rent; renting, rental (ação).
**alumiar** *v* illume, lighten.
**alumínio** *s* aluminum.
**aluna** *s fem* schoolgirl.
**aluno** *s* pupil, student; *masc* schoolboy.
**aluno graduado** *s* alumnus.
**aluno interno** *s* intern.
**aluno matriculado** *s* matriculate.
**alusão** *s* allusion, reference.
**alusivo** *adj* allusive.
**aluvião** *s* alluvion.
**alvará** *s* charter.
**alvejante** *s* bleach.
**alvejar** *v* bleach, whiten (branquejar); aim at (tomar como alvo ou mira).
**alvenaria** *s* masonry, brickwork. • **de alvenaria** *us atrib* brick; brick-built.
**alvéolo** *s* alveolus.
**alvo** *s* target, aim; bull's-eye. | *adj* white, ivory.• **atingir o alvo** hit the mark. **ser alvo de críticas** be object of criticism.
**alvorada** *s* dawn, cockcrow.
**alvorecer** *v* dawn.
**alvoroçado** *adj* excited.
**alvoroçar** *v* stir up (agitar); excite (entusiasmar). • **alvoroçar-se** get agitated.
**alvoroço** *s* ado, fuss, bustle, uproar; excitement, enthusiasm.
**AM** *abrev* AM (de amplitude modulada).
**ama** *s* mistress.
**amabilidade** *s* amiability, kindness.
**amaciante** *s* conditioner.
**amaciar** *v* soften, tender.
**ama de leite** *s* wet nurse.
**amado** *adj* e *s* beloved, darling.
**amador** *s* e *adj* amateur.
**amadurecer** *v* age; maturate, mature; ripen (fruto).
**amadurecido** *adj* aged (idade); ripe (fruto).
**amadurecimento** *s* maturation.
**âmago** *s* core, heart; essence.
**amaldiçoado** *s* accursed, cursed.
**amaldiçoar** *v* curse.
**amálgama** *s* amalgam.
**amalgamar** *v* amalgamate.
**amamentação** *s* breast-feeding.
**amamentar** *v* breast-feed, suckle.
**amanhã** *adv* e *s* tomorrow. • **amanhã de manhã** tomorrow morning. **depois de amanhã** the day after tomorrow.

A

**amanhecer** *v* dawn, daybreak.
**amanhecido** *adj* stale (pão, queijo).
**amansar** *v* gentle; tame (animal).
**amante** *s* lover.
**à mão** *adj* ready, visible.
**amar** *v* love.
**amarelado** *adj* yellowish.
**amarelar** *v* yellow.
**amarelecer** *v* yellow.
**amarelo** *s* e *adj* yellow.
**amarfanhar** *v* dishevel.
**amargar** *v* bitter, make bitter; embitter, suffer.
**amargo** *adj* bitter.
**amargor** *s* bitterness.
**amargura** *s* bitterness.
**amargurado** *adj* sore, sad.
**amargurar** *v* embitter.
**amarra** *s* clinch (embarcação).
**amarração** *s* mooring (embarcação); seizing.
**amarrar** *v* tie; tether (com corda); moor (embarcação). • **amarrar-se em** like very much. **amarrar a cara** frown.
**amarronzado** *adj* brownish.
**amarrotar** *v* crinkle, crush; crease.
**amassado** *s* creased; smashed (carro).
**amassar** *v* crush; knead (pão, massa); crease.
**amável** *adj* kind, lovable, lovely.
**amazona** *s* amazon; horsewoman.
**amazonense** *adj* Amazonian.
**amazônico** *adj* Amazonian.
**âmbar** *s* amber.
**ambárico** *adj* amber.
**ambas** *num* both.
**ambição** *s* ambition.
**ambicionar** *v* crave.
**ambicioso** *adj* ambitious.
**ambidestro** *adj* ambidextrous.
**ambientação** *s* setting (narrativa, filme, teatro).
**ambiental** *adj* environmental.
**ambientalismo** *s* environmentalism.
**ambientalista** *s* environmentalist.
**ambiente** *s* environment. | *adj* ambient.
**ambiguidade** *s* ambiguity.
**ambíguo** *adj* ambiguous.
**âmbito** *s* ambit; extent (extensão); scope, range (campo de ação). • **no âmbito nacional** at national level.
**ambivalência** *s* ambivalence.
**ambivalente** *adj* ambivalent.
**ambos** *num* both; either.
**ambulância** *s* ambulance.
**ambulante** *adj* ambulant, ambulatory, walking.
**ambulatório** *s* ambulatory.
**ameaça** *s* threat.
**ameaçado de extinção** *adj* endangered, threatened.
**ameaçador** *adj* threatening, menacing.
**ameaçar** *v* threaten, menace.
**ameba** *s* amoeba.
**amedrontado** *adj* afraid.
**amedrontador** *adj* creepy, intimidating, frightening, forbidding.
**amedrontar** *v* scare, intimidate. • **amedrontar-se** be frightened.
**ameia** *s* battlement.
**ameixa** *s* plum.
**ameixa seca** *s* prune.
**ameixeira** *s* plum.
**amém** *interj* amen.
**amêndoa** *s* almond.
**amendoeira** *s* almond.
**amendoim** *s* peanut.
**amenidade** *s* amenity.
**amenizar** *v* extenuate, soften; make pleasant (tornar agradável); ease (facilitar); settle (briga).
**ameno** *adj* temperate, mild, gentle (clima, tempo); pleasant (agradável).
**a menos que** *conj* except, excepting, save, unless.
**América** *s* America.
**América Central** *s* Central America.
**América do Norte** *s* North America.
**América do Sul** *s* South America.
**América Latina** *s* Latin America.
**americanismo** *s* Americanism.
**americanizar** *v* Americanize.

**americano** *adj* e *s* American.
**ametista** *s* amethyst.
**amianto** *s* asbestos.
**amido** *s* starch.
**amido de milho** *s* cornstarch.
**amiga** *s* girlfriend.
**amigável** *adj* friendly.
**amígdala** *s* amygdala, tonsil.
**amigo** *s* friend. | *adj* friendly.
**amigo da onça** *s* false friend.
**amigo do peito** *s* bosom friend.
**amigo íntimo** *s* familiar, intimate.
**amimar** *v* cosset, pamper.
**aminoácido** *s* amino.
**amistoso** *adj* friendly, cordial. | *s* friendly (jogo).
**amizade** *s* friendship.
**amizade colorida** *s* casual relationship.
**amnésia** *s* amnesia.
**amo** *s* lord, master.
**à moda de** *adv* after.
**amolador** *s* grinder.
**amolar** *v* sharpen, grind (afiar); annoy, bother (aborrecer).
**amoldar** *v* mold.
**amolecer** *v* soften; relent (abrandar).
**amônia** *s* ammonia.
**amoníaco** *adj* ammoniac.
**amônio** *s* ammonium.
**amontoado** *s* pile.
**amontoamento** *s* cumulation.
**amontoar** *v* accumulate, cluster, pile. • **amontoar riquezas** amass a fortune.
**amor** *s* love. • **fazer amor** make love. **por amor de** for the sake of. **ser um amor de pessoa** be a lovely person. **amor platônico** *s* platonic love. **amor próprio** self-esteem. **amor secreto** intrigue.
**amora** *s* berry. • **amora silvestre** blackberry.
**amoral** *adj* amoral.
**amordaçar** *v* gag.
**amorfo** *adj* amorphous.
**amornar** *v* warm.
**amorosamente** *adv* dearly.
**amoroso** *adj* amorous, loving.
**amor-perfeito** *s* pansy (flor).
**amortalhar** *v* shroud.
**amortecedor** *s* shock absorber; damper.
**amortecer** *v* dampen, deaden.
**amortecido** *adj* dead (som).
**amortização** *s* amortization.
**amortizar** *v* amortize.
**amostra** *s* sample.
**amostragem** *s* sampling.
**amotinado** *s* mutineer.
**amotinar** *v* mutiny.
**amparar** *v* support; assist.
**amparo** *s* support; aid, assistance.
**amperagem** *s* amperage.
**ampère** *s* ampère.
**amplamente** *adv* broadly.
**ampliação** *s* enlargement; extension.
**ampliação fotográfica** *s* blowup.
**ampliador** *s* magnifier.
**ampliar** *v* enlarge; broaden (conhecimento). • **ampliar fotografia** blow.
**amplificação** *s* amplification.
**amplificador** *s* amplifier.
**amplificar** *v* amplify.
**amplitude** *s* amplitude; extent.
**amplo** *adj* broad (conhecimento, sentido); spacious (aposento); ample (possibilidade).
**ampola** *s* ampoule.
**ampulheta** *s* hourglass.
**amputação** *s* amputation.
**amputado** *s* amputee.
**amputar** *v* amputate.
**amuado** *adj* sulky.
**amuar** *v* sulk.
**amuleto** *s* amulet.
**anabolismo** *s* anabolism.
**anacoluto** *s* anacoluthon.
**anaconda** *s* anaconda, python.
**anacronismo** *s* anachronism.
**anagrama** *s* anagram.
**anágua** *s* petticoat.
**anais** *s* annals.
**anal** *adj* anal.
**analfabetismo** *s* illiteracy.
**analfabeto** *adj* illiterate.

**analgésico** *adj* analgesic. | *s* analgesic, painkiller.
**analisar** *v* analyze; parse, construe (sintaticamente).
**análise** *s* analysis.
A **análise de sistemas** *s* systems analysis.
**analista** *s* analyst; annalist (pessoa que escreve anais).
**analista de sistemas** *s* systems analyst.
**analítica** *s* analytics.
**analítico** *adj* analytic.
**analogia** *s* analogy.
**analógico** *adj* analogical.
**análogo** *s* e *adj* analogue.
**ananás** *s* pineapple.
**anão** *s* dwarf.
**a não ser que** *conj* but, except, excepting, unless, save, saving.
**anarquia** *s* anarchy.
**anarquismo** *s* anarchism.
**anarquista** *s* anarch (quem pratica anarquia); anarchist (partidário do anarquismo).
**anátema** *s* anathema.
**anatomia** *s* anatomy.
**anatômico** *adj* anatomical.
**anatomizar** *v* anatomize.
**anca** *s* hip; rump (animal).
**ancestral** *adj* ancestral. | *s* ancestor.
**ancestre** *s* ancestor.
**ancião** *adj* old. | *s* ancient; elder (tribo).
**ancinho** *s* rake.
**âncora** *s* anchor; anchorman (principal apresentador de noticiário de TV ou rádio e último atleta em corrida de revezamento).
**ancoradouro** *s* anchorage.
**ancoragem** *s* anchorage, mooring.
**ancorar** *v* anchor.
**andador** *s* walker.
**andadura** *s* pace; gait (cavalo).
**andaime** *s* scaffold.
**andamento** *s* progress; course; tempo (música). • **em andamento** in progress.
**andar** *v* walk; ride (bicicleta, cavalo); go, progress. | *s* gait (modo de andar); floor, story (de prédio). • **andar a pé** hike. **andar de baixo** downstairs. **andar de cima** upstairs. **andar térreo** ground floor, *Ing Am* first floor.
**andarilho** *s* walker, wanderer.
**andorinha** *s* swallow.
**andrógino** *adj* androgynous.
**androide** *s* android.
**anedota** *s* anecdote.
**anel** *s* ring.
**anelar** *adj* annular.
**anel de casamento** *s* wedding ring.
**anel de noivado** *s* engagement ring.
**anel viário** *s* overpass.
**anemia** *s* anemia.
**anêmico** *adj* anemic.
**anêmona** *s* anemone.
**anestesia** *s* anesthesia; anesthetic (anestésico).
**anestesia geral** *s* general anesthetic.
**anestesiar** *v* anesthetize.
**anestésico** *s* anesthetic.
**anestesista** *s* anesthetist.
**anestético** *s* anesthetic.
**aneurisma** *s* aneurysm.
**anexação** *s* annexation.
**anexar** *v* annex; attach, append; enclose (documento).
**anexo** *s* appendix; annex (prédio).
**anfetamina** *s* amphetamine.
**anfíbio** *s* amphibian. | *adj* amphibious.
**anfiteatro** *s* amphitheater.
**anfitriã** *s* hostess.
**anfitrião** *s* host.
**ânfora** *s* ewer.
**angariador** *s* canvasser (votos, pedidos).
**angariar** *v* raise, collect. • **angariar votos** *v* canvass, electioneer.
**angelical** *adj* angelical.
**angélico** *adj* angelic.
**anglicanismo** *s* Anglicanism.
**anglicano** *adj* e *s* Anglican.
**anglicismo** *s* Anglicism.
**anglicizar** *v* anglicize.
**Angola** *s* Angola.
**angolano** *s* e *adj* Angolan.

**angra** *s* inlet.
**angular** *v* angle. | *adj* angular, angulate.
**angularidade** *s* angularity.
**ângulo** *s* angle.
**angústia** *s* anguish, distress.
**angustiado** *adj* anguished, distressed.
**angustiante** *adj* distressing.
**angustiar** *v* anguish, distress.
**anil** *s* anil; indigo (cor). | *adj* indigo (cor).
**anilina** *s* aniline.
**anima** *s* anima.
**animação** *s* liveliness (vivacidade); bustle (movimentação); animation (*tb* produção de desenhos animados).
**animado** *adj* lively; cheerful (alegre).
**animador** *adj* encouraging. | *s* animator (*tb* profissional que trabalha na produção de desenhos animados); presenter (TV).
**animal** *s* e *adj* animal.
**animal de estimação** *s* pet.
**animalesco** *adj* beastly.
**animalidade** *s* beastliness.
**animalismo** *s* animalism.
**animar** *v* animate, brighten, cheer; encourage (motivar).
**ânimo** *s* liveliness; courage. • **perder o ânimo** lose heart.
**animosidade** *s* animosity.
**animus** *s* animus.
**aninhar** *v* nestle.
**aniquilação** *s* annihilation.
**aniquilamento** *s* extinction.
**aniquilar** *v* annihilate; destroy.
**anis** *s* anise.
**anistia** *s* amnesty.
**anistiar** *v* amnesty.
**aniversário** *s* anniversary. • **aniversário de casamento** wedding anniversary. **aniversário natalício** birthday.
**anjo** *s* angel. • **anjo da guarda** guardian angel.
**ano** *s* year. • **ter 15 anos** be 15 years old.
**ano bissexto** *s* bissextile, leap year.
**à noite** *adv* at night.
**anoitecer** *s* eve, evening. | *v* grow dark.
**ano letivo** *s* school year.
**ano lunar** *s* lunar year.
**ano-luz** *s* light-year.
**anomalia** *s* anomaly, abnormality.
**anômalo** *adj* anomalous.
**anonimato** *s* anonymity.
**anônimo** *adj* anonymous, nameless.
**ano-novo** *s* New Year.
**anoraque** *s* anorak.
**anorexia** *s* anorexia.
**anormal** *adj* abnormal.
**anormalidade** *s* abnormality.
**anotação** *s* annotation (comentário), note (nota).
**anotar** *v* annotate (esclarecer com notas); note (tomar nota).
**anseio** *s* aspiration; longing.
**ânsia** *s* desire (desejo). • **ter ânsia de vômito** feel sick.
**ansiar** *v* crave, desire, yearn; long.
**ansiedade** *s* anxiety, affliction; eagerness.
**ansioso** *adj* anxious; eager (desejoso).
**anta** *s* tapir.
**antagônico** *adj* antagonistic.
**antagonismo** *s* antagonism.
**antagonista** *s* antagonist.
**antagonizar** *v* antagonize.
**Antártica** *s* Antarctica.
**antártico** *adj* Antarctic.
**antebraço** *s* forearm.
**antecâmara** *s* antechamber, lobby.
**antecedência** *s* antecedence.
**antecedente** *adj* e *s* antecedent.
**anteceder** *v* antecede.
**antecessor** *s* predecessor, foregoer.
**antecipação** *s* anticipation.
**antecipado** *adj* previous.
**antecipar** *v* anticipate.
**antena** *s* aerial (de rádio); antenna (inseto etc.).
**antena parabólica** *s* dish antenna.
**anteontem** *adv* the day before yesterday.
**anteparo** *s* screen, guard.
**antepassado** *s* ancestor.
**antepasto** *s* relish.
**antepenúltimo** *adj* antepenultimate.

**anterior** *adj* anterior, preceding, prior; previous; former; fore, foregoing.
**anterior a** *prep* before.
**anteriormente** *adv* previously.
**antes** *adv* before; formerly (antigamente); rather (ao contrário). • **antes de** before. **antes de tudo** above all. **o quanto antes** as soon as possible.
**antessala** *s* anteroom.
**antes do meio-dia** *adv* a.m. (*ante meridiem*).
**antes que** *conj* before.
**antever** *v* foreknow.
**antiaéreo** *adj* antiaircraft.
**antibiótico** *s* e *adj* antibiotic.
**antichoque** *adj* shockproof.
**anticoagulante** *adj* anticoagulant.
**anticoncepcional** *adj* e *s* contraceptive.
**anticongelante** *s* antifreeze.
**anticorpo** *s* antibody.
**anticristo** *s* antichrist.
**antidepressivo** *s* antidepressant.
**antiderrapante** *adj* nonskid.
**antídoto** *s* antidote.
**antiético** *adj* unfair.
**antigamente** *adv* formerly.
**antigo** *adj* old; ancient (histórico); antique (estilo).
**antiguidade** *s* antique (objeto de arte antiga); antiquity (época).
**anti-higiênico** *adj* insanitary.
**anti-horário** *adj* anticlockwise.
**anti-inflamatório** *adj* e *s* anti-inflammatory.
**Antilhas Holandesas** *s* Netherlands Antilles.
**antílope** *s* chamois.
**antimônio** *s* antimony.
**antipapa** *s* antipope.
**antipatia** *s* antipathy.
**antipático** *adj* unpleasant, unfriendly.
**antipatizar** *v* dislike.
**antípoda** *s* antipode.
**antiquado** *adj* antiquated; old-fashioned (fora de moda).
**antiquar** *v* antiquate.
**antiquário** *s* antiquarian.
**antissemitismo** *s* anti-Semitism.
**antisséptico** *adj* antiseptic.
**antissocial** *adj* antisocial.
**antiterrorista** *adj* antiterrorist.
**antítese** *s* antithesis.
**antitoxina** *s* antitoxin.
**antitruste** *adj* antitrust.
**antologia** *s* anthology.
**antologista** *s* anthologist.
**antônimo** *s* antonym.
**antraz** *s* anthrax.
**antro** *s* antrum.
**antropofagia** *s* anthropophagy.
**antropologia** *s* anthropology.
**antropologista** *s* anthropologist.
**antropólogo** *s* anthropologist.
**anual** *adj* annual.
**anualmente** *adv* annually.
**anuário** *s* annual, yearbook.
**anuência** *s* assent.
**anuidade** *s* annuity.
**anuir** *v* accede, acquiesce.
**anulação** *s* annulment, cancellation.
**anular** *v* cancel; annul (contrato); null, nullify. | annular (referente a anel).
**anunciação** *s* annunciation.
**anunciador** *s* announcer.
**anunciante** *s* advertiser.
**anunciar** *v* announce, advertise (produto).
**anúncio** *s* announcement; ad, advertisement (propaganda).
**anúncio classificado** *s* want ad.
**ânus** *s* anus.
**anuviar** *v* becloud, cloud.
**anzol** *s* fishhook.
**ao** *prep+art* to the.
**aonde** *adv* where.
**ao redor** *adv* around.
**ao vivo** *adj* live.
**apadrinhar** *v* act as a godfather to (ser padrinho de batismo); sponsor, support (patrocinar).
**apagado** *adj* out (fogo); off (luz); faint (indistinto).
**apagador** *s* eraser.

**apagar** *v* erase, delete; turn off (luz); blow out (vela); pass out (desmaiar).
**apaixonado** *adj* in love (pessoa); impassioned (discurso). • **estar apaixonado** be in love. **sou apaixonado por chocolate** I'm mad about chocolate.
**apaixonar-se** *v* fall in love.
**apalpar** *v* touch, feel.
**apanhador** *s* catcher, gatherer.
**apanhamento** *s* catchment.
**apanhar** *v* catch, gather, get.
**apara** *s* clipping (papel); shaving (madeira).
**aparador** *s* sideboard.
**aparar** *s* clip, cut; trim (cabelo); plane (madeira); catch (algo arremessado).
**aparecer** *v* appear.
**aparecimento** *s* appearance.
**aparelhagem** *s* equipment.
**aparelhar** *v* prepare, get ready.
**aparelho** *s* apparatus, equipment; machine; set (TV, rádio); tract (anatomia).
**aparelho de barbear** *s* razor, electric shaver.
**aparelho de ginástica** *s* exerciser.
**aparelho de jantar** *s* dinnerware.
**aparelho digestório** *s* digestive system.
**aparelho para surdez** *s* hearing aid.
**aparência** *s* appearance, aspect. • **manter a aparência** keep up appearance.
**aparentado** *adj* related.
**aparente** *adj* apparent; exposed, visible.
**aparentemente** *adv* seemingly.
**aparição** *s* apparition; ghost.
**apartamento** *s* apartment; flat (brit.).
**apartar** *v* separate.
**aparte** *s* aside.
**apartheid** *s* apartheid (sistema de segregação racial praticado na África do Sul).
**a partir de** *prep* from.
**apatia** *s* apathy.
**apático** *adj* apathetic.
**apavorar** *v* terrify, frighten.
**apaziguamento** *s* appeasement.
**apaziguar** *v* appease.
**apear** *v* dismount.
**apedrejar** *v* stone.
**apegado** *adj* attached.
**apegar-se** *v* become attached to.
**apego** *s* attachment.
**apelação** *s* appeal.
**apelar** *v* appeal.
**apelidar** *v* nickname.
**apelido** *s* nickname.
**apenas** *adv* only.
**apêndice** *s* appendix.
**apendicite** *s* appendicitis.
**aperfeiçoar** *v* perfect, improve.
**aperitivo** *s* appetizer.
**apertado** *adj* tight (*tb* tempo, dinheiro).
**apertar** *v* hold tight, tighten; squeeze; limit (despesas). • **apertar a mão de alguém** shake hands with somebody.
**aperto** *s* gripe; squeeze. • **aperto de mãos** handshake.
**apesar de** *prep* despite, in spite of. • **apesar de que** though. **apesar de tudo** after all. **apesar disso** nevertheless.
**apetite** *s* appetite.
**apetitoso** *adj* appetizing.
**apiário** *s* apiary.
**ápice** *s* apex.
**apicultor** *s* apiculturist, apiarist, beekeeper.
**apicultura** *s* apiculture.
**apiedar-se** *v* commiserate, pity.
**apimentar** *v* pepper.
**apinhado** *adj* crowded, packed.
**apinhar** *v* crowd, pack, cluster.
**apitar** *v* whistle; referee (jogo).
**apito** *s* whistle.
**aplacar** *v* placate.
**aplainar** *v* plane.
**aplanar** *v* smooth; level; harrow (o terreno).
**aplaudir** *v* applaud, cheer, clap.
**aplauso** *s* applause, clap.
**aplicabilidade** *s* applicability.
**aplicação** *s* application, effort; enforcement (lei); investment (dinheiro).
**aplicado** *adj* applied.

**aplicar** *v* apply; enforce (lei); invest (dinheiro).
**aplicativo** *s* application.
**aplicável** *adj* applicable, applicative.
**apneia** *s* apnea.
**apocalipse** *s* apocalypse.
**apocalíptico** *adj* apocalyptic.
**apócrifo** *adj* apocryphal.
**apoderar-se** *v* seize.
**apodrecer** *v* rot; decay (dente).
**apodrecido** *adj* rotten; decay (dente).
**apogeu** *s* apogee; acme.
**apoiar** *v* support. • **apoiar-se em** rest on.
**apoio** *s* support.
**apólice** *s* policy.
**apologia** *s* apology.
**apontador** *s* sharpener (lápis).
**apontamento** *s* note.
**apontar** *v* aim, point (dedo, arma).
**apoquentar** *v* annoy.
**após** *prep* after.
**aposentado** *adj* retired.
**aposentadoria** *s* retirement; pension (dinheiro).
**aposentar-se** *v* retire.
**aposento** *s* room.
**aposição** *s* apposition.
**apossar-se de** *v* take possession.
**aposta** *s* bet; stake.
**apostador** *s* bettor; player.
**apostar** *v* bet.
**apostasia** *s* apostasy.
**apóstata** *adj* e *s* apostate.
**aposto** *s* e *adj* appositive.
**apostolado** *s* apostolate.
**apostólico** *adj* apostolic.
**apóstolo** *s* apostle; disciple.
**apostrofar** *v* apostrophize.
**apóstrofe** *s* apostrophe.
**apóstrofo** *s* apostrophe.
**apótema** *s* apothem.
**apoteose** *s* apotheosis.
**apreciação** *s* appreciation, appraisal, appraisement.
**apreciador** *s* lover.
**apreciar** *v* appreciate, appraise; enjoy.
**apreciativo** *adj* appreciative.
**apreciável** *adj* appreciable.
**apreço** *s* esteem; consideration.
**apreender** *v* apprehend; seize, confiscate; grasp (entender).
**apreensão** *s* apprehension, anxiety; arrest, seizure.
**apreensível** *adj* apprehensible.
**apreensivo** *adj* apprehensive.
**apreensor** *s* captor.
**apregoar** *v* proclaim, announce.
**aprender** *v* learn.
**aprendiz** *s* apprentice.
**aprendizado** *s* learning; training (treinamento).
**apresentação** *s* presentation; performance (peça, filme); introduction (de pessoa); exposure (na mídia); appearance (pessoal).
**apresentar** *v* present; introduce (pessoas); hand (entregar); submit (documento); announce (um orador, hóspede); pose (perguntas, problemas); set (questão).• **apresentar-se** appear.
**apresentável** *adj* presentable.
**apressadamente** *adv* hastily.
**apressado** *adj* hasty, hurried.
**apressar** *v* hurry, hasten. • **apressar-se** *v* rush, hurry up.
**aprimorado** *adj* polished; elegant (pessoa).
**aprisco** *s* cote.
**aprisionamento** *s* imprisonment.
**aprisionar** *v* capture; imprison.
**aprofundar** *v* deepen; make deeper.
**aprontar** *v* get ready, prepare. • **aprontar alguma** be up to something.
**apropriação** *s* appropriation.
**apropriado** *adj* appropriate, adequate, suitable.
**aprovação** *s* approval; allowance; pass (de exame).
**aprovar** *v* approve; pass (aluno).
**aprovável** *adj* approvable.
**aproveitador** *s* opportunist.

**aproveitar** *v* take advantage of; use. • **aproveite!** enjoy yourself! **aproveitar-se de** *v* exploit.
**aproveitável** *adj* usable.
**aprovisionamento** *s* provision.
**aprovisionar** *v* supply; stock.
**aproximação** *s* approximation; approach.
**aproximadamente** *adv* approximately, almost, about, by, round.
**aproximado** *adj* approximate; near; round (cálculo).
**aproximar** *v* approximate; bring near; bring together; approach. • **aproximar-se** come close.
**aprumo** *s* vertical position; elegance.
**aptidão** *s* aptitude, ability; talent.
**apto** *adj* able, capable.
**apunhalar** *v* stab.
**apupar** *v* hoot.
**apupo** *s* hoot.
**apuração** *s* counting, pool (votos); ascertainment (descoberta); investigation.
**apurado** *adj* refined.
**apurar** *v* count, poll (votos); refine, fine; ascertain, find out (descobrir); investigate.
**apuro** *s* refinement, elegance; distress, difficulty. • **estar em apuros** be in trouble.
**aquarela** *s* aquarelle, watercolor.
**aquário** *s* aquarium; fishbowl. • **Aquário** Aquarius (constelação e signo).
**aquartelamento** *s* billet.
**aquartelar** *v* billet, quarter.
**aquático** *adj* aquatic.
**aquecedor** *s* heater.
**aquecer** *v* heat.
**aquecimento** *s* heating, warm-up; acceleration (economia). • **aquecimento central** central heating.
**aqueduto** *s* aqueduct.
**aquela** *pron* that.
**aquelas** *pron* those.
**aquele** *pron* that.
**aqueles** *pron* those.
**áqueo** *adj* aqueous.
**aqui** *adv* here. • **aqui mesmo** right here. **por aqui** hereabouts; this way (nesta direção).
**aquiescência** *s* compliance, consent.
**aquiescer** *v* acquiesce, comply, consent.
**aquietar** *v* quieten; calm.
**aquilino** *adj* aquiline.
**aquilo** *pron* that.
**aquisição** *s* acquisition.
**aquisitivo** *adj* acquisitive.
**aquoso** *adj* aqueous.
**ar** *s* air. • **ao ar livre** in the open air. **no ar** on air (TV, rádio).
**árabe** *s* e *adj* Arab, Arabian, Arabic (idioma).
**árabe-saudita** *s* e *adj* Saudi Arabian.
**arabesco** *s* arabesque.
**Arábia Saudita** *s* Saudi Arabia.
**arábico** *adj* Arabic.
**aracnídeo** *s* arachnid.
**arado** *s* plow.
**aramaico** *adj* e *s* Aramaic.
**arame** *s* wire.
**arame farpado** *s* barbed wire.
**aranha** *s* spider.
**arapuca** *s* trap.
**arar** *v* plow.
**arara** *s* macaw.
**araruta** *s* arrowroot.
**arauto** *s* herald.
**arável** *adj* arable.
**arbitrador** *s* arbitrator, mediator.
**arbitragem** *s* arbitration; refereeing (esportes).
**arbitrar** *v* arbitrate; referee (esportes).
**arbitrário** *adj* arbitrary.
**arbítrio** *s* arbitrament; will.
**árbitro** *s* arbiter; arbitrator; referee, umpire (esportes).
**arbóreo** *adj* arboreal.
**arborização** *s* arborization.
**arborizado** *adj* arboreous, green, wooded; tree-lined (rua).
**arborizar** *v* forest.
**arbusto** *s* bush; shrub.

A

**arca** *s* ark; chest.
**Arca de Noé** *s* Noah's Ark.
**arcada** *s* arcade.
**arcada dentária** *s* dental ridge.
**arcaísmo** *s* archaism.
**arcanjo** *s* archangel.
**arcebispo** *s* archbishop.
**archote** *s* torch.
**arco** *s* arch (arquitetura); arc (matemática); bow (instrumento de corda).
**arco e flecha** *s* archery.
**arco-íris** *s* rainbow.
**ar-condicionado** *s* air conditioner.
**ardência** *s* ardency; fervency (intensidade).
**ardente** *adj* burning; ardent, passionate; fervent, intense.
**arder** *v* burn; sting (pele, olhos).
**ardil** *s* trick.
**ardiloso** *adj* artful, cunning.
**ardor** *s* ardor; passion.
**ardoroso** *adj* ardent; fervid.
**ardósia** *s* slate.
**arduamente** *adv* hard; painfully.
**árduo** *adj* arduous; difficult, hard.
**are** *s* are.
**área** *s* area.
**área de trabalho** *s Comp* desktop.
**área metropolitana** *s* metro.
**arear** *v* sand; polish.
**areento** *adj* sandy.
**areia** *s* sand.
**areia movediça** *s* quicksand.
**arejado** *adj* airy.
**arejar** *v* aerate, air; ventilate.
**arena** *s* arena.
**arenáceo** *adj* arenaceous.
**arenga** *s* harangue.
**arengar** *v* harangue.
**arenito** *s* sandstone.
**arenoso** *adj* arenaceous, sandy.
**arenque** *s* herring.
**aréola** *s* areola.
**aresta** *s* ridge, edge.
**arfada** *s* gasp, pant.
**arfar** *v* gasp, pant.
**argamassa** *s* mortar.
**Argélia** *s* Algeria.
**argelino** *s* e *adj* Algerian.
**Argentina** *s* Argentina.
**argentino** *adj* e *s* Argentine, Argentinean.
**argila** *s* argil, clay.
**argiloso** *adj* clayish.
**argola** *s* ring.
**argonauta** *s* argonaut.
**argônio** *s* argon.
**argúcia** *s* astuteness.
**arguir** *v* argue; examine.
**argumentação** *s* argumentation.
**argumentador** *s* arguer.
**argumentar** *v* argue.
**argumentativo** *adj* argumentative.
**argumento** *s* argument.
**ária** *s* aria
**ariano** *s* e *adj* Aryan (raça); Arian (signo).
**aridez** *s* dryness (secura); barrenness (esterilidade).
**árido** *adj* arid, dry; barren (estéril).
**Áries** *s* Aries, Ram (signo e constelação).
**aríete** *s* battering ram, rammer.
**arisco** *adj* unsociable.
**aristocracia** *s* aristocracy.
**aristocrata** *s* aristocrat.
**aristocrático** *adj* aristocratic.
**aritmética** *s* arithmetic.
**aritmético** *adj* arithmetic, arithmetical. | *s* arithmetician.
**arlequim** *s* pantaloon.
**arma** *s* weapon. • **arma branca** cold steel. **arma de ar comprimido** air gun. **arma de fogo** firearm, gun. **arma nuclear** nuclear weapon.
**armação** *s* frame, mounting; framework.
**armada** *s* armada.
**armadilha** *s* trap.
**armadura** *s* armor; armature.
**armamento** *s* armament.
**armar** *v* arm; mount, assemble; pitch (barraca); set (armadilha).
**armarinho** *s* notions shop (estabelecimento).
**armário** *s* cabinet; cupboard (cozinha), wardrobe (roupa).

**armas** *s* arms.
**armazém** *s* entrepôt; depot; warehouse; store.
**armazenagem** *s* storage.
**armazenamento** *s* stowage (carga, mercadoria).
**armazenar** *v* stock; store (também dados).
**armeiro** *s* gunsmith.
**Armênia** *s* Armenia.
**armênio** *adj* e *s* Armenian.
**arminho** *s* ermine.
**armistício** *s* armistice.
**aro** *s* ring (argola); rim (óculos).
**aroma** *s* aroma (comida); fragrance, scent (perfume).
**aromático** *adj* aromatic.
**aromatizar** *v* aromatize.
**arpão** *s* harpoon.
**arpoador** *s* harpooner.
**arpoar** *v* harpoon.
**arqueado** *adj* arched.
**arquear** *v* arch.
**arqueiro** *s* archer, bowman.
**arquejar** *v* pant.
**arqueologia** *s* archaeology.
**arqueológico** *adj* archaeological.
**arqueólogo** *s* archaeologist.
**arquétipo** *s* archetype.
**arquibancada** *s* bleachers.
**arquidiocese** *s* archdiocese.
**arquiducado** *s* archduchy.
**arquiduque** *s* archduke.
**arqui-inimigo** *s* archenemy.
**arquipélago** *s* archipelago.
**arquitetar** *v* construct; think up (imaginar).
**arquiteto** *s* architect.
**arquitetônico** *adj* architectonic.
**arquitetura** *s* architecture.
**arquivamento** *s* filing.
**arquivar** *v* file; record; shelve (planos, documentos).
**arquivista** *s* archivist.
**arquivo** *s* archive; file; record; filing cabinet (móvel). • **arquivo compactado** *Comp* archive file. **arquivo temporário** *Comp* temporary file.
**arraia** *s* ray.
**arraial** *s* village (povoação); fair (festa).
**arraigado** *adj* deep-rooted; ingrain.
**arraigar** *v* root; ingrain.
**arrancada** *s* rush; pull, jerk (puxão); start (partida); charge (investida).
**arrancar** *v* pull out, draw, extract; wring (informação).
**arranchar** *v* mess.
**arranha-céu** *s* skyscraper (edifício).
**arranhão** *s* scratch.
**arranhar** *v* scratch.
**arranjar** *v* arrange; get, find (emprego); find (namorado); dispose; order (ordenar).
**arranjo** *s* arrangement; disposal, disposition.
**arrasador** *adj* devastating.
**arrasar** *v* devastate; demolish; ruin.
**arrastamento** *s* creep; drag.
**arrastão** *s* draft (pesca), dragnet (rede); drag, jerk; scramble; sweep (vento, temporal). • **arrastar-se** crawl, creep; drag (tempo).
**arrasto** *s* dragging, haul (peixe).
**arrear** *v* tackle (cavalo).
**arrebanhar** *s* herd.
**arrebatador** *adj* enchanting.
**arrebatamento** *s* excitement, ecstasy; grab; passionateness.
**arrebatar** *v* grab, grasp; rapture.
**arrebentar** *v* smash; break; snap.
**arrebitar** *v* turn up.
**arrecadação** *s* collection (impostos); taxes (impostos arrecadados).
**arrecadar** *v* collect.
**arredar** *v* move away.
**arredondado** *adj* round, rounded.
**arredondar** *v* round.
**arredores** *s* surroundings; neighborhood; outskirts.
**arrefecer** *v* cool.
**arrefecimento** *s* cooling.
**arregimentar** *v* regiment.
**ar-refrigerado** *s* air conditioner.
**arreios** *s* harness.

A

**arrematar** *v* conclude; buy by auction (comprar em leilão); finish off (costura).
**arremedar** *v* mimic.
**arremedo** *s* mimicry.
**arremessador** *s* batsman, batter (beisebol), bowler (críquete, boliche); pitcher.
**arremessar** *v* throw.
**arremesso** *s* throw.
**arremesso de peso** *s* shot-put.
**arremeter** *v* rush; thrust.
**arremetida** *s* onrush, rush.
**arrendador** *s* lessor.
**arrendamento** *s* leasing.
**arrendar** *v* lease.
**arrendatário** *s* lessee.
**arrepender-se** *v* repent, regret.
**arrependido** *adj* regretful, sorry.
**arrependimento** *s* regret; repentance.
**arrepiado** *adj* shivery; horrified.
**arrepiante** *adj* creepy.
**arrepiar** *v* horrify. • **arrepiar-se** shiver. **de arrepiar os cabelos** hair-raising.
**arrepio** *s* chill. • **isso me dá arrepios** it gives me the creeps.
**arriar** *v* lower.
**arrimar** *v* revet.
**arrimo** *s* standby.
**arrimo de família** *s* breadwinner.
**arriscado** *adj* risky; dangerous, hazardous; daring (audacioso); wildcat (negócio).
**arriscar** *v* risk, endanger, jeopardize, hazard; adventure; gamble, stake (jogo); venture (opinião).
**arroba** *s* arroba (medida); at sign (sinal @).
**arrocho** *s* squeeze. • **arrocho salarial** wage squeeze.
**arrogância** *s* arrogance; haughtiness.
**arrogante** *adj* arrogant, haughty.
**arrogar** *v* arrogate.
**arroio** *s* stream.
**arrojado** *adj* rash; venturous; daring.
**arrojo** *s* boldness.
**arrolar** *v* list.
**arrolhar** *v* cork.
**arrombador** *s* burglar.
**arrombar** *v* break down; crack.
**arrotar** *v* belch, burp.
**arroto** *s* belch, burp.
**arroubo** *s* rapture.
**arroz** *s* rice. • **arroz integral** brown rice.
**arrozal** *s* rice field, paddy.
**arruaça** *s* riot.
**arruda** *s* rue.
**arruela** *s* washer.
**arruela de vedação** *s* gasket.
**arrufo** *s* tiff.
**arruinar** *v* ruin; destroy; bankrupt (falir).
**arrulhar** *v* coo.
**arrumação** *s* arrangement; tidying up (de quarto, sala etc.).
**arrumadeira** *s* chambermaid; charwoman.
**arrumado** *adj* tidy.
**arrumar** *v* arrange, put in order; tidy up (aposento); pack (malas); get (emprego); dress up (vestir); make up (desculpa). • **arrumar confusão** embroil. **arrumar-se** get dressed; get ready.
**arsenal** *s* arsenal.
**arsênico** *s* e *adj* arsenic.
**arsênio** *s* arsenic.
**arte** *s* art.
**arte marcial** *s* martial art.
**artefato** *s* artifact.
**artéria** *s* artery.
**arterial** *adj* arterial.
**artesanato** *s* handicraft, craftwork.
**artesão** *s* artisan, craftsman.
**ártico** *adj* Arctic. | *s maiús* Arctic.
**articulação** *s* articulation; hinge; joint, knuckle.
**articulado** *adj* articulate.
**articulador** *s* articulator.
**articular** *v* articulate; join together (ligar); sound.
**artífice** *s* artificer, craftsman.
**artificial** *adj* artificial.
**artificialidade** *s* artificiality.
**artificialismo** *s* artificiality.
**artifício** *s* artifice.

**artigo** *s* article; commodity, item (mercadoria); review (comentário escrito).
**artigo de consumo** *s* consumable.
**artigo definido** *s* definite article.
**artigo indefinido** *s* indefinite article.
**artilharia** *s* artillery.
**artilheiro** *s* artilleryman; striker (futebol).
**artimanha** *s* dodge, trick, cunning; stratagem.
**artista** *s* artist; star (cinema, rádio).
**artístico** *adj* artistic.
**artrite** *s* arthritis, gout.
**árvore** *s* tree. • **árvore de Natal** Christmas tree. **árvore frutífera** bearer. **árvore genealógica** family tree.
**arvoredo** *s* grove.
**as** *art def* the. | *pron 3ª pess pl* them.
**às vezes** *adv* sometimes, at times.
**asa** *s* wing; handle (xícara).
**asa-delta** *s* hang glider.
**asbestos** *s* asbestos.
**ascendência** *s* ancestry, ascendancy.
**ascendente** *s* ancestor; ascendant. | *adj* ascendant; rising, upward.
**ascender** *v* ascend, uprise.
**ascensão** *s* ascension, ascent; rise; upturn (negócios).
**asceta** *s* ascetic.
**ascético** *adj* ascetic.
**ascetismo** *s* asceticism.
**asfaltar** *v* asphalt.
**asfalto** *s* asphalt.
**asfixia** *s* asphyxia, asphyxiation.
**asfixiante** *adj* choking.
**asfixiar** *v* asphyxiate, choke.
**asiático** *adj* Asian, Asiatic, *ofens* yellow. | *s* Asian.
**asilar** *v* give refuge to. • **asilar-se** take refuge.
**asilo** *s* asylum; refuge. • **asilo para indigentes** *s* poorhouse.
**asma** *s* asthma.
**asmático** *adj* asthmatic.
**asneira** *s* stupidity, nonsense.
**asno** *s* donkey.
**aspargo** *s* asparagus.
**aspas** *s* quotation marks (sinal de pontuação).
**aspecto** *s* aspect (questão); appearance, look (físico); feature (característica).
**aspereza** *s* asperity; roughness; harshness (severidade).
**aspergir** *v* asperse.
**áspero** *adj* rough; harsh (severo).
**aspersão** *s* aspersion.
**aspiração** *s* aspiration; breathing (fonética).
**aspirado** *adj* aspirate.
**aspirador de pó** *s* vacuum cleaner, vacuum.
**aspirante** *s* e *adj* aspirant.
**aspirar** *v* breathe in; aspirate.
**aspirina** *s* aspirin.
**asqueroso** *adj* disgusting.
**assadeira** *s* griddle (bolo).
**assado** *adj* e *s* roast. • **carne assada** roast beef.
**assadura** *s* rash; nappy rash (em bebê).
**assalariado** *s* wage earner. | *adj* salaried.
**assaltante** *s* assailant; burglar (casa); robber (banco); mugger (na rua).
**assaltar** *v* assail, assault; attack; mug (com violência).
**assalto** *s* assault; attack; round (em boxe). • **assalto a mão armada** holdup.
**assar** *v* bake; roast; grill.
**assassinar** *v* assassinate; murder, kill.
**assassinato** *s* assassination; murder, killing.
**assassino** *s* assassin; murderer, killer. • **assassino em série** serial killer.
**asseado** *adj* clean, neat, tidy.
**assear** *v* clean.
**assediar** *v* besiege.
**assédio** *s* siege.
**assédio sexual** *s* sexual assault, sexual harassment.
**assegurado** *adj* assured.
**assegurar** *v* affirm, assure (afirmar); ensure (garantir); secure (tornar seguro).
**asseio** *s* cleanness.

A

**assembleia** *s* assembly; conference; meeting.
**assembleia legislativa** *s* congress, court.
**assemelhar** *v* liken. • **assemelhar-se** resemble.
**assentado** *adj* fixed, secure.
**assentamento** *s* settlement.
**assentar** *v* seat; place; lay (tijolos); establish; fix, settle (determinar).
**assentir** *v* assent, acquiesce, agree.
**assento** *s* seat. • **tomar assento** take a seat.
**assento ejetor** *s* ejection seat.
**assento traseiro** *s* back seat.
**assepsia** *s* toilet; *Med* asepsis.
**asserção** *s* assertion.
**assessor** *s* assessor.
**assessorar** *v* advise.
**assessoria** *s* advisory body.
**asseverar** *v* asseverate.
**assexuado** *adj* asexual, sexless.
**assiduidade** *s* assiduity.
**assíduo** *adj* assiduous.
**assim** *adv* thus, like this, in this way; therefore (portanto); likewise (igualmente) • **assim mesmo** in any case. **assim por diante** and so on. **assim que** as soon as. **como assim?** how do you mean?
**assimetria** *s* asymmetry.
**assimétrico** *adj* asymmetrical.
**assimilação** *s* assimilation.
**assimilar** *v* assimilate.
**assinalado** *adj* marked.
**assinalar** *v* mark; point out (especificar); tick.
**assinante** *s* subscriber (revista, jornal, serviço).
**assinar** *v* sign.
**assinatura** *s* signature; subscription (revista, jornal, serviço).
**assíndeto** *s* asyndeton.
**assintomático** *adj* asymptomatic.
**assírio** *adj* e *s* Assyrian.
**assistência** *s* assistance, aid; attendance, audience; service, support.
**assistência médica** *s* medical aid.
**assistência social** *s* social work, welfare.
**assistência técnica** *s* technical service.
**assistente** *s* assistant; wizard. | *adj* assistant. • **assistente de configuração** *Comp* setup wizard.
**assistir** *v* assist; attend; watch.
**assoalho** *s* floor.
**assoar** *v* blow. • **assoar o nariz** blow one's nose.
**assobiar** *v* whistle.
**assobio** *s* whistle (ato e instrumento).
**associação** *s* association; society, organization; link, linkage; membership; partnership (parceria).
**associação de empresas** *s* joint venture.
**associado** *adj* associate. | *s* associate, member; partner (sócio).
**associar** *v* associate. • **associar-se** *v* affiliate; form a partnership.
**assolar** *v* devastate.
**assombração** *s* ghost (fantasma).
**assombrado** *adj* astonished, amazed.
**assombrar** *v* astonish, amaze; haunt.
**assombro** *s* amazement, astonishment; marvel, wonderment.
**assombroso** *adj* astonishing, amazing (espantoso); wonderful.
**assoprar** *v* blow; blow out (vela).
**assumido** *adj* assumed.
**assumindo que** *conj* assuming.
**assumir** *v* assume, take on; accept, admint (reconhecer). • **assumir compromisso** engage (de casamento).
**assunção** *s* assumption.
**assunto** *s* subject, matter, issue.
**assustado** *adj* afraid, scary.
**assustador** *adj* appalling, scary, frightening.
**assustar** *v* appall, scare, frighten, startle.
**asteca** *adj* e *s* Aztec.
**asterisco** *s* asterisk.
**asteroide** *s* asteroid.
**astigmatismo** *s* astigmatism.
**astrágalo** *s* anklebone.

**astral** *adj* astral. | *s* state of mind.
**astro** *s* star.
**astrofísica** *s* astrophysics.
**astrologia** *s* astrology.
**astrológico** *adj* astrological.
**astrólogo** *s* astrologer.
**astronauta** *s* astronaut.
**astronomia** *s* astronomy.
**astronômico** *adj* astronomical.
**astrônomo** *s* astronomer.
**astúcia** *s* cunning.
**astucioso** *adj* cunning.
**astuto** *adj* astute; cunning, smart.
**ata** *s* minutes.
**atacadista** *adj* wholesale. | *s* wholesaler.
**atacado** *adj* affected; stricken; in a bad mood. • **por atacado** wholesale.
**atacante** *s* forward, lineman (futebol).
**atacar** *v* attack; affect; tackle.
**atadura** *s* bandage.
**atalho** *s* shortcut, by-path. • **atalho pelo teclado** keyboard shortcut (computação).
**atapetar** *v* carpet.
**ataque** *s* attack; aggression; accession, seizure (de doença); rush (repentino).
**ataque aéreo** *s* air raid, blitz.
**ataque cardíaco** *s* heart attack.
**atar** *v* tie up, fasten.
**atarantado** *adj* flustered, fussy.
**atarefado** *adj* busy.
**atarracado** *adj* chunky, stocky.
**atarraxar** *v* screw.
**ataúde** *s* coffin.
**ataviar** *v* prim, adorn, decorate.
**até** *prep* as far as, up to (lugar; until, till (tempo). | *adv* even. • **até agora** up to now. **até certo grau** somewhat. **até já** see you soon. **até logo** bye-bye. **até que** until. **até que enfim** at last.
**atear** *v* emblaze, fire, incite, inflame.
**ateísmo** *s* atheism.
**ateísta** *s* atheist.
**ateliê** *s* studio.
**atemorizar** *v* frighten.
**atenção** *s* attention; care; regard. | *interj* be careful. • **chamar a atenção** draw attention.
**atencioso** *adj* attentive; considerate.
**atendente** *s* attendant; clerk.
**atender** *v* attend to; receive; serve; answer (telefone, porta); see (paciente).
**atendimento** *s* service; reception; answering. • **horário de atendimento** opening hours (estabelecimento); office hours (consultório).
**atentado** *s* attempt (contra a vida de alguém); attack. • **atentado ao pudor** indecent exposure.
**atentamente** *adv* carefully, closely.
**atentar** *v* make an attempt; pay attention to.
**atento** *adj* attentive, alert, watchful.
**atenuação** *s* attenuation; commutation (de pena).
**atenuado** *adj* attenuate.
**atenuar** *v* attenuate.
**ater-se** *v* stick.
**aterrador** *adj* terrifying.
**aterragem** *s* landing.
**aterrar** *v* land; embank.
**aterrissagem** *s* landing.
**aterrissar** *v* land.
**aterro** *s* embankment.
**aterrorizado** *adj* panicky.
**aterrorizar** *v* terrify.
**atestação** *s* certification.
**atestado** *s* certificate.
**atestar** *v* attest, testify; warrant (qualidade, procedência, idoneidade).
**ateu** *s* atheist. | *adj* godless.
**atiçador** *s* poker (de fogo).
**atiçar** *v* poke (fogo); incite; provoke; induce.
**atingir** *v* reach; hit (acertar); affect; achieve, attain (objetivo); grasp (compreender); amount (soma).
**atingível** *adj* reachable; attainable.
**atípico** *adj* atypical.
**atiradeira** *s* sling.
**atirador** *s* marksman (*fem* markswoman).

A

**atirador de elite** *s* sharpshooter.
**atirar** *v* bowl (a bola no críquete, boliche); throw (jogar); shoot (arma); toss (para o ar).
**atitude** *s* attitude; posture.
**ativa** *s* active service.
**ativação** *s* activation.
**ativar** *v* activate.
**atividade** *s* activity.
**atividade comercial** *s* business.
**ativismo** *s* activism.
**ativista** *adj* activist.
**ativo** *adj* active; lively; operative. | *s* active; *Cont* assets.
**atlas** *s* atlas.
**atleta** *s* athlete.
**atlética** *s* athletics.
**atlético** *adj* athletic.
**atletismo** *s* athletics.
**atmosfera** *s* atmosphere.
**atmosférico** *adj* atmospheric.
**ato** *s* action; act (teatro, lei); ceremony; deed (documento).
**à toa** *adv* at random; for no reason; in vain; adrift.
**ato público** *s* public ceremony.
**atol** *s* atoll.
**atolar** *v* bog; bemire (na lama).
**atoleiro** *s* bog, mire, quagmire.
**atômico** *adj* atomic.
**átomo** *s* atom.
**atônito** *adj* astonished, amazed.
**átono** *adj* atonic, unaccented, unstressed.
**ator** *s* actor, performer; player.
**atordoado** *adj* dizzy, dazed.
**atordoamento** *s* daze.
**atordoante** *adj* stunning.
**atordoar** *v* daze, dazzle, dizzy, stun.
**atormentado** *adj* anguished, distraught.
**atormentar** *v* torment; distress, plague (importunar).
**atração** *s* attraction.
**atracar** *v* dock, moor. • **atracar-se** clinch (boxe).
**atraente** *adj* attractive; appealing.
**atraiçoar** *v* betray.
**atrair** *v* attract; appeal; bring; draw (atenção).
**atrapalhar** *v* embarrass; confuse; disturb. • **atrapalhar-se** get confused; muddle.
**atrás** *adv* behind; at the back; after (tempo, em busca de). • **atrás de** *prep* behind. **três anos atrás** three years ago. **um atrás do outro** one after the other.
**atrasado** *adj* late; back, backward; slow (relógio); overdue, undue (pagamento); antiquated (pessoa); back (número de revista).
**atrasar** *v* delay; hold back (desenvolvimento); put back (relógio), be late with (pagamento).
**atraso** *s* delay; backwardness (país); arrears (pagamento).• **com 10 minutos de atraso** 10 minutes late. **com um atraso de 2 meses** two months in arrears (pagamento).
**atrativo** *adj* attractive; eye-catching. | attraction, appeal; incentive.
**através** *adv* across.
**através de** *prep* through, throughout; by.
**atravessado** *adj* cross; crosswise.
**atravessar** *v* cross; put across; pass through; go through (crise); voyage, sail (oceano).
**atrever** *v* venture. • **atrever-se a** dare to.
**atrevido** *adj* audacious, bold, daring (corajoso); cheeky, impudent (petulante).
**atrevimento** *s* audacity, boldness; cheek, insolence.
**atribuição** *s* attribution, assignment.
**atribuir** *v* attribute, assign; ascribe (a causa ou origem).
**atribular** *v* trouble, distress.
**atributivo** *adj* e *s* attributive.
**atributo** *s* attribute.
**átrio** *s* courtyard.
**atrito** *s* attrition, friction; disagreement (desentendimento).
**atriz** *s* actress.

**atrocidade** *s* atrocity.
**atrofia** *s* atrophy.
**atrofiar** *v* atrophy.
**atropelamento** *s* running over.
**atropelar** *v* run over.
**atroz** *adj* merciless; terrible, awful.
**atuação** *s* acting; performance.
**atual** *adj* current; present; modern, new-fashioned.
**atualização** *s* update; upgrade (*software* ou *hardware*).
**atualizado** *adj* up-to-date.
**atualizar** *v* update; refresh (dados na tela); upgrade (*software* ou *hardware*).
**atualmente** *adv* at present, currently; nowadays, today.
**atuar** *v* act; perform.
**atum** *s* tuna.
**aturar** *v* endure, put up with.
**aturdir** *v* stun; bewilder; deafen (barulho).
**audácia** *s* audacity, boldness, daring; insolence.
**audacioso** *adj* audacious, bold, daring; insolent.
**audaz** *adj* adventurous, daring; insolent.
**audição** *s* audition, hearing; recital.
**audiência** *s* audience; session, hearing.
**áudio** *s* audio.
**audiovisual** *adj* e *s* audio-visual.
**auditar** *v* audit.
**auditivo** *adj* auditive.
**auditor** *s* auditor; hearer, listener.
**auditoria** *s* audit.
**auditório** *s* audience (ouvintes); auditorium (local).
**audível** *adj* audible.
**auge** *s* height, peak, pinnacle, summit.
**augurar** *v* augur.
**augúrio** *s* augury.
**augusto** *adj* august.
**aula** *s* class, lesson; classroom. • **dar aula** teach.
**aumentar** *v* augment; increase; raise, rise (salário); enlarge; expand, extend; magnify; prolong (tamanho); widen.
**aumentativo** *adj* e *s* augmentative.
**aumento** *s* augment; increase; increment; raise, rise (preço, quantidade, valor); enlargement (ampliação); growth (crescimento); magnification.
**áureo** *adj* aureate, golden.
**auréola** *s* aureole, halo.
**aureolar** *v* halo.
**auricular** *adj* auricular.
**aurora** *s* aurora, dawn, daybreak, prime.
**auscultar** *v* sound.
**ausência** *s* absence.
**ausentar-se** *v* absent.
**ausente** *adj* absent, missing.
**auspício** *s* auspice.
**auspicioso** *adj* auspicious.
**austeridade** *s* austerity.
**austero** *adj* austere.
**austral** *adj* e *s* meridional.
**Austrália** *s* Australia.
**australiano** *adj* e *s* Australian.
**Áustria** *s* Austria.
**austríaco** *adj* e *s* Austrian.
**autarquia** *s* autarchy.
**autenticar** *v* authenticate; certify.
**autenticidade** *s* authenticity.
**autêntico** *adj* authentic; genuine (pessoa); real, true.
**autismo** *s* autism.
**autista** *adj* e *s* autistic.
**auto** *s* car.
**autobiografia** *s* autobiography.
**autobiográfico** *adj* autobiographic.
**autocolante** *s* sticker.
**autoconfiança** *s* self-confidence.
**autoconfiante** *adj* self-confident.
**autoconhecimento** *s* self-knowledge.
**autocontrole** *s* self-control.
**autocracia** *s* autocracy.
**autóctone** *s* autochthon. | *adj* native.
**autodefesa** *s* self-defense.
**autodidata** *s* autodidact.
**autódromo** *s* race track.
**autoescola** *s* driving school.
**autoestrada** *s* expressway, freeway, highway.
**autoexame** *s* introspection.

A

**autografar** *v* autograph.
**autógrafo** *s* autograph.
**autolimpante** *adj* self-cleaning.
**automação** *s* automation.
**automática** *s* automatic (arma).
**automático** *adj* automatic.
**automatização** *s* automatization.
**automatizar** *v* automatize.
**autômato** *s* automaton.
**automedicação** *s* self-medication.
**automobilista** *s* automobilist.
**automóvel** *s* automobile, car.
**autonomia** *s* autonomy.
**autônomo** *adj* autonomous.
**autopista** *s* speedway.
**autópsia** *s* autopsy.
**autor** *s* author; perpetrator (crime).
**autorretrato** *s* self-portrait.
**autoria** *s* authorship.
**autoridade** *s* authority.
**autoridade suprema** *s* sovereign.
**autoritário** *adj* authoritarian, authoritative.
**autorização** *s* authorization; clearance (após uma inspeção).
**autorizado** *adj* authoritative.
**autorizar** *v* authorize, empower.
**autosserviço** *s* self-service.
**autossuficiente** *adj* self-sufficient.
**autossugestão** *s* autosuggestion.
**autoteste** *s* self-test.
**autuar** *v* sue.
**auxiliar** *adj* auxiliary. | s assistant. | *v* help, assist.
**auxílio** *s* aid, assistance, help.
**auxílio-doença** *s* sickness benefit.
**aval** *s* guarantee.
**avalanche** *s* avalanche.
**avaliação** *s* evaluation, assessment; appraisal, valuation.
**avaliador** *s* appraiser; assessor; rater.
**avaliar** *v* value, appraise; evaluate; assess (para tributação).
**avaliável** *adj* ratable.
**avalista** *s* guarantor.
**avançado** *adj* advanced; progressive (pessoa, ideia).
**avançar** *v* advance, progress.
**avanço** *s* advancement; advance, improvement.
**avanço rápido** *s* fast-forward.
**avante** *adv* ahead, forward.
**avarento** *adj* close-fisted, mean, greedy. | *s* miser.
**avareza** *s* meanness, greed.
**avaria** *s* damage.
**avariar** *v* damage.
**avaro** *adj* avaricious.
**ave** *s* bird; fowl. • **ave de caça** game bird. **ave de rapina** bird of prey. **ave migratória** bird of passage.
**aveia** *s* oat.
**avelã** *s* hazelnut.
**aveludado** *adj* velvety.
**avenida** *s* avenue.
**avental** *s* apron.
**aventura** *s* adventure; romance (amorosa); venture (comercial).
**aventurar** *v* adventure, hazard, venture, risk. • **aventurar-se** *v* dare.
**aventureira** *s* adventuress. | *adj* adventurous.
**aventureiro** *s* adventurer.
**averiguação** *s* investigation; verification.
**averiguar** *v* investigate, ascertain; verify.
**avermelhado** *adj* reddish.
**avermelhar** *v* redden; blear (os olhos).
**aversão** *s* aversion.
**aves** *s* fowl.
**aves domésticas** *s* poultry.
**avesso** *adj* averse (contrário); opposite, reverse (lado); wrong (roupa). • **às avessas** upside down (inverso); the wrong way round (oposto).
**avestruz** *s* ostrich.
**aviação** *s* aviation, flying.
**aviador** *s* aviator; airman/airwoman.
**avião** *s* airplane. • **avião a jato** jet. **avião de bombardeio** bomber. **avião de caça** fighter. **avião de passageiros** airliner.
**aviar** *v* dispense, make up (receita médica).

**aviário** *s* aviary.
**avicultura** *s* aviculture.
**avidez** *s* avidity; eagerness (desejo); greedness (cobiça).
**ávido** *adj* avid, eager.
**aviltamento** *s* debasement.
**aviltar** *v* debase, demean.
**avisar** *v* warn, alarm, caution (advertir); tell, notify, advise (informar).
**aviso** *s* notice; warning; advertisement; announcement. • **aviso do sistema** system prompt (computação).
**aviso prévio** *s* notice.
**avistar** *v* catch sight of.
**avivar** *v* intensify; animate; brighten; bring back (memória)
**avó** *s* grandmother, *inform* granny.
**avô** *s* grandfather.
**avoado** *adj* absent minded (pessoa).
**avós** *s* grandparents.
**avolumar** *v* mount; swell (volume); accumulate (número).
**avulso** *adj* odd, separate, detached.
**axadrezado** *adj* checkered.
**axial** *adj* axial.
**axila** *s* axilla. armpit.
**axioma** *s* axiom.
**azaleia** *s* azalea.
**azar** *s* bad luck.
**azarado** *adj* unlucky.
**azarão** *s* e *adj* maiden (cavalo).
**azedar** *v* turn sour; go off (leite); put in a bad mood (pessoa).
**azedo** *adj* sour; off (leite); bad-tempered (pessoa).
**azedume** *s* sourness.
**azeitar** *v* oil.
**azeite** *s* oil. • **azeite de mesa** salad oil. **azeite de oliva** olive oil.
**azeitona** *s* olive.
**azeviche** *s* jet black.
**azevinho** *s* holly.
**azia** *s* heartburn.
**aziago** *adj* ominous.
**ázimo** *adj* unleavened.
**azimute** *s* azimuth.
**azinhavre** *s* verdigris.
**azul** *adj* e *s* blue. • **tudo azul** *fig* everything's rosy.
**azulado** *adj* bluish.
**azular** *v* blue.
**azul-celeste** *adj* e *s* azure.
**azul-claro** *adj* e *s* baby blue.
**azul-cobalto** *adj* e *s* cobalt blue.
**azulejar** *v* tile.
**azulejo** *s* tile.
**azul-marinho** *adj* e *s* navy blue.
**azul-turquesa** *adj* e *s* turquoise.

# Bb

**b** ou **B** *s* 2ª letra do alfabeto português. | *abrev* byte | *símb Quím maiús* de boro.
**baamiano** *s* e *adj* Bahamian.
**baba** *s* drool, drivel, dribble.
**babá** *s* nanny.
**babador** *s* bib (criança).
**babar** *v* drool, drivel, dribble. • **babar-se** drool over (por algo ou alguém).
**babel** *s* babel (torre).
**baboseira** *s* drool, footle.
**bacalhau** *s* cod.
**bacamarte** *s* blunderbuss.
**bacana** *adj* cool.
**bacanal** *s* bacchanal.
**bacharel** *s* bachelor.
**bacharelado** *s* bachelorship, baccalaureate.
**bacia** *s* basin.
**bacia batismal** *s* laver.
**bacia fluvial** *s* river basin.
**bacia hidrográfica** *s* watershed, water system.
**bacilo** *s* bacillus.
**baço** *s* spleen.
**bactéria** *s* bacterium.
**bacteriano** *adj* bacterial.
**bacteriologia** *s* bacteriology.
**bacteriologista** *s* bacteriologist.
**badalada** *s* ring.
**badalo** *s* clapper (sino).
**bafejar** *v* blow.
**bafejo** *s* puff.
**bafo** *s* breath.
**bafômetro** *s* Breathalyser®.
**baforada** *s* whiff, puff.
**baforar** *v* whiff.
**bagagem** *s* baggage, luggage.
**bagatela** *s* bagatelle, mite; trifle.
**bagunça** *s* mess, hash.
**bagunçar** *v* mess up.
**bagunceiro** *s* hooligan.
**Bahamas** *s* Bahamas.
**bahamense** *s* e *adj* Bahamian.
**bahamiano** *s* e *adj* Bahamian.
**baia** *s* stall (estábulo).
**baía** *s* bay.
**bailado** *s* ballet.
**bailar** *v* dance.
**bailarina** *s* ballerina.
**baile** *s* ball. • **baile de máscaras** masquerade.
**bailio** *s* bailiff.
**bainha** *s* sheath (arma), scabbard (espada), hem (costura), cuff (calça).
**baioneta** *s* bayonet.
**bairro** *s* district. • **bairro chinês** Chinatown. **bairro judeu** Jewry.
**baixa** *s* decrease; reduction, fall (preço); drop (diminuição); low (bolsa); casualty (combate); discharge (serviço).
**baixa temporada** *s* off-season.
**baixada** *s* lowland.

**baixar** *v* lower; descend; issue (ordem); download (computação); go down; drop, fall (temperatura); underprice (preço).
**baixaria** *s* vulgarity.
**baixela** *s* serving set.
**baixeza** *s* baseness, cheapness.
**baixio** *s* bank.
**baixíssima frequência** *s* extremely low frequency (*abrev* **ELF**).
**baixista** *s* bassist.
**baixo** *adj* low; short, small (pessoa); mean, base (atitude); bass (som). | *adv* low; softly (falar). | *s* bass (voz, instrumento, cantor). • **para baixo** down, downwards; downstairs (em casa). **por baixo de** under, underneath. **altos e baixos** ups and downs.
**baixo-relevo** *s* bas-relief.
**bajulação** *s* flattery, blarney.
**bajulador** *s* backslapper, toady.
**bajular** *v* adulate, blandish, cajole.
**bala** *s* bullet (projétil); sweet, candy (doce).
**balada** *s* ballad.
**balança** *s* balance.
**balançar** *v* swing; rock (em cadeira); shake (carro, avião); roll (navio), sway.
**balancear** *v* balance.
**balancete** *s* trial balance.
**balanço** *s* swinging (movimento); swing (brinquedo); shaking (carro, avião); rolling (navio); balance (registro).
**balangandã** *s* knickknack, bauble.
**balão** *s* balloon; speech bubble (em história em quadrinhos); turning area (lugar para manobra de retorno de carro).
**balão meteorológico** *s* weather balloon.
**balar** *v* bleat.
**balaustrada** *s* balustrade.
**balaústre** *s* baluster, banister.
**balbuciar** *v* babble, falter.
**balbucio** *s* babble, falter.
**balbúrdia** *s* bedlam.
**balcão** *s* balcony; counter (loja).
**balconista** *s* shop assistant (loja); bartender, barman (bar).
**balde** *s* bucket, pail. • **balde de gelo** ice bucket.
**baldeação** *s* connection (trens, aviões).
**baldio** *adj* fallow. • **terreno baldio** waste ground.
**balé** *s* ballet.
**baleeiro** *s* whaler.
**baleia** *s* whale.
**baleia-corcunda** *s* humpback whale.
**balido** *s* bleat; baa (carneiro).
**balir** *v* bleat; baa (carneiro).
**baliza** *s* post (estaca); beacon (luminosa); goal (esporte).
**balneário** *s* bathhouse; bathing resort.
**balonista** *s* balloonist.
**balsa** *s* ferry, ferryboat.
**balsâmico** *adj* balsamic, balmy.
**bálsamo** *s* balsam, balm.
**baluarte** *s* rampart, bastion, bulwark.
**bambo** *adj* slack, loose.
**bambolê** *s* Hula-Hoop™.
**bambolear** *v* jiggle.
**bamboleio** *s* jiggle.
**bambu** *s* bamboo.
**banal** *adj* banal.
**banalidade** *s* banality.
**banana** *s* banana.
**bananeira** *s* banana tree.
**banca** *s* bench; stand; bank (em jogos de azar); newsstand (jornais e revistas).
**bancada** *s* bench (banco, política); workbench (marcenaria, mecânica); work surface (cozinha).
**bancar** *v* finance. • **bancar o idiota** play the fool.
**bancarrota** *s* bankruptcy.
**banco** *s* bank; bench (assento); stool (bar, piano).
**banco de areia** *s* sandbank.
**banco de dados** *s* data bank.
**banco de esperma** *s* sperm bank.
**banco de olhos** *s* eye bank.
**banco de sangue** *s* blood bank.
**banda** *s* band; side (lado); sash. • **de banda** sideways. **nestas bandas** in these parts.

B

**banda larga** *s* broadband.
**bandagem** *s* bandage.
**bandana** *s* bandanna.
**bandeira** *s* flag; banner.
**bandeira branca** *s* white flag (sinal de rendição).
**bandeira de trégua** *s* flag of truce.
**bandeirante** *s* pioneer; Girl Scout.
**bandeirinha** *s* linesman.
**bandeirola** *s* banderole.
**bandeja** *s* tray.
**bandido** *s* bandit.
**bando** *s* band; group; gang (malfeitores); herd (gado).
**bandoleiro** *s* bandoleer.
**bangalô** *s* bungalow.
**Bangladesh** *s* Bangladesh.
**banguela** *adj* toothless.
**banha** *s* fat; shortening (usada em culinária).
**banhar** *v* bathe, wash; dip (mergulhar).
**banheira** *s* bath, bathtub.
**banheira de hidromassagem** *s* whirlpool.
**banheiro** *s* bathroom.
**banhista** *s* bather.
**banho** *s* bath (banheira); shower (chuveiro); dip (imersão). • **tomar banho** have a bath (banheira), have a shower (chuveiro). **vai tomar banho!** get lost! **banho de espuma** bubble bath. **banho de sol** sunbath.
**banho-maria** *s* bain-marie.
**banimento** *s* banishment.
**banir** *v* banish.
**banjo** *s* banjo.
**banqueiro** *s* banker; croupier (banca de jogo).
**banqueta** *s* stool.
**banquete** *s* banquet; feast.
**banquetear** *v* banquet; feast.
**banquisa** *s* floe.
**baque** *s* thud, thump. • **levar um baque** be hard hit.
**baqueta** *s* mallet.
**bar** *s* bar; saloon.
**baralhamento** *s* shuffle (cartas).
**baralhar** *v* shuffle (cartas do baralho).
**baralho** *s* pack of cards, deck.
**barão** *s* baron.
**barata** *s* cockroach, *inform* roach.
**baratear** *v* cheapen.
**barato** *adj* cheap, inexpensive.
**barba** *s* beard, whiskers. • **fazer a barba** shave. **nas barbas de** under the nose of.
**barbadiano** *s e adj* Barbadian.
**barbado** *adj* bearded.
**Barbados** *s* Barbados.
**barbante** *s* string.
**barbaridade** *s* barbarity.
**barbárie** *s* barbarism.
**barbarismo** *s* barbarism.
**barbarizar** *v* barbarlze.
**bárbaro** *s* barbarian. | *adj* barbarous, uncivilized. | *interj* great.
**barbatana** *s* fin.
**barbeador** *s* shaver.
**barbeador elétrico** *s* electric razor.
**barbear** *v e s* shave.
**barbearia** *s* barbershop.
**barbeiro** *s* barber.
**barca** *s* barque.
**barcaça** *s* pontoon.
**barco** *s* boat.
**barco a remo** *s* rowboat.
**barco a vapor** *s* steamboat.
**barco a vela** *s* sailboat.
**barco de pesca** *s* drifter.
**Barein** *s* Bahrain.
**bareinita** *s e adj* Bahraini.
**barganha** *s* bargain.
**barganhar** *v* bargain.
**bário** *s* barium.
**barítono** *adj e s* baritone.
**barlavento** *s* windward.
**barógrafo** *s* barograph.
**barométrico** *adj* barometric.
**barômetro** *s* barometer, weatherglass.
**baronato** *s* baronage.
**baronesa** *s* baroness.
**barqueiro** *s* boatman.

**barra** *s* bar; dash, virgule (sinal gráfico); lever (alavanca). • **barra de direção** steering column. **barra de espaço** space bar (teclado). **barra de ferramentas** toolbar (computação). **barra de menus** menu bar (computação). **barra de rolagem** scroll bar (computação). **barra de tarefas** task bar (computação). **forçar a barra** force the issue. **segurar a barra** hold out. **ser uma barra** be tough.

**barraca** *s* tent; stall (feira); stand; hut (madeira); barrack.

**barraca de lona** *s* canvas.

**barracão** *s* barrack; shed.

**barragem** *s* barrage, dam; barrier (impedimento).

**barramento** *s* bus (computação).

**barramento local** *s* local bus (computação).

**barrar** *v* bar.

**barras paralelas** *s* parallel bars.

**barrear** *v* loam.

**barreira** *s* baffler, barrier; fence (cerca); hurdle (esporte).

**barreira do som** *s* sound barrier.

**barrento** *adj* clayey, muddy.

**barrete** *s* bonnet.

**barrica** *s* keg.

**barricada** *s* barricade.

**barriga** *s* belly. • **chorar de barriga cheia** complain for no reason. **estar de barriga** be pregnant.

**barriga da perna** *s* calf.

**barrigudo** *adj* paunchy.

**barril** *s* barrel, cask, keg.

**barro** *s* clay; mud (lama).

**barroco** *s* e *adj* baroque.

**barulhento** *adj* noisy, blatant, boisterous.

**barulho** *s* noise; fuss, din (tumulto).

**basal** *adj* basal.

**basalto** *s* basalt.

**basco** *adj* e *s* Basque.

**base** *s* base; basis; principle. • **base aérea** air base. **base de dados** database. **base militar** post. **com base em** based on.

**basear** *v* base.

**básico** *adj* basic.

**basilar** *adj* basilar.

**basílica** *s* basilica.

**basquetebol** *s* basketball.

**bassê** *s* basset, dachshund (raça de cão).

**basta** *interj* enough.

**bastante** *adj* enough (suficiente); quite a lot (muito). | *adv* enough (suficientemente); a lot, much (muito).

**bastão** *s* stick; bat.

**bastar** *v* be enough, be sufficient.

**bastardo** *s* e *adj* bastard.

**bastião** *s* bastion.

**batalha** *s* battle.

**batalhador** *s* fighter.

**batalhão** *s* battalion.

**batalhar** *v* battle.

**batata** *s* potato.

**batata-doce** *s* sweet potato.

**batatas fritas** *s* French fries.

**batedeira** *s* mixer.

**batedor** *s* beater; batsman (beisebol e críquete); escort (polícia)

**batedor de carteiras** *s* pickpocket.

**bate-estacas** *s* ram, pile driver.

**bateia** *s* pan.

**batente** *s* doorpost (porta); casement (janela). • **no batente** at work.

**bate-papo** *s* chat.

**bater** *v* beat; hit (golpear); strike (horas); stamp (pé); take (foto); slam (porta); flap (asas); break (recorde); ring, chime (sino); bang (cabeça); whip (creme); scramble (ovos). • **bater a carteira de alguém** nick somebody's wallet. **bater à porta** knock at the door. **bater com o carro** crash one's car. **bater papo** chat. **bater pernas** leg.

**bateria** *s* battery; drum (instrumento musical); cannonry (canhões).

**baterista** *s* drummer.

**batida** *s* beat; hit (golpe); crash (carro); stroke (horas); slam (porta); knock (à porta); ring, chime (sino); raid (policial); tuck (tambor).

B

B

**batido** *adj* beaten; worn (roupa); hackneyed (assunto).
**batimento** *s* beat, beating.
**batimento cardíaco** *s* heartbeat.
**batina** *s* cassock.
**batismal** *adj* baptismal.
**batismo** *s* baptism.
**batista** *s* baptist.
**batistério** *s* baptistery.
**batizado** *s* baptism.
**batizar** *v* baptize.
**batom** *s* lipstick.
**batucar** *v* rattle, drum.
**batuta** *s* wand, baton.
**baú** *s* trunk, chest.
**baunilha** *s* vanilla.
**bazar** *s* bazaar, dime store.
**bazuca** *s* bazooka.
**beatificação** *s* beatification.
**beatificar** *v* beatify.
**beatífico** *adj* beatific.
**beatismo** *s* bigotry.
**beatitude** *s* beatitude.
**beato** *s* devotee. | *adj* pious.
**bêbado** *s* e *adj* drunk.
**bebê** *s* baby. • **bebê de proveta** test-tube baby.
**bebedeira** *s* drunkenness, hangover.
**bebedor** *s* drinker.
**bebedouro** *s* drinking fountain.
**beber** *v* drink.
**bebericar** *v* sip.
**beberrão** *s* bibber, drunkard.
**bebida** *s* beverage; drink.
**beca** *s* gown, robe.
**beco** *s* alley, lane. • **beco sem saída** dead end, cul-de-sac.
**bedel** *s* beadle.
**beduíno** *s* Bedouin.
**bege** *s* e *adj* beige.
**begônia** *s* begonia.
**beiço** *s* lip.
**beija-flor** *s* hummingbird.
**beijar** *v* kiss.
**beijo** *s* kiss.
**beijoca** *s* peck, smack.
**beira** *s* edge; bank (rio); border (orla); brink (precipício).
**beirada** *s* edge.
**beiral** *s* eaves.
**beira-mar** *s* seaside, seashore.
**beirar** *v* be at the edge; skirt (caminhar à beira de); approach, near (idade).
**beisebol** *s* baseball.
**Belarus** *s* Belarus.
**belas-artes** *s* fine arts.
**beleza** *s* beauty. • **concurso de beleza** beauty contest. **que beleza!** how lovely!
**belga** *adj* e *s* Belgian.
**Bélgica** *s* Belgium.
**beliche** *s* bunk, bunk bed.
**bélico** *adj* martial, military, war (atributivo).
**beligerância** *s* belligerence.
**beligerante** *adj* belligerent.
**beliscão** *s* pinch, nip.
**beliscar** *v* pinch, nip; peck (comida).
**Belize** *s* Belize.
**belizenho** *s* e *adj* Belizean.
**belo** *adj* beautiful, pretty, nice; handsome (para homens).
**belvedere** *s* belvedere.
**bem** *adv* well; very; quite; good, nice. | *s* asset (contabilidade); good (mercadoria); love (amado). • **bem como** as well as. **bem feito!** it serves you right! **de bem com alguém** on good terms with somebody. **está bem!** OK! **fazer bem a** be good for. **muito bem!** well done! **por bem ou por mal** for better or worse. **se bem que** though. **tudo bem?** how's it going? **tudo bem** fine (resposta).
**bem-adaptado** *adj* well-adjusted.
**bem-administrado** *adj* well-handled.
**bem-agradecido** *adj* grateful.
**bem-alimentado** *adj* well-fed.
**bem-amado** *s* truelove.
**bem-apessoado** *adj* well-groomed.
**bem-aventurado** *adj* blessed, blissful.
**bem-aventurança** *s* bliss.
**bem-conservado** *adj* well-groomed.

**bem-definido** *adj* well-defined.
**bem-dotado** *adj* favored; *vulg* well-hung.
**bem-educado** *adj* well-mannered.
**bem-equilibrado** *adj* well-balanced.
**bem-estar** *s* well-being.
**bem-humorado** *adj* good-tempered.
**bem-intencionado** *adj* well-intentioned, well-meaning.
**bem-me-quer** *s* daisy.
**bem-nutrido** *adj* well-fed.
**bem-passado** *adj* well-done (carne).
**bemol** *s* flat.
**bem-sucedido** *adj* successful.
**bem-vindo** *adj* welcome.
**bênção** *s* blessing.
**bendito** *adj* blessed.
**beneficência** *s* beneficence.
**beneficente** *adj* beneficent.
**beneficiado** *s* beneficiary.
**beneficiar** *v* benefit (favorecer); improve (melhorar).
**beneficiário** *s* beneficiary.
**benefício** *s* benefit, profit; favor.
**benéfico** *adj* beneficial (benigno); generous (generoso).
**benevolência** *s* benevolence, kindness.
**benevolente** *adj* benevolent, kind.
**benfeitor** *s* benefactor.
**benfeitora** *s* benefactress.
**bengala** *s* walking stick.
**bengalês** *s* e *adj* Bangladeshi.
**benignidade** *s* benignity.
**benigno** *adj* benign (medicina), kind, good (bondoso).
**Benin** *s* Benin.
**beninense** *s* e *adj* Beninese.
**bens imobiliários** *s* real state.
**bens móveis** *s* personalty.
**bento** *adj* blessed; holy (água).
**benzer** *v* bless.
**benzina** *s* benzine.
**berçário** *s* nursery.
**berço** *s* cradle; birthplace (origem). • **nascer em berço de ouro** be born with a silver spoon on one's mouth.
**bergamota** *s* bergamot.
**berinjela** *s* eggplant (IngAm), aubergine (IngBrit).
**bermuda** *s* Bermuda shorts.
**Bermudas** *s* Bermuda.
**berrante** *adj* flashy; loud (cor).
**berrar** *v* bellow, yell, scream, shout; bawl (criança).
**berro** *s* bellow, yell, scream, shout; bawl (criança).
**besouro** *s* beetle, bug.
**besta** *s* beast; stupid (tolo). • **fazer alguém de besta** make a fool of somebody.
**besteira** *s* foolishness; small thing (insignificância). • **dizer besteira** talk nonsense.
**bestial** *adj* bestial.
**bestialidade** *s* bestiality.
**besuntar** *v* daub, smear.
**beterraba** *s* beet.
**betoneira** *s* cement mixer.
**bétula** *s* birch.
**betume** *s* bitumen.
**bexiga** *s* bladder (órgão); balloon (de ar usada como brinquedo).
**bezerro** *s* calf.
**Bíblia** *s* Bible.
**bíblico** *adj* biblical.
**bibliografia** *s* bibliography.
**bibliográfico** *adj* bibliographical.
**bibliógrafo** *s* bibliographer.
**biblioteca** *s* library.
**bibliotecário** *s* librarian.
**bica** *s* faucet; waterspout, wellhead, wellspring.
**bicada** *s* peck.
**bicão** *s gír* gatecrasher.
**bicar** *v* peck.
**bicarbonato** *s* bicarbonate.
**bicarbonato de sódio** *s* baking soda.
**bicentenário** *adj* e *s* bicentennial.
**bíceps** *s* biceps.
**bicha** *s* worm (lombriga); *ofens* queer (homossexual).
**bicho** *s* animal; bug, insect. • **que bicho te mordeu?** what's got into you? **virar bicho** get mad.

B

B

**bicho-barbeiro** *s* assassin bug.
**bicho-da-seda** *s* silkworm.
**bicho-papão** *s* bogeyman, bugaboo.
**bicicleta** *s* bicycle, bike.
**bicicleta ergométrica** *s* exercise bicycle, stationary bicycle.
**bico** *s* beak (ave); spout (chuteira); nipple (peito); job (emprego). • **calar o bico** shut up.
**bidê** *s* bidet.
**bielo-russo** *s* e *adj* Belorussian.
**bienal** *adj* biennial.
**bife** *s* steak; beefsteak (carne bovina). • **bife à milanesa** beef escalope. **bife rolê** *s* roulade.
**bifendido** *adj* bifid.
**bífido** *adj* bifid.
**bifocal** *adj* bifocal.
**bifurcação** *s* bifurcation.
**bifurcado** *adj* furcate, forked.
**bifurcar** *v* bifurcate, fork.
**bigamia** *s* bigamy.
**bígamo** *adj* bigamous. | *s* bigamist.
**bigode** *s* mustache; whisker (animal).
**bigorna** *s* anvil.
**bilabial** *adj* e *s* bilabial.
**bilateral** *adj* bilateral.
**bile** *s* bile.
**bilhão** *s* billion.
**bilhar** *s* billiards.
**bilhete** *s* ticket (trem, ônibus); note (carta).
**bilheteria** *s* box office (teatro, cinema).
**biliário** *adj* biliary.
**bilíngue** *adj* e *s* bilingual.
**bilionário** *s* billionaire.
**bilionésimo** *num* billionth.
**bilioso** *adj* bilious.
**bílis** *s* bile.
**bilro** *s* spindle.
**bimestral** *adj* bimonthly.
**bimestralmente** *adv* bimonthly.
**binário** *adj* binary.
**binocular** *adj* binocular.
**binóculo** *s* binoculars.
**binômio** *s* binomial.
**biografia** *s* biography.
**biográfico** *adj* biographical.
**biógrafo** *s* biographer.
**biologia** *s* biology.
**biológico** *adj* biological.
**biologista** *s* biologist.
**biólogo** *s* biologist.
**biomassa** *s* biomass.
**biombo** *s* screen.
**biônico** *adj* bionic.
**biópsia** *s* biopsy.
**biosfera** *s* biosphere.
**biotecnologia** *s* biotechnology.
**biótipo** *s* biotype.
**bipar** *v* beep.
**bíparo** *adj* biparous.
**bipartição** *s* bipartition.
**bipartido** *adj* bipartite, furcate.
**bipartir** *v* furcate.
**bipe** *s* beep (som ou sinal emitido); beeper, pager (aparelho sonoro transmissor de mensagens).
**bípede** *s* e *adj* biped.
**biplano** *s* biplane.
**biquíni** *s* bikini.
**birô** *s* bureau.
**biruta** *s* windsock (instrumento que indica direção do vento). | *adj* crazy.
**bis** *s* e *interj* encore.
**bisão** *s* bison.
**bisar** *v* encore.
**bisavó** *s* great-grandmother.
**bisavô** *s* great-grandfather; great-grandparent (genérico).
**bisbilhotar** *v* pry into, snoop.
**bisbilhoteiro** *s* pry, snoop. | *adj* prying, snoopy.
**biscoito** *s* cookie, *Ing Brit* biscuit.
**bismuto** *s* bismuth.
**bisnaga** *s* tube; French stick (pão).
**bisneta** *s* great-granddaughter.
**bisneto** *s* great-grandson; great-grandchild (genérico).
**bispado** *s* bishopric.
**bispo** *s* bishop (*tb* xadrez).
**bisseção** *s* bisection.
**bissetor** *s* bisector.

**bissetriz** *s* bisector.
**bissexto** *adj* bissextile.
**bissexual** *adj* e *s* bisexual.
**bisteca** *s* T-bone.
**bisturi** *s* bistoury.
**bitola** *s* gauge.
**bituca** *s* stump (cigarro).
**bizantino** *adj* e *s* Byzantine.
**bizarro** *adj* bizarre.
**blasfemador** *s* blasphemer.
**blasfemar** *v* blaspheme, curse.
**blasfêmia** *s* blasphemy.
**blazer** *s* blazer.
**blecaute** *s* blackout.
**blefar** *v* bluff.
**blefe** *s* bluff.
**blindado** *adj* armored.
**blindagem** *s* armor.
**blindar** *v* armor.
**bloco** *s* block; bloc (nações); writing pad (anotações). • **bloco de carnaval** carnival troupe.
**bloquear** *v* block, blockade.
**bloqueio** *s* block; blockade, blockage.
**blusa** *s* blouse (feminina); shirt (masculina).
**boa-noite** *s* good night (despedida).
**boa-praça** *s* good fellow, nice.
**boas-vindas** *s* welcome.
**boa-tarde** *s* good afternoon.
**boate** *s* nightclub.
**boato** *s* rumor.
**boa-vida** *s* loafer.
**bobagem** *s* silliness, nonsense, silly thing. • **deixe de bobagens!** stop being silly!
**bobalhão** *s* goof, dolt.
**bobina** *s* reel, bobbin; coil (elétrica); spool (fotográfica); roll (papel).
**bobo** *s* fool, bozo. | *adj* silly, daft. • **bobo da corte** jester. **fazer-se de bobo** act the fool.
**boca** *s* mouth; ring (fogão). • **bater boca** argue. **botar a boca no mundo** spill the beans. **de boca** orally. **falar da boca para fora** say one thing and mean another. **vira essa boca para lá!** don't tempt providence!
**boca de lobo** *s* manhole.
**bocado** *s* bit, pice; bite, mouthful (quantidade na boca).
**bocal** *s* mouthpiece (instrumento musical); nozzle (cano); socket (lâmpada).
**boca-livre** *s* free meal.
**bocejar** *v* yawn.
**bocejo** *s* yawn.
**bochecha** *s* cheek.
**bochechudo** *adj* cheeky.
**bodas** *s* wedding anniversary. • **bodas de prata/ouro** silver/golden wedding.
**bode** *s* goat. • **vai dar bode** there'll be trouble.
**bode expiatório** *s* scapegoat.
**bodoque** *s* slingshot.
**bofetada** *s* buffet, slap.
**boi** *s* ox.
**bói** *s* office boy.
**boia** *s* buoy, float; *gír* grub. • **boia salva-vidas** life buoy.
**boiadeira** *s* cowgirl.
**boiadeiro** *s* cowboy.
**boiar** *v* buoy, float.
**boicotar** *v* boycott.
**boicote** *s* boycott.
**boina** *s* cap.
**bojo** *s* bulge.
**bola** *s* ball. • **bola de boliche** bowling ball. **bola de cristal** crystal ball. **bola de gude** marble. **bola de neve** snowball. **bola de sorvete** scoop. **dar bola para** care about (dar atenção); flirt with (flertar). **pisar na bola** make a mistake.
**bolacha** *s* cookie, *Ing Brit* biscuit; wallop (bofetada); beermat (descanso para copo de cerveja).
**bolada** *s* pool.
**bolchevique** *s* Bolshevik.
**bolchevismo** *s* Bolshevism.
**bolchevista** *adj* Bolshevik. | *s* Bolshevist.

B

**boleia** *s* box; cab (caminhão).
**boletim** *s* bulletin, report; newsletter (publicação); report card (escolar); weather forecast (metereológico)
**boleto** *s* billet.
**boleto bancário** *s* slip.
**bolha** *s* blister (na pele); bubble (de ar). | *s gír* fool.
**boliche** *s* bowling.
**bolinha** *s* pellet (papel, isopor).
**bolinho** *s* patty (salgado); fritter (frito).
**bolinho de carne** *s* meat ball.
**Bolívia** *s* Bolivia.
**boliviano** *adj* e *s* Bolivian.
**bolo** *s* cake. • **dar o bolo em alguém** stand somebody up.
**bolo de casamento** *s* wedding cake.
**bolor** *s* mold.
**bolorento** *adj* moldy.
**bolota** *s* acorn.
**bolsa** *s* bag; purse (de mulher); pouch (marsupiais); stock exchange (de valores).
**bolsa a tiracolo** *s* shoulder bag.
**bolsa de estudos** *s* scholarship, fellowship.
**bolsa de mercadorias** *s* commodities market.
**bolsa de valores** *s* stock exchange.
**bolsista** *s* scholar, scholarship holder.
**bolso** *s* pocket.
**bom** *adj* good; nice, kind (bondoso); well (de saúde); fine (tempo). • **bom êxito** *s* fortune. **bom gosto** *adj* tasteful. **bom julgamento** *s* common sense. **bom modo** *s* jauntiness. **bom-senso** *s* common sense. **essa é boa!** that's a good one! **estar numa boa** be doing fine. **tudo bom?** how's it going.
**bomba** *s* bomb; pump (ar, água etc.).
**bomba A** *s* A-bomb.
**bomba atômica** *s* atom bomb, atomic bomb.
**bomba de gasolina** *s* gasoline pump.
**bomba de hidrogênio** *s* H-bomb.
**bomba H** *s* H-bomb.
**bomba incendiária** *s* firebomb.
**bomba nuclear** *s* neutron bomb.
**bombardear** *v* bombard, bomb.
**bombardeio** *s* bombardment, bombing.
**bombardeiro** *s* bombardier, bomber.
**bomba-relógio** *s* time bomb.
**bombástico** *adj* bombastic.
**bombear** *v* pump.
**bombeiro** *s* fireman.
**bombom** *s* bonbon.
**bombordo** *s* larboard, port.
**bom-dia** *s* good morning.
**bondade** *s* goodness, kindness; good nature.
**bonde** *s* tram, trolley, cable car, streetcar.
**bondoso** *adj* kind, good, kindhearted, big-hearted, good-natured.
**boné** *s* cap.
**boneca** *s* doll.
**boneco** *s* dummy; puppet.
**boneco de neve** *s* snowman.
**bonificação** *s* bonus, premium.
**bonita** *adj* pretty, cute; nice (gesto, dia); lovely (mulher); good-looking, handsome (homem).
**bônus** *s* bonus.
**booleano/booliano** *adj* Boolean (referente aos valores lógicos verdadeiro, falso, e, ou, não, se, então, exceto).
**bórax** *s* borax.
**borboleta** *s* butterfly.
**borbotão** *s* gurgle.
**borbotar** *v* gurgle.
**borbulha** *s* bubble, burble.
**borbulhante** *adj* bubbly.
**borbulhar** *v* bubble, burble.
**borbulho** *s* bubble.
**borda** *s* border, edge; bank (rio); brow (penhasco).
**bordadeira** *s* embroiderer.
**bordado** *s* embroidery, needlework.
**bordador** *s* embroiderer.
**bordar** *v* embroider.
**bordejar** *v* march.
**bordel** *s* brothel, call house, whorehouse.
**bordo** *s* board. • **a bordo** on board.

**bordoada** *s* blow, drub.
**boro** *s* boron.
**borracha** *s* rubber; eraser (de apagar).
**borracheiro** *s* tyre specialist.
**borrado** *adj* blurry.
**borrão** *s* blur, smudge; blot (mancha); mackle (impressão).
**borrar** *v* blur, smudge; blot (manchar); daub (pintar); mackle (impressora).
**borrifador** *s* sprinkler.
**borrifar** *v* sprinkle, spray.
**borrifo** *s* sprinkle; spray (água, espuma do mar).
**Bósnia-Herzegóvina** *s* Bosnia and Herzegovina.
**bósnio** *s* e *adj* Bosnian.
**bosque** *s* wood, bush.
**bossa** *s* charm; swelling (inchaço), bump (no crânio); hump (corcova).
**bosta** *s vulgar* shit.
**bota** *s* boot.
**bota-fora** *s* send-off.
**botânica** *s* botany.
**botânico** *adj* botanical. | *s* botanist.
**botão** *s* button; bud (flor); knob (rádio).
**botar** *v* put; put on (roupa, sapato); find (defeito); set (mesa); lay (ovos).
**bote** *s* boat; raft (inflável); lifeboat (salva--vidas).
**botequim** *s* tavern.
**boticário** *s* apothecary.
**botina** *s* boot.
**Botsuana** *s* Botswana.
**boutique** *s* boutique.
**bovino** *adj* e *s* bovine.
**boxe** *s* boxing.
**boxeador** *s* boxer.
**boxear** *v* box.
**braçada** *s* armful.
**braçadeira** *s* brace, bracer; bracket, clamp.
**bracelete** *s* bracelet, wristlet.
**braço** *s* arm; sound (mar); branch (rio). • **de braços cruzados** *fig* without lifting a finger. **de braços dados** arm in arm. **não dar o braço a torcer** not to give in.
**bradar** *v* shout, yell.
**brado** *s* shout, yell.
**braguilha** *s* fly.
**bramido** *s* roar.
**bramir** *v* roar.
**branco** *s* white (cor, pessoa); blank (espaço). | *adj* white. • **branco como a neve** snow-white.
**brando** *adj* gentle; soft (macio).
**brandura** *s* gentleness; softness.
**branqueador** *s* bleacher.
**branqueamento** *s* bleach.
**branquear** *v* whiten; bleach (alvejar).
**brânquia** *s* branchia.
**brasa** *s* hot coal. • **em brasa** red-hot. **mandar brasa** go for it.
**brasão** *s* coat of arms, blazon.
**Brasil** *s* Brazil.
**brasileiro** *adj* e *s* Brazilian.
**brasonar** *v* emblazon.
**bravatear** *v* roister.
**bravio** *adj* ferine, wild.
**bravo** *adj* e *s* brave. | *interj* bravo.
**bravura** *s* courage, bravery.
**brecar** *v* brake; stop; curb (reprimir).
**brecha** *s* breach; opening (abertura); loophole (meio de escapar); chance (oportunidade).
**brejo** *s* marsh, swamp.
**breque** *s* brake.
**Bretanha** *s* Britain.
**bretão** *s* Briton.
**breu** *s* tar, pitch.
**breve** *adj* short; brief (conciso). | *adv* soon. • **até breve** see you soon. **em breve** soon, shortly.
**breviário** *s* breviary.
**brevidade** *s* brevity.
**briga** *s* fight (luta); quarrel (verbal). • **briga de galos** cockfight.
**brigada** *s* brigade.
**brigada de incêndio** *s* fire brigade.
**brigadeiro** *s* brigadier (cargo oficial); chocolate truffle (doce).
**brigão** *adj* quarrelsome. | *s* troublemaker.
**brigar** *v* fight, battle; quarrel (verbalmente).

**briguento** *adj* contentious.
**brilhante** *adj* brilliant, bright. | *s* brilliant.
**brilhar** *v* shine, brighten; glitter, glow.
**brilho** *s* brightness; blaze, glow; brilliance (luz viva); glare (intenso); splendor, glory; shine; gelam (metais, olhos).
**brilho do sol** *s* sunshine.
**brim** *s* denim.
**brincadeira** *s* fun (divertimento); joke, jest (gracejo); game (de criança). • **de brincadeira** for fun. **deixe de brincadeira** stop fooling. **fora de brincadeira** joking apart.
**brincalhão** *adj* playful. | *s* joker, teaser.
**brincar** *v* play; joke, jest, tease, kid (gracejar). • **brincar com alguém** (mexer com) tease somebody. **estou brincando** I'm only kidding.
**brinco** *s* earring. • **estar um brinco** be spotless.
**brinco de pingente** *s* eardrop.
**brindar** *v* cheer, toast; give a present to (dar um brinde).
**brinquedo** *s* toy.
**brioche** *s* bun.
**brisa** *s* breeze; waft (leve).
**brisa do mar** *s* sea breeze.
**britadeira** *s* jackhammer, breaker.
**britânico** *adj* e *s* British.
**broca** *s* drill, bore.
**brocado** *s* brocade.
**brocar** *v* drill, bore.
**broche** *s* brooch, pin.
**brochura** *s* brochure, booklet (folheto); paperback (livro).
**brócolis** *s* broccoli.
**bromato** *s* bromate.
**bronca** *s* telling off. • **dar uma bronca em** tell off. **levar uma bronca** get told off.
**bronco** *adj* coarse (rude); thick (burro).
**brônquios** *s* bronchi.
**bronquite** *s* bronchitis.
**bronze** *s* bronze, brass.
**bronzeado** *adj* bronze (da cor do bronze); suntanned, tan (pelo sol).
**bronzear** *v* braze. • **bronzear-se** tan.
**brotar** *v* bud, sprout (planta); produce; well (água); spring up (nascer).
**broto** *s* bud, eye, seedling, sprout (planta); youngster (pessoa jovem).
**broxa** *s* paintbrush.
**bruma** *s* brume, mist.
**bruneano** *s* e *adj* Bruneian.
**Brunei** *s* Brunei.
**brunir** *v* burnish.
**brusco** *adj* brusque, abrupt; sudden (súbito).
**brutal** *adj* brutal.
**brutalidade** *s* brutality.
**brutalizar** *v* brutalize.
**brutamontes** *s* hulk (corpulento); brute (bruto).
**bruto** *adj* brute; coarse (grosseiro); uncut (diamante); gross (peso, lucro); raw (sem tratamento). | *s* brute.
**bruxa** *s* witch; hag (mulher feia)
**bruxaria** *s* witchcraft.
**bruxismo** *s* bruxism.
**bruxo** *s* wizard.
**bruxulear** *v* flicker.
**bucal** *adj* buccal, oral.
**bucha** *s* bushing (para parafuso). • **acertar na bucha** hit the nail on the head.
**bucho** *s* gut.
**buço** *s* down.
**bucólico** *adj* bucolic.
**budismo** *s* Buddhism.
**budista** *adj* e *s* Buddhist.
**bueiro** *s* storm drain.
**búfalo** *s* buffalo.
**bufão** *s* buffoon, jester.
**bufar** *v* puff, pant; snort (de raiva); moan (reclamar).
**bufê** *s* buffet; sideboard (móvel).
**bugiganga** *s* trinket, bauble, gewgaw. • **bugigangas** frippery, knickknacks.
**bujão** *s* cap.
**bujão de gás** *s* gas cylinder.
**bula** *s* papal bull (religiosa); directions for use (medicamento).
**bulbo** *s* bulb.
**bulboso** *adj* bulbous.

**buldogue** *s* bulldog.
**buldôzer** *s* bulldozer.
**bule** *s* teapot (chá); coffeepot (café).
**bulevar** *s* boulevard.
**Bulgária** *s* Bulgaria.
**búlgaro** *adj* e *s* Bulgarian.
**bulha** *s* ado.
**bulimia** *s* bulimia.
**bumbum** *s* bottom.
**bumerangue** *s* boomerang.
**bunda** *s* bottom, backside.
**buquê** *s* bouquet.
**buraco** *v* hole; eye (agulha); rummy (jogo).
**buraco da fechadura** *s* keyhole.
**burgo** *s* borough, burg.
**burguês** *adj* e *s* bourgeois.
**burguesia** *s* bourgeoisie.
**buril** *s* chisel.
**Burkina Fasso** *s* Burkina Faso.
**burla** *s* circumvention, trick; mockery (zombaria).
**burlar** *v* cheat (enganar); swindle (defraudar); evade (lei, impostos).
**burlesco** *adj* burlesque.
**burocracia** *s* bureaucracy.
**burocrata** *s* bureaucrat.
**burocrático** *adj* bureaucratic.
**burquinabê** *s* e *adj* Burkinabe.
**burquinense** *s* e *adj* Burkinabe.
**burro** *s* donkey (animal); fool, idiot (pessoa). | *adj* stupid; dim, thick (pouco inteligente).
**burro de carga** *s* hard worker.
**Burundi** *s* Burundi.
**burundinês** *s* e *adj* Burundian.
**busca** *s* search, pursuit, quest.
**busca-pé** *s* cracker, banger.
**buscar** *v* fetch; seek, look for, search for (procurar). • **mandar buscar** send for.
**bússola** *s* compass.
**busto** *s* bust (escultura).
**butanês** *s* e *adj* Bhutanese.
**Butão** *s* Bhutan.
**butique** *s* boutique.
**buzina** *s* horn, siren.
**buzinada** *s* honk, hoot.
**buzinar** *v* honk, hoot.
**búzio** *s* conch.

# Cc

**c** ou **C** *s* 3ª letra do alfabeto português. | *num rom maiús* 100. | *símb Quím maiús* de carbono.
**ca** *abrev* ac (corrente alternada).
**cã** *s* khan (soberano em certas regiões da Ásia).
**cabaça** *s* calabash; gourd.
**cabala** *s* cabala.
**cabalístico** *adj* cabalistic.
**cabana** *s* hut, shanty.
**cabaré** *s* cabaret.
**cabeça** *s* head.
**cabeça de vento** *s* featherbrain.
**cabeça-dura** *s* blockhead, chucklehead, hardheaded.
**cabeçalho** *s* header; heading, letterhead.
**cabecear** *v* head, nod.
**cabeceira** *s* fountainhead (rio), head (cama, mesa, rio), headboard (cama, sepultura etc.); top (cama).
**cabeçote** *s* head.
**cabeleira** *s* head of hair (natural); wig (artificial).
**cabeleireiro** *s* hairdresser, hairstylist, coiffeur.
**cabelo** *s* hair.
**cabeludo** *adj* hairy.
**cabide** *s* hanger.
**cabina** *s* booth (telefônica, para a urna nas eleições etc.), box.
**cabo** *s* cable; *Geog* cape; *Mil* corporal; handle, shaft, haft, hilt (machado, martelo etc.)
**cabograma** *s* cable, cablegram.
**cabotagem** *s* cabotage.
**cabra** *s* goat.
**cabresto** *s* halter.
**cabritinho** *s* yeanling.
**cabrito** *s* kid.
**cabular** *v* play truant.
**caça** *s* hunt, hunting, quarry (presa), chase (animais); take; shoot; *Aer* fighter.
**caçada** *s* hunt, hunting, chase; shoot.
**caçador** *s* hunter, huntsman, chaser, courser.
**caçamba** *s* scoop.
**cação** *s Zool* tope.
**caçar** *v* hunt, chase, shoot.
**cacarejar** *v* cackle, chuck, clack, cluck.
**cacarejo** *s* cackle, chuck, chuckle, cluck.
**caçarola** *s* casserole, saucepan, pan.
**cacau** *s* cacao.
**cacaueiro** *s* cacao, chocolate tree.
**ca/cc** *abrev* ac/dc (alternating current/ direct current).
**cacete** *s* cudgel, bludgeon.
**cache** *s Comp* cache.
**cachecol** *s* scarf.
**cachepô** *s* cachepot.
**cachinar** *v* cachinnate.

**cacho** *s* bunch, cluster (de bananas); lock, wisp (de cabelo).
**cachoeira** *s* waterfall.
**cachorro** *s* dog.
**cachorro-quente** *s* hot dog.
**cachumba** *s* mumps.
**cacique** *s* cacique; elder.
**caco** *s* shard (vidro, metal etc.); shiver.
**caçoada** *s* banter.
**caçoar** *v* tease, rally, snigger, banter.
**cacófato** *s* cacophony.
**cacofonia** *s* cacophony.
**cacografia** *s* cacography.
**cacto** *s* cactus.
**caçula** *s* baby.
**cada** *adj* any, each, every. | *adv* apiece, each. | *pron* each.
**cadafalso** *s* scaffold, gallows.
**cadarço** *s* shoelace.
**cadastro** *s* cadastre, register, record.
**cadáver** *s* cadaver, corpse, body.
**cadavérico** *adj* cadaveric, cadaverous, deathly, ghastly.
**cadeado** *s* padlock, lock.
**cadeia** *s* cage; *gír* can, cooler, coop, jug.
**cadeira** *s* chair, seat.
**cadela** *s* bitch.
**cadência** *s tb Mús* beat, cadence, cadency; rhythm; *Mús* tempo.
**cadenciado** *adj* cadenced, cadent.
**cadente** *adj* cadent.
**caderneta** *s* passbook.
**caderno** *s* notebook, copybook.
**cadete** *s* cadet.
**cádmio** *s Quím* cadmium.
**caducar** *v* lapse.
**caduco** *adj* deciduous, decrepit, senile.
**cafajeste** *s* e *adj* boor, churl.
**café** *s* coffee (bebida e fruto); coffeehouse, coffee shop (estabelecimento).
**cafeeiro** *s* e *adj* coffee.
**cafeína** *s* caffeine.
**cafeteira** *s* coffeepot.
**cafeteria** *s* café.
**cafetina** *s* bawd.
**cágado** *s Zool* tortoise.
**caiaque** *s* kayak.
**cãibra** *s* cramp, crick, kink.
**caimento** *s* drape (roupa, tecido); tip.
**caipira** *s* e *adj* bumpkin, clodhopper; hillbilly, yokel.
**cair** *v* down, fall, go down, sag, sink, slough (casca de ferida), slump, swoop.
**cais** *s* quay, jetty, wharf, levee.
**caixa** *s* box; case, chest.
**caixa-forte** *s* safe-deposit box.
**caixão** *s* coffin.
**caixa-preta** *s* black box.
**caixeiro** *s* salesclerk.
**caixote** *s* box, crate; chest.
**cajado** *s* staff.
**caju** *s* cashew.
**cajueiro** *s* cashew.
**cal** *s* lime.
**calabouço** *s* dungeon.
**calado** *adj* dumb, mum, silent, speechless, mute, quiet, uncommunicative. | *s Náut* draft (navio).
**calafetar** *v* caulk.
**calafrio** *s* chill, creep; *Med* rigor, shakes, shiver.
**calamidade** *s* calamity, disaster, bale, balefulness, curse, ill.
**calamitoso** *adj* calamitous, disastrous, baleful.
**calar** *v* clam, hush.
**calçada** *s* sidewalk.
**calçadeira** *s* shoehorn, wedge.
**calçado** *s* footgear, footwear, shoe.
**calcanhar** *s* heel.
**calcanhar de aquiles** *s fig* Achilles' heel.
**calção** *s* trousers; shorts, trunks.
**calcar** *v* tread, trample, ram, tread down.
**calçar** *v* boot, shoe, trig.
**calcário** *adj* calcareous. | *s* limestone.
**calças** *s pl* trousers, slacks.
**calcificação** *s* calcification.
**calcificar** *v* calcify.
**calcinha** *s* panties (de mulher).
**cálcio** *s* calcium (*símb* **Ca**).

**calço** *s* chock, chuck, cleat, shim, skid (roda), trig.
**calculador** *adj* calculating. | *s* counter.
**calculadora** *s* computer.
**calcular** *v* calculate, compute, count; estimate; figure.
**calculável** *adj* calculable, computable.
**calculista** *s* e *adj* arithmetician. | *adj* shrewd (temperamento).
**cálculo** *s* calculation; account, calculus, computation, estimate, numeration, sum; *Med* concretion, stone (renal).
**calda** *s* syrup.
**caldeira** *s* boiler, caldron.
**caldeirão** *s* caldron, kettle, melting pot.
**caldo** *s* broth, juice.
**caleidoscópio** *s* kaleidoscope.
**calejado** *adj* callous.
**calendário** *s* calendar.
**calêndula** *s* *Bot* marigold.
**calha** *s* gutter, spout, waterspout, trough (telhado).
**calhambeque** *s* jalopy, rattletrap.
**calhandra** *s* *Zool* lark.
**calibrador** *s* calibrator, gauge.
**calibragem** *s* calibration.
**calibrar** *v* calibrate, gauge.
**calibre** *s* caliber, bore (de arma), gauge.
**cálice** *s* calix, goblet.
**califa** *s* caliph.
**caliginoso** *adj* caliginous.
**caligrafia** *s* calligraphy, handwriting.
**calígrafo** *s* calligrapher.
**calma** *s* calm, calmness, composure, coolness, hush, quiet, serenity, lull, moderation.
**calmamente** *adv* collectedly, coolly, dispassionately, still.
**calmante** *adj* assuasive; *Med* calmative, soothing. | *s* *Med* calmative, sleeping pill, lenitive, mollifier, tranquilizer.
**calmaria** *s* lull.
**calmo** *adj* calm, quiet, still; serene, undisturbed; even, even-tempered; unmoved; cool; dispassionate; unperturbed.
**calo** *s* corn, callus.
**calombo** *s* knot.
**calor** *s* heat.
**caloria** *s* calorie.
**calórico** *adj* caloric (relativo a calor ou a caloria). | *s* *Fís* caloric.
**caloroso** *adj* warm, effusive.
**calosidade** *s* callosity, corn.
**caloso** *adj* callous, rough.
**calota** *s* hubcap; spherical calotte; cap, skullcap.
**calote** *s* trick, cheat.
**calouro** *s* freshman (escola ou faculdade).
**calúnia** *s* calumny.
**caluniador** *s* calumniator.
**caluniar** *v* calumniate.
**calunioso** *adj* calumnious.
**calvário** *s* Calvary.
**calvície** *s* baldness.
**calvinismo** *s* Calvinism.
**calvinista** *adj* e *s* Calvinist.
**calvo** *adj* bald, baldpate, hairless. | *s* baldhead.
**cama** *s* bed.
**camada** *s* layer; blanket, coat, coating (tinta, proteção), flake, overlay, rime (gelo, barro); tier (colocada uma em cima da outra), scale, sheet (gelo); *Geol* stratum, bed.
**camafeu** *s* cameo.
**camaleão** *s* chameleon.
**câmara** *s* camera; chamber.
**camarada** *s* chap, comrade, fellow; buddy; mate.
**camaradagem** *s* companionship, comradeship.
**camarão** *s* shrimp.
**camarão-d'água-doce** *s* crayfish.
**camareira** *s* chambermaid, housekeeper.
**camareiro** *s* chamberlain, dresser, housekeeper.
**camarim** *s* dressing room.
**camarote** *s* box, stateroom (trem, navio).
**cambaio** *adj* e *s* bowlegged.
**cambaleante** *adj* groggy, staggering.
**cambalear** *v* reel, falter, stagger, totter.
**cambalhota** *s* caper, somersault, frisk, tumble.

**cambiar** *v* change, exchange.
**câmbio** *s* change, exchange.
**cambista** *s* moneychanger, scalper.
**cambraia** *s* cambric.
**camélia** *s* camellia.
**camelo** *s* camel.
**caminhada** *s* walk; hike.
**caminhante** *s* walker, wanderer, wayfarer.
**caminhão** *s* truck.
**caminhar** *v* walk; hike, march, tread.
**caminho** *s* road, route, lane, wake, walkway, way, track, trail, pass, passageway, path, pathway.
**camisa** *s* shirt; mantle (de lampião).
**camisa de força** *s* straitjacket.
**camisa de vênus** *s* condom.
**camiseta** *s* undershirt.
**camisinha** *s* condom, *gír* rubber.
**camisola** *s* nightgown.
**camomila** *s* camomile.
**campainha** *s* bell, doorbell, buzzer.
**campanário** *s* campanile, belfry, steeple.
**campanha** *s* campaign (militar, eleitoral), drive, movement.
**campeão** *s* champion, champ; ace.
**campeonato** *s* championship.
**campestre** *adj* rural, rustic, bucolic, country.
**campina** *s* champaign, green, sward, lea.
**campista** *s* camper.
**campo** *s* camp, country, field, ground; scope, domain.
**camponês** *s* peasant, countryman, cottager, yokel. | *adj* rustic, bucolic.
**camponesa** *s* peasant, countrywoman.
**camuflado** *adj* cryptic.
**camuflagem** *s* camouflage.
**camuflar** *v* camouflage; belie.
**camurça** *s* chamois, buckskin, suede.
**cana** *s* cane.
**Canadá** *s* Canada.
**cana-de-açúcar** *s* sugar cane.
**canadense** *adj* e *s* Canadian.
**canal** *s* channel (*tb* TV, rádio); canal; race (rio), vessel.
**canalha** *adj* e *s* scoundrel.
**canalização** *s* canalization.
**canalizar** *v* canalize, channel, dike.
**canário** *s* canary.
**canção** *s* song, ballad, chanson.
**cancela** *s* gate, barrier.
**cancelado** *adj* off.
**cancelamento** *s* cancel, cancelation, cassation, recall.
**cancelar** *v* cancel, call off, expunge, nullify, recall, remit, revoke; scratch (luta, competição); withdraw, write off (dívida).
**cancelável** *adj* abolishable.
**câncer** *s Med* cancer; *Astrol* e *Astron* Cancer, Crab.
**canceroso** *adj* cancerous, cankerous, malignant.
**cancro** *s* canker.
**candelabro** *s* girandole, luster.
**candidatar(-se)** *v* apply (emprego); present oneself as candidate, be a candidate (a uma eleição).
**candidato** *s* candidate (a uma eleição); applicant (emprego, cargo).
**candidatura** *s* candidacy.
**cândido** *adj* candid.
**candura** *s* candidness, chasteness, frankness.
**caneca** *s* mug, can.
**canela** *s Anat* shin; *Zool* cannon (cavalo, boi); *Bot* cinnamon.
**canelado** *adj* grooved.
**caneleira** *s Bot* cinnamon; shin guard (proteção para a canela).
**caneta** *s* pen.
**caneta-tinteiro** *s* fountain pen.
**cânfora** *s* camphor.
**canga** *s* yoke.
**canguru** *s* kangaroo.
**cânhamo** *s* hemp.
**canhão** *s* cannon.
**canhoto** *adj* left-handed. | *s* left-hander; counterfoil (talão, recibo), stub (talão de cheque).
**canibal** *s* cannibal, man-eater.

**canibalismo** *s* cannibalism.
**canil** *s* kennel.
**canino** *adj* e *s* canine.
**canivete** *s* jackknife.
**canjica** *s* grits.
**cano** *s* conduit; drain, tube; barrel (arma de fogo).
**canoa** *s* canoe.



**canoeiro** *s* canoeist.
**cânon** *s* canon.
**cânone** *s* canon.
**canônico** *adj* canonical.
**canonização** *s* canonization, consecration.
**canonizar** *v* canonize.
**cansaço** *s* fatigue, lassitude.
**cansado** *adj* beat, fed up (de uma situação); tired, weary, worn-out.
**cansar** *v* tire, fatigue, get down, harass, weary.
**cansativo** *adj* wearing, wearisome, weary, hard.
**cantão** *s* canton.
**cantar** *v* sing, chant.
**cantarolar** *v* hum.
**canteiro** *s* garden bed, patch.
**cântico** *s* canticle, chant.
**cantiga** *s* ditty, descant, aria.
**cantil** *s* canteen, flask.
**cantina** *s* canteen.
**canto** *s* corner (ângulo, aresta); song (canção).
**cantor** *s* singer, vocalist, crooner.
**canudo** *s* straw (para beber).
**cão** *s* dog.
**caos** *s* chaos.
**caótico** *adj* chaotic.
**capa** *s* coat, cloak, mantle; wrapper, covering, jacket; sleeve (disco).
**capacete** *s* helmet.
**capacho** *s* doormat, mat.
**capacidade** *s* capacity, capableness, capability; ability, aptitude, aptness; capaciousness (espaço ou volume).
**capacitar** *v* capacitate; enable.
**capanga** *s* henchman, bully.
**capar** *v* castrate.
**capataz** *s* foreman, captain.
**capaz** *adj* capable, able.
**capcioso** *adj* captious, catchy, fair.
**capela** *s* chapel, bethel.
**capela-mor** *s* chancel.
**capelão** *s* chaplain.
**capilar** *adj* capillary.
**capim** *s* grass.
**capinar** *v* weed.
**capitação** *s* capitation.
**capital** *adj* capital. | *s* capital; money.
**capitalismo** *s* capitalism.
**capitalista** *adj* e *s* capitalist.
**capitalização** *s* capitalization.
**capitalizar** *v* capitalize, fund.
**capitania** *s* captaincy.
**capitão** *s* captain.
**capitólio** *s* Capitol.
**capitulação** *s* capitulation.
**capitular** *v* capitulate. | *s* initial.
**capítulo** *s* chapter.
**capô** *s* hood.
**capoeira** *s* coop.
**capota** *s* roof.
**capotagem** *s* overturn.
**capotar** *v* overturn, overthrow.
**capote** *s* cloak.
**capricho** *s* caprice, capriciousness, whim, mood; fancy.
**caprichoso** *adj* capricious, wayward, whimsical; freakish.
**capricórnio** *s* *Astrol* e *Astron* Goat.
**cápsula** *s* capsule, boll.
**capsulado** *adj* capsulate.
**capsular** *adj* capsular.
**captação** *s* catchment.
**captor** *s* captor.
**captura** *s* capture, seizure, arrest, arrestment, catch, catchment.
**capturar** *v* capture, arrest, win (numa batalha).
**capuz** *s* hood.
**caqui** *s* kaki.
**cara** *s* face (rosto); *inform* guy (pessoa).
• **cara a cara** face to face.

**carabina** *s* carbine, rifle.
**caracol** *s Zool* snail; *Anat* e *Med* cochlea; coil, curl.
**carácter** *s* character.
**caractere** *s* character.
**característica** *s* attribute, feature, trait.
**característico** *adj* characteristic, discriminating, distinctive, typical.
**caracterização** *s* characterization.
**caracterizar** *v* character, characterize.
**caramanchão** *s* bower.
**caramba** *interj* gosh.
**carambola** *s* carambola, carom (no bilhar).
**caramelizar** *v* caramelize.
**caramelo** *s* caramel, toffee.
**caramujo** *s* snail.
**caranguejo** *s Zool* crab.
**carapaça** *s* carapace, cuirass.
**caratê** *s* karate.
**carateca** *s* karateist.
**caráter** *s* character, nature, mark.
**caravana** *s* caravan.
**caravela** *s* caravel.
**carboidrato** *s* carbohydrate.
**carbonado** *adj* carbonaceous.
**carbonatar** *v* carbonate.
**carbonato** *s* carbonate.
**carbonífero** *adj Geol* carbonaceous, carboniferous.
**carbonização** *s* carbonization.
**carbonizar** *v* carbonize, carbonate, char.
**carbono** *s* carbon.
**carburador** *s* carburetor.
**carburar** *v* carburize.
**carcaça** *s* carcass, body, frame, skeleton.
**cárcere** *s* jail.
**carcereiro** *s* jailer, turnkey.
**cardador** *s* comber.
**cardápio** *s* menu, card.
**cardeal** *s* e *adj* cardinal.
**cardíaco** *adj* e *s* cardiac.
**cardigã** *s* cardigan.
**cardinal** *s* cardinal (número).
**cardiografia** *s* cardiography.
**cardiograma** *s* cardiogram.
**cardiologia** *s* cardiology.
**cardiologista** *s* cardiologist.
**cardo** *s Bot* thistle.
**cardume** *s* shoal.
**careca** *adj* bald. | *s* baldhead, baldpate.
**carecer** *v* need.
**carência** *s* lack, want, need.
**carente** *adj* deprived.
**carestia** *s* dearness, dearth.
**careta** *s* grimace, face.
**carga** *s* burden, load, loading; cargo, freight, luggage; shipment; charge (energia), shot (explosivo).
**cargo** *s* charge, load; employment, office.
**cargueiro** *s* freighter.
**cariado** *adj* carious.
**cariar** *v* decay.
**caricatura** *s* caricature, burlesque; cartoon.
**caricaturar** *v* caricature, burlesque.
**caricaturista** *s* caricaturist, cartoonist.
**carícia** *s* caress, stroke.
**caridade** *s* charity, charitableness.
**caridoso** *adj* charitable, benevolent, kind.
**cárie** *s* caries, decay, cavity.
**carimbar** *v* stamp.
**carimbo** *s* stamp, impress, signet, mark.
**carinho** *s* caress.
**carinhosamente** *adv* affectionately.
**carinhoso** *adj* affectionate, endearing.
**carisma** *s* charisma.
**caritativo** *adj* charitable.
**carmesim** *s* crimson.
**carmim** *s* carmine (cor).
**carnal** *adj* carnal, fleshly.
**carnalidade** *s* carnality.
**carnaval** *s* carnival.
**carne** *s* flesh, meat.
**carneiro** *s* sheep; ram.
**carne-seca** *s* jerky.
**carniça** *s* carrion.
**carniceiro** *s* butcher. | *adj fig* sanguinary.

**carnificina** *s* carnage, bloodshed; butchery; slaughter.
**carnívoro** *adj e s* carnivorous.
**carnudo** *adj* meaty, beefy, fleshy.
**caro** *adj e adv* expensive, costly (custoso); dear, beloved (querido).
**caroço** *s* kernel; *Bot* stone.
**carona** *s* hitch.
**carótida** *s* carotid.
**carpa** *s* carp.
**carpintaria** *s* carpentry.
**carpinteiro** *s* carpenter.
**carranca** *s* frown, scowl, figurehead.
**carranquear** *v* frown.
**carrapato** *s* tick (inseto).
**carrapicho** *s* cocklebur.
**carrasco** *s* hangman, executioner.
**carregado** *adj* loaded, charged; full.
**carregador** *s* loader, carrier; bearer.
**carregamento** *s* carry; charge; shipment.
**carregar** *v* carry; load (veículo, arma); charge (bateria); blow (pelo vento); burden.
**carreira** *s* career; scoot; scud; artistry (artística).
**carreta** *s* dray.
**carretagem** *s* cartage.
**carreteiro** *s* carrier, drayman.
**carretel** *s* spool, bobbin, reel, spindle.
**carreto** *s* cartage, haulage; carriage; fare.
**carril** *s* rut.
**carrilhador** *s* chimer.
**carrilhão** *s* carillon, chime.
**carrinho** *s* cart (compras, golfe); wagon (bebidas).
**carro** *s* car; carriage; coach.
**carroça** *s* cart, wain.
**carroção** *s* wain.
**carroçaria** *s* body, chassi.
**carroceiro** *s* drayman.
**carrossel** *s* carousel; merry-go-round.
**carruagem** *s* carriage, chariot.
**carta** *s* letter, missive; mail.
**carta-bomba** *s* letter bomb.
**cartão** *s* card; pasteboard, cardboard.
**cartão de crédito** *s* credit card.
**cartão-postal** *s* postcard.
**cartaz** *s* poster.
**cartear** *v* card.
**carteira** *s* wallet; desk (escrivaninha).
**carteiro** *s* mailman, messenger.
**cartel** *s* cartel, monopoly.
**cartilagem** *s* cartilage.
**cartilha** *s* primer.
**cartografia** *s* cartography.
**cartógrafo** *s* mapmaker.
**cartola** *s* top hat, topper.
**cartolina** *s* pasteboard, card.
**cartomancia** *s* fortunetelling.
**cartomante** *s* fortuneteller.
**cartucho** *s* cartridge (arma de fogo, impressora).
**cartunista** *s* cartoonist.
**caruncho** *s* blackleg.
**carvalho** *s* oak.
**carvão** *s* coal, charcoal (lápis e desenho).
**carvoeiro** *s* collier.
**casa** *s* house, home; household; square (xadrez).
**casaco** *s* coat; wrap.
**casado** *adj* married.
**casadouro** *adj* marriageable.
**casa-grande** *s* ranch.
**casal** *s* couple; pair.
**casamata** *s* casement, shelter.
**casamento** *s* marriage, wedding (cerimônia).
**casar** *v* marry.
**casca** *s* hull (fruta, semente); husk (trigo, milho); rind (fruta); scab, slough (ferida); shell (noz).
**cascalho** *s* gravel; rubble, dirt; grit.
**cascata** *s* waterfall, falls, cascade.
**cascavel** *s* rattlesnake.
**casco** *s* *Náut* bottom, cask, hull, shell, mail; *Zool* casque, hoof (cavalo, boi).
**casebre** *s* hovel.
**caseiro** *adj* homemade, homespun, homely, home. | *s* tenant, caretaker, farm manager.

**caserna** *s* barrack; casern.
**casimira** *s* cassimere, kerseymere.
**caso** *s* case; business, event. | *conj* whether.
**caspa** *s* dandruff, scale, scurf.
**cassação** *s* cassation.
**cassetete** *s* billy, club, blackjack.
**cassino** *s* casino.
**casta** *s* caste, race, feather, kind.
**castanha** *s* chestnut, nut.
**castanha-do-pará** *s* Brazil nut.
**castanheiro** *s* chestnut.
**castanho** *adj* brown, chestnut. | *s* brown (cor).
**castanho-amarelado** *s* tan (cor).
**castanhola** *s* castanet, clappers.
**castelão** *s* castellan.
**castelhano** *s* e *adj* Castilian.
**castelo** *s* castle.
**castiçal** *s* candlestick.
**castidade** *s* chastity, chasteness.
**castigador** *s* castigator, chastener, chastiser.
**castigar** *v* castigate, chasten, chastise.
**castigo** *s* castigation, chastisement.
**casto** *adj* chaste.
**castor** *s* beaver.
**castração** *s* castration; emasculation.
**castrado** *adj* emasculate.
**castrar** *v* castrate; emasculate, alter (animais).
**casual** *adj* casual; accidental; fortuitous; haphazard; chance.
**casualidade** *s* casualty, casualness; fortuity; haphazard; chance.
**casualmente** *adv* casually; accidentally; haphazard; anyhow.
**casuísta** *s* e *adj* casuist.
**casuística** *s* casuistry.
**casulo** *s* cocoon.
**cataclismo** *s* cataclysm.
**catacumba** *s* catacomb.
**catalão** *adj* e *s* Catalan.
**catalepsia** *s* catalepsy.
**catalisação** *s* catalyze, activation.
**catalisador** *s* catalyst.
**catalisar** *v* catalyze, activate.
**catálise** *s* catalysis.
**catalogar** *v* catalog; list.
**catálogo** *s* catalog; list.
**cataplasma** *s* cataplasm.
**catapora** *s* chickenpox.
**catapulta** *s* catapult.
**catar** *v* seek (buscar); collect, pick up (juntar, apanhar).
**catarata** *s tb Med* cataract; falls (queda--d'água).
**catarro** *s* catarrh.
**catarse** *s* catharsis.
**catástrofe** *s* catastrophe.
**catastrófico** *adj* catastrophic.
**cata-vento** *s* weathervane, vane.
**catecismo** *s* catechism.
**cátedra** *s* cathedra, chair.
**catedral** *s* cathedral.
**categoria** *s* category; degree, rate; type; way.
**categórico** *adj* categorical, explicit.
**categorizar** *v* categorize.
**catequese** *s* catechesis.
**catequista** *s* catechizer.
**catequização** *s* catechization.
**catequizar** *v* catechize.
**cateter** *s* catheter.
**cativante** *adj* captivating; catching; arresting; winning; winsome.
**cativar** *v* captivate; charm; enthrall.
**cativeiro** *s* captivity; bonds, bondage.
**cativo** *adj* e *s* captive.
**catódio** *s* cathode.
**catodo, cátodo** *s* cathode.
**catolicismo** *s* Catholicism.
**católico** *adj* e *s* Catholic.
**catorze** *num* fourteen.
**catraca** *s* turnstile, ratchet.
**caubói** *s* wrangler.
**caução** *s* guaranty, guarantee; bond, bail.
**caucionar** *v* bail, bond.
**cauda** *s* tail.
**caudado** *adj* caudate.
**caule** *s* stem, shaft.

C

**causa** *s* cause, reason.
**causador** *s* causer.
**causal** *adj* causal, causative.
**causalidade** *s* causality.
**causar** *v* cause.
**causativo** *adj* e *s* causative, causal.
**cáustico** *adj* caustic; acrimonious; acrid. | *s* caustic.
**cautela** *s* caution, cautiousness.
**cautelosamente** *adv* cautiously.
**cauteloso** *adj* cautious.
**cauterização** *s* cauterization.
**cauterizar** *v* cauterize.
**cavaco** *s* chip.
**cavadeira** *s* dibble.
**cavador** *s* digger.
**cavala** *s* mackerel (peixe).
**cavalaria** *s* cavalry; chivalry (Idade Média), knighthood.
**cavalariça** *s* stable.
**cavalariço** *s* equerry, groom.
**cavaleiro** *s* horseman, equestrian; cavalier.
**cavalete** *s* easel (de pintor); trestle; bridge.
**cavalgada** *s* cavalcade, riding.
**cavalgar** *v* ride; jockey; mount.
**cavalheiresco** *adj* chivalric.
**cavalheirismo** *s* chivalrousness, chivalry.
**cavalheiro** *s* e *adj* gentleman; cavalier; don (título espanhol).
**cavalo** *s* horse; knight (xadrez).
**cavalo-marinho** *s* sea horse.
**cavalo-vapor** *s* horsepower.
**cavanhaque** *s* goatee.
**cavar** *v* dig, excavate.
**caveira** *s* skull.
**caverna** *s* cave.
**cavernoso** *adj* cavernous.
**caviar** *s* caviar.
**cavidade** *s* cavity; hole.
**cavilha** *s* cotter, nog.
**caxias** *s gír* wonk.
**cear** *v* sup.
**cebola** *s* onion.
**cebolinha** *s* chive.
**ceco** *s Anat* caecum.
**ceder** *v* cede; yield; agree; allow; deed; defer; give; render; subside.
**cedilha** *s* cedilla.
**cedinho** *adv* wee.
**cedo** *adv* early, soon.
**cedro** *s* cedar.
**cédula** *s* bill.
**cefaleia** *s* cephalalgia.
**cefálico** *adj* cephalic.
**cefalite** *s* cephalitis.
**cegar** *v* blind.
**cego** *adj* e *s* blind; blunt; dull (instrumento cortante); sightless.
**cegonha** *s* stork.
**cegueira** *s* blindness.
**ceia** *s* supper.
**ceifa** *s* harvest; crop.
**ceifar** *v* harvest; reap; mow; crop; shear.
**ceifeiro** *s* harvester, reaper, mower.
**cela** *s* cell.
**celebração** *s* celebration.
**celebrador** *s* celebrator.
**celebrante** *s* celebrant.
**celebrar** *v* celebrate; commemorate.
**célebre** *adj* celebrated; famous; renowned; illustrious.
**celebridade** *s* celebrity.
**celeiro** *s* barn, granary.
**celeridade** *s* celerity.
**celeste** *adj* heavenly; empyreal; Elysian.
**celestial** *adj* celestial, ethereal.
**celibatário** *s* celibate, bachelor. | *adj* celibate.
**celibato** *s* celibacy, bachelorhood, bachelorship.
**celta** *s* Celt, Celtic. | *adj* Celtic.
**célula** *s* cell, corpuscle.
**celular** *adj* cellular. | *s* mobile (telefone).
**celulite** *s* cellulite.
**celuloide** *s* celluloid.
**celulose** *s* cellulose.
**cem** *num* hundred.
**cemitério** *s* cemetery, graveyard.
**cena** *s* scene; stage.

**cenário** *s* scene; setting.
**cenho** *s* frown.
**cênico** *adj* scenic.
**cenografia** *s* scenography.
**cenoura** *s* carrot.
**censo** *s* census.
**censor** *s* censor, critic.
**censório** *adj* censorial.
**censura** *s* censure, censorship.
**censurador** *adj* carping. | *s* censurer.
**censurar** *v* censor; blame; accuse; reprove.
**censurável** *adj* censurable; blamable; blameful.
**centáurea** *s* cornflower.
**centauro** *s Mit* centaur; *Astrol* Centaurus.
**centavo** *s* cent.
**centeio** *s* rye.
**centelha** *s* spark, scintilla.
**centena** *s* hundred.
**centenário** *s* centenarian. | *adj* centennial, centenary.
**centesimal** *adj* centesimal.
**centésimo** *s* e *num* hundredth.
**centígrado** *s* centigrade.
**centigrama** *s* centigram.
**centilitro** *s* centiliter.
**centímetro** *s* centimeter.
**cêntimo** *s* cent.
**centopeia** *s* centipede.
**central** *adj* central; centric; midland; middle.
**centralidade** *s* centrality, centricity.
**centralização** *s* centralization.
**centralizador** *s* centralizer.
**centralizar** *v* centralize; center.
**centrar** *v* center.
**centrifugador** *s* centrifuge.
**centrifugar** *v* centrifuge.
**centrífugo** *adj* centrifugal.
**centrípeto** *adj* centripetal.
**centro** *s* center; middle; core; hub; heart.
**centúria** *s* century.
**centurião** *s* centurion.
**CEP** *s* ZIP code, postcode.
**cepo** *s* stock; block.
**céptico** *adj* skeptical, cynical, incredulous. | *s* skeptic.
**cera** *s* wax.
**cerâmica** *s* ceramic; earthenware.
**cerâmico** *adj* ceramic.
**cerca** *s* fence.
**cercado** *s* enclosure; stanchion; paddock (para animais).
**cercadura** *s* binding.
**cercanias** *s* environs, vicinity.
**cercar** *v* enclose, fence; encircle; surround; circle; encompass; stanchion (gado).
**cerco** *s* enclosure; siege.
**cerda** *s* bristle.
**cereal** *adj* cereal. | *s* cereal; grain, kernel.
**cerebelo** *s* cerebellum.
**cerebral** *adj* cerebral.
**cérebro** *s* brain; cerebrum, head, mind.
**cereja** *s* cherry.
**cerejeira** *s* cherry.
**cerimônia** *s* ceremony; formality.
**cerimonial** *adj* e *s* ceremonial.
**cerimonioso** *adj* ceremonious.
**cerne** *s* core.
**ceroulas** *s* drawers.
**cerração** *s* fog, mist; overcast.
**cerrado** *adj* bushy; shut.
**cerrar** *v* shut.
**certamente** *adv* certainly, of course, indeed, sure, for sure, surely.
**certeza** *s* certainty, assurance, surety.
**certidão** *s* certificate; testimonial.
**certificação** *s* certification.
**certificado** *s* certification, certificate; testimonial.
**certificar** *v* certify, certificate.
**certificável** *adj* certifiable.
**certo** *adj* sure, secure; right, correct; true; certain; confident. | *adv* right, all right.
**cerume** *s* cerumen, earwax, wax.
**cerúmen** *s* cerumen.
**cerveja** *s* beer.

**cervejaria** *s* brewery.
**cervejeiro** *s* brewer.
**cervical** *adj* cervical.
**cervino** *adj* cervine.
**cerviz** *s* cervix.
**cervo** *s* deer.
**cerzidura** *s* darn, darning.
**cerzir** *v* darn, sew.
**cesariana** *s* cesarean.
**cessação** *s* cessation.
**cessão** *s* cession.
**cessar** *v* break; cease, give over.
**cessionário** *s* assign, assignee.
**cesta** *s* basket.
**cestada** *s* basketful.
**cesto** *s* basket.
**cetáceo** *adj* e *s* cetacean.
**ceticismo, cepticismo** *s* skepticism.
**cetim** *s* satin.
**cetro** *s* scepter.
**céu** *s* sky, heaven; air.
**cevada** *s* barley.
**chá** *s* tea.
**chacal** *s* jackal.
**chácara** *s* farm.
**chacina** *s* butchery.
**chacinar** *v* slay, massacre.
**chacota** *s* fleer.
**Chade** *s* Chad.
**chafariz** *s* fountain.
**chafurdar** *v* wallow.
**chaga** *s* fester, sore.
**chalé** *s* chalet, cottage, lodge.
**chaleira** *s* kettle.
**chama** *s* flame; blaze, fire.
**chamada** *s* call, calling.
**chamado** *s* cry; call.
**chamador** *s* caller.
**chamar** *v* call; arrest (atenção).
**chamariz** *s* lure, decoy.
**chambre** *s* gown.
**chamejante** *adj* ablaze, aflame, ardent.
**chaminé** *s* chimney; funnel; smokestack (fábrica, navio); stack; *Geol* vent (vulcão).
**champanha** *s* champagne.
**chamuscar** *v* singe; scorch, sear.
**chamusco** *s* singe.
**chance** *s* chance, opportunity.
**chancelaria** *s* chancellery, chancery.
**chanceler** *s* chancellor.
**chanfrado** *adj* bevel.
**chanfrador** *s* chaser.
**chanfradura** *s* chamfer; bevel; scarf.
**chanfrar** *v* chamfer; groove; cant, bevel.
**chanfro** *s* chamfer.
**chantagem** *s* blackmail.
**chantagista** *s* blackmailer; bloodsucker; racketeer.
**chão** *s* floor, ground.
**chapa** *s* plate, sheet (metal).
**chapar** *v* plate.
**chapeleiro** *s* milliner.
**chapéu** *s* hat.
**chapéu-coco** *s* bowler.
**charada** *s* charade.
**charco** *s* bog, slough, fen, mere, moor.
**charge** *s* cartoon.
**chargista** *s* cartoonist.
**charlatanismo** *s* charlatanism; quackery.
**charlatão** *s* charlatan; quack.
**charme** *s* charm, glamour.
**charneca** *s* *Bot* morass, moor, heath, meadow.
**charque** *s* junk; jerky.
**charuto** *s* cigar.
**chassi** *s* chassis, frame, body.
**chatear** *v* get down.
**chatice** *s* drag.
**chato** *adj* flat, plain (plano); boring, annoying, troublesome (inoportuno).
**chauvinismo** *s* chauvinism.
**chavão** *s* tag.
**chave** *s* key; *Mús* e *Tip* brace; clew (de mistério).
**chaveamento** *s* switching.
**chávena** *s* cup.
**chaveta** *s* cotter.
**checar** *v* check; tick (ticar).
**chefe** *s* boss; captain; chief; commander; conductor; head.

**chefia** *s* leadership; chieftaincy; command; lead.
**chefiar** *v* boss.
**chega** *interj* enough.
**chegada** *s* advent, arrival, coming, incoming.
**chegar** *v* arrive; attain; come; get, get in; *inform* land.
**cheia** *s* flood; flow.
**cheio** *adj* full, replete, complete.
**cheirar** *v* smell, sniff; snuff; nose; scent.
**cheiro** *s* smell; odor; scent.
**cheiroso** *adj* odorous, smelly.
**cheque** *s* check.
**chiado** *s* creak, squeak; fizz; sizzle (de gordura fritando).
**chiar** *v* creak, squeak; fizz; fizzle; sizzle; screech; wheeze.
**chicana** *s* chicane, chicanery.
**chiclete** *s* chewing gum.
**chicória** *s* endive.
**chicotada** *s* whipping, stripe, lash.
**chicote** *s* whip, switch.
**chicotear** *v* whip, lash.
**chifrada** *s* butt.
**chifrar** *v* butt.
**chifre** *s* horn.
**Chile** *s* Chile.
**chilrar** *v* chatter.
**chilrear** *v* twitter.
**chimpanzé** *s* chimpanzee.
**China** *s* China.
**chinelo** *s* slipper.
**chinês** *adj* e *s* Chinese.
**Chipre** *s* Cyprus.
**chique** *adj* e *s* chic.
**chiqueiro** *s* sty.
**chispa** *s* spark.
**chiste** *s* crack; fun.
**chistoso** *adj* witty.
**chita** *s* chintz.
**chitão** *s* chintz.
**choca** *adj* broody (galinha).
**choça** *s* hovel; crib.
**chocalhar** *v* rattle; clatter.
**chocalho** *s* rattle.
**chocante** *adj* shocking; dread; lurid.
**chocar** *v* hatch, brood, clutch (ovos); shock, collide (colidir), conflict (conflitar).
**chocolate** *s* chocolate.
**chofer** *s* chauffeur, driver.
**chope** *s* draft.
**choque** *s* shock, impact; collision, crash (batida); electric shock (elétrico).
**choradeira** *s* whimper, blubber, snivel.
**choramingar** *v* whimper, whine, snivel, mewl.
**choramingo** *s* snivel.
**chorão** *s Bot* weeping willow.
**chorar** *v* cry, weep.
**choro** *s* cry, weep.
**choroso** *adj* weeping; moist; mournful.
**choupana** *s* cot, hut, shanty, lodge.
**chouriço** *s* sausage.
**chover** *v* rain; shower.
**chumaço** *s* padding; wad, pad.
**chumbar** *v* lead.
**chumbo** *s* lead (*símb* **Pb**).
**chupão** *s* assassin bug (inseto transmissor da doença de Chagas).
**chupar** *v* suck.
**chupeta** *s* nipple; pacifier.
**churrasco** *s* barbecue.
**chutar** *v* kick.
**chute** *s* shoot; boot; kick.
**chuteira** *s* spike.
**chuva** *s* rain, sleet (granizo, neve).
**chuvarada** *s* downpour, downfall, rainfall.
**chuveiro** *s* shower.
**chuviscar** *v* drizzle, mizzle, sprinkle; mist.
**chuvisco** *s* drizzle, mizzle, sprinkle.
**chuvoso** *adj* rainy, drizzly; showery; wet.
**cianeto** *s* cyanide.
**cianureto** *s* cyanide.
**cibernética** *s* cybernetics.
**cicatriz** *s* scar, cicatrix.
**cicatrização** *s* cicatrization.
**cicatrizar** *v* cicatrize, scar, heal.

C

**cicerone** *s* cicerone.
**cíclico** *adj* cyclic.
**ciclismo** *s* cyclism.
**ciclista** *s* cyclist, biker.
**ciclo** *s* cycle; circle; round.
**ciclone** *s* cyclone.
**ciclope** *s Mit* Cyclops.
**ciclópico** *adj* cyclopean.
**ciclovia** *s* bikeway.
**cicuta** *s* hemlock.
**cidadania** *s* citizenship.
**cidadão** *s* citizen; burgher.
**cidade** *s* city, town.
**Cidade do Vaticano** *s* Vatican City.
**cidadela** *s* citadel.
**ciência** *s* science; consciousness.
**ciente** *adj* aware, cognizant; conscious.
**científico** *adj* scientific.
**cientista** *s* scientist.
**cifra** *s* cipher; code; figure; naught.
**cifrado** *adj* cryptic.
**cifrão** *s* symbol used to indicate currency ($).
**cifrar** *v* code, encrypt.
**cigano** *adj* e *s* Gypsy.
**cigarra** *s Zool* cicada.
**cigarro** *s* cigarette; *gír* butt, fag.
**cilada** *s* ambush; snare, trap.
**ciliado** *adj* ciliated.
**ciliar** *adj* ciliary.
**cilindrar** *v* roll.
**cilíndrico** *adj* cylindric; round.
**cilindro** *s* cylinder, roller, roll.
**cílio** *s* eyelash, lash; cilium.
**cimentar** *v* cement.
**cimento** *s* cement; mortar.
**cimo** *s* crown; cap; cope.
**cinco** *num* five.
**cineasta** *s* cineaste, filmmaker.
**cinegrafista** *s* cameraman, cinematographer.
**cinéfilo** *s* e *adj* moviegoer.
**cinema** *s* cinema, movie, movies.
**cinemateca** *s* cinematheque.
**cinemática** *s* kinematics.
**cinematográfico** *adj* cinematographic.
**cinético** *adj* kinetic.
**Cingapura** *s* Singapore.
**cingapuriano** *adj* e *s* Singaporean.
**cingir** *v* cincture; encircle; encompass.
**cinicamente** *adv* cynically.
**cínico** *adj* cynic, cynical. | *s* cynic.
**cinismo** *s* cynicism.
**cinquenta** *num* fifty.
**cinta** *s* bind; brace; cincture; ribbon.
**cintilação** *s* sparkle; glisten; glitter; twinkle.
**cintilante** *adj* flashy.
**cintilar** *v* scintillate; sparkle; glare; flare; glance; gleam; wink; twinkle.
**cinto** *s* belt; cincture; girdle.
**cintura** *s* waist, waistline.
**cinturão** *s* cincture; baldric; belt; girdle.
**cinza** *s* ash, gray.
**cinzas** *s* cinders.
**cinzeiro** *s* ashtray.
**cinzel** *s* chisel.
**cinzento** *adj* e *s* gray, ashy, grizzly.
**cio** *s* estrus.
**cipreste** *s* cypress.
**cipriota** *adj* e *s* Cyprian.
**circo** *s* circus.
**circuito** *s* circuit.
**circulação** *s* circulation.
**circulante** *adj* current.
**circular** *adj* circular, round. | *s* bill; circular (carta, aviso). | *v* circulate; compass; flow (sangue, dinheiro); go; pass.
**circularmente** *adv* around, round.
**circulatório** *adj* circulatory.
**círculo** *s* circle; ring.
**circum-ambiente** *adj* circumambient.
**circunavegação** *s* circumnavigation.
**circuncidar** *v* circumcise.
**circuncisão** *s* circumcision.
**circundante** *adj* circumambient; ambient.
**circundar** *v* circle, encompass; round; compass; ring; environ.
**circunferência** *s* circumference.
**circunflexo** *adj* circumflex.
**circunlóquio** *s* circumlocution.
**circunscrever** *v* circumscribe.
**circunscrição** *s* circumscription.

**circunspeção** *s* circumspection.
**circunspecto** *adj* circumspect; close-mouthed.
**circunstância** *s* circumstance.
**circunstancial** *adj* circumstantial.
**circunstanciar** *v* circumstantiate.
**círio** *s* taper; candle.
**cirurgia** *s* surgery.
**cirurgião** *s* surgeon.
**cirúrgico** *adj* surgical.
**cisão** *s* scission; rent.
**cisma** *s* schism; fancy.
**cismar** *v* ponder.
**cisne** *s* swan.
**cisterna** *s* cistern.
**cístico** *adj* cystic.
**cistite** *s* cystitis.
**cisto** *s* cyst.
**cistoide** *s* cystoid.
**citação** *s* citation, quotation (texto).
**citar** *v* cite, quote (autor, passagem de livro); notice.
**cítara** *s* cithara, zither.
**citável** *adj* quotable.
**citologia** *s* cytology.
**citoplasma** *s* cytoplasm.
**citrato** *s* citrate.
**cítrico** *adj* citric.
**citricultura** *s* citriculture.
**ciúme** *s* jealousy; envy.
**ciumento** *adj* jealous; green-eyed.
**cívico** *adj* civic, civil.
**civil** *adj* civic, civilian; civil (não militar ou eclesiástico). | *s* civilian, citizen.
**civilidade** *s* civility.
**civilização** *s* civilization.
**civilizado** *adj* cultured.
**civilizador** *s* civilizer.
**civilizar** *v* civilize.
**civismo** *s* civism.
**clã** *s* clan.
**clamante** *adj* clamant.
**clamar** *v* cry; clamor; blare.
**clamor** *s* clamor, clamorousness; cry; outcry.
**clamoroso** *adj* clamorous.
**clandestinamente** *adv* underground.
**clandestinidade** *s* clandestineness.
**clandestino** *adj e s* clandestine; stealthy; backdoor; underground.
**clangor** *s* clangor, clang.
**clangorar** *v* clangor.
**claque** *s* claque.
**claraboia** *s* skylight; fanlight; light bull's-eye.
**claramente** *adv* clear; clean; fairly; manifestly.
**clarão** *s* glare; flare; glance; glint; ray.
**clarear** *v* clear, illuminate, lighten (cor).
**clareira** *s* clearing.
**clareza** *s* distinctness; definition (tela de TV e computador).
**claridade** *s* clarity.
**clarificação** *s* clarification.
**clarificador** *s* clarifier.
**clarificar** *v* clarify.
**clarim** *s* clarion.
**clarineta** *s* clarinet.
**clarinete** *s* clarinet.
**claro** *adj* clear; bright; light (cor); clean. | *adv* of course.
**classe** *s* class; classroom (sala de aula).
**classicismo** *s* classicism.
**classicista** *adj e s* classicist.
**clássico** *adj* classic; *tb Mús* classical.
**classificação** *s* classification; arrangement, assortment; *Comp* sort.
**classificar** *v* classify, class; assort; rank; rate; *tb Comp* sort.
**classificatório** *adj* classificatory.
**classificável** *adj* classifiable.
**claustro** *s* cloister, convent.
**claustrofobia** *s* claustrophobia.
**cláusula** *s* clause; article.
**clausular** *adj* clausal.
**clausura** *s* confinement.
**clava** *s* club.
**clave** *s* clef, key.
**clavicórdio** *s* clavichord.
**clavícula** *s* clavicle.
**clemência** *s* clemency; mercy; quarter (para com o inimigo vencido).

C

**clemente** *adj* clement; merciful; compassionate; forgiving; mild.
**clepsidra** *s* water glass.
**cleptomania** *s* kleptomania.
**clerical** *adj* clerical.
**clérigo** *s* cleric, clerical; parson.
**clero** *s* clergy; ministry.
**clichê** *s* commonplace.
**cliente** *s* client.
**clientela** *s* clientage; patronage; constituency; custom.
**clima** *s* climate, clime.
**climatérico** *adj* climacteric.
**climatério** *s* climacteric.
**climático** *adj* climatic.
**climatologia** *s* climatology.
**climatologista** *s* climatologist.
**clímax** *s* climax; crunch; height.
**clínica** *s* clinic.
**clínico** *adj* clinical. | *s* clinician.
**clinômetro** *s* clinometer.
**clipe** *s* paper clip.
**clique** *s* click.
**clister** *s* clyster.
**cloaca** *s* cloaca; cesspit.
**cloacal** *adj* cloacal.
**clone** *s* clone.
**clorato** *s* chlorate.
**cloreto** *s* chloride.
**cloro** *s* chlorine (*símb* **Cl**).
**clorofila** *s* chlorophyl.
**clorofórmio** *s* chloroform.
**clube** *s* club.
**coabitação** *s* cohabitation.
**coabitante** *s* cohabitant.
**coabitar** *v* cohabit.
**coação** *s* compulsion; constraint; *Jur* duress.
**coadjutor** *s* coadjutor.
**coadjuvante** *adj* coactive.
**coado** *adj* strained.
**coador** *s* strainer; colander.
**coagir** *v* coerce; compel.
**coagulação** *s* coagulation.
**coagulado** *adj* curdy.
**coagulador** *s* coagulator.
**coagulante** *s* e *adj* coagulant.
**coagular** *v* coagulate; curdle (leite).
**coágulo** *s* clot; curd.
**coala** *s* koala.
**coalescência** *s* coalescence.
**coalescente** *adj* coalescent.
**coalhada** *s* clabber.
**coalhado** *adj* curdy.
**coalhar** *v* curd, curdle (leite).
**coalho** *s* curd, coagulant.
**coalizão** *s* coalition.
**coautor** *s* coauthor.
**coaxial** *adj* coaxial.
**cobaia** *s* cavy, guinea pig.
**cobalto** *s* cobalt (*símb* **Co**).
**coberta** *s* blanket.
**coberto** *adj* coated; covert.
**cobertor** *s* blanket; wrap.
**cobertura** *s* cover, covering, coverture; overlay; coat; coverage (seguro); roof.
**cobiça** *s* avarice, avidity; envy; covetousness; cupidity; greed; lust.
**cobiçar** *v* covet, lust; envy.
**cobra** *s* ophidian, snake.
**cobrador** *s* collector.
**cobrança** *s* collection.
**cobrar** *v* charge.
**cobrável** *adj* chargeable.
**cobre** *s* copper (*símb* **Cu**).
**cobrir** *v* cover; cap; wrap (revestir); drape (com cortinas, bandeiras, tecidos etc.).
**coca** *s* coca.
**Coca-Cola** *s* Coke.
**cocaína** *s* cocaine, coke.
**cocar** *s* cockade; feather.
**coçar** *v* itch, scratch.
**cóccix** *s* coccyx.
**cócegas** *s* tickle.
**coceira** *s* itch.
**coche** *s* coach.
**cocheiro** *s* coachman.
**cochichar** *v* whisper; buzz.
**cochicho** *s* whisper; buzz.
**cochilar** *v* nap, doze, drowse.
**cochilo** *s* nap, doze.

**cocho** *s* trough.
**cóclea** *s* cochlea.
**coco** *s* coconut.
**cocó** *s* bun.
**côdea** *s* crust.
**codificação** *s* codification.
**codificar** *v* codify, code; *tb Comp* encode, encrypt.
**código** *s* code; character; keyword; rule.
**codinome** *s* code name.
**codorna** *s* quail.
**codorniz** *s* quail, corncrake, crake.
**coeditor** *s* coeditor.
**coeducação** *s* coeducation.
**coeducacional** *adj* coeducational.
**coeficiente** *s* coefficient.
**coelho** *s* rabbit.
**coerção** *s* coercion, duress, restraint.
**coercivo** *adj* coercive.
**coerência** *s* coherence.
**coerente** *adj* coherent.
**coesão** *s* cohesion.
**coesivo** *adj* cohesive.
**coeso** *adj* cohesive.
**coessencial** *adj* coessential.
**coetâneo** *adj* contemporaneous.
**coeterno** *adj* coeternal.
**coevo** *adj e s* coeval.
**coexistência** *s* coexistence.
**coexistente** *adj* coexistent.
**coexistir** *v* coexist.
**cofre** *s* safe, chest, coffer; box.
**cogitação** *s* cogitation.
**cogitar** *v* cogitate.
**cogitável** *adj* cogitable.
**cognação** *s* cognation.
**cognato** *adj e s* cognate.
**cognição** *s* cognition.
**cognitivo** *adj* cognitive.
**cognome** *s* cognomen.
**cognoscível** *adj* cognizable.
**cogumelo** *s* mushroom, champignon.
**co-herdeiro** *s* coheir; *Jur* coparcener.
**coibição** *s* deterrence.
**coibir** *v* cohibit.
**coice** *s* recoil (arma de fogo); butt (de animal).
**coifa** *s* coif.
**coincidência** *s* coincidence.
**coincidente** *adj* coincident, coincidental.
**coincidir** *v* coincide; agree; concur.
**coiote** *s* coyote.
**coisa** *s* thing, object; matter.
**coisas** *s inform* tripe.
**cola** *s* glue; paste, adhesive; gum.
**colaboração** *s* collaboration, cooperation; contribution; coaction.
**colaborador** *adj* collateral. | *s* collaborator, cooperator; coworker.
**colaborar** *v* collaborate, cooperate; contribute.
**colada** *s* col.
**colado** *adj* skintight (no corpo).
**colagem** *s Art* paste-up.
**colágeno** *s* collagen.
**colapso** *s* collapse; breakdown; failure.
**colar** *v* glue, gum, paste; agglutinate; adhere; bind; cheat (em prova, teste); cling; stick. | *s* collar, string.
**colarinho** *s* collar; neck.
**colateral** *adj* collateral.
**colcha** *s* blanket, bedspread; quilt; counterpane.
**colchão** *s* mattress.
**colchete** *s* safety pin; bracket (sinal gráfico), clasp; hook, fastening, clasp.
**coldre** *s* holster; case.
**coleção** *s* collection; compilation; aggregation, aggregate; body; gallery; suit.
**colecionador** *s* collector; compiler.
**colecionar** *v* collect; glean.
**colega** *s* colleague; *inform* bud, buddy; *gír* kid, mate.
**colegial** *adj* collegiate. | *s* collegian; *masc* schoolboy; *fem* schoolgirl.
**colégio** *s* high school.
**coleguismo** *s* colleagueship; fellowship.
**coleira** *s* collar.
**cólera** *s* passion; cholera (doença); anger, ire; *inform* dander; wrath.

C

**colérico** *adj* e *s* choleric; angry; irritable; fiery; wrathful.
**colesterol** *s* cholesterol.
**coleta** *s* *Ecles* collect; collection; gathering.
**coletânea** *s* miscellanies, digest.
**coletar** *v* collect; reap.
**colete** *s* vest; jumper.
**coletivamente** *adv* collectedly.
**coletividade** *s* collectivity.
**coletivo** *adj* collective; corporate; blanket.
**coletor** *s* collector; gatherer.
**colheita** *s* harvest, crop; bearing; gathering.
**colher** *v* harvest, crop, gather (frutas, flores etc.), reap. | *s* spoon.
**colherada** *s* spoonful.
**colherão** *s* scoop; dipper.
**colibri** *s* *Zool* hummingbird.
**cólica** *s* colic.
**colidir** *v* collide; bump; shock; clash; knock; conflict; jolt; impact; strike.
**coligação** *s* colligation; coalition.
**coligar** *v* colligate.
**colina** *s* hill, knoll; down (perto do mar); eminence; mound.
**colírio** *s* collyrium, eyedrop.
**colisão** *s* collision; crash, shock; impact; bounce; conflict; dash; smashup (de veículos); jolt; foul.
**coliseu** *s* coliseum.
**colmeia** *s* beehive, hive.
**colmo** *s* culm, thatch.
**colo** *s* lap.
**colocação** *s* collocation; situation; installation; *Mil* emplacement.
**colocar** *v* put, set; collocate; lay.
**Colômbia** *s* Colombia.
**colombiano** *adj* e *s* Colombian.
**cólon** *s* *Anat* colon.
**colônia** *s* colony, settlement.
**colonial** *adj* colonial.
**colonialismo** *s* colonialism.
**colonização** *s* colonization, settlement.
**colonizador** *s* colonizer, settler.
**colonizar** *v* colonize, settle.
**colono** *s* colonial, settler.
**coloquial** *adj* colloquial.
**colóquio** *s* colloquy.
**coloração** *s* coloration, coloring.
**colorido** *adj* colored, colorful. | *s* color, coloration.
**colorir** *v* color.
**colossal** *adj* gigantic.
**colosso** *s* colossus.
**coluna** *s* column.
**colunista** *s* columnist.
**com** *prep* with.
**coma** *s* *Med* coma.
**comandante** *s* commander. | *adj* commanding, leader.
**comandar** *v* command, order, rule.
**comando** *s* *tb Comp* command; direction; order.
**comarca** *s* district, county.
**combate** *s* combat, fight, battle; action; conflict; encounter; engagement; war (ao crime, às drogas etc.).
**combatente** *adj* e *s* combatant.
**combater** *v* combat, fight.
**combatividade** *s* combativeness.
**combativo** *adj* combative.
**combinação** *s* combination; conjugation; blend; compound; compromise; slip (*lingerie*).
**combinado** *adj* agreed (hora, local); concerted; conventional; done.
**combinar** *v* combine; arrange; blend; alloy (metais); coincide; compound; go with; tone (cores).
**comboiar** *v* convoy.
**comboio** *s* convoy; train.
**combustão** *s* combustion; fire.
**combustível** *adj* live. | *s* combustible, fuel; fire; firing; *gír* juice.
**começar** *v* begin; start; get off; inaugurate.
**começo** *s* beginning, start, commencement.
**comédia** *s* comedy.
**comediante** *s* comedian, comedienne, comic.

**comedido** *adj* moderate, sedate.
**comedor** *s* eater.
**comemoração** *s* commemoration; celebration.
**comemorar** *v* commemorate; celebrate.
**comemorativo** *adj* commemorative; memorial.
**comendador** *s* commendator.
**comensal** *s* commensal.
**comensurabilidade** *s* commensurability.
**comensurado** *adj* commensurate.
**comensurável** *adj* commensurable.
**comentar** *v* comment, discuss.
**comentário** *s* comment, commentary; annotation; observation; notice; remark.
**comentarista** *s* commentator.
**comer** *v* eat.
**comercial** *adj* commercial, mercantile, merchant.
**comercialização** *s* commercialization.
**comercializar** *v* commercialize.
**comerciante** *s* merchant; marketer.
**comerciar** *v* trade; merchandise; traffic.
**comércio** *s* commerce; trade; traffic.
**comestibilidade** *s* edibility.
**comestível** *adj* comestible, eatable, edible. | *s* edible.
**cometa** *s* comet.
**cometer** *v* commit.
**cometimento** *s* commitment.
**comichão** *s* itch.
**comichoso** *adj* itchy.
**comício** *s* meeting.
**cômico** *adj e s* comic, comical; droll; humorous; quizzical.
**comida** *s* food, aliment.
**comigo** *pron* with me.
**comilão** *s e adj* glutton.
**cominho** *s* cumin.
**comiseração** *s* commiseration; compassion.
**comiserar** *v* commiserate.
**comissão** *s* commission (percentual pago); committee, executive body (grupo de pessoas).
**comissariado** *s* commissariat.
**comissário** *s* commissary, commissioner.
**comitê** *s* committee.
**comitiva** *s* retinue; suite.
**como** *adv* how; what; as; wherein. | *conj* as, when, while. | *prep* as. | *interj* what, why.
**comoção** *s* commotion.
**cômoda** *s* commode, dresser.
**comodidade** *s* ease, easiness.
**cômodo** *adj* comfortable, easy.
**Comores** *s* Comoros.
**comovente** *adj* affecting, emotional; feeling; touching.
**comover** *v* affect, move; convulse; touch.
**comovidamente** *adv* affectingly.
**compactação** *s* compression.
**compactar** *v* compact, compress; *Comp* zip; pack.
**compacto** *adj e s* compact; dense; massy.
**compadecer** *v* commiserate; sympathize.
**compaixão** *s* compassion, commiseration, sympathy.
**companheirismo** *s* comradeship, fellowship.
**companheiro** *s* fellow, friend, companion; *inform* bud, buddy; comrade; helpmate (marido e esposa); match; partner; brother.
**companhia** *s* company.
**comparação** *s* comparison.
**comparar** *v* compare.
**comparativo** *adj* comparative.
**comparável** *adj* comparable.
**comparecente** *adj e s* attendant.
**comparecer** *v* assist, attend.
**comparecimento** *s* attendance, appearance.
**compartir** *v* compart.
**compartilhar** *v* share.
**compartimento** *s* compartment, housing.
**compassar** *v* cadence, pace.

**compassivo** *adj* compassionate; commiserative; merciful.
**compasso** *s* beat, cadence; compass.
**compatibilidade** *s* compatibility.
**compatível** *adj* compatible.
**compatriota** *adj* compatriotic. | *s* compatriot.
**compelir** *v* compel.
**compêndio** *s* compendium; manual; digest; textbook.
**compendioso** *adj* compendious.
**compenetrar** *v* compenetrate.
**compensação** *s* compensation.
**compensador** *adj* compensative. | *s* equalizer.
**compensar** *v* compensate; offset.
**compensativo** *adj* compensative.
**compensável** *adj* compensable.
**competência** *s* competence; ability; jurisdiction.
**competente** *adj* competent; able, capable.
**competição** *s* competition; contest; emulation; match (de jogo); tourney.
**competidor** *s* competitor; contender; contestant; match.
**competir** *v* compete; contend, contest; race, run.
**competitivo** *adj* competitive.
**compilação** *s* compilation.
**compilar** *v* compile.
**complacência** *s* complacence.
**complacente** *adj* complacent; accommodating; easygoing.
**compleição** *s* complexion; constitution; frame.
**complementar** *adj* complemental, complementary. | *v* complement.
**complemento** *s* completion; accompaniment; *tb Gram* complement.
**completamente** *adv* completely; absolutely; all; over; entirely; totally; fairly; full; quite; through; utterly; wholly.
**completar** *v* complete; fulfill; conclude; finalize; carry out, carry through; consummate; crown; fill out (formulário etc.).
**completo** *adj* complete; entire; whole; absolute; consummate; exclusive; full; outright; round; thorough; sheer; utter; livelong; *gír* cool.
**complexidade** *s* complexity, intricacy.
**complexo** *adj* complex; complicated. | *s* network; *Psic* complex.
**complicação** *s tb Med* complication.
**complicado** *adj* complicate, complicated; complex; mazy; tricky.
**complicar** *v* complicate; embarrass.
**componente** *adj* component, constituent. | *s tb Quím* e *Mat* element; *Eletrôn* component, material, part (de máquina).
**compor** *v* compose; compound; constitute; *Mús* orchestrate.
**comporta** *s* lock, gate.
**comportamento** *s* conduct; attitude; behavior; comportment.
**comportar** *v* comport; behave; carry; conduct.
**composição** *s* composition; essay; getup (livro, revista etc.); texture; make-up; mix.
**compositor** *s* composer.
**composto** *adj* e *s* composite; compound; compost.
**compostura** *s* composure.
**compota** *s* compote; jam; sauce.
**compoteira** *s* compote.
**compra** *s* buy.
**comprador** *s* buyer, shopper.
**comprar** *v* buy, consume, get.
**compreender** *v* comprehend, comprise (abranger); understand, grasp (entender).
**compreendido** *adj* understood.
**compreensão** *s* comprehension; understanding.
**compreensível** *adj* comprehensible.
**compreensivo** *adj* understanding, comprisable.
**compressa** *s* compress.
**compressão** *s* compression.
**compressivo** *adj* compressive.
**compressor** *s* compressor.

**comprido** *adj* long; elongate.
**comprimento** *s* length.
**comprimido** *adj* compressed. | *s* tablet.
**comprimir** *v* compress; compact; *Comp* zip (arquivos).
**comprobatório** *adj* confirmatory.
**comprometer** *v* compromise; engage; endanger; go about.
**comprometido** *adj* engaged.
**compromisso** *s* compromise; engagement; appointment (com hora marcada); commitment.
**comprovação** *s* verification.
**comprovante** *s* voucher (de despesa).
**comprovar** *v* confirm; testify; verify.
**compulsão** *s* compulsion.
**compulsivamente** *adv* compulsively.
**compulsivo** *adj* compulsive.
**compulsório** *adj* compulsive, compulsory, obligatory.
**compunção** *s* compunction.
**computação** *s* computation, compute.
**computador** *s* computer.
**computar** *v* compute; count.
**computável** *adj* computable, countable.
**cômputo** *s* count, calculation.
**comum** *adj* e *s* common; ordinary; natural; normal; simple; everyday; familiar; general; standard.
**comungar** *v* commune.
**comunhão** *s* communion.
**comunicação** *s* communication; *Comp* link.
**comunicado** *s* bulletin; dispatch.
**comunicador** *adj* e *s* communicator.
**comunicar** *v* communicate.
**comunicativo** *adj* communicative; expansive.
**comunicável** *adj* communicable.
**comunidade** *s* community; neighborhood.
**comunismo** *s* communism (teoria); Communism (sistema de governo).
**comunista** *adj* communist, Red.
**comutabilidade** *s* commutability.
**comutação** *s* commutation.
**comutador** *s* commutator.
**comutar** *v* commutate; commute.
**concatenar** *v* concatenate.
**concavidade** *s* concavity, concave.
**côncavo** *adj* concave.
**conceber** *v* conceive.
**concebível** *adj* apprehensible.
**conceder** *v* concede, grant; confer, cede; award (prêmio, recompensa etc.).
**conceito** *s* conceit, concept.
**conceituar** *v* conceptualize.
**concentração** *s* concentration.
**concentrado** *adj* concentrated.
**concentrador** *s* concentrator.
**concentrar** *v* concentrate, centralize.
**concentricidade** *s* concentricity.
**concêntrico** *adj* concentric.
**concepção** *s* conception.
**conceptível** *adj* conceivable.
**conceptivo** *adj* conceptive.
**concernente** *adj* touching.
**concernir** *v* concern; respect; relate.
**concessão** *s* concession, grant; allowance.
**concessionária** *s* dealer.
**concessivo** *adj tb Gram* concessive.
**concha** *s* shell, conch.
**conchavo** *s* combine.
**conciliação** *s* conciliation; appeasement; compromise.
**conciliador** *adj* e *s* conciliator.
**conciliar** *adj* conciliar. | *v* conciliate.
**conciliatório** *adj* conciliatory.
**conciliável** *adj* conciliable; compatible.
**concílio** *s* council.
**concisão** *s* briefness, brevity; concision.
**conciso** *adj* concise, brief.
**conclave** *s* conclave.
**concludente** *adj* conclusive.
**concluído** *adj* finished, complete, done.
**concluir** *v* conclude, finish; complete.
**conclusão** *s* conclusion; closing; close; end; result; termination.
**conclusivo** *adj* conclusive; final; crucial.
**concomitante** *adj* concomitant.

C

**concordância** *s* concordance; *Gram* concord, agreement (em número, caso, pessoa, gênero).
**concordante** *adj* concordant
**concordar** *v tb Gram* agree.
**concorde** *adj* accordant.
**concórdia** *s* concord.
**concorrência** *s* concurrence.
C
**concorrente** *adj* concurrent. | *s* candidate.
**concorrer** *v* compete.
**concreção** *s* concretion.
**concretismo** *s* concretism.
**concretização** *s* concretion.
**concretizar** *v* concretize.
**concreto** *adj* concrete; *Mat* denominate (número). | *s* concrete; cement.
**concubina** *s* concubine, mistress.
**concubinagem** *s* concubinage.
**concubinato** *s Jur* concubinage.
**concurso** *s* contest; competition.
**condado** *s* county.
**conde** *s* count.
**condecoração** *s* decoration; citation; award.
**condecorar** *v* decorate; cite; *inform* medal.
**condenação** *s* condemnation; conviction
**condenado** *adj* damned, fated. | *s Jur* convict.
**condenador** *s* condemner.
**condenar** *v* condemn; *Jur* sentence, adjudge.
**condenatório** *adj* condemnatory.
**condenável** *adj* condemnable.
**condensação** *s* condensation; concentration.
**condensador** *s Eletr* capacitor; *tb Ópt* e *Eletr* condenser.
**condensar** *v* condense; concentrate; boil.
**condensável** *adj* condensable.
**condescendência** *s* condescendence, compliance, condescension.
**condescendente** *adj* condescending, compliant.
**condescender** *v* condescend; indulge; accede.
**condessa** *s* countess.
**condição** *s* condition; circumstance; situation; clause; state, status.
**condicionado** *adj* conditioned, dependent.
**condicional** *adj* conditional; contingent.
**condicionalmente** *adv* conditionally.
**condicionar** *v* condition.
**condimentado** *adj* condimental.
**condimentar** *v* season, spice; flavor.
**condimento** *s* seasoning, condiment; flavoring; spice.
**condizer** *v* correspond.
**condoer** *v* condole.
**condolência** *s* condolence, commiseration.
**condolente** *adj* condolent, condolatory, commiserative.
**condor** *s* condor.
**condução** *s* conveyance; haulage; running, driving.
**conducente** *adj* conducive.
**conduíte** *s* conduit.
**conduta** *s* behavior; action; comportment.
**condutível** *adj* conductible.
**condutividade** *s* conductivity.
**condutivo** *adj* conductive.
**conduto** *s* channel.
**condutor** *s Fís* conductor; leader.
**conduzir** *v* conduct, guide; control; direct; drive (veículo).
**cone** *s* cone.
**conectado** *adj* connected; *Comp* e *Tel* on-line (à rede).
**conectar** *v* connect; couple; link.
**conectivo** *adj* connective; *Gram* copulative. | *s Gram* connective; conjunctive.
**conector** *s* connector.
**cônega** *s* canoness.
**cônego** *s* canon.
**conexão** *s* connection; junction; *tb Comp* link; relation.
**conexo** *adj* related.

**confabulação** *s* confabulation.
**confabular** *v* confabulate.
**confecção** *s* confection, making.
**confeccionar** *v* confection.
**confederação** *s* confederation, confederacy; alliance, league.
**confederado** *adj* confederate, allied, associate. | *s* ally, leaguer.
**confederar** *v* confederate; ally, league.
**confederativo** *adj* confederative.
**confeitaria** *s* confectionery.
**confeiteiro** *s* confectioner.
**confeito** *s* confiture, confect; candy; kiss (especialmente chocolate).
**conferência** *s* conference; council; collation; consultation; reading; seminar.
**conferenciar** *v* confer.
**conferencista** *s* speaker.
**conferente** *s* conferee; collator.
**conferir** *v* confer, check; grant, award (prêmio, recompensa etc.).
**confessar** *v* confess; admit; acknowledge; unbosom (segredos, sentimentos).
**confessional** *adj* confessional.
**confessionário** *s* confessional.
**confessor** *s* confessor.
**confete** *s* confetti.
**confiado** *adj* familiar.
**confiança** *s* confidence; trust; assurance; reliance.
**confiante** *adj* confident; secure; trustful.
**confiar** *v* trust; believe; entrust; credit.
**confiável** *adj* trusty; dependable; faithful; sure.
**confidência** *s* confidence.
**confidencial** *adj* confidential, secret.
**confidenciar** *v* whisper.
**confidente** *s* confidant.
**configuração** *s* configuration; figuration; *tb Comp* setup.
**configurado** *adj* figured.
**configurar** *v* configure; *Comp* setup.
**confinamento** *s* confinement; constraint.
**confinar** *v* confine; limit; imprison, incarcerate; intern; stanchion (gado).
**confirmação** *s* confirmation.
**confirmado** *adj* confirmed.
**confirmar** *v* confirm.
**confirmatório** *adj* confirmatory, affirmative.
**confiscado** *adj* confiscate.
**confiscar** *v* confiscate; seize; *Jur* sequester.
**confiscável** *adj* confiscable, confiscatory.
**confisco** *s* confiscation, forfeiture.
**confissão** *s* confession; admission; declaration; acknowledgment.
**conflagração** *s* conflagration.
**conflitar** *v* conflict.
**conflito** *s* conflict; battle; crisis; warfare; trouble.
**confluência** *s* confluence.
**confluente** *adj* confluent; concurrent. | *s* confluent.
**conformação** *s* conformation; form.
**conformar** *v* conform; reconcile; abide.
**conforme** *adj* conformable; corresponding; accordant. | *adv* as. | *prep* by, under, in accordance with.
**conformemente** *adv* accordingly.
**conformidade** *s* conformity, conformability, conformation; accordance; abidance.
**conformista** *adj* e *s* conformist.
**confortador** *adj* comfortable. | *s* comforter.
**confortar** *v* comfort.
**confortável** *adj* comfortable, cozy.
**conforto** *s* comfort; convenience.
**confraria** *s* brotherhood, fraternity.
**confraternidade** *s* confraternity, fellowship.
**confrontação** *s* confrontation.
**confrontar** *v* confront.
**confronto** *s* confrontation; encounter.
**confundir** *v* confuse, confound; disconcert; mess; mix up.
**confusão** *s* confusion, disorder; maze; mess; mix.
**confuso** *adj* confused; disorderly; fuzzy; mixed-up.

C

**congelado** *adj* frozen.
**congelador** *s* freezer. | *adj* frosty.
**congelamento** *s* congealment.
**congelar** *v* freeze, ice, congeal, frost.
**congênere** *adj* congeneric.
**congênito** *adj* congenital, connate.
**congestão** *s* congestion.
**congestionamento** *s* congestion.
**congestionar** *v* congest.
**congestivo** *adj* congestive.
**conglomeração** *s* conglomeration.
**conglomerado** *s* conglomerate.
**conglomerar** *v* conglomerate.
**Congo** *s* Congo.
**congolês** *adj* e *s* Congolese.
**congratulação** *s* congratulation.
**congratular** *v* congratulate.
**congregação** *s* congregation.
**congregado** *adj* congregate.
**congregante** *s* congregant.
**congregar** *v* congregate; gather.
**congressional** *adj* congressional.
**congressista** *s masc* congressman, assemblyman; *fem* congresswoman, assemblywoman.
**congresso** *s maiús* congress; assembly (nos EUA).
**congruência** *s tb Mat* congruence; congruity.
**congruente** *adj tb Mat* congruent, congruous.
**conhaque** *s* brandy.
**conhecedor** *adj* e *s* expert.
**conhecer** *v* know.
**conhecido** *adj* acquainted, well-known. | *s* acquaintance.
**conhecimento** *s* knowledge; cognizance; acquaintance; understanding; erudition, scholarship, learning; wisdom.
**cônico** *adj* conic.
**conífera** *s* conifer.
**conífero** *adj* coniferous.
**conivência** *s* connivence.
**conivente** *adj* calculating. | *s* conniver.
**conjectura** *s* conjecture.
**conjeturar** *v* conjecture.
**conjugação** *s* conjugation; *Gram* conjugation, conjunction.
**conjugado** *adj* conjugate.
**conjugal** *adj* conjugal.
**conjugar** *v tb Gram* conjugate; inflect.
**cônjuge** *s* consort, spouse; mate; partner.
**conjunção** *s Gram* e *Astron* conjunction; copulation; transition.
**conjuntamente** *adv* altogether.
**conjuntiva** *s* conjunctiva.
**conjuntivite** *s* conjunctivitis.
**conjuntivo** *adj* conjunctive.
**conjunto** *adj* conjunct. | *s* set; *Comp* suite.
**conjuntura** *s* conjuncture.
**conjurar** *v* conjure.
**conluiar** *v* collude.
**conluio** *s* collusion; combine.
**conotação** *s* connotation.
**conotar** *v* connote.
**conotativo** *adj* connotative.
**conquista** *s* conquest; acquisition.
**conquistador** *s* conqueror; victor.
**conquistar** *v* conquer; win over; overcome.
**conquistável** *adj* conquerable.
**consagração** *s* consecration; dedication.
**consagrado** *adj* consecrate.
**consagrar** *v* consecrate; dedicate; *Ecles* ordain.
**consanguíneo** *adj* consanguineous.
**consanguinidade** *s* consanguinity.
**consciência** *s* conscience; conscientiousness; mind.
**consciencioso** *adj* conscientious; conscionable.
**consciente** *adj* conscious; aware.
**conscientemente** *adv* consciously.
**conscientizar** *v* wake.
**cônscio** *adj* conscious; aware.
**consecução** *s* fruition.
**consecutivamente** *adv* consecutively.
**consecutivo** *adj* consecutive.
**conseguinte** *adj* consequent.

**conseguir** *v* get, obtain, manage.
**conselheiro** *s* counselor, adviser.
**conselho** *s* counsel; council; board; advice, recommendation.
**consenso** *s* consensus.
**consensual** *adj* consensual.
**consentimento** *s* consent; accedence; assent; accession.
**consentir** *v* consent; admit; assent; authorize; comply.
**consequência** *s* consequence.
**consequente** *adj* consequent, consequential; eventual.
**consequentemente** *adv* consequently, in consequence, hence.
**consertador** *s* repairer.
**consertar** *v* mend, fix, patch; cobble (sapato).
**conserto** *s* mend, repair.
**conserva** *s* conserve, preserve.
**conservação** *s* conservation.
**conservacionista** *s* conservationist.
**conservador** *adj* conservative. | *s* conservator; conservative.
**conservadorismo** *s* conservatism.
**conservante** *s* curer.
**conservar** *v* keep (comida); maintain; retain; desiccate; reserve; save.
**conservatório** *s* conservatory.
**consideração** *s* consideration; account; attention; regard; thought.
**considerado** *adj* adjudged.
**considerar** *v* consider; think about; account.
**considerável** *adj* considerable; good; round; large.
**consignação** *s* consignation, consignment.
**consignar** *v* consign; bail (mercadorias sob caução ou fiança).
**consignatário** *s* consignee.
**consignável** *adj* consignable.
**consistência** *s* consistency.
**consistente** *adj* consistent.
**consistir** *v* consist.
**consoante** *s* *Gram* consonant.
**consolação** *s* consolation.
**consolador** *adj* consolatory. | *s* consoler, comforter.
**consolar** *v* console.
**consolatório** *adj* consolatory.
**consolável** *adj* consolable.
**console** *s* console.
**consolidação** *s* consolidation.
**consolidador** *s* consolidator.
**consolidar** *v* consolidate.
**consolo** *s* consolation, comfort; bracket (de madeira, pedra etc.); *tb Mús* console.
**consonância** *s tb Mús* consonance.
**consonantal** *adj* consonantal, consonant.
**consonante** *adj* consonant.
**consórcio** *s* trust.
**consorte** *s* consort.
**conspícuo** *adj* conspicuous.
**conspiração** *s* conspiracy.
**conspirador** *s* conspirator.
**conspirar** *v* conspire; collude.
**conspirativo** *adj* collusive.
**constância** *s* constancy; firmness.
**constante** *adj* constant; steady. | *s tb Mat* constant.
**constantemente** *adv* always, ever.
**constar** *v* verify.
**constelação** *s* constellation.
**consternação** *s* consternation, dismay.
**consternar** *v* consternate, dismay.
**constipação** *s* constipation, costiveness.
**constipado** *adj* constipated, costive, bound (intestino).
**constipar** *v* constipate.
**constitucional** *adj* constitutional.
**constitucionalidade** *s* constitutionality.
**constitucionalismo** *s* constitutionalism.
**constitucionalista** *s* constitutionalist.
**constituição** *s* constitution.
**constituído** *adj* corporate.
**constituinte** *adj* constituent, component. | *s* constituent, representative.
**constituir** *v* constitute; compose.
**constitutivo** *adj* constitutive.

C

**constranger** *v* constrain,force.
**constrangido** *adj* uneasy, bashful, self-conscious.
**constrangimento** *s* constraint, embarrassment, restraint.
**constrição** *s* constriction, constringency.
**constringente** *adj* constringent.
**constringir** *v* constrict, constringe.
**constritivo** *adj* constrictive.
**constritor** *s* constrictor.
**construção** *s* building, construct, construction; make-up.
**construído** *adj* set.
**construir** *v* build, construct; fabricate; frame; make.
**construtivismo** *s* constructivism.
**construtivo** *adj* constructive.
**construtor** *s* constructor, builder; homebuilder (de casas).
**construtora** *s* homebuilder (de casas).
**cônsul** *s* consul.
**consulado** *s* consulate.
**consular** *adj* consular.
**consulente** *s* consultant.
**consulta** *s* consultation, consult; inquiry, query.
**consultante** *s* consultant.
**consultar** *v* consult; advise; refer (buscar informações).
**consultivo** *adj* advisory.
**consultor** *s* consultant; adviser.
**consumação** *s* consummation; accomplishment.
**consumado** *adj* consummate.
**consumar** *v* finish; consummate; fulfill.
**consumição** *s* consumption.
**consumido** *adj* spent.
**consumidor** *s* consumer.
**consumir** *v* consume; eat; use; exhaust; expend; waste.
**consumível** *adj* consumable.
**consumo** *s* consumption.
**consumptivo** *adj* consumptive.
**conta** *s* account; count; bead (de rosário, colar etc.); bill, check (de restaurante).
**contabilidade** *s* accounting.
**contabilista** *s* accountant.
**contador** *s* accountant.
**contagem** *s* enumeration; count; score.
**contagiante** *adj* contaminative.
**contagiar** *v* contaminate.
**contágio** *s* contagion, contamination.
**contagioso** *adj* contagious.
**conta-gotas** *s* dropper.
**contaminação** *s* contamination.
**contaminado** *adj* impure.
**contaminador** *s* contaminator, contamination.
**contaminante** *adj* contaminative.
**contaminar** *v* contaminate, infect; corrupt; *Med* affect; taint.
**contaminável** *adj* corruptible.
**contar** *v* count; number, numerate; beat (tempo); enumerate; narrate, tell.
**contato** *s* contact; touch.
**contável** *adj* countable.
**contêiner** *s* container.
**contemplação** *s* contemplation.
**contemplador** *s* contemplative, contemplator.
**contemplar** *v* contemplate.
**contemplativamente** *adv* contemplatively.
**contemplativo** *adj* contemplative.
**contemporaneidade** *s* contemporaneousness.
**contemporâneo** *adj* contemporaneous, contemporary. | *s* contemporary.
**contemporizar** *v* temporize.
**contenção** *s* suppression.
**contenda** *s* contention, contest; disputation; row.
**contender** *v* contend, contest.
**contendor** *adj* contentious. | *s* contender, contestant.
**contentamento** *s* contentment; satisfaction.
**contentar** *v* content.
**contente** *adj* content, contented; glad; joyful.
**conter** *v* contain; enclose; comprise; refrain.

**contérmino** *adj* conterminous.
**contestação** *s* contestation; *Jur* answer.
**contestar** *v* refute; contradict; controvert; impugn.
**contestável** *adj* contestable; disputable; exceptionable.
**conteúdo** *s* content.
**contexto** *s* context.
**contextual** *adj* contextual.
**contextualizar** *v* contextualize.
**contiguidade** *s* contiguity, contiguousness.
**contíguo** *adj* contiguous; close, nearby; next. | *adv* nearby.
**continência** *s* continence; *Mil* salute.
**continental** *adj* continental.
**continente** *s* continent, mainland.
**contingência** *s* contingence, contingency, contingent; eventuality.
**contingente** *adj* contingent.
**continuação** *s* continuation, continuance.
**continuador** *s* continuator (de um trabalho).
**continuamente** *adv* straight.
**continuar** *v* continue; go on; add; carry on; keep up; remain.
**continuidade** *s* continuity, continuousness.
**contínuo** *adj* continual, continuous; constant; office boy; unbroken. | *adv* nonstop.
**conto** *s* tale.
**contorção** *s* contortion; *Med* distortion.
**contorcer** *v* contort, wriggle, twitch.
**contorcionista** *s* contortionist.
**contornar** *v* contour, outline.
**contorno** *s* contour; outline (linha externa); circumscription; lineament (principalmente da face).
**contra** *prep* against, athwart, versus. | *adv* con.
**contra-almirante** *s Mil* rear admiral.
**contra-atacar** *v* counterattack; counter; react.
**contra-ataque** *s* counterattack; *Mil* reaction.
**contrabaixo** *s Mús* contrabass; bass.
**contrabalançar** *v* counterbalance, counterpoise; compensate; counter-weight; offset.
**contrabandeado** *adj* contraband.
**contrabandear** *v* smuggle.
**contrabandista** *s* contrabandist, smuggler.
**contrabando** *s* contraband.
**contração** *s* contraction; constriction; spasm.
**contracepção** *s* contraception.
**contraceptivo** *adj* e *s* contraceptive.
**contracorrente** *s* undertow.
**contradição** *s* contradiction; contrary; cross.
**contraditor** *s* contradicter.
**contraditório** *adj* contradictory.
**contradizer** *v* contradict; cross; oppugn; refute.
**contragolpe** *s* backstroke; *Esp* counter.
**contraído** *adj* compressed.
**contraindicação** *s* contraindication.
**contrair** *v tb Gram* contract; catch; develop, get (doença).
**contraível** *adj* contractible.
**contralto** *s Mús* contralto.
**contramarcha** *s* countermarch.
**contraofensiva** *s* counteroffensive.
**contraoferta** *s* counteroffer.
**contraordem** *s* countermand.
**contraordenar** *v* countermand.
**contrapartida** *s* counterpart.
**contrapeso** *s* counterpoise, equipoise; counterbalance.
**contraponto** *s Mús* counterpoint, descant.
**contrapor** *v* countervail.
**contraposição** *s* contraposition.
**contraproposta** *s* counterproposal.
**contrariamente** *adv* contrary, contrariwise.
**contrariar** *v* counter.
**contrariedade** *s* contrariety.

**contrário** *adj* contrary, opposite, other; discrepant; negative; averse. | *s* contrary, converse, counter, reverse.
**contrassenha** *s* countersign.
**contrastar** *v* contrast.
**contraste** *s* contrast, counterpoint.
**contratação** *s* hire.
**contratante** *s* covenanter.
**contratar** *v* contract; engage (serviços); hire.
**contratempo** *s* check, setback.
**contrátil** *adj* contractile.
**contrato** *s* contract; agreement; obligation; treaty.
**contratorpedeiro** *s* destroyer.
**contratual** *adj* contractual.
**contravenção** *s* contravention.
**contraventor** *s* contravener, lawbreaker.
**contravir** *v* contravene.
**contribuição** *s* contribution; donation.
**contribuinte** *s* contributor. | *adj* contributory.
**contribuir** *v* contribute; donate.
**contributário** *adj* e *s* contributory.
**contributivo** *adj* contributive, contributory.
**contrição** *s* contrition, contriteness.
**contrito** *adj* contrite.
**controlado** *adj* dispassionate, nerveless.
**controlador** *s* controller.
**controlar** *v* control; dominate; command; conduct; *Mús* orchestrate.
**controlável** *adj* controllable.
**controle** *s* control; command; rule; controls (de máquina ou veículo); *Comp* joystick.
**controvérsia** *s* controversy; contest, contestation; disputation; question.
**controverso** *adj* controversial.
**controverter** *v* controvert.
**controvertido** *adj* disputable, contentious.
**controvertível** *adj* controvertible.
**contudo** *conj* however, nevertheless, yet.
**contumácia** *s* contumacy.
**contumaz** *adj* contumacious.
**contundir** *v* contuse, bruise.
**contusão** *s* contusion, bruise.
**convalescença** *s* convalescence.
**convalescente** *adj* e *s* convalescent.
**convalescer** *v* convalesce.
**convenção** *s* convention; agreement, covenant.
**convencer** *v* convince; argue; incline.
**convencido** *adj* conceited; self-important; vainglorious.
**convencimento** *s* self-satisfaction.
**convencional** *adj* conventional.
**convencionar** *v* conventionalize.
**convencível** *adj* convincible.
**conveniência** *s* convenience.
**conveniente** *adj* convenient; suitable; becoming.
**convento** *s* convent, cloister.
**convergência** *s* convergence.
**convergente** *adj* convergent.
**convergir** *v* converge.
**conversa** *s* talk, chat; speech.
**conversação** *s* conversation; converse; discourse.
**conversão** *s* conversion.
**conversar** *v* talk, converse, chat.
**conversível** *adj* convertible.
**conversor** *s* converter.
**converter** *v* convert; transform; change.
**convertibilidade** *s* convertibility.
**convertido** *s* convert.
**convés** *s* deck.
**convexidade** *s* convexity.
**convexo** *adj* convex.
**convicção** *s* conviction.
**convicto** *adj* convict.
**convidado** *s* guest.
**convidar** *v* invite; ask, bid.
**convidativo** *adj* inviting.
**convincente** *adj* convincing.
**convir** *v* fit, become.
**convite** *s* invitation; call; *inform* invite.
**convivência** *s* company.
**convocação** *s* convocation, call; *pl* summons.

**convocador** *s* convener.
**convocar** *v* convoke, call, summon.
**convulsão** *s* convulsion, spasm.
**convulsionar** *v* convulse.
**convulsivo** *adj* convulsive.
**cooper** *s* jog.
**cooperação** *s* cooperation, coaction, collaboration.
**cooperador** *adj* coactive. | *s* cooperator; collaborator.
**cooperar** *v* cooperate; collaborate.
**cooptar** *v* co-opt.
**coordenação** *s* coordination.
**coordenada** *s Mat* coordinate.
**coordenado** *adj* coordinate.
**coordenar** *v* coordinate.
**coordenativo** *adj* coordinative.
**copa** *s* pantry, scullery (cômodo da casa); top (de uma árvore); *Bot* frond; chalice.
**coparticipação** *s* communion.
**copeiro** *s* waiter.
**cópia** *s* copy; reproduction; duplicate, imitation.
**copiador** *s* copier.
**copiar** *v* copy, reproduce; back up.
**copiloto** *s* copilot.
**copiosamente** *adv* abundantly.
**copioso** *adj* copious; abundant.
**copista** *s* copyist, copywriter, scribe.
**copo** *s* glass.
**copropriedade** *s* coparcenary.
**cópula** *s* copulation, relation.
**copulado** *adj* copulate.
**copular** *v* copulate.
**copulativo** *adj* copulative.
**coque** *s* coke (carvão); bun.
**coqueluche** *s* whooping cough.
**coquetel** *s* cocktail.
**cor** *s* color.
**coração** *s* heart; core; bosom.
**corado** *adj* ruddy; blushful.
**coragem** *s* courage, daring; boldness, bravery, nerve.
**corajoso** *adj* courageous; valiant; bold, brave.
**coral** *adj* choral. | *s* coral.
**coralina** *s* coralline.
**coralino** *adj* coralline.
**corante** *s* coloring, dye.
**corar** *v* blush.
**corcel** *s* courser; steed (cavalo de batalha).
**corcova** *s* hump, hunch.
**corcovado** *adj* humpbacked.
**corcovar** *v* hump.
**corcunda** *adj* humpbacked, humpy. | *s* humpback, hunchback (pessoa); hump, hunch.
**corda** *s* cord, rope, line; cable; string (de instrumento musical); chord (geometria e vocal).
**cordão** *s* cord, cordon; string; lace; twist.
**cordeiro** *s* lamb.
**cordel** *s* cord; twine.
**cor-de-rosa** *adj* pink.
**cordial** *adj* cordial, hearty.
**cordialidade** *s* cordiality, heartiness.
**cordilheira** *s* mountain range.
**coreano** *adj e s* Korean.
**Coreia** *s* Korea.
**Coreia do Sul** *s* South Korea.
**coreografia** *s* choreography.
**coreógrafo** *s* choreographer.
**corista** *s* chorister.
**córnea** *s* cornea.
**corneta** *s* cornet, horn.
**cornija** *s Arq* cornice, corona.
**corno** *s* horn.
**cornudo** *adj* cornute, horned.
**coro** *s* chorus (de vozes).
**coroa** *s* crown; *tb Astron* corona.
**coroar** *v* crown.
**corola** *s* ray.
**coronário** *adj* coronary.
**coronel** *s* colonel.
**coronha** *s* butt.
**corpete** *s* corset; camisole; corsage.
**corpo** *s* body; cadaver, corps.
**corporação** *s* corporation.
**corporal** *adj* corporal.
**corporativo** *adj* corporative, corporate.

**corpóreo** *adj* corporal, corporeal; bodily; fleshly; material (em oposição a espiritual).
**corporificar** *v* body.
**corpulência** *s* corpulence.
**corpulento** *adj* corpulent; fat, stout; fleshy; burly.
**corpus** *s* corpus.
**corpuscular** *adj* corpuscular.
**corpúsculo** *s* corpuscle; mote.
**correção** *s* correction; correctness; emendation (de textos); amendment.
**corredeira** *s* riffle, rip.
**corrediça** *s* coulisse.
**corredor** *s Esp* runner; corridor (cômodo); aisle (entre os assentos de uma igreja, de um auditório, de um avião etc.).
**córrego** *s* stream, brook.
**correia** *s* strap; belt.
**correio** *s* mail, post.
**correlação** *s* correlation.
**correlacionar** *v* correlate.
**correlativo** *adj* e *s* correlative.
**correlato** *adj* e *s* correlate.
**correligionário** *s* coreligionist.
**corrente** *adj* current, everyday. | *s* current, flow; stream; chain; *Eletr* draft (de ar).
**correnteza** *s* drift, flow.
**correr** *v* run, race; flow, stream; career.
**correria** *s* scurry, rush.
**correspondência** *s* correspondence; conformation; mail.
**correspondente** *adj* correspondent, corresponding. | *s* correspondent.
**corresponder** *v* correspond; answer; overlap (em caráter ou função); match.
**corretagem** *s* brokerage, factorage.
**corretamente** *adv* right, aright, well.
**corretivo** *adj* corrective. | *s* corrector.
**correto** *adj* correct; accurate, right.
**corretor** *s* corrector, broker, stockbroker (da bolsa de valores).
**corrida** *s Esp* race, racing, run, running, sprint (de curta distância).
**corrigir** *v* correct, amend, emend, revise (provas tipográficas); castigate, expurgate.
**corrigível** *adj* corrigible, correctable, mendable.
**corrimão** *s* handrail, guardrail; banister.
**corrimento** *s* running.
**corriqueiro** *adj* everyday, hackneyed.
**corroboração** *s* corroboration.
**corroborar** *v* corroborate.
**corroer** *v* corrode, erode.
**corromper** *v* corrupt, taint, deprave, adulterate, violate.
**corrosão** *s* corrosion, corrosiveness, erosion.
**corrosível** *adj* corrodible, erodible.
**corrosivo** *adj* corrosive, caustic. | *s* corrosive.
**corrupção** *s* corruption.
**corruptibilidade** *s* corruptibility.
**corruptível** *adj* corruptible, corruptive.
**corruptivo** *adj* corruptive.
**corrupto** *adj* corrupt, venal.
**corruptor** *s* corrupter, corruptionist.
**corsário** *s* corsair.
**cortada** *s Esp* undercut (tênis).
**cortadeira** *s* cutter (em confecção de roupas).
**cortador** *s* cutter (em confecção de roupas), clippers (de unhas).
**cortadura** *s* cut.
**cortante** *adj* cutting; biting; *inform* nippy (vento, frio).
**cortar** *v* cut; dock (salário, cauda de um animal), gash (com instrumento de corte), shear (cabelo), whittle (madeira).
**corte** *s* cut, cutting, incision, chop, excision, fitting (em costura); section; court, courtship.
**cortejador** *s* courtier.
**cortejar** *v* court, gallant, woo.
**cortejo** *s* cortege.
**cortês** *adj* courteous, civil, affable, complaisant, courtly.
**cortesã** *s* courtesan.
**cortesão** *s* courtier, courtly.
**cortesia** *s* courtesy, courteousness, courtliness, gallantry.
**córtex** *s* cortex.

**cortiça** *s* cork.
**cortical** *adj* cortical.
**cortiço** *s* tenement, flophouse.
**cortina** *s* curtain.
**cortinado** *s* curtain.
**cortisona** *s* cotisone.
**coruja** *s* owl.
**corvo** *s* crow, raven.
**cós** *s* waistband.
**cossecante** *s* cosecant.
**cossegurar** *v* coinsure.
**cosseguro** *s* coinsurance.
**cosseno** *s* cosine; cos.
**coser** *v* sew, stitch.
**cossignatário** *s* cosignatory.
**cosmético** *adj* cosmetic. | *s* cosmetic.
**cósmico** *adj* cosmic, universal.
**cosmogonia** *s* cosmogony.
**cosmografia** *s* cosmography.
**cosmógrafo** *s* cosmographer.
**cosmologia** *s* cosmology.
**cosmologista** *s* cosmologist.
**cosmólogo** *s* cosmologist.
**cosmonauta** *s* cosmonaut.
**cosmopolita** *adj* cosmopolitan. | *s* cosmopolitan, cosmopolite.
**cosmos** *s* cosmos.
**cossaco** *s* Cossack.
**costa** *s* coast, seashore, shore.
**costado** *s* flank.
**costal** *adj* costal.
**Costa Rica** *s* Costa Rican.
**costas** *s* back (de animais e parte do vestuário); reverse.
**costear** *v* coast.
**costeiro** *adj* coastal, coastward, coastwise, inshore.
**costela** *s* rib.
**costeleta** *s* chop, cutlet.
**costume** *s* custom, habit, use.
**costumeiro** *adj* consuetudinary, usual, habitual.
**costura** *s* sewing, needlework, seam.
**costurar** *v* sew, stitch.
**costureira** *s* dressmaker, seamstress.
**costureiro** *s* fashioner.
**cota** *s* quota, mail.
**cotação** *s* quote (de preços).
**cotangente** *s* cotangent.
**cotar** *v* quote.
**cotidiano** *adj* quotidian, daily.
**cotilédone** *s* cotyledon.
**cotiledôneo** *adj* cotyledonous.
**cotizar** *v* club.
**cotó** *s* dock (da cauda dos animais).
**cotovelada** *s* dig, jab, jog.
**cotovelo** *s* elbow; elbow, knee (cano, conexão).
**cotovia** *s* skylark, lark.
**couraça** *s* cuirass; armor.
**couraçado** *adj* battleship (navio), iron-clad.
**couraçar** *v* armor.
**couro** *s* leather; hide; skin.
**couve** *s* kale.
**couve-de-bruxelas** *s* Brussels sprouts.
**couve-flor** *s* cauliflower.
**cova** *s* grave; fosse; burrow (de pequenos animais).
**côvado** *s* cubit.
**covarde** *adj* coward, cowardly; *gír* yellow. | *s* coward.
**covardemente** *adv* cowardly.
**covardia** *s* cowardice.
**coveiro** *s* gravedigger, burier.
**covil** *s* den, kennel, lair.
**covinha** *s* dimple.
**coxa** *s* drumstick (de galinha, peru).
**coxeadura** *s* limp, hobble.
**coxear** *v* limp, halt, hobble.
**coxim** *s* cushion.
**coxo** *adj* lame. | *s* cripple.
**cozedura** *s* bake, baking.
**cozer** *v* decoct, do.
**cozimento** *s* decoction.
**cozinha** *s* kitchen.
**cozinhar** *v* cook, boil.
**cozinheiro** *s* cook.
**craca** *s* barnacle.
**crachá** *s* badge.
**crack** *s* rocks.
**crânio** *s* cranium, skull.

C

C

**craque** *s* e *adj* ace.
**crasso** *adj* crass.
**cratera** *s* crater.
**cravar** *v* rivet, encrust, stick.
**cravo** *s Bot* carnation; blackhead (afecção cutânea); *Mús* harpsichord; spike (prego).
**cravo-da-índia** *s* clove.
**cré** *s* chalk.
**creche** *s* nursery school.
**credencial** *s* credential, credence.
**credenciar** *v* credential.
**credibilidade** *s* credibility.
**creditar** *v* accredit, refer, thank.
**crédito** *s* credit, credence; trust.
**credo** *s* credo, creed.
**credor** *s* creditor; *Jur* obligee.
**credulidade** *s* credulity, credulousness.
**crédulo** *adj* credulous, naive, wide-eyed. | *s* gull.
**creiom** *s* crayon.
**cremação** *s* cremation.
**cremador** *s* cremator.
**cremalheira** *s* rack.
**cremar** *v* cremate, incinerate.
**crematório** *adj* crematory. | *s* crematorium, crematory.
**creme** *s* cream.
**cremoso** *adj* creamy.
**crença** *s* belief, creed.
**crente** *s* believer.
**crepe** *s* crepe.
**crepitação** *s* crepitation.
**crepitante** *adj* crepitant.
**crepitar** *v* crepitate, crackle.
**crepuscular** *adj* crepuscular.
**crepúsculo** *s* crepuscule, dusk, twilight.
**crer** *v* believe, conceive, think, trust.
**crescendo** *s Mús* crescendo.
**crescente** *adj* crescent.
**crescer** *v* grow, augment, enlarge, swell, wax, overgrow (vegetação).
**crescido** *adj* grown.
**crescimento** *s* growth, development, evolution.
**crespo** *adj* curly, crisp, crispy.
**crestar** *v* scorch, blast, blight (plantas), sear.
**cretáceo** *adj* e *s* Cretaceous.
**cretinismo** *s Med* cretinism.
**cretino** *adj* cretinous. | *s* cretin.
**cretone** *s* cretonne.
**cria** *s* hatch, breed, foal, kid, young.
**criação** *s* creation, foundation, genesis; breeding.
**criada** *s* maid.
**criado** *s* servant, domestic.
**criado-mudo** *s* bedside table.
**criador** *s* creator, author; raiser, breeder (de animais); father.
**criança** *s* child, kid.
**criancice** *s* childishness.
**criancinha** *s* baby.
**criar** *v* create, generate, invent; rear (de crianças); breed, raise (animais); grow; foster (ideia, esperança).
**criatividade** *s* creativeness.
**criativo** *adj* creative, imaginative.
**criatura** *s* creature; *inform* thing.
**cricri** *s* chirp.
**crime** *s* crime, delinquency; *Jur* misdemeanor.
**criminal** *adj* criminal.
**criminalidade** *s* criminality.
**criminologia** *s* criminology.
**criminologista** *s* criminologist.
**criminoso** *adj* criminal, delinquent, felonious, wrongful. | *s* criminal, delinquent, felon, gangster, malefactor.
**crina** *s* horsehair, mane.
**crinolina** *s* crinoline (tecido).
**criogenia** *s Fís* cryogenics.
**cripta** *s* crypt, vault, undercroft (de igreja).
**criptografia** *s* cryptography.
**criptograma** *s* cryptogram, cipher.
**críquete** *s Esp* cricket.
**crisântemo** *s Bot* chrysanthemum, mum.
**crise** *s* crisis, conjuncture.
**crisma** *s Ecles* chrism; confirmation.
**crismado** *adj* confirmed.

**crismar** *v* confirm.
**crispar** *v* twitch.
**crista** *s* chine.
**cristal** *s* crystal.
**cristalino** *adj* crystalline, crystal; *Anat* crystalline lens. | *s Anat* lens.
**cristalização** *s* crystallization.
**cristalizado** *adj* candied.
**cristalizar** *v* crystallize.
**cristalografia** *s* crystallography.
**cristalógrafo** *s* crystallographer.
**cristandade** *s* Christendom.
**cristão** *adj* Christian, Christlike. | *s* Christian; *maiús* gentile.
**cristianismo** *s* Christianity.
**cristianização** *s* Christianization.
**cristianizar** *v* Christianize.
**Cristo** *s* Christ.
**cristologia** *s* Christology.
**critério** *s* criterion; judgment.
**criterioso** *adj* judicious.
**crítica** *s* critique, criticism, censure.
**criticar** *v* criticize, review; censure, censor.
**criticável** *adj* criticizable, censurable.
**crítico** *adj* critical, serious. | *s* critic, censor.
**crivar** *v* riddle.
**crível** *adj* credible, creditable.
**crivo** *s* riddle, bolter.
**Croácia** *s* Croatian.
**crocante** *adj* crisp, crispy.
**crochê** *s* crochet.
**crocitar** *v* croak.
**crocito** *s* caw.
**crocodilo** *s* crocodile.
**cromar** *v* chrome.
**cromática** *s* chromatics (ciência das cores).
**cromático** *adj* chromatic.
**cromato** *s* chromate.
**cromo** *s* chromium.
**cromossomo** *s* chromosome.
**crônica** *s* chronicle.
**crônico** *adj* chronic, inveterate.
**cronista** *s* chronicler, columnist.
**cronógrafo** *s* chronograph.
**cronologia** *s* chronology.
**cronológico** *adj* chronological.
**cronometragem** *s* timing.
**cronometrar** *v* time.
**cronometria** *s* chronometry.
**cronométrico** *adj* chronometrical.
**cronometrista** *s* clocker, timekeeper.
**cronômetro** *s* chronometer, timekeeper.
**croqui** *s* sketch.
**crosta** *s* crust, rind (de queijo), scab (de ferida).
**cru** *adj* raw, uncooked; crude.
**cruamente** *adv* crudely.
**crucial** *adj* crucial; critical.
**cruciante** *adj* excruciating.
**cruciferário** *s* crucifer.
**crucificação** *s* crucifixion.
**crucificar** *v* crucify.
**crucifixo** *s* crucifix.
**cruel** *adj* cruel, fierce, barbarous, inhuman, insensate, grievous, merciless, bloodthirsty, brutal, brute, cold-blooded, coldhearted, cutthroat. | *s* cutthroat.
**crueldade** *s* cruelty, inhumanity, atrocity, barbarity, brutality.
**cruelmente** *adv* bloodily.
**crueza** *s* crudeness, crudity, rudeness.
**crupiê** *s* croupier.
**crustáceo** *adj* crustacean, crustaceous. | *s* crustacean.
**cruz** *s* cross.
**cruzada** *s* crusade.
**cruzado** *adj* crisscross, across.
**cruzador** *s* cruiser (navio).
**cruzamento** *s* cross, crossover, frog (de ferrovia).
**cruzar** *v* cross, crossbreed, intersect, voyage (oceano), meet (rio, estrada).
**cruzeiro** *s* cruise.
**cuba** *s* tub.
**Cuba** *s* Cuba.
**cubano** *adj* e *s* Cuban.
**cubar** *v Mat* cube.
**cúbico** *adj* cubic, cubical.
**cubículo** *s* cell.

C

**cubismo** *s* Cubism.
**cubo** *s tb Mat* cube, hub (de roda).
**cuca** *s* nob.
**cuco** *s* cuckoo.
**cueca** *s* pants.
**cuia** *s* gourd.
**cuidado** *s* care; attention, diligence.
**cuidadosamente** *adv* carefully.
**cuidadoso** *adj* careful, heedful, thorough, thoughtful, scrupulous, studious, mindful.
**cuidar** *v* dress (ferimentos), nurse, rear (de crianças), see after.
**cujo** *pron* which, whose.
**culinária** *s* cookery.
**culinário** *adj* culinary.
**culminação** *s* culmination.
**culminância** *s* acme.
**culminante** *adj* culminant.
**culminar** *v* culminate.
**culpa** *s* guilt, fault, blame, sin.
**culpado** *s* culprit, guilty, hangdog.
**culpar** *v* blame, charge, criminate, convict, fault.
**culpável** *adj* blamable, blameful, chargeable, culpable.
**cultivado** *adj* cultivated, cultured.
**cultivador** *s* cultivator, grower, cropper, raiser (de animais).
**cultivar** *v* cultivate, till, culture (terra), farm, grow, nurture, raise.
**cultivável** *adj* cultivable, arable.
**cultivo** *s* cultivation, culture.
**culto** *adj* cultivated, cultured, learned, educated. | *s* cult, worship, adoration.
**cultuar** *v* enshrine, worship.
**cultura** *s* civilization, culture, erudition.
**cultural** *adj* cultural.
**cume** *s* summit, top, brow (de penhasco), crown, roof, vertex, tiptop.
**cúmplice** *s* accomplice; *Jur* accessory, corespondent (em crime ou adultério).
**cumplicidade** *s* complicity, connivance.
**cumpridor** *adj* e *s* observant.
**cumprimentar** *v* salute, greet, bow; compliment.
**cumprimento** *s* greeting; accomplishment, execution, fulfillment.
**cumprir** *v* execute, fulfill, abide by (tarefa, lei); *gír* do (pena).
**cumular** *v* shower.
**cumulativo** *adj* additive. | *s* cumulative.
**cúmulo** *s* cumulus.
**cunha** *s* wedge, cotter, quoin, shim.
**cunhada** *s* sister-in-law.
**cunhado** *s* brother-in-law. | *adj* incuse.
**cunhagem** *s* coinage.
**cunhar** *v* coin, mint.
**cunho** *s* stamp, cachet.
**cupido** *s Mit* cupid, Love.
**cupim** *s* termite.
**cupinzeiro** *s* anthill.
**cupom** *s* coupon.
**cúpula** *s* cupola, dome.
**cura** *s* cure, curate.
**curabilidade** *s* curability.
**curado** *adj* well, whole.
**curador** *s* curator, guardian, administrator; *Jur* conservator, trustee.
**curadoria** *s* curatorship; *Jur* administration.
**curandeirismo** *s* faith healing, medicine.
**curandeiro** *s* curer, healer, witch doctor (entre os povos africanos).
**curar** *v* cure (doença e ao sol); heal, remedy; salt (ao sol); mend, correct.
**curativo** *adj* curative. | *s* curative, dressing.
**curável** *adj* curable.
**curetagem** *s* curettage.
**cúria** *s* curia.
**curinga** *s* joker (jogo de cartas).
**curiosamente** *adv* curiously.
**curiosidade** *s* curiosity.
**curioso** *adj* curious, inquisitive.
**curral** *s* barn, cote, crib, sheepfold, stockyard.
**currículo** *s* curriculum, curriculum vitae.
**cursivo** *adj* cursive.
**curso** *s* course; direction; path.
**cursor** *s Comp* cursor.
**curta-metragem** *s* short.
**curto** *adj* brief, short.

**curto-circuito** *s* short circuit.
**curva** *s* curve; bend; knee (cano, conexão); *Aer* loop.
**curvado** *adj* bent, bandy, incurvate.
**curvar** *v* curve, incurvate, bend, arch, flex. • **curvar-se** bow (cabeça e ombro em cumprimento).
**curvatura** *s* curvature, bend.
**curvilíneo** *adj* curvilineal.
**curvo** *adj* circumflex, crooked.
**cúspide** *s* cusp.
**cuspir** *v* spit.
**cuspo** *s* spit.
**custar** *v* cost.
**custear** *v* defray.
**custeio** *s* defrayal, outlay.
**custo** *s* cost; worth.
**custódia** *s* custody, safekeeping, detention.
**custódio** *adj* custodial.
**custosamente** *adv* dearly.
**custoso** *adj* expensive.
**cutâneo** *adj* cutaneous, dermal.
**cutelaria** *s* cutlery.
**cutia** *s* agouti.
**cutícula** *s* cuticle.
**cútis** *s* cutis; complexion.
**cutucada** *s* dig.
**cutucão** *s* nudge.
**cutucar** *v* nudge.
**czar** *s* czar.
**czarina** *s* czarina.

**d** ou **D** *s* 4ª letra do alfabeto português. | *num rom maiús* 500.

**d.C.** *abrev* Anno Domini (latim).

**dádiva** *s* gift.

**dadivoso** *adj* bountiful.

**dado** *adj* given. | *s* die; *Arq* dado.

**daí** *adv* thence, hence.

**dali** *adv* thence.

**dália** *s* dahlia.

**dálmata** *s* dalmatian.

**dama de honra** *s* maid of honor.

**damasco** *s* apricot; damask (tecido).

**danação** *s* damnation.

**danado** *adj* damned.

**danar** *v* damn.

**dança** *s* dance.

**dançar** *v* dance.

**dançarino** *s* dancer.

**dândi** *s* dandy; dude.

**danificar** *v* damage, injure.

**dano** *s* damage, harm, injury; *Jur* tort.

**danoso** *adj* damageable, harmful.

**daqui** *prep* in.

**daquilo** *adv* therefrom.

**dar** *v* give; award (prêmio, recompensa etc.), fetch (grito, suspiro).

**dardo** *s* dart.

**data** *s* date.

**datado** *adj* dated.

**datar** *v* date.

**datilografar** *v* type, typewrite.

**datilografia** *s* typing, typewriting.

**datilógrafo** *s* typist, typewriter.

**dativo** *adj Jur* dative. | *s Gram* dative.

**de** *prep* of.

**debaixo** *adv* under, underneath. | *prep* underneath.

**debandada** *s* stampede, disbandment.

**debandar** *v* rout; disband.

**debate** *s* debate, discussion; argument.

**debater** *v* debate, discuss.

**debênture** *s* debenture.

**débil** *adj* weak, anemic.

**debilidade** *s* debility, weakness.

**debilitação** *s* debilitation.

**debilitado** *adj* attenuate, weak.

**debilitar** *v* debilitate, attenuate.

**debitar** *v* debit.

**débito** *s* debt, debit.

**debochar** *v* debauch.

**deboche** *s* debauch, debauchery.

**debruar** *v* hem, border.

**debrum** *s* hem, border, binding, braiding, fringe.

**debulhar** *v* thrash; husk.

**debulho** *s* chaff.

**debutante** *s* debutante, deb.

**década** *s* decade.

**decadência** *s* decadence, decay, decline, ruin.

**decadente** *adj* e *s* decadent.

**decaído** *adj* e *s* decayed.

**decair** v decay, decline.
**decalcar** v trace, copy, imitate.
**decalque** s tracing, copying.
**decampar** v decamp.
**decano** s dean.
**decantação** s decantation.
**decantar** v decant.
**decapitação** s decapitation.
**decapitar** v decapitate, behead, decollate.
**decassílabo** *adj* decasyllabic. | s decasyllable.
**decenal** *adj* decennial.
**decência** s decency, decorum.
**decente** *adj* decent, decorous.
**decepar** v amputate, dock (cauda de um animal).
**decepção** s delusion, disappointment, frustration.
**decepcionado** *adj* disappointed.
**decepcionante** *adj* disappointing.
**decepcionar** v disappoint, frustrate.
**decibel** s decibel (*abrev* **dB**).
**decididamente** *adv* conclusively.
**decidido** *adj* decided, decisive, determined.
**decidir** v decide; determine; resolve; *Jur* rule.
**decíduo** *adj* deciduous.
**decifração** s decipherment.
**decifrador** s decipherer.
**decifrar** v decipher, make out; decode, decrypt.
**decimal** *adj* decimal.
**decímetro** s decimeter (*abrev* **dm**).
**décimo** *num* tenth.
**décimo quarto** *num* fourteenth.
**decisão** s decision; determination; *Jur* verdict.
**decisivamente** *adv* fatally.
**decisivo** *adj* decisive, conclusive, crucial.
**declamação** s declamation, recitation.
**declamador** s declaimer.
**declamar** v declaim.
**declamatório** *adj* declamatory.
**declaração** s declaration, assertion; statement; *Jur* affidavit.
**declarante** s *Jur* witness.
**declarar** v declare, assert; *Jur* find; *inform* make off.
**declarativo** *adj* declarative.
**declaratório** *adj* declaratory.
**declarável** *adj* declarable.
**declinação** s *Gram* declension; *Astron* declination.
**declinante** *adj* descendent.
**declinar** v decline; decay; *Gram* inflect.
**declinável** *adj* declinable.
**declínio** s decline, decay; downhill.
**declive** s declivity, decline, descent.
**decodificador** s decoder.
**decodificar** v decode.
**decolagem** s takeoff.
**decolar** v takeoff.
**decompor** v decompose, decompound; *Quím* analyze.
**decomposição** s decomposition, dissolution; *Quím* analysis.
**decoração** s decoration; adornment; décor.
**decorador** s decorator.
**decorar** v decorate; adorn, drape (com cortinas, bandeiras, tecidos).
**decorativo** *adj* decorative.
**decoro** s decorum.
**decoroso** *adj* decorous.
**decorrer** v elapse.
**decorrido** *adj* past.
**decotado** *adj* low-necked.
**decote** s low-neck.
**decrépito** *adj* decrepit.
**decrepitude** s decrepitude.
**decrescente** *adj* decrescent, descendent.
**decrescer** v decrease.
**decréscimo** s decrease, decrement, reduction.
**decretação** s enactment.
**decretar** v decree, enact, establish; *Jur* rule.
**decreto** s decree, act.

**decriptar** *v* decrypt.
**dedal** *s* thimble.
**dedeira** *s* thumb index.
**dedetizar** *v* debug.
**dedicação** *s* dedication.
**dedicado** *adj* devoted, faithful.
**dedicar** *v* dedicate.
**dedicatória** *s* dedication, inscription.
**dedicatório** *adj* dedicatory.
**dedilhado** *s Mús* fingering.
**dedilhar** *v* strum (guitarra, violão).
**dedo** *s* finger (mão), toe (pé).
**dedução** *s* deduction.
**dedurar** *v* finger.
**dedutível** *adj* deducible.
**dedutivo** *adj* deductive.
**deduzir** *v* deduce, infer; deduct, abate, discount.
**deduzível** *adj* deducible.
**defecação** *s* defecation.
**defecar** *v* defecate.
**defecção** *s* defection.
**defectivo** *adj* defective.
**defeito** *s* defect; fault (físico); flaw; vice.
**defeituosamente** *adv* amiss.
**defeituoso** *adj* defective, faulty. | *s* cripple.
**defender** *v* defend.
**defensável** *adj* maintainable.
**defensiva** *s* defensive.
**defensivo** *adj* e *s* defensive.
**defensor** *s* defender, protector.
**deferência** *s* deference.
**deferente** *adj* deferent, deferential.
**deferimento** *s* concession, grant.
**deferir** *v* concede, grant.
**defesa** *s* defense; guard; custody; assertion.
**deficiência** *s* deficiency, failure, shortage.
**deficiente** *adj* deficient, disabled, failing, short.
**déficit** *s* deficit.
**definhamento** *s* emaciation, atrophy.
**definhar** *v* emaciate, languish.
**definição** *s* definition; *Comp* resolution.
**definido** *adj* definite, decided; determinate.
**definir** *v* define; determine.
**definitivamente** *adv* once for all, once and for all.
**definitivo** *adj* definitive.
**definível** *adj* definable.
**deflação** *s* deflation, disinflation.
**deflacionar** *v* deflate.
**deflacionário** *adj* deflationary.
**deflagração** *s* deflagration.
**deflagrar** *v* deflagrate, fire.
**defletor** *s* deflector, baffle.
**deflexão** *s* deflection.
**defloração** *s* defloration.
**defloramento** *s* defloration.
**deflorar** *v* deflower.
**deformação** *s* deformation, disfiguration, defacement.
**deformado** *adj* deformed.
**deformar** *v* deform, disfigure, deface, disproportion.
**deformidade** *s* deformity, malformation; *Med* aberration.
**defraudador** *adj* e *s* defrauder, defaulter.
**defraudar** *v* defraud.
**defrontar** *v* confront, up against.
**defronte** *prep* against.
**defumador** *s* curer.
**defumar** *v* fume; cure; bloat (peixe).
**defunto** *s* dead; *gír* stiff.
**degelar** *v* thaw.
**degelo** *s* thaw.
**degeneração** *s* degeneration, degeneracy.
**degenerado** *adj* e *s* degenerate.
**degenerar** *v* degenerate; deteriorate; corrupt.
**degenerativo** *adj* degenerative.
**deglutição** *s* deglutition.
**degola** *s* decapitation.
**degolador** *s* cutthroat.
**degolar** *v* decollate, decapitate.
**degradação** *s* degradation, degeneracy.
**degradante** *adj* degrading.
**degradar** *v* degrade.
**degrau** *s* stair, step, steps, spoke (de escada de mão).

**degredar** *v* transport.
**degredo** *s* deportation.
**degringolar** *v* go haywire (plano).
**degustador** *s* taster (de vinho, chá, café etc.).
**degustar** *v* taste.
**deidade** *s* deity.
**deificação** *s* deification.
**deificar** *v* deify.
**deísmo** *s* deism.
**deísta** *s* deist.
**deístico** *adj* deistic.
**deitar** *v* lie, lie down, lay.
**deixa** *s* cue (no teatro).
**deixar** *v* leave, let, walk out on.
**delação** *s* denunciation, denouncement.
**delatar** *v* inform, denounce, betray.
**delator** *s* informer, betrayer; *gír* fink.
**delegação** *s* delegation.
**delegacia** *s* police station.
**delegado** *s* delegate, representative; *Jur* assignee.
**delegar** *v* delegate, depute.
**deleitar** *v* delight, enchant; feast.
**deleitável** *adj* delectable.
**deleite** *s* delight, delectation.
**deletério** *adj* deleterious.
**delével** *adj* erasable.
**delfim** *s* dolphin.
**delgadeza** *s* slenderness.
**delgado** *adj* slender, thin, slim, fine.
**deliberação** *s* deliberation, advisement.
**deliberadamente** *adv* advisedly.
**deliberado** *adj* deliberate.
**deliberar** *v* deliberate.
**deliberativo** *adj* deliberative.
**delicadeza** *s* delicacy; courteousness; finesse.
**delicado** *adj* delicate; fragile; elegant, fine; awkward (assunto).
**delícia** *s* delight.
**deliciar** *v* delight, regale.
**delicioso** *adj* dainty, delicious; yummy (sabor ou cheiro).
**delimitação** *s* delimitation, demarcation.
**delimitar** *v* delimit.
**delineação** *s* delineation.
**delineador** *s* delineator.
**delineamento** *s* lineation.
**delinear** *v* delineate, outline; describe.
**delinquência** *s* delinquency.
**delinquente** *adj* e *s* delinquent.
**delinquir** *v* transgress.
**delirante** *adj* delirious.
**delirar** *v* rave, frenzy.
**delírio** *s* delirium, rave.
**delito** *s* delict, crime, transgression; *Jur* misdemeanor.
**delonga** *s* cunctation.
**delta** *s* delta.
**deltoide** *adj e s* deltoid.
**demagogia** *s* demagogy, demagoguery.
**demagógico** *adj* demagogic.
**demagogo** *adj* e *s* demagogue.
**demais** *adv* too much, too.
**demanda** *s* demand.
**demandar** *v* demand, request.
**demarcação** *s* demarcation.
**demarcar** *v* demarcate, delimit.
**demasia** *s* excess.
**demasiadamente** *adv* far.
**demasiado** *adj* excessive, overmuch.
**demência** *s* dementia, madness; *Psic* alienation.
**demente** *adj* demented; crazy, mad. | *s* bedlamite.
**demérito** *s* demerit.
**demissão** *s* demission, dismissal; resignation; *gír* boot.
**demitir** *v* dismiss, discharge; resign; boot; *inform* fire.
**democracia** *s* democracy.
**democrata** *s* democrat.
**democrático** *adj* democratic.
**democratização** *s* democratization.
**democratizar** *v* democratize.
**demografia** *s* demography.
**demolição** *s* demolition, destruction.
**demolidor** *adj* disruptive. | *s* wrecker.
**demolir** *v* demolish; raze; ruin.
**demoníaco** *adj* demoniac.

**demônio** *s* demon, devil.
**demonologia** *s* demonology.
**demonstração** *s* demonstration, show.
**demonstrador** *s* demonstrator.
**demonstrar** *v* demonstrate; evidence, show.
**demonstrativo** *adj* demonstrative.
**demonstrável** *adj* demonstrable.
**demora** *s* cunctation, delay, detainment, holdup, retard, wait, waiting.
**demorar** *v* delay; linger.
**denegrir** *v* denigrate, backslide, darken.
**dengue** *s* dengue, breakbone fever.
**denominação** *s* denomination; designation.
**denominador** *s tb Mat* denominator.
**denominar** *v* denominate, name, designate.
**denotação** *s* denotation.
**denotar** *v* denote, mean.
**denotativo** *adj* denotative.
**densamente** *adv* thick.
**densidade** *s* density, denseness, compactness.
**denso** *adj* dense, compact, heavy, gross.
**dentada** *s* bite, snap, nibble, nip.
**dentado** *adj* dentate; serrate.
**dentadura** *s* denture.
**dental** *adj* dental.
**dentar** *v* dent.
**dentário** *adj* dental.
**dente** *s tb Mec* tooth; dent (engrenagem, faca, serra etc.); ratchet (engrenagem); sprocket (roda).
**denteado** *adj* dentate, jagged.
**dentear** *v* indent, jag, dent.
**dente-de-leão** *s* dandelion (flor).
**dentição** *s* dentition.
**dentifrício** *s* dentifrice.
**dentina** *s* dentin.
**dentista** *s* dentist.
**dentro** *adv* within, in. | *prep* within.
**denudar** *v* denude.
**denúncia** *s* denunciation, denouncement, accusation; *Jur* indictment.
**denunciador** *adj* comminatory. | *s* denouncer.
**denunciar** *v* denounce, accuse; report (pessoa, delito).
**departamental** *adj* departmental.
**departamento** *s* department.
**depenado** *adj* bare, deplumed, plucked.
**dependência** *s* dependence; dependency.
**dependente** *adj* dependent, conditional, conditioned. | *s Zool inform* bloodsucker.
**depender** *v* wait on/upon, lean on/upon.
**dependurado** *adj* hanging.
**depilação** *s* depilation.
**depilar** *v* depilate.
**depilatório** *adj e s* depilatory.
**deplorar** *v* deplore; regret.
**deplorável** *adj* deplorable, lamentable, unfortunate.
**depoente** *s Jur* witness.
**depoimento** *s* deposition, testimony; declaration; *Jur* statement (de testemunha).
**depois** *adv* after, afterward, then, next.
**depor** *v Jur* depose; testify; unseat (do cargo); witness.
**deportação** *s* deportation, banishment.
**deportado** *s* deportee.
**deportar** *v* deport, banish.
**deposição** *s* deposition; deposal.
**depositante** *s* depositor.
**depositar** *v* deposit; trust.
**depositário** *s* depositary, depository.
**depósito** *s* warehouse; deposit (bancário); *Geol* deposit, deposition, drift; armoury, arsenal (munição).
**depravação** *s* depravation, depravity.
**depravado** *adj* depraved, reprobate, vicious, unclean.
**depravar** *v* deprave, debauch.
**deprecatório** *adj* deprecatory.
**depreciação** *s* depreciation.
**depreciar** *v* depreciate, cheapen.
**depreciativo** *adj* derogative, derogatory, detractive.

**depredação** *s* depredation.
**depredador** *s* depredator.
**depredar** *v* depredate.
**depredatório** *adj* depredatory.
**depreender** *v* understand.
**depressa** *adv* fast, quickly.
**depressão** *s* depression; hollow; slump (de preço); *Geogr* valley; *Psiq* melancholia.
**depressivo** *adj* depressive; lonely, lonesome (por estar sozinho).
**depressor** *adj e s* depressor.
**deprimente** *adj* depressing.
**deprimido** *adj* depressed, downcast, downhearted.
**deprimir** *v* depress.
**depuração** *s* depuration, expurgation.
**depurador** *s* depurator.
**depurar** *v* depurate; *Comp* debug.
**depurativo** *adj* expurgatory.
**deputação** *s* deputation.
**deputado** *s* deputy, delegate, commissary.
**deputar** *v* depute.
**de repente** *adv* suddenly.
**deriva** *s* drift (de rota).
**derivação** *s* derivation.
**derivada** *s* derivative.
**derivado** *s e adj* derivative.
**derivante** *adj* derivative.
**derivar** *v* derive; *Mat* differentiate.
**derivativo** *adj* derivative. | *s Med* derivative.
**derma** *s* cutis.
**dermatite** *s* dermatitis.
**dermatologia** *s* dermatology.
**dermatologista** *s* dermatologist.
**derme** *s* dermis.
**dérmico** *adj* dermal.
**derramamento** *s* spill.
**derramar** *v* spill, shed (sangue, bebida etc.).
**derrame** *s Med* stroke.
**derrapagem** *s* skid.
**derrapar** *v* skid.
**derreter** *v* melt, fuse; smelt.
**derretido** *adj* molten, run (metal, ouro).
**derretimento** *s* fusion.
**derrota** *s* defeat.
**derrotado** *adj* defeated.
**derrotar** *v* defeat, beat.
**derrotista** *adj e s* defeatist.
**derrubada** *s* clearance.
**derrubar** *v* throw down, pull down, knock down; fell.
**desabafar** *v* unload, vent.
**desabamento** *s* tumble, landslide.
**desabar** *v* tumble, collapse.
**desabilitar** *v Comp* disable.
**desabitado** *adj* uninhabited, unoccupied.
**desabituar** *v* dishabituate.
**desabonador** *adj* discreditable.
**desabonar** *v* discredit, disbelieve.
**desabotoar** *v* unbutton, unclasp.
**desabrigado** *adj e s* homeless.
**desabrigar** *v* uncover; abandon.
**desabrochar** *v* unfold.
**desacatar** *v* defy.
**desacato** *s* contempt; *Jur* contemptibility.
**desaceleração** *s* deceleration.
**desacelerar** *v* decelerate.
**desacompanhado** *adj* alone.
**desaconselhar** *v* discourage.
**desaconselhável** *adj* inadvisable.
**desacordo** *s* disagreement, disaccord, discordance.
**desacorrentar** *v* unchain.
**desacostumado** *adj* unaccustomed.
**desacostumar** *v* disaccustom, break a habit.
**desacreditado** *adj* disreputable.
**desacreditar** *v* discredit, disbelieve, discountenance.
**desafeiçoar** *v* disaffect, dislike.
**desafiador** *adj e s* challenger, defier.
**desafiante** *adj e s* defiant.
**desafiar** *v* challenge, defy, beard, brave, dare.
**desafiável** *adj* challengeable.
**desafinação** *s* discord.

D

**desafinado** *adj* false, off-key.
**desafinar** *v* discord.
**desafio** *s* challenge, defiance.
**desafirmar** *v* disaffirm.
**desafivelar** *v* unclasp.
**desaforo** *s* insolence.
**desafortunado** *adj* luckless, unlucky, wretched. | *s* wretch.
**desagradar** *v* displease, dissatisfy, disfavor.
**desagradável** *adj* disagreeable, unpleasant, displeasing, disgusting, distasteful.
**desagrado** *s* displeasure, disfavor.
**desagravo** *s* retaliation.
**desagregação** *s* dissociation, disintegration.
**desagregar** *v* desegregate, dlssociate, disintegrate.
**desagrupar** *v* disassemble.
**desaguar** *v* drain; disembogue.
**desajeitadamente** *adv* clumsily.
**desajeitado** *adj* awkward, clumsy, ungainly, unhandy.
**desajuizado** *adj* unwise, injudicious.
**desajustar** *v* disagree.
**desajuste** *s* disagreement.
**desalentado** *adj* depressed, desolate, despondent, chapfallen.
**desalentador** *adj* depressing.
**desalentar** *v* despond, dishearten.
**desalento** *s* discouragement, despondency.
**desalinhado** *adj* dowdy, untidy, disheveled, misaligned, uneven.
**desalinhamento** *s* misalignment.
**desalinhar** *v* disarray.
**desalinho** *s* disarray, dishevelment.
**desalmado** *adj* soulless.
**desalojamento** *s* dislodgement, dispossession.
**desalojar** *v* dislodge, displace.
**desamarrar** *v* untie, unbind, undo.
**desamparado** *adj* abandoned, deserted, desolate.
**desamparar** *v* abandon, desert.
**desamparo** *s* abandonment.
**desanimado** *adj* downhearted, down.
**desanimador** *adj* disconsolate, depressing, dismal.
**desanimar** *v* discourage, dishearten, daunt.
**desânimo** *s* discouragement, dismay, depression.
**desanuviado** *adj* cloudless, clear.
**desaparecer** *v* disappear, vanish, evaporate, flee.
**desaparecido** *adj* missing.
**desaparecimento** *s* disappearance.
**desapegar** *v* wean.
**desapertar** *v* unlace.
**desapiedado** *adj* cold-blooded.
**desapontado** *adj* disappointed.
**desapontamento** *s* disappointment, discomfiture.
**desapontar** *v* disappoint, disgruntle, dissatisfy.
**desapossar** *v* dispossess; *Jur* divest, evict.
**desaprender** *v* unlearn.
**desapropriação** *s* expropriation, confiscation; *Jur* ejectment.
**desapropriar** *v* dispossess, expropriate, confiscate.
**desaprovação** *s* disapprobation, disapproval, censure, deprecation, disallowance, disfavor.
**desaprovar** *v* disapprove, disallow, disfavor, deprecate, discountenance, discourage.
**desarmado** *adj* unarmed.
**desarmamento** *s* disarmament.
**desarmar** *v* disarm.
**desarmonia** *s* disharmony.
**desarmônico** *adj* inharmonious.
**desarmonioso** *adj* out of joint.
**desarraigar** *v* eradicate.
**desarranjado** *adj* disarranged, out of order.
**desarranjar** *v* disarrange; disorder (saúde mental ou física), derange, unsettle.
**desarranjo** *s* disarrangement, derangement, disarray.

**desarrumado** *adj* untidy, sloppy.
**desarrumar** *v* disarrange.
**desarticulação** *s* disarticulation, dislocation.
**desarticulado** *adj* disjointed.
**desarticular** *v* disarticulate, disjoint, dislocate, unjoint.
**desassemelhar** *v* dissimilate.
**desassociar** *v* disassociate, disaffiliate.
**desassossegar** *v* disquiet.
**desassossego** *s* disquietude.
**desastrado** *adj* disastrous, clumsy.
**desastre** *s* disaster, accident.
**desastroso** *adj* disastrous, unfortunate.
**desatado** *adj* free.
**desatar** *v* unfasten, untie (nó), unloose, loose.
**desatenção** *s* inattention, inattentiveness, inobservance.
**desatencioso** *adj* thoughtless.
**desatento** *adj* inattentive, disregardful, unmindful, absent, mindless.
**desatinado** *adj* desperate.
**desatino** *s* moonshine.
**desativar** *v* deactivate; *Comp* disable.
**desatualizado** *adj* out-of-date.
**desautorizar** *v* disallow, disauthorize.
**desavença** *s* dissension, disagreement, discordance, disunion.
**desavergonhado** *adj* unashamed, barefaced, characterless.
**desbaratar** *v* discomfit.
**desbarrancar** *v* gully.
**desbastar** *v* whittle (madeira).
**desbloquear** *v* unblock.
**desbotado** *adj* faded, discolored.
**desbotamento** *s* fading.
**desbotar** *v* discolor, fade, discharge (tecido), wash out.
**desbravador** *s* pathfinder.
**desbravar** *v* clear.
**descabeçado** *adj fig* acephalous.
**descafeinado** *adj* decaffeinated.
**descalçadeira** *s* bootjack.
**descalço** *adj* barefoot.
**descamação** *s* exfoliation, scurf.
**descamar** *v* flake.
**descampado** *adj* bleak.
**descansado** *adj* quiet, easy, undisturbed, restful.
**descansar** *v* rest, repose, take a rest; *inform* knock off.
**descanso** *s* rest, repose, relaxation.
**descaracterizado** *adj* featureless.
**descarado** *adj* shameless, brazenfaced, cheeky.
**descaramento** *s* brazenness, cheekiness.
**descarga** *s* discharge (carregamento, elétrica etc.); exhaust, issue, emission; shot (arma de fogo).
**descarnado** *adj* gaunt, skinny.
**descaroçar** *v* stone, seed, pit.
**descarregado** *adj* uncharged (arma).
**descarregamento** *s* disembarkation.
**descarregar** *v* discharge (navio, arma de fogo); unload (carga); download; *Náut* unlade, unship (navio).
**descarrilamento** *s* derailment.
**descarrilar** *v* derail, ditch (trem).
**descartar** *v* discard, reject, dismiss; throw (baralho).
**descarte** *s* discard (no jogo).
**descascar** *v* shell, bark, hull, husk, scale, exfoliate, strip.
**descaso** *s* disregard.
**descendência** *s* descent, offspring, branch, lineage.
**descendente** *adj* descendent. | *s* descendant.
**descender** *v* descend.
**descentralização** *s* decentralization.
**descentralizar** *v* decentralize.
**descer** *v* descend, come down, go down, get down; dismount (de cavalo etc.).
**descida** *s* descent, drop, fall.
**desclassificar** *v* disqualify.
**descoberta** *s* discovery, finding; detection.
**descoberto** *adj* uncovered, bare, naked.
**descobridor** *s* discoverer.

**descobrimento** *s* discovery.
**descobrir** *v* discover, uncover, disclose.
**descolar** *v* unglue.
**descoloração** *s* discoloration.
**descolorar** *v* discolor.
**descolorido** *adj* dingy, colorless.
**descompactar** *v Comp* unzip.
**descomplicado** *adj* painless.
**descompor** *v* flay.
**descompostura** *s* discomposure.
**descompressão** *s* decompression.
**descomprimir** *v* decompress.
**descomprometido** *adj* unattached.
**descomunal** *adj* monumental.
**desconcertar** *v* disconcert, discomfit, embarrass.
**desconectado** *adj* off; *Comp* e *Telec* offline (da rede).
**desconexão** *s* disconnection.
**desconexo** *adj* disconnected, disjointed, abrupt, disjunct.
**desconfiado** *adj* distrustful, mistrustful; diffident.
**desconfiança** *s* suspicion, mistrust, distrust, discredit, surmise, misgiving.
**desconfiar** *v* distrust, mistrust, suspect, doubt.
**desconformidade** *s* disconformity.
**desconfortar** *v* discomfort.
**desconforto** *s* discomfort.
**descongelador** *s* defroster.
**descongelar** *v* defrost.
**desconhecer** *v* ignore.
**desconhecido** *adj* unknown, anonymous, nameless; strange. | *s* unknown.
**desconjuntado** *adj* disjointed.
**desconjuntar** *v* disjoint, dislocate, disarticulate, dismember, luxate.
**desconsertante** *adj* bewildering.
**desconsertar** *v* abash.
**desconsideração** *s* disrespect, disesteem, disrespectfulness.
**desconsiderado** *adj* unconsidered.
**desconsiderar** *v* disrespect, disregard, ignore.
**desconsolado** *adj* inconsolable.
**desconsolador** *adj* disconsolate.
**descontaminação** *s* decontamination.
**descontaminar** *v* decontaminate.
**descontar** *v* discount; abate, rebate.
**descontentamento** *s* discontentment, disaffection, discontent, displeasure.
**descontentar** *v* discontent, displease, disaffect, dissatisfy.
**descontente** *adj* discontent, disaffected, discontented, unhappy, malcontent. | *s* malcontent.
**descontinuar** *v* discontinue, break off, cut off, intermit.
**descontinuidade** *s* discontinuity, discontinuance.
**descontínuo** *adj* discontinuous.
**desconto** *s* discount, rebate, deduction.
**descontração** *s* easiness.
**descontraído** *adj* easy.
**descontrair** *v* unbend, unwind.
**descontroladamente** *adv* wild.
**descontrolado** *adj* rampant, vagrant, wild (emocionalmente).
**descontrole** *s* incontinence.
**descoordenado** *adj* uncoordinated (física e mentalmente).
**descorado** *adj* pale, pallid.
**descoramento** *s* bleach, discharge (tecido).
**descorar** *v* bleach, bleed, discharge (tecido), discolor.
**descortês** *adj* discourteous, slighting, ungracious.
**descortesia** *s* discourtesy.
**descortiçador** *s* barker.
**descortiçar** *v* bark.
**descoser** *v* rip, unpick, unrip.
**descosturar** *v* rip, unpick.
**descrédito** *s* discredit, disfavor, dispraise, disrepute.
**descrença** *s* disbelief, unbelief, unfaith.
**descrente** *adj* impious, irreligious. | *s* infidel, unbeliever, atheist.
**descrer** *v* disbelieve.
**descrever** *v* describe, relate, draw (oralmente ou por escrito), recite, report.

**descrição** *s* description, report, depiction, narrative, secrecy.
**descritível** *adj* describable.
**descritivo** *adj* descriptive.
**descritor** *s* describer.
**descruzar** *v* uncross (as pernas, os braços).
**descuidadamente** *adv* anyhow.
**descuidado** *adj* incautious, regardless, careless, mindless, thoughtless, disregardful. | *s* neglecter.
**descuidar** *v* neglect.
**descuido** *s* carelessness, disregard, negligence; oversight.
**desculpa** *s* excuse, pardon, apology.
**desculpar** *v* excuse, pardon, forgive, exculpate, apologize; acquit.
**desculpável** *adj* excusable.
**desde** *adv* since, ago. | *prep* since.
**desdém** *s* disdain; haughtiness.
**desdenhar** *v* disdain, despise, contemn; *inform* sniff.
**desdenhoso** *adj* disdainful, contemptuous, disregardful.
**desdentado** *adj* toothless.
**desdita** *s* misery.
**desditoso** *adj* miserable.
**desdizer** *v* unsay.
**desdobrado** *adj* open.
**desdobrar** *v* unfold, unroll.
**desdouro** *s* disparagement, tarnish.
**desejar** *v* wish, want, will, desire, covet, yearn (com melancolia), love.
**desejável** *adj* desirable, covetable.
**desejo** *s* want, will, wish, desire (*tb* sexual); *Psic* conation.
**desejoso** *adj* desirous, wishful, willing.
**deselegância** *s* inelegance.
**deselegante** *adj* awkward, graceless. | *s* inelegant.
**desemaranhar** *v* unravel, untangle.
**desembaraçado** *adj* free, clear.
**desembaraçar** *v* disembarrass, disencumber, disentangle.
**desembaraçável** *adj* extricable.
**desembaraço** *s* disengagement, disentanglement; ease; readiness.
**desembarcadouro** *s* quay.
**desembarcar** *v* disembark, debark, land.
**desembarque** *s* disembarkation, landing.
**desembocadura** *s* discharge, embouchure (rio).
**desembocar** *v* disembogue.
**desembolsar** *v* disburse.
**desembolso** *s* disbursement.
**desembrulhar** *v* unpack, unwrap.
**desempacotar** *v* unpack.
**desempenhar** *v* acquit, fulfill.
**desempenho** *s* fulfillment; execution.
**desempilhar** *v* unpile.
**desempregado** *adj e s* unemployed, jobless, out of work.
**desencadear** *v* unlink.
**desencaminhado** *adj* misguided.
**desencaminhar** *v* misguide, mislead.
**desencantar** *v* disenchant.
**desencanto** *s* disenchantment.
**desencargo** *s* disengagement.
**desencarnado** *adj* discarnate.
**desencarnar** *v* disembody.
**desencorajamento** *s* discouragement.
**desencorajar** *v* discourage, dispirit.
**desencovar** *v* dig.
**desencravar** *v* rout.
**desenfaixar** *v* undress.
**desenformar** *v* disinform.
**desenfreado** *adj* unchecked, unrestrained.
**desenganado** *adj* disillusioned.
**desenganar** *v* disillusion.
**desenganchar** *v* unclasp, unhitch, unhook.
**desengano** *s* disillusion.
**desengatar** *v* unlimber (revólver, rifle), unship.
**desenhar** *v* draw, design.
**desenhista** *s* designer, draftsman, illustrator.
**desenho** *s* design, designing, draft, drawing; figure.
**desenredar** *v* disentangle, extricate.
**desenredo** *s* disentanglement, extrication.

D

D

**desenrolar** *v* uncoil, unroll, unwind, unwrap.
**desenroscar** *v* untwine; unscrew.
**desenterramento** *s* disinterment.
**desenterrar** *v tb fig* disinter, excavate, exhume, unbury.
**desentranhar** *v* disembowel, embowel, gut.
**desentupir** *v* unstop.
**desenvoltura** *s* ease.
**desenvolver** *v* develop, evolve, unfold.
**desenvolvido** *adj* grow, advanced, adult (planta ou animal).
**desenvolvimento** *s* development, evolution, boom (negócios, atividade).
**desequilibrado** *adj* unbalanced; wacky.
**desequilibrar** *v* unbalance, disequilibrate (economia, governo etc.).
**desequilíbrio** *s* disequilibrium, imbalance.
**deserção** *s* desertion, defection, abandonment.
**deserdação** *s* disinheritance.
**deserdar** *v* disinherit.
**desertado** *adj* abandoned.
**desertar** *v* desert, forsake.
**desertificação** *s* desertification.
**deserto** *adj* desert, uninhabited. | *s* desert.
**desertor** *adj* runaway. | *s* deserter, renegade.
**desesperadamente** *adv* desperately.
**desesperado** *adj* hopeless, desperate.
**desesperador** *adj* despairing.
**desesperança** *s* despair, desperation, hopelessness.
**desesperançado** *adj* hopeless.
**desesperar** *v* despair.
**desespero** *s* despair, desperation, affliction.
**desestabilizar** *v* destabilize, unbalance, unsteady.
**desestima** *s* disesteem.
**desestimar** *v* disesteem.
**desfaçatez** *s* front.
**desfalcar** *v* defalcate, embezzle.
**desfalecer** *v* faint, droop, languish.
**desfalecimento** *s* droop, languishment.
**desfalque** *s* defalcation, embezzlement.
**desfavorável** *adj* unfavorable, unpropitious; contrary.
**desfavorecer** *v* discountenance.
**desfazer** *v* undo; dissolve; unlink (os elos de uma corrente).
**desfechar** *v* fetch (golpe).
**desfeita** *s* slight, snub.
**desferir** *v* strike, deliver (golpe).
**desfiar** *v* unknit, ladder (meia).
**desfiguração** *s* disfiguration, deformation, defacement.
**desfigurado** *adj* deformed. | *s* mar.
**desfigurar** *v* disfigure, deface.
**desfiladeiro** *s* defile, ravine, pass.
**desfilar** *v* defile, parade.
**desfile** *s* defile, parade; display.
**desflorestamento** *s* deforestation.
**desflorestar** *v* deforest.
**desfolhado** *adj* bald, bare.
**desforra** *s* revenge, retaliation, vengeance.
**desforrar** *v* avenge.
**desfrutar** *v* enjoy.
**desfrute** *s* enjoyment.
**desgalhar** *v* lop.
**desgarrado** *adj* errant.
**desgarrar** *v* straggle.
**desgastado** *adj* outworn.
**desgastar** *v* abrade, chafe, erode, fray.
**desgaste** *s* wastage, abrasion, erosion, attrition, detrition.
**desgostar** *v* displease, disaffect, discontent, dissatisfy.
**desgosto** *s* displeasure, annoyance, discontent, heartache, heartbreak.
**desgostoso** *adj* discontent, discontented, dissatisfied.
**desgovernado** *adj* adrift, afloat.
**desgovernar** *v* misgovern.
**desgoverno** *s* misrule.
**desgraça** *s* misfortune, misadventure; disaster; disgrace.
**desgraçado** *adj gir* darn. | *s* miserable.

**desgraçar** *v* disgrace, soil.
**desgracioso** *adj* ungracious, ungainly.
**desgrenhado** *adj* disheveled.
**desgrenhamento** *s* dishevelment.
**desgrenhar** *v* dishevel.
**desgrudar** *v* unglue.
**desguarnecido** *adj* unguarded.
**desiderativo** *adj Gram* desiderative.
**desiderato** *s* desideratum.
**desidratação** *s* dehydration.
**desidratar** *v* dehydrate.
**designação** *s* designation, denotation, appellation; assignment.
**designado** *adj* designate.
**designador** *s* designator.
**designar** *v* designate, appoint, denominate; assign.
**desígnio** *s* design, aim.
**desigual** *adj* unequal, unlike, different.
**desigualdade** *s* inequality.
**desiludir** *v* disillusion, disenchant.
**desilusão** *s* disillusion, disenchantment.
**desimpedido** *adj* fancy-free.
**desimpedimento** *s* disengagement.
**desimpedir** *v* disencumber, disembarrass, disengage.
**desincorporar** *v* disincorporate, disembody.
**desinência** *s Gram* ending.
**desinfecção** *s* disinfection.
**desinfetante** *adj* e *s* disinfectant.
**desinfetar** *v* disinfect; cleanse.
**desinformação** *s* disinformation.
**desinformado** *adj* uninformed, unadvised.
**desinibição** *s* disinhibition.
**desinibir** *v* disinhibit.
**desintegração** *s* disintegration, decomposition.
**desintegrar** *v* disintegrate, decompose, dissolve.
**desinteligência** *s* rupture.
**desinteressado** *adj* disinterested, indifferent, uninterested.
**desinteressante** *adj* arid, boringfeatureless; *gír* nerd.
**desinteressar** *v* disinterest.
**desinteresse** *s* disinterest, indifference.
**desintoxicação** *s* detoxification.
**desintoxicar** *v* disintoxicate, detoxicate.
**desistência** *s* relinquishment.
**desistir** *v* desist, give up; *Jur* abate (ação).
**desjejum** *s* breakfast.
**desleal** *adj* disloyal, faithless.
**deslealdade** *s* disloyalty, infidelity.
**deslealmente** *adv* underhand.
**desleixado** *adj* negligent, untidy, regardless, remiss. | *s* neglecter.
**desleixar** *v* neglect.
**desleixo** *s* negligence, neglect, disarray, dowdiness.
**desligado** *adj* off; disconnected, disjunct, unattached.
**desligamento** *s* disconnection.
**desligar** *v* turn off, switch off; disconnect, disjoin, disincorporate (de corporação).
**deslizamento** *s* glide, slide.
**deslizante** *adj* skiddy.
**deslizar** *v* glide, slide, skid; slip.
**deslize** *s* glide, failing, lapse.
**deslocação** *s* dislocation; displacement.
**deslocado** *adj* out of joint.
**deslocamento** *s* displacement, detachment.
**deslocar** *v* dislocate, displace, slip (osso).
**deslumbramento** *s* daze, dazzle.
**deslumbrante** *adj* dazzling, glaring, gorgeous.
**deslumbrar** *v* dazzle.
**deslustrar** *v* mat.
**desmagnetização** *s* demagnetization.
**desmagnetizar** *v* demagnetize.
**desmaiar** *v* swoon, faint.
**desmaio** *s* swoon, faint, fit.
**desmamar** *v* wean.
**desmancha-prazeres** *s* spoilsport; wet blanket.
**desmanchar** *v* take down, unknit (tricô).

D

**desmantelar** *v* dismantle.
**desmascaramento** *s* exposure.
**desmascarar** *v* debunk.
**desmatamento** *s* deforestation.
**desmatar** *v* deforest.
**desmaterializar** *v* dematerialize.
**desmazelado** *adj* dowdy, seedy, slovenly.
**desmazelo** *s* dowdiness.
**desmembramento** *s* dismemberment.
**desmembrar** *v* dismember, disjoint.
**desmentido** *adj* e *s* disavowal, denial.
**desmentir** *v* belie, contradict; deny, negate; disclaim, disavow.
**desmerecer** *v* discredit, derogate, detract, disparage.
**desmerecido** *adj* undeserved.
**desmilitarização** *s* demilitarization.
**desmilitarizar** *v* demilitarize.
**desmiolado** *adj* brainless.
**desmistificar** *v* demystify.
**desmobiliar** *v* dismantle.
**desmobilização** *s* demobilization.
**desmobilizar** *v* demobilize.
**desmontar** *v* dismantle, disassemble; unhorse, dismount (de cavalo etc.); overhaul (para fazer reparos).
**desmoralização** *s* demoralization.
**desmoralizar** *v* demoralize.
**desmoronamento** *s* collapse, landslide (terra).
**desmoronar** *v* fall, wash out.
**desmotivado** *adj* unmotivated.
**desnacionalização** *s* denationalization.
**desnacionalizar** *v* denationalize.
**desnatadeira** *s* churn, creamer.
**desnatar** *v* churn, cream.
**desnaturado** *adj* unnatural.
**desnaturalizar** *v* denaturalize.
**desnaturar** *v* denature.
**desnecessário** *adj* unnecessary, needless.
**desnível** *s* unevenness.
**desnivelado** *adj* uneven.
**desnorteado** *adj* errant.
**desnorteamento** *s* disorientation.
**desnortear** *v* bewilder, befuddle.
**desnudação** *s* denudation.
**desnudar** *v* strip, denude, divest.
**desnutrição** *s* innutrition, undernutrition, malnutrition.
**desobedecer** *v* disobey.
**desobediência** *s* disobedience.
**desobediente** *adj* disobedient.
**desobrigação** *s* dispensation, discharge, release.
**desobrigar** *v* release (de dívidas), discharge, disembarrass.
**desobstrução** *s* clearance.
**desobstruído** *adj* through (rua, passagem), clear.
**desobstruir** *v* free, open, unblock.
**desocupado** *adj* unoccupied; idle, leisured; free, vacant; empty, void.
**desocupar** *v* vacate; empty; evacuate.
**desodorante** *adj* e *s* deodorant.
**desodorização** *s* deodorization.
**desodorizante** *adj* deodorant. | *s* deodorant, deodorizer.
**desodorizar** *v* deodorize.
**desolação** *s* desolation.
**desolado** *adj* desolate, bereaved (pela morte de parente etc.).
**desolador** *adj* desolating.
**desolar** *v* desolate.
**desonerar** *v* discharge.
**desonestidade** *s* dishonesty.
**desonesto** *adj* dishonest.
**desonra** *s* dishonor, disgrace, discredit, disrepute; shame.
**desonrado** *adj* dishonored.
**desonrar** *v* dishonor, disgrace, shame.
**desonroso** *adj* dishonorable, discreditable, disgraceful, disreputable.
**desordeiro** *adj* mischievous, tough. | *s* disturber, hooligan, rioter.
**desordem** *s* disorder, confusion, disturbance, disarrangement; litter, muddle; riot, turmoil, affray; discomposure.
**desordenado** *adj* disorderly, deranged, inordinate, messy.
**desordenar** *v* disorder, disarrange, disarray, confuse, derange; discompose; disturb.

**desorganização** *s* disorganization.
**desorganizado** *adj* unorganized.
**desorganizar** *v* disorganize.
**desorientação** *s* disorientation.
**desorientar** *v* bewilder.
**desossar** *v* bone.
**desova** *s* spawn.
**desovar** *v* spawn.
**desoxidação** *s* deoxidization.
**desoxidar** *v* deoxidize.
**desoxigenar** *v* deoxidize.
**despachante** *s* dispatcher, forwarder.
**despachar** *v* dispatch, expedite, express.
**despacho** *s* dispatch.
**desparafusar** *v* unscrew.
**despedaçado** *adj* doddered.
**despedaçar** *v* break, break down, shatter, dismember; rip.
**despedida** *s* farewell, valediction, vale.
**despedir** *v* discharge, dismiss; *gír* can; *inform* fire.
**despeito** *s* despite, spite.
**despejar** *v* empty, decant; evict (de moradia).
**despejo** *s* eviction (de moradia).
**despender** *v* spend, expend, disburse; outlay.
**despenhadeiro** *s* crag, cliff.
**despensa** *s* pantry, larder, storeroom.
**despenseiro** *s* bursar, butler.
**despenteado** *adj* disheveled, shaggy.
**despentear** *v* dishevel, tousle.
**despercebido** *adj* unheard.
**desperdiçar** *v* waste, squander, dissipate, fritter.
**desperdício** *s* waste, dissipation.
**despertador** *s* alarm-clock.
**despertar** *v* awake, awaken, wake; revive.
**desperto** *adj* awake.
**despesa** *s* expense, outlay; charge, cost.
**despido** *adj* undressed, bare, naked, nude.
**despimento** *s* denudation.
**despir** *v* undress, strip.
**despistar** *v* foil, mislead, misguide.
**desplugar** *v* unplug.
**despojamento** *s* despoilment, despoliation.
**despojar** *v* deprive, strip; disestablish.
**despolarizar** *v* depolarize.
**despolitizar** *v* depoliticize.
**despoluir** *v* depollute.
**despontar** *v* dawn.
**desportismo** *s* sportsmanship.
**desporto** *s* sport.
**desposar** *v* marry, wed.
**déspota** *s* despot.
**despótico** *adj* despotic.
**despotismo** *s* despotism.
**despovoação** *s* depopulation.
**despovoamento** *s* depopulation.
**despovoar** *v* depopulate, dispeople.
**desprazer** *s* displeasure, distaste.
**desprender** *v* loosen, detach, disengage, slough (casca de ferida).
**desprendido** *adj* unattached, selfless.
**desprendimento** *s* disengagement.
**despreocupação** *s* unconcern.
**despreocupado** *adj* easy, easygoing, carefree, careless.
**despreparadamente** *adv* offhand.
**despreparado** *adj inform* flat-footed; unripe.
**despressurizar** *v* depressurize.
**despretensioso** *adj* unpretending, unostentatious.
**desprevenido** *adj* unprepared.
**desprezado** *adj* unvalued.
**desprezador** *s* contemner.
**desprezar** *v* despise, scorn, contemn, slight, disdain; disesteem, snub.
**desprezível** *adj* despicable, contemptible; vile, mean, worthless. | *s* maggot, rat.
**desprezo** *s* contempt, contemptuousness, disdain, scorn; disregard; *inform* wipe.
**desproporção** *s* disproportion.
**desproporcionado** *adj* disproportionate.
**desproporcional** *adj* disproportional.
**desproporcionar** *v* disproportion.

D

**despropósito** *s* impertinence.
**desproteger** *v* expose.
**desprotegido** *adj* defenseless.
**desprovido** *adj* destitute, devoid, distressed. | *s* have-not (de bens materiais).
**desqualificação** *s* disqualification; *Jur* incapacity.
**desqualificado** *adj* unqualified, unpracticed.
**desqualificar** *v* disqualify; *Jur* disable.
**desquitar** *v* divorce.
**desquite** *s* divorce, separation.
**desregramento** *s* immorality.
**desrespeitar** *v* disrespect.
**desrespeito** *s* disrespect, disrespectfulness, contempt.
**desrespeitoso** *adj* disrespectful; *gír* wise.
**dessalinização** *s* desalination.
**desse** *contr prep/pron* of that, from that.
**dessecação** *s* desiccation, exsiccation.
**dessecar** *v* desiccate, exsiccate.
**dessecativo** *adj* desiccative.
**dessemelhança** *s* dissimilarity, dissimilitude.
**dessemelhante** *adj* dissimilar.
**desserviço** *s* disservice.
**desservir** *v* disserve.
**destacado** *adj* detached.
**destacamento** *s Mil* detachment.
**destacar** *v* detach, excel.
**destacável** *adj* detachable.
**destampado** *adj* lidless.
**destampar** *v* disclose.
**destapar** *v* uncover.
**deste** *contr prep/pron* of this, from this.
**destemido** *adj* fearless, dauntless, courageous, daredevil. | *s* daredevil.
**destemperar** *v* distemper.
**desterrado** *adj* expatriate. | *s* deportee, expatriate.
**desterrar** *v* exile, expatriate, banish, deport, relegate.
**desterro** *s* expatriation, banishment, relegation.
**destilação** *s* distillation.
**destilador** *s* distiller.
**destilar** *v* distill.
**destilaria** *s* distillery, still.
**destilável** *adj* distillable.
**destinação** *s* destination.
**destinar** *v* destine; appropriate; consign.
**destinatário** *s* addressee.
**destino** *s* destiny, fate, fortune; destination.
**destituição** *s* destitution, dismissal.
**destituído** *adj* destitute.
**destituir** *v* depose, unseat (do cargo).
**destorcer** *v* untwist.
**destrancar** *v* unlock.
**destratar** *v* revile.
**destreza** *s* dexterity, skill, handiness, deftness, cleverness, cunning.
**destro** *adj* dexterous, handy, deft; adroit. | *s* right-hander.
**destróier** *s* destroyer.
**destronamento** *s* dethronement.
**destronar** *v* dethrone.
**destroncado** *adj* out of joint.
**destronização** *s* dethronement.
**destronizar** *v* dethrone.
**destruição** *s* destruction.
**destruído** *adj* broken, blasted.
**destruidor** *s* destructor, destroyer.
**destruir** *v* destroy.
**destrutível** *adj* destructible.
**destrutivo** *adj* destructive.
**destrutor** *s* destructor.
**desumanidade** *s* inhumanity.
**desumanizar** *v* dehumanize.
**desumano** *adj* inhuman, fierce, heartless.
**desunião** *s* disunion, disjunction, disunity.
**desunido** *adj* disjunct.
**desunir** *v* disunite, disjoint.
**desusado** *adj* unwonted.
**desuso** *s* disuse.
**desvairado** *adj* delirious, raving.
**desvairar** *v* ramble.
**desvalido** *adj* helpless.
**desvalorização** *s* depreciation, devaluation.
**desvalorizar** *v* devaluate, depreciate, devalue.

**desvanecer** *v* vanish, fade, fade away.
**desvanecimento** *s* fading.
**desvantagem** *s* disadvantage, drawback.
**desvantajoso** *adj* disadvantageous.
**desvario** *s* delirium.
**desvendar** *v* disclose.
**desventura** *s* misfortune, miserableness.
**desventurado** *adj* distressful.
**desvestir** *v* disrobe, unlace.
**desviado** *adj* astray, afield, devious, stray, awry.
**desviar** *v* deviate, shunt, sheer; deflect, diverge; embezzle (fundos); distract (mente, atenção); fend (golpe); wander (conduta, fé, ideologia etc.).
**desvio** *s* deviation, diversion; bypass; detour (estrada); drift (rota); digression (assunto); *Astron* aberration.
**desvirginar** *v* deflower.
**desvirtuamento** *s* wrench.
**desvirtuar** *v* wrest, torture.
**desvitalização** *s* devitalization.
**desvitalizar** *v* devitalize.
**detalhar** *v* detail.
**detalhe** *s* detail.
**detecção** *s* detection.
**detectar** *v* detect.
**detectável** *adj* detectable.
**detector** *s* detector (aparelho elétrico).
**detenção** *s* detention, apprehension, arrest, arrestment.
**detentor** *s* holder.
**deter** *v* detain, apprehend, arrest, keep.
**detergente** *adj* detergent. | *s* detergent, cleanser.
**deterioração** *s* deterioration, decay; derogation.
**deteriorado** *adj* creaky, worn, worn-out.
**deteriorante** *adj* deteriorative.
**deteriorar** *v* deteriorate, decay.
**determinação** *s* determination, resolution, intension.
**determinado** *adj* determinate, decided, decisive, determined.
**determinante** *adj* determinant. | *s* determinant, determinative.
**determinar** *v* determine; fix.
**determinativo** *adj* determinative.
**determinável** *adj* determinable.
**determinismo** *s* determinism.
**determinista** *s* e *adj* determinist.
**detestação** *s* detestation.
**detestar** *v* detest, abhor, hate, loathe.
**detestável** *adj* detestable, execrable, damnable, disgusting.
**detestavelmente** *adv* cursedly.
**detetive** *s* detective; dick, *inform* eye.
**detonação** *s* detonation.
**detonador** *s* detonator.
**detonar** *v* detonate, fire.
**detração** *s* detraction, derogation.
**detrair** *v* smear.
**detrás** *adv* after, behind.
**detrativo** *adj* derogatory.
**detrator** *s* detractor.
**detrição** *s* detrition.
**detrimento** *s* detriment.
**detrito** *s* detritus.
**deturpação** *s* distortion, garble.
**deturpar** *v* distort, belie, garble (livros, fatos etc.).
**Deus** *s* God, Father, King, Spirit, Lord, The Eternal.
**deusa** *s* goddess.
**devagar** *adj* slow. | *adv* slowly.
**devanear** *v* daydream, maunder.
**devaneio** *s* daydream, dream, reverie.
**devassar** *v* debauch, violate.
**devassidão** *s* dissoluteness, debauchery, dissipation.
**devasso** *adj* dissolute, bacchanal, dissipated. | *s* ribald, lecher.
**devastação** *s* devastation, desolation.
**devastador** *adj* devastating, wasteful; murderous. | *s* devastator.
**devastar** *v* devastate, harass, havoc, ravage.
**devedor** *s* debtor. | *adj* beholden.
**dever** *s* duty, part, burden, debt. | *v* owe (dinheiro, favores). | *v aux* shall, must.
**deveras** *adv* forsooth.

**devidamente** *adv* duly.
**devido** *adj* e *s* due, owing.
**devitrificar** *v* devitrify.
**devoção** *s* devotion; adherence.
**devocionista** *adj* e *s* devotional.
**devolução** *s* devolution, restitution, return, refund (dinheiro).
**devolver** *v* return, render, give back.
**devorador** *s* devourer.
**devorar** *v* devour.
**devotado** *adj* devoted.
**devotar** *v* devote; consecrate.
**devoto** *adj* devotional, religious, devout. | *s* devotee.
**dez** *num* ten.
**dezembro** *s* December.
**dezenove** *num* nineteen.
**dezesseis** *num* sixteen.
**dezessete** *num* seventeen.
**dezoito** *num* eighteen.
**dia** *s* day, daytime.
**diábase** *s Geol* diabase.
**diabetes** *s* diabetes.
**diabético** *adj* e *s* diabetic.
**diabo** *s* devil, demon, Satan; deuce. | *interj* devil.
**diabólico** *adj* diabolical, devilish.
**diabolismo** *s* diabolism.
**diabrete** *s* hobgoblin.
**diabrura** *s* deviltry, devilment, diablerie.
**diaconato** *s* deaconry, diaconate.
**diaconisa** *s* deaconess.
**diácono** *s* deacon.
**diacrítico** *adj* e *s* diacritic.
**diadema** *s* diadem, coronal, coronet.
**diáfano** *adj* diaphanous.
**diafragma** *s* diaphragm.
**diafragmático** *adj* diaphragmatic.
**diagnose** *s* diagnosis.
**diagnosticar** *v* diagnose.
**diagnóstico** *adj* diagnostic. | *s* diagnostic, diagnosis.
**diagonal** *adj* e *s* diagonal.
**diagrama** *s* diagram, scheme, figure; *Mat* graph.
**diagramação** *s* make-up.
**dial** *s* dial (de rádio).
**dialetal** *adj* dialectal.
**dialética** *s* dialectic, dialectics.
**dialético** *adj* dialectic.
**dialeto** *s* dialect, idiom.
**diálise** *s* dialysis.
**dialogar** *v* dialogue.
**diálogo** *s* dialogue.
**diamante** *s* diamond.
**diâmetro** *s* diameter.
**diante** *adv* before, in front.
**dianteira** *s* front.
**dianteiro** *adj* fore, foremost, forward, front, frontal.
**diapasão** *s* diapason.
**diapositivo** *s* slide (foto, cinema etc.), transparency.
**diariamente** *adv* daily.
**diário** *adj* daily, diurnal, everyday, quotidian. | *s* diary, daily, journal.
**diarreia** *s* diarrhea; *inform* runs.
**diáspora** *s* diaspora.
**dica** *s* cue, wisp, hint, tip.
**dicção** *s* diction.
**dicionário** *s* dictionary, lexicon.
**dicionarista** *s* lexicographer.
**dicotiledônea** *s* dicotyledon.
**dicotomia** *s* dichotomy.
**didata** *s* didact.
**didática** *s* didactics.
**didático** *adj* didactic.
**diedro** *adj* e *s* dihedral.
**diérese** *s* diaeresis.
**diesel** *s* diesel.
**dieta** *s* diet.
**dietética** *s* dietetics.
**dietético** *adj* dietetic, dietary.
**dietista** *s* dietitian.
**difamação** *s* defamation.
**difamador** *s* defamer.
**difamar** *v* defame.
**difamatório** *adj* defamatory.
**diferença** *s* difference.
**diferençar** *v* differentiate.
**diferenciação** *s* differentiation.
**diferencial** *adj* differential; discriminating.

**diferenciar** *v* differentiate; dissimilate.
**diferente** *adj* different, dissimilar; distinct; differential (cálculo).
**diferentemente** *adv* other, otherwise.
**diferir** *v* differ, adjourn; conflict.
**difícil** *adj* difficult, hard, arduous; fierce.
**dificuldade** *s* difficulty, trouble.
**dificultar** *v* hamper, handicap.
**dificultoso** *adj* hard.
**difração** *s* diffraction.
**difratar** *v* diffract.
**difteria** *s* diphtheria.
**difundido** *adj* broadcast.
**difundir** *v* diffuse; broadcast.
**difusão** *s* diffusion; spread.
**difuso** *adj* diffuse.
**digerir** *v* digest, consume.
**digerível** *adj* digestible.
**digestão** *s* digestion.
**digestível** *adj* digestible.
**digestivo** *adj* digestive.
**digesto** *s* digest.
**digitador** *s* keyboarder, typist.
**digital** *adj* digital.
**digitalizar** *v* digitize, scan.
**dígito** *s* digit.
**dignar-se** *v* deign.
**dignidade** *s* dignity; honor.
**dignificar** *v* dignify.
**dignitário** *s* dignitary.
**digno** *adj* worthy; honorable.
**dígrafo** *s* digraph.
**dilaceração** *s* laceration.
**dilacerado** *adj* lacerate.
**dilacerar** *v* lacerate, tear.
**dilapidação** *s* dilapidation.
**dilapidado** *adj* dilapidated.
**dilapidar** *v* dilapidate.
**dilatação** *s* dilatation.
**dilatar** *v* dilate, distend.
**dilatável** *adj* distensible.
**dilatório** *adj* dilatory.
**dilema** *s* dilemma.
**diletante** *adj* e *s* dilettante.
**diligência** *s* diligence; expedition.
**diligente** *adj* diligent, assiduous, expeditious.
**diluente** *adj* e *s* diluent.
**diluição** *s* dilution.
**diluído** *adj* dilute, thin, washy, watery.
**diluir** *v* cut, dilute, dissolve.
**diluviano** *adj* diluvial.
**dilúvio** *s* deluge, flood.
**dimensão** *s* dimension; magnitude, measure.
**dimensionar** *v* measure.
**diminuendo** *s* diminuendo.
**diminuição** *s* diminution, reduction; abridgment; abatement.
**diminuir** *v* diminish, reduce, abate, decrease; deduct, discount.
**diminutivo** *s* diminutive.
**diminuto** *adj* diminutive, minute, small.
**Dinamarca** *s* Denmark.
**dinamarquês** *adj* Danish. | *s* Dane, Danish.
**dinâmica** *s* dynamics.
**dinâmico** *adj* dynamic.
**dinamismo** *s* dynamism.
**dinamitar** *v* dynamite.
**dinamite** *s* dynamite.
**dínamo** *s* dynamo, generator.
**dinasta** *s* dynast.
**dinastia** *s* dynasty.
**dinheiro** *s* money, cash.
**dinossauro** *s* dinosaur.
**diocesano** *adj* diocesan.
**diocese** *s* diocese.
**dióxido** *s* dioxide.
**diploma** *s* diploma; degree.
**diplomacia** *s* diplomacy.
**diplomado** *s* diplomate.
**diplomar** *v* graduate, qualify.
**diplomata** *s* diplomat, diplomatist.
**diplomática** *s* diplomatics (estudo de documentos antigos).
**diplomático** *adj* diplomatic; tactful.
**díptero** *adj* e *s* dipteran.
**dique** *s* dike, bank, dam.
**direção** *s* direction, course, run; administration, management; guidance;

destination; steering (automóvel); *Mat* e *Biol* vector.
**direcionado** *adj* bound.
**direcionar** *v* send.
**direita** *s tb maiús Pol* right.
**direito** *adj* right; straight. | *s* right; patent.
**diretamente** *adv* direct, directly, right, straight.
**diretiva** *s* directive.
**diretivo** *adj* directive.

D

**direto** *adj* direct, straight; immediate (sem intermediações); straightforward.
**diretor** *adj* directory, directive. | *s* director, head, manager, executive.
**diretoria** *s* directorate, direction.
**diretório** *adj* directory. | *s Comp* directory.
**diretriz** *s* directive; *Mat* directrix.
**dirigente** *s* director, leader, controller.
**dirigir** *v* direct, manage, run (negócio), administer; drive (veículo), conduct; lead (orquestra).
**dirigível** *adj* dirigible, controllable. | *s* dirigible, airship.
**discar** *v* dial (telefone).
**discernimento** *s* discernment.
**discernir** *v* discern.
**discernível** *adj* discernible.
**disciplina** *s* discipline.
**disciplinador** *adj* e *s* disciplinarian.
**disciplinar** *adj* disciplinary. | *v* discipline.
**discípulo** *s* disciple, follower.
**disc-jóquei** *s* disc jockey (*abrev* **DJ**).
**disco** *s* disk; record; dial (telefone); *Esp* discus.
**discografia** *s* discography.
**discordância** *s* discordance, divergence, disaccord.
**discordante** *adj* discordant, divergent, dissentient.
**discordar** *v* disaccord, disagree, differ.
**discórdia** *s* discord, disagreement, disharmony.
**discorrer** *v* discourse.
**discoteca** *s* discotheque, *form red* disco.
**discrepância** *s* discrepancy.
**discrepante** *adj* discrepant.
**discreto** *adj* discreet, tactful, circumspect, unobtrusive.
**discrição** *s* discretion; circumspection, discreetness.
**discriminação** *s* discrimination.
**discriminador** *adj* discriminating.
**discriminar** *v* discriminate, distinguish, differentiate (entre); discern.
**discriminativo** *adj* discriminative.
**discursador** *s* orator.
**discursar** *v* discourse, orate.
**discursivo** *adj* discursive.
**discurso** *s* discourse, speech, address, oration.
**discussão** *s* discussion, debate, dispute; contestation, argument.
**discutidor** *adj* argumentative. | *s* brawler.
**discutir** *v* discuss, argue, dispute, debate; quarrel (brigar).
**discutível** *adj* disputable, controvertible, arguable, questionable.
**disenteria** *s* dysentery.
**disfarçado** *adj* disguised.
**disfarçar** *v* disguise, dissemble.
**disfarce** *s* disguise, mask.
**disforme** *adj* monstrous, clumsy, shapeless.
**disfunção** *s* dysfunction.
**disjuntor** *s* breaker.
**dislexia** *s* dyslexia.
**dismenorreia** *s* dysmenorrhea.
**díspar** *adj* disparate.
**disparador** *s* trigger.
**disparar** *v* fire; *Comp* launch.
**disparate** *s* absurdity, absurd, nonsense.
**disparidade** *s* disparity, disproportion, discrepancy.
**disparo** *s* discharge, shoot (arma de fogo).
**dispêndio** *s* expense, expenditure.
**dispendioso** *adj* expensive, costly, dear.
**dispensa** *s* dispensation, exemption, discharge (militar, médica).
**dispensador** *s* dispenser.
**dispensar** *v* dispense; exempt; *gír* kiss off; fire, dismiss (emprego).

**dispensatório** *s* dispensatory.
**dispensável** *adj* dispensable.
**dispersão** *s* dispersion; disbandment.
**dispersar** *v* disperse, disband.
**dispersivo** *adj* dispersive.
**disperso** *adj* dissipated.
**disponibilidade** *s* availability.
**disponível** *adj* disposable, available; spare (dinheiro, tempo etc.).
**dispor** *v* dispose, order; rank; arrange; *Mil* deploy, draw up (tropas).
**disposição** *s* disposition, disposal, arrangement, order.
**dispositivo** *s* gadget, device, contrivance.
**disposto** *adj* disposed, ready.
**disputa** *s* dispute, altercation; contention; contest; race (eleitoral).
**disputante** *adj* e *s* disputant.
**disputar** *v* dispute, compete.
**disputativo** *adj* disputatious.
**disputável** *adj* disputable.
**disquete** *s* diskette, floppy disk.
**dissecação** *s* dissection.
**dissecado** *adj* dissected.
**dissecar** *v tb fig* dissect, anatomize.
**dissector** *s* dissector (pessoa ou instrumento).
**disseminação** *s* dissemination.
**disseminado** *adj* rife.
**disseminador** *s* disseminator.
**disseminar** *v* disseminate, sow.
**dissensão** *s* dissension, dissent, faction.
**dissertação** *s* dissertation, discourse.
**dissertar** *v* dissertate, expatiate.
**dissidência** *s* dissidence, faction.
**dissidente** *adj* dissident. | *s* dissident, dissenter, dissentient.
**dissilábico** *adj* disyllabic.
**dissílabo** *s* disyllable.
**dissimulação** *s* dissimulation, disguise.
**dissimulado** *adj* disingenuous, furtive.
**dissimulador** *s* dissimulator, dissembler.
**dissimular** *v* dissimulate, dissemble, disguise.
**dissipação** *s* dissipation.
**dissipado** *adj* dissipated.
**dissipar** *v* dissipate, dispel, disperse.
**disso** *contr prep/pron* therefrom.
**dissociação** *s* dissociation.
**dissociar** *v* dissociate, disassociate.
**dissociável** *adj* dissociable.
**dissolubilidade** *s* dissolubility.
**dissolução** *s* dissolution.
**dissoluto** *adj* dissolute, dissipated.
**dissolúvel** *adj* dissoluble, dissolvable.
**dissolvente** *adj* e *s* dissolvent, solvent.
**dissolver** *v* dissolve, melt, dilute.
**dissonância** *s* dissonance, discord.
**dissonante** *adj* dissonant, discordant.
**dissuadir** *v* dissuade, deter; discourage.
**dissuasão** *s* dissuasion.
**dissuasivo** *adj* dissuasive.
**distância** *s* distance.
**distanciar** *v* distance.
**distante** *adj* distant, far, faraway. | *adv* off, way; wide (da verdade, de alvo etc.).
**distender** *v* distend, strain (músculo).
**distensão** *s* distention.
**distinção** *s* distinction; distinctness, elegance.
**distinguir** *v* distinguish.
**distinguível** *adj* distinguishable.
**distintivo** *adj* distinctive, discriminating. | *s* badge, ensign.
**distinto** *adj* distinct, distinguished, differential, outstanding, special.
**disto** *contr prep/pron* hereof, therefrom.
**distorção** *s* distortion, wrench, twist.
**distorcer** *v* distort, wrench, twist, warp (fatos, verdade etc.).
**distração** *s* distraction, absence, abstraction; amusement, diversion, entertainment.
**distraído** *adj* distracted, absent-minded, abstracted, distraught.
**distrair** *v* distract (a mente, a atenção); amuse, entertain.
**distribuição** *s* distribution, division; delivery; allocation; dole (donativo, esmola).
**distribuidor** *s* distributor.

**distribuir** *v* distribute, deal, allot, allocate, dole (aos pobres).
**distributivo** *adj* distributive.
**distrital** *adj* departmental.
**distrito** *s* district; region.
**distrofia** *s* dystrophy.
**distúrbio** *s* disturbance.
**ditado** *s* dictation; saying (provérbio).
**ditador** *s* dictator.
**ditadura** *s* dictatorship.
**ditafone** *s* Dictaphone (marca registrada).
**ditar** *v* dictate.
**ditatorial** *adj* dictatorial, authoritarian.
**dito** *s* dictum.
**ditongo** *s* diphthong.
**ditoso** *adj* fortunate.
**diurético** *adj* e *s* diuretic.
**diurno** *adj* diurnal.
**diva** *s* diva.
**divã** *s* divan, couch.
**divagação** *s* divagation, digression (de assunto), descant.
**divagador** *s* rambler.
**divagar** *v* divagate.
**divergência** *s* divergence.
**divergente** *adj* divergent.
**divergir** *v* diverge.
**diversão** *s* diversion, distraction, entertainment, amusement.
**diversidade** *s* diversity, dissimilarity, variety.
**diversificação** *s* diversification.
**diversificar** *v* diversify, vary.
**diverso** *adj* diverse, different, varied, various.
**divertido** *adj* amusing, entertaining; funny; gay, jolly.
**divertimento** *s* diversion, entertainment; enjoyment; fun, bat, recreation.
**divertir** *v* divert, amuse, jolly, recreate, groove.
**dívida** *s* debt, debit; due.
**dividendo** *s* dividend.
**dividido** *adj* divided, partite.
**dividir** *v* divide, share, part, parcel.
**divinatório** *adj* divinatory.
**divindade** *s* divinity, deity, god; *Mit* genius.
**divinização** *s* deification.
**divinizar** *v* deify.
**divino** *adj* divine, holy, celestial, godlike, heavenly.
**divisa** *s* device; emblem; boundary.
**divisão** *s* division, section, partition, bureau.
**divisibilidade** *s* divisibility.
**divisional** *adj* divisional.
**divisível** *adj* divisible, partible.
**divisor** *s* divisor; divider.
**divisório** *adj* divisional, parting.
**divorciada** *s* divorcée.
**divorciado** *s* divorcé.
**divorciar** *v* divorce.
**divórcio** *s* divorce.
**divulgação** *s* disclosure.
**divulgador** *s* divulger.
**divulgar** *v* divulge; disclose.
**dizer** *v* say, talk, tell.
**dizimação** *s* decimation.
**dizimar** *v* decimate.
**dízimo** *s* tithe.
**Djbuti** *s* Djibouti.
**DNA** *símb* DNA (ácido desoxirribonucleico).
**do** *contr prep/art* of the, from the.
**dó** *s Mús* do, C. | *s* pity, compassion, empathy. • **fazer dó** arouse pity. **ter dó de alguém** pity someone, have compassion on someone, take pity on someone.
**doação** *s* donation, benefaction, dole, endowment.
**doador** *s* donor, donator, benefactor, giver.
**doar** *v* donate, give, gift.
**dobra** *s* fold, bend, wrinkle.
**dobradeira** *s* folder.
**dobradiça** *s* hinge.
**dobradinha** *s* tripe.
**dobrado** *adj* double; duplicate.
**dobrador** *s* folder.
**dobrar** *v* double; fold.
**dobro** *s* double.

**doca** *s* dock.
**doce** *s* candy, confect, confiture, sweet. | *adj* sweet, honeyed, sugary; mild; fresh (água); mellow (sabor).
**doceiro** *s* confectioner.
**docente** *s* docent.
**dócil** *adj* docile, tractable; tame.
**docilidade** *s* docility, gentleness.
**documentação** *s* documentation.
**documental** *adj* documental, documentary.
**documentar** *v* document.
**documentário** *adj* documentary, documental. | *s* documentary.
**documento** *s* document, act, deed, record; *geralm pl* paper.
**doçura** *s* sweetness; honey.
**dodecaedro** *s* dodecahedron.
**dodecágono** *s* dodecagon.
**doença** *s* disease, illness, sickness.
**doente** *adj* diseased, ill, sick. | *s* patient.
**doentio** *adj* sickly, unhealthy, unwholesome.
**doer** *v* ache, hurt.
**dogma** *s* dogma, doctrine.
**dogmática** *s* dogmatics.
**dogmático** *adj* dogmatic, doctrinaire.
**dogmatismo** *s* dogmatism.
**dogmatista** *s* dogmatist.
**dogmatizar** *v* dogmatize.
**doido** *adj* mad, crazy, insane.
**dois** *s num* two.
**dólar** *s* dollar.
**dolorido** *adj* dolorous, painful, sore.
**dolorosamente** *adv* painfully.
**doloroso** *adj* dolorous, painful, sore; cruel; grievous.
**dom** *s* gift; qualification.
**domador** *s* tamer.
**domar** *v* tame, domesticate, break.
**domável** *adj* tamable.
**domesticação** *s* domestication.
**domesticado** *adj* domestic, tame.
**domesticador** *s* tamer.
**domesticar** *v* domesticate, tame.
**domesticidade** *s* domesticity.
**doméstico** *adj* domestic, homely. | *s* domestic.
**domiciliar** *v* domicile. | *adj* domiciliary.
**domiciliário** *adj* domiciliary.
**domicílio** *s* domicile, abode, dwelling, house.
**dominação** *s* domination, command.
**dominador** *adj* dominative, domineering. | *s* dominator.
**dominadora** *s fig* queen.
**dominância** *s* dominance.
**dominante** *adj* dominant, ascendant.
**dominar** *v* dominate, rule, command, reign, overcome.
**dominável** *adj* repressible.
**domingo** *s* Sunday.
**Dominica** *s* Dominica.
**dominical** *adj* dominical.
**dominicano** *adj e s* Dominican (da República Dominicana ou da Ordem dos Dominicanos).
**domínio** *s* domination, rule; dominion, domain.
**dominó** *s* domino (peça do jogo).
**domo** *s* dome.
**dona** *s* dame, Ms (usado antes do sobrenome ou nome completo de uma mulher casada ou solteira).
**dona-de-casa** *s* housekeeper, housewife.
**donativo** *s* donation, donative, dole, contribution.
**doninha** *s* weasel, fitch.
**dono** *s* owner; master; lord.
**donzela** *s* damsel, maid, maiden, virgin.
**dopar** *v* dope.
**dor** *s* ache, pain; sorrow, dolor, grief.
**dormência** *s* dormancy.
**dormente** *adj* dormant. | *s* tie (ferrovia).
**dorminhoco** *s* dozer.
**dormir** *v* sleep.
**dormitar** *v* nod.
**dormitório** *s* bedroom, dormitory.
**dorsal** *adj* back.
**dorso** *s* back; reverse.
**dosagem** *s* dosage.

**dosar** *v* dose.
**dose** *s* dose, dosage.
**dossel** *s* canopy.
**dotação** *s* endowment, appropriation (fundos, verba).
**dotado** *adj* gifted.
**dotar** *v* dower, endow.
**dote** *s* dot, dowry (noiva); dower.
**douração** *s* gilding.
**dourado** *adj* golden, gilt, gold.
**douradura** *s* gilt.
**dourar** *v* gild.
**doutor** *s* doctor.
**doutorado** *s* doctorate.
**doutoral** *adj* doctoral.
**doutrina** *s* doctrine.
**doutrinar** *v* teach, instruct, edify.
**doutrinário** *adj* doctrinaire.
**doze** *num* twelve.
**dracma** *s* dram (peso).
**draga** *s* drag, dredge, dredger.
**dragão** *s* dragon; dragoon (soldado de cavalaria).
**dragar** *v* drag, dredge.
**drama** *s* drama.
**dramaticamente** *adv* dramatically.
**dramático** *adj* dramatic.
**dramatização** *s* dramatization.
**dramatizar** *v* dramatize.
**dramaturgia** *s* dramaturgy, dramatics.
**dramatúrgico** *adj* dramaturge.
**dramaturgo** *s* dramaturge, dramatist.
**drapeado** *adj* e *s* drapery.
**drasticamente** *adv* drastically.
**drástico** *adj* drastic.
**drenagem** *s* drainage.
**drenar** *v* drain.
**dreno** *s* drain; tent.
**driblar** *v* dribble.
**drible** *s* dribble.
**drinque** *s* lush.
**droga** *s* drug; dope.
**drogado** *adj* drug addict, junkie.
**drogar** *v* dope.
**drogaria** *s* drugstore.
**dromedário** *s* dromedary.
**druida** *s* druid.
**dual** *adj* dual.
**dualidade** *s* duality.
**dualismo** *s* dualism.
**duas** *num* two.
**dubiedade** *s* dubiety.
**dúbio** *adj* dubious.
**dublagem** *s* dubbing.
**dublar** *v* dub.
**dublê** *s* *masc* stuntman, *fem* stuntwoman.
**ducado** *s* dukedom, duchy (domínio do duque); ducat (moeda).
**ducha** *s* shower, douche.
**ducto** *s* duct.
**duelar** *v* duel.
**duelista** *s* dueler.
**duelo** *s* duel.
**duende** *s* elf, gnome, goblin, hobgoblin.
**dueto** *s* duet.
**dulcificar** *v* dulcify.
**duna** *s* dune, down (perto do mar).
**duo** *s* duo.
**dupla** *s* pair.
**dupla-face** *adj* double-faced.
**dúplex** *s* duplex (apartamento).
**duplicação** *s* duplication.
**duplicado** *adj* duplicate.
**duplicador** *s* duplicator.
**duplicar** *v* double, duplicate.
**duplicata** *s* duplicate, double.
**dúplice** *adj* duplex.
**duplicidade** *s* duplicity.
**duplo** *adj* double, dual, duple, duplicate. | *s* double.
**duque** *s* duke; deuce (cartas ou dados).
**duquesa** *s* duchess.
**durabilidade** *s* durability, endurance.
**duração** *s* duration, endurance, length, continuance.
**duradouro** *adj* durable, enduring, lasting.
**duramente** *adv* hard, hardly.
**durante** *prep* during, for, over, in, by.
**durar** *v* last, continue, endure.
**durável** *adj* durable, lasting, enduring.

**dureza** *s* crudity, hardening.
**duro** *adj* hard, tough, robust; adamant (*geralm relat* a pessoas); stale (pão, queijo etc.).
**duto** *s Anat* vessel; duct, conduit.
**dúvida** *s* doubt, query.
**duvidar** *v* doubt.
**duvidoso** *adj* dubious, doubtful, uncertain, questionable.
**dúzia** *s* dozen.

# Ee

E

**e** ou **E** *s* 5ª letra do alfabeto português. | *conj* and.
**é** *v 3ª pess sing pres* is.
**ébano** *s* ebony.
**ebóreo** *adj* ivory.
**ébrio** *adj* drunk. | *s* drunk, drunkard.
**ebulição** *s* ebullition, boiling, boil.
**ebúrneo** *adj* ivory; Ivorian (da Costa do Marfim). | *s* Ivorian (da Costa do Marfim).
**eclesiástico** *s* ecclesiastic. | *adj* ecclesiastical, clerical.
**eclético** *adj* e *s* eclectic.
**eclipse** *s* eclipse.
**eclosão** *s* appearance; development.
**eclusa** *s* floodgate, lock.
**eco** *s* echo.
**ecoar** *v* echo.
**ecocardiograma** *s* echocardiogram.
**ecologia** *s* ecology.
**ecológico** *adj* ecological.
**ecologista** *s* ecologist.
**economia** *s* economics; economy, saving.
**econômico** *adj* economic.
**economista** *s* economist.
**economizador** *s* saver.
**economizar** *v* economize, save.
**ecosfera** *s* ecosphere.
**ecossistema** *s* ecosystem.
**ectoplasma** *s* ectoplasm.
**ecumênico** *adj* ecumenic.
**eczema** *s* eczema.
**edema** *s* edema.
**edição** *s* edition.
**edificação** *s* building, edification.
**edificador** *s* builder.
**edificante** *adj* edifying.
**edificar** *v* build, edify, erect, construct.
**edifício** *s* building.
**editar** *v* edit.
**édito** *s* edict; ordinance, decree.
**editor** *s* editor, publisher.
**editora** *s* publishing company.
**editorial** *adj* e *s* editorial.
**edredom** *s* quilt.
**educação** *s* education; courtesy, manner.
**educacional** *adj* educational, educative.
**educada** *adj fem* ladylike (que tem as maneiras de uma dama).
**educado** *adj* polite, well-mannered, nice.
**educador** *s* adviser, educationist, educator.
**educandário** *s* school, educational establishment.
**educar** *v* civilize, educate, bring up; teach, instruct, school.
**educativo** *adj* educational, educative.
**efeito** *s* effect.
**efêmero** *adj* ephemeral.

**efeminado** *adj* effeminate.
**efeminar** *v* effeminate, feminize.
**efervescência** *s* effervescence.
**efervescente** *adj* effervescent.
**efervescer** *v* effervesce, fizz.
**efetivação** *s* fulfillment.
**efetivamente** *adv* effectively, actually.
**efetivar** *v* bring into effect; take on permanently.
**efetuação** *s* fulfillment.
**efetuar** *v* effectuate, effect, accomplish.
**eficácia** *s* efficacy.
**eficaz** *adj* efficacious.
**eficiência** *s* efficiency.
**eficiente** *adj* efficient.
**efígie** *s* effigy.
**eflorescente** *adj* efflorescent.
**efluência** *s* effluence.
**efluente** *adj* effluent.
**eflúvio** *s* effluvium.
**efusão** *s* effusion.
**efusivo** *adj* effusive.
**égide** *s* aegis.
**egípcio** *adj* e *s* Egyptian.
**egiptologia** *s* Egyptology.
**Egito** *s* Egypt.
**ego** *s* ego, self.
**egocêntrico** *adj* egocentric, self-centered.
**egoísmo** *s* egoism, selfishness.
**egoísta** *s* egoist. | *adj* selfish.
**egoístico** *adj* egoistic.
**egressão** *s* egression.
**egresso** *s* egress.
**égua** *s* mare.
**eh** *interj* hey.
**ei** *interj* hey, there.
**eis** *adv* here is, here are.
**eivado** *adj* stained; contaminated, infected.
**eivar** *v* stain; contaminate, infect.
**eixo** *s* axis (geométrico, óptico etc.); axle, hub (roda); shaft (máquina).
**ejaculação** *s* ejaculation.
**ejaculador** *adj* e *s* ejaculator.
**ejacular** *v* ejaculate.
**ejeção** *s* ejection, discharge.
**ejetar** *v* eject.
**ejetor** *s* ejector, jet pump.
**ela** *pron pess* she, it.
**elaboração** *s* elaboration; improvement.
**elaborado** *adj* elaborate.
**elaborar** *v* elaborate; prepare.
**elasticidade** *s* elasticity, resilience, stretch.
**elástico** *adj* elastic, springy. | *s* elastic, rubber band.
**ele** *pron pess* he, it.
**electroímã** *s* electromagnet.
**electromagnético** *adj* electromagnetic.
**elefante** *s* elephant.
**elefante-marinho** *s* elephant seal.
**elegância** *s* elegance, gracefulness.
**elegante** *adj* elegant, fine, graceful, handsome, nice; well-dressed, trim.
**eleger** *v* elect, vote.
**elegia** *s* elegy.
**elegibilidade** *s* eligibility, electiveness.
**elegível** *adj* eligible, electable.
**eleição** *s* election.
**eleito** *adj* elect, chosen. | *s* elect.
**eleitor** *s* elector, voter.
**eleitorado** *s* electorate, constituency.
**eleitoral** *adj* electoral.
**elementar** *adj* elementary, elemental.
**elemento** *s* element.
**elenco** *s* cast (teatro, rádio, TV).
**elevado** *adj* elevated, high; upland, uplift; lofty, exalted.
**eletividade** *s* electiveness.
**eletivo** *adj* elective.
**eletricidade** *s* electricity.
**eletricista** *s* electrician.
**elétrico** *adj* electric.
**eletrificação** *s* electrification.
**eletrificar** *v* electrify.
**eletrização** *s* electrification.
**eletrizante** *adj* electric.
**eletrizar** *v* electrify.
**eletrocardiograma** *s* electrocardiogram.
**eletrocução** *s* electrocution.
**eletrocutar** *v* electrocute.

**eletroímã** *s* electromagnet.
**eletrólise** *s* electrolysis.
**eletrolítico** *adj* electrolytic.
**eletrólito** *s* electrolyte.
**eletromagnético** *adj* electromagnetic.
**eletromagnetismo** *s* electromagnetism.
**eletromagneto** *s* electromagnet.
**elétron** *s* electron.
**eletrônica** *s* electronics (ciência).
**eletrônico** *adj* electronic.
**eletrostática** *s* electrostatics.
**eletrostático** *adj* electrostatic.
**elevação** *s* elevation, uplift; raise, rise; promotion, advance; upgrade.
**elevado** *adj* elevated, uplifted; raised, high; promoted.
**elevador** *s* elevator; lift (máquina elevatória).
**elevar** *v* elevate, lift up; increase, heighten, raise, up; arise.
**elfo** *s* goblin.
**eliminação** *s* elimination; extermination.
**eliminar** *v* eliminate.
**eliminatório** *adj* eliminatory.
**elipse** *s Mat* ellipse; *Gram* ellipsis.
**elíptico** *adj* elliptic, oblong.
**elisão** *s* elision.
**elísio** *adj* Elysian.
**elite** *s* elite.
**elixir** *s* elixir.
**elmo** *s* helmet, casque.
**elo** *s* link; bond.
**elogiar** *v* eulogize, commend, compliment, flatter.
**elogio** *s* eulogy, commendation, compliment.
**elogioso** *adj* eulogistic.
**eloquência** *s* eloquence.
**eloquente** *adj* eloquent.
**elucidação** *s* elucidation.
**elucidar** *v* elucidate.
**elucidativo** *adj* elucidative.
**eludir** *v* elude.
**em** *prep* at; in, into; on, over; unto, to; up, within.
**ema** *s* rhea.
**emagrecer** *v* grow thin; lose weight, slim (por regime); emaciate (de fome).
**emagrecimento** *s* slimming (por regime).
**emanação** *s* emanation.
**emanante** *adj* emanative.
**emanar** *v* emanate.
**emancipação** *s* emancipation.
**emancipar** *v* emancipate.
**emaranhado** *adj* tangled, inextricable.
**emaranhamento** *s* entanglement.
**emaranhar** *v* entangle, tangle, ravel, complicate.
**embaçado** *adj* dim; steamed up (vidro com vapor).
**embaçar** *v* dim, blur; steam up (vidro com vapor)
**embainhar** *v* sheathe (espada); hem (fazer bainha em calça).
**embaixada** *s* embassy.
**embaixador** *s* ambassador.
**embaixatriz** *s* ambassadress.
**embaixo** *adv* below, beneath, under, underneath; downstairs (no andar de baixo).
**embalagem** *s* package, packing.
**embalar** *v* rock (balançar); pack (empacotar).
**embalo** *s* rocking (balanço); rush (impulso).
**embalsamador** *s* embalmer.
**embalsamar** *v* embalm.
**embalsamento** *s* embalmment.
**embandeirar** *v* flag.
**embaraçado** *adj* embarrassed; perplexed, puzzled.
**embaraçar** *v* embarrass, abash; bewilder, confuse; hinder.
**embaraço** *s* embarrassment; confusion, complication; hindrance.
**embaraçoso** *adj* embarrassing, awkward; bewildering.
**embaralhar** *v* shuffle, riffle, ruffle (cartas); jumble.
**embarcação** *s* craft, vessel.
**embarcado** *adj* on board.

**embarcadouro** *s* wharf.
**embarcar** *v* embark (em navio ou avião); board; boat, ship.
**embargador** *s* distrainor.
**embargar** *v* embargo; *Jur* distrain, distress.
**embargo** *s* embargo; *Jur* distraint, distress, impediment.
**embarque** *s* embarkation; boarding; shipment.
**embarricar** *v* barrel.
**embasbacar** *v* gape.
**embebedar** *v* fuddle, inebriate.
**embeber** *v* absorb, soak up.
**embelezamento** *s* embellishment.
**embelezar** *v* beautify, embellish, grace; ornament, adorn.
**embicar** *v* nose (no tráfego).
**emblema** *s* emblem, ensign, insignia; badge.
**emblemar** *v* emblematize.
**emblemático** *adj* emblematic.
**embocadura** *s* mouth (rio); *Mús* mouthpiece.
**embolia** *s* bends.
**embolsar** *v* bag.
**embonecar** *v* doll up.
**embora** *conj* although, though.
**emborcar** *v* turn upside down; *Náut* keel.
**emborrachar** *v* rubber.
**emboscada** *s* ambush.
**emboscar** *v* ambush, waylay.
**embotado** *adj* edgeless.
**embranquecer** *v* whiten, bleach.
**embravecimento** *s* anger, rage, fury.
**embreagem** *s* clutch.
**embriagado** *adj* drunk, drunken, *gír* high. | *s* drunk, inebriate.
**embriagar** *v* intoxicate, inebriate, besot, booze, drink.
**embriaguez** *s* inebriation, intoxication, fuddle.
**embrião** *s* embryo; germ, seed.
**embriologia** *s* embryology.
**embrionário** *adj* embryonic.
**embrulhada** *s* embroilment, mess, mix.
**embrulhar** *v* wrap, pack; fold, roll up; envelop, enwrap; muddle (confundir); cheat (enganar).
**embrulho** *s* package, parcel, pack, bundle.
**embrutecer** *v* brutalize.
**embrutecimento** *s* brutalization.
**embuchar** *v* wad.
**embuste** *s* deception; trick, guile, mendacity.
**embusteiro** *adj* guileful. | *s* impostor, humbug.
**embutido** *adj* built-in, embedded.
**embutir** *v* embed.
**emenda** *s* *Jur* amendment; correction; emendation (de textos); mend; splice (corda, fio etc.).
**emendar** *v* mend; splice (corda, fio etc.); emend (texto); correct; *Jur* amend.
**emergência** *s* emergency; exigency; emergence (ato de emergir).
**emergente** *adj* emergent, emerging, rising.
**emergir** *v* emerge, rise, egress.
**emérito** *adj* e *s* emeritus.
**emersão** *s* emersion.
**emigração** *s* emigration.
**emigrante** *adj* e *s* emigrant.
**emigrar** *v* emigrate.
**eminência** *s* eminence, height; *Ecles* Eminence.
**eminente** *adj* eminent, high, great.
**emissão** *s* emission, issuance, issue.
**emissário** *s* emissary, envoy.
**emissivo** *adj* emissive.
**emissor** *adj* emissive. | *s* transmitter (sinal); issuer (nota, documento).
**emissora** *s* broadcasting station.
**emitente** *s* drawer (cheque etc.).
**emitir** *v* emit, issue; beam (luz, onda de rádio, sinais); utter (som).
**emoção** *s* emotion.
**emocional** *adj* emotional.
**emocionante** *adj* moving, touching; exciting.

**emocionar** *v* move; excite, thrill.
**emolduração** *s* framing.
**emoldurar** *v* frame.
**emoliente** *adj e s* emollient.
**emolir** *v* soften, soothe.
**emolumento** *s* emolument, fee.
**emotividade** *s* emotionality.
**emotivo** *adj* emotional, emotive; intense, passionate.
**empacar** *v* balk, get stuck.
**empacotador** *s* wrapper, packer.
**empacotamento** *s* packing.
**empacotar** *v* pack, wrap, bale.
**empada** *s* patty.
**empalar** *v* impale.
**empalidecer** *v* pale; blanch, sallow.
**empalmar** *v* palm.
**empanturrar** *v* engorge, gorge.
**empapelar** *v* paper.
**emparedar** *v* wall.
**emparelhado** *adj* conjugate, level.
**emparelhar** *v* pair, couple; match.
**empastar** *v* plaster.
**empatar** *v Esp* draw, tie; tie up (dinheiro), take up (tempo).
**empate** *s Esp* draw, tie; tie (eleição); stalemate (no jogo de xadrez).
**empatia** *s* empathy.
**empecilho** *s* obstacle, embarrassment.
**empedrar** *v* pave; petrify.
**empenado** *adj* feathered (com penas); warped (distorcido)
**empenar** *v* feather (colocar penas); warp (distorcer).
**empenhar** *v* pawn, pledge, exert.
**empenho** *s* effort, endeavor, commitment, engagement, exertion.
**emperrado** *adj* jammed.
**emperrar** *v* jam (máquina); balk (negar-se a progredir).
**empestar** *v Bot* blight.
**empilhar** *v* pile up, heap, stack.
**empinar** *v* uplift; rear (cavalo); fly (papagaio, pipa).
**empíreo** *adj* empyreal, empyrean. | *s* empyrean.
**empiricamente** *adv* empirically.
**empírico** *adj* empirical. | *s* empiric.
**empirismo** *s* empiricism.
**emplastar** *v* plaster.
**emplastro** *s* plaster.
**emplumado** *adj* feathered.
**emplumar** *v* feather.
**empobrecer** *v* impoverish, become poor, beggar.
**empobrecimento** *s* impoverishment.
**empoeirado** *adj* dusty.
**empoeirar** *v* dust.
**empolado** *adj* bombastic, pompous.
**empolar** *v* blister.
**empoleirar** *v* roost.
**empolgado** *adj* excited, *fig* ablaze.
**empolgante** *adj* exciting, breathtaking.
**empolgar** *v* excite, stimulate, fill with enthusiasm.
**emporcalhar** *v* dirty, besmear, foul.
**empório** *s* emporium.
**empreendedor** *adj* enterprising. | *s* entrepreneur.
**empreender** *v* undertake.
**empreendimento** *s* enterprise, undertaking, achievement, attempt.
**empregada** *s* maid.
**empregado** *adj* employed; applied. | *s* employee.
**empregador** *s* employer.
**empregar** *v* employ; use; invest.
**empregável** *adj* employable.
**emprego** *s* employment, job; use, application.
**empreitada** *s* enterprise, task; *Comer* contract job.
**empreiteiro** *s* contractor.
**emprenhar** *v* impregnate.
**empresa** *s* company, enterprise, firm.
**empresária** *s* businesswoman.
**empresário** *s* businessman, manager.
**emprestar** *v* lend; loan (dinheiro, bens).
**empréstimo** *s* loan.
**empunhar** *v* wield (armas, ferramentas).
**empurrão** *s* push, shove, hustle, jerk, thrust.

**empurrar** *v* push, shove, jostle; thrust aside (para o lado).
**empuxo** *s* thrust.
**êmulo** *adj* emulous.
**emulsão** *s* emulsion.
**emulsificar** *v* emulsify.
**emulsionar** *v* emulsify.
**enaltecer** *v* exalt, dignify.
**enamorado** *adj* in love (apaixonado); enchanted (encantado).
**enamorar** *v* enamor.
**encabeçar** *v* lead, head.
**encabrestar** *v* halter.
**encabular** *v* embarrass, disconcert.
**encadeamento** *s* chain; link; *Comp* thread.
**encadear** *v* chain; link.
**encadernação** *s* bookbinding, binding.
**encadernado** *adj* bound; hardback (de capa dura).
**encadernador** *s* bookbinder, binder.
**encadernar** *v* bind.
**encaixar** *v* fit in, encase, case, rabbet.
**encaixe** *s* fitting (ato); groove (ranhura); socket (buraco).
**encaixotamento** *s* boxing.
**encaixotar** *v* box, case.
**encalhado** *adj* aground (embarcação).
**encalhar** *v* run aground.
**encaminhar** *v* direct, forward; conduct, lead, guide.
**encanamento** *s* plumbing.
**encanar** *v* channel.
**encanecer** *v* grow white.
**encantado** *adj* delighted.
**encantador** *adj* enchanting, delightful.
**encantadoramente** *adv* charmingly.
**encantamento** *s* spell (magia); charm.
**encantar** *v* enchant; delight; bewitch (enfeitiçar).
**encanto** *s* charm; delight.
**encapar** *v* cover, wrap.
**encapotar** *v* cloak, muffle.
**encapuzar** *v* cowl.
**encapuzado** *adj* hooded.
**encaracolado** *adj* curly, curled.
**encaracolar** *v* curl, crisp.
**encarar** *v* face; front.
**encarcerado** *adj* imprisoned; behind bars.
**encarceramento** *s* imprisonment.
**encarcerar** *v* imprison, jail, confine, incarcerate; encage.
**encardido** *adj* dingy, grimy, grubby.
**encardir** *v* grime.
**encargo** *s* responsibility; burden, charge.
**encarnação** *s* incarnation, embodiment.
**encarnado** *adj* incarnate.
**encarnar** *v* incarnate, embody.
**encaroçado** *adj* lumpy.
**encarquilhar** *v* shrivel.
**encarregado** *s* person in charge; commissioner, manager; warden.
**encarregar** *v* charge; intrust.
**encarrilhar** *v* put back on the rails.
**encarvoar** *v* coal.
**encasacar** *v* coat.
**encastelado** *adj* castled, fortified.
**encavernar** *v* cavern.
**encefálico** *adj* encephalic.
**encefalite** *s* encephalitis.
**encéfalo** *s* encephalon.
**encenação** *s* staging.
**encenar** *v* act, stage.
**encenável** *adj* acting.
**encerado** *adj* cerated, waxed.
**encerar** *v* wax, polish.
**encerrado** *adj* close.
**encerramento** *s* closing, closure.
**encerrar** *v* contain; close; lock.
**encharcado** *adj* wet, sodden, soggy; flooded; swampy.
**encharcar** *v* soak, wet, drench.
**enchente** *s* flood, inundation.
**encher** *v* fill, make full; stuff; load, charge; blow up (balão); flow (a maré); be annoying (aborrecer).
**enchimento** *s* filling; stuffing, padding.
**enchova** *s* anchovy.
**enchumaçar** *v* pad, stuff, wad.
**encíclica** *s* encyclical.

**enciclopédia** *s* encyclopedia, cyclopedia.
**enciclopédico** *adj* encyclopedic, cyclopedic.
**enciclopedista** *s* encyclopedist, cyclopedist.
**encilhar** *v* saddle (animals).
**encimar** *v* top; raise up, elevate.
**enciumado** *adj* jealous.
**enclausurar** *v* cloister; wall.
**enclítica** *s* enclitic.
**encoberta** *s* shelter; pretext, excuse.
**encobertar** *v* cover; conceal, hide.
**encoberto** *adj* covered; hidden, occult, concealed; cloudy (sky).
**encobridor** *adj* concealing.
**encobrimento** *s* concealment.
**encobrir** *v* cover; hide, conceal; disguise; enshroud; overlap.
**encolerizar** *v* rage, rave, get angry.
**encolher** *v* shrink; narrow; cower, cringe (medo), crouch (timidez, humilhação).
**encolhido** *adj* shrunken; timid, shy.
**encolhimento** *s* shrink, contraction.
**encomenda** *s* order.
**encomendar** *v* order, ask for.
**encompridar** *v* lengthen, prolong.
**encontrar** *v* meet, come across, encounter (casualmente); find (achar).
**encontro** *s* meeting, encounter (inesperado); appointment (com hora marcada); collision; date (com namorado).
**encorajador** *adj* encouraging.
**encorajamento** *s* encouragement.
**encorajar** *v* encourage, animate, cheer up.
**encordoar** *v* cord.
**encorpado** *adj* corpulent, full-bodied; thick, dense; resistent, solid, firm.
**encorpar** *v* expand.
**encosta** *s* hillside.
**encostar** *v* lean.
**encosto** *s* back (cadeira); backboard.
**encouraçado** *adj* armored. | *s Náut* dreadnought, ironclad.
**encravado** *adj* ingrown (unha, pelo).
**encravar** *v* stick.
**encrenca** *s* difficulty, trouble; intrigue, disorder; fight.
**encrencar** *v* embarrass; complicate.
**encrenqueiro** *s* troublemaker.
**encrespado** *adj* crimpy.
**encrespar** *v* crimp, crisp, frizz; ruffle.
**encruar** *v* harden, toughen.
**encruzamento** *s* crossing, intersection.
**encruzar** *v* cross.
**encruzilhada** *s* crossing, crossroads.
**encurralar** *v* confine; herd (gado).
**encurtamento** *s* shortening.
**encurtar** *v* shorten, cut short; abbreviate.
**encurvar** *v* curve, bend, arch.
**endêmico** *adj* endemic.
**endemoninhado** *adj* demoniac.
**endemoninhar** *v* demonize.
**endereçar** *v* address.
**endereço** *s* address.
**endeusamento** *s* divinization.
**endeusar** *v* divinize, deify.
**endiabrado** *adj* devilish; impish.
**endiabrar** *v* bedevil.
**endinheirado** *adj* rich, wealthy, flush.
**endireitar** *v* straighten; put right.
**endividado** *adj* indebted, in the red.
**endívia** *s* endive.
**endividar** *v* indebt.
**endocrinologia** *s* endocrinology.
**endocrinologista** *s* endocrinologist.
**endoidecer** *v* mad.
**endossado** *adj* endorsed.
**endossante** *s* endorser.
**endossar** *v* endorse, accredit, certify.
**endosso** *s* endorsement.
**endro** *s* dill.
**endurecer** *v* harden, stiffen.
**endurecimento** *s* hardening.
**enduro** *s* enduro.
**enegrecer** *v* blacken, black.
**enegrecido** *adj* blackish.
**enegrecimento** *s* blackning.
**energética** *s* energetics.
**energético** *adj* energetic.
**energia** *s* energy; strength, force, vigor.

**energizar** *v* energize.
**enérgico** *adj* strong; dynamic; emphatic.
**enervação** *s* enervation.
**enervante** *adj* enervating.
**enervar** *v* enervate; annoy, irritate.
**enevoado** *adj* foggy, overcast, misty.
**enevoar** *v* fog, overcast, mist.
**enfadar** *v* get tired of; bore, annoy.
**enfado** *s* boredom; annoyance.
**enfadonho** *adj* tiresome; annoying, troublesome.
**enfaixamento** *s* bandage.
**enfaixar** *v* band, bandage.
**enfardamento** *s* bagging.
**enfarinhar** *v* flour.
**enfarte** *s* infarct.
**ênfase** *s* emphasis.
**enfastiar** *v* get tired, tire, weary; bore, annoy.
**enfático** *adj* emphatic.
**enfatizar** *v* emphasize.
**enfeitado** *adj* decorated.
**enfeitar** *v* adorn, trim, embellish, decorate; dress up.
**enfeite** *s* decoration, trimming, adornment, garnishment.
**enfeitiçado** *adj* spellbound.
**enfeitiçar** *v* bewitch; charm.
**enfeixar** *v* fagot, tie together.
**enfermagem** *s* nursing.
**enfermaria** *s* infirmary, ward.
**enfermeira** *s* nurse.
**enfermeiro** *s* male nurse.
**enfermidade** *s* disease, illness, infirmity.
**enfermo** *adj* diseased, sick.
**enferrujado** *adj* rusty.
**enferrujar** *v* rust.
**enfezado** *adj* annoyed; bored.
**enfezar** *v* annoy, irritate; tire, bore.
**enfiar** *v* put; thread (agulha).
**enfileiramento** *s* alignment.
**enfileirar** *v* line up, align.
**enfim** *adv* at last, finally.
**enfisema** *s* emphysema.
**enfocar** *v* focus, focalize.
**enforcador** *s* hangman.
**enforcamento** *s* hanging.
**enforcar** *v* hang; skip (trabalho, aulas).
**enfraquecer** *v* weaken, debilitate.
**enfraquecimento** *s* abatement, debilitation, enfeeblement.
**enfrentar** *v* face, affront, brave; encounter (inimigo).
**enfumaçado** *adj* smoky.
**enfumaçar** *v* smoke.
**enfurecer** *v* infuriate, enrage, rage; mad, madden.
**enfurecido** *adj* furious; rough (sea).
**engabelar** *v* decoy.
**engaiolar** *v* cage, encage.
**engajamento** *s* commitment; enlistment.
**engajar** *v* get involved.
**engalfinhar** *v* grapple.
**enganado** *adj* mistaken (errado); deceived (traído).
**enganador** *adj* deceiving, fake, tricky.
**enganar** *v* deceive, cheat, trick; mistake.
**enganchar** *v* hook.
**engano** *s* mistake, error, fault; delusion, deception; fraud; lapse.
**enganoso** *adj* deceptive; catchy.
**engarrafador** *s* bottler.
**engarrafamento** *s* bottling (garrafa); traffic jam (de tráfego).
**engarrafar** *v* bottle (pôr em garrafa); block (trânsito).
**engasgar** *v* choke; backfire (motor).
**engaste** *s* setting.
**engatar** *v* gear.
**engate** *s* coupler.
**engatilhar** *v* cock (arma).
**engatinhar** *v* crawl.
**engavetar** *v* shelve (planos, documentos).
**engendrar** *v* engender.
**engenharia** *s* engineering.
**engenheiro** *s* engineer.
**engenho** *s* artifice, talent; machine, motor; skill, ability; mill (moenda); sugar plantation (fazenda de produção de açúcar).

**engenhoca** *s* gadget, gimmick.
**engenhosidade** *s* ingenuity.
**engenhoso** *adj* ingenious, artful.
**engessar** *v* plaster.
**englobar** *v* include.
**engodar** *v* entice; bait (atrair com isca).
**engodo** *s* lure, enticement; bait (isca).
**engolfar** *v* engulf.
**engolir** *v* swallow.
**engomar** *v* starch.
**ergonomia** *s* ergonomics.
E
**ergonômico** *adj* ergonomic.
**engordar** *v* fatten, put on weight.
**engordurar** *v* grease; besmear.
**engraçado** *adj* funny, amusing; comic, humorous.
**engradado** *s* crate.
**engradar** *v* crate.
**engrandecer** *v* enlarge; exaggerate, magnify.
**engrandecimento** *s* enlargement, increase; magnification.
**engravidar** *v* get pregnant.
**engraxar** *v* shine (sapato); smear (pôr graxa).
**engraxate** *s* shoeshiner, bootblack.
**engrenado** *adj* engaged.
**engrenagem** *s* gear.
**engrenar** *v* gear.
**engrossar** *v* thicken.
**enguia** *s* eel.
**enguiçado** *adj* stalled.
**enguiçar** *v* stall, break down.
**enguiço** *s* breakdown.
**engulho** *s* nausea.
**enigma** *s* enigma, mystery; riddle.
**enigmático** *adj* enigmatic.
**enjaular** *v* enjail.
**enjeitado** *adj* abandoned.
**enjeitar** *v* abandon.
**enjoado** *adj* sick.
**enjoar** *v* sicken.
**enjoativo** *adj* sickening; nasty; boring.
**enjoo** *s* seasickness (do mar); queasiness.
**enlaçar** *v* enlace, entwine.
**enlace** *s* union, marriage; link.
**enlamear** *v* conver in mud, bespatter.
**enlatado** *adj* canned.
**enlatador** *s* canner.
**enlatar** *v* can, tin.
**enlevação** *s* enrapture, delight.
**enlevo** *s* rapture, delight, stardust.
**enlodar** *v* slime.
**enlouquecedor** *adj* maddening.
**enlouquecer** *v* drive mad, go mad.
**enlouquecido** *adj* mad.
**enlouquecimento** *s* madness.
**enluarado** *adj* moony.
**enlutado** *adj* in mourning.
**enlutar** *v* go into mourning.
**enluvar** *v* glove.
**enobrecer** *v* ennoble.
**enobrecimento** *s* ennoblement.
**enojar** *v* disgust, sicken.
**enorme** *adj* enourmous, huge.
**enormidade** *s* enormity, enormousness, hugeness.
**enquadramento** *s* framing.
**enquadrar** *v* frame.
**enquanto** *conj* while, as.
**enraivecer** *v* enrage.
**enraizar** *v* enroot.
**enrascada** *s* spot.
**enrascar** *v* embroil.
**enredar** *v* complicate, entangle.
**enredo** *s* plot.
**enregelado** *adj* frozen.
**enregelar** *v* freeze.
**enrijecer** *v* stiffen.
**enriquecer** *v* enrich.
**enriquecimento** *s* enrichment.
**enrolar** *v* roll up; wrap up.
**enroscado** *v* twisted.
**enroscar** *v* twist, wind.
**enrouquecer** *v* go hoarse.
**enrubescer** *v* redden; blush, go red (de vergonha).
**enrugado** *adj* crinkly.
**enrugar** *v* wrinkle; crease (tecido).
**ensaboado** *adj* soapy.
**ensaboar** *v* soap.

**ensacado** *adj* bagged.
**ensacamento** *s* bagging.
**ensacar** *v* bag, sack.
**ensaiar** *v* practice; try; rehearse (teatro).
**ensaio** *s* practice; rehearsal.
**ensaísta** *s* essayist.
**ensanguentado** *adj* bloody.
**ensanguentar** *v* ensanguine.
**enseada** *s* bay, cove, inlet.
**ensebar** *v* tallow.
**ensejar** *v* provide.
**ensejo** *s* chance, opportunity.
**ensinamento** *s* teaching.
**ensinar** *v* teach; educate.
**ensino** *s* teaching; education.
**ensolarado** *adj* sunny.
**ensopado** *adj* soaked.
**ensopar** *v* soak, drench.
**ensurdecedor** *adj* deafening.
**ensurdecer** *v* deafen.
**entalar** *v* wedge, jam.
**entalhador** *s* woodcarver.
**entalhar** *v* carve.
**entalhe** *s* groove, notch.
**entanto** *conj* however.
**então** *adv* now, then. | *interj* so.
**entardecer** *v* get late. | *s* sunset.
**ente** *s* being, creature.
**enteada** *s* stepdaughter.
**enteado** *s* stepson.
**entediante** *adj* boring, tedious.
**entediar** *v* bore.
**entendedor** *adj* knowledgeable.
**entender** *v* understand.
**entendido** *adj* good at, expert. | *s gír* gay, homosexual.
**entendimento** *s* understanding; agreement.
**enternecer** *v* move, touch.
**enterrar** *v* bury.
**enterro** *s* burial, funeral.
**entidade** *s* being, body.
**entoação** *s* singing.
**entoar** *v* chant.
**entomologia** *s* entomology.
**entomológico** *adj* entomologic.
**entomologista** *s* entomologist.
**entonação** *s* intonation.
**entontecer** *v* make dizzy.
**entornar** *v* spill.
**entorpecente** *s* narcotic.
**entorpecer** *v* numb.
**entorpecidamente** *adv* numbly.
**entorpecido** *adj* numb.
**entorpecimento** *s* numbness.
**entortar** *v* bend.
**entrada** *s* entry; entrance; doorway.
**entranhado** *adj* deep-rooted.
**entranhas** *s* bowels, entrails.
**entrar** *v* enter, come in, get in.
**entravar** *v* obstruct, impede.
**entrave** *s* impediment.
**entre** *prep* among (vários), between (dois).
**entreaberto** *adj* half open; ajar (portão, porta).
**entreabrir** *v* half open.
**entrecasca** *s* bast.
**entrechocar-se** *v* collide, crash.
**entrecosto** *s* entrecôte.
**entrega** *s* delivery, deliverance.
**entregador** *adj* deliverer.
**entregar** *v* deliver; hand over.
**entregue** *adj* delivered.
**entrelaçar** *v* entwine.
**entrelinha** *s* line spacing.
**entrelinhamento** *s* leading.
**entremear** *v* intermingle.
**entremeio** *s* interval.
**entrementes** *adv* meantime, meanwhile.
**entrepor** *v* insert.
**entreposto** *s* entrepôt.
**entretanto** *conj* however.
**entretela** *s* interlining.
**entretenimento** *s* entertainment.
**entreter** *v* entertain, amuse.
**entrevado** *adj* crippled, paralytic.
**entrevar** *v* cripple, paralyse.
**entrever** *v* glimpse.
**entrevista** *s* interview.
**entrevistador** *s* interviewer.

E

**entrevistar** *v* interview.
**entristecer** *v* sadden, grieve.
**entronar** *v* enthrone.
**entroncamento** *s* junction.
**entronizar** *v* enthrone.
**entropia** *s* entropy.
**entulhar** *v* cram full.
**entulho** *s* trash.
**entupido** *adj* blocked; stuffy (nariz).
**entupimento** *s* blockage.
**entupir** *v* block, clog.
**entusiasmadamente** *adv* excitedly.
**entusiasmado** *adj* excited, ablaze.
**entusiasmar** *v* excite.
**entusiasmo** *s* enthusiasm, excitement.
**entusiasta** *s* enthusiast.
**entusiástico** *adj* enthusiastic.
**enumeração** *s* enumeration.
**enumerar** *v* enumerate.
**enunciar** *v* enunciate, state.
**envaidecer** *v* glory.
**envelhecer** *v* grow old, age.
**envelhecido** *adj* aged; stale (pão, queijo etc.).
**envelhecimento** *s* aging.
**envelopar** *v* envelop, enwrap.
**envelope** *s* envelope, cover.
**envenenamento** *s* poisoning.
**envenenar** *v* poison.
**envergadura** *s* spread (asas, velas); wingspan (avião).
**envergar** *v* bend.
**envergonhado** *adj* ashamed; shy (tímido).
**envergonhar** *v* shame.
**envernizar** *v* varnish.
**enviado** *adj* envoy, messenger.
**enviar** *v* send; *Mil* detach (em missão).
**envidraçado** *adj* glazed.
**envidraçamento** *s* glazing.
**envidraçar** *v* glass, glaze.
**enviesado** *adj* slanting.
**envio** *s* sending, dispatch.
**enviuvar** *v* widow.
**envolto** *adj* wrapped.
**envoltório** *s* cover, wrapper.
**envolver** *v* involve; cover; wrap.
**envolvido** *s* wrapped.
**envolvimento** *s* involvement.
**enxada** *s* hoe.
**enxadão** *s* mattock.
**enxadrezar** *v* checker.
**enxaguar** *v* rinse.
**enxame** *s* swarm (abelha etc.).
**enxaqueca** *s* migraine.
**enxergar** *v* see.
**enxertar** *v* graft.
**enxerto** *s* graft.
**enxofre** *s* sulfur.
**enxotar** *v* shoo.
**enxoval** *s* trousseau (noiva); layette (recém-nascido).
**enxovalhar** *v* mess, soil.
**enxugar** *v* dry.
**enxurrada** *s* torrent.
**enxuto** *adj* dry (seco); lean (orçamento).
**enzima** *s* enzyme.
**epiceno** *adj* epicene.
**epicentro** *s* epicenter.
**épico** *adj* epic, heroic.
**epicurismo** *s* epicurism.
**epicurista** *adj* epicurean. | *s* epicurean, epicure.
**epidemia** *s* epidemic.
**epidêmico** *adj* epidemic.
**epiderme** *s* epidermis.
**epifania** *s* epiphany.
**epiglote** *s* epiglottis.
**epígrafe** *s* epigraph.
**epigrafia** *s* epigraphy.
**epilepsia** *s* epilepsy.
**epiléptico** *adj* e *s* epileptic.
**epílogo** *s* epilogue.
**episcopado** *s* episcopate.
**episódio** *s* episode.
**epistemologia** *s* epistemology.
**epístola** *s* epistle.
**epistolar** *adj* epistolary.
**epitáfio** *s* epitaph.
**epitélio** *s* epithelium.
**epíteto** *s* epithet.
**época** *s* epoch, period, time, age.

**epopeia** *s* epopee, epic, epos.
**equação** *s* equation.
**equacionar** *v* equate; set out.
**equador** *s* equator.
**Equador** *s* Ecuador.
**equalização** *s* equalization.
**equalizador** *s* equalizer.
**equalizar** *v* equalize.
**equânime** *adj* fair.
**equanimidade** *s* equanimity.
**equatorial** *adj* equatorial.
**equestre** *adj* equestrian.
**equidade** *s* equity.
**equidistante** *adj* equidistant.
**equilateral** *adj* equilateral.
**equilibrado** *adj* well-balanced.
**equilibrar** *v* balance.
**equilíbrio** *s* balance.
**equilibrista** *s* equilibrist.
**equino** *adj* equine.
**equinocial** *adj* equinoctial.
**equinócio** *s* equinox.
**equipamento** *s* equipment, kit.
**equipar** *v* equip; fit (máquinas).
**equiparar** *v* equate.
**equipe** *s* team, staff; squad.
**equitação** *s* riding.
**equitativo** *adj* equitable.
**equivalência** *s* equivalence.
**equivalente** *adj* equivalent.
**equivaler** *v* equal; be the same as.
**equivocar** *v* mistake.
**equívoco** *s* error, mistake.
**era** *s* age, era.
**erário** *s* fisc.
**ereção** *s* erection, erectness.
**eremita** *s* eremite, hermit.
**eremitério** *s* hermitage.
**ereto** *adj* erect, upright.
**erguer** *v* raise, lift; build, erect.
**erguido** *adj* erect.
**eriçado** *adj* bristling.
**eriçar** *v* bristle.
**erigir** *v* erect, rear.
**erisipela** *s* erysipelas.
**ermitão** *s* hermit.
**ermo** *adj* uninhabited; lonely.
**erógeno** *adj* erogenous.
**erosão** *s* erosion.
**erosivo** *adj* erosive.
**erótico** *adj* erotic, sexy.
**erotismo** *s* eroticism.
**erradicação** *s* eradication.
**erradicar** *v* eradicate.
**erradicável** *adj* eradicable.
**errado** *adj* wrong, mistaken.
**errante** *adj* errant, wandering.
**errar** *v* miss; be wrong, make a mistake; wander (vaguear).
**errata** *s* erratum.
**erro** *s* mistake, error, fault.
**errôneo** *adj* wrong, mistaken.
**erudição** *s* erudition, learning.
**erudito** *adj* erudite, scholarly.
**erupção** *s* eruption; rash (cutânea).
**erva** *s* herb.
**erva-doce** *s* anise.
**ervilha** *s* pea.
**esbaforido** *adj* breathless, out of breath.
**esbanjador** *adj* extravagant, spendthrift. | *s* spendthrift, waster.
**esbanjamento** *s* dissipation, extravagance.
**esbanjar** *v* squander, waste.
**esbarrão** *s* jostle.
**esbarrar** *v* jostle; brush.
**esbeltez** *s* slenderness.
**esbelto** *adj* slender, slim.
**esboçado** *adj* sketchy.
**esboçar** *v* sketch, delineate, outline.
**esboço** *s* sketch, draft, outline.
**esbofetear** *v* slap.
**esborrachar** *v* squash; hit.
**esbranquiçado** *adj* whitish; pale.
**esbravejar** *v* shout.
**esbugalhado** *adj* staring, bulging.
**esbugalhar** *v* goggle.
**esburacar** *v* hole.
**escabroso** *adj* tough, craggy, scabrous.
**escada** *s* stairs, staircase; ladder (de mão).

**escadaria** *s* staircase, stairway.
**escafandrista** *s* diver.
**escafandro** *s* diving suit.
**escala** *s* scale; stopover (em viagem); *Mús* gamut.
**escalação** *s* climbing; casting.
**escalada** *s* escalade, climb.
**escalão** *s* echelon.
**escalar** *v* climb; scale; select.
**escalável** *adj* climbable; scalable.
**escaldante** *adj* boiling.
E
**escaldar** *v* scald.
**escalpelar** *v* scalp.
**escalpelo** *s* scalpel.
**escalpo** *s* scalp.
**escama** *s* scale, flake.
**escamar** *v* scale; exfoliate, skin.
**escamoso** *adj* scaly.
**escamotear** *v* pilfer, pinch.
**escancarado** *adj* wide-open.
**escancarar** *v* yawn.
**escandalizar** *v* scandalize, shock.
**escândalo** *s* scandal; outrage.
**escandaloso** *adj* scandalous, shocking.
**Escandinávia** *s* Scandinavia.
**escandinavo** *adj* e *s* Scandinavian.
**escapamento** *s* exhaust.
**escapar** *v* escape; run away, flee.
**escapatória** *s* way out; excuse.
**escape** *s* escape, leak; *Mec* exhaust.
**escapismo** *s* escapism.
**escápula** *s* scapula.
**escapulir** *v* get away; creep; slip.
**escara** *s* crust.
**escaravelho** *s* beetle, chafer, scarab.
**escarlate** *adj* e *s* scarlet.
**escarlatina** *s* scarlet fever.
**escarnecer** *v* mock, make fun, scoff.
**escárnio** *s* mockery, derision.
**escarola** *s* escarole.
**escarpa** *s* scarp.
**escarpado** *adj* rugged.
**escarpar** *v* scarp.
**escarrar** *v* expectorate, spit.
**escarro** *s* phlegm.
**escassamente** *adv* barely.
**escassear** *v* become scarce; skimp on.
**escassez** *s* shortage.
**escasso** *adj* scarce, scanty, rare; sparse (vegetação etc.).
**escavação** *s* dig, excavation.
**escavadeira** *s* shovel, digger.
**escavador** *s* digger.
**escavar** *v* excavate, cave, dig, hollow.
**esclarecedor** *adj* explanatory; informative. | *s* elucidator.
**esclarecer** *v* explain, clear; illustrate.
**esclarecido** *adj* clear-headed.
**esclarecimento** *s* clarification, explanation; information.
**esclerosado** *adj* sclerous.
**esclerose** *s* sclerosis.
**escoadouro** *s* drain, drainpipe.
**escoamento** *s* drainage, flow, leakage.
**escoar** *v* drain, flow, seep out.
**escocês** *adj* e *s* Scotch, Scottish.
**Escócia** *s* Scotland.
**escola** *s* school.
**escolar** *adj* school.
**escolaridade** *s* schooling.
**escolástico** *adj* e *s* scholastic.
**escolha** *s* choice.
**escolher** *v* choose.
**escolhido** *adj* chosen, elect, select. | *s* elect.
**escoliasta** *s* scholiast.
**escolta** *s* escort, convoy.
**escoltar** *v* escort, convoy, accompany.
**escombros** *s* ruins, debris.
**esconde-esconde** *s* hide-and-seek, hide-and-go-seek.
**esconder** *v* hide, conceal.
**esconderijo** *s* hiding place; hideout (de criminosos).
**esconjurar** *v* exorcise; curse (amaldiçoar).
**escopo** *s* aim, purpose.
**escora** *s* support; brace (de plantas); buttress (de construção).
**escorar** *v* support, sustain; buttress.
**escorbuto** *s* scurvy.
**escore** *s* score.

**escória** *s* dross (metal); *gír* scum.
**escoriação** *s* abrasion, chafe.
**escoriar** *v* excoriate, gall, bark.
**escorpiano** *s* Scorpio.
**escorpião** *s* *Astrol* Scorpio; *Astron* Scorpius; *Zool* scorpion.
**escorraçar** *v* throw out (expulsar); maltreat, ill-treat.
**escorregadela** *s* slip.
**escorregadio** *adj* slippery.
**escorregador** *s* slide.
**escorregão** *s* slip.
**escorregar** *v* slip, slither.
**escorrer** *v* drain; flow; snivel (nariz); trickle.
**escorrido** *adj* lank (cabelo).
**escoteira** *s fem* Girl Scout.
**escoteiro** *s masc* Boy Scout, scout.
**escotilha** *s* hatch, hatchway, scuttle.
**escova** *s* brush.
**escovar** *v* brush.
**escrava** *s* bondmaid, bondwoman.
**escravatura** *s* slavery.
**escravidão** *s* slavery, bondage.
**escravização** *s* enslavement.
**escravizar** *v* enslave.
**escravo** *adj* captive. | *s* slave, bondman.
**escrevente** *s* clerk.
**escrever** *v* write.
**escrínio** *s* casket.
**escrita** *s* writing.
**escrito** *s* note. | *adj* written.
**escritor** *s* writer; author.
**escritório** *s* office.
**escritura** *s* scripture; *Jur* deed, muniment.
**escriturário** *s* clerk.
**escrivaninha** *s* desk, secretary.
**escroque** *s* swindler.
**escroto** *s* scrotum.
**escrúpulo** *s* scruple.
**escrupuloso** *adj* scrupulous.
**escrutinar** *v* scrutinize.
**escrutínio** *s* scrutiny.
**escudar** *v* shield.
**escudeiro** *s* squire.
**escudo** *s* shield, buckler.
**esculachar** *v* mess up (bagunçar); ridicule; tick off (repreender).
**esculhambação** *s* mess.
**esculpir** *v* sculpt; carve, engrave.
**escultor** *s* sculptor; carver, graver.
**escultura** *s* sculpture; carving.
**escultural** *adj* shapely.
**escuma** *s* skim (espuma); scum (ralé).
**escumadeira** *s* skimmer.
**escuna** *s* schooner.
**escurecer** *v* darken, blacken; fog (uma fotografia); gloom, shadow.
**escuridão** *s* darkness, dark, blackness; gloom, shadows.
**escuro** *adj* dark, black; shadowy.
**escusa** *s* excuse.
**escusado** *adj* unnecessary, useless, needless.
**escusar** *v* excuse, forgive.
**escuta** *s* listening; wiretap (telefônica).
**escutar** *v* listen to, hear.
**esdrúxulo** *adj* weird, eccentric.
**esfacelar** *v* destroy.
**esfaquear** *v* stab.
**esfarelar** *v* crumble.
**esfarrapado** *adj* ragged, shabby.
**esfarrapar** *v* tear to pieces, tatter.
**esfera** *s* sphere.
**esférico** *adj* spherical.
**esfiapar** *v* ravel, fray.
**esfinge** *s* sphinx.
**esfolado** *adj* raw.
**esfoladura** *s* abrasion, excoriation, graze.
**esfolar** *v* flay, skin.
**esfoliação** *s* exfoliation.
**esfoliar** *v* exfoliate.
**esfoliativo** *adj* exfoliative.
**esfomeado** *adj* ravenous, starving.
**esforçado** *adj* committed, dedicated; strenuous.
**esforçar** *v* strive.
**esforço** *s* effort, endeavor; struggle, attempt.

**esfrega** *s* rub.
**esfregação** *s* rubbing, scrub.
**esfregador** *s* scrubber.
**esfregão** *s* scrubber, mop.
**esfregar** *v* rub, scrub.
**esfriamento** *s* cooling.
**esfriar** *v* cool, chill.
**esganar** *v* strangle, choke, throttle.
**esganiçado** *adj* shrill.
**esgarçar** *v* tear.
**esgotado** *adj* exhausted; gone, used up; out of print (livro, CD).
**esgotamento** *s* exhaustion.
**esgotar** *v* drain, empty; exhaust (assunto); run out (recursos).
**esgoto** *s* sewer.
**esgrima** *s* fencing.
**esgrimir** *v* fence.
**esgueirar** *v* slip away.
**esguichar** *v* squirt, jet, spurt.
**esguicho** *s* squirt, jet, spout.
**esguio** *adj* thin, slender.
**esmaecer** *v* fade.
**esmagado** *adj* crushed.
**esmagador** *adj* crushing; overwhelming.
**esmagamento** *s* crush.
**esmagar** *v* crush.
**esmaltar** *v* enamel.
**esmalte** *s* enamel; nail polish (de unhas).
**esmerado** *adj* careful, neat.
**esmeralda** *s* emerald.
**esmerar** *v* refine.
**esmeril** *s* emery.
**esmerilhar** *v* rub, polish, abrade.
**esmero** *s* care, elaboration.
**esmigalhar** *v* crumble; crush.
**esmiuçar** *v* crumble; examine in details.
**esmo** *s* random.
**esmola** *s* alms, handout.
**esmolar** *v* beg.
**esmorecer** *v* discourage, flag, wilt.
**esmorecimento** *s* discouragement, dismay.
**esmurrar** *v* punch, beat, sock.
**esnobe** *adj* snobbish. | *s* snob.
**esnobismo** *s* snobbery.
**esôfago** *s* esophagus, gullet.
**esotérico** *adj* esoteric.
**esoterismo** *s* esotericism.
**espaçado** *adj* spaced out.
**espaçar** *v* space.
**espacial** *adj* spatial, space.
**espaço** *s* space; room.
**espaçoso** *adj* spacious; roomy.
**espada** *s* sword.
**espadachim** *s* swordsman.
**espadas** *s* spades (naipe de baralho).
**espádua** *s* scapula, shoulder blade.
**espaguete** *s* spaghetti.
**espaldar** *s* back (cadeira).
**espalhado** *adj* spread.
**espalhafato** *s* commotion.
**espalhafatoso** *adj* flashy, garish, gaudy.
**espalhar** *v* scatter, spread, bestrew, disperse.
**espanador** *s* duster, feather duster (de penas).
**espanar** *v* dust.
**espancamento** *s* beating.
**espancar** *v* beat.
**Espanha** *s* Spain.
**espanhol** *adj* Spanish. | *s* Spaniard (nacionalidade); Spanish (idioma).
**espantado** *adj* astonished; aghast, awestruck.
**espantalho** *s* scarecrow.
**espantar** *v* astonish, flabbergast, amaze.
**espanto** *s* fright, fear, amazement.
**espantoso** *adj* astonishing, amazing, wonderful; frightful, fearfull.
**esparadrapo** *s* adhesive bandage, sticking plaster.
**espargir** *v* sprinkle.
**esparramar** *v* splash; bestrew, sprawl.
**esparso** *adj* scattered, sparse.
**espartilho** *s* corset, bodice.
**espasmo** *s* spasm, convulsion.
**espasmódico** *adj* spasmodic.
**espatifar** *v* smash, crash.
**espátula** *s* spatula.

**especial** *adj* especial, special.
**especialidade** *s* specialty.
**especialista** *s* expert, specialist.
**especializar** *v* specialize.
**especialmente** *adv* especially, specially, particularly.
**especiaria** *s* spice.
**espécie** *s* species; sort, kind.
**especificação** *s* specification.
**especificado** *adj* specified, given.
**especificar** *v* specify.
**específico** *adj* specific, particular.
**espécime** *s* specimen.
**espectador** *s* viewer, spectator; onlooker.
**espectro** *s* specter, apparition, ghost.
**especulação** *s* speculation; *Fin* adventure.
**especulador** *s* speculator; *Fin* adventurer.
**especular** *v* speculate.
**espelhar** *v* reflect, mirror.
**espelho** *s* mirror, looking glass.
**espelunca** *s* dump, dive (bar).
**espera** *s* wait, waiting.
**esperado** *adj* expected.
**esperança** *s* hope; expectation.
**esperançosamente** *adv* hopefully.
**esperançoso** *adj* hopeful; expectant.
**esperanto** *s* Esperanto.
**esperar** *v* wait; expect (um bebê); hope; hold on.
**esperma** *s* sperm.
**espernear** *v* kick out.
**espertalhão** *adj* shrewd.
**esperteza** *s* cleverness.
**esperto** *adj* clever, smart; crafty.
**espesso** *adj* thick.
**espessura** *s* thicknes.
**espetacular** *adj* spectacular.
**espetáculo** *s* spectacle, show; spectacular.
**espetar** *v* broach, jab, spear, spike, spit.
**espeto** *s* spit, broach.
**espiada** *s* look.
**espião** *s* spy.
**espiar** *v* spy, watch, observe; look at.
**espichar** *v* stretch.
**espiga** *s* ear.
**espigado** *adj* upright (ereto).
**espinafre** *s* spinach.
**espingarda** *s* rifle.
**espinha** *s* pimple (pele); *Zool* spine.
**espinheiro** *s* haw, hawthorn.
**espinho** *s* *Bot* thorn; *Zool* spine (peixe), sting (abelha), quill (de ouriço, porco--espinho).
**espinhoso** *adj* thorny, prickly; spiny, spinous.
**espionagem** *s* espionage.
**espionar** *v* spy.
**espiral** *adj* e *s* spiral.
**espiralar** *v* spiral.
**espirar** *v* breathe; exhale.
**espiritismo** *s* spiritism.
**espírito** *s* spirit.
**espiritual** *adj* spiritual.
**espirituoso** *adj* smart, lively, witty; spirituous (alcoólico).
**espirrar** *v* sneeze; splash (borrifar).
**espirro** *s* sneeze.
**esplanada** *s* esplanade.
**esplandecer** *v* luster.
**esplêndido** *adj* splendid, brilliant; magnificent, excellent, glorious; gorgeous, terrific.
**esplendor** *s* splendor; magnificence, glory.
**esplendoroso** *adj* splendorous.
**espoleta** *s* fuse.
**espoliação** *s* spoliation.
**espoliador** *s* despoiler.
**espoliar** *v* spoliate.
**espólio** *s* spoil.
**esponja** *s* sponge.
**esponjoso** *adj* spongy.
**espontaneidade** *s* spontaneity.
**espontâneo** *adj* spontaneous.
**esporadicamente** *adv* sporadically, betimes.
**esporádico** *adj* sporadic.
**esporão** *s* spur.

**esporear** *v* spur.
**esporo** *s* spore.
**esposa** *s* spouse, wife.
**esposar** *v* spouse, marry, get married.
**esposo** *s* spouse, espouser, husband.
**esporte** *s* sport.
**esportista** *adj* sporting. | *s masc* sportsman, *fem* sportswoman.
**esportivo** *adj* sporting.
**espreguiçadeira** *s* easy chair, deck chair.
**espreguiçar** *v* sprawl.
**espreita** *s* espial.
**espreitar** *v* peep, pry.
**espremer** *v* squeeze, squash.
**espuma** *s* foam; froth.
**espumadeira** *s* skimmer.
**espumante** *adj* bubbly, frothy.
**espumar** *v* foam, froth.
**espumoso** *adj* foamy, frothy.
**esquadra** *s* squadron, navy.
**esquadrão** *s* squadron.
**esquadrar** *v* square.
**esquadria** *s* square.
**esquadrilha** *s* squadron, echelon.
**esquadro** *s* square.
**esquálido** *adj* squalid, nasty, dirty.
**esquartejamento** *s* quartering.
**esquartejar** *v* quarter.
**esquecer** *v* forget; unlearn.
**esquecido** *adj* forgetful; oblivious.
**esquecimento** *s* forgetfulness; oblivion.
**esquelético** *adj* skeletal; bony, scraggy.
**esqueleto** *s* skeleton, bones, carcass; frame, framework.
**esquema** *s* scheme, project, plan; diagram, device.
**esquematizar** *v* schematize.
**esquentado** *adj* heated, warmed; ill-tempered (humor).
**esquentar** *v* heat, warm; inflame; lose one's temper.
**esquerda** *s* left.
**esquerdista** *adj* leftist.
**esquerdo** *adj* left; left-handed.
**esqui** *s* ski.
**esquiador** *adj* skier.
**esquiar** *v* ski.
**esquife** *s* bier; *Náut* skiff.
**esquilo** *s* squirrel.
**esquimó** *s* Eskimo.
**esquina** *s* corner.
**esquisitice** *s* eccentricity, oddity.
**esquisito** *adj* strange, odd; funny.
**esquiva** *s* dodge.
**esquivar** *v* dodge, avoid; parry (de um golpe, uma pergunta).
**esquivo** *adj* scornful, disdainful.
**essa** *pron* that.
**esse** *pron* that.
**essência** *s* essence; being.
**essencial** *adj* essential, substantial, vital; basic, fundamental, indispensable, main, crucial.
**esta** *pron* this.
**estabanado** *adj* clumsy, awkward.
**estabelecer** *v* determine, establish, set.
**estabelecido** *adj* determinate, fixed, set.
**estabelecimento** *s* establishment.
**estabilidade** *s* stability.
**estabilizar** *v* stabilize.
**estábulo** *s* stable.
**estaca** *s* stake.
**estação** *s* station; season (do ano).
**estacionamento** *s* parking lot, park, parking.
**estacionar** *v* park.
**estacionário** *adj* stationary.
**estada** *s* stay; sojourn.
**estadia** *s* stay; sojourn.
**estádio** *s* stadium, bowl.
**estadista** *s* statesman.
**estado** *s* state; condition; status.
**Estados Unidos** *s* United States.
**estado-maior** *s* general staff.
**estafa** *s* fatigue.
**estafar** *v* fatigue.
**estagiar** *v* intern (fazer estágio).
**estagiário** *s* trainee, intern.
**estágio** *s* stage; apprenticeship, *Med* internship (período de treinamento); *Med* stadium (de uma doença).

**estagnação** *s* stagnation, stagnancy.
**estagnado** *adj* stagnant.
**estagnar** *v* stagnate.
**estalajadeiro** *s* hostler, *masc* landlord.
**estalar** *v* crack (louça, espelho etc.), crackle (fogo), snap (dedos).
**estaleiro** *s* dock, shipyard, dockyard.
**estalo** *s* crack, snap, clap; click (entender).
**estampa** *s* print, impress; gravure.
**estampado** *adj* printed, impressed; incuse (em moedas etc.).
**estampar** *v* engrave, imprint, stamp.
**estampido** *s* crack.
**estância** *s* ranch, farm.
**estandarte** *s* standard, banner, flag.
**estanho** *s* tin.
**estante** *s* bookshelf, shelf.
**estapafúrdio** *adj* odd, outlandish.
**estar** *v* be.
**estardalhaço** *s* fuss, blatancy.
**estarrecer** *v* petrify, astound, dumbfound.
**estatelado** *adj* flat.
**estatelar** *v* knock down.
**estática** *s* static (rádio); statics (ciência).
**estático** *adj* static.
**estatística** *s* statistics.
**estatístico** *adj* statistical. | *s* statistician.
**estátua** *s* statue.
**estatura** *s* stature.
**estatuto** *s* statute.
**estável** *adj* stable.
**este** *s* east. | *pron* this.
**esteio** *s* support, prop.
**estelionatário** *s* racketeer.
**estender** *v* extend; stretch (pernas); lie down (no chão); reach (mão).
**estendido** *adj* extended.
**estepe** *s* steppe.
**esterco** *s* dung, manure.
**estereótipo** *s* stereotype.
**estéril** *adj* sterile, barren, unfruitful; infertile; sterilized.
**esterilidade** *s* sterileness, barrenness.
**esterilização** *s* sterilization.
**esterilizar** *v* sterilize.
**esterno** *s* breastbone.
**esteta** *s* aesthete.
**estética** *s* aesthetics.
**esteticista** *s* beautician.
**estético** *adj* aesthetic.
**estetoscópio** *s* stethoscope.
**estiagem** *s* drought.
**estibordo** *s* starboard.
**esticado** *adj* extended, tense.
**esticador** *s* stretcher.
**esticar** *v* stretch, extend; lengthen; reach (o braço).
**estigma** *s* stigma.
**estigmatizar** *v* brand.
**estilete** *s* stiletto; *tb Bot* style.
**estilhaçar** *v* splinter, shatter.
**estilhaço** *s* splinter.
**estilingue** *s* slingshot, catapult.
**estilista** *s* stylist, designer.
**estilística** *s* stylistics.
**estilo** *s* style, fashion; manner.
**estima** *s* esteem, respect; account, value.
**estimado** *adj* considered.
**estimar** *v* appreciate, appraise; estimate, calculate; assess (propriedades, rendas etc.).
**estimativa** *s* estimation, appraisal; calculation, count.
**estimulante** *adj* exciting, stimulant. | *s* excitant, stimulant.
**estimular** *v* stimulate, incite, excite; animate, encourage.
**estímulo** *s* stimulus, impetus, encouragement, impulse; incentive.
**estipulado** *adj* conventional.
**estipular** *v* stipulate, bid (preço).
**estirado** *adj* flat.
**estiramento** *s* stretch.
**estirar** *v* extend.
**estirpe** *s* stirps, lineage; ancestry.
**estivador** *s* stevedore, docker.
**estocada** *s* thrust, lunge.
**estocado** *adj* stock, stored.

**estocar** *v* stock, store.
**estofamento** *s* upholstery.
**estofar** *v* upholster, stuff; quilt.
**estoicismo** *s* stoicism.
**estojo** *s* case, box.
**estola** *s* stole.
**estômago** *s* stomach.
**estonteante** *adj* dizzy.
**estontear** *v* stun, puzzle.
**estopa** *s* tow.
**estopim** *s* fuse.
E **estoque** *s* stock; fund; store.
**estorvar** *v* embarrass; disturb.
**estorvo** *s* embarrassment, restraint, trammel.
**estourar** *v* burst, blow up, explode.
**estouro** *s* burst, explosion; stampede (boiada).
**estrábico** *adj* cross-eyed.
**estrabismo** *s* cross-eye, squint.
**estraçalhar** *v* smash.
**estrada** *s* road, drive; way.
**estrado** *s* stage.
**estragado** *adj* rotted, decayed; damnified, bad.
**estragar** *v* deteriorate, rot; damage; corrupt.
**estrago** *s* destruction; waste; damage.
**estrangeiro** *adj* foreign. | *s* foreigner; abroad (terras ou países estrangeiros).
**estrangulação** *s* strangulation.
**estrangulador** *s* strangler.
**estrangulamento** *s* strangulation; *Esp* stranglehold.
**estrangular** *v* strangle, strangulate; throttle.
**estranhar** *v* be surprised; find strange.
**estranho** *adj* strange, odd, weird.
**estratagema** *s* stratagem.
**estratégia** *s* strategy.
**estratégico** *adj* strategic.
**estrategista** *s* strategist.
**estratificação** *s* stratification.
**estratificar** *v* stratify.
**estrato** *s* stratum, layer.
**estratosfera** *s* stratosphere.
**estreante** *s* debutante.
**estrear** *v* handsel; wear for the first time (roupa); perform for the first time (teatro, filme).
**estrebaria** *s* horse stable.
**estreia** *s* debut (artista); first night (peça); premiere (filme).
**estreitamente** *adv* close.
**estreitar** *v* narrow; strengthen (amizade).
**estreiteza** *s* closeness.
**estreito** *adj* narrow; close. | *s Geog* strait.
**estrela** *s* star.
**estrela-d'alva** *s* daystar.
**estrelado** *adj* starry.
**estrela-do-mar** *s* starfish.
**estrelar** *v* star (teatro, cinema); fry (ovos); shine, scintillate.
**estrelato** *s* stardom.
**estremado** *adj* delimited, demarcated.
**estremar** *v* bound, demarcate, border; separate.
**estremecer** *v* tremble, shake, quake, quiver; thrill, shudder.
**estremecimento** *s* shudder, dither, quake, thrill, tremor.
**estrépito** *s* clap, clack, clank.
**estrepitoso** *adj* noisy.
**estresse** *s* stress.
**estria** *s* groove; stretch mark (pele).
**estribar** *v* base, support.
**estribeira** *s* footboard.
**estribilho** *s* refrain.
**estribo** *s* stirrup, footboard.
**estridente** *adj* strident, shrill, acute.
**estrilar** *v* protest; shout.
**estripar** *v* disembowel, eviscerate, gut.
**estrito** *adj* strict.
**estroboscópio** *s* strobe light.
**estrofe** *s* strophe.
**estrógeno** *s* estrogen.
**estrôncio** *s* strontium (*símb* **Sr**).
**estrondear** *v* roar, thunder.
**estrondo** *s* roaring, thundering, bang, boom.

**estrondoso** *adj* noisy, tumultuous; resounding (sucesso); sensational (notícia).
**estropiado** *s* cripple.
**estropiar** *v* cripple.
**estrumar** *v* manure.
**estrume** *s* manure, dung.
**estrutura** *s* structure, frame.
**estrutural** *adj* structural.
**estuário** *s* estuary.
**estudado** *adj* studied; versed, instructed.
**estudante** *s* student, collegian, scholar.
**estudar** *v* study; examine, explore; read.
**estúdio** *s* studio.
**estudioso** *adj* studious, bookish; diligent.
**estudo** *s* study, learning.
**estufa** *s* stove; greenhouse (plantas).
**estufar** *v* stew (cozinhar); puff up (peito).
**estupefação** *s* stupefaction.
**estupefato** *adj* speechless, motionless.
**estupendo** *adj* stupendous.
**estupidamente** *adv* dully.
**estupidez** *s* stupidity, dullness; idiocy, simplicity.
**estúpido** *adj* stupid, dull; rude, coarse, brute. | *s* idiot.
**estupor** *s* stupor.
**estuprador** *s* raper.
**estuprar** *v* rape.
**estupro** *s* rape.
**estuque** *s* stucco.
**esturjão** *s* sturgeon.
**esvaecimento** *s* evanescence.
**esvanecer** *v* evanesce.
**esvaziamento** *s* emptying; deflation (bola, pneu etc.).
**esvaziar** *v* empty; deflate (bola, pneu etc.); depletion.
**esverdeado** *adj* greenish.
**esvoaçar** *v* flutter.
**etapa** *s* stage.
**éter** *s* ether.
**etéreo** *adj* ethereal.
**eternamente** *adv* forever, evermore.
**eternidade** *s* eternity.
**eternizar** *v* eternize.
**eterno** *adj* eternal, everlasting; ageless, timeless; deathless.
**ética** *s* ethic, ethics.
**ético** *adj* ethical.
**etileno** *s Quím* ethylene.
**etilo** *s Quím* ethyl.
**etimologia** *s* etymology.
**etimológico** *adj* etymologic.
**etimologista** *s* etymologist.
**etiqueta** *s* label, tab (roupa), tag (identificação, preço etc.); ceremony, formality.
**etiquetar** *v* label, tab, tag.
**étnico** *adj* ethnic.
**etnografia** *s* ethnography.
**etnologia** *s* ethnology.
**etologia** *s* ethology.
**eu** *pron pess* I.
**eucalipto** *s* eucalyptus.
**eucaristia** *s* Eucharist, Liturgy.
**eucarístico** *adj* Eucharistic.
**eufemismo** *s* euphemism.
**eufonia** *s* euphony.
**eufônico** *adj* euphonic.
**euforia** *s* euphoria.
**eufórico** *adj* euphoric.
**eugenia** *s* eugenics.
**eugênico** *adj* eugenic.
**eunuco** *s* eunuch.
**Europa** *s* Europe.
**europeia** *adj* e *s* European.
**europeu** *adj* e *s* European.
**eutanásia** *s* euthanasia.
**evacuação** *s* evacuation.
**evacuar** *v* evacuate.
**evadir** *v* evade; *inform* dodge.
**evanescente** *adj* evanescent.
**evangelho** *s* Evangel.
**evangélico** *adj* evangelical.
**evangelismo** *s* Evangelism.
**evangelista** *s* evangelist.
**evangelização** *s* evangelization.
**evangelizar** *v* evangelize.
**evaporação** *s* evaporation.

**evaporar** *v* evaporate, vaporize.
**evasão** *s* evasion; escape, escapement.
**evasiva** *s* evasion, dodge, quibble; equivocation.
**evasivo** *adj* evasive.
**evento** *s* event.
**eventual** *adj* occasional, fortuitous.
**eventualidade** *s* eventuality.
**eventualmente** *adv* occasionally.
**evidência** *s* evidence, proof.
**evidenciar** *v* evidence, prove; manifest, testify.
**evidente** *adj* evident, clear, manifest, obvious.
**evidentemente** *adv* evidently, obviously.
**evitar** *v* avoid, shun.
**evitável** *adj* avoidable, evitable.
**evocação** *s* evocation.
**evocar** *v* evoke; invoke.
**evocativo** *adj* evocative.
**evolução** *s* evolution, evolvement.
**evolucionismo** *s* evolutionism.
**evolucionista** *s* evolutionist.
**evoluir** *v* develop, evolve.
**ex** *pref* ex, former.
**exacerbação** *s* exacerbation.
**exacerbar** *v* exacerbate, exasperate, irritate.
**exagerado** *adj* exaggerated.
**exagerar** *v* exaggerate.
**exagero** *s* exaggeration.
**exalação** *s* exhalation, expiration.
**exalar** *v* exhale, expire.
**exaltação** *s* exaltation; excitement.
**exaltado** *adj* exalted; excited.
**exaltar** *v* exalt, extol; dignify, enthrone; excite; annoy.
**exame** *s* exam; examination; investigation; check; test.
**examinador** *s* examiner, tester.
**examinando** *s* examinant, examinee.
**examinar** *v Med* examine; check over; test; analyze, overlook, think about.
**exasperação** *s* exasperation.
**exasperante** *adj* exasperating.
**exasperar** *v* exasperate.
**exatamente** exactly; just, right.
**exatidão** *s* exactitude, accuracy; correctness.
**exato** *adj* exact, accurate; right.
**exaurir** *v* exhaust, drain; *Med* deplete; impoverish (recursos, terra).
**exaustão** *s* exhaustion.
**exaustivo** *adj* exhaustive; exhausting (trabalho).
**exausto** *adj* exhausted.
**exaustor** *s* exhaust.
**exceção** *s* exception.
**excedente** *adj* excess, surplus. | *s* surplus.
**exceder** *v* exceed; surpass, overstep; outdo; go to far.
**excelência** *s* excellence; Excellency.
**excelente** *adj* excellent, *gír* cool.
**excelso** *adj* lofty.
**excentricidade** *s* eccentricity.
**excêntrico** *adj* e *s* eccentric.
**excepcional** *adj* exceptional; uncommon, special; *Med* handicapped.
**excerto** *s* excerpt.
**excessivo** *adj* excessive.
**excesso** *s* excess; surplus.
**exceto** *prep* except, besides, apart from, excepting, outside, save, unless.
**excetuar** *v* except, exclude.
**excitação** *s* excitement, excitation.
**excitado** *adj* excited; aroused.
**excitante** *adj* exciting; rousing; excitant. | *s* excitant.
**excitar** *v* excite; arouse.
**exclamação** *s* exclamation.
**exclamar** *v* exclaim.
**excluído** *s* outsider, leper.
**excluir** *v* exclude; leave out; rule out.
**exclusão** *s* exclusion.
**exclusivamente** *adv* exclusively.
**exclusividade** *s* exclusiveness.
**exclusivo** *adj* exclusive, unique.
**ex-companheiro** *s gír* ex.
**excomungar** *v* excommunicate.
**excomunhão** *s* excommunication.
**excreção** *s* excretion.

**excremento** *s* excrement.
**excrescência** *s* excrescence.
**excretar** *v* excrete.
**excursão** *s* excursion.
**excursionar** *v* tour.
**excursionista** *s* excursionist.
**execração** *s* execration.
**execrar** *v* execrate.
**execrável** *adj* execrable.
**executante** *s* executant; *Jur* doer (de ação).
**executar** *v* execute; perform; carry out (plano); *Comp* run (programa); play (papel no teatro).
**executivo** *adj* executive. | *s* executive, *inform* exec.
**executor** *s* executor, executioner.
**exegese** *s* exegesis.
**exemplar** *adj* exemplary. | *s* exemplar; copy, number (revista, jornal etc.); specimen.
**exemplificação** *s* exemplification.
**exemplificar** *v* exemplify, illustrate, instance.
**exemplo** *s* example, instance.
**exequível** *adj* feasible.
**exercer** *v* exercise; exert (influência); perform (função); practice (profissão).
**exercício** *s* exercise.
**exercitar** *v* exercise; practice.
**exército** *s* army.
**exibição** *s* exhibition; display, show.
**exibicionismo** *s* exhibitionism.
**exibicionista** *s* exhibitionist.
**exibir** *v* exhibit, show.
**exigência** *s* exigency, demand, requirement.
**exigente** *adj* exigent, demanding.
**exigir** *v* require, demand.
**exiguidade** *s* exiguity.
**exíguo** *adj* exiguous.
**exilar** *v* exile.
**exílio** *s* exile.
**exímio** *adj* eminent, extraordinary.
**eximir** *v* exempt.
**existência** *s* existence, being.
**existencial** *adj* existential.
**existencialismo** *s* existentialism.
**existencialista** *s* existentialist.
**existente** *adj* existent.
**existir** *v* exist, be; there is, there are (haver).
**êxito** *s* success.
**ex-marido** *s gír* ex.
**ex-mulher** *s gír* ex.
**êxodo** *s* exodus; *Bíbl* Exodus.
**exoneração** *s* exoneration.
**exonerar** *v* exonerate.
**exorbitância** *s* exorbitance.
**exorbitante** *adj* exorbitant; extravagant.
**exorbitar** *v* exorbitate.
**exorcismo** *s* exorcism.
**exorcista** *s* exorcist.
**exorcizar** *v* exorcise.
**exortação** *s* exhortation.
**exortar** *v* exhort.
**exotérico** *adj* exoteric.
**exótico** *adj* exotic.
**exotismo** *s* exoticism.
**expandido** *adj* extended.
**expandir** *v* expand, spread; extend, enlarge; amplify, dilate.
**expansão** *s* expansion, spread.
**expansionismo** *s* expansionism.
**expansível** *adj* expansible.
**expansivo** *adj* expansive.
**expatriação** *s* expatriation.
**expatriado** *adj* expatriate. | *s* deportee, expatriate.
**expatriar** *v* expatriate.
**expectante** *adj* expectant.
**expectativa** *s* expectation, expectancy, hope.
**expectoração** *s* expectoration.
**expectorante** *adj e s* expectorant.
**expectorar** *v* expectorate.
**expedição** *s* expedition (viagem); despatch, shipping, mail; issue (documento).
**expedicionário** *adj* expeditionary.
**expedidor** *s* dispatcher.
**expediente** *s* expedient.

**expedir** *v* issue, dispatch.
**expedito** *adj* expeditious.
**expelir** *v* expel.
**expender** *v* expend.
**experiência** *s* experience, background; experiment, test (prova).
**experiente** *adj* experienced.
**experimentação** *s* experimentation.
**experimental** *adj* experimental.
**experimentar** *v* experiment, try; attempt; taste; try on (roupa); undergo (passar por).
**experimento** *s* experiment.
**expiração** *s* expiration; expiry (contrato).
**expirar** *v* expire.
**explanação** *s* explanation, exposition.
**explanar** *v* explain.
**explanatório** *adj* explanatory.
**explicação** *s* explanation, illustration; reason.
**explicar** *v* explain; account for.
**explicativo** *adj* explanatory.
**explicável** *adj* explicable; accountable.
**explícito** *adj* explicit.
**explodir** *v* explode, blow up, burst.
**exploração** *s* exploration, search.
**explorador** *s* explorer; exploiter (dos outros); pathfinder.
**explorar** *v* explore.
**exploratório** *adj* exploratory.
**explosão** *s* explosion; outburst (ira, paixão etc.).
**explosivo** *adj* e *s* explosive.
**expoente** *s tb Mat* exponent; *Mat* index (raiz).
**exponencial** *adj tb Mat* exponential.
**expor** *v* expose, exhibit, show, display.
**exportação** *s* export, exportation.
**exportador** *s* exporter.
**exportar** *v* export.
**exportável** *adj* exportable.
**exposição** *s* exposition; exposure; exhibition, show.
**expositivo** *adj* expositive.
**expositor** *s* exhibitor, shower.
**exposto** *adj* exposed; on show, on display (quadro, mercadoria).
**expressão** *s* expression.
**expressar** *v* express.
**expressionismo** *s* expressionism.
**expressivo** *adj* expressive, meaningful.
**expresso** *adj* e *s* express.
**exprimir** *v* express.
**expulsão** *s* expulsion.
**expulsar** *v* expel; throw out.
**expurgar** *v* expurgate.
**êxtase** *s* ecstasy, rapture.
**extasiado** *adj* entranced.
**extasiar** *v* enrapture.
**extático** *adj* ecstatic.
**extensão** *s* extension, stretching; expansion; extent; duration, length.
**extensível** *adj* extensible.
**extensivo** *adj* extensive.
**extenso** *adj* extensive, wide; long; comprehensive.
**extenuar** *v* exhaust; debilitate, weaken.
**exterior** *adj* exterior, external, outside, outer.
**exteriorizar** *v* utter, express; manifest.
**exteriormente** *adv* externally.
**exterminação** *s* extinction, extirpation.
**exterminador** *s* exterminator.
**exterminar** *v* exterminate, destroy, annihilate, extirpate; kill.
**extermínio** *s* extermination, annihilation; eradication.
**externar** *v* externalize.
**externato** *s* day school.
**externo** *adj* external, exterior, outside, outer.
**extinção** *s* extinction.
**extinguir** *v* extinguish.
**extinto** *adj* extinct.
**extintor** *s* extinguisher.
**extirpação** *s* extirpation.
**extirpar** *v* extirpate.
**extorquir** *v* extort.
**extorsão** *s* extortion.
**extra** *adj* extra.
**extração** *s* extraction; draw (loteria).

**extraconjugal** *adj* extramarital.
**extracurricular** *adj* extracurricular.
**extradição** *s* extradition.
**extraditar** *v* extradite.
**extraditável** *adj* extraditable.
**extrair** *v* extract, take out; mine (minérios).
**extraível** *adj* extractable, extractive.
**extrajudicial** *adj Jur* extrajudicial.
**extraoficial** *adj* unofficial.
**extraordinário** *adj* extraordinary; extra; special.
**extrapolação** *s* extrapolation.
**extrapolar** *v* extrapolate.
**extrassensorial** *adj* extrasensory.
**extraterrestre** *adj* e *s* extraterrestrial.
**extrativo** *adj* extractive.
**extrato** *s* extract; summary; statement (bancário).
**extrator** *s* extractor.
**extravagância** *s* extravagance.
**extravagante** *adj* extravagant; wild (conduta).
**extravasamento** *s* extravasation.
**extravasar** *v* extravasate.
**extraviado** *adj* amiss, lost; missing.
**extraviar** *v* miscarry.
**extremamente** *adv* deadly, most, too.
**extrema-unção** *s* extreme unction.
**extremidade** *s* extremity; end; edge; tip.
**extremismo** *s* extremism.
**extremista** *s* extremist.
**extremo** *adj* e *s* extreme.
**extrínseco** *adj* extrinsic.
**extroversão** *s* extroversion.
**extrovertido** *adj* extroverted. | *s* extrovert.
**extrusão** *s* extrusion.
**exuberância** *s* exuberance.
**exuberante** *adj* exuberant.
**exultação** *s* exultation.
**exultante** *adj* exultant.
**exultar** *v* exult.
**exumação** *s* exhumation.
**exumar** *v* exhume.
**exúvia** *s* exuviae.

# Ff

F

**f** ou **F** *s* 6ª letra do alfabeto português. | *símb Quím maiús* de flúor.
**fá** *s* fa.
**fã** *s* fan.
**fábrica** *s* factory, workshop.
**fabricação** *s* fabrication, making, manufacturing.
**fabricado** *adj* made, made-up.
**fabricante** *s* fabricant, fabricator, maker, manufacturer.
**fabricar** *v* manufacture, produce, make.
**fabricável** *adj* producible.
**fabril** *adj* industrial.
**fábula** *s* fable.
**fabulário** *s* fable book.
**fabulista** *s* fabulist.
**fabuloso** *adj* fabulous, wonderful; legendary, mythological.
**faca** *s* knife.
**facada** *s* thrust, stab.
**façanha** *s* achievement, adventure, deed, exploit, feat, stunt.
**facão** *s* machete.
**facção** *s* faction, wing, party.
**faccionário** *adj* factional.
**face** *s* cheek, face, front.
**facear** *v* square.
**faceiro** *adj* facetious.
**faceta** *s* facet.
**facetar** *v* facet.
**fachada** *s* façade, front.
**facho** *s* torch, torchlight.
**facial** *adj* facial.
**fácil** *adj* easy.
**facilidade** *s* ease, easiness; facility, convenience.
**facilitação** *s* facilitation.
**facilitar** *v* ease, facilitate.
**facilmente** *adv* easily.
**facínora** *s* scoundrel, villain.
**fac-símile** *s* facsimile, fax.
**factível** *adj* doable.
**factual** *adj* factual.
**faculdade** *s* ability; college; faculty (mental e estabelecimento de ensino).
**facultar** *v* authorize, permit.
**facultativo** *adj* elective, facultative, optional.
**fada** *s* fairy, fay.
**fadado** *adj* fated, predestined.
**fadar** *v* doom, foredoom, foreordain.
**fadiga** *s* breakdown, exhaustion, fatigue.
**fado** *s* destiny, fate, lot, weird.
**fagócito** *s* phagocyte.
**fagote** *s* bassoon.
**fagulha** *s* spark.
**faia** *s* aspen, beech.
**faisão** *s* pheasant.
**faísca** *s* spark.
**faiscar** *v* coruscate, glint, scintillate, sparkle.

**faixa** *s* band, ribbon, stripe; bandage; belt, sash (usada na cintura ou no ombro), girdle; strip (de terra).
**fala** *s* talk, say, speech, words, conversation.
**falação** *s* verbiage.
**falácia** *s* fallacy.
**falado** *adj* famous, known.
**falador** *s* babbler, chatty, gabbler. | *adj* loquacious.
**falange** *s* phalanx.
**falante** *adj* speaking.
**falar** *v* speak, say, talk, tell, converse.
**falatório** *s* chitchat, babbling, talk.
**falcão** *s* hawk; falcon (*tb* artilharia).
**falcatrua** *s* fraud, deceit, trick.
**falciforme** *adj* falcate.
**falcoaria** *s* falconry.
**falecer** *v* decease, die.
**falecido** *adj* dead, deceased, departed, gone. | *s* departed.
**falecimento** *s* death, decease, demise.
**falência** *s* bankruptcy; collapse, crash, break.
**falha** *s* mistake, defect, deficiency, failure; *tb Geol* break; *Comp* bug; fault (caráter); miss (motor); crack, fissure.
**falhar** *v* fail.
**falho** *adj* faulty.
**falibilidade** *s* fallibility.
**falido** *adj* bankrupt, broke, broken, insolvent. | *s* bankrupt.
**falir** *v* break, bust, collapse, crash, fail, ruin.
**falível** *adj* collapsible, fallible.
**falsário** *s* counterfeiter, forger.
**falsear** *v* forge, deceive, cheat.
**falsete** *s* falsetto.
**falsidade** *s* disloyalty, falsehood, falsity.
**falsificação** *s* falsification, counterfeit.
**falsificado** *adj* adulterate, counterfeit.
**falsificador** *s* falsifier, unterfeiter.
**falsificar** *v* falsify, counterfeit, fake.
**falso** *adj* false, fake, disloyal, untrue, wrong, unsound.
**falta** *s* absence, failure, privation, need, lack.
**faltar** *v* fail; lack, miss.
**fama** *s* fame.
**famigerado** *adj* famous.
**família** *s* family, folks; kind (de plantas ou animais).
**familiar** *adj* familiar.
**familiaridade** *s* familiarity.
**familiarizado** *adj* acquainted, familiar.
**familiarizar** *v* familiarize, acquaint.
**faminto** *adj* hungry, starving.
**famoso** *adj* famous, renowned, well-known.
**fanático** *adj e s* fanatic.
**fanatismo** *s* fanaticism, bigotry.
**fanfarra** *s* fanfare.
**fanfarrão** *s* boaster, braggart.
**fanfarrear** *v* roister.
**fanhoso** *adj* snuffling, nasal.
**fantasia** *s* dream, imagination, fancy; fancy dress, masquerade, costume (vestimenta); *Mús* fantasia, fantasy.
**fantasiar** *v* fancy, fantasy, imagine, romance; masquerade.
**fantasioso** *adj* fanciful, fancy, romantic, unreal, make-believe.
**fantasma** *s* ghost, phantom.
**fantasmagórico** *adj* ghostly, spectral, spooky.
**fantástico** *adj* fantastic, fanciful, awesome.
**fantoche** *s* puppet, marionette.
**fanzine** *s* fanzine.
**faqueiro** *s* cutlery.
**faquir** *s* fakir.
**faraó** *s* pharaoh; faro (jogo de cartas).
**faraônico** *s* pharaonic.
**farda** *s* uniform, livery.
**fardamento** *s* uniform, livery.
**fardar** *v* uniform.
**fardo** *s* bale, bundle, package; burden, draft, millstone.
**farejar** *v* nose, scent, smell, sniff.
**farelo** *s* bran, chaff, grist.
**farfalhante** *adj* rustling.
**farfalhar** *v* rustle.
**farináceo** *adj* farinaceous, mealy.

**faringe** *s* pharynx.
**faringite** *s* pharyngitis.
**farinha** *s* flour.
**fariseu** *s* pharisee.
**farmacêutico** *s* apothecary, chemist, druggist.
**farmácia** *s* drugstore.
**farmacologia** *s* pharmacology.
**farnel** *s* provisions.
**faro** *s* nose, scent; flair.
**faroeste** *s* western (filme, novela, romance etc.).
**farol** *s* beacon, front light (carro), *Náut* lighthouse; lantern.
**farolete** *s* bull's-eye, flashlight.
**farpa** *s* barb, splinter.
**farpado** *adj* barbed.
**farpão** *s* harpoon.
**farpar** *v* barb.
**farra** *s* jamboree, carouse, spree, bat.
**farrapo** *s* rag, tag, tatter; frazzle.
**farrear** *s* carouse.
**farrista** *s* bacchanal, carouser.
**farroupilha** *s* ragamuffin.
**farsa** *s* burlesque, farce (teatro); humbug.
**farsante** *s* impostor, humbugger.
**farsista** *s* impostor, humbugger.
**fartamente** *adv* fully, richly.
**fartar** *v* cloy, flesh, glut, sate, surfeit.
**farto** *adj* bountiful, exuberant; fed up (de situação etc.), sick.
**fartura** *s* abundance.
**fascículo** *s* fascicle.
**fascinação** *s* fascination, allure, enchantment.
**fascinado** *adj* fascinated, spellbound.
**fascinador** *s* fascinator, charmer.
**fascinante** *adj* fascinating, alluring, captivating.
**fascinar** *v* fascinate.
**fascínio** *s* fascination, charm, enthrallment.
**fascismo** *s* fascism.
**fascista** *adj* e *s* fascist.
**fase** *s* phase; *Med* stadium (de uma doença).
**fastidioso** *adj* fastidious.
**fastio** *s* disgust, disrelish.
**fatal** *adj* fatal.
**fatalidade** *s* fatality.
**fatalismo** *s* fatalism.
**fatalista** *adj* e *s* fatalist.
**fatia** *s* slice, piece, chop, chip.
**fatiador** *s* chipper.
**fatídico** *adj* fatidic, fateful.
**fatigado** *adj* weary, tired.
**fatigante** *adj* wearing, wearisome, weary, tiresome.
**fatigar** *v* fatigue, wear.
**fato** *s* fact, case.
**fator** *s* factor.
**fatoração** *s* factorization.
**fatorar** *v* factorize.
**fatorial** *adj* e *s* factorial.
**fatura** *s* bill, invoice, voucher.
**faturamento** *s* invoice.
**faturar** *v* bill, invoice.
**fauna** *s* fauna.
**fauno** *s* faun.
**fausto** *s* state, pageantry.
**fautor** *s* countenancer.
**fava** *s* broad bean, horse bean.
**favela** *s* shantytown, slum.
**favo** *s* honeycomb.
**favor** *s* accommodation, bestowal, boon, favor, obligation.
**favorável** *adj* favorable.
**favorecer** *v* favor.
**favorecimento** *s* furtherance.
**favorito** *adj* favorite. | *s Comp* bookmark, favorite.
**favoritismo** *s* favor, favoritism.
**fax** *s* fax.
**faxina** *s* cleaning.
**faxineira** *s* charwoman.
**faxineiro** *s* cleaner.
**fazenda** *s* farm, ranch (de criação de cavalos, gado etc.), estate.
**fazendeiro** *s* farmer.
**fazer** *v* do, make; confect (doce, confeito, conserva).
**faz-tudo** *s* handyman.

**fé** *s* faith, belief, creed, reliance.
**febre** *s* fever, temperature.
**febril** *adj* feverish.
**fecal** *adj* fecal.
**fechado** *adj* closed, shut, off.
**fechadura** *s* lock, locker.
**fechamento** *s* closing, lockup.
**fechar** *v* close; enclose, encompass; occlude; seal; shut, bang, slam (com violência).
**fecho** *s* latch, lock; clasp; fastening.
**fécula** *s* farina.
**fecundação** *s* fecundation.
**fecundar** *v* fecundate.
**fecundidade** *s* fecundity.
**fecundo** *adj* conceptive, fertile, rich (solo).
**feder** *v* stink.
**federação** *s* federation.
**federado** *adj* e *s* federate.
**federal** *adj* federal.
**federalismo** *s* federalism.
**federar** *v* federalize, federate.
**federativo** *adj* federative.
**fedor** *s* stink.
**fedorento** *adj* stinking, malodorous.
**feição** *s* feature, shape, figure, form.
**feijão** *s* bean.
**feio** *adj* ugly.
**feira** *s* fair, streetmarket.
**feirante** *s* marketer.
**feitiçaria** *s* sorcery, witchcraft.
**feiticeira** *s* witch, sorceress, enchantress, hag.
**feiticeiro** *s* sorcerer, charmer, enchanter, warlock, witch doctor (especialmente entre os povos africanos).
**feitiço** *s* spell, charm, enchantment.
**feitio** *s* shape, pattern, form, style, nature.
**feito** *adj* done, made, ripe. | *s* achievement, act, action, attainment, deed, doing, feat, work.
**feitor** *s* captain, foreman.
**feitoria** *s* administration, management; factory.
**feitura** *s* make.
**feiura** *s* ugliness.
**feixe** *s* bunch, bundle.
**fel** *s* gall.
**felação** *s* fellatio.
**felicidade** *s* happiness, bliss.
**felicitação** *s* felicitation, greeting.
**felicitar** *v* congratulate, felicitate.
**felino** *adj* catlike, feline. | *s* feline.
**feliz** *adj* happy, blissful.
**felizardo** *s* lucky fellow.
**felizmente** *adv* happily; hopefully.
**felpudo** *adj* fluffy, fuzzy, shaggy.
**feltro** *s* felt.
**fêmea** *s* female.
**feminilidade** *s* femininity, womanhood.
**feminina** *adj* ladylike.
**feminino** *adj* feminine, womanish, womanly.
**feminismo** *adj* e *s* feminism.
**feminista** *adj* e *s* feminist.
**femoral** *adj* femoral.
**fêmur** *s* femur.
**fenda** *s* aperture, slot, crack, hole, fissure, gap, opening.
**fender** *v* crack, cleave, fissure, gap, rift, split.
**fendido** *adj* cleft.
**fendidura** *s* cleavage, fission.
**fendível** *adj* fissile.
**fenecer** *v* end, die, decease.
**fenestrado** *adj* fenestrated.
**feno** *s* hay.
**fenol** *s* phenol.
**fenomenal** *adj* extraordinary, wonderful.
**fenômeno** *s* phenomenon.
**fera** *s* beast.
**feracidade** *s* fruitfulness, fertility.
**féretro** *s* grave, tomb, coffin.
**feriado** *s* holiday.
**férias** *s* vacation • **de férias** on vacation.
**ferida** *s* wound, sore.
**ferido** *adj* wounded, hurt, injured, stricken (por uma bala).
**ferimento** *s* hurt, injury, wound.

**ferino** *adj* ferine.
**ferir** *v* hurt, injure, wound; concuss (devido a uma colisão ou pancada); cut, gash (com instrumento de corte); gore (com presas ou chifradas).
**fermentação** *s* fermentation.
**fermentado** *adj* barmy.
**fermentar** *v* ferment.
**fermentativo** *adj* fermentative.
**fermento** *s* ferment.
**ferocidade** *s* ferity, ferocity, savagery.
**feroz** *adj* ferocious.
**ferrador** *s* blacksmith, farrier.
**ferradura** *s* horseshoe.
**ferragem** *s* hardware.
**ferramenta** *s* tool, instrument.
**ferramenteiro** *s* toolmaker.
**ferrão** *s* sting.
**ferrar** *v* shoe (cavalo), spike.
**ferreiro** *s* blacksmith, smith.
**ferrenho** *adj* uncompromising, tenacious.
**férreo** *adj* ferric, iron.
**férrico** *adj* ferric.
**ferro** *s* iron (*símb* **Fe**).
**ferroada** *s* sting, bite.
**ferroar** *v* sting, bite.
**ferrolhar** *v* bolt, latch.
**ferrolho** *s* bolt, latch, fastening.
**ferroso** *adj* ferrous.
**ferrovia** *s* rail, railroad.
**ferroviário** *s* railroad man, railroader.
**ferrugem** *s* rust; *Bot* blast, blight, scorch.
**ferruginoso** *adj* ferruginous.
**fértil** *adj* fertile; rich (solo).
**fertilidade** *s* fertility.
**fertilização** *s* fertilization.
**fertilizante** *s* fertilizer, compost, manure.
**fertilizar** *v* fertilize; compost, manure, fatten (terra).
**fervente** *adj* boiling, ebullient, fervid.
**ferver** *v* boil.
**férvido** *adj* fervid.
**fervilhar** *v* crawl, swarm.
**fervor** *s* fervor.
**fervoroso** *adj* fervent, fervid; devout.
**fervura** *s* boil, boiling, ebullition.
**festa** *s* party, feast.
**festança** *s* blowout, jollification.
**festão** *s* festoon, swag.
**festeiro** *s* reveller.
**festejar** *v* feast.
**festejo** *s* celebration.
**festim** *s* feast; blank cartridge (munição).
**festival** *s* festival.
**festividade** *s* festivity.
**festivo** *adj* festive, cheerful.
**fetal** *adj* fetal.
**fetiche** *s* fetish.
**fétido** *adj* fetid, stinking.
**feto** *s* fetus; *Bot* fern.
**feudal** *adj* feudal.
**feudalismo** *s* feudalism.
**feudo** *s* feud.
**fevereiro** *s* February.
**fezes** *s* excrement, *pl* feces, droppings (de animal).
**fiação** *s* filature (de seda), spinning.
**fiada** *s* tier.
**fiadeiro** *s* spinner.
**fiado** *adj* spun. | *adv* on credit, trust, tick.
**fiador** *s* bailer, *Jur* bailsman, bondsman, guarantor, sponsor.
**fiança** *s* bail, bond, gage, guarantee, warrant.
**fiar** *v* rely, trust (oferecer garantia); spin (produzir fios).
**fiasco** *s* cropper, failure, fiasco, fizzle, flop.
**fibra** *s* fiber, strand.
**ficar** *v* stay; remain (igual); stand; become.
**ficção** *s* fiction.
**ficha** *s* card; chip (jogos), token (do tipo usada em máquinas de fliperama); *Comp* token.
**fichado** *adj* on file.
**fichar** *v* card, file, catalogue.
**fichário** *s* card index; filing cabinet.

**fictício** *adj* fictitious.
**fidalga** *s* noblewoman.
**fidalgo** *s* nobleman.
**fidedigno** *adj* reliable, trusty.
**fideicomissário** *s* trustee.
**fideicomisso** *s* trust.
**fidelidade** *s* fidelity; regularity (partidária).
**fiduciário** *adj* e *s* fiduciary.
**fieira** *s* rope.
**fiel** *adj* devoted, faithful, loyal, steadfast. | *s* believer, faithful, loyalist; churchgoer.
**fígado** *s* liver.
**figo** *s* fig.
**figura** *s* figure, form, shape.
**figuração** *s* figuration.
**figurado** *adj* figurative.
**figurante** *s* figurant.
**figurão** *s* panjandrum, bigwig.
**figurar** *v* figure, image.
**figurativo** *adj* figurative.
**figurino** *s* fashion plate; model.
**figurinha** *s* cards.
**Fiji** *s* Fiji.
**fila** *s* line, queue (pessoas, carros), row.
**filamento** *s* filament, thread, *Zool* e *Bot* barb.
**filantropia** *s* philanthropy.
**filantropo** *adj* e *s* humanitarian.
**filar** *v* scrounge.
**filarmônica** *s* philharmonic.
**filatelia** *s* philately.
**filé** *s* steak.
**fileira** *s* row.
**filete** *s* dribble.
**filha** *s* daughter, child.
**filho** *s* son, boy, child.
**filhote** *s* nestling, cub.
**filiação** *s* filiation.
**filial** *adj* filial. | *s* agency, branch (casa comercial, banco etc.).
**filiar** *v* affiliate.
**filigrana** *s* filigree; watermark.
**Filipinas** *s* Phillipines.
**filisteu** *adj* e *s* Philistine.
**filmar** *v* film, screen, shoot.
**filme** *s* film; cinema, movie; celluloid.
**filmografia** *s* filmography.
**filó** *s* tulle.
**filologia** *s* philology.
**filosofia** *s* philosophy.
**filósofo** *s* philosopher.
**filtração** *s* filtration.
**filtragem** *s* filtration.
**filtrar** *v* filter, percolate, seep.
**filtro** *s* filter, strainer.
**fim** *s* end, finish.
**fina** *adj* ladylike (que tem as maneiras de uma dama).
**finado** *adj* dead, deceased.
**final** *adj* final, last. | *s* final, end, finish.
**finalidade** *s* aim, purpose, end, sake.
**finalista** *s* finalist.
**finalizar** *v* finalize, end, accomplish.
**finalmente** *adv* finally, eventually, ultimately, last, at last.
**finança** *s* finance, capital, fund.
**finanças** *s* finance, capital, fund.
**financeiro** *adj* financial.
**financiador** *s* backer.
**financiamento** *s* flotation (empresa); loan (empréstimo).
**financiar** *v* finance.
**financista** *s* financier.
**fincar** *v* drive.
**findar** *v* finish, conclude; die, perish.
**findável** *adj* finishable.
**findo** *adj* past.
**fineza** *s* finesse, exquisiteness.
**fingido** *adj* affected, false, feigned, mock.
**fingimento** *s* disguise, dissimulation, acting, affectation, make-believe.
**fingir** *v* pretend, disguise, make believe, counterfeit, dissimulate, fake.
**finito** *adj* finite.
**Finlândia** *s* Finland.
**fino** *adj* delicate, exquisite, fine (modos); elegant, well-bred (trato); thin, slim (espessura).
**finura** *s* delicacy, diplomacy, niceness.
**fio** *s* thread, strand, string, yarn (lã, algodão etc.); wire; clew (mistério).
**firma** *s* business, firm; signature.

**firmamento** *s* firmament.
**firmar** *v* firm.
**firme** *adj* firm, hard, constant, determined, stable, steady.
**firmemente** *adv* tightly.
**firmeza** *s* firmness, determination, resolution.
**fiscal** *adj* fiscal.
**fiscalização** *s* control, inspection.
**fiscalizar** *v* control.
**fisco** *s* fisc, revenue.
**fisgada** *s* stabbing; pang.
**fisgar** *v* gaff, gig, hook.
**física** *s* physics.
**físico** *adj* physical. | *s* physicist.
**fisiologia** *s* physiology.
**fisionomia** *s* countenance, face, look.
**fisionômico** *adj* physiognomic.
**fisioterapia** *s* physiotherapy.
**fissura** *s* fissure, crack, cleft.
**fístula** *s* fistula.
**fita** *s* band, chiffon, fillet (de cabelo); film, tape; ribbon (de máquina de escrever); streamer.
**fitar** *v* gaze, glare, stare.
**fivela** *s* buckle (cinto, sapato etc.), clasp.
**fixação** *s* fixation.
**fixado** *adj* set.
**fixador** *s* fixative.
**fixar** *v* fix, fixate; fasten, attach; establish, settle; immobilize.
**fixo** *adj* firm, fixed; glaring (olhar).
**flacidez** *s* flaccidity, slack.
**flácido** *adj* flaccid, flagging, slack.
**flagelação** *s* flagellation.
**flagelar** *v* flagellate, scourge.
**flagelo** *s* nuisance; scourge.
**flagrante** *adj* flagrant, gross. | *s* snapshot.
**flagrar** *v* burn, inflame; see.
**flama** *s* flame.
**flamejante** *adj* flaming, ablaze.
**flamejar** *v* flare, flash.
**flamengo** *adj* e *s* Flemish.
**flamingo** *s* flamingo.
**flâmula** *s* streamer.
**flanco** *s* flank, side.
**flanela** *s* flannel.
**flange** *s* flange.
**flanquear** *v* flank, outflank.
**flato** *s* flatus.
**flatulência** *s* flatulence.
**flatulento** *adj* flatulent, windy.
**flauta** *s* flute.
**flautim** *s* piccolo.
**flautista** *s* flautist, flutist.
**flebite** *s* phlebitis.
**flecha** *s* arrow, bolt.
**flechada** *s* arrow shot.
**flecheiro** *s* bowman, archer.
**flertar** *v* flirt.
**flerte** *s* flirtation, dalliance.
**fleuma** *s* phlegm.
**fleumático** *adj* phlegmatic.
**flexão** *s* flexion, flex, flexure, bend; *Gram* inflection.
**flexibilidade** *s* flexibility.
**flexionar** *v* bend; *Gram* inflect.
**flexível** *adj* flexible, floppy.
**flexor** *s* flexor.
**floco** *s* flake, fleck, floccule, flock.
**flor** *s* flower, bloom, blossom.
**flora** *s* flora.
**floração** *s* blossom.
**floral** *adj* floral.
**flor-de-lis** *s* lily.
**flor-de-maio** *s* mayflower.
**floreado** *adj* flowery, figurative.
**florear** *v* embellish, ornate.
**floreio** *s* flourish, *Mús* figuration.
**floreira** *s* flowerpot.
**florescência** *s* florescence, bloom, blossom.
**florescente** *adj* florescent, abloom, blooming.
**florescer** *v* flourish, flower, bloom, blossom.
**florescimento** *s* flourish.
**floresta** *s* forest, jungle, woods.
**florestal** *adj* forestal.
**florestamento** *s* afforestation.

**florestar** *v* afforest.
**florete** *s* rapier.
**floricultor** *s* floriculturist.
**floricultura** *s* floriculture.
**florido** *adj* abloom, bloomy, blossomy.
**florífero** *adj* floriferous.
**florim** *s* florin (moeda); guilder (unidade monetária da Holanda).
**florir** *v* flourish, flower, bloom.
**florista** *s* florist.
**fluência** *s* fluency.
**fluente** *adj* fluent.
**fluidez** *s* fluidity.
**fluido** *adj* e *s* fluid.
**fluir** *v* flow, stream.
**flúor** *s* fluorine.
**fluorescência** *s* fluorescence.
**fluorescente** *adj* fluorescent.
**fluoreto** *s* fluoride.
**flutuação** *s* flotation, fluctuation.
**flutuador** *s* floater.
**flutuante** *adj* floating, afloat, buoyant.
**flutuar** *v* float.
**fluvial** *adj* fluvial.
**fluviômetro** *s* fluviometer.
**fluxo** *s* flow, stream, flood, current.
**fobia** *s* phobia.
**foca** *s* seal.
**focal** *adj* focal.
**focalizar** *v* focus, focalize.
**focar** *v* focus, focalize.
**focinheira** *s* noseband, muzzle.
**focinho** *s* neb, nose, snout, muffle, muzzle.
**foco** *s* focus.
**fofo** *adj* downy, fluffy.
**fofoca** *s* gossip.
**fofocar** *v* gossip, blab, chitchat, whisper (em tom baixo, privadamente).
**fofoqueiro** *s* gossiper.
**fogão** *s* stove.
**fogareiro** *s* cooker, burner.
**fogaréu** *s* bonfire.
**fogo** *s* fire.
**fogo-fátuo** *s* ignis fatuus, jack-o'-lantern.
**fogoso** *adj* fervent, fiery, flaming, hot.
**fogueira** *s* bonfire.
**foguete** *s* rocket; skyrocket.
**foguista** *s* stoker, fireman.
**foice** *s* scythe, sickle.
**folclore** *s* folklore.
**folclórico** *adj* folkloric.
**folclorista** *s* folklorist.
**fole** *s* bellows, blower; *Mús* windbag.
**fôlego** *s* blast, breath, breathing, wind.
**folga** *s* ease, leisure, rest.
**folgado** *adj* fresh, loose; lazy, idle.
**folgar** *v* rest; frolic.
**folha** *s* sheet (papel); leaf (planta, livro, porta).
**folha de flandres** *s* tin.
**folhado** *adj* leafy.
**folhagem** *s* foliage, greens, leaf, leafage, greenery.
**folhar** *v* leaf.
**folheado** *adj* foliate.
**folhear** *v* browse, ruffle (livro), scan, skim; foliate.
**folhetim** *s* feuilleton, serial.
**folheto** *s* booklet, brochure, flier, flysheet.
**folhinha** *s* calendar.
**folhudo** *adj* leafy.
**folia** *s* revelry, jollification.
**folião** *s* reveler, carouser.
**foliar** *v* revel, frolic, carouse.
**folículo** *s* follicle.
**fólio** *s* folio.
**foliolado** *adj* foliolate.
**fome** *s* hunger, starvation, famine.
**fomentação** *s* fomentation.
**fomentador** *s* fomenter.
**fomentar** *v* foment.
**fone** *s* telephone receiver.
**fonética** *s* phonetics.
**fonético** *adj* phonetic.
**fônico** *adj* phonic.
**fonografia** *s* phonography.
**fonógrafo** *s* phonograph, gramophone.
**fonologia** *s* phonology.
**fonte** *s* fountain; authorship (da ideia de uma obra literária); breeder; *Tip* font; origin; source (de rio); well, wellspring.
**fora** *adv* afield (do caminho), away, off,

out, outside, without. | *prep* bar, except. | *interj* shoo. | *v us somente no imper* begone.
**fora da lei** *s* renegade.
**foragido** *s* fugitive, outlaw.
**forasteiro** *s* foreigner.
**forca** *s* gallows.
**força** *s* force, strength, energy, power; fortitude (de espírito, de ânimo); *Mat* e *Biol* vector.
**forcado** *s* fork, hayfork.
**forçado** *adj* far-fetched, forced, strained.
**forçar** *v* force; strain (a voz, a vista etc.).
**força-tarefa** *s* task force.
**fórceps** *s* forceps.
**forçoso** *adj* forcible, forceful.
**forense** *adj* forensic.
**forja** *s* ironworks, smithy.
**forjado** *adj* eaten (metal), wrought; counterfeit.
**forjador** *s* forger.
**forjadura** *s* forgery; falsify.
**forjar** *v* concoct, fabricate, falsify (mentira ou história); hammer, work (ferro).
**forma** *s* form, shape; means, way, manner; delivery (de falar, de discursar).
**fôrma** *s* mold; *Tip* form; block.
**formação** *s* origin, rise; array; *Geol* e *Mil* formation.
**formador** *s* fashioner, former.
**formal** *adj* formal.
**formalidade** *s* formality.
**formalismo** *s* formalism.
**formalizar** *v* formalize.
**formão** *s* chisel.
**formar** *v* form, frame, shape; instruct; organize, arrange; draw up (tropas).
**formatação** *s Comp* format.
**formatar** *v Comp* format.
**formato** *s* shape; format (de livro).
**formatura** *s* graduation.
**fórmico** *adj* formic.
**formidável** *adj* formidable.
**formiga** *s* ant.
**formigamento** *s* itching.
**formigão** *s* concrete.
**formigar** *v* creep, tingle.
**formigueiro** *s* anthill.
**formoso** *adj* beauteous, beautiful.
**formosura** *s* beauty.
**fórmula** *s* formula.
**formulação** *s* formulation.
**formular** *v* formulate, formulize.
**formulário** *s* questionnaire; *Comp* form.
**fornada** *s* baking.
**fornalha** *s* furnace; firebox (de locomotiva a vapor); forge (de ferreiro).
**fornecedor** *s* supplier.
**fornecer** *v* furnish, provide, supply.
**fornecimento** *s* supply.
**fornicação** *s* fornication.
**fornicador** *s* fornicator.
**fornicar** *v* fornicate.
**forno** *s* furnace, oven.
**foro** *s* forum.
**forquilha** *s* fork.
**forragem** *s* fodder, silage, hay.
**forrar** *v* clothe, hang, quilt.
**forro** *s* ceiling; lining.
**fortalecer** *v* strengthen.
**fortaleza** *s* fortress, fort.
**forte** *adj* strong; acute (dor); rich (cor). | *s* fort.
**fortemente** *adv* hard, strong, strongly.
**fortificação** *s* fortification, fortress.
**fortificante** *adj* bracing. | *s* tonic.
**fortificar** *v* fortify.
**fortuito** *adj* fortuitous, random.
**fortuna** *s* chance, fortune; luck.
**fórum** *s* forum.
**fosco** *adj* clumsy, dim, mat, muddy.
**fosfato** *s* phosphate.
**fosforescente** *adj* phosphorescent.
**fósforo** *s Quím* phosphorus; match.
**fossa** *s* cloaca, sink; *Anat* fossa.
**fóssil** *s* fossil.
**fossilização** *s* fossilization.
**fossilizar** *v* fossilize.
**fosso** *s* ditch, fosse, trench.
**foto** *s* photo.
**fotocópia** *s* photocopy.
**fotocopiar** *v* photocopy.

**fotodinâmico** *adj* photodynamic.
**fotoelétrico** *adj* photoelectric.
**fotografar** *v* take a photo, photograph, shoot.
**fotografia** *s* photography.
**fotográfico** *adj* photographic.
**fotogravura** *s* photogravure.
**fotosfera** *s* photosphere.
**foz** *s* mouth (de rio).
**fracamente** *adv* weakly.
**fracassado** *adj* unsuccessful.
**fracassar** *v* fail, miscarry (não atingir os objetivos propostos), strand, undermine.
**fracasso** *s* failing, failure, miscarriage.
**fração** *s Mat* fraction; share, part.
**fracionamento** *s* fragmentation.
**fracionar** *v* crumb, crumble.
**fracionário** *adj* fractional.
**fraco** *adj* weak, feeble.
**frade** *s* friar, monk.
**fragata** *s* frigate, lighter.
**frágil** *adj* fragile, feeble, weak.
**fragilidade** *s* fragility, frailty.
**fragmentação** *s* fragmentation.
**fragmentar** *v* fragment, fragmentize.
**fragmento** *s* extract, fragment.
**fragrância** *s* fragrance.
**fragrante** *adj* fragrant.
**fralda** *s* diaper.
**framboesa** *s* raspberry.
**França** *s* France.
**francamente** *adv* broadly, honestly, straightforward. | *interj* honestly.
**francês** *adj* French. | *s* French, Frenchman.
**francesa** *s* Frenchwoman.
**franciscano** *adj* e *s* Franciscan.
**franco** *adj* frank, honest, straight. | *s* franc (moeda).
**franco-atirador** *s* sniper.
**frango** *s* chicken.
**franja** *s* frill, fringe, selvage (de tecido); bang.
**franjar** *v* fringe.
**franquear** *v* enfranchise, franchise.
**franqueza** *s* candor, frankness, unreserve.
**franquia** *s* franchise.
**franzido** *adj* corrugate. | *s* gather, gathering.
**franzino** *adj* weak.
**franzir** *v* wrinkle; crape, ruffle.
**fraque** *s* cutaway, tails.
**fraquejar** *v* weaken.
**fraqueza** *s* weakness.
**frasco** *s* bottle, flask.
**frase** *s* phrase, sentence.
**fraseado** *s* wording.
**frasear** *v* phrase.
**frasqueira** *s* cellaret.
**fraternal** *adj* brotherly, fraternal.
**fraternidade** *s* brotherhood, fraternity.
**fraternização** *s* fraternization.
**fraternizar** *v* fraternize.
**fraterno** *adj* brotherly, fraternal.
**fratricida** *adj* fratricidal. | *s* fratricide.
**fratricídio** *s* fratricide.
**fratura** *s* fracture, break, breakage, crack.
**fraturado** *adj* broken.
**fraturar** *v* fracture, break.
**fraudador** *s* cheater, faker.
**fraudar** *v* defraud, cheat, fiddle.
**fraude** *s* fraud, cheat, deceit, fiddle.
**fraudulência** *s* fraudulence.
**fraudulento** *adj* fraudulent.
**frear** *v* brake.
**freguês** *s* client, customer, patron.
**freguesia** *s* custom, patronage.
**frei** *s* friar, monk.
**freio** *s* brake, break.
**freira** *s* nun.
**freire** *s* monk, friar.
**fremir** *v* tremble, shudder.
**frêmito** *s* thrill.
**frenesi** *s* frenzy.
**frenético** *adj* frenetic, frenzied.
**frente** *s* face; fore, forefront, front; *Mil* front; frontage; lead.
**frequência** *s* channel (rádio e TV); frequency; attendance (aulas).
**frequentação** *s* frequentation.
**frequentador** *s* frequenter; attendant (aula, curso, palestra).

F

**frequentar** *v* frequent, attend.
**frequentativo** *adj* frequentative.
**frequente** *adj* frequent.
**frequentemente** *adv* often, frequently.
**fresa** *s* mill.
**fresagem** *s* milling.
**fresca** *s* breeze, coolness.
**fresco** *adj* breezy, cool; crisp, crispy; fresh, warm; green; young.
**frescor** *s* freshness, bloom, cool, coolness, crispness.
**frescura** *s* freshness, cool, coolness.
**fresta** *s* aperture, gap.
**fretador** *s* freighter, charterer.
**fretagem** *s* freightage.
**fretamento** *s* charter.
**fretar** *v* freight, charter (ônibus, avião).
**frete** *s* freight, cargo, fare.
**friagem** *s* dankness.
**friamente** *adv* cold, coldly, coolly, icily.
**fricassê** *s* fricassee.
**fricativo** *adj* fricative.
**fricção** *s* attrition, friction; rub.
**friccionar** *v* rub, work.
**frieira** *s* chilblain, kibe.
**frieza** *s* coldness, frigidity, frost.
**frigideira** *s* frying pan, fryer.
**frigidez** *s* frigidity.
**frígido** *adj* frigid.
**frigir** *v* fry.
**frigorífico** *adj* frigorific. | *s* freezer.
**frio** *adj* cold, icy, frost, chilly, frigid, frosty; hardhearted. | *s* chill, cold.
**friorento** *adj* chilly.
**frisa** *s* frieze.
**frisado** *adj* curled, curly.
**frisador** *s* crimper.
**frisagem** *s* curling, frizzling.
**frisar** *v* accent; crimp, curl, frizz.
**friso** *s* fillet, frieze.
**fritada** *s* fry.
**fritar** *v* fry.
**frito** *adj* fried.
**fritura** *s* fry.
**frivolidade** *s* frivolity.
**frívolo** *adj* frivolous.
**froco** *s* snowflake; flock.
**fronde** *s* frond.
**frondoso** *adj* leafy.
**fronha** *s* pillowcase, slip.
**frontal** *adj* e *s* frontal.
**fronte** *s* brow, forehead.
**fronteira** *s* border, bound, boundary, frontier.
**fronteiriço** *adj* frontier, bordering.
**fronteiro** *adj* front, opposite.
**frontispício** *s* frontispiece.
**frota** *s* fleet, navy.
**frouxidão** *s* slackness, sluggishness.
**frouxo** *adj* loose, (corda etc.).
**fru-fru** *s* froufrou.
**frugal** *adj* frugal, sparing.
**frugalidade** *s* frugality, thrift.
**frugívoro** *adj* frugivorous.
**fruição** *s* enjoyment, fruition.
**fruir** *v* enjoy.
**frustração** *s* frustration, disappointment, defeat, discomfiture.
**frustrado** *adj* frustrate, disappointed.
**frustrar** *v* frustrate, foil.
**fruta** *s* fruit.
**fruta-do-conde** *s* sweetsop.
**fruteira** *s* fruit bowl, fruit plate.
**fruteiro** *s* fruit dealer.
**fruticultura** *s* horticulture.
**frutífero** *adj* fructiferous, fructuous, fruitful.
**frutificação** *s* bearing, fructification.
**frutificar** *v* bear, fructify, fruit.
**fruta** *s* fruit.
**fruto** *s* fruit; offspring; result.
**fuá** *adj* plot.
**fubá** *s* maize flour, corn meal.
**fuça** *s* nostril, nose, snout; face.
**fuçar** *v* snoop.
**fueiro** *s* cart pole.
**fuga** *s* escape, getaway, runaway; *Mús* fugue.
**fugacidade** *s* fugacity, swiftness.
**fugaz** *adj* fugacious, fugitive, passing.
**fugida** *s* escape.

**fugidio** *adj* fugitive.
**fugir** *v* escape, run away, flee, fly; fudge (de assunto).
**fugitivo** *adj* fugitive, runaway. | *s* fugitive, runaway, runner.
**fuinha** *s* weasel.
**fulano** *s* so-and-so.
**fulgente** *adj* fulgent.
**fulgir** *v* glow.
**fulgor** *s* bright, brightness, glitter, glow, resplendence.
**fulgurante** *adj* fulgurant, fulgurous.
**fulgurar** *v* fulgurate, glow.
**fulguroso** *adj* fulgurous.
**fuligem** *s* grime, smut, soot, lampblack.
**fuliginoso** *adj* fuliginous, sooty.
**fulminação** *s* fulmination.
**fulminante** *adj* fulminant, withering.
**fulminar** *v* fulminate.
**fulminato** *s* fulminate.
**fulminatório** *adj* fulminatory.
**fulo** *adj* irritated.
**fumaça** *s* smoke, vapor, reek.
**fumaceira** *s* smudge.
**fumante** *s* smoker.
**fumar** *v* smoke.
**fumarento** *adj* smoky.
**fumegante** *adj* smoking.
**fumegar** *v* smoke.
**fumigação** *s* fumigation.
**fumigar** *v* fumigate, smudge.
**fumo** *s* smoke, tobacco, *gír* weed.
**funambulismo** *s us v sing* acrobatics.
**funâmbulo** *s* funambulist.
**função** *s* function, office, role, part.
**funcional** *adj* functional.
**funcionalismo** *s* functionalism.
**funcionamento** *s* operation, run (de uma máquina), running.
**funcionar** *v* function, go (máquinas), work.
**funcionário** *s* employee, functionary, official, servant.
**funda** *s* sling; *Med* truss (de hérnia).
**fundação** *s* foundation.
**fundador** *s* founder.
**fundamental** *adj* fundamental.
**fundamentalismo** *s* fundamentalism.
**fundamentalmente** *adv* fundamentally.
**fundamentar** *v* base, bottom, ground, underlie.
**fundamento** *s* base, basement, basis, bottom, fundamental, ground.
**fundar** *v* base, build, father, found, ground, organize.
**fundear** *v* anchor.
**fundição** *s* foundry, smelter (oficina), steelworks, ironworks; melt, cast, casting, fusion.
**fundido** *adj* wrought, molten.
**fundidor** *s* melter, smelter.
**fundilho** *s* breech.
**fundir** *v* cast, melt, merge, liquefy.
**fundível** *adj* fusible.
**fundo** *adj* deep, hollow, sunken. | *s* back, background, bottom, foundation, root; fund; bed (mar, rio).
**fundos** *s* rear.
**fundura** *s* depths.
**fúnebre** *adj* funeral, funerary, funereal.
**funeral** *s* funeral.
**funerário** *adj* funeral, funerary.
**funéreo** *adj* funereal.
**funesto** *adj* baneful, dismal, inauspicious.
**fungação** *s* snuffle.
**fungada** *s* sniff, snuff, snuffle.
**fungar** *v* sniff, snuff, snuffle.
**fungível** *adj* usable, consumable.
**fungo** *s* fungus.
**funicular** *adj* e *s* funicular.
**funículo** *s* funicle.
**funil** *s* funnel.
**funileiro** *s* whitesmith, tinker.
**furacão** *s* hurricane.
**furadeira** *s* drill.
**furado** *adj* hole, bore.
**furador** *s* awl, bodkin, bradawl, broach, wimble.
**fura-greves** *s* strikebreaker.
**furão** *s* ferret.
**furar** *v* bore, drill; thrust, stick; fink.

**furgão** *s* van.
**fúria** *s* fury, rage, anger, rave, rampage.
**furiosamente** *adv* furiously, amuck.
**furioso** *adj* angry, desperate, furious, rabid, livid, wroth.
**furna** *s* cave, cavern, grotto.
**furo** *s* hole; scoop (reportagem).
**furor** *s* anger, fire, fury, passion.
**furta-cor** *adj* iridescent.
**furtado** *adj* stolen.
**furta-fogo** *s* lantern, bull's eye.
**furtar** *v* steal, filch, shoplift (loja).
**furtivamente** *adv* underhand.
**furtivo** *adj* furtive, sneaky, stealthy.
**furto** *s* theft, *Jur* larceny.
**furúnculo** *s* furuncle.
**fusão** *s* fusion, coalition, blend, union.
**fusco** *adj* tawny.
**fuselagem** *s* fuselage.
**fusível** *s* fuse.
**fuso** *s* distaff, spindle; time zone.
**fustão** *s* dimity (tecido), fustian.
**fustigar** *v* fustigate.
**futebol** *s* soccer; football (futebol americano).
**futebolista** *s* footballer.
**fútil** *adj* futile.
**futilidade** *s* futility, vanity.
**futurismo** *s* futurism.
**futurista** *adj* futuristic. | *s* futurist.
**futurístico** *adj* futuristic.
**futuro** *adj* future, coming, forthcoming. | *s* future; *Gram* future tense.
**fuzil** *s* fusil, rifle.
**fuzilamento** *s* shooting.
**fuzilante** *adj* sparkling.
**fuzilar** *v* shoot.
**fuzilaria** *s* fire, fusillade.
**fuzileiro** *s* fusilier, fusileer.

# Gg

**g** ou **G** *s* a 7ª letra do alfabeto português.
**Gabão** *s* Gabon.
**gabar** *v* praise, vaunt.
**gabarito** *s* key; *Comp* template.
**gabinete** *s* chamber, closet.
**gabonense** *adj* e *s* Gabonese.
**gado** *s* cattle.
**gafanhoto** *s* grasshopper.
**gafe** *s* blunder.
**gago** *s* stammerer.
**gagueira** *s* stammer, stutter, falter.
**gaguejar** *v* stammer, stutter, falter.
**gaguez** *s* stammer.
**gaiola** *s* cage.
**gaita** *s* mouth organ.
**gaivota** *s* sea gull.
**gala** *s* state, gala; tread (fecundação da ave fêmea).
**galã** *s* gallant.
**galáctico** *adj* galactic.
**galante** *adj* chivalrous.
**galanteador** *s* e *adj* gallant, cavalier.
**galantear** *v* gallant, court; coquet.
**galanteio** *s* gallantry.
**galanteria** *s* gallantry.
**galão** *s* galloon (fita ou trança), lace; gallon (3,785 l nos EUA e 4,546 l na Inglaterra).
**galardão** *s* crown.
**galáxia** *s* galaxy.
**galé** *s* galley.
**galego** *adj* e *s* Galician.
**galeria** *s* gallery.
**galês** *adj* e *s* Welsh.
**galgar** *v* climb.
**galhada** *s* antler.
**galheta** *s* cruet.
**galho** *s* branch, stick.
**galhudo** *adj* branchy.
**galiciano** *adj* e *s* Galician (Polônia).
**galileu** *adj* e *s* Galilean.
**galináceo** *adj* gallinaceous.
**galinha** *s* hen, chicken.
**galinheiro** *s* coop, hencoop, hennery.
**galo** *s* cock, rooster.
**galocha** *s* galosh.
**galopante** *s* galloping.
**galopar** *v* gallop.
**galope** *s* gallop; galop (dança).
**galpão** *s* hangar.
**galvanizar** *v* galvanize.
**galvanômetro** *s* galvanometer.
**gama** *s* gamma (terceira letra do alfabeto grego); *Mús* gamut.
**gambá** *s* opossum.
**Gâmbia** s Gambia.
**Gambiano** *adj* e *s* Gambian.
**gamela** *s* trough.
**gameta** *s* gamete.
**Gana** *s* Ghana.
**ganância** *s* greed.

**ganancioso** *adj* greedy.
**gancho** *s* hook, crook, cramp.
**gandula** *s* ball boy.
**ganense** *adj* e *s* Ghanaian, Ghanian.
**gânglio** *s* ganglion.
**gangorra** *s* seesaw.
**gangrena** *s* gangrene.
**gangrenar** *v* gangrene, canker.
**gangrenoso** *adj* cankerous.
**gângster** *s* gangster.
**gangue** *s* gang, crew.
**ganhador** *s* winner, gainer.
**ganha-pão** *s* bread and butter.
**ganhar** *v* acquire, earn; get; gain; win (por esforço ou habilidade), carry; *Esp* take (jogo, competição).
**ganho** *s* acquisition.
**ganido** *s* yelp, whine.
**ganir** *v* yelp, yap, whine.
**ganso** *s* goose.
**garagem** *s* garage.
**garanhão** *s* stallion.
**garantia** *s* guaranty, guarantee; security, surety; warrant; warranty (de aparelho ou produto).
**garantido** *adj* secure.
**garantir** *v* guarantee, warrant (qualidade, procedência, idoneidade etc.); vouch; secure.
**garboso** *adj* jaunty.
**garça** *s* heron.
**garça-real** *s* egret.
**garçom** *s* waiter, barman.
**garçonete** *s* waitress, barmaid.
**gardênia** *s* gardenia.
**garfo** *s* fork.
**gargalhada** *s* laugh, guffaw.
**gargalhar** *v* guffaw, roar.
**gargalo** *s* neck.
**garganta** *s* throat; gullet, gorge.
**gargantilha** *s* collar, necklace.
**gargarejar** *v* gargle.
**gargarejo** *s* gargle.
**gárgula** *s* waterspout, gargoyle.
**gari** *s* sweeper.
**garoa** *s* drizzle, mizzle.
**garoar** *v* drizzle, mizzle.
**garota** *s* girl; *gír* babe.
**garoto** *s* kid; boy.
**garra** *s* claw (de mamíferos, aves e crustáceos); dog (de ferro); clutch (qualquer coisa que agarra).
**garrafa** *s* bottle.
**garrafeira** *s* cellaret.
**garrote** *s* garrote.
**garrotear** *v* garrote.
**garupa** *s* croup, crupper.
**gás** *s* gas, vapor.
**gaseificar** *v* aerate.
**gasoduto** *s* gas main.
**gasolina** *s* gas, gasoline.
**gasômetro** *s* gasometer.
**gasoso** *adj* gaseous, gassy.
**gastador** *s* e *adj* waster.
**gastar** *v* use up; spend, disburse, expend; eat; use; waste, dissipate; exhaust.
**gasto** *adj* worn-out, shabby. | *s* expense, expenditure; disbursement, cost.
**gástrico** *adj* gastric.
**gastrite** *s* gastritis.
**gastronomia** *s* gastronomy.
**gata** *s* cat, pussycat.
**gatilho** *s* trigger.
**gatinho** *s* kitty, kitten.
**gato** *s* cat, pussycat, tomcat (macho).
**gatuno** *s* thief.
**gaulês** *adj* e *s* Gallic.
**gaveta** *s* drawer.
**gaze** *s* gauze, tissue.
**gazela** *s* gazelle.
**gazeta** *s* gazette.
**geada** *s* frost, rime.
**gear** *v* rime.
**gêiser** *s* geyser.
**gel** *s* gel.
**geladeira** *s* refrigerator, icebox, fridge.
**gelado** *adj* frozen, icy, gelid; wintry.
**gelar** *v* freeze; ice.
**gelatina** *s* gelatin, jelly.
**gelatinizar** *v* jell, jellify.
**gelatinoso** *adj* gelatinous.
**geleia** *s* jam.

**geleira** *s* glacier.
**gélido** *adj* gelid, icy.
**gelo** *s* ice.
**gema** *s* yolk; *Bot* button; *Min* gem.
**gêmeo** *adj* e *s* twin.
**Gêmeos** *s Astron* e *Astrol* Gemini.
**gemer** *v* groan, moan.
**gemido** *s* groan, moan.
**geminado** *adj* geminate.
**geminar** *v* geminate.
**genciana** *s* gentian.
**gene** *s* gene.
**genealogia** *s* genealogy.
**genealógico** *adj* genealogical.
**general** *s* general.
**generalidade** *s* generality.
**generalização** *s* generalization.
**generalizar** *v* generalize.
**genérico** *adj* generic.
**gênero** *s* kind; *Gram* gender.
**generosamente** *adv* generously, charitably, kindly.
**generosidade** *s* generosity; liberality.
**generoso** *adj* generous, openhanded, freehanded.
**gênese** *s* genesis.
**genética** *s* genetics.
**geneticista** *s* geneticist.
**genético** *adj* genetic.
**gengibre** *s* ginger.
**gengiva** *s* gum.
**gênio** *s* genius; nature, character, temper; *Mit* genie.
**genital** *adj* genital.
**genitália** *s* genital, parts.
**genitivo** *s* genitive, possessive.
**genitor** *s* begetter.
**genocídio** *s* genocide.
**genro** *s* son-in-law.
**gentalha** *s* rabble, ragtag, rout.
**gente** *s* people, folk.
**gentil** *adj* gentle.
**gentileza** *s* niceness; kindness.
**gentílico** *adj tb Gram* gentile.
**gentilmente** *adv* kindly, softly.
**gentinha** *s* scum.
**gentio** *adj* heathen. | *s* heathen; gentile.
**genuflectir** *v* genuflect.
**genuíno** *adj* genuine, authentic.
**geocêntrico** *adj* geocentric.
**geofísica** *s* geophysics.
**geografia** *s* geography.
**geográfico** *adj* geographic.
**geógrafo** *s* geographer.
**geologia** *s* geology.
**geológico** *adj* geological.
**geólogo** *s* geologist.
**geometria** *s* geometry.
**geométrico** *adj* geometric.
**geopolítica** *s* geopolitics.
**Geórgia** *s* Georgia.
**georgiano** *adj* e *s* Georgian
**geração** *s* generation, age.
**gerado** *adj* born.
**gerador** *s* generator.
**geral** *adj* general, universal.
**geralmente** *adv* generally, commonly.
**gerânio** *s* geranium.
**gerar** *v* beget, engender; generate; be born; spawn.
**gerência** *s* management, administration, direction.
**gerenciador** *s* manager.
**gerencial** *adj* managerial.
**gerenciamento** *s* management.
**gerenciar** *v* manage.
**gerente** *s* manager.
**gergelim** *s* sesame.
**geriatria** *s* geriatrics.
**geriátrico** *adj* geriatric.
**germânico** *adj* German, Germanic. | *s* German.
**germe** *s* germ; seed.
**germicida** *s* germicide.
**germinação** *s* germination.
**germinal** *adj* germinal.
**germinar** *v* germinate, bud, sprout.
**gerúndio** *s* gerund.
**gesso** *s* plaster.
**gestação** *s* gestation.
**gestante** *s* pregnant woman.
**gesticulação** *s* gesticulation.

**gesticular** *v* gesticulate, motion.
**gesto** *s* gesture; beckon.
**gibão** *s* gibbon.
**gigante** *s* giant.
**gigantesco** *adj* gigantic.
**gigolô** *s* gigolo.
**gim** *s* gin.
**ginásio** *s* gymnasium.
**ginasta** *s* gymnast.
**ginástica** *s* gymnastics.
**ginástico** *adj* gymnastic.
**ginecologia** *s* gynecology.
**ginecologista** *s* gynecologist.
**ginete** *s* equestrian.
**ginga** *s* jiggle; *Náut* scull (remo pequeno).
**gingar** *v* roll; swing; jiggle.
**girafa** *s* giraffe.
**girar** *v* swing; spin; revolve, rotate, wheel; whirl, twirl.
**girassol** *s* sunflower.
**giratório** *adj* gyratory.
**gíria** *s* jargon; slang.
**girino** *s* fry; *Zool* tadpole.
**giro** *s* turn; circuit, circulation; stroll.
**giz** *s* chalk.
**gizar** *v* chalk.
**glacê** *s* icing.
**glaciação** *s* glaciation.
**glacial** *adj* glacial, icy.
**glaciar** *s* glacier.
**glaciário** *adj* glacial.
**gladiador** *s* gladiator.
**glamouroso** *adj* glamorous, glamourous.
**glande** *s* acorn (fruto do carvalho); *Anat* glans.
**glândula** *s* gland, follicle.
**glandular** *adj* glandular.
**glaucoma** *s* glaucoma.
**glicerina** *s* glycerin.
**glicose** *s* glucose.
**global** *adj* global.
**globalização** *s* globalization.
**globalizar** *v* globalize.
**globo** *s* ball, globe.
**globular** *adj* globular.
**glóbulo** *s* globule.
**glória** *s* glory.
**gloriar** *v* glory.
**glorificação** *s* glorification.
**glorificar** *v* glorify; honor, exalt; bless, canonize.
**glorioso** *adj* glorious.
**glosa** *s* gloss.
**glossário** *s* glossary.
**glote** *s* glottis.
**glu-glu** *s* gobble (voz do peru).
**glutão** *adj* gluttonous, edacious. | *s* glutton, gormandizer, hog.
**glúten** *s* gluten.
**gnomo** *s* gnome.
**gnóstico** *adj* e *s* gnostic.
**goela** *s* gorge.
**goiaba** *s* guava.
**goiabeira** *s* guava.
**gol** *s* goal.
**gola** *s* collar.
**gole** *s* gulp, swallow; sip, nip; swig.
**goleiro** *s* goalkeeper.
**golfe** *s* golf.
**golfinho** *s* dolphin.
**golfo** *s* gulf.
**golpe** *s* blow, stroke; whack, beat, knock, hit.
**golpear** *v* strike, whack.
**goma** *s* gum; paste.
**goma-laca** *s* lac.
**gomo** *s* button; section (de fruta).
**gôndola** *s* gondola.
**gondoleiro** *s* gondolier.
**gongo** *s* gong.
**gonzo** *s* hinge.
**gorar** *v* baffle.
**gordinho** *adj* fattish, round. | *s* fatty.
**gordo** *adj* obese, fat; well-fed.
**gorducho** *adj* chubby.
**gordura** *s* adiposity; fat, shortening (em culinária).
**gorduroso** *adj* greasy, fatty, sebaceous, adipose.
**gorgorão** *s* grogram.
**gorila** *s* gorilla.

**gorjear** *v* warble, quaver (com instrumento ou voz), trill; sing; chirp, twitter.
**gorjeio** *s* warble, trill, quaver; chirp.
**gorjeta** *s* tip.
**gorro** *s* cap, bonnet.
**gosma** *s* pip.
**gostar** *v* like, adore.
**gosto** *s* taste; flavor; fondness; liking.
**gostoso** *adj* tasteful; palatable; *gír* yummy (sabor ou cheiro).
**gota** *s* drop; tear; *Med* gout.
**goteira** *s* drip.
**gotejamento** *s* dripping, dropping, trickle.
**gotejante** *adj* oozy, weeping.
**gotejar** *v* drip, drop; ooze; distill.
**gótico** *adj* e *s* gothic.
**gotícula** *s* driblet, droplet.
**gourmet** *s* epicure.
**governador** *s* governor.
**governamental** *adj* governmental.
**governanta** *s* housekeeper, governess.
**governante** *s* governor, dynast.
**governar** *v* govern, rule.
**governo** *s* government.
**gozado** *adj* funny, pleasant, queer.
**gozar** *v* enjoy.
**gozo** *s* enjoyment; sexual pleasure, orgasm.
**graal** *s* grail.
**Grã-Bretanha** *s* Great Britain.
**graça** *s* gracefulness; drollery; grace.
**graças** *s* thanks.
**gracejar** *v* joke, jest, fun.
**gracejo** *s* joke, jest; *gír* wisecrack (irreverente ou sarcástica).
**gracioso** *adj* gracious, graceful, elegant; cute, adorable.
**gradação** *s* gradation.
**gradar** *v* harrow (o terreno).
**grade** *s* grate; grid, screen; harrow (para aplainar terra); *Mec* creel.
**gradeado** *adj* barred.
**gradiente** *s* gradient.
**graduação** *s* graduation.
**graduado** *s* graduate (grau universitário).
**gradual** *adj* gradual.
**gradualmente** *adv* inch by inch.
**graduar** *v* graduate.
**grafar** *v* spell.
**grafia** *s* spelling.
**gráfico** *adj* graphic. | *s* chart; *Mat* graph.
**grafita** *s* lead.
**grafologia** *s* graphology.
**gralha** *s* jackdaw, rook.
**grama** *s* gram (peso); grass.
**gramado** *s* lawn, sward, turf, sod.
**gramar** *v* cover with grass; suffer, stand.
**gramática** *s* grammar.
**gramatical** *adj* grammatical.
**gramático** *s* grammarian.
**gramíneo** *s* gramineous.
**gramofone** *s* gramophone.
**grampeador** *s* stapler.
**grampear** *v* tap (telefone).
**grampo** *s* clamp, cramp; dog (de ferro); staple (para papéis).
**grana** *s* *gír* dough, ducat.
**granada** *s* grenade; garnet (pedra preciosa).
**Granada** *s* Grenada.
**granadino** *adj* e *s* Grenadian.
**grande** *adj* great, large; big; grand.
**grandeza** *s* bigness; bulk; grandeur.
**grandiloquência** *s* grandiloquence, magniloquence.
**grandiloquente** *adj* grandiloquent, magniloquent.
**grandiosidade** *s* grandiosity.
**grandioso** *adj* grand.
**granito** *s* granite.
**granizar** *v* hail.
**granizo** *s* hail, hailstone.
**granja** *s* farm.
**granjear** *v* conciliate (simpatia, adeptos etc.).
**granulação** *s* granulation.
**granulado** *adj* granulated.
**granular** *v* granulate, corn. | *adj* granular.
**granuloso** *adj* granular, lumpy.
**grão** *s* grain, seed.
**grão-de-bico** *s* chickpea.
**grasnador** *s* croaker.

**grasnar** *v* caw, croak; squawk, quack.
**grasnido** *s* quack.
**grasno** *s* quack.
**gratidão** *s* gratitude, gratefulness, thankfulness.
**gratificação** *s* gratification; gratuity, tip; fee.
**gratificar** *v* reward; fee.
**grátis** *adj* free, gratis. | *adv* gratis.
**grato** *adj* grateful. | *s* thankful.
**gratuitamente** *adv* free, scot-free.
**gratuito** *adj* gratuitous, gratis, free. | *adv* gratis.
**grau** *s* degree, grade; extent; rank.
G
**graúna** *s* blackbird.
**gravação** *s* engraving; recording.
**gravador** *s* carver, chaser, graver; tape recorder, recorder.
**gravar** *v* engrave, carve; imprint, impress; record (disco ou fita).
**gravata** *s* necktie, tie.
**grave** *adj* grave, serious; heavy; austere; bass, deep (sound).
**gravemente** *adv* badly, sorely.
**graveto** *s* kindling, stick.
**grávida** *adj* pregnant; expectant. | *s* pregnant, expectant.
**gravidade** *s* gravity; seriousness, graveness.
**gravidez** *s* pregnancy, gestation.
**gravitação** *s* gravitation.
**gravitacional** *adj* gravitational.
**gravitar** *v* gravitate.
**gravura** *s* engraving, carving; gravure.
**graxa** *s* grease, fat, slush.
**Grécia** *s* Greece.
**gregário** *adj* gregarious.
**grego** *adj* e *s* Greek, Grecian.
**gregoriano** *adj* Gregorian.
**grelha** *s* grate, grill; broiler.
**grelhado** *s* grill.
**grelhar** *v* broil, grill, barbecue.
**grêmio** *s* fraternity; guild club.
**greta** *s* chap, break, crack, fissure.
**gretar** *v* chap, rift.
**greve** *s* strike, walkout.
**grevista** *s* striker.
**grifar** *v* underscore.
**grilhão** *s* fetter.
**grilo** *s* cricket.
**grinalda** *s* garland, wreath; festoon.
**gripe** *s* grippe, influenza; flu.
**grisalho** *adj* gray, grizzly, hoary (especialmente os cabelos, pela idade).
**gritante** *adj* gross.
**gritar** *v* cry, shout; bawl; call; scream, shriek; howl; yell (dor, pavor, surpresa ou entusiasmo).
**gritaria** *s* uproar, clamorousness.
**grito** *s* shout, cry; call; yell, scream; clamor; squall (de criança etc.).
**groselha** *s* currant, gooseberry.
**grosseiramente** *adv* coarsely, crassly.
**grosseiro** *adj* coarse; rough, ill-mannered, boorish. | *s* barbarian, gauche, rowdy, rude.
**grosseria** *s* coarseness, rough, rudeness.
**grosso** *adj* thick.
**grossura** *s* thickness; bigness.
**grotesco** *adj* grotesque, freakish.
**grua** *s* crane.
**grudado** *adj* skintight (no corpo); stuck.
**grudar** *v* glue; stick, bind.
**grude** *s* glue.
**grudento** *adj* gluey.
**grumo** *s* clot.
**grunhido** *s* grunt.
**grunhir** *v* grunt; grumble.
**grupo** *s* group; class; party; set, cluster, batch.
**guache** *s* gouache.
**guarda** *s* guard, care, custody, warden, sentry; cop.
**guarda-chuva** *s* umbrella.
**guarda-costas** *s* bodyguard.
**guarda-florestal** *s* ranger, forester.
**guarda-fogo** *s* fender.
**guarda-livros** *s* bookkeeper.
**guarda-louça** *s* cupboard, buffet.
**guarda-marinha** *s* Coast Guard.
**guardanapo** *s* napkin.

**guarda-noturno** *s* night watch.
**guarda-pó** *s* smock, duster.
**guardar** *v* guard; keep, retain; stow.
**guarda-roupa** *s* wardrobe, clothes closet, cloak room.
**guarda-sol** *s* shade, parasol.
**guarda-volumes** *s* locker.
**guardião** *s* guardian.
**guarida** *s* protection, shelter.
**guarita** *s* box.
**guarnecedor** *s* provider.
**guarnecer** *v* provide, furnish; *Mil* garrison; garnish.
**guarnição** *s* garrison; garnishment.
**Guatemala** *s* Guatemala.
**guatemalteco** *adj* e *s* Guatemalan.
**guelra** *s* branchia, fish gill.
**guerra** *s* war, warfare.
**guerra-relâmpago** *s* blitzkrieg.
**guerrear** *v* battle, wage war, war, persecute.
**guerreiro** *s* warrior.
**guerrilha** *s* guerrilla.
**guerrilheiro** *s* guerrilla, partisan.
**gueto** *s* ghetto.
**guia** *s* guidance; guide (pessoa ou livro), leader, cicerone; handbook (livro).
**Guiana** *s* Guyana.
**guianense** *adj* e *s* Guyanean.
**guiar** *v* guide, lead; conduct; govern; steer.
**guichê** *s* counter.
**guilhotina** *s* guillotine.
**guilhotinar** *v* guillotine.
**guinada** *s* veer, lurch.
**guinchar** *v* scream, screech, shriek, squeak (gritar); winch, tow (rebocar).
**guincho** *s* shriek, screech, squeal, squeak (grito); hoist, tow (reboque).
**guindaste** *s* crane, hoist, derrick (navio), jack.
**Guiné** *s* Guinea.
**guineano** *adj* e *s* Guinean.
**Guiné-Bissau** *s* Guinea-Bissau.
**guineense** *adj* e *s* Guinea-Bissauan.
**guirlanda** *s* chaplet, garland, wreath.
**guisado** *s* stew.
**guisar** *v* stew, braise.
**guizo** *s* bell, rattle (cascavel).
**gula** *s* gluttony.
**guloseima** *s* dainty.
**guloso** *adj* gluttonous, greedy.
**gume** *s* edge, knife-edge.
**gustação** *s* gustation.
**gustativo** *adj* gustatory.
**gutural** *adj* guttural, throaty.

# Hh

**h** ou **H** *s* 8ª letra do alfabeto português. | *símb Quím maiús* de hidrogênio.
**habeas corpus** *s* habeas corpus.
**hábil** *adj* skillful, dexterous; able; clever.
**habilidade** *s* aptitude, ability; cleverness, skill; dexterity, handiness; cunning, artfulness.
**habilidoso** *adj* skillful, ingenious.
**habilitação** *s* habilitation.
**habilitado** *adj* enabled.
**habilitar** *v* habilitate.
**habilmente** *adv* ably.
**habitação** *s* house, dwelling, habitation.
**habitante** *s* inhabitant, habitant; dweller.
**habitar** *v* live; inhabit.
**habitável** *adj* habitable.
**hábito** *s* custom, usage; habit; use.
**habituado** *adj* accustomed, used.
**habitual** *adj* habitual, customary, usual.
**habituar** *v* habituate; accustom; inure.
**Hades** *s Mit* netherworld, underworld.
**hadoque** *s* haddock.
**Haiti** *s* Haiti
**haitiano** *adj* e *s* Haitian.
**hálito** *s* breath.
**halo** *s* halo.
**haltere** *s* dumbbell.
**hambúrguer** *s* burger, hamburger.
**hamster** *s* hamster.
**handebol** *s* handball.
**hangar** *s* hangar.
**haras** *s* stud.
**harém** *s* harem.
**harmonia** *s* harmony.
**harmônica** *s* harmonica, accordion.
**harmônico** *adj* harmonic.
**harmonioso** *adj* harmonious.
**harmonizar** *v* harmonize.
**harpa** *s* harp.
**harpista** *s* harpist.
**haste** *s* stem, stalk; spindle, shank, shaft (lança, seta etc.); pike, pole.
**hasteamento** *s* hoist.
**hastear** *v* hoist.
**Havaí** *s* Hawaii.
**havaiano** *adj* Hawaiian.
**haver** *v* exist, there + be, *aux* have.
**hebraico** *adj* Hebraic. | *s* Hebrew.
**hebreu** *s* Hebrew.
**hecatombe** *s* hecatomb.
**hectare** *s* hectare (*abrev* **ha**).
**héctico** *adj* hectic.
**hectograma** *s* hectogram (*abrev* **hg**).
**hectolitro** *s* hectoliter (*abrev* **hl**).
**hectômetro** *s* hectometer (*abrev* **hm**).
**hediondo** *adj* hideous.
**hedonismo** *s* hedonism.
**hedonista** *s* e *adj* hedonist.
**hegemonia** *s* hegemony.
**helênico** *adj* e *s* Hellenic.
**helenizar** *v* hellenize.
**hélice** *s* helix; screw propeller (navio, avião etc.).

**helicóptero** *s* helicopter.
**hélio** *s* helium (*símb* **He**).
**heliocêntrico** *adj* heliocentric.
**heliporto** *s* heliport.
**hemático** *adj* hematic.
**hematologia** *s* hematology.
**hematoma** *s* hematoma.
**hemisférico** *adj* hemispheric.
**hemisfério** *s* hemisphere.
**hemodiálise** *s* hemodyalisis.
**hemofilia** *s* hemophilia.
**hemofílico** *s* hemophilic, hemophiliac, bleeder.
**hemoglobina** *s* hemoglobin.
**hemorragia** *s* hemorrhage, bleeding.
**hemorroidas** *s* hemorrhoids.
**hepático** *adj* hepatic.
**hepatite** *s* hepatitis.
**heptaedro** *s* heptahedron.
**heptágono** *s* heptagon.
**hera** *s* ivy.
**heráldica** *s* heraldry.
**herança** *s* inheritance, heritage; legacy.
**herbáceo** *adj* herbaceous.
**herbário** *s* herbarium.
**herbático** *adj* herbal.
**herbívoro** *adj* herbivorous, herbivore.
**herbolário** *s* herbalist.
**herbóreo** *adj* herbal.
**herculano** *adj* Herculean.
**hercúleo** *adj* Herculean.
**herdar** *v* inherit.
**herdeira** *s* heiress.
**herdeiro** *s* heir; inheritor.
**hereditariedade** *s* heredity; heritability.
**hereditário** *adj* hereditary.
**herege** *adj* e *s* heretic.
**heresia** *s* heresy.
**herético** *adj* heretic, heretical. | *s* heretic.
**hermafrodita** *adj* androgynous, bisexual, epicene. | *s* hermaphrodite.
**hermenêutica** *s* hermeneutics.
**hermético** *adj* hermetic.
**hérnia** *s* hernia.
**hernial** *adj* hernial.
**herói** *s* hero; champion.
**heroico** *adj* heroic.
**heroína** *s* heroine; heroin, *gír* junk (droga).
**heroísmo** *s* heroism; valor.
**hesitação** *s* hesitation.
**hesitante** *adj* hesitant.
**hesitar** *v* hesitate, halt; falter.
**heterodoxia** *s* heterodoxy.
**heterodoxo** *adj* heterodox.
**heterogamia** *s* heterogamy.
**heterogeneidade** *s* heterogeneity.
**heterogêneo** *adj* heterogeneous.
**heterossexual** *adj* e *s* heterosexual.
**hexaedro** *s* hexahedron.
**hexágono** *s* hexagon.
**hexâmetro** *s* hexameter.
**hialino** *adj* hyaline.
**hiato** *s* hiatus.
**hibernação** *s* hibernation.
**hibernal** *adj* hibernal.
**hibernar** *v* hibernate.
**hibridez** *s* hybridity.
**hibridismo** *s* hybridism.
**híbrido** *adj* hybridm, crossbred.
**hidra** *s* hydra.
**hidrante** *s* hydrant.
**hidráulico** *adj* hydraulic.
**hidroavião** *s* hydroplane, seaplane, flying boat.
**hidroelétrico** *adj* hydroelectric.
**hidrofobia** *s* hydrophobia, rabies.
**hidrogênio** *s* *Quím* hydrogen (*símb* **H**).
**hidrografia** *s* hydrography.
**hidrologia** *s* hydrology.
**hidropatia** *s* hydropathy.
**hidroplano** *s* hydroplane, flying boat.
**hidrosfera** *s* hydrosphere.
**hidroterapia** *s* hydrotherapy, water cure.
**hidrovia** *s* waterway.
**hiena** *s* hyena.
**hierarquia** *s* hierarchy.
**hierárquico** *adj* hierarchical.
**hierático** *adj* hieratic.
**hieroglifo, hieróglifo** *s* hieroglyph.
**hífen** *s* hyphen.
**hifenização** *s* hyphenation.
**hifenizar** *v* hyphen.

**higiene** *s* hygienics, hygiene.
**higiênico** *adj* hygienic, sanitary.
**higienista** *s* hygienist.
**hilariante** *adj* hilarious, exhilarating; *inform* killing.
**hilaridade** *s* hilarity; mirth.
**hilo** *s* hilum.
**hímen** *s* hymen.
**hindu** *adj* Hindu, Indian.
**hinduísmo** *s* Hinduism.
**hino** *s* hymn, anthem.
**hinologia** *s* hymnology.
**hioide** *s* hyoid.
**hiperacidez** *s* hyperacidity.
**hiperatividade** *s* hyperactivity.
**hiperativo** *adj* hyperactive. | *s* overactive.
**hipérbole** *s* *Geom* hyperbola; *Ret* hyperbole.
**hipermétrope** *adj* farsighted.
**hipermetropia** *s* farsightedness.
**hipersensível** *adj* hypersensitive.
**hipersônico** *adj* hypersonic.
**hipertensão** *s* hypertension.
**hipertexto** *s* hypertext.
**hipismo** *s* turf.
**hipnose** *s* hypnosis.
**hipnotismo** *s* hypnotism.
**hipnotizador** *s* hypnotizer.
**hipnotizar** *v* hypnotize; mesmerize.
**hipocondríaco** *adj* e *s* hypochondriac.
**hipocrisia** *s* hypocrisy.
**hipócrita** *adj* double-faced, hypocrite, double-dealer.
**hipódromo** *s* hippodrome.
**hipopótamo** *s* hippopotamus.
**hipoteca** *s* mortgage.
**hipotecado** *adj* bonded.
**hipotecar** *v* mortgage, hypothecate; bond.
**hipotenusa** *s* hypotenuse, hypothenuse.
**hipótese** *s* hypothesis; conjecture.
**hipotético** *adj* hypothetical, assumed.
**hirsuto** *adj* hirsute.
**hirto** *adj* rigid.
**hispânico** *adj* e *s* Hispanic.
**histeria** *s* hysteria.
**histérico** *adj* hysterical, hysteric.
**histerismo** *s* hysteria.
**histologia** *s* histology.
**história** *s* history; story, tale.
**historiador** *s* historian, chronicler.
**historiar** *v* chronicle.
**histórico** *adj* historic (que tem importância ou influência na história), historical (relativo a qualquer fato da história).
**hoje** *adv* today.
**Holanda** *s* Netherlands, Holland.
**holandês** *adj* e *s* Dutchman, Dutch.
**holandesa** *s* Dutchwoman.
**holístico** *adj* holistic.
**holocausto** *s* holocaust.
**holofote** *s* spotlight; searchlight; flood.
**holograma** *s* hologram.
**hombridade** *s* dignity, nobility.
**homem** *s* man; male; fellow; *gír* dick; *inform* feller.
**homem-hora** *s* man-hour (relativo a produção industrial).
**homem-rã** *s* frogman.
**homenageado** *s* conferee.
**homenagear** *v* pay a homage.
**homenagem** *s* homage; tribute.
**homeopatia** *s* homeopathy.
**homicida** *adj* murderous, homicidal. | *s* homicide.
**homicídio** *s* homicide, murder.
**homófono** *s* homophone.
**homogeneidade** *s* homogeneity.
**homogêneo** *adj* homogeneous.
**homógrafo** *s* homograph.
**homologação** *s* validation.
**homônimo** *s* homonym.
**homossexual** *adj* homosexual, gay. | *s* homosexual, *gír* fag, *gír ofens* queer.
**homossexualidade** *s* homosexuality.
**Honduras** *s* Honduras.
**hondurenho** *adj* e *s* Honduran.
**honestamente** *adv* honestly.
**honestidade** *s* honesty; integrity.
**honesto** *adj* honest; straight.
**honorabilidade** *s* honorableness.
**honorário** *s* honorarium.
**honorável** *adj* worthy.

**honra** *s* honor; distinction.
**honradez** *s* honor.
**honrado** *adj* honorable; honest.
**honrar** *v* honor.
**honroso** *adj* honorable.
**hóquei** *s* hockey.
**hora** *s* hour; time.
**horário** *s* schedule, timetable, time.
**horda** *s* horde.
**horizontal** *adj* level.
**horizonte** *s* horizon.
**horóscopo** *s* horoscope.
**horrendo** *adj* horrid; ugly.
**horribilidade** *s* horribleness.
**horripilante** *adj* hair-raising.
**horripilar** *v* frighten.
**horrível** *adj* horrible; grisly.
**horror** *s* horror.
**horrorizado** *adj* aghast.
**horrorizar** *v* horrify.
**horroroso** *adj* appalling; hideous.
**horta** *s* kitchen garden.
**hortaliça** *s* vegetable.
**hortelã** *s* mint.
**horticultura** *s* horticulture.
**horto** *s* garden.
**hospedar** *v* lodge, accommodate; entertain.
**hospedaria** *s* lodging; hotel.
**hóspede** *s* guest; lodger.
**hospedeiro** *s* host.
**hospício** *s* madhouse.
**hospital** *s* hospital.
**hospitaleiro** *adj* hospitable.
**hospitalidade** *s* hospitality.
**hospitalizar** *v* hospitalize.
**hóstia** *s* host, wafer.
**hostil** *adj* hostile.
**hostilidade** *s* hostility, enmity.
**hostilizar** *v* antagonize.
**hotel** *s* hotel.
**hulha** *s* coal.
**humanamente** *adv* manly.
**humanidade** *s* humankind, humanity; humaneness.
**humanismo** *s* humanism.
**humanista** *s* humanist.
**humanitário** *adj* humanitarian, humane. | *s* humanitarian.
**humanitarismo** *s* humanitarianism.
**humanizar** *v* humanize.
**humano** *adj* human; humane; earthborn. | *s* human.
**humildade** *s* humbleness, humility; lowliness.
**humilde** *adj* humble; lowly.
**humildemente** *adv* lowly.
**humilhação** *s* humiliation; mortification; shame; abasement.
**humilhado** *adj* depressed.
**humilhar** *v* humiliate, humble; mortify; abase.
**humo** *s* mold.
**humor** *s* humor; mood; temper; wit.
**humorista** *s* humorist.
**húmus** *s* muck.
**húngaro** *adj* e *s* Hungarian.
**Hungria** *s* Hungary.

H

# I i

i ou I *s* 9ª letra do alfabeto português. | *símb Quím maiús* de **iodine;** *num rom maiús* do numeral 1.

I

ianque *s* Yankee.
iaque *s* yak.
iate *s* yacht.
iatismo *s* yachting.
iatista *s masc* yachtsman, *fem* yachtswoman.
ibérico *adj* e *s* Iberian.
ibero *adj* e *s* Iberian.
ibidem *adv* ibidem, at the same place.
içamento *s* hoist.
içar *v* hoist; windlass; jack; crane; *Náut* trice.
iceberg *s* iceberg.
ícone sicon.
iconografia *s* iconography.
icterícia *s* jaundice.
ida *s* departure.
idade *s* age.
ideal *adj* e *s* ideal.
idealismo *s* idealism.
idealista *s* idealist.
idealização *s* idealization.
idealizador *s* deviser, contriver.
idealizar *v* idealize.
idear *v* contrive.
ideia *s* idea, thought, notion; concept; image; fancy.
idem *pron* idem, the same.
idêntico *adj* identical; equal; same.
identidade *s* identity.
identificação *s* identification.
identificador *s* identifier, ID.
identificar *v* identify.
identificável *adj* identifiable.
ideologia *s* ideology.
ideólogo *s* doctrinaire.
idílico *adj* idyllic.
idílio *s* idyll.
idioma *s* idiom; tongue, language.
idiomático *adj* idiomatic.
idiota *adj* stupid, silly. | *s* idiot.
idiotismo *s* idiocy.
ido *adj* gone.
idólatra *adj* heathen. | *s* idolater; heathen.
idolatrar *v* idolize, worship.
idolatria *s* idolatry.
ídolo *s* idol.
idôneo *adj* fit.
idoso *adj* old, aged. | *s* elderly, old.
iemenita *adj* e *s* Yemenite.
iene *s* yen (unidade monetária do Japão).
iglu *s* igloo.
ígneo *adj* igneous, fiery.
ignição *s* ignition.
ignóbil *adj* ignoble.
ignorado *adj* unbeknown, unsuspected.
ignorância *s* ignorance; *fig* darkness.

**ignorante** *adj* ignorant; unlearned, unlettered. | *s* know-nothing.
**ignorar** *v* ignore, connive (por conveniência), overlook, pass.
**igreja** *s* church.
**igual** *adj* equal, equable; even, uniform; like, alike, same. | *s* equal, fellow.
**igualação** *s* equalization, equation.
**igualador** *s* equalizer.
**igualar** *v* equalize, equal; even, level, uniform.
**igualável** *adj* matchable.
**igualdade** *s* equality; equation.
**igualitário** *adj* egalitarian.
**igualitarismo** *s* egalitarianism.
**igualmente** *adv* equally.
**iguana** *s* iguana.
**iguaria** *s* dish.
**ilação** *s* illation.
**ilegal** *adj* illegal, unlawful, lawless.
**ilegalidade** *s* illegality.
**ilegitimidade** *s* illegitimacy.
**ilegítimo** *adj* illegitimate; unlawful (filho de pais não casados).
**ilegível** *adj* illegible.
**ileso** *adj* entire, whole, safe, undamaged, hurtless.
**iletrado** *adj* illiterate, unlettered. | *s* illiterate, nonliterate.
**ilha** *s* island.
**Ilhas Marshall** *s* Marshall Islands.
**Ilhas Salomão** *s* Solomon Islands.
**ilhéu** *s* islander.
**ilhó** *s* eyelet.
**ilhota** *s* isle, cay.
**ilícito** *adj* illicit; unlawful.
**ilimitado** *adj* unlimited, limitless; boundless.
**ilimitável** *adj* illimitable.
**ilógico** *adj* illogical.
**iludir** *v* deceive, cheat, bluff, mystify, delude.
**iluminação** *s* illumination.
**iluminado** *adj* light.
**iluminador** *s* illuminator; gaffer (em uma filmagem).
**iluminar** *v* illuminate, illumine, light; enlighten (espírito).
**Iluminismo** *s* Enlightenment.
**ilusão** *s* illusion; mirage; delusion.
**ilusionismo** *s* illusionism.
**ilusionista** *s* illusionist.
**ilusório** *adj* illusive, illusory; delusive, delusory.
**ilustração** *s* illustration.
**ilustrador** *s* illustrator.
**ilustrar** *v* illustrate.
**ilustre** *adj* illustrious.
**ímã** *s* magnet, lodestone.
**imaculado** *adj* immaculate, spotless.
**imagem** *s* image.
**imaginação** *s* imagination.
**imaginar** *v* imagine.
**imaginário** *adj* imaginary.
**imaginativo** *adj* imaginative.
**imaginável** *adj* imaginable.
**imago** *s* imago.
**imantação** *s* magnetization.
**imantar** *v* magnetize.
**imaterial** *adj* immaterial, incorporeal.
**imaturidade** *s* immatureness.
**imaturo** *adj* immature; *gír* sappy.
**imbecil** *adj* e *s* imbecile.
**imbuir** *v* infuse.
**imediatamente** *adv* immediately; at once; now, readily.
**imediato** *adj* immediate; instant.
**imemorial** *adj* dateless.
**imensidade** *s* immensity; hugeness.
**imensidão** *s* immensity.
**imenso** *adj* immense, huge.
**imensurável** *adj* immeasurable.
**imerecido** *adj* undeserved.
**imergir** *v* immerge, immerse.
**imersão** *s* immersion.
**imerso** *adj* deep.
**imigração** *s* immigration.
**imigrante** *s* immigrant.
**imigrar** *v* immigrate.
**iminência** *s* imminence.
**iminente** *adj* imminent.
**imitação** *s* imitation; dummy.

**imitador** *s* inmitator, follower.
**imitar** *v* imitate; monkey.
**imitativo** *adj* mimic.
**imitável** *adj* imitable.
**imobilidade** *s* immobility.
**imobilizado** *adj* aground.
**imobilizar** *v* immobilize.
**imoderado** *adj* immoderate; inordinate.
**imodéstia** *s* immodesty.
**imodesto** *adj* immodest.
**imolação** *s* immolation.
**imolar** *v* immolate.
**imoral** *adj* immoral.
**imoralidade** *s* immorality.
**imoralmente** *adv* immorally.
**imortal** *adj* e *s* immortal.
**imortalidade** *s* immortality.
**imortalizar** *v* immortalize.
**imóvel** *adj* immovable, immobile; motionless, unmoving; *Jur* tenement, estate.
**impaciência** *s* impatience.
**impaciente** *adj* impatient; eager; restless.
**impacientemente** *adv* anxiously.
**impacto** *s* impact; shock.
**impalpável** *adj* elusive.
**ímpar** *adj* odd (número).
**imparcial** *adj* impartial.
**imparcialidade** *s* impartiality.
**impasse** *s* deadlock, impasse.
**impassível** *adj* impassible, impassive.
**impecável** *adj* impeccable; faultless.
**impedido** *adj* e *adv* offside.
**impedimento** *s* impediment, hindrance; obstruction; *Jur* estoppel.
**impedir** *v* impede; check, bar; deter; *Jur* estop.
**impelir** *v* impel; thrust.
**impenetrável** *adj* impenetrable; impervious.
**impenitente** *adj* impenitent.
**impensado** *adj* unthinking, inconsiderate, random, unreflecting.
**imperador** *s* emperor.
**imperativo** *adj* e *s* imperative.
**imperatriz** *s* empress.
**imperceptível** *adj* imperceptible.
**imperdoável** *adj* inexcusable.
**imperecível** *adj* imperishable.
**imperfeição** *s* imperfection.
**imperfeito** *adj* imperfect.
**imperial** *adj* imperial.
**imperialismo** *s* imperialism.
**império** *s* empire.
**imperioso** *adj* imperious.
**impermeabilizar** *v* waterproof.
**impermeável** *adj* impermeable; waterproof.
**impertinência** *s* impertinence.
**impertinente** *adj* impertinent.
**imperturbável** *adj* imperturbable.
**impessoal** *adj* impersonal.
**ímpeto** *s* impetus; impulse.
**impetuoso** *adj* impetuous.
**impiedade** *s* impiety.
**impiedoso** *adj* merciless, unmerciful.
**impingir** *v* palm off; foist (por meios fraudulentos).
**ímpio** *adj* impious.
**implacável** *adj* implacable.
**implantação** *s* implantation.
**implantar** *v* implant; enroot.
**implante** *s* implant.
**implementar** *v* implement.
**implicação** *s* implication.
**implicar** *v* implicate; imply.
**implícito** *adj* implicit; *Jur* constructive.
**implodir** *v* implode.
**implorar** *v* implore; entreat; beseech.
**impoluto** *adj* clear.
**imponderável** *adj* imponderable.
**imponente** *adj* imposing; stately; grand.
**impopular** *adj* unpopular.
**impor** *v* impose; enforce; inflict.
**importação** *s* importation, import.
**importância** *s* importance; concernment; significance; amount.
**importante** *adj* important.
**importar** *v* import.
**importunação** *s* annoyance, harassment, tease.
**importunar** *v* importune; annoy.

**importuno** *adj* importunate, importune, annoying.
**imposição** *s* imposition.
**impossibilidade** *s* impossibility.
**impossibilitado** *adj* helpless.
**impossibilitar** *v* forbid.
**impossível** *adj* impossible.
**imposto** *s* imposition; tax, tribute; excise, impost.
**impostor** *s* impostor.
**impostura** *s* imposture.
**impotência** *s* disablement.
**impotente** *adj* impotent.
**impraticável** *adj* impracticable.
**imprecisão** *s* inaccuracy.
**impreciso** *adj* inaccurate.
**impregnação** *s* impregnation.
**impregnado** *adj* impregnate.
**impregnar** *v* impregnate; imbue.
**imprensar** *v* sandwich.
**impressão** *s* impression; imprint; stamp; feeling.
**impressionante** *adj* impressive.
**impressionar** *v* impress.
**impressionável** *adj* impressionable, impressible.
**impressionismo** *s* impressionism.
**impresso** *s* handbill, printed matter.
**imprestável** *adj* worthless.
**imprevidência** *s* improvidence.
**imprevidente** *adj* improvident.
**imprevisível** *adj* unpredictable, inconsistent, wayward, whimsical.
**imprevisto** *adj* unforeseen, fortuitous, unexpected. | *s* snag, unpredictable.
**imprimir** *v* imprint; impress; stamp; engrave.
**improbidade** *s* improbity.
**improcedente** *adj* baseless.
**improdutivo** *adj* unproductive.
**impronunciável** *adj* unpronounceable, unutterable.
**impropriamente** *adv* badly, unseemly.
**impropriedade** *s* incongruity.
**impróprio** *adj* improper.
**improvável** *adj* improbable, unlikely.
**improvidência** *s* improvidence.
**improvidente** *adj* improvident.
**improvisação** *s* improvisation.
**improvisado** *adj* unprepared; offhand.
**improvisador** *s* improvisator, improviser.
**improvisar** *v* improvise.
**improviso** *s* improvisation.
**imprudência** *s* imprudence; rashness.
**imprudente** *adj* imprudent; heedless, unwary; unwise.
**impugnação** *s* exception.
**impugnar** *v* impugn.
**impulsionar** *v* animate; actuate.
**impulsivo** *adj* impulsive; impetuous.
**impulso** *s* impulse; thrust; impetus; *Telec* signal.
**impunidade** *s* impunity.
**impuro** *adj* impure.
**imputação** *s* imputation.
**imputar** *v* impute; attribute.
**imundície** *s* filth; dirt.
**imundo** *adj* dirty, filthy; foul.
**imune** *adj* immune.
**imunidade** *s* immunity.
**imunologia** *s* immunology.
**imutável** *adj* incommutable, unchangeable, unalterable.
**inabalável** *adj* immovable, unmoving.
**inábil** *adj* inept; unskillful; artless.
**inabilitar** *v* incapacitate, disable; disqualify.
**inabitado** *adj* unsettled.
**inabitável** *adj* uninhabitable.
**inabordável** *adj* inapproachable.
**inacabado** *adj* unfinished, uncompleted.
**inação** *s* inaction.
**inaceitável** *adj* unacceptable.
**inacessibilidade** *s* inaccessibility.
**inacessível** *adj* inaccessible.
**inacreditável** *adj* incredible, unbelievable.
**inadequação** *s* inadequacy, inaptitude.
**inadequado** *adj* inadequate; unfit, unsuitable.
**inadmissível** *adj* inadmissible.

**inadvertido** *adj* inadvertent.
**inalação** *s* inhalation.
**inalador** *s* inhaler.
**inalar** *v* inhale.
**inalcançável** *adj* unachievable, unattainable.
**inalienável** *adj* inalienable.
**inalterado** *adj* undisturbed.
**inalterável** *adj* unalterable; unchangeable.
**inamistoso** *adj* unfriendly.
**inanição** *s* inanition.
**inanimado** *adj* inanimate; lifeless, dead.
**inapagável** *adj* indelible.
**inaplicável** *adj* inapplicable.
**inaptidão** *s* inaptitude.
**inapto** *adj* inapt.
**inarrável** *adj* untold.
**inarticulado** *adj* inarticulate.
**inatingível** *adj* untouchable.
**inatividade** *s* rust.
**inativo** *adj* inactive, inert; *Comp* idle.
**inato** *adj* innate, native; inborn.
**inaudível** *adj* inaudible.
**inauguração** *s* inauguration; opening.
**inaugural** *adj* inaugural.
**inaugurar** *v* inaugurate.
**inautêntico** *adj* facile.
**incalculável** *adj* incalculable.
**incandescência** *s* incandescence.
**incandescente** *adj* incandescent; aglow.
**incansável** *adj* indefatigable.
**incapacidade** *s* incapacity.
**incapacitado** *adj* disabled, invalid.
**incapacitar** *v* incapacitate.
**incapaz** *adj* incapable, inapt, unfit, unable.
**incauto** *adj* incautious, unwary, dupe.
**incendiado** *adj* e *adv* afire.
**incendiar** *v* emblaze.
**incendiário** *adj* e *s* incendiary.
**incêndio** *s* fire.
**incensar** *v* cense.
**incenso** *s* incense.
**incensório** *s* censer.
**incentivar** *v* spur.
**incentivo** *s* incentive.
**incerteza** *s* uncertainty, incertitude.
**incerto** *adj* uncertain.
**incessante** *adj* incessant, nonstop.
**incessantemente** *adv* forever.
**incesto** *s* incest.
**incestuoso** *adj* incestuous.
**inchaço** *s* swelling, lump.
**inchado** *adj* turgescent; bloated.
**inchar** *v* swell, intumesce; bulge; belly.
**incidental** *adj* incidental, accidental, circumstantial.
**incidente** *s* incident.
**incineração** *s* incineration.
**incinerador** *s* incinerator.
**incinerar** *v* incinerate.
**incipiente** *adj* incipient.
**incisão** *s* incision, cut; *Med* section.
**incisar** *v* incise.
**incisivo** *adj* incisive, cutting.
**incitação** *s* incitation.
**incitador** *adj* hortatory. | *s* fomenter.
**incitamento** *s* encouragement.
**incitar** *v* incite.
**incivilidade** *s* incivility.
**incivilizado** *adj* uncivilized.
**inclemente** *adj* inclement.
**inclinação** *s* incline, inclination; vocation.
**inclinado** *adj* apt (dado a).
**inclinar** *v* incline; bow (a cabeça ou o corpo), bend; tilt.
**inclinável** *adj* inclinable.
**incluir** *v* include, comprise.
**inclusão** *s* inclusion.
**inclusivo** *adj* inclusive; comprisable.
**incluso** *adv* herein.
**incoerência** *s* incoherence.
**incoerente** *adj* incoherent.
**incógnita** *s* incognito, incognita; *Mat* unknown.
**incógnito** *adj* e *s* incognito.
**incolor** *adj* colorless.
**incólume** *adj* safe; undamaged.
**incombustível** *adj* incombustible.
**incomensurável** *adj* incommensurable.
**incomodar** *v* incommode; trouble,disturb; annoy; bother.

**incômodo** *adj* uncomfortable. | *s* indisposition; discomfort, trouble; nuisance, bother.
**incomparável** *adj* incomparable.
**incompatibilidade** *s* incompatibility.
**incompatível** *adj* incompatible.
**incompetência** *s* incompetence; *Jur* disability.
**incompetente** *adj* incapable, unable.
**incompleto** *adj* incomplete, uncompleted; unfinished.
**incompreensão** *s* incomprehension.
**incompreensível** *adj* incomprehensible.
**incomputável** *adj* incomputable.
**incomum** *adj* uncommon, unusual.
**incomunicável** *adj* incommunicable.
**incomutável** *adj* incommutable.
**inconcebível** *adj* inconceivable.
**inconciliável** *adj* inappeasable.
**incondicional** *adj* unconditional.
**inconfesso** *adj* ulterior.
**inconformidade** *adj* inconformity.
**inconfundível** *adj* unmistakable.
**incongruência** *s* incongruity.
**incongruente** *adj* incongruent, incongruous.
**inconquistável** *adj* unconquerable, unattainable.
**inconsciência** *s* unconsciousness.
**inconsciente** *adj* unconscious; senseless; unwitting; unaware. | *s* unconscious.
**inconsequente** *adj* inconsequent.
**inconsiderado** *adj* inconsiderate.
**inconsistência** *s* inconsistency.
**inconsistente** *adj* inconsistent.
**inconsolável** *adj* inconsolable, disconsolate.
**inconstância** *s* inconstancy.
**inconstante** *adj* inconstant, changeable.
**inconstitucional** *adj* unconstitutional.
**incontável** *adj* uncountable, countless.
**incontestável** *adj* incontestable; unquestionable.
**incontinência** *s* incontinence.
**incontinente** *adj* incontinent.
**incontrolado** *adj* unchecked.
**incontrolável** *adj* uncontrollable.
**inconveniência** *s* inconvenience.
**inconveniente** *adj* unseemly. | *s* drawback.
**incorporação** *s* incorporation.
**incorporado** *adj* incorporate.
**incorporar** *v* incorporate; embody; consolidate (empresa).
**incorpóreo** *adj* incorporeal; immaterial.
**incorreção** *s* error.
**incorreto** *adj* incorrect; wrong; erroneous.
**incorrigível** *adj* incorrigible.
**incorruptível** *adj* incorruptible.
**incorrupto** *adj* incorrupt.
**incredulidade** *s* incredulity.
**incrédulo** *adj* incredulous; faithless. | *s* heathen.
**incrementar** *v* develop.
**incremento** *s* increment; increase.
**incriminação** *s* crimination.
**incriminar** *v* incriminate; criminate; charge, inculpate.
**incrível** *adj* incredible, unbelievable; awesome.
**incrustação** *s* incrustation.
**incrustar** *v* encrust.
**incubação** *s* incubation.
**incubadora** *s* incubator.
**incubar** *v* incubate.
**íncubo** *s* incubus.
**inculcar** *v* inculcate.
**inculto** *adj* uncultured. | *s* barbarian.
**incultura** *s* illiteracy.
**incumbência** *s* incumbency, task, charge.
**incumbir** *v* entrust.
**incurável** *adj* incurable; *Med* terminal.
**incursão** *s* incursion; foray.
**indagar** *v* ask, inquire; query, question.
**indébito** *adj* misbegotten.
**indecência** *s* indecency; obscenity.
**indecente** *adj* indecent. | *s* ribald.
**indecifrável** *adj* illegible.
**indecisão** *s* indecision.
**indeciso** *adj* undecided; dubious.
**indecoroso** *adj* indecorous.
**indefensável** *adj* untenable.
**indefeso** *adj* defenseless; unarmed.
**indefinição** *s* elusiveness.

I

**indefinido** *adj* indefinite.
**indefinível** *adj* indefinable.
**indelével** *adj* indelible, ineffaceable.
**indelicadeza** *s* indelicacy.
**indelicado** *adj* indelicate; unkind, rough.
**indenização** *s* indemnity.
**indenizar** *v* indemnify.
**indenizável** *adj* compensable.
**independência** *s* independence, independency.
**independente** *adj* independent; *Comp* stand-alone.
**indescritível** *adj* indescribable.
**indesculpável** *adj* inexcusable.
**indesejado** *adj* unwanted, uncalled-for.
**indesejável** *adj* undesirable.
**indestrutível** *adj* indestructible, indefeasible.
**indeterminação** *s* indetermination.
**indeterminado** *adj* indeterminate.
**indevidamente** *adv* unduly (excessivamente).
**indevido** *adj* undue.
**indexar** *v* index.
**Índia** *s* India.
**indiano** *adj* e *s* Indian.
**indicação** *s* indication; suggestion; *Comp* token.
**indicado** *adj* designate.
**indicador** *s* gauge.
**indicar** *v* indicate; denote.
**indicativo** *adj* indicative.
**índice** *s* table of contents; *tb Mat* index.
**indício** *s* clue, trace; sign.
**indiferença** *s* indifference.
**indiferente** *adj* indifferent, cold.
**indiferentemente** *adv* coldly.
**indígena** *adj* aboriginal.
**indigência** *s* indigence.
**indigente** *adj* needy. | *s* beggar.
**indigerível** *adj* indigestible.
**indigesto** *adj* indigested.
**indignação** *s* indignation; resentment.
**indignado** *adj* indignant; angry.
**indignar** *v* anger, revolt, incite.
**indignidade** *s* indignity.
**indigno** *adj* unworthy, worthless.
**índigo** *s* indigo (cor).
**índio** *adj* Indian. | *s* aborigine, Indian.
**indireto** *adj* indirect.
**indiscernível** *adj* indiscernible.
**indisciplina** *s* indiscipline.
**indisciplinado** *adj* unruly.
**indiscreto** *adj* indiscreet; imprudent.
**indiscrição** *s* indiscretion; imprudence.
**indiscriminação** *s* indiscrimination.
**indiscriminado** *adj* indiscriminate.
**indiscutível** *adj* unquestionable.
**indispensável** *adj* indispensable.
**indisponível** *adj* unavailable.
**indispor** *v* indispose.
**indisposição** *s* indisposition.
**indisposto** *adj* indisposed, unwell.
**indissolúvel** *adj* indissoluble.
**indistinguível** *adj* indistinguishable.
**indistintamente** *adv* dimly.
**indistinto** *adj* indistinct, umbrage.
**individual** *adj* individual, single.
**individualidade** *s* individuality.
**individualismo** *s* individualism.
**individualista** *adj* e *s* individualist.
**individualmente** *adv* singly.
**indivíduo** *s* individual.
**indivisibilidade** *s* oneness.
**indivisível** *adj* indivisible.
**indizível** *adj* unutterable.
**indócil** *adj* indocile.
**índole** *s* nature.
**indolência** *s* indolence.
**indolente** *adj* indolent; idle.
**indolor** *adj* painless.
**indomado** *adj* unbroken (cavalo).
**indomável** *adj* uncontrollable.
**indômito** *adj* undaunted, unruly.
**Indonésia** *s* Indonesia.
**indonésio** *adj* e *s* Indonesian.
**indubitável** *adj* undoubted.
**indução** *s* induction.
**indulgência** *s* indulgence.
**indulgente** *adj* indulgent.
**indulto** *s* pardon.
**indumentária** *s* costume.

**indústria** *s* industry.
**industrial** *adj* e *s* industrial.
**industrialismo** *s* industrialism.
**industrialização** *s* industrialization.
**industrializar** *v* industrialize.
**indutância** *s* inductance.
**indutivo** *adj* inductive.
**indutor** *s* inductor.
**induzir** *v* induce.
**ineficácia** *s* inefficacy.
**ineficaz** *adj* inefficacious; ineffective.
**ineficiência** *s* inefficiency.
**ineficiente** *adj* inefficient.
**inegável** *adj* undeniable.
**inelástico** *adj* inelastic.
**inelegibilidade** *s* ineligibility.
**inelegível** *adj* ineligible.
**inépcia** *s* bungle, ineptitude.
**inepto** *adj* inept. | *s* maladroit.
**inequívoco** *adj* unequivocal, unmistakable.
**inércia** *s* inertia.
**inerente** *adj* inherent.
**inerir** *v* inhere.
**inerte** *adj* inert.
**inescrupuloso** *adj* unscrupulous.
**inescrutável** *adj* inscrutable.
**inesgotável** *adj* unfailing.
**inesperadamente** *adv* unexpectedly.
**inesperado** *adj* unexpected, unforeseen.
**inesquecível** *adj* unforgettable.
**inestimável** *adj* inestimable, invaluable.
**inevitável** *adj* inevitable.
**inexatidão** *s* inaccuracy.
**inexato** *adj* inexact; inaccurate.
**inexistente** *adj* inexistent, wanting.
**inexorável** *adj* inexorable.
**inexperiência** *s* inexperience; rawness.
**inexperiente** *adj* inexperienced. | *s* tenderfoot, novice.
**inexplicável** *adj* inexplicable; unaccountable.
**inexpressivo** *adj* inexpressive; unmeaning (rosto).
**inexprimível** *adj* inexpressible.
**inexpugnável** *adj* inexpugnable.
**inextinguível** *adj* inextinguishable.
**inextricável** *adj* inextricable.
**infalível** *adj* infallible; unerring; unfailing.
**infamar** *v* dishonor.
**infame** *adj* infamous; odious; ignominious.
**infâmia** *s* infamy.
**infância** *s* infancy, childhood.
**infantaria** *s* infantry.
**infanticídio** *s* infanticide.
**infantil** *adj* infantile; childish.
**infantilidade** *s* childishness, boyishness.
**infantilismo** *s* infantilism.
**infatigável** *adj* indefatigable.
**infecção** *s* infection; taint.
**infeccionar** *v* infect.
**infeccioso** *adj* infectious.
**infectado** *adj* infected.
**infectar** *v* infect.
**infecundidade** *s* effeteness.
**infecundo** *adj* sterile; barren.
**infelicidade** *s* unhappiness, misfortune, infelicity.
**infeliz** *adj* unhappy, unfortunate, unlucky; miserable, distressful. | *s* wretch.
**inferência** *s* inference; consequence; corollary.
**inferior** *adj* inferior; lower; lesser; cheap.
**inferioridade** *s* inferiority.
**inferiorizar** *v* abase.
**inferir** *v* infer; deduce.
**infernal** *adj* infernal; hellish.
**inferno** *s* hell, inferno.
**infértil** *adj* infertile.
**infestar** *v* infest.
**infidelidade** *s* infidelity.
**infiel** *adj* unfaithful; disloyal. | *s Relig* unbeliever.
**infiltração** *s* infiltration.
**infiltrar** *v* infiltrate; seep (líquidos).
**ínfimo** *adj* undermost.
**infinidade** *s* infinity.
**infinitesimal** *adj* infinitesimal.
**infinitésimo** *adj* e *s* infinitesimal.
**infinitivo** *s* infinitive.
**infinito** *adj* e *s* infinite; endless; immeasurable; *Mat* infinite.
**inflação** *s* inflation.

**inflacionar** *v* inflate.
**inflacionário** *adj* inflationary.
**inflado** *adj* bloated, flatulent, tumid.
**inflamação** *s* inflammation.
**inflamado** *adj* inflammatory.
**inflamar** *v* inflame.
**inflamatório** *adj* inflammatory.
**inflamável** *adj* inflammable.
**inflar** *v* inflate; bloat.
**inflexão** *s* inflection.
**inflexibilidade** *s* inflexibility.
**inflexível** *adj* inflexible.
**infligir** *v* inflict.
**influência** *s* influence.
**influenciar** *v* influence.
**influenciável** *adj* accessible, flexible, impressionable.
**influente** *adj* influential.
**influir** *v* influence.
**influxo** *s* influx; inflow.
**informação** *s* information; intelligence.
**informado** *adj* informed; aware.
**informal** *adj* informal.
**informalidade** *s* informality.
**informante** *s* informer, informant.
**informar** *v* inform; report.
**informativo** *adj* informative.
**informe** *adj* unformed. | *s* report, statement.
**infortunado** *adj* unfortunate; unhappy.
**infortúnio** *s* misfortune; distress.
**infração** *s* infraction, infringement; *Jur* misfeasance.
**infrator** *s* infractor; defaulter.
**infravermelho** *adj* e *s* infrared.
**infrequente** *adj* far between.
**infringir** *v* infringe; infract.
**infrutífero** *adj* unfruitful, fruitless.
**infundado** *adj* unfounded, baseless.
**infundir** *v* infuse.
**infusão** *s* infusion.
**ingenuamente** *adv* ingenuously.
**ingenuidade** *s* ingenuousness.
**ingênuo** *adj* ingenuous.
**ingerir** *v* ingest.
**ingestão** *s* ingestion.
**Inglaterra** *s* England.
**inglês** *adj* English.| *s* English; Englishman.
**inglesa** *s* Englishwoman.
**ingovernável** *adj* ungovernable.
**ingratidão** *s* ingratitude.
**ingrato** *adj* ungrateful; unthankful, thankless. | *s* ingrate.
**ingrediente** *s* ingredient.
**íngreme** *adj* steep, sheer.
**ingressar** *v* enter.
**ingresso** *s* ticket (cinema, teatro); ingress; entry, entrance; admission.
**inhame** *s* yam.
**inibição** *s* inhibition.
**inibir** *v* inhibit.
**iniciação** *s* initiation.
**iniciado** *adj* e *s* initiate.
**inicial** *adj* e *s* initial.
**inicialização** *s* start-up.
**inicializar** *v* initialize, launch.
**inicialmente** *adv* initially.
**iniciante** *adj* e *s* beginner.
**iniciar** *v* initiate; begin, start; *tb Comp* launch.
**iniciativa** *s* initiative.
**início** *s* beginning, start.
**inigualável** *adj* unmatched.
**inimaginável** *adj* unthinkable.
**inimigo** *adj* e *s* enemy.
**inimitável** *adj* inimitable.
**inimizade** *s* enmity.
**ininteligente** *adj* unintelligent.
**ininteligível** *adj* inarticulate, incomprehensible.
**ininterrupto** *adj* ceaseless.
**iniquidade** *s* iniquity.
**injeção** *s* injection.
**injetar** *v* inject.
**injúria** *s* injury.
**injuriar** *v* outrage.
**injurioso** *adj* abusive, outrageous.
**injustamente** *adv* unfairly.
**injustiça** *s* injustice.
**injustificado** *adj* unwarranted.
**injustificável** *adj* unjustifiable.

**injusto** *adj* unjust, unfair; unrighteous; inequitable.
**inobservância** *s* inobservance.
**inocência** *s* innocence, innocency.
**inocentar** *v* acquit.
**inocente** *adj* e *s* innocent.
**inoculação** *s* inoculation.
**inocular** *v* inoculate.
**inócuo** *adj* innocuous.
**inodoro** *adj* inodorous, scentless.
**inofensivo** *adj* inoffensive; harmless.
**inoperante** *adj* inoperative.
**inoperável** *adj* inoperable.
**inoportuno** *adj* inopportune.
**inorgânico** *adj* inorganic.
**inospitaleiro** *adj* inhospitable.
**inóspito** *adj* inhospitable.
**inovação** *s* innovation; newness.
**inovador** *adj* innovative.
**inovar** *v* innovate.
**inoxidável** *adj* rustproof, stainless.
**inquebrável** *adj* unbreakable.
**inquérito** *s* inquiry; examination; *Jur* inquest.
**inquestionável** *adj* unquestionable; indisputable.
**inquietação** *s* unrest.
**inquietante** *adj* alarming.
**inquietar** *v* disquiet; disturb; alarm.
**inquieto** *adj* unquiet; uneasy; anxious.
**inquietude** *s* anxiety.
**inquilino** *s* tenant.
**inquiridor** *s* inquisitor.
**inquirir** *v* inquire; examine.
**inquisição** *s* inquisition.
**insaciável** *adj* insatiable, insatiate; unappeasable.
**insalubridade** *s* insalubrity.
**insanidade** *s* insanity.
**insano** *adj* insane. | *s* crazy.
**insatisfação** *s* dissatisfaction.
**insatisfatório** *adj* dissatisfactory.
**insatisfeito** *adj* dissatisfied.
**insaturado** *adj* unsaturated.
**inscrever** *v* inscribe; register; enroll, enlist.
**inscrição** *s* inscription; enrollment; registration, registry.
**insegurança** *s* insecurity.
**inseguro** *adj* insecure, unsafe.
**inseminação** *s* insemination.
**inseminar** *v* inseminate.
**insensatez** *s* foolishness; absurdity.
**insensato** *adj* insensate; foolish, unwise.
**insensibilidade** *s* apathy; cold-heartedness.
**insensibilizar** *v* dull.
**insensível** *adj* insensible; dull; unfeeling.
**insensivelmente** *adv* coldly, dully.
**inseparável** *adj* inseparable.
**inserção** *s* insertion; inset.
**inserir** *v* insert; introduce; implant.
**inseticida** *s* insecticide.
**inseto** *s* insect.
**insígnia** *s* emblem, badge.
**insignificância** *s* insignificance.
**insignificante** *adj* insignificant; unimportant.
**insinceridade** *s* insincerity.
**insincero** *adj* insincere.
**insinuação** *s* insinuation, hint.
**insinuante** *adj* insinuating.
**insinuar** *v* insinuate; hint.
**insipidez** *s* aridity.
**insípido** *adj* insipid, tasteless; flavorless.
**insistência** *s* insistence.
**insistente** *adj* insistent.
**insistir** *v* insist.
**insociável** *adj* unsociable.
**insolação** *s* sunstroke, insolation.
**insolência** *s* insolence.
**insolente** *adj* insolent; haughty.
**insólito** *adj* unusual.
**insolúvel** *adj* insoluble; insolvable.
**insolvência** *s* insolvency.
**insolvente** *adj* insolvent.
**insondável** *adj* fathomless; unsearchable.
**insone** *adj* sleepless.
**insônia** *s* insomnia.
**insosso** *adj* unsavory.
**inspeção** *s* inspection; survey; *Mil* review.
**inspecionar** *v* inspect.
**inspetor** *s* inspector; surveyor; overseer.

**inspetoria** *s* inspectorate.
**inspiração** *s* inspiration; afflatus (poética ou divina).
**inspirar** *v* inspire; inhale.
**instabilidade** *s* instability.
**instalação** *s* installation, installment.
**instalador** *s* installer.
**instalar** *v* install; settle.
**instância** *s* instance.
**instantaneamente** *adv* instantly.
**instantâneo** *adj* instantaneous. |*s* snapshot.
**instante** *s* instant, moment; second.
**instável** *adj* unstable, unsettled.
**instigação** *s* enticement.
**instigador** *s* enticer, exciter.
**instigar** *v* instigate; entice.
**instilar** *v* instill.
**instintivo** *adj* instinctive.
**instinto** *s* instinct; flair.
**institucional** *adj* institutional.
**instituição** *s* institution (educacional, filantrópica etc.); establishment.
**instituidor** *s* establisher.
**instituir** *v* institute.
**instituto** *s* institute.
**instrução** *s* instruction; education; tuition.
**instruído** *adj* educated; informed.
**instruir** *v* instruct; educate, school; train, coach (alunos, jogadores).
**instrumentação** *s* instrumentation.
**instrumental** *adj* instrumental.
**instrumento** *s* instrument; tool, implement; apparatus.
**instrutivo** *adj* instructive.
**instrutor** *s* instructor, teacher.
**insubordinação** *s* contumacy.
**insubordinado** *adj* e *s* insubordinate.
**insubstancial** *adj* insubstantial, unsubstantial.
**insucesso** *s* unsuccess, failure.
**insuficiência** *s* insufficiency; *Jur* disability.
**insuficiente** *adj* insufficient; inadequate; scanty.
**insulina** *s* insulin.
**insultante** *adj* abusive.
**insultar** *v* insult.
**insulto** *s* insult.
**insuperável** *adj* insuperable; insurmountable.
**insuportável** *adj* insupportable; unbearable.
**insurgir** *v* rebel.
**insurreição** *s* insurrection; rising.
**insuscetível** *adj* insusceptible.
**insuspeito** *adj* unsuspected.
**intacto** *adj* intact; entire.
**intangível** *adj* intangible.
**integração** *s* integration.
**integral** *adj* integral; unabridged (obra literária, texto). | *s Mat* integral.
**integrante** *adj* e *s* integral.
**integrar** *v* integrate.
**integridade** *s* integrity; completeness.
**íntegro** *adj* inviolate.
**inteiramente** *adv* entirely, all, altogether.
**inteirar** *v* fill in.
**inteiriço** *adj* entire.
**inteiro** *adj* entire; whole; intact; full; *Mat* round (número). | *s* whole.
**intelecto** *s* intellect.
**intelectual** *adj* e *s* intellectual.
**intelectualismo** *s* intellectualism.
**intelectualizar** *v* intellectualize.
**inteligência** *s* intelligence.
**inteligente** *adj* intelligent.
**inteligível** *adj* intelligible.
**intemperança** *s* intemperance.
**intenção** *s* intention; intent.
**intencionado** *adj* disposed.
**intencional** *adj* intentional; intended.
**intencionalmente** *adv* consciously.
**intendente** *s* bailiff.
**intensidade** *s* intensity, degree, depth (cor), intension, wave (pânico, terror etc.).
**intensificação** *s* intensification.
**intensificar** *v* intensify.
**intensivo** *adj* intensive.
**intenso** *adj* intense.
**intento** *s* intent, design, purpose.
**interação** *s* interaction.

**interagir** *v* interact.
**interativo** *adj* interactive.
**intercalação** *s* intercalation.
**intercalar** *v* intercalate.
**intercambiar** *v* interchange.
**intercâmbio** *s* interchange; intercourse (pessoas, grupos, países).
**interceder** *v* intercede.
**intercepção** *s* interception.
**interceptador** *s* intercepter.
**interceptar** *v* intercept.
**intercessor** *s* mediator.
**intercomunicação** *s* intercommunication.
**intercomunicar** *v* intercommunicate.
**interconexão** *s* interconnection.
**interdição** *s* interdiction; *Jur* interdict.
**interdisciplinar** *adj* interdisciplinary.
**interditar** *v* interdict.
**interessado** *adj* interested.
**interessante** *adj* interesting.
**interessar** *v* interest; concern.
**interesse** *s* interest; concern.
**interesseiro** *adj* mean.
**interface** *s* interface.
**interferência** *s* interference.
**interferir** *v* interfere.
**interfone** *s* intercom.
**ínterim** *s* interim, meantime.
**interino** *adj* interim.
**interior** *adj* interior; inner, inward; internal. | *s* interior; inland, upland (de um país).
**interjeição** *s* interjection.
**interligar** *v* interlink.
**interlocução** *s* interlocution.
**interlocutor** *s* interlocutor.
**interlúdio** *s* interlude.
**intermediar** *v* intermediate.
**intermediário** *adj* intermediate. | *s* intermediate, intermediary; broker.
**interminável** *adj* interminable; endless.
**intermitente** *adj* intermittent.
**internação** *s* internment.
**internacional** *adj* international.
**internacionalizar** *v* internationalize.
**internamente** *adv* within.
**internar** *v* intern.
**internato** *s* boarding school.
**internauta** *s* internaut.
**interno** *adj* internal; inside, inward. | *s* internee; inmate (especialmente em prisões e hospitais).
**interpelação** *s* compellation.
**interpessoal** *adj* interpersonal.
**interplanetário** *adj* interplanetary.
**interpolar** *v* interpolate.
**interpor** *v* interpose.
**interposição** *s* interposition.
**interposto** *adj* mediate.
**interpretação** *s* interpretation; rendition (de peça de teatro, *show*).
**interpretar** *v* interpret.
**interpretativo** *adj* interpretive.
**intérprete** *s* interpreter.
**inter-racial** *adj* interracial.
**inter-relacionar** *v* interrelate.
**interrogação** *s* interrogation.
**interrogador** *s* examiner, querist.
**interrogar** *v* interrogate.
**interrogativo** *adj* interrogative, interrogatory.
**interrogatório** *s* interrogatory; interrogation; inquiry.
**interromper** *v* interrupt, break; stop.
**interrompido** *adj* discontinuous.
**interrupção** *s* interruption; cessation; *tb Comp* timeout; shutdown (em uma operação, produção, ou fábrica).
**interruptor** *s* switch.
**interseção** *s* intersection.
**interstelar** *adj* interstellar.
**interstício** *s* interstice.
**interurbano** *adj* interurban.
**intervalo** *s* interval.
**intervenção** *s* intervention
**intervencionismo** *s* interventionism.
**intervir** *v* intervene.
**intestinal** *adj* enteric.
**intestino** *s* intestine, bowels.
**intimação** *s* citation.
**intimamente** *adv* closely, nearly.
**intimar** *v* cite.

**intimidade** *s* intimacy; closeness.
**intimidado** *adj* hangdog.
**intimidar** *v* intimidate.
**íntimo** *adj* intimate; inner; innermost, inmost; near, close; familiar. | *s* chummy.
**intitular** *v* entitle, title.
**intocável** *adj* untouchable.
**intolerância** *s* intolerance; impatience.
**intolerante** *adj* intolerant, impatient. | *s* bigot.
**intolerável** *adj* intolerable; unbearable, insupportable.
**intoxicação** *s* intoxication.
**intoxicar** *v* intoxicate.
**intragável** *adj* distasteful.
**intranquilo** *adj* uneasy.
**intransferível** *adj* unalienable.
**intransigência** *s* intransigence.
**intransigente** *adj* intransigent.
**intransitável** *adj* impassable.
**intransitivo** *adj* intransitive.
**intransponível** *adj* insurmountable.
**intratável** *adj* intractable; unapproachable.
**intrepidez** *s* courageousness, resolution.
**intrépido** *adj* intrepid; bold. | *s* daredevil.
**intricado** *adj* intricate.
**intriga** *s* intrigue, scheme.
**intrigante** *adj* quizzical, intriguing.
**intrigar** *v* intrigue; scheme.
**intrincado** *adj* complicated, complex.
**intrínseco** *adj* intrinsic.
**introdução** *s* introduction;.
**introdutório** *adj* introductory.
**introduzir** *v* introduce.
**intrometer** *v* intromit; meddle, intermeddle; intrude.
**intrometido** *adj* meddlesome. | *s* meddler.
**intromissão** *s* intromission.
**introspecção** *s* introspection.
**intrusão** *s* intrusion.
**intrusivo** *adj* intrusive.
**intruso** *adj* intrusive. | *s* meddler.
**intuição** *s* intuition; anticipation.
**intuitivo** *adj* intuitive.
**intumescência** *s* intumescence.
**intumescente** *adj* intumescent.
**intumescer** *v* intumesce, tumefy.
**inumerável** *adj* countless, numberless, innumerable, unnumbered.
**inundação** *s* inundation, flood; overflow.
**inundar** *v* inundate, flood; overflow.
**inútil** *adj* inutile; useless; worthless; unprofitable.
**inutilidade** *s* inutility.
**inutilização** *s* frustration.
**inutilizado** *adj* disabled.
**inutilizar** *v* frustrate.
**inutilmente** *adv* in vain.
**invadir** *v* invade.
**invalidação** *s* cancelation; *Jur* avoidance.
**invalidar** *v* invalidate; nullify, annul; *Jur* abate (mandato).
**invalidez** *s* disability, disablement.
**inválido** *adj* disabled; invalid. | *s* invalid.
**invariável** *adj* invariable; changeless.
**invariavelmente** *adv* invariably.
**invasão** *s* invasion.
**invasor** *s* raider.
**inveja** *s* envy.
**invejar** *v* envy.
**invejável** *adj* enviable.
**invejoso** *adj* envious.
**invenção** *s* invention.
**invencível** *adj* invincible; indomitable.
**inventado** *adj* made-up.
**inventar** *v* invent.
**inventariar** *v* inventory.
**inventário** *s* inventory.
**inventivo** *adj* inventive.
**invento** *s* device, gadget.
**inventor** *s* author.
**inverdade** *s* untruth.
**invernal** *adj* brumal.
**inverno** *s* winter.
**inversamente** *adv* contrariwise, conversely, counter.
**inversão** *s* inversion.
**inverso** *adj* e *s* inverse.
**invertebrado** *adj* e *s* invertebrate.
**inverter** *v* invert; reverse.

**invertido** *adj* backward. | *adv* backwards.
**investida** *s* charge, sally, attack; rush.
**investidor** *s* investor.
**investigação** *s* investigation.
**investigador** *adj* inquisitive. | *s* investigator, detective.
**investigar** *v* investigate.
**investimento** *s* investment.
**investir** *v* invest.
**inveterado** *adj* inveterate.
**inviável** *adj* unlikely.
**invicto** *adj* unbeaten.
**inviolado** *adj* inviolate.
**inviolável** *adj* inviolable.
**invisibilidade** *s* invisibility.
**invisível** *adj* invisible, unseen.
**invocação** *s* invocation; *Ret* apostrophe.
**invocar** *v* invoke.
**invólucro** *s* wrapper, covering; envelope; case, cover.
**involuntário** *adj* involuntary.
**invulgar** *adj* remarkable, unwonted, unusual.
**iodato** *s* iodate.
**iodo** *s* iodine (*símb* **I**).
**ioga** *s* yoga.
**iogurte** *s* yogurt.
**ioiô** *s* yo-yo.
**íon** *s* ion.
**ionosfera** *s* ionosphere.
**ir** *v* go; pass.
**ira** *s* anger; wrath, ire, rage.
**Irã** *s* Iran.
**irado** *adj* irate; angry.
**iraniano** *adj* e *s* Iranian.
**Iraque** *s* Iraq.
**iraquiano** *adj* e *s* Iraqi.
**irascível** *adj* irascible.
**iridescente** *adj* iridescent.
**íris** *s* iris.
**Irlanda** *s* Ireland.
**irlandês** *adj* e *s* Irish.
**irmã** *s* sister.
**irmanar** *v* fraternize.
**irmandade** *s* brotherhood, sisterhood; fraternity.
**irmão** *s* brother.
**ironia** *s* irony; sarcasm.
**irônico** *adj* ironic; sarcastic.
**irracional** *adj* irrational.
**irracionalidade** *s* unreason.
**irradiação** *s* irradiation; irradiance; radiation.
**irradiante** *adj* beamy.
**irradiar** *v* irradiate; radiate.
**irreal** *adj* unreal.
**irreconciliável** *adj* irreconcilable.
**irrecuperável** *adj* irretrievable.
**irrecusável** *adj* irrecusable.
**irredutível** *adj* irreducible.
**irrefletido** *adj* thoughtless; inconsiderate; unconsidered.
**irrefutável** *adj* irrefutable.
**irregular** *adj* irregular.
**irregularidade** *s* irregularity.
**irrelevância** *s* irrelevance.
**irrelevante** *adj* irrelevant.
**irremediável** *adj* irremediable.
**irreparável** *adj* irreparable.
**irrequieto** *adj* restless.
**irresistível** *adj* irresistible.
**irresoluto** *adj* irresolute.
**irresponsabilidade** *s* irresponsibility.
**irresponsável** *adj* irresponsible.
**irrestrito** *adj* unbounded.
**irreverência** *s* irreverence.
**irreverente** *adj* irreverent.
**irreversível** *adj* irreversible.
**irrevogável** *adj* irrevocable.
**irrigação** *s* irrigation.
**irrigador** *s* sprinkler.
**irrigar** *v* irrigate, water.
**irrisório** *adj* derisory, risible.
**irritação** *s* irritation, exasperation; itching, burning.
**irritadiço** *adj* short-tempered.
**irritado** *adj* angry, enraged.
**irritante** *adj* irritant, irritative.
**irritar** *v* irritate; anger.
**irritável** *adj* irritable.
**isca** *s* bait, lure.
**isenção** *s* exemption; immunity.

**isentar** *v* exempt, dispense; except.
**isentável** *adj* exemptible.
**isento** *adj* e *s* exempt
**islâmico** *adj* Islamic.
**islamismo** *s* Islam; *ofens* Islamism.
**islandês** *adj* e *s* Icelandic.
**Islândia** *s* Iceland.
**isolação** *s* detachment, insulation.
**isolado** *adj* alone. | *s* outsider.
**isolador** *s* insulator.
**isolamento** *s* remoteness, seclusion.
**isolante** *s* insulator.
**isolar** *v* isolate; *tb Eletr* insulate; quarantine (política ou economicamente).
**isopor** *s* foam.
**isóscele** *adj* isosceles.
**isqueiro** *s* lighter.
**israelense** *adj* e *s* Israeli.
**israelita** *adj* Israelite. | *s* Jewish, Israelite.
**isso** *pron demons* that.
**istmo** *s* isthmus.
**isto** *pron demons* this.
**Itália** *s* Italy.
**italiano** *adj* e *s* Italian.
**itálico** *adj* Italian; *Tip* italic, italics.
**item** *s* item, article.
**itinerante** *adj* e *s* itinerant.
**itinerário** *s* itinerary, route.
**Iugoslávia** *s* Yugoslavia.
**iugoslavo** *adj* e *s* Yugoslavian.

# Jj

**j** ou **J** *s* 10ª letra do alfabeto português.

**já** *adv* now, already, ever, yet.

**jabuti** *s* land turtle.

**jacaré** *s* alligator.

**jade** *s* jade.

**jaguar** *s* jaguar.

**jaleco** *s* jacket.

**Jamaica** *s* Jamaica.

**jamaicano** *adj* Jamaican.

**jamais** *adv* never.

**janeiro** *s* January.

**janela** *s* window

**jangada** *s* raft.

**jangadeiro** *s* rafter.

**jantar** *s* dinner. | *v* dine, have dinner.

**Japão** *s* Japan.

**japonês** *s e adj* Japanese.

**jaqueta** *s* jacket.

**jarda** *s* yard (unidade de medida equivalente a 914 mm).

**jardim** *s* garden.

**jardineiro** *s* gardener.

**jargão** *s* jargon.

**jarra** *s* flagon.

**jarro** *s* jar, jug.

**jasmim** *s* jasmine.

**jato** *s* jet; flush (ar, água).

**jaula** *s* cage.

**javali** *s* wild pig, boar.

**javanês** *adj* e *s* Javanese.

**jazer** *v* lie.

**jazida** *s* mine.

**jazigo** *s* tomb, grave.

**jazz** *s* jazz.

**jeito** *s* manner, tact, way.

**jeitoso** *adj* handy.

**jejuar** *v* fast.

**jejum** *s* fast.

**jérsei** *s* jersey.

**jesuíta** *s* Jesuit.

**jiboia** *s* boa constrictor.

**jingle** *s* jingle.

**jipe** *s* jeep.

**joalheiro** *s* jeweler.

**joalheria** *s* jeweler.

**joanete** *s* bunion.

**joaninha** *s* ladybug.

**joão-de-barro** *s* ovenbird.

**joão-ninguém** *s* nobody.

**joelheira** *s* kneecap, kneepad.

**joelho** *s* knee.

**jogada** *s* play, game; throw, hit, stroke, shot.

**jogar** *v* play; throw (atirar).

**jogatina** *s* gaming, gambling.

**jogging** *s* jogging.

**jogo** *s* game (atividade física ou mental); match, play; bet, gamble; set, equipment; *Mec* backlash, looseness.

**jogo da velha** *s* ticktacktoe.

**joia** *s* jewel.

**joio** *s* darnel; cockle, weed.

**jóquei** *s* jockey.
**Jordânia** *s* Jordan.
**jordaniano** *adj* e *s* Jordanian.
**jornada** *s* journey.
**jornal** *s* newspaper, paper, daily, journal, gazette.
**jornaleiro** *s* newsboy.
**jornalismo** *s* journalism.
**jornalista** *s* journalist, newsman.
**jornalístico** *adj* journalistic.
**jorrar** *v* jet, flash (água), flood, flow; shed (sangue, bebida etc.); spout, stream.
**jorro** *s* jet, flush, outflow, stream.
**jovem** *adj* young. | *s* youth, youngster.
**jovial** *adj* jovial, jolly, cheerful.
**jovialidade** *s* joviality, jollity, cheerfulness.
**juba** *s* mane.
**jubilado** *adj* emeritus.
**jubilante** *adj* jubilant, joyful.
**jubilar** *v* jubilate.
**jubileu** *s* jubilee.
**júbilo** *s* jubilation, gladness, glee.
**jubiloso** *adj* joyous, exultant, gleeful.
**judaico** *adj* Judaic.
**judaísmo** *s* Judaism.
**Judeia** *s* Judea.
**judeu** *s* Jew. | *Adj* Jewish.
**judia** *s pej* Jewess.
**judiar** *v* hurt; mock.
**judicial** *adj* judicial.
**judicioso** *adj* judicious.
**judô** *s* judo.
**judoca** *s* judoist.
**jugo** *s* yoke.
**jugular** *adj* jugular.
**juiz** *s* judge, *Esp* referee.
**juizado** *s* bench.
**juízo** *s* judgment, trial; wit, brain; sanity, sense, reason; estimate, estimation.
**julgado** *adj* adjudged.
**julgamento** *s* adjudication, judgment, verdict, trial; comment, criticism, thinking.
**julgar** *v* adjudge, judge, adjudicate; deem, estimate, imagine, guess, referee, regard, measure.
**julho** *s* July.
**jumento** *s* donkey, jack.
**junção** *s* junction, coupling, join, joint, juncture.
**junco** *s* reed.
**junho** *s* June.
**júnior** *adj* e *s* junior (*abrev* **jr.** ou **Jr.**).
**junta** *s* pair, yoke, team; *Anat* articulation; joint, hinge; committee.
**juntamente** *adv* along, both, herewith, together.
**juntar** *v* add; adjoin, join, get together.
**junto** *adj* joint. | *adv* close.
**Júpiter** *s* Jupiter.
**jura** *s* oath, vow. | *interj* indeed (surpresa ou ironia).
**jurado** *s* juror, juryman.
**juramento** *s* oath, word, curse.
**jurar** *v* swear, vow, pledge.
**jurássico** *adj* e *s* Jurassic.
**júri** *s* jury, panel.
**jurídico** *adj* juridical.
**jurisdição** *s* jurisdiction.
**jurisprudência** *s* jurisprudence.
**jurista** *s* jurisconsult, jurist.
**juro** *s* interest, profit.
**jus** *s* right.
**justamente** *adv* just, precisely, fairly, right.
**justapor** *v* juxtapose.
**justaposição** *s* juxtaposition.
**justar** *v* joust.
**justeza** *s* accuracy, exactitude.
**justiça** *s* justice, justness; equitableness, equity, right.
**justiçar** *v* execute.
**justificação** *s* justification; excuse.
**justificado** *adj* just.
**justificar** *v* justify; excuse.
**justificativa** *s* apology, warrant.
**justificável** *adj* justifiable.
**justo** *adj* fair, just; reasonable; rightful, exact, skintight (no corpo).
**juta** *s* jute.
**juvenil** *adj* juvenile, youthful.
**juventude** *s* youth, juvenility.

# Kk

**k** ou **K** *s* letra considerada como pertencente ao nosso alfabeto, mas que só é utilizada em nomes próprios estrangeiros e derivados, símbolos e abreviaturas de uso internacional, ou ainda em empréstimos cuja grafia aportuguesada é menos comum ou não foi devidamente estabelecida. | *abrev maiús* de **Kelvin**, *maiús Comp* de **Kilobyte**. | *símb Quím maiús* de **potassium**.
**kaiser** *s* kaiser, emperor.
**kamikaze** *s* kamikaze.
**kantiano** *adj* Kantian.
**karaokê** *s* karaoke
**kart** *s* kart.
**kelvin** *s* kelvin (*símb* **K**).
**ketchup** *s* ketchup, catchup, catsup.
**kibutz** *s* kibbutz
**kilowatt** *s* quilowatt (*símb* **kw**).
**Kiribati** *s* Kiribati.
**kit** *s* kit.
**kiwi** *s* kiwi.
**know-how** *s* know-how, technique, expertise, art.
**Kuait** *s* Kuwait.
**kuaitiano** *s* e *adj* Kwaitian.
**kung fu** *s* kung fu.

# Ll

**l** ou **L** *s* 11ª letra do alfabeto português.
**lá** *s Mús* la, A.
**lã** *s* wool.
**labareda** *s* blaze, flare.
**lábaro** *s* flag.
**labial** *adj* labial.
**lábio** *s* lip.
**labirinto** *s* labyrinth, maze.
**labor** *s* labor.
**laborar** *v* labor.
**laboratório** *s* laboratory, lab.
**labutar** *v* moil, toil.
**laçada** *s* loop.
**lacaio** *s* lackey.
**laçar** *v* lasso (animais); rope.
**laceração** *s* laceration.
**lacerar** *v* rend, tear.
**laço** *s* noose; tie, knot; trap; bond; lasso (para laçar animais).
**lacônico** *adj* laconic.
**lacraia** *s* centipede.
**lacrar** *v* seal.
**lacre** *s* seal.
**lacrimal** *adj* lachrymal.
**lacrimejar** *v* blear.
**lactação** *s* lactation.
**lactato** *s* lactate.
**lácteo** *adj* milky.
**lactose** *s* lactose.
**lacuna** *s* gap, lacuna.
**lacustre** *adj* lacustrine.
**ladainha** *s* litany.
**ladear** *v* surround; flank.
**ladeira** *s* slope; acclivity.
**ladino** *adj* astute.
**lado** *s* side, face, flank.
**ladra** *s* thief.
**ladrão** *s* thief, robber, burglar; shoplifter (de loja).
**ladrar** *v* bark, bay.
**ladrilhar** *v* tile.
**ladrilho** *s* tile.
**lagarta** *s* caterpillar, grub.
**lagartixa** *s* lizard.
**lagarto** *s* lizard.
**lago** *s* lake.
**lagoa** *s* lagoon.
**lagosta** *s* lobster.
**lagostim** *s* crawfish.
**lágrima** *s* tear.
**laguna** *s* lagoon.
**laico** *adj* laic, lay.
**laje** *s* flag, flagstone; slab.
**lajeado** *s* flagging.
**lajear** *v* flag.
**lajota** *s* slab.
**lama** *s* mud, mire, slime, slush.
**lamaçal** *s* slough; bog.
**lamacento** *adj* muddy, miry.
**lambada** *s* blow; stroke.
**lambão** *adj* slobbery. | *s* slobberer.
**lamber** *v* lick.

**lambida** *s* lick, lap.
**lambiscar** *v* nibble.
**lambreta** *s* scooter.
**lambris** *s* panel.
**lambuzar** *v* dirty, bedaub, daub.
**lameira** *s* slough, bog.
**lamentação** *s* lamentation.
**lamentar** *v* regret, lament, grieve, bemoan.
**lamentável** *adj* lamentable; deplorable.
**lamento** *s* lament; moan.
**lâmina** *s* blade; slat (de persiana etc.); slide (de microscópio).
**laminação** *s* lamination, milling.
**laminado** *adj* e *s* laminate.
**laminar** *v* laminate, mil, roll (metal); foliate (vidro).
**lâmpada** *s* lamp; light bulb (elétrica).
**lampadário** *s* chandelier.
**lamparina** *s* cresset.
**lampejar** *v* sparkle, glitter; flash, flare.
**lampejo** *s* flash; glitter.
**lampião** *s* lamp.
**lampreia** *s* catfish; lamprey (peixe).
**lamúria** *s* lamentation, complaint; wailing, whimpering.
**lamuriante** *adj* lamenting.
**lamuriar** *v* lament.
**lança** *s* spear, lance.
**lançadeira** *s* shuttle.
**lançador** *s* launcher.
**lançamento** *s* throw; release (livro, disco etc.).
**lançar** *v* cast, throw; launch; *Esp* shoot (futebol).
**lance** *s* cast, throw; bidding (leilão); *Esp* move.
**lancear** *v* lance.
**lanceiro** *s* lancer.
**lancetar** *v* lance.
**lancha** *s* launch, barge; speedboat (de corrida).
**lanche** *s* snack.
**lanchonete** *s* snack bar.
**lancinante** *adj* lancinating.
**languidez** *s* languidness, languor.
**lânguido** *adj* languid.
**lanolina** *s* lanolin, wool grease.
**lanoso** *adj* wooly.
**lantejoula** *s* spangle.
**lanterna** *s* lantern, lamp.
**lanterninha** *s* usher.
**lanugem** *s* wool.
**lapa** *s* cave, grotto; limpet (tipo de molusco).
**lapão** *s* Laplander.
**lapela** *s* lapel.
**lapidar** *v* cut.
**lápide** *s* gravestone, headstone, tombstone.
**lápis** *s* pencil.
**Lapônia** *s* Lapland.
**lapônio** *s* Laplander.
**lapso** *s* lapse; elapse (tempo).
**laquear** *v* lacquer, japan.
**lar** *s* home, house, household.
**laranja** *s* orange.
**laranjada** *s* orangeade.
**laranjal** *s* orangery.
**laranjeira** *s* orange.
**larápio** *s* filcher.
**lardear** *v* lard.
**lareira** *s* fireplace.
**largada** *s* start; getaway (corrida).
**largamente** *adv* abroad, wide.
**largar** *v* release, unhand (soltar); leave, quit (deixar).
**largo** *adj* broad, large, wide.
**largueza** *s* breadth, width.
**largura** *s* breadth, width.
**laringe** *s* larynx, voice box.
**laringite** *s* laryngitis.
**larva** *s* larva.
**lasca** *s* splinter, split; chip.
**lascar** *v* splinter, chip.
**lascívia** *s* lasciviousness; lubricity.
**lascivo** *adj* lascivious; lubricious.
**lassidão** *s* lassitude, languor.
**lasso** *adj* flabby, lax, washy.
**lástima** *s* compassion, pity; pain.
**lastimar** *v* deplore.
**lastimável** *adj* lamentable.
**lastimoso** *adj* weeping.
**lastrar** *v* ballast.

**lastro** *s* ballast.
**lata** *s* tin, can.
**latão** *s* brass.
**latejante** *adj* throbbing.
**latejar** *v* throb.
**latência** *s* latency.
**latente** *adj* latent.
**lateral** *adj* side, sideways, lateral. | *s* side, lateral.
**lateralmente** *adv* sideways.
**látex** *s* latex.
**laticínio** *s* dairy.
**latido** *s* bark, woof.
**latifúndio** *s* latifundium.
**latim** *s* Latin.
**latinismo** *s* Latinism.
**latinista** *s* Latinist.
**latinizar** *v* Latinize.
**latino** *adj* e *s* Latin.
**latir** *v* bark, bay, yelp.
**latitude** *s* latitude.
**latrina** *s* toilet.
**lauda** *s* sheet (papel).
**laudatório** *adj* laudatory.
**laudo** *s* certificate; *Jur* finding.
**lava** *s* lava.
**lavador** *s* washer.
**lavagem** *s* washing, wash.
**lavanda** *s* finger bowl; *Bot* lavender.
**lavanderia** *s* laundry.
**lavar** *v* wash.
**lava-rápido** *s* car wash.
**lavatório** *s* lavatory.
**lavável** *adj* washable.
**lavoura** *s* husbandry; tillage.
**lavra** *s* husbandry; fabrication; mine.
**lavrado** *adj* wrought.
**lavrador** *s* farmer, cultivator.
**lavrar** *v* cultivate, till (terra).
**laxante** *s* laxative.
**laxativo** *adj* laxative.
**laxo** *adj* lax.
**lazarento** *adj* leprous. | *s* leper.
**lazer** *s* leisure.
**leal** *adj* loyal, true, devoted, faithful. | *s* loyalist.
**lealdade** *s* loyalty, faith.
**leão** *s Zool* lion; *Astrol* e *Astron* Leo.
**leão-marinho** *s* sea lion.
**lebre** *s* rabbit, hare, bunny.
**lecionar** *v* teach.
**legação** *s* legation; legacy.
**legado** *s* heritage, legacy.
**legal** *adj* legal, lawful; *inform* right, nice, cool.
**legalidade** *s* legality, lawfulness.
**legalização** *s* legalization.
**legalizar** *v* legalize.
**legalmente** *adv* right, by rights.
**legenda** *s* legend (mapas ou fotos); caption (filme).
**legendar** *v* caption.
**legendário** *adj* legendary.
**legião** *s* legion.
**legionário** *adj* e *s* legionary.
**legislação** *s* legislation, law.
**legislador** *s* legislator, lawgiver.
**legislar** *v* legislate, constitute.
**legislativo** *adj* legislative.
**legislatura** *s* legislature.
**legista** *s* legist.
**legitimação** *s* legitimation.
**legitimado** *adj* legitimate.
**legitimar** *v* legitimate.
**legitimidade** *s* legitimacy.
**legítimo** *adj* legitimate, lawful, rightful; genuine, true.
**legível** *adj* legible, readable.
**légua** *s* league (medida de comprimento 4,828 km).
**legume** *s* vegetable, legume.
**leguminoso** *adj* leguminous.
**lei** *s* law, rule, legislation; jurisprudence; statute, bylaw.
**leiaute** *s* layout.
**leigo** *adj* laic, lay. | *s* secular, laic, layman.
**leilão** *s* auction, sale.
**leiloar** *v* auction.
**leiloeiro** *s* auctioneer.
**leitão** *s* shoat.
**leite** *s* milk.
**leiteiro** *s* milkman, dairyman.

**leiteria** *s* dairy.
**leito** *s* bed; bottom (rio).
**leitor** *s* reader; *Relig* lector.
**leitoso** *adj* milky.
**leitura** *s* reading.
**lema** *s* lemma, catchword; motto.
**lembrança** *s* recollection, recall; souvenir; keepsake, gift; memory, mind.
**lembranças** *s* regards (votos de felicidade).
**lembrar** *v* remember, recollect, recall; remind, admonish.
**lembrete** *s* reminder.
**leme** *s* helm, rudder; steerage, steering wheel.
**lenço** *s* handkerchief; scarf (de cabeça).
**lençol** *s* sheet.
**lenda** *s* legend, story, tale.
**lendário** *adj* legendary.
**lêndea** *s* nit.
**lenha** *s* firewood, wood.
**lenhador** *s* woodcutter, lumberjack.
**lenhar** *v* cut wood.
**lenhoso** *adj* woody.
**lenitivo** *adj* e *s* lenitive.
**lentamente** *adv* slowly, inch by inch.
**lente** *s* lens.
**lentidão** *s* slowness.
**lentilha** *s* lentil.
**lento** *adj* slow; lazy.
**leoa** *s* lioness.
**leonino** *adj* leonine. | *s Astrol* Leo.
**leopardo** *s* leopard.
**lépido** *adj* gay, cheerful; jolly.
**lepidóptero** *s* lepidopteran. | *adj* lepidopterous.
**leporino** *adj* leporine.
**lepra** *s* leprosy.
**leproso** *s* leper. | *adj* leprous.
**leque** *s* fan, fly.
**ler** *v* read, peruse; scan.
**lerdo** *adj* slow; doltish.
**lesado** *adj* injured, wounded, hurt; aggrieved; damaged.
**lesão** *s* lesion.
**lesar** *v* injure, wound, hurt; aggrieve; damage, harm.
**lésbica** *adj* lesbian.
**lesivo** *adj* injurious, prejudicial.
**lesma** *s* snail, slug. | *adj* sluggish.
**leste** *s* east.
**letal** *adj* lethal, deadly, fatal.
**letargia** *s* lethargy; lassitude.
**letárgico** *adj* lethargic; torpid.
**letra** *s* letter, character. • **letra maiúscula** capital letter. **letra minúscula** small letter.
**letrado** *adj* educated, lettered, literate. | *s* scholar.
**letreiro** *s* sign, placard.
**leucemia** *s* leukemia.
**leucócito** *s* leukocyte.
**leva** *s* batch.
**levado** *adj* naughty, mischievous.
**levantamento** *s* raise, uplift.
**levantado** *adj* erect, up, uplift.
**levantar** *v* lift, raise, elevate; stand, stand up; rise, come up; arise, get up, arouse.
**levante** *s* insurrection; east.
**levar** *v* carry, take, bear, bring; drive, ride; lead, guide.
**leve** *adj* light; slight; aerial, airy.
**levedar** *v* leaven.
**lêvedo** *s* yeast.
**levedura** *s* leaven, ferment, yeast.
**levemente** *adv* lightly.
**leveza** *s* lightness.
**leviandade** *s* levity.
**leviano** *adj* flighty, light, lightsome.
**levitação** *s* levitation.
**léxico** *s* lexicon.
**lexicografia** *s* lexicography.
**lhama** *s* llama.
**lhe** *pron* her, him, you.
**libanês** *adj* e *s* Lebanese.
**Líbano** *s* Lebanon.
**libelo** *s* libel.
**libélula** *s* dragonfly.
**líber** *s* bast.
**liberação** *s* liberation; release.
**liberal** *adj* liberal; openhanded, freehanded; broad, open-minded.

**liberalidade** *s* liberality; bounty; broad-mindedness.
**liberalismo** *s* liberalism.
**liberalizar** *v* liberalize.
**liberar** *v* set free; release (dívidas).
**liberdade** *s* liberty, freedom.
**Libéria** *s* Liberia.
**liberiano** *adj* e *s* Liberian.
**libertação** *s* liberation, release; discharge (preso); emancipation; remission.
**libertar** *v* free, liberate; discharge; emancipate; give free rein to; unchain, unlock.
**libertinagem** *s* debauchery.
**libertino** *adj* libertine, wanton. | *s* libertine.
**liberto** *adj* free.
**Líbia** *s* Libya.
**libidinagem** *s* lechery.
**libidinoso** *adj* libidinous, lecherous, lubricious.
**libido** *s* libido.
**líbio** *adj* e *s* Libyan.
**libra** *s* pound (unidade monetária e medida de peso); *maiús Astrol* Scales, *Astrol* e *Astron* Libra.
**libriano** *s* Libran.
**lição** *s* lesson, instruction.
**licença** *s* license, permission, permit; *tb Mil* leave.
**licenciar** *v* license, permit; *tb Mil* discharge, furlough.
**liceu** *s* lyceum.
**licitação** *s* bid, bidding.
**licitante** *s* bidder (leilão).
**licitar** *v* bid; auction.
**lícito** *adj* licit.
**licor** *s* liqueur, cordial.
**lidar** *v* deal; handle, use.
**líder** *s* leader, chief, head; commander; guide.
**liderança** *s* leadership, lead, guidance.
**liderar** *v* lead; guide; head.
**liga** *s* league; confederacy, confederation, federation.
**ligação** s ligation, ligature, joint; junction, connection, coupling; bond, tie; *tb Comp* link; *Tel* call.
**ligado** *adj* joint, connected; related; on, turned on.
**ligadura** *s* ligature; band, binder; bond.
**ligamento** *s* ligament.
**ligar** *v* tie, bind, fasten, bond, join, joint; attach, fix; *tb Comp* link, connect; alloy (metais); associate, relate, couple; *Tel* call; turn on (rádio, TV etc.).
**ligeiramente** *adv* lightly.
**ligeireza** *s* quickness, swiftness.
**ligeiro** *adj* quick, swift, fleet, agile; fast, speedy.
**lilás** *s* lilac, lavender (*Bot* e cor).
**lima** *s* file; lime (fruta).
**limão** *s* lemon.
**limar** *v* file.
**limbo** *s* limb.
**limeira** *s* lime.
**limiar** *s* threshold.
**limitação** *s* limitation; restriction.
**limitada** *adj* limited (tipo de empresa, *abrev* **Ltda.**).
**limitado** *adj* limited.
**limitar** *v* limit, bound.
**limite** *s* limit, border; boundary; landmark; termination (prazo, recursos).
**limítrofe** *adj* limitrophe.
**limo** *s* slime, ooze.
**limoeiro** *s* lemon.
**limonada** *s* lemonade.
**limpador** *s* cleaner; cleanser.
**limpar** *v* clean, cleanse.
**limpa-trilhos** *s* fender.
**limpeza** *s* cleanliness, cleanness.
**límpido** *adj* limpid.
**limpo** *adj* clean, neat.
**limusine** *s* limousine, limo.
**lince** *s* lynx, wildcat.
**linchamento** *s* lynching.
**linchar** *v* lynch.
**lindeza** *s* beauty.
**lindo** *adj* beautiful, fair, nice.
**linear** *adj* lineal, linear.
**linfático** *adj* lymphatic.
**lingote** *s* ingot.
**língua** *s* tongue; language (idioma).

L

**linguado** *s* sole.
**linguagem** *s* language.
**linguajar** *s* talk, speech.
**lingual** *adj* lingual.
**linguarudo** *adj* slanderous. | *s* chatterbox.
**lingueta** *s* pallet, tab, ratchet; tongue (calçado).
**linguiça** *s* sausage.
**linguista** *s* linguist.
**linguística** *s* linguistics.
**linha** *s* line; thread (costura); rank; lineament (face).
**linhaça** *s* linseed, flaxseed.
**linhagem** *s* lineage, ancestry; descent; race.
**linho** *s Bot* flax; linen (tecido).
**linóleo** *s* linoleum.
**linotipo** *s* Linotype.
**liquefação** *s* liquefaction.
**liquefazer** *v* liquefy, melt.
**liquidação** *s Fin* liquidation, settlement; sale, sellout, closeout (mercadorias).
**liquidar** *v* liquidate, pay off, settle (débitos).
**liquidez** *s* liquidity.
**liquidificação** *s* liquefaction.
**liquidificador** *s* blender.
**liquidificar** *v* liquefy.
**líquido** *adj* liquid; net (peso, lucro, preço). | *s* liquid, soak.
**lira** *s* lyre.
**lírico** *adj* lyric, lyrical.
**lírio** *s* lily.
**lirismo** *s* lyricism.
**liso** *adj* smooth; flat.
**lisonja** *s* flattery, cajolery, blandishment.
**lisonjeador** *s* cajoler.
**lisonjear** *v* flatter, cajole, adulate, blandish.
**lisonjeiro** *s* courtly.
**lista** *s* list, roll, roster; schedule; stripe, band.
**listra** *s* band, stripe, strip.
**listrado** *adj* striped; *Zool* fasciate.
**listrar** *v* stripe.
**lisura** *s* smoothness; sincerity, honesty.
**liteira** *s* litter.
**literal** *adj* literal, verbatim, matter-of-fact.
**literalmente** *adv* literally, verbatim.
**literário** *adj* literary.
**literato** *s* literate.
**literatura** *s* literature.
**litígio** *s* litigation.
**litigioso** *adj* litigious.
**lítio** *s* lithium (*símb* **Li**).
**litografia** *s* lithography.
**litoral** *s* seaside, seashore, coast, coastline, littoral.
**litorâneo** *adj* coastal.
**litosfera** *s* lithosphere.
**litro** *s* liter (unidade de medida de líquidos. *abrev* **l.**).
**liturgia** *s* liturgy.
**lívido** *adj* livid, ghastly, wan, white.
**livramento** *s* delivery, deliverance.
**livrar** *v* free; get rid of, disembarrass; discard; discharge.
**livraria** *s* bookshop, bookstore.
**livre** *adj* free; exempt; loose; vacant. | *s* exempt.
**livre-arbítrio** *s* free will.
**livreiro** *s* bookseller.
**livre-pensador** *adj* freethinking. | *s* freethinker.
**livre-pensamento** *s* freethinking.
**livro** *s* book; volume, tome.
**lixa** *s* sandpaper.
**lixar** *v* sandpaper, scrape.
**lixeira** *s* garbage can, waste basket.
**lixeiro** *s* garbage collector.
**lixo** *s* garbage, trash; refuse, waste; dirt.
**lobélia** *s* lobelia.
**lobisomem** *s* werewolf.
**lobo** *s* wolf.
**lobo do mar** *s* sailor.
**lóbulo** *s* lobe, lobule; lappet.
**locação** *s* rental, hire.
**locador** *s* lessor.
**local** *adj* local. | *s* place, site, premises.
**localidade** *s* locality, site.

**localização** *s* localization.
**localizar** *v* localize, locate.
**loção** *s* lotion.
**locar** *v* rent, hire, lease.
**locatário** *s* renter, tenant.
**locomoção** *s* locomotion.
**locomotiva** *s* engine, locomotive.
**locução** *s* locution.
**locutor** *s* speaker; announcer (rádio ou televisão).
**lódão** *s* lotus.
**lodo** *s* mud, mire, dirt; slime.
**lodoso** *adj* muddy, miry.
**logaritmo** *s* logarithm, log.
**lógica** *s* logic; coherence; *Mat* derivation.
**lógico** *adj* logical; rational; connected.
**logística** *s* logistics.
**logístico** *adj* logistic.
**logo** *adv* soon, next, immediately. | *conj* thefore, so.
**lograr** *v* deceive, cheat, swindle, delude; get, obtain, achieve, accomplish.
L
**logro** *s* swindle, fraud; bluff; achievement, accomplishment.
**loja** *s* shop, store, outlet.
**lojista** *s* shopkeeper, storekeeper.
**lombada** *s* back, spine (livro).
**lombar** *adj* lumbar.
**lombo** *s* back (animais); loin.
**lombriga** *s* worm.
**lona** *s* canvas.
**longamente** *adv* long.
**longe** *adv* far, far away; afield (casa, lar); wide (verdade, alvo etc.). | *adj* far, away, distant, remote.
**longevidade** *s* longevity.
**longínquo** *adj* far, distant, remote, out-of-the-way.
**longitude** *s* longitude.
**longitudinal** *adj* longitudinal.
**longo** *adj* long, lengthy (principalmente tempo).
**lontra** *s* otter.
**loquacidade** *s* chattiness, gab, verboseness.
**loquaz** *adj* loquacious, chatty; mouthy.
**lorde** *s* lord.
**lorota** *s* fib.
**losango** *s* lozenge, rhombus.
**lotado** *adj* crowded; full.
**lotar** *v* overcrowd; allot; calculate.
**lote** *s* lot, parcel; *tb Comp* batch.
**loteria** *s* lottery.
**loto, lótus** *s* lotus.
**louça** *s* dish, china.
**loucamente** *adv* madly, wild.
**louco** *adj* mad, crazy, maniac; *tb Jur* insane; *gír* nuts. | *s* crazy, maniac.
**loucura** *s* madness, craziness, *tb Jur* insanity; foolishness.
**louro** *adj* blond, fair, fair-haired; *Bot* laurel.
**lousa** *s* board, chalkboard, blackboard, slate.
**louva-a-deus** *s* mantis.
**louvar** *v* praise, laud, eulogize; bless.
**louvável** *adj* laudable.
**louvor** *s* praise, laud, eulogy; blessing.
**lua** *s* moon.
**lua de mel** *s* honeymoon.
**luar** *s* moonlight, moonshine.
**lubricidade** *s* lubricity.
**lúbrico** *adj* lubricious.
**lubrificação** *s* lubrification.
**lubrificante** *adj* lubricant. | *s* lubricant, lubricator; oil, grease; *Quím* dope.
**lubrificar** *v* oil, lubricate.
**lucidez** *s* clarity, lucidity.
**lúcido** *adj* lucid.
**lucrar** *v* profit, gain, bring in.
**lucrativo** *adj* profitable, lucrative, gainful; advantageous.
**lucro** *s* profit, gain, lucre; advantage; dividend.
**ludibriar** *v* deceive, cheat, trick.
**lufada** *s* flurry, gust.
**lugar** *s* place, space, room; site; seat; station, standing, post (social, moral).
**lugar-comum** *s* commonplace.
**lugarejo** *s* hamlet.
**lúgubre** *adj* lugubrious, dismal, dreary; dire, direful, eerie.

**lula** *s* squid.
**lume** *s* fire; light.
**luminária** *s* lamp; luminary; illuminant.
**luminescência** *s* luminescence.
**luminescente** *adj* luminescent.
**luminosidade** *s* luminosity.
**luminoso** *adj* luminous, bright, lambent, lightsome.
**lunação** *s* lunation.
**lunar** *adj* lunar, moony.
**lunático** *adj* lunatic, moony. | *s* lunatic.
**luneta** *s* spyglass; *Arq* lunette.
**luniforme** *adj* crescent.
**lupa** *s* magnifier, magnifying glass.
**lúpulo** *s* hop.
**lusco-fusco** *s* twilight.
**lusitano** *adj* e *s* Lusitanian, Portuguese.
**luso** *adj* e *s* Lusitanian, Portuguese.
**lustrador** *s* polisher, burnisher.
**lustrar** *v* polish, shine, luster, gloss.
**lustre** *s* chandelier; luster.
**lustro** *s* polish, gloss, luster, sheen.
**lustroso** *adj* shiny, lustrous, glossy.
**luta** *s* fight, contest, combat; conflict, war, battle; struggle, scramble; duel.
**lutador** *s* fighter.
**lutar** *v* fight, contend; wrestle; struggle.
**luterano** *adj* e *s* Lutheran.
**luto** *s* mourning.
**lutuoso** *adj* mournful.
**luva** *s* glove.
**luxação** *s* strain, luxation.
**luxar** *v* luxate.
**luxo** *s* luxe, luxury.
**luxuoso** *adj* luxurious; gala.
**luxúria** *s* luxury, lechery, lust.
**luxuriante** *adj* luxuriant; luscious; lush.
**luxurioso** *adj* luxuriant; lecherous, lustful; lusty.
**luz** *s* light; lighting.
**luzidio** *adj* bright, shining.
**luzir** *v* shine; fire; fulgurate, gleam.

# Mm

**m** ou **M** *s* 12ª letra do alfabeto português.
**má** *adj* bad.
**maçã** *s* apple.
**maca** *s* stretcher.
**macabro** *adj* macabre.
**macaco** *s* ape, monkey.
**maçaneta** *s* knob, doorknob, handle.
**maçante** *adj* boring, dull, tedious.
**macaquear** *v* ape, monkey, mimic, mock.
**maçarico** *s* torch; *Zool* curlew.
**macarrão** *s* pasta.
**Macedônia** *s* Macedonia.
**macedônio** *adj* e *s* Macedonian.
**macerar** *v* macerate.
**maceta** *s* drumstick.
**macetar** *v* ram.
**macete** *s* mallet, beetle.
**machadada** *s* chop.
**machadinha** *s* small ax, hatchet.
**machado** *s* ax.
**machão** *s* e *adj* macho.
**machismo** *s* machismo.
**macho** *adj* male, masculine. | *s* male.
**machucado** *s* wound, bruise.
**machucar** *v* wound, bruise.
**maciço** *adj* blocky, compact, solid, massive.
**macieira** *s* apple tree.
**maciez** *s* softness.
**macilento** *adj* cadaverous, lean.
**macio** *adj* soft, smooth, fluffy.
**maço** *s* bunch, sheaf (papel etc.).
**maçom** *s* freemason; mason.
**maçonaria** *s* freemasonry; masonry.
**maconha** *s* marijuana, hemp, *gír* grass, weed.
**maçônico** *adj* Masonic.
**má-criação** *s* rudeness, discourtesy.
**macrobiótica** *s* macrobiotics.
**macrocosmo** *s* macrocosm.
**mácula** *s* macula, stain, taint.
**maculado** *adj* maculate.
**macular** *v* maculate, stain.
**Madagáscar** *s* Madagascar.
**madagascarense** *s* Madagascan.
**madame** *s* Madam.
**madeira** *s* wood, timber.
**madeiramento** *s* framework.
**madeixa** *s* forelock; skein.
**madrasta** *s* stepmother.
**madre** *s* mother.
**madrepérola** *s* mother-of-pearl, nacre.
**madressilva** *s* honeysuckle, woodbine.
**madrinha** *s* godmother.
**madrugada** *s* early morning.
**madrugador** *s* early riser, *inform* early.
**madrugar** *v* get up early in the morning.
**madurar** *v* mature; ripen (fruta).
**maduro** *adj* mature; ripe, mellow (fruta).
**mãe** *s* mother.
**maestria** *s* mastery, artistry.
**maestro** *s* maestro, conductor.

**má-fé** *s* duplicity.
**magazine** *s* department store; magazine.
**magia** *s* magic, enchantment, sorcery, spell, wizardry.
**mágica** *s* magic.
**mágico** *adj* magical, magic; weird. | *s* magician.
**magistério** *s* mastership.
**magistrado** *s* magistrate, judge.
**magistral** *adj* master, masterly.
**magistratura** *s* magistracy, judgeship.
**magma** *s* magma.
**magnânimo** *adj* magnanimous, noble (nobre de espírito).
**magnata** *s* magnate.
**magnésio** *s* magnesium (*símb* **Mg**).
**magnético** *adj* magnetic.
**magnetismo** *s* magnetism.
**magnetita** *s* magnetite.
**magnetização** *s* magnetization.
**magnetizador** *s* magnetizer.
**magnetizar** *v* magnetize.
**magneto** *s* magnet.
**magnificação** *s* magnification.
**magnificar** *v* exaggerate.
**magnificência** *s* magnificence.
**magnificente** *adj* magnificent, grand.
**magnífico** *adj* magnific, great.
**magnitude** *s* amplitude, magnitude, greatness.
**magnólia** *s* magnolia.
**mago** *s* sorcerer, wizard; magus (cada um dos três Reis Magos que visitaram Jesus ao nascer).
**mágoa** *s* affliction, heartache, wound, bruise, hurt, sore.
**magoado** *adj* aggrieved, sorrowful.
**magoar** *v* hurt, bruise, wound, pain.
**magreza** *s* slimness, leanness.
**magricela** *adj* scraggy, skinny, lanky.
**magro** *adj* slim, lean, thin.
**maio** *s* May.
**maiô** *s* bathing suit, swimsuit.
**maionese** *s* mayonnaise.
**maior** *adj gr comp* larger, higher, bigger, greater. | *adj gr super* largest, highest, biggest, greatest; ultimate, major. | *s* major.
**maioral** *s* chief, boss, the head.
**maioria** *s* majority.
**maioridade** *s* adulthood, majority.
**mais** *adj* more, else. | *adv* more, most.
**maisena** *s* cornstarch.
**maiúsculo** *adj* capital.
**majestade** *s* majesty.
**majestoso** *adj* majestical, august, kingly.
**major** *s* major.
**mal** *adj* bad, evil; ill. | *adv* badly; wrongly; hardly, scarcely, little. | *s* bad, evil; ill; harm; trouble.
**mala** *s* suitcase, bag, grip.
**malabarismo** *s* jugglery.
**malabarista** *s* juggler; acrobat.
**mal-afamado** *adj* infamous, disreputable.
**mal-agradecido** *adj* ungrateful, unthankful.
**malaio** *adj* e *s* Malay.
**malandragem** *s* roguery, trickery.
**malandro** *s* rogue, scoundrel, drone, rascal; vagrant.
**malária** *s* malaria.
**Malásia** *s* Malaysia.
**mal-assombrado** *adj* spooky.
**Malauí** *s* Malawi.
**malauiano** *adj* e *s* Malawian.
**mal-aventurado** *adj* unfortunate, unlucky, unhappy.
**malcheiroso** *adj* stinking, malodorous, smelly.
**malcriado** *adj* rude, underbred, ill-bred, ill-mannered. | *s* cad.
**maldade** *s* badness, wickedness, evil, malice, malignity.
**maldição** *s* curse, execration, imprecation, *inform* cuss.
**maldito** *adj* damned, accursed, cursed.
**maldizer** *v* curse, backbite, damn, slander.
**maldosamente** *adv* badly.
**maldoso** *adj* bad, wicked, evil-minded, spiteful, malevolent.
**maleabilidade** *s* ductility, malleability.

**maleável** *adj* limber, lithe, lithesome; ductile, flexible, malleable; mild, soft.
**maledicência** *s* slander, calumny, tale.
**maledicente** *s* backbiter, slanderer.
**mal-educado** *adj* rude, slob, caddish, impolite, underbred.
**malefício** *s* hurtfulness, harmfulness.
**maléfico** *adj* maleficent, malefic, evil.
**maleita** *s* malaria, paludism.
**mal-entendido** *s* misunderstanding. | *adj* misunderstood
**mal-estar** *s* malaise, discomfort, sickness; unrest.
**maleta** *s* handbag, valise.
**malevolência** *s* malevolence.
**malevolente** *adj* malevolent, malicious, spiteful.
**malévolo** *adj* spiteful, malicious.
**malfadado** *adj* e *s* unfortunate.
**malfeito** *adj* slipshod; deformed; bad, evil.
**malfeitor** *s* evildoer, wrongdoer.
**malgrado** *prep* in spite of.
**malha** *s* jumper, tricot; net, mesh (rede, peneira etc.).
**malhado** *adj* brindled, dapple, tabby (gato).
**malhar** *v* thrash, thresch.
**malho** *s* sledgehammer, mallet, hammer.
**mal-humorado** *adj* bad-tempered, ill-humored, bilious, sour.
**Mali** *s* Mali.
**malícia** *s* malice, spite.
**maliciar** *v* misconstrue, misinterpret.
**malicioso** *adj* malicious; wanton, catty; guileful, sly.
**maligno** *adj* baleful, evil-minded, maleficent, malign, wicked; malignant.
**malinês** *adj* e *s* Malian.
**mal-intencionado** *adj* evil-minded.
**malogrado** *adj* unsuccessful, frustrated.
**malograr** *v* frutrate, fail, balk, disconcert.
**malogro** *s* frustration, failure, balk, failing.
**malpassado** *adj* underdone, rare (carne).
**malquerença** *s* animus, animosity, ill will.
**malquerer** *v* hate. | *s* dislike.
**malsucedido** *adj* unsuccessful.
**Malta** *s* Malta.
**malte** *s* malt.
**maltês** *adj* e *s* Maltese.
**maltose** *s* maltose.
**maltrapilho** *s* ragamuffin, tatterdemalion. | *adj* ragged, tattered.
**maltratar** *v* maltreat, mistreat, misuse, bully.
**maltrato** *s* maltreatment, misuse.
**maluco** *adj* crazy, mad, nutty, wacky. | *s* crazy; cuckoo, nut case, madcap.
**maluquice** *s* madness, craziness.
**malva** *s* mallow.
**malvadeza** *s* perversity, wickedness.
**malvado** *s* devil. | *adj* evil, ill, spiteful, mean.
**malvisto** *adj* disliked; infamous, disreputable; suspected.
**mama** *s* mamma, breast; udder.
**mamadeira** *s* bottle.
**mamãe** *s* mammy, mamma, mom, mummy.
**mamão** *s* papaya.
**mamar** *v* suck, suckle; *gír* get drunk.
**mamário** *adj* mamary.
**mamata** *s* shady business, swindle; *gír* a piece of cake.
**mamífero** *s* mammal. | *adj* mammiferous.
**mamilar** *adj* mammilary.
**mamilo** *s* nipple, teat, mammila.
**mamona** *s* castor-oil plant, castor bean.
**mamute** *s* mammoth.
**mana** *s* sister.
**manada** *s* drove, flock, herd.
**manancial** *s* well, fount, fountainhead, spring.
**mancada** *s* goof, blunder.
**mancal** *s* bearing, pillow.
**mancar** *v* hobble, halt, limp; fail, err.
**mancha** *s* spot, stain, smudge, blot, blur, smear, stain, taint, tarnish; dishonor, disrepute; dapple (animal).
**manchado** *adj* stained, blurry, spotty; maculate; dapple (animal).

**manchar** *v* spot, stain, blot; dirty, defile; imbue, dye; stain, taint, maculate; dishonor, discredit.
**manchete** *s* headline, catchword.
**manco** *adj* lame, game, halting; imperfect, defective, faulty; mutilated, crippled. | *s* lame person, cripple.
**mandachuva** *s gír* bigwig, bigshot.
**mandado** *s* behest, charge, decree; *Jur* injunction, warrant, writ.
**mandala** *s* mandala.
**mandamento** *s* commandment; prescription, rule; order, command. • **Os Dez Mandamentos** The Ten Commandments.
**mandante** *s* boss; instigator. | *adj* commanding.
**mandão** *adj* bossy. | *s* despot, opressor.
**mandar** *v* order, comand, rule, govern; boss; send, emit.
**mandarim** *s* Mandarin.
**mandatário** *s* mandatory.
**mandato** *s* command; *Jur* mandate.
**mandíbula** *s* jaw, mandible.
**mandinga** *s* sorcery, witchcraft.
**mandioca** *s* manioc, cassava.
**mando** *s* command; power, authority.
**mandrágora** *s* mandragora, mandrake.
**mandrião** *adj* lazy, indolente, idle. | *s* lazybones, idler.
**mandril** *s* broach, reamer, mandrel; mandrill, large baboon.
**mandrilar** *v* broach, ream.
**maneira** *s* way, manner, mode; method; fashion; style.
**maneiroso** *adj* well-mannered, polite, mannerly.
**manejar** *v* handle, manipulate; manage; work.
**manejável** *adj* manageable.
**manejo** *s* management; handling, manipulation; use.
**manequim** *s* manikin, mannequin; model, dummy.
**maneta** *adj* one-handed.
**manga** *s* mango; sleeve (camisa).
**manganato** *s* manganate.
**manganês** *s* manganese. (*símb* **Mn**).
**mangar** *v* joke, cheat; delay, retard, slow.
**mangue** *s* mangrove; marsh.
**mangueira** *s* hose; *Bot* mango.
**manha** *s* craft, ability; ruse; slyness, malice; whining, crying of child.
**manhã** *s* morning, forenoon.
**manhoso** *adj* sly, foxy, crafty; smart, clever; furtive; wily; whining.
**mania** *s* mania, cacoethes; eccentricity, quirk; obsession; fad.
**maníaco** *adj* e *s* maniac; eccentric.
**manicômio** *s* madhouse.
**manicure** *s* manicurist.
**manifestação** *s* manifestation; demonstration; expression; sign.
**manifestante** *s* demonstrator.
**manifestar** *v* manifest, demonstrate; express; declare.
**manifesto** *adj* visible, manifest, evident, obvious. | *s* manifest, manifesto, enunciation.
**manipulação** *s* manipulation, handling.
**manipulador** *s* handler.
**manipular** *v* handle, manipulate; maneuver; work.
**manivela** *s* crank.
**manjar** *s* dainty, delicacy; custard, pudding. | *v* eat; observe, spy; understand, comprehend.
**manjedoura** *s* manger.
**manjericão** *s* basil.
**manjerona** *s* marjoram.
**mano** *s* brother.
**manobra** *s* maneuver.
**manobrar** *v* maneuver; manipulate; *Náut* fetch, shunt (trens).
**manobrista** *s* maneuverer.
**manômetro** *s* manometer.
**manopla** *s* handle.
**manquejar** *v* limp, hobble, lame.
**mansão** *s* mansion.
**mansidão** *s* serenity, tranquillity; docility.
**manso** *adj* docile; quiet; tame; meek.
**manta** *s* blanket, shawl, wrap.

**manteiga** *s* butter.
**mantenedor** *s* maintainer.
**manter** *v* maintain, keep; hold (cargo, posição); uphold; support.
**mantimento** *s* food, provisions, supply; maintenance.
**manto** *s* mantle, cloak, robe.
**mantra** *s* mantra.
**manual** *adj* manual; easily handled. | *s* manual, handbook.
**manualmente** *adv* manually, by hand.
**manufatura** *s* manufacture, make, making; manufactory, fabric; manual labour.
**manufaturado** *adj* manufactured; handmade.
**manufaturar** *v* manufacture, fabricate, make.
**manuscrever** *v* autograph.
**manuscrito** *adj* autograph. | *s* manuscript; script.
**manusear** *v* handle.
**manuseio** *s* handling.
**manutenção** *s* maintenance, sustenance, support; service, upkeep.
**mão** *s Anat* hand; *Zool* forefoot; domination; coat of paint; lateral direction; each of the directions of the traffic; side, part; help, assistance; style, touch.
**mão-aberta** *s* prodigal, spendthrift; generous person.
**mão-cheia** *s* handful.
**maometano** *s* Muslim, Moslem.
**mapa** *s* map, chart.
**mapear** *v* map.
**maquete** *s* maquette.
**maquiado, maquilado** *adj* made-up.
**maquiagem** *s* make-up, maquillage.
**maquiar** *v* make up, paint.
**maquiavélico** *adj* Machiavellian.
**maquilagem** *s* make-up, maquillage.
**maquilar** *v* make up, paint.
**máquina** *s* machine; engine, motor; car, automobile; locomotive; automaton.
**maquinação** *s* conspiracy, machination.
**maquinador** *s* contriver.
**maquinar** *v* machinate, conspire, contrive, scheme; excogitate.
**maquinaria** *s* machinery, hardware.
**maquinário** *s* machinery, hardware.
**maquinista** *s* engineer, operator; wagoner, locomotive driver.
**mar** *s* sea, ocean; immensity.
**maracujá** *s* passion fruit.
**marajá** *s* maharaja, maharajah.
**marasmo** *s* downbeat, apathy, indifference.
**maratona** *s* marathon.
**maravilha** *s* wonder, marvel, wonderment, miracle.
**maravilhar** *v* wonder, marvel; enrapture, entrance; amaze, astonish.
**maravilhoso** *adj* wonder, wonderful, wondrous, marvelous; amazing, wondering
**marca** *s* mark; character, sign; seal, stamp; scar; *Comp* tag; boundary, limit; clothes mark; brand; track, trail.
**marcação** *s* marking; reading.
**marcado** *adj* marked; deceitful.
**marcador** *s* marker (pessoa ou instrumento); scoreboard.
**marcante** *adj* oustanding.
**marca-passo** *s* pacemaker.
**marcar** *v* mark; beat (tempo); dial (em mostrador); read; trace; score.
**marcassita** *s* marcasite.
**marcenaria** *s* joinery.
**marceneiro** *s* joiner, cabinetmaker.
**marcha** *s* march, movement, walk, gait, hike, pace; *Autom* gear.
**marchar** *v* march, troop.
**marchetar** *v* inlay, incrust, enchase; veneer.
**marcial** *adj* martial, military.
**marciano** *adj* e *s* Martian.
**marco** *s* mark; bound, boundary; monument, landmark.
**março** *s* March.
**maré** *s* tide; opportunity, occasion, disposition.
**mareado** *adj* seasick.

**mareante** *s* sailor, mariner, navigator.
**marear** *v* steer a ship; make seasick.
**marechal** *s* marshal.
**marejar** *v* trickle, ooze; exude; cover with tears.
**maremoto** *s* seaquake.
**maresia** *s* corrosive sea air; *gír* smell of the marijuana.
**marfim** *s* ivory.
**marfinense, marfiniano** *adj* e *s* Ivorian.
**margarida** *s* daisy.
**margarina** *s* margarine.
**margear** *v* marginate, edge, rim; border.
**margem** *s* margin; edge, rim; verge, border; side; shore, bank; limit, borderline.
**marginal** *adj* e *s* marginal.
**marginalidade** *s* marginality; criminality.
**marginar** *v* border, margin; make marginal notes (livro).
**maricas** *s* sissy, pansy; coward, chicken.
**marido** *s* husband, *inform* man.
**marimba** *s* marimba.
**marimbondo** *s* hornet.
**marinada** *s* marinade.
**marinha** *s* marine, navy.
**marinheiro** *s* sailor, seaman, mariner.
**marinho** *adj* marine.
**marionete** *s* marionette, puppet.
**mariposa** *s* moth; prostitute.
**mariscar** *v* clam.
**marisco** *s* shellfish.
**marítimo** *adj* marine; maritime.
**marmelada** *s* quince jam; advantage, bargain.
**marmelo** *s* quince.
**marmita** *s* pot.
**mármore** *s* marble.
**marmóreo** *adj* marble.
**marmota** *s* marmot.
**maroto** *adj* shifty; waggish; artful.
**marquês** *s* marquis.
**marquesa** *s* marchioness.
**marreco** *s* drake, duck, teal.
**marreta** *s* maul, sledgehammer, beetle.
**marretar** *v* beat, strike; flub.
**marreteiro** *s* hawker, huckster.
**Marrocos** *s* Morocco.
**marrom** *adj* brown.
**marroquino** *adj* e *s* Moroccan.
**marsupial** *adj* marsupial.
**marta** *s* marten, mink.
**Marte** *s* Mars.
**martelada** *s* blow, stroke.
**martelar** *v* hammer; batter, thump; drum; *fig* insist.
**martelo** *s* hammer, beetle.
**martim-pescador** *s* kingfisher, martin.
**mártir** *s* martyr; sufferer.
**martírio** *s* martyrdom.
**martirizar** *v* martyr, martyrize.
**marujo** *s* sailor, salt.
**marulhar** *v* surge, toss, ripple.
**marxismo** *s* Marxism.
**mas** *conj* but, only. | *adv* indeed, yes.
**mascar** *v* chew, chomp, chump, mumble.
**máscara** *s* mask. • **baile de máscaras** masquerade.
**mascarado** *s* masker.
**mascarar** *v* mask, masquerade; dissemble.
**mascate** *s* huckster, hawker, peddler.
**mascatear** *v* hawk, peddle.
**mascavo** *adj* unrefined.
**mascote** *s* mascot.
**masculinidade** *s* masculinity, manhood.
**masculinizado** *adj* mannish.
**masculino** *adj* male, masculine.
**másculo** *adj* manful, masculine.
**masmorra** *s* dungeon.
**masoquismo** *s* masochism.
**má sorte** *s* bad luck.
**massa** *s* pasta, pastry, dough (pastel, bolo etc.); crowd, multitude; *Fís* mass; paste; bulk.
**massacrar** *v* massacre, slaughter.
**massacre** *s* massacre, slaughter.
**massagear** *v* massage.
**massagem** *s* massage.
**massagista** *s* *masc* masseur, *fem* masseuse.
**mastigação** *s* chew, mastication.

**mastigar** *v* chew, masticate.
**mastim** *s* mastiff.
**mastodonte** *s* mastodon.
**mastrear** *v* rig.
**mastro** *s* mast; flagpole, staff (bandeira).
**masturbação** *s* masturbation.
**masturbar** *v* masturbate.
**mata** *s* wood, forest.
**mata-borrão** *s* blotter.
**mata-burro** *s* cattle guard.
**matador** *s* killer, cutthroat, slayer.
**matadouro** *s* slaughterhouse.
**matagal** *s* brushwood, bush, scrub.
**mata-moscas** *s* swatter.
**matança** *s* killing; massacre, bloodshed; slaughter, butchery.
**matar** *v* kill, slay.
**mate** *s* checkmate; maté, Paraguay tea.
**matemática** *s* mathematics, math.
**matemático** *adj* mathematical. | *s* mathematician.
**matéria** *s* matter; substance, material; contents (livro, revista), theme; subject (escolar); body.
M
**material** *adj* material; bodily; concrete. | *s* stuff, matter.
**materialidade** *s* materiality.
**materialismo** *s* materialism.
**materialista** *s* materialist.
**materialização** *s* materialization; embodiment.
**materializar** *v* materialize.
**matéria-prima** *s* raw material, stuff.
**maternal** *adj* maternal, mother, motherly.
**maternidade** *s* maternity, motherhood; maternity ward (hospital).
**materno** *adj* maternal, mother.
**matilha** *s* pack.
**matinal** *adj* early, matin, matinal.
**matinar** *v* awaken early.
**matinê** *s* matinee.
**matiz** *s* tint, tinge, tone, hue; dye.
**matizado** *adj* checkered.
**matizar** *v* checker, tinge, mottle, tint.
**mato** *s* wood, brushwood, jungle, weed.
**matraca** *s* rattle.
**matraquear** *v* rattle.
**matreiro** *adj* foxy, smart.
**matriarcal** *adj* matriarch.
**matricídio** *s* matricide.
**matrícula** *s* matriculation; registration, enrollment.
**matricular** *v* matriculate; enroll, register.
**matrimonial** *adj* connubial, matrimonial.
**matrimônio** *s* matrimony, wedding, marriage, wedlock.
**matriz** *s* matrix, mold; mother.
**matrona** *s* matron.
**maturação** *s* maturation.
**maturar** *s* age, mature; ripen.
**maturidade** *s* growth, maturity.
**matutar** *v* think, reflect, meditate, ponder.
**matutino** *adj* matutinal.
**matuto** *s* fieldworker; boor, peasant. | *adj* rustic, peasant; shy, timid.
**mau** *adj* bad, ill, wicked, wrong; naughty, spiteful, wayward. | *s* bad, evil.
**mau-humor** *s* bile, ill humor.
**mau-olhado** *s* evil eye.
**mauriciano** *adj e s* Mauritian.
**Maurício** *s* Mauritius.
**Mauritânia** *s* Mauritania.
**mauritano** *adj e s* Mauritanian.
**mausoléu** *s* mausoleum.
**maxila** *s* maxilla.
**maxilar** *s* jaw, maxilla. | *adj* maxillary.
**máxima** *s* maxim, aphorism, axiom, byword.
**maximizar** *v* maximize.
**máximo** *adj* maximum, all, extreme, ultimate, utmost. | *s* maximum, ceiling, full.
**mazela** *s* wound, sore, bruise; sorrow, unhappiness; infamy, blemish.
**MCE** *abrev* ECM (European Common Market, Mercado Comum Europeu).
**me** *pron pess* me.
**meada** *s* hank, skein.
**meado** *s e adj* middle, median.
**meandrar** *v* meander.
**meandro** *s* meander.
**mear** *v* halve.
**mecânica** *s* mechanics.

**mecânico** *adj* mechanical. | *s* mechanic (profissão).
**mecanismo** *s* mechanism, device, engine.
**mecanizar** *v* mechanize.
**mecha** *s* wick.
**medalha** *s* medal.
**medalhão** *s* medallion.
**média** *s* average, mean.
**mediação** *s* mediation, intervention.
**mediador** *s* mediator, intermediary; agent.
**mediana** *s* median.
**mediano** *adj* median, medium, middle. | *s* mean.
**mediante** *prep* by means of.
**mediar** *v* halve; mediate, intercede, interfere.
**mediato** *adj* mediate.
**medicação** *s* medication.
**medicamentar** *v* medicate.
**medicamento** *s* medicine, medicament; cure, drug, remedy.
**medicar** *v* medicate; dress (ferimentos).
**medição** *s* mensuration, measurement.
**medicina** *s* medicine.
**medicinal** *adj* medicinal.
**médico** *adj* doctoral, medical. | *s* doctor, curer.
**medida** *s* measure, measurement.
**medidor** *s* measurer; gauge.
**medieval** *adj* medieval.
**médio** *adj* average; medial, middle, medium, mid.
**medíocre** *adj* mediocre.
**mediocridade** *s* mediocrity.
**medir** *v* measure.
**meditabundo** *adj* meditating, contemplative, reflective.
**meditação** *s* meditation, contemplation; thought, reflection, excogitation.
**meditador** *s* contemplative.
**meditar** *v* meditate, reflect, revolve.
**meditativo** *adj* meditative, contemplative, reflective.
**mediterrâneo** *adj* mediterranean. | *s* Mediterranean.
**médium** *s* medium.
**medo** *s* fright, fear, awe, dread.
**medonho** *adj* awful, dreadful, hideous, awesome.
**medrar** *v* grow.
**medroso** *adj* fearful, frightful; coward, cowardly. | *s* coward.
**medula** *s* medulla, marrow.
**medusa** *s* Medusa.
**megabyte** *s* megabyte.
**megafone** *s* megaphone.
**megalítico** *adj* megalithic.
**megalomania** *s* megalomania.
**megalópole** *s* megalopolis.
**megera** *s* shrew, vixen, harridan.
**meia** *s* sock, stocking (de mulher).
**meia-calça** *s* pantyhose.
**meia-idade** *s* middle age.
**meia-irmã** *s* half sister.
**meia-lua** *s* half-moon.
**meia-noite** *s* midnight.
**meigo** *adj* sweet, gentle, soft, meek, mild.
**meiguice** *s* tenderness, gentleness, endearment.
**meio** *adj* half, mean, middle, mid. | *s* middle, center, midst; mean, expedient, mode; instrument; resource.
**meio-de-campo** *s* halfback.
**meio-dia** *s* noon, noonday, midday.
**meio-fio** *s* curb.
**meio-irmão** *s* half brother.
**meios** *s* resources, means, wherewithal.
**meio-tempo** *s* halftime.
**meio-tom** *s* half note, half-tone.
**meirinho** *s* usher; catchpole.
**mel** *s* honey.
**melaço** *s* molasses, sugar-cane syrup.
**melado** *adj* sugar-cane syrup.
**melancia** *s* watermelon.
**melancolia** *s* melancholia, melancholy; blues.
**melancólico** *adj* melancholic.
**melanina** *s* melanin.
**melanita** *s* melanite.
**melão** *s* melon.

**melar** *v* honey, sweeter.
**melena** *s* long hair.
**melhor** *adj* e *adv* better. | *s* the best.
**melhora** *s* recovery (saúde, vigor); improvement, betterment; upturn (negócios).
**melhoramento** *s* improvement, betterment; enrichment.
**melhorar** *v* improve, enrich, reform; recover.
**melhoria** *s* advancement, betterment, improvement; recovery.
**melindrar** *v* hurt, ofend.
**melindre** *s* politeness; susceptibility, resentment; affectation.
**melindroso** *adj* sensitive, touchy.
**melodia** *s* melody.
**melodioso** *adj* melodious.
**melodrama** *s* melodrama.
**melodramático** *adj* melodramatic.
**meloso** *adj* syrupy.
**melro** *s* blackbird, merl.
**membrana** *s* membrane; film.
**membranoso** *adj* filmy, membranous, choroid.
**membro** *s* member; limb (perna, braço, asa).
**memorando** *s* memorandum, memo.
**memorar** *v* memorize; remind; commemorate, celebrate.
**memorável** *adj* memorable, remarkable; unforgettable.
**memória** *s* memory; recollection, mind; memoir.
**memórias** *s* reminiscences.
**memorizar** *v* memorize.
**menção** *s* mention, reference, citation.
**mencionar** *v* mention, refer, bring up, cite.
**mencionável** *adj* mentionable.
**mendicância** *s* mendicancy, beggary.
**mendicante** *adj* mendicant.
**mendigar** *v* beg.
**mendigo** *s* beggar, almsman.
**meneio** *s* wiggle.
**menestrel** *s* minstrel, gleeman.
**menina** *s* girl, child, missy.
**meninge** *s* meninges.
**meningite** *s* meningitis
**meninice** *s* childhood, infancy.
**menino** *s* boy, child, lad.
**menisco** *s* meniscus.
**menopausa** *s* menopause.
**menor** *adj* minor, less, lesser. | *s* underage; *Jur* minor, infant. | *prep* under.
**menoridade** *s* minority, nonage.
**menos** *prep* except, *Mat* minus, wanting, less. | *adj* lesser. | *adv* less. | *s Mat* minus, less.
**menosprezar** *v* underestimate; disdain, scorn.
**menosprezo** *s* contempt, disdain.
**mensageiro** *s* messenger, envoy, emissary, courier, go-between, herald, carrier.
**mensagem** *s* message.
**mensal** *adj* monthly.
**mensalidade** *s* monthly fee.
**mensalmente** *adv* monthly.
**menstruação** *s* menstruation, menses.
**menstruada** *adj* unwell.
**menstrual** *adj* menstrual.
**menstruar** *v* menstruate.
**mensuração** *s* mensuration.
**mensurar** *v* measure.
**mensurável** *adj* measurable, mensurable.
**menta** *s* mint.
**mental** *adj* mental.
**mentalidade** *s* mentality.
**mente** *s* mind.
**mentecapto** *s* moron.
**mentir** *v* lie.
**mentira** *s* lie.
**mentiroso** *adj* lying, mendacious. | *s* liar, fibber.
**mentor** *s* mentor, adviser.
**menu** *s* menu.
**meramente** *adv* merely.
**mercado** *s* market, market-place; trade.
**mercadologia** *s* marketing.
**mercador** *s* merchant.

**mercadoria** *s* goods, commodity, ware.
**mercante** *adj* merchant.
**mercantil** *adj* commercial, mercantile, merchant.
**mercantilismo** *s* mercantilism.
**mercê** *s* boon; mercy.
**mercearia** *s* grocery.
**merceeiro** *s* grocer.
**mercenário** *adj* e *s* mercenary.
**mercúrio** *s Astron* e *Mit* Mercury, *Quím* mercury.
**merda** *s* shit, crap.
**merecedor** *adj* deserving, worthy.
**merecer** *v* deserve, earn, merit.
**merecidamente** *adj* deservedly.
**merecido** *adj* just, deserved.
**merecimento** *s* desert, merit.
**merengue** *s* meringue.
**meretrício** *adj* meretricious.
**meretriz** *s* prostitute, whore, hooker.
**mergulhador** *s* diver.
**mergulhar** *v* dive.
**mergulho** *s* dive.
**meridiano** *adj e s* meridian.
**meridional** *adj* e *s* meridional.
**mérito** *s* merit.
**mero** *adj* mere.
**mês** *s* month.
**mesa** *s* table.
**mesada** *s* monthly allowance.
**mesa-redonda** *s* roundtable.
**mescla** *s* mixture.
**mesclar** *v* mix.
**mesmo** *adv* even, right. | *pron* self. | *adj* same, one, very, equal. | *s* the same thing.
**mesquinharia** *s* avarice, shabbiness, stinginess.
**mesquinhez** *s* avarice, shabbiness, stinginess.
**mesquinho** *adj* niggard, close-fisted, costive, tightfisted. | *s* scrooge, skinflint.
**mesquita** *s* mosque.
**messias** *s* Messias, Messiah.
**mestiço** *adj* crossbred. | *s* crossbred, *pej* half-breed, mongrel.
**mestra** *s* schoolmistress, female teacher.
**mestrado** *s* mastership.
**mestre** *s* master, teacher, instructor.
**mestre-cuca** *s* cook.
**mestre de cerimônias** *s* master of ceremonies.
**mestria** *s* mastership, mastery.
**mesura** *s* curtsy, reverence.
**mesurar** *v* curtsy; court.
**meta** *s* target, goal, aim, end.
**metabolismo** *s* metabolism.
**metacarpo** *s* metacarpus.
**metade** *s* half, moiety.
**metafísica** *s* metaphysics.
**metafísico** *adj* metaphysical.
**metáfora** *s* metaphor.
**metal** *s* metal.
**metálico** *adj* metallic.
**metalinguagem** *s* metalanguage.
**metalizar** *v* metallize.
**metalurgia** *s* metallurgy.
**metalúrgico** *s* metallurgist. | *adj* metallurgic.
**metamorfose** *s* metamorphosis.
**metano** *s* metane, marsh gas.
**metanol** *s* methanol.
**metaplasmo** *s* metaplasm.
**metástase** *s* metastasis.
**metatarso** *s* metatarsus.
**meteorito** *s* meteorite.
**meteoro** *s* meteor, falling star.
**meteorologia** *s* meteorology.
**meteorologista** *s* meteorologist.
**meter** *v* put; introduce; include; penetrate; cause, inspire; *ofens* fuck.
**meticulosidade** *s* meticulosity, meticulousness.
**meticuloso** *adj* meticulous, overcareful, careful.
**metido** *adj* meddling; familiar with.
**metódico** *adj* methodical; sistematical, orderly.
**metodismo** *s* Methodism.
**metodista** *s* Methodist.
**método** *s* method; mode, manner, system.

**metodologia** *s* methodology.
**metonímia** *s* metonymy.
**metragem** *s* length in meters.
**metralhadora** *s* machine gun.
**metralhar** *v* machine-gun.
**métrica** *s Mús* e *Poét* meter, *Poét* metric.
**métrico** *adj* metric.
**metro** *s* meter.
**metrô** *s* subway, metro.
**metrópole** *s* metropolis.
**metropolitano** *adj e s* metropolitan.
**meu** *pron* my, mine.
**mexer** *v* move, budge, stir; scramble; mix.
**mexerica** *s* bergamot, tangerine.
**mexericar** *v* gossip, tattle, intrigue, whisper.
**mexerico** *s* gossip, intrigue, tattle.
**mexeriqueiro** *s* talebearer, gossiper.
**mexicano** *adj* e *s* Mexican.
**México** *s* Mexico.
**mexilhão** *s* mussel.
**mezanino** *s* loft, mezzanine.
**mi** *s Mús* mi.
M
**miado** *s* mew, caterwaul, meow.
**Mianmar** *s* Myanmar.
**miar** *v* mew, meow.
**micagem** *s* grimace.
**mico** *s* name for several species of monkeys.
**micro** *s* micron.
**micróbio** *s* microbe.
**microbiologia** *s* microbiology.
**microcirurgia** *s* microsurgery.
**microcomputador** *s* microcomputer.
**microcosmo** *s* microcosm.
**microfilme** *s* microfilm.
**microfone** *s* microphone.
**Micronésia** *s* Micronesia.
**micronésio** *adj* e *s* Micronesian.
**micro-onda** *s* microwave.
**micro-ônibus** *s* microbus.
**micro-organismo** *s* microorganism.
**microprocessador** *s* microprocessor.
**microscópio** *s* microscope.
**mictório** *s* urinal.
**migalha** *s* crumb.
**migalhas** *s* scraps, leftovers
**migração** *s* migration.
**migrante** *adj* migrant.
**migrar** *v* migrate.
**migratório** *adj* migratory.
**mijar** *v* pee, piss.
**mil** *adj* thousand.
**milagre** *s* miracle, wonder, marvel.
**milagroso** *adj* miraculous, wonderful, marvelous.
**milenar** *adj* millenarian, millenary.
**milenário** *adj* millenarian, millenary.
**milênio** *s* millennium.
**milésimo** *s* millesimal.
**milha** *s* mile (medida de comprimento igual a 1,609 m).
**milhagem** *s* mileage.
**milhão** *num* million.
**milhar** *s* thousand.
**milharal** *s* maize field.
**milho** *s* corn, maize.
**milícia** *s* militia.
**miligrama** *s* milligram (*abrev* **mg**).
**mililitro** *s* milliliter (*abrev* **ml**).
**milímetro** *s* millimeter (*abrev* **mm**).
**milionário** *s* millionaire.
**milionésimo** *num* millionth.
**militância** *s* militancy.
**militante** *adj* e *s* militant.
**militar** *adj* military. | *s* member, especially an officer, of an armed force.
**militarismo** *s* militarism.
**militarizar** *v* militarize.
**milorde** *s* milord.
**mim** *pron pess* me.
**mimar** *v* pet, coddle, spoil (criança), pamper, cocker.
**mimeografar** *v* mimeograph.
**mimeógrafo** *s* mimeograph.
**mimetismo** *s* mimicry.
**mímica** *s* mimic, mime, pantomime.
**mimicar** *v* mimic, mime.
**mímico** *s* mimic, mummer.
**mimo** *s* gift, present, offering; caress, petting.

**mina** *s* mine; *gír* girl.
**minar** *v* mine; gush, seep (líquidos); *tb fig* undermine.
**mindinho** *s* the little finger.
**mineiro** *s* miner, collier (de mina de carvão). | *adj* mining.
**mineração** *s* mining.
**minerador** *s* miner.
**mineral** *adj* e *s* mineral.
**mineralização** *s* mineralization.
**mineralogia** *s* mineralogy.
**minério** *s* ore.
**mingau** *s* pap, mush.
**míngua** *s* lack, need; wane, diminution; scarcity, shortage.
**minguado** *adj* exiguous, scanty.
**minguante** *adj* decreasing; last quarter (Lua).
**minguar** *v* wane (Lua); decrease, abate, diminish.
**minha** *pron* my, mine.
**minhoca** *s* earthworm.
**miniatura** *s* e *adj* miniature.
**minimizar** *v* minimize; downplay (a importância).
**mínimo** *s* minimum, the least; the little finger. | *adj* minimal, least; minimum.
**minissaia** *s* miniskirt.
**minissérie** *s* miniseries.
**ministerial** *adj* ministerial.
**ministério** *s* ministry, Cabinet, state department.
**ministrar** *v* minister, administer.
**ministro** *s* minister, minister of state; minister, priest, clergyman.
**minoração** *s* attenuation, reduction.
**minorar** *v* attenuate, reduce.
**minoria** *s* minority.
**minoritário** *adj* minor.
**minúcia** *s* nicety, detail, minute.
**minuciosamente** *adv* in detail.
**minucioso** *adj* minute, detailed, particular.
**minúscula** *s* minuscule.
**minúsculo** *adj* minuscule, tiny.
**minuta** *s* draft, minute.
**minuto** *s* minute; moment, instant.
**miocárdio** *s* myocardium.
**miolo** *s* brain; core; sense.
**mioma** *s* myoma.
**míope** *adj* nearsighted, myopic. | *s* myope.
**miopia** *s* myopia, nearsightedness.
**miosótis** *s* myosotis, forget-me-not.
**mira** *s* sight, aim; target, mark; desire, wish.
**miraculoso** *adj* miraculous.
**mirada** *s* look, glance.
**miragem** *s* mirage.
**mirante** *s* belvedere.
**mirar** *v* aim, sight.
**miríade** *s* myriad.
**mirim** *adj* small.
**mirra** *s* myrrh.
**mirrado** *adj* skinny, lean, scrubby.
**mirtilo** *s* blueberry.
**misantropo** *s* misanthrope.
**miscelânea** *s* miscellany.
**miserável** *adj* miserable, beggarly, wretched; niggard, miser, mean, stingy; unhappy. | *s* niggard, skinflint, scrooge; villain.
**miseravelmente** *adv* meanly.
**miséria** *s* misery, beggary, poverty; avarice, niggardliness; unhappiness.
**misericórdia** *s* mercy; clemency, forgiveness; compassion; charity.
**misericordioso** *adj* charitable, merciful, clement.
**mísero** *adj* disgraced, miserable.
**missa** *s* mass.
**missal** *s* missal.
**missão** *s* mission
**missionário** *adj* e *s* missionary.
**missiva** *s* missive.
**mister** *s* occupation, employment, profession; incumbency, work; urgency, necessity.
**mistério** *s* mystery.
**misterioso** *adj* mysterious.
**misticismo** *s* mystic.
**místico** *adj* mystic.

**mistificação** *s* mystification.
**mistificar** *v* mystify.
**misto** *adj* mixed, compound, miscellaneous. | *s* commixture, mixture.
**mistura** *s* blend, mix, mixture, compound; confusion, jumble, shuffle, mash, medley, mess.
**misturada** *s* mix-up.
**misturado** *adj* mixed, miscellaneous.
**misturar** *v* mix, blend, mingle; compound; shuffle.
**mítico** *adj* mythical.
**mitigação** *s* mitigation.
**mitigar** *v* mitigate.
**mito** *s* myth, fable, legend.
**mitologia** *s* mythology.
**mitológico** *adj* mythological.
**miudeza** *s* minuteness, smallness
**miúdo** *adj* minute, small.
**mixo** *adj* heap; uninteresting.
**mixórdia** *s* confusion, mix-up, medley.
**mnemônica** *s* mnemonics.
**mnemônico** *adj* mnemonic.
**mnemonizar** *v* mnemonize.
M
**mó** *s* millstone.
**moagem** *s* milling, grind.
**móbil** *adj* mobile, movable.
**móbile** *s* mobile.
**mobília** *s* furniture, furnishings.
**mobiliar** *v* furnish.
**mobilidade** *s* mobility.
**mobilização** *s* mobilization.
**mobilizar** *v* mobilize; put in motion.
**moça** *s* girl, maid, maiden, lass, *gír* babe, *inform* missy.
**moçambicano** *adj* e *s* Mozambican.
**Moçambique** *s* Mozambique.
**moção** *s* motion.
**mocassim** *s* moccasin.
**mochila** *s* backpack, haversack, knapsack.
**mocidade** *s* youth, youthfulness, juvenility.
**moço** *adj* young. | *s* boy, lad, youth.
**moda** *s* fashion, style, vogue; mode, usage; way, method.
**modalidade** *s* modality.
**modelar** *v* model, mould, fashion; frame. | *adj* model, exemplary.
**modelo** *s* model; *Comp* template.
**moderação** *s* moderation.
**moderado** *adj* moderate; mild (calor, frio).
**moderador** *s* chastener.
**moderar** *v* moderate, temper.
**modernidade** *s* modernity.
**modernismo** *s* modernism.
**modernização** *s* modernization.
**modernizar** *v* modernize, streamline.
**moderno** *adj* modern, up-to-date. | *s* modern.
**modéstia** *s* modesty, humbleness.
**modesto** *adj* modest, unpretentious, humble.
**módico** *adj* small, slight, low.
**modificação** *s* alteration, modification, change.
**modificado** *adj* changed, modified.
**modificar** *v* modify, change, alter, vary; revise.
**modinha** *s* ditty.
**modista** *s* fashioner, dressmaker.
**modo** *s* mode.
**modulação** *s* modulation.
**modular** *v* modulate. | *adj* modular.
**módulo** *s* module.
**moeda** *s* coin, token (do tipo usada em máquinas de fliperama).
**moedor** *s* grinder.
**moedura** *s* milling, grind.
**moela** *s* gizzard.
**moenda** *s* mill.
**moer** *v* grind, mill, crush, bray.
**mofa** *s* taunt, rally, ridicule, scorn, mockery.
**mofado** *adj* moldy.
**mofar** *v* mold; scorn, mock.
**mofento** *adj* fusty, musty.
**mofo** *s* mold, fustiness, mildew.
**mogno** *s* mahogany.
**moído** *adj* ground, crushed.
**moinho** *s* mill.
**moita** *s* bush, clump, scrub.
**mol** *s* mole.
**mola** *s* spring, coil; *fig* motive, incentive.

**molar** *adj* e *s* molar.
**moldado** *adj* molded.
**moldagem** *s* molding.
**moldar** *v* mold; cast; frame, shape, model; adapt.
**Moldávia** *s* Moldova.
**moldávio** *adj* e *s* Moldovan.
**molde** *s* mold, cast; pattern; model, example.
**moldura** *s* frame, casing.
**mole** *adj* floppy, limp; sluggish, spineless.
**molecagem** *s* boyish trick.
**molécula** *s* molecule.
**molecular** *adj* molecular.
**molenga** *adj* lazy, sluggish, indolent.
**moleque** *s* young boy, urchin; dude. | *adj* funny; mocking.
**molestar** *v* molest; attack (doença).
**moléstia** *s* disease, malady.
**moleza** *s* indolence, languidness; softness; weakness; *gír* piece of cake
**molhado** *adj* wet, moist, sodden.
**molhar** *v* wet, moisten, damp; irrigate, water, soak, sop.
**molho** *s* sauce, dressing; bunch (chaves); soak.
**molificação** *s* mollification, softening; enervation.
**molificar** *v* mollify.
**molinete** *s* reel, windlass.
**molusco** *s* mollusk, shellfish.
**momentâneo** *adj* momentary.
**momento** *s* moment, instant, while; twinkle, wink.
**momentoso** *adj* serious, rave, important.
**momo** *s* Momo.
**monacal** *adj* monastic, monkish.
**Mônaco** *s* Monaco.
**monarca** *s* monarch.
**monarquia** *s* monarchy, kingdom, kingship; sovereignty.
**monárquico** *s* monarchical.
**monarquismo** *s* monarchism.
**monarquista** *s* monarchist.
**monastério** *s* monastery, monkery.
**monástico** *adj* monastic.
**monazita** *s* monazite.
**monção** *s* monsoon.
**monetário** *adj* monetary.
**monge** *s* monk.
**mongol** *adj* e *s* Mongolian; *ofens* mongolian (relativo à síndrome de Down).
**Mongólia** *s* Mongolia.
**mongolismo** *s* mongolism.
**mongoloide** *adj* e *s* mongolian.
**monitor** *s* monitor.
**monitorar** *v* monitor.
**monja** *s* nun.
**mono** *s* ape.
**monocelular** *adj* monocellular.
**monocromático** *adj* monochromatic.
**monóculo** *s* single eyeglass.
**monocultura** *s* monoculture.
**monogamia** *s* monogamy.
**monógamo** *s* monogamist.
**monografia** *s* monograph.
**monograma** *s* monogram.
**monolítico** *adj* monolithic.
**monopólio** *s* monopoly, trust, corner.
**monopolização** *s* monopolization.
**monopolizar** *v* monopolize, engross (tempo, atenção etc.).
**monossilábico** *adj* monosyllabic.
**monossílabo** *s* monosyllable.
**monoteísmo** *s* monotheism.
**monotonia** *s* monotony; sameness.
**monótono** *adj* monotone, wearisome, tiresome, dull, humdrum.
**monsenhor** *s* Monsignor.
**monstro** *s* monster.
**monstruosidade** *s* monstrosity; enormity.
**monstruoso** *adj* monstrous.
**monta** *s* amount, sum, importance.
**montagem** *s* mounting, assembly (máquinas).
**montanha** *s* mountain, mount.
**montanha-russa** *s* roller coaster.
**montanhês** *s* mountaineer.
**montanhoso** *adj* mountainous, hilly.
**montante** *s* amount, sum, importance.
**montão** *s* heap, mass.

M

**montar** *v* mount; ride (cavalo); set up, assemble (máquina, carro)
**montaria** *s* mount, riding (cavalo).
**monte** *s* mount, height, hill; heap, stack (trigo, feno etc.), lot (coisas, de amigos etc.).
**montículo** *s* monticule, mound (de terra).
**monumental** *adj* monumental.
**monumento** *s* monument.
**mora** *s* delay, respite; prolongation of a term.
**morada** *s* house, residence, habitation, home.
**moradia** *s* house, housing, residence, habitation.
**morador** *s* resident, inhabitant, dweller.
**moral** *adj* moral, ethical. | *s* morals, ethics.
**moralidade** *s* moral, morality.
**moralismo** *s* moralism.
**moralista** *s* moralist.
**moralização** *s* moralization.
**moralizar** *v* moralize.
**morango** *s* strawberry.
**morar** *v* live, inhabit, dwell, reside, house.
M
**moratória** *s* moratorium.
**morbidez** *s* morbidness, morbidity; sickness; languidness.
**mórbido** *adj* morbid.
**morcego** *s* bat.
**mordaça** *s* gag, muzzle.
**mordaz** *adj* biting, sarcastic, sharp-tongued.
**mordedura** *s* bite.
**morder** *v* bite.
**mordida** *s* bite.
**mordiscar** *v* nibble, nip.
**mordomo** *s* butler, chamberlain, steward.
**morena** *s* brunette.
**moreno** *s* brunet. | *adj* brunet, brown, dark, tanned, swarthy.
**morfético** *s* leper. | *adj* leprous.
**morfina** *s* morphine.
**morfologia** *s* morphology.
**morgue** *s* morgue, mortuary.
**moribundo** *adj* dying, moribund. | moribund, dying person.
**moringa** *s* jug.
**mormaço** *s* sweltry, sultry weather.
**morno** *adj* warm, tepid, lukewarm.
**morosidade** *s* moroseness, slowness, sluggishness.
**moroso** *adj* morose, tardiness, sluggish, glum, slow.
**morrer** *v* die, decease, pass away.
**morro** *s* hill, knoll.
**morsa** *s* walrus.
**morso** *s* nip, bite.
**mortal** *adj* mortal, deadly, deathly. | *s* mortal.
**mortalha** *s* cerecloth, cerement, pall.
**mortalidade** *s* mortality.
**mortalmente** *adv* deadly, deathly.
**mortandade** *s* mortality, slaughter.
**morte** *s* death, deadness, decease, fatality (resultante de acidente, catástrofe etc), passing away.
**morteiro** *s* mortar.
**mortiço** *adj* dying (luz, fogo); spiritless, lifeless.
**mortífero** *adj* deadly, mortal, murderous.
**mortificação** *s* mortification.
**mortificar** *v* mortify, crucify, macerate.
**morto** *adj* dead, deceased; departed; lifeless; forgotten. | *s* dead, departed.
**mosaico** *s* mosaic.
**mosca** *s* fly.
**moscado** *adj* musky, aromatic.
**mosqueteiro** *s* musketeer.
**mosquiteiro** *s* fly net.
**mosquito** *s* mosquito.
**mosquito-pólvora** *s* midge.
**mostarda** *s* mustard.
**mosteiro** *s* monastery, cloister, friary.
**mostra** *s* exposition, show; display.
**mostrador** *s* display (relógio, rádio etc.).
**mostrar** *v* show, display.
**mostruário** *s* showcase, collection.
**motim** *s* mutiny; rebellion, tumult, commotion.
**motivação** *s* motivation.
**motivador** *s* causer.
**motivar** *v* motivate.

**motivo** *s* motive; cause, reason, origin; sake; *Mús* e *Lit* motif; wherefore, why.
**moto** *s* motorcycle; motion, movement.
**motocicleta** *s* motorcycle, motorbike.
**motociclista** *s* motorcyclist, motorbiker.
**motor** *adj* motor, moving, motive. | *s* motor, engine.
**motorista** *s* driver, motorist, chauffeur.
**motorizar** *v* motorize.
**motriz** *adj* moving, motive, motor.
**mouro** *s* Moor.
**movediço** *adj* movable.
**móvel** *adj* mobile, movable, moving, variable. | *s* movable, piece of furniture.
**mover** *v* move, go.
**movimentação** *s* moving, movement.
**movimentado** *adj* lively, busy, active; stirring; eventful.
**movimentar** *v* move, stir.
**movimento** *s tb Pol* e *Mús* movement, *tb Mús* motion, move; stir.
**movível** *adj* movable.
**muamba** *s* contraband, smuggling; theft.
**muambeiro** *s* smuggler.
**muco** *s* mucus, slime (peixes, moluscos etc.), snivel (nariz).
**mucosa** *s* mucosa, mucous membrane.
**mucosidade** *s* mucus.
**mucoso** *adj* mucous, slimy.
**muçulmano** *adj* Moslem, Mohammedan. | *s* Moslem, Muslim, Mussulman.
**muda** *s* change, shift.
**mudança** *s* change, shift; turnover.
**mudar** *v* change, shift; move (residência); remove (emprego).
**mudez** *s* muteness, mutism.
**mudo** *adj* dumb, mute, speechless, voiceless. | *s* mute.
**mugido** *s* moo, low.
**mugir** *v* low, moo.
**muitíssimo** *adv* far, very much, most.
**muito** *adj* much (quantidade, importância), very, plenty. | *adv* very, most, much, too, too much, very much.
**mula** *s* mule.
**mulato** *s* mulatto.
**muleta** *s* crutch.
**mulher** *s* woman; wife.
**multa** *s* fine, forfeiture, mulct.
**multar** *v* fine, mulct.
**multicolor** *adj* multicoloured.
**multicor** *adj* multicoloured.
**multidão** *s* crowd.
**multifacetado** *adj* myriad.
**multiforme** *adj* multiform, diversiform.
**multilateral** *adj* multilateral.
**multilíngue** *adj* multilingual.
**multimídia** *s* multimedia.
**multimilionário** *s* multimillionaire.
**multinacional** *adj* e *s* multinational.
**multiplicação** *s* multiplication.
**multiplicador** *s* multiplier.
**multiplicar** *v* multiply.
**múltiplo** *adj* e *s* multiple.
**multirracial** *adj* multiracial.
**múmia** *s* mummy.
**mumificação** *s* mummification.
**mumificar** *v* mummify, mummy.
**mundanidade** *s* earthliness.
**mundano** *adj* earthly, temporal, workaday, worldly.
**mundial** *adj* worldwide, global, world.
**mundialmente** *adv* worldwide.
**mundo** *s* world, earth.
**mungir** *v* milk.
**munheca** *s* wrist.
**munição** *s* ammunition, munition.
**municipal** *adj* municipal, civic.
**municipalidade** *s* municipality; city council.
**munícipe** *s* citizen.
**município** *s* municipality.
**munir** *v* arm, munition; provide, supply, furnish, equip.
**muque** *s* muscles.
**mural** *adj* e *s* mural.
**muralha** *s* wall, battlement, bulwark, rampart.
**murar** *v* wall, fence in.
**murchar** *v* wilt, wither, sear, wizen, shrivel, fade.
**murcho** *adj* wilted, withered, seared, wizened; *fig* sad, pensive.
**muriático** *adj* muriatic.

**murmurante** *adj* whispering, sough (o vento), rustling.
**murmurar** *v* murmur, whisper; babble, mumble, mutter; buzz.
**murmúrio** *s* murmur, whisper; ripple; babble, mumble, mutter.
**muro** *s* wall, fence.
**murro** *s* punch, blow, sock.
**musa** *s* muse.
**muscular** *adj* muscular.
**musculatura** *s* musculature.
**músculo** *s* muscle.
**musculoso** *adj* sinewy, beefy, brawny.
**museu** *s* museum.
**musgo** *s* moss.
**música** *s* music, tune, melody; song.
**musical** *adj* musical; melodious.
**músico** *s* musician, player, performer.
**musselina** *s* muslin.
**musse** *s* mousse.
**mutabilidade** *s* mutability, changeability.
**mutação** *s* mutation (genética); change, alteration.
**mutável** *adj* mutable, changeable, inconstant, variable.
**mutilação** *s* mutilation.
**mutilado** *s* mutilated, amputee, maimed.
**mutilar** *v* mutilate, maim, mangle.
**mutirão** *s* bee.
**mutualidade** *s* mutuality.
**mutuário** *s* borrower.
**mútuo** *adj* mutual, reciprocal, common.

# Nn

**n** ou **N** *s* 13ª letra do alfabeto português. | *abrev Quím minús* de **neutron**. | *símb Quím maiús* de **nitrogen**.
**nabo** *s* turnip.
**nação** *s* nation.
**nacional** *adj* national.
**nacionalidade** *s* nationality.
**nacionalismo** *s* nationalism.
**nacionalização** *s* nationalization.
**nacionalizar** *v* nationalize.
**naco** *s* chop, hunch, hunk.
**nada** *adv* nothing. | *pron* nothing, anything (sentido *neg*), none. | *s* zero; *gír* zip.
**nadadeira** *s* fin, flipper.
**nadador** *s* swimmer.
**nadar** *v* swim.
**nádega** *s* buttock, backside.
**nádegas** *s* buttocks, bottoms; *inform* behind.
**naftalina** *s* naphthalene.
**náilon** *s* nylon.
**naipe** *s* suit (de baralho).
**namorada** *s* girlfriend, sweetheart, girl, ladylove; *inform* woman.
**namoradeira** *s* coquette, flirt.
**namorado** *s* boyfriend, beau, sweetheart; *inform* fellow.
**namorador** *s* flirt.
**namorar** *v* court, woo.
**namorico** *s* flirtation, dalliance.
**namoro** *s* courtship.
**nanico** *adj* dwarfish.
**não** *adv* no, not, none. | *s* no.
**não agressão** *s* nonaggression.
**não alinhado** *adj* nonaligned (país partidário do não alinhamento).
**não combatente** *s* noncombatant.
**não essencial** *adj* nonessential.
**não ficção** *s* nonfiction.
**não fumante** *s* nonsmoker.
**não intervenção** *s* nonintervention.
**não linear** *adj* nonlinear.
**não metal** *s* nonmetal.
**não verbal** *adj* nonverbal.
**não violência** *s* nonviolence.
**napolitano** *adj* e *s* Neapolitan.
**narceja** *s* snipe.
**narcisismo** *s* narcissism.
**narciso** *s* narcissus, daffodil.
**narcótico** *adj* narcotic. | *s* narcotic, drug; *inform* dope; *vulgar* shit.
**narcotizar** *v* narcotize.
**narina** *s* nostril, nares.
**nariz** *s* nose; nozzle.
**narração** *s* narration.
**narrador** *s* narrator.
**narrar** *v* narrate.
**narrativa** *s* narrative, romance.
**narrativo** *adj* narrative.
**nasal** *adj* e *s* nasal.
**nasalar** *v* nasalize.
**nasalidade** *s* nasality.

**nasalização** *s* nasalization.
**nascença** *s* nascency.
**nascente** *s* fountain, source (rio), spring, well, fountainhead, wellspring. | *adj* nascent.
**nascer** *v* be born; rise (estrelas, sol); spring; erupt (dente).
**nascido** *adj* born.
**nascimento** *s* birth, nativity.
**nata** *s* cream.
**natação** *s* swimming, natation.
**Natal** *s* Christmas.
**natalidade** *s* natality.
**natimorto** *adj* stillborn.
**natividade** *s* nativity, birth.
**nativo** *adj* e *s* native.
**nato** *adj* born; native.
**natural** *adj* natural.
**naturalidade** *s* naturalness.
**naturalismo** *s* naturalism.
**naturalização** *s* naturalization.
**naturalizar** *v* naturalize.
**naturalmente** *adv* naturally; *inform* sure thing.
**natureza** *s* nature; character.
**nau** *s* vessel, ship.
**naufragado** *adj* castaway.
**naufragar** *v* shipwreck, wrack.
**naufrágio** *s* shipwreck, wreck, wreckage.
**náufrago** *s* castaway.
**náusea** *s* nausea, sickness, queasiness.
**nauseabundo** *adj* nauseous.
**nauseado** *adj* nauseated, queasy, squeamish.
**nausear** *v* nauseate.
**náutica** *s* navigation, seamanship.
**náutico** *adj* nautical, marine.
**naval** *adj* naval, marine, maritime.
**navalha** *s* razor, knife.
**nave** *s* *Náut* ship; space ship (espacial); aisle (igreja).
**navegação** *s* navigation, sailing, shipping.
**navegador** *s* navigator.
**navegante** *s* seafarer, mariner.
**navegar** *v* navigate, sail.
**navegável** *adj* navigable.
**navio** *s* ship, vessel, boat.
**nazismo** *s* Nazism.
**nazista** *adj* e *s* Nazi.
**neblina** *s* mist, fog, haze, vapor.
**nebulizar** *v* nebulize.
**nebulosa** *s* nebula, nebulosity.
**nebulosidade** *s* nebulosity.
**nebuloso** *adj* hazy, misty, cloudy.
**necessariamente** *adv* necessarily.
**necessário** *adj* necessary, needful, required.
**necessidade** *s* necessity, need; hardship, want.
**necessitado** *adj* necessitous, needy.
**necessitar** *v* need; demand.
**necrologia** *s* necrology.
**necropsia** *s* necropsy, autopsy.
**necrosar** *v* mortify.
**necrotério** *s* mortuary, morgue.
**néctar** *s* nectar.
**nectarina** *s* nectarine.
**nefando** *adj* nefarious.
**nefasto** *adj* disastrous, tragic.
**negação** *s* negation, negative; denial; disavowal.
**negador** *s* denier.
**negar** *v* deny, gainsay; negate; disavow; refuse, reject.
**negativa** *s* negative, negation, no.
**negativo** *adj* negative; *gír* downbeat; *Mat* minus (em uma escala). | *s* negative (foto).
**negligência** *s* negligence, neglect, carelessness, casualness, disregard.
**negligenciar** *v* neglect, disregard.
**negligente** *adj* negligent, careless, casual, disregardful. | *s* neglecter.
**negociação** *s* negotiation, transaction, mediation; treaty.
**negociador** *s* negotiator.
**negociante** *s* negotiator; dealer, merchant.
**negociar** *v* negotiate; deal, trade; bargain.
**negociata** *s* deal.

**negociável** *adj* negotiable.
**negócio** *s* business; deal, trade.
**negrito** *adj e s* bold, boldface.
**negro** *adj* black, Negro. | *s* black (cor e raça), Negro (raça); *gír ofens* nigger.
**negror** *s* blackness.
**negrume** *s* darkness.
**negrura** *s* blackness.
**nem** *conj* neither, nor.
**nenê** *s* baby.
**nenhum** *pron* neither, none, no, any (em orações *neg*).
**nenúfar** *s* water lily.
**neoclassicismo** *s* neoclassicism.
**neolítico** *s* Neolithic.
**neologismo** *s* neologism.
**néon** *s* neon.
**neônio** *s* neon.
**Nepal** *s* Nepal.
**nepalês** *adj e s* Nepali.
**nepotismo** *s* nepotism.
**nervo** *s* nerve.
**nervosidade** *s* nervousness.
**nervosismo** *s* nervousness, tension.
**nervoso** *adj* nervous; angry.
**nervura** *s Bot* nervure; *Zool* vein.
**néscio** *adj* stupid, blunt. | *s* stupid, fool.
**nesga** *s* gore.
**nêspera** *s* medlar.
**neta** *s* granddaughter, grandchild.
**neto** *s* grandson, grandchild.
**Netuno** *s* Neptune.
**neurastênico** *adj* neurasthenic.
**neurologia** *s* neurology.
**neurologista** *s* neurologist.
**neurônio** *s* neuron.
**neurose** *s* neurosis.
**neurótico** *adj e s* neurotic.
**neutralidade** *s* neutrality.
**neutralização** *s* neutralization; counteraction (através de ações contrárias).
**neutralizar** *v* neutralize; counteract (através de ações contrárias).
**neutro** *adj* neuter; neutral.
**nêutron** *s* neutron.
**nevada** *s* snowfall.
**nevado** *adj* snowy.
**nevar** *v* snow.
**nevasca** *s* snowstorm, blizzard.
**neve** *s* snow.
**névoa** *s* mist, fog, cloud, haze, vapor.
**nevoeiro** *s* fog, haze, mist.
**nevoento** *adj* brumous.
**nevoso** *adj* snowy.
**nevralgia** *s* neuralgia.
**nexo** *s* nexus, connection.
**nhandu** *s* rhea.
**nhoque** *s pl* gnocchi.
**Nicarágua** *s* Nicaragua.
**nicho** *s* niche.
**nicotina** *s* nicotine.
**Níger** *s* Niger.
**Nigéria** *s* Nigeria.
**niilismo** *s* nihilism.
**nimbo** *s* nimbus.
**ninar** *v* lull.
**ninfa** *s Mit* nymph, siren.
**ninfeta** *s* nymphet.
**ninfômana** *s* nymphomaniac.
**ninfomania** *s* nymphomania.
**ninguém** *pron* nobody, anybody, no one, none.
**ninhada** *s* clutch (galinhas), farrow (porcos).
**ninharia** *s* bagatelle, trifle, fiddle.
**ninho** *s* nest; nidus (ovos, insetos, aranhas).
**níquel** *s* nickel.
**niquelar** *v* nickel.
**nitidez** *s* clearness, distinctness; *Comp* sharpness.
**nítido** *adj* clear; distinct.
**nitrato** *s* nitrate.
**nítrico** *adj* nitric.
**nitrogênio** *s* nitrogen (*símb* **N**).
**nitroglicerina** *s* nitroglycerin.
**nível** *s* level.
**nivelado** *adj* level.
**nivelador** *s* leveler.
**nivelamento** *s* levelling.
**nivelar** *v* level.
**nó** *s* knot.

**nobre** *adj* noble. | *s masc* nobleman, *fem* noblewoman.
**nobreza** *s* nobility, gentility.
**noção** *s* notion.
**nocaute** *s* knockout.
**nocautear** *v* knock out.
**nocividade** *s* badness.
**nocivo** *adj* noxious, harmful, baneful, hurtful.
**nodo** *s* node.
**nódoa** *s* blot.
**nodoso** *adj* nodal, knotty.
**nódulo** *s* nodule, node, knot.
**noite** *s* night.
**noiva** *s* fiancée; *inform* intended.
**noivado** *s* engagement; betrothal.
**noivar** *v* get engaged.
**noivo** *s* fiancé; *inform* intended.
**nojento** *adj* nauseating, disgusting.
**nojo** *s* nausea, disgust.
**nômade** *adj* nomadic. | *s* nomad.
**nomadismo** *s* vagrancy.
**nome** *s* name.
**nomeação** *s* nomination, appointment.
**nomeado** *adj* designate.
N
**nomear** *v* name, nominate; appoint.
**nomenclatura** *s* nomenclature.
**nominal** *adj* nominal.
**nominativo** *s* nominative.
**nonagenário** *adj* e *s* nonagenarian.
**nonagésimo** *num* ninetieth.
**nono** *num* ninth.
**nora** *s* daughter-in-law.
**nordeste** *s* northeast.
**nórdico** *adj* e *s* Nordic.
**norma** *s* norm, standard; rule, criterion.
**normal** *adj* normal, regular, standard. | *s* normal.
**normalidade** *s* normality.
**normalização** *s* normalization.
**normalizar** *v* normalize.
**noroeste** *s* northwest.
**norte** *s* north.
**norte-americano** *s* e *adj* North-American.
**nortista** *s* northerner (nos EUA).
**Noruega** *s* Norway.
**norueguês** *adj* e *s* Norwegian.
**nós** *pron pes 1ª pess pl* we.
**nosso** *adj* our. | *pron* ours.
**nostalgia** *s* nostalgia, homesickness.
**nota** *s* note; notice; bill; grade (de prova ou trabalho escolar); *inform* tab (para pagar).
**notabilidade** *s* notability.
**notação** *s* notation.
**notar** *v* note, notice, observe, remark.
**notário** *s* notary, conveyancer.
**notável** *adj* notable, remarkable, eminent, memorable; *gír* wicked.
**notícia** *s* news; notice, report.
**noticiar** *v* notice; announce.
**notificação** *s* notification, intimation, communication; *Jur* garnishment.
**notificar** *v* notify; summon; *Jur* garnish.
**notificador** *s* communicator.
**notoriedade** *s* notoriety, reputation.
**notório** *adj* notorious, well-known.
**noturno** *adj* nocturnal, nightly. | *s* nocturne.
**novamente** *adv* again.
**novato** *s* tyro; novice; beginner.
**Nova Zelândia** *s* New Zeland.
**nove** *num* nine.
**novecentos** *num* nine hundred.
**novela** *s* soap opera (de TV ou rádio).
**novembro** *s* November.
**novena** *s* novena.
**noviciado** *s* novitiate.
**noviço** *s* novice.
**novidade** *s* novelty; innovation; news.
**novilho** *s* bullock.
**novíssimo** *adj* novel.
**novo** *adj* new, recent; young, youthful.
**nóxio** *adj* noxious.
**noz** *s* walnut, nut.
**noz-moscada** *s* nutmeg.
**nu** *adj* naked, nude, undressed. | *s* nude.
**nuança** *s* nuance, gradation.
**núbil** *adj* marriageable.
**nublado** *adj* cloudy, overcast.
**nublar** *v* cloud; darken.
**nuca** *s* nape, scruff.
**nuclear** *adj* nuclear.

**núcleo** *s Anat*, *Fís*, *Biol* e *Quím* nucleus; center, middle; *tb Eletr* core.
**nudez** *s* nudeness, nakedness.
**nudismo** *s* nudism.
**nulidade** *s* nullity; *inform* dud.
**nulificar** *v* nullify.
**nulo** *adj* null, invalid, void. | *s* nil.
**numeração** *s* numeration.
**numeral** *adj* e *s* numeral.
**numerar** *v* enumerate, numerate.
**numerável** *adj* numerable.
**numérico** *adj* numerical, numeral.
**número** *s* number.
**numerologia** *s* numerology.
**numeroso** *adj* numerous, plentiful.
**numismática** *s* numismatics.
**nunca** *adv* never.
**nupcial** *adj* nuptial, bridal.
**núpcias** *s* nuptials, wedding.
**nutrição** *s* nutrition; nourishment.
**nutricionista** *s* nutritionist, dietitian.
**nutriente** *adj* nutrient.
**nutritivo** *adj* nutrient.
**nutrir** *v* nourish, feed; entertain (idéia, sentimento).
**nuvem** *s* cloud.

N

**o** ou **O** 14ª letra do alfabeto português. | *art def* the. | *pron pess reto* you, him, it. | *símb Quím* de oxigênio.
**ó** *interj* oh.
**oásis** *s* oasis.
**obcecação** *s* blindness.
**obcecante** *adj* haunting.
**obcecar** *v* obsess.
**obedecer** *v* obey; observe; fulfill.
**obediência** *s* obedience.
**obediente** *adj* obedient, compliant.
**obelisco** *s* obelisk.
**obesidade** *s* obesity, fatness, chubbiness.
**obeso** *adj* fat, obese, chubby.
**óbito** *s* death.
**obituário** *s* obituary.
**objeção** *s* objection.
**objetar** *v* object.
**objetiva** *s* objective.
**objetivar** *v* aim.
**objetivo** *adj* objective. | *s* aim, goal, objective.
**objeto** *s* object, thing; matter, topic.
**oblíqua** *s* oblique.
**obliquamente** *adv* across, awry.
**obliquar** *v* slant, skew; disguise.
**obliquidade** *s* obliquity, skew.
**oblíquo** *adj* oblique.
**obliteração** *s* destruction, extinction.
**obliterar** *v* blot out, extinguish, destroy.
**oblongo** *adj* oblong.
**oboé** *s* hautboy, oboe, shawm.
**obra** *s* work.
**obra-prima** *s* masterpiece, masterwork.
**obrar** *v* make, do, execute, work.
**obreira** *s* workwoman.
**obreiro** *s* workman, worker.
**obrigação** *s* duty, obligation, responsibility.
**obrigado** *adj* obliged, obligated, indebted (por favores recebidos). | *interj* thanks, thank you.
**obrigar** *v* compel, constrain, force, oblige.
**obrigatoriamente** *adv* compulsively.
**obrigatório** *adj* obligatory, required, mandatory.
**obscenidade** *s* obscenity, filth.
**obsceno** *adj* obscene, dirty, filthy, lewd. | *s* ribald.
**obscuramente** *adv* dimly.
**obscurantismo** *s* obscurantism.
**obscurecer** *v* obscure, darken, dim, gloom.
**obscuridade** *s* dark, dimness.
**obscuro** *adj* obscure, dark, dim.
**obsequiar** *v* accommodate; treat (bebidas, comidas etc.).
**obséquio** *s* favor, obligation, service.
**obsequioso** *adj* accommodating, courteous, officious.
**observação** *s* observation, notice, observance, remark (verbal ou escrita).

**observador** *adj* discerning, sharp-eyed. | *s* observer, viewer, looker.
**observância** *s* observance.
**observar** *v* observe, regard, look, see.
**observatório** *s* observatory.
**observável** *adj* observable.
**obsessão** *s* obsession.
**obsesso** *adj* obsessed, haunted, harassed.
**obsessor** *adj* e *s* obsessor.
**obsoleto** *adj* obsolete, out-of-date.
**obstáculo** *s* obstacle, barrier, block, hindrance.
**obstante** *adj* hindering, obstructive. • **não obstante** nevertheless, in spite of, despite; however, notwithstanding.
**obstar** *v* oppose, withstand, hinder.
**obstetra** *s* obstetrician. | *adj* obstetric.
**obstetrícia** *s* obstetrics.
**obstinação** *s* obstinacy, stubborness.
**obstinado** *adj* obstinate, stubborn, bull-headed.
**obstinar** *v* persevere, persist.
**obstrução** *s* obstruction, clog; bottleneck, blockage.
**obstruído** *s* foul, blocked.
**obstruir** *v* obstruct, bar, block, clog, hinder.
**obstrutor** *adj* obstructing, hindering. | *s* obstructor, hinderer.
**obtenção** *s* acquirement, attainment.
**obtentor** *s* obtainer, acquirer.
**obter** *v* obtain, acquire, get; derive (benefício, prazer etc.); realize (lucros, ganhos).
**obtundente** *adj* obtunding.
**obturação** *s* filling.
**obturador** *s* filler; shutter (máquina fotográfica).
**obturar** *v* fill (dente).
**obtusângulo** *adj* obtuse-angled.
**obtusão** *s* dullness, stupidity.
**obtusidade** *s* dullness.
**obtuso** *adj* dull, obtuse, stupid. | *s* stupid.
**obviamente** *adv* evidently.
**obviar** *v* obviate.
**óbvio** *adj* obvious, clear, glaring, plain.
**ocar** *v* dig, hollow.
**ocasião** *s* occasion, opportunity, time.
**ocasional** *adj* occasional, casual.
**ocasionalmente** *adv* occasionally, ever and again, every now and then.
**ocasionar** *v* cause, occasion, work.
**ocaso** *s* setting.
**occipital** *adj* occiput. | *s* occipital.
**oceano** *s* ocean, sea.
**oceanografia** *s* oceanography.
**ocidental** *adj* occidental, west, western.
**ocidente** *s* occident, west.
**ócio** *s* leisure, rest, laziness.
**ociosidade** *s* idleness.
**ocioso** *adj* idle, lazy; vacant.
**oclusão** *s* occlusion.
**oclusivo** *adj* occlusive.
**oco** *adj* hollow, empty, windy.
**ocorrência** *s* event, fact, happening.
**ocorrer** *v* happen, occur, befall.
**ocre** *s* ocher, ochre.
**octaedro** *s* octahedron.
**octogenário** *adj* e *s* octogenarian.
**octogésimo** *num* eightieth.
**octógino** *adj* octogynous.
**octogonal** *s* octagonal.
**octógono** *s* octagon.
**octópode** *s* octopus.
**octossílabo** *adj* e *s* octosyllable.
**ocular** *adj* ocular.
**oculista** *s* oculist, optician.
**oculística** *s* ophthalmology.
**óculos** *s* eyeglasses, glasses, spectacles.
**ocultação** *s* occultation.
**ocultar** *v* hide, conceal, cover.
**ocultável** *adj* concealable.
**ocultismo** *s* occultism.
**oculto** *adj* hidden, concealed; secret.
**ocupação** *s* occupation, business, job, work.
**ocupado** *adj* busy; engaged.
**ocupante** *s* occupant.
**ocupar** *v* busy, engage, engross (tempo, atenção etc.).
**ode** *s* ode.
**odiar** *v* hate, detest, loathe.

**odiento** *adj* hateful, odious.
**ódio** *s* hate, hatred.
**odioso** *adj* hateful, loathsome.
**odisseia** *s* odyssey.
**odontalgia** *s* odontalgia, toothache.
**odontologia** *s* dentistry, odontology.
**odontológico** *adj* odontological.
**odor** *s* odor, smell.
**odorante** *adj* odorous.
**odorífero** *adj* odoriferous.
**odorífico** *adj* odoriferous.
**oeste** *s* occident, west. | *adj* west.
**ofegante** *adj* breathless, short-winded.
**ofegar** *v* blow, choke, gasp, pant.
**ofender** *v* offend, insult.
**ofendido** *adj* offended, aggrieved, insulted.
**ofensa** *s* offense, insult.
**ofensiva** *s* attack, drive (militar).
**ofensivo** *adj* offensive.
**ofensor** *s* offender.
**oferecer** *v* offer, give, bid, advance (argumentos).
**oferecimento** *s* offer.
**oferenda** *s* gift, offering, sacrifice.
**oferta** *s* bid, offer, offering.
**ofertar** *v* offer, tender.
**ofertório** *s* offertory.
**oficial** *adj* official, standard. | *s* officer.
**oficialato** *s* officership.
**oficialidade** *s* officiality.
**oficializar** *v* officialize.
**oficiar** *v* officiate.
**oficina** *s* workshop; garage (mecânica).
**ofício** *s* profession, job, work, occupation.
**oficioso** *adj* officious.
**ofídico** *adj* ophidian.
**ofídio** *s* ophidian.
**ofsete** *s* offset.
**oftalgia**, **oftalmalgia** *s* ophthalmalgia.
**oftalmia** *s* ophthalmia.
**oftalmologia** *s* ophthalmology.
**oftalmológico** *adj* ophtalmologic.
**oftalmologista** *s* oculist, ophthalmologist.
**ofuscação** *s* obfuscation, obscuration, dazzlement.
**ofuscamento** *s* obscurity.
**ofuscante** *adj* dazzling.
**ofuscar** *v* obfuscate, obscure, dazzle.
**ogiva** *s* *Arq* ogive; *Mil* warhead.
**ogra** *s* ogress.
**ogro** *s* ogre.
**oh** *interj* o, oh.
**oitava** *s* octave.
**oitavado** *adj octagonal.*
**oitavo** *num* eighth.
**oitenta** *num* eighty. | *adj* fourscore.
**oito** *num* eight.
**oitocentos** *num* eight hundred.
**ojeriza** *s* ill will, animus, grudge.
**olá** *interj* hello, hi, ho, hoy.
**olaria** *s* pottery, brickyard.
**oleáceas** *s* oleaceae.
**oleado** *adj* oily, greasy. | *s* oilcloth.
**oleaginoso** *adj* oleaginous.
**olear** *v* oil.
**oleífero** *adj* oleiferous.
**olente** *adj* odorous.
**óleo** *s* grease, oil.
**oleografia** *s* oleograph.
**oleômetro** *s* oleometer.
**oleosidade** *s* oilness.
**oleoso** *adj* fatty, greasy, oily.
**olfativo** *adj* olfactory.
**olfato** *s* nose, scent, smell.
**olhada** *s* eye, look, glimpse, glance.
**olhadela** *s* glance, glimpse, look.
**olhar** *v* look, watch, see, regard. | *s* look, eye, regard.
**olho** *s* eye.
**oligarca** *s* oligarch.
**oligarquia** *s* oligarchy.
**olimpíada** *s* Olympiad, Olympic games, Olympics.
**olímpico** *adj* Olympian, Olympic.
**Olimpo** *s* Olympus.
**oliva** *s* olive.
**oliveira** *s* olive.
**olmo** *s* elm.
**olor** *s* perfume, scent, odor.

**olvidar** *v* forget.
**olvido** *s* forgetfulness.
**Omã** *s* Oman.
**ombrear** *v* shoulder.
**ombreira** *s* shoulder piece.
**ombro** *s* shoulder.
**omelete** *s* omelet, omelette.
**ominar** *v* omen, foretell, predict.
**ominoso** *adj* ominous.
**omissão** *s* default, failure, omission.
**omitir** *v* omit, overlook.
**omoplata** *s* scapula, shoulder blade.
**onagro** *s* onager.
**onça** *s Zool* jaguar, ounce (medida de peso).
**oncologia** *s* oncology.
**oncologista** *s* oncologist.
**onda** *s* wave (mar, rádio etc.); rash (de acontecimentos); wave (de conservadorismo etc.).
**onde** *adv* where. | *conj* where, wherein.
**ondeado** *adj* crisp, wavy.
**ondear** *v* crinkle, crisp, wimple, wave.
**ondulação** *s* crinkle, curl, wave.
**ondulado** *adj* crinkly, curly, wavy.
**ondulante** *adj* wavy.
**ondular** *v* wave, curl, dimple (água).
**onerar** *v* burden, tax, encumber.
**oneroso** *adj* burdensome, onerous.
**ônibus** *s* bus, coach.
**onipotente** *adj* e *s* omnipotent.
**onipresença** *s* ubiquity.
**onisciência** *s* omniscience.
**onívoro** *adj* omnivorous.
**ônix** *s* onyx.
**onomástica** *s* onomastics.
**onomástico** *adj* onomastic.
**onomatopaico** *adj* onomatopoeic.
**onomatopeia** *s* onomatopoeia.
**onomatopeico** *adj* onomatopoeic.
**ontem** *adv* e *s* yesterday.
**ontogênese** *s* ontogenesis.
**ontologia** *s* ontology.
**ontologismo** *s* ontologism.
**ônus** *s* onus, burden.
**onze** *num* eleven.
**onzenário** *s* usurer.
**onzeneiro** *s* gossiper.
**oosfera** *s* oosphere.
**opacidade** *s* opacity.
**opaco** *adj* opaque, darksome, dim, mat.
**opala** *s* opal.
**opalescência** *s* opalescence.
**opalino** *adj* opalescent.
**opção** *s* option, choice.
**opcional** *adj* optional.
**ópera** *s* opera.
**operação** *s* action, operation; *Med* surgery; run, running (máquina).
**operacional** *adj* operational.
**operador** *s* handler, operator.
**operante** *adj* operative.
**operar** *v* operate.
**operariado** *s* working class.
**operário** *s* hand, worker, workingman.
**operatório** *adj* operative.
**opereta** *s* operetta.
**operoso** *adj* active, productive.
**opiáceo** *adj* opiate.
**opiado** *adj* opiate.
**opiar** *v* opiate.
**opiato** *s* opiate.
**opilação** *s* oppilation.
**opilar** *v* oppilate.
**opimo** *adj* excellent; rich.
**opinar** *v* estimate, judge, opine.
**opinião** *s* opinion, judgement, thought, point of view.
**opiniático** *adj* opinionated.
**ópio** *s* opium.
**oponente** *s* antagonist, corrival, opponent.
**opor** *v* oppose, object, contest.
**oportunamente** *adv* apropos.
**oportunidade** *s* opportunity, chance, occasion.
**oportunismo** *s* expediency.
**oportunista** *adj* expedient. | *s* opportunist.
**oportuno** *adj* convenient, expedient, opportune, ripe (negócio).
**oposição** *s* opposition, antagonism, objection.

**oposicionista** *s* oppositionist.
**opositor** *adj* e *s* opponent.
**opressão** oppression, pressure.
**opressivo** *adj* oppressive, burdensome, tyrannical.
**opressor** *s* despot, tyrant, oppressor.
**oprimido** *adj* downtrodden, crushed.
**oprimir** *v* oppress, burden, crush.
**optativo** *adj* e *s* optative.
**óptica** *s* optics.
**óptico** *adj* optic, optical, visual. | *s* optician.
**optometria** *s* optometry.
**optometrista** *s* optometrist.
**optômetro** *s* optometer.
**opugnação** *s* attack, combat.
**opugnar** *v* attack, combat.
**opulência** *s* exuberance, opulence.
**opulento** *adj* affluent, opulent, lush.
**opúsculo** *s* opuscule.
**ora** *interj* why, pooh, bah.
**oração** *s* prayer, blessing; *Gram* clause, sentence.
**oracular** *adj* oracular.
**oráculo** *s* oracle.
**orador** *s* orator, speaker; preacher.
**oral** *adj* buccal, oral, vocal.
**orangotango** *s* orangutan.
**orar** *v* pray.
**oratória** *s* oratory.
**oratório** *s* oratory (pequeno altar).
**orbe** *s* orb, globe, earth.
**orbicular** *adj* orbicular.
**órbita** *s* orbit.
**orbitar** *v* orbit, revolve, roll.
**orca** *s* killer whale.
**orçamento** *s* budget.
**orçar** *v* estimate, compute.
**ordeiro** *adj* orderly.
**ordem** *s* order; category; dismissal (para retirar-se); *Jur* mandate.
**ordenação** *s* ordination.
**ordenada** *s* ordinate (*símb Mat*).
**ordenado** *adj* orderly, ordinate, regular. | *s* earnings, salary, wage.
**ordenança** *s* ordinance.
**ordenar** *v* order.
**ordenha** *s* milking.
**ordenhador** *s* milker.
**ordenhadora** *s* milkmaid.
**ordenhar** *v* milk.
**ordinal** *adj* ordinal.
**ordinária** *s* expenses.
**ordinário** *adj* common, ordinary, usual.
**orelha** *s* ear.
**orelheira** *s* earflap.
**orelhudo** *adj* big-eared; stupid. | *s* stupid, stubborn.
**órfã** *s* orphan.
**orfanar** *v* orphan.
**orfanato** *s* orphanage.
**orfandade** *s* orphanage.
**órfão** *adj* e *s* orphan.
**orfeão** *s* glee club.
**organdi** *s* organdy, organdie.
**orgânico** *adj* organic.
**organismo** *s* organism.
**organização** *s* organization.
**organizado** *adj* organized.
**organizador** *s* organizer, entrepreneur.
**organizar** *v* organize.
**organografia** *s* organography.
**órgão** *s* *Biol* organ; *Mús* organ, pipe organ; agency.
**orgasmo** *s* climax, orgasm.
**orgia** *s* orgy, debauch.
**orgíaco** *adj* orgiastic, bacchic.
**orgulhar** *v* pride.
**orgulho** *s* pride.
**orgulhoso** *adj* proud, boastful, elated.
**orientação** *s* orientation, direction, guideline.
**orientador** *s* guide.
**oriental** *adj* oriental, east, eastern.
**orientar** *v* orient, direct, guide.
**oriente** *s* orient, east.
**orifício** *s* aperture, hole, opening.
**origem** *s* origin.
**original** *adj* original, new, novel; uncut (filme, texto). | *s* original (texto ou obra de arte), source book.
**originalidade** *s* originality.

**originar** *v* originate, generate, initiate, cause.
**oriundo** *adj* native, originating.
**orla** *s* edge, border, margin.
**orlar** *v* edge, border, rim.
**ornado** *adj* ornate.
**ornamentação** *s* ornamentation.
**ornamentado** *adj* ornamented.
**ornamental** *adj* ornamental.
**ornamentar** *v* ornament.
**ornamento** *s* ornament.
**ornamentos** *s* trappings.
**ornar** *v* apparel, drape (com cortinas, bandeiras, tecidos etc.), garnish.
**ornear** *v* bray, heehaw.
**orneio** *s* heehaw.
**ornejar** *v* heehaw.
**ornitologia** *s* ornithology.
**ornitólogo** *s* ornithologist, birdman.
**ornitorrinco** *s* duckbill, platypus.
**orquestra** *s* orchestra.
**orquestração** *s* orchestration.
**orquestrar** *v* orchestrate, score.
**orquídea** *s* orchid.
**ortodontia** *s* orthodontics.
**ortodoxia** *s* orthodoxy.
**ortodoxo** *s* orthodox.
**ortoépia**, **ortoepia** *s* orthoepy.
**ortofonia** *s* orthophony.
**ortogonal** *adj* orthogonal.
**ortografia** *s* orthography, spelling.
**ortográfico** *adj* orthographic.
**ortomolecular** *adj* orthomolecular.
**ortopedia** *s* orthopedics.
**ortopédico** *adj* orthopedic.
**ortóptero** *adj* orthopterous. | *s* orthopteran.
**orvalhada** *s* dewfall.
**orvalhar** *v* bedew, dew.
**orvalho** *s* dew.
**oscilação** *s* balance, fluctuation, oscillation, vibration.
**oscilante** *adj* floating.
**oscilar** *v* fluctuate, oscillate, sway, swing.
**oscular** *v* osculate, kiss.
**osmose** *s* osmosis.
**ossada** *s* bones.
**ossário** *s* ossuary.
**ossatura** *s* framework.
**osseína** *s* ossein.
**ósseo** *adj* osseous.
**ossificação** *s* ossification.
**ossificar** *v* ossify.
**osso** *s* bone.
**ossudo** *adj* bony, rawboned.
**ostensivo** *adj* ostensive.
**ostensório** *s* ostensorium.
**ostentação** *s* ostentation, flamboyance, blazon.
**ostentador** *adj* flamboyant.
**ostentar** *v* blazon, display, show off.
**ostentoso** *adj* ostentatious, showy.
**osteomielite** *s* osteomyelitis.
**ostra** *s* oyster.
**ostracismo** *s* ostracism.
**ostricultura** *s* oyster culture, oyster farming.
**otário** *s* fall guy, sucker.
**ótico** *adj* otic.
**otimismo** *s* optimism.
**otimista** *adj* confident, hopeful. | *s* optimist.
**ótimo** *adj* divine, excellent, great, nice.
**otite** *s* otitis.
**otomano** *adj* Osmanli, Ottoman.
**ou** *conj* or, either.
**ouriço** *s* hedgehog, urchin.
**ouriço-do-mar** *s* sea urchin.
**ourives** *s* goldsmith.
**ourivesaria** *s* goldsmithery.
**ouro** *s* gold (*símb* **Au**); yellow (oeste dos EUA); *tb pl* diamonds (naipe de cartas).
**ouropel** *s* tinsel, pinchbeck.
**ousadia** *s* boldness, daring, audacity.
**ousado** *adj* bold, daring, courageous.
**ousar** *v* dare, risk, venture.
**outdoor** *s* billboard.
**outeiro** *s* hillock.
**outonal** *adj* autumnal.
**outono** *s* autumn, fall.
**outorga** *s* grant, confer, warrant.
**outorgante** *s* conferrer, grantor.
**outorgar** *v* bestow, confer, grant.

**outrem** *pron* somebody else.
**outro** *adj* another, other, different. | *pron* other, another. | *s* other.
**outrora** *adv* formerly, once.
**outrossim** *adv* besides, also.
**outubro** *s* October.
**ouvido** *s* ear.
**ouvinte** *s* hearer, listener.
**ouvir** *v* hear, listen.
**ova** *s* spat (ostra ou molusco).
**ovação** *s* applause, ovation.
**ovacionar** *v* applaud, acclaim.
**oval** *adj* oblong, oval. | *s* oval.
**ovalar** *v* ovalize.
**ovante** *adj* triumphant.
**ovariano** *adj* ovarian.
**ovário** *s* ovary.
**ovelha** *s* ewe, sheep.
**oviforme** *adj* oviform.
**ovino** *adj* e *s* ovine.
**ovíparo** *adj* oviparous.
**ovniologia** *s* ufology.
**ovo** *s* egg.
**ovovivíparo** *adj* ovoviviparous.
**ovular** *v* ovulate.
**óvulo** *s* ovule, egg.
**oxidação** *s* oxidation.
**oxidar** *v* oxidize.
**óxido** *s* oxide.
**oxigenação** *s* oxygenation.
**oxigenar** *v* aerate, oxygenate, ventilate.
**oxigênio** *s* oxygen (*símb* **O**).
**oxítono** *adj* oxytone.
**ozônio** *s* ozone.

# Pp

**p** ou **P** *s* 15ª letra do alfabeto português. | *abrev Quím minús* de próton. | *símb Quím maiús* de fósforo.
**pá** *s* spade, shovel, scoop; paddle (roda propulsora).
**paca** *s* paca; bale, package. | *adj* inexperienced, ingenuous.
**pacato** *adj* peaceful, pacific; tranquil, placid.
**pachorra** *s* apathy, impassivity; slowness.
**paciência** *s* patience, forbearance.
**paciente** *adj* e *s* patient.
**pacientemente** *adv* patiently.
**pacificação** *s* pacification.
**pacificador** *s* pacifier, pacificator. | *adj* pacifying.
**pacificamente** *adv* pacifically.
**pacificar** *v* pacify.
**pacífico** *adj* pacific.
**pacifismo** *s* pacifism.
**pacifista** *s* pacifist. | *adj* pacifistic.
**paço** *s* court.
**pacote** *s* package, packet, pack, parcel, bundle.
**pacto** *s* pact.
**pactuar** *v* covenant.
**padaria** *s* bakery.
**padecer** *v* suffer.
**padecimento** *s* suffering.
**padeiro** *s* baker.
**padiola** *s* handbarrow, stretcher.
**padrão** *s* standard; pattern.
**padrasto** *s* stepfather.
**padre** *s* priest, father; reverend, confessor.
**padrinho** *s* godfather; sponsor.
**padroeiro** *s* patron.
**padronização** *s* standardization.
**padronizar** *v* standardize.
**paga** *s* remuneration, salary.
**pagador** *s* payer. | *adj* paying.
**pagamento** *s* payment.
**paganismo** *s* paganism.
**pagão** *s* e *adj* pagan.
**pagar** *v* pay.
**pager** *s* beeper.
**página** *s* page.
**paginação** *s* pagination.
**paginar** *v* paginate, page.
**pago** *adj* paid; rewarded.
**pagode** *s* pagoda.
**pai** *s* father; *inform* dad, daddy.
**painel** *s* panel.
**pai-nosso** *s* Lord's Prayer.
**paiol** *s* garner.
**pairar** *v* hover.
**país** *s* country, nation, land.
**paisagem** *s* landscape, view.
**paixão** *s* passion, love, flame, heat.
**pajear** *v* nurse.
**pajem** *s* page; nurse.
**pala** *s* yoke (roupa).
**palacete** *s* palace.

**palaciano** *s* courtier. | *adj* palatial.
**palácio** *s* palace.
**paladar** *s* palate, taste.
**palanque** *s* stand, scaffold.
**palatal** *adj* e *s* palatal.
**palatino** *adj* e *s* palatine.
**palato** *s* palate.
**Palau** *s* Palau.
**palauense** *s* e *adj* Palauan.
**palavra** *s* word.
**palavra-chave** *s* keyword; headword (dicionário, glossário, enciclopédia).
**palavrão** *s* swearword, curse.
**palavreado** *s* chatter, gibber; talkativeness.
**palco** *s* stage.
**paleolítico** *adj* e *s* Paleolithic.
**paleontologia** *s* paleontology.
**paleontólogo** *s* paleontologist.
**paleozoico** *adj* e *s* Paleozoic.
**palerma** *s* idiot, fool, imbecile. | *adj* foolish, idiotic, stupid.
**Palestina** *s* Palestine.
**palestino** *s* e *adj* Palestinian.
**palestra** *s* lecture.
**palestrante** *s* lecturer.
**palestrar** *v* lecture.
**paleta** *s* palette.
**palete** *s* skid.
**paletó** *s* coat.
**palha** *s* straw; husk (trigo, milho).
**palhaçada** *s* clownish.
**palhaço** *s* clown, buffoon.
**palheta** *s* reed (instrumento de sopro); pallet.
**paliação** *s* palliation.
**paliar** *v* palliate.
**paliativo** *adj* e *s* palliative.
**paliçada** *s* palisade, pale, paling; stockade.
**palidez** *s* paleness, pallor.
**pálido** *adj* pale, shallow, colorless, bloodless; sickly; watery (cor).
**pálio** *s* canopy.
**palitar** *v* pick (dentes).
**palito** *s* toothpick (dente); match (fósforo).
**palma** *s* palm.
**palmada** *s* clap, flap, slap, smack, spank.
**palmatória** *s* ferule.
**palmeira** *s* palm tree.
**palmilha** *s* insole, inside sole.
**palmípede** *adj* web-footed.
**palmito** *s* hearts of palm, palm cabbage.
**palmo** *s* palm.
**palpável** *adj* palpable, touchable.
**pálpebra** *s* eyelid, lid.
**palpitação** *s* palpitation, gasp, quiver, throb.
**palpitante** *adj* vibrant.
**palpitar** *v* palpitate, gasp, quiver, throb.
**palpite** *s* guess, hunch, steer.
**panaceia** *s* elixir, panacea.
**Panamá** *s* Panama.
**panamenho** *s* e *adj* Panamanian.
**panarício** *s* agnail.
**pancada** *s* blow, knock, bang, hit, stroke; gust (de chuva).
**pancadaria** *s* scuffle, fray; beating.
**pâncreas** *s* pancreas.
**panda** *s* panda.
**pandarecos** *s* chips, splinters, fragments.
**pândega** *s* spree, folly, revelry; carousal.
**pândego** *adj* funny.
**pandeiro** *s* tambourine.
**pandemônio** *s* pandemonium.
**pane** *s* bug, failure.
**panela** *s* pan.
**panfletário** *s* pamphleteer.
**panfleto** *s* pamphlet, brochure, flyer.
**pânico** *s* panic.
**panificadora** *s* bakery.
**pano** *s* cloth, fabric.
**panorama** *s* panorama, view, landscape.
**panorâmico** *adj* panoramic.
**panqueca** *s* pancake, flannel, flapjack, cake.
**pantalão** *s* pantaloon.
**pantalonas** *s* pantaloon.
**pantanal** *s* swampland.
**pântano** *s* swamp, marsh.
**pantanoso** *adj* swampy, marshy, boggy.
**panteão** *s* pantheon.

**panteísmo** *s* pantheism.
**panteísta** *s* pantheist.
**pantera** *s* panther.
**pantomima** *s* pantomime.
**panturrilha** *s* calf.
**pão** *s* bread; loaf.
**pão de ló** *s* sponge cake.
**pão-duro** *adj* tightfisted, stingy. | *s* screw.
**Papa** *s* Pope.
**papa** *s* pap, mush, gruel.
**papada** *s* jowl, double chin.
**papado** *s* papacy.
**papa-formigas** *s* anteater.
**papagaio** *s* parrot; kite.
**papai** *s* dad, daddy, pa, papa, pappy.
**papaia** *s* papaya.
**Papai Noel** *s* Santa Claus.
**papal** *adj* papal.
**papão** *s* bugbear, ogre.
**papar** *v* eat.
**paparicar** *v* nibble, pamper.
**papear** *v* rap; talk.
**papeira** *s* parotitis.
**papel** *s* paper; role (teatro, cinema, sociedade); part (peça teatral).
**papelão** *s* cardboard, paperboard, pasteboard.
**papelaria** *s* stationer's shop.
**papel-moeda** *s* paper money, greenback.
**papelote** *s* curl paper (de encaracolar cabelo).
**papila** *s* papilla.
**papiro** *s* papyrus.
**papo** *s* crop, craw; goiter; *gír* rap.
**papoula** *s* poppy.
**páprica** *s* paprika.
**Papua-Nova Guiné** *s* Papua New Guinea.
**papuásio** *s* e *adj* Papua.
**paquete** *s* packet.
**paquiderme** *s* pachyderm.
**paquistanês** *s* e *adj* Pakistani.
**Paquistão** *s* Pakistan.
**par** *adj* even (número). | *s* pair, couple.
**para** *prep* for, to, toward; in order to.
**parabenizar** *v* congratulate.
**parabéns** *s* congratulations, felicitations.
**parábola** *s* parable (alegoria religiosa); *Geom* parabola.
**parabólico** *adj* parabolic.
**para-brisa** *s* windshield.
**para-choque** *s* buffer, bumper, cushion.
**parada** *s* parade; stop; halt, standstill, stoppage.
**paradeiro** *s* whereabouts.
**paradigma** *s* paradigm, paragon.
**paradigmático** *adj* paradigmatic.
**paradisíaco** *adj* paradisiacal.
**parado** *adj* static, motionless; quiet.
**paradoxal** *adj* paradoxical.
**paradoxo** *s* paradox.
**parafernália** *s* gear.
**parafina** *s* paraffin, wax.
**parafinar** *v* paraffin.
**paráfrase** *s* paraphrase.
**parafrasear** *v* paraphrase.
**parafusar** *v* screw.
**parafuso** *s* screw; spin (manobra de avião).
**paragrafar** *v* paragraph.
**parágrafo** *s* paragraph; article, section.
**Paraguai** *s* Paraguay.
**paraguaio** *s* e *adj* Paraguayan.
**paraíso** *s* paradise; heaven.
**para-lama** *s* mudguard, fender.
**paralela** *s* parallel.
**paralelepípedo** *s* parallelepiped.
**paralelo** *adj* e *s* parallel.
**paralisação** *s* paralyzation; weakness; shutdown (em operação, produção, ou fábrica).
**paralisado** *adj* paralyzed.
**paralisar** *v* paralyze.
**paralisia** *s* paralysis.
**paralítico** *adj* e *s* paralytic.
**paramédico** *s* paramedic.
**paramentar** *v* adorn, ornament.
**paramento** *s* adornment, ornament; *Ecles* vestment.
**parâmetro** *s* parameter.
**paramilitar** *adj* paramilitary.
**paraninfo** *s* paranymph.

**paranoia** *s* paranoia.
**paranormal** *adj* paranormal.
**parapeito** *s* parapet, windowsill.
**paraplégico** *adj* e *s* paraplegic.
**parapsicologia** *s* parapsychology.
**paraquedas** *s* parachute.
**paraquedismo** *s* skydiving.
**paraquedista** *s* skydiver, parachutist.
**parar** *v* stop, cease, halt, discontinue, break.
**para-raios** *s* lightning arrester.
**parasita** *s* parasite.
**parasítico** *adj* parasitic.
**parceiro** *s* partner.
**parcela** *s* parcel.
**parcelar** *v* parcel.
**parceria** *s* partnership.
**parcial** *adj* partial.
**parcialidade** *s* partiality.
**parcialmente** *adv* partly, partially; half.
**parcimônia** *s* parsimony; economy.
**parcimonioso** *adj* parsimonious.
**parco** *adj* economic; scant.
**pardacento** *adj* neutral.
**pardal** *s* sparrow.
**pardieiro** *s* rookery.
**pardo** *adj* drab, dun (cor).
**parecença** *s* resemblance.
**parecer** *v* appear, look, seem. | *s* counsel, notion, opinion, sentiment.
**parecido** *adj* similar, like.
**parede** *s* wall.
**parelha** *s* team.
**parenta** *s* kinswoman.
**parente** *s* relative, kinsman. | *adj* consanguineous.
**parentesco** *s* kinship, relation.
**parêntese** *s* parenthesis, bracket (sinal gráfico). • **parênteses** parentheses.
**páreo** *s* horse race.
**pária** *s* outcast, leper.
**paridade** *s* parity.
**parietal** *adj* e *s* parietal.
**parir** *v* bear, give birth; calve.
**parlamentar** *v* parley, negotiate. | *adj* parliamentary.
**parlamento** *s* parliament.
**parlatório** *s* parlance.
**parnasiano** *s* e *adj* Parnassian.
**pároco** *s* priest, vicar, curate, rector.
**paródia** *s* parody
**parodiar** *v* parody.
**paróquia** *s* parish, church.
**paroquial** *adj* parochial.
**paroquiano** *s* parishioner.
**paroxismo** *s* paroxysm.
**paroxítono** *adj* e *s* paroxytone.
**parque** *s* park.
**parreira** *s* grapevine.
**parricídio** *s* parricide.
**parte** *s* part, segment, share; role (teatro, cinema); section (cidade).
**parteira** *s* midwife.
**parteiro** *s* obstetrician.
**partição** *s* partition.
**participação** *s* participation.
**participador** *s* participator.
**participante** *adj* participant. | *s* partaker, participant.
**participar** *v* participate, partake.
**particípio** *s* participle.
**partícula** *s* particle.
**particular** *adj* e *s* particular.
**particularidade** *s* particularity.
**particularizar** *v* particularize.
**particularmente** *adv* particularly.
**partida** *s* departure, leave; takeoff going parting; *Esp* game, match; exit.
**partidário** *adj* e *s* sectarian, partisan.
**partido** *s* party.
**partilha** *s* partition.
**partilhar** *v* partition.
**partir** *v* break; part; depart.
**partitivo** *adj* e *s* partitive.
**partitura** *s* score.
**parto** *s* parturition, childbirth, delivery.
**parturiente** *adj* parturient.
**parvo** *adj* gawky. | *s* chump, gawk, numskull, oaf.
**Páscoa** *s* Easter; Passover (judeus).
**pasmado** *adj* amazed, awestruck, ecstatic, motionless.

**pasmar** *v* amaze, astonish.
**pasmo** *s* amazement, astonishment.
**paspalhão** *adj* gawky. | *s* gawk.
**pasquim** *s* lampoon.
**passa** *s* raisin.
**passada** *s* pace.
**passadeira** *s* runner (tapete).
**passadiço** *s* gangway.
**passado** *adj* past, gone. | *s* past.
**passageiro** *adj* fleeting, passing. | *s* passenger.
**passagem** *s* passage, passing, passageway.
**passaporte** *s* passport.
**passar** *v* pass, go by, elapse, spend (tempo).
**passarada** *s* gangway, ramp.
**passarela** *s* catwalk, footbridge.
**passarinho** *s* bird, birdie.
**pássaro** *s* bird.
**passatempo** *s* pastime, entertainment, recreation.
**passável** *adj* passable, tolerable.
**passe** *s* pass.
**passeante** *s* rambler.
**passear** *v* take a walk.
**passeata** *s* parade.
**passeio** *s* walk, stroll; trip, excursion.
**passional** *adj* passional.
**passível** *adj* passible.
**passividade** *s* passivity.
**passivo** *adj* passive. | *s* passive; *Cont* liabilities.
**passo** *s* pace, step, footstep; walk, gait; passage.
**pasta** *s* paste; folder.
**pastagem** *s* pasture, pasturage, herbage.
**pastar** *v* pasture, graze, browse.
**pastel** *adj* e *s* pastel.
**pasteurização** *s* pasteurization.
**pasteurizar** *v* pasteurize.
**pastilha** *s* pastille, tablet.
**pasto** *s* pasturage, pasture.
**pastor** *s* shepherd (ovelhas); pastor.
**pastorear** *v* pasture, shepherd, graze.
**pastoril** *adj* bucolic.
**pastoso** *adj* pasty, viscous, gummy.
**patada** *s* kick; foolishness.
**patavina** *pron indef* nothing.
**patê** *s* pâté.
**pátena** *s* paten.
**patente** *s* e *adj* patent.
**patentear** *v* patent.
**paternal** *adj* paternal, fatherly.
**paternalismo** *s* paternalism.
**paternalmente** *adv* paternally.
**paternidade** *s* paternity, fatherhood, parenthood.
**paterno** *adj* paternal, fatherly, parental.
**pateta** *adj* goofy. | *s* fool, chump, dumb.
**patético** *adj* pathetic.
**patifaria** *s* knavery, roguery.
**patife** *s* rascal, rogue, scoundrel.
**patim** *s* roller skate (rodas); ice skate (gelo).
**pátina** *s* patina.
**patinador** *s* skater.
**patinar** *v* roller-skate; ice-skate.
**patinete** *s* scooter.
**patinhar** *v* splash, paddle.
**patinho** *s* duckling.
**pátio** *s* courtyard, terrace, yard, patio.
**pato** *s* duck, drake (macho).
**patologia** *s* pathology.
**patológico** *adj* pathological.
**patologista** *s* pathologist.
**patrão** *s* boss, employer, master.
**pátria** *s* country, fatherland, homeland, motherland.
**patriarca** *s* patriarch.
**patriarcal** *adj* patriarchal.
**patrício** *adj* e *s* patrician.
**patrimônio** *s* estate, patrimony.
**pátrio** *adj* gentile; paternal.
**patriota** *s* e *adj* patriot.
**patriótico** *adj* patriotic.
**patriotismo** *s* patriotism.
**patroa** *s* mistress.
**patrocinador** *s* sponsor, backer, patron.
**patrocinar** *v* sponsor, patronize.
**patrocínio** *s* patronage, sponsorship, auspice.

**patronato** *s* patronage.
**patronímico** *adj* e *s* patronymic.
**patrono** *s* patron, espouser.
**patrulha** *s* patrol.
**patrulhar** *v* patrol, scout.
**patrulheiro** *s* ranger.
**pau** *s* stick; wood.
**pau-brasil** *s* brazilwood.
**pau-canela** *s* cinnamon.
**paupérrimo** *adj* dirt-poor.
**pausa** *s* pause, break, stop, cease, rest; *Mús* rest.
**pausar** *v* pause.
**pauta** *s* staff, stave.
**pautado** *adj* ruled; regular.
**pautar** *v* rule.
**pavão** *s* peacock.
**pavilhão** *s* pavilion.
**pavimentação** *s* paving.
**pavimentar** *v* pave, floor.
**pavimento** *s* pavement; floor, story.
**pavio** *s* tinder, wick.
**pavor** *s* fear, fright, dread.
**pavoroso** *adj* dreadful; fearful, frightful, appalling.
**paz** *s* peace; concord.
**pé** *s* foot; base, bottom.
**peão** *s* rancher; chessman (xadrez).
**pear** *v* jess.
**peça** *s* piece, article, fitting, part; play (de teatro).
**pecado** *s* sin; offense.
**pecador** *adj* sinful. | *s* sinner, offender.
**pecaminoso** *adj* sinful, ungodly.
**pecar** *v* sin, offend.
**pecha** *s* defect.
**pechincha** *s* bargain, dicker, haggle.
**pechinchar** *v* bargain, chaffer, dicker, haggle.
**peçonha** *s* venom.
**peçonhento** *adj* poisonous, venomous.
**pecuária** *s* cattle.
**pecuarista** *s* cattleman
**peculato** *s* peculation.
**peculiar** *adj* peculiar, unusual, odd.
**peculiaridade** *s* peculiarity.
**pedaço** *s* piece, bit, part; chip (madeira, vidro); chunk; shred (pano); snatch (texto, música etc.).
**pedágio** *s* toll; tollgate.
**pedagogia** *s* pedagogy.
**pedagógico** *adj* pedagogic, educational.
**pedagogo** *s* pedagogue.
**pedal** *s* pedal.
**pedalar** *v* pedal.
**pedante** *adj* bookish.
**pé de cabra** *s* jimmy, lever.
**pé de meia** *s* savings.
**pé de pato** *s* flipper.
**pederasta** *s* pederast.
**pedestal** *s* pedestal; base, basis.
**pedestre** *s* pedestrian, walker.
**pé de vento** *s* blast, gust.
**pediatria** *s* pediatrics.
**pedido** *s* request; order; wish.
**pedinte** *s* beggar, cadger, almsman.
**pedir** *v* ask for, request; beg.
**pedra** *s* stone, rock, flint, boulder.
**pedra-sabão** *s* soapstone.
**pedregoso** *adj* stony, rocky.
**pedregulho** *s* gravel, grit, rubble, shingle.
**pedreira** *s* quarry.
**pedreiro** *s* mason, bricklayer.
**pedúnculo** *s* stalk.
**pegada** *s* footstep, footprint, footmark.
**pegado** *adj* adherent.
**pegajoso** *adj* clingy, gluey, sticky, viscous.
**pega-pega** *s* tag (brincadeira infantil).
**pegar** *v* catch, get, take; develop (doença); scoop (com pá); seize, snatch.
**peito** *s* chest, bosom, breast; brisket (animal).
**peitoral** *s* pectoral.
**peitoril** *s* sill, windowsill (janela).
**peixe** *s* fish.
**peixe-boi** *s* cowfish.
**peixe-elétrico** *s* electric eel
**peixe-espada** *s* swordfish.
**peixe-gato** *s* catfish.
**peixe-voador** *s* flying fish.
**peixinho** *s* fry.

**pejorativo** *adj* derogatory.
**pelado** *adj* naked, nude; bald.
**pelagem** *s* pelage.
**pelar** *v* peel; bark.
**pele** *s* skin, dermis; fur (animal).
**peleiro** *s* furrier.
**peleja** *s* fight, battle, combat.
**pelejar** *v* fight, combat
**pele-vermelha** *adj ofens* Red (nativos americanos). | *s gír ofens* redskin (nativos americanos).
**pelica** *s* capeskin.
**pelicano** *s* pelican.
**película** *s* cuticle; film; scale.
**pelo** *prep* by, in.
**pelo** *s* hair; fur.
**pelota** *s* ball.
**pelotão** *s* squad.
**pelúcia** *s* plush.
**peludo** *adj* furry; hairy; shaggy.
**pelve** *s* basin.
**pena** *s* pity, compassion, sympathy; forfeit, punish; feather (ave).
**penacho** *s* feather, tuft.
**penado** *adj* feathered.
**penal** *s* penal.
**penalizar** *v* pain, afflict.
**pênalti** *s* penalty.
**penar** *v* pain, punish.
**penca** *s* bunch.
**pendão** *s* flag, banner, standard.
**pendência** *s* fight; abeyance.
**pendente** *adj* in abeyance; hanging; pending. | *s* pendant.
**pender** *v* hang; incline, tilt; tend.
**pêndulo** *s* pendulum.
**pendurar** *v* hang.
**penduricalho** *s* knickknack, trinket.
**peneira** *s* strainer, sieve.
**peneirar** *v* strain, sieve, sift.
**penetra** *s* deadhead (cinema, teatro etc.); gatecrasher, walk-in.
**penetração** *s* penetration.
**penetrante** *adj* penetrant, piercing; acute, sharp; incisive, biting; clear-sighted; glaring (olhar).
**penetrar** *v* penetrate, pierce; crash (festa); seep (líquidos).
**penhasco** *s* cliff.
**penhoar** *s* robe, nightgown.
**penhor** *s* pawn, pledge, guaranty.
**penhora** *s* distress; *Jur* execution.
**penhorar** *v* pawn, pledge, bond; distrain; *Jur* distress, extend.
**península** *s* peninsula.
**pênis** *s* penis; *gír* cock, dick.
**penitência** *s* penitence.
**penitenciar** *v* penance.
**penitenciária** *s* penitentiary, *gír* big house.
**penitenciário** *adj* penitentiary. | *s* prisoner.
**penitente** *adj* penitent.
**penosamente** *adv* painfully.
**penoso** *adj* painful, grievous, distressful; hard.
**pensado** *adj* studied, deliberate.
**pensador** *s* thinker; philosopher
**pensamento** *s* thought; mind.
**pensão** *s* allowance; boarding house; alimony.
**pensar** *v* think, consider; guess, imagine; reckon, reflect, consider.
**pensativo** *adj* thoughtful, meditative, abstracted, wistful.
**pênsil** *adj* hanging, suspended.
**pensionato** *s* boarding house; boarding school.
**pensionista** *s* boarder.
**pentágono** *s* pentagon.
**pente** *s* comb; magazine (arma de fogo).
**penteadeira** *s* dressing-table.
**penteado** *s* hairstyle, hairdo, coiffure.
**penteador** *s* comber.
**pentear** *v* comb.
**Pentecostes** *s* Pentecost.
**penugem** *s* down.
**penumbra** *s* shade, dusk, gloom.
**penúria** *s* beggary, destitution, famine, misery.
**pepino** *s* cucumber.
**pepita** *s* nugget.
**pequenino** *adj* teeny; dwarfish.

**pequeno** *adj* small, little; short; thumbnail (do tamanho da unha do polegar). | *s* child, boy.
**pera** *s* pear.
**peralta** *s* dandy. | *adj* mischievous, naughty.
**perambular** *v* roam, wander, walk, rove, tramp, divagate.
**perante** *prep* before.
**perca** *s* perch.
**percalço** *s* gain, profit; trouble.
**perceber** *v* notice, realize, discern; apprehend, conceive.
**percentagem** *s* percentage.
**percepção** *s* perception, apprehension.
**perceptível** *adj* perceptible, apprehensible.
**perceptivo** *adj* perceptive, conscious.
**percevejo** *s* bedbug.
**percorrer** *v* do (distância), traverse; compass, cover, range.
**percurso** *s* drive, ride, run, travel; way, route, circuit.
**percussão** *s* percussion.
**perda** *s* loss; waste, wastage.
**perdão** *s* pardon, forgiveness, excuse; exoneration.
**perdedor** *s* loser.
**perder** *v* lose; disappear; forfeit (por confisco); stray; miss; waste (oportunidade, tempo).
**perdição** *s* doom; ruin.
**perdido** *adj* lost; gone; missing. | *s* stray (especialmente animal).
**perdigueiro** *s* pointer.
**perdiz** *s* partridge.
**perdoador** *s* pardoner.
**perdoar** *v* pardon, forgive.
**perdoável** *adj* pardonable.
**perdurar** *v* endure, perdure.
**perdurável** *adj* everlasting.
**pereba** *s* abscess, boil.
**perecer** *v* die, decay, fall.
**perecível** *adj* e *s* perishable.
**peregrinação** *s* pilgrimage.
**peregrinar** *v* pilgrimage.
**peregrino** *s* pilgrim.
**perene** *adj* perennial, evergreen.
**perenidade** *s* eternity.
**perfeição** *s* perfection; excellence.
**perfeitamente** *adv* perfectly.
**perfeito** *adj* perfect; correct.
**perfídia** *s* perfidy, treachery.
**pérfido** *adj* perfidious, treacherous, hollow.
**perfil** *s* profile; outline (desenho).
**perfilar** *v* profile.
**perfilhação** *s* adoption.
**perfilhar** *v* adopt.
**perfumado** *adj* perfumed, fragrant.
**perfumar** *v* perfume, scent.
**perfume** *s* perfume, fragrance, scent.
**perfuração** *s* bore.
**perfurado** *adj* abroach.
**perfurador** *s* borer, perforation.
**perfurar** *v* bore, drill, broach; enter, penetrate; sink (buraco).
**pergaminho** *s* parchment, vellum.
**pérgula** *s* pergola.
**pergunta** *s* question, query, inquiry.
**perguntar** *v* ask, question, query, inquire.
**perícia** *s* skill, expertise.
**peridural** *adj* epidural.
**periferia** *s* periphery; outskirts; *Geom* circumference.
**periférico** *adj* peripherical.
**perífrase** *s* periphrasis, circumlocution.
**perigo** *s* danger, hazard, risk, jeopardy.
**perigosamente** *adv* dangerously.
**perigoso** *adj* dangerous, hazardous; breakneck, dicey; nasty, noisome.
**perímetro** *s* perimeter; circuit.
**periódico** *adj* periodical, cyclic, regular, seasonal. | *s* magazine.
**período** *s* period; term; *Gram* sentence.
**periquito** *s* parakeet.
**perito** *adj* expert adept, skilled. | *s* expert, adept, judge; technician.
**perito-contador** *s* auditor.
**perjurar** *v* perjure.
**perjúrio** *s* perjury.
**permanecer** *v* continue, stay, stand; abide, bide; remain.
**permanência** *s* stay; abidance, abode.

P

**permanente** *adj* permanent, abiding; staid, standing; indissoluble, stable, unfailing.
**permear** *v* permeate.
**permissão** *s* permission.
**permissível** *adj* permissible.
**permissivo** *adj* permissive.
**permitido** *adj* licit.
**permitir** *v* permit, allow, let.
**permuta** *s* exchange, interchange, trade.
**permutar** *v* exchange, interchange, trade.
**perna** *s* leg; shank (animal).
**pernada** *s* kick.
**pernear** *v* jump, skip.
**pernicioso** *adj* pernicious.
**pernil** *s* ham; gigot (carneiro, porco etc.).
**pernilongo** *s* mosquito, daddy longlegs.
**pernoitar** *v* sleep, overnight.
**pernóstico** *adj* arrogant.
**pérola** *s* pearl; bead (de vidro, metal etc.); gem.
**perôneo** *s* fibula.
**perpendicular** *adj* perpendicular.
**perpetração** *s* commitment.
**perpetrar** *v* commit.
**perpetuar** *v* perpetuate.
**perpétuo** *adj* endless, everlasting, lifelong.
**perplexidade** *s* perplexity; bewilderment; wonder.
**perplexo** *adj* bewildering, confused; mazy.
**persa** *adj* e *s* Persian.
**perscrutar** *v* search, examine.
**perseguição** *s* persecution; pursuit, chase; follow; hunt, hunting.
**perseguidor** *s* chaser.
**perseguir** *v* chase, pursuit; course (caça); hunt; run after.
**perseverança** *s* perseverance.
**perseverante** *adj* persevering.
**perseverar** *v* persevere.
**Pérsia** *s* Persia.
**persiana** *s* blind, shutter.
**persistência** *s* persistence.
**persistente** *adj* persistent, persisting.
**persistir** *v* persist; carry out, carry through.
**personagem** *s* character.
**personalidade** *s* personality; character.
**personalizar** *v* personalize.
**personificação** *s* personification.
**personificar** *v* personify.
**perspectiva** *s* perspective; outlook.
**perspicácia** *s* acumen, keenness, discernment.
**perspicaz** *adj* acute, wise, discerning, keen, sharp.
**persuadir** *v* persuade.
**persuasão** *s* persuasion.
**persuasivo** *adj* persuasive.
**pertencer** *v* belong, pertain.
**pertences** *s* belongings, things; traps.
**pertinaz** *adj* obstinate.
**pertinência** *s* pertinence.
**pertinente** *adj* pertinent.
**perto** *adv* near, close.
**perturbação** *s* perturbation.
**perturbado** *adj* upset, troublous.
**perturbador** *adj* annoying, disturbing, troublesome. | *s* agitator, disturber.
**perturbar** *v* disturb; upset, trouble.
**peru** *s* *Zool* turkey, gobbler; *maiús* Peru.
**perua** *s* station wagon.
**peruano** *s* e *adj* Peruvian.
**peruca** *s* wig.
**perversão** *s* perversion, lechery.
**perversidade** *s* perversity, deviltry, evil.
**perverso** *adj* perverse. | *s* pervert.
**perverter** *v* corrupt, infect, wallow.
**pervertido** *adj* pervert, wry.
**pesadelo** *s* nightmare.
**pesado** *adj* heavy, weighty; dead (silêncio, sono).
**pesagem** *s* weighing.
**pêsames** *s* condolences.
**pesar** *s* sorrow, regret, grief; mourning. | *v* grieve, mourn; weigh, weight, scale.
**pesaroso** *adj* sorrowful, grievous, regretful.
**pesca** *s* fishing; angling (com linha e anzol).
**pescado** *s* fish.

P

**pescador** *s* fisher, fisherman; angler (com linha e anzol).
**pescar** *v* fish; angle (com linha e anzol).
**pescaria** *s* fishing.
**pescoço** *s* neck.
**peso** *s tb Esp* weight; burden, load.
**peso-pena** *s* featherweight.
**pesqueiro** *s* fishery, fishing.
**pesquisa** *s* research, search, quest, study; *Comp* look-up.
**pesquisador** *adj* inquisitive. | *s* researcher, explorer, searcher.
**pesquisar** *v* research, search, quarry.
**pêssego** *s* peach.
**pessimismo** *s* pessimism.
**pessimista** *adj* pessimistic.
**péssimo** *adj* worst; very bad.
**pessoa** *s* person.
**pessoal** *adj* personal, private. | *s* personnel (grupo de empregados, equipe).
**pestana** *s* eyelash, lash.
**pestanejada** *s* wink.
**pestanejar** *v* twinkle, blink, wink.
**peste** *s* plague; nuisance.
**pétala** *s* petal.
**petardo** *s* petard; bomb.
**peteca** *s* shuttlecock.
**petição** *s* petition; suit.
**petisco** *s* savory, morsel.
**petrechos** *s* ammunition; supplies.
**petrificação** *s* petrifaction, petrification.
**petrificar** *v* petrify; fossilize.
**petroleiro** *adj* tanker.
**petróleo** *s* oil, petroleum.
**petulância** *s* petulance, peevish.
**petulante** *adj* petulant, peevish.
**pia** *s* sink.
**piada** *s* joke, gag, crack, witticism; *gír* wisecrack.
**piadista** *s* joker.
**piado** *s* cheep, peep, shrill.
**piano** *s* piano.
**pião** *s* top (brinquedo).
**piar** *v* cheep, peep (pássaro).
**picada** *s* sting, bite (inseto); path, track (caminho).
**picadeiro** *s* circus ring.
**picadinho** *s* mincemeat (carne).
**picado** *s* mincemeat. | *adj* pricket; punctuated.
**picante** *adj* hot, savory, spicy; *inform* nippy.
**pica-pau** *s* woodpecker.
**picar** *v* sting, bite; mince (carne); pierce, prick, puncture.
**picaresco** *adj* burlesque, caricature; comic.
**picareta** *s* mattock.
**picaretagem** *s* chiseling.
**pichar** *v* pitch (cobrir de piche).
**piche** *s* pitch.
**picles** *s* pickles.
**pico** *s* peak, summit.
**picolé** *s* popsicle.
**picotar** *v* indent; punch.
**piedade** *s* pity, compassion, mercy.
**piedoso** *adj* pitiful, compassionate, merciful.
**piegas** *adj* fussy, ridiculous.
**píer** *s* jetty, dock.
**pífano** *s* fife.
**pigarrear** *v* hawk (para limpar a garganta).
**pigarro** *s* hem (para chamar atenção).
**pigmentação** *s* pigmentation.
**pigmentar** *v* pigment.
**pigmento** *s* pigment, dye, coloring.
**pigmeu** *s* Pigmy.
**pijama** *s* pajama.
**pilão** *s* mortar.
**pilar** *s* pillar, column.
**pilastra** *s* pilaster.
**pilha** *s* pile, heap, cumulation; battery.
**pilhagem** *s* pillage, plunder, depredation.
**pilhar** *v* pillage, plunder, depredate, foray.
**pilhéria** *s* drollery, gag; joke, prank.
**pilotagem** *s* navigation.
**pilotar** *v* navigate, steer.
**piloto** *s* pilot; navigator.
**pílula** *s* pill.

**pimenta** *s* pepper.
**pimenta-do-reino** *s* black pepper.
**pimenta-malagueta** *s* red pepper, chili.
**pimentão** *s* green pepper.
**pimpolho** *s* chick.
**pináculo** *s* pinnacle.
**pinça** *s* tweezers.
**pincel** *s* brush, paintbrush.
**pincelada** *s* dab, touch.
**pinga** *s* rum.
**pingar** *v* drip, drop, distill, trickle; run (muco do nariz).
**pingente** *s* bangle.
**pingo** *s* dot; drip, drop; *Ling* tittle.
**pingue-pongue** *s* Ping-Pong.
**pinguim** *s* penguin.
**pinha** *s* sweetsop.
**pinheiro** *s* pine tree.
**pinho** *s* pinewood.
**pinicar** *v* peck.
**pino** *s* pin, peg; pivot.
**pinote** *s* jump, leap.
**pinotear** *v* buck, jump, leap.
**pinta** *s* spot; dapple (no pelo de um animal); dot, fleck, speck; maculation.
**pintado** *adj* painted.
**pintar** *v* paint, draw.
**pinto** *s* chick; penis.
**pintor** *s* painter.
**pintura** *s* painting, paint.
**pio** *adj* peep, cheep; pious, devout.
**piolhento** *s* lousy.
**piolho** *s* louse.
**pioneiro** *s* pioneer, explorer; pathfinder; foremost.
**pior** *adj* e *adv* worse.
**piora** *s* exasperation, setback.
**piorar** *v* worsen, exacerbate, exasperate.
**pipa** *s* cask; kite.
**piparote** *s* fillip, flick.
**pipilar** *v* cheep.
**pipilo** *s* cheep.
**pipoca** *s* popcorn.
**pipocar** *v* pop, crack.
**pique** *s* tag (brincadeira infantil).
**piquenique** *s* picnic.
**piquetar** *v* picket.
**piquete** *s* picket.
**pira** *s* pyre.
**pirâmide** *s* pyramid.
**piranha** *s* piranha, piraña.
**pirar** *v* escape; get crazy.
**pirata** *s* pirate, buccaneer, corsair, freebooter, rover.
**piratear** *v* pirate.
**pires** *s* saucer.
**pirilampo** *s* firefly.
**piroga** *s* dugout.
**piromaníaco** *s* firebug.
**pirotécnico** *adj* pyrotechnic.
**pirraça** *s* spite, impertinence.
**pirralho** *s* brat, chit.
**pirueta** *s* loop; pirouette.
**pirulito** *s* lollipop.
**pisar** *v* tread, foot, step, trample.
**piscada** *s* wink.
**piscadela** *s* eyewink, wink.
**pisca-pisca** *s* blinker, flasher.
**piscar** *v* wink, blink, twinkle.
**piscina** *s* swimming pool.
**piscoso** *adj* finny, fishy.
**piso** *s* floor, ground; deck (ônibus, avião etc.); tread (degrau de escada).
**pisotear** *v* trample, tread.
**pista** *s* clue, hint; runway (pouso e decolagem); track (corrida); trail.
**pistão** *s* cornet.
**pistola** *s* pistol.
**pistolão** *s* bigwig, big shot; *gír* fat cat.
**piteira** *s* cigar-holder, cigarette-holder.
**pitoresco** *adj* pictorial; scenic.
**pivete** *s* urchin.
**pivô** *s* swivel; pin, pin tooth.
**placa** *s* plate; sign; *Comp* card; brooch; placard.
**placa-mãe** *s* motherboard.
**placar** *s* score, scoreboard, marker.
**placenta** *s* placenta, afterbirth.
**plácido** *adj* placid.
**plagiar** *v* crib, knock off.
**plágio** *s* crib.
**plaino** *s* plane.

**planador** *s* glider.
**planalto** *s* highland, tableland, upland.
**planar** *v* glide, skim, soar.
**planejador** *s* planner, contriver.
**planejamento** *s* planning, scheming.
**planejar** *v* plan.
**planeta** *s* planet.
**planetário** *s* planetarium.
**plangente** *adj* plangent.
**planície** *s* plain, champaign.
**planificar** *v* design, delineate.
**planilha** *s* spreadsheet; worksheet.
**plano** *adj* plane, even, flat, smooth. | *s* plan, scheme, design.
**planta** *s* plan, blueprint; vegetable.
**plantação** *s* plantation.
**plantão** *s* duty.
**plantar** *v* plant, crop, grow.
**plasma** *s* plasma, plasm.
**plasmar** *v* mold, model.
**plástica** *s* plastic surgery; plastic art.
**plástico** *s* e *adj* plastic.
**plataforma** *s* platform; scaffold; stage, stand; pad (foguete).
**plátano** *s* maple.
**plateia** *s* audience.
**platina** *s* platinum.
**platô** *s* tableland.
**platônico** *adj* Platonic.
**plausível** *adj* colorable, convincing, credible, likely.
**plebe** *s* commonalty, rabble, ragtag.
**plebeu** *adj* e *s* plebeian.
**plebiscito** *s* plebiscite.
**pleitear** *v* plead; contest; litigate.
**pleito** *s* lawsuit, process.
**plenamente** *adv* plenarily, fully.
**plenário** *s* court, jury.
**plenitude** *s* plenitude, complement, repletion.
**pleno** *adj* full.
**pleonasmo** *s* pleonasm.
**pleonástico** *adj* redundant.
**pleura** *s* pleura.
**plugar** *v* connect.
**pluma** *s* plume, feather.
**plumagem** *s* feather, feathering.
**plural** *s* e *adj* plural.
**pluvial** *adj* pluvial, rainy.
**pluviômetro** *s* pluviometer, udometer.
**pneu** *s* tire.
**pneumático** *adj* pneumatic. | *s* tire.
**pneumonia** *s* pneumonia.
**pó** *s* dust.
**pobre** *adj* poor, needy; miserable, inferior; bare. | *s* beggar, pauper, indigent.
**pobreza** *s* poverty, poorness.
**poça** *s* puddle, pool.
**poção** *s* potion.
**pocilga** *s* sty, pigpen.
**poço** *s* well; shaft (elevador).
**podadeira** *s* bill, billhook.
**podão** *s* billhook.
**podar** *v* clip, crop, trim, lop. | *s* clip.
**pó de arroz** *s* vanity case.
**poder** *v* can, be able to; may; might. | *s* power, strength.
**poderio** *s* power, might; authority.
**poderoso** *adj* powerful, mighty.
**podre** *adj* rotten, worm-eaten; foul, putrid.
**podridão** *s* rottenness.
**poeira** *s* dust; stardust (estrelas); powder.
**poema** *s* poem.
**poente** *s* west.
**poesia** *s* poesy, poetry.
**poeta** *s* poet.
**poético** *adj* poetic, poetical.
**pois** *conj* for, as, since.
**polainas** *s* gaiters.
**polar** *adj* polar.
**polegada** *s* inch (medida de comprimento = 2,54 cm).
**polegar** *s* thumb.
**poleiro** *s* roost.
**polêmica** *s* polemic.
**polêmico** *adj* polemical.
**polemista** *s* polemicist, polemist.
**pólen** *s* pollen.
**polenta** *s* polenta.
**poliandro** *adj* polyandrous.
**polichinelo** *s* Punchinello, buffoon, clown.

**polícia** *s* police.
**policial** *s* policeman, police officer; policewoman (*fem*); *inform* cop; *gír* copper.
**policiar** *v* police; civilize.
**policlínica** *s* polyclinic.
**policromo** *adj* polychromatic.
**polidamente** *adv* courtly, mannerly.
**polidez** *s* politeness, civility, courtesy, courtliness.
**polido** *adj* polished, glossy; well-mannered, courteous.
**polidor** *s* rubber; mill (instrumento ou máquina); buffer.
**poliedro** *s* polyhedron.
**polifonia** *s* polyphony.
**poligamia** *s* polygamy.
**polígamo** *s* polygamist.
**poliglota** *s* polyglot.
**polígono** *s* polygon.
**polimento** *s* polish, burnish, shine, gloss; finish; milling.
**polimorfo** *adj* polymorphic; multiform.
**polinizar** *v* pollinate.
**poliomielite** *s* poliomyelitis.
**pólipo** *s* polyp.
**polir** *v* polish, burnish, shine, gloss, luster; civilize.
**polonês** *s* Pole. | *adj* Polish.
**Polônia** *s* Poland.
**polissílabo** *s* polysyllable.
**politécnico** *adj* polytechnic.
**política** *s* politics.
**politicar** *v* politicize.
**político** *s* politician. | *adj* politic, political.
**polo** *s* pole; rod, bar, shaft; mast, paling; extreme, limit.
**polpa** *s* pulp, flesh (fruto).
**polpudo** *adj* pulpy.
**poltrão** *s* e *adj* coward.
**poltrona** *s* armchair, easy chair.
**poluição** *s* pollution.
**poluído** *adj* polluted.
**poluidor** *s* polluter.
**poluir** *v* pollute.
**polvilhar** *v* powder; sprinkle; dredge (farinha, açúcar etc.).
**polvilho** *s* powder; flour.
**polvo** *s* octopus.
**pólvora** *s* gunpowder.
**polvorosa** *s* flurry; disorder, confusion.
**pomada** *s* ointment; pomade; cream.
**pomar** *s* orchard.
**pomba** *s* dove, pigeon.
**pombal** *s* dovecote.
**pomicultor** *s* orchardist.
**pomo** *s* fruit; pome; apple.
**pomo-de-adão** *s* Adam's apple.
**pompa** *s* pomp.
**pomposo** *adj* pompous.
**ponche** *s* cobbler (bebida).
**ponderação** *s* consideration, advisement.
**ponderado** *adj* weighed.
**ponderar** *v* ponder.
**ponta** *s* point, tip; peak, top; bit (teatro); nose (avião, navio etc.); stub, stump (cigarro, lápis etc.); *Esp* wing.
**pontada** *s* stitch, pang.
**pontão** *s* punt, flatboat.
**pontapé** *s* kick, boot.
**pontaria** *s* aim, sight.
**ponte** *s* bridge, overpass; denture (odontológica).
**pontear** *v* baste, stitch.
**ponteira** *s* tip.
**ponteiro** *s* hand, indicator, needle.
**pontiagudo** *adj* pointed; acuminate, acute.
**pontificado** *s* papacy.
**pontificar** *v* pontificate.
**pontífice** *s* pontiff.
**pontificial** *adj* pontifical, papal.
**pontilhar** *v* dot.
**ponto** *s* point, dot; spot; stand; stitch (sutura ou costura); *Gram* full stop, stop, period; *Ling* tittle; stop (ônibus).
**ponto e vírgula** *s* semicolon.
**pontuação** *s* punctuation.
**pontual** *adj* punctual.
**pontualmente** *adv* punctually, sharp, on time.
**pontuar** *v* punctuate.

**pontudo** *adj* pointed.
**popa** *s* stern.
**populaça** *s* populace, multitude, crowd.
**população** *s* population.
**populacho** *s* populace, multitude, crowd.
**popular** *adj* popular, common.
**popularizar** *v* popularize.
**populoso** *adj* populous.
**pôquer** *s* poker.
**por** *prep* at, by, for, in, over, through, via, per.
**pôr** *v* put, place; fix; get on; set, lay.
**porão** *s* basement, cellar; *Náut e Aer* hold.
**porca** *s* nut (de parafuso); sow.
**porcalhão** *adj* dirty, filthy, nasty.
**porção** *s* portion, part; batch; bit; dosage; fraction; nugget.
**porcaria** *s* dirt; tripe, rubbish.
**porcelana** *s* porcelain; chinaware.
**porcentagem** *s* percentage.
**porco** *adj* dirty. | *s* pig, swine, hog.
**pôr do sol** *s* sunset, setting, sundown.
**porém** *conj* but, however, yet.
**porfia** *s* discussion.
**porfiar** *v* discuss.
**pormenor** *s* respects, particular.
**pormenorizar** *v* circumstantiate, detail, particularize.
P
**pornografia** *s* pornography.
**poroso** *adj* porous.
**porquanto** *conj* as, when, while.
**porque** *conj* because, for.
**porquê** *s* why.
**por quê** *adv* why.
**porquinho-da-índia** *s* guinea pig, cavy.
**porre** *s* swallow.
**porrete** *s* blackjack, club, cudgel.
**porta** *s* door; entrance, entry; gateway.
**porta-aviões** *s* aircraft carrier.
**porta-bandeira** *s* standard-bearer.
**portador** *s* bearer (cheque ou título); *Med* carrier; holder.
**portal** *s* portal.
**porta-lápis** *s* pencil case.
**porta-luvas** *s* glove compartment.
**porta-níqueis** *s* purse.
**portanto** *conj* therefore, so, hence, then, thence, thus.
**portão** *s* gate; portal.
**portar-se** *v* conduct, behave, acquit, demean.
**portátil** *adj* hand-held, handy.
**porta-voz** *s masc* spokesman; *fem* spokeswoman; *inform* mouthpiece.
**porte** *s* transport, carry; load; fee, charge.
**porteira** *s* gate.
**porteiro** *s* doorman, gatekeeper.
**portento** *s* marvel; prodigy.
**pórtico** *s* gantry, gateway.
**portinhola** *s* hatch, scuttle, wicket.
**porto** *s* harbor, harborage, haven.
**Portugal** *s* Portugal
**português** *s* e *adj* Portuguese.
**porventura** *adv* perhaps.
**posar** *v* pose; sit (fotografia).
**pós** *prep* post.
**pós-datar** *v* postdate.
**pose** *s* pose, position, posture.
**pós-escrito** *s* postscript.
**posição** *s* position; standing, status; attitude.
**posicionamento** *s* emplacement.
**posicionar** *v* emplace.
**positivismo** *s* positivism.
**positivo** *adj* positive; certain.
**pós-meridiano** *adj* postmeridian.
**posologia** *s* posology.
**pospor** *v* postpone.
**possante** *adj* powerful, mighty.
**posse** *s* asset, hold, ownership.
**posses** *s* possessions, riches.
**possessão** *s* possession; dependency (território, país etc.).
**possessivo** *adj* possessive.
**possesso** *adj* possessed. | *s* demoniac.
**possibilidade** *s* possibility.
**possibilitar** *v* enable.
**possível** *adj* possible, feasible. | *s* effort.
**possuidor** *s* holder.
**possuir** *v* possess, own; have, hold.
**posta** *s* collop, chop, slice; cutlet (carne).

**postar** *v* post.
**posta-restante** *s* poste restante.
**poste** *s* post; stake.
**postergar** *v* postpone.
**posteridade** *s* posterity.
**posterior** *adj* e *s* posterior.
**póstero** *adj* coming, future, hereafter.
**postiço** *adj* false; artificial; dummy.
**postigo** *s* wicket.
**posto** *s* rating, standing; station (policial, de bombeiros).
**postular** *v* postulate.
**postura** *s* posture, attitude, carriage, stance.
**potável** *adj* drinkable.
**pote** *s* jar.
**potência** *s* potency; energy, strength; *Mec* output
**potencial** *adj* powerful, potent; latent. | *s* potential.
**potenciar** *v* involve.
**potentado** *s* potentate.
**potente** *adj* potent, powerful.
**potestade** *s* power, authority.
**potranca** *s* filly.
**potro** *s* colt, rack.
**pouco** *adj* little; few. | *s* little. | *adv* little.
**pouco-caso** *s* disregard.
**poupado** *adj* sparing.
**poupança** *s* saving, savings.
**poupar** *v* save; spare (não matar).
**pouquinho** *s* bit, dribble, driblet.
**pousada** *s* inn.
**pousar** *v* alight (aeroplano, pássaro); settle; land (avião).
**pouso** *s* landing.
**povo** *s* people, folk, nation.
**povoação** *s* population.
**povoado** *s* settlement, village, town.
**povoar** *v* populate, settle.
**praça** *s* square.
**prado** *s* meadow.
**praga** *s* curse, malediction, damnation; execration; nuisance.
**pragmática** *s* pragmatics.
**pragmático** *adj* pragmatic.
**pragana** *s* beard.
**praguejar** *v* curse, imprecate.
**praia** *s* beach, seashore, seaside, strand.
**prancha** *s* board.
**pranteador** *s* mourner.
**prantear** *v* mourn.
**pranto** *s* blubber, tears, lamentation.
**prata** *s* silver.
**pratada** *s* plateful.
**prataria** *s* silverware.
**prateado** *adj* silvered, silver.
**pratear** *v* silver.
**prateiro** *s* silversmith.
**prateleira** *s* shelf, rack; tier (colocada uma em cima da outra).
**prática** *s* practice; background, experience.
**praticabilidade** *s* feasibility.
**praticante** *adj* practicing. | *s* apprentice.
**praticar** *v* practice, do, drill, exercise.
**praticável** *adj* practicable, feasible.
**prático** *s* adept, expert. | *adj* practical; skilled.
**prato** *s* dish, plate; *Mús* cymbal.
**praxe** *s* praxis, custom, convention, habit, tradition.
**prazenteiro** *adj* cheerful.
**prazer** *s* pleasure, delight; satisfaction.
**prazeroso** *adj* pleasant, merry, toothsome.
**prazo** *s* term (duração de uma pena, de um período escolar), time.
**preamar** *s* flood, flow.
**preambular** *v* preamble, preface.
**preâmbulo** *s* preamble, introduction, prologue.
**prear** *v* prey, catch.
**precariedade** *s* precariousness, instability, insecurity, unstableness.
**precário** *adj* precarious, shaky.
**precatório** *s* petition. | *adj* precatory.
**precaução** *s* caution, precaution, foresight.
**precaver** *v* prevent, avert, forestall.
**precavido** *adj* cautious, forehanded, guarded.

P

**prece** *s* prayer, invocation.
**precedência** *s* precedence, priority.
**precedente** *adj* precedent, preceding, anterior, former. | *s* precedent, antecedent.
**preceder** *v* precede, antecede, forego.
**preceito** *s* principle, maxim.
**preceptor** *s* coach.
**preceptora** *s* governess.
**preciosidade** *s* preciosity.
**precioso** *adj* precious.
**precipício** *s* abyss, chasm, gulf, steep.
**precipitação** *s* precipitation, hurry, rashness, rush.
**precipitado** *adj* precipitate, hasty, hurried, quick. | *s* precipitator.
**precipitar** *v* precipitate.
**precisão** *s* precision, accuracy; necessity.
**precisar** *v* need; lack; require.
**preciso** *adj* accurate, definite, exact, correct.
**preço** *s* price, charge, cost, fare (passagem ou ingresso).
**precoce** *adj* precocious; early, forward.
**precocidade** *s* precocity.
**preconceber** *v* preconceive.
**preconcebido** *adj* preconceived.
**preconceito** *s* prejudice, preconceptions, bias, discrimination.
P
**precursor** *s* precursor, foregoer, forerunner.
**predador** *adj* predatory. | *s* predator.
**pré-datar** *v* antedate.
**predatório** *adj* predatory.
**predecessor** *s* predecessor, precursor, foregoer.
**predestinação** *s* predestination.
**predestinado** *adj* predestined, fated, fateful.
**predestinar** *v* predestine, foredoom, foreordain.
**predeterminar** *v* predetermine.
**predicado** *s* asset, quality; *Gram* predicate.
**predição** *s* prediction.
**predileção** *s* predilection, bias, partiality; fondness.
**predileto** *s* favorite.
**prédio** *s* building.
**predispor** *v* predispose.
**predisposição** *s* predisposition.
**predizer** *v* predict, foretell, forecast.
**predominância** *s* predominance.
**predominante** *adj* predominant, ruling.
**predominar** *v* predominate.
**preencher** *v* fulfill; fill (formulário, ficha, vaga, cargo etc.); fill out (formulário etc.); write (cheque, formulário etc.).
**preenchido** *adj* full.
**preenchimento** *s* fulfillment.
**preestabelecer** *v* pre-establish.
**prefácio** *s* preamble, preface; foreword, introduction.
**prefeito** *s* mayor.
**prefeitura** *s* city hall, town hall.
**preferência** *s* preference, taste, liking, choice; inclination.
**preferir** *v* prefer, choose, like.
**preferível** *adj* preferable, better.
**prefixo** *s* prefix, affix.
**prega** *s* fold, crease, wrinkle.
**pregação** *s* preaching, preachment.
**pregador** *s* preacher; clasp, clothespin.
**pregar** *v* preach; nail; fix.
**prego** *s* nail, stud.
**pregoeiro** *s* crier.
**preguear** *v* fold, tuck, pleat.
**preguiça** *s* indolence, idleness, laziness; *Zool* sloth.
**preguiçar** *v* lounge, laze, idle.
**preguiçoso** *adj* lazy, idle, sluggish; laggard. | *s* do-nothing, drone, sluggard, loafer.
**pré-história** *s* prehistory.
**pré-histórico** *adj* prehistoric.
**prejudicado** *adj* injured, aggrieved.
**prejudicar** *v* harm, abuse, aggrieve, bear down on, damage, injure.
**prejudicial** *adj* harmful, injurious, damaging, detrimental, hurtful.
**prejuízo** *s* damage, detriment, loss, harm; prejudice.
**prejulgar** *v* forejudge, forjudge.

**preliminar** *adj* e *s* preliminary.
**prelo** *s* press
**prelúdio** *s* prelude; *Mús* overture.
**prematuro** *adj* premature
**premeditação** *s* premeditation, forethought; *Jur* malice.
**premeditado** *adj* premeditated.
**premeditar** *v* premeditate.
**premência** *s* urgency, exigency.
**premente** *adj* urgent, exigent.
**premiar** *v* award, reward.
**prêmio** *s* prize, premium, award, reward; *Esp* stakes.
**premissa** *s* premise, supposition.
**premonição** *s* premonition, foretoken.
**premonitório** *adj* premonitory.
**pré-natal** *adj* prenatal, antenatal.
**prenda** *s* gift, present.
**prendado** *adj* gifted.
**prendar** *v* endow.
**prendedor** *s* clincher, fastening, clasp, clip; arrestor, arrester.
**prender** *v* fasten, attach; arrest, apprehend; cop, coop; catch (fôlego); fillet (cabelo); fix (olhar, atenção).
**prenhe** *adj* pregnant, gravid.
**prenome** *s* forename, first name, given name.
**prensa** *s* clamp; press.
**prensar** *v* press, compress.
**prenunciar** *v* predict, foretell.
**prenúncio** *s* prediction.
**preocupação** *s* worry, trouble.
**preocupado** *adj* worried, troubled, upset.
**preocupante** *adj* worrisome.
**preocupar** *v* worry, trouble.
**preparação** *s* preparation.
**preparado** *adj* ready; qualified. | *s* preparation (remédio).
**preparar** *v* prepare, fit, make ready; confect (doce, confeito, conserva); cook (alimento); set (armadilha).
**preparatório** *adj* preparatory.
**preponderância** *s* preponderancy.
**preponderante** *adj* preponderant.
**preponderar** *v* preponderate.
**preposição** *s* preposition.
**prepotência** *s* prepotency.
**prepotente** *adj* domineering.
**prepúcio** *s* foreskin.
**prerrogativa** *s* prerogative.
**presa** *s* prey, quarry, game (animais); canine (dente); claw.
**presbitério** *s* presbytery.
**presbítero** *s* priest.
**presciência** *s* prescience, foresight.
**prescindir** *v* dispense.
**prescrever** *v* prescribe.
**prescrição** *s* prescription.
**presença** *s* presence; appearance.
**presenciar** *v* present, witness.
**presente** *adj* present, attendant; current. | *s tb Gram* present; gift.
**presentear** *v* gift, offer.
**preservação** *s* preservation.
**preservador** *s* preserver.
**preservar** *v* preserve, conserve save; maintain.
**preservativo** *s* condom; *gír* rubber.
**presidência** *s* presidency, chairmanship.
**presidente** *s* president, chairman.
**presidiário** *s* prisoner; *inform* jailbird.
**presídio** *s* prison, jail, detention, penitentiary.
**presidir** *v* preside, chair.
**presilha** *s* hanger; pin; strap, strip.
**preso** *adj* captive, imprisoned. | *s* prisoner.
**pressa** *s* hurry, haste, speed, scurry.
**pressagiar** *v* presage, omen, augur, foreshadow.
**presságio** *s* presage, augury, divination, foreboding, omen.
**pressão** *s* pressure; strain, stress.
**pressentimento** *s* presentiment, intuition, divination, foreboding.
**pressentir** *v* forebode, feel.
**pressionar** *v* press, bear down on.
**pressupor** *v* presuppose, presume.
**pressuposto** *adj* presupposed. | *s* presupposition.
**prestação** *s* installment, instalment.

**prestar** *v* lend, loan.
**prestativo** *adj* helpful, useful.
**presteza** *s* agility, swiftness.
**prestigiar** *v* esteem.
**prestígio** *s* prestige; standing (social, moral).
**préstimo** *s* service.
**presumir** *v* presume, suppose.
**presunção** *s* presumption, conceitedness.
**presunçosamente** *adv* affectedly, conceitedly.
**presunçoso** *adj* presumptuous. | *s* smatter.
**presunto** *s* ham.
**pretendente** *s* admirer; applicant (emprego, cargo); aspirant.
**pretender** *v* intend, aim, contemplate.
**pretensão** *s* pretension, ambition.
**pretensioso** *adj* pretentious, flatulent, snobbish. | *s* snob.
**pretérito** *adj* past. | *s* past.
**pretexto** *s* pretext, excuse.
**preto** *adj* black. | *s* Negro.
**prevalecente** *adj* regnant.
**prevalecer** *v* prevail, overrule, reign, rule.
**prevalência** *s* prevalence.
**prevenção** *s* caution.
**prevenido** *adj* advised; guarded.
**prevenir** *v* prevent, impede; admonish, warn, avert, caution.
**preventivo** *adj* e *s* preventive.
**prever** *v* forecast, foresee, see.
**previamente** *adv* beforehand.
**previdência** *s* forethought.
**previdente** *adj* prudent, farseeing, wary.
**prévio** *adj* previous, anterior, former, foregone.
**previsão** *s* prevision, foresight, forecast.
**previsível** *adj* foreseeable.
**prezado** *adj* dear.
**prezar** *v* esteem.
**prima** *s* cousin.
**primar** *v* excel.
**primário** *adj* primary. | *s* elementary school.
**primavera** *s* spring, springtime (estação do ano).
**primazia** *s* primacy, superiority.
**primeiro** *num* first. | *adj* first, foremost; chief. | *adv* first.
**primitivo** *adj* primitive; original, early; savage, wild. | *s* primitive, aborigine, autochthon.
**primo** *s* cousin.
**primogênito** *adj* e *s* first-born.
**primor** *s* excellence, exquisiteness.
**primordial** *adj* primordial, capital, cardinal.
**primoroso** *adj* beautiful, nice; excellent, perfect.
**princesa** *s* princess.
**principal** *s* main, principal, chief, major; arterial (rodovia, canal); king (em tamanho ou importância). | *adj* principal, main, leading, essential.
**principalmente** *adv* chiefly, mainly, mostly.
**príncipe** *s* prince.
**principiante** *s* beginner.
**principiar** *v* begin, start.
**princípio** *s* beginning, start.
**prior** *s* prior, rector.
**prioridade** *s* priority.
**prisão** *s* prison, detention, jail; arrest, arrestment.
**prisioneiro** *adj* captive. | *s* captive, inmate, internee; *gír* lifer (que cumpre prisão perpétua).
**privação** *s* privation, bareness, deprivation; disfranchisement (privilégio, direitos civis).
**privada** *s* toilet.
**privado** *adj* private, closet, off-stage. | *s* intimate, secret.
**privar** *v* deprive, foreclose.
**privilegiado** *adj* e *s* privileged.
**privilegiar** *v* privilege.
**privilégio** *s* privilege, advantage; grant, patent.
**proa** *s* stem, fore; nose (avião, navio etc.).

**probabilidade** *s* probability, chance, likelihood.
**problema** *s* problem, question, trouble; crux; matter.
**problemático** *adj* problematic.
**probo** *adj* honest, good.
**procedência** *s* origin, antecedence.
**procedente** *adj* proceeding, descended.
**proceder** *v* proceed, originate.
**procedimento** *s* proceeding, procedure; act, action; behavior, carriage; method.
**processar** *v* sue, take action.
**processo** *s* action, process, suit, trial.
**procissão** *s* procession.
**proclamação** *s* proclamation.
**proclamar** *v* proclaim.
**proclamas** *s* banns.
**procriação** *s* procreation, breeding, generation, multiplication.
**procriar** *v* procreate, breed, engender; inbreed (por cruzamentos consanguíneos repetidos).
**procura** *s* search, quest, demand, look for.
**procuração** *s* mandate.
**procurado** *adj* wanted (criminoso).
**procurador** *s* attorney, procurator, proxy.
**procurar** *v* look for, seek, search, look; want (criminoso); comb; go for.
**prodígio** *s* prodigy.
**prodigioso** *adj* prodigious.
**pródigo** *adj* prodigal.
**produção** *s* production; bearing; output (de fábrica, literária, criativa etc.); yield.
**produtividade** *s* productivity.
**produtivo** *adj* productive; active; creative, fecund.
**produto** *s* product.
**produtor** *s* producer.
**produzido** *adj* produced.
**produzir** *v* produce; bear, yield, bring in; breed, beget, engender.
**proeminência** *s* prominence.
**proeminente** *adj* prominent, towering.
**proeza** *s* feat, stunt, deed, adventure.
**profanação** *s* profanation, desecration.
**profanador** *s* profaner, desecrator, defiler.
**profanar** *v* profane.
**profano** *adj* profane.
**profecia** *s* prophecy, prediction.
**proferir** *v* pronounce, utter.
**professar** *v* profess, avow.
**professor** *s* teacher, schoolteacher; *masc* schoolmaster; professor (universitário).
**professora** *s* schoolmistress, schoolteacher.
**profeta** *s* prophet, seer, augur.
**profético** *adj* prophetic, predictive.
**profetizar** *v* prophesy, predict.
**proficiência** *s* proficiency, skill.
**proficiente** *adj* proficient, skilled.
**profícuo** *adj* useful, profitable.
**profissão** *s* profession, occupation.
**profundamente** *adv* deeply, soundly.
**profundeza** *s* deep.
**profundidade** *s* deep, deepness, depth.
**profundo** *adj* deep, dense; inner.
**profusão** *s* profusion; riot (de cores); wealth.
**profuso** *adj* profuse; prodigal.
**progênie** *s* increase.
**progenitor** *s* progenitor, ancestor.
**prognóstico** *s* forecast, forerunner, foretoken.
**programa** *s* program; syllabus (curso, estudo etc.).
**programação** *s* programming; schedule.
**programar** *v* program; schedule.
**progredir** *v* progress.
**progressão** *s* progression.
**progressivo** *adj* progressive, ongoing.
**progresso** *s* progress.
**proibição** *s* prohibition, ban, disallowance; *Jur* interdict.
**proibido** *adj* forbidden.
**proibir** *v* prohibit, forbid, ban; *Jur* interdict.
**proibitivo** *adj* forbidding.
**projeção** *s* projection.

**projetar** *v* project; plan, design, scheme; engineer (obras de engenharia).
**projétil, projetil** *s* projectile, missile, bullet.
**projetista** *s* designer, draftsman.
**projeto** *s* project, design, scheme.
**projetor** *s* projector.
**prole** *s* offspring, brood.
**proletário** *s* proletarian.
**proliferar** *v* proliferate.
**prolificar** *v* proliferate, breed.
**prolixidade** *s* prolixity.
**prolixo** *adj* prolix, wordy.
**prólogo** *s* prologue, preamble.
**prolongação** *s* prolongation, continuation.
**prolongado** *adj* elongated, extended.
**prolongar** *v* prolong, elongate, continue.
**promessa** *s* promise, vow, pledge, word.
**prometer** *v* promise, vow, pledge.
**prometido** *adj* promised.
**promiscuidade** *s* promiscuity.
**promíscuo** *adj* promiscuous.
**promissor** *adj* hopeful. | *s* promisor.
**promissório** *adj* promissory.
**promoção** *s* promotion.
**promontório** *s* promontory, cape.
**promotor** *s* promoter.
**promover** *v* promote, advance, further.
**promulgação** *s* promulgation, enactment.
**promulgar** *v* promulgate, acclaim, enact.
**pronome** *s* pronoun.
**prontamente** *adv* promptly.
**prontidão** *s* promptness, readiness.
**pronto** *adj* ready, prompt; ready-made.
**pronto-socorro** *s* emergency room.
**pronúncia** *s* pronunciation, enunciation, utterance.
**pronunciado** *adj* pronounced; bold.
**pronunciamento** *s* deliverance.
**pronunciar** *v* pronounce, utter; *Ling* sound.
**propagação** *s* propagation, diffusion, reproduction, expansion.
**propagador** *s* propagator, disseminator. | *adj* contagious.
**propaganda** *s* advertising, advertisement.
**propagar** *v* propagate.
**propensão** *s* disposition, inclination.
**propenso** *adj* inclined.
**propiciar** *v* propitiate.
**propício** *adj* propitious.
**propina** *s* tip.
**proponente** *adj* proponent.
**propor** *v* propose, suggest, advance; set (questão etc.).
**proporção** *s* proportion, ratio, rate.
**proporcional** *adj* proportional, ratable, well-balanced.
**proporcionar** *v* proportion; *fig* lend.
**proposição** *s* proposition.
**propositado** *adj* deliberate, intended.
**proposital** *adj* deliberate, intended.
**propósito** *s* purpose, intention, aim.
**proposta** *s* proposal, offer; bid.
**propriedade** *s* propriety, asset; *Jur* demesne (de terra); quality.
**proprietário** *s* owner, master, proprietor. | *adj* proprietary.
**próprio** *adj* own; self; peculiar, particular. | *s* peculiarity.
**propulsor** *s* propeller, propellor.
**prorrogação** *s* prorogation, adjournment; *Esp* overtime.
**prorrogar** *v* prorogue, adjourn; *Jur* respite (execução de uma pena).
**prosaico** *adj* prosaic.
**proscrever** *v* outlaw.
**proscrição** *s* outlawry.
**proscrito** *s* outcast, outlaw.
**prospecto** *s* flysheet, pamphlet.
**prosperar** *v* prosper, flourish, flower, thrive.
**prosperidade** *s* prosperity, welfare.
**próspero** *adj* prosperous, well-off, well-to-do.
**prosseguimento** *s* continuance.
**prosseguir** *v* continue, go on, pursue; go ahead.

**prosternar** *v* prostrate.
**prostíbulo** *s* brothel, call house, whorehouse.
**prostituição** *s* prostitution, harlotry, whoredom.
**prostituir** *v* prostitute.
**prostituta** *s* prostitute, bawd, drab, harlot, whore; *ofens* bitch; *gír* hooker.
**prostração** *s* prostration, breakdown.
**prostrado** *adj* prostrate; *Biol* repent.
**prostrar** *v* prostrate, grabble.
**protagonista** *s* protagonist.
**proteção** *s* protection, aegis; patronage.
**proteger** *v* protect; shelter, harbor; shield, guard.
**protegido** *adj* protected, favored, guarded. | *s* favorite.
**protelar** *v* delay, postpone.
**protestar** *v* protest; *inform* kick.
**protesto** *s* protest, remonstrance, complaint.
**protetor** *s* protector, guardian. | *adj* protective.
**protocolo** *s* protocol, record, register.
**protótipo** *s* prototype, archetype, model, pattern.
**protuberância** *s* protuberance, bulge, knob swelling.
**protuberante** *adj* protuberant.
**prova** *s* proof, demonstration; test; fitting (costura).
**provação** *s* probation, trial.
**provador** *s* taster (vinho, chá, café etc.); fitting booth (local de provar roupas).
**provar** *v* prove; sample; taste, savor.
**provável** *adj* probable, likely.
**provavelmente** *adv* probably, likely.
**proveito** *s* profit, gain, benefit.
**proveitoso** *adj* profitable, lucrative.
**proveniência** *s* origin.
**prover** *v* provide, supply, furnish.
**provérbio** *s* proverb, saying, adage.
**proveta** *s* test tube.
**providência** *s* Providence (Deus); providence, foresight.
**providencial** *adj* providential.
**providenciar** *v* provide.
**provido** *adj* fraught.
**província** *s* province.
**provir** *v* proceed, arise.
**provisão** *s* provision, supply, stock.
**provisório** *adj* provisory.
**provocação** *s* provocation.
**provocador** *s* provoking; challenger; tease.
**provocante** *adj* provocative.
**provocar** *v* provoke, challenge, rouse; dare, defy.
**proximidade** *s* proximity, closeness, adjacency.
**próximo** *adj* near, close; following, next, forthcoming. | *adv* near, close, at hand. | *s* fellow man, neighbor, immediate.
**prudência** *s* prudence, advisement, cautiousness.
**prudente** *adj* prudent, advisable; circumspect, forehanded; wary, watchful.
**prudentemente** *adv* advisedly, cautiously.
**prumo** *s* plummet, plumb.
**prurido** *s* itch.
**pseudo** *pref* false, deceptive.
**pseudônimo** *s* pseudonym. | *adj* pseudonymous.
**psicanálise** *s* psychoanalysis.
**psicanalista** *s* psychoanalyst.
**psicologia** *s* psychology.
**psicopatia** *s* psychopathy.
**psicose** *s* psychosis.
**psique** *s* psyche.
**psiquiatra** *s* psychiatrist.
**psiquiatria** *s* psychiatry.
**psíquico** *adj* psychic.
**publicação** *s* publication, announcement, edition.
**publicar** *v* publish; advertise, announce.
**publicidade** *s* publicity; advertising.
**público** *adj* public; common, general. | *s* public.
**pudico** *adj* coy, demure.
**pudor** *s* modesty, chastity.
**pueril** *adj* puerile.

**pugilismo** *s* boxing, pugilism.
**pugilista** *s* boxer, pugilist.
**puir** *v* frazzle, fray.
**pular** *v* leap, jump, skip, hop, overleap.
**pulga** *s* flea.
**pulgão** *s* greenfly.
**pulmão** *s* lung.
**pulmonária** *s* pulmonary.
**pulo** *s* jump, leap, skip, hop, spring.
**pulsação** *s* beat, beating, throb, palpitation.
**pulsar** *v* throb, palpitate.
**pulseira** *s* bracelet, bangle.
**pulso** *s* fist, wrist.
**pulverização** *s* pulverization.
**pulverizador** *s* atomizer.
**pulverizar** *v* pulverize, atomize.
**punção** *s* bradawl; puncture.
**pungência** *s* bitterness.
**pungente** *adj* acute (dor), cruel, salty.
**pungir** *v* puncture, perforate; stimulate, motivate.
**punhado** *s* fistful, handful, wisp.
**punhal** *s* dagger, dirk, knife.
**punhalada** *s* stab.
**punho** *s* fist, wrist.
**punição** *s* punishment, castigation.
**punir** *v* punish, castigate.
**pureza** *s* purity; cleanness.
**purgante** *adj* e *s* purgative.
**purgar** *v* purge, cleanse.
**purgativo** *adj* purgative.
**purificação** *s* purification.
**purificador** *s* purifier.
**purificar** *v* purify, cleanse; *Quím* rectify.
**puritano** *adj* e *s* Puritan.
**puro** *adj* pure; clean; mellow (cores e sons); virgin; virtuous.
**puro-sangue** *adj* highbred.
**púrpura** *s* purple.
**purpurar** *v* purple.
**purpurina** *s* glitter.
**pus** *s* pus.
**pusilânime** *adj* e *s* coward, weak.
**pústula** *s* pustule, fester, bleb; *Bot* papilla.
**putrefação** *s* putrefaction.
**putrefato** *adj* putrefied.
**pútrido** *adj* putrid, rotten, carrion.
**puxão** *s* pull, jerk, haul.
**puxar** *v* pull, drag, jerk, draw, hale, haul.
**puxa-saco** *s* bootlicker, apple polisher, sycophant, yes man.

# Qq

**q** ou **Q** *s* 16ª letra do alfabeto português.
**quacre** *s* Quaker (membro de uma seita protestante).
**quadra** *s* square; block; *Poét* quatrain.
**quadradão** *s gír* square.
**quadrado** *adj* quadrate, square. | *s* kite; quadrate, *tb Mat* square.
**quadragésimo** *num* fortieth.
**quadrangular** *adj* quadrangular, square.
**quadrângulo** *s* quadrangle.
**quadrante** *s* quadrant.
**quadrar** *v* square.
**quadratura** *s* quadrature.
**quadriculado** *adj* checkered.
**quadrienal** *adj* quadrennial.
**quadriforme** *adj* quadriform.
**quadril** *s* hip, haunch, loin.
**quadrilha** *s* gang; square dance (dança); pack.
**quadro** *s* canvas, painting; frame; picture frame (cinema, TV); table.
**quadro-negro** *s* blackboard, board.
**quadrúpede** *adj* e *s* quadruped.
**quadruplicação** *s* quadruplication.
**quadruplicado** *adj* quadruplicate.
**quadruplicar** *v* quadruple, quadruplicate.
**quádruplo** *s* quadruple.
**qual** *pron* as, what, which.
**qualidade** *s* quality.
**qualificação** *s* qualification.
**qualificado** *adj* able, qualified.
**qualificador** *s* qualifier.
**qualificar** *v* fit, qualify.
**qualificativo** *adj* qualificative, qualifying.
**qualitativo** *adj* qualitative.
**qualquer** *pron* any, what, which.
**quando** *adv* as, when, whenever. | *pron* when.
**quantia** *s* amount, sum, quantum; *inform* chunk.
**quantidade** *s* quantity, quantum, amount.
**quantificar** *v* quantify.
**quantizar** *v* quantize.
**quanto** *pron* how much. | *adv* as.
**quantos** *pron* how many.
**quantum** *s* quantum.
**quarenta** *num* forty.
**quarentena** *s* quarantine.
**quaresma** *s* Lent.
**quaresmal** *adj* Lenten.
**quarta** *s* quart (medida de capacidade para líquidos igual a 0,946 Z nos EUA e 1,136 Z no Reino Unido, medida para sólidos igual a 1,101 Z nos EUA).
**quarta de final** *s* quarterfinal.
**quarta-feira** *s* Wednesday.
**quarteirão** *s* block, square.
**quartel** *s* quarter, barrack; *Mil* caserne, casern.
**quartel-general** *s* headquarters.
**quarteto** *s Mús* quartet; *Poét* quatrain.

**quarto** *s* room, bed (de hospital). | *num* fourth.
**quartzo** *s* quartz.
**quase** *adv* almost, near, nearly; about; just.
**quaternário** *adj* quaternary.
**quatorze** *num* fourteen.
**quatrilhão** *num* quadrillion.
**quatro** *num* four.
**quatrocentos** *num* four hundred.
**que** *pron* as, what, which, who. | *pron relat* that. | *conj* that, than (em comparações). | *interj* what. | *pron* (com função de objeto) whom.
**quê** *s* anything, something. | *interj* what.
**quebra** *s* breach, break, comedown, crack, fracture.
**quebra-cabeça** *s* jigsaw puzzle.
**quebradiço** *adj* breakable, brittle; brash.
**quebrado** *adj* broken; bankrupt, broke.
**quebrador** *s* breaker.
**quebra-luz** *s* lampshade.
**quebra-mar** *s* breakwater, jetty, bulwark.
**quebra-nozes** *s* nutcracker.
**quebrantar** *v* break.
**quebranto** *s* prostration, weakness, exhaustion; relaxation.
**quebrar** *v* break, break down, crack, fracture, shatter, violate (promessa, juramento).
**quebrável** *adj* shivery.
**queda** *s* descent; fall, downfall; slump (preço).
**queda de braço** *s* arm wrestling.
**queijaria** *s* dairy.
**queijeira** *s* dairymaid.
**queijeiro** *s* dairyman.
**queijo** *s* cheese.
**queima** *s* fire, firing.
**queimação** *s* burn.
**queimada** *s* burn.
**queimado** *adj* adust.
**queimadura** *s* burn, scald.
**queimar** *v* burn, fire, blaze, scorch, cinder, flare.
**queixa** *s* complaint, grievance; *Jur* indictment; lament.
**queixada** *s* mandible.
**queixar-se** *v* complain, clamor; make a fuss about; wail.
**queixo** *s* chin.
**queixoso** *s* complainant. | *adj* querulous.
**queixume** *s* complaining, complaint; lamentation.
**quem** *pron* who, as, whoever. | *pron* whom (com função de objeto).
**Quênia** *s* Kenya.
**queniano** *adj* e *s* Kenyan.
**quente** *adj* hot, warm.
**quer** *conj* or; whether.
**querela** *s* complaint, formal accusation; discussion, debating; dispute, altercation.
**querelar** *v* complain.
**querença** *s* will, wish, desire; affection, liking, love, fondness; aerie.
**querer** *v* will, wish, care, want.
**querida** *s* darling, dear, sweetheart; *inform* cabbage.
**querido** *adj* darling, dear, beloved. | *s* darling, dear, honey, sweetheart.
**quermesse** *s* fair.
**querosene** *s* kerosene.
**querubim** *s* cherub.
**quesito** *s* query.
**questão** *s* question; matter; affair, case.
**questionar** *v* dispute, quest.
**questionário** *s* questionnaire, quiz.
**questionável** *adj* debatable, questionable.
**quiabo** *s* okra.
**quiçá** *adv* perhaps, maybe.
**quiescente** *adj* quiescent.
**quietamente** *adv* low.
**quieto** *adj* quiet, silent, still, pacific, patient. | *s* rest, tranquility.
**quietude** *s* quietude, stillness, peacefulness; serenity.
**quilate** *s* carat (medida de peso de pedras preciosas equivalente a 200 mg), karat (teor de ouro de liga metálica).
**quilha** *s* keel, bottom, back.

**quilo** *s* kilo.
**quilograma** *s* kilo, kilogram (*símb* **kg**).
**quilohertz** *s* kilohertz (*símb* **kHz**).
**quilometragem** *s* a distance in kilometers; a measuring in kilometers.
**quilômetro** *s* kilo, kilometer (*símb* **km**).
**quimera** *s* bubble.
**quimérico** *adj* chimerical.
**química** *s* chemistry.
**químico** *adj* chemical. | *s* chemist.
**quimono** *s* kimono.
**quina** *s* edge.
**quinhão** *s* portion, partition, parcel, quota.
**quinhentos** *num* five hundred.
**quinino** *s* quinine.
**quinquagenário** *adj* e *s* quinquagenarian.
**quinquagésimo** *num* fiftieth.
**quinquenal** *adj* quinquennial.
**quinquênio** *s* quinquennium.
**quinquilharias** *s* bauble, gewgaw, gimcrack.
**quinta** *s* farm.
**quinta-essência** *s* quintessence.
**quinta-feira** *s* Thursday.
**quintal** *s* back yard, garden, yard.
**quinteto** *s* quintet.
**quintilhão** *s* quintillion.
**quinto** *num* fifth.
**quintuplicado** *adj* quintuple.
**quintuplicar** *v* quintuple.
**quíntuplo** *s* quint, quintuple.
**quinze** *num* fifteen.
**quinzena** *s* fortnight.
**quinzenal** *adj* biweekly, fortnightly.
**quinzenalmente** *adv* biweekly, fortnightly.
**quinzenário** *s pl* biweeklies, fortnightlies (revista, publicação etc.).
**quiosque** *s* kiosk.
**Quirguistão** *s* Kyrgyzstan.
**quirologia** *s* dactylology.
**quiromancia** *s* chiromancy, fortunetelling, palmistry.
**quiromante** *s* chiromancer, fortuneteller, palmist.
**quisto** *s* cyst, wen.
**quitação** *s* acquittance, discharge, quittance, receipt.
**quitado** *adj* quit, quits.
**quitanda** *s* greengrocery; small shop.
**quitar** *v* quit, sink (dívida).
**quite** *adj* quit, free.
**quixotesco** *adj* quixotic.
**quociente** *s* quotient.
**quota** *s* quota, share.
**quotidiano** *adj* daily.

# Rr

**r** ou **R** *s* 17ª letra do alfabeto português.
**rã** *s* frog.
**rabanada** *s* French toast.
**rabanete** *s* radish.
**rabeca** *s* fiddle.
**rabecão** *s* bass fiddle.
**rabeira** *s* trace, track.
**rabicho** *s* breeching; dock.
**rabino** *adj* frolicsome; mischievous. | *s* rabbi.
**rabiscar** *v* scrabble, scribble.
**rabisco** *s* scrawl, scribble.
**rabo** *s* tail.
**rabo de cavalo** *s* ponytail, queue.
**rabugem** *s* mange; fretfulness.
**rabugento** *adj* ill-tempered, fretfull, peevish; mangy.
**rabugice** *s* fretfulness, peevishness, fastidiousness.
**raça** *s* blood, breed, race, pedigree.
**ração** *s* food, feed (animal), ration.
**racha** *s* cleft, crack, split.
**rachado** *adj* cleft, cracked, split.
**rachador** *s* cleaver; woodcutter.
**rachadura** *s* crack, splitting, cleaving, fissure.
**rachar** *v* crack, cleave, split.
**racial** *adj* racial.
**raciocinar** *v* ratiocinate, reason, think.
**raciocínio** *s* ratiocination, reason.
**racional** *adj* intelligent; rational; reasonable.
**racionalidade** *s* rationality.
**racionalismo** *s* rationalism.
**racionalização** *s* rationalization.
**racionalizar** *v* rationalizate.
**racionar** *v* allowance, ration.
**racismo** *s* racism.
**racista** *adj* e *s* racist.
**racum** *s* raccoon.
**radar** *s* radar.
**radiação** *s* radiation, ray.
**radiado** *adj* radiate.
**radiador** *s* radiator.
**radial** *adj* radial.
**radialista** *s* broadcaster.
**radiante** *adj* brilliant, beaming, refulgent.
**radiar** *v* effuse, gleam, radiate.
**radicação** *s* rootedness.
**radical** *adj* e *s* radical.
**radicando** *s* radicand.
**radicar** *v* radicate, root.
**radicular** *adj* radicular.
**rádio** *s* radio; *Quím* radium (*símb* **Ra**); *Anat* radius.
**radioamador** *s* ham.
**radioatividade** *s* radioactivity.
**radioativo** *adj* radioactive.
**radiocomunicação** *s* radiocommunication.
**radiodiagnóstico** *s* radiodiagnosis.
**radioeletricidade** *s* radioelectricity.
**radiofone** *s* radiophone.

**radiofonia** *s* radiophony.
**radiofoto** *s* radiophoto.
**radiofrequência** *s* radio frequency.
**radiografar** *v* radiograph.
**radiografia** *s* radiograph, radiography, x-ray.
**radiograma** *s* radiogram.
**radiologia** *s* radiology.
**radiometria** *s* radiometry.
**radiopatrulha** *s* patrol car, squad car.
**radioscopia** *s* radioscopy.
**radioso** *adj* brilliant, radiant.
**radiotécnica** *s* radiotechnology.
**radiotelefonia** *s* radiotelephony.
**radiotelegrafia** *s* radiotelegraphy.
**radioterapia** *s* radiotherapy.
**radiouvinte** *s* radio listener.
**raia** *s* bound, line.
**raiado** *adj* striped, streaked.
**raiar** *v* break (dia), dawn; stripe, streak.
**rainha** *s* queen.
**raio** *s* ray, beam; *Mat* radius, ray; spoke (roda, leme etc.); lightning, thunderbolt.
**raiva** *s* anger, rage, hatred; *Med* rabies.
**raivoso** *adj* furious, angry; rabid (atacado de hidrofobia).
**raiz** *s* root, base; *Ling* base; *Bot* e *Mat* radix; *Gram* e *Mat* root; *Ling* stem.
**rajá** *s* raja, rajah.
**rajada** *s* blast, gust, flurry (vento); volley (projéteis).
**rajado** *adj* striped, streaked; mottled.
**rajar** *v* stripe, streak.
**ralação** *s* grating.
**ralador** *s* grater.
**ralar** *v* grate, rasp.
**ralé** *s* mob, rout, rabble.
**ralhação** *s* railing, scolding.
**ralhar** *v* rail, scold.
**ralho** *s* railing, scolding, reprimand.
**ralo** *adj* thin, sparse (barba, cabelo etc.). | *s* drain.
**rama** *s* branches, boughs.
**ramado** *adj* branchy.
**ramagem** *s* branches, boughs.
**ramal** *s* extension line (telefone).
**ramalhete** *s* bunch, cluster.
**ramaria** *s* branches, boughs.
**rameira** *s* bitch, whore, hooker.
**ramela** *s* blear-eyedness.
**ramificação** *s* arm, branch, embranchment.
**ramificado** *adj* branchy.
**ramificar** *v* branch, ramify.
**ramo** *s* arm, branch, embranchment.
**ramoso** *adj* branchy.
**rampa** *s* slope, ramp; *Náut* slipway (para reparo ou construção de barco).
**rampante** *adj* rampant.
**rançado** *adj* rancid, rank, stale, musty.
**rançar** *v* rank, stale.
**rancheiro** *s* rancher.
**rancho** *s* farm; mess (comida de soldados).
**rancor** *s* hate, hatred, rage, anger.
**rancoroso** *adj* angry, furious, hateful, enraged.
**rançoso** *adj* frowzy, fusty, rancid, musty.
**rangedor** *adj* creaky.
**rangente** *adj* creaky.
**ranger** *v* creak, screak, squeak.
**rangido** *s* creak, squeak.
**ranhento** *adj* snivelling, snotty.
**ranho** *s* snivel, snot.
**ranhura** *s* groove, slot, notch.
**ranzinza** *adj* sullen; ill-humored; sulky.
**rapadeira** *s* scraper.
**rapador** *adj* scraping, rasping. | *s* scraper.
**rapapé** *s* curtsy; flattery.
**rapar** *v* scrape, scratch; cut.
**rapariga** *s* girl, maiden.
**rapaz** *s* boy, fellow, lad.
**rapazinho** *s* laddie.
**rapé** *s* snuff.
**rapidamente** *adv* quick, quickly.
**rapidez** *s* fastness, quickness, swiftness, speed.
**rápido** *adj* fast, quick, rapid. | *adv* quick.
**rapina** *s* rapine.
**rapinador** *adj* ravening, plundering. | *s* raven, plunderer.

**rapinante** *adj* ravening, ravenous.
**rapinar** *v* raven.
**raposa** *s* fox; *fem* vixen.
**raposo** *s* male fox, dog-fox.
**rapsódia** *s* rhapsody.
**raptado** *adj* abducted, knidnapped, ravished.
**raptar** *v* abduct, kidnap, ravish.
**rapto** *s Jur* abduction, kidnapping, ravishment.
**raptor** *s Jur* abductor, kidnapper, ravisher.
**raque** *s* rachis.
**raquete** *s* racket.
**raquitismo** *s* rickets.
**raramente** *adv* seldom, rarely.
**rarear** *v* rarefy.
**rarefação** *s* attenuation, rarity.
**rarefato** *adj* rarefied.
**rarefazer** *v* attenuate, rarefy.
**rarefeito** *adj* rare (atmosfera); thin.
**rareza** *s* rareness, rarity.
**raridade** *s* rareness, rarity.
**raro** *adj* rare, unusual, singular.
**rás** *s* arras; ras.
**rasante** *adj* leveling.
**rasar** *v* level.
**rasca** *s* dragnet, traw net.
**rascada** *s* trammel; difficulty.
**rascar** *v* rasp, grate, scratch.
**rascunhado** *adj* drafted, sketched, outlined.
**rascunhar** *v* draft, sketch, outline.
**rascunho** *s* draft, rough, sketch, outline.
**rasgadela** *s* ripping, splitting, tearing.
**rasgado** *adj* lacerate.
**rasgão** *s* rip, split, tear.
**rasgar** *v* rip, split, tear.
**rasgo** *s* rip, split, tear.
**raso** *adj* shallow, low (rio).
**raspa** *s* shave.
**raspadeira** *s* raker, rasp.
**raspador** *s* raker, scraper, scratcher.
**raspagem** *s* scraping, rasping.
**raspão** *s* scrape, scratch.
**raspar** *v* rake, rasp, scrape, shave.
**rastear** *v* track, trace.
**rasteira** *s* trip.
**rasteiro** *adj* creeping, crawling.
**rastejador** *s* creeper.
**rastejamento** *s* crawl.
**rastejante** *adj* repent.
**rastejar** *v* crawl, creep, trail.
**rastejo** *s* crawl.
**rastelar** *v* ripple.
**rastelo** *s* harrow, ripple.
**rastilho** *s* fuse.
**rasto** *s* trace, track; *Náut* wake.
**rastrear** *v* trace, track.
**rastro** *s* trace, track, trail.
**rasura** *s* blot, erasure.
**rasurado** *adj* erasured, blotted.
**rata** *s* female rat; *gír* break, stumble.
**ratão** *adj* odd, queer.
**ratazana** *s* rat.
**rateação** *s* apportionment.
**ratear** *v* apportion, average.
**rateio** *s* apportionment.
**ratice** *s* oddity, eccentricity.
**ratificação** *s* confirmation, ratification.
**ratificar** *v* confirm, ratify, seal.
**ratinhar** *v* bargain, haggle.
**rato** *s* rat, mouse.
**ratoeira** *s* mousetrap.
**ratonice** *s* pilferage, filching.
**ravina** *s* gulch, ravine.
**razão** *s* cause, ground; *Fil* nous; *Mat* ratio; reason; rate; ledger (livro).
**razoamento** *s* reasoning.
**razoar** *v* reason.
**razoável** *adj* reasonable, fair.
**ré** *s Mús* d, re; reverse; female defendant; *Náut* stern.
**reabastecer** *v* replenish, restock.
**reabastecimento** *s* replenishing, restocking.
**reabertura** *s* reopening.
**reabilitação** *s* rehabilitation.
**reabilitar** *v* rehabilitate.
**reabrir** *v* reopen.
**reação** *s* reaction; *Med* revulsion.
**reacender** *v* relight; reactivate.

**reacionário** *adj* reactionary, white.
**reacusar** *v* recriminate.
**readaptação** *s* readaptation.
**readmissão** *s* readmission.
**readquirir** *v* reacquire.
**reafirmar** *v* renew.
**reagente** *s* agent, reagent.
**reagir** *v* react.
**reagrupar** *v* rejoin.
**reajustamento** *s* readjustment.
**reajustar** *v* readjust, reset.
**reajuste** *s* adjustment (preços); reset.
**real** *adj* real, actual, concrete; *tb Mat* real; royal. | *s* real (moeda brasileira).
**realçar** *v* emphasize, enhance, underline.
**realce** *s* distinction, enhancement.
**realejo** *s* barrel organ, hurdy-gurdy.
**realengo** *adj* royal, regal.
**realeza** *s* kingship, royalty, majesty.
**realidade** *s* reality, truth, fact.
**realismo** *s* realism.
**realista** *adj* down-to-earth, realistic. | *s* realist.
**realização** *s* realization, accomplishment, achievement.
**realizar** *v* accomplish, achieve, execute, realize.
**realizável** *adj* achievable, accomplishable, possible.
**realmente** *adv* actually, really, as a matter of fact.
**reanimação** *s* reanimation.
**reanimar** *v* rally, reanimate.
**reaparecer** *v* resurface.
**reaparecimento** *s* reappearance.
**reaparição** *s* reappearance.
**reaproveitar** *v* reclaim.
**reaproximar** *v* reapproach.
**reaquisição** *s* repurchase.
**reascender** *v* reascend.
**reassumir** *v* resume.
**reassunção** *s* reassumption.
**reatamento** *s* rebinding, reattachment, reopening.
**reatar** *v* rebind, reattach, renew, reopen.
**reator** *s* reactor.
**reavaliação** *s* revaluation.
**reaver** *v* redeem, retrieve, recover.
**reavivar** *v* renovate.
**rebaixamento** *s* abasement, downgrade.
**rebaixar** *v* abase, abate, downgrade (salário ou posição), humble.
**rebanho** *s* cattle, drove, flock, herd.
**rebarba** *s* burr.
**rebarbar** *v* burr.
**rebarbativo** *adj* double-chinned; sullen, disagreable.
**rebate** *s* refute, kick back.
**rebater** *v* counter; refuse, rebut; *Esp* bat; volley.
**rebelar** *v* rebel, revolt, rise.
**rebelde** *adj* defiant, rebellious. | *s* rebel, renegade.
**rebeldia** *s* defiance, contumacy.
**rebelião** *s* rebellion, revolt, revolution.
**rebentação** *s* surf (ondas).
**rebentar** *v* burst, explode.
**rebento** *s* bud, burgeon; *Bot* sprig, sprout, twig.
**rebitador** *s* riveter.
**rebitar** *v* rivet, clench, clinch.
**rebite** *s* rivet, clench, clinch.
**reboar** *v* resound, reecho, reverberate.
**rebobinar** *v* rewind.
**rebocador** *s* hauler, tug, towboat.
**rebocar** *v* daub, grout, plaster; haul, tow, tug.
**reboco** *s* daub, grout, stucco.
**rebolado** *s* hipswinging.
**rebolar** *v* roll, hipswing, waddle.
**reboliço** *adj* to-do.
**rebolo** *s* grindstone; cylinder.
**reboque** *s* haulage, wrecker, tow; trailer; plaster.
**rebordar** *v* bevel.
**rebordo** *s* knurl, rim.
**rebote** *s* second rebound.
**rebramir** *v* resound, roar, shout.
**rebrilhar** *v* shine, glitter, sparkle.
**rebrotar** *v* regenerate, sprout.
**rebuçar** *v* disguise; conceal.

**rebuliço** *s* dust, excitement, fuss, stir.
**rebulir** *v* stir; retouch; improve.
**rebuscado** *adj* refined.
**rebuscar** *v* ransack; refine.
**recado** *s* message.
**recaída** *s* backset, setback; relapse.
**recair** *v* devolve (obrigação, responsabilidade), relapse.
**recalcado** *adj* depressed, restrained.
**recalcar** *v* depress.
**recalcular** *v* recalculate.
**recalque** *s* repression.
**recamar** *v* embroider; decorate.
**recâmara** *s* wardrobe, closet; breech (armas).
**recambiar** *v* rechange, devolve.
**recantação** *s* retract, recant; recall.
**recantar** *v* retract; recall.
**recanto** *s* corner, den, nook.
**recapitalizar** *v* recapitalize.
**recapitulação** *s* recapitulation.
**recapitular** *v* recapitulate, review.
**recapturar** *v* recapture.
**recarga** *s* recharge.
**recarregar** *v* recharge (bateria).
**recatado** *adj* coy, demure, modest.
**recato** *s* modesty.
**recauchutagem** *s* recap, retread.
**recauchutar** *v* retread (pneu), recap.
**recavar** *v* insist; excavate.
**recear** *v* fear.
**recebedor** *s* receiver, recipient (de órgão, sangue).
**recebedoria** *s* treasury, collectorship.
**receber** *v* get, receive, take.
**recebimento** *s* receipt.
**receio** *s* fear, apprehension.
**receita** *s* budget, income; *Med* formula; recipe (comida, remédio, sucesso); take.
**receitar** *v* prescribe; advise.
**receituário** *s* pharmacopoeia, dispensatory.
**recém** *adv* newly, recently, lately.
**recém-chegado** *adj* fresh. | *s* comer, newcomer, new arrival.
**recém-nascido** *adj* newborn, yeanling.
**recendência** *s* fragrance, perfume, scent.
**recender** *v* smell, exhale.
**recenseamento** *s* census.
**recensear** *v* survey.
**recente** *adj* new, recent, late.
**recentemente** *adv* newly, late, lately.
**receoso** *adj* afraid, apprehensive, fearful.
**recepção** *s* admittance, reception; welcome.
**recepcionista** *s* clerk, orderly (em hospital).
**receptáculo** *s* container, receiver, receptacle.
**receptador** *s* *Jur* accessory, receiver (mercadorias roubadas).
**receptível** *adj* receptible, receptive.
**receptivo** *adj* receptive, responsive.
**receptor** *s* *Eletrôn* receiver, recipient (órgão, sangue).
**recessão** *s* recession.
**recesso** *s* *Jur* adjournment, intermission, recess, vacation.
**rechaçar** *v* fend (golpe), repel, repulse.
**recheado** *adj* stuffed, filled.
**rechear** *v* farce (alimento), stuff.
**recheio** *s* farce (alimento), filling (comida), stuffing.
**rechiar** *v* sizzle.
**rechinar** *v* creak, hiss, whiz, frizzle.
**rechonchudo** *adj* chubby.
**recibo** *s* quittance, receipt; voucher.
**reciclar** *v* reclaim, recycle.
**reciclável** *adj* e *s* recyclable.
**recidiva** *s* relapse.
**recidivar** *v* relapse.
**recife** *s* reef.
**recinto** *s* enclosure.
**récipe** *s* recipe, prescription.
**recipiente** *s* case, container, holder, receptacle.
**reciprocação** *s* reciprocation.
**reciprocar** *v* reciprocate.
**reciprocidade** *s* mutuality, reciprocity.
**recíproco** *adj* alternate, *tb Mat* reciprocal, mutual.
**recitação** *s* recital, recitation.

**recital** *s* recital.
**recitar** *v* declaim, recite; repeat, say.
**reclamação** *s* complaint, claim.
**reclamante** *s* claimant.
**reclamar** *v* complain, grive, moan.
**reclame** *s* advertisement.
**reclinação** *s* leaning, reclining.
**reclinado** *adj* recumbent.
**reclinar** *v* couch, recline.
**recluir** *v* confine, seclude.
**reclusão** *s* seclusion, confinement; prison.
**recluso** *adj* recluse, solitary. | *s* recluse; prisoner.
**recobramento** *s* recovery.
**recobrar** *v* recover (saúde), regain.
**recobrir** *v* recover.
**recognição** *s* recognition.
**recolher** *v* collect, get; round, round up (gado); scoop (com pá); rake.
**recolhimento** *s* disposal (material velho, lixo etc.).
**recolocação** *s* reset.
**recolocar** *v* reset.
**recolonizar** *v* resettlement.
**recomeçar** *v* renew, resume.
**recomeço** *s* resumption.
**recomendação** *s* advice, recommendation.
**recomendar** *v* advise, commend, recommend.
**recomendável** *adj* advisable, commendable, laudable.
**recompensa** *s* recompense, recovery, reward, wages.
**recompensar** *v* compensate, recompense, reward.
**recompor** *v* recompose.
**recomposição** *s* recomposition, rearrangement.
**recomposto** *adj* whole.
**recôncavo** *s* fold; den, lair.
**reconcentração** *s* reconcentration.
**reconcentrar** *v* reconcentrate.
**reconciliação** *s* composition, reconciliation; *Jur* mediation.
**reconciliar** *v* compose, reconcile, mediate.
**recondicionamento** *s* recycling.
**recondicionar** *v* recycle.
**recôndito** *adj* hidden; unknown; abstruse.
**recondução** *s* reconduction.
**reconduzir** *v* reconvey.
**reconfortante** *adj* comforting, restorative.
**reconfortar** *v* recomfort.
**reconhecedor** *adj* appreciative, recognizing.
**reconhecer** *v* recognize, identify; acknowledge, know; admit (a verdade).
**reconhecidamente** *adv* admittedly.
**reconhecido** *adj* known.
**reconhecimento** *s* acknowledgment, recognition, arrive (alcançar sucesso).
**reconhecível** *adj* identifiable.
**reconquista** *s* reconquering, reconquest.
**reconquistar** *v* reconquer, retake.
**reconsideração** *s* reconsideration.
**reconsiderar** *v* reconsider, revise.
**reconstituinte** *adj* e *s* restoring, restorative.
**reconstituir** *v* reconstitute, reconstruct, remake.
**reconstrução** *s* reconstructing, rebuilding.
**reconstruir** *v* rebuild, reconstruct, remodel.
**recontar** *v* recount.
**recontro** *s* battle, combat.
**reconvenção** *s* reconvention; counteraction; recrimination.
**recopilação** *s* compile, abridgment.
**recopilar** *v* compile, abridge.
**recordação** *s* recall, recollection, reminiscence, memory; souvenir.
**recordar** *v* remember, recall.
**recorde** *s* record.
**recorrência** *s* recurrence.
**recorrente** *s* appellant.
**recorrer** *v* recur, resort, have recourse, *tb* *Jur* appeal; *Tip* overrun.

**recortado** *adj* jagged.
**recortar** *v* clip, cut, indent, snip.
**recorte** *s* bevel, clipping (jornal ou revista), jag.
**recoser** *v* resew.
**recostar** *v* couch, recline, loll.
**recovar** *v* transport, convey.
**recozer** *v* overcook.
**recozimento** *s* overcooking.
**recreação** *s* recreation.
**recrear** *v* disport, recreate, amuse; rest; play.
**recreativo** *adj* entertaining.
**recreio** *s* recreation, entertainment; interval.
**recremento** *s* recrement.
**recrescência** *s* growth, excrescence.
**recrescer** *v* grow, increase, sprout.
**recriação** *s* recreation.
**recriar** *v* re-create.
**recriminação** *s* rebuke, recrimination.
**recriminar** *v* rebuke, recriminate.
**recrudescer** *v* recrudesce.
**recruta** *s* recruit.
**recrutado** *adj* conscript.
**recrutamento** *s* recruitment, enlistment.
**recrutar** *v* recruit.
**recruzar** *v* recross.
**recuar** *v* retire, retreat, withdraw, recoil (medo, nojo).
**recuo** *s* retreat, retirement, recoil; indent (parágrafo); *Arq* setback.
**recuperação** *s* recovery.
**recuperar** *v* recover, regain, resume, retrieve.
**recurso** *s* resource; expedient, help; *Jur* remedy.
**recurvar** *v* recurve.
**recusa** *s* denial, refusal.
**recusar** *v* deny, refuse.
**recusável** *adj* deniable.
**redação** *s* redaction; wording; editorial staff.
**redar** *v* net.
**redator** *s* editor.
**rede** *s* net, netting; *tb Comp* network; web (rádio, TV, telecomunicações, computador etc.); hammock (de dormir).
**rédea** *s* bridle, checkrein, rein.
**redecorar** *v* redo.
**redemoinho** *s* swirl, whirlpool (na água), whirlwind (de vento).
**redenção** *s* redemption.
**redentor** *s* redeemer.
**redigir** *v* write, indite, word.
**redimir** *v* redeem, ransom, wash.
**redistribuição** *s* redistribution.
**redistribuir** *v* redistribute.
**redobrar** *v* redouble.
**redoma** *s* bell jar, vial.
**redondear** *v* round.
**redondeza** *s* surroundings, neighborhood, environs.
**redondilha** *s* rondel.
**redondo** *adj* round, circular; even (número).
**redor** *s* surround, environ.
**redução** *s* abatement, decrease, diminution, discount.
**redundância** *s* redundancy.
**redundante** *adj* redundant.
**redundar** *v* redound.
**reduplicar** *v* reduplicate.
**redutibilidade** *s* reducibility.
**redutível** *adj* reducible.
**reduto** *s* fastness, redoubt, stronghold.
**reduzido** *adj* reduced, diminished.
**reduzir** *v* reduce, diminish; downsize; slow (velocidade); lower (valor, qualidade etc.).
**reedição** *s* republishing.
**reedificar** *v* rebuild.
**reeditar** *v* republish.
**reeducar** *v* reeducate.
**reeleger** *v* reelect.
**reeleição** *s* reelection.
**reembarcar** *v* reembark, reship.
**reembolsar** *v* reimburse; refund (dinheiro).
**reembolsável** *adj* refundable.
**reembolso** *s* refund (dinheiro), repayment, return.
**reempossar** *v* reinstall.

**reempregar** *v* reemploy.
**reencarnação** *s* reincarnation.
**reencarnar** *v* reincarnate.
**reencher** *v* refill, refresh, replenish.
**reencontrar** *v* reunite.
**reencontro** *s* reunion.
**reentrância** *s* reentrance.
**reentrar** *v* reenter.
**reenviar** *v* return, send back.
**reequipar** *v* refit.
**reescrever** *v* rewrite.
**reestruturar** *v* restructure.
**reexportação** *s* reexportation.
**refalsamento** *s* falsehood, deceit.
**refalsear** *v* betray, mislead, deceive.
**refazer** *v* redo, remake.
**refeição** *s* meal, repast.
**refeito** *adj* restored; repaired.
**refeitório** *s* lunchroom, refectory.
**refém** *s* hostage.
**refender** *v* splinter, cleave.
**referência** *s* reference.
**referendar** *v* countersign.
**referendo** *s* referendum.
**referente** *adj* referring.
**referido** *adj* aforesaid, reported, quoted.
**referir** *v* refer, report, concern.
**referver** *v* reboil.
**refestelar-se** *v* loll.
**refil** *s* refill.
**refilar** *v* retort, attack, react.
**refinação** *s* refinement, refining.
**refinado** *adj* pure; elegant, sophisticated, courtly.
**refinamento** *s* refinement.
**refinar** *v* refine.
**refinaria** *s* refinery.
**refino** *s* refinement.
**refletido** *adj* deliberate; reflex.
**refletir** *v* consider, think; reflect, reflex; glass (num espelho); throw (luz).
**refletivo** *adj* reflective.
**refletor** *s* searchlight.
**reflexão** *s* reflection; shadow (no espelho).
**reflexionar** *v* reflect.
**reflexivo** *adj* reflective; *Gram* reflexive. | *s Gram* reflexive.
**reflexo** *adj* reflex. | *s* reflection; *tb Anat* reflex.
**reflorescer** *v* reflourish, reflower.
**reflorestar** *v* reforest.
**reflorir** *v* reflourish, reflower.
**refluência** *s* refluence, reflux.
**refluir** *v* reflow.
**refluxo** *s* refluence, reflux; ebb.
**refogado** *s* stew.
**refogar** *v* stew, braise.
**refolgar** *v* repose, rest.
**refolgo** *s* repose, rest.
**reforçar** *v* reinforce.
**reforço** *s* reinforcement, backing; brace.
**reforma** *s* reform (*tb* social, política); Reformation.
**reformação** *s* reformation.
**reformador** *adj* reformatory, reformative.
**reformar** *v* reform, repair, restore.
**reformatório** *s* reformatory, workhouse.
**reformulação** *s* reclamation.
**reformular** *v* reclaim, reword.
**refração** *s Ópt* aberration; *tb Ópt* e *Astron* refraction.
**refrangente** *adj* refracting, refractive.
**refranger** *v* refract.
**refrão** *s* refrain.
**refratar** *v* refract.
**refratário** *adj* refractory.
**refrator** *adj* refractive.
**refreado** *adj* moderate.
**refrear** *v* refrain, restrain.
**refrega** *s* fight, combat, quarrel.
**refreio** *s* restraint; bridle, reins.
**refrescante** *adj* refreshing.
**refrescar** *v* refresh, freshen, cool.
**refrigeração** *s* refrigeration.
**refrigerador** *s* refrigerator, fridge, icebox.
**refrigerante** *s* soda, soft drink.
**refrigerar** *v* refrigerate, chill, cool, freeze.
**refringente** *adj* refringent.
**refugar** *v* reject, refuse.

**refugiado** *s* refugee.
**refugiar-se** *v* harbor, refuge, shelter.
**refúgio** *s* shelter, harbor, haven, hideaway.
**refugo** *s* garbage, refuse, reject, rubbish, waste, trash.
**refulgência** *s* refulgent, radiance.
**refulgente** *adj* refulgent.
**refulgir** *v* shine, sparkle, glitter.
**refundição** *s* recast.
**refundir** *v* recast.
**refutação** *s* disproof, confutation, rebuttal.
**refutar** *v* refute, confute, rebut, oppose, object.
**refutável** *adj* answerable.
**rega** *s* water.
**regaço** *s* lap; bosom; shelter.
**regador** *s* watering can, watering pot.
**regalar** *v* gloat.
**regalia** *s* prerogative, privilege.
**regalo** *s* pleasure, delight; feast.
**reganhar** *v* regain.
**regar** *v* water, sprinkle.
**regata** *s* regatta, scull.
**regatar** *v* scull.
**regateador** *s* cheapener, haggler, higgler.
**regatear** *v* bargain, chaffer, dicker, higgle.
**regateio** *s* chaffer, haggle.
**regato** *s* bourn, creek, rivulet.
**regedor** *adj* governing, administrating.
**regelado** *adj* frozen.
**regelar** *v* freeze, chill.
**regelo** *s* refreezing.
**regência** *s* regency; *Gram* government.
**regeneração** *s* regeneration.
**regenerado** *adj* e *s* regenerate.
**regenerar** *v* regenerate, reclaim (uma pessoa), mend.
**regente** *s* conductor, regent, ruler.
**reger** *v* dominate; *Gram* govern.
**régia** *s* manor house, castle.
**região** *s* region; section (cidade); parts (corpo humano).
**regime** *s* diet; system (político).
**regimento** *s* regiment.
**régio** *adj* regal, royal.
**regional** *adj* regional.
**regionalismo** *s* regionalism.
**regirar** *v* rotate, spin, twirl.
**registrado** *adj* registered.
**registrador** *s* registerer.
**registrar** *v* register, record, book; enroll.
**registro** *s* register; roll; record, recording; *Comp* buffer; *Comp* log; damper (chaminé, fogão); stopcock (torneira); *Mús* register (voz, instrumento).
**rego** *s* channel, rut.
**regorjear** *v* warble, trill.
**regorjeio** *s* warble, trill.
**regozijar** *v* rejoice, joy, gloat (com o mal alheio).
**regozijo** *s* joy, cheer, glee, mirth.
**regra** *s* norm, regulation, rule, law.
**regrado** *adj* moderate, reasonable.
**regrar** *v* rule, control, moderate.
**regras** *s* technic.
**regredir** *v* regress, recede.
**regressão** *s* regression.
**regressar** *v* get back, regress, return.
**regresso** *s* regress, return.
**régua** *s* rule, ruler.
**regulação** *s* regulation.
**regulador** *s* regulator.
**regulagem** *s* regulation, adjustment.
**regulamento** *s* ordinance, regulation, law.
**regular** *adj* regular, steady; clean; fair, so-so. | *v* regulate.
**regularidade** *s* regularity.
**regularmente** *adv* regularly, orderly.
**regularização** *s* regularization.
**regularizar** *v* regulate.
**regulável** *adj* adjustable.
**regurgitação** *s* regurgitation.
**regurgitar** *v* regurgitate, *gír* barf.
**rei** *s* king.
**reimpressão** *s* reimpression, reprint.
**reimprimir** *v* reprint.
**reinação** *s* prank, trick.
**reinado** *s* kingship, reign.
**reinante** *adj* regnant. | *s* regent.
**reinar** *v* reign, rule.

R

**reincidência** *s* backsliding, relapse.
**reincidir** *v* backslide, relapse.
**reinicializar** *v* boot.
**reiniciar** *v* restart, reboot.
**reino** *s* kingdom, realm, reign.
**Reino Unido** *s* United Kingdom.
**reinstalação** *s* reinstallation.
**reinstalar** *v* reinstall.
**reintegração** *s* restoration.
**reintegrar** *v* restore, reinstate.
**reiteração** *s* reiteration.
**reiterar** *v* reiterate.
**reiterativo** *adj* reiterative.
**reitor** *s* chairman, dean, rector, principal.
**reitoria** *s* rectory
**reivindicação** *s* claim.
**reivindicar** *v* claim.
**reivindicável** *adj* claimable.
**rejeição** *s* denial, refusal, repulse, dismissal (ideia etc.), exclusion, rebuff, *tb Med* rejection.
**rejeitado** *adj* castaway.
**rejeitar** *v* refuse, disapprove, repel, *tb Mat* reject, exclude, ignore (por falta de provas), throw out.
**rejeitável** *adj* rejectable.
**rejubilação** *s* rejoicing.
**rejubilar** *v* rejoice, jubilate.
**rejuvenescedor** *adj* juvenescent.
**rejuvenescer** *v* rejuvenate.
**rejuvenescimento** *s* rejuvenescence.
**relação** *s* relation; list, listing.
**relacionado** *adj* related.
**relacionamento** *s* relationship.
**relacionar** *v* relate.
**relâmpago** *s* bolt, lightning.
**relampaguear** *v* lighten.
**relampear** *v* lighten.
**relampejante** *adj* fulgurant.
**relampejar** *v* lighten.
**relance** *s* blink, twinkle, glance, glimpse, glimmer.
**relancear** *v* glance, glince.
**relapsia** *s* relapse.
**relapso** *adj* relapsing, backsliding. | *s* relapser, backslider.
**relatar** *v* narrate, relate, report, tell.
**relatividade** *s* relativity.
**relativo** *adj* relative.
**relato** *s* account, narration, report, story.
**relator** *s* relator, narrator.
**relatório** *s* report, account, paper.
**relaxação** *s* relaxation.
**relaxado** *adj* relaxed, sloppy.
**relaxamento** *s* relaxation, laxity.
**relaxar** *v* relax, slacken, loosen.
**relé** *s* relay.
**relegar** *v* relegate.
**relembrar** *v* remember, recall, recollect.
**relentar** *v* dew.
**relento** *s* dew.
**reler** *v* revise.
**reles** *adj* despicable, worthless, ordinary.
**relevação** *s* release, relief.
**relevado** *adj* superior; absolved.
**relevância** *s* importance, significance.
**relevante** *adj* relevant, live, material.
**relevar** *v* excuse, forgive.
**relevo** *s* embossment, *tb Geol* relief.
**relho** *s* cowhide.
**relicário** *s* shrine.
**religar** *v* retie, rebind.
**religião** *s* religion.
**religiosa** *s* nun.
**religiosidade** *s* religiosity.
**religioso** *adj* religious. | *s* votary, devotee.
**relinchar** *v* neigh, whinny.
**relincho** *s* neigh, whinny.
**relíquia** *s* relic.
**relógio** *s* clock (de torre, parede ou mesa); watch (de pulso).
**relojoeiro** *s* watchmaker.
**relutância** *s* backwardness, disinclination, reticence.
**relutante** *adj* backward, reluctant, loath, unwilling.
**relutar** *v* grudge.
**reluzente** *adj* shining, sparkling, glittering.
**reluzir** *v* flash, glitter, shine, sparkle.
**relva** *s* grass, green, lawn.
**relvado** *s* lawn.

**relvar** *v* grass.
**relvejar** *v* grass.
**remada** *s* rowing.
**remador** *s* rower, oar, paddler.
**remadura** *s* rowing.
**remanchar** *v* clinch, bead, flange; delay.
**remanescente** *adj* leftover. | *s* relict, remnant.
**remanso** *s* backwater; rest.
**remar** *v Náut* oar, row, scull, paddle.
**remarcar** *v* relabel.
**remascar** *v* ruminate; meditate.
**rematação** *s* outbidding.
**rematar** *v* fell (em costura); finish.
**remate** *s* consummation, finish; fell (em costura); outbidding.
**remedar** *v* imitate; mock.
**remediado** *adj* well-off.
**remediar** *v* remedy, cure, help, retrieve.
**remediável** *adj* remediable.
**remédio** *s* remedy, medicament, medicine, drug; cure; help.
**remedo** *s* mockery.
**remela** *s* blear-eyedness.
**remelento** *adj* blear-eyed, bleary.
**rememoração** *s* remembering, recall, recollection.
**rememorar** *v* remember, recall, recollect.
**remendado** *adj* botchy.
**remendão** *s* botcher, bungler, tinker, patcher.
**remendar** *v* botch, repair, mend, patch; *inform* doctor.
**remendo** *s* darn, patch.
**remessa** *s* dispatch, delivery, remittance (dinheiro ou valores).
**remetente** *s* addresser, sender.
**remeter** *v* send, mail, post.
**remexer** *v* stir, mix.
**remexido** *adj* disorderly.
**remidor** *s* redeemer.
**remígio** *s* remex.
**remigrar** *v* remigrate.
**reminiscência** *s* recollection, reminiscence.
**remir** *v* ransom, redeem.
**remissão** *s* absolution, forgiveness, remission.
**remissível** *adj* absolvable.
**remissivo** *adj* allusive.
**remitência** *s* remission.
**remitir** *v* forgive.
**remo** *s* oar; *Esp* e *Náut* row, scull, paddle.
**remoção** *s* removal, transfer.
**remoçar** *v* rejuvenate.
**remodelação** *s* recast, face-lift (prédio, lugar etc.).
**remodelar** *v* rebuild, recast, remodel.
**remoer** *v* chew; annoy.
**remoinhar** *v* eddy.
**remoinho** *s* eddy.
**remolhar** *v* soak, steep.
**remontar** *v* remount.
**remonte** *s* remounting.
**remorder** *v* torture, grieve.
**remorso** *s* contrition, regret, remorse, repentance.
**remoto** *adj* remote, distant, faraway, out-of-the-way.
**removedor** *s* stripper (produto químico).
**remover** *v* displace, carry, remove, transfer, discharge.
**remuneração** *s* salary, wage.
**remunerar** *v* remunerate.
**remunerável** *adj* remunerable, rewardable.
**rena** *s* reindeer.
**renal** *adj* renal.
**renascença** *s* renaissance.
**renascimento** *s* rebirth, renaissance.
**renda** *s* income, incomings, revenue; lace.
**rendado** *adj* lace-trimmed.
**rendeiro** *s* renter.
**render** *v* produce; earn, realize, relieve, return, yield; surrender.
**rendição** *s* delivery, capitulation, relief, surrender.
**rendido** *adj* compliant.
**rendimento** *s pl* earnings, income, incomings, revenue, yield.
**rendoso** *adj* fat, lucrative, profitable.
**renegado** *s* renegade.

**renegar** *v* deny, repudiate, repel, refuse.
**renitência** *s* renitence, stubborness.
**renome** *s* celebrity, name, renown, reputation.
**renovação** *s* renovation, repair, resurrection, revival.
**renovado** *adj* new, mint.
**renovar** *v* freshen, furbish, recruit (saúde, vigor), renew, renovate.
**rente** *adj* close.
**renúncia** *s* relinquishment, renunciation, surrender.
**renunciar** *v* renounce, relinquish; *Jur* disclaim.
**reocupação** *s* reoccupation.
**reocupar** *v* reoccupy.
**reordenar** *v* rearrange.
**reorganização** *s* reorganization.
**reorganizar** *v* reconstitute, reorganize.
**reostato** *s* rheostat.
**repagar** *v* repay.
**reparação** *s* amends, atonement, expiation; repair.
**reparador** *adj* repairer.
**reparar** *v* repair, mend, fix; observe, notice; expiate.
**reparável** *adj* mendable.
**reparo** *s* fix, overhaul, repair.
**repartição** *s* department.
**repartimento** *s* division, partition.
**repartir** *v* slice, split; dole (aos pobres); share.
**repassar** *v* repass.
**repastar** *v* feed, nourish.
**repasto** *s* repast, feast.
**repatriação** *s* repatriation.
**repatriar** *v* repatriate.
**repelência** *s* repellence.
**repelente** *adj* repellent. | *s* lousy.
**repelir** *v* repel, repudiate, repulse.
**repentinamente** *adv* suddenly.
**repentino** *adj* sudden.
**repentista** *s* improvisator.
**repercussão** *s* repercussion.
**repercutir** *v* rebound, resound.
**repertório** *s* repertory.
**repetente** *s* repeater (estudante).
**repetição** *s* repetition.
**repetido** *adj* repeated.
**repetidor** *s* repeater.
**repetir** *v* repeat.
**repicar** *v* chime, ding.
**repintar** *v* repaint.
**repique** *s* chime.
**repisar** *v* retread, trample.
**replantar** *v* replant.
**repleto** *adj* fraught, full, replete.
**réplica** *s* answer, reply, response, return.
**replicar** *v* answer, rejoin, reply, retort, return.
**repolho** *s* cabbage.
**repontar** *v* reappear.
**repor** *v* refresh, reinstate, replace, restore.
**reportagem** *s* report.
**reportar** *v* report; refer, reference.
**repórter** *s* reporter.
**reposição** *s* replacement.
**repositório** *s* repository.
**repousante** *adj* relaxing.
**repousar** *v* repose, rest.
**repouso** *s* repose, rest.
**repovoar** *v* repopulate.
**repreendedor** *adj* carping. | *s* scold.
**repreender** *v* reprehend, reproach, reprimand, scold.
**repreensão** *s* reprehension, reprimand, reproach, scolding.
**repreensível** *adj* censurable, damnable.
**repreensivo** *adj* censorious.
**represa** *s* dam, dike.
**represália** *s* reprisal, retaliation, revenge.
**represamento** *s* barrage.
**represar** *v* embank, dam, dike.
**representação** *s* representation; part (em peça teatral), acting; depiction.
**representante** *s* agent, representative; attorney; delegate, deputy, *Jur* assignee.
**representar** *v* represent; play, act; depict, render.

**representativo** *adj* representative.
**representável** *adj* representable.
**repressão** *s* repression.
**repressor** *s* repressor, represser.
**reprimenda** *s* reprimand, reprehension, *inform* tongue-lasking.
**reprimir** *v* repress, control, constrain; *Jur* abate (abuso); vanquish (sentimentos, emoções).
**reprimível** *adj* repressible.
**reprisar** *v* replay.
**reprise** *s* replay.
**réprobo** *adj* e *s* reprobate.
**reprodução** *s* reproduction.
**reprodutor** *s* reproducer.
**reproduzir** *v* duplicate, imitate, reproduce.
**reprovação** *s* disapproval, reproach, censure; failure, flunk (em exame).
**reprovado** *adj* reproved, rejected. | *s* flunk.
**reprovador** *adj* censorious.
**reprovar** *v* reprove, reproach, censure, flunk (em exame).
**reprovável** *adj* blamable, blameful, condemnable.
**reptação** *s* challenge, defiance.
**reptante** *adj* challenger.
**reptar** *v* challenge, defy.
**réptil** *s* reptile, crawler, creeper.
**república** *s* republic, commonwealth.
**República Centro-Africana** *s* Central African Republic.
R
**República Democrática do Congo** *s* Democratic Republic of Congo.
**República Dominicana** *s* Dominican Republic.
**republicanizar** *v* republicanize.
**republicano** *adj* e *s* republican.
**República Tcheca** *s* Czech Republic.
**repudiado** *adj*
**repudiar** *v* repudiate.
**repúdio** *s* repudiation.
**repugnância** *s* repugnance, *inform* creeps.
**repugnante** *adj* disgusting, nauseous, offensive, repugnant.
**repugnar** *v* abhor, disgust, disrelish, repel.
**repulsa** *s* aversion, repulse.
**repulsão** *s* abomination, repulsion.
**repulsar** *v* repel, repulse, reject.
**repulsivo** *adj* creepy. | *s* lousy.
**reputação** *s* reputation, standing (social, moral).
**reputar** *v* repute.
**repuxado** *adj* drawn.
**repuxar** *v* stretch, draw.
**repuxo** *s* drawing.
**requebrar** *v* waddle.
**requebro** *s* waddle.
**requeijão** *s* cottage cheese, Dutch cheese, pot cheese.
**requerente** *s* applicant, petitioner, solicitor.
**requerer** *v* require, request; apply (emprego).
**requerimento** *s* application form (formulário); requisition.
**réquiem** *s* requiem.
**requintado** *adj* dainty.
**requintar** *v* refine.
**requinte** *s* elaboration, exquisiteness, refinement.
**requisição** *s* request.
**requisitar** *v* require, request.
**requisito** *s* requirement, requisite.
**rés** *adj* level, even.
**rescaldar** *v* overheat.
**rescindir** *v* break, cancel, rescind; *Jur* dissolve.
**rescisão** *s* annulment, defeasance, rescission.
**rescisório** *adj* rescissory.
**rescrever** *v* rewrite.
**rescrito** *s* rescript.
**rés do chão** *s* ground floor.
**resenha** *s* review.
**reserva** *s* booking, reservation (passagens, hotel); coyness; *tb Mil* e *Comer* reserve; reticence.
**reservado** *adj* reserved, coy, secretive, unapproachable.
**reservar** *v* reserve; store; book (passagem, entrada para um espetáculo, hotel etc.).

**reservatório** *s* catchment, reservoir.
**reservista** *s* reservist.
**resfolegar** *v* breath, puff.
**resfriado** *adj* e *s* cold.
**resfriamento** *s* chill.
**resfriar** *v* cool; quench (metal aquecido).
**resgatar** *v* ransom, redeem, rescue.
**resgate** *s* deliverance, ransom, rescue.
**resguardar** *v* guard, shield.
**resguardo** *s* protection; diet.
**residência** *s* abode, domicile, dwelling, home, house; *Med* internship, *tb Med* residence.
**residente** *s* denizen, tenant; *tb Med* resident.
**residir** *v* live, dwell, house, reside, abide.
**residual** *adj* residual, residuary.
**resíduo** *s* residue, waste.
**resignação** *s* resignation.
**resignado** *adj* resigned, meek.
**resignar** *v* reconcile, resign.
**resina** *s* gum, resin.
**resinoso** *adj* resinous, rosiny.
**resistência** *s* endurance, stamina (física, moral); opposition; *tb Psic* e *Biol* resistance; drag (do ar).
**resistente** *adj* hard, strong, durable, enduring, firm.
**resistir** *v* oppose, resist, bear.
**resistível** *adj* resistible.
**resma** *s* ream.
**resmungão** *adj* grumpy. | *s* croaker, crosspatch.
**resmungar** *v* croak, grouse, growl, grumble, mumble.
**resmungo** *s* growl, grumble, mutter, mumble.
**resolução** *s* resolution.
**resoluto** *adj* resolute.
**resolver** *v* resolve, solve; determine; do (problema).
**resolvido** *adj* bound.
**resolvível** *adj* resoluble.
**respaldar** *s* back rest.
**respectivo** *adj* respective, relative.
**respeitador** *adj* observant.
**respeitar** *v* respect.
**respeitável** *adj* respectable.
**respeito** *s* respect.
**respeitoso** *adj* respectiful.
**respingar** *v* spatter, splash.
**respingo** *s* spatter, splash.
**respiração** *s* breath, breathing, respiration.
**respiradouro** *s* vent.
**respirar** *v* breathe, respire.
**respirável** *adj* breathable.
**respiro** *s* rest; louver, vent.
**resplandecente** *adj* blazing, resplendent, bright, shining.
**resplandecer** *v* blaze, shine.
**resplendor** *s* flush, fire, resplendence, sheen.
**respondão** *s* backbiter, bully.
**responder** *v* answer, reply, respond, return.
**responsabilidade** *s* responsibility, blame, burden; liability.
**responsabilizar** *v* blame, charge, thank.
**responsável** *adj* responsible, accountable, amenable, answerable.
**responsivo** *adj* responsive.
**resposta** *s* answer, reply, return.
**resquício** *s* remnant, trace, mark.
**ressabiado** *adj* suspicious.
**ressaca** *s* crapulence, hangover; surf, undertow.
**ressair** *v* protrude, project.
**ressaltar** *v* beetle, underscore, emphasize.
**ressalto** *s* bound, jut.
**ressalva** *s* saving.
**ressalvar** *v* except, exclude; caution.
**ressarcimento** *s* compensation.
**ressarcir** *v* compensate.
**ressecado** *adj* dry, parched.
**ressecar** *v* sear, parch.
**ressegurar** *v* reinsure.
**ressentimento** *s* resentment.
**ressentir** *v* resent.
**ressequir** *v* exsiccate.
**ressoar** *v* rebound, resound, vibrate.
**ressonância** *s* resonance.

**ressonante** *adj* sounding.
**ressonar** *v* boom.
**ressorção** *s* resorption.
**ressorver** *v* resorb.
**ressurgimento** *s* revival.
**ressurgir** *v* resurge.
**ressurreição** *s* resurrection.
**ressuscitação** *s* resurrection.
**ressuscitador** *adj* resuscitating. | *s* resuscitator.
**ressuscitar** *v* resurge, resuscitate, revive.
**restabelecer** *v* reestablish, restore; recover (saúde).
**restabelecimento** *s* recovery.
**restante** *adj* other, leftover. | *s tb Mat* remainder, rest.
**restar** *v* remain, rest.
**restauração** *s* restoration.
**restaurado** *adj* restored.
**restaurador** *s* conservator.
**restaurante** *s* restaurant.
**restaurar** *v* restore; recuperate (forças, saúde).
**restaurável** *adj* retrievable.
**réstia** *s* rope.
**restinga** *s* sandbank, shoal.
**restituição** *s* refund (dinheiro), restitution, return.
**restituir** *v* refund (dinheiro), repay, replace, restore, return.
**restituível** *adj* refundable.
**resto** *s* leftover, waste, remnant, residue, *tb Mat* remainder.
**restrição** *s fig* constraint, restraint, restriction, limitation.
**restringente** *adj* binding. | *s* astringent.
**restringir** *v* restrain, bind
**restringível** *adj* restrainable.
**restritivo** *adj* restrictive.
**restrito** *adj* restricted.
**resultado** *s* result.
**resultante** *adj* resultant
**resultar** *v* result.
**resumidamente** *adv* briefly, shortly.
**resumido** *adj* brief, concise, short.
**resumir** *v* summarize, shorten.
**resumo** *s* summary, abridgment.
**resvalar** *v* glide, slide, slip.
**reta** *s* straight.
**retábulo** *s* retable.
**retaguarda** *s* rear, *Mil* rear guard.
**retal** *adj* rectal.
**retalhado** *adj* dissected.
**retalhador** *s* retailer, chopper, shredder.
**retalhar** *v* chop, dissect, shred.
**retalho** *s* remnant, snip, patch.
**retaliação** *s* retaliation.
**retaliar** *v* retaliate.
**retangular** *adj* rectangular.
**retângulo** *adj* rectangular. | *s* rectangle.
**retardado** *adj* belated. | *s ofens* retard, moron.
**retardamento** *s* belatedness, delay, postponement; lag.
**retardar** *v* delay, retard.
**retardatário** *s* lag, laggard.
**retém** *s* retention; rest; reserve.
**retemperar** *v* strenghten; improve.
**retenção** *s* detention, retention.
**retentor** *s* retainer.
**reter** *v* hold, keep, retain.
**retesar** *v* tense.
**reticência** *s* reticence; ellipsis.
**reticente** *adj* reticent, reserved.
**retícula** *s* reticle.
**reticulação** *s* reticulation.
**reticulado** *adj* reticulate.
**retidão** *s* rectitude; *Jur* equity.
**retificação** *s* correction.
**retificar** *v* correct, rectify.
**retificável** *adj* corrigible, rectifiable.
**retiforme** *adj* retiform.
**retilíneo** *adj* rectilinear.
**retina** *s* retina.
**retinido** *s* jingle, tinkle.
**retinir** *v* sound.
**retinite** *s* retinitis.
**retirada** *s* recession, removal, retirement, retreat, withdrawal.
**retirado** *adj* outlying, remote.
**retirar** *v* remove, retreat, retract, withdraw.
**retiro** *s* recess, retirement, retreat.

**reto** *adj* straight, right (linha, ângulo). | *s* rectum.
**retocar** *v* finish, retouch.
**retomada** *s* recapture, resumption, retake.
**retomar** *v* recapture, recover, resume, retake.
**retoque** *s* retouch.
**retorcer** *v* entwist, squirm, wreathe, wriggle, twist.
**retorcido** *adj* twisted.
**retórica** *s* rhetoric.
**retórico** *adj* rhetorical.
**retornar** *v* return; bring back; give back.
**retorno** *s* return.
**retorquir** *v* retort.
**retorta** *s* retort.
**retração** *s* retraction.
**retraçar** *v* retrace.
**retraído** *adj* bashful.
**retraimento** *s* retirement.
**retrair** *v* flinch, retract, shrink, wince.
**retranca** *s* breeching.
**retransmissão** *s* rebroadcast.
**retransmitir** *v* rebroadcast, relay (por rádio).
**retratação** *s* retraction, withdrawal, revocation.
**retratado** *adj* painted, figured.
**retratar** *v* retract; portray, figure, represent; unsay, withdraw (acusação), take back.
**retrátil** *adj* retractile.
**retratista** *s* photographer.
**retrato** *s* picture, portrait, photograph.
**retribuição** *s* rendition.
**retribuir** *v* reciprocate, recompense, render, requite, return.
**retro** *adv* behind, backward.
**retroação** *s* retroaction.
**retroagir** *v* retroact.
**retroalimentação** *s* feedback.
**retroar** *v* resound, reecho, rebound.
**retroatividade** *s* retroactivity.
**retroceder** *v* go back, recede, recoil (de medo, nojo), regress, retire (tropas), retreat.
**retrocedimento** *s* recession.
**retrocessão** *s* retrocession.
**retrocesso** *s* backstroke, withdrawal.
**retroflexão** *s* retroflection, retroflexion.
**retrógrado** *adj* fossil, retrograde, backward.
**retroprojetor** *s* overhead.
**retrós** *s* spun silk.
**retrospecção** *s* retrospection.
**retrospectivamente** *adv* backward.
**retrospectivo** *adj* retrospective.
**retrospecto** *s* flashback, retrospect, review.
**retrotrair** *v* recede, retrocede, retreat.
**retroversão** *s* retroversion.
**retrovisor** *s* rear-view mirror.
**retrucar** *v* answer, talk back, reply.
**retumbância** *s* reverberation, resonance.
**retumbante** *adj* resounding, resonant.
**retumbar** *v* blare, boom.
**réu** *s* accused, defendant, con, culprit.
**reuma** *s* rheum.
**reumático** *adj* e *s* rheumatic.
**reumatismo** *s* rheumatism.
**reunião** *s* reunion, meeting, gathering.
**reunido** *adj* collected, collective, congregate.
**reunificar** *v* reunify.
**reunir** *v* reunite, gather, meet, gang (em bando, turma etc.), round, round up (o gado).
**revacinar** *v* revaccinate.
**revalidação** *s* revalidation.
**revalidar** *v* revalidate.
**revalorização** *s* revaluation.
**revalorizar** *v* revaluate.
**revanche** *s* revenge, retaliation.
**revelação** *s* admission, apocalypse, betrayal, disclosure; development (filme fotográfico), exposure.
**revelador** *s* developer (em fotografia); divulger.
**revelar** *v* reveal; disclose, divulge; expose, unveil; develop (fotografia).
**revelia** *s* default, nonsuit.
**revendedor** *adj* reselling. | *s* middleman, go-between.

**revender** *v* resell.
**rever** *v tb Jur* review, revise.
**reverberação** *s* repercussion, reverberation.
**reverberar** *v* reverberate.
**reverência** *s* adoration, awe, reverence, veneration.
**reverenciar** *v* admire, adore, reverence.
**reverendo** *adj* e *s* reverend.
**reversão** *s* reversion, reversal.
**reversível** *adj* reversible.
**reverso** *s* backset, converse, flip side, reverse (moeda, folha de papel).
**reverter** *v* invert, reverse (a uma situação anterior).
**revertido** *adj* converse.
**revés** *s* grief, misfortune.
**revestido** *adj* coated.
**revestimento** *s* revetment; casing, clothing, coating; lagging (para impedir o vazamento de calor); lining (vestuário, chapéu etc.).
**revestir** *v* cover; daub; overlay; resurface.
**revezado** *adj* alternate.
**revezamento** *s* relief, rotation.
**revezar** *v* relay, rotate.
**revidar** *v* kick back, requite.
**revide** *s* requital, retaliation, return.
**revigoramento** *s* crispness.
**revigorante** *adj* crisp, fresh, lively. | *s* crisp.
R
**revigorar** *v* freshen, invigorate, revive.
**revinda** *s* return, regress.
**revir** *v* return, regress.
**reviramento** *s* eversion.
**revirar** *v* roll (olhos).
**reviravolta** *s* turnover; kicker (nos acontecimentos); about-face (súbita mudança de atitude ou ação).
**revisão** *s* emendation (de textos), revision; review; overhaul.
**revisar** *v* emend, revise; *Jur* review (processo); overhaul.
**revisor** *s* proofreader.
**revista** *s* magazine.
**revistar** *v* frisk (alguém), ransack, search.
**revitalização** *s* revival.
**revitalizado** *adj* regenerate.
**revitalizar** *v* repair, revitalize.
**reviver** *v* refresh, resuscitate, revive, wake.
**revivescência** *s* revival.
**revivificação** *s* revival.
**revivificar** *v* revive, freshen.
**revoada** *s* flight.
**revoar** *v* soar, flutter.
**revocação** *s* recall.
**revocar** *v* recall.
**revogação** *s* defeasance, cassation, recall, *Jur* avoidance
**revogar** *v* recall, retract, cancel, revoke, *Jur* avoid, disaffirm.
**revogável** *adj* abolishable, defeasible; *Jur* avoidable.
**revolta** *s* revolt, rebellion, mutiny.
**revoltado** *adj* insurgent.
**revoltar** *v* rebel, revolt.
**revolto** *adj* billowy (mar).
**revoltoso** *s* rebel, mutineer.
**revolução** *s* revolution.
**revolucionar** *v* revolutionize.
**revolucionário** *adj* e *s* revolutionary.
**revoluteante** *adj* revolving.
**revolutear** *v* revolve.
**revolver** *v* revolve; rake, upturn (terra); wheel; roll.
**revólver** *s* revolver, gun.
**revulsão** *s* revulsion.
**revulsório** *adj* revulsive.
**reza** *s* prayer, praying.
**rezar** *v* pray.
**rezingar** *v* grumble, gripe.
**ria** *s* estuary; branch.
**riacho** *s* brook, rip, creek, stream, watercourse.
**ribalta** *s* limelight, footlights.
**ribamar** *s* seashore.
**ribanceira** *s* chine.
**ribeira** *s* bank, shore.
**ribeirinho** *adj* riparian.
**ribeiro** *s* rill.

**ribombar** *v* rumble, thunder.
**ricaço** *s* nabob, moneybags.
**rícino** *s* ricin.
**rico** *adj* rich, wealthy, flush; mellow (solo, cores e sons).
**ricochete** *s* bound, rebound, skip.
**ricochetear** *v* rebound, ricochet, skip.
**ricto** *s* rictus, grimace.
**ridicularizar** *v* mock, jeer, jest.
**ridículo** *adj* ridiculous. | *s* ridicule.
**rifa** *s* raffle.
**rifão** *s* proverb, saying.
**rifar** *v* raffle.
**rigidez** *s* stiffness; *Med* rigor.
**rígido** *adj* rigid, stiff, unbending; strict.
**rigor** *s* rigor, rudeness.
**rigoroso** *adj* severe, strict.
**rijo** *adj* tense, tough.
**rilhar** *v* gnash.
**rim** *s* kidney.
**rima** *s* rhyme.
**rimado** *adj* rhymed, versified.
**rimar** *v* rhyme.
**rímel** *s* mascara.
**rinalgia** *s* rhinalgia.
**rincão** *s* nook.
**rinchar** *v* neigh, whinny.
**rincho** *s* neigh, whinny.
**rinha** *s* cockpit.
**rinite** *s* rhinitis.
**rinoceronte** *s* rhinoceros, rhino.
**rinorragia** *s* rhinorrhagia.
**rinorreia** *s* rhinorrhea.
**rinoscopia** *s* rhinoscopy.
**rinque** *s* rink.
**rins** *s* reins.
**rio** *s* river.
**ripa** *s* slat, lath.
**riqueza** *s* wealth, riches, affluence.
**rir** *v* laugh, chortle.
**risada** *s* laughter, chortle.
**risca** *s* band; scratch; streak; stripe.
**riscado** *adj* e *s* striped.
**riscar** *v* scratch; cancel; delete; score; strike (fósforo).
**risco** *s* risk, venture (financeiro).
**risível** *adj* risible.
**riso** *s* laugh.
**risonho** *adj* cheerful.
**rispidez** *s* harshness, roughness.
**ríspido** *adj* harsh, rough.
**ritmado** *adj* rhythmical, rhythmic.
**ritmar** *v* beat.
**ritmo** *s* rhythm.
**rito** *s* rite.
**ritual** *adj* e *s* ceremonial.
**rival** *adj* emulous. | *s* rival.
**rivalidade** *s* rivalry.
**rivalizar** *v* rival.
**rixa** *s* affray, fray, riot, rumpus, scuffle.
**rizicultura** *s* rice-growing, rice-planting.
**rizoma** *s* rhizome, rootstalk, rootstock.
**robalo** *s* robalo, snook.
**robô** *s* robot.
**robustecer** *v* consolidate, strengthen.
**robustez** *s* force.
**robusto** *adj* strong, stout, tough.
**roca** *s* spinning wheel.
**rocambole** *s* roll.
**rocambolesco** *adj* entangled.
**roçar** *v* brush, graze, shave, touch.
**roceiro** *s* chuff, clodhopper.
**rocha** *s* rock.
**rochedo** *s* rock, reef.
**rochoso** *adj* rocky.
**rococó** *s* e *adj* rococo.
**roda** *s* round; wheel.
**rodada** *s* round.
**roda-d'água** *s* water wheel.
**rodapé** *s* baseboard; footer (de documento).
**rodar** *v* roll, rotate, spin, wheel, whirl, turn.
**rodear** *v* encircle, environ, ring, round, surround.
**rodeio** *s* circumlocution; roundup, rodeo.
**rodela** *s* coin, ring.
**rodinha** *s* roller (do pé da cadeira).
**rodízio** *s* shift, turn.
**rodo** *s* squeegee.
**rodopiar** *v* birl, swirl, whirl, twirl.
**rodopio** *s* reel, swirl, whirl, twirl.

R

**rodovia** *s* highway, route.
**roedor** *adj* e *s* rodent.
**roer** *v* fret, gnaw.
**rogar** *v* beg, beseech, implore, pray; *Jur* sue.
**rogatória** *s* supplication; request.
**rogo** *s* orison, wish.
**roído** *adj* gnawed.
**rojão** *s* skyrocket.
**rojar** *v* crawl, creep.
**rol** *s* roll, roster, returns, list, listing.
**rolamento** *s* bearing.
**rolar** *v* roll; *Comp* scroll.
**roldana** *s* pulley.
**roldão** *s* confusion, disorder.
**roleta** *s* roulette (jogo de apostas); turnstile.
**rolha** *s* cork, bung, stopper.
**rolhar** *v* cork, stopper.
**roliço** *adj* chubby, fleshy, round.
**rolo** *s* cylinder; hank; roll (tecido, papel, filme etc.); roller.
**romã** *s* pomegranate.
**romana** *s* steelyard.
**romance** *s* novel; romance.
**romancear** *v* romance.
**romancista** *s* fictionist, novelist.
**romanesco** *adj* Romanesque; imaginary, dreamy.
**românico** *adj* Romanic.
**romanizar** *v* Romanize.
**romano** *adj* e *s* Roman.
**romântico** *adj* romantic.
**romantismo** *s* Romanticism.
**romaria** *s* pilgrimage, peregrination.
**rômbico** *adj* rhombic.
**rombo** *s* *Geom* rhombus; leak.
**romboedro** *s* rhombohedron.
**Romênia** *s* Romania.
**romeno** *adj* e *s* Romanian.
**rompante** *adj* haughty. | *s* rage, impetuosity.
**romper** *v* burst; destroy; tear, split; erupt (dente); sprain (tendão etc.).
**rompido** *adj* broken.
**rompimento** *s* break, rupture.
**roncada** *s* snore.
**roncador** *s* snorer.
**roncar** *v* snore, boom.
**ronco** *s* grunt, snore.
**ronda** *s* round, patrol.
**rondar** *v* patrol.
**ronquidão** *s* hoarseness.
**ronronar** *v* purr.
**roquete** *s* surplice; ratchet; chevron.
**rosa** *s* rose.
**rosácea** *s* rosette.
**rosáceo** *adj* rosaceous.
**rosado** *adj* flush; florid; rose; ruddy.
**rosar** *v* rose.
**rosário** *s* beads, rosary.
**rosbife** *s* roast beef.
**rosca** *s* thread (parafuso); roll (pão).
**roscar** *v* thread.
**roseira** *s* rose.
**róseo** *adj* damask, rose.
**rosnado** *s* growl, snarl.
**rosnador** *s* croaker.
**rosnar** *v* growl, grunt, rumble, snarl.
**rosquear** *v* screw.
**rosto** *s* face.
**rostro** *s* rostrum.
**rota** *s* course, route, run, line.
**rotação** *s* revolution, rotation, round, spin, wheel, whirl, turn.
**rotativa** *s* rotary press.
**rotativo** *adj* rotary, rotative, voluble.
**rotina** *s* rote, routine, mode, *gír* groove.
**rotineiro** *adj* routine, humdrum, uneventful, workaday.
**roto** *adj* ragged.
**rótula** *s* kneecap, patella.
**rotular** *v* docket; label, tag.
**rótulo** *s* docket (mercadoria), *tb Comp* label.
**rotundidade** *s* rotundity.
**rotundo** *adj* round; chubby, plump.
**rotura** *s* breakage.
**roubar** *v* rob (pessoa, banco, loja etc.), steal (objeto), *inform* lift.
**roubo** *s* burglary, theft, steal, *Jur* larceny.
**rouco** *adj* hoarse, husky, raucous, throaty.

**roupa** *s* cloth, *pl* clothes, clothing, dress, garment, wear.
**roupagem** *s* garments, vesture, *inform* rig.
**roupão** *s* dressing gown, gown, robe.
**rouquejar** *v* hoarse
**rouquice** *s* hoarseness, raucousness.
**rouquidão** *s* hoarseness, raucousness.
**rouxinol** *s* nightingale.
**roxear** *v* purple.
**roxo** *adj* e *s* purple, violet.
**rua** *s* street, road, *gír* drag.
**Ruanda** *s* Rwanda.
**ruandês** *adj* e *s* Rwandan.
**rubéola** *s* rubeola.
**rubi** *s* ruby (pedra e cor).
**rubidez** *s* flush.
**rúbido** *adj* reddish.
**rubificar** *v* redden.
**rublo** *s* ruble, rouble.
**rubor** *s* blush, color, flush, glow, redness; shame.
**ruborescer** *v* redden, flush, blush.
**ruborizado** *adj* blushful.
**ruborizar** *v* blush, flush, glow.
**rubrica** *s* rubric, *Jur* caption.
**rubricador** *adj* rubricating. | *s* rubricator.
**rubricar** *v* check, countersign, endorse, sign.
**rubro** *adj* red, rubric, ruddy.
**ruço** *adj* gray, faded.
**rude** *adj* e *s* rude.
**rudemente** *adv* rudely.
**rudez** *s* acrimony.
**rudeza** *s* rudeness.
**rudimentar** *adj* barbaric.
**rudimento** *s* rudiments.
**ruela** *s* alley.
**rufar** *v* ruffle.
**rufião** *s* ruffian, rowdy, hooligan.
**ruflar** *v* rustle, flutter.
**rufo** *s* ruffle (do tambor).
**ruga** *s* wrinkle, cockle, crease, crinkle, crumple, line.
**rúgbi** *s* Rugby.
**ruge** *s* blusher.
**rugido** *s* bellow, roar.
**rugir** *v* bellow, rave, roar.
**rugoso** *adj* creasy, rough.
**ruído** *s* noise, sound.
**ruidoso** *adj* noisy, loud.
**ruim** *adj* bad, evil, ill, wicked.
**ruína** *s* ruin, wreck, collapse.
**ruindade** *s* badness, wickedness.
**ruir** *v* cave, collapse, fall.
**ruivo** *adj* carroty (cabelo), redheaded. | *s* redhead.
**rum** *s* rum.
**ruma** *s* gee.
**rumar** *v* steer, ply.
**ruminação** *s* rumination; reflection, pondering.
**ruminante** *adj* e *s* ruminant.
**ruminar** *v* chew; meditate, ponder.
**rumo** *s* bearing, course, direction.
**rumor** *s* rumor.
**runa** *s* rune.
**rupestre** *adj* rupestrian, rupestra.
**rupia** *s* rupee.
**ruptura** *s* rupture, break.
**rural** *adj* country, rural.
**ruralizar** *v* ruralize.
**rusga** *s* brawl, disagreement.
**Rússia** *s* Russia.
**russo** *adj* e *s* Russian.
**rusticidade** *s* clownishness, rougness.
**rústico** *adj* clownish, coarse, rough. | *s* bumpkin, chuff, yokel.
**rutilar** *v* shine, glitter, sparkle.

# Ss

**s** ou **S** 18ª letra do alfabeto português. | *abrev minús* de segundo; *minús* ou *maiús* de sul; *maiús* de são, santo, santa. | *símb Quím maiús* de enxofre.
**Saara** *s* Sahara.
**sabá** *s* Sabbath.
**sábado** *s* Saturday.
**sabão** *s* soap.
**sabedor** *adj* cognizant.
**sabedoria** *s* wisdom, knowledge.
**saber** *v* e *s* know.
**sabe-tudo** *s* know-it-all.
**sabido** *adj* known.
**sábio** *adj* wise, erudite. | *s* scholar.
**sabonete** *s* soap.
**sabor** *s* taste, flavor, savor.
**saborear** *v* taste, savor.
**saboroso** *adj* delicious, tasty, savory.
**sabotador** *s* saboteur.
**sabotagem** *s* sabotage.
**sabotar** *v* sabotage.
**sabre** *s* saber.
**sabujo** *s* bloodhound; beagle.
**saca** *s* sack.
**sacada** *s* balcony, terrace.
**sacado** *s* drawee (cheque, nota promissória etc.).
**sacador** *s* drawer (cheque, nota promissória etc.).
**sacana** *s* rascal.
**sacanagem** *s* unfairness.
**sacar** *v* draw; *Esp* serve; withdraw (dinheiro); *gír* dig (entender algo).
**sacarina** *s* saccharin.
**sacarino** *adj* saccharine.
**saca-rolhas** *s* corkscrew.
**sacarose** *s* sucrose.
**sacerdócio** *s* priesthood, ministration, ministry.
**sacerdotal** *adj* sacerdotal.
**sacerdote** *s* ecclesiastic.
**sacerdotisa** *s* priestess.
**saciado** *adj* satiate.
**saciar** *v* satiate, sate; cloy, glut (fome); assuage.
**saciável** *adj* satiable.
**saciedade** *s* satiation.
**saco** *s* sack, bag, sac.
**sacola** *s* bag.
**sacolejar** *v* jog.
**sacramento** *s* sacrament.
**sacrário** *s* sacrarium; tabernacle.
**sacrificante** *adj* costly.
**sacrificar** *v* sacrifice.
**sacrifício** *s* sacrifice.
**sacrilégio** *s* sacrilege.
**sacrílego** *adj* sacrilegious.
**sacristão** *s* sacristan, sexton.
**sacristia** *s* sacristy, vestry.
**sacro** *adj* sacral.
**sacrossanto** *adj* sacrosanct.
**sacudida** *s* shake.

**sacudidela** *s* jog, flip, toss.
**sacudir** *v* shake, jolt, agitate; rock.
**sádico** *s* sadist. | *adj* sadistic.
**sadio** *adj* healthy, sound; wholesome.
**sadismo** *s* sadism.
**safadeza** *s* knavishness.
**safado** *adj* knavish.
**safanão** *s* flirt, twitch.
**safári** *s* safari.
**safena** *s* saphena.
**safira** *s* sapphire.
**safra** *s* crop, harvest.
**saga** *s* saga.
**sagacidade** *s* sagacity.
**sagaz** *adj* sagacious, astute, shrewd.
**sagazmente** *adv* nimbly.
**sagitariano** *adj* e *s* Sagittarian.
**Sagitário** *s Astron* Sagittarius; *Astrol* Sagittarius, Archer.
**sagração** *s* consecration.
**sagrado** *adj* sacred, holy.
**sagrar** *v* consecrate.
**sagu** *s* sago.
**saguão** *s* hall, lobby; lounge (teatro, hotel etc.).
**saia** *s* skirt.
**saia-balão** *s* farthingale.
**saibro** *s* grit.
**saída** *s* exit; start (corrida); outlet.
**sair** *v* go out, exit; emerge; issue.
**sal** *s* salt.
**sala** *s* room.
**salada** *s* salad.
**saladeira** *s* salad dish.
**salafrário** *s* scoundrel.
**salamandra** *s* salamander.
**salame** *s* salami.
**salão** *s* hall; saloon.
**salário** *s* salary; wage.
**saldar** *v* settle; square, balance (contas etc.).
**saldo** *s* balance.
**saleiro** *s* saltshaker.
**saleta** *s* parlor.
**salgado** *adj* salt, salty.
**salgar** *v* salt.
**salgueiro** *s* willow.
**saliência** *s* salience, overhang; burl (em tronco de árvore).
**salientar** *v* emphasize.
**saliente** *adj* salient, bulgy.
**salina** *s* saltworks, saltern.
**salineiro** *s* salter.
**salinidade** *s* saltiness.
**salino** *adj* saline.
**salitre** *s* saltpeter.
**saliva** *s* saliva.
**salivação** *s* salivation.
**salivar** *v* salivate.
**salmão** *s* salmon.
**salmo** *s* psalm, chant.
**salmoura** *s* brine.
**salobro** *adj* brackish.
**salpicar** *v* splash, spatter, fleck.
**salpico** *s* sprinkle, splash.
**salsa** *s* parsley.
**salsão** *s* celery.
**salsaparrilha** *s* sarsaparilla.
**salseiro** *s* downpour.
**salsicha** *s* sausage.
**salso** *adj* salt.
**saltada** *s* jump.
**saltador** *s* jumper.
**saltar** *v* leap, jump, bound, spring, skip; *Esp* dive (trampolim), vault (com auxílio das mãos ou vara).
**salteador** *s* gangster.
**saltear** *v* assault.
**saltimbanco** *s* mountebank.
**saltitante** *adj* saltatory.
**saltitar** *v* trip.
**salto** *s* jump, hop; bounce, *tb Comp* bound; *Esp* vault.
**salubre** *adj* salubrious, healthful.
**salubridade** *s* salubrity.
**salutar** *adj* salutary, wholesome, beneficial.
**salva** *s Bot* sage, salvia; *Mil* salute (artilharia).
**salvação** *s* salvation, redemption.
**salvador** *s* savior.
**salvaguarda** *s* safeguard.

**salvaguardar** *v* safeguard.
**salvamento** *s* rescue; salvage (navio, tripulação etc.).
**salvar** *v tb Comp* save; rescue; redeem; *Mil* salute.
**salva-vidas** *s* lifeguard, buoy.
**salve** *interj* hail.
**salvo** *prep* save, except, unless, but. | *adj* safe, secure.
**salvo-conduto** *s* safe-conduct.
**samambaia** *s* fern.
**samaritano** *adj* e *s* Samaritan.
**samba** *s* samba.
**sambar** *v* samba.
**Samoa** *s*. Samoa.
**sanador** *adj* sanative.
**sanatório** *s* sanatorium.
**sanável** *adj* curable, healable.
**sanção** *s* sanction, approbation.
**sancionador** *s* countenancer.
**sancionar** *v* sanction, approbate, approve, ratify.
**sandália** *s* sandal.
**sândalo** *s* sandal.
**sanduíche** *s* sandwich.
**saneamento** *s* sanitation.
**sanear** *v* sanitate.
**sanfona** *s* accordion.
**sangrador** *s* bleeder.
**sangrar** *v* bleed.
**sangrento** *adj* bloody.
**sangria** *s* bleeding.
**sangue** *s* blood.
S
**sangue-frio** *s* nerve.
**sanguessuga** *s* bloodsucker, leech.
**sanguinário** *adj* bloody, bloodthirsty; *fig* tigerish.
**sanguíneo** *adj* sanguine, sanguineous.
**sanguinidade** *s* consanguinity.
**sanguinolência** *s* bloodiness.
**sanha** *s* wrath.
**sanidade** *s* sanity, soundness, wit.
**sanitário** *adj* sanitary.
**sanitarista** *s* hygienist.
**San Marino** *s* San Marino.
**sanscrítico** *adj* Sanskritic.
**sânscrito** *s* e *adj* Sanskritic.
**Santa Lúcia** *s* Saint Lucia.
**santidade** *s* holiness, sainthood.
**santificação** *s* sanctification.
**santificado** *adj* sainted, hallowed, consecrate.
**santificador** *s* sanctifier.
**santificar** *v* sanctify, hallow.
**santimônia** *s* sanctimony.
**santo** *s* saint. | *adj* saintly, holy.
**santuário** *s* sanctuary, shrine.
**são** *adj* healthy, sane; sound.
**São Cristovão e Névis** *s* Saint Kitts and Nevis.
**São Tomé e Príncipe** *s* São Tomé and Príncipe.
**São Vicente e Granadinas** *s* Saint Vincent and the Grenadines.
**sapa** *s* sap.
**sapador** *s* miner.
**sapar** *v* sap.
**sapataria** *s* shoe shop.
**sapateado** *s* tap dance.
**sapatear** *v* tap-dance.
**sapateiro** *s* shoemaker, cobbler.
**sapato** *s* shoe.
**sápido** *adj* sapid.
**sapiência** *s* sapience.
**sapiente** *adj* sapient.
**sapinhos** *s* aphthae.
**sapo** *s* toad.
**saponáceo** *adj* saponaceous.
**saponificação** *s* saponification.
**saponificar** *v* saponify.
**saque** *s* withdrawal (dinheiro); *Comer* draft; *Esp* serve.
**saquê** *s* sake.
**saqueador** *s* despoiler.
**saquear** *v* sack.
**saracotear** *v* jig.
**saraiva** *s* hail.
**saraivada** *s* volley (projéteis).
**sarampo** *s* measles.
**sarapintado** *adj* mottled.
**sarapintar** *v* mottle.
**sarar** *v* heal.

**sarau** *s* soiree.
**sarcasmo** *s* sarcasm, irony, taunt.
**sarcástico** *adj* sarcastic.
**sarcófago** *s* sarcophagus.
**sarcoma** *s* sarcoma.
**sarda** *s* freckle.
**sardento** *adj* freckly.
**sardinha** *s* sardine.
**sardo** *adj* e *s* Sardinian.
**sardônico** *adj* sardonic.
**sargento** *s* sergeant, *inform* sarge.
**sarilho** *s* reel.
**sarja** *s* serge, twill.
**sarjeta** *s* gutter.
**sarna** *s* scabies, mange (em animais).
**sarrafo** *s* lath.
**sarro** *s* fur, coating.
**satã** *s* Satan.
**satanás** *s* Satan.
**satânico** *adj* satanic.
**satanizar** *v* diabolize.
**satélite** *s* satellite.
**sátira** *s* satire.
**satírico** *adj* satirical.
**satirizar** *v* satirize, lampoon.
**sátiro** *s* Satyr.
**satisfação** *s* satisfaction, contentment.
**satisfatoriamente** *adv* right, well.
**satisfatório** *adj* satisfactory.
**satisfazer** *v* satisfy, fulfill; gratify, content.
**satisfeito** *adj* satisfied; content, contented.
**saturação** *s* saturation.
**saturado** *adj* saturate.
**saturar** *v* saturate.
**saturnino** *adj* saturnine.
**Saturno** *s* Saturn.
**saudação** *s* salutation; greeting, welcome; wassail (brinde à saúde, à felicidade etc.).
**saudade** *s* longing.
**saudar** *v* salute; greet; hail.
**saudável** *adj* healthy, wholesome, salutary, sound.
**saúde** *s* health (do corpo e mental); cheers (na hora de brindar); soundness. | *interj* cheers (em brinde); bless you (quando alguém espirra).
**saudi-arábico** *adj* e *s* Saudi Arabian.
**saudita** *adj* e *s* Saudi.
**saudoso** *adj* wistful.
**sauna** *s* sauna.
**savana** *s* savanna.
**saxão** *adj* e *s* Saxon.
**saxofone** *s* saxophone.
**sazonado** *adj* ripe.
**sazonal** *adj* seasonal.
**sazonar** *v* age.
**se** *pron* oneself, himself, herself, itself, yourself, yourselves, themselves; each other. | *conj* if; whether.
**sé** *s* see.
**sebáceo** *adj* sebaceous.
**sebe** *s* hedge.
**sebento** *adj* tallowy, greasy; dirty.
**sebo** *s* tallow, suet, fat.
**seboso** *adj* sebaceous.
**seca** *s* drought, dryness.
**secador** *s* drier.
**secante** *s* drier (para verniz, tinta etc.); *Mat* secant.
**seção** *s* section, division; department, branch.
**secar** *v* dry; desiccate; wither; parch.
**secativo** *adj* siccative, exsiccative.
**secessão** *s* secession.
**secionar** *v* section.
**seco** *adj* dry, arid; withered.
**secreção** *s* secretion.
**secretamente** *adv* secretly.
**secretar** *v* secrete.
**secretaria** *s* general office; ministry (órgão do governo).
**secretária** *s* secretary.
**secretário** *s* secretary.
**secreto** *adj* secret; occult.
**sectário** *adj* e *s* sectarian.
**secular** *adj* secular, lay; age-old.
**secularizar** *v* secularize.
**século** *s* century.
**secundar** *v* second.
**secundário** *adj* secondary, minor.

**secura** *s* dryness, aridity.
**seda** *s* silk.
**sedação** *s* sedation.
**sedar** *v* sedate.
**sedativo** *adj* e *s* sedative.
**sede** *s* seat (governo); thirst (desejo de ingerir líquido).
**sedeiro** *s* comb.
**sedentário** *adj* sedentary.
**sedento** *adj* thirsty.
**sedição** *s* sedition.
**sedimentação** *s* sedimentation.
**sedimentar** *adj* sedimentary. | *v* silt up.
**sedimentário** *adj* sedimentary.
**sedimento** *s* sediment; dregs; *Geol* deposit, deposition, drift.
**sedoso** *adj* silken, silky.
**sedução** *s* seduction, charm.
**sédulo** *adj* sedulous.
**sedutor** *adj* seductive, alluring, attractive. | *s* seducer.
**seduzir** *v* seduce, allure, charm; lure, tempt, beguile.
**sega** *s* harvest.
**segar** *v* mow, crop, harvest.
**segmentação** *s* segmentation.
**segmentado** *adj* segmented.
**segmentar** *v* segment.
**segmento** *s* segment.
**segredar** *v* confide.
**segredo** *s* secret; secrecy; combination (fechadura).
**segregação** *s* segregation.
**segregado** *adj* segregate.
**segregar** *v* segregate, seclude; secrete.
**seguido** *adj* followed, continued.
**seguidor** *s* follower, partisan.
**seguimento** *s* continuation.
**seguinte** *adj* next, following, subsequent. | *s* next.
**seguir** *v* follow; shadow (sem ser visto); adhere.
**segunda-feira** *s* Monday.
**segundo** *adj, num* e *s* second.
**segurado** *s* insured.
**segurador** *s* insurer.
**seguramente** *adv* safely.
**segurança** *s* security, assurance; safety; confidence.
**segurar** *v* hold, grasp; insure (de vida, carro etc.).
**seguro** *adj* secure, safe; steady; reliable; sure, certain. | *s* insurance.
**Seicheles** *s* Seychelles.
**seio** *s* breast, bosom; *gír* knocker.
**seis** *num* six.
**seiscentos** *num* six hundred.
**seita** *s* sect.
**seiva** *s* sap.
**seivoso** *adj* sappy.
**seixo** *s* pebble.
**sela** *s* saddle.
**selado** *adj* saddled (com sela); stamped (com selo); sealed (vedado).
**selar** *v* saddle (pôr sela); stamp (pôr selo); seal (vedar).
**seleção** *s* selection.
**selecionado** *adj* select, chosen.
**selecionador** *s* selector, chooser.
**selecionar** *v* select.
**seleiro** *s* saddler.
**selênio** *s* selenium (*símb* **Se**).
**seletivo** *adj* selective, choosy.
**seleto** *adj* select, exclusive.
**selo** *s* seal (de autenticidade e de vedação); stamp, signet.
**selva** *s* jungle.
**selvagem** *adj* savage (povo); wild (silvestre); barbaric, barbarous, cruel, ferocious. | *s* savage.
**selvageria** *s* savagery; wildness.
**sem** *prep* without, wanting; *inform* minus.
**semáforo** *s* traffic light, semaphore.
**semana** *s* week.
**semanal** *adj* weekly.
**semanalmente** *adv* weekly.
**semântica** *s* semantics.
**semblante** *s* semblance, face, appearance, aspect, countenance, visage.
**sem-cerimônia** *s* unceremoniousness, informality.
**semeador** *s* sower.

**semear** *v* sow, seed.
**semelhança** *s* similarity, likeness, resemblance, analogy.
**semelhante** *adj* like, alike, similar. | *s* fellow man, fellow creature.
**semelhar** *v* resemble, look like.
**sêmen** *s* semen, sperm; seed.
**semente** *s* seed.
**sementeira** *s* seedbed.
**semestral** *adj* biannual.
**semestre** *s* semester.
**semi** *pref* semi, half.
**semianual** *adj* semiannual.
**semicircular** *adj* semicircular.
**semicírculo** *s* semicircle.
**semideus** *s* demigod.
**semideusa** *s* demigoddess.
**semifinal** *s* semifinal.
**seminário** *s Ecles* seminary; seminar (grupo de pesquisa).
**semínima** *s* crotchet.
**seminu** *adj* half naked.
**semioficial** *adj* semiofficial.
**semiologia** *s* semiology.
**semiótica** *s* semiotics.
**semita** *s* Semite.
**semitom** *s* semitone.
**semivogal** *s* semivowel.
**sem-lar** *s* homeless.
**sem-modos** *adj* ill-mannered, impolite.
**sem-nome** *adj* nameless, anonymous.
**sem-par** *adj* unequalled, matchless.
**sempre** *adv* always, ever.
**sempre-viva** *s* evergreen, everlasting.
**sem-razão** *s* unreason.
**sem-sal** *adj* insipid.
**sem-vergonha** *adj* shameless.
**senado** *s* senate.
**senador** *s* senator.
**senão** *conj* otherwise, but. | *prep* except.
**senda** *s* path.
**sendeiro** *s* hackney.
**Senegal** *s* Senegal.
**senegalês** *adj* e *s* Senegalese.
**senha** *s* password; PIN (de cartão de banco, caixa automático).
**senhor** *s* sir, mister; lord.
**senhora** *s* mistress, lady.
**senhoria** *s* landlady (proprietária de imóvel alugado); ladyship, lordship.
**senhoril** *adj* lordly.
**senhorio** *s* landlord, lessor (proprietário de imóvel alugado).
**senhorita** *s* miss, lady.
**senil** *adj* senile, doddering.
**senilidade** *s* senility, dotage.
**sênior** *adj* senior.
**seno** *s* sine, sin.
**sensação** *s* sensation.
**sensacional** *adj* sensational.
**sensacionalista** *adj* sensationalist.
**sensatez** *s* sensibility, sanity.
**sensato** *adj* sensible, judicious.
**sensibilidade** *s* sensibility; sensitiveness, sensitivity, feeling.
**sensibilizar** *v* sensitize; touch, move; influence (opinião pública).
**sensitividade** *s* sensitivity.
**sensitivo** *adj* sensitive.
**sensível** *adj* sensible; sensitive.
**senso** *s* sense.
**sensorial** *adj* sensorial, sensory.
**sensório** *adj* sensory, sensuous.
**sensual** *adj* sensual.
**sensualidade** *s* sensuality.
**sensualismo** *s* sensualism.
**sentar** *v* seat, sit; take a seat, sit down.
**sentença** *s Jur* e *Gram* sentence; *Jur* judgment, adjudication.
**sentenciado** *adj* adjudged. | *s* convict.
**sentenciar** *v* sentence, judge, adjudge, adjudicate.
**sentencioso** *adj* sententious.
**sentido** *s* sense, meaning; direction. | *adj* hurt (magoado). | *interj Mil* attention.
**sentimental** *adj* sentimental, emotional, romantic; *inform* sloppy.
**sentimentalidade** *s* emotionality.
**sentimentalismo** *s* sentimentalism, sentimentality, emotionalism.
**sentimentalista** *s* sentimentalist, emotionalist.

**sentimento** *s* sentiment, feeling.
**sentinela** *s* sentinel, sentry, watchman.
**sentir** *v* feel; sense; experience.
**separação** *s tb Jur* separation; division; divorce.
**separadamente** *adv* separately.
**separado** *adj* separate.
**separar** *v* separate, divide, disunite, disconnect, sever; scatter; divorce.
**separata** *s* offprint.
**separável** *adj* separable; detachable.
**sépia** *s* sepia.
**séptico** *adj* septic.
**sepulcral** *adj* charnel.
**sepulcro** *s* sepulcher.
**sepultamento** *s* burial, entombment.
**sepultar** *v* bury, entomb, inhume, inter.
**sepultura** *s* grave, tomb.
**sequela** *s* sequel.
**sequência** *s* sequence.
**sequer** *adv* even, at least.
**sequestrador** *s* kidnapper; hijacker (avião).
**sequestrar** *v* kidnap, abduct; *Jur* sequester; hijack (avião).
**sequestro** *s* kidnapping, abduction, seizure; hijacking (avião); *Jur* execution.
**sequioso** *adj* dry, arid; thirsty.
**séquito** *s* retinue.
**sequóia** *s* redwood.
**ser** *v* be. | *s* being; existence.
**serão** *s* overtime.
**sereia** *s* mermaid; *Mit* Siren.
**serenamente** *adv* collectedly.
**serenar** *v* calm.
**serenata** *s* serenade.
**serenidade** *s* serenity, cool, coolness.
**sereno** *adj* serene, quiet, smooth; cool. | *s* dew (orvalho).
**seriado** *adj* serial.
**seriamente** *adv* seriously.
**seriar** *v* grade.
**série** *s* series.
**seriedade** *s* seriousness.
**serifa** *s* serif.
**seringa** *s* syringe, squirt.
**seringar** *v* syringe, inject.
**seringueira** *s* rubber tree.
**sério** *adj* serious, earnest; austere, grave, severe; sober, solemn; staid, demure; steady, straight.
**sermão** *s* sermon; lecture.
**seroso** *adj* serous.
**serpear** *v* twine, wriggle, coil, meander.
**serpente** *s tb fig* serpent, snake; *Zool* ophidian.
**serpentear** *v* twist, wander, meander.
**serpentina** *s* streamer.
**serra** *s* saw (ferramenta); mountain (monte).
**serrado** *adj* serrate.
**serrador** *s* ripper.
**serragem** *s* sawdust.
**Serra Leoa** *s* Sierra Leone.
**serralheiro** *s* locksmith.
**serrano** *s* mountaineer.
**serrar** *v* saw; rip (madeira).
**serraria** *s* sawmill.
**serrilha** *s* knurl.
**serrilhar** *v* indent, knurl.
**serrote** *s* saw.
**sertanejo** *adj* e *s* inlander.
**sertão** *s* backwoods.
**serum** *s* serum.
**serva** *s* bondmaid, bondwoman.
**servente** *s* servant, attendant.
**serventia** *s* service.
**serviçal** *s* servant.
**serviço** *s tb Mil* service; work, employ.
**servidão** *s* serfdom, servitude, bondage.
**servidor** *s* attendant, lackey; *tb Comp* server.
**servil** *adj* servile, slavish, menial.
**servilismo** *s* servileness, cringe.
**sérvio** *adj* e *s* Serb.
**servir** *v* serve, attend, wait on/upon, do, subserve; suit, use.
**servitude** *s* servitude.
**servível** *adj* serviceable.
**servo** *s* bondman, bondsman, serf, servant; sewer (medieval), vassal.
**servo-croata** *adj* e *s* Serbo-Croatian.

**sésamo** *s* sesame.
**sessão** *s* session, sitting.
**sessenta** *num* sixty.
**sesta** *s* siesta, nap.
**seta** *s* arrow; dart.
**sete** *num* seven.
**setecentos** *num* seven hundred.
**setembro** *s* September.
**setenta** *num* seventy.
**setentrional** *adj* northern.
**sétimo** *num* seventh.
**setor** *s Geom* e *Mil* sector; field, realm (de atividade); section (de cidade).
**setorizar** *v* sector.
**setuagenário** *adj* e *s* septuagenarian.
**seu** *adj* her (dela), his (dele), your (teu, seu), their (deles, delas). | *pron* hers (dela), his (dele), its (dele, dela), yours, theirs (deles, delas).
**seus** *adj* her (dela), his (dele), your (teu, seu), their (deles, delas). | *pron* hers (dela), his (dele), its (dele, dela), yours, theirs (deles, delas).
**severamente** *adv* severely, critically.
**severidade** *s* severity, hardness, harshness.
**severo** *adj* severe, strict, hard, harsh, stern.
**sexagésimo** *num* sixtieth.
**sexo** *s* sex; gender.
**sexologia** *s* sexology.
**sexólogo** *s* sexologist.
**sexta-feira** *s* Friday.
**sextante** *s Mat* e *Náut* sextant; *Astron* Sextans.
**sexteto** *s* sextet.
**sexto** *num* sixth.
**sexual** *adj* sexual.
**sexualidade** *s* sexuality.
**si** *s Mús* b. | *pron* himself, herself, itself, yourself, yourselves, themselves, oneself.
**siamês** *adj* e *s* Siamese.
**Sibéria** *s* Siberia.
**siberiano** *adj* e *s* Siberian.
**sibilante** *adj* sibilant.
**sibilar** *v* fizz, swish.
**sideral** *adj* sidereal, astral.
**siderurgia** *s* steelworks.
**sidra** *s* cider.
**sifão** *s* siphon; trap.
**sífilis** *s* syphilis.
**sigilo** *s* secrecy, seal, reserve.
**sigla** *s* acronym, abbreviation.
**signatário** *s* signatory.
**significação** *s* signification; expressiveness; importance.
**significado** *s* meaning, significance.
**significante** *adj* significant.
**significar** *v* mean, signify, denote, imply.
**significativo** *adj* meaning, meaningful.
**signo** *s* sign.
**sílaba** *s* syllable.
**silábico** *adj* syllabic.
**silenciador** *s* silencer; *Mec* muffler.
**silenciar** *v* silence, hush.
**silêncio** *s* silence, still, stillness, hush, quiet. | *interj* mum.
**silencioso** *adj* silent, noiseless, still, wordless, mum, mute, dumb. | *s* silencer; *Mec* muffler.
**silepse** *s* syllepsis.
**sílex** *s* flint.
**sílfide** *s* sylph.
**silfo** *s* sylph.
**silhueta** *s* silhouette, figure.
**sílica** *s* silex.
**silicato** *s* silicate.
**silício** *s* silício (*símb* **Si**).
**silicone** *s* silicone.
**silo** *s* silo.
**silogismo** *s* syllogism.
**silvar** *v* fizz, fizzle, hiss.
**silvestre** *adj* wild.
**silvicultura** *s* forestry.
**silvo** *s* fizz, hiss, sibilation, whir, whistle, twang.
**sim** *s* yes. | *interj* aye. | *adv* yea, *inform* yeah, yes.
**simbiose** *s* symbiosis.
**simbiótico** *adj* symbiotic.
**simbólico** *adj* symbolic.

**simbolismo** *s* symbolism.
**simbolização** *s* symbolization.
**simbolizar** *v* symbolize, symbol, represent, stand for.
**símbolo** *s* symbol, token, emblem.
**simetria** *s* symmetry, shapeliness.
**simétrico** *adj* symmetrical.
**simetrizar** *v* symmetrize.
**simiesco** *adj* simian, apelike.
**similar** *adj* similar, approximate, comparable.
**similaridade** *s* similarity, likeness.
**símile** *s* simile.
**similitude** *s* similitude.
**símio** *s* monkey.
**simpatia** *s* sympathy, liking.
**simpático** *adj* appealing, nice, kindly.
**simpatizar** *v* sympathize.
**simples** *adj* simple, single, mere; homely, humble; rough, rustic; simple-minded, naive.
**simplesmente** *adv* simply, just, merely.
**simplicidade** *s* simplicity; chasteness, chastity, innocency.
**simplificação** *s* simplification, facilitation.
**simplificar** *v* simplify.
**simplório** *s* simpleton, ninny, noddy. | *adj* simple.
**simpósio** *s* symposium.
**simulação** *s* simulation, make-believe.
**simulacro** *s* simulacrum.
**simulado** *adj* simulated; affected, sham, mock; dummy, fictitious.
**simulador** *s* simulator.
**simular** *v* simulate, imitate; sham.
**simultaneamente** *adv* concurrently, at one time, together.
**simultaneidade** *s* simultaneousness, concurrence.
**simultâneo** *adj* simultaneous, concurrent.
**sina** *s* doom.
**sinagoga** *s* synagogue.
**sinal** *s* sign; signal, gesture; character; down payment (pagamento); semaphore, stoplight, traffic light (trânsito); symptom, manifestation; *tb Comp* token; scar (na pele).
**sinalar** *v* signalize.
**sinaleiro** *s* signaller.
**sinalização** *s* signalization, marker.
**sinalizar** *v* sign; signal, cue.
**sinceramente** *adv* truly.
**sinceridade** *s* sincerity.
**sincero** *adj* sincere, openhearted, straightforward.
**síncope** *s Gram* e *Mús* syncopation; *Gram, Med* e *Mús* syncope.
**sincretismo** *s* syncretism.
**sincronia** *s* synchrony.
**sincrônico** *adj* synchronous, simultaneous, contemporaneous.
**sincronismo** *s* synchronism.
**sincronização** *s* synchronization.
**sincronizar** *v* synchronize.
**sindético** *adj* syndetic.
**sindical** *adj* syndical.
**sindicalismo** *s* syndicalism.
**sindicalizar** *v* syndicalize, syndicate.
**sindicância** *s* syndication.
**sindicar** *v* syndicate.
**sindicato** *s* syndicate, labor union, trade union.
**síndico** *s* syndic.
**síndrome** *s* syndrome.
**sineiro** *s* chimer.
**sinergia** *s* synergy.
**sineta** *s* bell.
**sinete** *s* signet, cachet, seal, stamp, mark.
**sinfonia** *s* symphony.
**sinfônico** *adj* symphonic.
**singelo** *adj* plain, simple; ingenuous, innocent.
**singular** *adj tb Gram* singular; single, odd. | *s* singular.
**singularidade** *s* singularity, oddity.
**singularizar** *v* singularize.
**sinistro** *adj* sinister. | *s* disaster, accident; damage.
**sino** *s* bell.
**sinônimo** *adj* synonymous. | *s* synonym.

S

**sinopse** *s* synopsis.
**sinóptico** *adj* synoptic.
**sintático** *adj* syntactic.
**sintaxe** *s* syntax.
**sintáxico** *adj* syntactic.
**síntese** *s* synthesis.
**sintético** *adj* synthetic.
**sintetizador** *s* keyboard.
**sintetizar** *v* synthesize.
**sintoma** *s* symptom.
**sintomático** *adj* symptomatic.
**sintonia** *s* tune.
**sintonizador** *s* tuner.
**sintonizar** *v* attune; tune in (rádio).
**sinuca** *s* snooker.
**sinuosidade** *s* sinuosity.
**sinuoso** *adj* sinuous, winding, tortuous.
**sinusite** *s* sinusitis.
**sirena** *s* siren.
**Síria** *s* Syria.
**sírio** *adj* e *s* Syrian.
**Sírio** *s* Dog Star.
**sísmico** *adj* seismic.
**sismografia** *s* seismography.
**sismologia** *s* seismology.
**sismômetro** *s* seismometer.
**siso** *s* wisdom, judgment, prudence; wisdom tooth.
**sistema** *s* system.
**sistemática** *s* systematics.
**sistematicamente** *adv* systematically.
**sistemático** *adj* systematic, methodical.
**sistematização** *s* systematization.
**sistematizar** *v* systematize.
**sístole** *s* systole.
**sisudo** *adj* grave, solemn.
**sitiar** *v* besiege, siege, beleaguer, beset.
**sítio** *s* siege; small farm.
**situação** *s* situation, state, status.
**situado** *adj* situated.
**situar** *v* situate, locate.
**só** *adj* alone, sole, lone, lonely, lonesome; odd.
**soalho** *s* floor.
**soar** *v* sound; ring, blow, chime.
**sob** *prep* below, beneath, under.
**soberania** *s* sovereignty.
**soberano** *adj* e *s* sovereign.
**soberbo** *adj* superb.
**sobra** *s* surplus, excess, waste, remainder, trimmings.
**sobrancelha** *s* brow, eyebrow.
**sobrar** *v* remain, rest.
**sobras** *s* leftover, scraps; leftovers (de comida).
**sobre** *prep* about, on; above, on, onto, over, up, upon. | *adv* on.
**sobrecapa** *s* jacket (de livro).
**sobrecarga** *s* overcharge, overload, overburden, surcharge.
**sobrecarregar** *v* overcharge, overload, overburden, surcharge.
**sobre-humano** *adj* superhuman.
**sobreloja** *s* mezzanine.
**sobremesa** *s* dessert.
**sobrenatural** *adj* e *s* supernatural.
**sobrenome** *s* surname, family name.
**sobrepor** *v* superimpose, overlap.
**sobreposição** *s* superimposition, juxtaposition.
**sobrepujar** *v* surpass, excel; rise above, outclass; overcome, overmatch.
**sobrescrito** *s* superscript.
**sobressair** *v* outstand, excel.
**sobressalente** *adj* spare.
**sobressaltar** *v* startle.
**sobressalto** *s* start, startle.
**sobretaxa** *s* surcharge.
**sobretudo** *s* overcoat, surcoat, topcoat. | *adv* especially, above all.
**sobrevivência** *s* survival.
**sobrevivente** *s* survivor.
**sobreviver** *v* survive, subsist.
**sobrevoar** *v* overfly.
**sobriedade** *s* sobriety.
**sobrinha** *s* niece.
**sobrinha-neta** *s* grandniece.
**sobrinho** *s* nephew.
**sobrinho-neto** *s* grandnephew.
**sóbrio** *adj* sober, abstemious, abstinent.
**socar** *v* sock, hit, swipe, wallop; crush, pound; knead (massa).

**sociabilidade** *s* sociability.
**social** *adj* social.
**socialismo** *s* socialism.
**socialista** *adj* e *s* socialist.
**socializar** *v* socialize.
**sociável** *adj* sociable, companionable.
**sociedade** *s* society; association, partnership; company, firm.
**sócio** *s* associate, partner; member (de clube).
**sociocultural** *adj* sociocultural.
**socioeconômico** *adj* socioeconomic.
**sociologia** *s* sociology.
**sociólogo** *s* sociologist.
**soco** *s* blow, punch, sock.
**soco-inglês** *s* brass knuckles, *gír* knuckle-duster.
**socorrer** *v* help, aid, assist, relieve, succor.
**socorro** *s* help, aid, assistance, relief.
**soda** *s* sodium hydroxide; soda water; lemon squash.
**sódio** *s* sódio (*símb* **Na**).
**sodomia** *s* sodomy.
**sofá** *s* sofa, couch.
**sofá-cama** *s* davenport, day bed.
**sofisma** *s* sophism, fallacy.
**sofismar** *v* twist, cheat.
**sofisticação** *s* sophistication.
**sofisticado** *adj* sophisticated.
**sofisticar** *v* sophisticate.
**sofredor** *s* sufferer.
**sofreguidão** *s* ravening.
**sofrer** *v* suffer, grieve; undergo.
S
**sofrimento** *s* suffering, distress, misery, pain.
**sofrível** *adj* endurable, bearable, reasonable, fairish.
**sogra** *s* mother-in-law.
**sogro** *s* father-in-law.
**soja** *s* soy.
**sol** *s* sun, daystar; *Mús* G.
**sola** *s* sole.
**solapar** *v* sap, undermine.
**solar** *adj* solar.
**solavanco** *s* bump, jolt.
**solda** *s* solder.
**soldado** *s* soldier.
**soldar** *v* solder, braze.
**soleira** *s* doorstep.
**solene** *adj* solemn.
**solenidade** *s* solemnity.
**soletrador** *s* speller.
**soletrar** *v* spell.
**solicitação** *s* request.
**solicitar** *v* request, solicit, ask, wish; apply (emprego).
**solícito** *adj* solicitous, tender.
**solicitude** *s* solicitude.
**solidão** *s* solitude, loneliness, isolation.
**solidariedade** *s* solidarity.
**solidarizar** *v* bring together, join forces.
**solidez** *s* solidity, compactness, fastness, firmness, soundness.
**solidificação** *s* concretion, consolidation.
**solidificar** *v* solidify.
**sólido** *ad* e *sj* solid.
**solilóquio** *s* soliloquy.
**solista** *s* soloist.
**solitária** *s* tapeworm (verme); solitary confinement (prisão).
**solitário** *adj* solitary, alone, lone, lonely, lonesome, solo. | *s* solitaire (brilhante).
**solo** *s* soil, earth, ground, land; *Mús* solo.
**solstício** *s* solstice.
**soltar** *v* liberate, set free; fly (balão, papagaio etc.); let out (grito, risada), utter (voz); shed (a pele, as penas, as folhas); release; loose, loosen; untie (nó).
**solteira** *s* single woman, maiden.
**solteiro** *adj* single, unmarried. | *s* bachelor, single.
**solteirona** *s* spinster.
**solto** *adj* loose; free; fluffy (arroz).
**soltura** *s* release.
**solubilidade** *s* solubility.
**solução** *s* solution, resolution, answer (de problema).
**soluçar** *v* hiccup; sob (de chorar).
**solucionar** *v* solve, resolve.
**soluço** *s* hiccup; sob (pranto).
**solúvel** *adj* soluble.

**solvência** *s* solvency.
**solvente** *adj* e *s* solvent.
**solver** *v* solve, work.
**som** *s* sound.
**soma** *s* sum.
**Somália** *s* Somalia.
**somar** *v* add, sum, tot, total.
**sombra** *s* shadow, shade; eye shadow (maquiagem).
**sombreado** *adj* shadowy, shady. | *s* shade.
**sombreamento** *s* hatching (artes gráficas).
**sombrear** *v* shadow, shade, overshadow.
**sombrio** *adj* shady, dark; gloomy.
**somente** *adv* just, but, only, solely.
**sonambulismo** *s* noctambulism.
**sonâmbulo** *s* sleepwalker.
**sonar** *s* sonar.
**sonda** *s Med* probe; *Náut* sounding lead; drill (petróleo).
**sondagem** *s Náut* sounding; survey (terreno, opinião).
**sondar** *v* fathom.
**sondável** *adj* fathomable.
**soneca** *s* nap, snooze.
**sonegar** *v* withhold (dinheiro, informações); dodge (impostos).
**soneto** *s* sonnet.
**sonhador** *adj* dreamy, faraway, moony. | *s* fancier.
**sonhar** *v tb fig* dream.
**sonho** *s tb fig* dream; doughnut (doce).
**sônico** *adj* sonic.
**sono** *s* sleep.
**sonolência** *s* somnolence, sleepiness, drowsiness.
**sonolento** *adj* sleepy, somnolent, drowsy.
**sonoridade** *s* sonority.
**sonoro** *adj* resonant; *Ling* voiced.
**sopa** *s* soup.
**sopapo** *s* cuff.
**sopé** *s* foot.
**sopeira** *s* tureen.
**soprano** *s* soprano.
**soprar** *v* blow; whisper (dizer em voz baixa).
**sopro** *s* blow, blast; *Med* murmur.
**soquete** *s* sock.
**sordidez** *s* squalor, nastiness.
**sórdido** *adj* sordid, squalid, vile, filthy.
**soro** *s* serum.
**sorrateiro** *adj* sneaking, underhand.
**sorridente** *adj* smiling.
**sorrir** *v* smile, grin.
**sorriso** *s* smile, grin.
**sorte** *s* luck, fortune; chance; destiny, fate, lot; sort, kind.
**sortear** *v* raffle.
**sorteio** *s* draw; raffle.
**sortimento** *s* assortment.
**sortudo** *adj* lucky, fortuitous.
**sorvedouro** *s* whirlpool.
**sorver** *v* sip, sup; absorb.
**sorvete** *s* ice cream.
**sorveteria** *s* ice-cream parlor.
**sorvo** *s* sip.
**sósia** *s* double, counterpart.
**sossegado** *adj* peaceful, calm, even-tempered, quiet.
**sossegar** *v* calm, quieten.
**sossego** *s* peace, ease, quiet, stillness.
**sótão** *s* attic, loft.
**sotaque** *s* accent.
**sotavento** *s* leeward.
**soterrar** *v* bury.
**soturno** *adj* lugubrious.
**sova** *s* drubbing.
**sovaco** *s* armpit.
**sovar** *v* beat, thrash; knead (massa).
**sovela** *s* awl, bradawl.
**soviético** *adj* soviet.
**sovina** *adj* miserly, skimpy, stingy. | *s* miser, scrooge.
**sovinice** *s* meanness.
**sozinho** *adj* alone, sole, solo; by oneself.
**sr.** *abrev* Mr.
**sra.** *abrev* Mrs.
**Sri Lanka** *s* Sri Lanka.
**sua** *adj* her (dela), his (dele), your (teu, seu), their (deles, delas). | *pron* hers (dela), his (dele), its (dele, dela), yours, theirs (deles, delas).

**suar** *v* sweat.
**suas** *adj* her (dela), his (dele), your (teu, seu), their (deles, delas). | *pron* hers (dela), his (dele), its (dele, dela), yours, theirs (deles, delas).
**suástica** *s* swastica.
**suave** *adj* smooth, soft, suave, bland; delicate, gentle, mellifluous, lithe; sweet, tender; mellow (sabor), mild; light.
**suavidade** *s* suaveness, softness.
**suavizar** *v* soften; alleviate, palliate; mute (cor e som).
**Suazilândia** *s* Swaziland.
**subalterno** *adj e s* subordinate.
**subaquático** *adj* subaquatic.
**subáqueo** *adj* submarine.
**subclasse** *s* subclass.
**subcomandante** *s* executive officer.
**subconsciência** *s* subconscious, subconsciousness.
**subconsciente** *s* subconscious.
**subdelegado** *s* deputy.
**subdesenvolvido** *adj* underdeveloped (país, região).
**subdesenvolvimento** *s* underdevelopment.
**subdiretório** *s* subdirectory.
**subdividir** *v* subdivide.
**subdivisão** *s* subdivision, branch.
**subentender** *v* perceive, understand.
**subestimar** *v* underestimate, undervalue.
**subida** *s* ascension; rise (preços); upgrade.
S
**subir** *v* go up, ascend, climb; advance (em dignidade, posto, posição); rise (preços); raise (levantar).
**súbito** *adj* sudden.
**subjacente** *adj* underlying.
**subjetividade** *s* subjectiveness.
**subjetivo** *adj* subjective.
**subjugação** *s* subjugation.
**subjugador** *s* subduer.
**subjugar** *v* subdue, subjugate.
**subjugável** *adj* subduable.
**subjuntivo** *adj e s* subjunctive.
**sublevação** *s* uprising.
**sublevar** *v* raise, rise; incite (revolta).
**sublimação** *s* sublimation.
**sublimar** *v* sublimate, sublime.
**sublime** *adj* sublime.
**sublinha** *s* underline, underscore.
**sublinhar** *v* underline, underscore.
**sublocação** *s* sublease, subtenancy.
**sublocar** *v* sublease.
**submarino** *adj* submarine, undersea. | *s* submarine.
**submergir** *v* submerge, immerse.
**submersão** *s* submersion.
**submerso** *adj* submerged, sunken.
**submeter** *v* submit.
**submissão** *s* submission.
**submisso** *adj* submissive, docile.
**submundo** *s* underworld.
**subnutrição** *s* malnutrition.
**subnutrir** *v* undernourish.
**subordinação** *s* subordination.
**subordinado** *adj e s* subordinate.
**subordinar** *v* subordinate.
**subornador** *s* briber.
**subornar** *v* bribe, corrupt.
**suborno** *s* bribery, bribe.
**sub-reptício** *adj* surreptitious.
**subscrever** *v* subscribe, undersign, underwrite.
**subscrição** *s* subscription.
**subscritor** *s* addresser.
**subsecretário** *s* undersecretary.
**subsequência** *s* subsequence.
**subsequente** *adj* subsequent.
**subserviência** *s* subservience.
**subserviente** *adj* subservient.
**subsidiar** *v* subsidize.
**subsidiário** *adj e s* subsidiary.
**subsídio** *s* subsidy, grant.
**subsistência** *s* subsistence, livelihood, maintenance.
**subsistente** *adj* extant.
**subsistir** *v* subsist.
**subsolo** *s* subsoil, underground.
**substância** *s* substance.
**substancial** *adj* substantial, substantive.

**substancioso** *adj* rich (comida).
**substantivo** *s* noun. | *adj* substantive.
**substituição** *s* substitution, replacement.
**substituir** *v* substitute, replace.
**substituto** *s* substitute.
**substrutura** *s* substructure.
**subterfúgio** *s* subterfuge.
**subterrâneo** *adj* subterranean, underground. | *s* underground.
**subtítulo** *s* subtitle.
**subtração** *s* subtraction.
**subtrair** *v tb Mat* subtract; steal (furtar).
**subtropical** *adj* subtropical.
**subumano** *adj* subhuman.
**suburbano** *adj* suburban.
**subúrbio** *s* suburb, outskirts.
**subvenção** *s* subvention.
**subversão** *s* subversion.
**subversivo** *adj e s* subversive.
**subverter** *v* subvert.
**sucata** *s* scrap, waste.
**sucção** *s* suction, suck.
**suceder** *v* succeed, follow; happen, occur.
**sucessão** *s* succession.
**sucessivo** *adj* successive.
**sucesso** *s* success.
**sucessor** *s* successor. | *adj* following, subsequent.
**súcia** *s* gang, mob.
**sucintamente** *adv* concisely.
**sucinto** *adj* concise, short, succinct.
**súcio** *s* mobster.
**suco** *s* juice.
**suculência** *s* juiciness.
**suculento** *adj* succulent, juicy.
**sucumbir** *v* succumb.
**sucuri** *s* anaconda.
**Sudão** *s* Sudan.
**sudeste** *s* southeast.
**súdito** *s* vassal, subject.
**sudoeste** *adj e s* southwest.
**Suécia** *s* Sweden.
**sueco** *adj* Swedish. | *s* swede, Swedish (idioma).
**suéter** *s* sweater.
**suficiência** *s* sufficiency.
**suficiente** *adj* sufficient, enough.
**suficientemente** *adv* enough, well.
**sufixo** *s* suffix.
**sufocação** *s* suffocation.
**sufocador** *s* choker.
**sufocante** *adj* suffocating, choking, choky, stifling.
**sufocar** *v* suffocate, asphyxiate, choke.
**sufrágio** *s* suffrage, vote.
**sugador** *s* sucker.
**sugar** *v* suck.
**sugerir** *v* suggest.
**sugestão** *s* suggestion; cue, hint.
**sugestivo** *adj* suggestive.
**Suíça** *s* Switzerland.
**suíças** *s* sideburns.
**suicida** *adj* suicidal. | *s* suicide.
**suicidar-se** *v* commit suicide.
**suicídio** *s* suicide.
**suíço** *adj e s* Swiss, Helvetian.
**suingue** *s Mús* jive; swing (sexo entre casais).
**suíno** *adj* swinish. | *s* boar, swine.
**suíte** *s* suite.
**sujar** *v* dirty, mess.
**sujeição** *s* subjection.
**sujeira** *s* dirt, dirtness; *gír* dirty trick.
**sujeitar** *v* subject, submit.
**sujeito** *ad e sj* subject. • **sujeito a** subject to, liable to.
**sujidade** *s* dirt, dirtness.
**sujo** *adj* dirty, unclean, messy, rundown; nasty, dishonest.
**sul** *s* south.
**sul-africano** *adj e s* South African.
**sul-americano** *adj e s* South American.
**sulcar** *v* plow (terra); furrow (pele).
**sulco** *s* furrow.
**sulfato** *s* sulfate.
**súlfur** *s* sulfur.
**sulfuroso** *adj* sulfurous.
**sulista** *s* southerner.
**sultão** *s* sultan.
**sumarento** *adj* juicy.
**sumariar** *v* summarize.
**sumário** *s* summary.

**sumir** *v* disappear, vanish.
**sumo** *s* juice.
**sunga** *s* trunks.
**suntuosidade** *s* sumptuousness, luxury.
**suntuoso** *adj* sumptuous, luxurious, gorgeous.
**suor** *s* sweat.
**superabundância** *s* superabundance, glut.
**superabundante** *adj* superabundant.
**superalimentar** *v* overfeed.
**superaquecer** *v* overheat.
**superar** *v* exceed, excel; surpass, overcome, surmount.
**superável** *adj* superable.
**superavit** *s* superavit, surplus.
**supercílio** *s* brow.
**superdose** *s* overdose (especialmente de narcótico).
**superestrutura** *s* superstructure.
**superficial** *adj* superficial, shallow.
**superficialidade** *s* superficiality.
**superficialmente** *adv* superficially.
**superfície** *s* surface.
**supérfluo** *adj* superfluous.
**super-herói** *s* superhero.
**super-homem** *s* superman.
**superintendente** *s* superintendent.
**superintender** *v* superintend.
**superior** *adj* superior, higher; greater; upper, uppermost, top. | *s* superior.
**superiora** *s* e *adj* superior.
**superioridade** *s* superiority.
**superlativo** *adj* e *s* superlative.
**supermercado** *s* supermarket.
**superpotência** *s* superpower.
**supersensível** *adj* hypersensitive, supersensible.
**supersônico** *adj* supersonic.
**superstição** *s* superstition.
**supersticioso** *adj* superstitious.
**supervisão** *s* supervision.
**supervisionar** *v* supervise.
**supervisor** *s* supervisor.
**suplantar** *v* supplant.
**suplementar** *adj* supplementary, further. | *v* supplement.
**suplemento** *s* supplement.
**súplica** *s* supplication.
**suplicante** *adj* supplicant. | *s* supplicant; *Jur* plaintiff.
**suplicar** *v* supplicate, plead, beg.
**suplício** *s* torment.
**supor** *v* suppose.
**suportar** *v* support (apoiar, oferecer suporte); bear (tolerar).
**suportável** *adj* bearable, tolerable.
**suporte** *s* support; brace, bracer; rest; mount, mounting.
**suposição** *s* supposition, surmise, assumption, conjecture; guess, guesswork.
**supositório** *s* suppository.
**suposto** *adj* supposed, assumed.
**supra** *adv* e *adj* above.
**supracitado** *adj* aforesaid.
**supradito** *adj* forenamed.
**suprassensível** *adj* supersensible.
**suprassumo** *s* pinnacle.
**supremacia** *s* supremacy.
**supremo** *adj* supreme, ultimate.
**supressão** *s* suppression.
**suprimir** *v* suppress.
**suprir** *v* provide, supply, serve.
**supuração** *s* suppuration, *Med* maturation.
**supurar** *v* suppurate, *Med* maturate.
**suputar** *v* calculate, compute.
**surdez** *s* deafness.
**surdina** *s* mute.
**surdir** *v* emerge.
**surdo** *adj* deaf; muffled (som). | *s* deaf.
**surdo-mudo** *s* *ofens* deaf-mute.
**surfar** *v* surf.
**surfe** *s* surf.
**surfista** *s* surfer.
**surgimento** *s* emergence.
**surgir** *v* appear, arise, emerge, come, crop up.
**Síria** *s* Syria.
**Suriname** *s* Suriname.
**surinamês** *adj* e *s* Surinamese.
**surpreendente** *adj* surprising, amazing, astonishing.

**surpreender** *v* surprise, astonish, astound, flabbergast.
**surpresa** *s* surprise, astonishment.
**surra** *s* beating, whipping, thrashing.
**surrado** *adj* beaten (espancado); worn out (roupa).
**surrar** *v* beat, thrash; wear out (roupa).
**surrealismo** *s* surrealism.
**surrupiar** *v* steal, filch.
**surtida** *s* sortie.
**surtir** *v* produce, bring about, occasion.
**surto** *s* outbreak (doença); surge (progresso). | *adj Náut* anchored.
**suscetibilidade** *s* susceptibility.
**suscetível** *adj* susceptible, susceptive. | *s* touchy person.
**suscitar** *v* raise.
**suspeita** *s* suspicion.
**suspeitar** *v* suspect.
**suspeito** *adj* suspect, suspicious. | *s* suspect.
**suspender** *v* lift (erguer); hang (pendurar); suspend, stop (interromper); *Jur* abate (ação), adjourn (transações), respite (execução de pena).
**suspensão** *s* suspension, stoppage; *Jur* abatement, abeyance, adjournment, cessation, hanging, stay (de processo); *tb Comp* timeout.
**suspense** *s* suspense.
**suspenso** *adj* hanging.
**suspensório** *adj* e *s* suspensory.
**suspensórios** *s* suspenders.
**suspirar** *v* sigh.
**suspiro** *s* sigh; meringue (doce).
**sussurrar** *v* whisper, murmur.
**sussurro** *s* whisper, murmur.
**sustenido** *s* sharp.
**sustentação** *s* sustentation, maintenance.
**sustentáculo** *s* support, base.
**sustentar** *v* sustain, support; maintain; abide (palavra).
**sustentável** *adj* sustainable, maintainable.
**sustento** *s* sustenance; support; livelihood, living, maintenance.
**suster** *v* support.
**susto** *s* fright, scare.
**sutiã** *s* bra, brassiere.
**sutil** *adj* subtle.
**sutileza** *s* subtlety, subtleness, delicacy.
**sutura** *s* suture.
**suturar** *v* suture.
**suxar** *v* loosen, slacken.

# Tt

**t** ou **T** *s* 19ª letra do alfabeto português. | *abrev maiús* de **temperatura**.
**tá** *interj* OK; it's a deal.
**taba** *s* Indian village.
**tabacaria** *s* tobacco shop.
**tabaco** *s* tobacco.
**tabefe** *s* slap, blow, buffet.
**tabela** *s* table.
**tabelar** *v* tabulate.
**tabelião** *s* conveyancer, notary.
**tabelionato** *s* conveyancing.
**taberna** *s* tavern, bar.
**tabernáculo** *s* tabernacle.
**tablado** *s* stage; scaffold; dais.
**tablete** *s* tablet; pastille.
**tabloide** *s* tabloid.
**tabu** *adj* e *s* taboo.
**tábua** *s* board; *Mat* table.
**tabuada** *s* multiplication table.
**tabular** *v* tabulate. | *adj* flat.
**tabuleiro** *s* tray, board.
**tabuleta** *s* sign, bill, board.
**taça** *s* glass, cup, bowl, chalice, goblet.
**tacanho** *adj* short; narrow-minded.
**tacão** *s* heel.
**tacha** *s* tack.
**tacho** *s* pan.
**tácito** *adj* tacit.
**taciturno** *adj* taciturn, moody.
**taco** *s* cue (bilhar), club (golfe).
**tacômetro** *s* tachometer.
**tafetá** *s* taffeta.
**tagarela** *adj* e *s* chatty, talkative, mouthy. | *s* chatterbox, jabberer, babbler.
**tagarelar** *v* chatter, babble, jabber, gossip; gabble, rattle.
**tagarelice** *s* chatter, chattiness, babble, jabber.
**tailandês** *adj* e *s* Thai.
**Tailândia** *s* Thailand.
**tainha** *s* mullet.
**taipa** *s* mud wall.
**Taiti** *s* Tahiti.
**taitiano** *adj* e *s* Tahitian.
**taiuanês** *adj* e *s* Taiwanese.
**Taiwan** *s* Taiwan.
**tal** *adj* e *pron* such.
**tala** *s* splint.
**tálamo** *s* thalamus.
**talão** *s* stub, checkbook (cheques).
**talco** *s* talc.
**talento** *s* talent, aptitude, brilliance, gift, artistry.
**talentoso** *adj* accomplished, brilliant, gifted.
**talha** *s* cut; carving.
**talhadeira** *s* gad.
**talhado** *adj* cut; carved.
**talhador** *s* cutter, chopper.
**talhar** *v* cut, hew, slash; carve.
**talharim** *s* noodle.
**talhe** *s* fit, hack.

**talher** *s* cover.
**talho** *s* chop, nick, slash.
**talião** *s* talion.
**talismã** *s* amulet, charm, fetish, talisman.
**talmude** *s* Talmud.
**talo** *s* stalk, stem.
**talude** *s* escarpment.
**taludo** *adj* stalky, caulescent; well-developed.
**talvez** *adv* maybe.
**tamanco** *s* clog.
**tamanduá** *s* anteater.
**tamanho** *s* size.
**tâmara** *s* date.
**tamareira** *s* date palm.
**tamarindo** *s* tamarind.
**também** *adv* also, besides, so, as well, too.
**tambor** *s* barrel, drum; *Mús* tambour.
**tamborete** *s* tabouret.
**tamborim** *s* tabor.
**tampa** *s* cover, lid.
**tampão** *s* bung, wad.
**tampar** *v* cover, shut, lid; bung.
**tampo** *s* lid; top (mesa).
**tampouco** *adv* either, neither, no more.
**tandem** *s* tandem.
**tanga** *s* loincloth, breechcloth.
**tangência** *s* tangency.
**tangente** *s* tangent.
**tanger** *v* sound (sino etc.); drive (gado); *fig* concern, refer.
**tangerina** *s* tangerine.
**tangível** *adj* tangible.
**tango** *s* tango.
**tanino** *s* tannin.
**tanoar** *v* cooper.
**tanoaria** *s* cooperage.
**tanoeiro** *s* cooper.
**tanque** *s* tank.
**tanto** *adv* so much, both, so.
**Tanzânia** *s* Tanzania.
**tanzaniano** *adj* e *s* Tanzanian.
**tão** *adv* as, so, such, that.
**tapa** *s* slap, buffet, flap, swat.
**tapado** *adj* covered; stuffy (nariz).
**tapar** *v* close, stuff; stop, bung; cover; shut.
**tapeação** *s* dupery.
**tapear** *v* dupe, humbug.
**tapeçaria** *s* tapestry; upholstery.
**tapete** *s* carpet, matting, rug, mat.
**tapioca** *s* tapioca.
**tapir** *s* tapir.
**tapume** *s* closure, fence, screen, siding, partition.
**taquara** *s* bamboo.
**taquicardia** *s* tachycardia.
**taquigrafia** *s* tachygraphy, shorthand.
**taramela** *s* clapper, ratchet.
**tarântula** *s* tarantula.
**tarar** *v* tare.
**tardar** *v* delay; loiter, linger.
**tarde** *s* afternoon. | *adv* late.
**tardinha** *s* late afternoon.
**tardio** *adj* late, tardy, overdue; slow, belated.
**tarefa** *s* task, work, duty, job, undertaking, labor.
**tarifa** *s* duty, tariff; rate.
**tarifar** *v* tariff.
**tarimba** *s* bunk.
**tarja** *s* border.
**tarrafa** *s* fishing net.
**tarraxa** *s* screw; thread.
**tarraxar** *v* screw.
**tarso** *s* *Anat* instep; *tb Zool* shank.
**tártaro** *s* tartar (dentes); Tartar.
**tartaruga** *s* turtle.
**tartufo** *s* tartuffe, hypocrite.
**tatear** *v* grope, grabble.
**tática** *s* tactic.
**tático** *adj* tactical.
**tato** *s* touch, feeling, feel; tact, finesse, diplomacy.
**tatu** *s* armadillo.
**tatuagem** *s* tattoo.
**tatuar** *v* tattoo.
**taumaturgia** *s* thaumaturgy, magic.
**taurino** *adj* taurine, bullish.
**tauro** *s* Taurus.

**tauromaquia** *s* tauromachy.
**tautologia** *s* tautology.
**taverna** *s* inn.
**taxa** *s* tax, impost, tribute, toll, fee; rate; tariff.
**taxação** *s* taxation.
**taxar** *v* tax, assess, excise, tariff.
**táxi** *s* cab, taxi, taxicab, hack.
**taxidermia** *s* taxidermy.
**taxidermista** *s* taxidermist.
**taxímetro** *s* taximeter.
**tchau** *interj* bye-bye.
**tcheco** *adj* e *s* Czech.
**te** *pron 2ª pess sing* you.
**tear** *s* loom.
**teatral** *adj* scenic.
**teatro** *s* theater, stage.
**tebano** *adj* e *s* Theban.
**tecelagem** *s* weave.
**tecelão** *s* weaver.
**tecer** *v* weave, web, spin; web (uma teia).
**tecido** *s* cloth, textile, web, fabric, weft; *tb Biol* tissue.
**tecla** *s* key.
**teclado** *s* keyboard; *Mús* manual, clavier.
**técnica** *s* technic.
**técnico** *adj* technic. | *s* technician.
**tecnologia** *s* technology.
**tectônica** *s* tectonics.
**tédio** *s* tedium, boredom.
**tediosamente** *adv* dully.
**tedioso** *adj* tedious.
**tegumento** *s* tegument.
**teia** *s* web.
**teima** *s* obduracy.
**teimar** *v* buck.
**teimosia** *s* stubbornness.
**teimoso** *adj* stubborn, bullheaded, adamant, hardheaded.
**teísmo** *s* theism.
**tela** *s* screen (cinema, TV, computador etc.); painting.
**telecomunicação** *s* telecommunication.
**telecurso** *s* telecourse.
**teleférico** *s* cable car.
**telefonar** *v* buzz, call, ring.
**telefone** *s* telephone.
**telefonema** *s* call, ring.
**telefonia** *s* telephony.
**telefônico** *adj* telephonic.
**telefonista** *s* telephonist.
**telegrafar** *v* telegraph, wire.
**telegrafia** *s* telegraphy.
**telégrafo** *s* telegraph.
**telegrama** *s* telegram, wire.
**teleguiado** *adj* remote-controlled.
**telemetria** *s* telemetry.
**teleobjetiva** *s* telephoto lens.
**telepatia** *s* telepathy.
**telescópio** *s* telescope, glass.
**telespectador** *s* viewer.
**teletipo** *s* Teletype.
**televisão** *s* television; television receiver, *inform* box.
**televisionar** *v* televise.
**televisor** *s* television receiver, *inform* box.
**telha** *s* shingle, tile.
**telhado** *s* roof.
**telhar** *v* tile.
**telúrico** *adj* telluric, earthborn.
**telúrio** *s* tellurium.
**tema** *s* subject, *tb Mús* e *Gram* theme, topic; *tb Mús* e *Lit* motif, motive.
**temático** *adj* thematic.
**temer** *v* fear; dread.
**temerário** *adj* reckless; adventurous.
**temeridade** *s* temerity, rashness.
**temeroso** *adj* timorous, fearful, dreadful.
**temido** *adj* feared, dreaded.
**temível** *adj* fearful, fearsome.
**temor** *s* dread, fear; apprehension; awe, reverence; *fig* fright, frightfulness.
**têmpera** *s* temper, hardening; *Art* tempera.
**temperado** *adj* spicy (comida); temperate (clima, tempo).
**temperamental** *adj* temperamental, moody.
**temperamento** *s* temperament, temper, nature, disposition, character, mood.
**temperança** *s* temperance, moderation.

**temperar** *v* temper; harden (metal), anneal (vidro, metal); flavor, sauce, season, spice.
**temperatura** *s* temperature, mercury.
**tempero** *s* seasoning, spice, condiment, flavor, sauce.
**tempestade** *s* tempest, storm, blow.
**tempestuoso** *adj* tempestuous, stormy.
**templário** *s* Templar.
**templo** *s* temple, church, sanctuary.
**tempo** *s* time; weather; *Mús* tempo; *Gram* tense.
**temporada** *s* season, spell.
**temporal** *adj* e *s* downpour, storm, shower.
**temporão** *adj* e *s* early, unseasonable.
**temporário** *adj* temporary, makeshift. | *s* temporary (empregado, trabalhador).
**têmporas** *s* temple.
**tenacidade** *s* tenacity.
**tenaz** *adj* tenacious. | *s* clench, nipper, tweezers.
**tenção** *s* intention, purpose.
**tencionar** *v* intend, mean, contemplate.
**tenda** *s* awning, tent, canvas; stall (vendedor).
**tendão** *s* tendon, sinew.
**tendência** *s* tendency, bent, bias; trend, set; run.
**tendente** *adj* tending, inclined; apt.
**tender** *v* tend, trend.
**tendinite** *s* tendinitis.
**tenebroso** *adj* tenebrous, dark, murky.
**tenente** *s* lieutenant.
**tênia** *s* taenia, tapeworm.
**tênis** *s* sneaker, tennis shoe; *Esp* tennis.
**tenor** *s* tenor.
**tenro** *adj* tender.
**tensão** *s* strain, stress; tension.
**tenso** *adj* tense, strained.
**tensor** *s* tensor.
**tentação** *s* temptation.
**tentáculo** *s* tentacle.
**tentador** *adj* e *s* enticer.
**tentar** *v* try, essay; attempt, endeavor, seek; tempt.
**tentativa** *s* trial, try; attempt; experiment, essay; temptation.
**tentilhão** *s* siskin.
**tento** *s* care, attention; score, point; goal.
**tênue** *adj* airy, feeble.
**tenuidade** *s* tenuity.
**teocracia** *s* theocracy.
**teocrata** *s* theocrat.
**teodolito** *s* theodolite.
**teologia** *s* theology, divinity.
**teólogo** *s* theologian, divine.
**teor** *s* text; tenor; *Quím* contents.
**teorema** *s* theorem.
**teoria** *s* theory
**teórico** *adj* theoretical.
**teosofia** *s* theosophy.
**teosofista** *s* theosophist.
**tepidez** *s* tepidity, lukewarmness.
**tépido** *adj* tepid, lukewarm, warm.
**tequila** *s* tequila.
**ter** *v* have, own; carry; bear.
**terapeuta** *s* therapist.
**terapêutica** *s us v sing* therapeutics.
**terapêutico** *adj* therapeutic.
**terapia** *s* therapy.
**terça** *s* tierce.
**terçã** *adj* tertian.
**terça-feira** *s* Tuesday.
**terceiro** *num* third.
**terceto** *s Mús* trio; *Lit* tercet, triplet.
**terciário** *adj* tertiary.
**terço** *s* third; beads.
**terçol** *s* sty, stye.
**terebentina** *s* turpentine.
**tergiversação** *s* tergiversation.
**tergiversar** *v* tergiversate.
**termas** *s* thermal baths.
**térmico** *adj* thermal.
**terminação** *s* ending, termination.
**terminal** *adj* e *s* terminal.
**terminante** *adj* flat, categorical.
**terminar** *v* end, finish, conclude, complete, close; expire (prazo).
**término** *s* end, ending; expiration, expiry (contrato).
**terminologia** *s* terminology.

**termo** *s Mat* e *Jur* term; word; conclusion, finish.
**termógrafo** *s* thermograph.
**termômetro** *s* thermometer.
**termoquímica** *s* thermochemistry.
**termoscópio** *s* thermoscope.
**termostato** *s* thermostate.
**ternamente** *adv* affectingly, dearly.
**ternário** *adj* ternary.
**terno** *adj* tender, affecting, affective, bland, loving. | *s* ternary, triplet, tern; suit.
**ternura** *s* tenderness, fondness, feeling, softness.
**terra** *s* earth, land; *maíus* Earth; *tb Eletr* ground.
**terraço** *s* terrace.
**terracota** *s* terra cotta.
**terraplenagem** *s* earthwork.
**terraplenar** *v* embank.
**terráqueo** *s* earthling.
**terreiro** *s* yard, backyard.
**terremoto** *s* earthquake, quake, *inform* shake.
**terreno** *adj* earthly, earthy, worldly, earthborn. | *s* ground, soil, land, yard, parcel.
**térreo** *s* downstairs.
**terrestre** *adj* terrestrial, earthborn, earthly; overland.
**terrier** *s* terrier.
**terrificante** *adj* terrifying, frightful.
**terrificar** *v* terrify, frighten.
**terrina** *s* tureen.
**território** *s* territory, domain, region.
**terrível** *adj* terrible, awful, frightful, dreadful, dire, awesome.
**terror** *s* terror, consternation.
**terrorismo** *s* terrorism.
**terrorista** *s* terrorist.
**terroso** *adj* earthy.
**tese** *s* thesis, dissertation.
**tesoura** *s* scissors.
**tesourar** *v* scissor; slander.
**tesouraria** *s* treasury.
**tesouro** *s* treasure.
**testa** *s* forehead, brow; front.
**testa de ferro** *s* dummy, figurehead.
**testado** *adj* tried.
**testador** *s* devisor.
**testamenteiro** *s* executor.
**testamento** *s* testament, will.
**testar** *v* test, try out.
**teste** *s* test, exam, assay, examination; *Comp* trial.
**testeira** *s* frontlet.
**testemunha** *s* witness.
**testemunhar** *v* witness; *Jur* testify.
**testemunho** *s* testimony, witness, deposition; *Jur* evidence, record, voucher.
**testículo** *s* testicle, testis.
**testificar** *v* testify; attest.
**teta** *s* teat, tit.
**tétano** *s* tetanus.
**teto** *s* ceiling, roof.
**tetraedro** *s* tetrahedron.
**tetragonal** *adj* tetragonal.
**tetragrama** *s* tetragram.
**tetralogia** *s* tetralogy.
**tétrico** *adj* macabre, funereal, awful; sad; gloomy.
**teu(s)** *pron poss* yours.
**teutônico** *adj* Teutonic.
**têxtil** *adj* textile.
**texto** *s* text; script (teatral, de filme etc.).
**textura** *s* texture, fabric.
**texturizar** *v* texture.
**texugo** *s* badger.
**tez** *s* complexion.
**ti** *pron 2ª pess sing* you.
**tia** *s* aunt.
**tia-avó** *s* great-aunt.
**tibetano** *adj* e *s* Tibetan.
**Tibete** *s* Tibet.
**tíbia** *s* tibia, shinbone.
**tição** *s* ember.
**ticar** *v* tick.
**tico-tico** *s* crown sparrow.
**tifo** *s* typhus.
**tifoide** *adj* typhoid.
**tigela** *s* bowl.
**tigre** *s* tiger.
**tigresa** *s* tigress.

**tijolo** *s* brick.
**til** *s* tilde (sinal diacrítico).
**tília** *s* linden.
**tilintar** *v* tinkle, chink, clink, ding, jingle, ring.
**timão** *s* rudder, steering wheel.
**timbale** *s* kettledrum, timbal.
**timbrado** *adj* crested.
**timbrar** *v* crest.
**timbre** *s* emblem, insignia, crest; stamp; *Mús* tone, timbre.
**time** *s* team.
**timidamente** *adv* diffidently.
**timidez** *s* timidity, diffidence, shyness.
**tímido** *adj* timid, diffident, shy.
**timoneiro** *s* steersman, helmsman.
**tímpano** *s Anat* tympanum, eardrum, drum; *Mús* kettledrum.
**tina** *s* tub, bucket, vat.
**tingimento** *s* tint.
**tingir** *v* dye, tint, color, stain, paint.
**tinido** *s* chink, clang, clap, clatter, click, clink, jingle, ring, ting, tinkle.
**tinir** *v* chink, click, clink, jingle, ting.
**tino** *s* discernment, good sense; prudence; tact.
**tinta** *s* dye, paint, ink.
**tinteiro** *s* inkpot.
**tinto** *adj* dyed, tinged.
**tintura** *s* dye.
**tinturaria** *s* dyer's, dry cleaner.
**tintureiro** *s* dyer, cleaner.
**tio** *s* uncle.
**tio-avô** *s* great-uncle.
**típico** *adj* typical, standard.
**tipo** *s* type; kind, sort, character, nature.
**tipógrafo** *s* setter.
**tipografia** *s* typography.
**tipoia** *s* sling.
**tipologia** *s* typology.
**tique** *s* tic.
**tique-taque** *s* tick, ticktack.
**tiquetaquear** *v* tick.
**tira** *s* band, ribbon; strip, shred; strip (história em quadrinhos); cop (policial).
**tiragem** *s* issue.
**tira-gosto** *s* appetizer, savor.
**tirania** *s* tyranny, despotism, heel.
**tirânico** *adj* despotic, oppressive, overbearing.
**tiranizar** *v* domineer, oppress.
**tirano** *s* bully, despot.
**tirar** *v* draw, pull out, extract; remove, take off, take out, take away; derive (benefício, prazer etc.).
**tireoide** *s* thyroid.
**tiritar** *v* shiver, shake, tremble.
**tiro** *s* shot, shoot, fire; round.
**tiroide** *s* thyroid.
**tirolês** *adj* e *s* Tyrolese, Tyrollean.
**tiroteio** *s* fire.
**titã** *s* Titan.
**titânico** *adj* titanic.
**titânio** *s* titanium.
**títere** *s* puppet, marionette.
**titilar** *v* titillate.
**titio** *s* uncle.
**titubear** *v* dodder, totter.
**titular** *s* occupant.
**título** *s* title; heading, caption.
**toada** *s* tune, song.
**toalete** *s* restroom; bathroom.
**toalha** *s* towel.
**tobogã** *s* toboggan.
**toca** *s* burrow.
**toca-discos** *s* recorder player.
**toca-fitas** *s* cassette, tape player.
**tocaia** *s* ambush.
**tocaiar** *v* ambush.
**tocante** *adj* touching, feeling.
**tocar** *v* touch, feel, contact; play, sound; blow (instrumento de sopro); ring, ding; affect, move.
**tocata** *s* toccata.
**tocha** *s* torch.
**toco** *s* stub, butt; stump.
**todavia** *conj* although, however, nevertheless, but, still, yet.
**todo** *pron* all, any, entire, every, whole. | *s* entire, entirety, whole.
**todo-poderoso** *s* almighty.

**todos** *pron* all, everybody, everyone, one and all.
**toga** *s* toga, gown, robe; *fig* magistracy.
**toldo** *s* awning, shade.
**tolerância** *s* tolerance.
**tolerante** *adj* tolerant, broad, broad-minded; forbearing. | *s* patient.
**tolerar** *v* tolerate, endure, suffer, bear.
**tolerável** *adj* tolerable, bearable, endurable; passable.
**tolher** *v* nip, stunt, check, tie.
**tolice** *s* foolishness, folly; nonsense.
**tolo** *adj* foolish, silly; simple-minded. | *s* fool; stupid.
**tom** *s* tone; sound, note; tinge, tint; mood.
**tomada** *s* taking, seizure; *Eletr* jack, outlet; take (cena de filme).
**tomar** *v* take; seize; assume; eat, drink.
**tomate** *s* tomato.
**tombadilho** *s* poop deck, quarterdeck.
**tombado** *adj* upset.
**tombar** *v* tumble, topple; upset, tip over; fall.
**tombo** *s* tumble, fall.
**tomo** *s* tome, volume; book.
**tonalidade** *s* tonality; shade, tint, hue; *Mús* tone.
**tonel** *s* vat, barrel.
**tonelada** *s* ton.
**tonelagem** *s* burden, tonnage.
**tônico** *adj* tonic, bracing, cordial.
**tontear** *v* giddy, dizzy; daze.
**tonto** *adj* giddy, dizzy; woozy.
**tontura** *s* dizziness, giddiness.
**topada** *s* stumbling, tripping.
**topar** *v* meet, encounter; agree; collide; stumble, trip.
**topázio** *s* topaz.
**topete** *s* forelock, tuft.
**tópico** *s* subject, text, topic.
**topo** *s* summit, top, peak; end, extremity.
**topografia** *s* topography.
**toque** *s* touch, handling; ring.
**tora** *s* log; slab.
**tórax** *s* thorax, chest.
**torção** *s* tortion, twist, distortion; *Med* sprain.
**torcedor** *s* fan.
**torcer** *v* twist, turn, wring, wrench; distort; root; *Med* sprain.
**torcicolo** *s* kink.
**torcida** *s* wick; *Esp* cheering.
**torcido** *adj* crooked, wry.
**tordo** *s* thrush.
**tório** *s* thorium (*símb* **Th**).
**tormenta** *s* storm, tempest.
**tormento** *s* torment, anguish; martyrdom, pain.
**tornado** *s* whirlwind.
**tornar** *v* return; turn, become.
**tornear** *v* turn; shape.
**torneio** *s* joust, tourney.
**torneira** *s* cock, faucet, tap.
**torneiro** *s* turner.
**torno** *s* lathe; wheel.
**tornozeleira** *s* anklet.
**tornozelo** *s* ankle.
**toronja** *s* grapefruit.
**torpe** *adj* filthy, unworthy.
**torpedear** *v* torpedo.
**torpedeiro** *s* torpedo boat.
**torpedo** *s* torpedo.
**torpeza** *s* turpitude.
**torpor** *s* drowsiness, numbness, lethargy.
**torque** *s* torque.
**torrada** *s* toast.
**torradeira** *s* toaster.
**torrão** *s* clod (terra); sod (grama).
**torrar** *v* toast, roast.
**torre** *s* tower, steeple; castle, rook (xadrez).
**torrefação** *s* torrefaction, roasting.
**torrencial** *adj* torrential.
**torrente** *s* torrent, flush, flow.
**torresmo** *s* scraps.
**tórrido** *adj* torrid.
**torso** *s* torso.
**torta** *s* cake.
**torto** *adj* crooked, bent; awry.
**tortuoso** *adj* tortuous, sinuous.
**tortura** *s* torture; anguish.

**torturar** *v* torture, agonize, excruciate.
**torvelinho** *s* whirl; tumult; dizziness.
**tosa** *s* shear.
**tosar** *v* shear.
**tosco** *adj* rough, unpolished; clumsy, awkward.
**tosquia** *s* clip, shear.
**tosquiador** *s* clipper.
**tosquiar** *v* clip, force, shear.
**tosse** *s* cough.
**tossir** *v* cough.
**tostado** *adj* adust, roast. | *s* roast.
**tostão** *s* cash.
**total** *adj* total, complete, full. | *s* total, aggregate, gross.
**totalidade** *s* totality, entirety, all, wholeness.
**totalitarismo** *s* totalitarianism.
**totalizar** *v* tot, total.
**totalmente** *adv* totally, entirely, every inch; *inform* whole.
**totem** *s* totem.
**touca** *s* bonnet, coif, hood.
**toucado** *adj* e *s* headdress.
**toucador** *s* hairdresser; dressing room.
**toucinho** *s* bacon, lard.
**toupeira** *s Zool* mole; *gír* rug.
**tourada** *s* bullfight.
**toureiro** *s* bullfighter.
**tourear** *v* fight bulls.
**touro** *s* bull; *Astrol* e *Astron* Taurus.
**tóxico** *adj* e *s* toxic.
**trabalhado** *adj* wrought, worked.
**trabalhador** *s* worker.
**trabalhar** *v* labor, work; function.
**trabalho** *s* labor, work; job, occupation; business.
**trabalhoso** *adj* arduous, hard, laborious; painful.
**traça** *s* clothes moth, moth.
**traçado** *adj* drawn, traced. | *s* trace, drawing, design.
**tração** *s* traction; draft (animal); drive (mecânica).
**traçar** *v* trace, draw; map.
**tracejar** *v* trace, sketch, draw.
**trácio** *adj* e *s* Thracian.
**traço** *s* dash, line, streak; trace, track, sign; feature, trait.
**tracoma** *s* trachoma.
**tradição** *s* tradition.
**tradicional** *adj* traditional.
**tradução** *s* translation.
**traduzir** *v* translate.
**trafegar** *v* move, transit.
**tráfego** *s* traffic.
**traficar** *v* traffic.
**tráfico** *s* commerce, traffic.
**tragada** *s* drag.
**tragar** *v* devour, swallow; gulp.
**tragédia** *s* tragedy.
**trágico** *adj* tragic.
**trago** *s* draft, gulp, swallow; *inform* swig.
**traição** *s* treachery, treason, betrayal.
**traiçoeiro** *adj* treacherous, catty, false-hearted.
**traidor** *s* betrayer, traitor.
**trair** *v* betray, cheat.
**trajar** *v* dress, attire, clothe; habit.
**traje** *s* dress, attire, clothes; habit.
**trajeto** *s* drive, ride.
**trajetória** *s* route, trajectory, path.
**trama** *s* woof, web; scheme, plot, conspiracy.
**tramar** *v* weave; scheme, plot, conspire.
**trambolho** *s* clog; hindrance; burden.
**trâmite** *s* path, course, way; procedure.
**tramoia** *s* frame-up.
**trampolim** *s* diving, springboard.
**trança** *s* braid, tail.
**tranca** *s* bar, stop, latch.
**trançado** *adj* e *s* weft, woven.
**trancar** *v* bar, shut, latch, lock.
**trançar** *v* braid, weave, twine.
**tranco** *s* jerk, jolt.
**tranqueira** *s* junk.
**tranquilidade** *s* tranquillity, quiet, stillness.
**tranquilizante** *s* tranquilizer.
**tranquilizar** *v* tranquilize, becalm, quiet, still.
**tranquilo** *adj* calm, tranquil, quiet, still, cool.

**transação** *s* transaction.
**transacionar** *v* transact, deal.
**transalpino** *adj* e *s* transalpine.
**transatlântico** *adj* e *s* transatlantic.
**transbordamento** *s* flowage, overflow.
**transbordante** *adj* flush.
**transbordar** *v* overflow, spill.
**transcendência** *s* transcendence.
**transcendente** *adj* transcendent.
**transcendental** *adj* transcendental.
**transcender** *v* transcend.
**transcorrer** *v* elapse, pass.
**transcrever** *v* transcribe, copy; quote.
**transcrição** *s* excerpt, transcript.
**transe** *s* ecstasy, trance.
**transeunte** *s* passerby.
**transexual** *adj* e *s* transsexual.
**transferência** *s* transference, transfer.
**transferir** *v* transfer; postpone, defer, adjourn; *Jur* assign (bens imóveis); deliver.
**transfiguração** *s* transfiguration.
**transfigurar** *v* transfigure, transform.
**transfixar** *v* transfix.
**transformação** *s* transformation, modification.
**transformador** *s* transformer.
**transformar** *v* transform, modify, convert.
**transfundir** *v* transfuse.
**transfusão** *s* transfusion.
**transgredir** *v* transgress; overpass.
**transgressão** *s* transgression; *Jur* misfeasance.
**transgressor** *s* contravener, offender.
**transição** *s* transit, transition.
**transigência** *s* compromise.
**transigente** *adj* condescending.
**transigir** *v* compromise, condescend.
**transitar** *v* transit.
**transitável** *adj* passable.
**transitivo** *adj* transitive.
**trânsito** *s* transit.
**transitório** *adj* ephemeral, transitory, momentary, passing.
**translação** *s* translation.
**translúcido** *adj* translucent; diaphanous, limpid.
**transmarino** *adj* transmarine.
**transmigração** *s* transmigration.
**transmigrar** *v* transmigrate.
**transmissão** *s* transmission, transfer; *Jur* assignment; *tb Fís* conduction.
**transmissível** *adj* transmissible.
**transmissor** *s* transmitter.
**transmitir** *v* transmit; *tb Fís* conduct.
**transmutação** *s* transmutation.
**transoceânico** *adj* transoceanic.
**transparência** *s* translucence, transparency.
**transparente** *adj* transparent; clear; sheer (tecido).
**transpiração** *s* perspiration, transpiration.
**transpirar** *v* perspire, transpire.
**transplantação** *s* transplantation.
**transplantar** *v* transplant.
**transplante** *s* transplant.
**transpor** *v* transpose; pass, overpass; leap.
**transportador** *s* bearer, carrier, transporter.
**transportar** *v* transport, carry, convey; blow (pelo vento).
**transporte** *s* transport, transportation, conveyance.
**transreceptor** *s* transceiver.
**transtornado** *adj* deranged; upset.
**transtornar** *v* derange, discompose; upset, trouble.
**transtorno** *s* derangement; upset, trouble.
**transubstanciar** *v* transubstantiation.
**transversal** *adj* cross, transverse. | *s* transverse.
**transversalmente** *adv* across, transversely, crosswise.
**transviar** *v* wander; deviate; corrupt, pervert.
**tranvia** *s* tramway.
**trapaça** *s* fraud, trick, cheat, swindle, jugglery, deception.
**trapacear** *v* defraud, trick, cheat, swindle; *gír* gyp.
**trapaceiro** *adj* captious. | *s* swindler, cheater, juggler.

**trapalhada** *s* muddle.
**trapalhão** *adj* lumpish. | *s* blunderer, bungler, dub.
**trapeiro** *s* ragman.
**trapézio** *s* trapeze.
**trapezista** *s* trapeze acrobat.
**trapezoide** *s* trapezoid.
**trapo** *s* rag, tatter.
**traqueia** *s* windpipe, trachea.
**traquejo** *s* experience, skill.
**traqueotomia** *s* tracheotomy.
**traquinagem** *s* roguery.
**traquinas** *adj* playful, mischievous. | *s* mischief-maker.
**trás** *prep* e *adv* behind, after, back.
**traseira** *s* rear, hinder part.
**traseiro** *adj* back, rear, hind. | *s* rear, backside; *inform* behind, bottoms.
**trasladação** *s* translation; removal, transfer.
**trasladar** *v* translate; transfer; *Jur* exemplify.
**traslado** *s* translation; transfer; *Jur* exemplification.
**traspassar** *v* cross; pierce; exceed.
**traste** *s* lumber.
**tratado** *s* treaty, pact, accord; treatise, discourse.
**tratamento** *s* treatment.
**tratante** *s* rascal, rogue, scoundrel.
**tratar** *v* treat; *Med* attend, cure.
**tratável** *adj* approachable, tractable.
**trato** *s* treatment; agreement, deal; culture.
**trator** *s* tractor.
**trauma** *s* trauma.
**traumatismo** *s* traumatism.
**traumatizar** *v* traumatize.
**trava** *s* lock; spike (chuteira).
**trava-língua** *s* tongue, twister.
**travar** *v* hamper, impede; lock; brake.
**trave** *s* bar, beam; *Esp* goalkeeper.
**través** *s* traverse.
**travessa** *s* bystreet, dish, traverse.
**travessão** *s* dash.
**travesseiro** *s* bolster, cushion.
**travessia** *s* crossing, passage.
**travesso** *adj* elfish, frisky, impish, larky.
**travessura** *s* frisk, lark, gambol; trick, mischief.
**travesti** *s* transvestite.
**trazer** *v* bring; fetch, get.
**trecho** *s* stretch; *Lit* extract, excerpt; *Lit* e *Mús* passage, snatch.
**trefilar** *v* wiredraw.
**trégua** *s* armistice, truce.
**treinador** *s* trainer, coach, handler.
**treinamento** *s* training, *tb Mil* drill; exercise, exercitation.
**treinar** *v* train, coach drill; exercise; school.
**treino** *s* training, coaching, *tb Mil* drill, exercise.
**trejeito** *s* grimace, mouth.
**trela** *s* lead, leash.
**treliça** *s* trellis; truss (para sustentar pontes).
**trem** *s* train.
**trema** *s* diaeresis.
**tremedeira** *s* tremble, shakes, shiver.
**tremelicar** *v* tremble, shake, shiver.
**tremeluzir** *v* glimmer, shimmer, flash.
**tremendo** *adj* tremendous; terrible, awful.
**tremer** *v* tremble, quake, shake; shiver, shudder.
**tremido** *s* trembling, quaver.
**tremoço** *s* lupine.
**tremor** *s* tremor, shake, quiver; dither, shudder, shiver; *Med* rigor.
**tremulante** *adj* waving, fluttering, shaking.
**tremular** *v* tremble, quaver; wave, flutter; flicker.
**trêmulo** *adj* tremulant, doddering.
**trena** *s* tape, tape measure.
**trenó** *s* coaster, sled, sledge.
**trepadeira** *s* climber, vine.
**trepar** *v* climb, creep; scale.
**trepidação** *s* vibration, trepidation.
**trepidar** *v* tremble, shake, vibrate.
**três** *num* three.
**tresdobrar** *v* triple, triplicate.
**tresloucado** *adj* crazy, mad; distraught.
**trespassar** *v* cross; pierce, transfix.
**tresvariar** *v* rave; be mad.

**trevas** *s* dark, darkness, murk.
**trevo** *s* clover, trefoil.
**treze** *num* thirteen.
**trezentos** *num* three hundred.
**tríade** *s* trine, *tb Mús* triad.
**triangular** *adj* triangular.
**triângulo** *s* triangle.
**tribo** *s* tribe, clan, folk.
**tribulação** *s* tribulation.
**tribuna** *s* tribune, platform; *Jur* bench; floor (no parlamento); *Rel* pulpit.
**tribunal** *s* tribunal.
**tributação** *s* assessment, taxation.
**tributar** *v* assess, tax, rate.
**tributário** *adj* tributary. | *s* confluent, feeder.
**tributável** *adj* dutiable, leviable, taxable.
**tributo** *s* tribute, toll; tax, impost.
**triciclo** *s* tricycle.
**tricô** *s* knitting; tricot.
**tricolor** *adj* tricolor.
**tricórnio** *s* tricorn.
**tricotar** *v* knit.
**tridente** *s* trident.
**tridimensional** *adj* tridimensional.
**triedro** *s* trihedron, trihedral.
**triênio** *s* triennial.
**trifásico** *adj* three-phase.
**trifurcação** *s* trifurcation.
**trifurcar** *v* trifurcate.
**trigêmeo** *adj* trifacial, trigeminal. | *s* triplet.
**trigésimo** *num* thirtieth.
**trigo** *s* wheat.
**trígono** *s* trine.
**trigonometria** *s* trigonometry.
**trigueiro** *adj* swarthy.
**trilar** *v* quaver.
**trilateral** *adj* trilateral.
**trilha** *s* track, trail; path, way.
**trilhar** *v* track, tread.
**trilhão** *num* trillion.
**trilho** *s* rail (ferrovia); track.
**trilogia** *s* trilogy.
**trimestral** *adj* quarterly.
**trimestralmente** *adv* quarterly.
**trimestre** *s* trimester.
**trinar** *v* trill, chirp; *Mús* quaver.
**trinca** *s* trine, triplet; crack, craze.
**trincar** *v* crack, craze.
**trinchador** *s* carver.
**trinchar** *v* carve.
**trincheira** *s* trench; ditch.
**trinco** *s* latch, fastening.
**trindade** *s* trinity, trine; *Rel* Trinity.
**Trinidad e Tobago** *s* Trinidad and Tobago.
**trinômio** *adj* e *s* trinomial.
**trinta** *num* thirty.
**trio** *s* triad, trine, trio.
**tripa** *s* gut, tripe.
**tripartir** *v* trisect.
**tripé** *s* tripod.
**triplano** *s* triplane.
**triplicação** *s* triplication.
**triplicado** *adj* treble, triple.
**triplicar** *v* treble, triple.
**tríplice** *adj* trine.
**triplo** *adj* treble. | *s* treble, triple.
**tripulação** *s* crew.
**tripular** *v* crew, man.
**trissílabo** *s* trisyllable.
**triste** *adj* sad, dreary, sorrowful, mournful; unhappy, joyless.
**tristeza** *s* sadness, sorrow; melancholy, dejection.
**tristonho** *adj* dreary, wistful.
**tritão** *s* triton.
**tritongo** *s* triphthong.
**trituração** *s* trituration; grind.
**triturar** *v* triturate, grind, mill.
**triunfante** *adj* exultant, jubilant.
**triunfar** *v* triumph, win; exult.
**triunfo** *s* triumph, victory, laurel.
**triunvirato** *s* triarchy.
**trivial** *adj* trivial; trite, commonplace.
**trivialidade** *s* triviality, triteness, commonplace.
**triz** *s* whisker. • **escapar por um triz** to escape by the skin of one's teeth, escape by a hair's breadth.
**troar** *v* roar, thunder.
**troca** *s* change, conversion; exchange, trade, swap.

**troça** *s* twit, ridicule, quip, witticism.
**trocadilho** *s* pun, equivoque, wordplay.
**trocar** *v* change; switch, shift; exchange, interchange, trade.
**troçar** *v* twit, ridicule, quip.
**troco** *s* change.
**troféu** *s* trophy.
**troglodita** *s* troglodyte.
**troiano** *adj* e *s* Trojan.
**tromba** *s* trunk (do elefante); snout.
**trombada** *s* collision, crash, impact.
**trombar** *v* collide, crash.
**trombeta** *s* trumpet.
**trombetear** *v* trumpet.
**trombone** *s* trombone.
**trombose** *s* thrombosis.
**trompa** *s* *Mús* horn; *Anat* tube.
**trompete** *s* trumpet.
**tronco** *s* *Anat* e *Bot* trunk; *tb Bot* stem; *Arq* shaft.
**trono** *s* throne.
**tropa** *s* troop.
**tropeção** *s* stumble, trip.
**tropeçar** *v* stumble, trip, flounder; falter, hesitate.
**tropeço** *s* stumble; obstacle.
**trôpego** *adj* shaky, unsteady.
**tropeiro** *s* drover, muleteer.
**tropical** *adj* tropical.
**trópico** *adj* e *s* tropic.
**trotar** *v* lope, trot.
**trote** *s* trot; lope; fun.
**trouxa** *s* bundle; booby, dupe.
**trovador** *s* gleeman.
**trovão** *s* thunder.
**trovejante** *adj* thunderous.
**trovejar** *v* thunder.
**trovoada** *s* thunder.
**trucidar** *v* murder; slaughter.
**truculência** *s* truculence.
**truculento** *adj* truculent.
**trufa** *s* truffle.
**truísmo** *s* truism.
**trunfo** *s* trump.
**trupe** *s* troupe.
**truque** *s* trick, artifice, wile.
**truste** *s* trust.
**truta** *s* trout.
**tu** *pron 2ª pess sing* you.
**tua(s)** *pron* poss yours.
**tuba** *s* tuba.
**tubarão** *s* shark.
**túbera** *s* truffle.
**tubérculo** *s* *Bot* e *Med* tubercle; *Bot* tuber.
**tuberculose** *s* tuberculosis, consumption.
**tuberculoso** *adj* e *s* consumptive.
**tubo** *s* tube, pipe; *Anat* duct.
**tubulação** *s* tubing, piping, line.
**tubular** *adj* tubular.
**tucano** *s* toucan.
**tudo** *pron* all, everything. | *s* all.
**tufão** *s* typhoon.
**tufo** *s* tuft.
**tuíste** *s* twist.
**tule** *s* tulle.
**tulipa** *s* tulip.
**tumba** *s* tomb.
**tumescência** *s* tumescence.
**túmido** *adj* tumid, swollen.
**tumor** *s* tumor.
**túmulo** *s* tomb, sepulcher, tumulus.
**tumulto** *s* tumult, whirl, uproar, hubbub; bustle; riot.
**tumultuado** *adj* tumultuous, whirlwind; riotous.
**tumultuar** *v* disturb, tumultuate.
**tumultuoso** *adj* disorderly.
**tuna** *s* tuna.
**tundra** *s* tundra.
**túnel** *s* tunnel.
**tungstênio** *s* tungsten.
**túnica** *s* tunic.
**Tunísia** *s* Tunisia.
**tunisiano** *adj* e *s* Tunisian.
**tupi** *adj* Tupian. | *s* Tupi.
**turba** *s* mob, crowd, rout, rabble.
**turbante** *s* turban.
**túrbido** *adj* turbid.
**turbilhão** *s* vortex, drift; whirlwind; *fig* whirl.
**turbina** *s* turbine.
**turbulência** *s* boisterousness, turbulence.

**turbulento** *adj* boisterous, turbulent, raucous, wild (tempo).
**turco** *adj* Turkish. | *s* Turk.
**turfa** *s* turf.
**turfe** *s* turf.
**turgescência** *s* turgescence.
**túrgido** *adj* turgid, swollen.
**turíbulo** *s* censer.
**turismo** *s* tourism.
**turista** *s* tourist.
**turma** *s* class; group, gang, crew, team; band.
**turmalina** *s* tourmaline.
**turno** *s* turn; shift (trabalho).
**turquesa** *s* turquoise.
**Turquia** *s* Turkey.
**turvar** *v* bedim, dim; muddle; blear (os olhos).
**turvo** *adj* dim, muddy, bleary.
**tutano** *s* marrow.
**tutela** *s* tutelage.
**tutelar** *v* tutor.
**tutor** *s* tutor.
**tzar** *s* czar, tzar.

# Uu

**u** ou **U** *s* 20ª letra do alfabeto português. | *símb Quím maiús* de **urânio**.
**uau** *interj* wow.
**úbere** *s* udder, teat, bag (de vaca).
**ubiquidade** *s* ubiquity.
**ubíquo** *adj* ubiquitous.
**ucraniano** *adj* e *s* Ukrainian.
**udômetro** *s* udometer.
**ufa** *interj* whew.
**ufanar** *v* glory, flatter.
**ufano** *adj* conceited, proud.
**ufologia** *s* ufology.
**ui** *interj* ugh.
**uísque** *s* whiskey, whisky.
**uivar** *v* howl, woof, yelp, yowl.
**uivo** *s* howl, woof, yelp, yowl.
**úlcera** *s* ulcer, fester.
**ulcerar** *v* ulcerate.
**uliginoso** *adj* marshy, muddy.
**ulmeiro** *s* elm.
**ulterior** *adj* further, ulterior. | *adv* further.
**ultimação** *s* finishing, conclusion.
**ultimado** *adj* concluded, complete, closed.
**ultimamente** *adv* lately, recently.
**ultimar** *v* finish, conclude.
**ultimato** *s* ultimatum.
**último** *adj* last, late, final; top (andar).
**ultrajante** *adj* outrageous.
**ultrajar** *v* outrage.
**ultraje** *s* outrage, insult.
**ultramar** *adj* overseas.
**ultramarino** *adj* overseas, transmarine.
**ultramoderno** *adj* ultramodern.
**ultrapassado** *adj* out-of-date, old-fashioned, overage.
**ultrapassar** *v* exceed, surpass, outpace (velocidade, tamanho ou performance), outreach.
**ultrassecreto** *adj* top-secret.
**ultrassom** *s* ultrasound.
**ultrassônico** *adj* ultrasonic.
**ultrassonografia** *s* ultrasonography.
**ultravioleta** *adj* e *s* ultraviolet (*abrev* **U.V.**, **UV**).
**ululação** *s* ululation, howling.
**ulular** *v* ululate, howl.
**um** *art indef* a, an. | *adj* one. | *num* one. | *s* one. | *pron* one.
**uma** *art indef* a, an. | *s* one.
**umbela** *s* canopy.
**umbigo** *s* navel, bellybutton.
**umbilical** *adj* umbilical.
**umbral** *s* doorjamb, doorpost, threshold.
**umectação** *s* moistness.
**umectar** *v* moisten.
**umedecer** *v* humidify, moisten, damp.
**úmero** *s* humerus.
**umidade** *s* humidity, dampness, moistness.
**úmido** *adj* damp, humid, wet, moist, mellow (solo).
**unânime** *adj* unanimous, consentaneous.

**unanimidade** *s* unanimity.
**unção** *s* anointment, unction.
**undecágono** *s* hendecagon.
**undécimo** *num* eleventh.
**undécuplo** *num* elevenfold.
**ungido** *adj* anointed.
**ungir** *v* anoint.
**unguento** *s* ointment, salve, unction, unguent, balm.
**unguiforme** *adj* clawlike.
**unha** *s* nail; claw; talon.
**unhada** *s* scratch, nip.
**unhar** *v* scratch, claw.
**unheiro** *s* agnail.
**união** *s* union.
**unicamente** *adv* alone, only, entirely, exclusively, solely.
**unicelular** *adj* unicellular.
**único** *adj* alone, one, only, single, sole, unique.
**unicórnio** *s* unicorn.
**unidade** *s* unity, oneness, whole, *tb Mat* unit.
**unidirecional** *adj* unidirectional.
**unido** *adj* united, joint, connected.
**unificação** *s* unification.
**unificar** *v* unify, unite.
**uniforme** *adj* equable, even, uniform. | *s* livery, undress, uniform.
**uniformidade** *s* equality.
**uniformização** *s* regularization.
**uniformizar** *v* equalize, regiment, uniform.
**unigênito** *adj* only-begotten.
**unijugado** *adj* unijugate.
**unilateral** *adj* unilateral.
**unilíngue** *adj* unilingual.
**unionismo** *s* unionism.
**uníparo** *adj* uniparous.
**unipessoal** *adj* unipersonal.
**unipolar** *adj* unipolar.
**unir** *v* unite, joint; incorporate; attach; link; splice (corda, fio etc.); marry.
**unissex** *adj* unisex.
**unissexuado** *adj* unisexual.
**unissexual** *adj* unisexual.
**unissonância** *s* unison.
**uníssono** *adj* unisonous. | *s* unison.
**unitário** *adj* unitary.
**univalência** *s* univalence.
**univalve** *adj* univalve.
**universal** *adj* universal, worldwide.
**universalidade** *s* universality.
**universalismo** *s* universalism.
**universalizar** *v* universalize.
**universidade** *s* university, college, school.
**universo** *s* universe, cosmos, space, world.
**unívoco** *adj* univocal.
**uno** *adj* one, sole, single.
**untar** *v* grease, anoint, daub.
**unto** *s* grease, unguent.
**untuoso** *adj* unctuous.
**urânio** *s* uranium (*símb* **U**).
**Urano** *s* Uranus.
**uranografia** *s* uranography.
**uranologia** *s* uranology.
**uranoscopia** *s* uranoscopy.
**urbanidade** *s* urbanity, civility.
**urbanista** *s* urbanist.
**urbanizar** *v* urbanize.
**urbano** *adj* urban.
**urbe** *s* city.
**urdideira** *s* weaver.
**urdidura** *s* warp, fabric, weft.
**urdimento** *s* warp.
**urdir** *v* warp.
**ureia** *s* urea.
**uremia** *s* uremia, uraemia.
**ureter** *s* ureter.
**urgência** *s* urgency, haste, instancy.
**urgente** *adj* urgent.
**urgir** *v* urge.
**úrico** *adj* uric.
**urina** *s* urine, stale (cavalo, camelo etc.).
**urinar** *v* urinate.
**urinífero** *adj* uriniferous.
**urinol** *s* urinal.
**urna** *s* urn; ballot-box.
**urologia** *s* urology.
**urrar** *v* roar, howl.
**urro** *s* howl.
**urso** *s* bear; teddy bear (pelúcia).
**urticária** *s* hives, nettle rash.

**urtiga** *s* nettle.
**urtigar** *v* urticate.
**urubu** *s* vulture.
**Uruguai** *s* Uruguay.
**uruguaio** *adj* e *s* Uruguayan.
**urze** *s* heath, ling.
**usado** *adj* used, secondhand, waste, worn, worn-out.
**usar** *v* use, employ, apply, bestow; wear, dress; take (ônibus, trem etc.).
**usina** *s* mill.
**uso** *s* use; custom, usage; employment.
**usual** *adj* usual, common, customary, habitual.
**usualmente** *adv* usually.
**usuário** *s* user.
**usufruir** *v* usufruct.
**usufruto** *s* usufruct.
**usura** *s* usury.
**usurário** *s* usurer.
**usurpação** *s* arrogation, disseizin, ouster.
**usurpar** *v* arrogate, disseize, encroach, oust, usurp, wrest.
**utensílio** *s* appliance, utensil, tool.
**uterino** *adj* uterine.
**útero** *s* uterus, womb, matrix.
**útil** *adj* useful, helpful, handy.
**utilidade** *s* utility, usefulness, value.
**utilitário** *adj* utilitarian.
**utilitarismo** *s* utilitarianism, expediency.
**utilização** *s* application, exploitation, use.
**utilizado** *adj* applied.
**utilizar** *v* use, employ, utilize, bestow.
**utilizável** *adj* available, usable.
**utopia** *s* utopia.
**utópico** *adj* utopian.
**uva** *s* grape.
**úvula** *s* uvula.

# Vv

**v** *s* ou **V** *s* 21ª letra do alfabeto português. | *num rom maiús* 5.
**vaca** *s* cow.
**vacante** *adj* vacant, abeyance.
**vacilação** *s* vacillation.
**vacilante** *adj* vacillating.
**vacilar** *v* vacillate.
**vacina** *s* vaccine.
**vacinação** *s* vaccination.
**vacinar** *v* vaccinate.
**vacuidade** *s* vacuity, vacancy.
**vácuo** *s* vacuum, hollow; gap, void, vacuity.
**vadiação** *s* vagrancy, idleness, vagabond.
**vadiagem** *s* vagrancy, roguery.
**vadiar** *v* idle, loaf, lounge, vagabond.
**vadio** *adj* vagrant, idle. | *s* idler, vagrant, lounger, vagabond, tramp.
**vaga** *s* vacancy; leisure.
**vagabundagem** *s* vagabondage, vagrancy.
**vagabundear** *v* vagabond, idle.
**vagabundo** *adj* vagabond, vagrant, idle. | *s* vagabond, idler.
**vagalhão** *s* billow, comber.
**vaga-lume** *s* firefly; usher.
**vagamente** *adv* dimly.
**vagão** *s* wagon, car.
**vagão-dormitório** *s* sleeping car.
**vagão-leito** *s* sleeping car.
**vagão-restaurante** *s* diner, dining car.
**vagar** *v* vacate; wander. | *s* tardiness.
**vagareza** *s* slowness, tardiness.
**vagarosamente** *adv* slowly, dully.
**vagaroso** *adj* slow; dull.
**vagem** *s* string bean, green bean.
**vagina** *s* vagina.
**vaginal** *adj* vaginal.
**vago** *adj* vacant; vague. | *s* vagueness.
**vagonete** *s* tram (mina), trolley (usado em minas).
**vaguear** *v* rove, ramble (andar a esmo); loiter, lounge.
**vaia** *s* boo, hoot.
**vaiar** *v* catcall, hoot, hiss, boo.
**vaidade** *s* vanity, conceitedness, flatulence.
**vaidosamente** *adv* conceitedly.
**vaidoso** *adj* vain, conceited.
**vala** *s* trench, ditch, dike.
**vale** *s* valley; *Comer* note.
**valência** *s* valence.
**valentão** *s* rough.
**valente** *adj* valiant.
**valentia** *s* valors.
**valer** *v* value; cost; avail.
**valeta** *s* gutter, trench.
**valete** *s* jack, knave (jogo de cartas).
**valia** *s* worth, value; price.
**validação** *s* validation, acknowledgment.
**validade** *s* validity.
**validar** *v* validate, acknowledge.

**validez** *s* validity.
**válido** *adj* valid; sound.
**valioso** *adj* valuable, worthy, precious, rich; important.
**valise** *s* valise, grip.
**valor** *s* value, worth; courage; force; virtue.
**valorização** *s* valorization; revaluation (moeda); appreciation.
**valorizar** *v* value; appreciate.
**valoroso** *adj* valorous, worthy; valiant.
**valsa** *s* waltz.
**valsar** *v* waltz.
**valva** *s* valve.
**válvula** *s* *Anat* e *Mús* valve; *Eletrôn* tube.
**vampiro** *s* vampire.
**vanádio** *s* vanadium (*símb* **V**).
**vandalismo** *s* vandalism.
**vândalo** *s* Vandal.
**vanglória** *s* boast, vainglory.
**vangloriar** *v* boast, vaunt.
**vanglorioso** *adj* vainglorious.
**vanguarda** *s* vanguard, van, forefront, front.
**vantagem** *s* advantage, avail, benefit, vantage; start (corrida).
**vantajoso** *adj* advantageous, gainful.
**vão** *adj* vain, futile. | *s* *Geol* break; span.
**vapor** *s* vapor, steam, fume; reek.
**vaporização** *s* vaporization.
**vaporizador** *s* spray.
**vaporizar** *v* spray, vapor, vaporize.
**vaporoso** *adj* vaporous, steamy.
**vaqueiro** *s* herdsman, wrangler; cowboy.
**vara** *s* stick, rod, switch, stave.
**varal** *s* clothesline.
**varanda** *s* veranda, balcony; terrace.
**varão** *s* man.
**varapau** *s* stick, staff; tall person.
**varar** *v* run aground; pierce; go beyond; cross (rio).
**vareja** *s* meat fly.
**varejar** *v* spank; attack, fustigate; trouble; search.
**varejeira** *s* blowfly.
**varejista** *s* chandler.
**varejo** *s* retail.
**vareta** *s* rod, stick.
**variabilidade** *s* variability.
**variação** *s* change, variance, variation.
**variado** *adj* varied.
**variante** *adj* e *s* variant.
**variar** *v* vary; alter; diversify.
**variável** *adj* variable, changeable; changeful. | *s* variable.
**variavelmente** *adv* changeably.
**varicela** *s* chickenpox.
**variedade** *s* variety.
**varinha** *s* wand.
**vário** *adj* various.
**varíola** *s* smallpox.
**variz** *s* varix.
**varonil** *adj* manly, manlike, manful.
**varredura** *s* sweep.
**varrer** *v* sweep, broom; *Comp* scan.
**várzea** *s* dale.
**vasa** *s* silt.
**vascolejar** *v* shake.
**vascular** *adj* vascular.
**vasculhar** *v* sweep; comb.
**vasectomia** *s* vasectomy.
**vaselina** *s* Vaseline.
**vasilha** *s* vessel.
**vasilhame** *s* holder.
**vaso** *s* vase; *Anat* vessel.
**vasoconstrição** *s* vasoconstriction.
**vasodilatação** *s* vasodilation.
**vassalagem** *s* allegiance.
**vassalo** *s* vassal, feudatory, subject.
**vassoura** *s* broom.
**vastidão** *s* enormousness, expanse.
**vasto** *adj* vast, great, huge, ample, extensive.
**vaticano** *s* Vatican.
**vazamento** *s* leak, leakage, spill.
**vazante** *s* reflux.
**vazão** *s* flow.
**vazar** *v* empty; spill; pour out; drain; run (rio); ebb (maré).
**vazio** *adj* empty; unoccupied, vacant, vacuous; void; flat (pneu); unmeaning (rosto). | *s* emptiness, vacuum, vacuity.
**veado** *s* hart, deer.

**vedação** *s* packing, seal.
**vedado** *adj* watertight; forbidden, prohibited.
**vedante** *adj* sealant.
**vedar** *v* forbid; seal, lute, caulk.
**veemência** *s* vehemence.
**veemente** *adj* vehement.
**vegetação** *s* vegetation.
**vegetal** *adj* e *s* vegetable.
**vegetar** *v* vegetate.
**vegetariano** *s* e *adj* vegetarian.
**vegetativo** *adj* vegetative.
**veia** *s* *Anat* vein, vessel; *Bot* nervure.
**veicular** *v* transport in a vehicle; transmit, propagate.
**veículo** *s* vehicle.
**veio** *s* *Min* reef; *Geol* vein.
**veja** *interj* look, see.
**vela** *s* candle; *Náut* sail.
**velar** *v* wake, watch.
**veleiro** *s* sail.
**velejar** *v* sail.
**velhacaria** *s* roguery.
**velhaco** *s* rogue, rascal.
**velhice** *s* old age.
**velho** *adj* old, aged; ancient; archaic; antiquated. | *s* old man.
**velocidade** *s* velocity; speed, fastness.
**velocímetro** *s* speedometer.
**velocípede** *s* velocipede; bicycle.
**velório** *s* deathwatch, funeral home, wake.
**veloz** *adj* quick, swift, speedy, fast, flying, rapid.
**veludo** *s* velvet.
**veludoso** *adj* velvety.
**venal** *adj* venal.
**vencedor** *adj* winning. | *s* winner.
**vencer** *v* win; get; overcome; master, surmount; expire (prazo).
**vencido** *adj* back (aluguel, pagamento); mature (prazo).
**vencimento** *s* conquest, overcoming; expiration.
**vencível** *adj* conquerable, vincible.
**venda** *s* sale, sell; blindfold, patch (olho).
**vendaval** *s* windstorm, gale, bluster.
**vendável** *adj* salable.
**vendedor** *s* salesman, seller; vender; butcher (ônibus, teatro etc.).
**vendeiro** *s* grocer.
**vender** *v* sell; vend; dispose of.
**vendido** *adj* sold.
**veneno** *s* poison, venom, bane.
**venenoso** *adj* poisonous, venomous.
**veneração** *s* veneration.
**venerado** *adj* venerated, sacred.
**venerar** *v* venerate, adore.
**venerável** *adj* venerable.
**venéreo** *adj* venereal.
**veneta** *s* whim, fancy.
**veneziana** *s* venetian blind, shutter, shade.
**Venezuela** *s* Venezuela.
**venezuelano** *adj* e *s* Venezuelan.
**venial** *adj* venial.
**venoso** *adj* venous.
**ventania** *s* windstorm, blow, gale.
**ventar** *v* blow, wind.
**ventilação** *s* ventilation.
**ventilador** *s* ventilator, fan.
**ventilar** *v* ventilate, aerate, air.
**vento** *s* wind.
**ventoinha** *s* vane, blower.
**ventosa** *s* sucker.
**ventosidade** *s* flatus.
**ventoso** *adj* windy, blowy.
**ventre** *s* abdomen, belly.
**ventrículo** *s* ventricle.
**ventriloquia** *s* ventriloquism.
**ventríloquo** *s* ventriloquist.
**ventura** *s* fortune.
**venturoso** *adj* lucky, fortunate, happy, felicitous.
**Vênus** *s* Venus.
**ver** *v* see, behold; watch; observe.
**veracidade** *s* veracity, truth.
**veranear** *v* summer.
**veraneio** *s* summer resort.
**verão** *s* summer, summertime.
**verba** *s* budget.
**verbal** *adj* verbal.

**verbalismo** *s* verbalism.
**verbalização** *s* verbalization.
**verbalizar** *v* verbalize.
**verbete** *s* note, entry, card.
**verbo** *s* verb.
**verborragia** *s* wind.
**verborrágico** *adj* windy.
**verbosidade** *s* verboseness, verity.
**verboso** *adj* voluble.
**verdade** *s* truth, the true, verity. | *interj* indeed (expressando surpresa ou ironia).
**verdadeiramente** *adv* very, truly.
**verdadeiro** *adj* true, truthful, veracious; actual; certain; genuine.
**verde** *adj* green, verdant; unripe. | *s* green.
**verde-esmeralda** *adj* emerald.
**verdejante** *adj* verdant, green.
**verdor** *s* verdure.
**verdugo** *s* executioner.
**verdura** *s* vegetable; verdure.
**vereação** *s* aldermancy.
**vereador** *s* councilman, councilor, alderman.
**vereda** *s* by-path, path.
**veredicto** *s Jur* verdict.
**verga** *s* rod, withe.
**vergado** *adj* bent.
**vergalhão** *s* square bar.
**vergão** *s* wale, welt.
**vergar** *v* sag.
**vergonha** *s* shame; bashfulness.
**vergonhoso** *adj* shameful; disgraceful.
**verídico** *adj* truthful, faithful.
**verificação** *s* verification.
**verificador** *s* collator, tester.
**verificar** *v* verify.
**verificável** *adj* verifiable.
**verme** *s* worm.
**vermelhidão** *s* redness; flush, blush.
**vermelho** *adj* e *s* red.
**vermicida** *s* vermicide.
**verminose** *s* verminosis.
**verminoso** *adj* verminous, wormy.
**vermute** *s* vermouth.
**vernáculo** *adj* e *s* vernacular.
**verniz** *s* varnish.
**vero** *adj* true.
**verossímil** *adj* likely, verisimilar.
**verossimilhança** *s* verisimilitude.
**verruga** *s* wart, mole.
**verruma** *s* bit, gimlet.
**versado** *adj* versed; learned.
**versão** *s* version, translation.
**versar** *v* versify; turn; examine; study.
**versátil** *adj* versatile.
**versatilidade** *s* versatility.
**versejar** *v* versify, verse.
**versículo** *s* versicle.
**versificação** *s* versification.
**versificar** *v* versify.
**verso** *s* verse; reverse (moeda, folha de papel).
**vértebra** *s* vertebra.
**vertebrado** *adj* e *s* vertebrate.
**vertebral** *adj* vertebral.
**vertente** *s* versant.
**verter** *v* outflow.
**vertical** *adj* vertical, upright. | *s* vertical.
**verticalidade** *s* upright.
**verticalmente** *adv* upright, vertically.
**vértice** *s* vertex.
**vertigem** *s* vertigo, giddiness, dizziness.
**vertiginoso** *adj* vertiginous.
**verve** *s* verve.
**vesícula** *s Anat* e *Zool* bladder; *Anat* vesicle.
**vespa** *s* wasp.
**vespão** *s* hornet.
**Vésper** *s* Vesper.
**véspera** *s* brink, eve.
**vespertino** *adj* vespertine.
**veste** *s* vestment, vesture.
**vestiário** *s* dressing room; *Esp* clubhouse; locker room (ginásios, escolas etc.).
**vestibular** *adj* e *s* vestibular.
**vestíbulo** *s tb Anat* vestibule; entry, hall, lobby.
**vestido** *s* dress.
**vestígio** *s* vestige; trace, sign; remnant.
**vestimenta** *s* attire.
**vestir** *v* dress, clothe.
**vestuário** *s* clothes, clothing, apparel.

**vetar** *v* disallow.
**veterano** *adj* veteran. | *s* veteran, vet.
**veterinária** *s* veterinary medicine.
**veterinário** *adj* veterinary. | *s* veterinary, veterinarian.
**veto** *s* negative.
**vetor** *s* vector.
**vetusto** *adj* ancient.
**véu** *s* veil, cover.
**vexação** *s* vexation.
**vexado** *adj* ashamed.
**vexame** *s* abashment, mortification.
**vexar** *v* vexate, chagrin.
**vexatório** *adj* vexatious.
**vez** *s* turn.
**via** *s* way, channel. | *prep* via, by, by way of. • **Via Láctea** *s* Milky Way.
**viabilidade** *s* viability.
**viação** *s* traffic; means of transport.
**viaduto** *s* viaduct.
**viagem** *s* travel, journey; tour, trip.
**viajante** *s* traveler, voyager.
**viajar** *v* travel, voyage, journey.
**vianda** *s* viand.
**viandante** *s* wayfarer.
**viatura** *s* vehicle.
**viável** *adj* doable, viable, available.
**víbora** *s* viper, adder.
**vibração** *s* vibration.
**vibrante** *adj* vibrant.
**vibrar** *v* vibrate; flutter; thrill.
**vicariato** *s* vicarage.
**vice** s vice.
**vicejar** *v* flourish, luxuriate.
**vice-presidente** *s* vice president.
**vice-versa** *adv* vice-versa.
**viciado** *s* addict (drogas); *gír* hooked (atividade ou drogas).
**viciar** *v* addict; *inform* dope.
**vício** *s* vice, addiction, dependence.
**vicioso** *adj* vicious.
**vicissitude** *s* vicissitude, reverse.
**viço** *s* flush, flourish.
**viçoso** *adj* rank, luxuriant, bloomy; lush (vegetação).
**vida** *s* life.
**videira** *s* vine, grapevine.
**vidente** *s* seer.
**vídeo** *s* video.
**videocassete** *s* videocassette recorder (aparelho).
**videoconferência** *s* videoconference.
**videofone** *s* videophone.
**videojogo** *s* video game.
**videoteipe** *s* videotape.
**videotexto** *s* videotex, videotext.
**vidoeiro** *s* birch.
**vidraça** *s* windowpane, window.
**vidraceiro** *s* glazier.
**vidrar** *v* graze.
**vidraria** *s* glasshouse; glassware.
**vidro** *s* glass; bottle; pane.
**vieira** *s* scallop.
**viela** *s* lane, alley.
**viés** *s* bias.
**Vietnã** *s* Vietnam.
**vietnamita** *adj* e *s* Vietnamese.
**viga** *s* transom, traverse, joist, rafter.
**vigamento** *s* framework, framing.
**vigarice** *s gír* gyp.
**vigário** *s* vicar.
**vigarista** *s* bilk.
**vigência** *s* legality, vigor.
**vigente** *adj* valid.
**vigésimo** *num* twentieth.
**vigia** *s* watchman, security guard.
**vigiar** *v* watch, guard, keep an eye on.
**vigilância** *s* vigilance, outlook.
**vigilante** *adj* vigilant, alert, watchful. | *s* vigilant, guard.
**vigília** *s* vigil, wake, watch.
**vigor** *s* vigor, force, strength, energy.
**vigorar** *v* invigorate.
**vigorizar** *v* nerve.
**vigorosamente** *adv* lively.
**vigoroso** *adj* vigorous, active, forceful, firm.
**vil** *adj* vile. | *s* dastard; *gír* skunk.
**vila** *s* village.
**vilania** *s* villainy.
**vilão** *s* villain.
**vileza** *s* vileness, turpitude.

**vime** *s* wicker, withe.
**vinagre** *s* vinegar.
**vincar** *v* furrow; ruck.
**vinco** *s* ruck, rumple, wrinkle; wale.
**vincular** *v* entail; bond; link.
**vínculo** *s* bond.
**vinda** *s* coming, arrival.
**vindicar** *v* vindicate.
**vindima** *s* vintage.
**vindouro** *adj* coming, forthcoming.
**vingador** *s* avenger.
**vingança** *s* revenge, vengeance; retaliation.
**vingar** *v* avenge, revenge.
**vingativo** *adj* vindictive, revengeful.
**vinha** *s* vine; vineyard.
**vinhedo** *s* vineyard.
**vinho** *s* wine.
**vinícola** *adj* wine-growing.
**vinicultor** *s* viniculturist.
**vinicultura** *s* viniculture.
**vinil** *s* vinyl.
**vinte** *num* twenty.
**viola** *s* viola.
**violação** *s* violation, infringement, infraction.
**violado** *adj* violated.
**violador** *s* e *adj* violator, defiler.
**violão** *s* guitar.
**violar** *v* violate, infract, infringe, transgress.
**violável** *adj* violable.
**violência** *s* violence.
**violentamente** *adv* violently, hard.
**violentar** *v* violate; rape.
**violento** *adj* violent.
**violeta** *s* violet.
**violinista** *s* violinist, fiddler.
**violino** *s* violin, fiddle.
**violoncelista** *s* violoncellist.
**violoncelo** *s* violoncello.
**violonista** *s* guitarist.
**vir** *v* come; arrive.
**viração** *s* breeze.
**vira-casaca** *s* turncoat.
**virada** *s* overturn.
**virado** *adj* upset.
**vira-lata** *s* underbred, mongrel.
**virar** *v* turn; wamble (estômago).
**viravolta** *s* turn; somersault.
**virgem** *adj* virgin. | *s* virgin, maid, maiden; *Astrol* e *Astron* Virgo.
**virginal** *adj* virginal, chaste, maiden.
**virgindade** *s* virginity, chastity, maidenhood.
**virginiano** *s* e *adj* Virginian.
**vírgula** *s* comma.
**viril** *adj* male, masculine, virile.
**virilha** *s* groin.
**virilidade** *s* virility.
**virologia** *s* virology.
**virose** *s* virosis.
**virtual** *adj* virtual.
**virtualidade** *s* virtuality.
**virtude** *s* virtue, morality, goodness.
**virtuosidade** *s* virtuosity.
**virtuoso** *adj* virtuous, chaste.
**virulência** *s* virulence.
**virulento** *adj* virulent.
**vírus** *s* virus; *Comp* worm.
**visagem** *s* visage.
**visão** *s* vision, eyesight (faculdade de ver); view; illusion.
**visar** *v* aim at; sight; look at.
**vísceras** *s* viscera, entrails, gut.
**visco** *s* glue, lime.
**visconde** *s* viscount.
**viscondessa** *s* viscountess.
**viscosidade** *s* viscosity, clamminess.
**viscoso** *adj* viscous, sticky, viscid, clammy.
**viseira** *s* visor, eyeshade.
**visibilidade** *s* visibility, sight.
**visionar** *v* vision.
**visionário** *adj* e *s* visionary.
**visita** *s* visit; visitor, caller.
**visitador** *s* visitant.
**visitante** *adj* visitant. | *s* visitant, visitor, caller.
**visitar** *v* visit, call in, see.
**visível** *adj* visible, outward.
**vislumbrar** *v* descry, glimpse, shimmer.
**vislumbre** *s* shimmer; glimpse.

**visor** *s* viewer; finder, viewfinder (câmera fotográfica, filmadora).
**vista** *s* sight; eyesight (faculdade de ver); seeing, view.
**visto** *s* visa (entrada/saída no passaporte). | adj accepted, acknowledged; seen; known; examined. • **pelo visto** from what can be seen, supposedly. **pôr o visto/dar o visto** to put a visa on. **visto que** respecting, since, for, in as much as, for as much.
**vistoria** *s* inspection, survey.
**vistoriar** *v* inspect, survey.
**vistoso** *adj* showy; flashy; gallant.
**visual** *adj* visual, ocular. | *s* visual.
**visualidade** *s* visuality.
**visualização** *s* visualization
**visualizar** *v* visualize.
**vital** *adj* vital.
**vitalício** *adj* lifelong.
**vitalidade** *s* vitality.
**vitalizar** *v* vitalize.
**vitamina** *s* vitamin.
**vitela** *s* heifer; calf.
**vitelo** *s* calf.
**vítima** *s* victim.
**vitimar** *v* victimize.
**vitória** *s* victory.
**vitória-régia** *s* victoria regia.
**vitorioso** *adj* victorious, champion, winning. | *s* winner.
**vitral** *s* stained glass window.
**vítreo** *adj* glassy, vitreous.
**vitrificação** *s* vitrification, glazing.
**vitrificar** *v* vitrify.
**vitrina** *s* showcase, window.
**vitrola** *s* phonograph.
**viúva** *s* widow, relict.
V
**viúva-negra** *s* black widow.
**viuvez** *s* widowerhood (da homem); widowhood (da mulher).
**viúvo** *s* widower.
**viva** *interj* cheers (na hora de brindar).
**vivacidade** *s* vivacity; liveliness.
**vivamente** *adv* lively.
**viva-voz** *s* speakerphone.
**vivaz** *adj* vigorous; clever.
**viveiro** *s* nursery; hutch.
**vivência** *s* existence; experience.
**vivente** *adj* alive, breathing. | *s* liver, breather.
**viver** *v* live, breathe, exist.
**víveres** *s* victuals.
**vívido** *adj* vivid.
**vivificação** *s* vivification.
**vivificante** *adj* living.
**vivificar** *v* vivify.
**vivíparo** *adj* e *s* viviparous.
**vivo** *adj* alive; lively, vivacious; spirited, smart; quick; bright. | *s* living creature.
**vizinhança** *s* neighborhood; vicinity.
**vizinhar** *v* neighbour.
**vizinho** *adj* neighbor, adjacent, contiguous. | *s* neighbor.
**voador** *adj* flying. | s flier.
**voar** *v* fly, wing.
**vocabulário** *s* vocabulary.
**vocábulo** *s* vocable, word.
**vocação** *s* vocation.
**vocal** *adj* vocal.
**vocálico** *adj* vocalic.
**vocalista** *s* vocalist.
**vocalização** *s* vocalization.
**vocalizar** *v* vocalize.
**vocativo** *adj* e *s* vocative.
**você** *pron* you.
**vociferação** *s* vociferation.
**vociferante** *adj* vociferous.
**vociferar** *v* vociferate.
**vodca** *s* vodka.
**voga** *s* vogue.
**vogal** *s* vowel.
**vogar** *v* ride, row.
**volante** *s* steering wheel (carro); lottery ticket (bilhete). | *adj* volant, flying; movable, portable.
**volátil** *adj* volatile; fugitive.
**volatilizar** *v* volatilize.
**volatização** *s* volatilization.
**voleibol** *s* volleyball.
**volt** *s* volt.

**volta** *s* return, regress; recurrence; turn, turning, revolution; circuit; detour.
**voltagem** *s* voltage.
**voltaico** *adj* voltaic.
**voltâmetro** *s* voltameter.
**voltar** *v* return, come back, get back; turn.
**voltear** *v* twist.
**volubilidade** *s* inconstancy.
**volume** *s* volume; extent; size; mass, bulk; tome (livro).
**volumoso** *adj* bulky, big.
**voluntário** *adj* voluntary; volunteer; spontaneous; free. | *s* voluntary; volunteer.
**voluntarioso** *adj* willful.
**volúpia** *s* luxury.
**voluptuoso** *adj* voluptuous, luxurious.
**volúvel** *adj* voluble; fickle; inconstant, changeable; flighty; volatile.
**volver** *v* turn.
**vomitar** *v* vomit, spew; throw up; disgorge.
**vômito** *s* vomit, spew.
**vontade** *s* will; volition; wish, desire; mind.
**voo** *s* flight; flying; soar.
**voracidade** *s* voracity, edacity, esurience.
**voraz** *adj* voracious, rapacious, gluttonous, edacious.
**vórtice** *s* vortex.
**vos** *pron 2ª pess pl* you.
**vós** *pron 2ª pess pl* you.
**vosso** *pron 2ª pess sing* your, yours.
**votação** *s* vote, election.
**votante** *s* elector.
**votar** *v* vote.
**voto** *s* vote, suffrage; wish (felicidade); *Ecles* vow.
**vovó** *s* grandma, granny.
**vovô** *s* grandpa.
**voz** *s* voice.
**vozeirão** *s* strong voice.
**vozerio** *s* clamorousness.
**vulcânico** *adj* volcanic.
**vulcanização** *s* vulcanization.
**vulcanizar** *v* vulcanize.
**vulcão** *s* volcano.
**vulgar** *adj* vulgar, coarse.
**vulgaridade** *s* vulgarity; commonness.
**vulgarizar** *v* vulgarize, coarsen.
**vulgarmente** *adv* commonly.
**vulnerabilidade** *s* huffiness.
**vulnerável** *adj* vulnerable.
**vulpino** *adj* vulpine.
**vulto** *s* shadow.
**vultoso** *adj* voluminous, great.
**vulva** *s* vulva.

# Ww Xx Yy Zz

**w** ou **W** *s* antiga letra do alfabeto português, substituída ora por *u*, ora por *v*, na ortografia oficial. | *abrev* de watt.
**wagnerianismo** *s* Wagnerianism.
**wagneriano** *adj* Wagnerian.
**watt** *s* watt (*símb* **W**).
**wattímetro** *s* wattmeter.
**windsurfe** *s* windsurfing.

**x** ou **X** *s* 22ª letra do alfabeto português. | *num rom maiús* dez.
**xá** *s* shah.
**xadrez** *s* chess; chessboard; check; mosaic; prison, jail, guardroom.
**xadrezar** *v* checker.
**xairel** *s* saddlecloth.
**xale** *s* shawl.
**xampu** *s* shampoo.
**xantina** *s* xanthine.
**xará** *s* namesake.
**xarope** *s* syrup.
**xelim** *s* shilling.
**xenofobia** *s* xenophobia.
**xenônio** *s* xenon (*símb* **Xe**).
**xepa** *s* meal, food.
**xeque** *s* check (xadrez); sheik (chefe árabe).
**xeque-mate** *s* checkmate, mate (xadrez).
**xereta** *adj* nosy. | *s* snoopy.
**xeretear** *v gír* rubberneck.
**xerez** *s* sherry (vinho espanhol).
**xerife** *s* sheriff.
**xerox, xérox** *s* Xerox.
**xi** *interj* pish.
**xícara** *s* cup.
**xilindró** *s* jail, prison.
**xilofone** *s* xylophone.
**xilografia** *s* xylography.
**xilogravura** *s* xylograph, woodblock, woodcut.
**xingação** *s* chiding, revilement.
**xingamento** *s* chiding.
**xingar** *v* swear, revile, scold.
**xisto** *s* schist, shale.
**xistoso** *adj* schistose.
**xixi** *s* urine.
**xô** *interj* shoo.
**xogum** *s* shogun.
**xucro** *adj* rude; bronco.

**y** ou **Y** *s* antiga letra do alfabeto português, substituída por *i*, na ortografia oficial. | *símb Mat* de ordenada, *Quím* de ítrio.
**yd** *símb* de jarda.

**z** ou **Z** *s* 23ª letra do alfabeto português.
**zabumba** *s* bass drum.
**zagal** *s* shepherd, herdsman.
**zagalote** *s* buckshot.
**zagueiro** *s* quarterback, back (futebol).
**Zaire** *s* Zaire.

**zairense** *adj* e *s* Zairean.
**Zâmbia** *s* Zambia.
**zambiano** *adj* e *s* Zambian.
**zanga** *s* miff.
**zangado** *adj* angry.
**zangão** *s* drone.
**zangar** *v* get angry, miff.
**zanzar** *v* wander, roam.
**zarabatana** *s* blowpipe.
**zarolho** *adj* squint-eyed, cross-eyed.
**zarpar** *v* weigh anchor, sail, set sail.
**zebra** *s* zebra.
**zebu** *s* zebu.
**zéfiro** *s* zephyr.
**zelador** *s* janitor, caretaker, custodian, tender.
**zelar** *v* watch over, manage, oversee; care.
**zelo** *s* care, diligence, earnestness, jealousy.
**zeloso** *adj* jealous.
**zênite** *s* *Astron* zenith; *Astron* vertex, meridian.
**zepelim** *s* zeppelin.
**zerar** *v* zero.
**zero** *s* zero, cipher, naught, nothing, null, o.
**zesto** *s* zest.
**zeugma** *s* zeugma.
**Zeus** *s* *Mit* Zeus.
**zibelina** *s* sable.
**ziguezague** *s* zigzag.
**ziguezaguear** *v* crank, zigzag.
**Zimbábue** *s* Zimbabwe.
**zimbabuense** *adj* e *s* Zimbabwean.
**zimbro** *s* dew.
**zincagem** *s* zincification.
**zincar** *v* zincify.
**zinco** *s* zinc.
**zincografia** *s* zincography.
**zincogravura** *s* zincograph.
**zíper** *s* fly, zip, zipper.
**zircônio** *s* zirconium.
**zoada** *s* buzz.
**zoar** *v* whiz, hum, buzz.
**zodíaco** *s* zodiac.
**zombador** *s* mocker, jeerer, derider, scoffer.
**zombar** *v* mock, kid, jeer, jest, rag, deride.
**zombaria** *s* mockery, mock, jeer, jest, chaff, derision.
**zombetear** *v* mock.
**zombeteiro** *adj* derisive, sardonic. | *s* mocker.
**zona** *s* zone, area, belt, district.
**zonzo** *adj* dizzy.
**zoófito** *s* zoophyte.
**zoologia** *s* zoology.
**zoológico** *adj* zoological. | *s* zoo.
**zoólogo** *s* zoologist.
**zootecnia** *s* zootechny.
**zorra** *s* lorry, truck; sled; trawl-net.
**zorro** *s* zorro, fox; bastard; lazybones.
**zulu** *adj* e *s* Zulu.
**zumbido** *s* buzz, drone, hum, whir.
**zumbir** *v* buzz, burr, drone, hum, sing, whir.
**zunido** *s* buzz, birr, bumble, drone, zip, swish, whir, whistle, tinkle.
**zunir** *v* birr, bluster, buzz, drone, zoom, swish, whir.
**zurrar** *v* bray, heehaw.
**zurro** *s* bray, heehaw.

# APÊNDICES

# Verbos irregulares

| Infinitive | Past tense | Past participle | Translation |
|---|---|---|---|
| abide | abode/abided | abode/abided | continuar |
| arise | arose | arisen | surgir |
| awake | awoke/awaked | awaked/awoken | despertar |
| be | was/were | been | ser/estar |
| bear | bore | borne/born | suportar |
| beat | beat | beaten/beat | bater |
| become | became | become | tornar |
| befall | befell | befallen | acontecer |
| begin | began | begun | começar |
| behold | beheld | beheld | contemplar |
| bend | bent | bent | curvar |
| beseech | besought | besought | suplicar |
| beset | beset | beset | assediar |
| bet | bet/betted | bet/betted | apostar |
| bid | bade/bid | bidden/bid | comandar |
| bind | bound | bound | amarrar |
| bite | bit | bitten/bit | morder |
| bleed | bled | bled | sangrar |
| blow | blew | blown | soprar |
| break | broke | broken | quebrar |
| breed | bred | bred | procriar |
| bring | brought | brought | trazer |
| build | built | built | construir |
| burn | burned/burnt | burned/burnt | queimar |
| burst | burst | burst | estourar |
| buy | bought | bought | comprar |
| cast | cast | cast | arremessar |
| catch | caught | caught | pegar |
| choose | chose | chosen | escolher |
| cling | clung | clung | aderir |

| Infinitive | Past tense | Past participle | Translation |
|---|---|---|---|
| clothe | clothed/clad | clothed/clad | vestir |
| come | came | come | vir |
| cost | cost | cost | custar |
| creep | crept | crept | rastejar |
| cut | cut | cut | cortar |
| deal | dealt | dealt | lidar com |
| dig | dug | dug | cavar |
| do | did | done | fazer |
| draw | drew | drawn | desenhar |
| dream | dreamed/dreamt | dreamed/dreamt | sonhar |
| drink | drank | drunk | beber |
| drive | drove | driven | dirigir |
| dwell | dwelt/dwelled | dwelt/dwelled | residir |
| eat | ate | eaten | comer |
| fall | fell | fallen | cair |
| feed | fed | fed | alimentar |
| feel | felt | felt | sentir |
| fight | fought | fought | lutar |
| find | found | found | encontrar |
| flee | fled | fled | fugir |
| fling | flung | flung | arremessar |
| fly | flew | flown | voar |
| forbear | forbore | forborne | abster-se |
| forbid | forbade/forbad | forbidden | proibir |
| forecast | forecast | forecast | prever |
| forego | forewent | foregone | preceder |
| foresee | foresaw | foreseen | prever |
| foretell | foretold | foretold | predizer |
| forget | forgot | forgotten/forgot | esquecer |
| forgive | forgave | forgiven | perdoar |
| forsake | forsook | forsaken | desertar |

| Infinitive | Past tense | Past participle | Translation |
|---|---|---|---|
| forswear | forswore | forsworn | perjurar |
| freeze | froze | frozen | congelar |
| get | got | gotten/got | obter |
| give | gave | given | dar |
| go | went | gone | ir |
| grind | ground | ground | moer |
| grow | grew | grown | crescer |
| hang | hung/hanged | hung/hanged | pendurar |
| have | had | had | ter |
| hear | heard | heard | escutar |
| hew | hewed | hewn/hewed | rachar |
| hide | hid | hidden/hid | esconder |
| hit | hit | hit | bater |
| hold | held | held | segurar |
| hurt | hurt | hurt | machucar |
| keep | kept | kept | manter |
| kneel | knelt/kneeled | knelt/kneeled | ajoelhar |
| knit | knit/knitted | knit/knitted | tricotar |
| know | knew | known | saber |
| lay | laid | laid | pôr, colocar |
| lead | led | led | guiar |
| leap | leaped/leapt | leaped/leapt | saltar |
| learn | learned/learnt | learned/learnt | aprender |
| leave | left | left | partir |
| lend | lent | lent | emprestar |
| let | let | let | deixar |
| lie | lay | lain | deitar-se |
| light | lighted/lit | lighted/lit | iluminar |
| lose | lost | lost | perder |
| make | made | made | fazer |
| mean | meant | meant | significar |

| Infinitive | Past tense | Past participle | Translation |
|---|---|---|---|
| meet | met | met | encontrar |
| mistake | mistook | mistaken | errar |
| mow | mowed | mown/mowed | ceifar |
| pay | paid | paid | pagar |
| put | put | put | pôr |
| quit | quit/quitted | quit/quitted | abandonar |
| read | read | read | ler |
| rend | rent/rended | rent/rended | rasgar |
| rid | rid/ridded | rid/ridded | livrar-se |
| ride | rode | ridden | cavalgar |
| ring | rang/ringed | rung/ringed | tocar, soar |
| rise | rose | risen | levantar |
| run | ran | run | correr |
| saw | sawed | sawed/sawn | serrar |
| say | said | said | dizer |
| see | saw | seen | ver |
| seek | sought | sought | procurar |
| sell | sold | sold | vender |
| send | sent | sent | enviar |
| set | set | set | estabelecer |
| sew | sewed | sewn/sewed | costurar |
| shake | shook | shaken | agitar |
| shear | sheared | shorn/sheared | tosar |
| shed | shed | shed | derramar |
| shine | shone/shined | shone/shined | brilhar |
| shoe | shod | shod/shodden | calçar |
| shoot | shot | shot | atirar |
| show | showed | shown | mostrar |
| shred | shredded/shred | shredded/shred | retalhar |
| shrink | shrank/shrunk | shrunk/shrunken | encolher |
| shut | shut | shut | fechar |

| Infinitive | Past tense | Past participle | Translation |
|---|---|---|---|
| sing | sang | sung | cantar |
| sink | sank | sunk | afundar |
| sit | sat | sat | sentar |
| slay | slew | slain | assassinar |
| sleep | slept | slept | dormir |
| slide | slid | slid | deslizar |
| sling | slung | slung | arremessar |
| slink | slunk | slunk | escapulir |
| slit | slit | slit | rachar |
| smell | smelled/smelt | smelled/smelt | cheirar |
| smite | smote | smitten | bater |
| sow | sowed | sown/sowed | semear |
| speak | spoke | spoken | falar |
| speed | sped/speeded | sped/speeded | acelerar |
| spell | spelled/spelt | spelled/spelt | soletrar |
| spend | spent | spent | gastar |
| spill | spilled/spilt | spilled/spilt | deixar cair |
| spin | spun | spun | rodopiar |
| spit | spat/spit | spat/spit | cuspir |
| split | split | split | separar |
| spoil | spoiled/spoilt | spoiled/spoilt | estragar |
| spread | spread | spread | espalhar |
| spring | sprang/sprung | sprung | saltar |
| stand | stood | stood | ficar em pé |
| steal | stole | stolen | roubar |
| stick | stuck | stuck | grudar |
| sting | stung | stung | picar |
| stink | stank/stunk | stunk | feder |
| strew | strewed | strewn/strewed | alastrar |
| stride | strode | stridden | andar depressa |
| strike | struck | struck/stricken | bater |

| Infinitive | Past tense | Past participle | Translation |
|---|---|---|---|
| string | strung | strung | esticar |
| strive | strove | striven | esforçar-se |
| swear | swore | sworn | jurar |
| sweat | sweated/sweat | sweated/sweat | suar |
| sweep | swept | swept | varrer |
| swell | swelled | swelled/swollen | inchar |
| swim | swam | swum | nadar |
| swing | swung | swung | balançar |
| take | took | taken | pegar |
| teach | taught | taught | ensinar |
| tear | tore | torn | rasgar |
| tell | told | told | contar |
| think | thought | thought | pensar |
| thrive | thrived/throve | thrived/thriven | prosperar |
| throw | threw | thrown | arremessar |
| thrust | thrust | thrust | empurrar |
| tread | trod | trodden | pisar |
| understand | understood | understood | entender |
| wake | woke/waked | waked/woken | acordar |
| waylay | waylaid | waylaid | armar ciladas |
| wear | wore | worn | usar, vestir |
| weave | wove/weaved | woven/weaved | tecer |
| wed | wedded | wed/wedded | casar |
| weep | wept | wept | chorar |
| wet | wet/wetted | wet/wetted | molhar |
| win | won | won | ganhar |
| wind | wound | wound | enrolar |
| withdraw | withdrew | withdrawn | retirar |
| withhold | withheld | withheld | reter |
| withstand | withstood | withstood | resistir |
| wring | wrung | wrung | torcer |
| write | wrote | written | escrever |

# Numerais

## Cardinais

| | |
|---|---|
| 0 | zero (zero) |
| 1 | one (um) |
| 2 | two (dois) |
| 3 | three (três) |
| 4 | four (quatro) |
| 5 | five (cinco) |
| 6 | six (seis) |
| 7 | seven (sete) |
| 8 | eight (oito) |
| 9 | nine (nove) |
| 10 | ten (dez) |
| 11 | eleven (onze) |
| 12 | twelve (doze) |
| 13 | thirteen (treze) |
| 14 | fourteen (quatorze) |
| 15 | fifteen (quinze) |
| 16 | sixteen (dezesseis) |
| 17 | seventeen (dezessete) |
| 18 | eighteen (dezoito) |
| 19 | nineteen (dezenove) |
| 20 | twenty (vinte) |
| 21 | twenty-one (vinte e um) |
| 30 | thirty (trinta) |
| 40 | forty (quarenta) |
| 50 | fifty (cinquenta) |
| 60 | sixty (sessenta) |
| 70 | seventy (setenta) |
| 80 | eighty (oitenta) |
| 90 | ninety (noventa) |
| 100 | one hundred (cem) |
| 200 | two hundred (duzentos) |
| 300 | three hundred (trezentos) |

| | |
|---|---|
| 400 | four hundred (quatrocentos) |
| 500 | five hundred (quinhentos) |
| 600 | six hundred (seiscentos) |
| 700 | seven hundred (setecentos) |
| 800 | eight hundred (oitocentos) |
| 900 | nine hundred (novecentos) |
| 1.000 | one thousand (mil) |
| 1.000.000 | one million (um milhão) |

## Ordinais

| | |
|---|---|
| 1st | first (primeiro) |
| 2nd | second (segundo) |
| 3rd | third (terceiro) |
| 4th | fourth (quarto) |
| 5th | fifth (quinto) |
| 6th | sixth (sexto) |
| 7th | seventh (sétimo) |
| 8th | eighth (oitavo) |
| 9th | ninth (nono) |
| 10th | tenth (décimo) |
| 11th | eleventh (décimo primeiro/undécimo) |
| 12th | twelfth (décimo segundo/duodécimo) |
| 13th | thirteenth (décimo terceiro) |
| 14th | fourteenth (décimo quarto) |
| 15th | fifteenth (décimo quinto) |
| 16th | sixteenth (décimo sexto) |
| 17th | seventeenth (décimo sétimo) |
| 18th | eighteenth (décimo oitavo) |
| 19th | nineteenth (décimo nono) |
| 20th | twentieth (vigésimo) |
| 21st | twenty-first (vigésimo primeiro) |
| 30th | thirtieth (trigésimo) |
| 40th | fortieth (quadragésimo) |

| | |
|---|---|
| 50th | fiftieth (quinquagésimo) |
| 60th | sixtieth (sexagésimo) |
| 70th | seventieth (septuagésimo) |
| 80th | eightieth (octogésimo) |
| 90th | ninetieth (nonagésimo) |
| 100th | one hundredth (centésimo) |
| 200th | two hundredth (ducentésimo) |
| 300th | three hundredth (trecentésimo/tricentésimo) |
| 400th | four hundredth (quadringentésimo) |
| 500th | five hundredth (quingentésimo) |
| 600th | six hundredth (sexcentésimo/seiscentésimo) |
| 700th | seven hundredth (septingentésimo/setingentésimo) |
| 800th | eight hundredth (octingentésimo) |
| 900th | nine hundredth (nongentésimo/noningentésimo) |
| 1.000th | one thousandth (milésimo) |
| 1.000.000th | one millionth (milionésimo) |

# Medidas

## Medidas de comprimento

| | |
|---|---:|
| 1 inch (polegada) | 2,54 cm |
| 1 foot (pé) | 30,48 cm |
| 1 yard (jarda) | 91,44 cm |
| 1 nautical mile (milha marítima) | 1,853 km |
| 1 league (légua) | 4,828 km |
| 1 mile (milha) | 1.609,34 m |

## Medidas de peso

| | |
|---|---:|
| 1 ounce (onça) (abrev oz.) | 31,10 g |
| 1 pound (libra) (abrev lb. av.) | 453,6 g |
| 1 quarter (quarto) | 11,34 kg |

# Tamanhos de roupas e calçados*

## Vestidos e casacos femininos

| Estados Unidos | 04 | 06 | 08 | 10 | 12 | 14 | 16 |
|---|---|---|---|---|---|---|---|
| Reino Unido | 06 | 08 | 10 | 12 | 14 | 16 | 18 |
| Brasil | 32 | 34 | 36 | 38 | 40 | 42 | 44 |

## Camisas masculinas

| Estados Unidos | 14 | 14,5 | 15 | 15,5 | 16 | 16,5 | 17 | 18 |
|---|---|---|---|---|---|---|---|---|
| Reino Unido | 36 | 37 | 38 | 39 | 40 | 41 | 42 | 43 |
| Brasil | 36 | 37 | 38 | 39 | 40/41 | 42 | 43 | 44 |

## Roupas infantis

| Estados Unidos | 2-3 | 4-5 | 5-6 | 7-8 | 10 | 12 | 14 | 16 |
|---|---|---|---|---|---|---|---|---|
| Reino Unido | 2-3 | 4-5 | 6-7 | 8-9 | 10-11 | 12 | 14 | 16 |
| Brasil | 2 | 4 | 6 | 8 | 10 | 12 | 14 | 16 |

## Calçados femininos

| Estados Unidos | 5 | 5,5 | 6 | 6,5 | 7,5 | 8,5 | 9 |
|---|---|---|---|---|---|---|---|
| Reino Unido | 2,5 | 3 | 3,5 | 4, | 5 | 6 | 6,5 |
| Brasil | 34 | 35 | 36 | 37 | 38 | 39 | 40 |

## Calçados masculinos

| Estados Unidos | 6 | 7 | 7,5 | 8 | 8,5 | 9 | 10,5 |
|---|---|---|---|---|---|---|---|
| Reino Unido | 5,5 | 6 | 6,5 | 7 | 7,5 | 8 | 8,5 |
| Brasil | 38 | 39 | 40 | 41 | 42 | 43 | 44 |

## Calçados infantis – meninas

| Estados Unidos | 9,5 | 10,5 | 11,5 | 12,5 | 13 | 1 | 2 | 2,5 | 3,5 |
|---|---|---|---|---|---|---|---|---|---|
| Reino Unido | 8 | 9 | 10 | 11 | 11,5 | 12,5 | 13,5 | 1 | 2 |
| Brasil | 26 | 27 | 28 | 29 | 30 | 31 | 32 | 33 | 34 |

## Calçados infantis – meninos

| Estados Unidos | 11,5 | 12,5 | 13 | 13,5 | 1 | 2 | 3 | 4 | 4,5 |
|---|---|---|---|---|---|---|---|---|---|
| Reino Unido | 11 | 12 | 12,5 | 13 | 13,5 | 1,5 | 2,5 | 3,5 | 4 |
| Brasil | 29 | 30 | 31 | 32 | 33 | 34 | 35 | 36 | 37 |

| S (small) | P (pequeno) |
|---|---|
| M (medium) | M (médio) |
| L (large) | G (grande) |
| XX (extra large) | GG (extragrande) |

*** As medidas podem variar de um fabricante para outro.**

# Termos da Internet

## Expressões mais comuns

| | |
|---|---|
| **about us** | sobre nós |
| **adult check** | verificação de maioridade |
| **adult consent** | consentimento de um adulto |
| **adult content** | conteúdo para adultos |
| **applet** | miniaplicativo |
| **archive file** | arquivo compactado |
| **auction** | leilão |
| **back** | voltar |
| **bid** | lance |
| **bookmark** | marcar como favorito; favorito |
| **bottom** | inferior |
| **browse** | procurar |
| **browser** | navegador |
| **CEO** | *abrev* de **Chief Executive Officer**; Diretor Executivo |
| **chat** | bate-papo |
| **checkmark** | marca de seleção |
| **content** | conteúdo |
| **COO** | *abrev* de **Chief Operating Officer**; Diretor Executivo de Operações |
| **CTO** | *abrev* de **Chief Technology Officer**; Diretor Executivo de Tecnologia |
| **dial-up connection** | conexão por discagem |
| **digital content** | conteúdo digital |
| **double click** | clicar duas vezes |
| **e-business** | negócios eletrônicos |
| **e-commerce** | comércio eletrônico |
| **e-form** | formulário eletrônico |
| **e-mail** | correspondência eletrônica |
| **end user** | usuário final |
| **enter** | entrar; informar; inserir |
| **exit** | sair |
| **FAQ** | *abrev* de **Frequently Asked Questions**; perguntas frequentes |

| file format | formato de arquivo |
|---|---|
| form | formulário |
| forward | avançar |
| frame | quadro |
| help | ajuda |
| highlight | realçar |
| history | histórico |
| homepage | página inicial |
| HTML | *abrev* de **Hypertext Markup Language**; linguagem de marcação de hipertexto |
| I agree | Concordo |
| I don't agree | Não concordo |
| IP | *abrev* de **Internet Protocol**; protocolo da Internet |
| IT | *abrev* de **Information Technology**; TI, tecnologia da informação |
| key | tecla |
| keyboard | teclado |
| login | acessar |
| logon | conectar |
| logout | desconectar |
| mailing list | lista de correspondência |
| memory card | cartão de memória |
| next | próxima |
| no-frames | sem quadros |
| notepad | bloco de notas |
| opt-out | cancelar assinatura |
| password | senha |
| picture placeholder | espaço reservado a figura |
| play movie | reproduzir filme |
| play sound | reproduzir som |
| pop-up window | janela instantânea |
| previous | anterior |
| resource | recurso |
| right click | clicar com o botão direito |
| scroll bar | barra de rolagem |
| search | pesquisar |

| | |
|---|---|
| **search results** | resultados da pesquisa |
| **secret answer** | resposta secreta |
| **send** | enviar |
| **shipping** | remessa; entrega |
| **shopping cart** | carrinho de compras |
| **sign in** | acessar; conectar; ingressar |
| **sign on** | acessar; conectar |
| **sign up** | fazer assinatura |
| **status bar** | barra de status |
| **submit** | submeter; enviar ou sujeitar |
| **subscriber** | assinante |
| **subscriber content** | conteúdo do assinante |
| **subscriber data** | dados do assinante |
| **subscription fee** | taxa de assinatura |
| **sweepstake** | aposta |
| **system requirements** | requisitos do sistema |
| **top** | superior |
| **trademark** | marca comercial |
| **trade name** | nome comercial |
| **trading partner** | parceiro comercial |
| **transaction fee** | taxa de transação |
| **troubleshooting** | solução de problemas |
| **UI** | *abrev* de **User Interface**; interface do usuário |
| **UOM** | *abrev* de **Unit of Measurement; UDM**, unidade de medida |
| **update** | atualizar; atualização |
| **URL** | *abrev* de **Uniform Resource Locator**; localizador uniforme de recursos |
| **usage restriction** | restrição de uso |
| **user documentation** | documentação do usuário |
| **warranty** | garantia |
| **warranty claim** | pedido de garantia |
| **what-if** | e se... |
| **what's new** | o que há de novo |
| **XXX** | *abrev* de **adult content rating** (classificação de conteúdo adulto, geralmente indica um *site* com conteúdo pornográfico) |

## Emoticons

São conjuntos de caracteres usados na Internet que definem emoções e características de quem os escreve.

<table>
<tr><td>:-</td><td>Sorriso, alegria</td></tr>
<tr><td>;-) ou ‘ -)</td><td>Piscadinha, sarcasmo, brincadeira</td></tr>
<tr><td>:-(</td><td>Estou triste, não gostei, estou chateado</td></tr>
<tr><td>:-I</td><td>Indiferença</td></tr>
<tr><td>:*)</td><td>Estou bêbado, estou sendo incoerente</td></tr>
<tr><td>:-D</td><td>Risada, estou rindo</td></tr>
<tr><td>:-DDD</td><td>Estou rindo muito</td></tr>
<tr><td>:-0</td><td>Surpreso, estou de boca aberta</td></tr>
<tr><td>:-/</td><td>Chateação, aborrecimento com algo dito, indecisão, dúvida</td></tr>
<tr><td>>:-></td><td>Malícia, muito usado quando se está flertando</td></tr>
<tr><td>:,-(</td><td>Estou muito triste, estou chorando</td></tr>
<tr><td>:-P</td><td>Mostrar a língua</td></tr>
<tr><td>= :-o</td><td>De cabelos em pé, estarrecido</td></tr>
<tr><td>:-))</td><td>Muito alegre</td></tr>
<tr><td>:,-) ou :’-)</td><td>Chorando de felicidade</td></tr>
<tr><td>:’-D ou :,-D</td><td>Chorando de tanto rir</td></tr>
<tr><td>:-...</td><td>De coração partido</td></tr>
<tr><td>:-o</td><td>Estou alarmado</td></tr>
<tr><td>>:-< ou >:-<<</td><td>Louco de raiva, furioso</td></tr>
<tr><td>>:-( ou :-||</td><td>Estou bravo</td></tr>
<tr><td>( :+(</td><td>Assustado, aterrorizado</td></tr>
<tr><td>:[ ou :)=</td><td>Vampiro</td></tr>
<tr><td>|-I ou (- I</td><td>Adormecido</td></tr>
<tr><td>|-O</td><td>Bocejando</td></tr>
<tr><td>X)</td><td>Morto</td></tr>
<tr><td>% -)</td><td>Confuso</td></tr>
<tr><td>: -e</td><td>Desapontado</td></tr>
<tr><td>(: - < ou (: - (</td><td>Franzir as sobrancelhas</td></tr>
<tr><td>| ^o ou 3-O</td><td>Dormindo e até roncando</td></tr>
<tr><td>| -0</td><td>Quebrado de cansaço e ainda estou trabalhando</td></tr>
</table>

| > - < | Completamente lívido |
|---|---|
| #-) | Bêbado |
| % *} | Muito bêbado |
| : - { | Fazendo beicinho |
| #-Z | Ressaca depois da festa |
| : - & | De língua presa |
| ; -> | Lascivo |
| : - * | Amargo |
| : -6 | Azedo |
| !: -) | Imaginativo |
| :-x | Um beijo |
| xxx | Beijinhos |
| :-X | Um beijo caloroso e apaixonado |
| : - # | De lábios selados, guardar em segredo |
| \|: - \| | Excessivamente rígido |
| {} | Abraços |
| 0:) | Um anjo |
| : - \|8 () - | Está grávida |
| : -*) | Está resfriado |
| (: - $ | Doente |
| : -” | Assobiando |
| : - * | Comeu algo azedo; soprar um beijo |
| : - (O | Foi enforcado |
| ._ / | Foi espremido |
| ; -y | Dizendo isto com um sorriso malandro |
| : -v | Falando |
| : -V ou : - () | Gritando |
| % -6 | É cérebro morto |
| :-! | Fumando |
| }: - ( | Foi chifrado |

## Abreviações comuns

| | |
|---|---|
| **BTW** | By the way (a propósito) |
| **CU** | See you (até mais) |
| **FWIW** | For what is worth (se é que vale alguma coisa; se é que adianta) |
| **FYI** | For your information (para sua informação) |
| **HAND** | Have a nice day (tenha um dia agradável) |
| **HTH** | Hope this help (espero que isso ajude) |
| **IIRC** | If I remember correctly (se me recordo corretamente) |
| **IMHO** | In my humble opinion (em minha humilde opinião) |
| **IMNSHO** | In my not so humble opinion (em minha opinião não tão humilde) |
| **IMO** | In my opinion (em minha opinião) |
| **IRL** | In real life (na vida real) |
| **LOL** | Laugh out loud (dar gargalhadas) |
| **OIC** | Oh, I see! (oh, eu vejo!) |
| **OTOH** | On the other hand (por outro lado) |
| **RL** | Real life (vida real) |
| **ROTFL** | Rolling on the floor laughing (rolando no chão de tanto rir) |
| **ROTFLOL** | Rolling on the floor laughing out loud (rolando no chão de tanto dar gargalhadas) |
| **RTFM** | Read the fucking manual (leia a droga do manual) (se recebeu isso, você fez uma pergunta óbvia) |
| **TIA** | Thanks in advance (agradeço antecipadamente) |
| **TTYL** | Talk to you later (falo com você mais tarde) |
| **U** | You (você) |

# Sufixos de três letras

| | |
|---|---|
| com | empresas comerciais |
| edu | instituições educacionais (escolas e universidades) |
| gov | órgãos e departamentos do governo |
| int | instituições internacionais, como a ONU |
| mil | instituições militares |
| net | companhias ou organizações que administram grandes redes |
| org | organizações sem fins lucrativos e outras que não se enquadram em nenhum dos outros casos, como as ONGs |

# Sufixos de duas letras (países, regiões)

| | |
|---|---|
| ad | Andorra |
| ae | Emirados Árabes Unidos |
| af | Afeganistão |
| ag | Antígua e Barbuda |
| ai | Anguilla (UK) |
| al | Albânia |
| am | Armênia |
| an | Antilhas Holandesas |
| ao | Angola |
| aq | Antártica |
| ar | Argentina |
| at | Áustria |
| au | Austrália |
| aw | Aruba |
| az | Azerbaijão |
| ba | Bósnia-Herzegóvina |
| bb | Barbados |
| bd | Bangladesh |
| be | Bélgica |
| bf | Burkina Fasso |
| bg | Bulgária |
| bh | Bahrein |
| bi | Burundi |
| bj | Benin |
| bm | Bermuda |
| bn | Brunei |
| bo | Bolívia |
| br | Brasil |
| bs | Bahamas |
| bt | Butão |
| bw | Botsuana |
| by | Belarus |
| bz | Belize |
| ca | Canadá |
| cf | República Centro-Africana |
| cg | Congo |
| ch | Suíça |
| ci | Costa do Marfim |
| ck | Ilhas Cook |
| cl | Chile |
| cm | Camarões |
| cn | China |
| co | Colômbia |
| cr | Costa Rica |
| cu | Cuba |
| cv | Cabo Verde |
| cx | Ilhas Natal |
| cy | Chipre |
| cz | República Tcheca |
| de | Alemanha |
| dj | Djibuti |
| dk | Dinamarca |
| dm | Dominica |
| do | República Dominicana |
| dz | Argélia |
| ec | Equador |
| ee | Estônia |
| eg | Egito |
| eh | Saara Ocidental |
| es | Espanha |
| et | Etiópia |
| fi | Finlândia |

| | |
|---|---|
| fj | Fiji |
| fk | Ilhas Falkland (Malvinas) |
| fm | Micronésia |
| fo | Ilhas Faeroes |
| fr | França |
| fx | França Metropolitana (FR) |
| ga | Gabão |
| gb | Grã-Bretanha (UK) |
| gd | Granada |
| ge | Geórgia |
| gf | Guiana Francesa |
| gh | Gana |
| gi | Gibraltar |
| gl | Groenlândia |
| gm | Gâmbia |
| gn | Guiné |
| gp | Guadalupe (FR) |
| gq | Guiné Equatorial |
| gr | Grécia |
| gs | Ilhas Geórgia do Sul e Sandwich do Sul (UK) |
| gt | Guatemala |
| gu | Guam (US) |
| gw | Guiné-Bissau |
| gy | Guiana |
| hk | Hong Kong |
| hm | Ilhas Heard e McDonald (AU) |
| hn | Honduras |
| hr | Croácia |
| ht | Haiti |
| hu | Hungria |
| id | Indonésia |
| ie | Irlanda |
| il | Israel |
| in | Índia |
| iq | Iraque |
| ir | Irã |
| is | Islândia |
| it | Itália |
| jm | Jamaica |
| jo | Jordânia |
| jp | Japão |
| ke | Quênia |
| kg | Quirguistão |
| kh | Camboja |
| ki | Kiribati |
| km | Ilhas Comores |
| kn | São Cristóvão e Névis |
| kp | Coreia do Norte |
| kr | Coreia do Sul |
| kw | Kuait |
| ky | Ilhas Cayman |
| kz | Cazaquistão |
| la | Laos |
| lb | Líbano |
| lc | Santa Lúcia |
| li | Liechtenstein |
| lk | Sri Lanka |
| lr | Libéria |
| ls | Lesoto |
| lt | Lituânia |
| lu | Luxemburgo |
| lv | Letônia |
| ly | Líbia |
| ma | Marrocos |
| mc | Mônaco |
| md | Moldova |
| mg | Madagascar |
| mh | Ilhas Marshall |
| mk | Macedônia |
| ml | Mali |
| mm | Mianmar |
| mn | Mongólia |
| mo | Macau |
| mp | Ilhas Marianas do Norte |
| mq | Martinica (FR) |
| mr | Mauritânia |
| ms | Montserrat |
| mt | Malta |
| mu | Maurício |
| mv | Maldivas |
| mw | Malavi |
| mx | México |
| my | Malásia |
| mz | Moçambique |
| na | Namíbia |
| nc | Nova Caledônia (FR) |
| ne | Níger |

| | |
|---|---|
| nf | Ilha Norfolk |
| ng | Nigéria |
| ni | Nicarágua |
| nl | Holanda |
| no | Noruega |
| np | Nepal |
| nr | Nauru |
| nt | Zona Neutra |
| nu | Niue |
| nz | Nova Zelândia |
| om | Omã |
| pa | Panamá |
| pe | Peru |
| pf | Polinésia Francesa |
| pg | Papua-Nova Guiné |
| ph | Filipinas |
| pk | Paquistão |
| pl | Polônia |
| pm | Saint Pierre and Miquelon |
| pn | Ilha Pitcairn (UK) |
| pr | Porto Rico (US) |
| pt | Portugal |
| pw | Palau |
| py | Paraguai |
| qa | Qatar |
| re | Ilha Reunião (FR) |
| ro | Romênia |
| ru | Federação Russa |
| rw | Ruanda |
| sa | Arábia Saudita |
| sb | Ilhas Salomão |
| sc | Ilhas Seychelles |
| sd | Sudão |
| se | Suécia |
| sg | Cingapura |
| sh | Santa Helena |
| si | Eslovênia |
| sj | Ilha Jan Mayen (UK) |
| sk | Eslováquia |
| sl | Serra Leoa |
| sm | San Marino |
| sn | Senegal |
| so | Somália |
| sr | Suriname |
| st | SãoTomé e Príncipe |
| sv | El Salvador |
| sy | Síria |
| sz | Suazilândia |
| tc | Ilhas Turks e Caicos |
| td | Chade |
| tf | Territórios do Sul da França |
| tg | Togo |
| th | Tailândia |
| tj | Tadjiquistão |
| tk | Ilhas Tokelau |
| tm | Turcomenistão |
| tn | Tunísia |
| to | Tonga |
| tp | Timor |
| tr | Turquia |
| tt | Trinidad e Tobago |
| tv | Tuvalu |
| tw | Taiwan |
| tz | Tanzânia |
| ua | Ucrânia |
| ug | Uganda |
| uk | Reino Unido |
| us | Estados Unidos |
| uy | Uruguai |
| uz | Uzbequistão |
| va | Cidade do Vaticano |
| vc | São Vincente e Granadinas |
| ve | Venezuela |
| vg | Ilhas Virgens (UK) |
| vi | Ilhas Virgens (US) |
| vn | Vietnã |
| vu | Vanuatu |
| wf | Ilhas Wallis e Futuna |
| ws | Samoa Ocidental |
| ye | Iêmen |
| yu | Iugoslávia |
| za | África do Sul |
| zm | Zâmbia |
| zr | Zaire |
| zw | Zimbábue |

Impresso no Parque Gráfico da Editora FTD
Avenida Antonio Bardella, 300
Fones: (0-XX-11) 3545-8600 e (0-XX-11) 2412-8099
07220-020 GUARULHOS (SP)